# SECONDE PARTIE
## DV
# DICTIONNAIRE
# ITALIEN
## ET
# FRANÇOIS

## A      A

**A**RTICOLO *indefinito, serue al datiuo,* A moy, à toy, &c. *Amè, a tè, &c. Serue al genitiuo,* ce liure est à Pierre, *questo libro è di Pietro.*

A, *che forma gli aduerbij. v. g.* à cofté, *da banda,* à lato, à droit, à main gauche, *à man dritta, à man manca :* à iamais, *per sempre.* A Dimanche, à Lundy, &c. *A Domenica,* à Lunedì, *&c.*

A, *in vece d'in,* à Paris, *in Pariggi.* Item, fe marier à vne perfonne, *maritarfi in vno.*

A, *che dinota potenza ò attitudine,* vne fille à marier, *vna giouane da maritare.* Il eft homme à faire ou à dire, *è per dire ò por fare.*

A, *che hà qualche forza di paffato,* il n'eft pas à fe repentir, *fi è già pentito.* Il n'eft pas à faire, *hà già fatto.*

A, *che comprende qualche fpatio,* de dix à douze ans, *di dieci in dodici anni.*

A, *in cambio di Per,* on paffe à Lion pour aller d'icy en Italie, *per andar di qui in Italia, fi paffa per Lione.* A dire la verité, *per dir il vero.*

A, *in vece di da,* pot à huile, *vafo da olio.* Vn cheualà vendre, *vn cauallo da vendere.* Tu trouues à redire à ce que ie fay, *tu troui da dire à quello ch' io fò* l'ay à faire, *hò da fare.*

A, *per con,* il en veut à vn chacun, *fe la piglia con tutti, la vuol con ogn' vno.* Vn vaiffeau à trente rames, *vafcello con trenta rami.*

A, *che dinota numero ò compagnia, in,* nous auons eu vne bouteille de vin à trois, à quatre, &c. *habbiamo hauuto vn fiafco di vino, in tre, in quattro, &c.*

A, *per aduerbio di tempo,* il n'eft pas à fe repentir, *di già fi è pentito.*

A, *nota di poffeffiuo,* cela eft à moy, *quefto è mio.* A qui eft-ce, *di chi è.*

A ce que, *accioche, afin che : Secondo che.*

A ce que ie voy, à *quel ch'io veggo, per quanto io veda.*

A la, *articolo feminino del datino, alla.*

*Si mette tal volta per di notar quel, che vno fi porta ad dofo, v. g.* Hola l'homme à la grande efpée, *oh della fpada longa. Dinota anche l'attioni ò difpofitioni.* A la Françoife, à l'Efpagnolle, &c.

Il ne l'a pas à la tefte. *1. non là vuol fare.*

A l', *articolo mafcolino del datino, al, allo.*

### AA

**A**Age, *età.* A quel Aage a-t'il ? *di che età è egli ?*

A ij

entre deux Aages, *di mez'a età.*
d'Aage d'homme qui viue, *di tempo d'huomo vinente.*
sur l'Aage, *attempato, nell' età matura.*
Angé, *attempato, vecchio.*
Aagé de dix ans, *d'eta di dieci anni.*

A B

ABacque, terme d'Architecture, *abaco.*
* Abalourdir, *abbalordire.*
Abandon, *abbandono, abbandonamento.*
Abandonnement, *idem.*
Abandonnément, *abbandonatamente.*
Abandonner, *abbandonare.*
s'Abandonner, *abbandonarsi.*
s'Abandonner, qui se dit d'vne femme, *far copia di sè.*
Abandonné des Medecins, *sfidato.*
femme Abadonnée, *donna che fa copia di sè.*
Abandonneur, *abbandonatore, che abbandona.*
Abbaissement, *abbassamento.*
Abbaissement de courage, *mancamento d'animo.*
Abbaisser, *abbassare.*
Abbaisseur, *abbassatore, che abbassa.*
Abbastardir, *abbastardire.*
s'Abbastardir, *degenerare.*
Abbastardissement, *abbastardimento.*
Abbastardisseur, *abbastarditore.*
Abbatial d'Abbé, *Badiale.*
Abbattement, *abbatimento.*
Abbateur, *abbaditore.*
c'est vn grand Abbateur de bois ou de quilles, par ironie, d'vn qui se vante beaucoup, & ne fais gueres : l'Italien dit, *armeggia.*
* Abbatis, *strage. Abbatimento, Amazzamento, macello.*
Abbattre, *abbattere.*
il en Abbat beaucoup, iron. *armeggia*
s'Abbattre de courage, *perder si d'animo, smarrirsi, abbatersi.*
s'Abbatre, qui se dit d'vn cheual, tomber, *cadere.*
s'Abbatre qui se dit d'vn oiseau, *calare.*
s'Abbatre le vent, *calarsi, acquetarsi il vento.*
Abbatre la tente d'vne Galere, *batter tenda.*
Abbatu, *abbatuto, smarrito, stanco.*
Abbay, *abbaio.*
tenir en Abbay, *tener à bada.*
Abbayant, *che abbaia.*
Abbaye, *Badia.*
* l'Abbaye de monte à regret, l'eschelle d'vne potence : l'Italien dit, *faticosa,* en jargon.
Abbayement, *abbaiamento.*
Abbayer, *abbaiare.* Item, *sperare ò desiderare.*
chacun Abbaye après luy, *ong' vno abbaia ò grida contro di lui.*
Abbayer contre la Lune, *abbaiar contra la Luna, voler vna cosa impossibile, trauagliarsi in darno.*
Abbayeur, *abbaiatore.*
Abbé, *Abbate.*
iouër à l'Abbé, *imitar quello, che fa vn altro.*
le ieu de l'Abbé, *certo giuoco nel quale si hà da far tutto quello, che fa il primo ò il capo del giuoco.*
l'Abbé qui donne à disner aux autres, *colui che paga il desinare.*
d'Abbé, *adiale.*
* Abbecher, *imbeccare.*

Abbesse, *Badessa.*
Abbestir, *abbrutire.*
Abbois de la Fortune, *colpi ò percosse di fortuna.*
aux derniers Abbois, *negl' vltimi sospiri.*
* Abbougiy, *sgrignuto.*
Abboy, *abbaio.*
tenir en Abboy, ou Abbay, *tener à bada.*
Abbregé, *compendio.*
Abbregement, *abbrettiamento.*
* Abbregément, *compendiosamente.*
Abbreger, *abbreuiare, sciorciare.*
Abbreuiateur, *abbreuiatore.*
Abbreuiation, *abbreuiatione.*
* Abbreuiature, *idem.*
Abbreuuer, *abbeuerare.*
Abbreuer d'vn affaire, Metaph. *informare.*
Abbreuué d'vne opinion, *persuaso, ripieno.*
Abbreuuoir, *beueratoio.*
* Abbreuuoir à mouches, Metaph. *vna ferita grande.*
* Abdiquer, refuser, reietter, *abdicare.*
* Abducteur, *abduttore.*
l'Abecé, *l'abici, l'alfabetto.*
* Abecedaire, *abecedario.*
Abeillane, *vna moscatella bianca.*
Abeille, *ape, pecchia.*
Abeillon, *sciame da pi.*
Abestir, *abbestiare, abbrutire far di ventar ò diuentar bestia.*
* Ab hoc, & ab hac, *confusamente.*
parler ab hoc, & ab hac, l'Italien dit, *parlar per in busse e in basse.*
Abhorrant, *aborrente.*
Abhorrer, *aborrire, abhorrire.*
Abiect, *abietto, vile.*
Abiectement, *abiettamente.*
Abiection, *abiettione.*
abier, *falcon gentile.*
Abisme, *abisso.*
Abismer, *abissare.*
Abiurement, *abiuramento, abiuratione.*
Abiurer, *abiurare.*
Abblatif, *ablatiuo.*
* Ablation, *ablatione, sottrahimento.*
* terre Abblayée, *abbiadata terra, terra seminata.*
* Ablay, *seminato campo.*
Able, *aburno, scauardino, pescherello, laccia.*
Ableret, *picciola rete da pigliar pesciolini.*
Ablette, *pescherello, aburno.*
* Ablution, mot Latin, & antique, *ablutione, lauamento.*
Abolir, *abollire.*
Abolissement, *abollitione.*
Abolisseur, *abollitore.*
Abolition, *idem.*
Abominable, *abomineuole.*
Abomination, *abominatione.*
Abominer, *abominare.*
Abondamment, *abondantemente, in copia.*
Abondance, *abondanza.*
Abondant, *abondante.*
d'Abondant, *di più : oltre.*
Abonder, *abondare.*
Abonnir, *abbonire.*
Abord, *arriuo : accostamento : abborde.*
à l'Abord, &
d'Abord, *à bella prima, alla prima, dalla prima, di tratto, di primo lancio.*

# SECONDE PARTIE
## DES
# RECHERCHES
# ITALIENNES
## ET
# FRANÇOISES.

*CONTENANT LES MOTS*
*François expliquez par l'Italien.*

Reueuë, & augmentée en cette derniere Edition.

A PARIS,
Chez ANTOINE DE SOMMAVILLE,
au Palais, sur le second Perron, allant à la Sainte
Chapelle, à l'Escu de France.

M. DC. LXII.
AVEC PRIVILEGE DV ROY.

de prim' Abord, idem.
de doux Abord, affabile.
Abordade, abordo, arrino.
d'Abordade, &
* d'Abordée, alla prima, di tratto.
Abordement, approdamento.
Aborder, abbordare, approdare. Accostarsi da una per-
    sona. Accostar uno.
Abornement, limite, il por limiti.
* Aborner, limitare, por limiti.
Abortif, abbortiuo.
Abouchement, abboccamento.
vn qui moyenne les Abouchemens, abboccatore.
s'Aboucher, abboccarsi.
Abouquement, aggiuntione di sal nuouo sopra il vec-
    chio.
Abouquer, metter sal nuouo sopra 'l vecchio.
Aboutir à vne terre, confinare.
Aboutir à vn lieu, andar a ferire in vn luogo.
Aboutir, qui se dit d'vne playe ou apostheme, venir à
    capo.
où Aboutira l'affaire, doue riuscirà il negotio.
Aboutir en pointe, hauer la punta.
Aboutissans d'vne maison ou heritage, limiti, confini,
    lati.
les tenans, & les Aboutissans, Metaph.r. tutto quello che
    dipende, che spetta, le adherenze, le dipendenze.
Aboutissement, confinatione.
Abregé, compendio.
Abricot, armeniaco, bacoco.
Abricottier, armeniaco, albero che produce bacochi.
Abrier d'arbaleste, teniere di balestra.
* Abrier, prononcé en trois syllabes, mettre à l'abry,
    metter à ridosso.
Abrogation, abrogatione.
Abroger, abolir, abrogare.
Abrogeur, abrogatore.
Abroton, auronne, herbe, Abrotano, abruiotino.
Abruption d'os, separatione d'vna parte dell' osso dal resto,
    abrutione.
Abrutir, diuentar bestia, abbrutire.
Abry, ridosso.
à l'Abry, à ridosso.
mettre à l'Abry, Metaph. saluar vna cosa: metter in
    saluo.
Absces, abscesso, postema, apostema.
* Absconser, abscondere, nascondere.
Absence, assenza, absintia.
Absent, assente.
Absenter, assentare, dilungare, mandar via.
s'Absenter, dilungarsi, ritirarsi, leuarsi da vn luogo.
Absinte, Absynthe, assentio.
* Absolte, vulgairement l'Absoulte, assolutione genera-
    le, remissione.
Absolu, assoluto.
le Ieudy Absolu, Giouedì santo.
Absolution, assolutione.
Absolument, assolutamente.
Absolutoire, assolutorio.
Absorber, absorbere.
Absorbé, absorto.
Absoudre, assoluere.
Absous, assolto.
* Absoute, assolutione.
s'Abstenir, astenersi, rimanersi.
Absterger, essuyer, abstergere.
Absterfif, astersiuo, abstersiuo.
Abstersion, astersione.



Abstinence, astinenza.
Abstinence de guerre, suspensione d'armi.
Abstinent, astinente.
Abstraction, astrattione.
Abstraict, Abstarte.
Abstraire, astratto.
* Abstrus, astruso, rinchiuso, secreto.
Absurde, absurdo, assurdo.
Absurdement, assurdamente.
Absurdité, assurdità.
Absynthe, assentio.
Abus, abuso.
Abuser, abusare, iugannare.
s'Abuser, errare.
Abuser de la patience d'vn autre, vsar male.
Abuser d'vne femme, diffamare, stuprare.
Abuseur, ingannatore.
Abusif, impropre, abusiuo.
Abusion, abusione, inganno.
Abusiue, abusiua.
Abusiuement, abusiuamente con inganno.
Abysme, abisso.
Abysmer, abyssare, nabissare.

### A C

A Cace, & Acacie, plante medecinale, acacia, aca-
    tia.
Acade ou erre de vaisseau, solcatura ò segno di vascello,
    quando camina ò solca in tempo di bonnaccia.
Academie, academia.
Academie pour breland ou reduit, ridotto biscazza.
s'Acagnarder, deuenir paresseux, impigrire anneghittire.
s'Acagnarder en vn lieu, annezzarsi in vn luogo per pi-
    gritia ò mal costume.
* Acariastre, ostinato, caparbio.
* Acariastreté, ostinatione.
Accabler, opprimere, supprimere.
* Accarer, mirare.
* Accelerateur, qui haste, acceleratore.
muscle Accelerateur, certo moscolo che spinge fuori l'v-
    rina.
* Acceleration, accelerarione.
* Accelerer, haster, accelerare, affrettare.
Accent, accento.
Accentuer, accentuare, notar coll' accento.
Acceptable, accettevole.
Acceptation, accettatione.
Accepter, accettare.
Acception, accettione.
Accès, accesso.
Accesseur, accessore.
Accessible, accessibile.
Accessif, accessiuo.
Accession, accessione, additione.
Accessoire, accessorio, accidentale.
Accessoirement, accessoriamente, accidentalmente.
Accez, accesso.
Accident, accidente.
Accidental, accidentale.
Accidentalement, accidentalmente.
Accidentellement, idem.
Acclamper, attacher, terme de marine, attacare. C'est
    vn mot Normand.
* Accoint, familiare.
* Accointable, accosteuole, converseuole.
* Accointance, conversatione, familiarità.

* Accointer, *ornare, assettare.*
* s'Accointer, *farsi familiare, addomesticarsi.*
* Accoiser, *acchetare.*
Accolade, *abbracciata, accollata.*
l'Accolade que donne le Roy aux Cheualiers, *accollata, abbracciata.*
Accolade de lapereaux, *due conigli piccoli abbracciati insieme, che si sanno arrostire ad un tratto.*
Accolée, *accollata, abbracciata.*
Accoler, *abbracciare, accollare.*
* Accolerette, *accollata.*
Accolite, *accolito.*
Accomodable, *acconcieuole, accomodeuole, atto.*
Accomodant, *che s'accomoda facilmente.*
Accomodation, *aggiustamento, accomodamento.*
Accomoder, *accomodare, aggiustare, acconciare, aiutare, pacificare.*
Accomoder vne femme, *usar con una donna.*
me voilà bien Accomodé, *son acconcio per le feste, stò fresco.*
Accomoder les cartes pour pipper ou tromper, *accozzar le carte.*
Accompagnable, *accompagneuole.*
Accompagnement, *accompagnamento.*
Accompagner, *accompagnare, far compagnia.*
il vaut mieux estre seul, que mal Accompagné, *è meglio solo, che male accompagnato.*
* Accompagner, *accomparer, assomigliare, comparare.*
Accomplir, *compire, finire.*
Accomplir son vœu, *sciorre il voto.*
Accomply, *compito, finito, fornito, perfetto.*
Accomplissement, *complimento.*
Accomplisseur, *compitore.*
* Acconduire, *guidare.*
* Acconsuiure, *ottenere.*
s'Accoquiner, *imbricconire.*
s'Accoquiner en vn lieu, *fermarsi in un luogo per soverchia dapocaggine.*
Accord, *accordo, concordo.*
Accord d'instrument, *tasto.* Item, *concerto, Consonanza.*
d'Accord, *di concerto.*
ils sont d'Accord, *sono pacificati.* Item, *stanno insieme, stanno d'accordo.*
Accordance, *conuenentia.*
par Accord, *di concerto, ad una.*
Accordable, *accordeuole.*
Accordailles, *sponsalitio, contratto di matrimonio.*
Accordant, *accordante, consentiente, concordante.*
Accordé, *promesso in matrimonio, giurato, sposo.*
Accordée, *sposa promessa in matrimonio, giurata.*
Accorder, *accordar. Prometter in matrimonio. Concedere.*
ie m'y Accorde, *son contento, vi consento.*
Accort, *accorto.*
Accortement, *accortamente.*
Accortise, *accortezza, accortiggia.*
Accostable, *accosteuole.*
s'Accoster, *accompagnarsi.*
Accoster, *accostare.*
Accotepot, *ferro da appogiar la pignatta.*
* s'Accoter, *appoggiarsi.*
* Acconardir, *incodardire.*
Accouchée, *impagliorata, donna di parto.*
Accouchement, *parto.*
Accoucher, *partorire.*
Accoucher vne femme, actif. *a iutar nel parto, leuar il parto.*
s'Accouder, *appoggiarsi col gombito.*



Accoudoir, *appoggio.*
* Accouplage, *accopiamento, copulatione.*
Accouple, & Accouplement, *idem.*
Accoupler, *accoppiare.*
* Accouragement, *rincuoramento.*
* Accourager, *rincuorare, inanimare, animare.*
* Accourber, *incurnare.*
Accourcir, *accorciare, socciare, scortare.*
Accourcissement, *accorciamento.*
Accourcissement, en terme de peinture, *scorcio.*
Accourir, *accorrere, concorrere, trahere.*
* Accoursie, *corsia di galea.*
* Accousiner, *imparentarsi.*
Accoustrement, *vestito, habito.*
Accoustrer, *acconciare, conciare, condire, curare, vestire.*
Accoustumance, *auezzamento, uso, costume.*
Accoustumé, *usato, accostumato, solito.*
à l'Accoustumée, *al solito.*
Accoustumer, *auezzare, usare, accostumare.*
* s'Accouuer, *star couando in un luogo.*
* Accouueter, *couar l'huoua.*
* Accrauanter, *scauauentare.*
* Accresté, qui a vne creste, *accrestato.*
Accreu, *cresciuto, aumentato, amplificato.*
Accroc, *straccinatura, stracciamento. Per, intoppo, impedimento.*
Accroche, &
Accrochement, *intoppo, vncinamento.*
Accrocher, *arrampinare, vncinare.*
s'Accrocher, *aggraparsi.*
* Accroissance, *accrescimento, aumento.*
Accroissement, *idem.*
Accroist, *aumento, aumentatione.*
Accroistre, *accrescere.*
s'Accroupir, *rannicchiarsi.*
Accroupy, *rannicchiato.*
* Accubes, *padiglioni.*
Accueil, *accoglienza.*
Accueillir, *accogliere.*
* Accueuté, dégousté, *accorato.*
* Accul, *rinculamento, rinculata.*
Acculer, *rinculare.*
Acculer vn soulier, *scalcagnare.*
Accumulateur, *accumulatore.*
Accumulatrice, *accumulatrice.*
Accumulation, *accumulatione.*
Accumuler, *accumulare.*
Accusant, *accusante. Accusande.*
Accusateur, *accusatore.*
Accusatif, *accusativo.*
Accusation, *accusa, accusatione.*
Accusatoire, *accusatorio.*
Accusatrice, *accusatrice.*
Accusement, *accusatione, accusamento.*
Accuser, *accusare, far querela.*
A'ce que, *a quel che, afin che. Secondo che, accioche.*
Acensement, *affittamento.*
Acenser, *dar a fitto.*
Acenseur, *affittaiuolo.*
* Acerbité, aspreté, *acerbité.*
Acéré, *temprato coll'acciaio.*
Acerer, *temprar con acciaio.*
* Acertenement, *certificatione.*
* Acertener, *certificare.*
Acetabule, *acerabolo.*
Aceteuse, oseille, *acetosa.*
Aceteux, aigre, aspre, *acetosi.*

Acetosité, aigreur, *acetosità*.

Ach, interjection de douleur ou de colere, *Ah*.

Achalander, *auuentare*, *auuiare*.

boutique ou maison Achalandée, *auuentata, auuiata casa ò bottega*.

s'Achalander, *acquistar credito*.

Achancry, *incancherito*.

Achantique, *acantico*.

Achapt, *compra*.

Acharnement, *accarnimento*.

Acharner, *accarnare, accarnire*.

* Achasser, *cacciare, spingere*.

Ache, *la lettera*, H, *l'ache*.

Ache, herbe, *appio*.

Ache des iardins, *appio domestico*.

Ache large, *iposelino*.

Ache des marests, *appio palustre*.

Ache de montagne, *appio montano*.

* Achemes, atours, *gioie, da sposa*.

* Achemer, *ornare*.

Ache sauuage, *appio siluestro*.

Acheminement, *auuiamento*.

Acheminer, *auuiare, incaminare*.

Achemeresse, *donna che dà gioie a fitto*.

Achepter, *comprare*.

qui bon l'Achepte, bon le boit ; l'Italien dit, *chi più spende manco spende*.

Achepteresse, *compratrice*.

* Achept, *compra*.

* Achepteur, *compratore*.

Acheuement, *finimento, fornimento, compimento*.

Acheuer, *finire, fornire, compire*.

Acheuer de peindre, mal-traitter entierement, *acconciar del tutto, acconciar per le feste*.

ouurage bien Acheué, *opera perfetta*.

* l'Achilles, *il ponto della lite*.

Achillée, plante, *achillea*.

* Achoise, achoison, *occasione : cagione*.

Achoisonner, *dar cagione, incolpare*.

Acolyte, *acolito*.

Achoper, *inciampare, intoppare*.

Achopement, *inciampo, intoppo*.

Acier, *acciaio, acciale*.

Aconit, *aconito*.

Acourser, *far principio in corte, principiare*.

* Acourtier, *fattorito*.

Acquereur, *acquistatore*.

Acquerir, *acquistare*.

Acquest, *acquisto, acquistamento, acquisitione*.

il n'y a point d'Acquest, *non vi è niente da guadagnare, non visi acquistaniente, non reca vtile*.

Acquester, *acquistare*.

Acquesteresse, *acquistatrice*.

Acquesteur, *acquistatore*.

Acqueux, *acquoso*.

Acquiescement, *acquiescimento*.

Acquiescer, *acquiescere*.

Acquis, *acquistato*.

cela vous est tout Acquis, *questo vi è sicuro, è tutto vostro*.

Acquisiteur, *acquisitore*.

Acquisition, *acquisto, acquisitione*.

Acquit, *acquitanza, pagamento*.

par maniere d'Acquit, *negligentemente, à caso*.

Acquitté de son serment, *libero del suo giuramento*.

Acquitter la marchandise, *pagar il dacio ò la gabella : liberar le robbe*.

s'Acquitter, *pagar i debiti*.

s'Acquitter de son deuoir, *far vfficio, compir con vno, far il suo debito, compir le sue parti*.

s'Acquitter de sa promesse, *attener la sua promessa*.

Acquitter en joüant au billard, *tirare*.

Acre, *aspro, acro*.

Acrediter, *accreditare, dar credito*.

Acrimoine, *acrimonia*.

Acrotaires, ou Acroteres, sommets, hauteurs, *Acroterie*.

Acte, *atto, Attione. Amministratione*.

Acte de sa diligence, *comparitione*.

Actes, *regiftri. Item, stromenti publici, scritture*.

Actif, *attiuo. Diligente, mouente*.

debtes Actiues, *debiti che ci appartengono, da pigliar ò riscuoter sopra gli altri*.

Actifs, *certo ordine di frati cosi chiamati*.

Action, *attione*.

Action de graces, *ringratiamento*.

homme de bonnes, & loüables Actions, *trattoso nelle attioni*.

Actionner, *chiamar auanti alla giustitia*.

Actiuité, *attiuità*.

Actuel, *attuale*.

Actuellement, *attualmente*.

* Acuité, *acuità, sottigliezza*.

Aculer vn soulier, *scalcagnare*.

Aculé, *scalcagnato*.

oiseau Acuré, *vccello curato*.

Acutelle, herbe, *acutella*.

## A D

* **A**Dage, mot Latin, prouerbe, *prouerbio volgare ò antico*.

* Adaptation, *addattatione*.

* Adapter, *addattare*.

Adarce, liqueur de sel congelé, escume d'eau qui s'attache aux roseaux, *adarce*.

* Adayer, *burlare*.

Addition, *additione, aumentatione, accrescimento, aggiunta*.

s'Adonner à quelque chose, *darsi ad vna cosa*.

* mon chemin s'Adonne de ce costé-là, mot vulgaire, *hò da passar per quella via*.

Addorser, en terme de blason, *addossare*.

* Addouber, accommoder, *addobare*.

Addoucir, *addolcire : ammansare*.

s'Adoucir, qui se dit du temps froid, *indolcire*.

Addoucissement, *addolcimento*.

Addresse, *destrezza*.

Addresse de lettres, ou de personnes, *recapito, indirizzo, addirizzamento*.

les Addresses d'vn lieu, *le commodità*.

qui sçait les Addresses, *pratico d'vn luogo*.

* Addresser, *acconciare, aggiustare*.

Addresser vne lettre, *dar recapito ad vna lettera*.

cette lettre s'Addresse à vous, *questa lettera viene à V. S.*

Addresser vne personne, *indirizzare vna persona*.

Addresser à, ou vers quelqu'vn, *indirizzare, mandar verso vno*.

s'Addresser, *appigliarsi, attaccarsi : voltarsi*.

il s'est Addressé à moy, *si è appigliato à mè; si è voltato verso di mè : è venuto da mè*.

vous estes mal Addressé, *sete capitato male*.

vn coup bien Addreſſé, *vn colpo ben impiegato, ben attaccato.*
* Adenerer, *por il prez, c.*
Adenté, *addentato, addentiellato,*
* Adés, *addeſſo.*
* Adeſer, *toccare.*
*Adeuillé, *doloroſo.*
* Adeſtrer, rendre adroit, *addeſtrare, far deſtro.*
Adherent, *adherente, aderente.*
Adherer, *aderire, adherire.*
Adiante, herbe capillaire, cheueux de Venus, *adianto.*
* Adjectif, *adiettino.*
Ajection, *adiettione.*
Adjoinct, *aggionto, aiutante.*
Adjoindre, *aggiongere, aggiugnere.*
Adjonction, *aggionta, aggiontione.*
Adjournement, *citatione.*
Adjourner, *citare.*
* s'Ajourner, ſe faire iour, *aggiornare.*
Adiourneur, *citatore.*
Adiouſtement, *additione, aumentatioue.*
Adiouſter, *aggiongere, aggiugnere.*
Adiouſter foy, *dar fede, preſtar fede.*
* Adirer, *diſuiare.*
Adiudication, *aggiudicatione,*
Adiudicataire, *aggiudicatario.*
Adiudicatoire, *aggiudicatorio.*
Adiuger, *aggiudicare.*
* Adiurateur, *aggiuratore, adiuratore.*
* Adiuration, *aggiuratione, adiuratioue.*
* Adiurer, *aggiurare, adiurare.*
Adinſter, voyez ajouſter, & ſa ſuite.
* Adiutoire, *aiutorio, aitorio.*
Admettre, *ammettere.*
* Adminicule, *amminicolo, aiuto.*
Adminiſtrateur, *amminiſtratore.*
Adminiſtration, *amminiſtratione.*
Adminiſtrer, *amminiſtrare.*
Admirable, *ammirabile.*
Admirablement, *ammirabilmente.*
Admiral, *Ammiraglio.*
Admirale, vaiſſeau, *Almiranta,*
Admirateur, *ammiratore.*
Admiratif, *ammiratino.*
Admiration, *ammiratione.*
Admirauté, *Ammiralato.*
Admirer, *ammirare.*
Admis, *ammeſſo, permeſſo.*
Admiſſible, *ammiſſibile.*
Admiſſion, *ammeſſione.*
Admodiateur, *affittainolo.*
Admodiation, *affittamento.*
Admodier, *affittare, dar à fitto.*
Admoneſtement, *ammonitione.*
Admoneſteur, *ammonitore.*
à l'Adobe, *accoucio conaglio.*
Admoneſter, *auuiſare, conſortare.*
Admonition, *ammonitione, eſſortatioue.*
Adoleſcence, *adoleſcenza.*
Adoleſcent, *adoleſcente.*
Adolorer, *condolerſi.*
Adombrer, *adombrare.*
* Adonc, mot antique, *all' hora, adunque, dunque.*
Adoniſer, faire l'Adonis, *far del bello,* l'Italien dit auſſi, *far del Narciſſo.*
Adopter, *adottare.*
Adoptif, *adottino.*
Adoption, *adottione.*

Adorable, *adorando, adoreuole.*
Adorablement, *adorabilmente.*
Adorateur, *adoratore.*
Adoration, *adoratione.*
Adorer, *adorare.*
Adoſſement, *adoſſamento.*
s'Adoſſer contre quelque choſe, *adoſſarſi.*
Adreſſe, voyez addreſſe, & ſa ſuite.
Adreſſer, voyez addreſſer.
Adrille, *adrillo.*
Adroit, adroict, *deſtro, ſagace, ſcaltro.*
Adroittement, *deſtramente.*
* Adſcrire, *aſcriuere.*
Aduance, *danaro che ſi paga ò preſta inanzi i tempi.*
faire Aduance, *pagar auanti tempo.*
par Aduance, *innanzi tratto.*
Aduance, ſaillie, *ſporto.*
Aduancement, *promotione, ananzamento.*
Aduancer, *ananzare, promouere, portar inanzi, tirar inanzi.*
Aduancer, *proporre, proponere, metter inanzi.*
Aduancer en dehors, *ſporgere, ſportar in fuori.*
Aduancer de l'argent, *pagar innanzi tratto.*
Aduancer vne horloge, *tirar innanzi l'horriuolo.*
s'Aduancer, ſe preſenter en auant, *farſi innanzi, ſpingerſi innanzi.*
Aduantage, *vantaggio.*
Aduantage, que l'on fait au Soldat, *capo ſoldo.*
Aduantager, *vantaggiare.*
Aduenance, *auuenentezza.*
Aduenant, *auuenente, deſtro, gratioſo, vago, decente, conueniente.*
à l'Aduenant, *all' auuenente.*
Aduenement, *arriuo, auuenimento.*
Aduenir, *auuenire, arriuare.*
ja n'Aduienne, *non ſia mai.*
à l'Aduenir, *nell' auuenire.*
Aduenir pour atteindre, *arriuare.*
* Aduentif, *auuenticcio.*
Aduent, *auuento.*
Aduenture, *ventura, auuentura.*
par Aduenture, *per auuentura, à caſo.*
s'Aduenturer, *auuenturarſi, arriſchiarſi.*
qui ne s'Aduenture, n'a cheual, ny mule, l'Italien dit, *chi non s'arriſchia non acquiſta.*
Aduentureuſement, *auuenturoſamente.*
Aduentureux, *auuenturoſo.*
Aduenturier, *auuenturiere.*
Aduenuës d'vn lieu, *paſſi, anditi.*
Aduerſaire, *auuerſario.*
Aduerſe, *contrario, auuerſo.*
Aduerſe partie, *parte contraria.*
Aduerſité, *auuerſità.*
Aduertir, *auuiſare, auuertire.*
Aduertiſſement, *auuertimento.* Item, *ſignificatione, informatione, intelligenza.*
Aduertiſſeur, *auuiſatore.*
* Adueſt, *inueſtitura.*
Adueu, *approbatione, riconoſcimento, confeſſione, accettatione per ſuo, confirmatione.*
ſous l'Adueu, *ſotto l'approbatione ò confirmatione.*
Aduis, *auuiſo, openione, parere.*
Aduis par lettres, *ragguaglio, auuiſo.*
par Aduis de païs, *ſenza conſideratione, ſenza conſiderar molto.*
* il m'eſt Aduis, mot vulgaire, *mipare.*
donneur d'Auis, *ragguagliatore.*
Aduiſé, *prudente, accorto, auuiſato.*

mal Aduiſé.

mal Adulsé, *imprudente.*
Aduisément, *accortamente.*
Aduiser, *auuisare.*
* Aduiser pour voir, *appostare, vedere, scoprire.*
s'Aduiser d'vne chose, *accorgersi.*
s'Aduiser de faire quelque chose, *venir in mente di fare, venir fantasia.*
Adulateur, *adulatore.*
Adulation, *adulatione.*
* Adulte, creu en aage, *adulto.*
Adultere, *ädulterio.* Item, *adultero.*
Adulterer, *adulterare.*
* Aduocasseau, *auuocatuccio.*
Aduocasser, *auuocare.*
Aduocasserie, *auuocatione.*
Aduocat, *Auuocato.*
Aduoüer, *confessare. Consentir. Risconoscer per suo. Approuare.*
estre Aduoüé, *esser approuato.*
* Adulte, *adusto.*
* Adustible, *adustibile, adusteuole.*
* Adustion, *adustione.*

## A E

Aeré, *aerato.*
Aerer, *aerare.*
Aerien, *aereo.*
Aerole, *arcinolino.*
Aeromantie, augure par l'air, *aeromantia.*

## A F

* A Faner, mot vulgaire, *affannare.*
Affabilité, *affabilità.*
Affable, *affabile.*
Affablement, *con affabilità.*
Affadir, *render ò diuentar insipido, insipidire.*
Affadissement, *insipidimento.*
Affaire, *negotio, affare, facenda.*
faire bien ses Affaires, *far ben i fatti suoi.*
faire ses Affaires, *scaricar il ventre.*
il a plus d'Affaires que le Legat, ou que Pretaut; l'Italien dit, *fatiche Lupinaio.*
ses Affaires sont faites, *è spedito, è mal achoncio.*
Affairé, *affacendato.*
Affaissement, *diuallamento, aggrauamento.*
s'Affaisser, *diuallarsi.*
* Affaiter, *acconciar corami, pulire.*
Affaiter vn oiseau, auez z âre, *afficurar l'vccello grifagno.*
Affamé, *affamato.*
vn Affamé, vn necessiteux, *vn morto di fame.*
vne chose Affamée. i. mal faite, ou l'ampleur ou bien la matiere manque, *cosa affamatuccia ò affamatuzza.*
Affectateur, *affettatore.*
Affectation, *affettatione.*



cela m'est Affecté, *cló mi è appropriato, mi vien affettato, mi è assiegnato, ò destinato.*
Affecter, *desiderare, bramare, affettare.*
Affection, *affetto, affettione.*
auec bien de l'Affection, *con gran caldez z affetto.*
Affectionné, *affettionato.*
Affectionnément, *con affetto, affettionatamen...*
Affectionner, *affettionare, amare.*
s'Affectionner, *pigliar amore, affettionarsi, darsi.*
Affectueusement, *caldamente, affettuosamente.*
prieres Affectueuses, *calde preghicre.*
Affectueux, *affettuoso, pieno d'affetto.*
Afferant, *afferente.*
Affermable, *affermeuole.*
Affermer, *giurare, affermare.*
Affermer, donner à ferme, *dar à fitto.*
Affermir, *firmare, confirmare, far fermo, afficurare, fortificare, consolidare.*
Affermissement, *confirmatione, fermezza, afficuranza.*
Affermisseur, *confirmatore, fortificatore.*
Affeté, *affettato.*
vne Affetée, *vne ciuettina, vna sfacciatella.*
Affeter, affecter, *affettare.*
Affeterie, *affettatione.*
faire auec Affeterie, *affettare.*
Affiche, *cartella, cartello.*
Afficher, *affiggere, attaccar al muro : por il cattello.*
Afficheur, *affiggitore.*
Affidé, *fidato.*
Affié, *fido, sicuro, confermato, affegnato.*
* Affier, *fidare, afficurare, affegnare, confermare.*
* il Affiert, *conuiene.*
Affiler, *affilare, arruotare.*
Affileur, *arruotatore, affilatore.*
Affileure, *affilatura.*
* Affiloire, *cote.*
* Affin, allié, *affine.*
Affin que, *accioche, affin che.*
Affinage, *affinamento di metalli.*
Affinement, *inganno.* Item, *affinamento.*
Affiner le métail, *affinare.*
Affiner, tromper, *ingannare, burlare.*
vn Affiné, *scaltro, astuto, furbo, huomo di copella.*
Affineur de métaux, *affinatore.*
Affineur, trompeur, *ingannatore. Metaphore, critico.*
Affinité, *affinità.*
Affinoir, *affinatoio.*
Affinoire, *luogo doue si affinano i metalli.*
Affiquets, *ornamenti da donne, gioie, collane, verzi e simili.*
Affirmateur, *affirmatore.*
Affirmation, *affirmatione, affermagione.*
Affirmatiuement, *affirmatiuamente.*
Affirmer, *affermare, affirmare.*
* Afflat, souffle, *afflato.*
Affliction, *afflittione.*
Affligé, *afflitto, affannato.*
Affliger, *affliggere, affannare.*
Affluence, *affluenza, abondanza, copia.*
Affluent, *abondante, copioso.*
Affluer, *affluere, abondare.*
Affoiblir, *affieuolire, infieuolire, indebolire, sminuire.*

Affoiblissement, *indebolimento, sminuimento.*

* Affoler, *offenser, blesser, affollare, tormentare, ferire.*

Affoleure, *ferita, lesione.*

* Affourer, *darda mangiare alla greggia.*

Affourager, *afforragiare, proueder di foragio.*

Affranchir, *francare.*

Affranchir, *liberar di seruitù.*

Affranchissement, *liberatione, francamento.*

Affranchisseur, *liberatore.*

Affranchy, *schiauo fatto libero.* Item, *essente, libero, franco.*

* Affres, *mot vulgaire, spauenta.*

Affreusement, *spauenteuolmente, horribilmente.*

Affreuseté, *horribiltà.*

Affreux, *spauenteuole, horribil di vista.*

Affriander, *far goloso ò leccardo.* Item, *allettare, auezzare.*

Affrioler, *idem.*

Affriolement, *auezzamento.*

s'Affrioler, *pigliar gusto, auezzarsi.*

Affrodile, *plante, affrodillo.*

Affronitre, *sal nitro.*

Affront, *affronto, scorno.*

* Affrontailles, *confini di parecchi signori.*

* Affrontement, *assalimento, affrontamento.*

Affronter, *affrontare, assalire.*

Affronter, *ingannare, giuntare : far scorno.*

Affronteur, *ingannatore.*

* Affubler, *coprire il capo,* &c. *camuffare.*

* Affublé d'vne femme, *inuaghito, incapricciato.*

* Affuir, *fuggire, ritirarsi teggendo.*

Affust de canon, *cassa del cannone.*

à l'Affust, *sorte di caccia, al copertore.*

Affuster, *acconciare, accomodare, incassare.*

Affuster vn canon, *incaualcare.*

* Affuseler, *faire ou rendre pointu, comme vn fuseau, affusolare.*

### A G

A Gaçant, *prouocante.*

Aga, *parola volgare, vè, ehi.*

Agacement, *prouocatione, irritamento, aizzamento.*

Agacer, *irritare, prouocare, aizzare.*

Agacer les dents, *allegare i denti, legare.*

Agalocum, *agalocco.*

Agaric, *agarico.*

* Agasse, *pica, gazza.*

Agathe, *agata.*

* Agay, *midolle d'animali.*

Age, *età.*

Agencement, *rassetto.*

Agencer, *assettare, attillare.*

vn Agenda, *memoria, ò libretto di memoria.*

s'Agenouiller, *inginocchiarsi, mettersi inginocchione.*

estre Agenouillé, *star inginocchione.*

Agent, *Agente.*

Aggraffe, *vncinello.*

Aggraffement, *vincinamento, allacciamento.*

Aggraffer, *vincinare, allacciare, affibbiare.*

Aggrandir, *ingrandire, aggrandire.*

Aggrandissement, *aggrandimento, ingrandimento.*

Aggrandisseur, *aggranditore.*

Aggrandy, *ingrandito.*

Aggrauanter, *aggrauare.*

Aggrauation, *aggrauatione.*

Aggrauement, *grauame, grauamento.*

Aggrauer, *grauare, aggrauare.*

s'Aggrauer, *aggrauarsi.*

Aggreable, *grato, aggradeuole, accetto.*

Aggreablement, *gratamente, genilmente, con gratia.*

Agréement, *gradimento.* Item, *gratia.*

Aggréer, *gradire, aggradire, accettare.*

* Agréer, *ritagliare, ò ripulire vna pietra.*

Aggregation, *aggregatione.*

* Aggreger, *aggregare, congregare.*

Aggrener, *auezzare à mangiar grano.*

Aggresser, *assalire.*

Aggresseur, *assalitore.*

Aggression, *assalimento, aggressione.*

Aggriffer, *arraffare, arrampinare.*

s'Aggriffer, *vnghiarsi.*

Aggripper, *afferrare, arrampinare.*

Agile, *agile, destro, lesto.*

Agilement, *agilmente.*

Agilité, *agilità, destrezza.*

Agiliter, *agilitare, addestrare.*

Agir, *operare.*

s'Agit, *si tratta, importa.*

Agissant, *agente.*

Agitation, *agitatione.*

Agiter, *agitare.*

Agiter vne question, *muouere vna questione.*

* Agluer, *impaniare.*

* Agnation, *agnatione.*

Agneau, *agnello.*

Agneler, *agnellare.*

Agnelet, *agnellino, agnelletto.*

Agneliere, *pellicule qui enueloppe la teste de l'enfant, coiffe, camisciuola.*

Agnelin, *agnellino, d'agnello, lana d'agnello.*

vn Agnus Dei, *Agnus Dei.*

Agnus, castus, *Agno casto, pianta.*

Agonie, *agonia.*

Agonisent, *agonizzare.*

Agonne de lin, *loglio del lino.*

Agoniser, *agonizzare.*

Agrasse, *vncinello.*

Agraffer, *allacciare.*

Agreable, *v. agg.*

Agreslir, *far ò diuentar gracile.*

* Agreste, *agreste, rustico, al pref.*

Agriculteur, *agricoltore.*

Agriculture, *agricoltura.*

Agrimoine, *agrimonia.*

Agripaulme, *artemisia, amarella.*

* s'Agrouper, *aggropparsi.*

* Agu, *acuto sottile, arguto.*

Aguerrir, *aguerrire, insegnar l'arte della guerra.*

Aguet, *aguato.*

aux Aguets, *in aguato.*

d'Aguet, *di soppiatto.*

* Agueter, *insidiare.*

Aguille, *vedi, aiguille.*

Aguillade, *sorte de poisson, ago, agone.*

Aguillat, *idem.*

## A H

AH, *ah*, *ahi*.
* Ahan, *guai*, *pena*, *fatica*.
* Ahanner, *penare*.
Aheurtement, *vrto*.
* s'Aheurter à vne chose, *appigliarsi ostinarsi*.
* Ahonter, *suergognare*.

## A I

A Iambée, *passo quanto si può stender la gamba*.
Ajamber, *passar con passo largo*.
Aidant, *che gioua*, *giouante*, *giouenole*.
Dieu Aidant, *coll' aiuto di Dio*.
Aide, *aiuto*.
Aide, *aiutante*, *che aiuta*.
à l'Aide, *aiuto*, *iuto*.
Aide à maçon, *manouale*.
auec vn peu d'Aide. i. de poison pour faire mourir vne personne, *con vn poco d'aiuto di cosa*.
Aides, *sussidij*, *subuentioni*, *impositioni*, *tributi*, &c.
* Aide moy, selon aucuns, fer dans lequel entre le timon, *agugliotto*.
Aider, *aiutare*, *giouare*.
Aider à la lettre. i. aider à médire, *far bordone*, *far tenore*. Item, *supplire*.
s'Aider, *se seruir*, *valersi*, *seruirsi*.
il ne se peut aider de ses membres, *è tutto assiderato*, *è paralitico*, *non si può muouere*.
Aiglantier, *rouo canino*.
Aigle, *Acquila*.
Aigle de mer, orfraye, *aguista piombina*.
Aigleron, ou Aiglon, *acquilotto*, *aguglino*.
Aigneau, *agnella*.
Aigneler, *agnellare*.
Aignelet, *agnellino*.
Aigre, *agro*, *aspro*, *acro*.
Aigre, fascheux, *fastidioso*.
Aigre, *succhio*.
Aigre de cedre, *agro ò sugodi cedro*.
fer Aigre, *ferro ingrato*, *intrattabile*.
Aigre doux, *dolce e piccante*.
Aigre fin, *certa moneta turchesca*. Item, *certo pesce*.
Aigrement, *aspramente*.
vin qui sent l'Aigre, *vino forte*.
Aigremoine, *agrimonia*.
Aigret, *acerbetto*, *agretto*.
Aigrette, oiseau, *garzetta*.
Aigrette, plumes, ou teste d'aigrette, *garzetta*.
Aigrette, oseille, *acetosa*.
Aigreur, *acerbezza*, *asprezza*.
Aigrir, deuenir aigre, *inforzare*.
s'Aigrir, *inasprire*, *offendersi*, *andar in colera*.
Aigrir vn affaire, *inasprire*, *esacerbare*.
Aigrun, *agrume*.
Aigu, *sottile*, *acuto*.
mots, ou traits Aigus, *motti arguti*.
il a l'esprit Aigu comme vne boulle : l'Italien. dit, *è più tondo ch' vna lippa*.
Aiguëment, *sottilmente*, *acutamente*.
* Aigue marine ; verd de mer, *verde mare*.
Aiguiere, *vaso da acqua*, *boccale*.
Aiguillade, &

Aiguillat, poisson, *agonò ; gabiano*.
Aiguille, *ago*.
Aiguille à emballer, *ago da sacchi*.
Aiguille à partager les cheueux, *diriz zatoio*.
Aiguille de cadrant, *stilo*.
Aiguille, poisson, *agnosciola*.
Aiguille, clocher, *guglia*.
Aiguille, piramide, *guglia*.
Aiguille de chariot, *timone del caro*, *assedone*.
Aiguille de pasteur, sorte d'herba, *carui siluatico*.
Aiguilles, *vermi che nascono nel corpo dello sparauiere*.
Aiguillée, *agata*, *agugliata*.
Aiguillette, *stringa*.
Aiguilleter, *stringare*.
Aiguillettier à mettre des aiguilles, *pennaruola da tener aghi*.
Aiguilletier, *agucchiaro*.
Aiguillon de mousche, *bisitiglio*.
Aiguillon, *stimolo*, *pungolo*.
Aiguillonner, *stimolare*, *pungolare*.
Aiguillonnement, *stimolamento*.
Aiguillonneur, *stimolatore*.
Aiguisement, *arruotamento*.
Aiguiser, *arruotare*.
s'Aiguiser l'esprit : l'Italien dit, *aguzzar i suoi ferruzzi*, *aguzzarsi l'ingegno*.
Aiguiser l'appetit, *incitare*, *pronocare*, *irritare*.
Aigument, *sottilmente*, *argutamente*.
Ail, *aglio*.
Ail-oignon, *aglio grosso*.
Ail-porreau, *scordoprasa*.
Ailé, *ala*.
Ailes d'armée ; *ali*.
Aile de chappeau ; bord, *ala*.
Ailes, costez de vaisseau, *ale*.
tirer de dessous l'Aile ; Metaph. *cauar di sotto alla prorettione del padre ò della madre*.
rogner les Ailes, Metaph. *leuar la possanz à ò poterç*.
Ailé, *alato*.
Ailées qu'on donne à vn cheual, *carriera*.
Ailer, *attacar ali*.
Ailerette, *alietta*, *aletta*.
Aileron, *ala piccola*. *Aletta di vestito*.
Ailerons de poissons, *alette*, *aliette*.
Ailette, *aletta*, *ala piccola*.
Aileures, trauersins ; *certe traui che attrauersano il vascello*.
Aillade, saulse faite d'ail, *agliata*.
Ailler, *rete da quaglie*.
Ailleurs, *altroue*.
d'Ailleurs, *dall' altra parte*. *Altronde*.
Aillot, *specie di fior giallo*, *trombone*.
Aimable, *amabile*.
Aimablement, *amabilmente*.
Aimant, *amante*, *amando*.
Aimant, pierre d'Aimant, *calamità*.
Aimanter, *toccar colla calamita*.
Aimantin, *adamantino*.
Aimer, *amare*.
Aimer vne viande, *piacer il cibo*.
j'Aime cette viande-là, *mi piace quella viuanda : mi gusta quel cibo*.
j'Aime mieux, *mi è più caro*.
j'Aime que, *hò à caro che*, &c.
Aimer à faire, *dilettarsi di fare*.
s'Aimer en vn lieu, *star volentieri in vn luogo*.
* Ainçois, *anzi*.

* Alme, *almo, buono, bello, gratiofo.*
Aloë, aloës, *aloè.*
Aloës cicotrin, *aloè citrino.*
Aloigne, qui fert à indiquer l'ancre, *ganitello.*
* Alopecie, *alopecia, pelatina.*
Alors, *all' hora.*
Alofe, *alofa.*
Aloüette, *lodola, allodola.*
Aloüette de pré, *calandrino.*
Aloüette huppée, *lodola capelluta.*
les Aloüettes y tombent toutes rofties, pour dire en raillant, qu'vn pays n'eft pas fort bon : l'Italien dit, *vifi legano le viti con le falficcie.*
les Aloüettes luy tomberont toutes rofties dans la bouche, ironie : l'Italien dit, *hauerà la pera monda.*
* Alourdir, *diuentar goffo, ò balordo.*
Aloy, *lega di metallo.*
de bas Aloy, *di baffa lega.*
de bas Aloy, Metaph, 1. mauuais : l'Italien dit auffi, *di baffa lega.*
Aloyer la monnoye, *legare, dar la lega.*
Aloyne, aluine, *affentio.*
les Alpes, *le Alpi.*
* Alpeftre, montagnard, *alpeftre.*
Alpifte ou alpiftre, graine que l'on donne aux Serins de Canarie, *fcaglinola, feme di fallaride.*
Alphabet, *alfabeto.*
Alquemie, *alchimia.*
Alquimie, *alchimia.*
faire l'Alquimie auec les dents, *magnar tutta la fua robba.*
* Alfidomant, qui augure par la farine, *alfidomante.*
faire Alte, *far alta.*
Alteratif, *alteratiuo, che altera.*
Alteration, *alteratione, corruttione.*
* Altercateur, *altercatore.*
* Altercation, *altercatione.*
Alterer, *alterare, affetare. Corrompere.*
s'Alterer, *alterarfi, andar in collera, adirarfi.*
vn Alteré, *vn affamato, vn caftinello, vn morto di fame.*
Alteres, *trafportamento, furia, alteratione d'animo, paffione.*
Alternatif, *alternatiuo.*
Alternation, *alternatione.*
Alternatiuement, *alternatiuamente.*
* Alterner, changer l'vn aprés l'autre, *alternare.*
* Alterquer, *altercare.*
Alteffe, *Altezza.*
Altier, *altiero.*
* Altitonant, *altitonante.*
Alueole, *alueolo, buco nel quale è rinchiufo il dente.*
Alude, bafanne, *aluta.*
* Aluette, la luette, *vgola.*
Aluin, *pefce da appefcare vno ftagno.*
Aluiner, *appefcare vno ftagno, &c.*
Aluine, *affentio.*
Aluineux, *abfintino.*
Alum, *alume, lume.*
Alum de roche, *lume di rocca.*
Alum de plume, *pietra amianto.*
donner l'Alum aux draps, *alluminare, allumare.*
lieu d'où l'on tire l'Alum, *lumiera.*
Alumineux, *luminofo.*
Alun, *alume, lume.*
* Aluté, luté, accommodé auec du lut, *lutato.*



## A M

A Mades, terme de blafon, *lifte.*
Amadoüer, *lufingare.*
Amadoüeur, *lufinghiere.*
Amadoüement, *lufinga, vezzo.*
* Amafrofe, *acciecamento ò abbagliamento cagionato dalla otturatione del nerno ottico.*
Amaigrir, *fmagrire, immagrire, diuentar magro.*
Amaigrir la terre, *sfruttare.*
Amainer, terme de marine, *amainare.*
Amalgame, incorporation de vif argent, auec d'autres metaux, *amalgame.*
Amalgamer, terme d'Alquemifte, mefler le vif-argent, &c. *amalgamare.*
Amandaye, *mandorleto.*
Amande, *mandola, mandorla.*
Amande d'vn noyau de fruict, *anima di nocciolo.*
Amandier, *mandolo, mandorlo.*
Amandin, *fpetie di marmo, roffeggiante, amandino.*
* Amanotter, *legar con manotte.*
Amant, amante, *amante.*
Amants, cordages qui fouftiennent l'antenne, *amanti.*
Amanteler, *ammantare.*
Amaranthe, fleur, & couleur, *amaranto.*
Amarrages, cordages pour attacher vn vaiffeau, *armeggi.*
Amarrer, *armeggiare.*
Amatres, pour attacher vn vaiffeau, *armeggi.*
l'Amarri, *madre, matrice.*
Amas, *cumulo, mucchio.*
Amaffement, *amaffamento, accumulatione.*
Amaffer, *ammaffare, accumulare.*
s'Amaffer, *adunarfi.*
Amafferefle, *accumulatrice.*
Amaffeur, *accumulatore.*
s'Amaftiner, *diuentar maftino, farfi di natura di cane maftino.*
Amateur, *amatore.*
Amathifte, *ametifto.*
* Amatir, *abbattere, ftancare, indebolire.*
Amazone, *Amazona.*
Amatrice, *amatrice, che ama.*
Ambages, *ambagi.*
Ambagieux, *ambagiofo, pieno d'ambagi.*
* Amballage, *abballamento.* Voyez le refte à Emballage.
Ambaffade, *ambafciata, imbafciata.*
Ambaffadeur, *ambafciatore, imbafciadore.*
Ambaffadeur d'amour, *ruffiano.*
Abefas, deux as aux dez, *ambaffi.*
* Ambier, mot de jargon, aller, *andare.*
Ambigu, *ambiguo.*
Ambiguëment, *ambiguamente.*
Ambiguité, *ambiguità.*
Ambitieux, *ambitiofo.*
Ambition, *ambitione.*
Ambitionner, *bramare, defiderar con ambitione, agognare.*
Amblant, *ambiante.*
Amble, *ambio, portante.*
aller l'Amble, *andar di portante.*
Ambler, *ambiare, andar di portante.*
Ambligone, forte d'angle, *ambligonie.*

Ambre, *ambaro.*
Ambre jaune, *ambragialla.*
Ambre gris, *ambragrisa, ambracane.*
Ambrosie, *ambrosia, beuanda de gl' Iddij.*
Ambrosie, plante, *ambrosia.*
* Ambulatoire, *ambulatorio.*
Ame, *anima, alma.*
Ame du canon ou noyau, *anima del cannone.*
l'Ame d'vne deuise, *impressa.*
l'Ame d'vn soufflet, *anima del mantice.*
l'Ame d'vn violon, *anima.*
l'Ame d'vne volaille, *... acara.*
il n'y a Ame viuante, *non ci è anima nata.*
Amelette, petite ame, *animetta.*
Ameliorement, *amiglioramento.*
Ameliorer, *amigliorare, migliorare.*
Amenage, *cariaggio, condotta.*
Amendable, *amendeuole.*
Amendaye, *mandorleto, luogo piantato di mandorli.*
Amende, *amenda, fio, pena, castigo.*
Amende honorable, *amenda, il domandar perdono à Dio, &c. ... i alla chiesa in publico.*
Amendement, *amendamento, miglioramento.*
Amender, *amendare, migliorare, coreggere.*
Amender vne terre, *migliorare.*
Amender de prix, *calar di prezzo ...*
s'Amender, *amendarsi, correggersi.*
Amender les terres, *alletamare.*
Amendeur, *correttore.*
Amenement, *condotta.*
Amener, *menare, condurre, menar quà.*
Amener des raisons, *addur ragioni, arrecare.*
Amener auec soy, *tirarsi dietro.*
Ameneur, *conduttore.*
* Amenité, *amenità.*
Amenuisement, *sminuimento.*
Amenuiser, *sminuire, far picciolo.*
Amcos, *spetie d'herba, ammi.*
Amer, *amaro.*
vn peu Amer, *amaretto.*
deuenir Amer, *inamarire.*
l'Amér ou fiel d'vn animal, *il fiele.*
Amer doux, *spetie di pomo dolceamaro.*
Amer de sel, *troppo salato.*
Amerement, *amaramente.*
Ameret, *cidra fatta di pomi amari.*
Amerine, *agno casto.*
* Ameriquain, mal venerien, *mal venereo.*
Amertume, *amarezza, amaritudine.*
* Amesnager, *fornir di masseritie. Item, pigliar casa.*
* Amesson, hameçon, *hamo.*
Ametiste, *ametisto.*
Amette, *animuccia, animetta.*
Ameublement, *fornimento di masseritie.*
Ameubler, *fornir di masseritie.*
s'Ameuter, terme de chasse, *amutarsi.*
Ameuter les chiens, *amutare.*
Amezeau, *canale ò conca da cauar acqua dal mare per far sale.*
Ami, voyez Amy.
Amiable, *amoreuole.*
à l'Amiable, *amicheuolmente, amoreuolmente.*
Amiablement, *amoreuolmente.*
* Amiableté, *amoreuolezza.*
Amict, *amitto da prete.*
Amidon, *amito.*
* Amidonner, *inamitare.*
Amie, *amica.*

Amieller, *ammelare.*
Amielleure, *linimento con mele, ammelamento.*
* Amiette, petite amie, *amichetta.*
* Amigdale, *mandola.*
Amigdales, glandes au col, *gauine, gattigne.*
* Amignarder, *lusingare.*
Amignottement, *lusinghe.*
Amignotter, *lusingare.*
* Amiot, petit amy, *amichetto.*
Amiot, *sorte di pero.*
Amission, *ammessione.*
Amitié, *amicitia, amistà.*
Amancher, *far il manico, metter il manico.*
Ammenager, &
Ammeubler, *fornir di masseritie. Item, far mobile.*
Ammi, sorte de cumin, *ammi, spetie d'herba ò cumino.*
Ammielleure de graine de lin, *linosa.*
* s'Ammignonner, *assettarsi, ornasi, pulirsi.*
Ammitonné, *rinchiuso ò camuffato nella pelle come vna gatta.*
Ammodite, sorte de serpent, *ammodite.*
Ammoniac, *ammoniaco.*
sel Ammoniac, *sale ammoniaco.*
Amnestie, *amnestia.*
Amnie, *pellicola nella quale è auuiluppato il bambino nella matrice, amnia.*
Amoderer, *moderare.*
Amodiateur, *affittaiuolo.*
Amodiation, *affittamento.*
Amodier, *affittare, pigliar à fitto.*
Amodotte, *spetie di pero.*
Amoindrir, *menomare, sminuire, diminuire.*
s'moindrissement, *sminuimento, diminuitione.*
Amoitir, *inhumidire.*
Amollir, *ammollire.*
Amollissement, *ammollimento.*
Amome, *amomo.*
Amomis, *grappola d'amomo.*
Amomite, forte d'encens blanc, & clair, *amomito incenso.*
Amomon, amome, rose de Ierusalem, *amomo.*
Amoncelement, *ammucchiamento.*
Amonceler, *ammucchiare, amonticchiare, accumulare, catastare, ammassare, abbicare.*
Amonne, *amonio herba.*
* Amont, *all'insù.*
pais d'Amont, *paese alto, paese verso l'origine del flume.*
vent d'Amont, *Austro.*
Amorce, *esca, alletiamento.*
Amorce, *poluerino.*
Amorce d'vne fusée ou feu d'artifice, *stoppino.*
Amorcer, *adescare.*
Amorcer vne arme à feu, *metter il poluerino.*
Amortir, *ammortire, ammorzare, smorzare.*
Amortir vne rente, *riscattare vna rendita.*
Amortissement, *ammortimento, smorzamento, liberatione.*
Amortissement de rente, *riscatto di rendita.*
Amour, *amore.*
estre en Amour, qui se dit des animaux, *esser in frega.*
pour l'Amour de toy, *per conto tuo, per amor tuo.*
ou par Amour ou par force: l'Italien dit, *à due modi ò per amor ò per forza.*
Amourachement, *amorazzo.*
s'amouracher, *inamorarsi, amoracciarsi.*
Amoureau, *amoretto.*
Amourettes, *innamoramento.*

Amourettes, *spetie, di fiore simile al garofanō.*
Amoureuse, *inamorata, amorosa.*
Amoureusement, *amorosamente.*
Amoureux, *inamorato, amoroso.*
estre Amoureux des vnze mille Vierges ; l'Italien dit, *attaccar il maio ad ogni vscio.*
muscles Amoureux, *certi muscoli intorno à gl' occhi.*
Amphibie, qui vit dans l'eau, & sur terre, *ansibio.*
Amphibologie, *ansibologia.*
Amphibologique, *ansibologico.*
Amphisbeine, *anfesibena, spetie di serpente.*
Amphiteatre, *enfiteatro.*
Amphiteose, *che non può riscattarsi.*
Amphore, sorte de mesure ancienne, *anfora.*
Ampion, fanal ou lanterne, *ampione.*
Ample, *ampio.*
Amplement, *ampiamente.*
Ampleur, *ampiezza, larghezza.*
† Ampliateur, *amplificatore.*
* Amplier, &
Amplifier, *ampliare, amplificare.*
* Ampliation, &
Amplification, *amplificatione.*
Ampois, *amito, salda.*
Ampouler, *gonfiare.*
Ampoulé de gloire, *gonfiato d'orgoglio, gonfio.*
Ampoulle, *ampolla, bolla.*
* Amputation, *amputatione.*
* Amputer, arracher, *amputare.*
Amulete, contre-charme, *amuleto.*
* Amuseller, *metterla musaruola.*
Amusement, *trattenimento, badalucco.*
Amuser, *trattenere, tener a bada.*
s'Amuser, *badare, attendere, trattenersi.*
Amuseur, *trattenitore.*
* Amusoire, *trattenimento, badalucco.*
* Amusse, *almuccio.*
Amy, *amico.*
bon Amy, *amico stretto.*
petit Amy, *amichetto.*
Amygdales, glandes à la gorge, *gauigne, gauine.*

### AN

An, *anno.*
A vn An après, au bout de l'An, *doppo l'anno.*
Anabaptiste, *anabatista.*
Anacarde, fruit des Indes, *anacardio.*
Anacardin, miel anacardin, certain suc veneneux qui se treuue sous l'escorce de l'anacarde, *anacardino mele.*
Anachorette, hermite, *Anacoreto.*
Anagal, mouron, morgelline, *anagallide.*
Anagogique, plein de haute intelligence, *anagogico.*
Anagrammatiser, *anagrammatizzare.*
Anagramme, *anagramma.*
Anagyre, plante, *anagiri.*
Analemme, pour trouuer le cours, & l'éleuation du Soleil, *analemma.*
Analogie, proportion, conuenance, *analogia.*
Analogique, *analogico.*
Analogiser, comparer, conformer, *analogizzare.*
Anarche, sans chef, *annarco.*
Anarchie, gouuernement sans chef, *annarchia.*
Anarchique, *d'Anarchia.*
* Anate, canard, *anada, anetra.*



Anathematiser, *anatematizzare.*
Anatheme, excommunié, *anatema.*
Anatomie, *anatomia, notomia.*
Anatomique, *anatomico.*
Anatomiser, *anatomizzare.*
Anatomiste, *anatomista.*
* Ancelle, *ancilla, serua.*
Ancestres, *antecessori, antenati, predecessori.*
Anche, de haut bois, &c. *linguella, linguetta.*
Anchois, *anchioue, ancioue.*
Ancholie, fleur, *ancolia.*
Anchuse, orcanette, *ancusa.*
Ancien, ancienne, *antico, antica.*
Anciennement, *anticamente.*
Ancienneté, *antichità.*
Ancœur, *anticuore.*
* Ancoigner, *ritirar nel cantone.*
Ancolie, fleur, *ancolia.*
Ancrage que l'on paye au Seigneur d'vn port, *ancoraggio.*
Ancre, *ancora.*
Ancre de mur, *chiaue.*
faiseur d'Ancres, *ancoraio.*
Ancré, *attaccato coll' ancora, fatto à guisa d'ancora.* Metaph. *attaccato, fortemente appiccato.*
Ancrer, moüiller l'ancre, *dar fondo.*
s'Ancrer. Metaph. *attaccarsi fortemente.*
Ancriere, corde pour amarrer, *capo di posta.*
Andains de foin, *fileri di fieno.*
Andoillers, Andoüillers, *corna picciole del ceruo, quelle, che attrauersano le grandi.*
Andoüille, *spetie di salciccione ripieno di budella.*
Andoüillettes, *polpette.*
Andrin, couleur brune ou noire, *andrino.*
Androgine, *hermafrodito.*
Androsace, plante, *androsace.*
Androsenum, espece de mille-pertuits, *androseno.*
Aneantir, *annichilare.*
Aneantissement, *annichilatione.*
Anemone, fleur, *antmone anemonia.*
* Anestie, *stagione.*
Anet, Aneth, *aueto.*
Anet sauuage, *pinillo.*
* Angaria, *anguria.*
* Angarier, surcharger, *angariare, angareggiare.*
Ange, *Angelo.*
Ange ou angelet de mer, *spetie di pesce di mare.*
vn Ange entre deux Diables ; l'Italien dit, par contrarieté de sens, *la paglia da campi ; la cattiua in mezzo alla buona.*
* Ange de greve, *facchino.*
Angelique, *angelico.*
Angelique, herbe, *angelica.*
Angelet, *angelino.*
Angelette, *angelina.*
Angelot, *spetie di cascio, di forma quadra.*
Angelot, *sorte di pesce.* Item, *spetie di moneta Inglese.*
Angelot, petit ange, *angelino.*
Angie, tumeur, bosse chancreuse, & maladie de cheual, *anghia, angio.*
Angine, esquinancie, *angina.*
Anglantine, esglantine, *spetie di rouo.*
Angle, *angolo.*
Angle flanquant, *angolo fiancheggiante.*
Angle flanqué, pointe du bastion, *punta del bastione.*
à vn Angle, *monangolo.*
à double Angle, *binangolo.*

en Angle

en Angle retiré, *à forbice.*
Angleterre, *Inghilterra.*
Angleux, *appiccaticcio.*
noix Angleuse, *noce appicatricca.*
Anglois, *Inglese.*
* Anglois, *in lingua furbesca, un' oca.*
Angoisse, *angoscia, angustia.*
* Angoisser, donner de l'angoisse, *angustiare.*
Angoisseusement, *angosciosamente.*
Angoisseux, *angoscioso.*
* aller en Angoulesme : l'Italien dit, *andar in corgozzone.*
* Angourie, melon d'eau, *anguria.*
* Angouste, *langosta.*
Anguillade, *staffilate con pelli d'anguilla.*
Anguille, *anguilla.*
Anguille de bois ou de haye, sorte de couleuvre, *biscia.*
escorcher l'Anguille par la queuë, *far una cosa al contrario.*
il y a Anguille sous roche : l'Italien dit, *gratta ci coua, trama ci è.*
Anguilleneuf, au guy l'an neuf, *mancia ò presente nel capo dell'anno.*
Anguillette, petite anguille, *anguilletta, anguilla picciola.*
Anguilliere, *anguillara.*
Angulaire, *angolare.*
* Anguleux, plein d'angles, *angoloso.*
Angurie, *anguria.*
* Anguste, *angusto.*
* Angustie, *angustia.*
* Anheler, haleter, *anhelare.*
* Anichiler, *anichilare.*
* Anilles, *gruccie, stampelle.*
Anime, *anime di metallo.*
Anime, *specie, d'arma.*
Animal, *animale.*
Animer, *animare, dar vita.*
Animer, inciter, prouoquer, *prouocare, incitare, aizzare, far animo.*
* Animeux, courageux, *animoso.*
Animosité, *animosità, Odio, mala voglia.*
Anis, *anice.*
Anisé, *condito con anici.*
Aniser, *acconciar con anici.*
* Anlueller, *liuellare, alliuellare.*
Annales, *annali.*
Anpaliste, *annalista.*
Annate, *annata.*
Anneau, *annello.*
Année, *anno.*
à longues Années, *enfiurosi.*
Anneler, *inannellare.*
cheueux Annelez, *inannellati, capelli.*
Annelet, *annellino.*
* Annexation, &
* Annexe, *annessione.*
Annexer, *annessare.*
* Annicher, *annidare.*
* Annicheur, *annidatore.*
* Annichiler, *annichilare.*
Anniuersaire, *anniuersario.*
Annoblir, *annobilire.*
Annoblissement, *annobilimento.*
* Annombrer, *annouerare, annumerare.*
Annoncement, *annuntiamento.*
Annoncer, *annuntiare.*

Annonceur, *annuntiatore.*
* s'Annonchalir, *anneghittire.*
Annonciade, *annuntiata.*
Annonciation, *annuntiatione, annuntio.*
Annone, fruit des Indes, *annona.*
Annotation, *annotatione.*
Annoter, *annotare.*
s'Annoüer, *turarsi la canna della gola per souerchia grossezza di boccone, ingorgarsi.*
Annuel, *annuale.*
Annuellement, *annualmente.*
* Annulaire, *annulare dito. Anticamente si chiamaua cosi il Cancelliere, alla hora che l'annello del Rè era il sigillo grande.*
Annuller, *annullare, annichilare, ridur a niente.*
Anomal, *anomalo, irregolare.*
Anonexie, ou anorexie, *anoressia, innapetenza di cibo.*
Ansarot sorte de gomme, *sarcocolla.*
Anquins, qui tiennent l'entenne à l'arbre, *anchini.*
Anse, *manica vecchia, ò simili vasi.*
Anse de cadenas, *annello.*
Anses de pétard, *braccialetti, maniccie.*
Ansette, *manico picciolo di vaso ò pentola.*
Anspeçade, lance peçade, *lancia spezzata.*
Ansettes, *certo uncino per rusa di appiccar la pignatta sù'l fuoco.*
* d'Antan, *dell'anno passato.*
Antecedent, *antecedente.*
Antartique, *antartico.*
Antecesseurs, *antecessori, antenati.*
Antechrist, *anticristo.*
Antenne, *antenna.*
* Antenois, *agnello d'un anno.*
Anterieur, *anteriore.*
Anterieurement, *anteriormente.*
Antesignans, gens d'élite, *antesignani.*
Anthirrinum, plante, *antirrino.*
Anthracite, sorte de pierre, *antrachite.*
Antichambre, *anticamera.*
Anticipant, *anticipante.*
Anticipation, *anticipatione.*
par Anticipation, *anticipatamente.*
Anticiper, *anticipare.*
Antidate, *antidato.*
Antidater, *antidatare.*
Antidotaire, *che serue per antidoto, antidotario.*
Antidote, *antidoto.*
Antidoter, *antidotare.*
Antienne, *antifona.*
Antelle de bois, *canicchia à catenaccio di legno.*
Antillis, sorte de plante, *antillide.*
Antimoine, *antimonio.*
Antinomie, *antinomia, contrarietà di leggi.*
Antipathie, *antipatia.*
Antiperistase, *antiperistasi.*
Antiphonnes, *antifone.*
* Antiphonnier, *libro d'antifone.*
Antipodes, *antipodi.*
Antiporte, *antiporta.*
Antiquaille, *anticaglia.*
Antiquaire, *anticagliere.* Item, *antico, vecchio.*
Antique, *antico, antica.* Item, *anticaglia.*
Antiquement, *anticamente.*
Antiquité, *antichità.*
Antithese, *antitesi.*
Antonomasie, *antonomasia, eccellenza.*
Antonomatic, excellent, *antonomatico, buono per eccelenza.*

Assistance, assistenza, aiuto, presenza.
Assistant, presente, sù'l fatto.
Assister, aiutare, esser presente, accompagnare.
* Assister au compte, starui ò esserui per niente.
Assize, assisa.
Associable, associabile, assotieuole.
Association, associatione, compagnia.
Associé, compagno.
Associer, associare, accorzare insieme.
Assommeiller, assonnare.
Assommer, accopare, ammazzare. Item, sommare vna somma.
Assommeur, ammazzatore.
Assortir, assortire, fornire.
Assortissement, assortimento, fornimento.
Assotté, inuaghito, imbertonato.
s'Assoter, impazzir per amore.
Assotir, immattire.
Assoupir, sopire, addormentare.
Assouplir, diuentar morbido ò arrendeuole.
Assourdir, assordare.
Assourdissement, assordamento.
Assouuir, satiare.
Assouuissement, satiamento.
* Assuefaction, assuefattione, auezzamento.
Assujettir, sogettare, sottoporre.
Assumption, assuntione.
* Ast, long fust d'arme, asta.
Astace, astace, spetie di granchio.
Astelles, scheggie, asticelle.
Astellier d'ouuriers, la fabrica, il lauoreccio.
Asthmatic, asmatico.
Asthme, asma.
Astragale, astragalo, frulla.
Astragale, partie releuée proche du bourlet du canon, cordone, astragalo.
Astre, astro.
Astré, pieno di astri, stellato.
Astreint, astretto.
Astreindre, astringere.
Astringent, astringente.
Astrolabe, astrolabio.
Astrologie, astrologia.
Astrologien, astrologo.
Astrologue, idem.
Astronome, astronomo.
Astronomie, astronomia.
Astuce, astutia.
Asyle, asilo.

A T

A Tabal, ataballe, nacchera, ataballo.
Atedier, noiare, attediare.
Aterrement, aterramento.
Aterrer, aterrare.
Athanasie, atanasia, herba.
Athée, ateo.
Atheisme, ateismo.
Atheiste, ateo, ateista.
Athelete, atleto.
Atome, atomo.
Atour, certa accionciatura di capo.
Atours, gioie da ornare vna sposa.
* donner sur les Atours .i. battere, batter la bambagia.



Dame d'Atouts, guarda gioie.
Atourneresse, donna che dà gioie à fitto.
Atrabile, atrabile.
Atrabiliaire, atrabiliare.
Atrament, atramento.
Atre, sforcolare.
il n'y a rien si froid que l'Atre .i. non vi è niente da mangiare, ò da sperare.
Atrimer, parola di Zergo, pigliare, ciuffare.
Atroce, atroce.
Atrocement, atrocemente.
Atrocité, atrocità.
Attabale, ataballo, nacchera.
Attache, stringa, cordella, laccio.
Attaches, cartelle.
levrier d'Attache, levrier grosso, veltro.
Attachement, attacamento.
Attacher, attaccare, appiccare.
s'Attacher au combat, az zuffarsi.
s'Attacher à quelque chose, appigliarsi ad vna cosa.
* Attalenter, intalentare.
Attaque, assalto, espugnatione.
donner des Attaques, tirar bottoni, dar bottoncini, bottoneggiare.
Attaquer, assalire, affrontare.
Attedier, attediare, noiare.
Atteindre, arriuare.
Atteindre, frapper, colpire.
Atteindre en courant, giungere, cogliere.
atteinte de cheual, attinto, sopraposta.
Atteinte en courant la bague, colpita, tocco.
Atteinte de fortune, percossa di fortuna.
il m'a donné de viues Atteintes, m'hà grandemente offeso.
Atteint de maladie, colto dalla malatia, preso dal male.
Attelage, fornimento di caualli, &c. per la carozza, muta di caualli.
Atteler les cheuaux, metter sotto i caualli.
Attelier, la fabrica, lauoreccio.
Attelle, scheggia, asticella.
Attenant, vicino.
Attendant, aspettante.
Attendre, aspettare.
s'attendre à vne chose, sperar vna cosa.
on ne se doit pas attendre à luy : l'Italien dit, non è terreno da porci vigna.
Attendrir, ammorbidare, ammollire, frollare.
s'Attendrir, ammorbidire, diuentar morbido, intenerire.
Attendrissement, amorbidamento.
Attendu, aspettato.
Attendu que, veu que, attesò che.
Attentat, insidie alla vita, attentato.
Attente, aspettatione.
Attente d'vn édifice, adentellato.
pierre d'Attente, addentellato.
table d'Attente, tauola vota.
Attenter, attentare. Insidiare.
Attenter à la vie, insidiar la vita.
Attentif, attento, intento.
Attentiuement, attentamente.
Attenuation, attenuatione.
Attenuer, attenuare.
* Attenuir, render tenue, diuentar tenue.
Attermoyer, dar termine.
* Atterrassement, atterramento.
* Atterrasser, atterrare.
Atterrasseur, atterratore, riuoltatore.

Atterrer, atterrare, gittar per terra.
Attestation, fede, attestatione.
Attester, attestare, far fede.
Attiedir, intepidire.
Attiffement, acconciatura, affetto, assettamento.
Attiffer, assettare, acconciare il capo.
Attiffets, affetti, ornamenti.
Attiltrer, appostare.
* Attiner, initare.
* Attinter, assettare, ornare.
Attique, colomne quarrée, colonna attica.
Attirail, apparecchio, salmeria, arredo.
Attirer, tirare à sè, attirare alettare.
Attifement, attizzamento.
Attife-querelle, rissoso.
Attifeur, attezzatore.
Attifer, attizzare.
Attifonner, attizonare.
Attitrer, appostare.
Attitude, terme de Peintre, attitudine.
Attouchement, il tatto, il toccare.
Attoucher, toccare.
Attractif, attrativo.
Attraction, attrattione.
Attraire, attrarre, tirar à sè.
Attraits, alettamenti.
Attrament, attramento.
Attrapper, acchiappare, chiappare, cogliere.
Attrapper, tromper, ingannare.
Attrapper en courant, giungere, cogliere.
Attrappe minon, &
Attrapeur de minons, trappolla da quattrini, volpone.
* Attrapoire, trappola.
Attrayant, attrativo, gratioso, attraente, attrahente.
Attrempance, moderatione.
Attrempement, temperamento.
* Attremper, temperare, moderare.
Attribuer, attribuire.
s'Attribuer, arrogarsi, attribuirsi.
Attribut, attributo.
Attributif, attributivo.
Attrister, attristare, affliggere, affanare.
Attrit, attrito.
s'Attrouper, mettersi in troppa, schierarsi.
s'Attruander, diuentar pigro, anneghittire.

A V.

A V, al, nel, nello.
aller Au vin, andar per vino.
l'homme Au pannier, quello del cesto.
Au, pour auec le, toucher au doigt, toccar col dito.
s'Auachir, inuacchire, diuentar fiacco.
* Auail, capra siluatica.
* Auaillon, sperie di pesce armato.
Aual, abbasso, all' ingiù.
Auallage, il metter giù, il calar giù le botti.
Auallanche de neige, valanca, cascata di neue.
* Auallasse, acquazzone, inondatione.
Auallé, penchant, caduto, basso.
Auallement, inghiottimento. Item, abbassamento.
Aualler, mandar giù, inghiottire, beuere.
Aualler le vin, calare il vino.
Aualler, descendre, auallare.
Aualler vn bras, tagliar giù vn braccio.
Aualler ses chausses, mandar ò metter giù le calze.

Aualler le morceau, bersela, hauer patienza.
faire Aualler le morceau, farla bere ad vno.
Aualleur, inghiottitore.
* Aualleur de pois gris, mangione, ghiottone.
* Aualloire, Metaph. gola, gorzo.
Aualluer, aualorare.
Auance, aiuto, auanzamento.
Auance, saillie, sporto.
par Auance, innanzi tratto.
Auancement, auanzamento.
Auancer, auanzare, portar innanzi. Dar auanti tratto. Promouere.
s'Auancer, farsi innanzi. Auanzarsi, spingersi innanzi.
Auancer païs, Metaph. auanzar tempo, andar innanzi.
* Auanger à quelque chose, sodisfare.
* Auanchaye, vincheto.
Auant, innanzi, prima.
Auant, sù, auanti.
si Auant, tanto innanzi: Tanto profondamente ò altamente, tanto adentro.
mettre en Auant, proporre.
en Auant, oltre, innanzi.
Auantage, vantaggio.
d'Auantage, di più, d'auantaggio.
Auantager, vantaggiare, auantaggiare.
Auantagement, vantaggiosamente.
Auantageux, vantaggioso.
Auant-bras, anti braccio, armatura di braccio.
Auant-chambre, anticamera.
Auant-chien, stella che appare innanzi alla canicola.
Auant, scoprimento.
* Auant-cour, anticortile.
Auant-coureur, auticorriere, anticorritore. Item, Metaph. segno che precede vna malatia, o altra cosa.
Auant-garde, antiguardia, vanguardia.
Auant-goutte, proua, saggio.
Auant-hier, hieri l'altro, auant'hieri.
Auant-huis, portiera.
Auantin, marz a di vite.
Auant-penser, meditare.
Auant-pesches, bacochi.
Auant-portail, portico d'inanzi.
Auanture, vedi Aduenture, &c.
Auant-jeu, preludio.
Auant-main, dritto, mandritto.
Auant-mur, autimuro, barbacane.
Auant-parleur, prologo quello che fa il prologo.
Auant-pied, parte d'inanzi del piede, ò della calza sopra il piede.
Auant-propos, proemio, prologo.
Auare, auaro spilorchio, misero.
Auarement, auaramente, scarsamente.
Auarice, auaritia.
Auaricieusement, auaramente.
Auaricieux, auaro.
Auaris de mer.
Auau-l'eau, col corrente dell' acqua, con la piena.
* il est Auau-l'eau, Metaph. è andato in mal' bordo, è spedito, è perso.
* Auaux l'année, durante l'anno.
Aubade, mattinata.
* Aubain, forastiere, siuaniero.
Aubaine, dritto della robba del forastiere, che viene al Rè doppo la morte di esso.
Aubans, cordes qui soustiennent le mast, costiere, sarte.
Aube, alba.

D

Aube de Preſtre ; camice.
à l'Aube des mouches : l'Italien dit, all' Alba de' viſconti, alla punta del leſto.
Aube de rouë, pala di ruota.
* l'Aube d'vn baſt, arcione del baſto.
Aubeau, pioppo ſeluatico.
Aubere, vbero, pelo di cauallo.
* Aubereau, ſpecie di acquila.
Auberge, alberge, frutto.
Auberge, hauberge, albergo.
Aubeſpin, amperlo, pan d'orſo.
* Aubicon, ſpetie di fico.
Aubier, legno appreſſo la ſcorza dell' albero, alburno, el bianco del legname.
Aubiers, ſpitre d'vna bianca.
Aubifoin, batti ſecula.
Aubin-d'œuf, vbino, chiara dell' vouo.
Aubois, pina.
Aubour, alburno d'albero.
Aucteur, autore, vedi, Autheur, &c.
Aucun, alcuno, veruno, neſſuno.
Aucuns, certi vni, alcuni.
Aucunement, in qualche maniera ò modo, alquanto.
Aucunement, in neſſun modo, in neſſuna maniera.
Aucunement, vn peu, alquanto.
Aucunesfois, alcune volte, tal volta.
Audace, audacia.
Audacieuſement, audacemente.
Audacieux, audace.
Audience, audienza.
Audiencier, audienziere.
Auditeur, auditore.
* Auditif, auditiuo.
Audition, auditione.
Auditoire, auditorio.
Au droit, verſo.
Aue Maria de chappellet, Aue Maria.
Auec, con.
Auec moy, auec toy, auec ſoy, auec luy, auec elle, auec eux, meco, teco, ſeco.
l'vn d'Auec l'autre, l'vno dall' altro.
Auec tout cela, con tutto queſto, con tutto ciò, non oſtante queſto.
Aueille, ape.
Aucindre, cauar fuori dal forziere, &c.
Auene, auena, biada.
Auelaigner, auelano.
Auelaine, auelana, auellana.
Auenance, auuenentezza.
Auenant, auuenente, vago, gratioſo, deſtro.
à l'Auenant, all' auuenente.
Aueneron, auena ſterile.
Auenement, auuenimento, auuento.
Auerer, auuerare, verificare.
* Auerlan, ſuiato, buon compagno.
Auernal, infernale, d'auerno.
Auerne, auerno.
Aueron, auena ſterile.
Auerſion, auuerſione, animauerſione.
Auerti-cœur, anticuore, mal di cauallo.
* Auertin, gricciolo, ghiribizzo, tiro di teſta.
Auertineux, fantaſtico.
Aueſprement, annottamento.
Aueſprir, venir il veſpro, annotarſi.
Auet, ſpecie d'albero.
Aueu, voto, conſentimento.
Auette, appe picciola.
Aueugle, cieco, orbo.



loger les Aueugles : l'Italien dit, menar il cieco à bere alla fonte.
vn Aueugle y mordroit, l'Italien dit, lo vedrebbe Giandone, che haueua gl' occhi di panno ; lo vedrebbe Dianda ò Panfuſſo, &c. lo vedrebbe, Cimabue che nacque cieco.
Aueuglément, ciecamento, alla cieca.
Aueuglement, acciecamento, cecità.
Aueugler, acciecare.
Aueuglettes, a chiuſi occhi
Auge, albio, trugolo, truogo.
Auge à pourceaux, trugolo.
Augée, pieno vn albio.
Auget, abbeueratoio, beueratoio.
Auget de moulin, tramoggia.
Augment, aumento.
Augmentatif, aumentatiuo.
Augmentation, aumentatione, accreſcimento.
Augmentateur, aumentatore.
Augmenter, aumentare, accreſcere.
Augure, augurio.
Augurement, auguratione.
Augurer, augurare.
Augureur, auguro.
Augustin, frater di ſant Agoſtino.
Auiander, fornir di cibi ò vettouaglie.
* s'Auiander, cibarſi.
Auictuailler, fornir di vettouaglie.
Auide, auido.
Auidement, auidamente.
Auidité, auidità.
* Auier, mettre dans le chemin, auiare.
* Auigourir, inuigorire, dar vigore.
Auilir, auuilire, render vile, farſi vile.
Auilissement, auuilimento.
Auiner, auuinare.
Auiſion, viſione.
Auiné, Metaph. auezzo à beuer vino.
Aujourd'huy, hoggi.
Auprés, vicino, appreſſo.
d'Auprés, d'appreſſo.
par Auprés, da banda, a lato.
Auiron, remo.
Auiſer, vedi, Aduiſer, &c.
Auictailler, munir di vettouaglie, vettouagliare.
Auiuer, auuiuare.
Auiues, vinole.
Auiuoir, auuinatio.
Aulnage, il meſurar colla canna ò braccio.
Aulnay, ou
Aulnaye, vineto.
Aulne, arbre, olno, alno, antano.
Aulne, miſura di due braccia d'Italia.
demie-Aülne, vn braccio.
Aulne & demie, vna canna in circa.
il ſçait combien en vaut l'Aulne : l'Italien dit, sà quanto vale il ſale a Chioggia.
tout le long de l'Aulne, quanto è poſſible a tutto potere, con ogni ſincerità.
Aulnée, herbe, enola, lella, enola campana.
Aulner, miſurar col braccio ò canna.
Aulx, agli.
Aumelette, frittata.
Aumelette au lard, frittata rognoſa.
Aumaille, beſtiame grande.
Aumoſne, limoſina.
* Aumoſner, far limoſina.
Aumoſnier, che fà limoſine. Limoſniere, Cappellano.

Aumuce, aumusse, *moz zetta, almucio.*
* Auoie, *spetie di verme, o serpe cieca.*
Auoine, *auena, biada.*
Auoir, *hauere.*
Auoir raison, *tiror raison, cauar construttio.*
il n'y A gueres, *poco fà.*
il y A beaucoup, *gran pez zo fà, assai tempo fà.*
vous en Aurez pour cela, *vi costerà questo, vi starete per quello.*
il y A, *vi è, vi sono.*
s'Auoisiner, *auuicinarsi.*
Auolement, *il venir volando.*
Auortement, *abortamento.*
Auorter, *abortare.*
Auorton, *aborto.*
vn petit Auorton, *huomo picciol, mez a sconciatura.*
Auouër, *confessare, approbare.*
* Auoutre, *bastardo.*
Auoye, *serpente cieco.*
Auparauant, *innanzi, prima, per l'adietro.*
* Aure, vent, *aura.*
* Aureille, *orecchia.*
Aureillons, *strangoglioni.*
Aureole, *laureola.*
Auriculaire, *auricolare.*
Avril, *Aprile.*
poisson d'Avril .i. *ruffiano.*
Auriol, *spetie di pesce.*
s'Auoyer, *auiarsi.*
Auron, *auena sterile.*
Auronne, *abbruotano, abruotina.*
Aurore, *aurora.*
Auspice, *auspicio, auspitio.*
Aussi, *anche, anco, ancora.*
Aussi-bien, *nè più nè manco, ad ogni modo.*
Aussi-bien que, *cossi bene come, &c.*
Aussi est-il raisonnable, *ed è pur ragione, ed è ben di ragione.*
Aussi-bien l'vn que l'autre, *tanto l'vno quanto l'altro.*
Aussi que, *oltre che.*
Aussi-tost que, *come prima.*
Aussi falloit-il, *e però bisognaua, e perciò, &c.*
Aussi grand, ansli gros, aussi long, *tanto fatto.*
Aussi-tost, tout aussi-tost, *subito, quanto prima, ad vn tratto, così tosto presto.*
Aussi-tost dit, aussi-test fait; *dal detto al fato.*
Aussi peu, *manco.*
Aussi n'auez-vous, *così poco haucte voi.*
Aussi feray-ie, *tanto farrò.*
Austere, *austero.*
Austerement, *austeramente.*
Austerité, *austerità.*
Austour, *astore.*
Austral, *australe.*
* Austre, *Austre.*
* Austrie, *idem.*
Austrin, *d'austro.*
Austruche, *struz zo.*
Autan, *vento australe.*
Autant, *tanto, altretanto, tanto tempo.*
Autant, que, *quanto, tanto quanto.*
tout Autant, *tanto quanto.*
d'Autant plus, *tanto più.*
d'Autant que, *impero che.*
en faire Autant, *far il simile.*
tout Autant de fois que, *ogni volta che.*
Autel, *altare.*
Autentique, authentique, *autentico.*



Autentiquer, *autenticare.*
Auteur, autheur, *autore.*
Autorisation, *autoriz zatione.*
Autoriser, *autoriz zare.*
Autorité, authorité, *autorità.*
* Autins, *vigna a guisa di pergolato.*
Automnal, *autonnale, d'autonno.*
Autour, oiseau, *astore.*
Autour, aduerbe, *intorno, all' intorno.*
Autre, *altro.*
prendre pour vn Autre, *tor in cambio, tor in fallo.*
* comme dit l'Autre, *come disse quello.*
d'Autre-part, *d'altronde d'altroue.*
Autrement, *d'altra maniera.*
Autrement, *altramente, altrimenti, se non.*
Autrement, aduerbe, *qual. Altrimenti.*
Autrefois, *per l'addietro, già, altre volte.*
Autruy, *altrui, altri, d'altrui.*
Auuent, *tauolaccio, tettoia.*
Auuernas, *spetie d'vna pera.*
Auxiliaires, *aussiliarij.*

### A X

Axillaire, *d'ascella, assilare.*
Axiome, *assioma.*
Axunge, *assungia.*

### A Y

Ayant, *hauendo.*
Ayde, *ajuto, alutante.*
Ayeul, *auolo.*
Ayeule, *auola.*
Aymant, *calamita.*

### A Z

* Azagaye, sorte de dard, *zangaglia.*
Azarole, arbre, *azarolo.*
Azaron, cabaret, herbe, *azaro, asaro.*
Azime, *azimo.*
Azur, *azurro.*
Azurer, *azurrare, di pinger coll' azurro.*
Azurin, *Azurrino.*
Azuron, *azurro, scuro.*

# B

B Dur ou B carre, *B duro, termine di musica.*
B mol, *B molle.*
entrer ou passer de B carre en B mol .i. *passar d'vn soggetto à discorso nell' altro.*

D ij

BA

Baaillement, *sbadiglio.*
Baailler, *sbadigliare.*
Babeure, *agretto.*
Babiche, babichon, *spetie di cagnolino co' peli lunghi.*
Babil, *cicalamento, chiacchiara.*
Babillard, *chiacchiarone, cicalone, ciarliere.*
Babiller, *ciarlare, cicalare, chiacchiarare.*
Babillerie, *chiacchiara.*
Babine, *ganascia ò labbro d'animale.*
Babiner, *muover le ganascie.*
Babioles, *bagatelle, ciappolerie, babbole.*
Baboüin, *babbuino.*
petit Baboüin, *menchione, moccicone, fraschetta.*
Baboüiner, *far del menchione, menchionare.* Item, *ingannare.*
Baboüinerie, *menchionaria. Inganno.*
Bac, *barco, passa canalli, pontone.*
Baccalas, bastons qui aduancent en dehors de la couuerture d'vne galere, *baccalari.*
Baccar, *baccara, asarabacca, herba.*
Bacchanales, *baccanale.*
Bacchanalifer, *far baccanali.*
Bacchanaliste, *imbriacone.*
Bacchante, *baccante.*
Bacelle, *castellania.*
Bachat, *bascià.*
Bachelerie, *baccelleria.*
Bachelier, *baccelliere.*
Bachique, *bacico, di Bacco.*
Bachot, *barchetta, nauicella.*
Bacin, *bacile.*
* Bacler, *sbarrare, stangare.*
Bacon, *lardo.*
Bacquet, *tinuccio, tinuzzo.*
Bacul de mulet, *straccale.*
Bacule, *trappola.*
Bacule à tirer de l'eau, *altalena.*
Bacule à ietter les feux d'artifice, *trabocco.*
donner la Bacule, *acculatare.*
Badaud, Badaut, *balocco.*
Badaudement, *scioccamente.*
Badauderie, *menchioneria, balordaggine.*
* Balaudise, *idem.*
Badault, *menchione, balocco.*
Badecoquille, *spetie di pesce armato.*
* Badelory, *sciocco.*
Badin, *sciocco menchione.*
Badinage, *menchioneria, sciocchezza, attion da sciocco.*
fait au Badinage, *bene instrutto, ben auezzo, ó corzonato: che hà intelligenza con gli altri.*
Badinement, *sciochezza.* Item, *aduscioccamente.*
Badiner, *menchionare, scherzare, far sciochezze.*
Badinerie, *menchioneria.*
Baffoüer, *suergognar vno, beffare, ingiurare.*
Bagage, *bagaglie, salmeria.*
plier Bagage, *fuggire, toglier sù i marzi.*
* Bagare, *stampanata, rumore.*
* Bagasse, *bagascia.*
Bagatelle, *bagatella.*
Bagatelleries, *bagatelle, giuochi di bagatelle.*
Bagatin, monnoye Italienne, *bagatino.*
Bague, *annello.*
Bagues saunes, *con le bagaglie.*



Bagué, *fornito d'annelli.*
Baguenaude, *colutea.*
Baguenaudes, *ciarle, ciancie, bagatelle.*
Baguenauder, *ciarlare, dir bagatelle.*
Baguenaudeur, *bagatelliere, ciarliere.*
Baguenaudier, *delfinio, coluteo.* Item, *bagatelliere, menchione.*
Baguette, *bachetta, bachettina.*
Baguette de fusée, *conocchia.*
feruir à Baguette : l'Italien dit, *fertuir à capello.*
commander à Baguette, *commandar assolutamente :* l'Italien dit, *farsi tener la staffa.*
Baguetter, *bacchettare, batter colla bacchetta.*
Bahu, *bahule.*
Bahutier, *valigiaro, cassaro.*
Baigner, *bagnare.*
il se Baigne, *hà gusto, piglia piacere.*
Baigneur, *maestro di bagno.*
Baignoire, *tina da bagnarsi.*
Bail, *scritta.*
Bail, *di color baio ò rosseggiante.*
Baile, office en Italie, *Bailo.*
Bailliage, *Podestaria.*
Bailler, *dare, porgere.*
Baillement, *donatione.*
Bailleur, *donatore.*
Baillif, Bailly, *Podestà.*
Baillifve, *femina del Podestà. Podestaressa.*
la Bailler belle, *farla à vno, accoccarla.*
en Bailler à garder, *piantar carotte, dar da intendere quello, che non è.*
* Baillet, *color di carne, color smorto.* Item, *che hà macchie di bianco.*
Bailleur, *datore, che dà che porge.*
Bailly, *Podestà.*
Bailliueau, *arbuscello, albero che si lascia crescer nelle tagliate.*
Baillon, *certo morso, che si mette in bocca all' huomo perche non gridi, ò parli.*
Baillon, *canna ò brocca ai botte ò vaso.*
Baillonner, *mettre il morso.* Item, *metter la ranna.*
Bain, *bagno.*
Bain-marie, *bagnimaria.*
Bain de Naples, ou Venise, *fornello con più lambicchi.*
Baisemain, *vn baciamano, ringratiamento, sommessione.*
Baisement, *baciamento.*
Baiser, *baciare, basciare.*
vn Baiser, *vn bacio.*
Baiser les mains, *raccomandarsi.*
se Baiser, qui se dit de deux choses proches, *combaciare.*
ne Baisez pas tant vostre amy à la bouche, que le cœur luy fasse mal : l'Italien dit, *non scherzar, che doglia.*
Baiser le Baboüin, *sottomettersi, hauer patienza.*
Baiseresse, *baciatrice.*
Baiseur, *baciatore.*
Baiseure de pain, *orliccio.*
Baiseuse, *baciatrice.*
Baisotter, *baciucchiare.*
* Baisse de marest, *fondo di palude.*
Baisse de mer, *secca.*
à teste baissée, *à capo chino, con risolutione.*
Baissement, *abbassamento.*
Baisser, *bassare, abbassare, chinare, calare.*
le iour se Baisse, *si fa tardi.*
Baissiere de vin, *fondume.*
Bal, *ballo, festa, festino.*
Balade, *ballata, ballo.*

Baladin , *ballerino.*
Balaffre , *sfregio. Taglio.*
decoupé à grandes Balaffres , *fraslagliato.*
Balaffrer , *sfregiare.*
Balaffreux , *sfregiato , pieno di sfregi.*
Balaffreure , *sfregiatura.*
Balan , *balano , capella del membro virile.*
Balan myrepsique , *Ben.*
Balance , *bilancia.*
estre en Balance , *star sospeso , star in forse , star in bilico.*
Balancement , *bilanciamento.*
Balancer , *bilanciare , pesar colla di lancia , sbilanzare.*
Balancer vne affaire , *considerare , sbilanzar vn negotio.*
Balancer , *star in bilico , star sospeso.*
Balanceur , *bilanciatore.*
Balancier d'horloge , *tempo.*
Balancier , faiteur de balances , *bilanciaro.*
Balancines , sorte de cordage , *ballanzuole.*
Balandran , *palandrana.*
Balane , *cappella del membro virile.*
Balast pour l'ester vn vaisseau , *stiua , sauora , sauorna.*
Balauste , *balosta , fior di granata.*
Balay , *scopa.*
monter sur le Balay , *esser strega , andar alla noce.*
Balayer , *scopare.*
Balayeures , *scopature.*
Balayeur , *scopatore.*
Balayeuse , *scopatrice.*
Balcon , *balcone , poggiuolo.*
Bale , *palla , Balla.*
Bale de marchandise , *balla.*
Bale de mercier , *botteghino.*
BALE D'IMPRIMERIE , *indice.*
auoir la Bale en main , faire tout ce que l'on veut , *hauer la palla in mano.*
Bale en bouche , terme de milice , *palla in bocca.*
s'ennoyer la Bale ou l'esteuf ; l'Italien dit , *far à pallin pallino : fare a tè tè.*
de Bale , commun , fait à la haste , *doz z inale.*
chacun portera sa Bale ; l'Italien dit , *tutti anderanno al molino col suo sacco.*
Baleine , poisson , *balena.*
Baleine , *spina di balena.*
* Baler , dancer , *ballare.*
Balestrieres , sur lesquelles se mettent les soldats dans vne galere , *balestriere.*
Balestrille , pour trouuer la hauteur du pôle , *ballestriglia.*
Balet , *baletto.*
Balier , balayer ; *scopare.*
Balieures , *scopature.*
* Balieures , *labbra d'huomo ò d'animale.*
Baliffe à indiquer l'ancre , *gauitello.*
Baliste , *stromento antico da tirar sassi , balista*
Baliueaux , *arbuscelli che si lasciano nelle tagliate.*
Baliuernes , & Baliuerneries , *ciarle ciancie , faggiolate.*
Balle , voyez Bale.
Balon , *pallone.*
Balons , bombes , *bombe.*
Baloste , *balosta , balausto.*
Balot , *ballotto , sagotto , fascio.*
voila iustement son Balot. i. *ecco il fatto suo.*
Ballotade , *balzo , pallotata.*
Balotte , voix au conseil , *voto , pallotta.*

Balotte à vn mors , *bottone.*
Balottement , *ballotamento , pallegiamento , voto.*
Balotter , *pallegiare , pallnz z are.*
Balotter , *balottare.*
Balotter , tirer par billets , *votare , balottare.*
Balotter vne personne , *sbalzar vno pallotare , abburatare , ginocar d'vno alla palla.*
Balourde , *balordo , balorda*
Balsamine , *plante , balsamina.*
Baluftre , *balaustro.*
Balzan d'vn pied , *arzelio.*
Balzan , cheual balzan , *balzano.*
Balzane , marque blanche au pied du cheual , *Balzana.*
Ban , *bando.*
à Ban , *della communità.*
donner au Ban , *bandire. Item , render commune.*
Banage , *diritto di bando.*
Banal , *commune , di bando , della communità.*
Banalité , *diritto di bando.*
Banc , *panca.*
Banc de banquier ou changeur , *banca.*
Banc à couche , *cassa banca.*
Banc ou sable en mer , *secca banco.*
Bancs de galere , *banchi.*
Banc pour se mettre à genoüils , *inginocchiatore.*
Bancasse d'vne galere où couche le Capitaine , &c. *bancaccia.*
Bandage , *ligatura , chiaue da bendar l'armi da fuoco.*
Bande , *banda , benda , fascia , schiera , brigata , sattioue , partito.*
Bandes de gens armez , *bande.*
enroller aux Bandes , *arrolare.*
Bande de fer , *spranga.*
Bande en architecture , *fascia.*
faire Bande à part , qui se dit des chiens de chasse , *far bandiera. Item , star ritirato , il che s'intende d'vn huomo.*
Bandeau , *benda. En architecture , tenia.*
Bander , *bendare.*
Bander vn arc , *tendere.*
le Bander , faire erection , *rizzare.*
se Bander contre quelqu'vn , *farsi nemico , farsi contra.*
se Bander , *mettersi da vna parte , accompagnarsi in qualche impresa.*
iouer à Bander , & à racler , *far ogni possibile , ridur all' estremo.*
* Banderet , *capo di bandiera.*
Banderole , *banderuola , pennoncello.*
Bandins , rebords , ou plats bords de galere , *bandini.*
Bandouliere , *bandoliera.*
* Bandon , *abbandono.*
Bandoulier , *bandoliere.*
Banée , banie , *diritto di bando.*
Banliene , *giurisditione di città.*
Bannal , *commune , della communità.*
Banne , *cesta , cestone.*
Banneret , *banneretto.*
* Bannerole , *bandernola.*
Banniere , *bandiera.*
la Banniere du tailleur , *la bandiera di S. Fantino.*
Bannir , *bandire , bandeggiare.*
Bannissement , *bando , bandimento , esilio.*
Banque , *banca.*
monter en Banque , *montar ò saltar in banca.*
Banque où l'on paye le soldat , *banca.*

Banqueroute, *bancarotta.*
faire Banqueroute. Metaph. *abbandonare.*
Banqueroutier, *mercante fallito.*
Banquet, *banchetto, conuito, festino.*
les fols font les Banquets, & les sages les mangent. *i matti fanno le feste, ci saui le godono.*
Banqueter, *banchettare, mangiar bene, star à conuito.*
Banqueteur, *banchettatore, banchettiere.*
Banquette, relais de fondement, *zoccola.*
Banquette de la tranchée, *idem.*
Banquier, *banchiere.*
Baptesme, *battesimo.*
Baptiser, *battezzare.*
Baptiser le vin, *inacquare, adacquare.*
vin Baptisé, *vino adacquato.*
Baptismal, *battesimale.*
Baptiste, *tela di cambrai.*
Baptistere, *battistero.*
Bar, brochet, *luzzo.*
Baquet, *tinozzo.*
Baracan, *spetie di ciambelotto, barracane.*
Baragouin, *lingua incognita è corrotta.*
Baragouiner, *parlar corrotto.*
Barat, *inganno.*
Baratre, *baratro.*
* Barater, *ingannare.*
Barattre à battre le beure, *barato la, pezzada.*
Barbacane, *barbacane.*
* Barbajan, Duc, oiseau, *barbagianni.*
Barbare, *barbaro.*
Barbarement, *barbaramente.*
Barbaresque, *barbarico, di barbaro.*
Barbarie, *barbaria.*
Barbarin, surmulet, *triglia.*
Barbarine, *spetie di moneta barbarina.*
Barbarisme, *barbarismo.*
Barbarizer, *barbareggiare, parlar corrotto.*
Barbasse, grande barbe, *barbone, barbaccia.*
* Barbaude, biera, *ceruosa.*
Barbaudier, *ceruosiere, brassaro.*
Barbe, *la barba.*
Barbe, cheual barbe, *barbaro.*
Barbe de bouc, *barbacapri, sassefrica, barba di becco.*
sans Barbe, *sbarbato.*
grand' Barbe, *barbone, barbaccia.*
Barbe à Dieu, *vularina.*
Barbe du pesle d'vne serrure, *mezetta.*
Barbe d'espic, *resta.*
Barbes de racines, *barbicine.*
vn ieune homme sans Barbe, *sbarbatello.*
Barbe de cocq, *barbiglione, bargiglione.*
faire Barbe de paille à Dieu, *far barba di stoppa.*
faire la Barbe à quelqu'vn, *tener il bacile alla barba.*
tirer en Barbe par dessus le parapet sans embraseure, *tirar in barba.*
à la Barbe, *nel cospetto, alla barba, in su 'l viso.*
à vostre Barbe, *a vostro dispetto.*
mettre en Barbe, *opporre, metter in faccia.*
Barbé, *barbato.*
Barbes de cheual, barbe, *barboncelli.*
Barbeau, poisson, *barbo, barbio.*
Barbeau, fleur, *battisecula, fior di zaccaria.*
Barbelé, *pieno di barbicine, barbato.*
Barbelotte, *spetie di ranocchia ò rospo.*
Barber, *barbare.*
Barberie, *barberia, arte di barbiera.*
Barbe-rousse, *barbarossa.*
Barbet, *barbone, spetie di cane.*



Barbette, *picciola barbara, barbino.* Item, *femina di can barbone.*
Barbier, *barbiere.*
tout beau Barbier, la main vous tremble; l'Italien dit *pian Barbiere, che 'l ranno è caldo.*
Barbier de mer, *spetie di pesce, Antio.*
Barbillon, *barbo piccolo.*
Barbotage, *brontolamento, borbottamento.*
Barbore, *spetie di pesce.*
Barbottement, *brontolamento.*
Barbotter, *borbottare.*
Barbotter dans l'eau, *sguazzare.*
aller en Barbottant, *andar a sguazzetto.*
Barbottine, *assentio marino.*
Barboüillage, *imbroglio, imbrogliamento, imbrattamento.*
Barboüillement, *brontolamento, borbottamento.* Item *bratto.*
Barboüiller, *imbrogliare. Imbrattare.*
Barboüiller vne escriture, *spegazzare.*
Barboüillerie, *imbratto, imbroglio.*
Barboüilleur, *imbrattatore, spegazzatore, imbrogliatore.*
Barbu, *barbato, barbuto.*
Barbuë, poisson, *rombo.* Item, *herba chiamata nepitella.*
* Barbuë, marcotte, *marza.*
Barbute, *barbuta.* Item, *nepitella.*
Barbute, *turacciolo.*
Barbute, *coccola di alloro.*
Bardache, *bardassa.*
Bardane, *lappola, amor d'hortolano.*
Barde, *barda.*
Bardeau, *assicella.*
Bardée de Bois, *vna carica ò portata di legne.*
Bardelle, *bardella.*
Barder, *bardare.*
Barder la volaille, *arrostir le volatiglia coprendole il petto con vna fetta di lardo.*
Bardures, barde, *bardature.*
Bardot, asino, *bardotto, muletto, mumulo picciolo.*
passer pour Bardot, *non pagar lo scotto, ò la sosa.*
Barenguës de vaisseau, *stamenali.*
Barette, mot tiré de l'Italien, *beretta.*
Barettide, *berettata.*
Barge, berge, *sponda, argine.*
Barguigner, *stiracchiare, bargagnare.*
Barguigneur, *stiracchiatore.*
Baricade, *barricata, sbarrata, sbarra.*
Baricader, *barricare.*
Baricane, *fossa cupa, buca.*
Baril, *caratello, barile.*
Barils d'vn vaisseau, *barilame.*
Barils foudroyans, *bariche fulminanti, fuoco artificiato.*
Barillet, *barlotto.*
Bariller de monstre, *barlotto, che riuchiude l'ingegno dell' orinolo.*
Barillarts, *termine di marina.*
Barique, *caratello.*
* Bariquelle, *nauicella.*
* Bariquer, *il gridar dell' Elefante.*
Barlong, *bislungo.*
* Barluë, *barlume.*
Baron, *barone.*
Barone, *barona.*
Baronie, *baronia.*
Barque, *barca.*

Barquerot, *barcaruolo.*
Barquette, *barchetta.*
Barracan, estoffe, *barracane, fpecie di ciambelotto,*
Barrage, *datio.*
Barrogoüin, parlar corrotto, *lingua corrotta.*
Barre, *barra, sbarra, ftanga di porta, linea.*
Barre de tourneur, *tanola.*
Barre de tonneau, *chiaue, mezzule.*
Barre d'inftrument de Mufique, *cadena.*
Barre de fer à vne porte, *fpranga.*
Barre pour manier le timon, *aggiaccio.*
Barre en mer, lieu à peu de fonds, *fecca.*
clofture de Barres, *fprangata.*
jetter la Barre, *lanciar il palo.*
Barres, *paleftra.*
jouër aux Barres. Metaph. *far à vicenda, rimandar dall' vno all' altro.*
Barré, en terme de blafon, *sbarrato.*
auoir Barres fur vne perfonne .i. *hauer vantaggio fopra vno.*
Barreaux, *cancello, Grata di ferro.*
Barreau où l'on harangue, *arringhiera, ringhiera.*
Barrer, *abbarrare.* Item, *vergare.*
Barrer vn inftrument, *incadenare.*
Barrer les veines d'vn cheual, *fermar le vene sbarrare.*
Barricade, *barricata.*
Barricader, *barricare.*
* Barricaue, *caua, tana, balza.*
Barriere, *barriera.*
Barriere, *ftoccato d'abbatimente.*
Barriere de Sergens, *loggia.*
Barrique, *caratello.*
Barriquer, *barricare.*
Batroir, longue tarriere, *triuellone.*
Barroques, perles cornuës, *topi.*
* Barroyer, *indugiare.*
Bas, *baffo.* Parte baffa, *abbaffo.*
Bas de chauffes, *calzette.*
Bas aage, *piccola età.*
Baffe heure, *hora tarda.*
chambre Baffe, *camera a terreno.*
Bas de colet, *gorgièra.*
Bas de foye, *fopra vefta o cotta di caualliere.*
mettre Bas, *partorir l'animale.*
Bas, *ftranz a terreno.*
parler Bas, *parlar fotto voce, parlar piano.*
il eft percé bien Bas; l'Italien dit, *il cafo fuo è tenero.*
de Bas lieu, *di baffa conditione.*
Bas d'attache, *calzette longhe.*
Bas à eftrier, *calzette a ftaffa.*
vin Bas, *vino che fa di fondo, fondume.*
Bas, contraire de large, *ftretto.*
Bafanne, *aluta.*
Bafanné, *abbrufciato dal fole, di color nero, morettino.*
Bafcler, *ftrangar la porta.*
Bafcule, *altalena.*
Bafe, *bafe, fondamento.*
Bafelic, *bafilico, bafilifco.*
Bafannier, *alutaro.*
Bafenne, *aluta.*
Bafilic, *bafilico.* Item, *fpetie di artigliaria.*
Bafilic d'eau, *crino, pianta.*
du Bafilicum, *bafilicon.*
Bafilic d'eau, *crino, pianta.*
Bafilique, Palais royal, *bafilica, lalazzo reale.*
Bafin, *bambaggina.*



Bafme, *balfamo.*
Bafque, *bifcaino.*
vn tour de Bafque, *vna furberia.*
* Bafque, bafte de pourpoint, *baftina.*
Bafquine, *vafquina.*
Baffe, *baffa.*
Baffe de violon, *violone.*
Baffe-cour, *dietro cortile.*
Baffe-dance, *paffo e mazzo, danza,*
Baffe-quinte, *contrabaffo.*
Baffe-contre, *baffo.*
Baffe-taille, *contratenore.*
voyez le refte à Bas.
Baffement, *baffamente.*
Baffegue, jeu, *bazziga.*
Baffe taille en fculpture, *baffo rilieuo.*
Baffen ne, *vela in mezzo al vafcello, mezzana.*
Baffeffe, *baffezza.*
Baffet, *baffotto, baffo.*
Baffet, forte de chien, *can baffotto.*
* Baffeté, *baffezza, viltà.*
Baffeur, *baffezza.*
Baffiere, *fondume.*
Baffile, *creftamarina.*
Baffin, *bacile, bacino.*
Baffin de fontaine, *pilo.*
Baffins, baffinets, *piè cornino.*
Baffins de balance, *lance.*
Baffin de chaire percée, *pitale, cantaro.*
Baffinement, *fprazzamento.* Item, *fcaldamento dl letto.*
Baffinet, *baciletto.*
Baffiner, *fpruzzar con aqua, &c. fciacquare.*
Baffiner le lict, *fcaldar il letto.*
Baffinet d'arme à feu, *focone.*
Baffinet de heaume, *parte fuperiore d'elmo.*
Baffinets, *anticamente gente d'armi trà francefi.*
Baffinets, plante, *piè coruino.*
Baffinoire, *fcaldaletto.*
Baft, *baflo.*
Baftangue, *paftinaca marina.*
Baftard, *baftardo. Pofticcio, finto.*
Baftardaille, *gente baftarda, ballardume.*
Baftarde, forte de voile Latine, *baftarda.*
Baftardeau, *ftoccata nell' acqua.*
Baftardeau, forte de canon, *baftardello.*
Baftarderie, *baftardume.*
Baftardiere de jardin, *feminario.*
Baftardife, *baftardia, baftardume.*
Bafte, *burla, baia.*
porter la Bafte, *portar il danno.*
Bafte de pourpoint, *baftina.*
il Bafte, il fuffit, *bafta.*
Bafteau, bateau, *barchetta, barca.*
Baftelet, *ciurmare, montar in banca.*
Baftelerie, *ciurmeria.*
Baftelet, *barchetta, vafcelletto.*
Bafteleur, *ciurmatore, faltimbanco.*
Bafter, fans prononcer l's, *imbaffare.*
Bafter, *balocare, badare.*
Bafter, prononcez l's, fuffit, *baftare.*
Baftef-mal, *andar male.*
Baftier, faifeur de bafts, *Baftiere.*
* vn grand Baftier, *menchione, balocco baderlo.*
Baftide, mot Prouençal, *gaftaldia, vigna, caffina.*
Baftille, *fortezza, baftiglia.*
Baftillon, *fortezza piccola.* Item, *baftione.*
Baftiment, *edificio, fabrica.*

Baſtiments , fourniture de vaiſſeau , *baſtimenti.*
Baſtine , *bardella.*
Baſtingue , mantelet de toile ſur les vaiſſeaux , *pane-ſata.*
Baſtinguer vn vaiſſeau , *coprir di panefate , pane-ſare.*
Baſtion , *baſtione.*
Baſtion deſtaché , *baſtione in iſola.*
Baſtionner , *coprir di baſtioni.*
Baſtir , *edificare , fabricare.*
Baſtir vne eſtoſſe , *imbaſtire.*
Baſtir des chaſteaux en Eſpagne : l'Italien dit , *far giar-dini in aria.*
Baſtiſſage , *imbaſtitura.*
Baſton , *baſtone.*
Baſtiſſeur , *edificatore , fabbro , architetto.*
Baſton à deux bouts , *ſpuntone.*
Baſtons à feu , *bocche da fuoco.*
Baſton de Iacob , *raggio aſtronomico , baccolo di Gia-cob.*
Baſton paſtoral , herbe , *virga paſtoris.*
à Baſtons rompus , *interottamente , alla ſpezzata , a ſtracci.*
Baſtons de cage , *grettole.*
Baſton à poſer l'oiſeau , *poſatoio.*
✳ c'eſt vn bon Baſton .i. *egli è furbo.*
ſaulter le Baſton .i. *pigliar riſolutione nel far vna coſa.*
tirer au Baſton .i. *contraſtare , contendere :* l'Italien dit, en pareil ſens , *appontar i piedi al muro.*
Baſtonnade , *baſtonata.*
Baſtonner , *baſtonare.*
✳ Baſtonneau , *baſtoncello.*
Baſtonnée , *canale ò canna d'vna pompa.*
Baſtonnement , *baſtonamento.*
Baſtonner , *baſtonare.* Item , *ſcancellar con righe attraver-ſo della ſcrittura.*
Baſtonnet , *baſtoncino , baſtoncello.* Item , *baſtonetto , ſpe-tie di morſo da cauallo.*
Baſtonnier , *baſtoniere.*
Baſty , *edificato.*
vn mal Baſty , *vn sfatato.*
mal Baſty , *vn poco infirmo.*
Batable , *che ſi pnò battere.*
Batail , *battaglio.*
Bataille , *battaglia , giornata.*
Batailler , *combatiere , far giornata.*
Bataillon , *battaglione.*
Batalogie , diſcours ſale ou effeminé , *batalogia.*
✳ Battant pour batail , *battaglio.*
Batant , pied droit de porte , *ſtipite.*
Bat-beurre , *ſero di latte.* Item , *barutola.*
Bat-cul de mulet , *ſtraccale.*
Bathie , *mazzaranga.*
Bate de bague , *quella parte , che rinchiude la pietra dell' annello.*
Bates de ſelles , *arcieni di dietro.*
Bateau , *barca.*
mettre dans le Bateau .i. *metter ſù vno. Chiappar vna perſona.*
qui porte Bateau , *nauigabile.*
Batelage , *nolo.*
Batelée , *barcata ,* Metaph. *vna nauata , vna quan-tità.*
Batelet , *barchetta.*
Batelier , *barcaruolo.*
Batemare , *cornacchia marina , coditriemola.*
Bat-queuë , *idem.*
tout Battant-neuf , *tutto nuoue.*



mener Battant , *incalzare.*
Battemare , *conditriemola.*
Battable , *che ſi può battere.*
Battant de locquet , *ſaliſcende.*
Battant de boutique , *ſportello.*
tambour Battant , *tamburro toccante.*
Battayoles de galere , fers fourchus ſous les flancs , *bar-tagliole.*
Battement , *battimento.*
Battement de cœur , *battieuore.*
Batterie , *batteria.*
Batterie royale , *batteria reale.*
Batterie croiſée , *batteria incrociata.*
Batterie eſleuée , *batterea rileuata.*
Batterie , *zuſſa , quiſtione.*
Batterie de tambour , *tocco di tamburro.*
Batterie de cuiſine , *cucinaglie , ordigni di cucina.*
changer de Batterie .i. *mutar verſo , mutar coſtume ò pen-ſiero.*
Batteur , *battitore.*
Batteur de monnoye , *improntatore , coniatore , zec-caie.*
Batteur de bled , *battigrano.*
Batteur de laine , *battilano.*
Batteur d'or , *battiloro.*
Batteur d'eſtrade , *ſcorritore.*
Batteur de pavé , *ſgherro , taglia cantoni , ſtracca marric-ciuoli , ſpazza ſtrade.*
Battifoler , *far del matto , ſcherzare.*
Battoir , *paletta.*
Battre , *battere.*
ſe Battre , *combattere , far quiſtione.*
Battre auec vne baguette , *vergheggiare.*
Battre les grands chemins , *ſtradare.*
Battre la campagne , *ſcorrer la campagna.*
Battre la poudre quand le canon eſt chargé , *calcar l'ar-tigliaria.*
Battre , ou gauler les fruicts , *abbacchiare , bataccbia-re.*
Battre les buiſſons , *buſſare.*
Battre le tambour , *toccar il tamburro.*
Battre à l'eſtendart , *toccar a raccolta.*
Battre la monnoye , *improntare , coniare , zeccare.*
Battre la meſure en Muſique , *tener la battuta.*
Battre le fer , faire des armes , *ſchermire , eſſercitarſi nel giocar dell' armi ò diſcrima.*
l'eau Bat le pied de la muraille , *l'acqua , ò 'il ſiume ba-gna il muro , &c.*
Battre aux champs , Metaph. *fuggire , batterſela.*
Battre l'eau , *perder il tempo.*
Battre les ruës , *ſcorrer le ſtrade , ſpezzar le ſtrade.*
Battre le tambour auec les dents de froid : l'Italien dit , *batter brochette.*
ſe Battre les jouës , *rincreſcer vno , pentirſi , batterſi la guancia.*
Battu , *battuto.*
chemin Battu , *la battuta.*
yeux Battus , *occhi liuidi.*
les Battus payent l'amende , *il tempo di Ciollabate , chi há da dare domanda.*
autant vaut bien Battu , que mal battu .i. *tanto val mol-to quanto poco , tanto val ſpender molto quanto poco.*
Batture , *battitura.*
Battus , penitents , *battuti.*
✳ Bau de bire , *voltando per il largo.*
Bau , *larghezza ò ampiezza.*
Baux , *trauicelle che reggono la coperta del vaſcello.*
Bruard , *citalone , chiacchiarone , sbaiaſſone.*

Banarois.

Bauarole, bauaro, di bauliera.
Bauarder, cicalare, ciarlare, sbaiaffare.
Bauarderie, bauardise, ciarleria, ciancia.
Bauche, prima incrostatura di muro.
Baucher, tagliar le legne nella selua.
Baucheron, tagliator di legne.
* Baud, spetie di cane da caccia, veltro.
Baudet, asino. Item, sciocco, ignorante.
* Baudir, rallegrare.
* Baudoüiner, sbardellare.
Baudrier, balteo. Item, corame acconcio colla lana.
* vne Baudrillée, vna quantità.
Baudroy, spetie di pesce di mare, rospo di mare.
Baudroyer, acconciar le pelli.
Baudroyerie, luogo doue s'acconciano le pelli.
Baudroyeur, acconcia pelli ò corami.
Baue, baua.
Bauer, bauare. Item, cicalare, ciarlare.
* Bauerette, babbaiuola.
Bauerie, ciarleria, cicaleria, chiacchiara.
* Bauerole, babbaiuola da bambino, bauaglio.
Baueron, barbuta.
Bauette, bauaglio, zinale, babbaiuola.
à la Bauette .i. sendo piccolo.
Baueur, cicalone, ciarliere.
Baueux, bauoso.
* Bauffrer, manger auidement, pettinare, scuffiare.
Bauffreur, pettinatore, mangione.
Bauge, malta fatta di fango e strame. Item, fango.
Bauge de sanglier, couile di cinghiale.
Bauiere, Bauiera.
aller en Bauiere, andar a curarsi del mal venereo.
* Baulievre, labbro d'animale.
Baulme, balsamo.
Baulme, herbe, balsamo, spetie di menta.
Baume, Idem.
Baume, grotta.
Bauoler, suolazzare, volar per l'aria.
Bauolet, sorte d'acconciatura di testa vsata in Francia à guisa di velo bianco.
Bauolette, contadina ò donna, che porta simil acconciatura di capo.
* Bauon, bauette, babbaiuola.
Bay, baio.
Bay-clair, baio indorato.
Bay-brun, baio scuro.
Bayard, caual baiardo. Item, badalone, balocco.
Baye, baia.
Baye en mer, spetie di porto ò ridosso.
Baye de laurier, bacca, coccola, orbacca.
Bayer, badare, baloccare, guardare. Item, branar molto, ò auidamente.
Bayette, baietta.
Bayeur, balocco.
Bayonnette, spetie di coltello grande, pistolese.
Bazane, alula.
Baze, base.
Bazille, cresta marina.

BD

Bdellium, bdelio.



BE

Beant, con la gola aperta.
Beat, beato.
Beatifier, beare, far beato.
Beatilles, animelle e granella, troncoli.
Beatilles, bagatelle.
Beatitude, beatitudine.
Beau, bello.
Beau-pere, suocero. Padrastro.
Beau-fils, figliastro. Item, Genero.
Beau-frere, cognato.
faire Beau-beau, far bellin bellino.
tu as Beau dire, di pur se sai, parla quanto vuoi.
tu as Beau faire, fà tutto quel, che vuoi, fà quanto puoi.
j'auois Beau attendre, poteua pur aspettare.
* au Beau milieu de la ruë, in mezzo alla strada.
il fait Beau, è bel tempo.
il fait Beau voir. Ironie, egli è pur la bella cosa.
tout Beau, piano.
Beaucoup, molto.
Beaucoup, plusieurs, molti, molte.
de Beaucoup, di gran lunga.
Beaupré, spetie di albero nel vascello, albero minore che regge la cinadera.
* Beauregard, bel vedere, luogo di ricreatione.
Beauté, bellezza, beltà.
Bec, beco di vccello.
Bec d'asne, fer, raschetto.
Bec de corbin, stromento adunco a guisa di becco.
Bec de cicoigne ou gruë, herbe, Geranio.
Bec d'oye, agone, pesce.
tenir le Bec en l'eau: l'Italien dit, tener l'occhi in pastura.
il n'y a plus que le Bec à ourler, &c. l'Italien dit, è fatto il becco a l'oca.
Bec de lievre, labbro fesso.
Bec de gruë à leuer les pierres, &c. succulas
vn oiseau à gros Bec .i. vn figliuolo.
coup de Bec, beccata.
* tour de Bec, vn bassio.
auoir bon Bec, cicalar molto.
elle n'a que le Bec, è vna gran cicaliera.
la Beccade. en terme de Fauconnerie, il beccatello.
Beccard, spetie di salamone, femina di salamone.
Beccasse, beccaccia, accheggia, pizzarda.
elle ressemble les Beccasses, hà il viso magro e il culo grasso.
Beccasse de mer, spetie di pesce, corno marino.
Beccasseau, &
Beccassine, beccaccina.
* Beccu, becciuto.
Becdoye, delfino.
Becfique, beccafico.
Bechebois, oiseau, pico verde.
* Bechée, imbeccata.
Bechet brochet, luccio, luzzo.
Bechistre, tempesta.
Bechu, beccuto.
* Becquebo, pico verdo.
Becquée, beccata, imbeccata.
donner la Becquée, imbeccare.
Becquefique, oiseau, beccafico.
* vne Becquenau, vna ciarliera.

Becquer, *beccare.*
Becquetant, *beccante.*
Becquetement, *beccamento.*
Becqueter, *boccare, dar di becco, bezzicare pizzicare.*
Becquillon, *becco piccolo, becchino.*
* Bedaine, *pancia grossa, panciona.*
* Bedaud, *il cucco, il fauorito.*
Bedeau, *bidello.*
Bedon, *tamburro picciolo.*
* Bedon, *la pancia.* Item, *figliuolino, puttino fauorito, grassettino, furfantello, furbetto.*
petit Bedon, *naccherino.*
* Bedoüau, blereau, *tasso.* Item, *spetie d'vcello.*
Bedonner, *toccar il tamburrino.*
Bée, gueule bée, *gola aperta.*
Beelant, *belante.*
Beclément, *belamento.*
Beeler, *belare.*
grand Beeleur, grand criard, *belone.*
Been, *ghianda vnguentaria.*
Beer, *aprir la bocca sbadigliare.*
Beffler, *beffare, menchionare.*
Befflerie, *beffeggiamento.*
Beffray, beffroy, *traue che rege le campane.* Item, *vna torre doue si fa la sentinella.*
Begault, *bizocco.*
Begayement, *scilinguamento.*
Begäyer, *scilinguare, balbutire.*
Begue, *balbo.*
Beguin, *scuffietta.* Item, *bizocco, pinzocchere.*
Beguine, femme qui vit en Religieuse, ou sorte de Religieuse, *beghina.*
* Beguiner, por la *scuffietta.* Item, *far il pinz occhero.*
* Behistre, mot vulgaire, *sciagura, disgratia.*
Bejaune, *il tempo dell' imparante.* Item, *imparante, nouizzo.*
* monstrer le Bejaune, *far veder la semplicità ò ignoranza, far restar vno.*
Bejaunage, *tempo dell' imparante.*
Bejaunerie, *sciochezza, semplicità.*
Bel, *bello.*
* Belaud, *bellino, fauorito, puttino, furbetto.*
Belette, *donnola.*
Belier, *ariete.*
Belier, *albero di torcitoio.*
Beliere, *appiccagnolo.*
Beliere de cloche, *anzolo.*
* Belin, *ariete, montone.*
Beliner, *salire come l'ariete.* Metaph. *vsar con vna donna.* Item, *ingannare.*
Belis, *fior di primauera, beli.*
Belistraille, *canaglia.*
Belistre, *barone, furfante, barro, guidone, briccone.*
Belistrer, *baroneggiare.*
Belistrerie, *furfanteria, baroneggiamento.*
Belistresse, *guidona, barona, briccona.*
Belle, *bella.*
Belle dame, plante, *bella donna.*
Belle fille, *figliastra : E nuora.*
Belle-mere, *suocera.* Item, *madrastra, matrigna.*
Belle-sœur, *cugnata.* Item, *sirocchia.*
Belle, subst. *vna bella donna.*
* recommencer de plus Belle, *ricominciar di nuouo, piu che mai.*
à Belles dents, à belles ongles, *co' denti, a poter d'vnghie.*
Bellement, *piano, bellamente, adagio.*
Belli, bellic, en armoiries, *cinnabro, minio.*

Bellique, *bellico, bellica.*
Belliqueusement, *bellicosamente.*
Belliqueux, *bellicoso.*
Belliric, *spetie di mirabolano.*
Bellot, *bellino.*
Belouze, *buco nel giuoco della palla corda.*
Belueder, plante, *beluedere.*
Belusteau, *burattello.*
Belustage, *abburattamento.*
Beluster, *abburattare.*
Belusteur, *abburattatore.*
Belzoin, benjoin, *belzoino.*
Be mol, b molle, *termine musicale.*
Ben, *ghianda vnguentaria.*
Bendage, *fasciatoio, ligatura.*
Bendage de roüet, *chiaue.*
Bende, *benda.*
Bende de lard, *taglio ò fetta di lardo.*
Bende, en terme de blason, *lista.*
Bende d'enfant, *fascia.*
Bende de fer, de lance, ou de picque, *aletta.*
Bende d'estoffe, *striscia, lista.*
Bende à crosse d'vne porte, *spranga.*
garnir vne porte de Bendes, *sprangare.*
garnir vn habit de Bendes, *listare.*
Bendeau, *benda, fasciatoio.*
Bendelette, *fascia, cordella.*
Bender, *bendare, fasciare.* Rizzar il cotale.
Beneau, *caretta da letame.*
Benediction, *benedittione.*
Benefice, *beneficio.*
Benefice du Prince, *cessione, quittanza.*
Benefice de ventre, *scorrenza.*
Benefice à la blanque, *gratia, beneficiata.*
au Benefice d'vn tel, *in beneficio del tale.*
Beneficial, *di beneficio, beneficiale.*
Beneficié, beneficier, *beneficiato.*
Beneficier, verb. *beneficiare, far beneficio.*
Benest, *menchione, balordo.*
faire l'o-Benigna, *far rincrenze, ò adulationi.*
Benignement, *benignamente.*
Benignité, *benignità.*
Benin, *benigno.*
Benjoin, *belzoino.*
Benir, *benedire.*
* Benistre. Idem.
* Benisson, *benedittiones.*
Benoist, Idem.
Benist, benit, *benedetto.*
Benoistier, *pila dell' acqua santa.* Item, *vasetto da tener acqua benedetta.*
Benoiste, *spetie d'herba come viola.*
Beny, *benedetto.*
Benzoin, *belzoino.*
Bequarre, *B duro, termine musicale.*
Bequée, *imbeccata.*
Bequer, *beccare.*
Bequer, brochet, *luzzo.*
Bequilles, *gruccie di zoppo, stampelle.*
Berberis, espine-vinette, *crespina.*
Bequillon, *becchetto d'vcello.*
* Berangene, pomme d'amour, *marignanoi.*
Bercad, *mandra.*
Berce, berche, *artigliaria di vascello.*
Bercement, *cullamento.*
Berceau, *culla.*
dés le Berceau, *fin dalla culla.*
Bercer, *cullare.*

Je suis Bercé de cela. i. ciò non m'è nuouo.
Berche, &
Bercherie, tutta l'artigliaria d'un uascello.
Berceau de jardin, pergolato.
Berce, vedi berche.
Bergame, sorte de tapisserie, spalliera ò tapezzeria fatta in Bergamo.
Bergamotte, spetie di pero, pergamotta.
Berge, terre releuée proche d'une vigne, argine.
Berger, pastore.
Bergere, pastora.
Bergerette, pastorella.
Bergerie, mandra, ouile.
Bergeronnette, oiseau, coditriemola, codinzinzola, bouarina, ballarina.
Bergerot, pastorello.
Berichot. i. lui, uccello.
Beril, berille, pierre precieuse, berillo.
Berlan, berland, ridotto, biscazza.
Berlander, giocacchiare, giocare.
Berlandier, biscazziere, giocatore.
Berle, gorgolestro.
Berlin ou berdin, spetie di pesce strano.
* Berlingot, monnoye Venitienne, berlingotto. Item, Metaphore, il membro virile.
Berlong, bislongo.
la Berlue, barlume, le traueggole.
Berlué, esberlué, abacinato, abbagliato.
Bernader, sperie di pesce.
* Bernage, prouisione, apparecchio, salmeria.
Bernard l'hermite, spetie di Granceuole.
Berne, crescione seluatico. Item, Bernia ò coperta d'Irlandese.
Berner, balzar nella coperta.
Bers, culla. Item, late di carre.
Berseau, culla.
Berser, cullare.
* Bertauder, tagliar l'orecchie è la coda d'un cauallo.
Bertouder, & bertouser, Idem, tagliar i capegli disuguali.
Bertran, babbuino, spetie di scimia, saltamartino.
Besace, tasca, bisaccia.
reduit à la Besace, ridotto in asso, pouero.
Besacier, che porta la tasca, bisacciere.
Besague, bipenne.
Besane, vela delmezzo, mezzana.
* Besant, monnoye, Bisante.
Besants en armoiries, bisanti, rotelle.
Besas, gambo di piselli.
Besa, ambesas, ambassi.
le Besch, vent, libecchio.
Beschage, vangamento.
Besche, vanga, marra.
Bescher, vangare.
Bescheur, vangatore, zappatore.
Besfler, beffare.
* Besiclier, occhialaro.
* Besicles, occhiali.
* Besoche, zappone.
Besoin, bisogno.
il n'est pas de Besoin, non occorre, non accade, non bisogna.
Besoigne, besogne, lauoro.
Besognes, robbe, bagaglie.
Besoignes de nuit, robbe per la notte.
tailler de la Besoigne, dar da fare.
Besoigner, operare, lauorare.

Besoigner, far l'atto venereo, chiauare.
* Besoignette, lauoretto.
* Bessiere, fondume di vino.
Bossiluets, bez occhi.
Bessons, gemelli, nati ad un parto.
Bestail, bestiame.
Beste, bestia, animale.
Bestes à cornes, bestiame vaccino.
vne grosse Beste, lourdaud, animalaccio.
tu és vne bonne Beste, tu sei vn furbo, tu sei vna netta farina.
vne bonne Beste, vn finet : l'Italien dit, ama buona limosina.
qui se fait Beste, le loup le mange, chi pecora si fa, il lupo se la mangia.
faire la Beste au jeu de l'homme, imbastar l'asino.
Beste de voiture ou de somme, somaro.
faire la Beste à deux dos. i. far l'atto venereo, caualcar la bestia di Benedetto.
Bestelette, bestiuola.
Bester, farsi, bestia.
Bestement, da bestia.
Bester, faire la beste en joüant à l'homme, imbastare.
Bestail, bestiale.
Bestialement, bestialmente.
Bestialité, bestialità.
Bestiole, bestiuola.
Bestise, scempiezza, schiocchezza.
Bete, bieta.
Betoine, ou Betosne, betonica.
Bette, bieta, bietola.
Bette-raue, biaraua.
Beu, benuto.
Beueüe, error di vista, error ò fallo nel giuoco.
Beuf, bue.
gros Beuf, boazza.
chair de Beuf, vaccina, carne di bue.
chair de Beuf dure, boazzo.
Beuglement, muggito.
Beugler, muggire, mugghiare, muggiolare.
* Beuratte à battre le beurre, barutola.
poire de Beuré, spetie di pero delicato.
Beurée, fetta di pane col butiro.
Beurre, butiro.
Beurrier, vendi butiro.
Beurriere, donna che vende butiro.
* Beuuailler, beuazzare.
Beuuasser, Idem.
Beuuereau, piccolo beuitore, che beue poco.
Beuuerie, beuitura, beueria.
Beuueron, beone, gran beuitore.
Beuueter, beuazzare.
Beuuette, beuuta, buogó doue si beue.
Beuuetier, che hà cura della beuuta.
Beuueur, beuitore.
grand Beuueur, beone.
Beuuotter, bombettare, beuer à ciantellini.
Bezant, bisante, bisantino, moneta antica.
Bezildery, spetie di pero.
Bezoard, belzuar.
Bezer, correr la vacca ò vitello.
Bezoche, zappa.
Bezole, spetie di truta picciola è indorata.

BI

Biais, *il verso d'vna cosa.*
de Biais, *asquincio, di schiancio, per trauerso.*
de ce Biais-là, *per quel verso, per tal verso.*
prendre de bon Biais, *pigliar peril verso.*
il prend vn certain Biais, *piglia vn certo modo di procedere.*
Biaisant, *che và per trauerso.*
Biaiser, *andar a schincio ò per trauerso.*
* Biaque, ceruse, *biacca.*
* Bibaille, *donatino.*
* Bibelots, *parola dizergo, dadi.*
Biberon, *beuitore, beone.* Item, *vaselto dabambino.*
Bible, *biblia.*
Bibliotheque, *biblioteca.*
Bicarne, *vua da far agresta.*
Biche, *cerua.*
Bicher, *spetie di misura da misurar biade.*
Bichon, *can picciolo, barbino bianco co' peli lunghi.*
* Bicheteau, *cerua picciola.*
Bicoque, *bicocca.*
Bicorne, *bicorno, da due corna.*
Bicornu, *bicornuto.*
Bidenté, *che hà due denti.*
Bidet, *bidetto, cauallo picciolo.*
Bidet, *ferro da segnare.* Item, *pistola picciola, pistoletto da sacoccia.*
* Bidet de cullebute, *membro virile.*
* Biel, *canale d'acqua che fa caminar il molino.*
Bien, *bene.* Item, *molto.*
Bien autrement, *molto al contrario.*
Biens, *beni; robba, facoltà, hauere.*
il sent sont Bien, *hà dell' honorato.*
ie le veux Bien, *son contento, molto volentieri.*
Bien, & beau, *allegramente, di mano in mano, ben benè.*
il est fait Bien, & beau, *egli è bell' è fatto.*
homme de Bien, *huomo da bene.*
prendre en Bien, *pigliar in buona parte.*
Bien luy a apris, *buon per lui.*
Bien que, *ben che.*
aussi-Bien, *nè piu ne manco.*
ou Bien, *ouero.*
Biendisance, *eloquenza.*
Biendisant, *eloquente.*
* la Bien-en-allée, *la buona andata, la mancia.*
Bienfaict, *beneficio.*
Bienfaicteur, *benefattore.*
Bienheuré, *felice, auuenturato.*
Bienheurer, *felicitare.*
Bienheureux, *felice.*
Bienséamment, *decentemente, conueneuolmente.*
Bienseance, *decoro, decenza.*
Bienseant, *conueneuole.*
Bienueigner, *dir ad vno, ben venuto sij tu.*
Bienuenu, *ben venuto.*
Bienuenuë, *la benuenuta.*
Bienueillance, *beniuolenza.*
Biemeillant, *amico, affettionato, benivolente.*
Bienuoulu, *amato.*
Biere, *biera, ceruosia.*
Biere de mort, ara, *cassa da morto.*
Bieure, *castorre, beuero.*

Biffement, *scancellamento, spegazzamento.*
Biffer, *spegazzare, borrare, scacciare.*
Bifferie, *spegazzamento.* Metaph. *robba cattiua.*
Biffeure, *borramento spegazzamento.*
Biforme, *biforme.*
Biformité, *biformità.*
Bifourché, bifourchu, *biforcuto.*
Bifront, *da due fronti, bifrontuto.*
Bigame, *bigamo, due volte maritato.*
Bigard, *bizecco.*
Bigarré, *scretiato, di più colori.*
Bigarreaux, *garsagroni.*
Bigarrement, *variatione di diuersi colori.*
Bigarrément, *diuersamente, con più colori, strauagantemente.*
Bigarrer, *scretiare, far di più colori.* Item, *variare.*
Bigarreure, *diuersità di colori. Variatione.*
Bigearre, *bizzarro.*
Bigearrement, *bizzarramente.*
Bigearrerie, *humor bizzaro, bizzarreria.*
Bigle, *losco, bieco.*
Biglement, *il guardar bieco ò torto.*
Bigler, *guardar bieco.*
Biglesse, *bisca, donna iosca.*
Bigne, bosse, *bugna.*
Bignet, herbe, *spetie d'herba orecchio d'Abbate.*
Bignet, *fritella.*
Bignets auec de la fleur de sureau, *fritelle sambucate.*
faiseur ou vendeur de Bignets, *vendi fritelle.*
Bigorne, *bilicornia, incude da due corna.*
la Bigorne, animal feint, *la biligornia.*
Bigot, *bizocco, pinzocchero.*
Bigottage, *pinzoccheria.*
Bigotelle, bigottiere à releuer la moustache, *bigottiera.*
Bigottise, *Idem.*
Bigotte, *pinzocchera.*
Bigotte, cordage, *bigotta.*
Bigotter, *far il pinzocchero.*
* faire Bigotter, *far andar in colera.*
Biguer, *cambiare, barattare.*
* Bihoreau, *spetie d'airone picciolo.*
Bijon, *pece liquida.*
Bijous, *bazzicatare.*
Bilan, liure où l'on escrit le nom des debteurs, *bilancio.*
Bilboquet, *spetie di giuoco da fanciulli.*
Bile, *bile.*
Bilieux, *bilioso.*
Billard, jeu, *trucco.*
Billard à pousser la bille, *maglio.*
Billarder, *toccar due volte col maglio.*
Billes, *palottole.*
Billes en jouant, *trucco.*
Bille pareille, *il cambio, il simile, il contracambio.*
Bille de beure, *pallotta di buttiro.*
Bille d'emballeur, *cauicchiotto.*
Billebarré, *vergato di più colori.*
Billeboquet, *corda da misurare compartimenti ò letti del giardino, attaccata ad vn bastoncino ò piantatoio.* Item, *certo giuoco da puttini, cioè vna pallotta di piombo attaccata con vna corda ad vn bastonetto cupo, à guisa di cilindro, nel qual si ricaue la palottola.*
Biller, *far vn trucco giuocando.*
Billet, *bullettino, biglietto, polixa, cartiglio.*

Billet de blanque, *bulletta, bullettino.*
Billette d'espieu, *aletta di spiedo.*
Billette en armoiries, *plinto.*
Bille-vezées, *bagatelle, burle.*
Billon, *lega, legaggio di metalli materia delle monete basse.*
porter au Billon, *portar alla zecca.*
Billonnage, *legaggio di metalli.*
Billonnement, *Idem.*
Billonnet, *legar i metalli.*
Billonner, *spender la moneta per più che non vale e ciò contra il bando.*
Billonneur, *zeccaro che lega i metalli legator di metalli. Item, quello che spende la moneta contra il bando per più che non vale.*
Billot, *ceppo, zocco. Massa d'oro, argento, & simili.*
Bimaune, *bismalua.*
Bimbelot, *certo giuoco da puttini.*
Bincestre, *bimestre.*
Binage, *ricalzamento di vini.*
Binaire, *Binario, numero di due.*
Binarchie, *egual possanza di due Preucipi in un medesimo paese, binarchia.*
Binement, *zappamento ò ricalzamento di viti.*
Biner, *ricalzare ò zappar le viti.*
Binet, faire binet, *attaccar il mocolo sopra il piuiolo del candeliere.*
Bineur, *zappatore.*
Binoire, *zappone.*
Binotis, *Idem.*
Binotage, *ricalzamento di viti.*
Binoter, *ricalzar le viti per la seconda volta.*
* Bipartient, *bipartiente, che diuide in due parti.*
Bipedal, *bipedale, du due piedi.*
Bire, nasse, *nassa.*
* Birasque, *borrasca.*
Bis, *di color scuro ò nero, bigio scuro.*
pain Bis, *pan nero.*
à Bis ou à blanc, *in qual si voglia modo, ad ogni modo.*
Bisantin, *bisantino. Item, moneta d'oro, bisante.*
Bisarre, *bizzarro.*
Bisayeul, *bisauolo.*
Bisayeule, *bisauola.*
Bisblanc, *pane, frà bianco, e nero, pan mezzano.*
Biscantine, *spetie di beuanda.*
Bischerie, poutre sous la coursie, *bocceria, bozzeria.*
Biscotter, *biscottare. Item, usar con una donna.*
Biscuit, *biscotto.*
s'embarquer sans Biscuit, faire quelque chose sans prévoyance, *imbarcarsi senza biscotto.*
Biscuiteau, *biscottino.*
Bise vent, *rouaio.*
* Bise, *spetie di rapa. Item, pagnottina.*
Bise, *frà bianca e nera, di color mezzano.*
Biseau, *quell' acutezza nell' estremità d'un ferro, ò simil cosa, bisello.*
Biset, *colombo terraiuolo, ò seluatico.*
Bisette, *foglio d'oro ò d'argento.*
Bisexte, *bissesto.*
Bisextil, *bissestile.*
Bisher, *zappar ò ricalzar le viti.*
Bisneur, *zappatore.*
Bisnoire, *zappone.*
Bison, *toro seluatico.*
Bisque, *minestra, ò petacchio alla francese.*
Bisque au jeu de paulme, *fallo.*
prendre sa Bisque, *i. pigliar le sue commodità, darsi bel tempo.*

Bissac, *bisacco, bisaccia.*
* Bisse, *biscia.*
Bissestre, mot vulgaire. i. malheur, *sciagura, dis gratia.*
Bissexte, *bissestile.*
Bissees, *bizz occhi.*
Bistorte, *spetie d'herba, polipodio.*
Bistory, *spetie di rasoio picciolo.*
Bitacle, forme d'armoiries à tenir le compas, la chandelle, & la boussolle, *gesiola.*
Bites, pour tenir le chable de l'ancre, *bitte.*
Butime, *bitume.*
Bituminer, *mescolar ò acconciar col bitume.*
Bitumineux, *bituminoso.*
Bizzarre, *bizzarro.*
Bizzarrement, *bizzarramente.*
Bizzarreries, *bizzarrerie.*
Bize, *vento, rouaio.*
Bizeau, *bisello, accutezza nell' estrema d'un taglio, ò simil cosa.*
Bizet, *colombo terraiuolo.*

### B L

Bladier, *di biada. Mercante di biade.*
Blaffard, *di color smorto, sbiauato, dilauato.*
Blaireau, *tasso.*
Blairie, *quantità di biade.*
Blanc, *bianco.*
tirer sur le Blanc, *biancheggiare.*
Blanc, qui a les cheueux blancs, *canuto.*
Blanc de chapon, perdrix, &c. *polpa.*
Blanc d'eau, lys d'estang, *ninfea.*
Blanc rasis, *biacca.*
Blanc d'Espagne, *cerusa.*
Blanc de plomb, *Idem.*
Blanc, but, *berzaglio.*
Blanc de veau, *animella.*
Blanc manger, *bianco mangiare.*
Blanc de lessiue, *bianco di bucato.*
Blanc, monnoye, *bianca.*
* grand Blanc, *un soldo.*
liure en Blanc, *libro sciolto.*
un Blanc signé, *Polizza col nome in bianco.*
laisser en Blanc, *lasciar in bianco.*
mis au Blanc, ruiné, *ridotto in assot.*
Blanc comme laict, *lattato.*
armé à Blanc, *armato da capo à piedi.*
celuy qui n'a point de Blanc en l'œil. i. *il diauolo.*
Blance, *spelta malto bianca.*
Blanche, *bianca.*
Blanche en musique, breue, *bianca.*
Blanche aux cartes, *carta bianca.*
donner la carte Blanche, *dar la carta bianca, venir alla pruoua con uno.*
à l'épée Blanche, *à spada tratta, à spada sfodrata.*
fleurs Blanches, *mestruo bianco.*
monnoye Blanche, *moneta d'argento.*
Blanc doux, *spetie di pomo.*
Blanchards, *certo ordine di frati vestiti di bianco.*
Blancheastre, *bianchiccio.*
Blanche-puce, blanche-pute, *spetie d'herba.*
Blanche-queuë, *spetie di Nibbio.*
Blancherie, *biancheria, luogo doue si curano ò imbiancano le tele.*
Blanchet, *bianchetto.*
Blanchet, *bombaggina, bambaggina.*

Blanchette, spetie di fior bianco.
Blancheur, bianchezza.
Blancheur en l'œil du cheual, bianco.
Blanchir, bianchire, imbianchire, far bianco.
Blanchir, deuenir chenu, incanutire.
Blanchir les toiles, curare.
Blanchissage, bianchimento.
Blanchoyer, biancheggiare.
Blanchisseur, bianchitore.
Blanchisseur de toilles, curandaio.
Blanchisseuse, lauandaia.
Blancs-manteaux, certi frati in Pariggi.
Blandices, lusinghe.
Blandir, lusingare.
Blandissant, lusingheuole.
Blandissement, lusingamento.
Blandisseur, lusingatore.
Blandureau, spetie di pomo.
Blanque, où l'on tire, lotto.
j'ay tiré Blanque, è stata bianca.
Blanquet, spetie d'vua ò vite bianca.
Blarie, païs de blarie, terra di biade.
Blanquette, spetie di pera.
Blasmable, biasimeuole.
Blasme, biasimo.
Blasmer, biasimare.
Blason, diuisa d'Arme, l'arme stesse di schiatta ò casato. Il diuisar l'arme. Item, motto.
Blasonneur, diuisatore d'arme. Item, detrattore, maldicente.
Blasphemateur, bestemmiatore.
Blasphematoire, di bestemmia.
Blaspheme, bestemmia.
Blasphemer, bestemmiare.
* Blasser, spruzzare, bagnare a poco a poco
Blattaire, spetie d'herba.
Blatte, sorte de ver, biatta.
se Blattir, ranicchiarsi.
Blattier, mercante di biade.
terre Blattiere, terra di biade.
Blauée, campagna ò paese di biade.
Blauelles, &
Blaueoles, fior di zaccaria.
Blauier, di biada.
Blayer, che hà diritto sopra le biade.
Blayerie, paese di biada, quantità di biade.
Blé, biada, fromento.
Blecer, ferire, piagare.
Bleceure, ferita.
Bled, ogni sorte di biade.
Bled de Turquie, fromentone.
Bled sarrazin, saggina, melia, melega, melica.
Bled barbu, spetie di panico.
manger son Bled en herbe ou en verd: l'Italien dit, mangiar l'agresto il Giugno, mangiar la raccolta in herba.
Bledier, blediere, di biade.
Blereau, tasso.
Blesche, furbo, furbesco. Item, marcio.
Blesme, pallido, smorto.
la Blesme, sangue corretto nell' vnghia del cauallo.
Blesmer, palliderto.
Blesmir, impallidire.
Blesmissement, impallidimento.
* Blessable, che si può ferire, ò piagare.
Blesser, ferire, piagare, impiagare, offendere.
se Blesser, qui se dit d'vne femme enceinte, sconsciarsi.
Cela blesse l'imagination, offende l'imaginatione.



Blesseure, ferita ; piaga, piagatura.
Blette, bieta.
Bleu, bleuë, turchino, turchina, celeste, azurreo
Bleu clair, turchino chiaro.
Bleu mourant, bleu pâle, turchino sbianato.
Bleu de muletier, turchino scuro.
Bleüastre, che hà del turchino ò celeste.
Blüet, fior di zaccaria.
Blindes, mot Hollandois, fagots entre-lassez, pour couurir ceux qui trauaillent, blinde.
Bloc, zocco, viluppo.
Bloc d'oiseau, gruccia.
en Bloc, in somma, sommariamente.
en Bloc & en tasche, a cottimo, in somma.
Blocaille, cimento.
Bloccage, Idem.
Bloccailleux, pieno di cimento.
Blocul, fortino da strigner vna Città.
Blocus, stringuimento di Città.
Blond, blonde, biondo, bionda.
Blond d'Egypte: l'Italien dit, biondo come vn lino Alessandrino.
Blondelet, biondeggiante.
Blondir, biondeggiare, e far biondo.
Blondissant, biondeggiante.
Blond doré, di color d'oro.
Blondoyement, biondeggiamento.
Blondoyer, biondeggiare.
Blondurel, spetie di pomo.
Bloquaille, cimento.
Bloquer, conchiudere, serrare, saldare.
Bloquer vne ville, stringnere, stringere.
Bloquil, fortino di legname.
Blot, viluppo. Item, gruccia d'vccello.
Blotir, ranicchiare, appiattare.
* Blotte, gleba di terra.
Blouqueaux, artifices de feu, dont la poudre est couuerte de lames de fer, & choses semblables, squarciafronti.
Bluet, barbeau, fior di zaccaria.
Bluette, scintilla, fauilla.
Bluetter, sfauillare, scintillare.
Bluteau, buratello, buratto.
faiseur de Bluteaux, mastro di buratti.
Bluter, burattare, abburattare.
Bluterie, abburattamento.
Bluteur, burattatore.
Blutage, burattamento.

B O

* Bobance, lusso, eccesso nelle spendere, scialacquamento, fasto.
* Bobancer, sforgiare, spender largamente.
* Bobancier ou Bobant, scialacquatore.
* Bobelinage, racconamento, imbroglio.
* Bobeliner, racconciare, racconare. Imbrogliare.
* Bobelineur, imbrogliatore.
Bobine, cannone, rocchetto.
le Bobo, parolle d'enfant, qual si voglia male.
Bocage, bosco.
Bocager, boscaiuolo.
Bocageux, boscoso.
Bocal, boccale.
vn Bocan, vn coglione, vn menchione.
Boccassin, boccacino.

Boce, *boccia da distillare.*
* Bochasse, *castagna seluatica.*
Bocon, *boccone da attossicare.*
Bocque, *specie di pesce grande.* Item, *chiusa d'acqua.*
Bocquet, *boschetto.*
Boëmien, *boëmo.* Item, *zingano, zingaro.*
Boëte, *scattola.*
Boëtelette, *scattolino.*
Boëtier, *scattolaro.*
Bœuf, *bue.*
Bœuf de mer, *spetie di pesce.*
des Bœufs, dez marquez d'vn seul costé, *farinacci.*
Bogue, *sperie di pesce grosso nel mare.*
Boie, *spetie di lumaca marina.*
Boileau, *beui l'acqua, beuitor d'acqua.*
Boire, *beuere, bere.* Item, *beuanda.*
Boire d'autant, *far brindisi.*
Boire sa bride, qui se dit du cheual, *ber la briglia.*
Boire son mors, *Idem.*
faire Boire vne estoffe en coulant, *cucir largo.*
Boire en Damoiselle .i. *beuere auidamente.*
Boire, qui se dit du papier, *sugare.*
il Boiroit la mer, & les poissons : l'Italien dit, *farebbe a ber co' mugoli.*
Boire sa faute, *bersela.*
à Boire sans mouiller la dent .i. *l'odor d'vna coreggia ò sloffa.*
Bois, long bois, *asta lancia, pica.*
Bois, *selua, bosco. Legno, legname.*
Bois d'aloë, *legno d'aloè.*
Bois de charpente, *legno da far fabbriche.*
Bois de coupe, *ligno di tagliata.*
Bois d'esquine, *china.*
Bois flotté, *legno di zattere, condotto nell' acqua.*
Bois de corde, *legno misurato colla tal misura.*
Bois gentil, *spetie di pianta.*
Bois de lict, *littiera.*
Bois de cerf, *corna di ceruo.*
Bois de marrein ou mesrain, *legno da fabricare.*
Bois de moule ou moulé, *legno di garbo.*
Bois d'Inde, &
Bois violet, *serpentino.*
Bois puant, *sumacco.*
Bois taillis, *tagliata.*
Bois saint, gaidc, *legno santo.*
long Bois, *arma d'hasta.*
tout Bois vaut busches .i. *tanto val l'vno quanto l'altro.*
Bois mort, *albero che non produce.*
l'œil tendu au Bois .i. *circonspetto, anueduto.*
ie scay de quel Bois il se chauffe : l'Italien dit, *sò quanto pesa la sua lana, sò di qual piede z oppicca.*
sommes nous dans vn Bois, qui se dit lors que l'on compte trop dans l'hostellerie : l'Italien dit, *a Baccano non si farebbe questo.*
coucher son Bois, *abbassar la lancia.*
charger de Bois, donner du bois à porter, *bastonare, mandar a legnaia.*
porter bien son Bois, *portar ben la persona, portar ben la vita, andar sù la vita.*
mesurer du Bois de corde, estre pendu : l'Italien dit, *andar a filigno.*
ie suis du Bois dont on fait les vielles : l'Italien dit, *stò co' fratti, e zappo l'horto.*
il se promeine dans ses Bois .i. *camina con quelle scarpe di legno, che s'vsano in Francia.*
se suis du Bois dont on les fait .i. *sono della medesima natura ò conditione.*

ne sçauoit de quel Bois faire flèche .i. *esserridorio in vna grand' estremità ò necessità.*
Boisseau, *staio, staro.*
il n'y en a gueres au Boisseau : l'Italien dit, *sene fà poco alla grappa, è cosa rara.*
Boissé, *intrasiato ò intarsiato di bosso.*
Boisselet, *staio picciolo.*
Boisselier, che fa i stai, *mastro di misure.*
Boissiere, *luogo piantato di bossi.*
Boisson, *beuanda.*
* Boissonnerie, *beueria, beuanda souerchia.*
Boiste, *scattola.*
Boiste d'Apoticaire, *bossolatto.*
Boiste de l'os, *incastratura.*
Boiste, *spetie di succo artificiale ò mortaio.*
Boiste du chargeoir, *casseta.*
Boiste à charger le canon, *cazza.*
piece qui se charge à Boiste, *pezzo di braga.*
dans les petites Boistes se mettent les bons vnguents .i. *gli huomini piccioli sono anche buoni.*
* la Boiste aux cailloux .i. *carcere, prigione.*
Boistellette, *scattolino.*
Boistier de Chirurgien, *scattolino da tener vnguenti.*
* Boitasse, *donna zoppa.*
Boite, *beua.* Boitte. *Idem.*
vin qui est en sa Boite, *saticcio vino.*
Boitement, *zoppicamento.*
Boiter, *zoppicare.*
Boiteux, *zoppo.*
Boiteuse, *zoppa.*
* Boituser, *zoppicare.*
Boiuin, *beuitor di vino.*
Bol, *bolus, boccone, bolo.*
Bol armenic, *bol' armenico, bol' armenio.*
Bolarmene, *Idem.*
Boline, *bolina.*
aller le vent à la Boline, *andar dell' osta.*
Boliner, *Idem.*
Bolus, *bolo, boccone.*
Bombance, *fasto, spesa souerchia.*
Bombarde, *bombarda.*
Bombarder, *bombardare, sparar la bombarda.*
Bombardier, *bombardiere.*
Bombasin, *bambaggina, bombaggino.*
Bombe, *bomba, fuoco artificiato.*
Bombicine, *spetie di manna.*
Bon, *buono.*
Bon à quelque chose, *da qualche cosa.*
au Bon de l'affaire, *nel miglior ò più bello del negorio.*
Bon-gré, mal-gré, *mal grade d'vno.*
le Bon est, *il bel è.*
auoir du Bon, auoir de reste, *auanzare.*
sçauoir Bon gré, *hauer gran grado.*
auoir du Bon, *hauer vantaggio ò vtile.*
faire Bon, *far sicurtà.*
faire Bon, *mantener per buono.*
* faire Bon pour quelqu'vn .i. *cagare.*
tenir Bon, *star saldo.*
Bon homme, *vecchio.* Item, *becco tormato.*
les Bons hommes, *frati Minimi.*
Bon, & gros, fort gros, *bell' è grosso.*
vn Bon coup de poing, *vn pugno sodo.*
vn Bon soufflet, fort, *vn buon schiaffo.*
vn Bon iour, *festa grande.*
faire son Bon iour, communicarsi, *far le sue deuotioni.*
il y fait Bon, *vi è qualche cosa da guadagnare,* I con. *il contrario.*

il ſe fait Bon voir, è bella coſa il vederlo.
du Bonbon, parola bambineſca, delle cucche.
il n'eſt pas Bon à ietter aux chiens, non é da cani.
il n'eſt ſi Bon qu'il ne faille, inciampa vn buon cauallo. Erra il prete all' altare.
qui Bon l'achepte, bon le boit: l'Italien dit, chi più ſpende manco ſpende.
qui eſt Bon à prendre eſt bon à rendre .i. tutto quello, che ſi piglia ſi può tornare ò reſtituire.
tout de Bon, da douero.
Bonace, bonnaccia.
faire Bonace ſur mer, abbonnacciare.
Bonace, adject, manſueto, bonario.
* Bonadies, buon giorno, buon di.
vn donneur de Bonadies, vn importuno adulatore.
Bonaſſe, bonaccia. Item, bonario, manſueto.
Bon-Chreſtien, ſpetie di pero.
Bond, balzo.
attendre la balle au Bond, aſpettar al balzo, aſpettar la brucciata, cio è l'occaſione.
entre Bond, & volée, di colta, di rimbalzo.
autant de Bond, que de volée .i. inconſideratamente, alla ſpenſierata.
faire faux-Bond, errare, far vn fallo, mancare.
auoir le Bon .i. hauer l'occaſione.
Bonde, chiuſa, canale.
laſcher la Bonde à ſes pleurs, piangcr dirottamente.
Bondir, balzare.
Bondiſſement, balzo, rimbalzo.
Bondon, coccone, cocchiume, turacello, zaffo
Bondonner, cocconare.
Bondrée, certo vccello griſagno.
Bon-henry, herbe, ſerpentina.
Bon-heur, felicità, ventura.
Bonifier, bonificare.
Bonnaire, bonario, buono.
Bonnaireté, bontà.
Bonnairement, alla buona.
Bonne, buona.
Bonne iournée, feſta grande.
Bonne maiſon, caſa principale.
de Bonne maiſon, di buon caſato, di buona caſata ò famiglia.
Bonnes dames, herbe, atrebice.
Bonne grace d'vn lict, cortina picciola verſo il capo del letto, bandinella.
Bonne vouïlle de galere, buona voglia.
la donner Bonne, piantarla ad vno.
Bonneau, à indiquer l'ancre, gauitello.
Bonnement, buonamente, alla buona. Quaſi.
ie ne ſçay pas Bonnement, non ſò affatto, non ſò realmente ò veramente.
Bonnet, beretta.
Bonnet de Preſtre, ſpetie di petronciano.
Bonet quarré, berettone da prete con quattro corna.
prendre le Bonnet, farſi Dottore.
porter le Bonnet verd, hauer fatto ceſſione.
Bonnet-blanc, blanc-bonnet: l'Italien dit, vn legno ſù vna mazza ò vna mazza ſù vn legno.
Bonnetade, ſberrettata.
Bonnetter, leuar la beretta, ſalutare.
Bonnettes, morceaux de voiles qu'on adjouſte aux grandes, giunte.
Bonnetier, berettaro.
Bonneton, berettino.
Bonniere, ſpetie di miſura di terreno ò campo.
Bonté, bontà.
Boote, boote ſtella.

Borax, borace.
Bord, ſponda, argine, orlo, riua.
Bord de chapeau, ala di capello.
Bord de chapeau fait à l'aiguille, cairello.
le Bord releué d'vn foſſé, ciglio d'vn foſſo.
Bord au bas d'vne robbe, pedana.
du Bord, ſpetie di naſtro ò ſetucciadi lana.
eſtre ſur le Bord de ſa foſſe, eſſer molto vecchio e caduco.
Bord de veſtement, lemba.
Bord de chapeau, ala.
Bordage, ritta, ſponda.
Borde, caſino in campagna, hoſteria, capanna.
Bordeau, bordello.
Bordel, Idem.
Bordelage, coſa di bordello, puttanaria.
Bordeler, bordellare ſbordellare.
courir le Bordel, Idem.
Bordelier, bordelliere.
coureur de Bordel, Idem.
Bordeliere, puttana di bordello. Item, vna ſpetie di peſce.
Bordelois, ſpetie d'vna groſſa da far agreſto, agreſta.
Border, far la ſponda.
Border vne eſtoffe, bordare.
Border les rames, alzar i remi di medo che non ſi vada innanzi.
Border, pour broder, ricamare.
Bordereau, memoria, catalogo, nota.
Bordeur, brodeur, ricamatore.
Bordure, bordatura. Item, ricamo.
Bordeure, freggio.
Bordeure de tableau, intauolata, corniccia.
Bordeures d'armoiries, adoghi.
Bordeure de ſoulier, giro.
Bordier, hoſte di campagna, ruſtico, villano.
Boreal, boreale.
Borée, vent, borea.
Borgne, guercio, cieco d'vn occhio.
changer ſon cheual Borgne à vn aueugle, barattar vna coſa cattiua ad vna peſſima, andar di male in peggio.
eſguillette Borgne, ſtringa che hà ſolo vn puntale.
le Borgne .i. membro virile.
Borgner, guardar con vn occhio ſolo.
Borgneſſe, guercia, donna che hà ſolo vn occhio.
Borgnet, luſchetto o cieco d'vn occhio.
Bornage, terminatione di campi.
Bornal, rayon de miel, fauo di mele.
Borne, termine. Item, pietra, che ſerue per conſeruare il muro dalle ruote.
Borner, terminare.
Borneur, metatore.
Borrache, fiaſco ò borraccia alla Spagnuola. Item, borragone, herba.
Borras, borace.
Boſcage, boſco, boſchetto.
Boſel en architecture, puntello.
Boſquet, boſchetto.
Boſquillon, boſcaiuolo. Item, boſchetto.
Boſſe, gobba. Item, rilieuo di pietra pretioſa.
Boſſe à diſtiller, bozza, boccia.
Boſſe chancreuſe ou peſte, anghio.
Boſſe de cerf, corno che comincia a ſpuntar fuori.
Boſſe de terre, tartaſo.
Boſſe d'arbre, nodo.
releué en Boſſe, di rilieuo.
Boſſeler, imboſſare.
Boſſeleure, imboſſatura.

Boſſette,

Bossette, gobbino, gobba picciola. Item, borchia.
Bossette de mors, borchia.
Bossettier, mastro che fà le borchie.
Bossu, gobbo.
Bossuë, gobba.
rendre les cimetieres Bossus, estre enterré : l'Italien dit, guardar l'oche al prete.
Bossuer, far gobbo. Incuruare.
Bot, tronco, mozzo. Item, scarpa di legno.
pied-Bot, piede mozzo ò tronco.
Botanomancie, augurio dall' herbe.
Botargue, œufs de poisson salez, bottarga.
Bote, &
Botte, mazzo.
Botte de foin, fastello.
Botte de cordes d'instrument, ganetta.
Botte en faisant des armes, botta.
Botte d'ail ou d'oignon, resta.
des Bottes, stiuali.
il y a laissé les Bottes, il est mort : l'Italien dit, vi hà lasciato le cuoia.
à propos de Bottes, qui se dit lors que quelqu'vn parle hors de propos : l'Italien dit, a proposito vn chiodo di carro.
on luy pense graisser ses Bottes, & on les luy brusle, gli pensano far piacere e l'offendono, e nol contentano.
aller à la Botte, qui se dit du cheual qui veut mordre, &c. tirar alla staffa.
Botteau, mazzetto, fastello.
Botteller, affastellare.
Botteler les cordes d'Instrument, ingauettare.
Botteleur, affastellatore, fenainolo.
Botter, stiualarsi, metter i stiuali.
Bottine, stiualetto, borzacchino.
Bouban, boubance, fasto, vanità lusso.
Boubé, spetie di cane da caccia.
Bouc, becco. Metaph. lussurioso.
traire les Boucs .i. perder il suo tempo.
Boucal, boccale.
Boucaner, contrafare il becco.
* Boucanier, vecchio, fuor di stagione.
Boucassin, boccacino, bucherame.
Bouche, bocca.
Bouche de riuiere, bocca, imboccatura.
Bouches à feu, bocche da fuoco.
Bouche à court, la parte.
la Bouche dessous, boccone.
la Bouche en enhaut, supino.
auoir bonne Bouche, non confessar niente.
faire la Bouche, informar vno, insegnar vno quel, che hà da dire.
faire la petite Bouche, far la bocca piccina.
garder pour la bonne Bouche, serbar per giunta della derrata.
faire bonne Bouche, far buon fiato.
il n'a ny Bouche ny esperon .i. non hà ceruello ò ingegno.
de Bouche, a bocca.
Bouche à bouche, a bocca a bocca.
grande Bouche, boccaccia.
combien de Bouches, de personnes, quante bocche.
cheual qui n'a point de Bouche, caual sboccato.
fermer la Bouche à quelqu'vn, far tacere.
estre sur sa Bouche .i. esser goloso ò leccardo.
large de Bouche, estroit de ceinture, qui promet beaucoup, & donne peu, largo di bocca, stretto di mano ò cintola.
Bouchée, boccone.
Boucher, subst. beccaro, maccellaro.



Boucher, turare, serrare.
Boucherie, beccaria, maccello.
grande Boucherie de gens, strage, vccisione grande.
à Bouchetons, boccone, rimboccone.
Bouchette, bocca piccina.
Bouchimbarbe, barba di becco.
Bouchon à bouchonner, strofinaccio.
Bouchon à boucher, zaffo.
Bouchon de bouteille, stoppino.
Bouchon de cabaret, frasca.
Bouchon à escurer, scuraccino, scuraccio.
sernir de Bouchon, estre pendu : l'Italien dit, far vn penzolo.
à bon vin ne faut point de Bouchon, a buon vino non bisogna frasca.
Bouchonner, fregare, strofinare. Metaph. battere.
Bouchonnet, strofinacciolo.
Bouchonneux, stopposo.
Boucle, fibbia, borchia.
Boucle de cheueux, annello, binno.
serrer la Boucle, ritenere, tener forte.
Boucler, serrare, serrar con fibbia, affibbiare. Item, chiudere, finire, saldare.
Boucler vne caualle, affibbiare.
Bouclier, brocchiere, scudo.
qui porte le Bouclier, clipeato.
vne leuée de Bouclier, impresa senz a ritiscita.
Bouclure, strignimento di fibbia, affibiatura.
Boucon, boccone da attossicare.
le Boucon de Lombard, Idem.
* Bouconnier, attossicatore.
Boucquet, mazzo di fiori. Ciuffetto di cappelli.
Boudelle, bout-d'aisle, penna più picciola da scriuere, che si caua nel fine dell' ala.
* Bouder, far il grigno, gonfiarsi per colera, tener la fauella à vno.
Boudin, sanguaccio.
Boudin-blanc, salsiccia imperiale.
Boudinal, di sanguaccio.
* Boudine, belico, umbilico.
Boudinée, sanguaccio, sangue cotto.
Boudiniere à souffler le boudin, serizotto.
Boué, fango.
Boué d'vne playe ou aposthème, marcia.
Boué de fer, scoria di ferro.
Boué de bled, merda.
il l'estime comme la Boué de ses souliers .i. lo stima poco, lo sprezza.
Bonëtte, boiste, scattola.
Boüeur, fognaro.
Boüeuse, fangosa.
Boüeux, fangoso.
Bousfagé, sbuffamento.
Bouffant, sbuffante.
Bouffard, che sbuffa per l'ordinario.
Bouffe, lo sbuffare, sbuffamento, gonfiatura.
Bouffée, sbuffamento.
Bouffée de vent, folla, turbine.
Bouffée de ris, risaiuola.
Bouffement, sbuffamento.
Bouffer, sbuffare, gonfiare.
Bouffer de rire, smascellar delle risa.
Bouffetripe, mangione.
Bouffeux, sbuffante, gonfio.
Bouffi, gonfio. Vedi, Bouffy.
Bouffiner, mangiar in fretta.
Bouffir, gonfiare.
Bouffisseure, gonfiatura, gonfiamento.

Bouffon, buffone.
danse les Bouffons, ballar i mataccini.
Bouffons de cheueux, vicci.
Bouffonner, buffonare, far il buffone.
Bouffonnerie, buffonaria.
Bouffonesque, buffonesco.
Bouffonneur, buffone.
* Boufron, spetie di pesce, seppia, calamaro.
Boufy, gonfio.
Boufy d'orgueil, gonfio d'orgoglio.
hareng Boufy, arenga bianca asciutta nel camino ò focolare.
* Boug, spetie di rana venenosa.
* Boug-coupé, Tartaruca.
Bouge, bolgia. Item, mantice di fucina.
Bouge, camerino.
le Bouge d'vn bouclier, coppa, parte del mezzo del brocchiere.
Bougeon, quadrello.
Bouger, muouere.
Bougeron, bugiarone.
Bougeronner, bugiarare.
Bougetier, bolgiaro.
Bougette, bolgia.
Bougie, candelotto ò candeletta di cera.
Bougier, incerare.
Bougnette, spetie di raza, pastinaca marina.
Bougran, bucherame.
Bougrande, spetie d'herba, acutella.
Bougre, bugiarone.
Bougrer, bugiarare.
Bougrerie, la bugiara.
Bougrin, bugiarino, da bugiarare.
à la Bougrine, da bugiaroue.
* Bouhourdy, prima è seconda Domenica di Quaresima.
Boubourdis, salti, re poloni di canalli.
Bouillamment, ardentemente.
Bouillant, bollente, ardente.
tout Bouillant, bollentissimo.
Bouillement, bollimento.
de la Bouillie, pappa.
Bouillir, bollire.
le Bouillir du vin nouueau, leuar in capo.
faire Bouillir la marmite, aiutar nella spesa, far la spesa.
Bouillon, bollo, bollitura.
Bouillon de riuiere, bollore.
Bouillons d'habits, gonzi.
Bouillons en broderie, onde.
le Bouillon du pot, brodo.
vn Bouillon, vn brodo.
Bouillir à gros bouillons, crosciare, bollir à ricorsoio.
Bouillon de source, bulicame.
Bouillon ou bossette de liure, borchia.
Bouillon, planté, tasso barbasso.
Bouillonnement, bollimento.
Bouillonner, bollire, crosciare.
Bouillonnant, feruido, bollente.
Bouillonneux, bollente.
Bouillots, seaux sans anse sur les galeres, buglioli.
du Bouilly, alesso, carne alessa.
Boujon, quadrello.
Boujotte, cesta per nido di colombo.
Bouys, bosso.
Bouys poignant, pugnitopo.
Bouys de cordonnier, bossetto.
Bouissé, guernito di bosso.
* Bouissiere, luogo piantato di bossi.

Boule, boccia, palla.
la courte Boule, il giuoco delle boccie.
la longue Boule, spetie di giuoco.
à Boule-veuë, alla spensierata, sconsideratamente.
tenir pied à Boule, esser diligente, attacarsi ad vna cosa.
Bouleau, betula, scopa, scopa mezchina.
Boulement, il voltar della palla ò boccia rotolamento.
Boulenger, faire cuire le pain, far pane.
Boulenger, fornaro, fornaio.
Boulenger, fornara.
Boulengerie, fornaria, arte di fornaro. Bottega di fornaro.
Bouler, rotolare, giocar alle boccie.
Boulerot, spetie di gobbio.
Bouleschie, spetie di rete grande da pescare.
Boulet, palla di canone.
Boulet de cheual, nocca, nodo, capella.
Boulette, pallotta, palottosa.
Bouleuard, balluardo.
Bouleuersement, rouesciamento.
Bouleuerser, voltar sossopra, rouesciare.
Bouleuerseur, rouesciatore.
* Bouleuert, baloardo.
Boulge, boulgette, bolgia.
Boulie, pappa.
*. Boulieux, di pappa, pieno di pappa, che mangia la pappa.
* Boulimie, bulimia, fame grande.
Boulin, nido di colombo.
Boulinage, il far vela col vento da banda per approdare.
Boulingue, vela sopra la gabbia.
Bouline, bolina.
Bouloir de viz, cerchi d'vna madre vite.
Bouloire, luogo doue si gioca alle boccie.
Boulon à soustenir l'eschaffaut de maçon, capra.
Boulon de l'affust, capra da incaualcare.
Boulon de fer, capra di ferro.
Boulons à clouër les Nauires, perni, chiodi.
Boulture, bollimento.
Boulongnois, bolognese. Item, bolognino, moneta bolognese.
Bouque d'ange, conserua ò confettione di torso di lattuche.
Bouquer, bacciare.
faire Bouquer, far star a segno.
Bouquet, mazzo ò di fiori.
auoir le Bouquet sur l'oreille, esser da vendere, si dice anche di donna, che voglia far copia di se.
le Bouquet pour traitter ou donner le bal, rtiota.
le Bouquet de la barbe, sous la lévre, barbino, barboccio.
Bouquetier, che fà ò vende mazzi di fiori.
Bouquetier, Idem.
Bouquetin, becco seluatico.
Bouquin, di becco, Item, lussuriosso di natura di becco, caprone.
Bouquin, liévre ou connil masle, maschio di lepre ò cuniglio.
vieux Bouquin, libro vecchio e antico.
cornet à Bouquin, corno da sonar di musica.
Bouquiner, imitar il becco, esser lussurioso, legger ne' libri vecchi.
Bourache, fiasco alla spagnuola, boraccia. Item, imbriaco.
Bourachon, fiaschetto di cuoio.
Bouras, borra grossa.
Bourasque, borrasca.

courir vne Bourasque, *fortuneggiare.*
Bourasse, *fiasco, borraccia spagnuola.*
Bourbe, *fango.*
Bourbe de marests, *malta.*
Bourbeliere, *petto ó pancia di cinghiale, tetto, beli-*
*co, &c.*
Bourbeter, *voltolarsi nel fango.*
Bourbeteux, *fangoso.*
Bourbette, *spetie di pesciolino.*
Bourbeux, *fangoso.*
Bourbier, *fango, malta, luogo fangoso.*
laisser dans le Bourbier : l'Italien dit, *lasciar vno nelle*
*peste.*
il s'est tiré d'vn grand Bourbier, *si è saluato da vn gran*
*pericolo.*
Bourde, *bugia, menzogna.* Item, *casino ó gastaldia.*
Bourde, la plus grande voile aprés la bastarde, *borda.*
s'il n'est vray, la Bourde est belle : l'Italien dit, *se non*
*fu vero fu ben trouato.*
Bourdelais, *vua da far agresta, agresto.*
Bourder, *mentire dir la bugia.*
Bourdes, *menzogne, bagatelle, baie.*
Bourdeur, *bugiardo.*
Bourdin, *spetie di pesce armato di gustio.*
Bourdon, *bordone.*
Bourdon de cornemuse, *ronfo.*
Bourdon, insecte, *galarone, calabrone.*
Bourdon de mousches à miel, *pecchione.*
à Bourdon planté .i. *fissamente, saldo.*
* Bourdonnasses, *spetie di lancie all' antica.*
Bourdonnement, *susurro, rombo.*
Bourdonner, *susurrare, rombare, ronzare.*
Bourdonnesque, *susurrante.*
Bourdonneur, *susurrone.*
Bourée fagot, *fascina.*
Bourée, *spetie di suono e danza.*
il sent la Bourée ou le fagot, *pizzica dell' heretico.*
Bourelet, *carello.*
Bourellement, *tormento, strazio.*
Boureller, *tourmentare, strazziare.*
Bourellerie, *tormento, strazio.*
Bouret, *spetie di conchiglia.*
Bourg, *borgo, castello.*
Bourg fermé, *terra murata.*
Bourgade, *borgata.*
Bourgalois, *spetie di moneta spagnuola.*
Bourgeois, *cittadino, borghese.*
Bourgeoise, *cittadina.*
caution Bourgeoise, *sicurtà fatta da vn cittadino.*
pain Bourgeois, *pan per l'ordinario.*
Bourgeoisie, *cittadinanza.*
Bourgeon, *gemma, germoglio.*
Bourgeons au visage, *rossori pustule.*
* Bourgeon de laine, *fiocco di lana.*
Bourgeonné, *pieno di rossori nel viso.*
Bourgeonnement, *germogliamento.*
Bourgeonner, *gemmare, germogliare.*
Bourgeonneux, *pieno di germogli.*
Bourgespine, *spetie di spina, ramno.*
Bourguemaistre, *Borgomastro.*
Bourguignon, *borgognone.*
Bourguignotte, *donna di borgogna.*
Bourguignotte, *morrione, celata.*
Bouringe, *vela sopra la gabbia.*
Bourjon, *germoglio.*
Bourjonner, *germogliare.*
Bourlesque, *burlesco.*
Bourlet, *carrello di segetta ó altro.*

Bourlet de canon, *gioia.*
Bourelet à se coiffer, *carello.*
Bournal, *fauo di mele.*
* Bourrabaquin, *bicchier grande fatto a guisa di can-*
*none.*
* Bourrache, bourroche, *borrana.*
Bourrachon, *borraccia, fiaschetto di cuoio.*
Bourrade, *borrata.*
* Bourraquin, *bicchier grande.*
Bourras, *borra grossa.*
Bourrasque, *borrasca, fortunale.*
Bourrasser, *lauorar alla grossolana.*
Bourre-lanice, *borra lanuccia.*
Bourre, *borra, cimatura. Moscio di canne, vlti, &c.*
Bourré, *per battuto.*
Bourreau, *boia, manigoldo. Manigoldone.*
se faire payer en bourreau .i. *far si pagare innanz i trat-*
*to.*
Bourrée, *fascina.*
Bourreler, *tormentare, si ratiar da manigoldo.*
Boureler, faire grossierement, *abboracciare.*
Bourreler, emplir de bourre, *fornir di borra.*
Bourrelerie, *tormento.* Item, *cosa fatta alla grossolana*
*abboracciamento.*
Bourrelier, *sellaro, che lauora di borra, mastro di forni-*
*menti da caualli, e bestie da soma.*
Bourrer, *borrare, empir di borra.*
Bourrer en terme de chasse, *borrere.*
Bourrer le pourpoint, battre vne personne : l'Italien
dit, *imbottir il giubbone.*
Bourrer la source d'vne mine, *metter lo stropaglio.*
Bourrer le canon, *idem.*
Bourreux, *pieno di borra.*
Bourriers, *streppole.*
Bourrique, *asino.*
Bourriquet, *asinello.*
Bourroche, *borrana, borragine.*
Bourru, *vedi,* Bouru.
Bourry, moine-bourry, *certa fantasima.*
Boursal, *di borsa.*
Boursaux, *spetie de salci.*
Bourse, *borsa.*
Bourse, place du change, *borsa.*
Bourse des testicules, *coglia.*
sur la Bourse d'autruy, *all' altrui spese, a spese d'altri.*
Bourse de berger, *herba, borsa di pastore.*
Bourser, *piegar mezza à la vela.*
Bourseron, *borsetto.*
Bourset de hune, *termine di marina vela sopra la gabbia.*
Bourset, *borsotto.*
Bourset de deuant, *vela d'inanzi.*
Boursette, *borsa; picciola borsetta.*
Boursier, *borsiere.*
Boursiller, *squatrineggiare.*
Boursillon, *borsotto.*
Boursin, *certa corda che serue altrinchetto.*
Bourson, *borsetta, borsotta.*
Boursot, *idem.*
Boursoufflé, *gonfio.*
Boursouffler, *gonfiaro.*
Boursouffleure, *gonfiatura, gonfiamento.*
Bouru, *pieno di borra.*
vin Bourru, *certo vino bianco torbido, dolce.*
discours Bouru, *discorso fuor di proposito.*
humeur Bourruë, *cattiuo e dispiacente humore, humor*
*maninconico e fastidioso.*
esprit Bouru, *ingegno strauagante ó stolto.*
Bouschement, *iuramento.*

Boucher, *turare, serrare.*
Bouschon, *stoppino.* Vedi, Bouchon.
Bouse, &
Bousée de vache, *bouina.*
Bousin, *certa crosta nelle pietre grosse.*
* Boussoir, *buffatoio.*
Boussole, *bossola.*
Boustargue, *bottarga.*
Boustarin, *pancione.*
Bout, *capo fine, punta.*
Bout carré de colet, *la parte d'innanzi nell' incauatura del collare.*
Bout d'vn fourreau, *puntale.*
Bout charnu des doigts, *polpastrello.*
Bout de chandelle, *moccolo.*
le Bout de la rame, *girone del remo.*
Bout de tetin, *cappezzolo, capparello.*
Bout d'vne ruë, *capo.*
Bout de soulier, *taccone.*
Bout de l'an, *anniuersario.*
Bout-saigneux, *parte d'animale attaccata al collo.*
vn petit Bout, *vn picciol pezzo.*
vn petit Bout d'homme, *huomo picciolo, cima d'huomo.*
le Bout, *il membro virile.*
Bout de buste, *capo di busto del giubbone.*
sur le Bout du doigt, *a mena dito.*
à Bout portant, *molto r'appresso, colla punta dello schioppo sul corpo.*
au Bout d'vn an, &c. *a capo d'vn anno.*
auoir sur le Bout de la langue, *esser per dire e non trouar la parola.*
se mettre sur le bon Bout, *ornarsi, far del galante.*
d'vn Bout à l'autre, *da vn capo all' altro, da capo fin al fine.*
vn petit Bout de chandelle pour trouuer ce qu'il veut dire : l'Italien dit, *si è perduto nelle streppole.*
au Bout du monde, *à finimondi.*
c'est au Bout du monde, *egli è al più, non può esser più.*
mettre des Bouts à ses souliers, *tacconare.*
rire du Bout des dents, *non rider allegramente ò da douero.*
venir à Bout, *venir a capo, vincere.*
tourner de l'autre Bout, *capenoliarse.*
Bout-cy bout-là, *senz' ordine, confusamente.*
à chaque Bout de champ, *ad ogni momento.*
il est au Bout de sa corde, *non sa più, che fare ò dire.*
le haut Bout, *capo di tauola.*
Boutade, *gricciolo, fantasia, capriccio.*
Boutadeux, *capriccioso, fantastico.*
Boutargue, *bottarga.*
Boute-cul, *frate laico.*
Boutée, *mouimento, fantasia, capriccio, Impetuosità.*
par Boutée, *per fantasia, per capriccio, impetuosamente.*
il a la Boutée, *hà la fortuna, lo fauorisce l'occasione del guadagno.*
Boutefeu, *battafuoco, incendiario.* Metaph. *che semina discordie.*
vn Boute tout cuire, *vn buon compagno.*
Boutehors, *il garbo, il bel modo di esplicarsi, il modo di porgere.* Metaph. *le gambe.* Item, *espulsione.*
Bouteille, *fiasco.*
Bouteille de cuir, *borraccia.*
Bouteille sur l'eau quand il pleut, *senaglio, bolla.*
faire vne Bouteille .i. *far vn errore, errare.*
nourry dans vn Bouteille .i. *che non è mai stato fuori, che non hà mai visto niente.*
Bouteillerie, *bottigliaria.*

Bouteillette, *fiaschetto.*
Bouteiller, *bottigliere, che fà i fiaschi.*
Bouteilliere, *certa pelle gonfia appresso il belico.*
* Bouter, *buttare.*
Bouterolle, *bottoniera, fouaggia.*
Bouterouë, *pietra che sporge in fuori per conseruar il muro.*
Boute-selle, *butta in sella, monta in sella.*
Boute-vent, *butta vento de gl' Alchimisti.*
Bouteure de plante, *tallo, messa, barbatella.*
Boutignan, *spetie d'oliuo.*
Boutique de Confiseur, *confettaria.*
Boutique de Cirier, *ceraria.*
Boutique de Batteur d'or, *battiloro.*
cela ne vient pas de sa Boutique : l'Italien dit, *non è herba del suo horto.*
Boutique, *bottega, fondaco.*
Boutique de Barbier, *barberia.*
Boutique d'Apoticaire, *spetiaria.*
Boutique de Pasticier, *pasticiaria.*
Boutique, sorte de bateau, *barchetta chiusa con serratura da tener pesci.*
la grand' Boutique, *il palazzo doue si litiga.*
prendre garde à sa Boutique .i. à ses affaires : l'Italien dit, *star col capo à bottega.*
gens de Boutique, *bottegai.*
Boutis de sanglier, *fracasso di cinghiale segno impresso dal cinghiale.*
Boutoir, *rosola di marescalco.* Item, *grugno di cinghiale.*
Bouton, *bottone.*
Bouton d'arbre, *germoglio.*
Bouton de figuier, *grosso di fico.*
Bouton de feu, *bottone, cauterio.*
Bouton de verolle, *bolla.* Sur le visage, *Idem.*
Bouton à queuë, *bottone a riscontro.*
lascher le Bouton, *dar libertà, lasciar andare.*
serrer le Bouton, *premere.*
Boutonnement, *assibbiamento.*
Boutonner, *assibbiare, abbotonare, allanciare.*
se Boutonner des arbres, *buttare, spuntare.*
Boutonnerie, *bottonaria, luogo doue si fanno i bottoni.*
Boutonnet, *bottoncino.*
Boutonneur, *abbotionatore.*
Boutonnier, *bottonaro, che fa bottoni.*
Boutonniere, *vecchiello, occhiello, bottoniera.*
* Boutouër, *grugno del cinghiale. E rosola di marescalco.*
Bouueau, *giouenco.*
Bouueaux, *sperie di fichi.*
Bouuelet, *giouenco.*
Bouuier, *bifolco, bouaro.*
gros Bouuier, *z appiterra, grossolano.*
Bouuiere, *specie di pesce.*
Bouuillon, *giouenco.*
Bouuine, beste bouuine, *bestiame vaccino.*
Bouys, *bosso.*
Bouze, *bouina.*
Bouzine, *tromba di villano, fatta di canne.*
Boyau, *budello.*
Boyau culier, *intestino, longanone.*
Boyau long, *Idem.*
le gros Boyau, boyau cecum, *budello cieco.*
Boyaux à faire des cordes d'instruments, *minugia.*
aimer comme ses petits Boyaux, *amar suisceratamente ò sbudellatamente.*
il a tousiours vne aulne de Boyaux vuides .i. *hà sempre buon appetito.*

Bozel, en archit. *puntello.*
Bozine, *spetie di tromba, boxina.*

## BR

BRaailler, *sbragliare.*
Braçal, *bracciale.*
Bracelets de mors ou de filet, *bracciuoli.*
* Braconnier, *cacciatore.*
Bracque, *bracco.*
Bracquemart, *spetie di coltellaccio.*
Bracquer le canon, *appuntare, piantar l'artigliaria.*
Bracquet, & bracquemart, *spetie di spada ò coltellaccio.*
    Metaph. *membro virile.*
Bradypesie, *mezza concottione, di gestione imperfetta.*
Bragard, *allegro, garbato, gentile, brauo.*
Bragardement, *allegramente, garbatamente.*
Bragarder, *far del brauo ò garbato.*
Bragardise, *garbo, braueria, gentilezza.*
Brague, *mortisa da congiungner ò commetter legnami.*
* Bragues, *brache, calzoni.*
* Braguer, *far del brauo.*
* Braguesques, *calzoni alla venitiana, braghesse.*
Braguerie, *braueria.*
Braguette, *brachetta.*
Bragueur, *garbato.*
Brailler, *sbragliare.*
Braire, *ragghiare, ragliare.*
Brailleur, *belone.*
Braise, *bragie, brace.*
Braisier, *bragio, fuoco di bragie.*
Braisillonner, *cuocer sopra le bragie.*
Brame, *abrame, pesce.*
Bramer, du cerf, *raitare.*
Bran, *merda.*
Bran, *semola, crusta.*
Bran de Iudas, *macchie rosse ò gialle sopra la faccia, lentiggine.*
* Branc d'acier, *brando spada.*
Brancade, bande de forçats que l'on enuoye en terre, *branco.*
Brancal, brancard, *bara.*
Brance, *farro.*
Branchage, *rami.*
Branche, *ramo.*
Branche vrsine, *branca vrsina, aentulo.*
Branches de garde d'espée, *elsa.*
Branches de mors, *stanghette, guardie.*
Branches d'vn cerf, *rami di corna.*
Brancher, *posar sopra à vn ramo.* Metaph. *impiccare.*
Branchet, *spetie di sparauiere.*
Branchier, *Idem.*
Branchette, *ramuscello.*
Branchillon, *Idem.*
Branchu, *ramoso, forcuto.*
Branchue, *spetie di pesce.*
Branchure, *rami dell' albero.*
* Brand, *brando, spada.*
Brande, bruyere, *erica.*
tout Brandif ou brandy, *di peso.*
Brandillement, *pendolamento, penzolamento.*
Brandiller, *penzolare.*
Brandilloire, *altalena.*
Brandir, *vibrare.*



Brandissement, *vibramento.*
Brandon, *fuoco, torcia ò lanterna grossa, Torcia di paglia accesa in campagna.*
Brandon doré. 1. *il sole.*
Brandonner, *tener fuochi ò torcie accese in campagna.*
Brandy, *di peso.*
Brauler, *Vedi,* Bransler.
Branscat, *parola allemana, contributione cauata per forza da' soldati.*
Branslant, *tentennante, mouente, dimenante, crollante.*
Bransle, *mossa, motimento, tentennamento, dimenamento, crollamento.*
Bransle, dance, *brando ò spetie di carolla, ò danza.*
donner le Bransle, *darle mosse, dar la scossa.*
mettre en Bransle, *Idem.*
mener le Bransle, *esser il primo à far vna cosa.*
estre en Bransle de faire, *star in forse, esser in atto di fare.*
le Bransle du loup, *danza Treuigiana, l'atto venereo.*
sonner en Bransle, *souar à distesa.*
Branslement, *crollamento, motimento, dimenamento.*
Bransle-queuë, oyseau, *bouarina, coditriemola, codinzinzola.*
Bransler, *dimenare, muouere, crollare, scuotere, tremolare, tentennare.*
Bransler dans le manche, *tentennar nel manico, esser poco risoluto.*
Bransler la teste, *non consentire, non volere.*
Bransloire, *altalena.*
Bransqueter, *cauar contributione per non appiccar il fuoco nelle ville.*
Braque, *bracco.*
Braquemart, *spetie di coltellaccio.* Metaph. *il membro virile.*
Braquer, *appuntar il cannone, piantar l'artigliaria.*
Braquer vn chat, *voltare.*
Bras, *braccio.*
Bras de l'antenne, *braccia.*
Bras dessus, bras dessous, *riceuer vno con abbracciamenti.*
auoir quelqu'vn sur les Bras. 1. *far la spesa ad vno.*
selon le Bras la saignée. 1. *la spesa secondo il potere.*
tendre les Bras, *riceuer vno, porger aiuto.*
prester son Bras, *dar aiuto, aiutare.*
Bras, jambes de deuant du cheual, *braccia.*
Bras de mer, *distritto.*
Bras de fleuue, *ramo.*
Bras d'eschelle, *staggie di scala.*
à plein Bras, *à braccio stesu, à braccio pieno.*
* on m'appelle Monsieur, gros comme le Bras, *mi danno del Signore per la testa.*
Bras seculier, *braccio secolare.*
Bras de scorpion, *zampa di scorpione.*
à tour de Bras, *à tuto potere.*
demeurer les Bras croisez, *star inutile, star con le mani alla cintola.*
Braser, *bollire, scaldare, bullire.*
Brasier, *bragie, brace.*
Brasiller, *arrostir sopra le bragie.*
Brasillonner, *Idem.*
Brassage, *lauore di braccia.* Item, *salario di esso.*
Brassage, *brassatura di biera.*
Brassal, *bracciale.*
Brassart, *Idem.*
Brassarts, *armatura di braccia, bracciali.*
il aiguise ses Brassarts, *si dice per burla di chi si gratta le braccia.*

Brasse, *bracciata.*
pain de Brasse, *pane molto grande.*
Brassée, *bracciata.*
Brassée de biere, *brassata.*
Brasselet, *maniglia, braccialetto.*
Brasser, *brassar la biera ò ceruosia.*
Brasser quelque affaire, *macchinare.*
Brasserie, *brassaria, luogo doue si fa la biera.*
Brasseur, *brassaro.* Item, *macchinatore.*
* Brassier, *calderaro.* Item, *lauorante colle braccia.*
Brassieres, *spetie di buste ò giubbone da donna.*
Brassin de biere, *brassata, brassatura.*
Brassique, plante, *brassica.*
Brassique marine, *brassica marina.*
Brater vn char, *voltare vn carro.*
Brauache, *brauazzo.*
Brauacherie, *branura.*
Brauade, *brauata, sgherrata.*
Braue, *brauo. Ben vestito, ben alla vid.*
Braue-homme, *galant'huomo.*
Brauement, *brauamente.*
Brauer, *brauare, far del bratto, sbraciare.*
se Brauer, *far del galante, pauoneggiare.*
Brauerie, *brauura.* Item, *sfoggiatura ne' vestiti, spesa, grande nel vestire, sbraccerie.*
Bray, *spalmatura.*
Brayant, *ragliante, raggiante.*
Brayart, qui crie, *belone, rampognoso.*
Braye d'enfant, *pezza.*
* Brayes, *brache, calzoni.*
Braye de cocu, plante, *artetica, primauera.*
Braye, moraille, *moraglia.*
fausse Braye, *salsa braga.*
sortir d'vn affaire ses Brayes nettes, *andarne netto.*
Brayement, *ragghio, raglio.*
Brayer, *braghiere, brachiere.*
* Brayer, braire, *ragliare.* Metaph. *rampognare, gridare.*
Brayer, *macinare, pestare, maciullare. Gramolare il lino.*
Brayer vn nauire, *spalmare.*
Brayere, *maciulla da lino, gramola.*
Brayette, *braghetta.* Item, *spetie d'herba.*
belle Brayette, & rien dedans, *braghettone, bella apparenza senz' effetto.*
Brayette de balance, *linguella.*
du Bré, *bratto da mane.*
Breant, oyseau, *verdone.*
Brebiaille, *quantità di pecore.*
Brebiette, *pecoruccia.*
Brebis, *pecora.*
courage de Brebis, *animo vile, dapocagine.*
à Brebis contées le loup les mange. i. *delle cose contate sene perde tal volta.*
qui se fait Brebis le loup le mange, *chi peccora si fa il lupo sò la mengia.*
Breche, *breccia, brecchia.*
Breche de couteau, &c. *dente.*
Breché, *dentato.*
faire Breche à son honneur, *perder l'honore, far contra il suo honore.*
Brechedent, *sdentato.*
Brechet, *parte inferiore del petto, osso del petto.*
Brecheure d'vne riuiere, *breccia.*
Bredi-breda, *tara bara.*
Bredouillard, *tartaglione.*
Bredouille, *garbuglio, imbroglio.*
perdre Bredouille, *perder il giuoco marcio.*

estre en Bredouille, *esser imbrogliato.*
Bredouillement, *tartagliamento.*
Bredouiller, *tartagliare, linguettare.*
Bredouilleur, *tartaglione, tartaglia.*
Bref, *breue.*
Bref, breuet, *breue.*
Bref, aduerbe, *finalmente, in somma.*
en Bref, *di corto, fra poco, in breue.*
Bref pour les Prestres, *breuiale.*
Brefue, *breue.*
Brefueté, *breuità.*
Brehaigne, *sterile.*
Brelan, breland, *bisca, biscazza, ridotto.* Item, *spetie di giuoco nelle carte.*
Brelander, *biscazzare, giuocare.*
Brelandier, *gran giuocatore, biscazziere.*
Breluë, berluë, *barlume.*
des Breluques, *pezze d'oro vecchie ò rotte ò cattiue, ghiaroni.*
Bremme, *abrame, pesce.*
Bren, *merda.* Item, *semola, crusca.*
Bren de Iudas, *lentiggine sopra il visa.*
taché de Bren de Iudas, *lentigginoso.*
Bren de vous, *ven' iucago.*
* Brenasserie, *mine, merde.*
Breneux, *merdoso.*
pour trois sols Breneux qu'il paye, &c. *Per trè soldi fecciosi.*
Bresche, *breccia.*
Breschedent, *sdentato.*
Bresil, bois, *verzino.* Item, *carne di bue salata ed affumicata.*
Bresillé, *rosso ed ondato come il verzino.*
Bresiller, *rompere, infrangere.*
* Bresin, *rampino di vascello.*
Bresine, poisson, *abrame.*
Bresseron, *spetie di cardo.*
parler Bret ou bref, *tartagliare, linguettare.*
Bretauder, *tagliar, l'orecchie.*
Breteler, *rigattare, riuendere.*
Bretelle de hotte, *cinghia che regge il zarletto.*
Breteleur, *rigattiere, ciarpenti.*
Breton, *britone.*
fault de Breton, Metaph. *fallo, errore.*
Bretonner, *parlar corretto, scilinguare, linguettare.*
Brete, *spada.*
iouer de la Brette, *giuocar dell' armi.*
Bretter, *Idem.*
Bretteur, *spadacino.*
Breteuil, *spetie di cannone, come sarebbe dire, colubrina, falcone, &c.*
Breuuage, *beuanda.*
Breue, *breue.*
Breue, *quantità di moneta ò materia che dà il zeccaro da porui il marco ò l'impronta.*
Breuet, *breue.*
Breueté, *breuità.*
* Breueter, *abbreuiare.*
Breuiaire, *breuiario.*
il est au bout de son Breuiaite, *non sà più che dire ò saye.*
* Breuil, *selua spessa.*
* Breulet, *rete da pigliar vccellini.*
* Breusse, *vaso grande ò tazza di stagno.*
Breuuage, *beuanda, beueragio.* Item, *beuerene per gli animali.*
Brezil, *verzino.*
Breziller, *sfauillare.*
Bribe, *tozzo di pane.*

amaſſons nos Bribes .i. *viuiamo in commune,*
* Briber, *accatar torxi, mendicare.*
* Bribeur, *accattator xi.*
Bribonner, *barbottare.*
* Briborions, *preghiere mal pronontiate ò dette ſenza attentione.*
Bricole, *rimbalzo,* bricole de caroſſe.
prendre au Bric, *pigliar ò coglier vno all' improuiſo.*
Bricole, *ſcuſa, burla, furberia, inuentione.*
il m'a donné vne Bricole, *mi hà fatto vna burla ò furberia.*
Brichet, *oſſo del petto.*
Bricoles, détours de mine, *viette.*
Bricoler, *rimbalzare.*
Bricoler, quand on mange trop chaud, *rimenar la bocca.*
Bricoler vne femme, *chiauare, vſar con vna donna.*
* Bricot, *pietruzza.*
* Bricoteau, palet de pierre, *piaſtrella.*
Bride, *briglia.*
Bride aux habits, *aſoletta.*
Brides à veaux, *burle, baie.*
à Bride auallée ou abbatuë, à ſcacca collo, *à ſcauezza collo.*
à toute Bride, à briglia ſciotta, *à pugno baſſo.*
laſcher la Bride à ſes appetits, *ſeguire i ſuo i guſti.*
tenir en Bride, *ſar ſtare à ſegno.*
fort en Bride, *oſtinato.*
mettre la Bride ſur le col, *dar ogni licenza.*
Brider, *imbrigliare, metter la briglia.*
Brider vne affaire, *conchiudere.*
ſe Brider .i. *imbriacarſi.*
ſe Brider d'amour, *inamorarſi, intabaccarſi.*
Brider vne perſonne, *imbrogliare, intricare, ingannare.*
Brider le cheual par la queuë, *ſar vna coſa al contrario.*
* Brief, *breue. Breuemente, finalmente.* Item, *ſomma abbreuiata.*
Briere, Bruyere, *erica.*
* Brieuement, *breuemente.*
* Brieueté, *breuità.*
Brifaut, *nome di cane.* Metaph. *mangione, diuoratore.* Item, *bambino nella culla.*
* Brifeau, *bambino nella culla.*
Brifée, *vna corpacciata.*
Brifer, *mangiar aſſai, diuorare.*
Brifeur, *mangione, gran mangiatore.*
Brigade, *troppa, brigata. Certo numero di fanti.*
Brigader, *metter in troppe, accompagnar inſieme le brigate.* Item, *banchettare, ſar banchetti o feſtini.*
Brigadier, *vfficio di ſoldato che commendata a certo numero di fanti.*
Brigand, *aſſaſſino di ſtrada, ladro.*
Brigandage, *aſſaſſinamento, ruberia.*
Brigandeau, *picciol ladro.*
Brigander, *rubare, aſſaſſinare.*
Briganderie, *ruberia.*
* Brigandine, *ſpetie d'armatura a guiſa di giacco.*
Brigant, *ladro, aſſaſſino.*
Brigantin, *brigantino.*
Brigue, *ambitio.*
Briguer, *ambire, brigare.*
Briguerie, *ambito.*
Brigueur, *ambiente, brigatore.*
Bril, *sfauillamento, luſtro, ſplendore.*
Brillant, *riſplendente, sfauillante.*
vn Brillant, *gioia ornamento da donne fatto di pietre pretioſe, borchia di diamanti, monile.*

Brillement, *ſplendore, sfauillamento.*
Briller, *brillare, riſplendere, sfauillare.*
Briller, *cacciar vccelli al lume della torcia.*
* Brimart, *ſcopa.*
* Brimbalier, *dimenarſi, muouerſi, ballare.* Metaph. *vſar con vna donna.*
* Brimborions, *preghiere ſenza attentione.* Item, *ciarpe, ciarpame, bazzicature, bagatelle.*
* Brimbotter, *borbottare.*
Brin de vigne, *ſarmento.*
Brin, *feſtuca filo, particella. Ramicello.*
Brin à brin, *fil filo, a ſcorza a ſcorza.*
Brindelles, *ſcheggie, feſtuche, ſtreppole, ſtecchi.*
Brindeſtoc, *brandiſtocco.* Item, *pannere che mangiano i ſoldati in Hollanda.*
Brinde ou bringue, en beuuant, *brindeſi.*
Brioche, *ſpetie di bozzolaio.*
Brionie, *brionia, herba.*
Brique, *mattone.*
lauer vne Brique .i. *perder il ſuo tempo, far vna coſa in darno.*
Briques, vieilles pieces d'or, *ghiaroni.*
Briquer, *lattorar di mattoni, fortificar con mattoni.*
Briquerie, *luogo doue ſi fanno i mattoni.*
prendre en Briquant, *pigliar nella trapola.*
Briquetterie, *lauoro di mattoni.*
Briquettier, *mattonaro, fornaſaro.*
Briquettes, *bagatelle, baie.*
* Briqueux, *pieno di mattoni.*
Briquier, *mattonaro.*
Bris, *rottura, rottame, breccia. Naufragio.*
Brifable, *che ſi può rompere, fragile.*
Brifants, *ſcogli, rocche, e ſimili in mare, colpi di mare.*
Brifant, *rompente, frangente, fracaſſante.*
Brifé, *ſpartito.* Item, *rotto, fracaſſato.*
Brifée, *ramorotto da inſegnar la via a' cacciatori.* Metaph. *via, ſtrada.*
ſuiure les Brifées .i. *imitar vno, ſeguitar la via.*
retourner ſur ſes Brifées, *tornar al propoſito.*
Brifement, *rompimento, fracaſſo.*
Brife-miche, *mangiator di pane.*
Brifer, *rompere, fracaſſare, infragnere.*
Brifer la paille, *rompere la paglia .i. l'amicitia.*
Brifons-là, *ſorniamola, facciam fine.*
Brifeur, *infragnitore, rompitore.*
Brifeure, *ſpartimento, rotura. Spezzatura. Spartitura.*
Brifure, *Idem.*
Britannique, *brittanico.*
Broc, *vaſo grande da vino.*
de Broc en bouche, *cotto ò arroſtito caldo caldo.*
Brocar, *raſo braccato ò ricamato d'oro, &c.*
Brocard, *motto, bottone.*
Brocarder, *motteggiare, trar motti, bottoneggiare.*
Brocarderie, *motto, motteggiamento.*
Brocardeur, *motteggiere.*
Brocat, &
Brocatel, *broccatelle.*
Brochant, *broccante.*
Broche, *ſpiedo ſchidone.*
Broche de Brodeur, *brocca.*
Broche à tenir vne bobine en deuidant, *fuſo.*
Broche de mer, *agoſciola, peſce.*
couper Broche, *far preſto, fornirla.*
Broche du but, *brocca.*
Broche de ſerrure qui entre dans la clef, *ago.*
Broche de tonneau, *ſpina.*
mettre vne Broche à vn tonneau, *ſpinare vna botte.*

vne Brochée, *vna spedonata.*
Broches, *hemorroide.* Item, *denti sdoglioui.*
Brocher, *imbroccare, broccare, ricamare, intessere.*
Brocher, faire grossierement, *abborrare.*
Brocher, coudre, ou escrire grossierement. *Idem.*
Brocher vn liure, *legare alla rustica.*
Brocher des esperons, *broccare, spronare.*
Brocher vn bas, *agucchiare, far à gucchia.*
Brochet, *luccio, luzzo.*
Brocheron, *luccio piccolo.*
Brochette de bois, *brocca.*
Brocheure, *intessitura, ricamatura, brocaatura.*
Brochoir, *spetie di martello.*
Brode, *vna donna morettina.*
Brodequin, *borzacchino.*
les Brodequins, *spetie di tormento, borzacchini di ferro da tormentare i rei.*
Broder, *ricamare.*
Broderie, *ricamo.*
Brodeur, *ricamatore.*
autant pour le Brodeur, *si dice per burla da chi non crede vna cosa.*
Brodeure, & broderie, *ricamo, ricamatura.*
* le Brodier, *il culo.*
Bronchade, *scapuzzamento.*
Broncher, *scapucciare.* Metaph. *errare.*
Broncheur, *scapucciatore.*
Bronze, *bronzo.*
Bronzer, *coprir di bronzo.* Item, *abbronzar il corame.*
Broques, cimettes de choux, *broccoli.*
Broquette, petit cloud, *bulletta.*
Brossailles, *streppole.*
Brosse, *setolina, setola.*
Brosses, *sterpi, streppole, luogo serrato di sterpi.*
il n'y a ny bois ny Brosses .i. *non vi è niente del tutto.*
Brosser, *setolare.* Item, *attrauersar le streppole.*
Brossettes, *setolina.*
* Brot de vigne, *gemma ò germoglio di vite.*
Brotonne, *abrotano, bruotina.*
Brou, *scorza di noce verde.*
Brouée, *acquicella piouicina.*
Brouer, *cascar l'acquicella, spruzzolare.*
Brouet, *brodo.*
Brouetter, *portar sù la carriola.*
Brouette, *carriola.*
Brouettier, *carriolaro.*
Brouffer, *sbuffare.*
* Brouhaha, parole vulgaire, *rumore.*
* Brouil, *scorza verde di noce.*
* Brouillaminis, parola corotta, *boll' armenio.* Metaph. *imbroglio.*
Brouillard, *nebbia.*
papier Brouillard, *carta da straccio.*
Brouillard d'escriture, *schizzo.*
Brouillas, *nebbia.*
abattre le Brouillas, boire le matin: l'Italien dit, *incantar la nebbia.*
Brouillasser, *acciarpare, imbrogliare.*
œufs brouillez, *voua rimenate, ò rimeschiate.*
Brouiller, *rimeschiare, imbrogliare.*
Brouiller les cartes. Metaph. *imbrogliare, intricare.*
Brouillerie, *imbroglio, intrico, quistione.*
auoir Brouillerie, *far parole, far quistione.*
Brouilleries, choses de peu de valeur, *bazzicature, bagatelle.*
Brouilleries d'vne femme, *il marchese, il menstruo.*
Brouilleur, *imbrogliatore.*
Brouillis, *imbroglio, rimescolamento.*



Brouillon, *ciarpone, imbrogliatore.*
Brouillon d'escriture, *schizzo.* Item, *minuta, memoriale.*
Brouillon, liure de Marchand, *stracciafoglio, quadernaccio.*
Brouine, *nebbia.*
Brouiné, *annebbiato.*
Brouiner, *cader nebbia.*
Brouïr, *rombare, susurrare.* Item, *abbrustolare.*
Brouïssement, *susurro, rombo.*
Brousaille, *bronco, sterpo, streppola.*
Broussin, *nodo ondato nell' acero.*
Broust, *il pasto ò mangiar de gl' animali.*
Brouster, *pascere, stramezgiare, rodere.*
Brout, *pasto d'animale.*
Broutement. *Idem.*
Brouter, *pascere, stramezgiare, rodere.*
où la chevre est liée, il faut qu'elle Broute .i. *bisogna hauer patienza nel luogo doue si habita, ò contentarsi della sua conditione.*
Brouteur, *pascitore.*
Brouteure, *il pascere dell' animale.*
Broutilles, *streppole.*
Brony, *abbrustolato, ò scottato.*
Bronyr, *bollir vn poco, scottare, abbrustolare.*
Brouzé, *abbronzato, corame.*
Broyement, *pestamento, macinamento.*
Broyer, *macinare, pestare, molare, gramolare.*
pain Broyé, *pan gramolato.*
Broyer de l'eau dans vn mortier, *pestar acqua nel mortaio, lauorar indarno.*
Bru, *nuora.*
Bruant, breant, *verdone.*
Bruge-espine, *spetie dispina.*
* Brugne, *corsaletto all' antica.*
Brugnole, prune, *brugnola.*
Bruiant, *rombante.*
Bruiement, bruiment, *rombo.*
Bruine, *spruzzaglia.*
Bruiné, *annebbiato grano.*
Bruinement, *spruzzolamento.*
Bruiner, *spruzzolare.* Item, *guastar dalla nebbia, annebbiare.*
Bruineux, *spruzzoso.*
Bruire, *rombare, susurrare. Scoppiare. Rimbombare.*
Bruissement, *susurro scoppio, rimbombo.*
Bruit, *rumore, strepito.*
Bruit, renommée, *grido.*
bon ou mauuais Bruit, *buona ò cattiua fama, buono ò cattiuo nome.*
le Bruit que fait la pluye en tombant, *scroscio.*
n'auoir aucun Bruit .i. *non auer nuoue d'vno.*
il court vn Bruit, *corre voce, è fama.*
faire courir le Bruit, *dar nome.*
Bruit de canon, *scoppio.*
Bruit des levres pour appeler vn animal, *truscio di labbra.*
* Brumal, *brumale, di verno.*
Brume, le iour plus bas, cœur de l'hyuer, *bruma.* Item, *nebbia.*
Brumeste, *brumesto, di verno, spetie di vento.*
Brun, *bruno.*
Brune, *bruna.*
sur la Brune, à la brune, *al buio, sù 'l far della notte, allo scuro.*
vne Brune, *donna morettina.*
claire Brune, *che hà la carnagiou bianca con gl' occhi e capegli neri.*

* Bruneau,

ꝭ *Bruneau, il culo.*
*Brunet, brunette, brunetto, brunetta, morettino.*
*Brunette, spetie di fiore, e d'vcello. Nepitella.*
*Brunette, panno scuro.*
*Brun-fauue, scuro falbo.*
*Bruniffement, brunimento, abbrunamento, oscuramento.*
*Brunir, faire brun, abbrunare.*
*Brunir, deuenir brun, abbrunire, oscurare.*
*Brunir le fer, brunire, burnire.*
*Bruniffeur, brunitore burnitore.*
*Bruniffeure, burnitura.*
*Bruniffoir, burnitoio, burnitore.*
*Brusc, brusco, mirto seluatico.*
*Brusc, brusco, aspro, pronto, viuace.]*
*Bruslable, abbrucciuole.*
*Bruslant, abbrucciante, cocente.*
*Brusleau, barca da appiccare il fuoco ne' vascelli.*
*Bruslement, abbrucciamento.*
*Brusler, abbrucciare. Auampare.*
*il s'est Bruslé à la chandelle, è andato a perire in quel luogo.*
*y Brusler ses liures .i. impiegarui ogni sforzo.*
*il Brusle .i. hà grandissima voglia.*
*il se Brusle pour m'eschauffer, si fà danno per farmi poco male.*
*à Brusle pourpoint, molto ci'appresso con lo schioppo in la pancia.*
*Brusleur, abbrucciatore.*
*habillé comme vn Brusleur de maisons, mal vestito, male alla via.*
*Brusleure, cecitura, abbrucciatura.*
*Brusque, pronto, presto, viuace. Brusco, aspro.*
*Brusquement, prontamente, prestamente, viuacemente.*
*Brusquet, aspretto.*
*Brut, brutto, non lauorato. Scuro.*
*Brutal, bestiale.*
*Brutalement, bestialmente.*
*Brutalité, bestialità.*
*beste Brute, bestia bruta.*
*pierre Brute, pietra in cogolo, pietra brutta?*
*Brute-bonne, sorte de poire, brutta e buona.*
*Bruthier, vcello di rapina, che no s'addomestica mai.*
ꝭ *Brutif, bestiale. Item, pronto, presto.*
*Brutinement, prontamente, prestamente, inconsideratamente.*
*Bruuage, beuanda.*
*Bruy, abbrustolato bollito.*
*Bruyant, rombante, sussurrante.*
*Bruyment, rombo.*
*Bruyere à faire des espoussettes, brusca.*
*Bruyere, erica.*
*Bruyere sauuage, tamarice d'Egitto.*
ꝭ *Bruyereux, pieno di erice, seluatico aspro.*
*Bryonie, brionia.*

### B V

*B Vander, lauar pannilini.*
ꝭ *Buanderie, luogo doue si lauano i pannilini.*
*Buandiere, lauandaia.*
*Bubbe, bube, bolla.*
*Bubelette, bolla picciola, bollicina.*
*Bubette, Idem.*
*Buberon, vasetto da bambini.*

*à Bubu, parola bambinesca, da bere, bombo.*
*Buccinateur, buccinatore.*
*Buccine, buccina.*
*Buche, bosso di calzolaio.*
*Buche, legno grosso. Voyez le reste à Busche.*
*Bucheron, taglia legne.*
*Bucheronnet, tagliar legne.*
*Buchettes, streppole. Fili di paglia, festuche.*
*Buchier, rimessa di legno.*
*Bucolic, bucolico, pastorale.*
*Bucquer, batter alla porta, picchiare.*
*Buée, bucato, bucata.*
*Buer, far la bucata, lauare.*
*Buffe, schiaffo.*
*Buffet, credenza.*
*qui sert au Buffet, credenziere.*
*Buffeter, assaggiar il vino. Item, dar vn schiaffo.*
*Buffeteur de vin, assaggiator di vino.*
*Buffle, bufalo.*
*Buffler, beffare, ingannare, burlare.*
*Bugle, spetie d'herba.*
*Buglement, muggito.*
*Bugler, muggire, mugghiare.*
*Buglose, buglosse, bugalossa.*
*Buglose sauuage, ecchio.*
*Bugnets, bignets, fritelle.*
*Bugrande, acutella, herba.*
*Bugrate, & bugrande, Idem.*
*Buie ou buire, giara, giarla.*
*Buirette, giarletta.*
*Buys, bouys, bosso.*
*Buisart, spetie d'acquila, ò sparauier bastardo.*
*Buisine, bucina.*
*Buisson, cespuglio, fratta, macchia.*
*il n'y a si petit Buisson qui ne porte son ombre .i. ogni picciola persona può giouare.*
*battre le Buisson, & perdre les oiseaux .i. far seruitù ad vna dama, e sposarla vn altro.*
*Buissonnage, luogo di cespugli, macchione.*
*Buissonnailles, macchie, macchioni.*
*Buissonner, star nel cespuglio.*
*Buissonnet, cespuglio, picciolo.*
*Buissonneux, pieno di cespugli ò fratte.*
*Buissonnier, che stà ne cespugli.*
*faire l'escole Buissonniere, non andar alla scuola, andar a spasso in cambio d'andar alla scuola.*
*Bulbe, bulbo.*
*Bulbeuse, sauirione.*
*Bulbe vomitif, bulbo vomitiuo.*
*Bulbeux, bulboso.*
*Bule, bulla, bolla.*
*Buletin, bullettino.*
*Buliste, bulista.*
*Bullage, marco, bolla, segno di bolla.*
*Bulle, bolla.*
*Bulleteau, abburatoio.*
*Bulleter, abburattare.*
*Bulletin, bollettino.*
*Bullette, bolletta.*
*Bulliste, bollista.*
*Bullition, bollitione.*
*Bullot, spetie di pomo grosso.*
*Bupreste, insette, bupresto.*
*Buquer, picchiare, batter alla porta.*
*Burail, panno grosso, di drappo.*
*Burat, meza olana.*
*Bure, panno grosso, bigello. Item, giara ò vaso di terra.*
*Bureau, banca di mercanti. Item, panno grosso e ...*

*peto di latte panno. Tribuno, foro, collegio.*

mettre sur le Bureau, *proporre, mettere innanzi, parlar d'vna cosa, trattare.*

s'assembler au Bureau, *far collegio.*

Burelles en armoiries, *fascia.*

Burellé, *fasciato.*

Buret, *porpora.*

Burette, *caraffina, vasetto.*

les Burettes du Curé de Creteil .i. *boccal grande da vino.*

Burgrande ou burgrade, *acutella.*

Burin, *bulino.*

Buriner, *intagliar col bulino.*

Burineur, *intagliatore.*

Burlesque, *burlesco.*

* Burne, *luogo doue si riduce l'aloeco, di giorno.*

Buron, *burrone, casuccia, casino.*

Busard, *nibbio.*

Busc, *busto.* Item, *stecca da donna.*

Buschailles, *streppole, stecchi.*

Busche, *legno grosso da far fuoco.*

vne Busche, injure, *vn pezzo d'asino, vn pezzo di sasso.*

mourir au bout d'vne Busche .i. *morinnelle forche.*

tout bois vaut Busches .i. *è tutt'vno, tanto val l'vno quanto l'altro.*

Buscher, *rimessa di legne.* Item, *rogo.* ||

Buscheron, *taglia legne.*

Buschettes, *stecchi, scheggiette, ramiscelli, buschette.*

Buse, *nibbio, sgato.*

vne Buse, *vn goffo, vn menchione.*

* Buse d'vn fourneau, *bocca di stuffetta.*

faire d'vne Buse vn esperuier : l'Italien dit, *far d'vn pruno vn melarancio.*

Buser, *ruscare.*

Busine, *canale, doccia di cisterna.* Item, *zampogna.*

Busq, *busto, stecca da donna.*

Busque, *Idem.*

Busquer, *buscare, cercare.*

* Bussard, *sperie di misura.*

Buste, *busto.* Item *stecca ò paletta da donna.*

Buste à l'Espagnolle, *panciera.*

But, *fine, meta, berzaglio.*

frapper au But, *indouinarla, dirla come va, appostare, apponersi, imbroccare, dar nella brocca.*

But à but, *del pari, Vguali.*

Buter, *dar nel berzaglio.*

Buter à vne chose, *tendere, mirare.*

Butin, *preda, bottino.*

Buttinant, *depredante.*

Butinement, *depredatione.*

Butiner, *depredare.*

Butineur, *depredatore.*

Butineux, *di perda, di bottino.*

Butoësine, *betonica.*

Butor, *trombone, spetie d'aironi.*

vn gros Butor, *vn appiterra, vn menchione.*

Butte, *meta, bersaglio.* Item, *colle, collina, poggio, greppo.*

Buttes ou croisieres d'vne mine, *puntelli.*

Buuereau, *picciol beuitore, che bene poco.*

Buuerie, *beuitura.*

Buueter, *beuazzare.*

Buuetier, *mastro della beua.*

Buuette, *beua, beuuta.*

Buuoter, *beuazzare.*

Buxolle, *bossola.*

Buye, *giara.*

Buys, *bosso.*

---

Buyser, *turare.*

Buzard, *nibbio.* Metaph. *susorrone, malinconico, vecchione.*

<br>

## BY

**B**Yrrasque, *borasca.*

Bysantin, *bisantino.*

Bysse, *byssus, toile, bisso.*

Byse, *spetie di pesce.*

---

# C

**C** Si pronuntia in lingua Francese come S, innanzi i all' e, & i, ç, per tutto, nel medesimo modo.

### CA

C'A, *quà.*

aller çà, & là, *andar attorno, andar in volta.*

* çà-bas, *quà giù.*

* çà-haut, *quà su.*

en ça, *in quà.*

Cabal, *principale, capitale.*

Cabale, *cabala.*

Caballer, *far caballe.*

Cabaliste, *cabalista.*

Cabalistique, *cabalistico.*

Caban, *gabbano.*

Cabane, *capanna.*

Cabaret, *hosteria, bettola.*

Cabaret borgne, *bettola da facchini.*

Cabaret, herbe, *baccaro, asaro.*

Cabarettier, *bettoliere. Mastro di bettola.*

Cabaretter, *frequentar le bettole.*

Cabas, *sportar, sportella.*

raisin de Cabas, *vua secca.*

Cabassé, *rinchiuso nella sporta.*

Cabasser, *chiuder nella sporta.*

Cabasset, *elmo ò casco.* Item, *sportellina.*

Cabasset de papier, *mitera di carta.*

Cabasson, *spetie di pesce grosso.*

Cabat, *cabas, sporta.*

Cabeillau, *spetie di molnafresca, cabiglios.*

Cabestan, *macchina da cauar fuori l'ancero, torre dell'' ancora.*

Cabillau, *molnafresca, cabiglio.*

Cabinet, *cabinetto, studiolo.*

Cabinet d'Allemagne, *stipo, stipolo, stipetto.*

Cabinet de jardin, *cupola.*

Cabirots, *seme ò vouer a di floriente.*

Cable, *canapo.*

Caboche, *capocchia. Testa.*

Cabochard, *ostinato, caparbio.*

Cabocheux, *cappocchioso.*

Cabochon, *cappocchia.*

Cabot, *betta, trisa.*

Cabote, *spetie di pesce cappone grosso.*

se Cabrer, *impennarsi.* Metaph. *andar in colera.*

Cabres, *pieces qui soustiennent la tente d'vne Galere, capre.*

* Cabril, *capreto.*

Cabriole, *capriola, salto.*
Cabrioler, *far capriole, saltare.*
Cabrole, *spetie di pesciolino.*
Cabron, *caprone.*
Cabus, *capuccio.*
Cabusser, *capucciare, accapucciare.*
Caca, *mot d'enfant, cacca.*
* Cacaber, *imitar il verso della pernice.*
Cacasangue, *cacasangue.*
Cacassement de poule, *crocitamento.*
Cache, *ascondareglio, ripostiglio, nascostiglio.*
il a trouué la Cache .i. *hà trouato il modo del negotio, l'in-*
    *uentione, hà trouato la gretola.*
Cache, cache, mitoulas, jeu, *al bezzo mal guardato.*
Cache-col, *gorgiarina.*
* Cache-laid, *mascara da coprir il viso alle donne.*
Cachement, *ascondimento, nascosamento.*
Cachément, *ascosamente, di nascoto.*
Cache-nez, *mascara da donna.*
Cacher, *ascondere, nascondere.*
Cachet, *sigillo, suggello.*
le Cachet du silence, *suggello di confessione.*
Cachet de Salomon, herbe, *frassinella.*
Cacheter, *suggellare, sigillare. Serrar vna littera.*
Cachette, *nescundiglio, ripostiglio.*
en Cachette, *di nascosto, ascosamente.*
Cacheur, *asconditore.*
Cachile, *ruchetta marina.*
Cachot, *segretta, gabbia di prigione.*
Cachotte, *nascondiglio.*
Cacidoine, *Calcidonia.*
Cacochime, *di cattiua digestione, mal disposto.*
Cacochimie, *digestione imperfetta, mala digestione ò dis-*
    *positione.*
Cacologie, *cacologia, cattiuo parlare.*
Cacophonie, *cacofonia, mal suono.*
Cacque, *caratello.*
Cacquet, *Vedi, Caquet.*
Cad-d'eau, *cascata.*
Cadavre, *cadauero.*
Cadeau, *lettera grande.*
Cadeau, *collatione ò pasto, regalo.*
Cadelé, *rileuato, di rilieuo.*
Cadeler, *rileuare, far di rilieuo ò grande.*
Cadenat, *luchetto, serratura, tedesca.*
Cadenat à lettres, *luchetto à lettere.*
Cadence, *cadenza.*
hors de Cadence, *fuor di tempo, a contratempo, fuor di*
    *Cadenza.*
Cadene, *catena.*
mettre à la Cadene, *inferiare.*
Cadet, *minor nato, vltimo genito.*
Cadin, mot corrompu de l'Italien, *vase de fayance,*
    *catino.*
Cadis, *spetie di rascia.*
Cadmie, *pietra cadmia.*
Cadran, *quadrante.*
Caducité, *caducità.*
Caduc, *caduco.*
Caducée, *caduceo.*
Caduque, *caduco, caduca.*
Cafard, *hipocritone.*
à la Cafarde, *da hipocrito.*
Cafarder, *far del l'hipocritone.*
Cafarderie, *cafardise, hipocrisia.*
Cacade, *cagade, cagata.*
faire vne Cagade, *far vna cagata, vn errore, vna poltro-*
    *naria.*

Cagarole, *spetie di conchiglia.*
Cage, *gabbia.* Metaph. *prigione.*
quand la Cage est faite, l'oiseau s'enuole .i. l'Italien dit,
    *nido fatto gazza morta .i. fatta la casa muor la per-*
    *sona.*
Cage de vaisseau, *carena.*
la belle Cage ne nourrit pas l'oiseau .i. *la bella casa non*
    *dà da mangiare.*
Cage d'osier deuant les fenestres, *gelosia.*
Cageois, *villano, rustico, goffo, grossolano, sciocco.*
Cageoler, *cicalare, ciarlare.*
Cageoler vne femme, *ricercar d'amore.*
Cageolleur, *ciarlone, cicalone.*
Cagnard, *sporohezzo, luogo sporco, canile.*
Cagnard à mettre du feu ou de la braise, *focone.*
Cagnarder, *mendicare, barreggiare.*
Cagnardier, *mendico, barro, morto di fame.*
vne Cagnardiere, *vna berghinella, cantoniera.*
* Cagnasse, *cagnaccia.*
Cagne, *cagna.*
* Cagnesque, *cagnesco.*
Cagnole, *spetie di pesce.*
* Cagnot, *cagnuotto.*
Cagneux, *strambo, storto di gambe.*
Cagot, *hipocrito, chioppino.*
Cagoterie, *hipocrisia.*
* Cahin caha, *così così a gran fatica.*
Cahot, *urto, salto di carro, &c.*
Cahotter, *il saltare che fanno i carri.*
Cahutelle, & cahutte, *Idem.*
Cahuette, *casuccia, casino.*
Caic, *forte de barque, caicco, caicchio.*
Caignard, *Vedi, Cagnard.*
Caigne, *cagna.*
Ciuead, *quaglio.*
Caille, *quaglia.*
vne Caille coiffée, *vna puttana.*
Caillé, *latte rappreso, quaglio.*
Cailleboté, *rappreso.*
Caillebote, *grumolo di cosa rappresa.*
Cailleboteux, *disuguale, scrupoloso, grumoso.*
Caillement, *rapprendimento.*
se Cailler, *rapprendersi.*
Cailleteau, *quagliotto, picciola quaglia.*
Caillette mulette, *animella, coagolo.* Metaph. *menchio-*
    *ne.*
Caillon, *presura, caglio, presame.*
Caillorosat, *spetie di pero.*
Caillotté, *rappreso, congelato.*
Caillotter, *rapprendere.*
Caillotteux, *rappreso, congelato, granito.*
Caillou, *selcio, selce.*
Caillou de riuiere, *coccolo di fiume, breccia di fiumara.*
coup de Caillou, *sassata, selciata.*
Caimand, *mendico.*
Caimander, *mendicare.*
Caimanderie, *mendicità, Caimandise, Idem.*
Cajoller, *gazzolare, cicalare, ciarlare.*
Cajoller vne femme, *persuader con belle parole, lusingare.*
Cajolleur, *cicalone, ciarliere.*
Cajollerie, *ciancia, ciaria, cicaleria.*
Cajolleuse, *ciarliera, cicala, cicalona.*
Caion, *porco.*
Caisse, *cassa.*
Caisse, *tambour, tamburro.*
bander sa Caisse, *andar via, toglier su i mar ni.*
Caisson, *cassone.*
Cassier, *cassiere, cassare.*

Cajeures, *letti di vascello.*
Cal, *calo.*
faire le Cal, *incallire.*
Calage, *calamento.*
Calamar, *pesce calamaro.*
Calame, *calamo, canna odorata.*
Calament, *calamenta, herba.*
Calamenthe, *Idem.*
Calamine, dont on tire le bronze, *cadmia.*
Calamistrer, *increspare, arricciare, i capegli.*
- Calamite, pierre d'aiman, *calamita.*
Calamité, *calamità.*
Calamiteusement, *con calamità.*
Calamiteux, *calamitoso, pieno di calamità.*
Calandre, oiseau, *calandra.*
Calcante, *vitriolo.*
Calcet, partie plus haute du mats, *calcese.*
Calcination, *calcinatione.*
Calcinatoire, *calcinatorio.*
Calcinement, *calcinamento.*
Calciner, *calcinare.*
Calcite, *calcite.*
Calcitrer, *calcitrare.*
Calçons, *mutande, sotto calzoni.*
Calcul, *calcolo, calculatione.* Item, *rena, renella.*
Calculateur, *calcolatore.*
Calculation, calculement, *calcolamento.*
Calculer, *calcolare.*
Cale, *spetie d'accontiatura ò tuffia da donna.*
Cale, descente proche de la mer, *cala, calata.*
Cales de pierre de taille, *pezzi di pietre che si tagliano.*
Calebasse, *fiasco fatto d'una zucca.*
Calemar, *pesce calamaro.*
Calendes, *calende.*
Calemar d'escritoire, *pennaruola.*
Calendre, luogo doue si puliscono o lisciano le tele, *stricca.*
Calendre, verme che rode le biade, *gorgoglione.*
Calendré, *rozzicato da' gorgoglioni.*
Calendrer, *striccar le tele ò pannilini, pulire.*
Calendreure, *striccatura.*
Calendrier, *calendaro.*
* Calenge, *riprensione.*
* Calenger, *riprendere.* Item, *lusingare.*
Calendrine, pierre, *pietra da striccare.*
Calepiner, *guardar nel calepino.*
Caler, *calare.*
Caler les voiles, *acquetarsi, parlar piano, accomodarsi al tempo, sottomettersi. Calar le vele.*
Calessons, *mutande.*
Calessons de peau, *cotigie.*
Calfat, *caleffatore, spalmatore.*
Calfater, *caleffare, calefattare.*
Calfaterie, *caleffatura, spalmatura.*
Calfateur, *caleffattore.*
Calfatin, *calefatto.*
Calfeutrage, *spalmatura.*
Calfeutrer, *calefattare, spalmare.*
Calfeuteur, *spalmatore.*
* à Calsourchons, *a caualcioni.*
Calfreter, *spalmare, caleffatare.*
* le Calibistris, *natura della donna.*
Calibre, *diametro, colibrio.*
de ce Calibre-là, de cette nature, *di simil buccia.*
Calibrer, *vguagliare.*
Calice, *calice.*
boire le Calice .i. *hauer patienz a, bersela.*
il est desargenté cóme les vieux Calices .i. *non hà danari.*



* Calidité, *calidità, caldezza.*
* Caligineux, *caliginoso.*
* Caliginosité, *caliginosità.*
Caliorne, corde de vaisseau à soustenir les grands faix, *carrucra.*
Caller, *partorir la cagna o altro animale.*
Callebasse, *zucca.*
Calleux, *calloso, pieno di calli.*
Callosité, *callosità.*
Calmar, *pesce calamare.* Item, *pennaruola di calamaro.*
Calme, *bonaccia.*
Calme, *calmo, queto.*
Calmer, *calmare, acquetare.*
Calomniateur, *calonniatore.*
Calomniatrice, *calonniatrice.*
Calomnie, *calonnia.*
Calomnier, *calonniare.*
Calomnieusement, *calonniosamente.*
Calomnieux, *calonnioso.*
Calosité, *callosità.*
Calotte, *berettina, berriuola.*
Calotte, *coperte di rocca da filare.*
Calottier, *berettaro.*
Calquer ou contretirer vn dessein de Peintre, *calcare.*
Calsons, *mutande.*
Caluaire, *calnaria.*
Caluanier, *lauorante nel tempo della messe.*
Camagues, *letti di vascello.*
Camail, *velo di donna, camaglio di prelato.*
Camamine, *spetie d'herba, camamilla.*
Camarade, *camerata, compagno.*
Camard, *naso schicciato.*
Camarine, *spetie d'herba, puzzolente.*
Camarre, *camarra.*
Camayeu, &
Camayeul, *Sardonio, Sardonica, pietra pretiosa.* Item, *monile.*
Cambouy, &
Camboy, *grassa che si forma all' asse d'vn carro.*
Cambray, *tela di Cambrai.*
Cambrer, *piegare, inarcare, incurnare.*
Cambreure, *inarcatura, piegatura, incurnatura.*
Cameau, *camelo.*
Cameline, *camamilla.*
saulse Cameline, *salsa fatta di camomille.*
Camelon, *cameleone.*
Camelot, *ciambelotto.*
il ressemble le Camelot .i. *non mutarà più il costume, hà fatto il callo.*
Camelot ondé, *triglia, ondelato.*
Cameloter, *lauorar di ciambelotta.*
Cameloter, mot de narquois, *bayoneggiare.*
Camelotier, *barrone, furfante.*
Camerade, *camerata.*
Cameriste, *camerista.*
Camfre, *canfora.*
Camion, *spillo picciolo.* Item, *sorte di carro è carriola.*
Camionné, *attaccato con spillettini.*
Camisade, *incamisciata.*
Camisole, *camisciuola.*
Camisot, *camisciotto.* Item, *vna sorte di frati.*
Camomille, *camomilla.*
Camorre de cheual, *camarra.*
Camote, *radice che si mangia in India.*
Camouard, *naso schicciato.*
Camoufflet, *fumacchio.*
Camp, *campo.*
Camp-volant, *campo volante.*

Campagne, *campagna.* Item, *certa parte di Galea.*
Campagne, *mossa d'armi, campagna.*
en Campagne rase, *in sito aperto.*
Campagnard, *campagnuolo, di campagna.*
* Campal, *campale, di campo.*
Campane, *campana.*
Campanelle, fleur, *campanella.*
Campanelle, cul plat, sorte de mors, *campanella.*
Campart, *decima.*
Campanette, *viteale.*
* Campeger, *campeggiare.*
Camper, *accampare.*
Camphre, *canfora.*
Camphrer, *acconciar colla Canfora.*
Campos, *licenza di andar à spasso ó diporto.*
Camus, *naso schicciato.*
Camuse, *donna col naso corto ó schicciato.*
demeurer Camus, *restar chiarito.*
Camuser, *romper la punto del naso ó altro.*
Camuset, *di naso corto.*
Camusette, *che hà il naso schicciato, s'intende propriamente di pecora.*
* Camusson, pour caueçon, *capezzone.*
* Canabassement, *curiosa essaminatione.*
* Canabasser, *essaminare.*
Canadelle, *spetie di capparozzola.*
Canage .i. *cosa d'anetra.*
Canaille, *canaglia.*
Canal, *canale, doccio, cania.*
Canal, thuile creuse, *doccio di terra.*
Canal de riuiere, *letto di fiume.*
Canal entre-deux seillons, *acquaio.*
donner vn Canard à moitié, *piantarla à vno, dar da intendere.*
Canard, *anetra.*
Canarder, *vccider coll' archibugio.*
Canarie, &
Canarin, *canario.*
les Canaries, dance, *canario.*
Cancame, *cancamo.*
Cancer, *canchero.*
Canceler, *borrare, scancellare.*
Cancre, *canchero, granchio.*
Candalisse, cordage, *carnara.*
* Candelabre, *candelabro, candelliere.*
Candeur, *candore.*
Candidat, *candidato.*
Candide, *candido.*
Candidement, *candidamente.*
Candir, *candire, anneuare.*
Candy, *candito, anneuato.*
Cane, *anetra.*
faire la Cane, *abbassar la testa per paura, far il poltrone ó coglione.*
faire la Cane, qui se dit d'vne toupie, *barberare.*
Caneler, *cannellare, striare.*
Caneleure, *scannatura, cannellatura.*
Caneleure en architecture, *plicattura.*
Caneliere, *canneto.*
Canelle, *canella.*
Canelle de tonneau, *canella.*
Canellé, *striato.* Item, *acconcio colla canella. Di color di canella.*
Canelline, *canna picciola.*
Canepetiere, *spetie d'anetra.* Metaph. *coglione, codardo.*
Canepin, *scorza tenera d'albero ó tiglio vsata anticamente in vece di carta.*

Canepineux, *che hà la scorza tenera.*
* Caner, *cagare.*
aller Canetant, *andar di portante.*
Caner, *anetrino.*
Caneter, *caminar come l'anetra à andar di portante.*
Canetier, *d'anetra.*
Canetille, *canatiglia.*
Canetillé, *lauorato di canatiglia.*
Caneton, *anetrino.*
Canette, *anetrina.*
Caneuas, *canouaccio.*
Caneuassier, *mercante di canouaccio.*
Cangrene, *gangrena.*
Canichon, *anetrino, anetriccolo.*
Caniculaire, *canicolare.*
Canicule, *canicula.*
Canif, *temperarino, temperino.*
Canin, *canino.*
dents Canines, *denti Canini.*
rose Canine, *rosa seluatica.*
Canisse, *cannaio, cesta fatta di canne.*
Caniuet, *temperarino, temperino.*
Cannamelle, *cannamiele, canna di zuccaro.*
Canne de succre, Idem.
Canne, *canna.*
* Canneau du col, *canna della gola.*
Cannelat, dragée menuë, *cannellini.*
Cannetille, *canatiglia.*
Cannon, *canone di chiesa.*
Cannoniere de roseau ou sureau, *cannello.*
Cannule, *cannola.*
Canole, par laquelle les oiseaux respirent, *canna.*
Canon, *cannone, bombarda.* Item, *canone.*
Canons de chausses, *cannoni di calzoni.*
Canon d'arme à feu, *canna.*
Canon, boiste en forme de canon, *cannoncino.*
Canons de la jambe du cheual, *cannoli.*
Canon de roseau ou sureau, *bucciolo.*
enter en Canon, *innestar à bucciolo.*
Canonade, *cannonata.*
Canonicat, *canonicato.*
Canonique, *canonicale.*
Canoniquement, *canonicamente.*
Canoniste, *canonista.*
Canonization, *cannonizzatione.*
Canonizer, *cannonizare.*
Canonner, *sparar l'artigliaria, colpire, battere ó amazzar coll' artigliaria.*
Canonnier, *bombardiere.*
Canonniere, de sureau, *cannello.*
Canonniere d'vne muraille, *troniera, feritoia.*
* Canore, *canoro.*
Cantanettes de galere, *cantarette.*
Cantelettes, petites fenestres à vne galere, *cantarette.*
Cantharide, *cantarido, mosca, cantcrella.*
Cantharidise, *confettione di cantaride.*
Cantique, *cantico.*
Canton, *cantone.*
Canton en terme de blason, *cappa, conio.*
Cantonner, terme de blason, *acconiare.*
se Cantonner, *accantonarsi.*
Cantonniere, *cantoniera.*
Cantonniere de carosse, *cantonata della carozza.*
Canule, *cannola.*
le Cantus, le coin de l'œil, *canto dell' occhio.*
Cap, chef, *capo.*
Cap d'escouadre, *capo di squadra.*

Cap en mer, *capo.*
Cap de mouton, *arietto, bigotta.*
faire Cap à la mer, *ingolfaro.*
aller d'vn Cap à l'autre, *audar a golfo lanciato.*
Cap à Cap, teste à teste, *à frontera fronte.*
Capable, *capace, capevole.*
Capablement, *capacemente.*
faire le Capable, *far del sufficiente, far del bell' humore.*
Capacité, *capacità.*
Caparaçon, *caparaffon, caparazzone.*
Caparaffonner, *caparazzonare.*
Caparis, arbre, *cappare, cappera.*
Cape, *cappa.*
Capelan, *cappellano.*
Capeline, *capellina.*
* homme de Capeline, *huomo di mano ò valente.*
Capendu, *spetie di pomo.*
Capefolde, *capofoldo.*
Capettes, *certi scolari poueri in Pariggi, trattenuti in vn Coleggio particolare.*
Capillaire, *capel venere.*
Capilotade, capirotade, *certo intingolo, che si fà a Capponi ò pernici tagliati in pezzi. Capirotada, capirota.*
Capitaine, *Capo, Capitano.*
Capitainerie, *capitanaria.*
Capitaineffe, *Capitana.*
Capital, *capitale.* Item, *principale.*
ville Capitale, *città matrice o Capitale.*
lettre Capitale, *maiuscula.*
fomme Capitale, *il capitale.*
Capitation, *capitatione, certo tributo.*
Capité, *stega, loggia ò letto in vn vascello.*
Capiton, *capitone.*
Capitulaire, *capitolare.* Item, *decreto.*
Capitulairement, *capitolarmente.*
Capitulant, *capitulante.*
Capitulation, *capitulatione.*
Capituler, *capitolare.*
Capituleur, *capitolatore.*
Caponer les ancres, *termine di marina.*
Caporal, *Caporale.*
Capot, *feltro.*
Capot au jeu de piquet, *marcio.*
Cappe, *cappa.*
Cappeer, *lasciarsi portar dal vento nauigando.*
Cappot, *feltro.*
Capres, *cappari, capperi.*
Caprice, *capriccio.*
Capricieux, *capriccioso.*
Capricorne, *capricorno.*
Caprier, *cappare.*
Capriere, *luogo piantato di capperi.*
Caprifice, *caprifico, spetie di fico.*
Caprin, *caprigno, caprino.*
Capriole, *capriuola, capriola.* Item, *herba stella.*
faire vne Capriole en l'air, estre pendu: l'Italien dit, *far vn salto da tr'a piedi.*
Capron, *fragola marina.*
Capter, *cattare.*
Captieusement, *astutamente.*
Captieux, *astuto, ingannevole.*
Captif, *catino, schiauo.*
Captiuer, *cattiuare.*
Captiuer les cœurs, *guadagnarsi, acquistarsi gl' animi.*
Captiuité, *cattiuità.*
Capture, *cattura, presura.*
Capuchon, *capperuccia. Capuccio di frate.*

Capucin, *Capucino.*
Capucinage, *professione di Capucino.*
liure relié à la Capucine, *libro coperto di vetro co' fogli rossi.*
Capus, cabus, *capuccio.*
Caque, *bariglione, caratello.*
Caquerel, *arenga salata.*
Caqueroles, *conchiglie ò lumache di mare.*
Caquesangue, flux de sang, *cacasangue.*
Caquet, *ciancia, chiacchiara, ciarla, ciarleria.*
Caquet, assemblée de femmes, *donneto.*
qui est dans le Caquet, *imbociato.*
Caquetard, *ciarlone, cicalone.*
Caqueter, *cinanciare, ciarlare, cicalare.*
Caqueteur, *cianciatore, ciarliere.*
Caqueteuse, *ciarliera, cicala.*
Caquetoire, *seggiola, scannetto.*
Caquettement, *ciancia, ciarla, cicaleria.*
Car, *perche, percioche.*
Carabin, *Carabino, soldato a cauallo armato di schioppo.*
Carabinage, *assalto di schioppo.*
Carabine, *schioppo, carabina, alcuni la chiamano colubrina.*
Carabiner, *colpir di schioppe.*
Caracol, *caracollo.*
Caracoler, faire des caracols, *caracollare.*
Caractere, *carattiero, carattere.*
* Caracterer, *far caratteri.*
Caraffe, mot tiré de l'Italien, petit vase de verre, *caraffa.*
Caraffon, *carafone.*
Caramouffats, *certi vascelli turchefchi.*
Caraque, forte de vaisseau, *caracca.*
Carat, *carato.*
Carauane, *carauana.*
Carauelle, sorte de nauire, *carauella.*
Carauellon, *picciola carauella.*
Carauene, *barchetta d'vn pez zo.*
Carbaffe, *grancenole.*
Carbau, *botta trifa.*
Carbonnade, *arrosticciana, braginola.*
Carcan, *monile d'oro, vezzo.*
Carcan à mettre les malfaicteurs, *berlina.*
Carcasse de vaisseau, *guscio, scafo.*
Carcasse d'oiseau, *catrioffo, carcame.*
Carchiope, artichaut, *carcioffo.*
Carchois de nauire, *calcese.*
Carcois, *turcasso, faretra.*
Cardacie, *spetie di cardo.*
Cardamome, *cardamomo.*
Carde, *cardo.*
Cardes à carder, *scardassi.*
Carder la laine, *scardassare.*
Cardeur, *scardassiere, cardalana.*
Cardiaque passion, *morbo cardiaco.*
Cardier, *mastro di scardassi.*
Cardinal, *Cardinale.*
Cardinal en greve .i. *de capito.*
Cardinal, Metaph. menstruo. *Marchese di donna.*
Cardinalat, *cardinalato.*
Cardinale, *spetie d'avigliaria.*
Cardinalin, *cardinale giouine.*
Cardinaliser, far di color rosso, *far cuocer i gamberi.*
Cardon à manger crud, *cardone.*
Caré, ableret, *spetie di rete da pesciolini.*
Carene, *Carena.*
Caresme, quaresima, *quadragesima.*

Caresme prenant, *carneuale.*
Caresme entrant, *carneuale.*
amoureux de Caresme, *Inamorato freddo.*
tout est de Caresme prenant .i. *ogni cosà si fa per scher-*
*zo, si può patire.*
vous nous donnez le Caresme bien haut .i. *voi cela date*
*bella ò lunga, cela fate aspettar molto.*
Caressant, *accarezzeuole.*
Caresses, *carezze, lusinghe, vezzi.*
Caresser, *accarezzare, lusingare, vezzeggiare.*
Caret, *filo da abballare.*
Cargade, &
Cargaison, *caricatura di vascello.*
Cargue, *carica sopra il nemico.* Item, *corda che serue à*
*piegar le vele ò spiegarle.*
Carguer, *caricare, piegar ò spiegar le vele.*
Cargousse, cartouche, *cartoccio.*
Cariage, *cariaggio.*
tout le Cariage .i. *ogni cosa.*
Caribe, *spetie di pepe.*
Carie, *rozzigatura di vermi, putrefattione nel legno, &c.*
*caria.*
Carié, *carioso.*
Carier, *rodere, cariare.*
se Carier, *putrefarsi, vederfi l'osso o legno.*
Carieux, *rozzigato, roso da' vermi, putrefatto.*
Carillon, *il sonar a festa.*
à double Carillon .i. *à tutto potere.*
Carillonner, *sonar à festa.*
Carillonneur, *sionatore à festa.*
Carines, *carena.*
Cariole, *carrinola.* Item, *radice della coda del cauallo*
Carisé, *carizé, spetie di panno.*
Carlet, *pesce passera, passerino.*
Carlet de Cordonnier, *ago di calzolaio.*
Carler, Vedi, Carreler.
Carlin, *Carlino, moneta d'Italia. In Napoli val quasi un*
*giuglio. In Piemonte cinque doppie.*
Carline, plante, *cardo pinto, carlina.*
Carlingue, *traue che regge l'albero del vascello, piede dell'*
*albero.*
* Carmagnolle, *arbicocco, armeniaco.*
Carme, *frate del Carmine.*
Carme, charme, arbre, *carpine.*
Carmes deschaussez, *scalzi.*
Carme, *verso di poesia.*
Carmes aux dez, *quaderno.*
Carmelitain, *Carmelitano.*
Carmoussal, caramoussal, *vascello turchesco.*
Carnacier, *carnaiuolo.*
Carnage, *maccello, strage.* Item, *carne, e quel tempo, che*
*si mangia la carne.*
Carnafferie, *carname, quantità, ò materia di carne, car-*
*naggio.*
Carnaffier, *carnaiuolo.*
Carnation en peinture, *carnagione.*
Carnaual, *carneuale.*
Carne, *angolo, spigolo, spicchio.*
Carneau, creneau, *merlo di muro.*
Carnelé, *merlato.*
* Carnelle, *stampa di moneta, improntar.*
* Carneller, *improntar la moneta.*
Carnosité, *carnosità.*
Carobe, *carroba, carobba.*
Carogne, *carogna.*
* Carolle, dance en rond, *carola.*
* Caroller, *carollare.*
Carolus, *moneta di dieci quattrini.*

Carosse, *carrozza.*
l'arrostier, *carrozziere, cocchiere.*
Carote, *carota.*
Carote iaulne, *nauone.*
Carouane, *carouana.*
Carouge, *carobba, carruba.*
faire Carous, ou Carousse, *beuer tuto, beuer alla tedesca,* le
mot vient de gar auss. Allemand, qui signifie, tout
dehors.
Caroussér, Idem.
Carpasse, *carpaso, pianta.*
Carpe, *carpio.*
Carpeau, *carpio picciolo.*
Carpendu, *spetie di pomo.*
Carpie, arbre, *carpino.*
Carpie, Vedi, charpie.
Carpion, poisson du lac de Garde, *carpione.*
Carpir la laine, *scardassare.*
Carpionner le poisson, *carpionare.* C'est y faire vne saul-
se pour le garder long-temps.
Carbobalfame, *Carpobalfamo.*
Carquan, *monile d'oro.* Item, *borlina.*
Carquasse, *catriosso, carcame.*
Carquois, *turcasso, faretra.*
Carquois du mast, *calcese.*
Carrabin, *carrabino, armato di schioppo.*
Carracon, *caracca picciola.*
Carraque, *caracca, spetie di barca.*
Carrat de bois à bastir, *certà massa ò quantità di legno*
*di garbo.*
Carré de marbres, *membruto.*
souliers Carrez, *scarpe spuntate.*
Carré, *quadro, quadretto, letto d'horto.*
Carre ou cart, partie plus grosse de l'antenne, *carro.*
Carreau, *quadro, mattone. Quadretto d'horto.*
Carreau, coussin, *carello, coscino.*
Carreau à coudre, *coscinetto.*
Carreau de plancher, *piannella, mattone.*
Carreau, couleur aux cartes, *quadro.*
Carreau, trait, *quadrello.*
Carreaux à charger le canon, *dadi.*
le Carreau en vne prison, *publica.*
le Carreau, mal d'enfant, *spetie d'Hidropisia.*
ietter sur les Carreaux .i. *ammazzare, uccidere.*
Carrefour, *via croce.*
Carreler, *selciare, mattonare.*
Carreler des souliers, *metter suole, assolare.*
Carrelet, *pesce, passera, passerino.*
Carrelet, *ago di calzolaio.*
Carreleur, *assolatore, scarpellino, sciabattino.*
Carreleure, *assolatura, di scarpe, suole.*
Carreleure de ventre, *vna corpacciata.*
Carrer, *far quadro, squadrare.*
se Carrer, *sbracciare.*
Carreure, *squadratura.*
la Carreure d'vn homme, *larghezza delle spalle.*
Carreure, ornement d'enfant, *rimbusta, gala.*
Carrier, *petriere, colui che caua le pietre dalla terra.*
Carriere, *carriera, arringo.*
Carriere, *piertiere, petriera.*
se donner Carriere, *pigliarsi spasso.*
donner Carriere, *essercitare, recreare.*
parfaire sa Carriere, *finire.*
Carrobe, *carruba.*
Carrosse, *carrozza.*
Carrossier, *cocchiere, carrozziere.*
Carroube, *carruba.*
Carroubier, *pianta ò albero, che produce la Carruba.*

Carrouge, *carruba.*
Carrousselle, *carosello.*
Corousselle, *ruota ò girella picciola.*
Carrube, *carruba.*
Cart, partie plus grosse de l'entenne, *carro.*
faire Cart, terme de marine, *far sentinella.*
Cartame, *cartamo, z assérano bastardo.*
Carte, *carta. Cartone.*
donner la Carte-blanche, *dar il foglio bianco.*
Carte marine, *carta marina.*
manier la Carte marine, *carteggiare.*
Carte du monde, *mappa mondo.*
Cartes à iouer, *carte.*
brouiller les Cartes .i. *ingannare, imbrogliare, intrincare.*
estre le premier en Cartes, *hauer la mano.*
Cartel, *cartello, disfida.*
Cartelle, *cartella.*
Cartier faiseur de cartes, *Cartaro.*
Cartillage, *cartilaggine.*
Cartillagineux, *Cartillagginoso.*
Cartisanne, *fil d'oro torto.*
Cartisannier, *che torce il fil d'oro.*
Carton, *cartone.*
Carton d'vn cayer, *duerno ò foglio.*
Cartouche, *cartoccio, scartoccio.*
Cartouché, *accartocciato.*
Cartoufle, mousseron, *spene di fungo.*
Cartulaire, *libro di carta.*
Carui, cherui, *carui.*
Cas, *caso.*
faire Cas, *stimare, far conto ò stima.*
faire son Cas, *far il fato suo.* Item, *scaricare il ventre.*
ce n'est pas grand Cas, *non è gran fatto.*
au Cas que, *caso che.*
en tout Cas, *in ogni caso.*
le Cas .i. *il membro virile.*
ce n'est pas mon Cas, *non fa per mei*
Cas, adjectif, *fiocco, ranco, fiacco.*
sonner Cas, *suonar fiocco.*
Casal, hameau, *Casale.*
Casanier, *casalingo, casereccie.*
Casaque, *casacca.*
tourner Casaque, *mutar mantello .i. partito ò religione.*
porter vne Casaque de diuerses couleurs .i. *esser di più partiti, esser inconstante.*
Casaquin, *casacchino.*
Cascade d'eau, &c. *cascata.*
Cascane de mine, *cascana.* C'est vn lieu en forme de degré d'où les gens qui trauaillent, se donnent terre l'vn à l'autre.
* Case, *casa.*
petite Case, *casuccia, casino.*
Casemate, *casamatra.*
* Caseret, chaseret, *barnola, squarcella.*
Casette, *casuccia, casino.*
Casole, *vaso di profumiere.*
Casque, *celata.*
Casquet, *celata piccola.*
Cassable, *fragile, infraguibile.*
Cassade, *burla.*
Cassade au jeu de prime, *cacciata.*
Cassant, *schiantatiuo.*
Cassation, *cassatione.*
Casse, *cassia.*
Casse des jardins, *herba odorifera simile alla lauandula.*

donner de la Casse aux soldats, &c. *cassare, dar l'herba cassia, dar la cassia.*
Casse à puiser de l'eau, *cazza.*
Casse, coffret, *cassa.*
voix Cassée, *voce fiocca ò fiacca.*
homme Cassé, *huomo attempato ed indisposto.*
vn Cassemottes, vn lourdaut, *z appiterra, villano.*
Cassemuseau, *sgrugnone, ceffata, musone.* Item, *spetie di cosa di pasta.*
Casse-noix, oiseau, *spezza noccioli.*
Casser, *rompere, fragnere, cassare, schiacciare.*
Casser, annuler, *annichilare.*
Casser aux gages, *cassare, cacciare.*
Casser vn verre .i. *far vn mimino errore che ci faccia scacciar di casa.*
se Casser, s'esclatter, *schiantarsi, fendersi.*
Casser ses œufs, qui se dit d'vne femme enceinte, *sconsciarsi.*
Casser l'escotte, terme de marine, *cacciar ò cazzar la scotta.* C'est la tirer pour approcher la voile plus prés de la pouppe.
Casser les hannes, *parola furbesca, tagliar borse.*
se Casser le col, *fiaccarsi il collo.*
se Casser le nez, *romperst il naso.*
Casser la miette, *mangiar pane con appetito.*
Casser les reins, *slombare.*
Casser la teste, *romper la testa à vno.*
vous n'en Casserez que d'vne dent, *voi non hauyete quello, che pretendete.*
ie vous en Casse .i. *io ve n'incago, io mi burlo di voi.*
* Casserie, *rompimento.*
Casseron, *pesce calamaro.*
Cassetin, *cassettino.*
Cassette, *cassa picciola, cassetta.*
Casseur, *rompitore.*
Casseur de miette, *mangione.*
Casseur de hannes, *parola di zergo, taglia borse.*
le grand Casseur de raquettes, *si dice per burla a chi si vanta.*
Casseure, *fessura, schiantatura.*
Cassidoine, *calcidonia.*
Cassier, *albero che produce la cassa.*
Cassine, *cassina, vigna.*
Cassole, *vaso di profumiere, cassola.*
Cassolette, *cassoletta.*
Casson, *cassone, cassa grande.*
Casson de sucre, &c. *spezzami, pezzami.*
Cassonade, *rottame.*
Castadour pionnier, *guastadore, guastatore.*
Castagnettes, *castagnette.*
Castagnole, *spetie di pesce.*
Castagnon, *certo vccelletto, che fa il nido nell' acqua.*
Castagneux, *spetie di fulica osmergo.*
Castalogue, *coperta da letto di spagna ò catalogna.*
Castaudelle, sorte de barque, *Castaldella.*
Castillan, *castigliano.*
Castillaniser, *far del castigliano.*
Castillé, *termine di marina.*
Castille, *castiglia.* Item, *rissa.*
estre en Castille, *esser in dissensione, far parole ò quistiane.*
auoir l'esprit en Castille, *hauer il ceruello à partito.*
Caston, *testa d'anello.*
Castor, *castore.* Item, *capello di castore.*
Castorée, *olio castoreo.*
Castrametation, *castrametatione.*
Casuel, *casuale.*
Casuelle, *Idem.*

Casuellement, casualmente, à caso.
Casuiste, casuista.
Catachrese, catacresi.
Cataedupes, cataratte del Nilo.
Cataglotiser, baciar colla lingua.
Catalepsie, cataleffia.
Catalogue, catalogo.
Catalogne, catalogna. Item, coperta da letto.
* Cataminy, marchese di donna.
Cataplasme, cataplasmo.
Catapuce, palma Christi, herba.
Catapuce petite, latiri.
Catapulte, catapulta, spetie di machina da lanciar saffi ò dardi.
Cataracte, cataratta.
Catarre, catarro.
Catarreux, catarrofo.
Catastrophe, cataftrofo.
Catechiser, catechizare.
Catechisme, catechismo.
Catecumene, catecumeno, che impara la fede Chriftiana.
Categorique, categorico.
Categoriquement, categoricamente.
Catelogne, coperta da letto, fatta in Ispagna.
Catepleure, vela latina.
Caterolle, luogo doue il conglio fà i figli.
Caterue, caterua, troppa.
Cathedral, catedrale.
Categorie, categoria.
Catherinettes, certi fioretti.
Catholicon, certa compositione medicinale.
Catholicon d'Espagne .i. pretesto di religione catolica.
Catholique, catolico.
Catholique à gros grain .i. malo catolico, caftiuo Chriftiano.
Catholiser, far il Catolico.
Catir vne eftoffe, fodare.
Catonien, feuero come Catone, graue.
Catoptomantie, auguvio per via di specchio.
Caluacade, caualcata.
* Caualcadour, caualcatore.
Cauale, caualla, giumenta.
Caualet, caualetto.
Caualin, cauallino.
Caualle, caualla.
Cauallerice, cauallerizzo.
Cauallerie, cauallerie.
Cauallette, fauterelle, caualletta.
Cauallier, caualliere. Item, foldato a cauallo.
Caualliers à cheual, terraffes sur la voulte de la porte, cauallieri à cauallo.
paffer Cauallier, terme de manege, far ò paffar Caualliere.
Cauallierement, cauallerescamente.
Cauain, foffo.
Caualot, moneta piemontese, caualotto. Item, cauallo picciolo.
Caucalis, caucali, herba.
la Cauchemare, il pefaruolo.
Caucher, qui se dit du cocq, calcare.
Caudataire, porte queuë, caudatario.
Caue, cantina, caneua.
marier la Caue, & le puits .i. inacquare il vino.
Caue d'vne mine, caua.
Caue, cupo ò profondo, incauato, concauo.
la Caue au jeu de priue, il cauaye, la caua.
Caueau, caneroz zola.

Caueçon, capezzone.
Cauée de montagne, spezzatura di monte.
Cauecheure, capeftro.
Cauelade, spetie di razza, pesce.
Cauement, incauamento.
Cauene, cabane, capanna.
Cauer, incauare.
Caué, l'incauato.
Cauer au jeu de prime, cauare.
Cauerne, cauerna, tana, spelonca.
Cauerneau, picciola cauerna.
Cauerneux, pieno di cauerne.
Cauefot, spetie di verme picciolo.
Cauaffane, canezzana.
Caueffine, camarra.
Caueffon, capezzone.
Caueur, incauatore.
Caueure, incauatura.
Cauial ou Cauiar, mottiré de l'Italien, œufs de poiffons falez, cauiale, caniaro.
Cauillateur, canillatore.
Cauillation, canillatione.
Cauillatoire, canillatorio.
Cauiller, canillare.
Cauine, parte della bocca doue comincia la radice della lingua.
Cauité, canità, concanità.
* Caule d'herbe, torfo, tallo, ftelo.
Cauquemare, pefaruola.
Cause, causa, cagione.
à Cause, per cagione.
pour Cause, per buon rispetto.
à Cause de moy, per amor mio, per cagion mia.
i'en suis Cause, la colpa è mia, io ne fon cagione.
Causer, causare, cagionare.
Causer, addurre, specificare. Item, ciarlare, cicalare cianciare.
Causerie, ciancia, ciarla.
Causeur, cicalone, ciarlone.
Causeuse, ciarliera, cicala.
Cauftique, cauftico.
Caut, cauto, aftuto.
Caute, cauta, aftuta.
Cauteleusement, aftutamente.
Cauteleux, aftuto, furbo, ingannenole.
Cautelle, cautela.
* Cauteller, ingannare, far aftutie ò furberie.
Cautement, cautamente.
Cautere, cauterio, fontanella.
Cauterisation, cauterizatione.
Cauteriser, cauterizare.
Caution, sicurtà, malleuadore.
sujet à Caution .i. menzogniere, bugiardo, di mala fama, in mal concesso.
Cautionnage, sicurtà.
Cautionner, far sicurtà, malleuare.
Cautionneur, malleuadore.
Cay, argine, molo, sponda.
Cayer, quaderno.
demy-Cayer, duerno.
Cayeul, figlio di Tulipa, &c.

C E

CE, ciò, quefto, quello.
Ce qui, relatif, il che.

Ce que, quello che.

à Ce que ie voy, per quanto io veggo, per quel, ch' io vedo.

C'est, egli è.

C'est à dire, cioè.

C'est à moy, à me tocca, à me stà.

C'est à moy, è mio, mi appartiene.

C'en est fait, è spedito.

Ceans, quì, qua dentro, in questa casa.

le maistre de Ceans, il padron di casa.

de Ceans, qui di casa, di questa casa.

Ceciliane, chaisnette au mors, ceciliana.

Cecité, cecità.

Cecy, questo, questa cosa.

Ceder, cedere.

Cedre, cedro.

Cedretale, cedro grande.

Cedriac, cedro, frutto.

Cedrin, vccello simile al canario.

Cedule, polizza, cedula.

Ceinct, cinto.

Ceindre, cingere.

Ceint, cinto.

Ceinture, cintola.

Ceinture de Cordelier, cordiglio.

Ceinturier, mastro di cintole, cinturaio.

Ceinturon, cintolino, corregino.

Cela, ciò, quello quella cosa.

Celade, celata, armatura di testa.

Celebration, celebratione.

Celebre, celebre.

Celebrement, celebratione.

Celebrer, celebrare.

Celebrité, celebrità.

Celémenv, nascosamente, celatamente.

Celement, celamento.

Celer, celare, ascondere.

Celerier, celeraio.

Celeriere, celeraia.

Celerin, poisson, alice.

Celerité, celerità.

du Celery, persil de Macedoine, celerii.

Celeste, celeste.

Celestement, celestemente, diuinamente.

Celestiel, celeste, di cielo.

Celiaque, che procede dalla debolezza dello stomaco.

Celibat, celibato.

Celibe, non maritato.

Celidoine, chelidonia.

Celier, canoua, cellaio.

Celle, colei, quella.

Celle-cy, costei, questa quì.

Celle, cellule, cella.

Cellerage, pagamento ò fitto di cellaio.

Cellerier, cellaro.

* Celsitude, celsitudine, grandezza, altezza.

Celuy, colui, quello.

Celuy-cy, costui, questo quì.

Celuy-là, quello là, cotesto, colui.

Cemetiere, cimiterio.

Cenacle, cenacolo.

Cencer, accensare.

Cenciue, censo.

Cendre, cenere.

Cendré, cenericcio.

Cendrée, cenerata.

Cendrée d'azur, cenere d'azurro.

Cendrée, herbe, spetie di maggiorana.

couleur Cendrée, cenericcio.

Cendreux, pieno di cenere.

cul Cendreux, che stà di continuo appresso al fuoco.

Cendrier, mercante di ceneri. Item, vno che stà di lungo nelle ceneri, appresso al fuoco à scaldarsi.

Cent, cena.

Cengle, sangle, cinghia.

Cengler, sangler, cinghiare.

Cenotaphe, cenotafio, monumento per memoria.

Cens, censo, rendita.

Censable, censale, che paga censo.

Cense, censo. Item, gastaldia.

Censer, accensare.

Censeur, censore.

Censier, censale, affaiuolo.

Censif, censiuo.

Censorin, censorino.

Censuel, censiuo, di censo.

Censure, censura.

Censurer, censurare.

Cent, cento.

deux Cents, ducento.

faire de Cent sols quatre liures, & de quatre liures rien, l'Italien dit, far di trenta tré vndici.

Cent testes, spetie di cardo.

Centaine, centena.

Centaure, centauro.

Centaurée, centaurea, herba.

Centaurion, Idem.

Centeine, centena.

Centenaire, centenario.

Centenier, centurione.

Centidoine, centidonia, centinodio.

Centiesme, centesimo.

Centime da roue, occhio della ruota.

Centinodie, herbe, centinodia.

Centoire, centaurea.

Centre, centro.

Centurie, centuria.

Cep, ceppo.

Ceps aux pieds, ceppi, ferri.

Cepée, pimpinella acquaiuola.

Cependant, tandis, intanto, frà tanto, mentre.

Cependant, pourtant, però, e pure.

Cephale, cefalo di mare.

Ceper, minare, zappare.

Cephalique, cefalica.

* Cepier, custode di carcere, che tiene i carcerati nè ceppi.

Cequin, zecchino.

Ceraste, serpent cornu, cerasto.

Cerat, cerato, vnguento fatto di cera.

Cerceau, cerchio.

Cercelé, cerchiato.

Cerceler, accerchiellare.

Cercelle, sarcelle, oiseau, saracella.

Cercerelle, zicchignola. Item, gheppio.

la Ceroche, la busca.

Cercheur, carcatore.

Cercles, mal di cheual, cerchi.

Cercereulle, gheppio, fottimento.

Cercher, cercare.

Cercle, cerchio.

Cerclé, accerchiellato, cerchiato.

Cerclet, cerchietto.

Cercueil, cassa, tomba.

Ceremonial, ceremoniale.

Ceremonie, ceremonia.

Ceremonieusement, *con cerimonia.*
Ceremonieux, *ceremonioso.*
Cererien, *di cerere.*
Cerf, *ceruo.*
chien Cerf, *spetie di cani.*
Cerf-brun, *color castagno.*
Cerf-volant, *scarafaggio.*
Cerfouette, *sarchiello.*
Cerfouetter, *sarchiellare.*
Cerfouir, *Idem.*
Cerfeüil, cerfuëil, *cerfoglio.*
Cerille, *Coda che s'aggiunge sotto al, c, ş.*
Cerisaye, *cirigiero, cireyeto.*
Cerise, *ciriegia, Propriamente amarina.*
faire deux morceaux d'vne Cerise .i. *far monna Honesta, far la bocca piccina.*
vin de Cerise, *cerasuolo.*
Cerisée, *quantità di ciregie, quell' vtile, che si caua dalle ciregie.*
Cerisier, *ciregio.*
* la Cermoniere .i. *la testa, la ceruelliera.*
Cerne, *cerchio, girauolta.*
Cerne, poisson, *ceriuola, ceriuolo.*
Cerneaux, *garigli, garigoli.*
Cerner, *tagliar in cerchio, cauare, Intagliare.*
Cernoir, *coltello da far garigli.*
Ceroine, ceroeine, *vnguento ò Impiastro di cera e rose.*
Ceromantie, *augurio dalla cera.*
Cerot, *cerotto.*
Cerre, arbre, *cerro.*
Cerres d'oiseau, *cerre.*
Cerre, pois chiche, *cicerchia.*
Certain, *certo.*
vn Certain, *vn certo, vn cotale, vn tale.*
Certainement, *certamente.*
Certaineté, *certezza.*
Certeau, *spetie di pero.*
Certes, *certo, certamente.*
à Certes, *da douero.*
Certificat, *attestatione, certificato.*
Certification, *certificatione, accertamento.*
Certifier, *certificare, accertare.*
Certitude, *certezza.*
Cerueau, *ceruello, cerebro.*
Cerueau fort, *ceruellone.*
Cerueau creux, *ceruello bugio.*
Cerueau gaillard, *matto.*
Ceruelat, *ceruelato, salsicciotto.*
Ceruelet, *ceruellino.*
Ceruelin, *fantastico, ceruellino.*
Ceruelle, *ceruello.*
auoir la Ceruelle aux tallons : l'Italien dit, *hauer il ceruello sopra la beretta.*
Ceruelliere, *ceruelliera, testa.*
Ceruical, *ceruicale.*
Ceruier, *lupo ceruiere.*
Ceruoise, *ceruosia.*
Ceruse, *cerusa.*
Ces, *questi, queste.*
* Ces, *cessione.*
Cesarien, *di cesare, cesarino.*
Cesarine, *cesarina.*
Cessation, *cessatione.*
Cesse, *cessatione, cessamento.*
sans Cesse, *dilungo, senza fermersi, tuttauia.*
Cessement, *cessamento.*
Cesser, *cessare.*

il ne cesse de faire, *non resta di fare.*
Cession, *cessione, quittanza.*
Cessionnaire, *che hà fatto cessione.*
Cessionner, *far cessione.*
* C'est cet, *questo quello.*
Ceste, cette, *questa.*
Cestè, pron. l's, vne ceinture de nouuelle mariée, la ceinture de Venus, *cesto.*
Cestuy, *cestui.*
Cestuy-cy, *questo qui.*
Cesure, *cesura.*
Cet, *questo.*
Cette, *questa.*
Ceterach, *ceterac, asplenó.*
Ceton, feton, *rimedio per vn Cauallo stitico ò rappreso.*
Ceuadere, *mezzana, vela.*
Ceue, *cipollina.*

<br>

## C H

Chable, cable, *gumena, corda grossa, canapi.*
Chabot, *botta trisa.*
Chabre, *granceuole.*
Chacie, *Vedi, chassie.*
Chacque, *Vedi, chaque.*
Chacun, *ciascuno, ogn' vno.*
Chacun vn, chacun deux, &c. *vn per vno, due per vno, &c.*
Chaffaut, *palco.*
* Chaffauder, *far palchi.*
* Chaffourrer, *camuffare.*
Chagriner, *ansciare, fastidire.*
Chagrin, *ansioso, manincenico, sollecito. Item, ansietà.*
Chagrinement, *con ansietà.*
Chahuant, *alocco, nottola.*
Chaine, *catena, Vedi, il resto, à chaisne.*
Chair, *carne.*
Chair de mouton, *castrato.*
Chair salée, *salame.*
la Chair est plus prés que la chemise .i. *Importa più il proprio interesse che, l'altrui : l'Italien dit, stringe più la camiscia, che la gonnella.*
en Chair, & en os .i. *in persona.*
Chair, & poisson .i. *becco cornuto, ò ruffiano.*
il n'est ny chair ny poisson .i. *nè cattolico nè heretico.*
la Chair au cuir, le costé de la chair, *carniccio.*
il sont de Chair, & d'os, comme les autres : l'Italien dit, *hanno denti da rodere come gli altri.*
Chair de fruit, *polpa.*
Chair à Dame, *spetie di pero.*
Chaircuitier, *pizzicaruolo.*
Chaircuiter, *tagliar la carne à pezzi.*
Chaircuiterie, *bottega di pizzicaruolo.*
Chaite, *sedia, catedra.*
Chaire de Predicateur, *pergamo.*
Chaire à porter par les ruës, *seggiola.*
Chaire à dos, *sedia à spalliera.*
Chaire à bras, *sedia da appoggio.*
Chaire percée, *seggetta.*
aller à la Chaire, *far il seruitio, andar del corpo.*
Chaise, chaize, *sedia, catedra.*
Chaisne, *catena.*
Chaisne de Tisserand, *trama.*
Chaisne en maçonnerie, *pila.*

Chaisnette , *catenella.*
Chaisnettes de resnes , *voltoio.*
Chaisnette de timon , *canicchia.*
Chaisnon , *annello.*
le Chaisnon du col , *cernice.*
Chaland , *auuentore.*
vn bon Chaland , *vn buon compagno.*
Chalan , *nauicella.*
Chalandise , *l'andar ordinariamente à comprar in vna bottega.*
Chalanger , *posseder vna terra.*
Chalemie , *pina , cannamella.*
Calemie , *spetie di pietra natallica.*
Chalence de bois , *barcata di legne.*
Chalemeler , *sonar la pina.*
Chaleur , *calore , caldo.*
Chaleur de foye .i. *mouimenti di colera , marcio il fegato.*
Chaleur d'animal qui demande le masle , *frega.*
Chaleureux , *di natura calda.*
Chalon , *nauicella.*
Chalit , *lettiera.*
Chaloir , *calere.*
Chaloupe , *spetie di barchetta , sactia.*
Chalumeau , *zampogna.*
Chalumeau de paille , *zampillo.*
Chalumer , *sonar la zampogna.* Item , *beuer il vino dalla botte con vn zampillo.*
Cham , *il gran Cane di tartaria.*
Chamade , *chiamata.*
Chamailler , *combattere.*
Chamailleur , *combattente.*
Chamaillis , *strepito d'armi.*
Chamaras , herbe , *scordio.*
Chamarrer , *listare.*
Chamarré à quilles , *listato.*
Chamarré à cheurons , *listato per trauerso.*
Chamarreure , *listatura.*
Chambellan , *camerlengo , cameriere , maggiore.*
Chambre , *camera.*
Chambre garnie , *camera locanda.*
Chambre basse , *camera à terreno , ò terrena.*
Chambre qui sert de magasin aux places basses , *casino.*
Chambre à loüer , *camera à fitto.*
Chambre aisée , *cesso , necessario , destro.*
Chambre des Comptes , Metaph. *Idem.*
Chambre , entailleure , *cambra.*
la Chambre dorée , Metaph. *il necessario.*
Chambrée , *camerata.*
Chambrerie , *vfficio di Camerlengo , ò Cameriere maggiore.*
Chambrette , *camerotto , camerino.*
Chambrier , *Camerlengo , Cameriere.*
Chambrier de Conuent , *Celleraio.*
Chambriere , *serua , fantesca , massara.*
Chambrieres de bois , *afficelle , che reggono il pagliariccio del letto.*
Chambriere au manege , *sferza.*
Chambrillon , *serua picciola.*
Chameau , *camelo.*
Chamelier , *guardiano di Camell.*
Chamois , *Camuccio.*
Champ , *campo.*
Champ clos , *steccato d'abbatimento.*
sur le Champ , *all' improuista.* Item , *prontamente.*
aux Champs , *in campagna.*
mettre aux Champs , *far andar in colera , metter in sù i salti.*

CH

les Champs , le village , *il Contado , la villa.*
gens dés Champs , *villani , contadini.*
auoir vn œil aux Champs , & l'autre à la ville : l'Italien dit, *hauer vn occhio alla pentola, e l'altro alla gatta.*
Champart , *decima , decimale.*
* Champarter , *raccoglier la decima.*
Champarteur , *reccoglitor di decima.*
Champé d'azur , *col campo d'azurro.*
Champestre , *rurale , di campagna , campale.*
Champignon , *funga.*
Champignon de pourceau , *fungo suile.*
il est creu comme les Champignons .i. *si è fatto ricce in poco tempo.*
Champion , *campione.*
Chance , *fortuna , ventura.*
la Chance , jeu au dez , *la sorte.*
compter sa Chance en joüant , *chiamar il punto.* Metaph. *dir le sue ragioni.*
la Chance est tournée , *è mutata la sorte.*
Chanceler , *vaccillare.*
Chancelerie , *Cancellaria.*
Chancelier , *Cancelliere.*
Chanceliere , *Cancelliera.*
Chancellant , *vacillante.*
Chancellement , *vacilamento.*
Chanceller , *vacillare.*
Chanceux , *fortunato.* Item , *sfortunato ,* ironic.
Chancir , *muffare.*
Chancisseure , *muffa.*
Chancre , *canchero.*
Chancre sur la langue , Item.
Chancre verollé , *tarnolo , caruolo.*
herbe au Chancre , *heliotropio , girasole.*
il mange comme vn Chancre .i. *mangia molto.*
Chancy , *muffato.*
la Chandeleur , *la Ceraiuola.*
Chandelier , faiseur de chandelles , *candellaro , candelletaro.*
Chandelier , *candelliere.*
Chandeliers , *parola vsata da' Hollandesi , pali che reggono le fascine intrecciate nelle bliude , candelieri.*
Chandelle , *candela.*
Chandelle de glace , glaçon qui pend , *ghiacciuolo.*
à la Chandelle , *al lume della candela.*
de la Chandelle , *lume.*
il doit vne belle Chandelle à Dieu .i. *hà campato da vn gran pericolo.*
se brusler à la Chandelle , *gittarsi stesso nel pericolo , perdersi , condursi nelle mani della giustitia.*
le jeu ne vaut pas la Chandelle , *la cosa non val la spesa.*
portez vostre chandelle à vn autre Saint .i. *andate da vn altro.*
Chanfrain , *frontale di cauallo.*
Chanfrain , *canale , accannellatura.* Item , *testiera di caual d'armi.*
Change , *cambio , mutatione.*
donner le Change , *dar il cambio , vendicarsi.*
le Change , la place du change , *i banchi , la loggia , la borsa.*
prendre le Change , *lasciar vn animale per correr dietro ad vn altro.*
payer comme vn Changeur : l'Italien dit , *pagar come vn banco , pagar bene.*
Changeant , *cangiante , inconstante.*
Changement , *cambio , mutatione.*
Changer , *mutare , cambiare , barattare.*
Changer de face , *mutar stato.*

Changer de cotte, *mutar costume.*
Changer de main, *mutar signore ó possessore.*
Changer la piece. 1. *finger di cambiar vno pezzo d'oro ò d'argento, & mentre si và sigliendo la moneta rubarne più che non val detto pezzo.*
Changeur, *banchiere.*
Chanoine, *Canonico.*
Chanoinerie, *Canonicato.*
Chanoinesse, *Canonica infiandra.*
Chanse, *Vedi*, chance.
Chansir, *muffare.*
Chansisseure, *muffa.*
Chansy, *muffato.*
Chanson, *canzone.*
Chanson à dancer, *ballata.*
Chansons, cajolleries, *zampogne.*
la Chanson de Montelimard : l'Italien dit, *la risposta, che dà il Papa a' furfanti.*
la Chanson du ricochet, tousiours à recommencer, *la canzone dell' vccellino.*
payer de Chansons, *dar vn canto in pagamento.*
il reuient tousiours à sa premiere Chanson. 1. *torna sempre à dir il medesimo.*
Chansonnette, *canzoncina, canzoncita.*
Chant, *canto.*
Chanteau, *pezzo, taglio, gherone.*
Chantelage, *diritto sopra il vino de vassalli.*
Chantepleure, *gnassiatoio, rigaruolo.* Item, *specie di rinfrescatoio.*
Chante poulet, *specie di centaurea.*
Chanter, *cantare.*
Chanter tout bas, *cantipulare.*
Chanter haut, *far gran rumore, dir assai.*
Chanter Messe, *dir Messa.*
Chanter deuant la feste, *triemfar innanzi alla vittoria.*
Chanter le cocq, qui se dit de la poule, *gallugare.*
Chanter pouïlles, *dir villanie.*
Chantez à l'asne, il vous respondra des pets. 1. *parlate honestamente con vn villano, vi dira villanie.*
Chanterelle d'instrument, *cantino.*
Chanterelle d'oiseau, *richiamo.*
Chanteresse, *cantatrice.*
Chanterie, *canto, cantilena, cantamento.*
Chanteur, *cantatore.*
Chanteuse, *cantatrice.*
Chantier, *rimessa di legname di gaibo.* Item, *palo di vite.*
Chantier de caue, *predella, sedile.*
Chantier poutre, *traue.*
Chantiers pour lancer vn vaisseau, *vasi.*
Chantillonner, *cantipulare.*
Chantonner, *Idem.*
* Chantourner, *voltolare.*
Chantre, *cantore.*
Chanvre, *canapa, canapo.*
Chanvrier, *campo seminato di canapa.* Item, *mercante di canapa.*
Chaos, *caosso.*
Chape d'Eglise, *piniale.*
Chape de foureau, *ghiera.*
disputer la Chape à l'Euesque, l'Italien dit, *disputar la lana caprina. 1. di cosa incerta.*
trouuer Chape-cheute. 1. *trouar qualche ventura.*
chercher Chape-cheute : l'Italien dit, *cercar Maria per Rauenna.*
Chapeau, *cappello.*
Chapeau de fleurs, *ghirlanda.*



Chapeau rouge, *capello di Cardinale.*
faire porter le Chapeau rouge. 1. *decapitar vno.*
Chapeau haut de forme, *capello campanuto.*
* vn mauuais Chapeau, vulgaire, *cattiua fama, infamia.*
Chapelin, *Cappellano.*
Chapelainie, *cappellania.*
Chapeler le pain, *tirar la crosta del pane, tritolare.*
Chapeleures, *tritolli, tritume.*
Chapelis, *strepito d'armi.*
Chapelet, *corona.*
Chapelet à monter à cheual, *staffe, par di staffe.*
Chapelet, *cappelletto di cauallo.* Item, *cappelletto.*
Chapelier, *cappellaro.*
Chapelle, *cappella.*
Chapelle à distiller, *campana, stillatoio.*
Chapelle où l'on met les condemnez, *chiesiola.*
* Chapelle noire. 1. *giuoco della palla corda.*
Chaperon, *certa acconciatura di testa alla Francese.*
Chaperon de Docteur ou de Magistrat, *capitio, carolla.*
ce sont deux testes dans vn Chaperon : l'Italien dit, *sono carne ed vnghia.*
Chaperon d'oiseau, *cappello.*
Chaperonner, *salutar vno.* Item, *metter il capello.*
vne Chaperonnette, *vna citadina, vna pettegola.*
Chaperonnier, *donna che fà quell' acconciatura di testa.*
Chapier, *Mastro di piniali.*
Chapier, *Sacerdote che porta il piniale.*
Chapiteau, *capitello.*
Chapiteau ou chaperon de pauillon, *sparuiere.*
Chapitre, *Capitolo.*
auoir voix en Chapitre, *esser stimato in qualche modo, hauer autorità.*
Chapitrer, *correggere, mal trattare.*
Chapon, *cappone.*
Chapon de mer, *pesce cappone.*
se coucher en Chapon, *andar à dormire nel principio della notte.*
Chapon de Normand. 1. *pappa.*
Chapon, gresse, *marza.*
Chapon, *pane bollito nella pignatta.*
les mains faites en Chapon rosty. 1. *vncinate mani per rubare.*
Chaponneau, *capponcino.*
Chaponner, *castrare, capponare.*
Chapoter, *tritare, pestare, rimescolare.*
Chappe, *Vedi*, Chape.
Chappins, *ciappini, zoccoli.*
Chappler le pain, *tritolare.*
Chapplis, *strepito d'armi, &c.*
Chapuis, *marangone, legnaiuolo.*
Chapuiser, *lauorar di legname.*
Chaque, *ciascuno, ciascheduno, ogni.*
vn à Chaque main, *vn per mano.*
Chaqu'vn, *ogn'vno, ciascuno.*
Char, *carro.*
Charactere, *carattero.*
Charanson, &.
Charanton, *gorgoglio, biatta.*
Charbon, *carbone.*
Charbon, peste, *carbone, carboncolo.*
Charbon d'vne peinture, *abbozzo col carbone.*
Charbon qui se forme à la chandelle en bruslant, *fongo.*
faire Charbon de tout bois. 1. *impiegare, ò seruirsi d'ogni cosa.*
Charbonnée de boeuf, *bragginola.*

Charbonner, *scarbonchiare.*
Charbonnerie, *carbonaria, scarbonchiatura.*
Charbonneux, *pieno di carbone.*
Charbonnier, *carbonaro.*
comme les Charbonniers .i. *si corrompono ò gastano l'vn l'altro.*
Charbonniere, *carboneria, rimessa di carbone.*
Charbot, *scarafaggia.*
Chardon, *cardone, carde.*
Chardon benit, *cardo benedetto.*
Chardon à cent testes, *eringio seluatico.*
Chardon franc, *carchioffo.*
Chardon nostre-Dame, *bianca spina.*
Chardonneret, *cardellino, cardello, calderino.*
Chardonnet, *cardoncello.*
Chardonnette, *spetie di carcioffo seluatico, carlina.*
Chardonniere, *campo di cardi.*
Chardousse, *carlina, spetie di cardo.*
Charée, cendre, *cenerata.*
Charée de lessiue, *ceneraccio.*
Charenson, *biatta.*
Charetier, *carettiere.*
Charette, *caretta,* prononcez chairette.
aualleur de Charettes ferrées, *vn spez za ferri.*
mettre la Charette ou charruë deuant les bœufs, *far vna cosa al contrario, metter il carro inanzi a buoi.*
Charge, *carico, carica. Vssitio.*
Charge, commission, *ordine.*
Charge, faix, *soma, peso, carica. Accusatione.*
sous la Charge d'vn chef, *sotto il commando.*
auoir en Charge, *hauer sotto alla sua cura.*
estre à Charge, *esser a carico, cagionar spesa, incommodare.*
à la Charge que, *con patto che, con conditione, con questo che.*
vne Charge de bois, *vna portata.*
Chargé, *caricato, carico.* Item, *acusato.*
Charge sur l'ennemy, *carica, scorribanda.*
Chargeant, *caricante.*
Charger, *caricare. Dar ordine. Accusare.*
Charger l'ennemy, *dar la carica.*
Charger la vigne, *potar à vino.*
Charger quelqu'vn d'vne affaire, *rimetter nelle mani.*
Charger vne quenouille, *inconocchiare.*
Charger les barques, *abbarcare, allestire.*
Charger les cheuilles, *accauigliare.*
Charger les voiles, *cargare.*
Charger pour s'enyurer, *caricar per baruti ò codognato.*
Charger pour battre, *battere, bastonare.*
Charger d'appointement, *Idem.*
temps Chargé, *tempo nuuoloso, piorno.*
vin Chargé, *vino di color rosso scuro.*
couleur Chargée, *color scuro.*
Chargeoir, *caricatoio, calcatore di cannone.*
Chargeur, *caricatore.*
Chargeur auec la pesle, *spalatore.*
Chariage, *cariaggio, vettura.*
Charier, prononcez à trois syllabes, *condur il carro.*
ie vous feray Charier droit .i. *vi farò far il vostro debito.*
Charier, qui se dit de la riuiere, *cominciar à gelare, portar ghiacciuoli à gala.*
Charier de lexiue, prononcez à deux syllabes, *calatore.*



Chariot, *carro.*
Chariot au ciel, *trione.*
Chariolle, ou Chariot à faire marcher les enfans, *carrocio.*
Chariotage, *vettura, cariaggio.*
Charioste, *carro picciolo.*
Charitable, *caritateuole, pieno di carità.*
* Charitatif, *caritatiuo.*
Charité, *carità.*
Charité interessée, *carità pelosa.*
on m'a presté cette Charité-là .i. *mi han fatto quella scortesia, quel dispiacere.*
Chariuary, *scampanata.* Item, *vertigine.*
Charlatan, *ceretano, ciarliere.*
Charlataner, *ciarlare, persuadere, ciurmare.*
Charlatannerie, *ciurmeria, ciarla.*
Charlater, *ciurmare, ciarlare, persuader con belle parole.*
Charlaterie, *ciurmeria, ciarla.*
vn Charle, *vn furbo, vn ceretano.*
Charmaye, *carpineto.*
Charme, arbre, *carpine.*
Charme, *ciurmeria, malia, incanto.* Item, *alettamento, vezzo.*
Charmeau, *carpine picciolo.*
Charmer, *ciurmare, incantare, ammaliare.*
Charmer les puces, *imbriacarsi la sera.*
Charmeresse, *maliarda, incantatrice.* Metaph. *alettatrice.*
Charmeur, *ciurmatore, maliardo, incantatore.*
Charmoye, *carpineto.*
Charnage, *tempo che si mangia carne.*
Charnalité, *carnalità.*
Charnel, *carnale.*
Charnellement, *carnalmente.*
Charneure, *carnagione.*
Charnier, *offuario.*
Charnier de vigne, *palo.*
Charnier à ferrer la viande, *carnaio.*
Charniere, *doppione, ganghero.*
Charnu, *polputo.*
Charnure, *carnagione.*
Charogne, *carogna.*
Charogneux, *di carogna, pieno di carogne.*
Charognier, *dato alle carogne.*
Charpentailler, *tagliuzzar legne ò legname.*
Charpentaire, *scilla, herba.*
Charpente, *legname di legnaiuolo.*
bois de Charpente, *legname di garbo.*
Charpenter, *lauorar di legname, far il Marangone ò legnaiuolo, tagliar legname.*
Charpenterie, l'arte del legnaiuolo. Item, *legname, lauoro di marangone.*
Charpentier, *legnaiuolo, marangone.*
Charpie, *fila di cirugico.*
Charpir, *carpire.*
Charrier de lexiue, *colatore.*
Charron, *carratore.*
Charronerie, *lauoro ò arte del carratore.*
Charroyer, *condur carri.*
Charroy, *carateria carreggiata.*
Charruë, *aratro.*
mettre la Charruë deuant les bœufs, *metter il carro inanzi a buoi.*
Charté, *carestia.*
Chartée, *carrata.*
Chartier, *carettaro.*
il n'y a si bon Chartier qui ne verse: l'Italien dit, i...

ciampa un buon cauallo.

iurer comme un Chartier. i. *beftemmiar forte.*

* Charton, *carettaro, carettiere.*

Chartre, *prigione.* Item, *Archiuo di regiftri.*

eftre en Chartre, *languire effer magro o languente, fi dice propriamente de' bambini, lifico.*

Chartreux, *Certofino.*

Chartreufe, *certofa.*

Chartier, *cuftode di carcere.*

Charruy, *carui.*

Chas, chaas, *interflitio frà due traui.*

Chas à parer la toille, *bofima.*

Chafcun, *ciafcuno.*

Chafcune, *ciafcuna.*

Chaferet, eiclifle à former le fourmage, *fquarcella, baruola.*

Chafier, *Idem.*

Chafque, *ciafcuno, ciafcuna, ogni.*

Chaffe, *caccia.*

Chaffe au jeu de paulme, *Idem.*

Chaffe-auant, *colui che hà fourintendenza à fopra, lauoranti.*

Chaffe, prononcé l'A, long, *cuffa.*

Chaffe-mouches, *coda da mofche.*

donner la Chaffe, *incalzare, incacciare.*

eftre en Chaffe, *hauer fretta.*

marquez cette Chaffe, *notare quefto.*

Chaffe-boffe, *fpetie d'herba.*

Chaffe-chien, *caccia furfanti.*

Chaffe coquin, *Idem.*

Chaffe-corneille, *caccia cornacce, fpetie di cannone.*

Chaffe-marée, *procaccio. Proueditor di pefce.*

Chaffer, *cacciare.* Item, *fcacciare.*

on Chaffe de race, *chi di gallina nafce conuien che rufpi.*

Chaffer les mouches, *ripararfi dalle mofche.*

Chafferage, *lepidio.*

Chafferefle, *cacciatrice.*

Chafferet, *cacciator piccolo.*

Chaffeur, *cacciatore.*

Chaffie, *cifpa, lippitudine.*

Chaffieux, *cifpofo, lippo.*

Chaffis de papier, *impannata.*

Chaffis, *telaro.*

Chaffis de toille, *telare.*

Chaffoire de chartier, *fferza, fcuriada.*

Chaffot, *fpetie di pefce.*

Chaftaignes, *caftagna.*

Chaftaignes en gouffe, *baloccia, riccio.*

Chaftaignes de terre, *fpetie di tartufi.*

Chaftaignes bouillies, *fucciole, calde, aleffe.*

Chaftaignes rofties, *calde arrofte.*

Chaftaignes de mer, *ricciodi mare.*

crieur de Chaftaignes bouillies, *caldaleffaro.*

crieur de Chaftaignes rofties, *caldaroftaro.*

Chaftaigné, *caftagno colore.*

Chaftaigneraye, *caftagneto.*

Chaftaigner, *caftagno.*

Chaftaigneux, *caftagnofo.*

Chaftain, *caftagnuolo, caftagno.*

Chafte, *cafto, cafta.*

Chafteau, *caftello.*

baftir des Chafteaux en Efpagne: l'Italien dit, *far giardini in aria.*

au Chafteau de noix, jeu d'enfant, *al caftelletto.*

Chafteaux de pouppe, & prouë, *balnuari, caftelli.*

* Chaftel, *caftello.*

Chaftelain, *caftellano.*

Chaftelaine, *caftellana.*

Chaftelenie, *caftellania.*

Chaftelet, *caftelletto.*

Chaftement, *caftamente.*

Chafteté, *caftità.*

Chaftiable, *caftigheuole.*

Chaftier, *caftigare.*

Chaftieur, *caftigatore.*

Chaftiment, *caftigamento.*

Chafton de bague, *caftone.*

Chaftré, *caftrato, cappone.*

Chaftrement, *caftratura.*

Chaftrer, *caftrare.*

Chaftreur, *caftra cane caftratore.*

Chaftreur de pourceaux, *caftra porcelli.*

Chaftreure, *caftratura.*

Chafuble, *pianeta.*

Chat, *gatto, gatta.*

Chat-huant, *barbagianni, alocco.*

vendre Chat en poche: l'Italien dit, *vender gatta in facco, vender la pelle dell'orfo.*

il ne faut pas fe jouer auec les Chats: l'Italien dit, *non bifogna fcherzar con l'orfo.*

courir comme les Chats, *gatteggiare.*

efueiller le Chat qui dort: l'Italien dit, *deftar il can che dorme.*

emporter le Chat, *andarfene fenza pagare, ò fenza tor licenza.*

laiffer aller le Chat au fourmage: l'Italien dit, *lafciar andar il cane nel couile.*

Chat efchaudé craint l'eau froide: l'Italien dit, *can fcottato teme l'acqua freda.*

faire comme les Chats. i. *caftar in piedi.*

jetter le Chat aux jambes: l'Italien dit, *verfar il brodo addoffo altrui.*

entendre Chat fans dire minon. i. *intender in una parola.*

à bon Chat bon rat: l'Italien dit, *la và da barcauolo à marinaro.*

Chatemite, *hipocr, one.*

Chate peleufe, *gorgoglio.*

Chaton, *gattino.*

Chaton de bague, *caftone.*

Chatonner, *catellare.*

Chaton, *fior di nocce.*

Chatouillement, *folletico, folleticamento.*

Chatouiller, *folleticare.*

Chatouilleux, *folleticofo.* Metaph. *collerico.*

Chatouilleux de la gorge, *che merita d'effer impiccato.*

affaire Chatouilleux ou chatouilleufe, *negotio gelofo ò tenero.*

Chatte, *gatta.*

Chatte, *fpetie di barca.*

vne Chatte, *una donna leccarda.*

Chatter, faire fes chats, *catellare.*

Chatter, friander, *gateggiare.*

Chatticre, *gattaruolla bucigatto.*

Chauchement, *la poffruola.*

Chaucher, qui fe dit du cocq, *calcare.*

Chauchemare, *la poffruola.*

Chaud, *caldo.* Item, *calore.*

Chaud mal, *febbre ardente.*

rien ne luy eft ny trop chaud ny trop froid: i. *ogni cofa fà per lui.*

Chaud, sujet aux femmes, *di natura caldá, lussurio-*
*so.*
Chaud, *colerico.* Item, *vogliorofo, pronto.*
Chaud, par mespris. 1. *cattino.*
vn Chaud personnage, *vn huomo da niente.*
il n'y a ny Chaud, ny froid. i. *non vi è niente del tutto.*
il y fait Chaud. i. *vi è pericolo.*
il a les pieds Chauds, *stà allegro, ciarla, ciancia.*
Chaude, *calila.*
deuenir Chaude, des femelles d'animaux, *andar in frega.*
Chaude alarme, *alarma all' improuista molto gagliar-*
*da.*
la donner bien Chaude, *far gran paura.*
pleurer à Chaude larmes, *pianger dirottamente ò à caldi occhi.*
à la Chaude, *caldo, caldo.*
Chaude pratique, Iron. *poco guadagno.* Item, *auaro.*
Chaudeau, *brodo.*
Chaudement, *caldamente.*
me voila bien Chaudement : l'Italien dit, *stò fresco.*
Chaudepisse, *scolatione.*
Chauderon, *painolo, calderotto.*
Chauderonnée, *painolata.*
Chauderonnerie, *arte del Calderaro.* Item, *quantitá di painoli, &c.*
Chauderonnier, *Calderaro, painolaro,*
Chaudiere, *caldara.*
Chauderon, *Vedi,* Chaudron.
Chauffage, *scaldame.*
Chauffe-cire, *certo vfficio di Cancellaria, di chi scalda la cera pe' sigilli.*
Chauffe-pied, *panchetta.*
Chauffer, *scaldare.*
ie sçay de quel bois il se Chauffe : l'Italien dit, *sò di qual piede z oppica.*
se Chauffer à l'Espagnolle. i. *scaldarsi al Sole.*
* Chauferette, *scalda viuande.*
Chaufourrée, *imbroglio.*
Chaufour, *forno da calcina.*
Chaufournier, *fornasaro di calcina.*
Chauld, *Vedi,* Chaud.
Chaulmage, *segamento di stoppie.*
Chaulme, *stoppia.*
Chaulmer, *segar le stoppie.*
Chaulmeur, *segator di stoppia.*
Chaulx, *calcina.*
Chaume, *Vedi,* Chaulme.
Chaumier, *pieno di stoppie.*
Chaumine, *casino coperto di stoppia.*
Chaumoufflet, *fumacchio.*
Chauffage, *calzamento.*
Chaussant, *calza ante, che calza bene.*
Chausse, *calzetta.*
Chausses, *calzoni.*
Chausse de priué, *canna.*
Chausse d'hipocras, *torcifeccia.*
Chausses troussées, *braconi, calze à tagli.*
Chausses à bande, *calze a liste.*
Chausse au pied d'vne volaïlle, *calzetta di pollo.*
tirer ses Chausses, s'enfuir, ou mourir, *tirar le calze.*
il y a laissé ses Chausses : l'Italien dit, *vi hà lasciate le cuoia.*
Chaussées, *argine, lenata.*
rez de Chaussée, *solar bassi.*
Chausse-pied, *calzatoia, calcia piede.*
Chausser, *calzare.*
Chausser les esperons, *incalzare, seguitare.*

Chausser ses lunettes. i. *guardar con attentione.*
Chausser sa teste, *incaparsi, ficcarsi nel capo.*
Chaussetier, *calzaiuolo.*
Chaussetrape, *tribolo.*
Chaussettes, *sottocalze.*
Chausseure, *calzamento.*
il a trouué Chausseure à son pied : l'Italien dit, *hà trovato carne da suoi denti, ò culo à suo naso.*
Chausson, *scappino, calcetto.*
Chauue, *caluo.*
le mal d'estre Chauue, *caluitie.*
Chauue-souris, *pipistrello.*
il est deuenu Chauue-souris. i. *è perso.*
Chauueté, *caluitie.*
* Chauuir, *diuentar caluo.*
* Chauuir, *chinare dimenando le orecchie ò altro.*
Chaux, *calcina.*
il tient à Chaux, & à ciment. i. *è attaccato molto forte, non si può hauere.*
Cheant, *cadente.*
* Cheau, *pargoletto d'animale.*
Chef, *capo.*
Chef-d'œuure, *lauoro eccellente, lauor di Mastro, pruoua mostra, sperimento.*
en Chef, *in propria persona.*
venir à Chef, *venir à capo ò fine.*
de son Chef, *da se solo.*
Chefcier, *primocerio.*
Chef gros, *filo di sciabattino, spago.*
Chegrin, *spetie di pelle di pesce.*
Chegros, *spago di calzolaio ò scarpinello.*
Chelidoine, *chelidonia, herba.*
Chelme, mot tiré de l'Allemand, *scheim,* vn meschant homme, *furfante.*
Chemard, *maninconico.*
se Chemer, *scemarsi per man inconia, languire.*
Chemin, *camino, strada via.*
Chemin battu, *battuta.*
Chemin passant, *frequentata strada.*
Chemin couuert, *via secreta. Strada coperta.*
Chemin S. Iacques, *galassia, via lattea.*
le Chemin de l'escolle. i. *via più longa.*
le grand Chemin, *strada maestra.*
le grand Chemin de l'Hospital. i. *il vero modo da roui-*
*narsi ò diuentar pouero.*
demeurer en beau Chemin, *perdersi d'animo nel più bel d'vn negotio.*
aller le droit Chemin ou son grand chemin. i. *proceder francamente.*
aller suiure le grand Chemin, *far come gli altri, andar per la battuta, andar con la piena, caminar per la via de' carri.*
monstrer le Chemin, *seruir per assempio.*
faire le Chemin, *esser il primo à far vna cosa, aiutar vno far l'occhietto.*
tout d'vn Chemin, *à di lungo, à distesa.*
aller le droit Chemin par mer, *andar à camin France-*
*se.*
il m'a mené par toutes sortes de Chemins. i. *hà cercato tutte l'inuentioni ò modi possibili.*
le Chemin de Paradis, i. *strada molto stretta.*
passer Chemin, *andar innanzi.*
Chemin royal, *strada maestra.*
battre les Chemins, *stradare.*
couper Chemin, *prenenire.*
sortir d'vn mauuais Chemin. i. *scampar da vn pericolo ò cattino negotio.*
Cheminant, *caminante, caminando.*

Cheminée ;

Cheminée, *camino.*
licentié fons la Cheminée .i. *dotter ignorante.*
le feu eſt à la Cheminée, Metaph. i. *hò gran ſete.*
Cheminer, *caminare.*
Chemineur, *caminante, che camina.*
Chemineuſe, *donna che camina molto.*
Cheminier, *di camino.*
Chemiſe, *camiccia, camiſcia.*
plier ſes Chemiſes, *andar via, toglier ſù imaʒʒi.*
Chemiſe de la muraille, le maſſif, *camiſcia.*
oſtez la Chemiſe, terme de marine, *fuori robba.*
Chemiſette, demie chemiſe, *camiſciuola, camiſcia picciola ò mezza.*
Chenarde, *ʒaʃſerano ſelnatico.*
Chenet, *capifuoco, alare.*
Cheneuiere, *canapeto.*
Cheneuis, *canapuccia.*
Cheneuotte, *fracidume di lino.*
Chenil, *canile.*
Chenil des barques, *braccheria.*
Chenille, *ruca.*
taffetas Chenillé, *ormeſino lauorato a guiſa di ruca.*
Chenillier, *ſtromento da leuar via le ruche.*
Chenilliere, *quantità di ruche attaccato ad vn ramo.*
Chenin, *canile.*
Chenin, eſpece de blereau, *taſſo canino, taſſo cane.*
Chennetier, *canatticre.*
Chenu, *canuto.*
Cheoir, *cadere.*
Cher, *caro.*
Cherchage, *buſca.*
Cherche, *cerchia, linea integrale di più linee partiali.*
Chercheur, *cercatora.*
Chercheur de barbets, *ladro.*
Chercher, *cercare.*
Chercuitier, *piʒʒicaruolo.*
Chere, *cara.*
bonne Chere, *ſtrauizzo, gozzouiglia, buon paſto, mangiar allegro, viuer bene.*
Chere, *cena alla Piſana, da cenare, da dormire.*
la bonne Chere eſt le bon viſage : l'Italien dit, *viuanda vera è l'animo e la ciera.*
il n'eſt Chere que d'auaricieux, *gli auari fanno feſtini ò banchetti di rado, mà gli fanno ſplendidi.*
Cherement, *caramente.*
Cherir, *amare, voler bene, hauer caro.*
Cheriſſable, *amabile.*
Chermaye, *carpineto.*
Chetme, *carpine.*
Chermes, *coccole di carpine.*
Chermines, *Idem.*
Cherté, *careſtia.*
Cherubin, *Cherubino.*
Cheruis, *carui.*
ſe Cheſmer, *languire, ſcemarſi per maninconia.*
Cheſnaye, *querceto.*
Cheſne, *quercia.*
petit Cheſne, *querciuola, herba.*
petit homme abbat grand Cheſne .i. *huomo di baſſa conditione può rouinare vn gran ſignore.*
Cheſne-yeuſe, *elice.*
Cheſneau, *quercia picciola.*
Cheſneteau, *Idem.*
Cheſnette herbe, *querciuola.*
Cheſneux, *pieno di quercie.*
* Cheſnon du col, *collotola.*
* Chete, *profondità di vaſcello, ò naue.*
Chetif, *cattiuo, di poca valuta, miſero, ſcarſo.*

Chetiuement, *cattiuamente, miſeramente.*
Chetiuete, *miſeria.*
Chetron de coffre, *fierio, caſſettino.*
Cheu, *caduto.*
Cheute, *caduta.*
Cheual, *cauallo.*
Cheual de bagage, *ſomaro.* Item, par injure, *animal da carro.*
gros Cheual .i. *groſſolano, goffo.*
Cheual eſchappé, *canallaccio, huomo ſenʒa ragione, ſcapeſtrato, cauallino.*
à Cheual, à cheuauchons, *a caualcioni.*
eſtre à Cheual .i. bien, *eſſer a cauallo.*
eſtre bien à Cheual, *caualcar bene.*
parler à Cheual, *parlar arrongantemente, ò commandar ſenʒa diſcretione.*
monter ſur ſes grands Cheuaux, *brauare, andar ſù'l gigante.*
comme les Cheuaux de trompette .i. *bene per tutto, bene ad ogni hora.*
bon Cheual de trompette : l'Italien dit, *tornacchia di campanile.*
eſtre mal à Cheual, *eſſer in cattiuo ſtato.*
changer ſon Cheual borgne à vn aueugle, *dar vna pietra in vn ſaſſo, ſcambiar muſchio con gala.*
il n'y a ſi bon Cheual qui ne bronche, *inciampa vn buon cauallo.*
il fait bon aller à pied, quand on tient ſon Cheual par la bride : l'Italien dit, *chi hà buon cauallo in ſtalla non ſi cura d'andar a piè.*
mener ſon Cheual par la bride .i. *far le ſue coſe con ſicurezza.*
Cheuaux de Friſe, *traui con molte punte di ferro per riparo delle porte.*
Cheual entier, *renʒino.*
Cheual S. Martin, *ſclerocefalo.*
chercher à pied, & à Cheual .i. *cercar per tutto con diligenʒa.*
au Cheual fondu, *ſpetie di giuoco da putti.*
Cheual de Iolinge, *canal da fitto.*
Cheual de renuoy, *caual di ritorno.*
il n'eſt ſi bon Cheual qui ne deuienne roſe .i. *ogn'uno diuenta vecchio col tempo.*
Cheualer, *andar dietro, oſſeruare, ſpiare, correy dietro.*
Cheualereſſe, *caualliera, di caualliere.*
Cheualerie, *ordine di Caualliere.*
Cheualet, *caualletto.* Item, *caualetto ſpetie di tormento.*
Cheualet d'inſtrument, *ponticello, ſcannetto.*
Cheualet d'orfévre, *taſconio.*
Cheualet de Peintre, *ſcaletta.*
Cheualeureuſement, *caualleresſcamente.*
Cheualeureux, *valente da Caualliere caualleresſcò.*
Cheualier, *Cauallerie.*
Cheualier aux eſchecs, *alfino.*
Cheualier du Guet, *ſpetie di Bargello.*
Cheualier, *argine di foſſo.*
Cheualier S. Martin, *ſclerocefalo.*
Cheualiers à cheual, terraſſes, *cauallieri a cauallo.*
Cheualin, *cauallino.*
Cheualine, herbe, *raſparella.*
Cheualot, *ſpetie di moneta.* Item, *cauallino, caualletto.*
* Cheuance, *ciuanʒa.*
Cheuaucer, *ciuanʒare.*
Cheuauchable, *che ſi può caualcare.*
Cheuauchée, *vna caluacata.*
Cheuauchement, *caualcamento.*
Cheuaucher, *caualcare.*

Cheuaucher ou croiser vne chose sur l'autre, incaual-lare, incaualcare.
Cheuaucher vne femme, chiauare.
Cheuaucher la vieille .i. perder vna partita senza vincer vn giuoco.
Cheuaucherie, caualcatura.
Cheuaucheur, caualcatore, mastre di poste.
à Cheuauchons, à caualcione.
Cheuauleger, Caualleggiero.
Cheuecerie, vffitio di primocerio.
Cheueche, ciuetta.
* Cheueliere, cappelliera.
Cheuelu, cappelluto.
Cheueluë, ceppo con radici ò barbiccine.
Cheuelure, capelliera, chioma.
Cheuelures de plante, barba.
Cheuesne, spetie di pesce.
Cheuestre, capestro.
Cheuestre autour des armoiries, fogliame.
le Cheuet, le costé du lict, vers le cheuet, capo di letto.
Cheuet, cappezzale, piumacciuolo.
* Cheuetain, capo, capitano.
Cheueul, pelo.
Cheueux, capegli, capelli.
Cheueux de Venus, capeluenere.
faire les Cheueux, tosare tagliar i capegli.
se prendre aux Cheueux, far à capegli, accapigliarsi.
en Cheueux, senza acconciatura di cappo, colla testa ignuda.
tirer vn discours par les Cheueux, stiracchiare.
Cheuillage, incanigliatura.
Cheuille, canicchia, caniglia.
Cheuille au pied, cannola, canenella, capola, nocca, nodo.
Cheuilles à faire de la dentelle, mazzole.
faire compter les Cheuilles, far aspettare alla porta, aspettar gran tempo.
Cheuille de luth, ou autre instrument, bischero, canicchia.
mettre la Cheuille dans le trou: l'Italien dit, por il fuso nella rocca.
à chaque trou vne Cheuille, scusa, ò risposta ad ogni cosa.
Cheuiller, incanigliare.
Cheuiller vne affaire, saldare, serrare.
Cheuillette, canicchiotto.
Cheuilleur, incanigliatore.
Cheuilleure, incanigliatura.
Cheuilleures de la teste d'vn cerf, rami di corna di ceruo, i due penultimi ramuscelli delle corna.
* Cheuir, venir à capo.
Cheure, capra.
Cheures à monter le canon, capre da incaualcare.
prendre la Cheure, se fascher, entrar in valigia, imbronciare, pigliar il grillo.
Cheureau, capretto.
Cheureaux, certe stelle.
Cheureau sauuage, capriuolo.
Cheure-fueille, plante, caprifoglio.
Cheure-pied, satiro, che hà piedi caprigni. Item, spetie d'herba.
* Cheureter, andar in colera, arrabbiar per colera ò dispetto. Item, partorir la capriuola.
Cheurette, capriuola. Item, spetie di gambero.
Cheurettes, petits chénets, zampini.
Cheureul, capriola, capriuolo.
Cheureul sauuage, camoccio.
Cheurier, capraio, caprare.

Cheurin, caprigno.
Chevron, moraletto.
Chevron, en armoiries, canrone.
à Chevron rompu, à canrone spezzato.
Chevron, capretto.
Chevronneau, caprettino.
Chevrot, capretto.
Chevrotin, cuir, capretto, caprettino.
tirer au Chevrotin, vomitare il pasto.
Chevrottement, grido del capretto.
Chevrotter, gridar come il capretto.
Cheute, caduta.
Cheute d'eau, cascata d'acqua.
Chez, appresso, a casa, in casa.
Chez nous, da noi, appresso di noi, a casa nostra.
Cheze, certo spatio di terra intorno al Castello.
Chiambraye, caca stracci.
Chiard, cacozzo.
Chiasse, scoria di metallo.
Chicambaut, antenna che regge la vela della prua.
Chicane, litigamento. Item, scrittura minutissima.
Chicane, certo cerchio ficcato in terra da passar la palla.
Chicaner, litigare, litigar con falsità ò inuentione. Item, scriuacchiare.
Chicanerie, litigamento.
Chicaneur, beccalite, litigante.
Chiche, spilorcio, misero, auaro, scarso.
Chiches, pois chiches, ciceri, ceci.
Chiche-face, morto di fame, magro, auaro, spilorchio. Item, certo animal finto.
Chichemaille, auaro, misero.
Chichement, auaramente, scarsamente.
Chicheté, spilorceria, miseria, auaritia, scarsezza.
Chichorée, endiuia.
Chicorée, Idem.
Chicorée sauuage, cicorea.
Chicot, sterpo.
Chicot, dente rotto, radice di dente rotto.
Chicots, sterpame.
Chicoter, ninnellare, bargaguare.
Chicotin, aloè cicotrino.
Chien, cane.
Chien couchant, can da fermo, can da rete.
Chien d'arrest, can da fermo.
Chien courant, cane da giungere.
Chien de queste, can seguggio.
faire le Chien couchant .i. humiliarsi, accomodarsi.
Chien de Demoiselle, cagnolino.
Chien de mer, spetie di lampreda marina.
Chien terrier, bassotto.
entre Chien, & Loup .i. bruzzo, barlume, frà notte e giorno, fra cane e lupo.
battre le Chien deuant le Lyon, castigare in presenza per dissimulatione.
* vn Chien d'affaire, vna ladra cosa.
Chien hargneux .i. rissoso.
c'est vn bon Chien, Iron. egli è vn furbo.
iamais bon Chien n'abbaye à faute .i. huomo isperimenté non fà cosa in darno.
à vn bon Chien iamais n'arriue vn bon os .i. ad huomo meriteuole non fauorisce mai la fortuna: l'Italien dit, al più tristo porco vien la miglior pera.
Chien qui abbaye ne mord pas, can che abbaia non morde, chi minaccia non fa gran male.
il ressemble les grands Chiens, &c. l'Italien dit pareillement, vuol pisciar al muro, vuol far come i grandi.
Chien d'vn roüet, cane.

le Chien du jardinier, qui ne mange point de choux, & ne veut pas que personne en mange : l'Italien dit, can de' vignari.
les Chiens courans du bourreau .i. i sbirri ò arcieri.
deux Chiens aprés vn os : l'Italien dit, due lecardi ò ghiotti ad vn tagliere, due corui ad vn ramo.
petit Chien de lion, barbino.
le Chien du fourbisseur .i. vna spada.
vostre Chien m'a mordu .i. mi sono imbriacato col vostro vino.
il vaut autant estre mordu d'vn Chien que d'vne chienne, tanto val patir vn danno quanto vn altro.
Chien cerf, spetie di cane dacaccia.
Chiendent, gramigna.
Chienée, mort aux chiens, colcico.
Chien-braye, chien-chausse, cacastracci.
Chien-lit, cacaletto.
Chienne, cagna.
Chienne-chaude, cagna infrega. Item, pour vne iniure, cagna.
Chienner, catellare, far i cagnolini.
Chienneter, Idem.
Chier, cacare, cagare.
Chier dans ses chausses de peur : l'Italien dit, hauer le budella in vn paniere.
il a Chié dans ma male .i. mi hà dato disgusto.
Chie-graisse, cacastecchi, auaro, scarso.
Chierie, caccaria.
Chieur, cagatore, cagone.
Chieur de douzains, auaro, cacastecchi.
Chieure, cacaria.
Chieure de]mouche dans la viande, cacchione.
Chiffetier, stracciamale.
Chiffon, stracchio.
vne chose Chiffonne, vulg. vna cosa scarsa, nella qual manca la materia.
la Chiffonnerie, stracciaria.
Chiffonner, raggrinzare, spiegazzare.
Chiffonneries, quantità di stracci.
Chiffonnier, stracciaruolo.
Chiffonniere, stracciainola.
Chiffre, zifsera.
Chiffrenau, mocco ò catarro che tura il naso.
Chiffrer, zifferare.
Chignon du col, collottola.
Chigros, spago.
Chile, quile, chilo.
Chiller les yeux, accigliare.
Chimere, chimera.
Chimeriser, faire des chimeres, chimereggiare.
Chimeric, chimerique, chimerico.
Chimie, chimia.
Chimique, chimico.
Chine, radice d'India per la gotta.
* Chinfreneau, vn stramazzone.
Chinon du col, collottola, coppa.
Chinois, Cinese, della China ò Cina.
* Chinquer, trincare, il vient du mot Allemand, schencken, qui signifie verser.
Chiorme, ciurma di galera.
* Chipoter, tagliuzzare, ninellare.
* Chipoterie, ninellaria, bambineria.
Chique, pallottola, pallotta.
* Chiques, ceci.
Chiquenaude, frignoccola.
Chiquenille, chiquenie, giornia.
Chiquet à chiquet, à frusto à frusto, à pezzo, à pezzo, à spiluzzico.

* Chiqueter, tagliuzzare.
* Chiqueteur, tagliuzzatore.
Chiragre, chiragra.
Chitomantie, chiromantia.
Chiromantien, chiromante.
Chirurgical, chirugicale.
Chirurgie, chirugia.
Chirurgien, Chirugico.
Choc, vrte.
Chocailler, benazzare, cioncare.
Chocaillon, beona, donna che bene molto.
Chocquer, vrtare. Affrontare il nemico. Battere i denti. Offendere. Toccar l'honore.
se Chocquer en son discours, contradirsi, esser contrario.
apprendre par Chœur, imparare à mente.
Chœur, choro.
Choir, cadere.
Choisir, steglicre, cappare, eliggere.
Choisir de l'œil, squadrare.
* Choison, quantità.
Choix, stelta.
donner le Choix, dar le prese.
Cholere, colera.
il est à mon Choix, a mestà.
Choleric, colerico.
Chomer, mancare hauer carestia. Item, far sesta.
Chommable, giorno di festa.
Chommage, mancamento di lauoro.
Chommer, mancare. Item, far sesta.
Chrondrille, condrilla, gumma.
Chopade, inciampo.
Chopement, vrto, inciampo.
Choper, inciampare, vrtare.
Chopine, mezza pinta di vino, foglietta.
Chopiner, benazzare.
Chopinette, foglietta piccola.
Choquer, vrtare, Vedi, chocquer.
les Choriaux, quelli del choro.
* Chore, choro.
* Choreal, choreale, di choro.
* Chorion, arriere-faix, secondina.
Choriste, chorista.
Chorme de galere, &c. cieurma.
Chourme, Idem.
Chose, cosa.
Chose, vn tel, vn cotale
Chosette, cosetta, cosellina.
faire la Chosette, far quella cosa, far l'atto venereo.
Chou, cauolo.
Chou pour chou : l'Italien dit, trà baiante e serrante, trà barcaruolo, e marinaro.
petit Choux, certe cose di pasta.
faire ses Choux gras .i. cauar vtile.
il en fait comme des Choux de son jardin .i. ne dispone à suo piacere.
* à trauers des Choux .i. inconsideratamente, senza discretione.
Choux blancs, cauoli capucci.
Choux frisez ou de Milan, cauoli crespi.
Choux vers, verze.
Choux fleurs, cauoli fiori.
ie n'en donnerois pas vn Chou, non ne darei vn frullo, nol stimo tanto.
souffler ses Choux en dormant, ronfare, soffiare.
Chou, interiection, oh, ahi.
Chouart, parola di zergo, cazzo.
le jeu de la Chouette, pela il chiù.
Choucas, monedula, gracchia.

Chouette, *ciuetta.*
Choul, *cauolo.*
Chourme, *ciurma.*
Choyer, *andar considerato, risparmiar vno.*
Chresme, *cresima.*
Chrestien, *cristiano.*
Chrestiennement, *cristianamente.*
Chrestienté, *cristianità.*
Chrisocolle, *crisocolla.*
Christ, *Christo.*
Christe marine, *crista marina.*
Christianisme, *cristianesimo.*
Christianisé, *fatio Christiano.*
Chronique, *cronica.*
Chroniqueur, *Chronista.*
Chroniste, *Idem.*
Chronografie, *cronografia.*
Chronologie, *cronologia.*
Chronologiste, *cronologista.*
Chrysolite, *grisolito.*
Chrisopase, *crisopatio.*
Chucas, *gvacchia, monedula.*
Chucheter, *bisbigliare, bucinare, spigolare.*
* Chuchoter, *Idem.*
* Churles, *cipolle bianche.*
* Churluper, *benazzare, trincare.*
Chut, *zitto.*



CI, ey, *qui.*
* Ciathe, *ciato, misura antica.*
Ciboire, *ciborio.*
Ciboule, *scalogna, cipolla.*
Ciboulette, *cipollina.*
Cicatrice, *cicatrice.*
Cicatriser, *sfregiare, cicatrizzare.*
Ciceroles, *cicerchie.*
Cices, *ceci.*
Cichorée blanche, *endiuia.*
Cichorée sauuage, *cicorea.*
Cicogne, *cicogna.*
contes de la Cicogne, *fauole, historie della Beffana.*
Cicogneau, *cicogna picciola, cicognino.*
Cicotrin, *cicotrino, aloè cicotrino.*
Cicutaire, *cicutaria.*
Cidrage, *spetie d'herba.*
Cidre, *cidra, cedra.*
Ciel, *cielo.*
Ciel de lit, *sopracielo.*
Ciel que l'on porte sur le saint Sacrement, &c. *pallio baldacchino.*
Cierge, *cero, candela di cera.*
Cigale, *Cicala.*
ferrer les Cigales .i. *lauorar in darno.*
* Cigaler, *cicalare.*
Cigne, *cigno.*
Cigogne, *cicogna.*
Cigue, *cicuta.*
* Cil, *ciglio.*
vn Cil d'œil, *vn batter d'occhio.*
* Cil, pour celuy, *colui.*
Cilice, *cilitio.*
Cilindre, *cilindro.*
Cillement, *accigliamento, battimento d'occhio.*
Ciller, *accigliare.*



Cillet d'instrument, *capitasto.*
Cimarre, *Cimarra.*
Cimaise, mouleure, *cimatio, cimacia.*
Cimbale, *nacchera.*
Cime, *cima.*
Ciment, *cimento, smalto.*
passer au Ciment, *cimentare.*
Cimenter, *cimentare.*
* Cimet, *cima.*
Cimeterre, *scimitarra.*
Cimettes, *broccoli di cattoli.*
Cimier, *cimiere.*
Cimier de bœuf, *pezzo di carne della groppa del bue.*
Cimetiere, *cimeterio.*
Cinabre, *cinabro, sangue di drago.*
Cincenelle, *spetie d'insetta, canalletta.*
Cingler, *solcare il mare.*
Cinnamome, cinname, *cinamomo*
Cineq, cinq, *cinque.*
mettre Cinq, & retirer six .i. *rubar ò pigliar qualche cosa.*
Cinquain, *stanza di cinque versi.*
Cinquaine, *cinquina.*
Cinquante, *cinquanta.*
Cinquantenier, *che commanda à cinquanta.*
Cinquantiesme, *cinquantesimo.*
Cinquiesme, *quinto.*
Cintre, *arcata che regge la volta, contana, continä, centina.*
* Cintré, *chiappato, ingannato.*
Cintrer, *appoggiar colla continа.*
Cion, *burrasca.*
Ciprés, *cipresso.*
Circoncir, *circoncidere.* Circoncire, *Idem.*
Circoncis, *circonciso.*
Circoncision, *circoncisione.*
Circonference, *circonferenza.*
Circonflex, *circonflesso.*
* Circonjacent, *circongiacente.*
Circonlocution, *circonlocutione.*
Circonscript, *circonscritto.*
Circonscription, *circonscrittione.*
Circonscrire, *circonscriuere.*
Circonspect, *circospetto, considerato.*
Circonspection, *circospettione, consideratione.*
Circonstance, *circostanza.*
Circonualation, *circonualatione.*
Circonuenir, *circonuenire.*
Circonuention, *circonuentione.*
Circonualer, *circonualare.*
Circonuenu, *circonuenuto.*
Circonuoisin, *circonuicino.*
Circonuolution, *circonuolutione.*
* Circuir, circuire, *circuire.*
Circuit, *giro, circuito.*
anoir du Circuit, *girare.*
Circuition, *circuitione.*
Circulaire, *circolare.*
Circulairement, *circolarmente.*
Circularité, *circolarità.*
Circulateur, *circolatore.*
Circulation, *circolatione.*
Circulatoire, *circolatorio.*
Circuler, *circolare.*
Cire, *cera.*
cét habit vous est fait comme de Cire : l'Italien dit, *vi stà dipinto.*
prendre de la Cire .i. *vrtarsi il capo.*

chauffer la Cire .i. aspettar le promesse.
Cirement, inceramento.
Cirer, incerare, cerare.
Ciré, incerato.
Cirier, ceraro, cerainolo.
Citoësne, ceroto, empiastro.
Ciron, pilucello, pellicello, bacolino, setola.
Cironniere, quantità di baccolini nelle mani.
Cirop, sciroppo, sciloppo.
Cirque, circo.
Cisaille, tagli di ferro.
Cisailler, tagliar colle cisoie.
Cisailles, cisoie, incessores
Cisalpin, cisalpino.
Ciseau, scarpello cisello.
Ciseaux, forbici.
Ciseler, intagliare col scarpellino, cisellare.
Ciselet, scarpello, cisello.
Ciseleure, intagliatura, cisellatura.
Cisellage, Idem.
Cisoires, cisoie.
Cisterne, cisterna.
Ciste, cisto, albero.
Cistre, cetra.
Citadelle, citadella.
Citadin, cittadino.
Citation, citatione.
Cité, città.
Citer, citare.
Citise, citiso.
Citoyen, cittadino.
Citre, citro, legno odorifare.
Citrin, citrino.
Citron, citrone, limone.
couleur de Citron, citrino.
Citronelle, ce dornella, melissa.
Citronnier, citrone.
Citroüille, zucca, cocuzza.
Ciuadiere, ciuadiera, ciuadera, vela.
Ciué, salsa corcipollina.
Ciué, peuerata, peuero, impepata.
Ciue, cipollina.
Ciuette, zibetto.
Ciuiere, barella.
Ciuiere à bras, bara.
Ciuil, ciuile. Item, ben creato, costumato.
Ciuilement, ciuilmente. Item, concreanza.
Ciuilisé, ben creato, cortese, coustumato.
Ciuiliser, costumare, insegnar la creanza.
Ciuilité, creanza.
* Ciuique, ciuico, di cittadino.
* Ciuot, cipollina.
Cizaille, cizeler, &c. Vedi, Cisaille.

### C L

Clabaud, spetie di cane. Item, abbaiatore, gridatore.
Clabaudement, albaio, grido.
Clabauder, giattire, bocciare.
Clabauderie, bocciamento, grido, abbaie.
Clabaudeur, belone, gridatore.
Clacquer, Vedi, Claquer.
Claim, grido, lamento.
Clair, chiaro. Lume.
à Clair, chiaramente, chiaro.

Clair, non espais, raro.
Clair semé, raro.
toille Claire, tela rara.
le Clair de la Lune, &c. il lume de la Luna.
à Claire voye, di traforo.
feu Clair, vampa.
brusler Clair, vampare.
ouïr Clair, udir sottile.
voir Clair, vedere, hauer buona vista.
Clair-voyant, perspicace.
Clair-voyance, perspicacità.
Claire, chiara.
il fera de l'eau toute Claire. i. non farà niente.
Clairement, chiaramente.
Clairet, chiaretto, chiarello.
Clairon, clarino, oricalco.
* Clamer, chiamare innanzi al giudice.
Clame, schianina di pellegrino.
Clameur, clamore, grido.
Clandestin, clandestino.
Clandestinement, clandestinamente.
Clappier, caua di conigli.
Claque-dent, che battre i denti.
au païs de Claque-dent .i. doue si cura il mal venereo.
Claquement, scoppio.
Claquer, chioccare, scoppiare, stridere, batter i denti ò le mani.
Claquer auec la langue, popizzare.
à Claque-mur, à batti muro.
Claquet de moulin, battiglinola.
Claquetant, scoppiante.
Claqueter, scoppiare, stridere.
Claquetis, strepito, scoppio.
Claret, chiarello.
Clarifier, rischiarare, clarificare.
Clarine, en terme de blason, squilla ò campana alcollo d'una vacca dipinta nell' armi.
Clarté, lume, chiarore, chiarezza.
Classe, classe.
* Classiaire, Classiario, che commanda nell' armata nauale.
* Classique, classico.
Claueau, mazzuolo.
Clauelée, morbo di pecore.
Claueler, ornar con chiodi, inchiodare.
Clauecin, clauessin, grauicembalo.
Clauette, canicchiotto, cannola, chiauetta.
Claueure, inchiodatura.
Clauier d'espinette, orgue, &c. tasto, tasti.
Clauier à porter les clefs, mazzuolo.
Clause, clausula.
Claustral, claustrale, di chiostro.
Clausule, clausula.
Claye, graticcia, graticco, caniccio.
Clayon, caniccio.
Clef, chiaue.
Clef de la voûte, chiaue della volta.
la Clef des champs, licenza d'andar via.
jetter la clef sur la fosse .i. far cessione.
Clein, batter d'occhio.
en un Clein d'œil, in un batter d'occhio, in un girar di ciglia.
Clemence, clemenza.
Clement, clemente.
Clerc, chierico. Item, scriuano.
un pas de Clerc, un errore.
maistre Clerc, primo scriuano di Notaio ò Procuratore.

c'est vn grand Clerc. Iron. .i. *egli è poco dotto ò isperimentato, sà poco.*
Clergé, *Clero.*
Clergeau, clergeon, *chiericketto.*
Clergesse, *donna saccente ò dotta.*
Clerical, *Clericale.*
Clairement, *clericalmente.*
Clericature, *clericatura.*
Clerté, *lume, chiarore, chiarezza.*
Clicquettes, *Vedi,* Cliquettes.
Client, *cliente.*
Clientelle, *clientela.*
Clignement, *accigliamento d'occhio.*
à Cligne-mussette, *à scondaruola, à scondilepre.*
Cligner, *serrar o chiuder gl'occhi.*
Clignottement, *palpebrizamento.*
Clignotter, *batter gl'occhi, palpebrizare.*
Climacteric, *climatterico.*
Climat, *clima.*
Clin d'œil, *batter d'occhio.*
Clincaille, *Idem.*
Clinquaille, *mercantia di ferro, rame, latta, &c. come lichetti, striglie, catene, candellieri, e simili.* Metaph. *danari.*
Clinquailler, *mercante che vende le cosedette di sopra.*
Clinquaillerie, *Vedi,* Clinquaille.
du Clinquant, ou Clinquam, *passamani d'oro con lame.*
Cliquer, *chioccare.*
Cliquet, *battighuola.* Item, *passerino di ruota ò focile.*
Cliquetage, *ingegno di ruota d'archibugio.*
Cliqueter, *chioccare, stridere.*
Cliquetis, *strido, strepito, scoppio.*
Cliquettes de ladre, *tauolette, battiglinole di leprosi.*
Cliquettement, *strido, strepito.*
Clisse, *tauoletta.*
Clisser, *ligar o stringer con tauolette.*
Clistere, *cristeo, argomento, seruitiale.*
Clitie, *clitia, girasole.*
Clitoris, *rimbrenz nolo.*
Cloaque, *fogna.*
Cloche, *campana.*
Cloche à cuire le fruit, *campana, thegghia.*
grosse Cloche, *campanone, campanaccio.*
Clocle de brusleure, *bolla acquaiuola.*
Cloche aux pieds, *Idem.*
Clochement, *zoppicamento.*
Clocheman, *ariete o montone che và innanzi à gl'altri.*
à Cloche-pied, *à calzoppo.*
Clocher, subst. *campanile.*
Clocler, faiseur de Cloches, *campanaro.*
perdre le Clocher de veuë, *perder la cupola di veduta, esser lontano dal suo paese.*
Clocher, *zoppicare, vancare.*
Clocher deuant les boiteux, *far furberie ò vsarle con furbi.*
Clocher des deux costez .i. *piegar da tutte le bande, esser inconstante.*
# Clocherie, *scampanata, quantità di campane.* Item, *zoppicamento.*
Clocketier, *fusore di campane.*
Clochette, *campanino.*
Clochettes ou gouttes en archit. *goccie.*
Cloison, *tramezzo, mezzato.*
Cloistre, *chiostro.*
# Cloper, *zoppicare.*
* Clopin, *zoppo.*
Clopiner, *zoppicare.*
Cloporte, *cento gambe, mille piedi.*



Clorre, *chiudere. Saldare vn conto.*
Clorre la bouche, *rimbeccare, far tacere.*
Clos, *chiuso.*
Clos d'vne maison, *bandita.*
Clos, & couuert .i. *sicuro, assecurato.*
Closture de compte, *saldamento.*
Closser, Clousser, *chiocciar la gallina.*
à nuit Close, *à notte serrata.*
Closture, *chiudenda.*
Clou, *chiodo.*
Clouäge, *chiodatura.*
Cloud, *chiodo.*
Cloud à crochet, *chiauarda.*
Clond de giroffle, *garofano.*
du Cloud, *chioderia.* Item, *garofani.*
vn Cloud ou froncle, *faroncolo, nisciuolo.*
vn Cloud chasse l'autre .i. *vn amor scaccia l'altro.*
riuer les Clouds, *sgridar vno, far restar cheto, branare.*
il ne vaut pas vn Cloud à soufflet .i. *non val niente.*
coigner le Cloud .i. *addormentarsi.*
Clouëment, *chiodatura.*
Clouër, *chiodare, inchiodare.*
Cloüeur, *chiodatore.*
Cloucure, *chiodatura.*
Clousser des poules, *chiocciare.*
Clousseuse, *chioccia.*
Cloutier, *mercante di chioderia, ò quello che la fa.*
Cloye, Claye, *graticcia.*
Clystere, *seruitiale.*

## CO

Coac, *crocito di rane.*
Coadiuteur, *coadiutore, aiutante.*
Coadunation, *coadunatione.*
Coagulation, *coagulatione.*
Coaguler, *coagulare, rapprendere.*
Coasser, *crocitare.*
Coc, *gallo.*
Cocard, *gallo vecchio.* Metaph. *menchione.* Item, *voto, cieco.*
bonnet à la Cocarde, *beretta all'antica.*
Cocardeau, *meuchione.*
Cocon de ver à soye, *boccio, coccone.*
Coche, *cocchio.* Item, *spetie di barca, nauiglio.*
Coche, fem. *cocca.* Item, *porca, scrofa.*
Coché, *coccato, intagliato à guisa di cocca.*
Cochenille, *cociniglia.*
Coche-pierre, *spetie d'vccello simile al spezza noccioli.*
Cocher, *cocchiero.*
porte Cochere, *porta grande da entrar la carrozza.*
Cochet, *galletto.*
Cochet sauuage, *paolino.*
Cocheuis, *capeliugola.*
Cochon, *porchetto.*
manger le Cochon ensemble .i. *macchinar qualche cosa insieme.*
vn Cochon de son aage n'est plus bon à rostir .i. *è vecchia:* l'Italien dit, *non è più vouo fresco.*
à Cochon va deuant, *al lecco.*
Cochonnée, *troiata.*
Cochonner, *troiare.*
Cochonniere, *scrofa, troia.*
Cocodril, ou Cocodrille, *cocodrille.*
Cocodrille de terre, *Stinco.*
Coco, noix d'Inde, *coco, noce d'India.*

Cocq, gallo.
Cocq, herbe, balsamina.
Cocq d'horloge, galetto.
Cocq sur vne Eglise, angelo di badia.
Cocq, d'Inde, gallo d'India.
chanter le Cocq, galleggiare.
Cocq de bruyere, francolino.
grand Cocq, herbe, saluia romana, menta græca.
le Cocq d'vn rouët, cane.
Cocq de Paroisse ou village, podesta di villa.
le Cocq de la Paroisse. i. prencipale d'vn luogo. Item, gallo, cioè inamorato di tutte le donne.
Cocq à l'asne, sproposito.
Cocque, guscio.
Cocque de leuant, vnghia odorata.
Cocque de ver à soye, coccone, boccio.
œufs à la Cocque, voua da bere.
Cocquille, Vedi, coquille.
Cocu, becco cornuto.
Cocu, spetie di pesce cappone.
Cocuage, conditione di becco cornuto, quantità di becchi.
Codicilaire, codicillario.
Codicile, codicillo.
Codignat, cotognato.
Codignat de four : l'Italien dit, elettuario di cucina. i. pasticciaria, cose di pasta.
Coëffe, Vedi, Coiffe, & ce qui suit.
Coëgal, coequale.
Coënne, cotica.
Coëternel, coeterno.
* Coëtiner, fomentare.
Cœur, cuore.
Cœur d'hyuer, bruma.
par Cœur, à mente.
* mettre le Cœur au ventre, far ò dar animo.
tenir son Cœur, conseruar la colera.
cela m'a touché au Cœur, ie l'ay trouué bon : l'Italien dit, m'hà tocco l'vgola.
auoir sur le Cœur, hauer à petto, portar sopra lo stomaco.
prendre à Cœur, esser à cuore.
auoir le Cœur à quelque chose, esser dato, darsi ad vna cosa.
au Cœur. i. in mezzo.
à Cœur jeun, digiuno.
à Cœur failly, consentimento ò senimente, con mancamento di forza, con gran dolore.
prendre Cœur, far animo.
reprendre Cœur, rincorarsi.
Cœur, courage, animo.
Cœur, fruit, ciregia, garsagnone.
Cœur d'arbre, occhio.
Cœur de fruit, parte del mezzo in dentro, torso.
Cœur de fressures, peracuore.
de Cœur de four. i. panecetto in mezzo al forno, che hà gl'orlicci.
Cœur de chou, torso.
il a bon Cœur, non vomita. i. non restituisce.
c'est son Cœur, l'ama, è il suo occhio dritto.
de bon Cœur, molto volontieri, di buon cuore.
prenez vostre Cœur à autruy, consolerate se toccasse à voi guidicatelo da gli altri.
il s'en est donné au Cœur ioye. i. ne hà mangiato ò beuuto molto, ne hà fatto vna corpacciata.
le Cœur luy en dit. i. ne hà voglia.
disner ou souper par Cœur, non pransare ò cenar niente.
Couret, quoricino.

Coffre, coffano, cassa.
Coffre fort, forziere.
belle au Coffre. i. ricca.
Coffrer, metter nel coffano. Metaph. imprigionare.
Coffret, coffanetto.
Cofin, fiscella, canestro.
Cofiné, incurnato.
Cofinet, fiscellino.
* Cogitation, cogitatione.
* Cogiter, cogitare.
Cognacier, cotogno albero.
* Cognation, cognatione, aguatione.
Cognû, cognoissance, cognoistre, Vedi, connû, connoissance, connoistre, &c.
Coherence, coerenza.
Coheritier, coherede.
* Cohier, quercia femina.
Cohorte, cohorta.
Cohourde, zucca.
Coiffe, scuffia, cuffia. Velo. Berettino di tela.
la Coiffe des entrailles, reticella.
Coiffe d'vne tour, coperta.
Coiffe que l'enfant apporte au monde, camiscietta.
Coiffé, acconciato nel capo.
il est né Coiffé : l'Italien dit, è nato vestito, è figliuolo dell'oca bianca.
Coiffé, imbriaco. Item, inamorato, imbertonato.
chien bien Coiffé. i. che hà l'orecchie longhe.
Coiffer, acconciare il capo.
se Coiffer, innamorarsi, Imbriacarsi, Incapricciarsi d'vna donna.
Coiffeur, conciatore.
Coiffeure, acconciattura di capo.
Coiffeuse, conciatrice.
Coignasse, cotogno grosso.
Coignassier, cotogno, albero.
Coignée, scuro.
il ressemble Coigne-festu : l'Italien dit, fa a guisa della coda del porco.
Coigner, battere, cacciar dentro.
Coignier, cotogno albero.
Coignoir, stromento da cacciar dentro.
Coin, angolo, cantone.
Coin à marquer la monnoye, cugno, conio, torsello.
Coin ou pointe d'armée, cuneo.
Coin à fendre le bois, zeppo, bieta.
Coin de bas, mandola di carzetta.
Coin de ruë, cantonata.
à Coins, terme de blason, contonato.
frappez au même Coin, di simil natura, di simil bucia.
il n'est pas du bon Coin. i. non è buono.
regarder du Coin de l'œil, ghignare, sogghignare.
Coin de beurre, palla di butiro.
Coin de mer, spetie di triglia, pesce.
Coine, cotica.
Coing, cotogno, melo cotogno.
Coing, Vedi, Coin.
* Coint, gentile.
Cointelligent, cointelligente.
* Cointement, gentilmente.
Cointise, gentilezza.
Coion, coglione.
Coionner, coglionare.
Coionnerie, coglionaria.
Coipeaux, scheggie.
Coitis, coltre, federa.
Coitre, coltrice.

Coitte, *coltrice.*
Coitte-pointe, *trapunta.*
Col, *collo.*
Col du pied, *collo del piede.*
Colin bridé, *certo ginoco da fanciulli.*
Colin maillard, *il ginoco della cieca.*
Cole, *tempefta.* Item, *montagna alta.*
Colere, *colera.* Item, *colerico.*
Coleric, *colerico.*
Colimaffon borgne, chanfon d'enfant : l'Italien dit,
   *lisma lumachella.*
Colique, *dolori colici, colica.* Item, *fpetie di pietra.*
Colique S. Mathurin. i. *pazzia.*
fa Colique cornuë. i. *erettione del membro virile.*
Coliqueux, *che hà dolori colici.*
Colifée, *culifeo, colifeo.*
Collateral, *collaterale.*
Collateur, *collatore.*
Collation, *collatione.* Item ; *regiftratione di libro, rif-*
   *contro di fcrittura.*
Collationner, *far collatione la fera.* Item, *collationare ò*
   *rifcontrare, vna fcrittura, carteggiare ò regiftrare vn*
   *libro.*
# Collaudation, *collaudatione.*
# Collauder, *collaudare.*
Colle, *colle forte, colla.*
Colle à or, *borace.*
Colle de farine, *paniccia.*
Colle de gan, *fifa, colla di carniccia.*
Colle de poiffon, *colpefce.*
Colle à bouche, *carauella.*
* c'eft vne Colle. i. *vna bugia, vna inuentione.*
Collecte, *collettione.*
Collecteur, *collettore.*
Collectif, *collettiuo.*
Collection, *collettione.*
College, *colleggio.*
Collegial, *di collegio, collegiale.*
Collegue, *collega, compagno.*
Collement, *collamento.*
Coller, *collare, incollare.*
# Collerage, *certa impofta ò datio.*
Collerette, *gorgiera.*
Collet, *collare, collarino.*
Collet de buffle, *colletto, di ante ò bufalo.*
Collet de peaux, *bufto, colleto.*
Collet de manteau, *bauero.*
Collet à prendre les loups, &c. *calappio.*
Collet de mouton, *perzo frà il petto e'l collo del caftra-*
   *to.*
prefter le Collet, *cimentarfi con vno, far pruoua, refi-*
   *ftere.*
prendre au Collet, *chiappar pel collo.*
tenir au Collet, *tener ftretto.*
Colleter, *chiappar al collo, abbracciar ftretto.*
le Colleter, *far alle braccia.*
Colletin, *colletto picciolo, bufto.*
Colleur, *incollatore.*
Colleure, *collatura, incollatura.*
Colleux, *pieno di colla, appiccaticcio come la colla.*
Collier, *monile.*
Collier de Cheual, *alzana.*
Collier de chien, *callore.*
Collier de fonnettes, *fonogliera.*
Collier d'vne colonne, *collarino.*
Colliger, *raccogliere.*
Colline, *collina, poggio.*
Collique, Vedi, Coliques.

Collifion, *collifione.*
Collocation, *collocatione.*
Colloque, *colloquio.*
Colloquer, *collocare.*
Colludant, *collufore.*
Colluder, *colludere, far collufione.*
Collufion, *collufione.*
Collyre, *collirio, rimedio per gl'occhi.*
Colocafie, *aro, herba.*
* Colomb, *colombo.*
Colombage, *fponda, argine.*
Colombe, *colomba.*
Colombe de Tonnelier, *mannara.*
Colombeau, *colombotto.*
Colombier à pied, *colombara feparata dalla cafa.*
Colombelle, *colombina.*
Colombier, *colombara.*
chaffer les pigeons du Colombier. i. *ftraneggiar gli au-*
   *uentori.*
Colombin, *color colombino.*
Colombine, *colombina.* Item, *fpetie di pietra, e di pe-*
   *ro.*
Colomne, *colonna.*
Colomneux, *pieno di colonne.*
Colonie, *colonia.*
Colonnel, *colonnello.*
Colonnel general, *generale di fanteria.*
Coloquer, *collocare.*
Colophone, *rofina.*
Coloquinte, *coloquintida.*
Coloration, *coloratione.*
Colorer, *colorire.*
Colorer vne affaire, *dar colore.*
Coloris en peinture, *colorito.*
* Coloffal, *di coloffo.*
Coloffe, *coloffo.*
Coloffien, *di coloffo.*
Coloftre, *latte nuouo di donna, groffma, coloftra, colo-*
   *ftratione.*
Colouvrine, *colibrina.*
Colporter, *portar al collo : vender leggende.*
Colporteur, *vendi leggende, botteghino.*
Columelle, *columella.*
Colure, *coluro.*
Combat, *combattimento, abbattimento, ruffa.*
Combatant, *combattente.*
Combateur, *Idem.*
Combatre, *combattre, combattere.*
Combatu, *combattuto.*
Combe, *valle baffa.*
* Combiberon, *compagno nella beuitura.*
Combien, *quanto. Quanto tempo.*
Combien que, *benche, quantunque.*
Combien de fois, *quante volte.*
* Combinage, *combinatione, accoppiamento.*
de fonds en Comble, *della cima abbaffo.*
Comble, *colmo.* Item, *pieno.*
Combleau, *corda di carriaggio, canapo.*
Comblement, *riempitura.*
Combler, *colmare.*
Comblette, *feffura del piede d'vn animale.*
* Combourgeois, *concittadino.*
* Combourgeoifie, *concittadinanza.*
Combuftible, *combuftibile.*
Combuftion, *combuftione.*
Comediane, *recitante, comediante.*
Comedie, *comedia.*
Comedien, *Comediante, recitante.*

Comestible, *che si può mangiare, comestibile.*
Comete, *cometa.*
Comic, comique, *Comico.*
* Comisseure, *commessura.*
Comin, *cumino.*
Comite, *Comito.* Comitre, *Idem.*
Commande, Commanderie, *Commenda.*
besoigne de Commande, *lauoro ordinato à posta.*
Commandée, qui se dit d'vne place, *Dominata.*
Commandée, qui se dit d'vne compagnie, *Capitanata.*
Commandement, *commandamento, ordine.*
les Commandemens de Monsieur de Bouillon: l'Italien dit, *i commandi del Podestà de Sinigaglia.*
Commander, *commandare, dar ordine. Dominare, star à caualliere.*
Commander vn onurage, *ordinare.*
Commanderesse, *commendatrice.*
Commanderie, *Commenda.*
Commandeur, *Commendatore.*
Comme, *come, si come, mentre.*
Comme, lors, *quando.*
* Comme ainsi soit que, *conciosia cosa che.*
Comme aussi, *si anche.*
Comme quoy, *a che modo.*
Comme si, *quasi che.*
Commemorable, *commemorabile.*
Commemoration, *commemoratione.*
Commemorer, *commemorare.*
Commencement, *principio, cominciamento.*
dés le Commencement, *dal principio, da capo.*
Commencer, *cominciare.*
les Commendaces, *preghiere, orationi.*
Commendataire, *Commendatario.*
Commende, *commenda, Vedi,* Commandé.
* Commensal, *commensale.*
* Commensalité, *commensalità.*
Comment, *commentario, comento.*
Comment, *come.*
Commentaire, *commentario.*
Commentateur, *Commentatore.*
Commenteur, *Idem.*
* Commenter, *commentare.*
Commerage, *commaraggio.*
Commerce, *commercio.*
Commere, *commare.*
vne Commere, *vn effeminato.*
vne bonne Commere, *una donna che fà copia di sè. Item, vna furba.*
vne grosse Commere, *vna donnona.*
* Commerer, *hauer familiarità colla Commare.*
Commettre, *commettere.*
Commeu, *commosso.*
Commin, *cumino.*
* Comminer, *minacciar forte.*
Comminuer, *comminuire, sminuire.*
Commis, *commesso.*
Commis, *aiutante.*
Commise, droit de commise, *diritto di Signore di confiscare i beni de' vassali.*
Commiseration, *commiseratione.*
Commissaire, *Commissario. Item, giudice.*
viande de Commissaire. i. *carne e pesce.*
Commission, *commissione, ordine, faccenda.*
Commissaire des guerres, *Conquisitore.*
Commisseure, *commessura dell' osso.*
Commistion, *commistione.*
Committimus, *lettere per commetter le cause à certi Tribunali, delegatione.*

Commode, *commodo.*
Commodément, *commodamente, con commodità.*
Commoderation, *commoderatione.*
Commodité, *commodità.*
Commoditez, *beni, robba, facolà.*
* Commoditer, *commoditare.*
Commotion, *commotione.*
Commouuoir, *commouere.*
Commuer, *cambiare, conmutare.*
Commun, *commune, communale.*
* Communal, *communale.*
Communauté, *communità.*
Commune, *commune. Item, communità.*
Communément, *communemente.*
Communicable, *communicheuole.*
Communicatif, *communicatiuo.*
Communication, *communicatione.*
Communier, *communicare, riceuer il S. Sacramento.*
Communion, *Communione.*
Communiquer, *communicare.*
Communiquin, petite Hostie à communier, *Communichino.*
Commutation, *commutatione.*
* Compacte, *compatto, giunto, congiunto.*
Compagnable, *socieuole.*
Compagne, *compagna.*
Compagnie, *compagnia, società.*
auoir la Compagnie d'vne femme, *vsar con vna donna.*
par Compagnie, *per conuersatione.*
Compagnon, *compagno.*
petits Compagnons, *huomini di bassa conditione, gente bassa, gente minuta.*
Compagnon de l'argot, *compagno di calca.*
Compagnon Barbier, *barberotto.*
Compagnon de boutique, *lauorante.*
Compagnon d'office, *aiutante.*
qui a Compagnon, a Maistre: i. *non si fà niente senza il consentimento del compagno.*
petits Compagnons, *gente bassa, gente minuta.*
* Compagnonner, *accompagnare, far il compagno.*
* Compain, *compagno.*
* Companage, *companatico.*
Comparable, *agguaglieuole.*
Comparablement, *comparabilmente.*
* Comparager, *comparare.*
Comparaison, *comparatione, agguaglianza.*
en Comparaison de, *rispetto à.*
* Comparance, *comparitione.*
Comparant, *comparscente.*
Comparatif, *comparatiuo.*
Comparer, *comparare, agguagliare.*
Comparition, *comparitione, comparscenza.*
Comparoir, *comparire.*
Comparoistre, *Idem.*
Compartiment, *compartimento.*
Compartir, *compartire, diuidere.*
Compartissant, *compartente.*
Compartisseur, *compartitore.*
Compatu, *comparso.*
* Comparuit, *alto di comparitione.*
Comparution, *comparitione.*
Compas, *compasso.*
Compas de mer, *bossola.*
Compassement, *assettamento.*
Compasser, *assettare, misurar col compasso.*
Compassibilité, *compassibilità.*
Compassible, *compassibile.*
Compassion, *compassione.*

Compassion, compassione.
Compassionaire, compassioneuole.
Compatibilité, compatibilità.
Compatible, compatibile.
Compatir, compatire.
Compatriote, compatriotto.
Compensable, compenseuole.
Compensation, compensatione.
Compenser, compensare.
Comperage, comparagio, comparatico.
Compere, compare.
tout y va par Compere, & par Commere. i. ogni cosa vi si fa per via del fauore.
Compermutant, compermutante.
Compermutation, compermutatione.
Compermuter, cambiare, compermutare.
Competemment, competentemente.
Competence, competenza.
Competent, competente, competitore.
Competer, competere, garreggiare.
Competiteur, competitore.
Compilation, compilatione.
Compiler, compilare, ammassare.
* Compisser, compisciare.
Complaignant, dolente, querelante.
se Complaindre, dolersi, lamentarsi, lagnarsi.
Complainte, querela, doglienza, lamento.
Complaire, compiacere.
Complaisance, compiacenza.
Complaisant, compiacente.
Complant, piantagione di viti giouani.
Complanter, pianta viti.
Complet, compito, perfetto, intiero.
Complexion, complessione.
Complexionné, costumato, temperato, complessionato.
Complexionner, costumare.
Complication, complicatione.
Complice, partecipe, consapeuole, compagno.
Complicité, complicirà, conspiratione.
Complie, compieta.
Compliment, complimento.
Compliment des Cordeliers, ringratiamente.
Complimenter, far complimenti.
Complique, complicato.
Complot, macchinatione, cospiratione.
Comploter, macchinare, cospirare insieme.
Complotteur, macchinatore.
* Comporte, troniera ó cannoniera di vascello.
Comportement, andamento.
Comporter, comportare, patire, tolerare.
se Comporter, portarsi, procedere.
ordre Composé en Archit. composito ordine.
Composer, componere.
Composer auec quelqu'vn, far patti, pateggiare.
ordre Composite, ordine composito.
Composition, compositione. Item, patto, accordo, partito.
se rendre à Composition, rendersi à patti.
femme de bonne Composition, donna di partito.
Compossesseur, compossessore.
le Compost des Bergers, almanacco, lunario.
Composteur, Componitore.
Composte, composta.
Composter, componere, far composte.
Comprehension, comprehensione, comprensione.
Comprendre, comprendere.
Compresse, pezza.
Comprimer, comprimere.

Comprimeur, compressore.
Compris, compreso.
Compromettre, compromettere.
Compromis, compromesso.
Compromissaire, compromissario.
Comptable, contabile, che deue pagare.
Comptant, contante.
argent Comptant, danari contanti.
Compte, conto.
par Compte, à conto.
rendre Compte, dar conto. Metaph. vomitare.
au bout du Compte, finalmente, al fin delle fini.
ie n'y trouue pas mon Compte, non mi torna à Conto ó a commodo.
auoir son Compte. i. esser contento, ó allegro.
vous estes loing de vostre Compte. i. errate molto, siete lontano dalle vostre pretensioni.
à ce Compte-là, e cosi, à questo modo.
assister au Compte, starci per niente.
les bons Comptes font les bons amis, Conti chiari amici cari, conta spesso amicitia longa.
perle de Compte. i. di valore, che si vende al conte.
tenir Compte, far conto, far stima.
Compter, contare, numerare.
Compter les solues, giacer col viso in sù.
Compter sans son hoste. i. errar nel suo conto.
Compter son poinct ou sa chance au jeu, chiamar il punto.
nous Compterons nous deux. i. hauremo da far insieme.
estre Compté pour rien, starci per niente.
en Compter. i. brauar con parole, dir hiperbole, armeggiare, vantarsi, dar da intendere.
Compter les morceaux. i. non dar da mangiare à bastanza, rincrescer vno che l'altro mangi.
Compter pour perdu, metter à disauanzo.
Comptereau, compendio del conto che si rende.
Compteur, contatore. Item, vantatore.
Comptoir, banco di mercante.
Compulser, compulsare.
Compulsif, compulsiuo.
Compulsoire, compulsorio.
Compulsion, compulsione.
Compunction, compuncione.
Computiste, computista.
Comte, Conte.
Comté, Contea.
Comtesse, Contessa.
Con, natura della donna, potta, fica, fregna.
Concasser, infragnere.
Concaue, concauo.
Concauité, concauità, concauo.
Conceder, concedere.
Concentrer, concentrare.
Concentrique, concentrico.
Conception, concettione. Item, concetto.
la Conception, festa della Concettione.
Concerner, concernere, spettare.
pour ce qui Concerne, intorno à quello.
Concert, concerto.
Concerter, concertare.
Concession, concessione.
Conceu, conceputo.
Conceuoir, concepire, concipere.
* Conchambrier, camerata.
Conche, conque, conca. Item, apparecchio.
en Conche, en bonne Conche, bonnessito, ben alla via, in buon concie.

Conchier, *immerdare, infardare.*
Concierge, *custode di casa ò Castello.* Item, *carcerain, custode di carcere.*
Conciergerie, *certa prigione in Parigi.*
Concile, *Concilio.*
Conciliateur, *Conciliatore.*
Conciliation, *conciliatione.*
Conciliatrice, *conciliatrice.*
Concilier, *conciliare.*
* Concion, *arrenga, oratione.*
Concis, *conciso.*
Concistoire, *concistoro.*
Concitateur, *concitatore.*
Concitation, *concitatione.*
Conciter, *concitare.*
Concitoyen, *Concittadino.*
Conclaue, *Conclauo.*
Conclu, *conchiuso.*
Conclurre, *conchiudere.*
Conclusion, *conclusione, Epilogo.*
Concoction, *concottione.*
Concombre, *cocomero. Vedi,* Cocombre.
* Concomitance, *concomitanza.*
Concordance, *concordanza.*
Concordant, *concordante.*
Concorde, *concordia.*
Concorder, *concordare, esser d'accordo.*
Concours, *concorso.*
Concréer, *concreare.*
Concret, *concreto.*
Concretion, *concretione.*
Concubin, *concubino.*
Concubinage, *concubinagio.*
Concubinaire, *concubinario.*
Concubine, *concubina.*
Concubiner, *concubinare.*
* Conculcation, *conculcatione.*
Conculquer, *conculcare.*
Concupiscence, *concupiscenza.*
Concupiscible, *concupiscibile.*
Concurrence, *concorrenza.*
Concurrent, *concorrente.*
Concusseur, *concussore.*
Concussion, *concussione.*
Concussionaire, *concussore.*
Condamnation, *condennatione.*
Condamner, *condennare.*
Condamner vne porte ou fenestre, *conficcare.*
Condemnation, *condennatione.*
Condemnatoire, *condennatorio.*
Condenser, *condensare.*
Condensité, *condensità.*
Condescendre, *condescendere.*
Condigne, *condegno.*
Condignement, *condegnamente.*
Condisciple, *condiscepolo.*
Condition, *conditione.*
à Condition que, *con patto che.*
Conditionnel, *conditionale.*
Conditionnellement, *con conditione, con patto.*
Condonner, *condonare.*
Condore, *vccello grande in India.*
Condoleance, *condoglienza.*
Condouloir, *condolere.*
Condron, *pane ò cosa di pasta d'orzo.*
Conducteur, *conduttore.*
Conduire, *condurre, conducere.*
se Conduire enuers quelqu'vn, *comportarsi.*

Conduire vne affaire, *maneggiare.*
* Conduiseur, *conduttore.*
Conduit d'eau, *gora, canale, acquidotto.*
Conduitte, *condotta.*
Conduitte, *modo di gouernarsi, gouerno.*
Condyle, *nodo di ginocchio ò giuntura.*
Cone, *stromento in forma di piramide tonda.*
Confanon, *gonfalone.*
Confanonier, *gonfaloniere.*
Confection, *confettione.*
Confederation, *confederatione.*
Confederé, *confederato.*
Confederer, *confederare.*
Conference, *conferenza.*
Conferer, *conferire.*
Confermer, *confermare.*
Confesse, *confessione.*
Confesser, *confessare.*
Confesseur, *Confessore.*
sans Confession, *sconfesso.*
Confession, *confessione.*
Confessionaire, *confessionario.*
Confez, *confessato.*
Confiance, *confidenza.*
Confiant, *confidente, confidendo.*
Confidemment, *confidentemente.*
Confident, *confidente.*
Confier, *confidare.*
Configuration, *configuratione.*
Confin, *confine.*
Confinant, *confinante.*
Confiner, *confinare*
Confins, *confini, limiti, frontiere.*
Confire, *confettare.*
Confirmatif, *confirmatiuo.*
Confirmation, *confirmatione.*
Confirmer, *confermare, confirmare.*
Confiscation, *confiscatione.*
Confiseur, *confettaro.*
Confisquer, *confiscare.*
Confisable, *che si può confettare.*
Confisseur, *confettaro.*
Confit, *confettato, concio.*
Confit en science, doctrine, malice, &c. l'Italien dit, *marcio.* Comme, *Dottor marcio, Cattiuo marcio, &c.*
noix Confittes, *noci concie.*
Confittures, *confetti.*
* Conflagration, *conflagratione.*
Conflé, *gonfio.*
* Conflict, *conflitto.*
Confluant, *confluente.*
Confluer, *confluere.*
Confondre, *confondere.*
Confondu, *confuso.*
Conformateur, *conformatore.*
Conformation, *conformatione.*
Conforme, *conforme.*
Conformément, *conforme, conformemente.*
Conformer, *conformare.*
Conformité, *conformità.*
Confort, *conforto.*
Confortatif, *confortatiuo.*
* Conforte-main, *aiuto di Maggiori ò Signori.*
Conforter, *confortare.*
Confrairie, *Confraternità.*
la grande Confrairie. i. *di tutti i maritati.*
la Confrairie d'Acteon. i. *de' becchi cornuti.*
Confrere, *confrate.*

Confrontation, *confrontatione.*
Confronter, *confrontare.*
Confronter vne escriture, *riscontrare.*
Confus, *confuso.*
Confusément, *confusamente.*
Confusion, *confusione.*
Confutation, *confutatione.*
Confuter, *confutare.*
Congé, *licenza, commiato, congedo.*
prendre, & donner Congé, *accommiatare.*
Congedier, *dar licenza, mandar via, licentiare.*
Congelation, *congelatione.*
Congeler, *congelare.*
Congemination, *congeminatione.*
Congenerer, *congenerare.*
* Congie, mesure antique, *congio.*
Conglutination, *conglutinatione.*
Congluiner, *conglutinare.*
Congratulation, *congratulatione.*
Congratuler, *congratulare.*
Congre, *congrio, congro.*
Congréer, *congelarsi.*
Congregation, *congregatione.*
Congreger, *congregare.*
Congression, *congressione.*
Congrez, *congresso.*
Conjectural, *congetturale.*
Conjecturant, *congetturante.*
Conjecture, *congettura.*
Conjecturer, *congetturare.*
Conil, *coniglio.*
Conille de Galere, *vltimo banco, coniglia.*
Conillier, *conigliere di galera.*
Coniller, *far il codardo.*
Coniller les rames, les retirer dans la Galere, *acconigliare.*
Conilliere, *conigliera.*
Conin, *coniglio.* Item, *picciola natura di donna, pottina.*
Conjoignant, *congiungente.*
Conjoindre, *congiungere.*
Conjoint, *congiunto.*
Conjointement, *insiememente.*
Conjonctif, *congiontivo.*
Conjonction, *congiontione.*
Conjoncture, *congiontura.*
se Conjouïr, *rallegrarsi, congratulare.*
Conjouïssance, &
* Conjouïssement, *congratulatione.*
Conise, herbe, *publicaria.*
Conjugaison, *congiugatione.*
Conjugal, *congiugale.*
Conjoncture, *congiontura.*
Conjurateur, *congiuratore.*
Conjuration, *congiura, congiuratione.*
Conjure, *congiura, congiuratione.*
Conjurer, *congiurare.*
Conjureur, *congiuratore.*
Connasse, *pottaccia.*
Connaturel, *connaturale.*
Connestable, *Contestabile.*
Connestablerie, *vfficio e stanz a ò luogo di Contestabile.*
Connexé, *connesso.*
Connexion, *connessione.*
Connil, *coniglio.*
Connil d'Inde, *porchetta ò topo d'India.*
Connille, *femina di coniglio.*
Connilleur, *codardo.*
Connin, *Coniglio.* Item, *pottina, natura di donna.*



chasser aux Connins .i. *andar dietro alle donne.*
Conniuence, *conniuenz a.*
auoir la Connoissance d'vne femme, *hauer da far con vna donna.*
auoir des Connoissances, *hauer amici ò famigliari.*
Conniuer, *tolerare, patire, dissimulare.*
Connoissance, *conoscienz a.*
vn de ma Connoissance, *vn mio conoscente.*
Connoissant, *conoscente, prattico.*
Connoistre, *conoscere.*
Connoistre charnellement, *vsar con vna donna.*
se Connoistre à quelque chose, *intendersi d'vna cosa.*
Connoistre, s'appercevoir, *accorgersi.*
ie ne me connois point à cela .i. *non voglio far questo.*
cette femme est bien Connuë, par allusion: l'Italien dit aussi, *ella è connuta.*
* Conquasser, *infragnere, infrangere, ammaccare.*
Conque, *conca.*
Conquerable, *conquistevole.*
Conquerant, *conquistatore.*
Conquereur, *Idem.*
Conquerir, *conquistare.*
Conquest, *conquisto, acquisto.*
Conqueste, *conquista.*
Conquester, *conquistare.*
Conquis, *conquiso, conquistato.*
Conroy, *materia da acconciar i corami ò pelli.*
Conroyer, *acconciar le pelli ò corami.*
Conroyeur, *acconcia corami.*
* Consachant, *consapeuole.*
Consacrer, *consacrare.*
Consalme de mer, *spetie di conchiglia grande.*
Consanguin, *consanguineo.*
Consanguinité, *consanguinità.*
Conscience, *coscienza, conscienz a.*
mettre la main sur la Conscience: l'Italien dit, *recarsi la mano sù 'l petto.*
mettre du vin sur sa conscience .i. *beuer vino.*
il a la Conscience large comme la manche d'vn Cordelier: l'Italien dit, *hà la conscienz a di ser Ciappelletto.*
faire Conscience de faire vne chose, *recarsi à male.*
Consciencieusement, *coscienz iosamente.*
Conscientieux, *coscienz ioso.*
Consecration, *consecratione.*
Consecutif, *consecutivo.*
Consecution, *consecutione, consequenz a.*
Consecutivement, *consecutivamente.*
Conseigneur, *consignore.*
Conseil, *consiglio.*
Conseiller, *consigliare.*
se Conseiller tout bas, *indettare.*
Conseiller, *Auditore. Consigliere.*
Consemblable, *consimile.*
Consentant, *consentiente, partecipe.*
Consentement, *consentimento.*
Consentir, *consentire.*
Consequemment, *consequentemente.*
Consequence, *consequenz a.*
de Consequence, *graue, importante, di consequenz a.*
Consequent, *consequente.*
Consertion, *consertione.*
Conseruateur, *Conseruatore.*
Conseruation, *conseruatione.*
Conseruatoire, *conseruatorio.*
Conseruatrice, *conseruatrice.*
Conserue, *conserua.*
aller de Conserue, faire Conserue, terme de marine,

andar di conserua .i. accompagnarsi due vascelli per si-
curtà l'uno dell' altro.
Conserue de four : l'Italien dit, elettuario du cucina.
Conseruer, conseruare.
Considerable, considerabile.
personne Considerable, riguardenole.
homme Considerant, huomo ritenuto.
Consideratif, consideratiuo.
Consideration, consideratione.
personne de Consideration, persona di gran Conto.
Considerément, consideratamente.
Considerer, considerare.
Consignation, consegnatione.
Consignature, consegnatura.
Consigne, consegna.
Consigner, consegnare.
Consilles, due canne nel gozzo.
Consimilitude, consimilitudine.
Consire, marguerite, beli.
Consistence, consistenza.
Consister, consistere.
Consistoire, Concistorio, Consistoro.
Consistorial, concistoriale, di concistore.
Consistorialement, per via di concistoro.
Consistorier, censurare ó determinare per via di concistoro.
Consolable, consoleuole.
Consolateur, Consolatore.
Consolation, consolatione.
Consolatoire, consolatorio.
Consolde, consolida.
Console, modiglione, beccatello.
Consoles de vaisseau, beccatelli.
Consoler, consolare.
Consolidation, consolidatione.
Consolide, consolida, herba.
Consolider, consolidare.
Consommation, consmatione.
vn Consommé, vn consomato.
Consommer, consumare.
Consomption, consontione.
Cosonnance, consonanza.
Consonnant, consonante, accordante.
Consonne, consonante.
Consonner, accordare, consonare.
Consors, compagni, rousapeicoli.
Consoulde, consolida.
Conspection, conspettione.
Conspiration, conspiratione.
Conspirateur, cospiratore.
Conspirer, conspirare, cospirare.
Constamment, costantemente.
Constance, costanza.
Constant, Constante, costante.
il est Constant que, consta che.
* Conster, constare.
Constellation, constellatione.
Consternation, consternatione.
Consterner, abbassare, consternare.
Constipation, stitichezza.
Constipé, stitico.
Constiper, constipare.
Constituant, constituente.
Constituer, constituire.
Constitut, Constituto.
Constituteur, constitutore.
Constitutif, constitutiuo.
Constitution, constitutione.
Constructeur, construttore.

Construction, constructione.
Construire, edificare, fabbricare, construere.
Construit, construtto.
Constupration, constupratione, stupro.
Constuprer, stuprare.
Consubstantialité, consubstantialità.
Consubstantiation, consubstantiatione.
Consubstantiel, consubstantiale.
* Consuiure, conseguire.
Consul, Console.
Consulaire, consolare.
Consulairement, da Console.
Consulat, Consolato.
Consultable, consultevole.
Consultant, consultante.
Consultatif, consultatiuo, consultevole.
Consultation, consulta.
Consulte, Idem.
Consulter, consultare.
Consulteur, consultatore.
Consumant, consumante.
Consumer, consumare.
Consomption, consumatione, consuntione.
Contable, contabile.
Contact, contatto.
Contadin, huomo della Contea d'Auignone, Contadinos
Contagieux, contagioso.
Contagion, contagio, contagione, moria.
Contaminateur, Contaminatore.
Contamination, contaminatione.
Contaminer, contaminare.
Contant, contante, contento.
Contauts, certa cosa di vascello.
Conte, nouella, conto, fauola.
le Conte de peau d'asne : l'Italien dit, historia della befana, fauola.
Conte de la Cigoigne, Idem.
Conte de ma Commere l'oye, Idem.
* Contemner, sprezzare.
Contemperer, contemperare.
Contemplateur, contemplatore.
Contemplatif, contemplatiuo.
Contemplation, contemplatione.
Contempler, contemplare.
* Contempleur, contemplatore.
Contemporain, contemporaneo.
Contemptible, sprezzeuole.
Contenance, sembiante, andamento.
Contenance, manchon, manizza.
Contenancer, far atti, atteggiare.
perdre Contenance, restar confuso, scomponersi.
Contenant, continente, il contenuto.
Contendant, aspirante.
* Contendre, tendere aspirare. Item, contendere.
Contenir, contenere, capire.
Content, contento.
Contenement, contenimento, capacità.
Contentement, contento contentezza.
Contenter, contentare.
Contentieusement, contentiosamente.
Contentieux, contentioso, gareggioso.
Contention, contentione, gara.
Contenu, contenuto.
Conter, contare, raccontare, narrare.
Conterole, Vedi, Contreroole.
Conteste, contrasto.
Contestation, contestatione, contrasto.
Contester, contrastare, contestare.

Conteur, narratore.
Contexte, contesto.
Contigu, contiguo.
Continemment, con continenza.
Continence, continenza.
Continent, continente.
Continu, continuo.
Continuation, continuatione.
Continuë, continua. Item, continuatione.
Continuel, continuo.
Continuellement, continuamente, del continouo.
Continuer, continuare.
Continuité, continuità.
Contoir, banco.
Contorsion, contorsione.
Contour, contorno.
Contourner, girare, contornare.
Contr'-animer, contranimare.
Contract, scritta, contratto.
Contractant, contrattante.
Contraction, contrattione.
Contracter, contrattare.
Contradiction, contraditione.
Contrahant, contrahente.
Contraigneur, costrignitore.
Contraindre, costringere.
se Contraindre, non usar liberamente.
Contraint, costretto.
Contraint en ses habits, stretto, non usato ò accostumato.
Contrainte, costregnimento, forza.
sans Contrainte, liberamente.
Contraire, contrario.
au Contraire, all'incontro.
Contrarier, contradire, contrariare.
Contrarieté, contrarietà.
Contraste, contrasto.
Contraster, contrastare.
Contre, contra, contro. Item, vicino, e dirimpetto.
Conte de Comedie, paste di vecchio nella comedia ridicola.
Contre-balance, contrabilancia, contrapeso.
Contre-balancer, contrapesare.
Contre-bande, contrabando.
Contre-bander, resistere, opponersi.
Contre-barre, contrastanga.
Contre-bas, all'ingiù.
Contre-base, contrabase.
Contre-basse, contrabasso.
Contre-battes de selle, arcioni di sella di armi.
Contre-batterie, contrabatteria.
Contre-batre, contrabattere.
Contre-bondir, contrabalzare.
Contre-bouttant, contrapuntello.
Contre-bouter, reggere, sustentare, puntellare.
Contre-carre, oppositione.
Contre-carrer, opponersi.
Contre-cedule, contra polizza.
Contre-change, contracambio.
Contre-changer, contracambiare.
Contre-chanter, contracantare.
Contre-charger, contr'accusare.
Contre-charme, amuleto.
Contre-chiffre, contraziffera.
Contre-chiffrer, contraziffrare.
* Contre-cœur, maladie, auerticuore.
à Contre-cœur, à mal cuore, mal volontieri.
avoir à Contre-cœur, odiare, abborrire.

Contre-courber, contrapiegare.
Contredict, contradetto. Contradicenza.
Contre-diguer, far l'argine, riparar colla sponda.
Contre-dire, contradire.
Contre-disance, contradicenza.
Contre-disant, contradicente.
Contre-dite, contradicenza.
Contrée, contrada, paese.
Contr'-effort, contrasforzo.
Contre-faire, contrafare.
Contre-faiseur, imitatore.
Contre-fait, contrafatto, mal fatto, difforme. Item, finto, posticcio.
Contre-fenestre, balcone.
Contre-fermer, contraffermare.
Contre-feu, lama di ferro nel camino per riparo contra il fuoco.
Contre-fil, contrafilo.
à Contre-fil, per trauerso, di schiancio, al contrario, à contrapelo.
Contre-finesse, contrafurberia.
Contre-flux, contraflusse.
Contre-fort, contraforte, barbacano. Item, afforzamento.
Contre-fossé, contrafosso.
Contre-gage, contrapegno.
Contre-garde, contraguardia. Item, perseueratione, difesa, conseruatione.
Contre-garde des monnoyes, certo ufficiale nella zecca che hà cura delle monete che si danno da improntare.
Contre-garder, preseruare, conseruare.
Contre-gardeur, conseruatore.
Contre-haut, all'in su.
Contre-lettre, contralettera.
Contre-loüer, contralodare.
Contre-lumiere, contralume.
Contre-lutter, contralottare, contendere.
Contre-manche, souramanica.
Contre-mandement, contramandato.
lettre de Contre-mandement, contra polizza.
Contre-mander, contramandare.
Contre-marche, contrapasso.
Contre-marque, contrasigno.
Contre-mejane, voile, contramezzana.
Contre-mettre, opponere.
Contre-mine, contrauaca, contramina.
Contre-miner, contraminare, contracauare.
Contre-mineur, contraminatore.
Contre-mont, all'insù.
Contre-monter, andar all'insù.
Contre-munir, fortificare.
Contre-offrir, offerire all'incontro.
* Contre-pan, sicurtà, contrapegno.
* Contre-paner, far sicurtà, dar un contrapegno.
Contre-pas, contrapasso.
Contre-penser, contrapensare.
Contre-peser, contrapesare.
Contre-picquer, imbottire.
Contre-picqueure, imbottitura.
à Contre-pied, contra al contrario.
Contre-pleiger, dar un contrapegno.
Contre-pleiges, contrapegni.
Contre-poids, contrapeso.
Contre-poil, contrapelo.
à Contre-poil, à ribuffo. Al contrario.
Contre-point, contrapunto. Item, imbottitura.
Contre-pointe, obiettione.

Contre-pointer , contrapuntare. Contradire. Item , imbottire.
Contre-poids , contrapesa.
Contre-poison , antidoto.
Contre-porte , portiera.
Contre-porteur , botteghino.
Contre-promesse , contrascritta.
Contre-rolle , riscontro di scrittura , ò conto.
Contre-roller , riscontrare.
Contre-rolleur , Vedi , Controlleur.
Contre-ronde , contraronda.
Contre-ruse , contrastutia.
Contr'escarpe , contrascarpa.
Contr'escarper , far la contrascarpa , contrascarpare.
Contr'eschange , contracambio.
en Contr'eschange , in cambio , all' incontro.
Contr'eschanger , contracambiare , ricambiare.
Contr'ester , resistere , esser contrario.
Contr'escrire , contrascrinere.
Contre-seel , contrasigillo.
Contre-seeler , contrasigillare.
Contre-seing , contrasegno , sottoscrittione doppia.
à Contre-sens , al contrario , al rouescio.
Contre-signer , contrasegnare.
Contre-signal , contrasegno.
Contre-sonner , contrasonare.
Contre-taille , contratenore.
Contre-temps , contratempo.
à Contre-temps , fuor di tempo. Item , di rimbalzo.
coup à Contre-temps , contracolpo.
Contre-teste , parte contraria , auuersario.
Contre-tirer vn dessein , calcare vn disegno , termine di pittura.
Contreual , all' ingiù.
Contreuenant , contrauenente.
Contre-venger , contrauendicare.
Contreuenir , contrauenire.
Contre-vent , parauento , portiera , balcone.
Contreuention , contrauenimento.
Contre-vitre , balcone.
Contribuer , contribuire.
Contributeur , contributore.
Contribution , contributione.
Contr'imiter , contra imitare.
se Contrister , affliggersi , contristarsi.
Contrit , contrito.
Contrition , contritione.
Controole , riscontro , nota , scrittura di riscontro.
Controoler , riscontrare.
Controoler , riformare vna persona.
Controoleur , Computista.
Controoleur des guerres , Conquisitore.
Controuerse , controuersia.
mettre en Controuerse , controuersare.
Controuerser , controuersare.
Controuersié , controuersia.
Controuersiste , controuersista.
Controuuer , inuentare , fingere , mentire.
Contr'ouuerture , contrapertura.
Controuueur , inuentore , fingitore , mentitore.
Contumace , contumacia , ostinatione.
* Contumax , contumace.
* Contumelie , contumelia.
Contumelieux , contumelioso.
Contus , contuso.
Contusion , contusione.
Contuteur , contutore.
Conuaincre , conuincere.

Conuaincu , conuinto.
Conualescence , conualescenza.
Conualider , connalidare.
Conuassal , connassallo.
Conuenable , conuenevole.
Conuenablement , conuenevolmene.
Conuenance , conuenenz a. Conuentione.
* Conuenancer , conuenire , accordarsi.
Conuenant , conuenente.
Conuenir , conuenire , palteggiare , accordarsi, restar, d'accordo , pattuire.
il Conuient , conuiene , bisogna.
Conuent , conuento.
Conuenticule , conuenticolo.
Conuention , conuentione , concerto.
Conuentionnel , conuentionale.
Conuentuel , monacale , conuentuale.
Conuenu , conuenuto , pattuito , accordato.
Conuereau , spetie d'alosa.
Conuers , conuerso.
Conuerser , conuersare.
Conuersion , conuersione. Item , caracollo.
Conuertir , conuertire.
Conuertissement , conuertimento.
Conuertoir , Capitello di colonna all' Ionica.
Conuexe , conuesso.
Conuexion , conuessione.
* Conuice , conuitio.
Conuiction , conuittione , confutatione.
Conuié , inuitato.
Conuiement , inuito.
Conuier , inuitare.
Conuieur , inuitatore.
Conuocation , conuocatione.
Conuoitable , desiderabile.
Conuoitant , bramante.
Conuoiter , bramare , desiderare.
Conuoiteux , cupido , bramoso.
Conuoitise , cupidigia.
Conuoler , conuolare.
Conuoquer , connocare.
Connoy , accompagnamento. Scorta. Sotterramento , essequie.
Conuoyer , accompagnare , far scorta.
Conuulsion , conuulsione , spasimo.
* Conuy , inuito.
Cooperateur , cooperatore.
Cooperation , cooperatione.
Cooperer , cooperare.
Copeaux , scheggie.
Copelle , copella.
Cophin , canestrino.
Copie , copia. Item , essemplare di libro.
Copier , copiare.
Copieusement , in copia.
Copieux , copioso.
Copiste , copista , copiatore.
Copter , sonar a tocchi.
* Copule , copula.
Coq , gallo , Vedi. Cocq.
Coqu , becco , cornuto.
Coquat , mot d'enfant , vouo , cucco.
Coquard. Vedi , Cocquard , &c.
* Coquatris , basilisco.
Coque , guscio , scorza.
Coque de leuant , vnghia odorata , Vedi , Cocque.
Coque de mer , conca.
Coquecigruë , fanfaluca , arzigogolo.

Coquefredouille, *un buon menchione.*
Coquelicoc, *papauero seluatico.*
Coquelourde, *spetie de fiore che cresce nelle biade, anemone seluatica ò bastarda.*
Coqueluche, *mal di castrone, ò montone.*
Coqueluchon, *cocolla, capuccio.*
Coquemare, *pesaruola, oppressione di milza.*
Coquemart, *brocca, coppo.*
Coquer, *urtare.*
Coquerelle, *alcachengio.*
Coqueret, & Coquerette, *Idem.*
Coquericoc, chant du coq, *cucurriato.*
chanter Coquericoc, *cucuriare.*
Coquet, *scafa, spetie di barchetta.*
Coqueter, *cucurrire come il gallo per chiamar la femina.*
Coqueter, *far l'voua.*
Coquetier, *mercante d'voua.*
Coquette, *gallina.*
une Coquette, *una petegola, una cinetta.*
Coquillade, *spetie di pesce.*
Coquillage, *quantità di conchiglie, conche.*
Coquille, *conchiglia, conca, guscio. Item, spetie d'acconciatura di testa.*
à qui vendez-vous vos Coquilles .i. *à chi volete voi piantar carote ò dar baie da intendere.*
la Coquille luy demange .i. *ha voglia del maschio, hà il prurito.*
je parle pour mes Coquilles .i. *parlo per mio interesse.*
il n'a pas la Coquille hors du cul .i. *egli è ancor molto giouane.*
qui a de l'argent, à des Coquilles: l'Italien dit, *chi hà ceppi hà delle scheggie.*
vendre bien ses Coquilles .i. *vender caro la sua mercantia.*
Coquillé, *armato di conca ò guscio.*
Coquilleux, *pieno di conche.*
Coquillon, *conchiglia picciola.*
Coquimbert, *il giuoco di chi vince perde.*
Coquin, *furfante, barrone, guidone.*
Coquin .i. *domestico.*
la jambe Coquine .i. *ficcar una gamba fra quelle d'un huomo.*
Coquineau, *furfantello.*
Coquiner, *baroneggiare, guidoneggiare.*
Coquinerie, *furfanteria, guidoneria.*
Cor, *corno.*
Cor, durillon, *callo.*
Cor de mer, *buccina.*
* à Cor, & à cry, *con proclamatione ò bando.*
Cors de la teste du cerf, *corna picciole verso la testa.*
Corail, *corallo.*
Coral, *Idem.*
Coralin, *corallino.*
Coraline, *midolo di sampara.*
Corbache, *cordino di galera.*
Corbau, *botta trisa.*
Corbeau, croc, *uncino.*
Corbeau d'eau, *maragone, coruo marino. Coracino.*
Corbeau de charpenterie, *beccatello, modiglione.*
Corbeaux qui portent les pestiferez, *beccamorti, becchini.*
Corbelle, *cestone.*
Corbeille à mettre le pain, *panaia, panara.*
Corbeillée, *una cestonata.*
Corbillat, *barca grande usata per andar in un certo luogo appresso Parigi. Item, coruicino.*
Corbillon, *cestello.*
Corbin, *coruino. Item, ladro.*

bec de Corbin, *stromento à guisa di becco di coruo.*
pied de Corbin, *piè coruino, herba.*
os Corbin, *certo osso nella groppa dell' animale.*
* Corbiner, *rubare.*
Corcelet, *corsaletto.*
Corbineur, *ladro, rubatore.*
Corcesque, *corsesca, spetie di dardo.*
Cordage, *cordellame.*
Cordaille de nauire, *oste, scotta, &c.*
Corde, *corda.*
toucher la corde: l'Italien dit, *toccar il tasto.*
ne touchez pas sur cette Corde-là, *non toccate più quel tasto.*
toucher la grosse Corde, *parlar di importante.*
auoir plusieurs Cordes à son arc: l'Italien dit, *tener il piede in più staffo.*
traisner sa Corde .i. *indugiare il male ò supplicio.*
Corde de bois, *certa misura di legne, impassatura.*
mesurer à la Corde, *impassare.*
Corde à boyau, *minugia.*
Cordé, comme les raues, *stopposo, sfopposo.*
Corde à tirer les batteaux, *alzana.*
cela est Cordé. Metaph. *non sene può hauere, è cosa rara.*
Cordeau, *cordella, corda picciola. Capestre.*
Cordeau pour mesurer, *cordainola.*
Cordeler, *torcere, tortigliare.*
Cordelier, *frate di San Francesco.*
il est Cordelier .i. *non hà danari.*
Cordeliere, *religiosa dell' ordine di San Francesco. Item, cordiglio di religioso. Certo ornamento di seta, che portano le donne al collo, fatto à guisa di cordiglio.*
Cordelle, *cordella.*
tirer à sa Cordelle, *tirar à se, ò al suo partito.*
Corder, *torcere, cordare.*
Corder le bois, *misurar ò impassar legna.*
se Corder, qui se dit des raues, *diuentar stopposo.*
Cordeur, *impassatore, misuratore.*
Cordial, *cordiale.*
Cordiale, *artemisia, herba.*
Cordialement, *cordialmente.*
Cordialité, *sincerità, cordialità.*
Cordier, *cordaro.*
faire comme les Cordeliers .i. *far le cose al contrario, ò dar in dietro, non guadagnarsi il vitto.*
Cordillat, *spetie di panno fino di Spagna.*
Cordillons à attacher un morceau de voile à un autre, *cordini.*
Cordon, *cordone.*
Cordon de perles, *filo ò vezzo di perle.*
Cordon de pierreries, *cordone di scintiglio.*
Cordon de lin ou de chanvre, *pignolo.*
un Cordon bleu, un qui porte le Cordon bleu .i. *uno che porta il nastro attaccatoni l'ordine di Caualliere dello Spirito santo.*
Cordonner, *cordare, far il cordone, torcere.*
Cordonnerie, *scarparia, calzolaria. Arte del calzolaio.*
Cordonnier, *calzolaio.*
Cordouan, *cordoano.*
Cordouannier, *calzolaio.*
Cordouannerie, *arte di calzolaio, scarparia.*
Cordule, *spetie di lucertola.*
* Corée, *corata di porco.*
Coriace, *duro, tiglioso.*
Coriandre, *coriandolo.*
Corinthe, raisin de Corinthe, *uua passula.*
Corinthe, ordre d'Architecture, *Corinto ordine.*

Coris , herbe , *cori.*
Corions de souliers , *nastri di scarpe , fettuccie.*
Cailleu ou Corlis , oiseau , *tarlino , terlino.*
Corme , *sorba.*
Cormier , *sorbo , sorbolo.*
Cormorant , *maragone , smergo.*
Cornage , *corna , quantità di corna.*
Cornaline , *corniuola.*
Cornard , *becco cornuto.*
Corne , *corna.*
Corne de mer , *buccina.*
Corne de cerf , herbe , *coronoppa , herba stella.*
Corne pour la coupelle , *gemma.*
Corne à souffler le boudin , *scrizzotto.*
Cornes d'vne armée , *corni.*
faire les Cornes , *far le fiche dietro.*
porter les Cornes , *esser becco cornuto.*
bestes à Cornes , *bestiame vaccino.*
personne n'ose leuer les Cornes. i. *nessuno ardisce dir niente.*
Cornée de l'œil , *cornea.*
Corneille , *cornacchia.*
Corneille emmantelée , *mulacchia , monacchia.*
Cornement des oreilles , *bucinamento.*
Cornemuse , *cornamusa , zampugna , pina.*
Cornemuseur , *sonator di zampogna.*
Corneole , *spetie d'herba , coregginola.*
Corner , *corneggiare.*
Corner auec le cor , *sonar il corno.*
Corner quand la chair put : l'Italien dit aussi , *sonar il corno.*
Corner des oreilles , *bucinare.*
Cornet , *corno , cornetto.*
Cornet à ventouser , *ventosa di ramo.*
Cornet à bouquin , *cornetto.*
Cornet d'escritoire , *botte di calamaro.*
Cornet de papier , *cartoccio.*
Cornet de petit mestier , *bastoncello , ciambella.*
Cornet de mer , *buccina.*
enfler le Cornet , *chiamare , innitare.*
Corneter , *scarificare con le ventose , ventosare.*
Cornette de femme , *spetie di cuffia.*
Cornette d'Aduocat , *fascia.*
Cornette de caualerie , *pennone , cornetta.*
Cornette , *guidone.*
Cornettes de cerf , *corniccini.*
Corneur , *sonator di corno.*
Corniat , sirop de cornouïlles , *sciloppo di corniole.*
Corniche , &
Corniche , *corniccia , cornice.*
Cornichet , *pesce calamaro.*
Cornichon , *corno piccolo.*
Cornichon de cocombre , *cocomero abortato.*
Cornier , *corniuolo.*
Corniere , *cantoniera.*
Cornillat , *cornicino.*
Corniller , *buttar fuori le corniccine.*
Cornilles , *corniuole.*
Cornillier , *corniuolo.*
Corniole , *parte della canna ò gozzo.*
Cornoille , *corniuola.*
Cornoiller , *corniuolo.*
Cornouaille , *paese frà la Francia è l'Inghilterra.*
aller en Cornouaille , *esser becco.* Per allusione di corna,
enuoyer en Cornouaille ; far becco : l'Italien dit , *mandar à Corneto.*
Cornu , *cornuto.*

en bailler des plus Cornuës. i. *dir delle bugie più marcie.*
Cornuë , vase , *cornuta , ritorta.*
Cornuette , *spetie di cumino.* Item , *bedisara , herba.*
Corollaire , *corollario.*
Coronal , *coronale.*
Coronne , *corona.* Item , *rosario.*
Coronner , *incoronare.*
Coronnement , *incoronamento.*
* Corp , *certo pesce negro.*
Corporail , *corporale.*
Corporalier , *corporaliere.*
Corporance , *statura.*
Corporel , *corporale di corpo.*
Corporellement , *corporalmente.*
* Corporu , *corpunuto.*
Corps , *corpo.*
Corps de bague , *gamba.*
Corps de cuirasse , *corsaletto.*
Corps de garde , *corpo di guardia.*
Corps d'hostel ou de logis , *casa , palazzo.*
à Corps perdu , *all' auuentata , à ficca collo , à corrhuomo.*
à son Corps deffendant , *nel difenders.* Item , Metaph. *contra la sua voglia.*
en Corps , *in vn corpo , tutti insieme.*
prendre au Corps , *far prigione.*
par Corps , *personalmente.*
Corps de cotte , *basso di gonnella.*
Corps à corps , *à corpo à corpo.*
Corps de cheual , *personna di cauallo.*
Corpulence , *corpulenza.*
Corpulent , *corputo , corpulento.*
vn Corpus , *vn hostia.*
* Correau , *sbarra.*
Correct , *corretto.*
Correctement , *correttamente.*
Correcteur , *Correttore.*
Correction , *correttione.*
sauf Correction , *sia detto con licenza.*
Correlatif , *correlativo.*
Correlatiuement , *correlativamente.*
Correspondance , *corrispondenza.*
Correspondant , *corrispondente.*
Correspondre , *corrispondere.*
Corriasse , *duro , tiglioso.*
Corridor , *corridore.*
Corridour , Idem.
Corriger , *coreggere.*
Corrigiole , herbe , *correggiuola.*
Corriual , *rinale , corriuale.*
Corroborer , *corroborare.*
Corroboration , *corroboratione.*
Corroder , *rodere.*
Corrolaire , *corrolario.*
Corrompable , *corrompeuole.*
Corrompement , *corrompimento.*
Corromperesse , *corrompitrice.*
Corrompeur , *corrompitore.*
Corrompeuse , *corrompitrice.*
Corrompre , *corrompere.*
Corrompu , *corrotto.* Item , *astuto , furbo , trincato.*
Corrosif , *corrosiuo.*
Corrosion , *corrosione.*
Corrude , *sparago montano.*
Corruptelle , *corruttela.*
Corruptible , *corrompeuole , corruttibile.*
Corruption , *corruttione.*

Corrupteur, *corrottore.*
Corruptrice, *corrompitrice.*
Cors, corps, *corpo.*
Cors au pied, *callo.*
Corsage, *vita di persona, forma di corpo.*
Corsaire, *corsario, corsaro.*
Corse, *corsico.*
Corselet, *corsaletto.*
Corset, *abbracciar pel corpo, far alle braccia.*
Corsesque, *corsesca.*
Corset, *busto di donna.* Item, *corpicciuolo.*
Cortege, mot Italien, *cortegio.*
Coruée, *lauoro di giornata, lauoro in darno.*
Corybante, *coribanto.*
Corymbe, *corimbo.*
Coryphée, *corifeo.*
Cosaque, soldat Polonnois, *cosacco.*
Cosmographe, *Cosmografo.*
Cosmographie, *Cosmografia.*
Cosmographique, *Cosmografico.*
Cossus, *bacelli di faue secche ó verdi, scorze.*
Cosse, *scorza di baccello.*
Cosser, comme les moutons, *cozzare.*
Cosser, *mondar i baccelli.*
Cosson, *gorgoglione.*
Cossonnerie, *mercato di seluaticcina, ó porchetti.*
Cossu, *pieno di scorza.*
ils sont bien cossus, *parola ironica e bassa per burlare, ó per negar quello che dice vn altro.*
Cost, *balsamina.*
Costal, *costale, di costa.*
Coste, *costa.*
Coste d'arbaleste, *costa, arco.*
Coste de Baleine, *costa di balena.*
Coste de melon, *fetta di melone.*
Coste, pron. ſ, *spetie di drappo.*
trente-six Costes, *costoluto, gigante.*
rompre les Costes, *scostare.*
Coste de montagne, *riuiera.*
Coste, *nido di colombo a guisa di costa, castello.*
de la Coste de Charlemagne ou du Roy Artus, par ironie : l'Italien dit, *della casa soaue, de' Reali di Francia.*
Costé, *costato, lato.*
Costé, parte, *lato, banda.*
à Costé, *a canto, a lato.*
de Costé, *da banda.*
du Costé du pere ou de la mere, *per padre ó per madre.*
estre du Costé d'vne personne, *star con vno.*
aller de Costé, & d'autre, *andar in volta.*
il est allé du costé de Paris, *è andato alla volta di Pariggi.*
de tous Costez, *per ogni lato.*
se tenir les Costez .i. *rider alla smascellata, sfegatarsi.*
Costeau, *poggio.*
Costelette, *costola.*
Costelette de porc, *arista.*
Costeret, *spetie di fascina di legne grosse e corte.*
Costier, *costiero.*
à Costiere, *per costa, costiero.*
Costillier, *compagno.*
Costin, *olio di balsamina.*
Coston, *costa di pianta ó herba.*
Costoyer, *costeggiare.*
Cote, *nota.* Item, *tassa.*
Coter, *notare.* Item, *tassare. Addurre, allegare.*

Coteret, *fascina di legne grosse.*
* Coterie, *società, compagnia.*
Cotice, *lista.*
Coticé, *listato, à lista.*
Cotignat, *cotognato.*
Cotine, herbe, *scotano.*
Cotte, *gonnella, sottana.*
Cotte d'armes, *soprauesta, sarcotta.*
Cotte de maille, *giacco.*
faire vne Cotte mal taillée .i. s'accorder ensemble, sans compter par le menu, *stagliare, stralciare sur vno staglio ò stralcio.*
Cotter, *notar à margine.*
Cottice, *benda, lista.*
Cottillon, *gonnella.*
Cottisation, *tassatione, imposta.*
Cottiser, *tassare importaglia.*
Cottir, *cozzare.*
Cotton, *cottone, bambagia.*
marchand de Cotton, *cottonaio.*
il a du Cotton dans les oreilles .i. *fà il sordo, non vuol sentire.*
Cottonner, *accottonare.* Item, *fornir di bambagia.*
Cottonneux, *pieno di cottone.*
Cottonnerie, *cottonara, herba.*
Cotylidon, *capo delle vene menstruali.*
Cou, *col, collo.*
le Cou du pied, *collo del piede.*
Couailler, *giocar di coda.*
Couaine, Couanne, *cotica, cotenna.*
leuer la Couaine, *scotennare.*
Coüard, *codardo.*
Couardement, *codardamente.*
Couarder, *far il codardo.*
Couardise, *codardigia, codardia.*
Couat, *grido del corno.*
Couchant, *colcante, giacente.*
à soleil Couchant, *al tramontar del sole.*
le Couchant, *Occidente, tramontana.*
Couche, *letto.*
Couche, *chalit, lettiera.*
vne Couche pour dorer, &c. *crosta, incrostatura.*
Couche de cocombres, *cocomeraio.*
Couche de melons, *melonara.*
Couche de jardin, *letto.*
Couche de femme, *parto.*
femme en Couche, *impagliorata, donna di parto.*
vne Couche de fleurs, d'herbes, de fruicts, &c. couchez l'vn sur l'autre, *vna mano.*
Couche d'enfant, *pezza.*
par Couches l'vn sur l'autre, *à suolo à suolo.*
Couche de paille pour empacqueter, *pagliata.*
Couchée, *il dormire, il luogo doue si dorme.*
Coucher, *colcare, corcare, coricare.* Item, *dormire in vn luogo. Stendere, distendere.*
se Coucher, *andar à letto.*
Coucher comme l'espée du Roy .i. *dormir vestito.*
Coucher en despense, *metter sù 'l conto, far scritture ò conto di spesa.*
Coucher gros, *ginocar molto sù vna carta.* Metaph. *far del grande.*
le Coucher du Soleil, *tramontare.*
Coucher par terre, *gittar per terra, abbattere.*
Coucher, qui se dit du grain, à cause de la pluye, *allettare.*
le petit Coucher du Roy, *l'andar alletto all' vltimo con pochi famigli.*
Coucher son bois, *abbassar la lancia.*

Coucher auec vne femme .i. *vsar con vna donna , dormire.*
Coucher en tablature , *metter giù.*
Coucher par escrit , *metter in scritto , distendere.*
Coucher au jeu , *inuitare , metter al giuoco.*
Coucher sur l'estat , *arrolare nel libro de gl' vfficiali.*
Coucher vn pied de vigne , *ricorcare.*
se Coucher en chapon , *andar à dormire nel fin del giorno.*
Coucher sur la dure , *dormire in terra.*
estre mal Couché , *hauer cattiuo letto , dormir male.*
de celuy qui se Couche de plat .i. *danari.*
grain Couché par la pluye , *allettato grano.*
Couchette , *lettiera picciola.*
mignon de Couchette , *drudo.*
Coucheur , *colcatore. Dormitore.*
Coucombre , *cocomero.*
Coucon , *coccone di seta.*
Coucou , *cucuglio.* Item , *becco cornuto.*
faire Coucou en se cachant comme les enfans , *far baco baco.*
Coucourde , *zucca , cucuzza.*
Coude , *gombito.*
hausser le Coude : l'Italien dit , *alzar il fianco , bere.*
Coude de barre de fer , ou autre ouurage , *piegatura , inginocchiatura.*
barreau Coudé , *ferriata inginocchiata.*
canon Coudé , *canon suenato.*
Coudée , *gombitata.*
estendre ses Coudées , auoir ses coudées franches , *pigliar il suo agio , hauer tutte le sue commodità.*
Coudelates , terme de marine , *colli delle late.*
Couder , *piegare il ferro , inginocchiare.*
Coude-pied , *collo del piede.*
* Coudiere , *appoggio da gombitti.*
Coudoyer , *dar del gombito.*
Coudraye , *luogo piantato di nocciuoli.*
Coudre , subst. *nocciuolo , auellano.*
Coudre , *cucire.*
Coudrer , *acconciar ò sodare colla scorza di nocciuolo.*
Coudroir , *tina da sodar il cuoio.*
Couënne , Vedi , Couaine.
Couets , *certe corde da tirar la vela , verso la poppa.*
Couhourde , *zucca , cucuzza.*
Coüillaud , *buon compagno.*
Coüille , *coglia.*
Coüille de belier , *palla fatta della coglia d'vn ariete ò montone.*
Coüille au chien , *spetie d'herba.*
Coüillon , *testicolo.*
Coüillon de Prestre , herbe , *fauoscello.*
Coüillon de chien , *spetie d'herba.*
Coüillon de musc , *testicoli di castorre , ò di muschio.*
Coulac , *spetie di pesce.*
Coulant , *scorrente.*
Coulant , *spetie di gioia scorrente per vso delle donne.*
Coulant de riuiere , *corrente.*
Coulde , Couldée. Vedi , Coude , &c.
Couldraye , *boschetto di nocciuoli.*
Couldre , *nocciuolo , auellano.*
Couldrette , *boschetto di nocciuoli.*
Couldrier , *auellano , nocciuolo.*
Coule de Moine , *capuccio di frate.*
Coulée , *scorrimento d'acqua.*
Coulée pour prendre le lievre au colet , *varchetto.*
Coulement , *scorrimento flusso.*
Couler , *scorrere , colare.*
se Couler dessous , *sottentrare.*

Couler à fonds , *mandar al fondo , affondare.*
Couler en l'ame , *spirare , infundere.*
Couler , glisser , *sguizzare.*
Couler la lessiue , *far al bucata.*
Couleur , *colore.*
Couleur de Roy , *leonato.*
Couleur de Prince , *leonato chiaro.*
Couleur de citron , *citrino.*
Couleur de noisette , *color di nocciuola.*
Couleur d'eau , *color di pietra ò pauonazzo , color d'acciaio.*
Couleur de cheueux , *cauellino.*
Couleur de fleur de pescher , *persicchino.*
Couleur de plomb , *piombino.*
Couleur changeante , *cangiante.*
Couleur de thuile , *color di tegola.*
haut en Couleur , *vino rosso.*
Couleur de chair , *color di carne.*
Couleur d'Allemagne , à mettre l'or en couleur , *mussola.*
mettre en Couleur , *mussolare.*
sous Couleur , *sotto pretesto , sotto colore.*
comme vn aueugle des Couleurs .i. *ignorantemente.*
Coleure , *colatura , flusso , flussione.*
Coulevrée blanche , *vite bianca , vitalba , zucca seluatica.*
Coulevrée noire , *tamarro.*
Coulevrée sauuage , *brionia.*
Coulevrine , *colubrina.*
Coulevriner , *colpir colla colubrina.*
Couleuvre , *biscia.*
Couleuvré , *à guisa di biscia , fatto à biscia.*
Couleuvreau , *biscia piccola.*
Couleuvrin , *di biscia.*
Coulis , *scorrente , corrente , sguizzante.* Item , *colatura.*
* Coulis , *brodo per vn infermo.*
Coulisse , *cataratta.*
porte-Coulisse , *porta leuatriccia.*
Coulisse d'arbaleste , *canale.*
Couloir , *colatoio.*
Couloire , *Idem.*
Coulomb , *colombo.*
Coulombier , *colombara , colombaie.*
Coulombin , *colombino.*
Couloris de Peintre , *colorito.*
Coulourer , *colorire.*
Coulouris , coloris , *colorito di pittore.*
Coulpable , *colpeuole.*
Coulpe , *colpa.*
* Coulper , *incolpare.*
Coulteau , Vedi , Couteau.
Coultre , *coltro di aratro.*
Coultre de lit , *coltrice.*
* Coulture , *campo serrato.* Item , *coltinatione.*
Counil , éounin , *cuniglio.*
Counille , *cuniglia.*
Coumilleaux , *cuniglietti.*
* Coup , cornard , *becco cornuto.*
Coup , *colpo , botta.*
Coup de balay , *scopettata.*
Coup de couteau , *coltellata.*
Coup de coutelas , *Idem.*
Coup d'espée , *spadata.*
Coup de dent , *dentata.*
vn Coup de dents , *calcatella di denti.*
Coup d'arbaleste , *balestrata.*
Coup de baston , *bastonata , legnata.*

Coup d'esperon, *spronata.*
Coup de hampe, *hastata.*
vn Coup fourré. Metaph. *vn ingàno, vna furberia.*
Coup de bec, *beccata.* Metaph. *malediz enz a, detrattione.* Item, *vn baccio.*
Coup de poing, *pugno.*
Coup de hallebarde, *alabardata.*
Coup de coude, *gombitata.*
Coup ou son de cor, *cornata.*
Coup ou secousse de bride, *soffrenata.*
Coup de pelle, *palettata.*
Coup du plat de la main, *palmata,*
Coup de plat d'espée, *piattonata.*
Coup de pied, *calcio.*
Coup de pierre, *saffata.*
Coup de quenoüille, *roccata.*
Coup de teste, *capata.*
Coup coupé à la paume, *tagliata.*
Coup de balle, *pallata.*
vn Coup en joüant, *pa lla.*
Coup d'essay, *proua, saggio.*
Coup de iambe, *gambata.*
Coup d'arquebuse, *archibugiata.*
Coup de pistolet, *pistoletata.*
Coup de canon, *cannonata.*
le Coup en tirant, *sparata, tiro.*
vn coup de filet en peschant, *tirato di pesce.*
Coup de poignard, *pugnalata.*
vn Coup de rame en voguant, *vogata.*
Coup de baston à deux bouts, *spuntonata.*
Coup de baguette ou gaule, *bachettata.*
Coup de marteau, *martellata.*
Coup de maistre, *tiro da Maestro.*
le Coup du maistre, *cosa riserbata al Maestro.*
vn Coup de chapeau en saluant, *vna sberrettata.*
vn Coup de bouteille .i. *rossore sopra il naso.*
Coup de verre, *Idem.*
Coup de dé, *tiro.*
il a fait vn beau Coup, *hà fatto vn bel tiro, vna bella botta.* Iron.
vn petit Coup de balay en balayant, *vna scopatina.*
Coup de mer, choc de vagues, *colpo di mare.*
vn Coup de fer pour releuer la moustache, *vna tiratina per tirar sù le basette.*
pour ce Coup, *per hora.*
à ce Coup, *à questa volta.*
tout à Coup, *in vn subito.*
Coup sur coup, *colpo colpo, di tratto.*
du premier Coup, *à bella prima, di primo lancio.*
encore vn Coup, *ancor vna volta.*
tout d'vn Coup, *in vn tratto, in vn fiato, di colpo.*
à tous Coups, *ogni volta.*
deuant le Coup, *innanz i tratto.*
il a fait son Coup .i. *ha fatto qualche male, che voleua fare.*
vn mauuais Coup, *vn maleficio.*
boire vn bon Coup .i. *vn gran bicchier di vino, &c.*
c'est vn grand Coup pour luy .i. *è la sua ventura.*
aprés le Coup, *doppo la cosa fatta, dopo il fatto.*
il a vn Coup de hache, il est fol : l'Italien dit, *è accettato,* par allusion, *d'accia.*
nous ne sommes pas sujets à vn Coup de marteau, *non curiamo il tempo d'vn hora.*
sans Coup ferir .i. *senz a combattere.*
porter Coup .i. *importare.*
iuger des Coups .i. *esser presente, star à vedere.*
rabattre les Coups .i. *far la pace.*
tout Coup vaille .i. *vada come può, sia come si voglia.*

Il se trouue tousiours aux bons Coups : l'Italien dit, *è come l'alloro, si troua à tutte le feste.*
rompre le Coup, *tor la volta à vno.*
rompre le Coup ou le dé en joüant, *pigliar i dardi à vno.*
donner le coup d'épaule .i. *incitare, muouere.*
Coupable, *colpeuole.*
Coupant, *tagliante.*
Coupau, *becco cornuto.*
Couppe, *coppa.*
Coupe à seruir du fruit, *taz z one.*
Coupe à seruir des dragées ou confitures, *confettiera.*
la Coupe d'vn habit, *taglio.*
vendre à la Coupe, *vender à taglio.*
la Coupe des cartes, *quello che auanz a alz ate le carte.* Item, *l'alzar le carte.*
à Coupe-cul, *senz a giocar più.*
Couppe-jarrets, *taglia cantoni, brauo, sbricco.*
Coupe-gorge .i. *luogo pericoloso per i ladri ó assassini.* Metaph. *hosteria doue si fa pagar di souerchio.*
à Coupe-teste, *certo giuoco di putti, saltando di là della testa l'vn dell' altro.*
joüer à Coupe-teste, Metaph. *decapitare.*
croix Coupée, terme de blason, *croce spartita.*
Coupeau, *colmo, fastigio, capo, cima. Cupola.* Item, *scheggia.*
Coupe-bourse, *taglia borse.*
à Coupe-queuë, *in vn tratto senz' altro.*
Copelle, *copella.*
endurer la Coupelle, *tener alla copella.*
Coupement, *tagliamente.*
Couper, *tagliare.*
Couper en petits morceaux, *abbocconare.*
Coupper, *attrauersar la strada.*
Couper court, *spedire, finir presto.*
Couper aux cartes, *alz ar ò leuar le carte.*
Couper chemin, *impedire, disturbare, leuar la via ad vna cosa.*
Couper les viures, *leuar la via delle vettouaglie.*
Couper cul en joüant, *piantare.*
se Couper la gorge, *ammaz z arsi.*
Couper par vn chemin court, *recidere.*
se Couper, *contradirsi, parlar contra di sè.*
Couperet de boucher, *spacchino.*
Couperosé, *vitriolo.*
Couperosé, *concio col vitriolo.*
nez Couperosé, *naso pieno di rossori.*
Coupet, toupet, *chiocco.*
Coupet, *cima, colmo.*
Coupeur, *tagliatore.*
Coupeur de bourses, *taglia borse.*
Coupeur, *taglio.*
Coupeuse, *tagliatrice.*
Coupier, *coppiere.*
Couple, *coppia, paio.*
Couple à attacher les chiens, *scroce.*
Coupler, *accoppiare.*
Couplet, *stanz a di canz one ò poèma.*
Couplet de mors, *chiappo, cappio.*
Coupon, *fetta, scampolo, taglio.*
Cour, *corte.* Item, *cortile.*
Cour, *corteggio.*
faire sa Cour, *corteggiare.*
faire la Cour à vne Dame, *vagheggiare, corteggiare.*
Courage, *animo, corauggio, valore.*
prendre & donner Courage, *far animo.*
perdre Courage, *perdersi d'animo.*
de bon Courage, *volentieri, con animo.*
Courageusement, *animosamente.*

Courageux, *animoſo.*
Couramment, *à mena dito, preſto, preſto.*
Courant, *correndo, corrente.*
Courant de mer ou de riuiere, *corrente.*
tout Courant, *preſto, preſto.* Item, *à mena dito.*
Courante, *corrente.*
la Courante, le flux de ventre, *ſcorrenza.*
Cour-baſton, *baſtone.*
Cour-baſtons, *certi pezzi di legname che reggono la tolda della naue, coſte.*
Courbatu, *rappreſo per ſouerchia ſtracchezza, ſtrappazzato, ſtracco.*
Courbature, *rapprenſione, ſtracchezza.*
Courbe, *curuo, piegato.*
Courbe, mal de cheual, *cornua, curba, corbo.*
Courbes, pour renforcer les bords de la poupe, *empitori. Coſte.*
Courbe de verrier, *ceſta di vetraro, ò bicchieraio da portar i bicchieri.*
Courbement, *incuruatura.*
Courber, *piegare, incuruare.*
Courbes, *parola di zergo, le gambe.*
Courbette, *coruetta.*
Courbettes rabattuës, *falchi.*
manier à Courbettes .i. *ſignoreggiar à ſua poſta.*
Courbeure, *incuruatura.*
Courbeure du col, *inarcatura del collo.*
Courcaillet, *quagliera.*
Courcie, *corſia.*
Courée, *freſſure, corata.*
Coureur, *corritore, ſcorritore.*
Coureur, *canal di caccia.*
Coureuſe, *puttana, cantoniera, berghinella.*
Courge, *zucca.*
Courge à porter les ſeaux, *bicollo, bigolo.*
Courge ſauuage, *coloquintida.*
Couriaſſe, *alido, tiglioſo, duro.*
Courier, *corriere, corriero.*
Courir, *correre.*
Courir la campagne, *ſcorrere.*
Courir les ruës .i. *eſſer matto.*
Courir le rempart, *putaneggiare.*
Courir le bordel, *bordellare.*
Courir fortune ou hazard, *ſtar in forſe, correr pericolo.*
Courir la mer, *corſeggiare.*
Courir le païs, *cercar paeſi.*
Courir au change, *eſſer inconſtante.*
faire Courir le bruit, *dar nome, dar voce, ſparger voce.*
Courir les choſes legerement, *trapaſſare.*
Courir par deſſus, *Idem.*
Courir par de-là, *ſcorrere.*
Courir la poſte, *andar à ſtaffetta.* Metaph. *parlar preſto.*
le temps qui Court, *il tempo preſente.*
l'argent qui Court, *la moneta che ſi ſpende, ò che vi è in gran copia.*
Courir ſus, *auuentarſi, dar adoſſo.*
* Courle, *zucca.*
Courlis, *tarlino, vccello.*
Couronne, *corona.*
Couronne du pied du cheual, *coronella.*
Couronne de Preſtre, *chierica.* Item, *ſpetie d'herba.*
Couronne de caroſſe, *galletto.*
Couronnement, *incoronamento.* Item, *bocca della vulua ò natura di donna.*
Couronner, *incoronare.*
Couronneure, *le corna picciole del ceruo in cima delle grandi à guiſa di corona.*

Courpendu, *ſpetie di pomo.*
Courquaillet, *quagliera.* Item, *ſinghiozzo.*
Courraterie, *ſenſeria.*
Courratier, *ſenſale.*
Courratiere, *ſenſala.* Item, *ruffiana.*
Courre, *correre.*
Courreau, verrouil, *catenaccio.*
Courridour, chemin couuert, *corridore.*
Courrier, *corriere.*
Courtoucer, *cornucciare, adirare.*
Courroux, ira, *corruccio.*
Courroye, *correggia.*
faire du cuir d'autruy large Courroye, *ſpender largamente la robba d'altri.*
allonger la Courroye .i. *indugiare, prolongare.*
Courroyer, *conciar corami.*
Courroyeur, *concia corami.*
Cours, *corſo.* Item, *ſpaccio di mercantie.*
auoir Cours, qui ſe dit de la monnoye, *ſpenderſi.*
empeſcher le Cours, *tor la volta.*
Courſe, *corſo.*
Courſe de gens à cheual, *caualcata.*
Courſe de gens de pied, *ſcorreria.*
Courſe, *carriere, arringo.*
à la Courſe, *à corſa.*
Courſerot, *picciol corſaro.*
Courſibor, *huomo picciolo e groſſo.*
Courſie, *corſia.*
Courſier, *corridore, corſiere, cauallo di Napoli.*
Courſier, *ſpetie di cannone.*
Courſiere, *parte del vaſcello dalla corſia, ſin al Caſtello di poppa.*
* Courſibor, *huomo picciolo e groſſo.*
Courſon de vigne, *ritaglio di ſarmento.*
Courſon de raue, *rauanello corto ò rotto nel cauarlo dalla terra.*
Court, *corte, cortile.*
Court ouuerte, *corte bandita.*
Court, adiect, *breue corto.*
arreſter tout Court, *far ſtar fermo.*
demeurer Court, *reſtar ſopra di ſe, reſtar ſotto, ſtar forte.*
faire demeurer Court, *far ſtar ſaldo.*
tenir Court, *tener ſtretto ò corto.*
ſe trouuer Court, *non ſaper che dire ò fare, non hauer danari.*
argent Court, *moneta che cala, moneta toſata.*
Court d'argent, *ſcarſo di danari, che hà pochi danari.*
l'argent y eſt Court, *vi ſono pochi danari.*
* il veut ſçauoir le Court & le long, *vuol ſaper tutto il contenuto del negotio.*
chercher le plus Court, *cercar il modo ò la via più breue.*
tourner Court, *voltar preſto.*
pris de Court, *colto all'improuiſo.*
couper Court, *ſpedir preſto, far preſto, dir preſto.*
renuoyer tout Court .i. *negare, rifiutar quel, che ſi demanda.*
le faire Court, *dir breuemente.*
Court-bouïllon, *ſpetie d'intingolo di capo.*
Court-baſton, *baſtone da baſtonare.*
au Court-feſtu, *alle breſchette.*
Courtage, *ſenſeria, ſenſalaggio.*
Courtaud, & courtaude, *corto, corta.*
Courtaut, *caual bertone.*
Courtaut de boutique, *bottegaio, botte garruccio.*
le Courtaut, Metaph. *il membro virile.*
abbreuuer le Courtaut : l'Italien dit, *menar il cieco à bere alla fonte.*

Courtaut, corto. Item, huomo picciolo.
Courte, breue, corta.
la veuë Courte, catina vista.
Saulse Courte, salsa in poca quantità.
* la Courte .i. il pichino, il membro del puttino, il cecciarello.
Courte haleine, asmo.
à la Courte paille, alle buschette.
Courte pointe, trapunta di letto.
Courtement, breuemente.
Courtibaut, casacca d'armi del Prencipe.
Courtier, sensale.
Courtiere de chair humaine .i. ruffiana.
* Courtil, giardino. Item, cortile.
Courtiller, seminar vn campo ogn' anno.
Courtillere, verme grosso che mangia le radici dell' herbe.
Courtillis, terres à courtiller, vernati.
Courtinage, cortine di letto, cortinaggio.
Courtine, cortina. Item, cortina di letto, tendina.
tirer la Courtine, alzar la tenda.
sous la Courtine .i. secretamente.
Courtisan, corteggiano.
Courtisane, corteggiana.
Courtiser, corteggiare.
Courtois, cortese.
Courtoisement, cortesemente.
Courtoisie, cortesia.
Couru, corso, perseguitato.
Couruë, incuruato.
Courvée, lauoro d'vn giorno. Item, opera in darno, fatica. Lauoro che deue il vassallo al suo Signore.
Cousant, cucendo.
Cousin, cugino.
Cousin germain, fratel cugino.
Cousins issus de germain, figli de' duo cugini.
ils sont grands cousins, hanno stretta amicitia insieme.
petit Cousin, figlio di cugino.
Cousin, moucheron, zenzala.
Cousinage, affinità di cugino.
Cousine, cugina.
Cousiner, far il cugino, frequentar co' cugini.
* Cousser, cosser, cozzare.
Coussin, coscino.
Coussinet, coscinello, coscinetto.
Coust, costo.
Cousteau, poggio.
Cousteau, coustelet, coustelier, Vedi, Couteau, &c.
* Coustenge, costo spesa.
Couster, costare.
cela ne luy Couste rien .i. lo fa senza gran fatica.
Coustiller, combattere con coltellaci.
Coustonné, legato colle lampazze.
Coustons à renforcer le mast, lampazze.
Coustume, vsanza, costume.
auoir de Coustume, solere, hauer per vso, esser solito.
Coustumier, accostumato, solito. Item, il libro dell' vsanze.
Coustumierement, ordinariamente.
Cousture, costura.
à plate Cousture .i. affatto:
Cousturier, sartore.
muscle Cousturier, moscolo che serue per incrociar le gambe à guisa di sartore.
Cousturiere, sarta.
Cousu, cucito.
Cousu en selle .i. ben à cauallo.
habit Cousu .i. vestito troppo stretto.
cheual Cousu, cauallo sbudellato.

visage Cousu .i. magro, ò sfregiato.
bouche Cousuë .i. zitto, non parlare.
Couteau, coltello.
Couteau marin, spetie di pesce.
Couteau de tripiere, Metaph. l'Italien dit, lingua che taglia e cuce .i. maldicente da tutti i lati.
Couteau, sorte d'espée courte, verdone, cortoliere.
Couteau à pied, cotello di calzolaio.
Couteau de boucher, spacchino.
jouër des Couteaux : l'Italien dit, menar le mani.
Couteaux, plume d'oiseau de proye, spadetti.
Couteau à imprimer les toiles des Peintres, spadoletta.
Coutelet, coltellino.
Couteleure, tagliata di coltello, taglio.
Couteliere, estuy à mettre des couteaux, coltellaia.
Coutellerie, quantità di coltelli, arte di coltellinaio. Luogo doue si fanno i coltelli.
Coutelas, coltellaccio.
Coutelasser, ferir col coltellaccio.
Coutes, distanza frà le tauole d'vna naue.
Coutil, coltre, federa.
Coutillade, sfregio, stramazzone.
Coutis, coltre, federa.
Coutre, coltre.
Couture, cucitura.
Couuade, coua.
Couuée, couata, coua.
Couuement, couamento, coua.
Couuer, couare.
Couuer vne haine, serbar l'odio.
Couuer vne maladie, esser indisposto, prepararsi vna malatia.
Couuer des yeux .i. non perder di vista.
Couuercle, coperchio.
Couuert, coperto.
seruir à plat Couuert .i. seruir alla grande. Metaph. dar vna cosa nascosta.
Couuert, apparecchio di tauola.
mettre le Couuert, apparecchiar la tauola.
vn Couuert, tondo colo touagliolino coltello, e cucchiaro, vn seruitio, vna portata.
à Couuert, in sicuro. Item, à ridosso.
mettre à Couuert, rinsertare, allogare.
mettre à Couuert, Metaph. imprigionare.
il est à Couuert : l'Italien dit, le capre nol possono cozzare .i. è prigione.
bien Couuert, ben vestito, ben alla via.
donner le Couuert, alloggiar vno, dar ricetto ò ricapito.
parler en mots Couuerts, parlar à fette.
temps Couuert, tempo nuuoloso.
vin Couuert, vino rosso scuro.
vin Couuert d'vn autre, rabboccato vino.
Couuerte, coperta.
Couuertement, copertamente.
Couuerture, coperta.
Couuerture picquée, trapunta.
Couuerture de chastaigne, riccio di castagna.
Couuerture de cheual, schiauina.
Couuerture de maison, coperto, couerto, tetto.
Couuerture de paquet de lettres, capelletto del piego.
sous Couuerture, soto protesto, sott' ombra.
Couui, couaticcio vouo.
se Couuir l'œuf, esser ò farsi louaticcio l'vouo.
Couuillons, certi capi da tener l'ancora.
Couuoir, nido di gallina, coua. Item, banchetta ò paiuolo pieno di bragia, da scaldarsi sotto alla gonnella.
Couure-chef, certa acconciatura di capo da contadina.
Couure-chef de barbier, scingatoia.

Couure-cœur, *pericardio, pelle che cuopre il cuore.*
Couurement, *coprimento.*
Couureur, *copritore.*
Couureur de maisons, *tettaiuolo.*
Couurir, *coprire.*
Couurir, qui se dit des animaux, *salire, montare.*
Couurir le vin d'vn autre, *rabboccare il vino, incappellare.*
Couurir vne muraille, la reuestir, *incamisciare.*
Couurir de soye, *insetare.*
se Couurir qui se dit du temps, *guastarsi il tempo.*
Couurir la ioue, *dar vna guanciata.*
Coy, *heto.*
demeurer Coy, *star cheto, star sù la vita.*
* Coyeté, *humor cheto, tranquilità.*
Coyement, *chetamente.*
Coyon, *coglione, poltrone.*
Coyonnade, *coglionata.*
Coyonnerie, *coglioneria.*

### CR

Rabate, *Crabato.*
Crabe, *granceuole.*
Crac, *cracchio, crocchio.*
Crachat, *sputacchio, sputo.*
Crachement, *sputamento.*
Cracher, *sputare.*
Cracher au bassin. i. *dar danari.*
Cracher blanc, *hauer sete.*
Cracher vne sentence, *scatarrare vna sentenza.*
il n'ose Cracher de peur d'auoir soif. i. *è misero ò auaro.*
c'est le pere tout Craché. i. *s'assomiglia molto al padre.*
vn Crache-en-ruelle, *vn vecchio acatarrato.*
Cracheur, *sputatore.*
Cracheuse, *sputatrice.*
Crachotter, *sputacchiare.*
Cracquer, *Vedi, Craquer.*
Craignant, *temente, temendo.*
Craindre, *temere.*
Craint, *temuto.*
Crainte, *tema, timore.*
tenir en Crainte, *far stare à segno.*
Craintif, *timoroso.*
Craintiue, *timorosa.*
Craintiuement, *timorosamente.*
Cramaillere, *catena del focolare.*
Cramoisy, *cremosino.*
* sot en Cramoisy, *sciocco marcio.*
Crampe, *granchio, granfio.*
Crampelle, sorte d'escreuisse de mer, *grampella.*
Crampon, *arpione, caucano, rampone.*
Crampon auec du plomb, pour ioindre les pierres, *soffrenatione.*
Crampon de loquet, *staffa di saliscende.*
Crampon de fer de cheual, *rampino.*
Crampon qui entre au gond, *ago.*
Cramponner, *ramponare.*
fer Cramponé ou à crampon, *ramponato ferro.*
Cramponner les pierres, *soffrenare.*
Cramponnet, *ramponetto.*
vn Cran, *cocca.*
Crane, *craneo.*
Crapaud, *botta, rospo.*
Crapaud de buisson, *spetie di rana.*

fourny comme vn Crapaud de plumes : l'Italien dit, *fornito come vn' oca di cresta.*
le temps se changera, les Crapauds sautent : l'Italien dit, *si mutarà il tempo le caprè starnutano.*
Crapaud de mer, *rospo di mare.*
Crapaudaille, *canaglia, furfantaglia.* Item, *spetie di velo crispo di seta.*
Crapaudeau, *rospo picciolo.*
Crapaudine, *chelonice, chelonite.* Item, *porro al piede del cauallo.*
Crapaudine d'vn piuot de porte, *perno ó ganghero.*
Crape, *granceuole.*
Crappaude, *rospo di mare.*
* Crapule, *crapola.*
Craquant, *crocchiante, stridente.*
Craquelin, *carollo, bozzolaio, à Venise.*
Craquement, *crocchiamento, stride.*
Craquer, *stridere, criccare, crocchiare.*
Craquetant, *stridente, criccante.*
Craqueter, *criccare, stridere.*
Craquetis, *strido.*
Crasse, *ruffa, ruffola, forfora, sucidezza, succidume.*
Crasse de bronze, *scoria di bronzo.*
Crasseusement, *bruttamente, sucidamente.*
Crasseuse, *sucida, ruffolosa.*
Crasseux, *ruffoloso, sudicio.*
* Crassitude, *crassitie.*
Crauant, *spetie d'oca picciola.* Item, *spetie di vermi.*
* Crauanter, *opprimere, stringere, far crepare.*
Craye, *creda, creta.*
Craye rouge, *rubrica fabrile, sinopia.*
Crayer, *imbianchire ò nosar con creta.*
Crayon, *stile, piombino, amatita, lapis.*
Crayon de portrait ou peinture, *schizzo.*
Crayonnement, *schizzata.*
Crayonner, *schizzare.*
* Creable, *credeuole.*
Creac, *storione.*
Creance, *credenza. Credito.* Item, *fede.*
Creancer, *prometter con credenza.*
Creancier, *creditore.*
Creanciere, *creditrice.*
Creat, *creato.*
Createur, *Creatore.*
Creation, *creatione.*
Creatrice, *creatrice.*
Creature, *creatura.*
Creature d'vn Seigneur, *creato.*
Crecerelle, oiseau, *gheppio, fottinento.*
Crecerelle d'enfant, *vicchignola.*
Credence, *credenza.*
Credence d'argent, *argenteria, piatti d'argento.*
Credentier, *credenziere.*
Credit, *credito, Credenza.*
donner à Credit, *dar à credenza.*
faire vn enfant à Credit, *far vn figliuolo prima d'esser maritato.*
à Credit, en vain, *in darno.*
oster le Credit, *discreditare.*
Crediteur, *creditore.*
le Credo, il Credo, *simbolo de gl' Apostoli.*
* faire Credo, *dar à credenza.*
Credule, *credulo.*
Credulité, *credulità.*
Crée, *craye, creta.*
Créer, *creare.*
Creiche, cresche, *greppia.*
Creins, *crini.*

Cremaillée, cremaillere, catena del focolare.
Creme, cresima. Item, fior di latte, Vedi, Cresme, &c.
Cremeur, quasi, tremeur, timore, tremore.
Cremillée, catena del focolare.
Cren, cocca.
Crené, merlato.
Creneau, merlo.
fait à Creneaux, smerlato, merlato.
Crenelé, merlato.
Creneler, smerlare, merlare.
Creneleure, smerlatura.
Creneure, Idem.
* Crennequin, matinello di balestra.
Crennequinier, ballestriero.
Crepelu, crespo.
Crepets, spetie di fritelle.
* Crepiller, increspare.
Crepir, Vedi, Crespir.
* Crepitation, crepitatione.
Crepuscule, crepuscolo.
Crescent, crescente.
Cresche, greppia.
Cresé, certa rascia d'Inghilterra.
* Creseul, crogiuolo.
Cresmo, fior di latte. Item, cressima.
Cresme de tartre, tartaro di botte.
de la Cresme battuë. i. cosa di pocomomento.
Cresmeau, cuffietta da Cresimare.
Cresmer, cresimare.
Crespe, velo. Item, certa acconciatura di capo fatta di velo.
Crespe, crespé, accrespato, increspato.
Crespelet, crespelu, Idem.
Crespeleure, increspatura.
Cresper, accrespare, increspare.
Crespets, spetie di fritelle, crespelli.
Crespiller, increspare.
Crespillonner, Idem.
le S. Crespin, le bagaglie ò stromenti d'vn Calzolaio.
Crespine, frangia di letto.
Crespine d'animal, rete, reticella.
Crespinette, herbe, crespina.
Crespir, incrostare vn muro.
Crespissement, &
Crespisseure, incrostatura di mura.
Crespon, fiocco crespo ò increspato.
Crespu, increspato.
Cresserelle, oiseau, gheppio, acertello.
Cresserelle d'enfant, zicchignola, cichignola.
Cresson, crescione.
Cresson alenois ou de jardin, agretto, nasturtio.
Cressonniere, crescionara. Item, letto ò quadro di nasturtio ò agretto.
Creste, cresta.
Creste de cocq, spetie di passamano ò merletto diseta.
la Creste des cheueux, dirizzatura.
Creste de cocq, spetie d'herba, saluia.
Creste marine, petrosemolo marino, crista marina.
Cresté, crestuto.
Crestelé, merlato, crestuto.
Creton, sommata.
Cretonart, zeduaria.
Creu, cresciuto. Item, cosa nata ò cresciuta nel terreno d'vno.
Creu, creduto.
au Creu, del terreno, del proprio.
cela n'est pas de son creu: l'Italien dit, non è herba del suo horto.

Creuailles, crepamento per mangiar di souerchio.
Creuasse, fissura, crepaccio, fesso. Item, Metaph. natura della donna, ò la Donna stessa.
Creuasse au pied du Cheual, rappa.
Creuasse de mur, pelo.
se Creuasser, crepacciare.
Creuassiere, crepaccio.
Creuë, accrescimento.
Creué comme vn mur, crepacciato.
vn gros Creué, budellone, mangione, sbudellato.
manger iusqu'au Creuer, mangiar à crepa pancia.
Creue-cœur, dolor grande, crepa cuore.
Creuement, crepamento.
Creuer, crepare, crepacciare. Item, scoppiare, schiantare.
le cœur me Creue, mi scoppia il cuore.
Creuer les yeux, cauar gl'occhi.
cela vous Creue les yeux. i. voi l'hauete innanzi à gl'occhi, è nol vedete.
vn orage de pluye a Creué sur nous, hà scoppiato la pioggia sopra di noi.
Creueure, crepatura.
Creuse, cupa profonda, bugia, vota.
Creusement, cauamento.
Creuser, cauare, incauare, profondare.
Creuset, crogiolo, croginolo.
Creux, incauato, cupo, profondo, alto, fondoluto.
Creux, vuide, voto, sbuzzo, bugio.
cerueau Creux, ceruel matto, cernollo bugio.
le Creux de l'œil, occhiaia.
vn Creux, vn buco, vna fossa, vna tana.
songer Creux, esser maninconico, pensar profondamente qualche malitia ò altro.
* Criage, gridamento.
Criaillement, Idem.
Criailler, gridare, sgridare.
Criaillerie, sgridamento.
Criailleur, gridatore, rampognoso.
Criard, Idem.
Criarde, sgridatrice.
Criblage, crinellatura.
Crible, criuello.
faiseur de Cribles, mastro di vagli.
Cribler, criuellare.
Cribleur, criuellatore, criuellare, vagliatore.
Cribleures, criuellature, conciature.
Cribleux, criuelloso.
os Cribleux, osso etmoide.
Cric, martinello, martinetta.
* Cricaille. i. danari.
Criée, proclamatione, bando, publicatione.
Criement, gridamento, grido.
Crier, gridare.
Crier mercy, demandar pardono.
Crier publiquement, bandire.
Crier comme vne rouë, cigolare.
Crier à trois briefs iours, bandire.
Crier, tancer, sgridare.
Crierie, gridamento, sgridamento.
Crieur, gridatore. Item, banditore.
Crieur de balays, scoparolo.
Crieur de noir à noircir, vendi nero ò fumo.
Crieur d'huyle, oliaro, oglieraro.
Crieur de vieille ferraille, ferrauecchio.
Crieur de chastaignes, Vedi, Chastaignes.
Crieur d'allumetes, zolfanello.
Crieur de fourmages de cresme, vendi giuncata.
Crieur de vins, banditor di vini.

Crignon.

Crignon , *spetie di canalletta.*
Crime , *crime , misfatto.*
Criminalité , *criminalità.*
Crimination , *criminatione.*
Criminatoire , *criminatorio.*
Criminauté , *criminalità.*
Criminel , *reo.* Item , *criminale.*
Criminelle , *rea.*
Criminellement , *criminalmente.*
Crimineux , *criminale.*
Crin , *crine.*
Crineux , *crinofo.*
Criniere , *criniera.*
* Criquer , *criqueter , criccare , fcoppiare.*
Crife , *crifi.*
Crifolite , *grifolito.*
Criffer , *cricchiare.*
Criftal , *criftallo.*
Criftal de roche , *criftallo di montagna.*
Criftallin , *criftallino.*
la Criftalline , *criftallina , fpetie di mal venereo.*
Critique , *critico.*
Critiquer , *criticare.*
Critiqueur , *critico.*
Croac , *crocitamento di rane.*
Croaillement , *Idem.*
Croailler , *crocitare.*
Croaffement , *crocitamento.*
Croaffer , *crocitare.*
Croaffeur , *crocitatore.*
Croc , *vncino.*
Croc de baftelier , *ftanga.*
Croc de teinturier , *zaffara.*
le Croc en iambe , *gambetta.* Metaph. *inganno.*
harquebufe à Croc , *archibuggio da pofta.*
Crocs de chiens , dents , *zinghi.*
pendre au Croc. i. *ceffare , defiftere.*
Croce , *paftorale.*
Croce de boiteux , *croccia , gruccia , ftampella.*
Crocette , *malleolo di vite.*
Crochet , *arpione , vncino.*
Crochet à crochetter vne ferrure , *grimaldello.*
Crochet de baft , *aucino di bafto.*
Crochet d'eftablie de Menuifier , *granchio.*
Crochets , dents de cheual , *fcaglioni.*
Crochets de crocheteur , *certo ftromento da facchino , da*
    *portar la fue fome.*
Crochets pour cramponner les ancres , *arpagoni.*
Crochets aux branches d'vn mors , *bolzonetti.*
Crocheter , *vncinare.*
Crochéter vne ferrure. i. *aprir col grimaldello.*
Crocheter vne bouteille. i. *leuar lo ftoppino per better il*
    *vin del fiafco.*
Crocheteur , *facchino.*
Crocheteur de ferrures , *ladro che apre col grimaldel-*
    *lo.*
Crochu , *arrampinato , adunco , vncinato.*
Crochuë , *croma di mufica.*
double Crochuë , *femi croma.*
Crochuer , *arrampinare , aduncare.*
mains Crochuës. i. *mani di ladro.*
Crochure , *vncinatura.*
Crocodile , *crocodilo.*
Crocodilée , *medicina compofta da certa parte del croco-*
    *dilo , buona per la fuffufione gl' occhi.*
Crocquer , *Vedi , Croquer.*
Croire , *credere.*
en faire Croire , *dar da intendere.*

s'en faire Croire , *ftimarfi , imaginarfi.*
ie vous Croy homme de bien , *vi hò per huomo da bene.*
Croifade , *crociata.*
Croifée , *incrociato.*
la Croifée , *quattro ftelle verfo il polo.*
Croifé de Flandre , *ferrandina.*
Croifée de poutres ou foliues , *crociera.*
Croifée , *fpetie di crefcione.*
Croifée de feneftre , *piana.*
Croifée d'efpée , *elfa.*
Croifement , *incrociamento.*
Croifer , *incrociare , incrocicchiare.*
demeurer les bras Croifez , *ftar con le mani à cintola.*
Croifer la courfe ou le chemin , *attrauerfare.*
Croifet , *croginolo.*
Croifette , *crocetta.*
Croifeur , *incrociatore.*
Croifeure , *incrociatura.*
Ctoifiere ou butte de mine , *puntello.*
Croifillons , *crocette di fineftra.* Item , *braccia di cro-*
    *ce.*
Croifons , *Idem.*
Croiffance , *crefcimento.*
Croiffance , glande en l'aine , *nafcenza.*
il a' pris fa Croiffance : l'Italien dit , *hà fatto il grop-*
    *po.*
Croiffant , *crefcente , Luna crefcente.*
Croiffet , *ranocchio.*
Croiftre , *crefcere.*
Croiftre , *aumentare.*
Croiftre , qui fe dit des fruits , *nafcere.*
Croifure , *incrociatura.*
Croix , *croce.*
la Croix de par Dieu , *L'ABICI.*
vne Croix de par Dieu , liuret , *quaderno.*
la Croix. i. *danari :* l'Italien dit , *fanta croce.*
faire la Croix à la cheminée : l'Italien dit , *far la croce*
    *col carbon bianco.*
Croix de paille , *fi dice da chi minaccia.*
à Croix ou à pile , jeu , *giglio ò fanto.*
ie n'ay ny Croix , ny pile. i. *non hò quattrini ò danari.*
Croix de cerf , *offo che fi troua nel cuor del ceruo.*
vn Croquant , *vn villano.*
Cronique , *cronica.*
Croniqueur , *hiftorico.*
Cropion , *coderizzo.*
Croquelardon , *vn leccardo.*
Croquer , *fcrogiolare , fcrofciare.* Metaph. *mangiare.*
Croquer en terme de peinture , *sbocciare , sbozzare.*
qui t'a Croqué , mon compagnon , forte de jeu , *compa-*
    *gno fon ftato ferito.*
Croquet , forte de pain d'efpice *bericuocoli.*
Croqueter , *crocchiare , fcrofciare.*
Croqueteur , *fcrofciatore.*
Croquignolle , *buffetto.*
* Croffer , *crollare.*
Croffe d'Abbé , *paftorale.*
Croffe de boiteux , *ftampella , gruccia.*
Croffe , *certo baftone incuruato col quale giuocano i puttini*
    *con vna palla.*
Croffer , *cacciar la palla col detto baftone incuruato.*
Croffette , *marz a di vite.*
Crot , *grotta.*
Crotefque , *grottefco , piaceuole.*
Crotefques , *grottefche.*
Croton , *caua di prigione.*
Crotte , *fchizzo , di fango , fango.*
Crotte d'animal , *fterco , cacchierello.*

M

il nous fait chier petites Crottes : l'Italien dit, *ci fa ca-*
*gar stoppini.*
Crotté, *fangoso.*
il fait Crotté, *è fangoso per strada.*
Crotter, *infangare.*
Crotton, *caua di carcere, grotta.*
Crouassement, *coarzamento.*
Crouasser, *crocitare, coarzare, coassare, crocidare.*
Croulant, *crollante.*
Crouler, *crollare.*
Crouliere, *terra che trema ò crolla.*
Croupade, *groppata.*
Croupe, *groppa.*
Croupe de montagne, *giogo, cima.*
jouër de la Croupe, *groppeggiare.*
leuer ou trousser la Croupe, *aggropparsi.*
haussement de Croupe, *gruppo.*
elle ne veut pas porter en Croupe, Metaph. *quella don-*
*na non vuor far copia di sè.*
à Croupeton, *groppolone.*
eau Croupie, *acqua stantia ò stagnante.*
Croupiere, *groppiera.*
tailler des Croupieres. i. *dar delle ferite.*
Croupion, *groppone, coderizzo.*
Croupir, *stagnare.* Metaph. *star gran tempo in vn luogo.*
Item, *rannicchiare.*
Croupissant, *stagnante.*
Crouppe, *Vedi, Croupe.*
Croupy, *stantio.*
Crouste, *crosta.*
Crouste de teste de cerf, *crosta.*
* Crousteau, *pezzo di crosta.*
Crousteau de cire, *fauo.*
Crouste leué, *pieno di scabbia ò vaiuoli.*
Crouste leneure, *scabbia ò vaiuoli.*
Crouster, *far la crosta.*
Crousteux, *pieno di croste.*
Croustiller, *mangiar croste doppo il pasto per bere.*
Crouston, *pezzo di crosta.* Item, *sasso duro ò crosta di*
*sasso.*
Croyable, *credibile, credeuole.*
Croyablement, *credibilmente.*
Croyance, *fede. Credenza.*
de legere Croyance, *di poca leuatura, credulo.*
Croyant, *credente, credendo.*
Croye, *craye, creta.*
Cru, *crudo.* Item, *cresciuto.*
Cruauté, *credulità.*
Cruche, *brocca.*
esprit Cruche. i. *matto, hipocondriaco.*
tant va la Cruche à l'eau, qu'à la fin elle se brise : l'Ita-
lien dit, *tanto và la Capraxoppa, che nel Lupo s'intop-*
*pa.*
Cruchette, *mezzettino.*
* Crucier, *cruciare.*
Crucifiement, *crocifiggimento.*
Crucifier, *crocifiggere.*
Crucifix, *crocifisso.*
mangeur de Crucifix : l'Italien dit, *graffia santi.*
faire le demy Crucifix. i. *domandar la limosina.*
Crud, *crudo.*
vn discours Crud, *discorso senza consideratione, spropo-*
*fito.*
se juger au Crud. i. *vsar con vna donna.*
botter à Crud, *stinalarsi senza calzette.*
monter à cheual à Crud, *canalcar alla disossa.*
Crudité, *crudità.*

Cruë, *cruda.* Item, *cresciuta.*
manger de la chair Cruë. i. *far l'atto venereo.*
soye Cruë, *seta cruda.*
Cruel, *crudele.*
Cruellement, *crudelmente.*
Cruëment, *crudamente.* Item, *inconsideratamente.*
Crural, *crurale.*
Cruzeul, *crogiuolo.*
Cry, *grido.* Item, *bandimento.*
Crysolite, *grisolito.*
Crystal, *Vedi,* Christal, &c.



Cubaseau, *certo pesce.*
Cube, *cubo, quadro.*
Cubes ou fourneaux de mine, *fornelli.*
Cubebe, *cubebe.*
Cubiculaire, *cubiculare.*
Cubique, *cubico, quadro, di forma quadra.*
Cubital, *cubitale.*
Cucube, *tortelle, irione, erisimo.*
* Cucurbite, *cucuzza, zucca.*
Cucuye, *coconeggia, vccello.*
Cueillette, *raccolta.*
Cueilleur, *coglitore, raccoglitore.*
Cueiller, *spetie d'vccello, croto.*
Cueillir, *cogliere, racogliere.*
Cueu, *cote.*
Cueux de plomb, *pezzo grosso di piombo.*
Cuict, *cotto.* Item, *imbriaco.*
Cuicte, *cotta.*
Cuidance, *imaginatione.*
* Cuider, *presare, immaginare.*
Cuidereau, *temerario.*
Cuiller, *cucchiaro.*
Cuillerée, *vn cucchiar pieno, vn cucchiaro di qualche*
*cosa.*
boyau Cuillier, *intestino.*
Cuir, *cuoio.* Item, *pelle del huomo, &c.*
Cuir de cerf, *pelle di cervo.*
Cuirace, *corazza.*
Cuirasse, *l'idem.*
Cuirassé, soldat, *corazza, soldato à cauallo.*
Cuirasse, *armato di corazza.*
Cuirassier, *di corazza.* Item, *soldato a cauallo, arma-*
*to di corazza.*
Cuirassine, *corazzina.*
Cuire, *cuocere.*
Cuire, *pizzicare.*
il luy en Cuira. i. *sene pentirà, ne sentirà dolore.*
qui Cuit bien, *cottoio.*
Cuisant, *cocente.*
Cuiseur, *cocitore.*
Cuisible, *cottoio.*
Cuisine, *cocina.*
la Cuisine est renuersée. i. *non c'è più niente da mangia-*
*re.*
la Cuisine ne va pas. i. l'estomach : l'Italien dit, *non*
*serue bene il cuoco.*
chargé de Cuisine. i. *grasse, passuto.*

deschargé de Cuisine, *magro.*
Cuisinier, *cocinare*
Cuisinier, *cuoco.*
Cuisinier de Hedin, ou de la Reyne Gillette. i. *cattiuo cuoco.*
maistre Cuisinier, *maestro Cuoco.*
Cuisiniere, *cuoca.*
Cuissal, *cosciale.*
Cuissaux, *cosciali.*
Cuissarts, *Idem.*
Cuisse, *coscia.*
Cuisse de noix, *spicchio di noce.*
Cuissedame, *spetie di pero.*
Cuisselette, *coscia picciola.*
Cuisse né, *nato dalle coscia.*
Cuisette, *coscietta, cosciettina.*
muscle Cuissier, *moscolo.di coscia.*
Cuissiner, *coscinetto.*
Cuisson, *cocitura.*
Cuisson, douleur cuisante, *cociore.*
pain de Cuisson, *pane che si fa in casa.*
Cuissots, *cosciali.*
Cuistre, *seruo che cuoce alli scolari.*
Cuit, *cotto.*
Cuite, *cocitura.*
Cuiure, *rame.*
Cuiure calciné, *ferretto.*
Cuiure blanc, *alchimia.*
Cuiureux, *di rame.*
Cul, *culo.*
Cul d'artichaud, *fondo di carchioffo.*
Cul ou trou d'aiguille, *cruna.*
aiguille sans Cul, *ago crunato.*
rompre le Cul d'vne aiguille, *crunare.*
Cul d'asne, *spetie di pesce.*
Cul de lampe, *fondo di lampada.*
Cul de mesnage, *culo grosso.*
Cul de hotte, de bourse, de pannier, de boisseau, &c. *fondo.*
Cul de bouteille, & de tonneau, *Idem.*
Cul de jatte, *huomo senz'a gambe, che camina in vu catino.*
Cul de bassin, partie de mors, *tempagno.*
Cul plat de mors, *tempagno piano, campanella.*
Cul de sac, *chiasso, strada senz'a vscita.*
Cul de verre, *piede di bicchiere.*
vn Cul de fosse, *fossa ò caua di carcere.*
frapper sur le Cul, *sculacciare.*
Cul de plomb, *huomo che siede di continuo.*
faire le Cul de plomb, *culattar la panca.*
le Cul clos. i. *vltimo genito.*
il s'est sauué par le Cul de sa bourse. i. *si è saluato per via di danari.*
Cul par dessus teste, à *spacca strombolo, sossopra.*
de Cul, & de teste, *di tutto potere, con ogni sforzo possibile.*
à Cul leué, à chi perde leua, *andar à pisciare, à leua culo.*
joüer à Cul leué, Metaph. *far l'atto venereo, che si dice di donna ò puttana.*
le Cul en haut, à gambe leuate, *col culo inalto.*
estre à Cul. i. *in asso, in cattiuo stato.*
on luy voit le Cul. i. *hà el vestito tutto stracciato, mostra le carni.*
on le tient au Cul, & aux chausses. i. *gli danno adosso, ò gli sono dietro in tutti li modi.*

il n'a que le Cul. i. *è molto pouero.*
hausser le Cul. i. *alzar il bicchiere beuendo.*
ce n'est qu'vn Cul, & vne chemise : l'Italien dit, *sono carne ed vnghia.*
il ioüeroit son Cul s'il ne tenoit : l'Italien dit, *giocarebbe l'anima.*
tirer le Cul en arriere. i. *non voler far vna cosa, indugiare.*
Cul contre pointe, *certo giuoco con spilli.* Metaph. *l'atto venereo.*
Cul rouge, *spetie di pico, vccello.*
leuer le Cul, *andar via, leuarsi da vn luogo.*
gratter son Cul au Soleil. i. *hauer patienza.*
Culasse, *culata.* Item, *vedi arcasse.*
Culasson, *Idem.*
Culatte de canon, *parte estrema della culata.*
Culbute, *capitombolo.*
Culbuter, *capitombolare.* Item, *rouesciar sotto sopra.*
Culbuteur, *tombolatore.*
Culeron, *parte esteriore ò esterma della groppa del cauallo.*
Culerage, *persicaria.*
Culetage, *sculattata.*
Culeter, *culattare, sculattare.*
Culetis, *sculattata.*
boyeau Culier, *intestino.*
* Culiere, *groppiera.*
* Culinaire, *di cocina.*
Cullebute, *capitombole, tombola.*
Cullebuter, *capitombolare, tombolare.* Item, *rouesciare e gittar per terra.*
Cullebuteur, *tombolatore.*
Culot, *culotto.* Item, *canale ò crogiolo da far verghe d'oro.*
Culot de fondeur, *forma.*
Culottes, *batticuli.*
Culotte de fusée, *cannoncino di raggio.*
Culrage, *herba, persicaria.*
Culte, *culto.*
* Cultellaire, *fatto col coltello.*
Cultiuage, *coltiuamento.*
Cultiuation, *coltiuatione, cultura.*
Cultiuement, *Idem.*
Cultiuer, *coltiuare.*
Cultiueur, *coltiuatore.*
Culture, *cultura.*
Cumin, *cumino.*
Cunette, petit fossé au milieu du grand, *cunetta.*
Cunilage, *cunilaggine, cunila.*
Cupide, *cupido.*
Cupidité, *cupidità.*
la Cuque, *compagnia di furbi.*
Curage, *persicaria.*
Curailles, *mondature, monditie.*
Curatelle, *curatela.*
Curateur, *curatore.*
Curation, *curatione, cura.*
Curatrice, *curatrice.*
Curé, *piouano parocchiano.*
Curé, piena, cura, *parocchia.*
Cure, *cura.* Item, *cura di medico. Cura che si dà all' vcello grisagno.*
Cure-dent, *streccadenti, sturzicadenti.*
Curée, *suisceratione, pasto.*
Cure-oreille, *sturzica orecchie.*

Curer, *curare, mondare. Il vomitar dell' vccello di rapina.*

ſe Curer les dents, *nettarſi i denti.*

Curer vn puits, *rimondare.*

* Cureſtable, *garʒon di ſtalla.*

Curette, *curanetta.*

Cureur, *mondatore.*

Cureur de puits, *cura poʒʒi.*

Cureur de retraits, *cura deſtri, vota ceſſi.*

* Curial, *curiale, di cortigiano.*

* Curialiſte, *curialiſta, cortegiano.*

* Curialité, *curialità, cortegiania.*

* Curie, *curia Romana.*

Curieuſement, *curioſamente.*

Curieuſe, *curioſa.*

Curieux, *curioſo.*

Curioſité, *curioſità.*

Curoir, *curanetta.*

Cuſcute, *loglio di lino.*

Cuſſon, *gorgoglio.*

Cuſtode, *tendina cortina.* Item, *cuſtode.*

ſous la Cuſtode, *in ſecreto.*

vn Cuſtodinos, *vn aiutante per conſeruar il Beneficio.*

* Cuticulaire, *coticolare.*

Cuue, *tina, tinaʒʒa.*

à fonds de Cuue, *à guiſa di tina.* Item, *in quantità, abondantemente.*

Cuueau, *tinaccio.*

Cuuée, *pieno vna Tina.*

d'vne autre Cuuée. i. *d'vn altra natura.*

Cuuer, *laſciar ſtare il vino dentro alla tina.*

Cuuer ſon vin, *ſmaltire il vino.*

Cuuette, *tinaccio.*

Cuuette de Venus, *ſpetie di carde.*

Cuuier, *tino, tinaccio, tina.*

Cuyderolles, *ſpetie di fiori.*

## C Y

CY, *qui.*

Cy-deuant, *di ſopra:*

Cy aprés, *di ſotto.* Item, *di qui innanʒi, dipoi, poi.*

Cy bas, *qui giù, qui abbaſſo.*

Cy deſſus, *di ſopra.*

Cy deſſous, *qui ſotto.*

entre Cy & demain, *di qui à domani.*

Cyane, *ciano, aʒurro.*

Cyathe, *ciato, miſura antica.*

Cyboide, *ciboido oſſo.*

Cyclamine, *ciclamino, herba, ciclomino.*

Cygne, *cigno.*

Cylindre, *cilindro.*

Cymace, *cimatio.*

Cymaiſe, *Idem.*

Cymbale, *nacchera.*

Cynic, *cinico.*

Cyon, *borraſca.*

Cyprez, *cipreſſo.*

Cypreſſier, *di cipreſſo.*

Cypriot, *cipriotto.*

Cyprin, *ciprino, cipriguo.*

Cyſimbre, *ſicembrio.*

Cyſtique, *ciſtica vena.*

Cytiſe, *citiſo.*



# D A

DA, *interiettione, eh.*

ouy Da, *ſi ſi.*

Dablée, *raccolta, fruito, rendeto.*

Dace, *datio.*

Dacier, *datiere.*

Dacte, *Vedi,* Datte.

Dactilaire, *dattilario.*

Dactyle, *dattilo.*

* Dada, *parola bambineſca, canallo.*

* Dadée, *bambineria.*

Dadais, *dadiffle, menchione.*

Dagard, *animale al qual comminciano à ſpuntar fuorile corna.*

* Dagaſſe, *daga grande, piſtolcſe.*

Dagobert, *ſpetie di pero.*

* Dagorne, *vecchiaccia.*

Dague, *daga.*

Dagues, *primo corna di ceruo.*

Daguenet, *ſpetie di pero.*

Daguer, *pugnalare.*

Daguette, *daga picciola.*

Daignant, *degnante.*

Daigner, *degnare.*

Daille, *ſpetie di mitolo.*

Daim, *dama.*

Dainteau, *dama picciola.*

Daintiers, *teſticoli di ceruo.*

Dais, *baldacchino.*

Dale, *dalero, moneta d'Allemagna.*

Daler, *Idem.*

Dalmatique, *di Dalmatia, dalmatico.*

Dam, *Signore.* Item, *danno.*

à ſon Dam, *à ſuo danno.*

Damaiſine, *ſuſina di Damaſco.*

Damas, *Damaſco.*

Damaſcer, *damaſcare, mareʒʒare.*

Damaſceure, *mariʒʒo.*

Damaſquin, *damaſchino.*

Damaſquinage, *mariʒʒo.*

Damaſquiner, *damaſcare.*

Damaſquineure, *mariʒʒo.*

Damaſſer, *mareʒʒare.*

Dame, *Dama.*

noſtre Dame, *la Madonna, la beata Virgine.*

Dame Damée, *Dama principale, Signora.*

Dame damée, au jeu des Dames, *Rè.*

Dame, *attributo di donna vile, monna, madonna.*

Dame, au jeu des Dames, *tauola.*

aux Dames rabattuës, *à ſcarica l'aſino.*

jouër aux Dames rabattuës, Metaph. *vſar con vna dottna.*

Damer, *far il Rè nel giuoco delle tauole.*

Dameret, *donnaiuolo, damerino, ʒerbinotto.*

Damier, *tauoliere.*

Damnable, *dannabile.*

Damnation, *dannatione.*

Damné, *dannato.*
Damner, *dannare.*
⁎ Damoiseau, *donzello.*
⁎ Damoisel, *idem.*
Damoiselet, *donzelli.*
Damoiselette, *donzellina.*
Damoiselle, Demoiselle, *Damigella, donzella.*
Damoiselle d'atours, *guarda gioie.*
Damoiselle suiuante, *donzella.*
Damoiselle, insecte, *corrogolo.*
Damoiselle, hie à battre le pavé, *maz zaranga.*
Dandin, *dondolo.*
Dandiner, *dondolare.*
⁎ Dandrilles, *testicoli, coglia.*
Danger, *pericolo.*
estre en Danger de, *star per v. g.*
estre en Danger de mourir, *star per morire, &c.*
se mettre en Danger, *arrischiarsi.*
Dangereusement, *pericolosamente.*
Dangereux, *pericoloso.*
Dannemarc, *Danimarca.*
Dannois, *Danese.*
Dans, *dentro.*
Dans, *trà, frà.*
Dans trois iours, *frà trè giorni.*
Danse, *danza, ballo.*
la Danse du loup : l'Italien dit, *danza Treuigiana.*
mener la Danse, *esser il primo, menar la danza.*
Danser, *danzare, ballare.*
Danser aux chansons, *carolare.*
il ne sçait sur quel pied Danser .i. *non sà più che fare.*
Danser par haut, *far capriole.* Metaph. *esser appiccato.*
Danseresse, *ballatrice.*
Danserie, *balleria.*
Danseur, *ballatore, ballerino.*
Darceau, *spetie di pesce.*
Darcine, *Darcina.* C'est vn port en dedans de la Ville,
　pour asseurer les vaisseaux.
Dardanier, *rigattiere di vettouaglie.*
Darder, *saettare.*
Dard, *dardo.* Item, *spetie di pesce, giacchio.*
Darderesse, *saettatrice.*
Darde-tonnerre, *fulminante.*
Dardeur, *saettatore.*
⁎ Dare, *dare, presto, presto.*
Dariole, *lattainola.*
Dariolette, *mez zana, ruffiana.*
Dame, *fetta.*
Dartre, *volatica.*
Dasticotter, *parlar Allemano, stiticoz z art.*
Dataire, *datario.*
Date, *vrina.*
Date, *dato di lettera.*
le premier en Date .i. *il bel primo.*
Dater, *mettere il Datto.*
Datif, *datiuo.*
Datil, *dattero, dattilo.*
Datte, *dattero.*
Dattier, *dattero, albero.*
Dattes d'Inde, *tamarindi.*
Dauantage, *di più.*
Dauanture, *à caso, per auuentura.*
Daube, *dobba, spetie d'intingolo.*
Dauber, *battere.*
Dauber des fesses, *menar il culo.*
Dauber des maschoires, *mangiar bene, menar le ga-
nascie.*
D'aucuns, d'aucun, *dauce.*

Dauier de Chirurgien, *cane.*
Dauphin, Daulphin, *Delphino.*
Daurade, *orano, orata, pesce.*
Dausse d'ail, *spicchio d'aglio.*
Dautant que, *imperoche, percioche.* Item, *di quante.*

## DE

DE, *articolo del genitiuo e ablatiuo, da.*
D'hier, *da hieri in quà.*
il n'acheuera D'aujourd'huy, *non fornirà hoggi, ò in tutt'
hoggi.*
cuit D'aujourd'huy, *cotto hoggi.*
car De dire, *per che il dire.*
Dé, *dado.*
Dé à coudre, *ditale.*
flatter le Dé, *lauorar lentamente, ó senz'a risolutione.*
le Dé en est jetté .i. *è risoluto il negotio.*
tenir le Dé, Metaph. *esser il primo.*
⁎ Dea, *eh.*
⁎ Dealbatoire, *che imbianca.*
⁎ Deambulatoire, *ambulatorio.*
Debagouler, *dir tutto quello che si sà, dir villanie.*
Deballer, *sballare.*
Debat, *contrasto.*
⁎ Debatable, *contrasteuole.*
Debatement, *contrasto, contrastamento.* Item, *dimena-
mento.*
Debateur, *contrastoso.*
Debatis, *dimenamento.*
Debattre, *contrastare, contendere.*
se Debattre, *dimenarsi, dibattersi.*
Debattement, *dibattimento.*
Debattu, *conteso.*
Deballer, *debellare.*
vn Debet, *vna cedula di debito.*
Debiffé, *scancellato.* Item, Metaph. *mez zo ammalato.*
Debilement, *debolmento.*
Debiffer, *scancellare.*
Debile, *debole.*
Debilité, *indebolimento.*
Debilitation, *indebolimento.*
Debiliter, *indebolire, debilitare.*
Debit, *spaccio, distributione.*
Debiter, *spacciar la mercantia, dispensare, distribui-
re.*
Debiter bien, *dir bene le sue ragioni ó parole.*
Debiter vn arbre abbatu, *tagliar in pez zi.*
Debiteur, *debitore.*
Debitrice, *debitrice.*
Deboire, *cattiuo gusto di beuanda.*
Debonnaire, *bonario, mansueto.*
Debonnairement, *mansuetamente.*
Debonnaireté, *bonta, bonarietà.*
Debout, *in piedi.*
Debout, debout, *su su, leuati.*
souliers à dormir Debout, *scarpe larghe.*
mourir tout Debout .i. *esser innamerato morto.*
Deboutement, *rifiuto, espulsione.*
Debouter, *ributtare, ricusare.*
Debraguetter, *sbracare.*
Debris, *rottura, rotta.*
Debte, *debito.*
Debteur, *debitore.*
Debuoir, *Vedi, Deuoir.*

 

Debufquer, *sboscare.* Item, *tor la volta, tor il luogo à vno.*
Debut, *tiro.*
Debutter, *tirare.*
Deça, *di quà. Costà.*
de Deça, de ce païs-cy, *di costà.*
en Deça, par deça, *di quà via.*
en Deça, *in quà.*
Decade, *decade.*
Decadence, *decadenza.*
Decalogue, *Decalogo.*
Decapiter, *decapitare.*
Decarteler, *squartare.*
Deceder, *morire.*
Decelement, *scoprimento.*
Deceler, *scoprire, palesare.*
Deceleur, *palesatore.*
Decembre, *Decembre.*
Decemmant, *conueneuolmente.*
Decence, *decenza, decoro.*
Decent, *conueneuole, decente.*
Deceptif, *inganneuole.*
Deception, *inganno.*
Decercler, *caual dal cerchio.*
Decerner, *decernere.*
Deceu, *ingannato.*
Deceuable, *inganneuole.*
* Deceuance, *inganno.*
Deceuant, *che inganna.*
Deceuoir, *ingannare.*
Deceueur, *ingannatore.*
Decez, *morte.*
Dechassement, *scacciamento.*
Dechasser, *scacciare.*
Decheant, *scadente.*
Decheoir, *dicadere, scadere.*
Dechet, *discatto.*
Decheu, *scaduto.*
Dechiqueter, *tagliuzzare, frappare.*
Dechiqueture, *tagliuzzo.*
Decider, *decidere.*
Decimable, *decimeuole.*
Decimal, *decimale.*
Decime, *decima.*
Decimer, *decimare.*
Decimestre, *di dieci mesi.*
Decisif, *decisiuo.*
Decision, *drisiuo.*
Decisoire, *decisiuo.*
Declamateur, *declamatore.*
Declamation, *declamatione, oratione.*
Declamatoire, *declamatorio.*
Declamer, *declamare.*
Declamer contre quelqu'vn, *gridar contra vno.*
Declarant, *dichiarante.*
Declaration, *dichiaratione.*
Declarer, *dichiarare.*
Declin, *declinatione.*
Declinatoire, *declinatorio.*
Declinant, *declinante.*
Declinement, *declinatione.*
Decliner, *declinare.*
Decoction, *decotto.*
* Decœur, *auuersione, fastidio.*
Decoller, *decapitare.*
Decollation, *decapitamento.*
Decoration, *decoratione.*
Decorement, *Idem.*

Decorer, *decorare.*
Decoulement, *scorrimento, flusso.*
Decouler, *scorrere.*
Decouper, *frastagliare.* Metaph. *detrattare, maledire.*
Decoupeur, *tagliuzzatore, frastagliatore.*
Decoupeure, *frastaglio, taglio, frastagliatura.*
Decourir, *scorrer abasso.*
Decourt, *scorrimento.*
Decours de la Lune, *luna scema.*
Decrepit, *decrepito.*
Decret, *decreto.*
Decretales, *decretali.*
Decretant, *decretante.*
Decretation, *decretatione.*
Decreter, *decretare.*
Decroistre, *sminuire.*
Decroissance, *diminutione.*
Decumane, *decumano.*
Decurie, *decuria.*
Decurion, *Decurione.*
Dedale, *Dedalo.*
Dedans, *dentro.*
le Dedans, *la parte di dentro.*
le Dedans de la noix ou de l'amende, *nocchio.*
mettre la porte Dedans .i. *romper ò metter giù la porta.*
mettre vn homme Dedans : l'Italien dit, *far andar vno in barca.*
pour cinq sols qu'il est Dedans, jeu d'Egyptien, *à ch' egli è dentro.*
au Dedans, *in dentro.*
par Dedans ou en dedans, *di, dentro via, in dentro.*
au Dedans, *di dentro.*
du Dedans, *della parte di dentro.*
Dedicace, *dedicatione.*
Dedier, *dedicare.*
Deduction, *deduttione, sconto, scomputo.*
Deduire, *scontare, scomputare.*
Deduisant, *scontante.*
Deduit, *diletto, diporto.* Item, *scontato.*
* Deduite, *diminutione, sconto.*
Déesse, *Dea.*
Défaillance, *suenimento, sfinimento.*
Défaillant, *mancante.*
Défaillir, *mancare, venir manco ò meno.*
Défalquer, *disfalcare, scomputare.*
Défaroucher, *straneggiare.* Item, *acquetare, render mansueto.*
Défaueur, *disfauore, scortesia.*
Défaut, *magagna, mancamento, difetto.*
au Défaut, *in mancanza.*
estre en Défaut, terme de chasse, *errare, mancare.*
Défectueux, *mancheuole, pieno di magagne ò difetti.*
Défectuosité, *difetto, magagna.*
Déferer, *cedere.*
Deffaire, *disfare.* Item, *vccidere.*
Deffaitte, *rotta di nemici.*
Deffaitte, *scusa, aggiata.*
de belle Deffaitte, *facile da vendere.*
Deffaitte, *pallido, smorto.*
Deffendant, *difenditore.*
Deffendeur, *Idem.*
Deffendeur, en procés, *reo.*
Deffenderesse, *difenditrice. Rea.*
Deffendre, *difendere.* Item, *bandire, prohibire.*
Deffendu, *bandito, prohibito.*
Deffense, *difesa.* Item, *prohibitione, bando, grido.*

Deffenfes de fanglier, ẑanne.
Deffenfe, riparo.
fe mettre en Deffenfe, ripararfi.
Deffenfeur, difenditore.
Deffenfible, difenfibile.
Deffenfif, difenfiuo.
Defiance, diffidanẑa.
Defiant, sfidante, & diffidante.
Deffier, diffidare. Item ,sfidare.
fe Deffier, sfidarfi. Item, diffidarfi.
Deffi, disfida.
Defformité, diformità.
Deffortune, sfortuna, fuentura.
Deffortunité, sfortunato.
Deffrayer, far la spefa, spefare.
fe Deffroigner, leuarfi, le rughe dal vifo.
Deffrayeur, spefatore.
Deffy, disfida.
Definement, finimento.
Definer, fornire, finire.
Definir, definire.
Definitif, definitiuo.
Definition, definitione.
Definitiuement, definitiuamente.
Defloration, defloratione.
Deflorer, desforare, fuerginare.
Defluxion, fluffione.
Deformer, sformare.
Defouler, opprimere.
Defraudateur, defraudatore.
Defraudement, defraudatione.
Defrauder, defraudare.
* Defroiffer, ammacare.
* le Defructus, il defrutto.
Defunct, difunto.
Degaft, guaffo. Item ,fcialacquamento.
Degaftement, guaftamento.
Degafter, guaftare, fcialacquare.
Degafteur, guaftatore.
Degeler, sgelare, di farfi.
Degenerer, d'generare.
Degoifer, Vedi, Desgoifer.
Degot, primo tiro.
Degotter, tirare.
Degout, gocciolamento.
Degouttant, gocciolante.
Degouttement, gocciolamento.
Degoutter, gocciolare, gocciare.
Degoutter comme vne gouttiere, grondare.
Degradation, digradatione.
Degrader, digradare, deporre.
Degré, grado.
Degré, fcala.
Degré à limaçon, fcala à lumaca.
Degré à repos, fcala à piancrottolo.
Degré dérobé, lumaca.
Deguerpir, quittare, lafciare, cedere.
Deguerpiffement, ceffione, abbandonamento.
Deguerpiffeur, abbandonatore.
Dehonté, fuergognato.
Dehacher, tritare.
Dehait, allegro, allegramente.
Dehalé, fmanito.
Dehors, fuori, fuora.
au Dehors, di fuori al, di fuori.
en Dehors, par Dehors, di fuori, via.
les Dehors, le parti ò luoghi di fuori.
du Dehors, della parte di fuori.

Dejecter : ribbuttare.
fe Dejecter, gonfiarfi, ftenderfi per humidità.
Deification, deificatione.
Deifier, deificare.
Deifique, deifico.
Deité, deità.
Delà, di là Indi.
De là en auaut, di là via.
au Delà, di là via.
Delà, enfuitte de cela, quindi, Indi.
Delà, en ce païs là, cofti.
au Delà de deux, da due in sù, più di due, di là di due.
Delaiffement, abbandonamento.
Delaiffer, abbandonare.
Delateur, delatore.
Delation, delatione.
Delay, indugio.
Delayement, Idem.
Delayer, indugiare.
* Delayer vne mattiere, ftemprare.
Delayeur, indugiatore.
Delectable, diletteuole.
Delectation, diletto, dilettatione.
Delecter, dilettare.
Delegation, delegatione.
Delegué, delegato.
Deleguer, delegare.
Deleyer vne matiere, ftemprare.
Deleyement, ftempramento.
Deliberatif, deliberatiuo.
Deliberation, deliberatione.
Deliberé, deliberato. Item, rifoluto.
Deliberer, deliberare.
Delibereur, deliberatore.
Delicat, delicato. Item, fchizzinofo.
Delicatement, delicatamente.
fe Delicater, viuer delicatamente.
Delicateffe, delicatezza.
Delices, delitie.
* fe Delicier, dilettarfi.
Delicieufement, delitiofamente.
Delicieux, delitiofo.
Delict, delitto.
Delié, fottile, fino.
homme Delié, huomo accorto ò fcaltro.
Deliément, fottimente.
efprit Delié, ingegno fottile.
Delier, affotigliare.
Delineament, delineamento.
Delineation, delineatione.
Delineature, delineatura.
Deliniment, linimento.
* Delinquant, delinquente.
* Delinquer, errare, fallare.
Delire, verbe, fcegliere.
* Delire, delirio.
* Delirement, deliramento.
* Delirer, delirare.
Deliurance, liberatione, fpeditione.
le Deliure, l'arriere-faix, la fecondina.
* Deliure, libero, fciolto, agile.
Deliurer, liberare. Item, dar nelle mani.
Deliurer d'enfant, partorire.
Deliureur, liberatore.
Deltoide, mufcolo che ferue per alzar il braccio.
Deluge, diluuio.
Deluger, diluuiare.
Demain, domani, domane.

Demain au matin, *domattina.*
Demain au foir, *doman da fera.*
aprés Demain, *doman l'altro, poftdomani.*
* ie vous vis Demain, Iron. l'Italien dit, *à Luca ti vidi.*
* Demaine, domaine, *dominio.* Item, *rendita.*
Demandant, *domandante.*
Demande, *domanda. Petitione. Supplica.*
Demander, *domandare. Interrogare.*
Demander, appeler, *addomandare.*
Demandereffe, *attrice.*
Demandeur, *attore.* Item, *domandatore.*
Demandeufe, *dimandatrice.*
Demangeaifon, *prurito, pizzicore, grattagione, ftizza.*
Demangement, *Idem.*
Demanger, *pizzicare, prurire.*
les mains luy Demangent, &c. l'Italien dit, *hà pizzicore nelle mani, hà voglia di battere.*
Demarche, *paffo.*
Demarcher, *paffeggiare.*
Demarer, *partir dalla riua.* Item, *muouerfi dal fito luogo.*
* Demenement, *dimenamento.*
fe Demener, *dimenarfi.*
* fe Dementer, *lamentarfi.*
Dementir, *fmentire.*
Demerite, *demerite.*
Demeriter, *demeritare, errare.*
Demettre, *deponere, deporre.*
* Demeurance, *habitatione.*
Demeurant, *habitante.*
le Demeurant, *l'auanzo, il refto.*
au Demeurant, *nel refto.*
Demeure, *habitatione, ftanza, dimora.*
Demeurer, *reftare, auanzare. Habitare, ftar in vno luogo. Tardare.*
Demeurer court, *reftare.*
Demeurer, *fermarfi.*
il ne Demeura pas long-temps, *non ftette molto.*
i'en Demeure-là, *mene ftò così.*
Demeurons-en-là, *formiamola.*
Demi, *mezzo,* Vedi, Demy.
Demi-ceinct, *certa catena d'argento à guifa di cintola, per ornamento di donna vile ó ferua.*
Demie, *mezza.*
Demi-crochuë, *femi croma.*
Demi-Dieu, *mezzo Dio, femideo.*
Demi-gorge, *mezza gola.*
Demi-graine, *dolor emicranio.*
Demi-cune, *certa mifura di vino.*
Demi-lune, *mezza luna.*
faire le Demi-faut .i. *effer appiccato.*
Demi-fettier, demi fextier, *mezza foglietta, mezzettino, quarta parte di pinta.*
Demiffion, *demiffione.*
Demi-taille, *mezzorilieuo.*
Demi-vent, *vento collaterale.*
Democratie, *Democratia.*
Democratique, *democratico.*
Demoifelle, Vedi, Damoifelle.
Demolir, *abbatter giù, rouefciare, fpianare.*
Demoliffeur, *fpianatore, rouinatore.*
Demolition, *rouina, futterfione, fpianamento di fabbrica.*
Demon, *demonio, demone.*
Demoniaque, *fpiritato.*
Demonftrance, *dimoftranza.*
Demonftrateur, *dimoftratore.*
Demonftratif, *dimoftratiuo.*
Demonftration, *dimoftratione.*
Demonftrer, *dimoftrare.*

Demordre, *ceffare, effer fatio.*
Demourer, Vedi, demeurer.
Demy, *mezzo,* Vedi. Demi, demie.
Demy-bafton de Iacob, *mezzo baleftrino.*
Demy-couché, *mezzo à giacere.*
Demy-quarteron, *ferqua.*
Denaire, *numero di dieci, denario.*
* Dendrilles, *coglia, tefticoli.*
Deneantir, *abbaffare, annihilare.*
Dénegation, *denegatione.*
Deneral, *pezzo ò lama tonda, che ferue per modello delle monete.*
Déniement, *negatione, rifiuto.*
Dénier, *abnegare.* pron. trois fyllabes.
Dénier, *negare, rifiutare.*
Denier, pron. deux fyllabes, *quattrino.*
Denier, *ventefima quarta parte dell' oncia d'oro, ò d'argento.*
Deniers, *danari.*
le Denier à Dieu, *caparra.*
donner le Denier à Dieu, *caparrare.*
vendre à beaux Deniers comptans .i. *tradire vno.*
Dénieur, *negatore.*
Denigrer, *fprezzare, diffamare.*
Denigrement, denigration, *diffamatione.*
Denombrement, *dinumeratione.*
Denombrer, *dinumerare.*
Denommé, *nominato, denominato.*
Denommer, *nominare, denominare.*
Denominateur, *denominatore.*
Denominatif, *denominatiuo.*
Denomination, *denominatione, denominanza.*
Denoncement, *denontia.*
Denoncer, *denontiare.*
Denonciation, *denontia, denontiatione.*
Denoter, *dinotare.*
Denrée, *mercantia, derrata, merci.*
* Denfe, *denfo.*
Dent, *dente.*
Dent canine, *dente canino.*
Dent de chien, *gramigna.*
Dent de laict, *dente lattaiuolo.*
Dent de lion, *fpetie d'herba.*
Dents molaires, *molari.*
Dents mafchelieres, *mafcellari.*
Dents œilleres, *occhiali denti.*
Dent de rat, forte de dentelle, *trina.*
eftre fur les Dents .i. *effer in cattiuo ftato, ftar male.*
monftrer les Dents, *minacciare ó refiftere, brauare.*
habits qui monftre les Dents .i. *veftito frufto, vfato.*
parler entre les Dents .i. *parlar indiftintamente.* Item, *murmurare.*
les Dents ne luy font plus de mal .i. *è morto.*
à belles Dents, *co' denti.*
auoir les Dents longues, *hauer gran fame.*
il n'y en a pas eu pour fa Dent creufe : l'Italien dit, *non gli tocco l'vgola.*
porter vne Dent à quelqu'vn, *hauer odio.*
parler des groffes Dents .i. *brauare.*
Dents d'applique, *denti pofticci.*
Dentade, *dentata.*
Dentaire, *fpetie di Sanicola.*
Dental, grenaud, *dentale, pefce.*
Denté, Idem.
Denté, *dentato.*
Dentée, *dentata.*
Dentelé, *dentato.*
Dentellé, en Architecture, *dentello.*
Dentelles, *merletti, pizzetti.*

Dentelleure.

Dentelleure, dentatura.
Denture ; Idem.
Dentier, parte dell' elmo che cuopre i denti.
Dentille, dentello.
Denudation, dinudatione.
Denuër, dinudare, prinare.
Deny, negatione, rifiuto.
Deoppilatif, disoppilatiuo.
Deoppiller, disoppilare.
De par, da parte, d'ordine.
Depart, partita, partenza. Item, partitura di mettalli.
eau de Depart, acqua da partire.
Departement, appartamento, ripartimento, distributione.
faire les Departements, ripartire.
Departeur, partitore. Item, donatore.
Departie, partenza.
Departiment, partitione, diuisione, spartimento.
Departir, spartire, ripartire. Donare. Item, partire, voce chimica.
se Departir d'vne chose, ritirarsi, cedere, abbandonare.
Departissement, spartimento.
Depeindre, dipingere.
Depeint, dipinto.
* Depeller, depellere, ributtare.
Dependance, dipendenza.
Dependant, dipendente.
Dependre, dipendere. Item, abusiu. spendere.
Depense, spesa.
Deperdition, disperdimento.
Deperir, perire.
Deperissant, periente, rouinante.
Depilatoire, depilatorio, vnguento da pelare, scarlicatoio.
* Deplayé, piagato.
Deplorable, deplorabile.
Deplorant, deplorante.
Deploration, deploratione.
Deplorer, deplorare.
Deplumation, spiumatione.
Deport, indugio, suspensione.
Deport, diporto. Item, frutto, rendita di beneficio, annata.
Deportement, andamento, portamento. Item, abbandonamento.
se Deporter, astenersi, abbandonare, cessare, cedere. Item, diportarsi, andar à diporto.
Deposer, deporre. Item, testificare, far testimonianza.
Depositaire, depositario.
Depositer, depositare.
Deposition, depositione. Item, testimonianza, confessione di reo.
Deposseder, spossessare.
Depost, deposito.
Deprauation, deprauatione.
Depraué, deprauato.
Deprauer, deprauare.
* Depreder, depredare.
Depressoir, stromento di Cirugico.
Deptier, spregare. Item, dichiarare il Censo, che si deue al Signore, ò la mercantia al gabelliere.
Deprimer, deprimere.
Depry, dichiaratione di quello, che si hà da pagare al suo Signore. Item, dichiaratione delle mercantie nella gabella.
Depuis, doppo, dopò, dipoi, poi.
Depuis peu, da poco tempo.

Depuis que, da che.
du Depuis, doppo quel tempo poi, doppo quello.
Depuis quand, da che tempo.
Depurer, apurare, purgare.
Depurgatoire, purgatiuo, purificatorio.
Deputation, deputatione.
Deputé, deputato.
Deputer, deputare.
Dequoy, di che.
auoir Dequoy, esser ricco.
il n'y a pas Dequoy .i. non vi è niente. Item, non vi è cagione.
voila Dequoy, ecco il negotio, ecco la cosa della quale si tratta.
Derceau, spetie di pesce.
Derechef, di nuouo.
Derision, derisione.
Deriuatif, deriuatiuo.
Deriuation, deriuatione.
Deriuer, deriuare, procedere.
Deriuer ou traisuer, qui se dit de l'ancre, arare il ferro ò l'ancora.
Derme, dermio, pelle del ventre.
Derne, darne, fetta.
Dernier, vltimo.
donner le Dernier en respondant ou disputant, ribadire.
Derniere, vltima.
Dernierement, vltimamente, pochi di sono, poco fà, quelli giorni passati.
Derogant, derogante.
Derogation, derogatione.
Derogatoire, derogatorio.
Derogeant, derogante.
Deroger, derogare.
* Deroguer, Idem.
Derompre, rompere, fracassare.
Derompu, dirotto, rotto. Item, dirupato.
* Derrain, vltimo.
Derrée, dentée, derrata.
Derrider, appianare, stendere.
Derriere, dietro.
en Derriere, in dietro, in assenza d'vno.
par Derriere, di detro via.
le Derriere, il culo, le parti di dietro.
monstrer le Derriere, voltar le spalle, fuggire. Item, esser stracciato ò mal vestito.
il semble qu'il l'ait tiré de son Derriere : l'Italien dit, par che l'habbia fatto co' piedi.
Dets, dais, baldacchino.
Dertre, volatica.
Dés, fin da.
Dés hier, fin da hieri.
Dés à present, fin adesso.
Dés demain, fin domani.
Dés lors, fin dall' hora.
Dés que, da che, subito che.
Desabiller, spogliare, leuar il vestito, suestire.
le Desabiller, bagaglio per la notte da spogliarsi la sere.
vn Desabillé, certa veste da Donna, gonnella col giubbone.
Desabus, disinganno.
Desabuser, sgannare, disingannare.
* Desaccointer, abandonar la compagnia d'vno.
Desaccommoder, sconciare, disaccomodare.
Desaccompagner, scompagnare.
Desaccord, discordanza.
Desaccordant, discordante.
Desaccorder, scordare, discordare.

Desaccostable, disaccostevole, non socievole.
Desaccoupler, discoppiare.
Desaccoustumance, disusezzamento.
Desaccoustumer, disusezzare.
Desaccrocher, distaccare, sfibbiare, disuncinare.
Desachalander, leuar lo spaccio della bottega.
Desacrer, profanare, disacrare.
Desadjuster, disaggiustare.
Desadmonester, disammonire.
Desauenant, disauuenente, indecente.
Desaduenir, disauuenire.
Desauantageusement, disauantaggiosamente.
Desauantage, disauantaggio.
Desaduanture, disauuentura.
* Desauest, spossessamento.
Desaduestir, spossessare.
Desadueu, disapprobatione, negatione.
Desaduouëment, negatione.
Desaduouër, disapprouare, negare, non riconoscer per suo.
Desaffamer, sfamare.
Desaffleurer, sfiorare.
* Desaffubler, scoprire il capo.
Desagencer, disassettare.
se Desagenoüiller, leuarsi d'inginocchioni.
Desagraffer, sfibbiare, staccar gli uncinelli.
Desagreable, non grato, spiacceuole, fastidioso, sgratiato, ingrato nel gusto.
Desagreablement, spiaceuolmente.
Desagréement, fastidio.
Desagréer, speciare, fastidire.
Desaigrir, disacerbare.
Desaiguilleter, sfibbiare, staccar ò scioglier le stringhe.
Desaimer, disamare.
Desairer, leuar dal nido, rouinar il nido.
* Desaise, disagio.
Desalterer, leuar la sete.
Desamasser, consumare, spendere disamassare, disauan-zare.
se Desamouracher, snamorarsi.
Desancrer, leuar l'ancora. Item, sciogliere, staccare.
Desancher vn haut bois, leuar la linguella.
Desanger, sfornire, leuare il succidume ò vermina, stadicare.
Desanimer, disanimare.
Desappareiller, sparecchiare.
Desappareilleur, sparecchiatore.
Desapparier, disappaiare.
Desappétisser, suogliare, leuar l'appetito.
Desappétit, suogliamento.
Desappointer, disappuntare. Item, leuar il trattenimento, leuar il soldo.
Desapprendre, disapparare, disimparare.
se Desappriuoiser, diuentar seluatico.
Desarborer, disarborare.
Desarçonner, scauallare.
Desargenter, disargentare.
Desargenté .i. senza quattrini.
Desarmement, disarmamento.
Desarmer, disarmare.
Desarmer vn cheual, dar vn morso al canallo per leuarli il modo di difendersi.
Desarrenger, disordinare.
Desarrondir, leuar la forma tonda.
* Desarroy, disordine, confusione, sbaraglio.
* Desarroyer, disordinare, sbaragliare.
Desassembler, diuisire.
Desasseurer, disassicurare.



Desassieger, leuar l'assedio, disassediare.
Desassocier, scompagnare, disassociare.
Desastre, disastro.
Desastreux, disastroso.
Desattiser, disattizzare il fuoco.
Desauancer, disauanzare.
Desauantage, danno, disauantaggio.
Desauantager, suantaggiare.
Desauantageux, disauantaggioso, damnoso.
Desauanture, suentura.
Desauantureux, suenturato.
Desauouër, contradire, negare, non riconoscere.
Desbagager, portar via le bagaglie. Metaph. fuggire.
Desbagouler, confessar ogni cosa. Item, dir villanie.
Desbagouleur, gran dicitore, parliere.
Desballer, sballare.
Desbandade, sfilata.
à la Desbandade, sbandatamente, alla sfilata.
soldat Desbandé, sbandato soldato.
Desbander, sbandare, sbendare, disserrare.
Desbarassement, sgombramento.
Desbarasser, disimbarazzare, sgombrare.
Desbaptiser, sbattezzare.
* Desbaratté, sbarattato.
Desbarboüiller, lauar il viso, disimbaltare, sbrattare, nettare.
Desbarder, scaricare il vascello. Leuar le zattere d'all'acqua.
Desbardeur, scaricatore, porta legne, scarica legne.
Desbarger, leuar le sponde de' fossi delle viti.
Desbarquement, sbarco.
Desbarquer, sbarcare.
Desbarrer, sbarrare. Item, scatenare vn instromento.
Desbatté, scatenato.
en asne Desbasté, alla sbardellata.
Desbaster, sbastare, sbardellare.
Desbastir, rouinar la fabbrica. Item, leuar l'imbastitura de' panni.
Desbastonner, leuar il bastone.
Desbauche, strauizzo, disordine.
Desbauché, scapestrato, suiato.
vn peu Desbauché .i. malade, vn poco rissentito.
Desbauchement, suiamento.
Desbaucher, suiare.
Desbauger, leuar, ò scacciar il Cinghiale dalcouile.
Desbender, sbendare.
Desbissement, squinternamento, disordine.
Desbiffé, squinternato, disordinato.
* Desblauer, sbiadare.
Desblay, sgombramento.
Desblayer, sgombrare.
Desbléer, sbiadare. Item, sgómbrare.
Desblouquer, apprire i passi.
Desboëtter, smuouer l'osso, disgiugnere.
Desboëtteure, smouimento d'osso.
Desboire, cattiuo gusto di vino.
Desboister, deboiter, smuouer l'osso.
Desbondement, scorrimento, flusso.
Desbonder, scannellare. Item, scorrere aprir la chiusa d'vn stagno.
Desbondonner, sturacciare, scannellare.
Desbordement, allagamento, inondatione.
Desbordément, fregolatamente.
homme Desbordé, huomo disordinato, fregolato.
femme Desbordée, puttana, donna che fà copia di se.
se Desborder, allagare, inondare.
Desborder, leuar le limiti.
Desbort, allagamento.

Desbossuer, *appianare.*
Desbotter, *cauar i stiuali, distiualare.*
Desboucher, *sturare, aprire, distoppare.*
Desboucher, *dire, sboccare.*
Desboucher vn trou, pour en boucher vn autre : l'Italien dit, *sparar vn altare per pararne vn altro.*
Desboucler, *sfibbiare.*
Desbourber, *spantanare, sfangare.*
Desbourgeonner, *leuar i pampini.*
Desbourrer, *sborrare.*
Desboursement, *sborsamento.*
Desbourser, *sborsare.*
Desbouttonner, *sbottonare, sfibbiare.*
Desbraguetter, *sbraccare, sbrachettare.*
se Desbrailler, *spettorarsi.*
Desbraillé, *spettorato.*
Desbraquer, *spiantar l'artigliaria.*
Desbridement, *sbrigliamento.* Item, *sparecchiamento.*
Desbrider, *sbrigliare.* Metaph. *far presto, spedire.*
sans Desbrider .i. *in vn tratto, di lungo, senza intermissione.*
il ne vaut pas le Desbrider .i. *non val niente del tutto.*
Desbrigandiner, *disarmar di pezzi.*
Desbris, *rotta, rottura, auanzo di rotta.*
Desbriser, *rompere, spezzare.*
Desbrodequiner, *cauar i borzacchini.*
Desbroüillement, *districamento, sbrogliamento.*
Desbroüiller, *stricare, sgombrare, sbrogliare.*
Desbuissonner, *sfrattare, smacchiare.*
Desbuchement, *sboscamento.*
Desbucher, *sboscare, sfratare.*
Desbusquer, *sboscare.* Item, *torla volta à vno.*
Desbut, *tiro di palla ò altro, primo tiro.*
Desbuter, *tirare.*
Descacher, *scoprire, palesare.*
Descacheter, *leuar il sigillo, aprir vna lettera, dissugellare.*
Descager, *leuar dalla gabbia.*
se Descailler, *disfarsi il guaglio.*
Descampement, *scampamento.*
Descamper, *scampare, leuar il Campo.*
Descapiter, *decapitare.*
Descapuchonner, *leuar il Capuccio.*
Descarreler ou despauer des carreaux, *smattonare.*
Desceindre, *scingere, scioglier la cintola, scignere.*
Desceint, *scinto, sciolto.*
Desceler, *palesare.*
Descendance, *discendenza.*
Descendant, *discendente.*
Descendre, *scendere.*
Descendre à vne hostellerie ou de cheual, *smontare.*
Descendre vne chose, *calare, auallare.*
Descendu, *sceso, calato.*
Descengler, *discinghiare.*
Descente, *calata.*
Descente d'experts en vn lieu pour visiter, *visita.*
Descente de boyau, *discesa.*
Descente d'humeur, *catarro, discesa.*
Descente de bois flotté, Metaph. *catarro ò gotta.*
Descente de barque ou de cheual, *smontata.*
* Desceptrer, *leuar il scettro.*
à mon Desceu, *senza mia saputa.*
Deschaîner, *scatenare.*
Deschalander, *leuar il credito ò spaccio, straneggiar gli auuentori.*
Deschalandement, deschalandise, *perdita d'auuentore.*
* Deschambrer, *separar la camerata.*

* Deschanger, *sbarattare.*
Deschant, *discanto, disdetta.*
Deschanter, *discantare, scantare, disdirsi.*
il y a bien à Deschanter .i. *e' è molto da dire.*
Deschaperonner, *scaperucciare, leuar il capello.*
Descharge, *scaricamento, scarico, scaricata.*
Descharge de canon, &c. *sparata, spareria, sbombardamento.*
Descharge de femme enceinte, *sconciatura, disgrauidanza.*
à la Descharge, *doue si scarica vna cosa, al chino.*
à sa Descharge, *per sua scusa, per scusarlo.*
Deschargé, *scaricato.*
Deschargé, *scarmo.* Item, *suelto di vita.*
cheual Deschargé, *cauallo asciutto.*
taille Deschargée, *statura suelta.*
Deschargeoir, *scaricatoio.*
Descharger, *scaricare.*
Descharger sa colere, *sfogar l'ira.*
se Descharger sur vn autre, *giocar à scarica l'asino.*
se Descharger de sa grossesse, *spregnare.*
faire Descharger vne femme grosse, *far disperdere.*
se Descharger, *scolparsi, scusarsi.*
se Descharger, qui se dit d'vne estoffe, *perder il colore, suanire.*
Descharger, alleger, *allegerire.*
Descharger la semence, compire, *spargere il seme.*
Descharges, *scuse.*
Deschargeur, *scaricatore.*
Descharmer, *smaliare.*
Descharner, *scarnare.*
Descharogner .i. despecer, *metter à pezzi.*
Descharpir, *staccare, sfilare.*
se Descharpir, *spiccarsi, liberarsi.*
Deschaussé, *scalzo.*
Deschaussement, *scalzamento, scarnamento.*
Carmes Deschaussez, *scalzi.*
Deschausser, *scalzare, discalzare.*
Deschausser vn arbre, *discalzare, dissolare.*
Deschausser vne dent, *scarnare.*
Deschausser Bertran .i. *imbriacarsi.*
il n'est pas digne de le Deschausser : l'Italien dit pareillement, *non è degno di discalzarlo, non v'è comparation frà loro.*
Deschaussoir, *scalciadenti.*
Descheance, *scadimento, rouina.*
Descheoir, *cadere, dicadere, rouinare.*
Deschet, *discato.*
Descheu, *dicaduto, rouinato.*
Descheualer, *scauallare.*
* Descheuancer, *leuar la robba ò ciuanza.*
Descheuaucher, *scaualcare.*
Descheuelé, *iscapigliato.*
Descheueler, *scapigliare.*
Decheuestrer, *scapestrare, leuar il capestro.*
Deschiffrer, *aprir ò spianar le cifare ò ziffere.*
Deschiffrer vne personne ou autre chose, *descriuere, dinisare.*
Deschiffreur, *spianator di ziffere.*
Deschiqueter, *tagliuzzare.*
Deschiqueteure, *tagliuzzo, tagliuzzamento.*
Deschiré, *stracciato.*
* elle n'est pas trop Deschirée .i. *non è brutta.*
Deschirement, *stracciamento.*
Deschirer, *stracciare.* Item, *dettrattare, maledire.*
Deschireur, *stracciatore.*
Deschireure, *stracciatura, squarciamento.*
se Descimenter, *crepacciare il muro, staccarsi.*

Desclamper, *ſtaccare, ſciogliere, il vaſcello.*
Desclauer, *mutar tono ſopra l'organo, &c. ſchianare.*
* Desclaueter, *ſcaualcar il cannone.*
Descliquer, *ſparare.*
Desclorre, *ſchindere, aprire.*
Desclos, *aperto.*
Desclouër, *ſchiodare.*
Descocher, *ſcoccare.*
Descoëffer, *Vedi,* Descoiffer.
Descogneu, &c *Vedi,* Desconneu
Descoiffer, *diſconciar il capo.*
Descoiffée, *diſconcia, iſcapigliata.*
Descoler, *ſcollare, ſpiccare, ſdruſcire.*
Descollement, *decapitatione, decapitamento.*
Desceller, *decapitare.*
Descolorement, *ſcolorimento.*
Descolorer, *ſcolorire.*
* ſe Descombattre, *ſaluarſi combattendo.*
* Descombrer, *ſgombrare.*
Descompter, *ſcontare.*
Desconcerter, *ſconcertare.*
Desconfire, *metter in rotta, disfare.*
Desconfit, *ſconfitto, rotto.*
Desconfiture, *ſconfitta, rotta.*
Desconfort, *ſconforto.*
Desconforter, *ſconfortare.*
Desconneu, *ſconoſciuto.*
Desconnoiſſance, *ſconoſcimento.*
Desconnoiſtre, *ſconoſcere.*
Desconſeiller, *ſconſigliare.*
Desconſeilleur, *ſconſigliatore.*
* Desconſoler, *ſconſolare.*
Descontenance, *ſgarbatezza, ſcompoſtura.*
Descontenancé, *ſgarbato, ſcompoſto.*
Desconuenance, *ſconuenenza.*
Desconuenuë, *ſuentura.*
Desconuenir, *diſauuenire.* Item, *ſconuenire.*
Descordeler, *ſtorcer ò disfar vn' cordone.*
Descorder, *ſcordare, diſcordare. Disfar vna corda,*
Descoucher, *leuar dal letto.* Item, *dormir fuor di ca-
ſa.*
Descoudre, *ſcucire, ſdruſcire.*
y a-t'il moyen d'en Descoudre .i. *che faremo, giocaremo,
beueremo, &c.*
Descouler, *ſcorrere.*
Descoulourer, *ſcolorire.*
* Descoulper, *ſcolpare.*
le Descouple des chiens, *il diſcoppiare.*
Descoupler, *diſcoppiare.*
Descourager, *leuar l'animo ò la voglia, diſguſtare.*
Descouronner, *ſcoronare.*
Descourtois, *ſcorteſe.*
Descourtoiſie, *ſcorteſia.*
Descouſeur, *ſcucitore.*
Descouſu, *ſcucito, ſdruſcito.*
les affaires ſont Descouſuës .i. *le ſue coſe vanno male, ſo-
no in cattiuo ſtato.*
* Descouſure, *ſdruſcitura.*
Descouuert, *ſcoperto.*
à Descouuert, *paleſamente, manifeſtamente, alla ſcoper-
ta.*
Descouuerte, *ſcoperta.* Item, *ſcoprimento.*
Descouurement, *ſprimento.*
Descouureur, *ſcopritore, ſcorgitore.*
Descouurir, *ſcoprire, paleſare, manifeſtare.*
Descouurir de loin, *ſcorgere.*
ſe Descouurir, *leuarſi il cappello.*
Descraſſer, *leuar la ruffola.*



Descrier, *diſcreditare.* Item, *bandire, prohibire.*
homme Descrié, *huomo diſcreditato ò di mala fama, in
mal concetto.*
Descrié comme la fauſſe monnoye, *Idem.*
Descript, *deſcritto.*
Description, *deſcrittione.*
Descrire, *deſcriuere, copiare.*
Descramponner, *ſtaccar da lo ſtaffone, leuar l'vncino, è
arpione.*
Descrocher, *ſciogliere, diſtaccare, leuar l'arpione.*
Descrocheter, *Idem.*
Descroire, *non credere, non dar credito.*
Descroiſer, *ſcrociare.*
Descroiſſement, *ſminuimento.*
Descroiſtre, *ſminuire.*
Descrotter, *ſpilaccherare.* Item, Metaph. *mangiar, ò
ſpedir preſto.*
elle vaut bien le Descrotter .i. *è bella, ò aſſai bella, è
degna d'eſſer abbracciata.*
Descrotteur, *che letta i ſchiz zi di fango.* Metaph. *man-
gione.*
Descrottoire, *ſetola, ſpelatoia.*
Descrouler, *ſcrollare.*
Descroyant, *miſcredente.*
Descry, *bando, bandimento, prohibitione.*
Descuire, *ſcuocere.*
Descuuer, *leuar dalla tina.*
Desdaignable, *ſdegneuole.*
Desdaignement, *ſdegnamento.*
Desdaigner, *ſdegnare.*
Desdaigneur, *ſdegnatore.*
Desdaigneuſement, *ſdegnoſamente.*
Desdaigneux, *ſdegnoſo, ſchifo, ritroſo.*
Desdain, deſdaing, *ſdegno.*
à Desdain, *à ſchifo, à ſdegno.*
Desdamer, *ſdamare, leuar la tauola d'adoſſo all' altra.*
* Desdebter, desdetter, *ſdebitare.*
Desdict, *diſdetto.*
ſe Desdire, *diſdirſi.*
Desdit, desdicte, *diſdetta, retrattione del ſuo dire.*
Desdommagement, *indennità.*
Desdommager, *indennizare, rifar i danni.*
Desdorer, *ſdorare.*
* Desdormir, *ſuegliarſi.*
Desdormiſſement, *ſuegliamento.*
Desduire, *ſcontare.*
Desdoubler, *ſpiegare, ſdoppiare, ſcempiare.*
Desdy, *diſdetta.*
Desembarquer, *ſbarcare.*
Desembaraſſer, *ſgombrare.*
Desembellir, *diſabbellire.*
Desembrocher, *ſbroccare.*
Desembucher, *leuar l'inſidie.* Item, *ſboſcare.*
Desemmurer, *ſmurare.*
Desempacqueter, *ſpiegare, ſuiluppare.*
Desemparement, *ceſſione.*
Desemparer, *diſimpadronire, abbandonare, cedere, laſ-
ciare.*
Desempenner, *diſimpennare.*
Desempeſcher, *diſtricare.*
Desempeſtrer, *ſgombrare.*
Desemplir, *votare.*
Desemplumer, *ſpiumare.*
Desempriſonner, *ſprigionare, ſcarcerare.*
Desenchaiſner, *ſcatenare.*
Desenchanter, *ſmaliare, diſincantare.*
Desencheueſtrer, *ſcapeſtrare.*
Desenclouër, *diſchiodare.*

Defencorder, *leuar le corde.*
Defendulre, *disincroftare.*
Defenfler, *sgonfiare.*
Defenfourner, *sfornare.*
Defengager, *spegnare.*
Defenger, *sfornire, leuar la vermina, sfradicare.*
Defengluer, *scioglier dalla pania.*
Defengourdir, *leuar l'affideratione de' membri.*
Defengroffir, *spregnare. Item, sminuire.*
* Defengraiffer, *smagrire.*
* Defenhorter, *sconfigliare, diffuadere.*
Defenlacer, *slacciare, scioglire.*
Defennuyer, *traftullare, paffar il tempo.*
Defenrhumer, *leuar ò paffar l'infreddamento.*
Defenrooler, *leuar dal foldo, scancellar dal rolo.*
Defenroüiller, *leuar la rugine.*
Defenfeigner, *difinfeguare.*
Defenfeuelir, *leuar dalla fepoltura, diffopellire.*
Defenforceller, *smaliare, sfaturare.*
Defentaffer, *difabbicare.*
Defenterrer, *difotterrare.*
Defentortiller, *suiluppare.*
* Defentrailler, *fuifcerare.*
Defentrauer, *leuar le paftoie.*
Defenuenimer, *leuar il veleno.*
Defenyurer, *sbriacare.*
Defequiper, *leuar l'apparecchio ò le bagaglie.*
Defert, *deferto.*
Deferter, *difcreare, abbandonare.*
Deferteur, *defertatore.*
Defertion, *difertione, deftitutione.*
Deferuice, *difpiacere. Item, merito.*
Deferuir, *meritare.*
Deferuir, *spiacere. Item, sparecchiar la tauola.*
Defesblouyr, *leuar il bagliore.*
à la Defesperade, *alla difperata.*
* Defefperance, *difperatione.*
Defefperément, *difperatamente.*
Defefperer, *difperare.*
Defefpoir, *difperatione.*
Defeftimer, *sprez are, non ftimare.*
Defeftourdir, *leuar lo ftordimento.*
* Defacer, *scancellare.*
Desfaict, *disfatto.*
Desfaict, *rotta. Item, liberatione.*
Desfaire, *disfare.*
Desfaire, *uccidere, giuftitiare.*
fe Desfaire d'une perfonne, *sbrigarfi, leuarfi d'innan-
z i.*
fe Desfaire de fon vice, *abbandonare. Vedi il refto, à Def-
faire.*
Desfait, *disfatto. Item, pallido, smorto.*
belle Desfaitte, *bella fcufa.*
Desfalquer, *disfalcare, fcontare.*
Desfaroucher, *addomefticare.*
Desfafcher, *acquetare, confolare.*
Desfauuer, *sfauore.*
Desfauorifer, *sfauorire.*
Desfermer, *schindere, aprire.*
Desferrer, *sferrare. Metaph. far reftare uno, far reftar
corto.*
Desfeüiller, *sfogliare.*
Desfiance, *diffidanza.*
Desfiant, *diffidante.*
Desficher, *sconficcare.*
Desfiement, *sfidamento.*
Desfier, *sfidare.*
fe Desfier, *sfidarfi.*

Desfigurer, *sfigurare.*
Desfilé de foldats, *sfilata.*
Desfiler, *sfilare.*
Desfinancé, *fenz a finanz e.*
Desflammer, *sfiammare.*
Desfleurer, *disfiorare. Item, ftuprare, deflorare.*
Desficurir, *sfiorire.*
Desflorer, *deflorare, ftuprare, fuerginare.*
Desfoncer, *sfondare, sdogare.*
Desfoncer dans fes chofes. i. *cagar nelle brache.*
Desformer, *sformare.*
Desfortune, *sfortuna.*
Desfortuné, *sfortunato.*
Desfouir, *cauar dalla terra, fcauare.*
Desfourner, *sfornare.*
Desfournir, *sfornire.*
Desfourrer, *sfodrare.*
Desfrayer, *spefare.*
Desfrayeur, *spefatore.*
Desfreler, *fpiegar la vela.*
Desfreloquer, *leuar le ftracciature ò sfilature.*
Desfrichement, *diffodamento, fcaffamento.*
Desfricher, *fcaffare, smuouere il terreno, diffodare.*
terre Desfrichée, *terreno fuelto.*
Desfriper, *appianare, ftendere, leuar le pieghe ò rughe.*
Desfrogner, *appianar le grinze del vifo.*
Desfroncer, *appianar le pieghe ò rughe.*
la Desfroque, *le bagaglie d'uno, l'auanzo delle bagaglie.*
Desfroquer, *rubare.*
fe Desfroquer, *smonacarfi.*
* Desfroy, *spefamento.*
* Desfuler, *leuarfi il capello.*
Desfy, *disfida.*
Defgagement, *dipegnamento, rifcottimento, liberatione.*
Defgager un gage, *di pegnare, rifcuotere.*
Defgager, en terme de marine, *fcioglicre.*
fe Degager, *fuilupparfi, liberarfi.*
Defgageur, *dipegnatore, rifcottitore, liberatore.*
Defgainade, *fguainamento.*
d'une belle Defgaine, Iron. *con un mtodo ridicolofo.*
Defgainer, *sfodrare, fguainare.*
Defgatnir, *sfornire, fprouedere.*
Defgarotter, *fciogliere.*
Defgel, *disgielo, disgelo.*
Defgeler, *disgelare, disfarfi il gielo.*
* Defgingandé, *squinternato.*
Defgifter, *leuar dal couile.*
Defglacer, *disfarfi il ghiaccio.*
* Defgloutir, *inghiottire.*
Defgluer, *difimpaniare, ftaccar dalla pania.*
* Defgobiller, *vomitare.*
Defgoifer, *sgorgare, garrire.*
Defgonder, *sgangherare.*
Defgorgement, *vomito. Item, sgorgamento.*
Defgorger, *sgorgare. Item, vomitare.*
Defgouler, *vomitare, sgorgare.*
Defgourdir, *rifcaldare, rauuiuare, difintiriz are. Me-
taph. mangiar prefto.*
Defgourdiffement, *rauuinamento, diftintiriz amento.*
Defgourmer, *sbarboz are, leuar il barboz ale.*
Defgouft, *disgufto, fuogliamento.*
Degouftant, *ftuccheuole, ftomaccheuole.*
Defgouftement, *fuogliamento.*
un Defgoufté, *un abboccato, un buon compagno.*
faire la Defgouftée, *far Monna Honefta da campi.*
Defgoufter, *disguftare, fuogliare.*
Defgrader, *digradare.*
Defgraffer, *sfibbiare, ftaccare.*



N iij

Desgraisser, *lenar il grasso, sgrassare.*
Desgraisseur d'habits, *cana macchie.*
Desgrauer, *sgrauare.*
Desgrommeler, *sgrommare il latte.*
Desgrosser, *assottigliare, sgrossare.*
Desgrossir, *spregnare.* Item, *assottigliare.*
Desguainer, *iguainare, sfodrare.*
il ne veut pas Desguainer. i. *non vual cauar danari.*
Desguainer vn discours, *sciorinare vn discorso.*
se Desgueniller, *lenarsi istracci, vestirsi di nuouo.*
Desguerpir, *cedere, abbandonare.*
Desguerpissement, *cessione.*
Desguerpisseur, *abbandonatore, cenditore.*
* Desguilleter, *distringare.*
Desguinder, *calar à basso.*
Desguisement, *traueftimento.*
Desguiser, *traueftire, fingere, acconciare.*
Deshabiller, *spogliare,* Vedi, Desabiller, &c.
Deshabiter, *dishabitare.*
* Deshaité, *maninconico, fastidito.*
Deshaler, *lenar il bruciore del Sole, disabbronzare il vi-*
  *so.*
Deshancher, *sciancare.*
Deshanter, *abbandonar la conuersatione.*
Desharnacher, *sfornir il cauallo.*
* Desheaumer, *lenar l'elmo.*
Desherence, *faute d'heritiers, mancamento d'heredi.*
Desheritement, *disredamente.*
Desheriter, *disredare.*
* Deshingander, *squinternare.*
Deshonneste, *dishonesto.*
Deshonnestement, *dishonestamente.*
Deshonnesteté, *dishonestà.*
Deshonneur, *dishonore.*
Deshonnoration, *dishonoratione.*
Deshonnorer, *dishonorare.*
* Deshonté, *sfacciato.*
* Deshouser, *lenar l'vose.*
Deshousser, *lenar la valdrappa.*
Desja, *già, di già.*
Desjanter vne rouë, *smontare vna ruota, lenar i fusi ò*
  *raggi della ruota.*
Desiccatif, *disseccatiuo.*
Desiccation, *disseccatione.*
Desidence, *desidenza.*
* Desidieux, *desidioso, pigro.*
Desjeuné, *colatione la mattina.*
Desjeuner, *far collatione la mattina.*
Designatif, *disegnatiuo.*
Designation, *disegnatione.*
Designer, *disegnare, designare.*
* Desinence, *desinenza.*
Desinteresser, *disinteressare.*
Desjoindre, *scommettere, disgiugnere.*
Desjoint, *scommesso.*
Desir, *desiderio, brama.*
Desirable, *brameuole, desiderabile.*
Desirant, *bramante.*
Desirer, *bramare, desiderare, desiare.*
Desireux, *bramoso, desioso.*
Desistement, *cessamento.*
Desister, *desistere cessare.*
Desjucher vn oiseau, *lenar l'vcello dallà pertica ò nido.*
Deslabré, *cencioso.*
Deslabrer, *stracciare.*
Deslacer, *slacciare.*
Deslacher, *sparar lasciare.*
* Deslaisser, *slattare.*



* Deslainer, *slanare, spogliare.*
Deslasser, *riposare, lenar la stanchezza.*
Deslatter, *oster les lates, lenar le late.*
Deslauer, *slauare.*
Deslayer, *stemprare.*
Desleyer, *Idem.*
Deslier, *sciogliere, slegare.*
Deslogement, *sloggiamento, sgombramento.*
Desloger, *sgombrare, disloggiare, mutar stanza.* Me-
  taph. *fuggire.*
Desloger, changer de quartier, *lenar gl' allogiamenti.*
Desloger sans trompette. i. *fuggire, andarsene, secreta-*
  *mente.*
Desloqueté, *concioso, straccioso.*
Desloqueter, *stracciare.*
Deslouër, *sprezzare, slodare, biasimare.*
Desloyal, *sleale.*
Desloyallement, *slealmente.*
Desloyauté, *slealtà.*
Desmacher, *restituire.* Item, *buttar fuori palesare.*
* Desmaschoirer, *smascellare.*
Desmaçonner, *sfabricare.*
Desmailler, *smagliare.*
Demaillotté, *sfasciato.*
Desmaillottement, *sfasciamento.*
Desmaillotter, *sfasciare.*
* Desmaisonner, *scacciar dalla casa.*
Desmancher, *smanicare, dimanicare.*
Desmandibuler, *squinternare.*
Desmanteler, *smantellare.*
Desmantellement, *smantellamento.*
Desmantibuler, *squinternare.*
Desmarche, *passo, andatura.*
Desmarche de Cordier, *passo in dietro.*
Desmarcher, *spasseggiare.*
se Desmarcher, *sgambeggiare.*
Desmarer, *partir dalla riua, far vela.*
se Desmarer, *muouersi dal suo luogo.*
Desmarier, *smaritare, romper il matrimonio.*
Desmarquer, *lenar il segno, scancellare.*
Desmasquer, *lenar la maschera.*
Demaster, *rompere il masto.*
* Desmelancolier, *lenar la maninconia.*
Desmembrement, *smembramento.*
Desmembrer, *smembrare.*
Desmembreure, *smembratura.*
Demenacer, *sminacciare.*
Desmenagement, *sgombro.*
Desmenager, *sgombrare.*
Desmentir, *smentire, disdire, dar vna mentita.*
vn Desmenty, *vna mentita, vna smentita.*
Desmeslement, *sbrigamento.*
Desmesler, *districare.*
Desmesler vne fusée. i. *districar vn negotio.*
se Desmesler, *sbricarsi, sciogliersi, liberarsi.*
ils ont quelque chose à Desmesler, *hanno da far insieme,*
  *hanno à partire.*
* Desmesure, *ecusso.*
* Desmesurement, *sconcerto.*
Desmesuré, *smisurato.*
Desmesurément, *smisuratamente.*
Desmettre, *smuouere, dislocare, suolgere.*
Desmettre d'vne charge, *lenar il carico, deporre.*
se Desmettre, *cedere, disfarsi.*
Desmeubler, *smobiliare, sfornir di masseritie.*
Desmis, *smosso, suolto.* Item, *cassato dal carico, depo-*
  *sto.*
Desmoëllier, *smidollare.*

Desmonter, smontare, scaualcare, scauallare.
Desmordre, lasciar andar, cessare, lasciar, la preda, leuare i denti dalla preda.
Desmouler, sformare.
Desmouuoir, smuouere.
Desmunir, sfornire, smunire.
Desnatter, leuar la stroce delle mura.
Desnaturé, dishumanato, trasnaturato.
Desnaturer, trasnaturare.
Desneruer, sneruare.
Desniaisé, scaltro, astuto, scorzonato.
Desniaisement, scorzonamento.
Desniaiser, scorzonare, scaltrire.
Desniaiseur, ingannatore, scorzonatore.
Desnicher, snidare, scouare.
Desnoüé, libre de ses membres, disinuolto.
Desnoüement, snodamento.
Desnoüer, snodare.
se Desnoüer, stendersi.
Desnoüeure, snodatura.
Desobeïr, disubidire.
Desobeïssement, disubidientemento.
Desobeïssance, disubbidienza.
Desobeïssant, disubbidiente.
Desobliger, disobligare.
Desoccuper, desoccupare.
Desolateur, desolatore.
Desolation, desolatione.
Desolatrice, desolatrice.
Desolément, desolatamente.
Desoler, desolare.
Desoppiler, disoppilare.
Desordonnance, disordinanza.
Desordonnément, disordinatamente.
Desordre, disordine.
Desorienter, leuar di sesto.
Desormais, hormai, homai, horamai.
Desosser, disossare.
Desourdir, disordire.
Despaïsement, dirozzamento.
Despaiser, dirozzare.
Despaisé, dirozzato, scorzonato.
Despaistre, depascere.
* Despamper, Despamprer, spampanare.
Despacqueter, spiegare, suiluppare.
* Desparager, sparare, leuar la conditione.
Desparier, dispaiare, scompagnare.
Desparquer, leuar dallo stabbio.
Despartir, Vedi, Departir.
Despassionné, disappassionato.
Despauer, leuar i selci, smattonare.
se Despatroüiller, liberarsi, scliogliersi.
Despecement, spezzamento.
Despecer, spezzare.
Despeindre, dipingere.
Despenaillé, stracciato, cencioso.
Despence, spesa.
Despencer, spendere.
Despendeur, spenditore. Item, spiccatore.
Despendre, spiccare, staccare. Item, spendere.
Despendu, spiccato, Item, speso.
Despens, spese.
estre renuoyé sans Despens, spedio gratis.
aux Despens de qui il appartiendra: l'Italien dit, alle spese del crocifisso.
Despense, spesa.
Despense, dispensa, saluarobba.
de la Despense, vin d'eau, acquarello.

faire de grandes Despenses, sfoggiare.
Despenser, spendere.
Despenser mal à propos, gittar via i danari.
Despensier, spenditore. Item, prodigo, scialacquatore.
Despensiere, spenditrice. Item, souramassara che hà cura della saluarobba.
Despercher, sperticare.
* Desperonner, leuari speroni.
Despersuader, dissuadere.
Despesche, spaccio, speditione.
Despescher, spacciare, spedire, sbrigare.
Despessir, disfare, liquefare.
Despestrer, sgombrare.
Despeupler, spopolare.
Despeupler vn jardin d'arbres, leuargli alberi, suellere.
se Despicquer d'vne passion, passarsi vna passione.
Despit, dispetti. Item, dispettose.
Despiter, far dispetto, sdegnare.
se Despiter, andar in colera, sdegnarsi.
j'en Despite chacun de faire mieux, ne disgratio, ne incago, ne impischio.
Despiteusement, dispettosamente. Item, spietatamente.
Despiteux, dispettoso, spietato.
Desplacer, leuar dal suo luogo.
Desplaire, spiacere, dispiacere.
se Desplaire en vn lieu, rincrescere.
Desplaisance, fastidio, maninconia.
Desplaisant, spiacente.
Desplaisir, dispiacere.
Desplancher, leuar le tauole ò assi.
Desplanter, spiantare.
Desplantoir, spiantatoio.
Desplastrer, staccar il gesso.
Desplier, spiegare.
Desplisser, leuar le pieghe, ò grinze.
Desplisseure, spiegatura.
à gorge Desployée, alla smascellata.
à voile Desployée. i. con ogni sforzo, à più potere.
Desployer, spiegare.
Desplomer, spiumare, spennacchiare.
Despocher, cauat dalla iacoccia.
Despoisser, spegolare.
Desposseder, spossessare, spodestare.
Despoüille, spogliamento, preda. Item, bagaglie.
la Despouille, il frutto, la raccolta.
Despouillement, spogliamento.
Despoüiller, spogliare. Rubare. Item, cogliere i frutti.
se Despouiller, priuarsi, disfarsi.
se Despouiller auant que de se coucher. i. donar la sua robba ad vn altro prima d'esser morto.
Despouiller vn cerf, scorticare, leuar la pelle.
Despourprer, leuar la porpora, sporporare.
Despourueu, sprouisto, sproueduto.
au Despourueu, alla sprouista.
Despouruoir, sprouedere.
* Despendre, rilasciare, liquefare.
Desprier, spregare.
Despris, dichiaratione delle robbe ò mercantie.
Despris, disprezzo.
Desprisable, sprezzeuole.
Desprisement, sprezzamento.
Despriser, sprezzare.
* Despriseresse, sprezzatrice.
Despriseur, sprezzatore.
Desprisonner, sprigionare.
Desprouuoir, sprouedere.

Despucellement, *suerginamento.*
Despuceller, *suerginare.*
Desracinement, *sradicamento.*
Desraciner, *sradicare.*
Desraison, *ingiustitia, torto.*
Desraisonnable, *irragioneuole.*
Desraisonné, *Idem.*
Desramer, *diramare.*
Destanger, *disordinare.*
Destegler, *sregolare.*
Desreglement, *sregolamento.*
Desreglément, *sregolatamente.*
Desreter, *disretare.*
Desrhumer, *leuar il catarro, disinfreddarsi.*
Desridement, *appianamento, di rughe.*
Desrider, *appianar le grinze.*
Desrider les voiles, *spiegare, molare.*
Desriuer, *staccar dalla riua. Item, staccar vn chiodo ribadito dal suo luogo.*
allées Desrobées, *vie secrete.*
à la Desrobée, *furtinamente.*
Desrobement, *rubamento.*
Desrober, *rubare.*
se Desrober d'vne compagnie, *inuolarsi.*
Desrobeur, *rubatore.*
Desrocher, *sroccare, diroccare.*
Desroidir, *distendere, srigidire.*
Desroller, *scancellar dal rollo.*
Desrompre, *fracassare.*
Desrondir, *leuar la forma ronda.*
Desroquer, *diroccare, atterrare.*
Desrougir, *leuar il rossore.*
Desroüiller, *leuar la ruggine.*
Desrouler, *suiluppare.*
Desroute, *rotta, sfilata.*
Desrouter, *disfare, rompere il nemico. Leuar dalla via.*
* Desroy, *disordine.*
Desrumer, *scatarrare.*
Desrucher, *leuar via dal cupile.*
* Desruner, *disordinare, sconciare.*
Dessacrer, *disacrare, profanare.*
Dessaisine, *spossessamento, priuatione, cessione.*
se Dessaisir, *cedere, lasciare, abbandonare.*
Dessaisissement, *demissione, cessione.*
Dessaisonné, *fuor di stagione.*
Dessaler, *leuar il sale, dissalare.*
Dessalé, *furbo, scaltro.*
Dessangler, *leuar le cinghie.*
Dessauuager, *addomesticare.*
Dessecher, *seccare, diseccare.*
Desseeler, *dissigillare, leuar il sigillo.*
Desseeler vn gond, *disserrare.*
Dessein, *desseing, disegno.*
à Dessein, *à posta.*
faire Dessein, *prender consiglio, far disegno.*
Desseller, *leuar la sella.*
Dessembler, *diuidere, separare.*
Dessemeler, *dissolare.*
* Desserpilleur, *rubatoro, assassino di strada.*
Desserre, *rilassamento.*
de dure Desserre .i. *che non spende ò paga volentieri.*
Desserrer, *disserrare, rilassare.*
Dessert, *le frutta.*
la Desserte, *Idem.*
Desseruice, *demerito.*
Desseruir, *demeritare. Item, meritare.*
Desseruir, *sparecchiar la tauola.*

Dessenelir, *dissepellire.*
* Desseurer, *securare, separare.*
Dessicatif, *diseccatiuo.*
Dessieger, *leuar l'assedio.*
Dessillement, *aprimento d'occhi.*
Dessiller, *aprir gl'occhi.*
* Dessoiuer, *leuar la sete.*
Dessoler, *dessolare.*
Dessoleure, *dessolata.*
Dessonger, *usar dal sogno.*
Dessorceler, *sinaliare, sfascinare.*
Dessondement, *dissaldamento.*
Dessouder, *dissaldare, staccar la saldatura.*
Dessous, *sotto.*
au Dessous, *al disotto.*
au Dessous de trente, *meno di trenta, di trenta abbasso.*
en Dessous, par dessous, *di sotto via.*
du Dessous, *della parte di sotto.*
donner du Dessous, *superare.*
* Dessuetude, *disusanza.*
Dessus, *sopra sù.*
au Dessus, *al di sopra.*
au Dessus de vingt, *più o di là di venti, da venti in sù.*
de Dessus, *della parte di sopra.*
en Dessus, *di sopra via.*
auoir le Dessus, *stav di sopra.*
par Dessus, *di più.*
le par Dessus, *l'aggiunte.*
là Dessus, *in quel punto, in quell' instante, in questo.*
sans Dessus dessous, *sottosopra, sossopra.*
le Dessus en musique, *soprano alto.*
emporter le Dessus, *vincerla, venir di sopra.*
passer par Dessus vne chose, *trapassare.*
le Dessus d'vne sandale, *guiggia, bissa.*
le Dessus d'vn trébuchet, *ribalta.*
Destaché, *staccato.*
Destaché, en terme de fortification, *fatto in Isola.*
Destachement, *staccamento.*
Destacher, *staccare.*
Destacher les esguillettes, *sfibbiare, stacciar le stringhe, distringare.*
Destaller, *piegar le mercantie, serrar la bottega. Item, fuggire, stignare, bucare.*
* Desteindre, *spegnere.*
Desteint, *spento.*
Desteler, *leuar i Caualli dalla Carozza, ò dal Carro.*
Destendre, *distendere, stendere.*
Destendre vne chambre, *sparare.*
Destente d'vn roüet, *passerino.*
Destenture de chambre, *sparamento.*
Desterrer, *cauar della terra, dissotterrare.*
Desterrement, *disotterramento.*
Destiltre, *sfilare.*
se Destillacquer, *leuarsi dal ponte del vascello.*
Destin, *destino.*
Destination, *destinatione.*
Destinée, *destino.*
Destiner, *destinare.*
Destirer vn colet ou vn linge, *stirare.*
Destiser, *strizzare.*
Destisser, *destitee, desintessere, disfar la tessitura.*
Destissu, *distessuto, sfilato.*
Destituable, *destitueuole.*
Destituer, *destituire, priuare.*
Destitution, *destitutione.*
Destombir les mains, *disassidare.*

Destonner,

Destonner, *scordare, vscir dal tono.*
Destordement, *storcimento.*
Destordre, *storcere.*
Destorce, *storcimento.*
Destortiller, *storcere, storcigliare.*
Destoupper, *sturare, distoppare.*
Destour, *disturbo.*
Destour de ruë, *suolta, riuolta di strada.*
Destours, *viotoli, andiriuieni.* Item, Metaph. *inuentioni, aggirate, scappate.*
* Destourbement, *disturbamento.*
* Destourber, *disturbare.*
* Destourbeur, *disturbatore.*
* Destourbier, *disturbo.*
Destournement, *impedimento, disturbo.*
Destourner, *disturbare, impedire. Trauiare, storcere, torcer dal camino. Metter da banda, scansare. Stringer l'animale in vn certo luogo.*
Destourner, *desrober, trafugare.*
se Destourner, *voltar le spalle à vno.*
ie ne voudrois pas en auoir Destourné le pied : l'Italien dit, *non ne farei vn tombo in sù l'herba.*
ruë Destournée, *strada appartata.*
* Destournoire, *bastone di cacciatore da scansare i rami.*
Destraquer, *trauiare, diuiare.*
* Destraper, *sgombrare.*
Destrauer, *leuar le pastoie, spastoiare.* Item, *suiare.*
* Desteindre, *stringere.*
Destrempe, *tempra.*
Destrempe, terme de peinture, *acquarella, tempra, sguazzo.*
en Destrempe, *à guazzo.*
Destrempé, *intriso.*
Destrempement, *stemperamento.*
Destremper, *stemperare, intridere.*
Destrempis, *mescuglio ò liquore di cosa intrisa.*
Destrese, *angoscia, dolore, strettezza.*
* Destrier, *cheual, destriere.*
Destroit, *distretto. Continente.*
Destromper, *sgannare.*
Destourner, *leuar dal Trono.*
Destroquer, *disfar il cambio.*
Destrousse, *ruberia, bottino, presa.*
Destroussement, *assassinamento, rubamento.*
Destrousser, *rubare, assassinare, spogliare.*
Destrousser vn habit, *lasciar andar ò calar à basso la veste sbracciata.*
Destrousseur, *assassino distrada.*
Destructeur, *destruttore, struggitore.*
Destruction, *destruttione.*
Destruire, *strugere.*
Destruisant, *distruggente.*
Destruiseur, *struggitore.*
Destruit, *distrutto.*
Desvalisement, *sualigiamento.*
Desvaliser, *sualigiare.*
Desueiner, *sueuare.*
Desueloppement, *suiluppamento.*
Desuelopper, *suiluppare.*
Desuerouiller, *aprir il Catenaccio.*
Desuestir, *suestire.*
Desuestiture, *disuestitura, spossessamento.*
* Desuergondé, *sfacciato.*
* Desuier, *suiare.* Item, *morire.*
Deuisager, *suisare, sfacciare.*
Desunion, *disunione.*
Desunir, *disunire.*
Desuoilement, *suilamento.*

Desuoiler, *sudare.*
Desuouiter, Deluouter, *disfar la volta.*
Desuoyement, *suiamento.*
Desuoyement d'estomach, *indigestioné.*
Desuoyer, *suiare.*
Desusage, *disuso, disusanza.*
Desusitation, *idem.*
Disusiter, *disusare, disusitare.*
Desyurer, *disimbriaccare.*
Det, dé, *dado.*
Detail, *spaccio à minuto.*
en Detail, *à ritaglio, à minuto, à pezzo.*
Detailler, *tagliare in pezzi.* Item, *vender à minuto.*
Detailleur, *tagliatore.* Item, *rigattiere.*
* Detalenté, *suogliato.*
Detapper, *distoppare.*
Detenir, *detenere.*
Detente de rouët, *passerino.*
Detenteur, *detentore, deterritore.*
Detention, *detentione.*
Detenu, *detenuto.*
Detenuë, *detentione.*
Detergent, *detergente.*
Deterger, *detergere.*
Deteriorement, *peggioramento.*
Deteriorer, *deteriorare, peggiorare.*
* Determinance, &
Determination, *determinatione.*
vn Determiné, *vn sterminato.*
Determinément, *determinatamente.*
Determiner, *determinare.*
Deterrer, *cauar dalla terra, ò di sotto terra.*
Detersif, *detersiuo.*
Detestable, *detestabile, abomineuole.*
Detestation, *detestatione.*
Detester, *detestare.*
Detirer, *stirare.*
Detomber, *cauar dalla tomba.*
Detordre, *storcere.*
Detonner, *discordar dal tono.*
Detour, *Vedi*, Destour, &c.
Detracter, *detrattare, maledire.*
Detracteur, *detrattore.*
Detraction, *detrattione.*
Detrapper, *sgombrare.*
se Detraquer, *dinarsi.*
Detrencher, *trinciare.* Item, *tagliar in pezzi.*
Detriment, *detrimento.*
* Detrister, *rallegrare, leuar la maninconia.*
Detromper, *sgannare.*
Detrosner, *leuar dal trono.*
Dette, debte, *debito.*
* Deturper, *deturpare.*
Deu, *donuto, debito.*
Deuallant, *auallante.*
Deuallée, *calata.*
Deuallement, *calamento.*
Deuallet, *calare, auallare.*
Deuancement, *auanzamento.*
Deuancer, *auanzare, superare, andar innanzi, precorrere.*
Deuancier, *auanzatore, superatore.*
Deuanciers, *antenati, passati, predecessori.*
Deuant, *innanzi, auanti.*
par Deuant, *innanzi, dinanzi via.*
en Deuant, *dinanzi via.*
aller au Deuant, *andar incontro, incontrare, farsi contra.*

auoir quelque chose Deuant foy .i. *hauer qualche robba à danari.*
prendre le Deuant, *pigliare i paffi innanzi.*
le Deuant, *la parte d'innanzi.* Item, *la natura della donna.*
Deuant d'autel, *dananzale.*
Deuants d'vn liure, *rifguardi d'vn libro.*
le Deuant du carroffe, *la banda del cocchiero.*
loger fur le Deuant, Metaph. *far copia di sè.*
baftir fur le Deuant .i. *diuentar panciuto, far la pancia groffa, diuentar grauida.*
Deuant-hier, *hieri l'altro, auant'hieri.*
Deuant, deuant, en chaffant ou rebutant quelqu'vn, *via via.*
* Deuanteau, *grembiale.*
Deuantier, & deuantiere, *Idem.*
Deuanture d'edifice, *frontifpitio.*
Deuë, *douuta.*
Deuëment, *douutamente.*
Deuenir, *diuentare.*
Deuenir quelque chose de bon, *farfi da qualche cofa.*
ie ne fçay ce qu'il eft Deuenu, *non sò doue fia andato.*
qu'eft Deuenu vn tel ? *che è del tale.*
que Deuiendra-t'il ? *che farà di lui, che cofa farà di lui.*
Deuers, *verfo.*
par Deuers foy, *appreffo di fè.*
Deuidement, *dipanamento, innafpamento.*
Deuider, *dipanare, aggomicciolare.*
Deuider en efcheueau, *innafpare.*
Deuideur, *innafpatore.*
Deuideufe, deuidereffe, *dipanatrice.*
Deuidoir, *nafpo, nafpatoio.*
Deuier, *morire.*
Deüil, *doglia, dolore.*
Deüil, *corruccio, fcorruccio, bruno.*
porter le Deüil, *effer veftito à bruno, far corruccio.*
Deüil, *acconciatura di capo per lo fcoruccio.*
grand Deüil, coëffeure, *Dendoli.*
petit Deüil, *veftito di corruccio mediocre.*
Deuin, *indouino.*
* Deuinailles, *indouinationi.*
Deuine, *indouina.*
Deuinement, *indouinamento.*
Deuiner, *indouinare.*
Deuinereffe, *indouinatrice.*
Deuineur, *indouinatore.*
Deuis, *ragionamento, fauollamento, difcorfo.*
Deuife, *imprefa, motto.*
Deuifer, *ragionare, difcorrere, cianciare.*
Deuifer vn arme, vne liurée, &c. *diuifare, difegnare.*
Deuoir, *douere.*
il ne doit qu'à Deux, à Dieu, & au monde : l'Italien dit, *hà più debiti che la lepre.*
qui me Doit, me demande : l'Italien dit, *il tempo di Ciollabate, chi hà da dare domanda.*
Il n'en Doit rien à l'autre .i. *è coſi buono ò perfetto come l'altro.*
cela m'eft Deu, *ciò mi fi viene.*
fe mettre en Deuoir de faire, *metterfi in atto di fare.*
Deuoir, *debito.*
faire bien fon Deuoir, *compir col fuo debito, portarfi bene, far il debito.*
ranger quelqu'vn à fon Deuoir, *far ftare à fegno.*
rendre fes Deuoirs à vne perfonne, *complir con vno.*
Deuolle, faire la Deuolle, *perder la marcia, perder il giuoco marcio.*
Deuolu, deuolut, *deuoluto.*



Deuolutaire, *deuolutario.*
Deuolutif, *deuolutiuo.*
Deuolution, *deuoluto, deuolutione.*
Deuorant, *dinorante.*
Deuorateur, *diuoratore.*
Deuorer, *dinorare.*
Deuoreur, *diuoratore.*
Deuot, *diuoto.*
vne Deuote, *vna pinzocchiera.*
Deuotement, *diuotamente.*
Deuotieufement, *Idem.*
Deuotieux, *diuoto.*
Deuotion, *diuotione.*
auoir à fa Deuotion .i. *hauer in fuo potere, hauer dalla fua banda, hauer pronto.*
Deuoüement, *votamento.*
Deuoüer, *votare, abotire.*
Deux, *duo, dui, due, dua.*
tous Deux, *ambidue.*
Deux à deux, *à due à due.*
à Deux, au jeu de paulme, *à dui di quaranta.*
nous fommes à Deux, ou à deux de jeu, *fiamo del pari, fiamo vguali.*
entre-Deux, *in forfe, irrefoluto, frà il si e'l no.*
fe mettre en Deux, *adoprar ogni sforzo.* Item, *partorire.*
il n'en faut pas faire à Deux fois .i. *bifogna farla in vn tratto, bifogna fornirla.*
Deuxiefme, *fecunda.*
Dexterité, *defterità, deftrezza.*
Dextre, *deftro, dritto.*
* à Dextre, *à man dritta.*
Dextrement, *deftramente.*
* Dextrier, *deftriere, cauallo.*
Dez, *dadi*

## D I

Dia, *voce di carrettiere, per far andar il Cauallo à man manca.*
il n'entend ny à Dia, ny à hurhaut .i. *è goffo ò ignorante.*
Diabete, *fluffo continuo d'orina.*
Diable, *diauolo.*
Diable, poulle d'eau, *gulica.*
Diable de mer, *coruo marino.* Item, *roffo di mare.*
vn Diable d'homme, *vn huomo ftrano.*
faire le Diable à quatre, *far granfacaffo.*
en Diable, en Diable & demy .i. *fortemente, ftranamente.*
à tous les Diables, *à cafa del Diauolo.*
le Diable eft aux vaches .i. *vi è gran male ò rumore.*
le Diable bat fa femme, il pleut, & fait Soleil : l'Italien dit, *le nozze del Diauolo.*
tirer le Diable par la queuë, *lauorare ò ftentar molto.*
le Diable n'eft pas touſiours à vne porte : l'Italien dit, *non ride fempre la moglie del ladro.*
que Diable eft-ce ? l'Italien dit, *che domine è queſto.*
il n'eft pas fi Diable .i. *non è coſi cattiuo.*
les Diables ne font pas fi noirs qu'on les fait, *i Diauoli non fono coſi brutti come fi dipingono.*
au Diable zoc, *fi dice da chi fi fa beffe, ò non crede.*
le Diable s'en pende .i. *venga il canchero, venga il malanno.*
fon Diable y ait part .i. *il membro virile.*
faire d'vn Diable deux .i. *due errori in vece d'vno.*
plus le Diable a, plus il veut auoir .i. *gli auari non fono mai fatij.*

Diablasser , *bestemmiar ò innocar il Diauolo , far del Diauolo.*
Diablasseur , *bestemmiatore , innocator di Diauoli.*
Diablerie , *diauoleria.*
Diablesse , *diauolessa.*
Diableteau , *diauolotto , diauolino.*
Diableusement , *diauolosamente.*
Diabolique , *diabolico.*
Diaboliquement , *diabolicamente.*
Diarcartami , *diacartamo.*
Diacatholicon , *diacatolico , empiastro.*
Diachilon , *diachilo.*
Diaciminon , *diacimino.*
Diaconal , *diaconale.*
Diaconat , &
Diaconie , *diaconia , diaconato.*
Diacorion , *diacorione.*
Diacre , *Diacono.*
Diaculon , *diachilo.*
Diademe , *diadema.*
Diafane , *diafano , trasparente.*
Diagonal , *diagonale , squanciano.*
Diagonalement , *diagonalmente.*
Diagone , *diagono.*
Diagredé , *composto di diagridi.*
Diagredi , *diagridi , gumma.*
Diaire , *diario , di giorno , d'vn giorno.*
Dialecte , *dialetto.*
Dialecticien , *dialettico.*
Dialectique , *dialettica.*
Dialogisme , *dialogismo.*
Dialogue , *dialego.*
Dialthée , *dialteo , vnguento di bismalua.*
Diamant , *diamante.*
Diamant d'Alençon , *diamante falso.*
Diamantin , *diamantino.*
Diamargariton , *diamargarito.*
Diambre , *confettione d'ambaro.*
Diamerdis , *confettione di saluia seluatica.* Item , *merda.*
Diametral , *diametrale.*
Diametralement , *diametralmente.*
Diametre , *diametro.*
Diamouron , *sciroppo di more.*
Diamoschum , *certa poluere cordiale.*
Diane , *Diana.*
la Diane , *la Diana , il batter il tamburro la mattina.*
Dianisum , *elettuario d'anice.*
Diantre , au lieu de dire Diable , *diacene , diambernie.*
Diapason , *diapasò , ottaua in musica.*
Diapente , *quinta in musica.* Item , *compositione ò poluere di cinque ingredienti.*
Diaphane , *diafano , trasparente.*
Diaphaner , *far trasparente.*
Diaphenicum , *elettuario di Datteni di Fenicia.*
Diaphoretique , *diaporetico , che risolue ò suapora gl' humori.*
Diaphragine , *interstitio , tramezzo.*
Diaphragme , *diaframma.*
Diapré , *scretiato di diuersi fiori ò colori.*
Diaprer , *scretiare di più colori , infiorare.*
Diapreure , *infioramento.*
Diarrhée , *diarrea , flusso con inflammatione.*
Diarrodon , *spetie di sciroppo lenitiuo.*
Diarrhose , *connessione d'ossa.*
Diastile , *diastilo.*
Diasené , *compositione medicinale di foglie disené.*
Diatessaron , *quarta in musica.*

Diathese , *diatesi , dispositione.*
Diatragant , *dragagante.*
* Diaule pour Diable , *diauolo.*
Dict , *detto.*
Dictame , *dittamo.*
Dictame bastard , *dittamo bianco.*
Dictamon , *dittamo.*
Dictateur , *Dittatore.*
Dictation , *dettatione.*
Dictature , *dittatura.*
Dicter , *dettare.*
Diction , *dittione , voce , parola.*
Dictionnaire , *vocabolario , dittionario.*
Dictionaire de rimes , *rimario.*
Dictum , ou Dicton , *motto.*
D'icy , *di qui.*
Diese , *diesis , diesi.*
Diete , *dieta.*
Dietique , *dieta.*
DIEV , *Dio , Iddio.*
les Dieux , *i Dei.*
Dieu-donné , *Teodoro.*
Dieu-gard , *Dio vi guardi , Adio.*
à Dieu , *Adio.*
* Dieutelet , *dio picciolo.*
Diffamateur , *diffamatore.*
Diffamation , *diffamatione.*
Diffamatoire , *diffamatorio.*
Diffamatrice , *diffamatrice.*
Diffame , *infamia , dishonore.*
Diffamer , *diffamare.*
Differemment , *differentemente.*
Difference , *differenza.*
Differencier , *far differenza.*
Different , *differente.*
vn Different , *vna differenza ò dissensione.*
Differer , *differire , esser differente.* Item , *induglare , tirar in dietro vn negotio.*
Difficile , *difficile.*
vn homme Difficile , *huomo guardingo , ò fastidioso.*
Difficilement , *difficilmente.*
Difficulté , *difficoltà.*
Difficulté d'haleine , *asma.*
Difficulté d'vrine , *stranguria , stillicidio.*
il ne fait point de Difficulté de faire , *non dubita di fare.*
Difficulter , *difficultare.*
* Difflation , *suaporamento.*
Difforme , *difforme.*
Difformité , *difformità.*
Diffus , *diffuso.*
Diffusément , *diffusamente.*
Difriges , *difrige.*
Digame , *digamo.*
Digastrique , *che hà due ventri.*
Digerer , *digerire , smaltire , padire.*
Digerer bien vn affaire , *considerar bene.*
ne pouuoir Digerer vne chose , *non poter intendere ò tolerare.*
le Digeste , *il Digesto.*
Digestif , *digestiuo.*
Digestion , *digestione.*
de dure Digestion à *difficile da tolerare.*
Digitale , *digitella , herba.*
Digne , *degno.*
Dignement , *degnamente.*
Dignité , *dignità.*
Digression , *digressione.*

Digue, *argine, sponda.*
Dilaceration, *dilaceratione.*
Dilacerer, *dilacerare.*
Dilapider, *dilapidare.*
Dilatable, *dilatevole.*
Dilatateur, *dilatatore, ampliatore.*
Dilatation, *dilatatione.*
Dilater, *dilatare, stendere, slargare, ampliare.*
Dilation, *dilatione, indugio.*
Dilatoire, *dilatorio.*
Dilayant, *indugiante.*
Dilayement, *indugio.*
Dilayer, *indugiare.*
Diligemment, *diligentemente.*
Diligence, *diligenza.*
faire ses Diligences, *passar vfficij.*
Diligent, *diligente.*
Diligenter, *diligentare, affrettare.*
se Diligenter, *esser diligente, far presto, spedire.*
Dille de Chandelier, *bicchignolo, piniolo.*
* Dillon, *spetie di sella da donna.*
* Dilucide, *dilucido.*
* Dilucider, *rischiarare.*
Dimanche, *Domenica.*
le Dimanche des Rameaux, *Domenica delle palme.*
Dimension, *dimensione.*
Diminuer, *sminuire.*
Diminutif, *diminutiuo.*
Diminution, *sminuimento di musica.* Item, *diminutione.*
* Dinanderie, *lauoro di rame.* Item, *bottega di caldeéraro.*
* Dinandier, Chaudronnier, *Calderaro.* Ces deux mots font tirez de Dinand, ville sur la riuiere de Meuse.
Dinarchie, *Dinarchia, gouerno di due Prencipi congiunti.*
Dindan le son des cloches, *il dindonare.*
faire Dindan, *dindonare.*
Dintiers, *testicoli di ceruo.*
Diocesain, *vescouo della diocesi.*
Diocese, *Diocesi.*
Diptame, *dittamo.*
Dire, *dire.*
Dire bien, auoir bonne grace, estre bien-seant, *campeggiar bene.*
y auoir à Dire, *esser different.* Item, *mancarui qualche cosa.*
* à Dire d'où venez vous .i. *con ogni sforzo, à tutto potere.*
comme vous pouriez Dire, *come sarebbe à dire.*
cela s'en va sans Dire .i. *questo s'intende.*
c'est à Dire, *cioè.*
Dire vne chose pour l'autre : l'Italien dit, *menar l'agresta.*
Dire le mot, *motteggiare.*
en Dire .i. *la sorte esser fauoreuole.*
Direct, *diretto.*
Directement, *direttamente.*
* Directer, *condurre, dirigere.*
Directeur, *direttore.*
Direction, *direttione.*
Directoire, *direttorio.*
Directrice, *direttrice.*
Direption, *spogliamento, presa per forza.*
Diriger, *dirigere, guidare.*
Disceptateur, *discettatore, contenditore, disputatore.*
Disceptation, *discettatione, contesa, disputa.*
Disceptatrice, *contenditrice, arguitrice.*
Discepter, *contendere, disputare.*

Discerner, *discernere.*
Disciple, *discepolo.*
Disciplinable, *disciplineuole.*
Disciplinaire, *di disciplina.*
Discipline, *disciplina.*
Discipliner, *disciplinare.*
Discommodation, *scommodamento.*
Discommoder, *scommodare.*
Disconcerter, *sconcertare.*
Discontinuation, *scontinuatione.*
Discontinuëment, *Idem.* Item, *con internallo, interrottamente.*
Discontinuer, *scontinuare.*
Disconuenance, *sconuenanza.*
Disconuenir, *sconuenire.*
Discord, *discordia, discordo.*
Discordamment, *discordantemente.*
Discordant, *discordante.*
Discorde, *discordia.*
Discorder, *discordare.*
* Discoster, *scostare, discostare.*
Discoureur, *parlatore, ragionatore.*
Discoureur, cajolleur, *ciarlone.*
Discourir, *ragionare, discorrere.*
Discours, *discorso.*
Discours aux vieux loup, *fauole, spropositi.*
Discourtois, *scortese.*
Discourtoisie, *scortesia.*
* Discrepance, *discrepatione, differenza.*
* Discrepant, *differente, discrepante.*
Discret, *discreto.*
Discretion, *discretione.* Item, *separatione.*
Discrettement, *discretamente.*
* Discrucier, *tormentare, stratiare.*
Discution, *discussione.*
Discuter, *discutere.*
Discuteur, *discutatore.*
* Diseau, *decina.*
* Diseler, *ridur in decine.*
Disenier, *Decinale, Decurione : Capo di squadra.*
* Disentourner, *disattorniare.*
Disert, *eloquente.*
Disertement, *eloquentemente.*
Disette, *necessità, carestia.*
Disetteux, *bisognoso.*
Diseur, *dicitore.*
beau Diseur, *grand dicitore.*
l'entente est au Diseur : l'Italien dit, *sò quello, che dico quando dico z uppa.*
Disferre, *certo serro di due pezzi congionti fatto à posta per conseruatione del piede d'vn cauallo in tempo di bisogno.*
Disgrace, *disgratia.*
Disgratié, *disgratiato.*
Disgratier, *disgratiare.*
Disgregation, *disgregatione.*
Disgreger, *disgregare.*
Disionctif, *disgiuntiuo.*
Disionction, *disgiuntione.*
Disioindre, *disgiugnere.*
Dislocation, *smouimento d'osso, ò membro, suolgimento, sconciatura.*
Disloquer, *slogare, smuouere, suolgere.*
Disloqué, *smosso.*
Dismagé, *decimaggio, il decimare.*
Disme, *decima.*
Dismer, *decimare.*
Dismeur, *decimatore.*

Dismier, *Idem.*
Disné, *il desinare, pranso.*
la Disnée, *il luogo doue si desina per viaggio.* Item, *il prezzo del desinare.*
Disner, *desinare, pransare. Pranso.*
le Disner de la brebis : l'Italien dit, *tempesta secca, tempesta senz'acqua.*
Disner d'Aduocat .i. *pranso buono ò commodo.*
Disner de chien, *pane ed acqua.*
Disner de mouche, *cattiuo desinare.*
Disneur, *mangiatore.*
beau Disneur, *mangione.*
Disparition, *sparitione.*
Disparoissance, *spariscenza.*
Disparoir, *sparire.*
Disparoistre, *Idem.*
Disparu, *sparuto.*
Disparution, *sparitione.*
Dispensateur, *dispensatore.*
Dispensation, *dispensatione.*
Dispense, *dispensa.*
Dispenser, *dispensare.*
se Dispenser d'vne personne, *pigliar sicurtà d'vno.*
Disperser, *dispergere, spargere.*
Dispersion, *dispersione.*
Dispos, *disposto, agile.*
Disposé, *disposto.* Item, *sano, ò mal sano.*
Disposément, *ordinatamente.*
Disposer, *disporre, disponere.*
Dispositeur, *dispositore.*
Dispositif, *dispositiuo.*
Disposition, *dispositione.*
Dispost, *agile.*
Dispostement, *agilmente.*
Disproportion, *sproportione.*
Disproportionné, *sproportionatamente.*
Disproportionner, *sproportionare.*
Disputable, *disputeuole.*
* Disputailler, *disputare, gridare.*
✝ Disputation, *disputatione.*
Dispute, *disputa.* Item, *quistione in parole, contesa.*
Disputer, *disputare.*
Disputer quelque chose, *contendere.*
Disputer à qui fera le mieux, *gareggiare.*
Disruption, *diruttione.*
Dissection, *dissettione.*
Dissemblable, *dissimile, dissomigliante.*
Diuination, *augurattione.*
Dissemblablement, *dissimilmente.*
Dissemblance, *dissomiglianza.*
* Dissemeler, *dissolare.*
Dissentiment, *dissentimento.*
Dissention, *dissentione.*
Dissentir, *dissentire.*
Dissequer, *dissecare.*
Dissimilaire, *dissimile.*
Dissimulateur, *simulatore.*
Dissimulation, *simulatione.*
Dissimulatrice, *simulatrice.*
Dissimulément, *simulatamente.*
Dissimuler, *simulare, dissimulare,*
Dissipateur, *dissipatore.*
Dissipation, *dissipatione.*
Dissiper, *dissipare.*
Dissociable, *dissocieuole.*
Dissociation, *scompagnamento.*
Dissocier, *scompagnare.*
Dissolu, *dissoluto, sfrenato.*

Dissoluant, *dissoluente.*
Dissoluble, *dissolubile.*
Dissoluëment, *dissolutamente.*
Dissolution, *dissolutione, dissolutezza.* Item, *sciogli-mento.*
Dissonance, *dissonenza.*
Dissonant, *dissonante, scordante.*
Dissoudre, *dissoluere.*
Dissout, *dissoluto.*
Dissuader, *disuadere.*
Dissuasion, *disuasione.*
Dissuetude, *disusanza, disuetudine:*
Dissyllabe, *disillaba, dì due sillabe.*
Distance, *distanza.*
Distant, *distante.*
Distension, *distensione.*
Distillabe, *distilleuole.*
Distillation, *distillatione.*
Distillateur, *distillatore.*
Distillement, *distillamento.*
Distiller, *distillare.*
Distilleur, *distillatore.*
Distinct, *distinto.*
Distinctement, *distintamente.*
Distinction, *distintione.*
Dinstingué, *distinto.*
Distinguer, *distinguere.*
Distique, *distico.*
Distract, *distratto, distrattione.*
Distraction, *distrattione, alienatione, separatione.*
Distraict, *distratto, diuiso, separato, scontato, diuertito.*
Distraire, *distrarre, distrahere, diuidere, diuertire, alie-nare.*
Distrait, *distratto; vedi,* Distraict.
Distrayant, *distrahente.*
Distribuer, *distribuire, dispensare.*
Distributeur, *distributore, dispensatore.*
Distributif, *distributiuo.*
Distribution, *distributione.*
* District, *distritto.*
Dit, *detto.* Item, *prouerbio.*
Ditateur, *Ditatore.*
* à sa Dite, *à sua voglia, à suo piacere.*
Diton, *dittono.*
Diuaguer, *diuagare.*
Diuers, *diuerso.*
Diuersement, *diuersamente.*
Diuersifiement, *variatione, variamento.*
Diuersification, *diuersificatione, variatione.*
Diuersifier, *variare.*
Diuersion, *diuersione.*
Diuersité, *diuersità.*
Diuertir, *disturbare, diuertire.* Item, *ricreare, trastulla-re.*
se Diuertir, *se recreer, ricrearsi, pigliarsi spasso, diportarsi.*
se Diuertir d'vne chose, *leuarsi da vna cosa.*
Diuertissement, *spasso, trastullo.* Item, *disturbo. Diuersione.*
Diuin, *diuino.*
* Diuinances, *augurio, presagio diuinatione.*
Diuinement, *diuinamente.*
Diuinité, *diuinità.*
* Diuis, *diuiso.*
Diuisément, *separatamente.*
Diuiser, *diuidere.*
Diuiser, *diuiditore, separatore.*
Diuisible, *diuisible.*

Diuision , *diuisione.* Item , *dissensione.*
Diuorce , *diuortio.*
Diuretique , *diuretico.*
vn Diurnal , *Diurno.*
* Diurne , *diurno , d'vn giorno.*
* Diuturne , *diuturno.*
Diuulgateur , *diuulgatore.*
Diuulgation , *diuulgatione.*
Diuulgatrice , *diuulgatrice.*
Diuulguer , *diuulgare.*
Diuulsion , *diuulsione.*
Dix , *dieci.*
Dixain , *Vedi* , Dizain.
Dixaine , *decina.*
Dixenier , *Decurione.*
Dix-huict , *diciotto.*
Dix-huictiesme , *diciottesimo , decimo ottauo.*
Dixiesme , *decimo.*
Dixme , *Vedi* , Disme.
Dix-neuf , *diecinoue , decianoue.*
Dix-neufuiesme , *decimo nono.*
Dix-sept , *diciasette , diecisette.*
Dix-septiesme , *decimo settimo.*
Dizain , *decina.*
Dizain , chappelet à dix grains , *corona di nostre Signore.*
Dizain de chappelet , *posta.*
Dizaine , *decina.*
Dizeau , *Idem.*

### D O

Dober , *Vedi* , Dauber.
Docil , *docile.*
Docile , *Idem.*
Docilement , *docilmente.*
Dociliser , *docilitare.*
Docilité , *docilità.*
Docte , *dotto.*
Doctement , *dottamente.*
Docteur , *Dottore.*
Doctoral , *dottorale.*
* Doctorande , *dottoratione , addottoramento.*
Doctorat , *dottorato.*
Doctorer , *addottorare.*
* Doctorie , *dottoraggine.*
Doctrinable , *dottrineuole.*
Doctrinal , *dottrinale.*
Doctrine , *dottrina.*
Document , *documento.*
Dodelinement , *dondolamento.*
Dodeliner , *dondolare.*
Dodelineur , *dondolatore.*
Dodine , *dondolamento di capo.* Item , *spetie , d'intingolo.*
à la Dodine , *salsa di cipolle per l'anetre.*
Dodinement , *anninamento.*
Dodiner , *nannare , anninare.*
Dodineur , *anninatore.*
Dodineuse , *anninatrice.*
Dodo , *parola bambinesca , la ninna.*
Dodu , *grassotto.*
Doge , Duc à Venise , *Doge.*
Dogmatiser , *insegnar ò far vna setta.*
Dogmatiseur , *che insegna vna dottrina nuoua.*
Dogmatisme , *dottrina nuoua.*



Dogmatiste , *inuentore di setta nuoua.*
Dogme , *dottrina , dogma.*
Dogue , *alano , can grosso.*
vieux Doguin , *vecchiaccio , vecchione.*
Doigt , *dito.*
le petit Doigt , *il mignolo.*
ie n'en mettray pas le Doigt au feu. i. *non voglio assicurarlo.*
il a mis le Doigt dessus. i. *hà trouato il negotio.*
se mordre les Doigts. i. *pentirsi.*
au Doigt , & à l'œil , *con ogni cura.*
toucher au Doigt , *conoscer chiaramente , toccar con mano.*
sçauoir sur le bout du Doigt , *à mena dito.*
comme les deux Doigts de la main , bons amis ; l'Italien dit , *carne ed vnghia , chiaue è mazzuole.*
vn Doigt de vin , *vn poco di vino.*
donner sur les Doigts. i. *riprendere , corregere.*
il ne faut pas mettre le Doigt entre le bois & l'escorce. i. *non bisogna impacciarsi frà marito è moglie.*
Doigtier , *ditale.* Item , *campanella seluatica , herba.*
Doisil , *spillo di botte , stoppino.*
Dol , *dolo , inganno.*
* Doleance , *doglienza.*
Dolent , *dolente.*
Dolemment , &
Dolentement , *dolentemente.*
* Doler , *dolare , asciare.*
Doloire , *dolatoio , ascia.*
Dolyman , *veste alla Turchesca.*
Dom , *Don.*
Domaine , *dominio.* Item , *danaro patrimoniale del Re, patrimonio.*
Domanial , *di dominio.*
Domanier , *che hà dominio.* Item , *di dominio.*
Dome , *domo , cupola.*
Domestique , *domestico.*
Domestiquement , *domesticamente.*
* Domestiquer , *addomesticare.*
Domicile , *domicilio.*
Domicilier , *allogiare , stanziare.*
Dominant , *dominante.*
Dominateur , *dominatore.*
Domination , *dominatione.*
Dominatrice , *dominatrice.*
Dominer , *dominare , signoreggiare.*
* Domineur , *dominatore.*
Dominical , *dominicale.*
Domino , *spetie di beretta da cannonico.* Item , *spetie di velo ò acconciatura di testa.*
Dominorier , *signoreggiare.*
Dominotier , *che fà dette berette.* Item , *stampatore.*
Dommage , *danno.*
c'est Dommage , *egli è peccato.*
Dommageable , *danneuole.*
Dommageablement , *danneuolmente.*
Domptable , *domeuole.*
Dompter , *domare.*
Dompteresse , *domatrice.*
Dompteuenin , *spetie d'herba , herba della rondine , asclepio.*
Dompteur , *domatore.*
Dompture , *domatura.*
Don , *dono Donatiuo.*
le Don d'amoureuse mercy. i. *fauor vltimo ò maggiore di donna all' amante.*
Don mutuel , *interdono.*
Donataire , *che hà hauuto il donne.*

Donaison, *donagione.*
Donateur, *donatore.*
Donation, *donatione, donagione.*
Dondaines, *strumento da vento come flauto opiua.*
Donc, *dunque.*
Doncq, *Idem.*
Dongeon, *maschio di fortezza.*
* Donnée, *distributione, donatione.*
Donnement, *dono.*
Donner, *donare. Dare.*
en Donner d'vne, *piantarla à vno, dar da intendere.*
Donner du coude de la main, &c. i. *ferire, dare.*
se Donner la peine, *pigliarsi la cura ò fatica.*
Donner iusques en vn lieu. i. *arriuare in vn luogo.*
Donner les chiens, *accanare, discoppiare, sciogliere.*
Donner sur l'ennemy, *dar addosso al nemico.*
elle en Donne à tout le monde : l'Italien dit, *ne dà a' canie a' porci.*
s'en faire Donner. i. *far copia di sè.*
ie vous le Donne pour honneste-homme, *vel' asicuro per galant' huomo.*
Donner du soucy, *metter pensiero.*
Donneur, *donatore. Datore.*
vn Donneur de bon iours, *vn adulatore.*
Donq, *dunque, adunque.*
Donques, *Idem.*
Dont, *del quale, della qualle, de' quali, Cui, Onde.*
Dontable, Donter, &c. *Vedi,* Domptable, &c.
* Donzelle, *donzella. Item, spetie di pesce simile al, congio.*
vn Dor, vn sommesso, c'est la largeur ou hauteur du poing clos, & le poulce estendu.
Dorade, *orata, orano.*
Dorcade, *caprinolo seluatico.*
Doré, *indorato, dorato.*
Dorée, *inderata.*
* vne Dorée de pain, *fetta di pane con butiro.*
Dorée, poisson, *orata. Item, spetie di pero.*
Dorelle, *orobino. Item, etuo.*
* Dorelors, *ornamenti d'oro da donne, dorarie.*
Dorelotter, *Vedi,* Dorlotter.
Dorement, *indoramento.*
Dorer, *indorare.*
Dorerie, *doraria.*
D'ores en auant, d'oresnauant, *d'ora innanzi.*
Doreur, *indoratore.*
Doreure, *indoratura, doreria.*
Dorique, *dorico, ordine di Architettura.*
Dorlot, *doreria.*
Dorlotter, *trattar delicatamente, dar tutti gli agi.*
se Dorlotter : l'Italien dit, *viuer da vecchietto.*
Dorlotteur, *lusingatore, che tratta gli altri con delicatezze.*
Dormailler, *dormir di continouo.*
Dormant, *dormiente.*
eau Dormante, *acqua stagnante.*
Dormant, *dormiglione.*
Dormeur, *dormitore.*
gros Dormeur, *dormiglione.*
Dormille, *spetie di lampreda.*
* Dormilleuse, *dormigliosa.*
Dormilleux, *dormiglioso.*
Dormir, *dormire.*
Dormir en chien, *dormir ad ogn' hora.*
il n'y a point de pire eau que celle qui Dort. i. *non vi è peggior cosa d'vn huomo pensieroso.*
le Dormir de l'eau, *stagnare.*
enuoyer Dormir. i. *vccider vno.*

Dormitoire, *sonnifero.*
Dorque, *spetie di naue.*
Dorsal, *di schiena, dorsale.*
Dortoir, *dormitoio.*
Dos, *schieno, dorso.*
en Dos à nud, *à bardosso.*
le Dos de la main, *la parte di sopra della mano.*
le Dos d'vn couteau, *costola di coltello.*
Dos ou derriere de la cuirasse, *schiniera.*
le Dos d'vn papier, *dosso.*
Dos à dos, *del pari, senz a spese.*
à Dos d'asne, *aschiena d'asino.*
tourner le Dos, *voltar le spalle, abbandonare, piantare, fuggire.*
tourner le Dos aux richesses, &c. *dar de' calci alle richezze.*
si tost qu'il a eu le Dos tourné, *subito che si è partito.*
il a bon Dos. i. *può sopportare ogni cosa.*
battre Dos, & ventre. i. *batter, bene.*
tout sur le Dos du pauure homme, *alle spalle ò alle spese del popolo.*
ie le porte sur mon Dos. i. *mi fù compassione. Item, mi dà fastidio.*
Dose, *doso.*
Dosme, *cupola.*
Dosse d'ail, *spicchio d'aglio.*
Dosserasse, *beccatello, che regge la maggior traue, pila di muro.*
Dossier de chaire, *spalliera.*
Dossier de lit, *capo di letto.*
Dossiere, *schiniera, di schiena, che hà spalliera.*
Dost, ou
Dot, *dote.*
Dotal, *dotale.*
Dotateur, *dotatore.*
Doter, *dotare.*
D'où, *onde, donde.*
Douaire, *dote della donna.*
Douairiere, *dogaressa, che gode la dote.*
Douane, *dogana.*
Douannier, *doganiere.*
Doubler, *addobbare, alestare.*
* Doublage, *sussidio, imposta.*
Double, *doppio.*
Double, *quattrino di moneta Francese.*
Double de cerf, &c. *seuo ò grasso di ceruo ò altro animale.*
Double d'escriture, *copia, essemplare.*
gagner vn Double, estendre la peau d'vn veau : l'Italien dit, *stender le cuoia.*
au Double, *al doppio, doppiamente.*
le Double, *altretanto.*
homme Double, *huomo falso ò doppio.*
mettre en Double, *piegar in due, doppiare.*
mettre les morceaux en Double. i. *mangiar presto, far bocconi grossi.*
à Double tour, *serrato due volte il pestio.*
à Double carillon, *à tutto potere, con ogni sforzo ò possibile.*
humeur Double, *doppiezza, humor doppio.*
Donblé, *fodrato, soppannato.*
Doubleau, *mezzo cerchio. Item, quartier doppio di cimirre.*
Doublement, *doppiamento.*
Doublement, *doppiamente. Item, falsamente.*
Doubler, *doppiare, addoppiare, duplicare.*
Doubler vn habit, *fodrare.*
Doubler de la soye, *accannellare.*

Doubler vne escriture, copiare.
Doubler le pas, affrettere i passi.
Doubler, terme de marine, trapassare, passar di là montare.
Doublet, doppia.
Doubler au jeu de dez, pariglia.
Doubleure, fodratura.
* Doublier, tapeto ó mantile che si radoppia su i lati della tauola.
Doublon, doppione.
Doubte, & Doubter, Vedi, Doute, &c.
Douce, dolce.
Douceastre, che hà poco sale, che hà del dolce ó insipido, dolcigno, dolcioso.
Doucement, dolcemente.
Doucement, bellement, piauo, adagio, con le buono.
Doucelet, dolcetto.
Doucereux, insipido ó dolcigno.
Doucet, dolcigno, mollisigno, morbidetto.
Doucet, spetie di pesce, riccio di mare.
vn Doucet, vn zerbinotto, vn delicato.
Doucettement, pian piano.
Doucettes, spetie d'herba da far insalata.
vne Doucette, monna honesta di campi.
Douceur, dolcezza.
Douceur d'humeur, piaceuolezza, mansuetudine.
Douche, aux bains, doccia.
donner la Douche, docciare.
Doucin, riccio di mare.
Doucine, cimatio, gola diritta in Archit.
Doucine, pialla da far lauori tondi ó rileuati.
* Douelle, raschiera. Item, doga.
Doüer, dotare.
* Dougé, sottile, fino.
* Douger, parola antica, inciampare.
Bouille, piuiolo.
Douillet, morbido, mollisino, delicato.
vn Douïllet, vn huomo delicato.
Douillettement, morbidamente.
Doulaine, dolzaina.
Doulcin, riccio di mare.
Doulcine en Architecture, gola.
Doulcine, spetie di stromento di musica, dolzaina.
Douleur, dolore, doglia.
Deuleurs de jointures, dolori artetici.
Douloir, dolore.
se Douloir, dolersi, lamentarsi, lagnarsi.
Douloire, ascia.
Douloureuse, dolorosa.
Douloureusement, condolare.
Douloureux, doloroso.
Doulx, Vedi, Doux.
Dourder, tambussare, battere.
Dourdier, goffo, grossolano.
* Dousil, stoppino di botte.
* Doussaine, instrument de musique, dolzaina.
Doussin, riccio di mare.
Doutable, dubiteuole.
* Doutance, dottanza, dubbio.
Doutant, dubitante.
Doute, dubbio.
Douter, dubitare.
se Douter, apponersi, pensarsi.
Douteusement, dubbiosamente.
Douteux, dubbioso.
Douue, doga, rulla.
Douue d'vn chasteau, fossa.



mettre des Douues, dogare.
la Douue du milieu, mezzule.
Douue, certa herba.
Douues, certo male che viene alle pecore per hauer mangiato detta herba.
* Douuelle, cintre, coutana.
DOUX, dolce.
DOUX, paisible, mansueto, trattoso, cortese.
DOUX, soaue, morbido.
DOUX, qui se dit du métail, trattabile.
faire les DOUX yeux, vagheggiare.
DOUX amer, dolce amaro.
DOUX-balon, spetie di pomo dolce.
DOUZain, soldo di moneta Francese.
des DOUZains, danari.
DOUZaine, dozzina, dozzena.
à la DOUZaine, de peu de valeur, dozzinale.
DOUZe, dodici.
liure in DOUZe, libro in dodici.
DOUZe, douche, doccia.
DOUZil, stoppino.
DOUZiesme, dodecimo.
DOYen, Decano.
DOYenné, Decanato.
DOSe, doso.
DOZe de Venise, Doge.

## D R

DRachme, dramma.
DRagagant, gumma dragagante.
Dragée, zuccherini, confetti.
Dragée de plomb, graniggia.
Dragée aux cheuaux, farraina.
Drageoir, scattola da confetti.
Drageon, gemma di vite.
Drageonner, germogliare.
Dragme, dramma.
Dragon, drago, dragone.
Dragons, soldats, dragoni.
Dragons de mer, tourbillons ou vagues, capre.
Dragon dans l'œil, nuuola.
qui porte le Dragon pour enseigne, Draconario.
Dragonal, gomme, sangue di drago.
Dragon-marin, viue, dragon di mare.
Dragonneau, dragone picciolo, dragoncello.
Dragoncelle, dragoncella, dragontia, herba.
Dragonneau, dragoncello. Item, capo di vena.
Dragontée, dragontia.
Drague à tirer l'esquif dans la galere, barbetta.
Drague, pennello di vetraro.
Drame, dramma.
Dramer, vsar vna cosa à peso di dramme.
Drap, panno.
Drap de pied, strato.
Drap d'or, brocato tela d'oro.
Drap de soye, drappo.
Drap de mortuaire, panno da morte.
Drap de lit, lenzuola.
Drapeau, pezza, straccio, pannicello.
Drapeau, insegna, drappello.
Drapelet, pezza picciola.
Draper, accimare ó acconciare il panno.
Draper, en terme de peinture, panneggiare.

Draper,

Draper vne personne, *detrattar d'vno, bularsi d'vno.*
Draperie, *pannilani.*
Draperie, en peinture, *pannegiatura.*
Drapier, *mercante di panni.*
Drappeau, Drapper, &c. *Vedi,* Drapeau.
Drappeux, *pieno di panni lani.*
Draue, *nasturtio orientale.*
Drauée, *spetie de legume.*
Drege, *spetie di rete da pescar ostriche.*
cheual Dresse, *caual fatto.*
Dressement, *drizzamento, alzamento.*
Dresser, *drizzare, rizzare.*
Dresser les cheueux de peur, *arricciare.*
Dresser vne entreprise, *ordinare, preparare.*
se Dresser, *rizzarsi in piedi.*
Dresser vn cheual, *corronare.*
Dresser vne escriture, *notare.*
Dresser le cerf, *trouar l'orme del cerno.*
Dresser vn compte, *ordinare.*
Dresser les viandes, *imbandire.*
Dresser le potage, *minestrare, scodellare.*
Dresser auec vn rabot, *piallare.*
Dresser vne personne, *instruire, insegnare.*
Dresser vne personne, Metaph. *inganuare, scozzonare.*
Dresser la batterie, *far ò piantar la batteria.*
Dresser vn lict, *tendere vn letto.*
Dresser vne statuë, *ergere.*
Dresser son chemin, *indirizzare.*
Dresser des embusches, *insidiare, tender insidie.*
Dresser les oreilles, *alzar l'orecchie.*
Dresseur, *drizzatore ordinatore, imbanditore.*
Dressier, *seminato, via dritta.*
Dressoir, *drizzatoio.*
Dressoir, buffet, *credenza ò armario.*
Dressoir, table de cuisine, *tauola da imbandire.*
Drille, *spetie di ghianda.*
Drillant, *brillante, sfauillante.* Item, *corrente.*
Driller, *sfauillare.* Item, *fuggire, correre.*
* Drilles, *cenci, stracci.*
* Drilleux, *cencioso, stracciato.*
Drogue, *droga.*
les Drogues d'vne femme, *il marchese ò menstruo.*
* Drogueman, *turcimanno, interprete.*
Droguement, *purgamento con droghe.*
Droguer, *purgare ò medicar cen droghe, medicar spesso.*
Droguerie, *droghe, medicamenti.*
* Droguerie, *stagione nella quale si pestano le arenghe ò simil pescherie.*
Droguet, *mezzolana.*
Drogueur, *droghista, mercante di droghe.* Item, *che medica con droghe.*
Droguiste, *spetiaro, mercante di droghe.*
Droict, *diritto, ragione.*
Droict, *Vedi,* Droit.
à bon Droict, *con ragione.*
Droictier, *destro, destrino, mandestro.*
Droicture, *dirittura.*
Droicture de l'espaule, *dirittura della spalla.*
Droicturier, *giustitiere.* Item, *feudale.*
Droicturierement, *dirittamente, giustamente.*
Droit, adjectif, *dritto.*
Droit, aduerbe, *dritto, in piedi, ritto.*
aller tout Droit, *andar à dirittura.*
à Droit, *à mandritta.*
cheminer Droit, i. *operar dirittamente ò con giustitia.*

à Droit nœud, *con due nodi.*
Droit, rude à monter, *rampante, erto.*
de Droit fil, *per il verso.*
en prendre à Droit, & à gauche. i. *pigliarne à tutti i modi, giustamente ó nó.*
Droittement, *giustamente, drittamente.*
la Droitte, la premiere ou principale chanse, *la dritta.*
Droitte, *dritta, destra.*
Drolle, *buon compagno, galante.*
Droller, *far il buon compagno, far galanterie.*
Drollerie, *galanteria.*
Drolesse. i. *puttana.*
Dromadaire, *dromedario.*
Dromant, *carauella ó simil barca di corsari.*
Dromille, *spetie di lampreda.*
Dromon, *barca di Corsaro.*
Dropace, *vnguento da pelare.*
Drouille, *donna grassa.*
Dru, *gagliardo, sano, viuo, cresciuto.*
Dru, *spesso.*
Dru, & menu, *spesso, spesse volte.*
ocre Dru, *ocria abbrusciata ò calcinata.*
Dru comme mousches. i. *inquantità.*
Druëment, *vinamente, gagliardamente.*
Druge, *spetie di tartufo.*
* Drugeon, *vetta, ramuscello.*
* Drugeonner, *spinger fuori i ramuscelli.*
Druide, *Sacerdote.*
Druine, *puttana cantoniera.*
Dryade, *Driada.*

## D V

DV, *articolo del genitiuo, del.*
Du, *ablatiuo, dal.*
Du moins, *al manco, almeno.*
Du tout, *affatto, del tutto.*
* Dubitation, *dubitatione.*
Duc, *Duca.*
Duc, oiseau, *barbagianni.*
Ducal, *ducale.*
Ducat, *Ducato.*
or Ducat, *oro vngherö.*
Ducaton, *ducatone.*
Duché, *Ducato.*
Duchesse, *Duchessa.*
* Ducteur, *duttore, conduttore.*
* Ductile, *facile da condurre.*
Dueïl, *Vedi,* Deuïl.
Duel, *duello.*
Duelle, *terza parte d'vn'oncia.*
Duines, au jeu des dez, *duine.*
Duire, *instrurre, indurre, auezzare.*
Duire, *accomodare, tornar à commodo, far per vno.*
Duisable, *accomodeuole, commodo.*
Duissant, *Idem.*
Duisible, *Idem.*
* Duisson, *accostumanza.*
Duit, *accostumato, vsato.*
Dune, *banco ò monte di sabbia appresso il mare.*
* Duodene, *duodene.*
Dupe, *vpupa.*

vne Dupe, *vn vccello, colui che si lascia ingannare. Item, colui che inganna.*

prendre pour Dupe, *vccellare mandar all' vccellatoio.*

Duplication, *duplicatione.*

Duplique, *risposta doppia.*

Dupliquer, *duplicare.*

Duppe, *Vedi*, Dupe.

Dupper, *vccellare, ingannare.*

Duquel, *del quale.*

Dur, *duro.*

Dur, en terme de peinture, *crudo.*

Dur d'ouye, *vn poco sordo.*

ouïr Dur, *non sentir ò vdir bene, esser vn poco sordo.*

Dur à l'esperon, Metaph. *difficile da muouere, remitente.*

Durable, *dureuole.*

Duracine, *duracina, frutto che dura, ò si conserua.*

Durandal, *durindana.*

Durant, *dureuole.*

Durant, *durante.*

Durant que, *mentre.*

Durant trois mois, *per lo spatio di trè mesi.*

Durcir, *indurire.*

Dure, *dura.*

coucher sur la Dure, *dormir in terra.*

auoir la teste Dure, *non imparar ò intender bene, hauer poca memoria, ò poco ceruello.*

Dure-mere, *dara madre.*

Durée, *durata.*

de bonne Durée, *di retta.*

de longue Durée, *di gran durata.*

Durement, *duramente.*

Durer, *durare.*

* personne ne peut Durer auec luy. i. *nessuno può accommodarsi ò compatir con esso lui.*

Duresse, terme de musique, *durezza.*

Duret, *duretto.*

Dureté, *durezza.*

Durté, *durezza.*

Durillon, *callo.*

Duuet, *penna matta.*

Duuet de linge ou drap, *fila.*

Duueté, *ripieno di penna matta.*

Duum virat, *duomuirato.*

## D Y

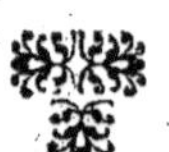

Dyaphane, *diafano.*

Dynarchie, *dynarchia.*

Dysanterie, *dyssenteria.*

Dysenterique, *dysenterico.*



# E A

Eale, *animale in Etiopia.*

Eard, *popolo nero, spetie di pioppo.*

Eau, *succo di frutto, succhio d'albero.*

Eau beniste, *acqua santa, acqua benedetta.*

Eau d'Ange, *acqua odorifera.*

Eau de naffe, *acqua nanfa.*

Eau beniste de Cour, *complimenti, belle parole, adulationi.*

Eau beniste de caue, *siroppo di cantina, vino.*

Eau beniste des passans, *sassi.*

Eau de miel, *hidromele.*

Eau viue, *acqua sorgiua.*

Eau de sauon, *saponaccio.*

Eau blanche pour les cheuaux, *beuerone.*

Eau ardant, *acqua di vita.*

Eau clairette, *acqua composta d'acqua vita, cinnamomo i zucchero ed acqua rosa vecchia, buona per il mal di madre.*

Eau ferrée, *acqua nella quale s'intinge vn ferro rouente per leuarne la crudità.*

Eau forte, *acqua da partire.*

Eau de vie, *acqua di vita.*

Eau pannée, *acqua battuta con vna mica di pane.*

Eau de pluye, *acqua piouana.*

Eau de pierre precieuse, *occhio.*

faire Eau, terme de marine, *far acqua.*

faire de l'Eau, *vrinare.*

faire de l'Eau toute claire, *lauorar in darno, non far niente.*

tout en Eau, *tutto sudato, molle, tutto acqua.*

l'Eau venir à la bouche, *andar in succhio.*

mettre de l'Eau dans son vin, *moderarsi.*

tirer l'Eau à son moulin, *tirar l'acqua al suo molino. i. l'vtile à sé.*

jetter de l'Eau dans la riuiere. i. *dare à i ricchi.*

peu d'Eau, en terme de marine, *basso fondo.*

entre-deux Eaux, *sott' acqua.*

nager entre deux Eaux. Metaph. i. *star in forse, esser frà due, andar per la via del mezo.*

il passera bien de l'Eau par dessous le pont. i. *si passarà gran tempo, prima che accada.*

faire Eau, estre percé, *far acqua* : cela se dit des vaisseaux.

amis de delà l'Eau. i. *cattiui ò falsi amici.*

les Eaux, *le acque, mal di cauallo.*

nager en grand'Eau. i. *hauer abondanza d'ogni cosa.*

pescher en Eau trouble, *acquistar beni per via indiretta ò nascosta.*

Eaurole, acrole, *carassina.*

## EB

EBene , *ebano.*
* Ebrieté , *ebrietà.*
* Ebriofité , *ebriofità.*
Ebulition , *ebulitione.*
Eburnin , *eburneo, d'auorio.*

## EC

ECclefiafte , *Ecclefiafto.*
Ecclefiaftique , *Ecclefiaftico.*
Eccentrique, *eccentrico.*
Echo , *Eco.*
Eclipfe , *Eclifft.*
faire des Eclipfes. i. *mancare , non comparire.*
Eclipfement , *ecliffamento.*
Eclipfer , *ecliffare.*
Ecliptique , *eclitico.*
Econome , *economo.*
Economie , *economia.*
Economie , en Archit. *compartimento.*
Ecftafe , *eftafi.*
Ecftatique , *eftatico.*
Bétique , *Ettica.*

## E D

EDiét , *editto.*
Edificateur , *edificatore.*
Edification . *edificatiune.*
Edifice , *edificio.*
bien Edifié , *contento , fodisfatto , bene inftrutto.*
mal Edifié , *mal contento.*
Edifier , *edificare, fabricare.*
Edifier vne perfonne , *inftruere.*
* Education , *educatione.*
Eduétion , *eduttione.*

## E F

EFemere d'vn iour , *efemera.*
Efemeride , *efemero.*
Efemeridiaire , d'vn giorno , *efemera.*
* Effable , *effabile.*
Effaçable , *che fi può fcancellare.*
Effacement , *fcancellamento.*
Effacer , *fcafclare , fcancellare , borare.*
Effaceur , *fcancellatore.*
Effaceure , *borratura.*
Effaré , *accigliato.*
Effarer, *fpauentare , accigliare.*
Effaroucher , *fpauentare , ftraneggiare , rendir feroce.*
Effeét , *effetto.*
Effeétif , *effettiuo , effettuale.*
Effeétiuement , *effettiuamente , in effetto.*
Effeétuer , *effettuare.*

Effeéts de marchand , *robbe , mercantie , il capitale.*
Effet , *effetto.*
Effemination , *effeminatione.*
Effeminément , *effeminatamente.*
Effeminer , *effeminare.*
* Efferé , *crudele , efferato , fero.*
Effeuiller , *sfrondare.*
Effeüilleur , *sfrondatore.*
Efficace , *efficace.* Item , *efficacia.*
Efficacement , *efficacemente.*
Efficacieufement , *Idem.*
Efficacieux , *pieno d'efficacia.*
Efficient , *efficiente.*
Effigiale , *effigiale.*
Effigie , *effigie.*
Effigier , *effigiare.*
Effiler , *sfilare.*
Effleurer , *sfiorare.*
Effleurer la peau , *calterire , fcalfire.*
* Efflorefcence , *fuperficie.*
* Effoncer , *sfondare.*
Effondré , gros Effondré , *budellone , sbudellato , sfon-
    dato.*
Effondrer , *sfondrare , sbudellare.*
Effondrer vn poiffon , *curare.*
Effondrille , *fondume.*
Efforcement , *sforzo.*
Efforcément , *sforzatamente.*
s'Efforcer , *sforzarfi.*
Effort , *sforzo.*
Effort d'entreprife , *tentatiuo.*
Effray , Vedi , Effroy.
Effrayer , *spauentare.*
Effrenation , *sfrenatione.*
Effrené , *sfrenato.*
Effrenément , *sfrenatamente.*
Effrenet , *sfrenare.*
Effronté , *sfacciato.*
Effrontément , *sfacciatamente.*
Effronterie , *sfacciataggine.*
* Effroüer , *fminuzzare.*
Effroy , *spauento.*
Effroyable , *spauenteuole.*
Effroyablement , *spauenteuolmente.*
Effroyant , *che spauenta , spauentofo.*
Effroyer , *spauentare.*
* Effruiéter , *sfruttare.*
Effufément , *effufamente.*
Effufion , *effufione.*

## E G

EGail , *rugiada , humilità d'herbe.*
Egal , *vguale , eguale.*
à l'Egal , *al pari.*
Egalable , *agguaglieuole.*
Egalement , *vgualmente , egualmente.*
Egaler , *vgualare , vgualiare , agguagliare.*
Egalité , *equalità.*
* Egalization , *agguagliamento.*
* Egalizer , *agguagliare.*
Egeftion , *egeffione.*
Egelfin , *agofello.*
Egiptiaque , *vnguento Egittiaco.*
Eglife , *Chiofa.*

homme d'Eglise, *Ecclesiastico.*
Egloque, *egloga.*
Egrehn, *agosello.*
* Egrum, *agrume.*
Eguillat, *agosciolo.*
Egyptelle, *spetie di pietra minerale.*
Egyptien, *zingano.*

## EI

Eiaculatoire, *eiaculatorio.*
Ejaculatrice, *eiaculatrice.*
Ejection, *eiettione.*
Eine, *anguinaia.*

## EL

Elaboratoire, *elaboratorio.*
Elabourer, *fornir con fatica, perfettionare, elaborare.*
Elaguer, *tagliar i rami d'vn albero.*
Elan, Elant, *certo animale seluatico, alce.*
Elancer, *dar dolori grandi.*
Elangoury, *languido.*
Elatine, *serbastrella, sanguisorba.*
* Elation, *elatione.*
Electeur, *Elettore.*
Electif, *elettino.*
Election, *elettione.*
Election, *giurisdittione di certe terre, Magistrato delle taglie.*
Electorat, *Elettorato.*
Electre, *elettro.*
Electrice, *elettrice.*
Electuaire, *elettuario.*
Elegamment, *elegantemente.*
Elegance, *eleganza, elegantia.*
Elegant, *elegante.*
Elegiaque, *Elego.*
Elegie, *elegia.*
Element, *elemento.*
Elementaire, *elementario.*
Elemy, *spetie di gumma.*
Elenchie, *elenchia.*
Eleomeli, *certo licore in Siria.*
Elephangine, *certa pillola.*
Elephant, *Elefante.*
Elephanteau, *Elefantino.*
Elephantin, *di Elefante, elefantino.*
Elephantique, *leproso, infettato di lepra.*
Elcu, *eletto.*
Eleuation, *eleuatione.*
Eleuatoire, *eleuatorio. Item, lieua di Cirugico.*
Eleué de peinture ou autre artisan, *allieuo.*
Eleuer, *eleuare, innaizare. Alleuare.*
Eleueur, *eleuatore.*
Eleze, elese, *fascia larga, telo*
Elice, *orsa maggiore.*
* Elider, *elidere.*
* Eligible, *eleggibile.*
s'Elimer, *frustarsi, vsarsi i panni lini.*
* Eliminer, *spinger dalla soglia. Item, publicare.*
* Eliser, *attondar la moneta.*
Elixe, *elisso.*



Elixir, *elissir, quinta, essenza.*
Elle, *ella, quella.*
Ellebore, *elleboro.*
Elleborine, *elleboro bianco.*
Ellées, aîlées, *carriere del cauallo.*
Ellend, *alce.*
Elocution, *elocutione.*
Eloge, *elogio.*
Eloquence, *eloquenza.*
Eloquemment, *eloquentemente.*
Eloquent, *eloquente.*
Elourder, *stordire, abbalordire.*
* Elucidation, *elucidatione.*
Elucider, *elucidare.*
Elue, *pino seluatico.*

## EM

* Emaceration, *emaceratione.*
Email, *smalto.*
Emailler, *smaltare.*
Emailleur, *smaltatore.*
Emailleure, *smaltatura.*
* Emanation, *emanatione.*
Emancipation, *emancipatione.*
Emanciper, *emancipare.*
s'Emanciper, Metaph. *pigliarsi troppo licenza ò ardire.*
* Emaner, *procedere.*
Ematite, *pietra Ematite.*
Embabillé, *gran dicitore, ciarlone.*
* s'Embabouiner, *scilopar vno, aggirare.*
s'Embabouiner, *imbettonarsi.*
* Embacle, *intrico, cosa scommoda, ingombro.*
* Embacler, *ingombrare.*
Embagué, *fornito d'annelli.*
Embaguer, *fornir d'annelli.*
Embaillonner, *serrar la bocca con vn bastone.*
Emballage, *abballamento.*
Emballer, *abballare.*
Emballer, Metaph. *aggirare vno, frappare, ciarlare.*
Emballeur, *abballatore.* Metaph. *ciarlone, frappatore, pianta carotte, cerciano.*
Embaras, *imbarazzo, viluppo, confusione.*
Embarassant, *scommodo.*
Embarassement, *imbarazzo.*
Embarasser, *imbarazzare.*
Embarasseur, *intrincatore.*
Embarbouiller, *imbrattare.*
Embarquement, *imbarcamento.*
Embarquer, *imbarcare.*
Embarré, *abbarrato, sbarrato.*
Embarrer, *sbarrare. Item, piegar ò cacciar in dentro.*
Embarreure, *sbarratura.*
Embas, *giù, abbasso.*
en Embas, *all' ingiù.*
Embaser, *imbasare.*
Embasmer, *balsamare.*
Embassade, &c. Vedi, Ambassade.
Embassement, *imbassamento.*
Embaster, *imbastare.*
Embastonner, *armar di bastone.*
Embatage, *inchiodamento di ruote.*
Embates, *certi venti che tirano ogn'anno, venti anniuersarij, Etesij.*

Embatre, *ribadire, inchiodare.*
* s'Embattre, *imbatterfi.*
Embauche, *lauoro, impiego.*
Embaucher, *impiegare, occupare, dar da lauorare al lauorante.* Item, *intonacare il muro.*
Embaucheure, *lauoro ò impiego, pellauorante.*
Embauer, *fcombauare.*
Embauetter, *imbauagliare.*
Embaumement, *balfamento.*
Embaumer, *balfamare.*
Embecquer, *imbeccare.*
Embeguiner, *metter la cuffietta.*
s'Embeguiner, *imbertonarfi.*
Embellir, *abbellire, è diuentarbello.*
* Embelliffage, &
Embelliffement, *abbellimento.*
Embefognement, *facenda, impiego, ingombro.*
Embefogner, *affacendare.*
Embeu, *imbeuuto.*
Embeurrer, *acconciare, ò fregar con butiro.*
Embier, *parola furbefca, andare.*
* Emblauer, *abbiadare.*
Emblaueure, *biada ò in fementa, ò crefciuta in herba.*
Emblay, *intrico, ingombro.*
* Emblayer, *ingombrare.*
d'Emblée, *furtiuamente, d'imbolto.*
Emblême, *Emblema.*
Embler, *rubare, imbolare.*
Embobeliner, *aggirar vno, farla ò piantarla.*
Emboëtteure, *Vedi, Emboifteure.*
Emboire, *imbeuere.*
Emboiftement, *incaffatura.*
Emboifter, *incaffare, incaftrare.*
Emboifteure, *incaffatura.*
Embon-point, *graffezza del volto, lo ftar bene.*
Embofquer, *piantar bofchi.*
Emboffer, *crefcer à guifa di gobba.*
Embotteler, *affaftellare.*
Embouchement, *imboccamento.*
Emboucher, *imboccare.*
s'Emboucher, *sboccare.* Item, *imboccarfi.*
Emboucher vne perfonne, *informare, inftrur vno di quello, che hà da dire, ò da fare.*
Emboucheure, *sboccatura, imboccatura.*
Emboucheure, *bocca. Bocca di cauallo.*
Embouchoir, *ftecca.*
mettre à l'Embouchoir, *dar la ftecca metter sù la iamba di legno.*
Embouchonner, *turar col ftropaglio.* Item, *attacar la frafca all' hofteria.*
Emboucler, *fibbiare.*
Embouër, *infangare, lutare.*
Embouqueter, *fornir di mazzo di fiori, ornar di fiori.*
Embourbemement, *infangamento.*
Embourber, *impantanare, infangare.*
Embourbeure, *infangamento.*
Embourre, *borra per l'artiglieria.*
Embourrement, *borramento.*
Embourrer, *borrare.*
Embourreur, *borratore.*
Embourfer, *imborfare.*
Embourfement, *imborfamento.*
Emboufcher, *sboccar in mare.*
Emboufer, *imbrattar di fterco ò bouina.*
Embouté d'argent, *guernito d'argento nel capo.*
Emboutir, *imbottire.*
Emboutiffement, *imbottitura.*
Embraceler, *fornir di braccialetti.*

Embrafement, *incendio.*
Embrafer, *abbrucciare, accendere.*
Embrafeur, *incendiario, abbracciatore.*
Embrafeure de muraille, *cannoniera, troniera.*
Embraffade, *abbracciata.*
Embraffant, *abbracciante.*
Embraffelé, *armato di bracciali.*
Embraffement, *abbracciamento.*
Embraffer, *abbracciare.*
qui trop Embraffe, mal eftreint, *chi troppo abbraccia nulla ftringe.*
Embrafure, *incendio.*
Embrener, *fmerdare, immerdare.*
Embretelé, *cinto colle cinghie.*
Embreuuer, *abbeuerare.*
Embrider, *imbrigliare.*
cheual qui s'Embride bien, *cauallo col moftaccio fotto.*
Embrion, *embrione.*
Embrocation, *embrocatione.*
Embrocher, *ficcar ò cacciar vello fchidone.*
Embrocher vn homme, *dar vna ftoccata, paffar da banda à banda.*
Embrocher vne femme, *ficcar vna donna.*
Embrocheure, *imbroccatura.*
Embroncher, *chinar il capo per ftupore.*
Embroquer, *far l'embrocatione, embrocare.*
Embroüillaffer, *Imbrogliare.*
Embroüillement, *imbroglio, imbrogliamento.*
Embroüiller, *imbrogliare.*
Embroüilleur, *imbrogliatore.*
Embrunir, *imbrunire.*
Embryon, *embrione.*
Embu, *imbuto, imbetuto.*
Embuffler, *burlare, manchionare.*
Embuiffonner, *infrafcarfi, ficcarfi nel cefpuglio.*
* Emburelucoquer, *intrisar, il ceruello.*
Embufcade, *imbofcata.*
Embufches, *infidie.*
Embufcher, *imbofcare.*
s'Embufquer, *imbofcarfi.*
* Emput, *imbottiticio.*
* Emendateur, *emendatore.*
* Emendation, *emendatione.*
* Emendatrice, *emendatrice.*
Emender, *emendare.*
Emeril, *emery, fmeriglio, pietra.*
Emeut, *fchizzo d'vcello.*
Emeute, *mouimento, emotione.*
Emeutir, *cagare ò fchizzare.*
Emine, *certa mifura di biada.*
Eminemment, *eminentemente, altamente.*
Eminence, *eminenza.*
Eminent, *eminente.*
* Emiffaire, *emiffario, chiufa.*
Emmiffole, *fpetie di can marino.*
Emmaigrir, *immagrire.*
Emmaigriffant, *immagrente, che immagrifce.*
Emmaigriffement, *immagrimento.*
Emmaillottement, *faftiamento.*
Emmaillotter, *faftiar il bambino.*
Emmaifonner, *accafare, fornir di cafa.*
Emmancher, *por il manico.*
Emmancheure, *positura del manico.*
Emmanchoir, *ftromento da attaccar il manico.*
Emmanner, *conciar con la manna.*
Emmanotter, *metter le manotte.*
Emmanteler, *ammantare.*
Corneille Emmantelée, *mulacchia.*

Emmarrer, *metter in mare.*
Emmarteler, *immartellare, dar martello ò gelosia.*
Emmatir, *abbattere, stancare.*
Emmasser, *ammassare, abbicare.*
Emmatriculer, *immatricolare.*
Emmecher, *guernir di stoppino ò meccia.*
Emmeliorer, *ammigliorare.*
Emmener, *menar via, tirarsi dietro.*
Emmenuiser, *appicciolare.*
Emmerder, *immerdare.*
Emménager, &
Emmeubler, *fornir di masseritie.*
Emmeublement, *fornimento di masseritie, fornimenti di casa ò camera.*
Emmiellement, *melamento.*
Emmieller, *ammielare, melare.*
Emmielleure, *ammelatura.*
Emmielleure faite de graine de lin pour les cheuaux, *linosa.*
Emmitouffler, *camuffare*
Emmitter, *immitriare, por la mitera.*
Emmoëller, *fornir di midolla, conciar con midolla.*
Emmonceler, *abbiccare, ammassare.*
Emmorionner, *metter il morione ò celata.*
Emmortaiser, *ficcar nella mortisa.*
Emmouffler, *metter la maniccia.*
Emmurer, *murare.*
Emmuseler, *metter la baia.*
Emmusquer, *conciar con muschio.*
* Emmy, *in mezzo.*
Emoëller, *smidollare.*
* Emologation, *approbatione, ammessione.*
* Emologuer, *ammettere, approbare.*
Emolument, *emolumento.*
Emonctoire, *emontorio.*
Emonder, *mondare.*
Emotion, *emotione.*
Emouce, émousser, *mozzare.*
Emoudre, *arruotare.*
Emouleur, *arruotatore.*
Emouuant, *mouente.*
Empailler, *impagliare.*
Empainte, *impeto.*
Empalement, *impalamento.*
Empaler, *impalare.*
Empaletoque, *vestito di paletocco.*
Empalmer, *impalmare.*
Empampré, *impanpinato, infrascato di pampini.*
Empan, *spanna, palmo.*
Empanacher, *impennachiare.*
Empaneter, *metter nel cesto ò paniere.*
Empanner, *spannare.*
Empanon, *penna di freccia.*
Empantouffé, *che porta piannelle.*
Empaqueter, *inuiluppare, piegar insieme.*
Empaqueteur, *inuiluppatore.*
* Emparager, *maritar con vna persona di pari conditio-ne.*
Emparement, *empossessamento.*
Emparenter, *imparentare.*
s'Emparer, *impossessarsi, insignorirsi.*
Emparfumer, *prosumare.*
bien Emparlé, *eloquente, bel dicitore.*
mal Emparlé, *sboccato.*
* Empas, *pastoie.*
Empasteller, *imbeccare ò appastellare, appastare i capponi, &c.*
Empastement, *impastamento.*

Empaster, *impastare.*
Empastenostre, *fornito di pater nostri.*
Empasteure, *parola marinesca.*
Empatroné, *impadronito.*
s'Empatroner, *insignorirsi, impadronirsi.*
Empattement, *sostegno.*
Empaulmer, *afferrar con la palma pigliare.*
Empaulmer vn soufflet, *dar vna guanciata.*
Empaumeure de teste de cerf, *corna à guisa di palma.*
Empauoiser, *armar di panese.*
s'Empaiser, *farsi naturale d'vn paese.*
* Empeau, *innesto.*
Empeigne, *tomaia di scarpa.*
Empeigner vne douue, *incast rare.*
Empennacher, *impennacchiare.*
Empenner, *impennare vna saetta.*
Empennon, *penna di saetta.*
Empereur, *imperatore.*
Emperier, *imperiale.*
Emperiere, *imperatrice.*
Emperler, *perlare, imperlare.*
Emperruqué, *fornito ò coperto di capelliera posticcia.*
Empeschant, *incommodo, scommodo.*
Empesché, *impedito, intricato.*
Empesché de sa personne, *indisposto, grosso.*
femme Empeschée, *donna grauida.*
poictrine Empeschée, *aggrauato petto.*
Empeschement, *impedimento, impaccio.*
Empescher, *impedire, impacciare, disturbare.*
s'Empescher d'vne chose, *astenersi, rimanersi, tralasciare.*
ie ne puis pas m'Empescher, *non posso far di meno.*
estre fort Empesché, *hauer molte faccende. Item, esser molto intricato.*
cela n'Empeschera pas, *non si lascierà per questo.*
Empesement, *inamitamento.*
Empeser, *dar la salda, inamitare.*
Empeseuse, *inamitatrice, imbiancatrice, lauandara.*
Empester, *appestare.*
Empestré, *ingombro.*
Empestrer, *ingombrare.*
Emphase, *enfasi.*
Emphatique, *enfatico.*
Emphatiquement, *con enfasi.*
Emphyteose, *in pigliar vna cosa à fieto, con patto di render la migliore.*
Emphyteosien, *affitaiuolo con patto di render la cosa migliore, che non era.*
* Empiece, *non in gran tempo.*
s'Empieger, *pigliarsi nella piedica, intricarsi nel laccio.*
Empierré, *impetrito.*
Empierrement, *impetrimento.*
Empierrer, *impetrire.*
Empierrement, *vsurpatione.*
Empieter, *vsurpare.*
Empieter sur vne personne, *entrar ne' piedi d'vno.*
Empieteure, *incassatura d'vna cosa in vn' altra.*
Empiller, *ammassare, ridur in pileo mucchi.*
Empiné, *cacciato dentro vn pino.*
* Empirance, *peggioramento.*
Empire, *imperio.*
Empirée, *empireo.*
Empirement, *peggioramento.*
Empirer, *peggiorare.*
Empirique, *empirico.*
Empistoler, *armar di pistola.*
Emplacement, *sito.*

Emplacer, collocare, pojare.
* Emplage, empimento.
Emplaider, dar de litigare.
* Emplastration, impiastragione.
Emplastre, impiastro.
Emplastre, Metaph. persona fastidiosa, empiastro.
mettre vne Emplastre .i. nascondere vn diferto.
Emplastrer, impiastrare, appiastrare, appiastricare.
Emplastreure, impiastragione.
Emplastreux, impiastroso, pieno d'impiastri.
Emplette, incetta.
* Emplier, impiegare.
Emplir, empire, empiere. Item, ingrauidare.
s'Emplir le ventre, far fianco, far vna corpacciata.
Emplir le ventre à vne femme, impregnare.
Emplir par dessus, colmare, sourempiere.
Emplissage, empimento.
Emplissement, Idem.
Emploitte, incetta.
* Emploitter, far incetta, comprare.
Emplomber, impiombare.
Emplottonner, agomicciolare, agomitolare.
Employ, impiego.
* Employement, spesa, impiegamento.
c'est bien Employé, sta bene, è ben' impiegat.
Employer, impiegare, adoprare. Item, spendere.
s'Employer à quelque chose, adoprarsi, impacciarsi.
Employer vne personne, seruirsi d'vno.
Emplumasser, impiumacciare, impennase.
Emplumer, impiumare.
Emply, pieno, ripieno.
Empocher, intascare.
Empoigner, impugnare, aggauignare, abbrancare.
Empoigneure, impugnatura, appicatura.
* Empoint, appunto, à proposito.
mal Empoint, male alla via, in cattino stato.
Empointer, appuntare.
Empois, salda, cola.
* Empoiser, dar la salda.
Empoisonnement, attossicamento.
Empoisonner, attossicare.
Empoisonneresse, attossicatrice.
Empoisonneur, attossicatore.
Empoisser, impegolare, impeciare.
Empoissonnement, appescamento.
Empoissonner, appescare, seruir di pesce.
Emportement, portamento, trasportamento.
Emporter, portar via.
Emporter, obtenir, conseguire, venir à capo.
Emporter sur quelqu'vn, vincere.
Emporter ou oster les deffenses, leuar le difese.
Emporter d'assaut, espugnare, pigliar d'assalto.
s'Emporter de colere, lasciarsi trasportare dalla colera, trascorrer nell' ira.
Emporter, arracher vn morceau de chair, &c. leuar vn pezzo di carne.
Emporter la piece, offender del tutto.
cela en Emporte beaucoup, questo ne piglia assai.
cela vous Emportera dans des précipices, questo vi condurrà in precipitij.
Emporter le prix ou la victoire, riportar ò vincer il premio, riportar la vittoria.
Empoudré, poluroso.
Empoudrer, impoluerare.
Empoule, bolla acquaiola.
Empoulement, gonfiamento.
Empouler, gonfiare. Item, crescer bolle.
Empoupper, soffiar ò dar in poppa, impoppare.

Empourprer, porporare, inostrare.
Empraignant, improntante.
Empraint, impronta, impressoi
Empreindre, imprimere, improntare.
Empreint, impresso.
Empreinte, impressione, impronta.
* Emprendre, intraprendere.
* Empres, appresso.
Empressement, fretta.
Empresser, affrettare, stringere.
* Emprut, & deux, &c. e vno, e due, &c.
* Emprise, impresa.
Emprisonnement, imprigionamento.
Emprisonner, imprigionare.
Emprisonneur, imprigionatore.
Emprunelé, fornito di popille.
Emprunt, prestanza, prestito.
par Emprunt, in prestanza.
viure d'Emprunt, far l'arte dell' accatteria.
il est comme vne personne Empruntée .i. par che non sia di casa, par inutile.
Emprunter, imprestare, tor in prestito ò presto.
Emption, emptione, compra.
Empuantir, ammorbare.
s'Empuantir, impuzzare.
Empuantisir, diuentar puz zolente.
* Emputer, imputare.
Empyreume, calor accidentale.
Emulateur, emulatore.
Emulation, emulatione, gara.
Emulgence, emulgenza.
Emulgent, emulgente.
Emulsion, emulsione.
Emunction, emuntione.
Emunctoire, emuntorio.
Emut, schizzo d'vccello.
Emutissement, lo schizzar dell' vccello.

## EN

EN, preposition, in.
En, nota del gerondio, en disant, dicendo.
En, relatif, ne.
i'En ay, ne hò.
il y En a, ci sono di quelli.
En gratter, en chercher, cercar danari ò robba.
En estre, esser del numero.
s'il s'En trouue, si trouano delle persone.
En trouuer, trouuar danari.
En tenir, esser colto, esser in mal punto, esser innamorato.
i'En sçay, io sò di quelli.
dy que tu En as, di che sei stato colto.
En esté, en hyuer, di state, di verno.
ie nesçay où i'En suis, non sò doue io mi sia.
En, comme, da.
En Philosophie, da Filofo.
En galand'homme, da galant' huomo.
mettre En pieces, metter à pezzi.
En dedans, di dentro via.
En dehors, di fuori via.
En enhaut, all' insù.
En embas, all' ingiù.
c'En est fait, è spedito il negotio.
cela n'En est pas, non hà d'andar cosi.
En outre, di più, oltre à.
En affaire, affacendato.

Enaigrir, *inafprire.*
* Enamerer, *inamarire.*
s'Enamourer, *innamorarfi.*
s'Enarbrer, *inarborarfi.*
Enarcher, *inarcare.*
* Enarfer, *fnafare, tagliar il nafo.*
Enafprir, *inafprire, inafpreggiare.*
Encacquer, *metter nel caratello.*
Encadener, *incatenare.*
Encager, *gabbiare, ingabbiare.* Metaph. *imprigionare.*
Encaiffer, *incaffare.*
Encant, *incanto.*
Encapeliner, *incappellare, incapellinare.*
Encaper, *incappare, coprir di cappa.*
Encapuchonner, *incapperucciare.*
Encarener, *far la carena d'vn vafcello.*
Encarner, *incarnare.*
Encarrer, *liuellare, quadrare.*
Encafteller, *incaftellare.*
l'efprit Encaftellé, *il ceruello à partito.*
Encaftelleure, *incaftellatura.*
* Encaftillement, *incaftratura.*
Encarter, *incartare.*
Encauement, *incauamento.* Item, *incantinamento é calamento di vino.*
Encauer, *incanare.*
Encauer le vin, *incantinare, incanouare.*
Encaueure, *incanatura, fcano.*
Enceinct, *attorniato.*
Enceincte, *Vedi,* Enceinte.
Enceindre, *cingere, attorniare.*
Enceint, *cinto.* Item, *giro, cinto.*
Enceinte, *attorniamento, incinta, giro, cinto.*
femme Enceinte, *donna grauida, ò incinta.*
Encendrer, *incenerire.*
Encens, *incenfo.*
Encenfement, *incenfamento.*
Encenfer, *incenfare.*
Encenfier, *ftella chiamatà Incenfore.*
herbe Encenfiere, *coniza, cumilaggine.*
Encenfoir, *incenfoio, turribulo.*
fouffler à l'Encenfoir .i. *beuer molto.*
Encepet, *inceppare, metter ceppi.*
Encerceler, *accerchiellare.*
Encercler, *accerchiare.*
Encerner, *attorniare, aggirare.*
Enchagriguer, *faftidire, rincrefcere.*
Enchaifner, *incatenare.*
Enchaifnement, *enchaifheure, incatenamento.*
Enchalaffer, *fornir le viti di pali.*
Enchambrer, *incamerare.*
canon Enchambré, *incamerato cannone, voto nella culata per dargli più forza.*
Enchancrer, *incancherire.*
Enchanteler, *regger ó foftener con predella ó fedile.*
Enchantement, *incanto, incantefimo.*
Enchanter, *incantare.*
Enchanterie, *incanto, incantatione, incantefimo.*
Enchantereffe, *incantatrice.*
Enchanteur, *incantatore.*
Enchapeler, *incapelare, inghirlandare.*
Enchapeleure, *coronamento di ghirlanda.*
Enchapement, *nappo di camino.*
Enchapé, *coperto di piuiale.*
Enchaperonnement, *incaperucciamento.*
Enchaperonner, *incaperucciare.*
Enchardonner, *incardare.*



Enchargement, *impregnatura, impregnamento.*
Eucharger, *dar ordine, commandare, ordinare.*
Encharger, qui fe dit d'vne femme, *pregnare, diuentar grauida.*
Encharneler, *reggere ó foftenere vna vite.*
Encharner, *incarnare.*
Enchaffement, *incaffumento.*
Enchaffer, *incaftrare, incaffare.*
Enchaffeure, *caffa.*
* Enchaffiller, *fornir di telari.*
Enchatonner, *incaftrare vn pietra pretiofa.*
Enchaulmer, *coprir di ftoppie.*
Enchauffeure, *incalzatura.*
Encheminer, *incaminare.*
Enchemifé, *incamifciato, coperto di camifcia.*
Enchere, *apprezzamento, incarimento.*
mettre Enchere, *incarire, alzar il prezzo.*
porter la folle Enchere .i. *portar la pena, pagar il fio.*
Encherir, *incarire.*
Encherir fa marchandife, *ftimar caro.*
Encherir fur vn autre, *alzar di prezzo.* Item, *gareggiare, far à gara.*
Encheriffement, *incarimento.*
Encheriffeur, *apprezzatore, che alza di prezzo.*
Encher, *ftillamento d'acqua ó altra materia.*
Encheualler, *incauallare.*
Encheueftrer, *incapeftrare, accapeftrare.*
Encheueftreure, *incapeftratura.* Item, *piano ó fondo di fucolare.*
Enchiffré, *fegnato con ziffere.*
Enchiffrené, *nafo turato dal catarro.*
Enchiffreneure, *moccolo ò catarro che impedifce la refpiratione del nafo.*
Encirer, *incerare.*
Encis, *homicidio di donna grauida.*
Encifer, *incidere.*
Enclaue, *commeffura.* Item, *limite.*
Enclauement, *incaffamento, inchiauatura, rinferramento.*
Enclauer, *commettere, inchiauare, rinferrar nelli limiti.*
Enclaueure, *commeffura, inchianatura.*
Enclin, *inchinato, inclinato.*
Encliner, *inclinare, inchinare.*
s'Encliner, *inchinarfi.*
Enclorre, *chiudere, rinchiudere.*
Enclos, *chiufura, giro, incinta.*
Enclos, *chiufo, rinchiufo.*
Enclofter, *metter nel chioftro.*
Enclofture, *chiufura.*
* Enclotir, *rinchiuder l'animale.*
Enclouëment, *inchiodamento.*
Enclouër, *inchiodare.*
Enclofeure, *inchiodatura.*
Enclume, *incude, incudine.*
à dure Enclume, marteau de plume .i. *ogni cofa difficile fi vince colla patienza.*
Enclumeau, *incudinetta.*
Encochement, *incoccamento.*
Encocher, *incoccare.*
Encocheure, *incoccatura.*
Encoffrer, *incaffare.* Metaph. *imprigionare.*
Encoigner, *ritirar nel cantone.*
Encoigneure, *cantone, cantonata.*
Encoleure, *inarcatura del collo.*
Encoller, *metter al collo.*
Encolleure, *incollatura.* Item, *diftretto di terra.*

connoiftre

connoiſtre à l'Encollure, *conoſcer all' incollatura.*
Encolorer, *incolorire.*
* Encombre, *ingombro, diſturba, ſciagura.*
Encombrement, *ingombramento.*
Encombrer, *ingombrare.*
Encombrier, *ingombro.*
* Encommencement, *principio.*
* Encommencer, *incomminciare.*
* Encomuenceur, *incomminciatore.*
Enconché, *ben acconcio.*
Encontenancé, *che hà ſembiante ó garbo.*
Encontenancer, *dar garbo ó ſembiante.*
* Enconuenancé, *patuito, conuenuto.*
Encontre, *incontre.*
* Encontre, *di rimpetto.*
à l'Encontre, *contra, all' incontro.*
* Encontrer, *incontrare.*
* Enconuenancer, *conuenire.*
Encoqueluché, &
Encoqueluchonné, *incocollato, incaperucciato.*
Encordeler, *incordellare.*
Encorder, *incordare.*
Encordé, *incordato.*
Encordeure, *incordatura.*
Encordonner, *incordonare.*
Encore, *encora, anche.*
Encore que, *ben che, encor che, con tutto che.*
Encore moins, *manco, nè meno.*
Encore eſt-ce, encore ay-je cela de bon, *manco male.*
Encore falloit-il, *è pure biſognaua.*
mais Encore, *mà pure.*
Encornal, *teſta dell' albero d'vn vaſcello.*
Encorner, *incornare, cornare, guernir di corna.*
Encorneter, *metter in vn corno, ó cartoccio, accartocciare.*
Encorneure, *cornatura.*
Encoronner, *incoronare.*
Encotonner, *guernir di bambagia, accotonare.*
Encoüarder, *render codardo.*
Encoüardir, *diuentar codardo, incodardire.*
* Encoulper, *incolpare.*
* Encoulpeur, *inculpatore.*
Encoultrer, *guernir di coltre.*
Encouragement, *il dar animo.*
Encourager, *dar animo.*
s'Encourager, *far animo.*
* Encourement, *incorrimento.*
Encourir, *incorrere.*
* Encourroyer, *fornir di fibbie ó coreggie.*
Encourtiner, *accortinare, cortinare, incortinare.*
Encouru, *incorſo.*
* Encoutelaſſer, *fornir di coltellacio.*
* Encraſſer, *empirſi di ruſſola.*
Encre, *inchioſtro.*
eſcrire de bon Encre, *raccommandar di buon inchioſtro. i. caldamente.*
Encrener, *incaſtrare.*
Encreſiner, *increſimare, acconciar col fior di latte.*
* Encreuſer, *incauare.*
Encrier, *vendi inchioſtro.*
Encrier, *butte di calamaro.*
ſeiche Encrier, *peſce calamaro, calamaro.*
Encouſtrement, *incroſtatura.*
Encrouſter, *incroſtare.*
Encrucher, *metter nella brocca.*
* Encrudir, *farò diuentar crude.*
Encueur, *antiquore, mal di canallo.*

Encuiraſſer, *armar di corazza.*
s'Encuiraſſer, durcir comme le cuir, *accoiare, incoiare.*
* Encuir, *troppo cotto, aduſto, abbruſciato.*
* Encuſer, *accuſare, iucuſare.*
* Encuſeur, *accuſatore.*
Encuuer, *metter nella tina, imbottare.*
Encyclopedie, *enciclopedia.*
* Enda, *sì sì, in verità.*
Endeté, *indebitato.*
Endetement, *indebitamento.*
s'Endeter, *indebitarſi, far debiti.*
Endelechie, *entelechia, mouimento aſſiduo.*
* Endemené, *laſcivetto.*
* Endementiers, *intanto.*
Endenter, *indentare.*
Endeſuer, *arrabbiare.*
Endetter, *vedi, Endeter.*
Endiablé, *ſpiritato, indiauolato.*
Endiabler, *ſpiritare.*
Endiamenté, *guernito di diamenti.*
* Endictement, *indettatura, indittione.*
Endicter, *accuſare, indettare*
Endicteur, *indettore.*
* Endiue, *endiuia.*
* Endizeler, *abbiccare, ammaſſare nel numero di dieci.*
Endoctrinale, *indottrineuole.*
Endoctrinement, *indottrinamento.*
Endoctriner, *indottrinare, ammaeſtrare.*
Endommagement, *danno, dannamento.*
Endommager, *far danno.*
* Endorer, *indorare.*
Endormant, *dormitiuo, che addormenta.*
Endormie, *ſonnifero, dormia, oppio.*
bailler de l'Endormie, *adoppiare.*
Endormir, *addormentare.*
Endormir vn membre, *indormentare, intormentare.*
Endormir de parolles, *perſuader con belle parole.*
Endormiſſement, *ſopimento.*
Endoſé, *miſurato col doſo.*
Endoſſe d'eſcriture, *indoſſatura.*
porter l'Endoſſe, *portar la pena ó danno.*
donner ſur l'Endoſſe, *battere.*
Endoſſement, *indoſſamento.*
Endoſſer, *indoſſare.*
Endoſſer vn liure, *incollare.*
Endoſſeure, *indoſſatura*
Endoüairer, *dar la dote.*
Endoüille, *vedi, Andouille.*
Endoüillers, *vedi, Andouillers.*
* Endouloury, *addolorito.*
* Endouté, *dubbioſo.*
Endroit, endroit, *luogo, parte.*
argenté en vn Endroict, & doré en l'autre, *doue argentato, doue indorato.*
Endroit d'eſtoffe, *verſo, ritto, dritto.*
en mon Endroit, *verſo di me.*
en ſon Endroit, *verſo di lui.* Et ainſi des autres.
vous m'en donnez par vn bel Endroit : l'Italien dit, *voi me la piantate ó l'accocate.*
* Endroit, *appreſſo.*
Enduire, *intonacare.*
Enduire, qui ſe dit de l'oiſeau, *digerire.*
Enduiſeur, *intonacatore.*
Enduiſſon, *intonacatura.*
Enduit, *intonacato.* Item, *intonicatura.*

Endurable, *tolerabile.*
Endurant, *tolerante.*
Endurcir, *indurire.*
s'Endurcir à quelque chose, *callire, far il callo.*
Endurcissant, *indurente.*
Endurcissement, *indurimento.*
Endurement, *toleramento, patimento.*
Endurer, *tolerare, patire.*
Endurer la coupelle, *tener alla coppella.*
Enduueter, *fornir di piuma, empir di penna matta.*
Energie, *energia.*
Energique, *energico.*
Eneruation, *enernatione.*
Eneruer, *enernare.*
Enfagotter, *affastellare, far in forma di fascina.*
Enfaisser, *affardellare.*
Enfaisté, *colmato, coperto di fastigio.*
Enfaister, *fastigiare.*
Enfaisteure, *colmatura, fastigio, sommità di casa.*
Enfance, *fanciullezza.*
Enfance, action d'enfant, *bambineria, pappolata.*
retourner en Enfance, *rimbambire.*
Enfançon, *bambino.*
* Enfanger, *infangare.*
Enfant, fils, ou fille, *figliuolo.*
Enfant natif, ou né en vn lieu, *natiuo.*
Enfant, *bambino, fanciullino.*
Enfant de la Messe de minuit. i. *buon compagno, furbo.*
Enfant de quinze mois. i. *huomo grande.*
Enfant du Diable; l'Italien dit, *Bambino da Rauenna.*
Enfant sans soucy, *cacapensieri, buon compagno, spensierato.*
Enfant gasté, *allieuo di vedoua.*
Enfants perdus, *fanti perduti.*
faire l'Enfant, *bamboleggiare, far il bambino.*
Enfant de cœur, *xago, xaghetto.*
Enfants de France, *figliuoli del Rè di Francia.*
Enfants de Dieppe. i. *arenghe.*
Enfants trouuez, *orfanelli.*
Enfants rouges, *certi Orfanelli vestiti di rosso.*
Enfantant, *partoriente.*
Enfantement, *parto.*
Enfanter, *partorire.*
* Enfantiller, *bamboleggiare.*
Enfantin, *bambinesco.*
* Enfantinement, *bambinescamente.*
Enfardeler, *affardellare.*
Enfariné, *infarinato.*
la gueule Enfarinée. i. *con grandissima voglia.*
Enfariner, *infarinare.*
Enfeconder, *fecondare.*
* Enfelonnir, *infellonire.*
Enfer, *inferno.*
l'Enfer de Marot. i. *la prigione.*
* Enferges, *ferri, ceppi.*
* Enferme, *infermo.*
Enfermement, *rinserramento.*
Enfermer, *rinserrare, rinchindere.*
Enfermer l'ennemy, *toglier il nemico in mezzo.*
Enfermé, *rinchiuso.*
l'Enfermé, mauuaise odeur, *tanfo.*
Enfermerie, *Informeria.*
Enfermier, *Infermiere.*
Enferrer, *inferrare, trapassar col ferro.*
Enfesteau, tuile festiere, *tegola della cima, ala di tetto.*

Enfester, *Vedi, Enfaister.*
Enfester, *far, festa.*
Enfeüiller, *infrascare.*
Enfieller, *infielire, conciar con fele, render amaro.*
* Ensierir, *diuentar fero, ò fiera.*
Enfievrer, *dar ò pigliar la febre.*
Enfilade, *infilzata.*
Enfiler, *infilzare.*
Enfiler, prendre aux filets, *inretire.*
Enfiler, tirer tout le long d'vne tranchée, *imboccare.*
Enfiler la venelle, *fuggire, darla pe' chiassi.*
il en Enfile. i. *ciarla, armeggia, si vanta.*
Enfiler, *imbroccare, ficcar vna donna, passar vn huomo da banda à banda.*
Enfiler vn discours, *commincier bene vn discorso.*
ie ne suis pas venu pour Enfiler des perles. i. *non son venuto per non far niente.*
Enfiler les gumenes, *annolger le gumene al torno dell'ancora.*
Enfileur, *infilzatore.*
Enfileur de perles. i. *vantatore.*
vne Enfileure, *vna filza, ò infilzata.*
vne Enfileure de parolles, *filastroccola.*
Enfistulé, *infistolito.*
Enflambant, *infiammante.*
Enflambler, *infiammare.*
Enflammer, *infiammare, auampare.*
Enfle-bœuf, *mosca bouina.*
Enflement, *gonfiatura, rigonfio, gonfiamento.*
Enfler, *gonfiare, enfiare.* Metaph. *aumentare.*
Enflescher, *infrecciare, saettare.*
Enflescheures, *scalini di corda da montar alla gabbia d'vn vascello.*
Enfleure, *gonfiatura.*
Enfleure en l'ainne, *anguinaia.*
Enfleurer, *infiorare.*
Enfleuronner, *Idem.*
Enfoirer, *immerdare.*
Enfolâtré, *impazzito, ò pazzerello.*
Enfoncement, *affondamento.*
Enfoncement en Architecture, *sfondato.*
Enfoncer, *affondare, andare ò cacciar al fondo, piegare.* Item, *romper vna porta.*
Enfondrement, *sfondramento.*
Enfondrer, *sfondare, sfondrare.*
Enfonser, *affondare.* Item, *metter il fondo.*
Enfonser vn arc, *rendere.*
Enfonseure, *affondatura, fondo, tauolato.*
Enforcer, *inforzare.*
Enforcir, *inforzire.*
Enformer, *formare, informare.*
* Enforty, *inforzato.*
Enfouër, *infocare.*
Enfouir, *incauare, z appar il dentro. Coprir di terra.*
Enfouissement, *incauamento.*
Enfouisseur, *incauatore.*
Enfourché, *forcato, inforcato, forcuto.*
Enfourcher, *inforcare.*
Enfourcheure, *forcatura.*
Enfournement, *infornamento.*
Enfourner, *infornare.*
à mal Enfourner se font les pains cornus. i. *ogni principio è difficile.*
Enfourner bien, *comminciar bene.*
Enfractueux, *incolto, intricato.*
Enfractuosité, *inuolutione.*
Enfraindre, *violare.*
Enfraint, *violato.*

Enfranger, *infrangiare, guernir di frangie.*
s'Enfricher, *insterilire il campo, di ventar sterile ò infrut-tuoso.*
Enfroiduré, *infreddato, freddigliato.*
s'Enfroidurer, *diuentar freddo, infreddigliare.*
Enfroqué, *cocollato.*
Enfroquer, *cocollare.*
* Enfruitter, *infruttare.*
s'Enfuïr, *fuggire.*
s'Enfuït, d'vn pot trop plein, *slaboccare.*
s'Enfuïr, qui se dit d'vn tonneau, &c. *far danno, ver-sare.*
Enfumé, *affumato.*
Enfumement, *affumicamento.*
Enfumer, *affumicare.*
* Enfurié, *infuriato.*
Enfusté, *imbottato, posto in vna botte ò caratello.* Item, *inhastato.*
Engagement, *impegnamento.*
Engager, *impegnare.*
Engager l'espée de son ennemy, *intricare.*
s'Engager au combat, *obligarsi, ò impegnarsi, auuol-gersi, auuanzarsi.*
Engageur, *impegnatore.*
* Engaigné, *inganno.*
* Engaigner, *ingannare.*
Engainer, *metter nella guaina ò fodro.*
Engane pastre, *cuditriemola, vccello.*
* Enganer, *ingannare.*
Enganté, *inguantato.*
* Engarber, *ingarbare, dar garbo.*
Engarder, *prohibire.*
s'Engarder, *guardarsi, astenersi.*
Engeance, *razza, genia.*
Engeancement, *crescimento di razza.*
Engeancer, *empir di razza.*
Engeler, *gelare, assiderare.*
Engeleure, *tignuola che procede dal freddo.*
Engendrement, *generamento.*
Engendrer, *generare.*
Engendreur, *generatore, genitore.*
Engendreure, *generatione.*
Engeollement, *inganno.*
Engeoller, *persuader con belle parole.*
Engeolleur, *giuntatore, ingannatore.*
Enger, *empire, indenaiare, croscer la razza, far razza.*
Engerber, *far fasci di biada ò paglia.*
* Enginer, *ingannare.* Item, *incantare.*
* Engigneur, *ingannatore.*
* Engignoire, *inuentione, sottigliezza.*
Engin, *ingegno, stromento.* Metaph. *membro virile, co-tale.*
vn bel Engin, par Ironie, *vna gioia.*
* Enginer, *ingannare.*
Enginier, *ingegnere.*
* Engiponne, *camuffato.*
Englacer, *agghiacciare.*
Englober, *inglobare.*
Englobeure, *forma di globo.*
Engloutir, *inghiotitire.*
Engluement, *impaniamento.*
Engluer, *impaniare.*
Engolfer, *ingolfare.*
Engoncer, *intricare, ingombrare nel vestito.*
Engoncé, *intrica ò nella veste.*
Engorgement, *ingorgamento.*
Engorger, *ingorgare.*
s'Engorger, *ingorgarsi.*

Engorgeur, *ingorgatore.*
Engouëment, *ingorgamente.*
Engouër, *ingorgare.*
Engouffrer, *ingolfare, abissare.*
Engouler, *ingoiare.*
Engouleur, *ingoiatore.*
Engoulpher, *ingolfare.*
Engourdir, *assiderare, abbiuidare, stramortire.*
Engourdissement, *assideratione, stramortimento.*
Engourdy, *indoglito, assiderato, briuido, stramortito.*
Engourmeler, *ingrommare il latte.*
Engousté, *abboccato, che hà buon gusto ò appetito.*
Engouster, *inuogliare, abboccare.*
* Engrais, *ingrassamento.*
Engraissant, *ingrassante.*
Engraissement, *ingrassamento.*
Engraisser, *ingrassare.*
* Engraissir, *Idem.*
Engraississant, *ingrassante.*
Engranger, *metter nell' aia.*
Engrauer, *intagliare.* Item, *aggrauare.*
Engraueur, *intagliatore.*
Engraueure, *intagliatura.*
s'Engreger, *peggiorare, aggrauarsi.*
Engrener, *empir di grano, fornir di grano, metter il grano nella tramogia.*
Engrener qui se dit d'vne rouë, *incastrarsi.*
Engreneure de rouë, *incastratura.*
Engresler, *spinare.* Terme de blason.
Engresleure, *spinatura.*
Engroigné, *rampognoso, di cattiuo humore.*
Engrommeler, *ingrommare.*
laict Engrommelé, *cacià.*
Engrommeleure, *gromma.*
Engrossement, *impregnamento.*
Engrosser, *impregnare.*
Engrosseur, *impregnatore.*
Engrossiere, *ingrossare.* Item, *impregnare.*
Engrossissement, *ingrossamento.*
mal Engueulé, *sboccato, slinguacciato.*
Enguicheure, *correggia da pendere il cerno scaggiale.*
* Enguigner, *ingannare.*
Enguirlander, *inghirlandare.*
Enhaillonné, *vestito di cenci ò stracci.*
Enhaïr, *odiare.*
Enhanner, *durar fatica.*
Enhanter, *inastare.*
Enhardir, *inardire, dar animo.*
Enharnachement, *arnese di cauallo.*
Enharnacher, *fornir d'arnese.*
Enhaster, *ficcar nello schidone.*
Enhaut, *di sù, sù.*
en Enhaut, *all' in sù, di sù.*
* Enhazé, *affacendato, che fa vista d'hauer molto da fa-re.*
Enherbement, *adherbamento.*
Enherber, *adherbare.* Item, *attossicar con herbe.*
Enheriter, *constituir herede, inheredare.*
* Enhorter, *esortare, ammonire.*
* Enhorteur, *esortatore.*
Enhuiler, *oliare, vngere d'olio.*
Enjabler, *incastrare nella capruggine d'vna botte.*
Enjalousir, *ingelosire.*
Enjambée, *passo largo, stendimento di gamba.*
Enjamber, *passar di là di qualche cosa, passar con vn pas-so largo.*
Enjamber sur autruy, *entrar ne' beni d'altri, vsurpa-re.*

Enjaueler, *affaſtellar le biade, metter in balẓi ó mani-poli.*
Enjaueleur, *affaſcellatore.*
Enjaueliner, *armar di dardo ó ẓagaglia.*
Enjauler, *Vedi,* Engeoler.
Enjaunir, *ingiallire.*
l'Enjeu, *l'inuito, quello che ſi mette al ginoce., la po-ſta.*
Enigmatique, *Enimatico.*
Enigme, *Enimma.*
Eniobeliner, *inzannare.*
Enioinĉté, *che hà giunture.*
Enioindre, *commandare.*
Enioliuement, *ornamento, gala.*
Enioliuer, *ornare, aſſettare.*
Enioliueure, *aſſetto, ornamento.*
Eniolleur, *ingannatore con belle parole.*
Enioncher, *ingiuncare, ſpargere.*
Enioüé, *allegro, giocoſo, feſteuole.*
Enioüer vne arme à feu, mettre en ioüé, *metter in mi-ra.*
* Enioyailler, *ornar di gioie.*
Enivrer, *Vedi,* Enyvrer.
Enlacement, *allacciamento.*
Enlacer, *allacciare, pigliar ne' lacci.*
Enlaidir, *diuentar brutto.*
Enlaidiſſement, *il diuentar brutto.*
bien Enlangagé, *eloquente, dicatore.*
Enlangager, *fornir di parole.*
Enleué, *di rilieuo.* Item, *gonfio.*
Enleuement, *rapimento.* Item, *gonfiamento.*
Enleuer, *gonfiare, gonfiare ſi la carne à pelle.*
Enleuer, *rapire, rubar vna donna inuolare.*
Enleuer vn quartier, *leuar vn quartiere.*
Enleuer, *leuar in aria.*
Enleuer la peau, *calterir la pelle.*
Enleueure, *brogia, gonfiamento di pelle.* Item, *rilieuo.*
* Enlier, *legar inſieme.*
Enlignagé, *apparentato.*
Enliſſé, *liſcio.*
Enliſſeure, *liſciatura.*
Enlourdir, *abbalordire.*
Enluminé, *miniato.* Metaph, *roſſo por ſouerchio bere.*
Enluminer, *miniare.*
s'Enluminer. i. *imbriacarſi.*
Enlumineur, *miniatore.*
Enlumineure, *miniatura.*
Emmailloter, *faſciare.*
Emmanteler, *Vedi,* Emmenteler.
Emmenagement, *fornimento di maſſeritie.*
Emmeſſé, *che hà ſentito meſſa.*
Emmy, *in mezo.*
Emmitouffé, *camuſſato.*
chat Emmitouffé : l'Italien dit, *vn' oca impaſtoiata.*
chat Emmitouffé ne prend point de ſouris : l'Italien dit, *gatta guantata non piglia ſorci.*
* s'Ennaſſer, *pigliarſi nella naſſa.*
* s'Ennazer, *metter nel naſo, innaſare.*
Enneigé, *anneuicato, coperto di niene.*
Ennemy, *nemico.*
Ennemie, *nemica.*
s'Ennieller, *annebbiarſi.*
Ennoblir, *nobilitare, annobilire.*
Ennobliſſement, *annobilimento.*
Ennoicir, *annerare.*
Ennombrer, *innumerare, annouerare.*
Ennoſſé, *inoſſato.*
Ennoüer, *annodare.*



s'Ennoüer, *ingorgarſi.*
Ennoye, *ſpetie di verme:*
Ennuager, *annuaolare.*
s'Ennuiter, *farſi notte, reſtar di notte in vn luogo.*
Ennuy, *noia.*
Ennuyer, *annoiare, faſtidire, rincreſcere.*
s'Ennuyer, *rincreſcere.*
Ennuyeuſement, *noioſamente.*
Ennuyeux, *faſtidioſo, noioſo.*
Enombrager, *aduggiare, far ombra.*
Enombrer, *Idem.*
Enoncer, *annontiare.*
Enonder, *inondare.*
Enordir, *imbrattare.*
Enorgueillir, *inſuperbire.*
Enorme, *enorme.*
Enormément, *enormemente.*
Enormiſſime, *enormiſſimo.*
Enormité, *enormità.*
Enortier, *orticare.*
Enoſſement, *inoſſamento.*
Enoſſer, *inoſſare. Turar il goz ẓo con vn oſſo.*
Enoiſſeler, *fornir d'vccelli.*
Enquaiſſer, *incaſſare.*
Enquant, *incanto.*
Enquenoüiller, *inconocchiare.*
Enquerant, *curioſo, informante, ricercante.*
s'Enquerir, *informarſi, ricercare, cercar d'vno.*
* s'Enquerre, *Idem.*
Enqueſte, *inchieſta.*
s'Enqueſter, *informarſi.* Item, *curarſi.*
Enqueſteur, *inquiſitore, informatore.*
Enquis, *ricercato.*
Enracinable, *abbarbicheuole.*
Enracinement, *inradicamento.*
Enraciner, *abbarbicare, inradicare.*
Enragé, *arrabiato.*
vin Enragé, *vino sfor ẓato.* Metaph. *acqua.*
muſique Enragée : l'Italien dit, *la ẓolfa de gli Ermi-nij.*
Enragement, *arrabbiamento.*
Enragément, *arrabbiatamente.*
Enrager, *arrabbiare.*
Enramement, *inramamento.*
Enramer, *inramare.*
* Enrancir, *diuentar rancido.*
Enrayer, *fermar vna ruota con vna lieua.*
Enrayoir, *palo da fermar vna ruota.*
Enregiſtrable, *regiſtreuole.*
Enregiſtrement, *regiſtramento.*
Enregiſtrer, *regiſtrare.*
Enteſter, *inretire, pigliar nelle reti.*
Enrhumé, *infreddato.*
s'Enrhumer, *infreddarſi.*
Enrichir, *arrichire.*
Enrichiſſement, &
Enrichiſſeure, *arricchimente.*
Enrimer, *fornir di rime.*
Enrocher, *inroccare.*
s'Enroidir, *inrigidire.*
Enrollement, *arrolamento.*
Enroller, *arrolare.*
s'Enroller, *andar al ſoldo, arrolarſi.*
Enroller, *Idem.*
Enrolleur, *arrolatore.*
Enrotuler, *inrotolare.* Item, *arrolare.*
Enroué, *ranco.*
Enroüément, *arrocamento.*

s'Enroüer, arrocarsi.
Enroüeure, arrocamento.
Enroüillé, ruginoso.
Enroüillement, arruginimento.
s'Enroüiller, arruginire.
Enroüilleure, ruggine.
Enroupié, che hà la goccia al naso.
Enrouler, inaffiare.
Enrucher, metter nella bugnola ò nel cupile.
s'Enruisseler, partirsi in ruscelli.
s'Enrhumer, infredarsi.
Ensabler, arrenare. Rimaner à secco nell' arena incagliarci un vasello.
En dedans, dentro.
Ensablonner, empir di sabbia.
Ensacher, insaccare.
Ensaffranner, conciar con zafferano.
* Ensagir, diuentar sauio.
Ensaisinement, impossessamento.
Ensaisiner, impossessare.
Ensaillir, imbrattare.
Ensanglanté, sanguinoso.
Ensanglanter, insanguinare.
Ensaquer, insaccare.
Ensauoner, insaponare.
Ensceptré, fornito di scettro.
Enseigne, insegna.
Enseigne de pierreries, borchia.
Enseigne, porte-Enseigne, Alfiere.
Enseigne, contrasegno.
aux Enseignes que, à i contrasegni che, &c.
ne le faites qu'à bonnes Enseignes, nol fate se non consicurezza.
à fausses Enseignes, con falsità, con inganno.
Enseignement, ammaestramento.
Enseigner, insegnare, ammaestrare.
Enseigneur, ammaestratore.
Enseigneurié, insignorito.
Enseller, insellare, por la sella.
Ensemble, insieme.
tout Ensemble, in uno.
Ensemblement, insiememente.
Ensemencé, seminato.
Ensemencement, seminamento.
Ensemencer, imbiadare, sementare, siminare.
Ensepulturer, metter nella sepultura ò tomba.
Enserpenté, pieno di serpenti.
Enserrement, rincerramento.
Enserrer, rinserrare.
Enseuelir, sepellire.
Enseuelisseur, sepellitore.
Enseuely, sepolto.
Ensorcellement, malia, stregaria.
Ensorceller, stregare, ammaliare.
Ensorcellerie, stregaria.
Ensorcelleur, stregone, ammaliatore.
Ensoufflé, gonfio.
Ensoulphret, ensouffrer, inzolfare, conciar con zolfo.
* Ensoupeau, subbia minore di tessitore.
* Ensouple, subbia.
* Ensuairer, auuiluppar nel sudario.
* Ensuble, subbia di tessitore.
Ensuccrer, inzuccherare.
Ensuiuant, seguente.
Ensuiure, seguire.
Entablature, intauolatura.
Entablement, intauolato, intauolatura.
Entabler, intauolare.

s'Entabler, mettersi à tauola.
Entablement, en Architecture, abaco, inbasamento.
Entacher, intaccare, magagnare.
Entacheure, magagna, intaccatura.
Entail, mortisa, intaglio.
Entailler, incidere, scolpire.
* Entailleur, scultore.
Entailleure, scannatura. Item, scultura.
Entalenter, intalentare, dar voglia.
Entamer, metter à mano, manomettere.
Entamer un discours, cominciare.
Entamer la peau ou la chair, intaccare.
Entameure, il primo pezzo che si taglia di qual si voglia cosa, primo taglio.
En tant, in tanto.
En tant que, in qunuto, pur che.
Entassement, ammontonamento, calcamento.
Entasser, abbarcare, ammontonare, calcare.
Entasseur, calcatore.
Entayer, infodrare, metter una fodra alguanciale, &c.
Ente, innesto, nesto, marza.
Entelechie, entelechia, motione perfetta.
Entement, innostamento.
Entendement, ingegno, mente, giuditio, ceruello.
Entendeur, intenditore.
Entendre, intendere.
Entendiblement, intelligibilmente.
Entèndre, intendere.
Entendre à une chose, attindere.
s'Entendre à une chose, intindersi d'una cosa.
s'Entendre auec quelqu'un, accordarsi con uno.
cela s'Entend, ben sai.
Entendre, abusiuement pour ouyr, sentire, udire.
un Entend trois, un Equinoco.
Entendu, inteso.
homme Entendu, huemo pratico.
faire l'Entendu, far il bell' humore.
il y a du mal Entendu, vi è qualche errore, vi è sotto qualche male, ò disuario, qualche abuso.
Entendu que, atteso che.
Entenne, antenna.
Entente, mente, intensione, senso. Item, attentione.
Ententif, attento.
Ententinement, attentamente.
* Entenu, attenuto, obligato.
Entreprise, impresa.
Enter, innestare, ingemmare.
Enter en approche, innestar à cinsoletto.
Enter en bouton, innestar à gemma.
Enter en canon, innestar à bucciolo.
Enter en couronne, innestar à corona.
Enter en escusson, impiastrare.
Enter en fente, innestar à fesso.
Enter en fluteau, innestar à occhio, inocchiare.
Enter en poupée, innestare à marza.
Enter en scion, innestare à vergelle.
Enter en thuyau, innestar à bucciolo.
Enter les plumes à un oiseau, risquittire.
Enterrinement, consentimento, ammessione.
Enterriner, concedere, consentire, ammettere.
* Enterrage, &
Enterrement, sotteramento, essequie.
Enterrer, sotterrare.
Enterreur, sotterratore.
Entester, far male alla testa.
Entesture, mal di testa, odore che fa dolore il capo.
Enteur, innestatore.
Enteure, innestatura.

Entuſiaſme, entuſiaſmo, rapimento diſenſi.  
Entiché, magagnajo.  
Enticher, magagnare, intaccare, corrompere.  
Entier, intiero, intero.  
Entier, homme de bien, huomo da bene.  
Entier, obſtiné, oſtinato.  
les choſes font en leur Entier, le coſe ſono ancora ſal-  
ue.  
cheual Entier, ronzino.  
Entierement, interzamento.  
Entiercer, intorzare, metter nelle mani d'vn terzo.  
Entiere, intiera.  
Entier, en muſique, longa.  
Entierement, interamente.  
Entiereté, integrità. Item, oſtinatione.  
Entimbté, arma coperta d'elmo.  
Entoiler, guernir di tela, fornir di tela. Item, pigliar  
nelle tele.  
la fléche-Entoiſée, la freccia ſù l'arco teſo.  
Entoiſer vn arc, bendare, tendere, incurnare.  
Entomber, metter nella tomba.  
* Entombir, intormentire.  
* Entomby, ſtupefatto, intormentito.  
Entonnage, imbottamento, abbotamento.  
Entonnellement, Idem.  
Entonneler, imbottare, abbottare.  
Entonnement, imbottamento. Intonamento.  
Entonner, imbottare, abbottare.  
Entonner vn chant, intonare.  
Entonnoir, imbottiroio, ombuto, embutello.  
grand Entonnoir de bois, peucra.  
Entorné, accerchiato.  
Entorce, ſtorcigliatura, ſtorcitura.  
Entordre, torcere.  
Entors, ſtorcigliato.  
Entorſe, ſtorcigliatura, ſtorcimento, ſtorcitura.  
* Entorſer, ſtorcigliare. Item, ſtratiare.  
Entorſeure, ſtorcigliatura.  
Entortillement, attorcigliamento.  
Entortiller, attorcigliare, auuincere, intralciare.  
Entortillé, auuinto.  
Entortillonnement, attorcigliamento.  
Entortillonner, auuincere, attorcigliare.  
* Entoüiller, ingombrare.  
Entour, intorno.  
à l'Entour, tutto, intorno.  
* Entours, contorni.  
Entourellé, coperto di torricine.  
Entourement, attorniamento, circondamento.  
Entourer, attorniare, circondare, vigirare.  
Entoureure, attorniamento.  
Entourner, intorniare, attorniare, voltolare.  
Entourneure, incauatura tonda. Item, attorniamento.  
Entract, ſortie d'vnguento.  
* Entrage, entrata.  
Entrailles, inteſtini, viſtere.  
Entraiſner, ſtraſcinare, tirarſi dietro.  
Entrait, incaſtraio.  
Entrant, entrante.  
homme Entrant, huoma libero, audace, sfacciato.  
* Entrape, ingombro.  
* Entraper, ingembrare.  
Entraues, paſtoie.  
mettre des Entraues, impaſtoiare.  
Entraué, traſtrauato. Item, impaſtoiato.  
Entrauer, impaſtoiare, metter le paſtoie.  
Entrauer, parcia di zergo, intendere.  
* Entrauers, attrauerſo.



Entrauerſer, attrauerſare.  
Entraueſtiſſement, impoſſeſſamento trà due perſone.  
Entraueur, che mette le paſtoie.  
Entre, frà trà. In mezo.  
Entre-vous, & moy, da me à voi.  
Entre-deux, mediocremente, cosi cosi.  
Entre-deux, in forſe, intra due, in dubbio.  
Entre-deux, & as, dubbioſamente.  
s'Entr'accointer, accoſtarſi l'vno all'altro, far amicitia.  
s'Entr'acceller, abbracciarſi.  
s'Entr'accompagner, accompagnarſi l'vn l'altro.  
s'Entr'accrocher, vncinarſi.  
s'Entr'accuſer, accuſarſi l'vn l'altro.  
s'Entr'aduertir, auuiſarſi.  
s'Entr'ayder, aiutarſi.  
s'Entr'aymer, amarſi.  
s'Entr'appeler, chiamarſi l'vn l'altro.  
s'Entr'approcher, accoſtarſi l'vno dall'altro.  
s'Entr'arracher, ſtrapparſi dalle mani l'vno dell'altro.  
s'Entr'attacher, attaccarſi.  
s'Entr'attendre, aſpettarſi l'vn l'altro.  
Entre-bail, apertura in mezo, ſpatio.  
Entre-baillé, ſocchiuſo.  
Entre-baillement, ſerchiudimento, ſpatio.  
Entre-bailler, ſocchiudere.  
s'Entre-bailler, darſi l'vno all'altro.  
s'Entre-baiſer, bacciarſi l'vn l'altro.  
Entre-baſtir, edificare in mezo.  
s'Entre-battre, batterſi.  
s'Entre-becqueter, beccarſi l'vn l'altro.  
* Entre-beu, mezo imbriaco.  
s'Entre-bleſſer, ferirſi l'vn l'altro.  
Entre-boyau, budello mez zano.  
s'Entre-brouiller, imbrogliarſi.  
Entre-bruire, romereggiare.  
s'Entre-bruſler, abbruſciarſi l'vn l'altro.  
s'Entre-careſſer, accarezzarſi.  
s'Entre-caſſer, romperſi l'vn l'altro.  
s'Entre-celer, celarſi l'vn l'altro.  
s'Entre-changer, cambiarſi l'vn l'altro, mutarſi.  
s'Entre-charger, caricarſi l'vn l'altro.  
s'Entre-chaucher, calcarſi l'vn l'altro.  
s'Entre-chercher, cercarſi l'vn l'altro.  
Entre-chaſſe, ou pluſtoſt  
entrechas, capriola increcciata.  
entrechoc, cambieuol vrto.  
s'Entrechoquer, vrtarſi l'vn l'altro.  
entré-cler, entre-clair, chiarore in mezo.  
s'Entre-connoiſtre, conoſcerſi l'vn l'altro.  
entre-colonne, intercolunnio.  
s'Entre-communiquer, communicarſi infieme.  
s'Entre-conuier, inuitarſi.  
entre-couler, ſcorrere in mezo.  
entre-coupé, tronco.  
parolles entre-coupées, parole tronche.  
entre-couper, troncare in mezo.  
entre-coupeure, troncatura, fraſtagliatura.  
s'Entre-courir, correr addoſſo l'vno da l'altro.  
entre-cours, cambieuol commercio.  
s'Entre-craindre, temerſi l'vn l'altro.  
entre-croiſement, incrociamento.  
entre-croiſer, incrociare.  
entre-croiſeure, incrociatura.  
entre-cueïllir, cogliere infieme.  
entre-cuiſſes, parte in mezo alle coſcie, forcatura.  
s'Entre-deffendre, difenderſi, ò prohibirſi l'vn l'altro.  
s'Entre-demander, domandarſi l'vn all'altro.  
entre-dent, ſpatio frà due denti.

Entre-deux, *interstitio, spatio in mezo, parte di mezo.*

Entre-deux, cloison, *tramezo.*

qui a vn Entre-deux, *tramezato.*

Entre-deux de molluë, *pezzo di mezo della mollua.*

Entre-deux, *natura della donna.*

l'Entre-deux, *il mezo.*

s'Entre-diffamer, *diffamarsi l'vn l'altro.*

s'Entre-dire, *dirsi l'vno all' altro.*

s'Entre-dommager, *farsi danno l'vno all'altro.*

s'Entre-donner, *donarsi l'vno all' altro.*

Entre-dormir, *esser mezo addormentato.*

Entrée, *entrata.*

Entrée de balet, *entrata parte.*

Entrée de table, *antipasto, innanzi pasto.*

Entrée, imposta, *datio.*

d'Entrée, *nell' entrare, alla prima, nel principio.*

s'Entr'embrasser, *abbracciarsi insieme.*

s'Entr'entendre, *intendersi insieme.*

Entr'escrit, *scritto in mezo.*

s'Entre-faire, *farsi l'vno all' altro.*

sur ces Entre-faites, *in questo mentre.*

s'Entre-fascher, *fastidirsi l'vn l'altro.*

Entre-fendu, *fesso in mezo, mezo sesso.*

Entre-fesson, *spatio frà le natiche.*

Entre-fileure, *trafilatura.*

s'Entre-flatter, *adularsi, ò lusingarsi l'vn l'altro.*

Entre-foüir, *cauare in mezo.*

Entre-froisser, *fiaccarsi l'vn l'altro.*

s'Entre-frapper, *darsi ò ferirsi l'vn l'altro.*

s'Entre-frotter, *fregarsi, ò batversi l'vn l'altro.*

l'Entregent, *modo di conuersare frà le gente, bel procedere.*

s'Entre-garder, *grattarsi l'vn l'altro.*

s'Entre-guerroyer, *farsi guerra l'vno all' altro.*

s'Entre-chapper, *afferrarsi, l'vn l'altro.*

s'Entre-heurter, *vrtarsi l'vn l'altro.*

s'Entre-hayr, *odiarsi.*

s'Entre-hanter, *conuersar insieme.*

Entre-ject, *tragetto, interstitie.*

Entre-jecter, *interponere.*

Entreillisé, *chiuso con la grata di ferro.*

s'Entre-joüer, *scherzar insieme.*

Entre-lacé, *fraposto, intrecciato.*

Entre-lacement, *intralciamento, intrecciamento.*

Entre-lacer, *intralciare, attorcigliare, annolgere, intrecciare.*

Entre-lardé, *lardo mezzo margro è mezo grasso.*

Entre-larder, *metter lardo in mezo.*

Entre-larder, Metaph. *interponere, mescolare.*

Entre-las, *intrecciamento.*

Entre-lasseure, *interstitio, intrecciamento.*

Entre-lassis, *intralcio, intrecciatura.*

Entre-lier, *legar insieme ò id mezo.*

s'Entre-loüer, *lodarsi l'vn l'altro.*

s'Entre-luitter, *l'ottar l'vno contra l'altro.*

Entre-luire, *tralucere.*

Entre-lunaire, *interlunare.*

Entre-lune, *interlunio.*

s'Entre-mander, *scriuersi, ouisarsi l'vn l'altro.*

s'Entre-manger, *mangiarsi l'vn l'altro.*

* Entrement, *entrata, l'entrare.*

Entremêler, *mescolare.*

s'Entremêler d'vne affaire, *impacciarsi.*

Entremets, *tramesso, dietro pasto.*

Entremetteur, *mezzano, ammezzatore.*

Entremettre, *differire, fraporre.*

s'Entre-mettre, *impacciarsi, intromettersi, fraporsi.*

Entre-mise, *mezzo, via, mezanità.*

s'Entre-mocquer, *burlarsi l'vn l'altro.*

s'Entre-moüiller, *bagnarsi l'vn l'altro.*

s'Entre-mordre, *mordersi l'vn l'altro.*

Entre-moyen, *mezo, via.*

s'Entre-navrer, *ferirsi ò piagarsi l'vn l'altro.*

s'Entre-nuire, *nuocersi l'vn all' altro.*

s'Entr'obliger, *obligarsi l'vn l'altro.*

s'Entre-noüer, *annodarsi in mezo, ò l'vn l'altro.*

s'Entr'occire, *vccidersi l'vn l'altro.*

Entr'oüir, *sentir vn poco, sentir da lontano.*

Entr'ouuert, *socchiuso.*

cheual Entr'ouuert, *spallato cauallo.*

Entr'ouuir, *socchiudere.*

Entre-parler, *interromper gli altri parlando.*

s'Entre-parler, *parlar l'vno all' altro.*

Entre-parleurs, *interlocutori.*

Entre-pas, *trapasso, traino.*

aller l'Entre-pas, *andar di trapasso, ò traino.*

s'Entre-picquer, *pungersi l'vn l'altro.*

Entre-planter, *piantar in mezo.*

Entre-plier, *piegar in mezo.*

Entre-poser, *interponere, fraporre.*

s'Entre-pousser, *spingersi l'vn l'altro.*

Entre-prenant, *imprenditore, intraprendente.*

Entreprendre, *intraprendere.*

Entreprendre de faire, *tor à fare.*

Entreprendre quelqu'vn : l'Italien dit, *toglier vno sù le bacchette.*

Entreprendre sur quelqu'vn, *voler la con vno, voler la vincere.*

Entrepreneur, *intraprenditore.*

Entrepreneur de bastimens, *capo maestro, capo della fabrica.*

s'Entre-prester, *prestarsi l'vno all' altro.*

Entrepris, *intrapreso.*

Entrepris de ses membres, *attratto, intirizito.*

Entreprise, *impresa, intrapresa.*

s'Entre-promettre, *promettersi l'vno all' altro.*

s'Entrequerir, *chiamarsi ò cercarsi l'vn l'altro.*

Entrer, *entrare.*

Entrer en soupçon, *insospettire.*

Entrer en garde, *entrar in guardia.*

cela ne peut Entrer en ma fantaisie, *non mel posso imaginare, non mi entra.*

s'Entre-regarder, *guardarsi ò mirarsi l'vn l'altro.*

* Entre-rompre, *interrompre.*

s'Entre-ruër, *trarsi delli calci, gittarsi qualche cosa.*

s'Entre-saisir, *pigliarsi l'vn l'altro.*

s'Entre-saluër, *salutarsi l'vn l'altro.*

s'Entre-secourir, *soccorrersi l'vn l'altro.*

s'Entre-sembler, *assomigliarsi.*

s'Entre-semer, *seminar in mezo.*

Entre-serrer, *stringer ò serrar in mezo.*

Entre-sole, *soffitta.*

Entre-soliue, *tranicella di mezo.*

Entr'espace, *spatio in mezo.*

s'Entr'essayer, *assagiarsi l'vn l'altro.*

s'Entr'éueiller, *destarsi l'vn l'altro.*

s'Entre-suiure, *seguirsi l'vn l'altro.*

Entre-suitte, *seguitò, ordine continuo.*

Entre-taillement, *tagliamento, frastagliamento.*

Entre-tailler, *tagliare in dentro.*

s'Entre-tailler, *tagliarsi.*

s'Entre-tailler des machoires, *parlar contra di sè, contradirsi parlando.*

Entre-tailleure, *frastaglio, tagliatura.*

Entre-temps , *interstitio di tempo.*
Entretenement , *trattenimento.* Item , *conneßiune.*
Entretenir , *trattenere , tener à bada.*
Entretenir vne femme , *tener vna puttana.*
Entretenir vne perſonne de deſpenſe , *mantenere , far le ſpeſe.*
s'Entretenir , *conuerſare.*
s'Entretenir , *eſſer attaccato l'vno all' altro.*
Entretenu , *trattenuto , mantenuto.*
Entretien , *trattenimento , conuerſatione.*
Entretiſſer , *inteſſere.*
Entretiſſeure , *tiſſitura.*
Entretiſſu , *teſſuto , inteſſuto.*
* Entretiſtre , *inteſſere.*
Entretoile , *reticella.*
Entretoiſe , *pezzo di legno che attrauerſa la caſſa del cannone.*
s'Entretoucher , *toccarſi , eſſer contiguo.*
s'Entretrouuer , *trouarſi l'vn l'altro.*
s'Entretuer , *ammazzarſi l'vn l'altro.*
s'Entreueiller , *veggliarſi l'vn l'altro.*
Entreuenant , *interuenente.*
* Entreuenir , *interuenire.*
Entreuenu , *interuenuto.*
Entreuenuë , *interuenuta.*
s'Entreuerſer , *verſarſi l'vno all' altro.*
Entreueſcher , *incapeſtrare , imbarazzare.*
Entreueuë , *viſita , interueduta.*
s'Entreuiſiter , *viſitarſi l'vn l'altro.*
s'Entreuoir , *Idem.*
Entreuoir , *veder vn poco , ſcorgere.*
Entroſner , *metter ſù 'l trono.*
Entroupeler , *attroppare , congregare.*
Entromper , *Idem.*
Entuiler , *coprir di regole , integolare.*
* Enuahié , *innaſione.*
Enuahir , *innadere , aſſalire.*
Enuahiſſement , *innaſione.*
Enuaſer , *innaſare.*
Enuaſquiné , *veſtito di vaſchina alla ſpagnuola.*
* Enucleation , *eſpoſitione , eſplanatione.*
Enueloppe , *viluppo , capelletto di piege.*
vne Enueloppe , *vn imbuſto , vn impaccio.*
Enueloppement , *auuiluppamento.* Item , *intrico.*
Enuelopper , *auuiluppare , agoluppare.*
Enuelopper en vn cornet de papier , *accartocciare.*
Enueloppoir , *viluppo.*
Enuelouté , *acconcio con veluto.*
Enuenimer , *auuelenare.*
s'Enuenimer , qui ſe dit d'vne playe , *ciprignire , inciprignire.*
Enuergogné , *vergognoſo.*
Enuermillonné , *miniato , roſſo nel viſo.*
l'Enuers d'vne eſtoffe , *il roueſcio.*
à l'Enuers , *roueſcione , à roueſcio , al contrario.*
faire la volle à l'Enuers , *perder la marcia.*
il n'a ny Enuers , ny Endroiċt , *non ſi ſà che coſa ſia.*
* Enuers , *prepoſ. verſo.*
ſerge à deux Enuers , *ſpetie di raſcia groſſa.*
Enuers-moy , *verſo di me.*
* Enuerſer , *roueſciare.*
Enui , *Vedi* , Enuy.
Enuictuailler , *vettouagliare.*
Enuié , *inuidiato.*
Enuie , *inuidia.*
Enuie , volonté , *voglia.*
Enuie de femme groſſe , *voglia.*
Enuis , marque d'enfant , *Idem.*



femme qui a des Enuies , *donna ſuogliata.*
Enuie ſur les doigts , *pipite.*
paſſer ſon Enuie , *cauarſi la voglia.*
Enuieillir , *inuecchiare.*
Enuieilliſſement , *inuecchiamento.*
Enuier , *inuidiare , hauer inuidia.*
Enuier au jeu , *inuitare.*
Enuieur au jeu , *inuitatore.*
Enuieuſement , *inuidioſamente.*
Enuieux , *inuidioſo.*
Enuieux , *voglioroſo.*
femme Enuieuſe , *ſuogliata donna.*
× Enuinaigrer , *inacetire.*
Enuiné , *auuinato.*
Enuirollé , *attaccato ò concio colla ſtaffetta.*
Enuiron , *intorno , circa , incirca.*
les Enuirons , *i contorni.*
Enuiron dix , enuiron vingt , &c. *vn diecci , vn venti.*
Enuironnement , *attorxiamento.*
Enuironner , *attorniare.*
Enuironner l'ennemy , *tor il nemico mezo.*
Enuironneur , *attorniatore.*
* Enuis , *mal volentieri.*
Enuiſager , *guardare in ciera , guardar nel viſo.*
Enuitaillement , *vettouagliamento.*
Enuitailler , *vettouagliare.*
Enule , ou
Enule-campane , *Enola campana.*
Enumeration , *enumeratione.*
Enonciation , *enunciatione.*
Enuoye , *ſpetie di ſerpente cieco.*
Enuoiſine , *che hà vicini.*
s'Euoler , *volar via.*
Enuoulté , enuouté , *fatto à voltà.*
Enuoy , *mandamento , miſſione , meſſagio.*
vn Enuoyé , *vn Emiſſario , vn Delegato.*
Enuoyer , *mandare.*
Enuque , *Enuco.*
Enuy , *inuito nel giuoco.*
Enuy , *gara , emulatione.*
à l'Enuy , *à gara.*
faire à l'Enuy , *gareggiare.*
Enyvrer , *imbriacare.*
s'Enyvrer de ſon vin , *ſatiarſi di coſa che ſia nel noſtro potere , imbriacarſi col ſuo vino.*

E O

EOlipile , *pomo bugio ò concauo di rame.*
Eouſe , *yeuſe , elice.*

E P

EPaċte , *Epatta , patta.*
Epanalepſe , *repetitione di vçce ò dittiani.*
Epanode , *epanodio.*
Epatique , *epatice.*
Epeler , *compitare.*
Eperlan , *anguella.*
Ephebe , *efebo.*
Ephemere , *efemero.*
Ephemerique , *efemerico.*

Ephimeris , esmeralde.
Ephimose , esimosi.
* Epicaie , diritto , ragione.
Epicaizer , giudicar secondo la ragione.
Epicycle , Epiciolo.
Epiderme , Epidermio.
Epidimial , epidimiale.
Epidimie , epidimia , moria.
Epidimique , epidimico.
Epigastre , epigastro.
Epigastrique , epigastrico.
Epiglottis , epiglottide , vgola.
Epigrammatique , epigrammatice.
Epigrammatiste , epigrammatista.
Epigramme , epigramma.
Epilepsie , epilessia.
Epileptique , epilettico.
Epilogue , Epilogo.
Epiloguer , epilogare.
Epiphanie , Epifania.
Epiphore , epiforo , flussion de gl' occhi.
Epiploique , epiploico.
Epique , Epica.
Episcopal , di Vescouo , Episcopale.
Epistre , Epistola.
Epistrophe , epistrofo.
Epistyle , epistilo , colonna picciola sopra d'vn' altra.
Epitaphe , Epitafio.
Epithalame , Epitalamo.
Epitheme , pittima.
Epithimer , vsar la pittima.
* Epitoge , veste longa , ó serraiuolo longo.
Epitome , Epitome.
Epizeuxe , Epizeuxi.
Eployé , che hà due capi.
Epode , Epodo.
Eppellement , compitamento di lettere.
Eppeller , compitare.
Epurer , appurare.


## E Q

EQualiser , vgualare.
Equalité , vgualità.
* Equanimité , vnanimità.
Equateur , equatore.
Equerre , squara.
* Equestre , Equestre.
Equibiens , buche della proua ne' quale s'attaccano le cor-de dell' ancora.
Equidiametral , equidiametrale.
Equidistamment , equidistantemente.
Equidistant , equidistante.
Equilance , linguella della bilancia.
Equilibre , equilibrio.
Equilateral , equilatera.
Equilibrer , equilibrare.
Equinancie , schinanzia.
Equinoxe , equinottio.
Equinoxial , equinottiale.
Equipage , apparecchio , salmeria.
Equipage de vaisseau , bastimento.
en mauuais equipage , male alla via , in cattiuo stato.
Equiparable , comparabile.
Equiparaison , equiparanza.
Equiparer , equiparare.

Equiper , apparecchiare , fornire , allestare.
Equipolence , equipollanza.
Equipolent , equipollente.
à l'equipolent , parte per parte.
Equipoller , equipollare.
Equippée , apparecchio.
des Equipées , cattiue attioni.
Equitable , giusto , sincero.
Equitablement , giustamente.
* Equitation , caualcamento , caualcata.
Equité , equità.
Equiualence , valore , vguale , equiualenza.
Equiualent , aquiualente.
Equiualoir , equiualere.
Equiuoque , equinoco.
Equiuoquer , equinocare , scherz are.


## E R

ERable , acero.
Errailler , vedi , Esrailler.
Erain , rame.
Erater , smilz are.
Erculisse , regalissa.
Erectif , erettiuo.
Erection , erettione.
Ereole , ercolo , peso di due grani.
Eresipelle , risipella.
* Ergalie , dispositione di vasi è fornelli.
* Ergastule , carcere , ò casa da correger i furfanti.
Ergot , artiglio sperone d'vccello ò animale.
se dresser sur ses ergots , ringalluz arsi.
bander l'ergot , far sforzo per caminare.
Ergotté , speronato.
Ergotter , disputare , contendere.
Ergotteure , speroni d'vccello. Item , contentione.
Ergottique , sosistico , contentioso.
Ergottisme , contentione.
Ergottiste , contentioso.
Eriger , eriggere , ergere.
Erissole , spetie di pesce.
* Erme , ermo , deserto , solitario.
Ermine , armellino , ermellino.
Erminer , fodrar d'armellino.
Erminette , ascia picciola è incuruata.
Ermitage , eremo romittaggio.
Ermite , Romito.
Ermodactes , ermodattili.
Erner , slumbare.
Eroder , rodere , erodere.
Erosion , rodimento , erosione.
Erramment , errantemente , prestamente.
Errant , errante.
Errata d'vn liure , errata , errori.
* Erratique , erratico.
Erre , via.
erre de vaisseau pendant le calme , segno , solcatura.
les erres , le pedate.
Erres , caparra.
aller grand' erre , andar presto.
poursuiure ses erres , seguitar il suo proposito.
reprendre les erres , ripigliar la via.
* Errement , caparramento.
Errer , errare. Item , mancare.
* Errer , arrester vn marché , caparrare.
Erreur , errore.

Errhiné, *Erinni di pugar il cerebro.*
Erroné, erronée, *erroneo.*
Erronée, *centaurea, herba.*
Erronément, *erronicamente.*
Ers, *eruo, spetie di legume.*
Ers, *spalla ò guidaresco di cauello.*
* Erte, *erto.*
à l'Erte, *all' erta.*
* Erubescence, *erubescenza.*
Eruce, *cruca, cughetta.*
* Eruction, *erruttatione.*
Erudition, *eruditione.*
Erugine, *scolecia, verde rame.*
Erugineux, *pieno di verde rame.*
Erysipele, *risipela.*

ES

*ES, *nelli.*
Esbaaillé, *sbadigliante, spalancato.*
joüer à l'Esbahie, *restar attonito.*
Esbahir, *stupefare, far stupire, far merauigliate.*
s'Esbahir, *merauigliarsi.*
Esbahissement, *stupore, merauiglia.*
Esbahy, *stupefatto, merauigliato, attonito.*
Esbailleure, *spalancatura.*
Esbalançon, *corso fuor di tempo ò misura.*
* s'Esbannoyer, *sollazzarsi.*
Esbarbement, *sbarbamento.*
Esbarber, *sbarbare, di barbare.*
Esbarber les racines, *sbarberare.*
Esbaser, *leuar la base.*
Esbat, *solazzo, di porto.*
Esbattement, *solazzamento.*
s'Esbattre, *solazzare, trastullarsi.*
Esbauchement, *bozza, abbozzamento, abbozzo.*
Esbaucher, *abbozzare, sbozzare.*
Esbaucheure, *bozza, abbozzo.*
s'Esbaudir, *trastullare, scherzare.*
Esberger, *Vedi,* Heberger.
Esberluer, *imbabolare, abbagliare.*
Esbeurrer, *leuar la maziera del buttiro, cauar il fior dal latte.*
Esblouïr, *abbagliare, abbarbagliare.*
Esblouïssant, *abbagliante.*
Esblouïssement, *abbagliamento.*
Esblouïsson, *bagliore, abbagliamento.*
Esboire, *imbeuere, secare.*
* Esboby, *attonito.*
Esboitement, *zoppicamento.*
Esborgner, *cauar vn occhio.*
Esbouffer, *sbuffare.*
s'Esbouffer de parler, *perder il fiato nel parlare.*
s'Esbouffer de rire, *scoppiar delle risa.*
s'Esbouïllir, *sbollire, rientrare.*
Esboulement, *sgrottamento, rouinamento.*
s'Esbonler, *sgrottare. Rouinare, cader giù.*
s'Esbouler, *Metaph. crescere, diuentar grande di persona grossa è picciola.*
Esbourgeonnement, *spampanamento.*
Esbourgeonner, *spampanare, scacchiare.*
Esbourgeonneur, *spampanatore.*
Esbourjonner, *Vedi,* esbourgeonner.
Esbourrer, *sborrare.*
Esbraillé, *spettorato.*
Esbranchement, *diramatura.*



Esbrancher, *diramare.*
* Esbrandi, *acceso.*
Esbranslement, *scossa, smouimento.*
Esbransler, *scuotere, smuouere, spingere.*
Esbransle rocher, *rouaio ò aquilone.*
Esbrasiller, *sbracciare.*
Esbrechement, *rintuzzamento.*
Esbrecher, *rintuzzar vna lama, far denti ò breccie.*
Esbrecheure, *dente ò breccia, rintuzzamento.*
Esbrener, *smerdare.*
Esbrouëment, *sbuffamento.*
Esbrouër, *sbuffare.*
s'Esbrouër, *Idem.*
Esbuscheter, *leuar le buschette.*
Escabeau, *scabello.*
Escabelle, *Idem.*
picquer l'Escabelle : l'Italien dit, *enlattar la panca.*
Escache, *spetie d'vccello.*
Escaché, *schiacciato.*
Escachement, *pestamento, schiacciamento.*
Escacher, *schiacciare, pestare, amaccare, scacciare.*
Escacher de la poudre, *sgranire.*
Escacheur, *pestatore, schiacciatore.*
Escacheure, *pestatura.*
Escadre, *squadra.*
Escadron, *squadrone.*
Escaffette, *spetie di mitolo, stafa.*
Escafignon, *barchetta.*
* Escaffignon, *spetie di scarpetta. Item, scappino.*
sentir l'Escaffignon, *hauer cattiuo odore, puzzar di scappino.*
* Escagne, *matassa di filo.*
Escaille, *squama.*
Escaille, *ostrica. Item, conca, guscio di pesce.*
Escaille de metail, *scoria.*
Escaille de pierre, *rottame.*
Escaillement, *sgusciamento.*
Escailler, *leuar le squame, sgusciare.*
Escaillé, *fatto à squame.*
Escailleur, *sgusciatore.*
Escailleure, *sgusciatura.*
Escailleux, *squamoso.*
Escaillon, *scaglione.*
Escalade, *scalata.*
Escalader, pron. s. *scalare.*
* Escalbotter, *gorgogliare.*
faire Escale, terme de marine, *far scala.*
Escaler des noix, *sgusciare.*
Escailler, *scala.*
Escallonniere, *dente scaglione.*
* Escalque, celuy qui porte sur table, *scalco.*
Escaluentrer, *suentrare, sbudellare.*
Escamotter, *far trauedere.* Item, *cinffare, rubare.*
* Escampe, *fuggita.*
* Escamper, *fugire, scampare, scappare.*
Escandal ou escandail, sonde de marinier, *scandaglio.*
Escandillé, *scandolato.*
Escandolle, *scandolare, pompa di vascello.*
* Escaniller, *sbaragliare, sbarattare.*
* Escanné, esgorgé, *scannato.*
Escapade, *scappata.*
* Escapolin, reste ou morceau d'estoffe, *scampolo.*
Escarbillat, *allegro, viuo.*
Escarbot, *scarafagio.*
Escarbotte, *Idem.*
Escarboucle, *scarbonchio. Item, ogni sorte di pietra pretiosa eccellente più dell' altre della sua spetie.*
Escarbouiller, *ammaccare, acciaccare, schiacciare.*

Escarder, *scardare, scardassare.*
Escardes, *scardassi.*
Escardeur, *cardeur, scardalane.*
Escarcelle, *scarsella.*
Escare, *crosta di piaga.*
Escare, faire vne grande escare, *far vn gran sbaraglio:*
Escargot, *chiocciola, lumaca.*
faire comme les Escargots, i. *apparir tardi, venir dopo gli altri.*
Escarlatin, *scarlatino.*
Escarlatte, *scarlatto.*
yeux bordez d'Escarlatte. i. *occhi rossi.*
Escarmouche, *scaramuccia.*
Escarmoucher, *scaramucciare.*
Escarmoucheur, *scaramucciatore.*
Escarpe, *scarpa.*
Escarper, *scarpare.*
Escarpin, *scarpino, scarpetta.*
Escarpine, *spetie di canone.*
Escarpiner, *scarpinare, fuggire.*
Escarpoulette, *scarpoletta.*
Escarquiller, *aprir ò spalancar le gambe.*
Escarre, *crosta di piaga.*
Escarrer, *incauar vna veste innauz i nella parte che cuopre il petto.*
Escarreure, *incauatura del petto nella veste.*
Escart, *lo scartare, scarto.*
Escart, *luogo appartato.* Item, *separamento.*
à l'Escart, *in disparte.*
Escarteler, *squartare.*
Escarteller, terme de blason, *inquartare.*
Escartelleure, *inquartatura.*
Escarter, *scostare, sbaragliare, sbarattare, separare.*
Escarter aux cartes, *scartare.*
s'Escarter, *scostarsi, allontanarsi.*
Escauessade, *cauezza.*
Eschelles, *ascelle, ditella.*
Escerner, *tagliar in cerchio, cauare, intagliare.*
Esceruellé, *ceruellino, scimunito.*
Esceruellée, *ceruellina.*
Esceruellement, *rompimento di ceruello.* Item, *sciocchezza.*
Escerueller, *romper la testa ò il ceruello.*
Eschaffaudage, *struttura di palchi, ponteggiamento.*
Echaffauder, *far palchi ò tauolati, pulcare, ponteggiare.*
Eschaffaut, *palco.*
Eschaffaut de Maçon, &c. *ponte, tauolato.*
Eschalas, *palo di vite.*
oster les Eschalas, *spalare.*
Eschalasser, *metter pali nelle viti.*
Eschalle, doche au col d'vne beste, *squilla.*
Eschalotte, *cipolla scalogna.*
Eschancrer, *incauare vn collare, vna veste, &c.*
Eschancreure, *incauatura.*
* Eschandole, *assicella.*
Eschange, *scambio, contracambio.*
en eschange, *incambio.*
Eschanger, *scambiare.*
Eschanson, *Coppiere.*
Eschansonner, *dar la corpa, dar dabere, saggiare il vino.*
Eschansonnerie, *vfficio di Coppiere.*
Eschantillon, *mostra.*
Eschantillon, *parte picciola della taglia.*
Eschantillonner, *tagliar vna mostra.* Item, *aggiustar il lauoro sopra la mostra.*
* Eschappatoire, *scusa, scappata, campamento, porta secreta.*

Eschappé, *scappato.*
vn cheual eschappé. i. *vn scapestrato, vn sniato.*
Eschapper, *scappare.*
Eschapper, faisant petite despense, *passarsela.*
Escarbot, *scarafagio.*
Escharde, *schiantolo, asca, spina, scheggia, schiantolino.* Item, *donna magra.*
Eschardonner, *scardonare, scardare, leuar i cardi.*
Escharner, *scarnare.*
Escharpe, *fascia, schiarpa.*
auoir l'esprit en Escharpe, *esser vn poco matto, hauer il ceruello à partito.*
fait en escharpe, *fatto à guisa di fascia.*
* Eschars, *scarso.*
* Escharsement, *scarsamente.*
* Escharseté, *scarsezza.*
Eschasses, *zanche, stampoli.*
aller sur des eschasses, *stampolare.*
Eschaubouillant, *abbronzante.*
Eschauboulé, *pieno di rossori ò brogie per souerchio caldo, sfersato.*
Eschaubouleure, *rossore ò brogia cagionata dal caldo, sfersa.*
vn eschaudé, *spetie di bozzolaio ò cosa di pasta.*
Eschaudé, *scottato.*
chat eschaudé, *Vedi,* Chat.
il y a esté eschaudé. i. *vi è stato colto, gli hà costato caro.*
Eschauder, *scottare.*
Eschaudeure, *scottatura.*
Eschauffaison, *rapprensione, inflammatione.*
Eschauffant, *scaldante.*
Eschauffement, *scaldamento.*
Eschauffer, *scaldare.*
s'Eschauffer en son harnois. i. *andar in colera.*
Eschaufferette, *panchetta.* Item, *scaldauiuande.*
Eschauffeté, *Idem.*
Eschauffeure, *rapprensione, scaldamento.*
vne Eschauffourée, *attione senza discretione, spropofito.*
Eschauguette, *torre da far sentinella, casino.* Item, *la sentinella stessa.*
* Eschauguetter, *far la sentinella sopra la torre.*
Esche, *esca da pigliar pesci.*
Escheable, *che può accadere, accadeuole.*
Escheance, *accadimento in sorte.*
Eschec, *scacco.*
Eschec, & mat, *scacco matto.*
vn grand eschec. i. *vna gran strage.*
Escheler, *scalare.*
Eschelette, *scaletta.*
Eschellage, *scalamento.*
Eschelle, *scala.*
tirer l'eschelle aprés soy, *esser stato il primo della sua arte, non hauer pari.*
Eschellement, *scalata, scalamento.*
Escheller, *scalare.*
Eschelon, *scalino.*
Eschemer, *far lo sciame.*
Escheniller, *leuar la ruche dagl'alberi.*
Eschoir, *accadere, scorrere il tempo venir in sorte, toccar à vno.*
Eschet, *accadimento.* Item, *strage.*
Escheu, *accaduto.*
temps Escheu, *tempo scorso.*
Escheu en partage, *venuto in sorte, tocco.*
Escheueau, *matassa di filo, &c.*
desmesler vn Escheueau, *districare vn negotio intricato.*

Escheuelé, iscapigliato, arruffato.
Escheuellement, scapigliatura.
Escheueller, scapigliare, arruffare.
* Eschener, schiuare, scappare.
Escheuin, Schiauino.
Escheuin du port au foin, *Barone di campo de' fiori, furfante, taglia borse, guidone.*
Escheuinage, *tempo dell' amministratione dello Schiauino.*
Escheute, accadimento.
* Echif, ardente nel mangiare, golofo.
* Eschiffer, rompere, schiantare vn ramo.
Eschine, schiena.
Eschine, demie bozel en Architecture, mez e puntello.
Eschinée de porc, schiena ò pezzo di schiena del porco.
Eschiner, scilare, coppare, slombare.
Eschineux, schinuto.
Eschinon, spatio della schiena frà le spalle.
Eschiqueté, fatto à scacchi.
Eschiquier, scacchiere.
tenir l'Eschiquier aux grands iours, tener audienza.
en Eschiquier, à scacchi.
Eschoir, Vedi, Escheoir.
Eschole, scola.
* Eschopé, bottega picciola.
Eschope, pala da leuar l'acqua dalle barche.
* Eschople, punzone d'orafo.
Eschoüement, rompimento in mare.
Eschoüer, romper in mare, vrtar il vascello contra vna rocca, dar à trauerso.
Escienment, pensatamente.
à bon Escient, da senno, da douero.
à son Escient, pensatamente.
* Escimer, accimare, togliar la cima.
* Esclabocher, esclabotter, & mieux.
* Esclabousser, spruzzare ò schizzar con fango.
Esclabousseure, spruzzo, schizzo di fango.
Esclair, baleno, lampo.
Esclaircit, schiarire, chiarire, rischiarare.
Esclaircir vne chose espaisse, far vna cosa più liquida, varefare.
Esclaircissement, rischiaramento. Item, interpretatione.
Esclaire, chelidonia.
Esclairer, far lume rischiarore, rilucere.
Esclairer du tonnerre, balenare, lampeggiare.
Esclairer les actions, spiare, osseruare.
Esclaireur, spiatore, osseruatore.
* Esclame, scarmo, gracile.
* Esclamme, schiauina di pellegrino.
Esclanche, lachetta di castrato.
Esclandre, tumulto seditione. Item, scandalo.
* Esclandrir, diffamare, scandalizzare.
Esclarcir, rischiarare.
Esclat, splendore, lampeggiamento.
Esclat, bruit, strido.
Esclat de canon, scoppio.
Esclat de mur, rottame.
Esclat de bois, scheggia, schiantolo.
Esclattant, risplendente. Item, schiantatinoi
Esclatter, risplendere.
Esclatter comme le bois, schiantare.
Esclatter comme le tonnerre, scoppiare.
Esclatter en vn discours, prorompere.
Esclatter de rire, scoppiar ò smascellar delle risa.
Esclatteure, schiantolo, schiantatura.
* Esclau, schiauo.
Esclauage, schiauitudine.

Esclaue, schiauo.
* Esclauer, far schiauo.
Esclauine, schiauina di pellegrino.
Esclauon, schiauone.
Esclauonie, Sclauonia.
Esclercir, Vedi, Esclaircir.
Esclere, celidonia, j.. ccile, chelidonia.
Esclisse, assicella.
Esclisse, graticcia, ò barutola da formar il cascio.
Esclisse de lut, &c. costa.
Esclisser, metter sù la barutola, graticciare. Item, siringare.
Esclissoire, barutola. Item, siringa.
* Esclopez, soldati rimandati con honore.
* Escloppé, stroppiato.
Esclopper, stroppiare.
Esclorre, nascere, vscir dall' vouo. Metaph. vscire, spuntar fuori, Escludere.
Esclos, nato, spuntato fuori.
Escluse, chiusa, ritegno d'acqua, inclusa.
Escodille, affodillo.
* Escourer, accorare, astomacare.
Escoffray, panca ò tauola di calzolaio da tagliar il lauoro.
Escoffraye, Idem.
* Escogriffe, vn scrocco ò mangione.
* Escouffon, cuffia da donna, cuffione, spetie d'acconciatura di testa.
Escolage, quello che si paga alla scuola.
Escolastre, soprintendente ò rettore di scuola.
Escole. scuola, scola.
le chemin de l'Escole .i. la via più longa.
Escolier, scolare.
vn Escolier .i. vn ignorante.
à l'Escoliere, ignorantemente, gouffamente, all' vsanza degli scolari.
Escoliere, scolara.
Escolleté, senza collare.
Escolleter, leuar il collare.
Escome où l'on attache les rames, scalmo.
Esconduire, rifiutare, mandar via, mandar in pace vn pouero.
Escondnit, negato, rifiutato.
* Esconser, ascondere.
* Escontre, voce marinesca.
Escopettade, scopettata.
Escopette, schioppo.
Escopetterie, scopettaria.
Escorce ou bouton de la fleur, buccia.
Escorce, scorza.
Escorcement, scorzamento.
Escorcer, scorzare.
* Escorcesque, corcesca.
Escorceur, scorzatore.
à Escorche-cul, col culo ignudo in terra.
Escorchement, scorticamento.
Escorcher, scorticare.
Escorcher à l'hostellerie, faire payer beaucoup, spelare.
Escorcher le langage, strapazzar la lingua.
Escorcher le renard, vomitare il vino.
Escorcherie, scorticatoio.
logé à l'Escorcherie, alloggiato nella spelaglia.
Escorche-veau, lict de sangle, letticiuolo fatto di cinghie.
Escorcheut, scorticatore.
Escorcheure, scorticatura.
Escorchoir, scorticatoio.

* Escorçu, *scorzoso.*
Escore, *mar profundo con le spunde alte à dirupare.*
Escores, *traui da regger il vascello in terra, vast.*
Escorne, *scorno.*
Escornement, *scantonamento.*
Escorner, *scantonare.*
* Escornicher, *Idem.*
Escorniffler, *scroccare.*
Escornifflerie, *scroccaria.*
Escorniffleur, *parasito, scrocco.*
Escorniffleur de potence, *vn appiccato.*
* Escornizer, *scantonare.*
* Escort, *accorto, discreto.*
Escorte, *scorta.*
Escorter, *scortare, far scorta.*
Escosse, païs, *Scotia.*
Escosse, *scorza, guscio, bacello.*
Escosser, *sgusciare, scorzare, sbacellare, mondare.*
Escossoise, *Scozzeso.*
Escor, *scotto.*
Escotte, cordage, *scotta.*
* Escorter, *squatrineggiar lo scotto.*
Escoüade, escoüadre, *squadra.*
Escoudé, *sgombitato.*
Escoüé, *scodato.*
Escoüer, *scodare.*
* Escouffle, *nibbio.*
Escoüiller, *scogliare.*
Escoulable, *scorreuole.*
Escoulant, *scorrente.*
Escouler, *far scorrere, passare, colare;*
Escoulement, *scorrimento.*
s'Escouler, *scorrere.*
Escouleure, *scolatura.*
Escoupeller, *tagliar la cima.*
Escoupette, *Vedi,* Escopette.
Escourgée, *correggia, scorreggia.*
coup d'Escourgée, *scorreggiata.*
Escourgeon, *spetie di grano.*
* Escourte, *ricuperare, saluare.*
Escoursoüer, *pompa di naue.*
Escourté, sans queuë, *scodato. Item, scortato.*
Escourter, *scortare, scorciare, accorciare. Scodare.*
* Escousse, *scotimento. Item, ricuperata, riscossa.*
Escoutant, *ascoltante.*
Escoute, sentinelle de nuict, *scolta.*
Estre aux Escoutes, *star ascoltando, orecchiare, sottascoltare.*
Escouter, *ascoltare.*
s'Escouter parler, *parlar distintamente con certa vana gloria, profare.*
elle s'Escoute parler .i. *commincia à risentirsi.*
Escouter s'il pleut .i. *star à bada.*
Escoutes, *corde da tirar la vela verso la poppa.*
Escouteur, *ascoltatore.*
Escoutilles, *sportelli da calar giù le robbe.*
Escoutillons, *balconate, sportelli di naue.*
* Escoux, *riscosso, ricuperato.*
* Esoüelle, &
Escoüuette, *scopettina.*
Escoüuillon, *scouolo.*
Escoüuillon de canon, *lanata.*
Escoüuillonner, *scopare. Nettare il cannone, scouolare.*
Escraigne, *casino, capanna.*
Escran, *scrigno.*
Escran, *parafuoco.*
Escrasement, *schiacciamento.*
Escraser, *schiacciare, gualcire, pestare.*

Escrazer le nez, *pestare il naso.*
Escrazeur, *pestatore, schicciatore.*
Escrauanter, *crepare, schiacciare.*
Escresmer, *leuar il fior dal latte.*
Escreuette, *specie di pesce.*
s'Escreuer, *crepacciarsi, crepare.*
Escreuice, escreuisse, *gambero, granchio.*
Escreuisse de mer, *grancitello, langosta, &c.*
pas d'Escreuisse .i. *passo in dietro.*
* Escreuisse de muraille, *ragno.*
* Escreuisser, *andar come i granchi, sgranchiare.*
Escreuisses, *piastre di corazza fatte à guisa di coda, di gambero.*
* Escriement, *bandimento.*
* Escrier, *bandire, proclamare.*
s'Escrier, *gridare ad alta voce, esclamare.*
Escrime, *scherma.*
perdre l'Escrime, *uscir di sesto.*
Escrimer, *schermire, schermitare.*
Escrimeur, *schermitore, mastro di scherma.*
Escrin, *scrigno.*
Escriner, *spelare, leuar i crini.*
* Escrinier, *cassettaro.*
* Escript, *scritto, scrittura.*
Escrire, *scriuere.*
Escrire en faueur de quelqu'vn, *passa offitio.*
Escrit, *scritto. Item, scrittura.*
mettre par Escrit, *por in carta, metter in scritto.*
Escrit sur le liure .i. *debitore, ò reo.*
Escriteau, *cartella.*
Escriteau, *deuise, motto.*
Escriteau de maison ou de chambre à louër, *locanda.*
Escritoire, *calamaro.*
Escriture, *scrittura.*
Escriuaillerie, *scriuacchiatura.*
Escriuailler, *scriuacchiare.*
Escriuailleur, *scriuacchiatore.*
Escriuain, *scriuano.*
Escriuain qui enseigne, *mastro di scrittura, scritturista.*
Escriuain de liures, *scrittore, autore.*
Escroc, *scrocco.*
Escroquer, *scroccare.*
Ecroüe de vis, *madre vite.*
Escroüe, *libro di carceraro. Item, il nome del carcerato, scritto in detto libro.*
Escroüe, *nota delle spese di corto, memoria, registro.*
Escroüer, *scriuer nel libro del carceriere.*
Escroüelles, *scrofole.*
Escroüelle, *spetie di verme.*
herbe des Escroüelles, *scrofularia.*
Escrouler, *scrollare.*
Escroulement, *scrollamento.*
Escroupionné, *che hà rotto il coderizzo.*
Escroustement, *scrostamento.*
Escrouster, *scrostare.*
Escru, *crudo, rozzo.*
fil Escru, *filo rozzo.*
soye Escruë, *seta cruda.*
toile Escruë, *tela rozza.*
* Escry, *grido, è esclamatione.*
Escu, *scudo.*
Escu-sol, *scudo d'oro di Francia.*
Escus du Palais, *fiorini ò gittoni da far i conti.*
compter ses Escus .i. *accennar colla testa dormendo.*
* Escuage, *seruitù che deue lo Scudiere al suo Signore.*
Escudette, escude, *vmbilico di venere.*
Escueil, *scoglio.*

Escuelle, scodella.
mettre par Escuelle .i. spender largamente, sguazzare.
aller par Escuelles .i. esser in disordine.
tendre son Escuelle .i. domandar qualche cosa.
qui s'attend à l'Escuelle d'autruy, disne bien tard : l'Italien dit, chi perman d'altri s'imbecca tardi satolla.
Escuellée, vna scodella piena.
Escuelles, vmbilico di venere.
Escuellette, scodellina.
Escuisser, scosciare, romper le coscie.
Esculée, vna scodella piena.
Soulliers Esculez, scalcagnate, scarpe.
Esculer, scalcagnare.
* Esculer vne aiguille, scrimare.
Escumant, spumante.
Escume, schiuma.
Escume d'argent, scoria, spuma.
Escume d'estain, calcina di stagno.
Escume de mareschal, scoria di ferro.
Escumer, schiumare.
Escumer la marmitte, en tirer la viande pour desjeuner : l'Italien dit, cauar l'occhio alla pentola.
Escumeur sur mer, Corseggiare.
Escumeur de mer, Corsaro.
Escumeux, spumoso.
fille Escumiere .i. Venere nata dalla schiuma.
Escumoire, mestola.
Escurage, sguratura, scuramento.
Escureau, schiriattolo, scoiattolo.
Escurer, sgurare, scurare.
Escureul, scoiattolo.
Escurie, scuderia, stalla di caualli.
faire vne Escurie de ses chausses .i. hauer tenconi ò panocchie.
Escurieu, scoiattolo, schiriattolo.
* Escurs, cipolline.
Escusson, scudo, scudetto.
Escusson, ente, impiastragione, empiastratione.
enter en Escusson, impiastrare.
Escussonner, Idem.
Escussonné, fatto à scudo, armato di scudo.
Escuyer, scudiere. Item, Nobile.
grand Escuyer, scudier maggiore.
Escuyer de salle, scalco.
Escuyer de cuisine, sopracuoco.
Escuyer tranchant, trinciante.
Escuyer, faux-bourgeon, germoglio che cresce al piede del ceppo della vite.
Escuyere, donna Nobile.
Escurie, scuderia.
Esdenter, sdentare.
Esdenté, sdentato.
Esfaroucher, spauentare, straneggiare.
Esfeüiller, sfrondare.
Esfiler, sfilare.
Esflanquer, sfiancare.
Esfloter, sfiorare.
Esfoirer, smerdare.
Esfranger, sfrangiare.
Esfrener, Vedi, Effrener.
Effronté, sfacciato.
Esfrontément, sfacciatamente.
Esgail, rugiada.
Esgal, Vedi, Egal.
Esgard, risguardo, rispetto.
Esgarement, smarrimento.
Esgarer, smarrire, suiare.



s'Egarer. Metaph. errare.
yeux Esgarez, occhi torti ò biechi.
* Esgargaré, che hà rotto il gozzo, sboccato.
* Esgaronner, sgheronare.
Esgayer, guazzare.
s'Egayer, raillegrarsi.
Esglander, leuar le ghianduffe al cauallo.
Esglantier, rouo.
Esglise, Chiesa.
Esgommer, sgommare.
Esgorgement, scannamento.
Esgorger, scannare, strozzare.
Esgorgeter, sgargare, spettorare.
s'Esgorget de crier, gridar alla strangolata.
Esgosillement, strozzamento.
Esgosiller, strozzare, sgozzare, scannare.
s'Esgoüer, disgustarsi del cibo.
Esgouffer, sgusciare, sbaccellare.
Esgouffer les chastaignes, sdiricciare.
Esgout, fogna, scolatoio.
Esgout qui aduance du toict, grondaia.
Esgoutrement, sgocciolamento.
Esgoutter, sgocciolare, scolare.
Esgoutter vn vaisseau, gottare.
Esgoutteur, sgocciolatore.
* Esgoutille, scolatoio picciolo.
Esgouttoir, scolatoio.
Esgrailler, slargar con le gambe.
Esgrainer, sgranire.
Esgratigner, sgraffignare, sgraffiare.
Esgratigner le satin, &c. squarciarr.
Esgratigneur, sgraffiatore. Item, squarciatore.
Esgratigneure, sgraffiata.
Esgratigneures d'estoffe, squarciamenti.
Esgrener, sgranire, sgranare.
Esgrener vn oiseau, auezzarnella gabbia.
Esgrenoire, gabbia da auezza l'vccello.
Esgrugeoir, esgrugeoire, gratuggia.
Esgruger, gratuggiare, grattare.
Esgrumeler, sgrommare.
Esgrumer, idem.
Esgueulé, sboccato.
vn Esgueulé, vn sboccato, vn slinguacciato.
Esgueuler, sboccare, romper la gola.
s'Esgueuler, smascellare.
Esguiere, boccale da meter acqua.
Esguille, ago.
Esguile de teste, dirizzatoio donna, punt.one ò ago per acconciarsi la testa.
Esguille de berger, geranio.
Esguillée, agata.
Esguilleter, stringare.
Esguillette, stringa.
coureuse d'Esguillette, cantraiera, puttana.
Esguillettes de la peau, pezzi di pelle scorticata.
courir l'Esguillette, puttaneggiare.
noüer l'Esguillette, legar vn huomo che non passa far l'atto venereo.
lascher l'Esguillette, calarsi le brache, per scaricar il ventre, ò altro.
Esguillier, agucchiaro, agoraio.
Esguillon, stimolo.
Esguillon de mouche, bisuiglio.
Esguillonnement, stimolamento.
Esguillonner, stimolare.
Esguillonneur, stimolatore.
Esguillonneuse, stimolatrice.
Esguiser, Vedi, Aiguiser.

Eshanché, *sciancato, ancaione.*
Eshancher, *sciancare.*
Eshancheure, *sciancatura.*
* Esherber, *adherbare.*
Eshonté, *sfacciato.*
Eshontément, *sfacciatamente.*
Eshontement, *sfacciataggine.*
s'Eshonter, *diuentar sfacciato.*
s'Esjoüir, *rallegrarsi.*
Esjoüissance, *allegrezza.*
Esjoüissant, *rallegrante.*
Eslaguer, *accimare, troncargli alberi, diramare.*
Eslaguoir, *stromento da tagliare i rami.*
* Eslainde, *macchina carica di pietre grosse, da soppressa-re.*
Eslançant, *lanciante.*
Eslancé, *fiacco, stanco, debole.*
Eslancement, *lanciamento, slanciamento, lancio.*
Eslancer, *lanciare, slanciare.*
s'Eslancer, *slanciarsi, auuentarsi.*
Eslans, *lanci.*
Eslangoury, *languido.*
* Eslanguy, *Idem.*
Eslargir, *slargare, allargare.*
Eslargir, *donner, donare.*
Eslargir de prison, *liberare, scarcerare, largare.*
Eslargy, *allargato.* Item, *scarcerato.*
Eslargissant, *slarzante.*
Eslargissement, *scarceramento, slargamento.*
Eslauer, *slauare.*
* Eslay, *corso.*
* Esle, *aîle, ala.*
Esleu, *eletto.*
Esleus, *certi Magistrati, riceuitori di suffidij.*
Esleuable, *che si può allenare.*
Esleuation, *eleuatione, solleuatione.*
vn Esleué de peintre, *allieuo.*
Esleuement, *inalzamento.* Item, *educatione.*
Esleuer, *leuare, inalzare.*
esleuer, *educare, allenare.*
s'Esleuer, *innalzarsi, solleuarsi.*
Esleueur, *inalzatore, Educatore.*
Esleueure, *gonfiamento di pelle, brogia, pustulla, bolla.*
Eslingé, *panno lino vsato.*
Eslire, *scegliere, eliggere.*
Eslite, *scelta.*
Eslite de gens d'armes du païs, *cerne.*
gens d'Eslite, *gente di consideratione.*
* Estochement, *scottimento.*
* Estocher, *scuutere, smuouere.*
Esloignement, *lontananza, allontanamento.*
Esloigner, *allontanare.*
Eslourdir, *abbalordire.* Item, *intonare.*
Eslourdissement, *abbalordimento, intonamento.*
Esluder, *eludere, burlare.* Item, *baleuare.*
Esmail, *smalto.*
Esmailler, *smaltare.*
Esmailleur, *smaltatore.*
Esmailleure, *smaltatura.*
* Esmarmeler, *metter à pezzi.*
* Esmay, *stupore.*
* Esmayer, *smarrirsi, stupire.*
* Esme, *asma.* Item, *accennamento, cenno.*
Esmenuiser, *sminuzzare.*
* Esmer, *accennar di dare.*
Esmeraude, *smeraldo.*
Esmeraudin, *di smeraldo, smeraldino.*
Esmeril, *smeriglio, pietra.*

Esmerillon, *smeriglio, vccello.*
Esmerillonné, *allegro, viuo.*
Esmerueillable, *merauiglioso.*
Esmerueillement, *merauigliamento.*
s'Esmerueiller, *merauigliarsi.*
Esmery, *smeriglio, pietra.*
Esmecher, *leuar la meccia, leuar lo stoppino.*
Esmeu, *smosso, mosso.*
vn peu Esmeu .i. malade, *vn poco risentito.*
Esmeut, *schizzo d'vccello.*
Esmeute, *mouimento, seditione, mossa.* Item, *Vedi,* Meute.
Esmeutir, *spurgare.* Item, *lo schizzar dell' vccel-lo.*
Esmier, *amicare, sfregolare, sminuzzare.*
Esmiettemét, *sfregolamento.*
Esmietter, *sfregolare, sminuzzare.*
Esmieure, *sfregolamento, sminuzzamento, fregole.*
Esmoëller, *smidollare.*
* Esmoignonner, *mozzare.*
Esmondement, *mondamento.*
Esmonder, *mondare, rimondare.*
Esmondeur, *mondatore.*
Esmorce, *Vedi,* Amorce.
Esmorceler, *sminuzzare, metter in pezzi.*
Esmoteler, *romper le glebe.*
Esmotion, *smouimento, motione, turbulenza.*
Esmotter, *romper le glebe.*
Esmoucher, *rintuzzare, smuffare.*
* Esmouchail, *rosta.*
Esmoucher, *smoscare, scacciar le mosche.*
Esmouchet, *moscardo.*
Esmoucheté, *moscato.*
Esmouchette, *panocchia.*
* Esmouchettes, *smoccolatoio.*
Esmbuchoir, *rosta da scacciar le mosche.*
Esmoulache, *arruotamento.*
Esmoudre, *arruotare.*
Esmouleur, *arruotatore, aguzza coltelli.*
Esmouleure, *arruotatura.*
Esmoulu, *arruotato, aguzzato.*
à fer Esmoulu, *con le lancie ferrate.* Metaph. *con violen-za.*
frais Esmoulu .i. moderno, *fatto da poco tempo.*
Esmoussé, *smusso.*
Esmousser, *smussare.* Item, *leuar il muscio.*
Esmouuement, *smouimento.*
Esmouueur, *mouitore, smouitore.*
Esmouuoir, *smouere.*
s'Esmouuoir, se mettre vn peu en colere, *alterarsi.*
facile à esmouuoir, *di poca leuata, di picciol leuatura.*
Esmoy, *angoscia, angustia.*
* Esmoyer, *angustiare.*
Esmunder, *mondare, rimondare.*
Esmutir, *lo schizzar dell' vccello.*
Esmut, *schizzo d'vccello.*
Esmutissement, *Idem.*
* Esnaser, *snasare.*
Esneruer, *sneruare.*
Espace, *spatio.*
Espadacin, *spadacino.*
* Espade, *spada.*
Espadon, *spadone.*
Espagne, *Spagna.*
Espagneul, *bracco, cane di Spagna.*
Espagnol, *Spagnuolo.*
à l'espagnolle, *alla Spagnuola.*

marcher à l'Espagnole, *andar considerato, ò superba-*
*mente.*
Espagnolette, *spetie di danza.* Item, *donna Spagnuola.*
Espagnolade, *Spagnuolata, tiro di Spagnuolo.*
Espagnolizé, *Spagnolizato.*
Espais, *spesso, denso.*
diamant Espais, *diamante col fondo.*
Espaissement, *spessamente.*
Espaisseur, *spessezza, densità, grossezza.*
Espaississant, *spessante.*
Espaissir, *spessare.*
Espaie de galere, l'espace de la pouppe, *spalla.*
* Espaler, *spalare.*
Espalier, *spalliera.*
Espalier de galere, *spalliere.*
Espaliere, premier banc de galere, *spalliera.*
* Espalmé, *spalmato.*
* Espalmer, *spalmare vna naue.*
* Espame, *gransio.*
Espamer, *afficuolire.* Item, *spalmare.*
Espamprement, *spampinamento.*
Espamprer, *spampinare.*
* Espan, *spanna.*
Espanchement, *spargimento.*
Espancher, *spargere.*
Espancher de l'eau .i. *orinare.*
Espandable, *spargeuole.*
Espandement, *spargimento.*
Espandre, *spargere, spandere, versare.*
Espandu, *sparso.*
* Espanir, ou pluftoft
Espanoüir, *aprirsi il fiore.*
s'Espanoüir la ratte, *ridere, rallegrarsi.*
fleur Espanoüie, *fior aperto.*
Espanoüissement, *aprimento, slargamento?*
Espanoüissement de ratte, *rallegramento, riso, alle-*
*grezza.*
Espapillotter, *sminuzzare.*
Esparcete, *spetie di parietaria.*
Espardre, *spargere.*
Esparge, *sparago.*
Espargere, *sparagiera.*
Espargnant, *risparmiante.*
Espargne, *risparmio, auanzo.*
Espargne, *Erario del Rè.*
Espargner, *risparmiare, sparagnare.*
on n'y Espargne rien, *non si lascia niente addietro.*
Espargoutte, *asterico.*
Espargoutte menuë, *asteratico.*
Esparpillement, *spargolamento.*
Esparpiller, *spargolare, sparpagliare.*
Espars, *sparso.*
Esparsement, *sparsamente.*
* Espartant, *spargente, diuidente, spartiente.*
* Espartiller, *sparpagliare.*
Espartir, *spartire.*
Esparuier, *sparauiere.*
Esparuier, sorte de rets à pescher, *giacchio.*
Esparuin, *spauano.*
Espaté, *slargato.*
nez Espaté, *naso sfrogiato.*
s'Espatter, *slargarsi.*
Espattement, *slargamento.*
Espatule, *spatula.*
Espaue, *robba ò persona senza Signore, cosa forastiera ò*
*straniera, cosa vacante, ò smarrita.*
Espauité, *diritto di Signore sopra le robbe de' forastieri.*
Espaulart, *orco, mostro di mare.*



Espaule, *spalla.*
Espaule de mouton, *spalletta di castrato.*
sentir l'Espaule de mouton .i. *hauer catiuo odore.*
jetter les Espaules de mouton par les fenestres .i. estre
prodigue, Iron. *auare:* l'Italien dit, *gittar il lardo*
*per le finestre.*
large par les Espaules .i. *auare,* l'Italien dit, *largo come*
*vna pina verde.*
baisser les Espaules .i. *hauer patienza.*
pousser le temps à l'Espaule, Idem.
hausser les Espaules, *stringer le spalle.*
monstrer les Espaules, *voltar le spalle, fuggire.*
prester l'Espaule, *spalleggiare.*
porter sur les Espaules .i. *hauer compassione.*
il a de bonnes Espaules, il portera bien tout: l'Italien
dit, *dagli egli è can questo.*
frapper sur l'Espaule, *lusingare, adulare.*
par dessus l'Espaule .i. *tutto al contrario.*
mettre dehors par les Espaules .i. *scacciar vno con villa-*
*nie.*
regarder par dessus l'Espaule .i. *sprezzar vno, stimarlo*
*poco.*
Espaulé, *spallato.*
Espaulée, *aiuto.*
Espaullement, *spallamente.*
Espauler, *spallare.*
Espauler, faire Espaule, *aiutare, spalleggiare.*
Espaulette, *spalletta.*
Espauliere, *di spalla.*
Espaulieres d'vne armeure, *spallacci, spallazzi, spal-*
*lazzetti.*
Espaulu, *spalluto.*
Espaulure, *spallamente.*
Espeautre, *spelta.*
Espece, *spetie.*
Especial, *speciale, spetiale.*
par Especial, *spetialmente.*
Espectatiue, *spettatiua.*
Espée, *spada.*
vne bonne Espée .i. *huomo valente con la spada.*
à l'Espée blanche, *à spada tratta ò sfodrata.*
l'Espée nuë à la main, Idem.
Espée de mer, *agosciola.*
grande Espée, *spadone, spadaccia.*
Espée Romaine, *remolino, spada Romana.*
il n'a que l'Espée, & la cape, *è pouero.* Item, *è sem-*
*plice.*
joüer de l'Espée à deux pieds, *far la con le gambe, dar à*
*gambe.*
Espée à deux mains, *spadone.*
joüer de l'Espée à deux mains .i. *mangiar ò pigliar con*
*ambe le mani.*
Espée à quinze pointes, *staffilatoria spada.*
aux Espées, & aux cousteaux, *à spada tratta.*
son Espée tient au bout .i. *egli è poltrone ò codarde, non*
*vuol cacciar mano.*
c'est vne rude Espée .i. *egli è valentissimo con la spa-*
*da.*
l'Espée de Samson .i. *le mascelle.*
l'Espée de Roland Durandal .i. *vna cosa dura.*
compagnon, estaffier, gentil-homme, officier de la
courte Espée .i. *taglia borse.*
faire voile Espée, & poignard, *far l'orecchie d'asino.*
mettre l'Espée au poing ou à la main, *cacciar mano.*
Espeler, *compitare.*
Espeler, *spelare.*
Espenaillé, *stracciato, cencioso.*
Esperable, *da sperare.*

Esperance, *speranza, speme.*
Esperdu, *smarrito, stupefatto.*
Esperduëment, *smisuratamente, capricciosamente, suis-coratamente.*
Esperer, *sperare.*
Esperlan, *anguella.*
* Esperlucat, *allegro, piaceuole.*
Esperon, *sperone.*
Esperons, terme de fortification, *speroni.*
chausser les Esperons, suiure de près, *incalzare.*
Esperon de vaisseau, *sperone.*
Esperonnade, *speronata.*
Esperonné, *speronato.*
Esperonnelle, *speronella.*
Esperonnement, *speronamento.*
Esperonner, *speronare.*
Esperonnier, *speronaro, morsaro.*
muscle Esperonnier, *moscolo del calcagno.*
Esperruqué, *tosato, senza zazzera.*
Esperuier, *sparuiere.*
Esperuin, *sparauo.*
Espés, espessir, espesseur, Vedi, Espais, &c.
Espeurer, *impaurire.* Item, *spaurire.*
Espiant, *spiante.*
Espic, *spica, spiga.*
Espic remolin, *spada romana, remolino.*
Espice, *spetie, spetiaria.*
Espices de proces, *certe cose che si pagano a' giudici.*
Espicé, *acconcio con le spetie.*
Espice, Metaph. i. *caro.*
Espicer, *spetiare acconciar con spetiarie.*
Espicerie, *spetiarie.*
Espicier, *spetiaro.*
Espie, *spia.*
Espié, *che hà la spica, spigato, fatto informa di spiga.*
Espiecer, *spezzare.*
Espiegle, mot corrompu d'Eulspiegell Allemand, *furbo, scaltro.*
Espiement, *spiamento.*
Espier, *spiare.*
Espier, produire l'espy, *spigare.*
Espierrement, *spetramento.*
Espierrer, *spetrare, leuar le pietre.*
Espierreur, *spetratore.*
Espieu, *spiedo.*
Espieur, *spiatore.*
Espinal, *spinale.*
Espinarde, *fregaruolo, pesce.*
Espinars, *spinacci.*
fil d'Espinay, *refe sottile da cucir biancherie.*
Espinaye, *spineto, spino.*
Espine, *spina.*
Espine qui sert à teindre, *spino cernino, spino merlo.*
Espine du dos, *filo.*
blanche Espine, *carlina.*
Espine de bouc, *traga canto.*
Espine-vinette, *crespino.*
il m'a tiré vne mauuaise Espine du pied. i. *m'hà leuato ò cauato da un gran fastidio ò pericolo.*
estre sur des Espines. i. *star in grand' affanno.*
Espiné, *spinato, che hà la spina.*
Espinée, *filo ò spina di porco.*
Espinelle, *spetie di rubine.*
Espinelle, mal de cheual, *spinella.*
Espiner, *spinare, punger con vna spina.*
Espinette, *spinetta.*
**Espineux, *spinoso.***

* Espingarderie, *huomini armati di spingarda.*
Espingardier, *armato di spingarda.*
Espingardine, sorte d'arquebuse, *spingarda.*
Espingle, *spillo.*
tirer son Espingle du jeu. i. *saluarsi senza danno ò spesa.*
les Espingles que l'on donne aux filles, *la mancia, la buona andata.*
Espingler, *attaccar con spilli.*
Espinglier, *agucchiaro.*
Espinglierà mettre les Espingles, *agucchiaruolo sncclet-to da spilli.*
* Espinglon, *spilletto, spillo picciolo.*
* Espinoche, *fregaruolo, pesce.*
Espinon, *ardiglione.*
Espion, *spia, spione.* Item, *spetie di brigantino da spiare ò scoprire.*
Espionnement, *spiamento.*
Espionner, *spiare.*
Espionneur, *spione.*
Esplan, *anguella, pesce.*
Esplanade, *spianata.*
Esplanader, *spianare far la spianata.*
* Esplanaderaye, *luogo spianato.*
* Esplaner, *spianare, appianare.*
Espleuré, *lagrimoso.*
Espleurer, *pianger dirottamente.*
* Esployé, *spiegato.*
aigle Esployée, *acquila con due capi spiegati.*
Espluchement, *mondatura.*
Esplucher, *scegliere, mondare.*
Esplucher, *considerar minutamente vna cosa.*
Esplucheur, *mondature.*
Esplucheures, *mondiglie.*
Esplumer, *spiumare.*
Espoinçonner, *stimolare.*
Espoindre, *spingere.*
Espoint, *spinto.*
Espointement, *spuntamento.*
Espointer, *spuntare.*
Espoir, *speranza.*
* Espois, *spesso.*
Espois de cerf, *corniccini nella cima delle corna.*
* Espoissir, *spessare.*
Espoitriné, *spettorato.*
* Esponcer, *cedere, abbandonnare.*
Esponge, *spongia.*
porte Esponge, *lache ò piaggio di Dama, che le porta la spongia per pisciare in caso di bisogno.*
Espongette, *spongetta.*
Espongieux, *spongioso.*
Esporte, *sportella, sporta.*
Espoudrer, *spoluerare.*
Espoüiller, *spidocchiare.*
Espousailles, *sponsalitie, sposamento.*
Espouse, &
Espousée, *sposa.*
Espouser, *sposare.*
Espouser la querelle ou le party d'vn autre, *pigliare il partito d'vn altro.*
Espousseter, *spazzolare.* Metaph. *battere.*
Espoussette, *spazzola, scopettina.*
Espoutier, *leuari scluzz ini ò bioccoli dal panno, &c.*
Espouuentable, *spauenteuole.*
Espouuentablement, *spauenteuolmente.*
Espouuentail, *spauentacchio, fantoccio.*
Espouuentant, *spauentante.*
Espouuente, *spauento.*

s

Espouuentement, *spauentamento.*
Espouuenter, *spauentare.*
Espoux, *sposo.*
Espoys, *corniccine in cima delle corna del cervo.*
Espreindre, *spremere, stringere.*
Espreint, *spremuto.*
Espreinte, *stretta.*
Espreintes, *dolori colici.*
Espreintes de Loutres, *sterco di Loutra.*
s'Esprendre, *appigliarsi, accendersi.*
* à l'Espreu, *à posta.*
Espreuier, *sparuiere.*
Espreuin, *spauano.*
Espreuue, *pruoua, proua, saggio.*
armeure à l'Espreuue, *armatura à botta.*
* Espringalle, *macchina antica da batter le mura.*
Espris, *acceso.*
Esprit, *spirito.*
Esprit, entendement, *ingegno.*
Esprits forts, *ceruelli da statuti.*
Esprit follet, *folletto.*
Esprit familier, demon, *martinello.*
Esprit, fantosme, *fantasima, spirito.*
rendre l'Esprit, *morire.*
* Esprité, *spiritoso.*
Espron, *sprone.*
Espronnade, *speronata.*
Esprouuer, *prouare.*
Esprouuette, *stilo, ferro da tentar le piaghe.*
Espucer, espuceter, *spulciare.*
Espuissement, *sgocciolamento.*
Espuiser, *sgocciolare, seccare, scolare.*
Espuiseur, *sgocciolatore.*
espuisoir, *sgocciolatoia.*
Espulcer, *spulciare.*
Esputation, *spuramento.*
Esputer, *spurare.*
Espurge, *lattiri.*
Espurger, *spurgare, rimondare.*
Espy, *spiga, spica.*
Esquadre, *squadra.*
Esquadron, *squadrone.*
Esquarquillement, *slargamento di gambe.*
Esquarquiller, *aprire ò slargar le gambe.*
Esquarre, *squadra.*
Esquarrir, *squadrare.*
Esquarreure, *squadratura.*
Esquarter, *Vedi,* Escarter, *&c.*
Esquelet, *scheletto.*
* Esquené, *stroppiato, slumbato.*
Esquener, *slumbare.*
* esquiche, Equisse, premier dessein d'vne peinture, *abbozzo, schizzo.*
Esquicher, *abbozzare, schizzare.*
Esquerre, *squadra,* esquierre.
fausse-Esquerre, *squadra zoppa.*
Esquerriere, *pezzo di legno in forma di squadra doue si posa il cannone su la cassa.*
Esquerrir, *squadrare.*
Esquif, *schifo.*
Esquifon, *schifo picciolo.*
* Esquignon, touche à eppeller, *stile.*
Esquignon d'essieu, *anima di ferro.*
Esquignonner, *serestare il pane, tagliar il pane tutt' attorno.*
Esquille d'os, *scheggia.*
Esquinance, *schinanzia.*
Esquine, bois d'esquine, *China.*



* Esquiolé, *isfatato, longo è mal fatto.*
Esquipage, *bagaglie, robbe.*
en bon Esquipage, *ben à la via, ben in ordine.*
Esquiper, *proueder di bagaglie ò arnesi.*
Esquisse, premier dessein, *schizzo.*
Esquiuer, *schifare, schiuare.*
Esraciner, *sradicare.*
* Esrafflade, *sgraffiata.*
* Esraffler, *sgraffiare, scorticare.*
Esraillement, *sciarpellamento.*
Esrailler, *sciarpellare.*
yeux Esraillez, *sciarpellati occhi.*
Esratré, *smilzo, allegro, viuo.* Item, *astuto.*
Esratter, *smilzare, scorzonare.*
Esrené, *slumbato, stroppiato, srenato.*
Esrenement, *slumbamento.*
Esrener, *slumbare, dilumbare, srenare.*
Esrener vne plume, Metaph. *smussar ò mozzar vna penna scriuendo.*
Essaim, *essame d'api, sciame.*
Essaimer, *far lo sciame.*
Essanger, *mollare, sciacquare, risciacquare, smollare.*
* Essardé, *alterato, adusto.*
Essarter, *accimar gli alberi.*
Essart, *luogo sterpato.*
Essartement, *sarpamento, sterpamento.*
Essarter, *sarpare, mondar il terreno di sterpi, sterpare.*
Essay, *saggio, proua.*
à l'Essay, *alla proua da prouare.*
Essay des viandes, *credenza.*
Essayant, *prouante.*
Essayer, *prouare, saggiare, assaggiare.*
Essayer de faire, *cercar di fare.*
Essayeur, *prouatore, saggiatore.*
Esse, *la lettera S.*
Esse, fer courbé, *elsa, vncino.*
Esse ou heusse, *accialino per ritegno della ruota.*
Esseau, *assicella.* Item, *ascetta.*
Essedaires, *certi soldati antichi.*
Essein, *sciame d'api.*
Essein, *sciame, esame.*
Esseiner, *far lo sciame.*
Essemer, *Idem.* Item, *diseminare, mondare.*
Essence, *essenza.*
Essencier, *essenziare.*
Essentiel, *essentiale.*
* essepper, *tagliar i ceppi.*
Essette, *ascietta, ascia picciola.*
* Esseulé, *abbandonato, ò lasciato solo.*
Essieu, *asse.*
Essil, *assicella.*
Essillere, *panno lino che fascia il bambino dalla pancia sin alle ditella.*
* essimer, *esimere, attenuare, consimare.*
Essor, *poggiamento, volo il alto.* Item, *aria pura.*
prendre l'Essor, *sciorare, poggiare, leuarsi à volo.*
Essorber, *assorbere.*
Essoré, *sciorato, libero, puro, sereno.*
Essorer, *sciorare, poggiare, sorare.*
Essorillé, *senz' orecchie.*
Essoriller, *tagliar le orecchie.*
Essourder, *assordare.*
Essoyné, *esente, libero.*
Essucer, *succiare del tutto.*
* Essuler, *bandire, esiliare.*
Essuy, *asciugamento.*
Essuyment, *Idem.*

Essuyer, *asciugare.*
Essuyer vn escadron des ennemis. i. *sostenerne lo sforzo.*
il faut encore essuyer cela, *bisognar passar ò patir questo ancora.*
chenal Essuyé, *asciutto cauallo.*
Essuy-main, *sciugamano.*
Est, prononcez, S, *leuante, oriente.*
Est, du verbe estre, *è*
Establage, *stallaggio.*
il ne vaut pas l'establage. i. *non val niente del tutto.*
estable, *stalla.*
Estable à brebis, *mandra.*
fermer l'estable aprez que les vaches sont prises : l'Italien dit, *serrar la stalla perduti i buoi.*
Establement, *stallaggio.*
Establer, *stallare, metter nella stalla.*
Establie d'artisan, *panca, tauola, banca.*
establier, *idem.*
Establir, *stabilire.*
establissement, *stabilimento.*
establisseur, *stabilitore.*
estacade, *steccato.*
Estacquer, *metter il suo marco ò segno sopra vna cosa.*
Estaffier, *staffiere.*
Estaffier S. Martin. i. *il Diauolo.*
Estaffilade, *sfregio, fregio.*
estaffilader, *sfregiare.*
Estage, *piano.*
à triple Estage. i. *triplicemente alto.*
Estager, *vassallo.*
* estaguer, *accimar gli alberi, diramare.*
Estagues, *anchini, corde da issar l'antenna, è secondo alcuni da issar l'ancora.*
Estaim, *stame.*
Estaim, *stagno.*
estaimer, *acconciar con stagno, stagnare.*
estaing, *Vedi,* estain, *stagno.*
Estaigner, *stagnaro.*
Estain raffiné, *peltro.*
* estal, *banca, banco di mercante.*
estalage, *spiegamento di merci ò robbe, Mostra di bottega.*
Estaler, *spiegar le mercantie, stendere.*
Estaler bien sa marchandise, Metaph. *dir bene le sue ragioni, discorrer bene.*
estallement, *spiegamento.*
Estallier, *bancaro, che vende sù la banca.*
Estallon, *stallone.*
Estallon, *modello da aggiustare.*
Estallon, *albero della prima fatta, che si lascia nelle tagliate.*
estallon, *pezzo di legno che attrauersa due traui.*
Estallonnage, &
Estallonnement, *stallonaggio.* Item, *aggiustamento di pesi.*
Estallonner, *aggiustar i pesi ò le misure.* Item, *salire ò far salir lo stallone.*
estallonneur, *aggiustatore.* Item, *quello che fà salir lo stallone.*
estambor, *traue che regge il palco della poppa.*
Estambres, *pezzi di legno, che abbracciano ò circondano il piede dell'albero d'vn vascello.*
estame, *stame.*
Estamé, *stagnato, inuetriato.*
Estamer, *stagnare.*
Estamer, *spetie di rascia.*
estameure, *stagnatura.*
Estamier, *stagnaro.*

Estamine, *stamigna.*
il a passé par l'estamine. i. *è stato colto, è stato esaminato.*
 Item, *hà hauuto il mal venereo.*
Estaminer, *passar per la stamigna.*
Estamineux, *stamignose.*
estampe, *stampa, stampa di rame.*
Estampé, *retto, puntellato.*
estampeau, *trespolo, piede, puntello.*
estamper, *stampare.* Item, *puntellare.*
estanchement, *stagnamento.*
Estancher, *stagnare.*
Estancher la soif, *cauar la sete, spegner la sete.*
estancheur, *stagnato.*
Estançon, *puntello.*
Estançonnement, *puntellamento.*
estançonner, *puntellare.*
estandare, *stendardo.*
estang, *stagno.*
estant, *essendo, stante.*
* bien estant, *bene stante.*
* estante, *puntello.*
* Estanter, *puntellare.*
Estanterol, *stentarolo.*
Estape, *mercato publico, propriamente di vino, piaz... Luogo doue si scaricano ò dispensano le robbe.*
Estape de Soldats, *alloggiamento.*
estaphisagrie, *stafisagria.*
Estaques, *piante d'olini ò simili.*
Estat, *stato.* Item, *officio, conditione.*
Estat, où mangent les Seruiteurs, *Tinello.*
Estat, *conto delle spese, memoria.*
faire Estat, *stimare, tener conto, far stima.*
il fait Estat de venir, *si propone, ò fà conto di venire.*
il faut faire Estat, *bisogna credere, bisogna pensarsi, bisogna risoluersi, bisogna hauer per sicuro.*
estre en bon Estat, *esser in buon stato.* Item, *essersi confessato ò communicato.*
estre en Estat, *esser in ordine, in assetto.*
en Estat de faire, *in atto di fare, su'l punto.*
porter vn grand Estat, *spender molto ne' vestiti, vestir sontuosamente.*
mettre par Estat, *scriuer ordinatamente in forma di conto, &c.*
se mettre en Estat, *mettersi à la via.*
se mettre en Estat, *comparire, ò constituirsi se stesso prigione.*
se mettre en Estat de combattre, *recarsi in battaglia.*
homme d'Estat, *statista.*
Estau de boucher, *banca, banco.*
Estau de serrurier, &c. *morsa.*
Estay, *corda attaccata sotto alla gabbia dell'albero.*
Estaye, *puntello.*
Estayement, *puntellamento.*
estayer, *puntellare.*
Esté, *la State.*
esté, participe d'estre, *stato.*
esteignement, *spegnimento, smorzamento.*
esteignoir à esteindre les ci erges, *strizzatoio.*
Esteindre, *spegnere, estinguere, smorzare.*
esteint, *spento.*
esteinte, *spegnimento di lume.*
estelé, estoillé, *stellato.*
esteller, *stellare.* Item, *metter sotto i caualli.*
estelle, *verga, vergella.*
estellon, *stromento ò modello da aggiustar i pesi.*
estendant, *stendente.*
estendard, *stendardo.*

Estendement, *stendimento.*
Estendre, *stendere, distendere.*
s'Estendre en vn discours, *diffondersi.*
Estendre les jambes à cheual, *calar le gambe.*
Estendu, *steso disteso.*
Estenduë, *ampiezza, giro.*
★ Estendure, *stendimento.*
Estenterol, *stentarolo.*
Ester, *essere, esser agente, star presente.*
Esterlin, *moneta Inglese, Sterlino.*
Esternir, *stendere à gittar per terra.*
★ Esternissement, *stendimento.*
Esternuëment, *starnuto.*
Esternuër, *starnutare.*
Estester, *tagliar la testa.*
Esteuf, *palla coperta di corame, pillotta.*
courir aprés son Esteuf. i. *correr dietro al pagamento.*
c'est à vous que s'adresse l'Esteuf. i. *à voi tocca.*
aller viste à l'Esteuf, *andar presto, spedir presto, mangiar presto.*
se renuoyer l'Esteuf : l'Italien dit, *far à pallin, pallino.*
★ Esteules, *stoppie.*
★ Estier, *canale.*
Estimable, *stimeuole.*
Estimateur, *stimatore.*
Estimation, *stima, apprezzamento, estimatione.*
Estime, *stima.*
homme d'Estime, *huomo di conto.*
estre en bonne Estime, *esser in buon concetto.*
Estimer, *stimare.*
Estincellant, *scintillante, risplendente.*
Estincelle, *scintilla.*
Estincellement, *scintillamento.*
Estinceller, *scintillare.*
Estiomene, *fuoco di S. Antonio, spetie di risipilla.*
Estiomené, *infettato dalla risipilla.*
Estiomenes, *estiomenate.*
Estiomener, *tagliare i membri infiammati.*
Estire, *stromento ò raschiatoio da spremer l'acqua dal corame.*
Estirement, *stiramento.*
Estirer, *stirare.*
Estiual, *di State.*
★ Estiualer, *stiualetto.*
Estiue de vaisseau, *stiua?*
Estiuer, *stiuare.*
★ Estiuer, *passar la State.*
Estiuet, *il fine della State, picciola State.*
Estoc, *stocco.*
coup d'Estoc, *stoccata.*
Estoc d'arbre, *tronco.*
de son Estoc, *della sua schiatta.* Item, *da se proprio.*
Estoc, race, *schiatta.*
prendre d'Estoc, & de taille, *stoccheggiare.*
Estocade, *stoccato.*
tirer l'Estocade, *domandar danari in presto, far stocchi, stoccheggiare.*
tirer ou allonger l'Estocade, *domandar la limosina.*
Estocader, *dar una stoccata.* Metaph. *stoccheggiare, chieder limosina. Imprestar danari.*
Estocquer, *Idem.*
Estœuf, *Vedi,* Esteuf.
Estœuuier, *quello che fà le pilotte.*
Estoffe, *robba da far vestiti, panno, drappo.* Item, *materia.*
de grande Estoffe. i. *persona di gran Conto.*
de basse Estoffe, *di vil conditione, di bassa lega.*



de la mesme Estoffe, *di simil buccia. i. natura.*
Estoffer, *metter la materia nelli lauori, metter il panno, &c. fornir di matterie.* Item, *intagliare.*
★ Estofferie, *intagliatura.*
Estoffeur, *intagliatore.*
Estoillé, *stellato.*
Estoille, *stella.*
loger à la belle Estoille. i. *dormir in campagna.*
faire voir les Estoilles de iour : l'Italien dit, *far veder le lucciole.*
herbe de l'Estoille, *herba stella.*
Estoillée. *sanicola maggiore.*
Estoiller, *stellare.*
Estoilleux, *stelloso.*
Estoillins, *certi Frati che portano una Stella sopra la veste.*
Estoillette, *spetie di fodratura ricca.*
Estole, *stola.*
Estomac, *Vedi,* Estomach, *stomaco.*
Estomach d'Austruche. i. *che digerisce bene.*
s'Estomaquer, *alterarsi, offendersi, stomacarsi.*
Estonnant, *stupendo.*
Estonné, *stupefatto, impaurito, marauigliato, attonito, sbigottito.*
Estonnement, *marauiglia, stupore.*
Estonner, *far stupire, far marauigliare, impaurire, sbigottire.*
Estoquer, *floccheggiare.*
Estorce, *storcimento.*
★ Estorer, *restaurare.*
Estordant, *storcente.*
Estordre, *storcere.*
Estorce, Estorsement, *storcimento.*
★ Estroubles, *strubbie, stoppie.*
Estoudeau, *pollastrone.*
Estouffant, *affogante.*
il fait Estouffant, *il tempo è stuffo, vi è l'asa.*
Estouffement, *affogamento.*
Estouffement, *astretta di petto.*
Estouffement d'air, *asa.*
Estouffer, *affogare.*
Estoupade, *stoppamento.*
Estoupe, *stoppa.*
mettre le feu aux Estoupes : l'Italien dit, *metter il fuoco al concio.*
Estoupement, *stoppamento.*
Estouper, *stoppare, turare.*
Estoupeux, *stopposo.*
Estoupillon, *turacciolo, stroppaglio.*
Estoupin pour allumer vn feu d'artifice, *stoppino.*
★ Estour, *conflitto, abbatimento, pugna.*
Estour de vents, *borrasca.*
★ Estourbillon, *turbine, nodo di vento.*
Estourdy, *stordito, intronato, balordo.* Item, *stupefatto.*
à l'Estourdie, *alla scatenata, alla spensierata.*
Estourdiement, *Idem.*
Estourdir, *stordire.*
Estourdir les oreilles, *abbucinare.*
Estourdir la faim ou les morceaux, *mangiar presto, mangiar bocconi grossi.*
Estourdir vn viande en cuisant, *dar vn bollo.*
Estourdir de bruit, *assordare.*
Estourdissement, *stordimento.*
Estourdisseur, *stordttore.*
Estourgeon, *storione.*
Estourneau, *stornello.*
★ Estrace, *seta cruda stracciata ò sfilata dalli cannelli.*
Estrade, *tapis vn peu esleué de terre, strato.*

* Estrade, strada.
battre l'Estrade, scorrere, batter la strada.
aller à l'Estrade .i. scaricar il ventre, andar del corpo.
Estradiot, Stradiotto.
Estragon, gisuerde.
Estraim, strame, paglia.
Estramaçon, fendente, stramazzone.
* Estrancher, frastagliare.
Estrange, strano.
Estrangement, stranamente.
Estrangement d'vne personne, straneggiamento.
Estranger, forastiere, straniere.
Estranger vne personne, straneggiare.
s'Estranger, alienarsi.
Estrangeté, stranezza.
* Estrangier, straniere, forastiero.
Estranglé, strangolato.
habit Estranglé, Metaph .i. troppostretto.
Estrangle-leopard, spetie d'aconito.
Estrangle-loup, aconito.
Estranglement, strangolamento.
Estrangler, strangolare.
Estrangler en puisses-tu, sorte d'imprecation, che tu ne possa crepare.
Estranguillons, strangoglioni.
poire d'Estranguillon, spetie di pero duro.
Estranguillon, mal de cheual, cimorra.
Estrapade, strappata, tratto di corda.
* Estrapasser, strapazzare.
Estrape, falce da tagliar le stoppie.
Estraper, tagliar le stoppie.
Estrapoire, sarchielletta ò falce da tagliar ó sueller le stoppie.
* Estrassier, scarda seta.
Estraue, traue che regge il palco della prua.
Estrauer, leuar le pastoie.
Estre, essere.
n'Estre pas à soy .i. esser trasportato d'ira ó allegrezza, esser fuor di sè.
à qui Est-ce, à chi tocca, chi hà da fare.
à qui Est cela, di chi è questo.
c'Est à moy, è mio. Item, à me stà, à me tocca.
cette feste Est le dixiesme du mois, la tal festa viene ali dieci del mese.
c'Est moy, son io, son quello.
c'Est luy, egli é desso, é quello.
il Est à vn tel, sono del tale.
ce n'Est pas à vn homme de ma sorte, non stà bene ad vn par mio.
il Est des personnes, ci sono di quelli.
n'Estoit que, se non che.
Estre de quelque chose, esser parente ó affine.
cela ne m'Est de rien, quello non m'importa.
Estre à propos, far à proposito.
où en Estes vous, in che stato siamo voi.
c'Est à qui fuira le plustost, fanno à chi fuggir à più presto.
Estre bien ou mal ensemble, esser amici, ó nemici.
Estre à soy, non hauer padrone.
Estre sur le vin, esser dato al vino.
vous y Estes, voi l'hauete indouinata.
les Estres d'vn lieu, ou d'vne maison, le commodità.
Estreceur, strettezza.
Estreeir, far stretto, diuentar più stretto, Strignere.
Estrecissement, strignimento.
Estrecisseure, strignitura.
Estreignement, strignimento.
Estreindre, stringere.

Estreine, mancia che si dà nel principio dell' anno. Il primo danaro che si riceue nel giorno presente. Mancia di seruitori ó serue.
Estreiner, dar la mancia. Item, riceuer danari, ó vender robba nel dì presente.
Estrener vne chose, essere il primo à prouar ó far vna cosa.
Estreint, stretto.
Estreinte, vna stretta. Item, certo ornamento da donna come guirlanda.
Estreintif, restringente.
vn Estrelin, certa natione. Item, vn huomo di poco contu.
Estrener, dar la mancia.
* Estrette, vna stretta.
Estribort, lato destra della naue.
Estrichoir, strafinaccio.
Estrier, staffa.
auoir à ses Estriers .i. hauer à suoi lati.
perdre l'Estrier, staffeggiare.
Estrieu, staffa.
* Estrif, contesa.
Estrillade, stregghiata.
Estrille, stregghia.
loger à l'Estrille, allogiar nella spelaglia.
vn coup d'Estrille, vna stregghiata.
Estriller, stregghiare. Metaph. battere.
Estrilleur, streggiatore.
Estriper, sbudellare.
* Estriquer, scouar l'animale, farlo vscir dal couile.
* Estriuer, contendere.
* Estriueux, contentiuso.
Estriuiere, staffile.
les Estriuieres, staffilate.
donner les Estriuieres, staffilare.
Estroict, estroit, stretto.
Estroignonner, mozzare.
Estroittement, strettamente.
Estron, estronc, stronzo, sterco.
Estron volant, stronzo in vn foglio di carta gittato dalla finestra.
Estronçonner, tagliar à pezzi ó fette.
Estropiat, stroppiato.
Estropié, Idem.
Estropiement, stroppio, stroppiamento.
Estropier, stroppiare.
Estrouble, stoppie.
Estroüil, cheuille à attacher la rame, scalmo.
* Estroussement, spaccio.
* Estrousser, spacciare, consegnare.
Estude, studio, lo studiare.
Estude, cabinet, studiolo, studio.
Estude de Notaire, &c. scrittoio.
Estudiant, studiante, scolare.
Estudier, studiare.
s'Estudier, affaticarsi, darsi, ingegnarsi.
Esturgeon, storione.
Estuue, stufa.
Estuuée, stuffata, spetie d'intingolo, guazzetto.
cuire à l'Estuuée, stufare.
Estuuement, sciacquamento, spruzzamento.
Estuuer, spruzzare, sciacquare.
Estuues, bagni colla stufa.
Estuuier, di stufa, maestro di bagni.
Estuuiste, Idem.
Estuy, stuccio.
Estuy de lut, cassa.
Estuy de peigne, pettiniera.

Estuy de malice, *acconciatura di testa delle donne, scherzo sopra la malitia di esse.*
* Estuyer, *coprir di stuccio ò cassa.*
s'Esualtonner, *diportarsi, pigliar il fresco.*
Esualuer, *annalorare.*
couleur Esuanouye, *color suanito.*
s'Esuanouyr, *tramortire, venir manco, venir meno, suenire.*
s'Esuanouyr, *disparoir, sparire.*
Esuanouïssement, *suenimento, sfinimento.*
Esuanouy, *tramortito, suanito.* Item, *sparito, perso.*
Esueillé, *suegliato, desfiato.*
Esueillé, *allegro, giolivo.*
vn Esueillé, *vn furbetto.*
Esueiller, *suegliare, desfare.*
Esueilleur, *desfatore, suegliatore.*
Esuent, *suintamento.*
vin qui a de l'Esuent, *vino suentato ò che hà la punta.*
teste à l'Esuent, *ceruello bugio, capo suentato.*
Esuentail, *suentaglio.*
Esuentail de plumes, *pennacchino.*
Esuenté, *suentato.* Metaph. *scoperto.*
vn Esuenté, *vn suentato, vn matto, senza ceruello.*
Esuentement, *suentamento, suentolamento, scoprimento.*
Esuenter, *suentare.*
Esuenter, mettre au vent, *suentolare.*
Esuenter, Metaph. *scoprire, palesare.*
Esuenter la veine, reiterer, *suentare.*
Esuenteur, *suentatore.*
Esuentiler, *suentolare.*
Esuentoir, *ventaglio.*
Esuentrer, *suentrare, sparare, sbudellare. Curar volatiglie ò pesci.*
Esucter, *leuato i vermi.*
s'Esuertuer, *sforzarsi.*
Esueux, *acquoso.*
Esuier, *acquaio, colatoio.*
* Esuisager, *suisare.*
Esule, *esula, spetie d'herba.*
* Espolé, *sfacciato, senza vergogna.*

ET

ET, &, e, ed.
Et puis, *e poi.*
* Etaire, *stera, letto alla spagnuola.*
Eternel, *eterno.*
l'Eternel, *Dio.*
Eternellement, *eternamente.*
Eternifer, *immortalare.*
Eternité, *eternità.*
Etesies, *venti Etesii.*
Etestement, *tagliamento di testa.*
Etester, *tagliar ò leuar la testa.*
Etheré, *Etereo.*
Ethologie, *Etologia.*
* Etier, *canale ò letto di fiumare.*
Etiopien, *Etiopo.*
Etique, *Etica.*
Etique, *tisico.*
Etiqueter, *notar il sacco colla bolletta.*
Etiquette, *bolletta.*
iuger sur l'Etiquette, *giudicar la lite senza consideratione.* Metaph. *l'atto veurteo.*
se reduire à l'Etiquette i. *lauorar molto, star fermo nel lauoro.*

Ettaye, *puntello.*
Ettayer, *puntellare.*
Etmoïde, *osso etmoida.*
Etymologie, *etimologia.*
Etymologizer, *etimologizare.*

EV

Evacuatif, *euacuatiuo.*
Euacuation, *euacuatione.*
Euacuer, *euacuare.*
Euader, *schiuare, campare, scappare.*
s'Euader, *fuggire, scappare.*
* Euagation, *euagatione.*
* Euaguer, *euagare.*
Eualuation, *annaloramento, eualuatione.*
Eualuer, *valutare, annalorare.*
Euangelique, *Euangelico.*
Euangeliquement, *Euangelicamente.*
Euangelifer, *Euangelizare.*
Euangelifer vn procez, *verificare.*
Euangeliste, *Euangelista.* Item, *verificator di lite.*
Euangile, *Euangilio.*
Euantes, *Baccanti.*
Euaporail, *suaporatoio.*
Euaporation, *euaporatione, suaporamento.*
Euaporer, *suaporare, euaporare.*
Euasement, *aprimento, spalancamento.*
Euaser, *spalancare, slargare.*
Euaseure, *slargatura, spalancamento.*
Euasion, *euasione, schinamento.*
Eucharistie, *Eucaristia.*
Eucharistique, *Eucaristico.*
* Eué, *aquato.*
Euendiquer, *euendicare.*
Euenement, *euenuto, auuenimento.*
* Euerdumer, *spremer il succo dell' herbe.*
Euersion, *euersione.*
Enertir, *suuertere, rouesciare.*
Euertisseur, *suuertitore.*
Euertuëment, *affaticamento, sforzo.*
s'Euertuer, *affaticarsi, ingegnarsi, sforzarsi.*
Euesché, *Vescouato.*
Euesque, *Vescouo.*
deuenir d'Euesque meusnier: l'Italien dit, *tornar di Papa Vescouo.*
* Euesque des champs, *appicato, impiccato in campagna.*
Eueux, *acquoso.*
Euf, œuf, *vouo.*
* Euiction, *euittione.*
Euidemment, *euidentemente.*
euidence, *euidenza.*
Euident, *euidente.*
Euider, *incauare.*
Euideure, *incauatura, scollatura.*
Euier, *acquaio.*
Euincer, *euincere.*
* Euiscerer, *suiscerare.*
Euitation, &
Euitement, *euitamento, schinamento.*
Euiter, *euitare, schinare.*
Euloge, *elogio.*
Eunuque, *Enuco.*
Euocation, *euocatione.*
Euonyme, *euonimo.*

Euoquer, *euocare.*
Eupatoire, *herba giulia.*
Euphrasie, herbe, *eufrasia.*
Euphorbe, *euforbio.*
Euphrosine, *eufrasia.*
Euritme, *euritmia, connenenza, d'opera.*
Eustagues, *Vedi*, Estagues.
Eustile, *eustilo, termine d'Archit.*
Eutrapeliser, *narrar fauole ò nouelle.*
Euulsion, *emulsione.*
Euuider, *Vedi*, xuider.
Euure, *œuure, opera.*
Eux, *quelli, essi, eglino, loro.*

### EX

EXacerbation, *esacerbatione.*
Exacerber, *esacerbare.*
Exacorde, *esacordo.*
Exact, *esatto, guardingo.*
Exactement, *esattamente.*
Exacter, *cauare, esiggere.*
Exacteur, *esattore.*
Exaction, *esattione.*
Exageration, *esageratione.*
Exagerer, *esagerare.*
Exagitation, *esagitatione.*
Exagiter, *esagitare.*
Exagonal, *esagonale.*
Exagone, *essagono, che hà sei angoli.*
Exaltation, *esaltatione.*
Exalter, *esaltare.*
perles Exalumineuses, *perle Orientali, perle esalumina-*
te.
Examen, *essame.*
Exametre, *essametro.*
Examinateur, *essaminatore.*
Examination, *essaminatione.*
Examiné, *essaminato.*
habit Examiné, *vsato, frusto.*
Examiner, *essaminare.*
* Exangue, *essangue.*
Exarcat, *esarcato.*
Exarche, *esarca vice Imperatore.*
Exasperation, *esasperatione.*
Exasperer, *esasperare.*
Exaucement, *esaudimento.*
Exaucer, *esaudire.*
Exauthorer, *esautorare.*
* Excalfactif, *scaldante.*
* Exeandescence, *escandescenza.*
* Excuation, *incauamento.*
Exceder, *auanzare, superare, eccedere, passare, trapas-*
sare.
Excellemment, *eccellentemente.*
Excellence, *eccellenza.*
bon par Excellence, *stupendo.*
Excellent, *eccellente.*
Exceller, *eccellere, auanzare.*
Excentrique, *eccentrico.*
Excentriquer, *cauar dal centro.*
Excepté, *eccetto, in poi, in fuori, fuor che.*
Excepter, *eccettuare.*
Exception, *eccettione.*
Excés, *eccesso.*
Excessif, *eccessiuo.*

Excessiuement, *eccessiuamente.*
Excés, *eccesso.*
faire vn Excés, *far disordine.*
* Exciper, *eccettuare.*
Excision, *eccisione.*
Excitatif, *eccitatiuo.*
Excitation, *eccitatione.*
Exciter, *eccitare.*
Exclamation, *esclamatione.*
Exclamer, *esclamare, esgridare.*
Excluant, *escludente.*
Exclurre, *escludere.*
Exclus, *escluso.*
* Excluse, *chiusa, ritegno d'acqua.*
Exclusif, *esclusiuo.*
Exclusion, *esclusione.*
Exclusiuement, *esclusiuamente.*
Excogitation, *escogitatione.*
* Excogiter, *escogitare, pensare.*
Excommunication, *scomunicatione.*
Excommuniement, *Idem.*
mine d'Excommunié : l'Italien dit, *ciera d'impiccato.*
Excommunier, *scomunicare.*
Excoriation, *scorticamento, escoriatione.*
Excorier, *scorticare, escoriare.*
Excrement, *escremento.*
Excremental, *escrementale.*
Excrementeux, *escrementoso.*
Excrescence, *escrescenza.*
Excretion, *purgatione, escretione.*
Excroissance, *escrescenza.*
Excrucier, *cruciare.*
Excusable, *scuseuole, escusabile.*
* Excusation, *scusatione, scusa.*
Excuse, *scusa.*
Excuser, *scusare.*
Excuseur, *scusatore.*
Execrable, *esecrabile.*
Execration, *esecratione.*
* Execret, *esecrare.*
Executer, *esseguire, metter in essecutione.*
Executer par iustice, *giustitiare.*
Executer les biens, *sequestrare, far il sequestro.*
Executer vne personne pour ses debtes, *dar la copia à*
vno.
Executeur, *essecutore.*
Executeur de iustice, *boia, manigoldo.*
Execution, *essecutione.*
Execution aux biens, *sequestro.*
Executoire, *essecutorio.*
Exemplaire, *essemplare.*
Exemplairement, *essemplarmente.*
Exemple, *essempio.*
Exemple d'escriture, *esemplare.*
Exempt, *esente.*
Exempt des Gardes, *certo officio.*
Exempter, *esentare, quittare, scaricare.*
Exemptible, *esenteuole.*
Exemption, *esentione.*
* Exeques, *essequie.*
Exercer, *essercitare.*
Exerceur, *essercitatore.*
Exercice, *essercitio.*
* Exercitant, *essercitante.*
* Exercitation, *essercitatione.*
* Exercite, *essercito.*
* Exerciter, *essercitare.*
Exfoliatif, *da lenar solo la superficie.*

Exfoliation d'os, *cattamento di superficie, sfoliatione.*
Exhalaison, *essalatione.*
* Exhalation, *Idem.*
Exhaler, *essalare.*
Exhausser, *essaltare.*
Exherber, *disherbare.*
Exheredation, *disredatione.*
Exhereder, *disredare, eseredare.*
* Exhiber, *presentare, dare.*
Exhibition, *essibitione.*
Exigence, *esattione.*
Exiger, *domandare, richiedere, cauare, essare.*
* Exhilater, *rallegrare.*
Exhortation, *esortatione.*
Exhorter, *essortare.*
Exigence, *essigenza.*
Exil, *essilio.*
Exilement, *bandimento.*
Exiler, *bandire.*
* Eximer, *essimere.*
Exinanition, *esinanitione.*
Existence, *essistenza.*
* Exitial, *essitiale.*
* Exiture, *uscita.*
* Exolution, *essolutione.*
* Exomnier, ou
* Exonier, *scusare per via di giuramento, scusar legitimamente.*
Exorable, *essorabile.*
Exhorbitamment, *esorbitatamente.*
Exorbitance, *esorbitanza.*
Exorbitant, *esorbitante.*
Exorciser, *esorcisare, esorcismate.*
Exorcisme, *esorcismo.*
Exorciste, *esorcista.*
Exorde, *esordio.*
Exostose, *gonfiatura d'ossa.*
* Exotique, *esotico, straniero.*
Expatriation, *assenza dalla patria.*
Expatrié, *assente ò bandito dal suo paese.*
* Expectatif, *aspettatiuo.*
Expectation, *aspettatione.*
Expectatiue, *spettatina.*
Expedient, *ispediente, via, modo.*
Expedier, *spedire, spacciaro.*
Expeditif, *speditiuo.*
Expedition, *speditione, spaccio.*
Experience, *sperienza, isperienza.*
* Experiment, &
Experimentation, *isperimento, sperimentalions.*
Experimenter, *isperimentare.*
Expert, *esperto, pratico.*
Expertise, *prattica, isperienza.*
Expiable, *espiabile, espienole.*
Expiation, *espiatione.*
Expiatoire, *espiatorio.*
Expier, *espiare.*
Expilé, *pestato.*
Expiré, *espirato, scorso.*
Expirer, *espiare.*
Explanade, *spianata.*
Explanader, *spianare, appianare.*
Explaner, *spianare, esplicare.*
Expletif, *espletiuo.*
Expletiuement, *espletiuamente.*
Explicateur, *espositore, esplicatore.*
Explication, *esplicatione.*

Expliquer, *esplicare, spianare.*
Expliqueur, *spianatore, esplicatore.*
Exploder, *esplaudere, batter le mani.*
Exploict, *fatto, fatto d'armi, essecutione.*
Exploict de sergent, *copia.*
Exploit, *Idem.*
Exploittable, *essecutino.*
Exploittant, *che dà la coppia, ò esseguisce.*
Exploitter, *esseguire. Item, dar la copia.*
Exploitteur, *essecutore.*
Explorateur, *esploratore.*
Exploration, *esploratione.*
Explorer, *esplorare.*
Expoliateur, *spogliatore.*
Expoliation, *spogliamento.*
Expolier, *spogliare.*
Exposant, *esponente.*
Exposé, *esposto.*
Exposer, *esponere, esporre.*
Exposeur, *espositore.*
Exposition, *espositione.*
Exprés, *espresso.*
tout Exprés, *à posta, à bell'arte.*
Expressément, *espressamente, à posta.*
Expressif, *espressiuo, esprimente.*
Expression, *espressione.*
Exprimable, *esprimeuole.*
Exprimer, *esprimere.*
Exprobation, *esprobatione.*
Expugnable, *espugneuole.*
Expugnateur, *espugnatore.*
Expugation, *espugnatione.*
Expugner, *espugnare.*
Expulser, *espulsare.*
Expulseur, *espulsatore.*
Expulsif, *espulsiuo.*
Expulsion, *espulsione.*
Exquis, *isquisito.*
Exquisement, *isquisitamente.*
Exsiccatif, *dissicatiuo.*
Exsiccation, *seccamento, dissecatione.*
Extase, *estasi.*
Extasié, *estasiato, in estasi.*
Extatique, *estatico.*
Extenseur, *distenditore.*
Extensible, *stendibile.*
Extension, *distensione, estensione.*
Extenuation, *estenuatione.*
Extenuer, *estenuare, stenuare.*
Exterieur, *esteriore.*
Exterieurement, *esteriormente.*
Exterieureté, &
Exteriorité, *esteriorità.*
Exterminant, *esterminante.*
Exterminateur, *esterminatore.*
Extermination, *esterminio, esterminatione.*
Exterminer, *sterminare, esterminare.*
Extinction, *estintione.*
Extirpateur, *estirpatore.*
Extirpation, *estirpatione.*
Extirper, *estirpare.*
Exiture, *esistenza.*
Extorquer, *cauar per forza, estorquere.*
Extorqueur, *esattor per forza.*
Extorsion, *estorsione.*
Extraction, *estrattione.*
Extraict, *estratto uscito. Item, copia, compendio.*
Extrait, liure de Marchand, *stratto, scontro.*

Extrait,

Extrait, essence, essenz a.
Extraire, estrarre, copiare, abbreuiare, far vn compen-
dio.
Extrait, Vedi, Extraict.
Extrajudiciaire, straiudiciaro.
* Extraneiser, straneggiare, estraniare.
Extraordinaire, straordinario.
Extraordinaire de viande, sopra cibo.
Extraordinairement, strasordinariamente.
Extrauagance, strauaganz a.
Extrauagant, strauagante.
Extrauagation, strauaganz a.
Extrauaguer, strauagare.
Extrayeur, abbreuiatore, copiatore.
Extreme, estremo.
Extreme-onction, olio-santo.
Extremement, estremamente.
Extremité, estremità.
Extrinseque, estrinseco.
Extrinsequement, estrinsecamente.
Extumescence, tumore, gonfiamento.
Exuberant, abondante, colmato.
* Exuberation, esuberatione, colmatione.
Exuberer, esuberare.
Exulceratif, esulceratiuo.
Exulceration, esulceratione.
Exulceratoire, esulceratorio.
Exulcerer, esulcerare, incancherire.
Exuler, bandire, esulare.
Exultation, esultatione.
Exulter, esultare.
Exuperance, esuperanz a.
Exustion, esustione, abbruciamento.

# FA

Fabagine, albero di Giuda, quella spetie d'albero
dou' egli s'impiccò da se stesso.
Fabal, di sana, fauale.
Fable, fauola.
* Fabloyer, narra fauole, fauoleggiare. Item, ragionare,
fauellare
Fabre, fabro.
Fabricateur, fabricatore.
Fabrication, fabricatione,
* Fabril, fabrile.
Fabrique, fabrica.
Fabriquer, fabricare.
Fabriqueur, fabricatore.
Fabuleusement, fauolosamente.
Fabuleux, fauoloso.
Fabuliste, compositore di fauole.
Fabulosité, fauolosità.
Façade, facciata.
Façadé, che hà la facciata.
Face, faccia, ciera, viso, volto.
Face d'Abbé .i. viso rosso ò illuminato.



la Face du grand Turc, il culo .i. l'Italien dic, il ton-
do della Luna.
les Faces d'vn liure, risguardi.
Face à face, à faccia, à faccia.
Face d'édifice, facciata.
de prime Face, di primo lancio, di primo sguardo.
Face en Architecture, fascia.
Facé, che hà faccia.
Facecie, facetia.
* Facendes, facende.
* Facet, alfabeto, cartella da puttini.
Facetie, facetia.
Facetieusement, facetamente.
Facetieux, faceto.
Facile, facile.
Facile à persuader, di poca leuata.
Facilement, facilmente.
Facilité, facilità.
Faciliter, facilitare.
Façon, fattura, manifattura. Item, modo, maniera,
foggia. Garbo, opera.
Façons, ornamenti, intagli, gentilez z e.
à la Façon, all' vsanz a.
il a bonne Façon, hà buon garbo.
de ma Façon, i. di mia inuentione.
donner de la Façon, garbeggiare, dar garbo.
il a la Façon d'estre, &c. hà ciera d'essere.
Façon de faire, modo di procedere, portamento.
de sa Façon, di sua mane, di sua opera, fatto da lui.
que de Façon vous faites: l'Italien dit, quante mer-
de.
en quelle Façon que ce soit, come che sia.
de Façon que, di modo che.
Facond, facondo.
Faconde, facondia.
Facondement, eloquentemente, facondamente.
Façonnement, assaz z onamento.
Façonner, assaz z onare, garbeggiare.
Façonner, accoustumer, auez z are.
Façonnier, pannaiuolo, ò drappiere.
Facteur, fattore.
Facteur, faiseur d'orgues, fattore.
Factieusement, fattiosamente.
Factieux, fattioso.
Faction, fattione.
Factionnaire, di fattione, fattioso.
* Factiste, compositore.
vn Fac totum, vn aiutante, vn che va per tutto à far i
negotij.
Factum, alleganza.
Facture, fattura.
Facturerie, luogo di fattura. Vfficio di fattore.
Faculté, facoltà.
Facultez, robba, beni, facoltà.
Fadaise, sciochez z a, manchionaria.
Fade, insipido, sdilinquito.
Fadement, insipidamente.
* Fadesse, ou Fadete, insipidez z a.
Fadoche, spetie di pero.
Fadrin, aguz z ino.
* Faffelu, passiato, grasso.
Faffignard, schiz z inoso.
Fagot, fascina.
sentir le Fagot, i. piz z icar dell' heretico.
gagner vn Fagot, scaldarsi lauorando ò caminando.
compter des Fagots. i. narrar fauole, dir spropositi.
Fagottage, fardellamento, affascinamento.
Fagottement, Idem.

T

Fagotter, *affascinare, fardellare. Metaph. far grossamente.*

Fagotteur, *fardellatore, quello che fà le fascine.*

Fagoüe, *animella.*

Fagoule, *granceuole.*

Faguenat, *tanfo, cattiuo odore, sapor insipido.*

Fagule, *granceuole.*

Faiance, &

vaisselle, de Faiance, *maiolica.*

Faict, *fatto. Item, Vedi, Fait.*

✶ Faict à Faict, *secondo che, mentre*

de Faict, *in effetto.*

tout à Faict, *affatto.*

Faict à vne chose, *auezzo.*

✶ Faictis, *fatticcio.*

Faillance, *suenimento.*

✶ Faille, *fallo.*

Faillir, *mancare, fallire, errare.*

il a Failly de mourir, *è stato per morire.*

à cœur failly, *consuenimento, con gran dolore.*

le cœur luy Faut. i. *viene manco.*

Faillite, *fallita. Bancarotta.*

Faim, *fame.*

Faim, vulgaire, pour enuie, *voglia.*

la Faim chasse le loup hors du bois. i. *la necessità fà lauorar i neghittosi.*

oster ou passer la Faim, *sfamare.*

✶ Fainct. feint, *finto.*

✶ Fainctise, feintise, *dissimulatione.*

Faine. *ghianda di faggio.*

✶ Faineance, *infingardia.*

Faineant, *scioperato, infingardo, perdigiornata, dapoco, sfacendato.*

Faineantise, *infingardia, dapoccaggine.*

Faire, *fare.*

Faire des armes, escrimer, *giocar dell' armi, ginocar di scrima.*

Faire en duel, *far duello.*

ie n'ay que Faire, *non hò bisogno, non mi curo, non mi tocca, non m'importa.*

vous n'auez que Faire, &c. *non douete.*

Faire vne lieuë de chemin, *caminar vna lega.*

se peut-il faire, *può egli essere.*

il aura fort à Faire, *stentara molto.*

se Faire à quelque chose, *auezzarsi.*

va te Faire faire. i. *và in bordello.*

Faire place, *dar luogo.*

Faire le poil, *tosare, far la barba.*

auoir à Faire à vne femme, *vsar con vna donna.*

Faire à croire, *dar da intendere.*

il est homme à Faire, *è huomo per fare, &c.*

Faire en joüant, aux cartes, *dar le carte.*

si Faire se peut, *s'egli è possibile.*

c'est vn Faire le faut, *è cosa necessaria, bisogna farla.*

i'ay beau faire: l'Italien dit, *non mi vale, non mi giona.*

se Faire croire, *dar si da credere.*

s'en Faire à croire, *stimarsi se stesso, hauer buona opinione di se medesimo.*

Faire eau, *far aqua, entrar l'acqua nel vascello.*

Faire vent, *tirar vento.*

Faire pitié, *mouer à compassione.*

se Faire, *farsi da qualche cosa.*

se Faire, qui se dit du vin, &c. *maturarsi.*

c'est à Faire à luy, *gli stà bene.*

c'est à Faire à vn escu, *può importar vn scudo, al più.*

c'est à Faire à des niais. i. *bisognerebbe esser menchione per far la tal cosa, è cosa da sciocchi.*

Faire beau, *esser bel tempo.*

Faire mauuais, *esser cattiuo tempo, ò cattina strada.*

Faire chaud, *esser caldo.*

Faire froid, *esser freddo, far freddo.*

Faire clair, *esser di giorno, esser chiaro. Et ainsi des autres.*

Faire iour, Faire nuict, *esser giorno, esser notte.*

il est à tout Faire, *fa volentieri tutto quello, che si vuole, s'accommoda ad ogni cosa, ò con tutti.*

homme à tout Faire. i. *che sà farogni cosa.*

Faire comme l'on fait à Paris, laisser pleuuoir: l'Italien dit, *far come quei da Prato.*

Faire la chambre, *rassettare la camera.*

s'en est Fait, *è spedito il negotio.*

la balle n'a rien Fait. i. *la palla non hà balzato.*

cela Fait bien, *butta bene, stà bene, compeggia bene.*

i'ay Fait toutes les ruës de Paris. i. *son stato per tutte le strade, &c.*

Faire beaucoup vne marchandise, *stimar molto, domandar molto, stimar caro vna mercantia.*

Faire la moitié du chemin. i. *aiutar vno à far vna cosa.*

le Faire, *far quella cosa, far l'atto venereo.*

c'est Fait de luy, *egli è spedito.*

c'est Fait de sa vie, *perderà la vita.*

vous estes bien heureux d'estre Fait. i. *voi siete vn gran pazzo ò menchione.*

vn homme Fait, *vn huomo in età virile.*

cét habit-là vous est bien Fait, *quel vestito vi stà bene.*

si Fay, *si bene.*

non Fay, *non già.*

Faire les vignes, *lauorar ò potar le viti.*

Faire teste, *far testa, resistere.*

Faire la cuisine, *cucinare.*

Faire sous soy, ou tout sous soy, *cacarsi sotto.*

✶ ce Fay mon, *così fo io, si bene.*

Faisable, *che si può fare, faceuole.*

Faisan, *fagiano.*

Faisan bruyant, *orano.*

Faisandé, *assagianato.*

Faisandeau, *fagianotto.*

Faisander, *assagianare.*

Faisanne, *fagiana.*

Faisannier, *cacciator di fagidhi, è mercante.*

Faisant, *fagiano.*

Faisant, *facendo.*

ce Faisant, *ciò essendo, ciò stante.*

Faisceau, *fardellino, fascio.*

Faiseur, *facitore.*

Faiseur de luts, *liutaro.*

Faiseur de peignes, *pettinaro.*

Faiseur d'ancres, *ancoraio.*

Questa voce, Faiseur, *serue per tuttigl' arteggiani, che non si possone essprimere in vna parola.*

Faisseau, *fascio.*

Faisselle, *vaso di terra turato di sotto, da far scorrer il siero di latte, formato il cascio.*

Faiste, *cima, fastiggio, colmo, sommità.*

Faister vn bastiment, *por il fastigio, colmare.*

Faistiere, *tegola della cima.*

Fait, *fatto.*

il entend bien son Fait. i. *è pratico, è intelligenti.*

c'est mon Fait, *è il caso mio, fa per me.*

au Fait, & au prendre, *in su'l Fatto nel fare.*

prendre sur le Fait, *coglier sul fatto.*

Fait meur, *faticcio, fatto.*

Fait d'armes, *pruona, fatto d'armi.*

melon trop Fait. i. *troppo maturo.*

en Fait de langues, *in matteria di lingue.*

dire son Fait, *dir la sua ragione.*
homme Fait, *huomo d'età consistente.*
homme bien Fait, *huomo, di garbo, ò garbato.*
poser en Fait. i. *notar per caso ò cosa importante, addur per ragione.*
il a eu son Fait. i. *è stato colto, è stato pagato, ò castigato.*
* Faitard, *neghittoso.*
Faitardement, *neghitiosamente.*
Faitardise, *infingardia.*
* Faitis, *fatticcio.*
* Faitissement, *artistamente.*
Faix, *fascio, soma peso, carico.*
Faizander, *affaggianare.*
Falaize, *sponda, costa, promontorio.*
Fallace, *fallacia.*
Fallacieux, *fallace.*
Falloir, *bisognare.*
il ne luy Falloit plus que cela, *non gli mancaua altro.*
il Faut, *si vuole, bisogna.*
il s'en Faut, *ne manca.*
combien vous Faut-il? *quanto vi viene?*
il y Faut de l'argent, *ci và danari.*
que vous Faut-il? *che vi manca?*
il Faut que ie fasse, *hò à far, &c.*
il boit comme il Faut, *beue in quantità.*
tant s'en Faut, *non che.*
Fallope, *spetie di Lodola.*
vn Fallot, *vn falotico, vn buffone, vn sciocco.*
il a Fallu, *hà bisognato, è stato di bisogno.*
Falot, *falò.*
Falottement, *scioccamente, ridicolosamente.*
Falotteries, *buffonarie.*
Falouque, *feluca.*
Falourde, *fascina di perliche tagliate.*
Falourdin, *balordo, sciocco.*
Falouse, ou
Falouze, *gratia Dei, dittamo bastardo, secondo alcuni, pasto di ceruo.*
Falsifiable, *falsifichevole.*
Falsifiant, *falsificante.*
Falsificateur, *falsificatore.*
Falsification, *falsificatione.*
Falsifier, *falsificare.*
Faluise, *spetie di serpente.*
* Fame, *fama.*
* Famé, *famoso.*
* Famelic, *famelico.*
Fameusement, *famosamente.*
Fameux, *famoso.*
Familiarlier, *addomesticarsi, vsar famigliarmente.*
Familiarisé, *familiarità, domestichezza.*
Familier, *famigliare, domestico.*
Familierement, *alla domestica, famigliarmente.*
Famille, *famiglia. Item, stirpe schiatta, casata.*
Famine, *fame, carestia.*
Fan, *pargoletto d'animale.*
Fanal, *fanale.*
Fanal pour donner le signal de tempeste, *fanale di borrasca.*
Fanatique, *fanatico.*
se Faner, *affienire, smarrirsi.*
Fané, *smarrito, ammaccate.*
Fanfare, *fanfaria.*
Fanfarer, *fanfarare, fandonare.*
Fanfaron, *fandone, fanfarone.*
Fanfaronnades, *fandonie.*
Fanfaronner, *fandonare.*

Fanfaronneries, *fandonie.*
Fanfrelucher, *fanfalucare.*
Fanfreluches, *fanfaluche.*
Fange, *fango.*
Fangeux, *fangoso.*
* Fauner, *far figli ò pargoletti.*
Fanon de mitre, *nappo.*
Fanon de bœuf, *giogaia.*
Fantacin, *fantacino, fante.*
Fantasian, *imaginante.*
Fantasie, *fantasia.*
à ma Fantasie, *à mio modo.*
passer sa Fantasie, *sbizzarirsi.*
Fantasier, *imaginare, fantasticare.*
se Fantasier, *mettersi in fantasia.*
Fantasme, *fantasma.*
Fantasque, *fantastico.*
Fantasquement, *fantasticamente.*
Fantassin, *fantacino.*
Fantastique, *fantastico.*
Fantastiquer, *ghiribizzare, fantasticare.*
* Fantastiqueries, *ghiribizzi, fantsticherie.*
Fantosme, *fantasima.*
Fantosmeries, *visioni, strane imaginationi.*
Faon, *pargoletto, figlio d'animale.*
Faonnement, *il far pargoletti, parto d'animale.*
Faonner, *far figli ò pargoletti.*
* Faque, *sacoccia.*
Faquin, gaigne-denier, *facchino.*
Faquin, *huomo di vil conditione.*
Faquin à rompre la lance, *saracino, facchino.*
Faquinage, *cosa da facchino.*
Far, fare, *faro.*
Farce, *pieno, ripieno, riemptura.*
Farce, *comedia ridicolosa, farsa, facetia.*
Farcer, *far la farsa.*
Farcer vn homme, *burlarsi, motteggiar vno.*
Farcesque, *burlesco.*
Farceur, *comediante.*
Farci, *riempito.*
Farcin, *scabia, verme.*
Farcin volant, *vermolatico, verme volatico.*
Farcineux, *scabioso.*
Farcir, *riempire.*
Farcisseure, *riempitura.*
Fard, *liscio, beletto.*
Fard de langage, *ornamento.*
Fardeau, *fardello, fascio, soma.*
Fardeler, *affardellare.*
Fardelet, *fardelletto.*
Fardement, *imbelettamento.*
Farder, *imbelettare, abbellire, lisciare.*
Fardeur, *abbellitore.*
Fare, *faro.*
Farfader, *farfarello.*
Farfelu, *paffuto.*
Farfouiller, *stuzziare, frugare.*
Fariboles, *fanfaluche, spropositi, baie.*
Farine, *farina.*
de la mesme Farine. i. nature: l'Italien dit, *della medesima buccia.*
Farine folle, folle farine, *friscello.*
Farine de febves, *fassetta.*
Fariner, *infarinare.*
Farine volante, *Idem.*
Farineux, *infarinato, farinoso.*
Farlouse, *calandrino.*
* Farot, *fanale.*

Farouche, *feroce, schifo, contrario di domestico.*
* Faroucheté, *ferocità.*
Farrage, *farraina.*
Farragere, *campo seminato di farraina.*
Parre, *paglia da letto.*
Fascher, *sdegnare, adirare, corucciare, far andar in colera, fastidire, affannare.*
estre Fasché, *esser sdegnato.* Item, *rincrescer d'una cosa.*
Fascherie, *fastidio, dolore, rincrescimento, affanno.*
Fascheusement, *fastidiosamente.*
Fascheux, *fastidioso.*
* Fascinateur, *fascinatore.*
Fascination, *fascinatione.*
Fascine, *fascina.*
Fasciner, *fascinare.*
Faseoles, *Faggiuoli.*
Fassade, *Facciata.*
Fassine, *fascina.*
Faste, *fasto.*
Fastueux, *fastoso.*
Fat, *sciocco.*
Fatal, *fatale.*
Fatalement, *fatalmente.*
Fatalité, *fatalità.*
* Fatalizer, *destinare.*
* Fatidic, fatidique, *fatidico.*
Fatidiquement, *Fatidicamente.*
Fatigable, *Faticheuole.*
Fatigation, *affaticatione, penamento.*
Fatigue, *Fatica.*
chose de Fatigue, *cosa di strappazzo.*
Fatiguer, *penare, affaticarsi.*
* Fatiste, *Fatista.*
Fattras, *cose cattine ó di poco valore.*
Fatrasser, *imbrogliare.*
Fatrassier, *imbrogliatore, ciarpone.*
Fatrouïller, *paciuccare, imbrogilare.*
Fatrouïlleur, *paciucco.*
* Fatuité, *Fatuità.*
Fau, *Faggio.*
* le Fau du corps, *il trauerso del corpo.*
Fauade, *pelle di Faua.*
Faual, *Fauale.*
Fauas, *baccello di Faua, Fauale, gambo di Faua.*
Faux-bourg, *borgo.*
le Faux-bourg du cul ou des fesses : l'Italien dit, *il borgo di mal pertugio.*
Fauchage, *tagliamento, Falciamento.*
Fauchement, *Idem.*
Faucher, *Falciare, segare, tagliare.*
Faucheson, *segamento.*
Faucher, *Falcetta.*
Faucheur, *Falciatore.*
Faucheur, sorte d'araignée, *ragnaccio.*
Faucheure, *Falciatura.*
Faucille, *Falce.*
aller droict comme vne Faucille : l'Italien dit, *Far vnà zappa.*
Faucillon, *Falcetta, Falcettino.*
Faucon, *Falcone.*
Fauconniere, *bolgia, carniruolo.*
* Faude, *Falda, grembo.*
* Faudeteüil, Fauteüil, *sedia d'appoggio.*
Fauerots, *Fagginoli.*
Faueur, *Fauore.*
Faueur, *spetie di nastro stretto.*
Faufiler, *imbastire.*
Faufileure, *imbastitura.*



la Eauche, *lega di fieno.*
Fauiere, *campo di faue, fauale.*
Faulcon, *falcone.*
Faulconneau, *falconetto.*
Faulconnerie, *Falconeria.*
Faulconnier, *Falconiere.*
Faulconniere, *bolgia, carniruolo.*
Faulsaire, *Falsario.*
Faulse, *Falsa, Vedi, Fausse.*
Faulser, *Vedi, Fausser.*
Faulseté, *Falsità.*
Faulte, *errore, Fallo.* Item, *Vedi, Faute.*
à Faute de, *per mancamento di.*
sans Faute, *senz' altro.*
Faulx à faucher, *Falce.*
Faulx, *Falso.*
Fauorable, *Fauoreuole.*
Fauorablement, *fauoreuolmente.*
Fauorisant, *fauoreggiante.*
Fauoriser, *fauorire, fauoreggiare.*
Fauoriseur, *fautore.*
Fauorit, fauory, *fauorito, priuato.*
Fauorite, *fauorita.*
Fauperdrieu, *spetie d'vcello grifagno.*
Fausonnerie, *contrabando di sale, traffico di sale di contrabando.*
Fausonniers, *quelli, che traffirano sale di contrabando, contrabanduri.*
Faussaire, *falsario.*
Fausse alarme, *alarma Falsa, spauento senza cagione.*
Fausse, *Falsa.*
joüer à la Fausse compagnie, *abbandonnare ò tradire vna persona.*
Fausse braye, *Falsa braga.*
faire de la Fausse monnoye pour vne personne : l'Italien dit, *Far carte False per vno.*
Fausser, *Falsare, Falsificare.*
Fausser vne lame, vne paire d'armes, &c. *piegare.*
Fausser compagnie, *abbandonare.*
Fausser sa foy, *non mantener la Fede data.*
Fausset, *Falsetto.*
Fausseté, *Falsità.*
Fausterne, *spetie d'herba.*
Faute, *mancamento, Fallo, errore, colpa.*
à Faute, en vin, *in Fallo, indarno.*
auoir Faute, *hauer bisogno.*
arriuer Faute d'vne personne, *mancar vna personia.*
vne Faute au jeu, *vn Fallo.*
Faute à vne toille ou estoffe, *malla Fatta.*
c'est ma Faute, *la colpa è mia.*
sans Faute, sans doute, *senz' altro.*
Faussonnier, *Vedi, Fausonnier.*
Fauteuïl, *sedia d'appoggio.*
Fauteur, *Fautore.*
Faune, *Falbo.*
bestes Faunes, *cerui, cerue, capriuoli è simili.*
Fauueau, *di color Falbo.*
Fauuette, *capinera, curruca, currucola.*
Faux à faucher, *Falce.*
Faux, *Falso.*
Faux-bourdon, *Falso bordone.*
Faux-bourg, *borgo.*
Faux-fourreau, *soura Fodro.*
vn Faux-fuyant, *strada ò vietta coperia, viotolo.*
Faux-quartier, *Falso quarto.*
Faux-monnoyeur, *Falso monetaro.*
Faux-bond, *balz o obliquo.* Metaph. *mancamento.*
faire Faux-bond, *errare.*

faire vn Faux-bond , *far vna furberia à vno.*
faire vn Faux-pas , *inciampare.*
Faziols , *faggioli.*

FE

* Feal , *fedele , leale.*
* Fealement , *lealmente , fedelmente.*
* Feauté , *fedeltà.*
Febé , *parola vsata in Francia , quando si spartisce la torta il di dell' Epifania , per creare vn Rè frà la famiglia , secondo l'usanza di detto paese.*
* dites Febé. i. *quando si dà à vno , dite quella parola Febé , è sarà per voi il colpo.*
Febricitant , *febricitante.*
* Febril , *di febre.*
* Feble , *debole.*
Febve , *faua.*
Febve , voix en iugement , *faua.*
Febve de mer , *spetie di pesce.*
Febve peintes , *faggioli.*
trouuer la Febve au gasteau. i. *trouar la sua ventura.*
les Febves sont en fleur , *motto per dire , che le donne sono pazze.*
Febves violées , *fagginoli , similate de gl' horti.*
Febvre , *fabbro.*
Febvrier , *febbraro.*
Fecal , *secale.*
Fece , *feccia d'olio.*
Fecond , *secondo.*
Fecondement , *secondamente.*
Feconder , *secondare.*
Fecondité , *secondità.*
* Feculent , *seculente.*
Fée , *Fata.*
homme Fée , *huomo fatato.*
bailler la Fée. i. *dar la baia.*
Feerie , *paese delle fate.*
Feindre , *fingere.*
Feindre , n'oser , *non ardire.*
Feindre , vser de feinte , *infingersi.*
Feint , *finto.*
Feinte , *fintione.*
Feinte aux armes , *punta falsa.*
Feintement , *fintamente.*
Feintise , *dissimulatione.*
Feler , *crepolare.*
Felicité , *Felicità.*
Feliciter , *Felicitare.*
Felin , *peso di sette grani.*
Felin , *spetie di panno.*
* Felle , *Fello.*
Felle , *spetie di rete.*
Feller , *crepolare.*
Felleure , *crepolatura.*
Fellon , *Fellone.*
Fellonie , *Fellonia.*
Felon , *Fellone.* Item , *spetie di dolori colici.*
Fellonnement , *Fellonemente.*
Felonnie , *Fellonia.*
Felouque , *Felucca.*
Femelle , *Femina.*
† Femellin , *effeminato.*
Feminin , *Feminino , Feminile.*
Femininement , *Feminilmente.*
Femme generalement , *Femina , Donna.*

Femme que l'on a espousée , *moglie , spofa.*
Femme de chambre , *cameriera.*
Femme de charge , *sopramassara.*
prendre Femme , *ammogliarsi.*
Femmelette , *donniciuola.*
Femmette , *donnina , donnetta.*
Fenaison , *Fenagione.*
Fenasse , *sinfito.*
* Fenaut , *rimessa di fieno.*
Fendant , *Fendente.*
vn Fendant , *vn Rodomonte , vn sgherro , vn brauo.*
Fendasse , *Fessura grande.*
Fendement , *Fendimento.*
Fendeur , *Fenditore.*
Fendeur de bois , *schiappa legno , schiappa zocchi.*
Fendeur de naseaux , *sgherro , brauo , taglia cantoni.*
Fendiller , *Fessolare , Fendere.*
Fendre , *Fendere , schiantare.*
il fait Fendre les pierres. i. *è ottimo questo vino.*
crieur à Fendre du bois , *schiappaz occhi ò legne.*
Fendre le vent , *andar volando.*
Fendu , *Fesso.*
garçon Fendu. i. *vna Femina , vna putta.*
yeux bien Fendus , *occhi spaccati.*
Fener , *segar in fieno.*
Fener , *affienire.*
* Fenerateur , *vsuraio.*
* Feneration , *vsura.*
Fenestrage , *tutte le Fenestre.*
Fenestre , *finestra.*
Fenestré , *che hà finestre.*
Fenestrelle , *finestrella.*
Fenestrier , *di finestra.*
Feneur , *segator di fieni.*
Feneux , *fienose.*
Feniere , &
Fenil , *fienaio.*
Fenix , Phenix , *Fenice.*
Fenné , *secco , affienito.*
Fenon , *fieno auiluppato in vn poco di straccio ò tela da Fasciar le membre rotte.*
Fenouïl , *finocchio.*
Fenouïl marin , *finocchio marino , critamo.*
Fente , *Fessura , Fosso.*
Fente , ouverture des jambes , *Forcata , Forcatura.*
Fenugrec , *fieno greco.*
Feodal , *di Feudo , Feudale.*
Feodalité , *Feudaltà.*
Feodé , *sotto vn Feudo.*
Fer , *Ferro.*
Fer blanc , *latta di Ferro , Foglia di latta.*
Fers aux pieds , *ceppi.*
Fer d'archal , *filo di Ferro.*
Fer du fusil , *accialino.*
Fer de moulin , *ancora di mulino.*
vieux Fers , *Ferra vecchie.*
à Fer esmoulu , *Vedi , Esmoulu.*
entre deux Fers .i. *di peso vguale , doue non cala la bilancia , sospeso , in equilibrio.* Item , *Fra due pericoli: l'Italien dit , Frà l'incudine è 'l martello.*
batre le Fer. i. *essercitarsi nella scrima.* Item , *sollecitare.*
il ne tient ny à Fer ny à clouds. i. *lo potete hauere quando volete , lo daremo volentieri.*
mettre les Fers au feu , *metter mano a' Ferri.*
il n'est de Fer ny d'acier. i. *non è persona che possa resistere à tanto trauaglio.*
* Fere, beste , *Fera.*

Ferial, *feriale.*
Feries, *ferie.*
Ferin, *ferino.*
Ferir, *ferire.*
sans coup Ferir. i. *senz a combattere.*
Fermage, *affittamento.* Item, *appaltamento,*
* Fermail, *fermaglio di libro.*
Fermaille, *fibbia.*
Fermailler, *guernir di fibbia.*
Fermailler, *mastro di fibbie.*
Fermailler, *fermaglio ò fibbie d'oro.*
Fermant, *ferrante.*
Fermatiue, *affermatiua.*
Ferme, *appalto.*
donner à Ferme, *appaltare.*
Fermè, metairie, *casamento, gastaldia.*
à la Ferme, *spetie di giuoco nelle carte.*
Ferme, *sodo fermo, stabile.*
Ferme sur ses pieds, *assolato.*
faire Ferme, s'arrester, *far ferma, far alto.*
Ferme, *fermamente, fermo.*
Fermeillets, *fibbie.*
Fermement, *Idem.*
* Fermenter, *fermentare.*
Fermer, *serrare, chiudere.*
Fermer vne playe, *saldare.*
Fermesse, &
Fermeté, *fermezza.*
Fermeture, *ogni sorte d'imposta ò serratura, chiusura.*
Fermeur, *serratore.*
Fermeur, *serramento.*
Fermier, *gastaldo.*
Fermier qui prend vn party à ferme, *appaltatore.*
Fermier de gabelle, *datiero.*
Fermiere, *gastaldà, casiera.*
Fermoir, outil de menuisier, &c. *scarpello.*
Fermoir de liure, *fermaglio.*
Fermoir d'escarcelle, *Idem.*
Fernel, *certa traue nella prua d'vn vascello.*
Feroce, *feroce.*
Ferocité, *ferocia, ferocità.*
Feronnier, *mercante di ferro.*
Feronnerie, *luogo doue si vende il ferro.*
Ferrage, *serramento.*
Feailles, *ferri vecchi, ferraglie.*
Ferrailleries, *lauori di ferro.*
Ferrandier, *acconcia canapo.*
Ferrandine, *spetie di ferrandina.*
Ferrasse, *spetie di pesce.*
Ferré, *ferrato.*
eau Ferrée, *ferrata acqua,* Vedi, Eau.
il a la bourse bien Ferrée. i. *hà moldi danari.*
Ferrement, *serramento.* Item, *ferro di Cirugico, ò altro lauorante.*
Ferrement à chastrer vn cheual, *scocca.*
Ferrer, *serrare.*
difficile à Ferrer. i. *che s'accommoda mal volentieri con altri, difficile da contentare.*
Ferrer la mule : l'Italien dit, *far l'agresto, ò agresta.*
Ferrer la mule à l'enuers. i. *bollar vno.*
Ferrer les cigales, *ferrar le cicale, perdere il tempo, lauorar in darno.*
Ferret, *puntale di stringa.*
Ferreur, *serratore.*
Ferreur d'esguillettes, *ferra stringhe.*
Ferreux, *pieno di ferro.*
Ferriere de mareschal, *ferriera.*
Ferriere, vase de verre, *amola.*

grande Ferriere, *amolone, vaso.*
Ferronnerie, *bottega ò strada doue si vende il ferro.*
Ferronnier, *mercante di ferro.*
* Ferruginosité, *rugine di ferro.*
* Ferrumination, *saldatura con ferro.*
Ferrure, *ferratura.*
Fertile, *fertile.*
Fertilement, *fertilmente.*
Fertilité, *fertilità.*
Fertilizer, *render fertile.*
Feru, *ferito.*
mal Feru, *mal ferito, mal di cauallo.*
Feruemment, *feruentemente.*
Feruent, *feruente.*
* Feruestu, *vestito ò armato di ferro.*
Ferueur, *firuore.*
Ferulace, *spetie di ferola, herba.*
Ferule, *ferola. Ferola, herba.*
Fesler, *crepolare.*
Fesse, *natica.*
il n'y va que d'vne Fesse. i. *lauora lentamente, non s'adopra da douero :* l'Italien dit, *non ci và de buone gambe.*
les Fesses luy font taf taf : l'Italien dit, *il culo gli fà la pe lape.*
prendre aux Fesses, *inchiappare.*
il en a dans les Fesses : l'Italien dit, *la siene nel valigione.*
Fesse tonduë. i. *buon compagno.*
Fessée, *sculacciata.*
la Fessée, *delle sculacciate.*
Fesse-breuiaire, *prete che dice presto le sue orationi.*
Fesse-cayer, *culatta panche, scriuano.*
Fesse-mathieu, *vsuraio.*
Fesse-miche, &
Fesse-pain, *mangia pane.*
Fesse-pinte, *imbriacone, beuitore.*
Fesser, *sculacciare, staffilare.*
Fesser le Breuiaire, *dir presto il Breuiario.*
Fesser ses poules, *imbriacarsi.*
Fesser le gigot, *non mangiar altro che lattite di castrato ò canne grosse.*
Fesseur, *staffilatore.*
Fessier, *il culo.*
gros Fessier, *naticone.*
Fessu, *naticuto.*
Festable, *festeuole.*
Festage, *diritto di festino.*
Feste, *festa.*
la Feste-Dieu, *il Corpus Domini.*
il est Feste au Palais, *allusione di palazzo à Palato. i. non si mangia, si digiuna.*
chanter deuant la Feste. i. *rallegrarsi inanzi i, che sia tempo.*
faire Feste, *vezzeggiare, far festa, lusingare.*
il n'est pas tous les iours Feste, *ogni di non è festa.*
il y a long-temps qu'il m'en fait Feste. i. *me lo promette gran tempo fa.*
c'est pour luy que l'on fait la Feste. i. *egli è il conuitato, ò lo sposo.*
troubler la Feste. i. *guastar la conuersatione.*
c'est vne vieille Feste. i. *è vna cosa, che non s'vsa più.*
il ne s'est iamais trouué en semblable Feste. i. *non si è mai imbattuto in simil occasione, ò pericolo.*
on ne le voit qu'aux bonnes Festes. i. *non si vede spesso, si vede di rado.*
Fester, *far festa.*
Festiere, *tegola della cima.*

Pestiere de tente, scrisso di padiglione.
Festin, festino, banchetto.
Festinant, che fa banchetti.
* Festination, festinatione.
Festiner, far festini, dar il banchetto, banchettar gl' altri.
Feston, festone.
Festoyant, festeggiante.
Festoyement, festeggiamento.
Festoyer, festeggiare.
Festu, brusca, brusco, bruscolino, festuca.
Festardise, dapocaggine, infingaria.
* Feteur, fetore, puzza.
* Fetide, fetido.
Feton, festone.
Fetus, feto.
Feu, fuoco.
Feu Saint Antoine, ou Saint Marcel, spetie di risipella.
Feu ardent, brionia.
Feu clair, vampa.
le Feu des Espagnols. i. il Sole, fascina degli Spagnuoli.
Feu Gregeois, fuoco artificiato, che dura fin dentro all' acqua.
Feu d'Helene, sant' Ermo.
Feu Saint Elme, Idem.
Feu follet, fuoco volante.
Feu sauuage, volatica.
Feu volage, Idem.
auoir le Feu à la teste. i. esser in gran colera.
il a les pieds dans le Feu, l'Italien dit, egli stà su'l fuoco.
Feu de marionnette: l'Italien dit, fuoco da vedona.
comme Feu de paille. i. che non dura.
jetter son Feu, sfogarsi.
le Feu ne va point sans fumée: l'Italien dit, non si grida mai al lupo, che non sia in paese.
vn Feu couuert. i. vna cosa nascosta.
Feux d'artifice, Fuochi artificiati, ò lauorati.
tant de Feux, tanti fuochi, tante case in vna terra.
Feu d'estoupe, cosa che non dura.
mettre le Feu aux estoupes, l'Italien dit, dar fuoco al cencio.
Feux de joye, fuochi artificiati fatti per allegrezza.
brusler à ptcit Feu, abbrucciar vno à poco à poco, à fuoco lento. Metaph. arder d'amore, ò d'impatienza.
mettre à Feu, & à sang, metter à ferro ò fuoco.
tout en Feu, tutto infocato di colera.
il n'a beugé du coin du Feu. i. non è mai stato fuori.
Feu. i. difunto, sù. v. g. le Feu Roy, il Rè morto ò difunto, la Feuë Reyne, la Regina di felice memoria.
Feu. i. sparata d'artigliaria.
aller au Feu, andar incontro alle moschettate.
Feuchere, vgnea.
Feuchiere, Idem.
faire grand Feu, far gran sparate di artigliaria.
Feudal, feudale.
Feudalité, feudalità.
Feudataire, feudatario.
Feue, faua, Vedi, Febue.
Feuerondes, Vedi, Seuerondes.
Feugiere, vgnea.
Feuillage, fogliame, frondi, frasche.
Feuillant, spetie di Religioso.
Feuillard, frasca, segno di cosa da vendere.
Feuille, foglia.
Feuille d'Inde, folio indaco.
Feuilles de chesne. i. cosa di nessuno valore.
Feuille morte, couleur, canellino.

Feuille de saulge, spetie di stromento da cauar la terra.
pousser des Feuilles, spuntar gli alberi.
d'vne Feuille, de deux Feuilles, &c. di vna fatta, di due fatte.
il tremble comme la Feuille: l'Italien dit, è vna verga in acqua.
porter des Feuilles au bois: l'Italien dit, portar acqua nel mare
or en Feuilles, oro mordente, oro battuto.
il ne faut pas aller aubois qui a peur des Feuilles: l'Italien dit, non entri frà rocca e fuso, chi non vuol esser filato.
Feuilles de muscade, mace.
Feuillée, frascata.
Feuiller, buttar le Foglie, spuntare.
Feuillet, foglie, carta.
tourner le Feuillet, voltar carta.
Feuillets de tripes, mille fogli.
Feuilleter, squadernare, carteggiare.
Feuillette de vin, meza botte di vino.
paste Feuillettée, sfoglia.
gasteau Feuilleté, sfogliata.
Feuilleure, Foglia.
double Feuilleure, Fascia.
Feuillu, Frondoso, Fronzuto.
Feultre, Feltro.
vn Feultre, vn capello di Feltro.
Feultrer, Feltrare, infeltrare.
balle Feultrée, palla di Feltro.
* Feur, apprezzamento, stima di robbe ò mercantie.
Feure, Fabbro.
Feurier, Febbraro.
Feurolles, Fagginoli.
* Feurre, soarre, paglia.
Feutre, Feltro.
* Fez, faix, Fascio.

## F I

Fiable, confidenole. Item, Fedole.
Fiançailles, sponsalitie.
Fiance, fidanza.
Fiancé, giurato.
Fiancée, giurata.
Fiancer, promettcr con giuratamento, promettcr vna giouane in matrimonio, sposare.
Fiant, fidante, fidando.
il n'y a point de Fiat. i. non bisogna fidaruisi.
Fibres, fibbre, fibule.
Fibreux, fibuloso.
Fic, mal de fic, cresta, marisca, mal del fico.
Ficelle, spago.
Fichant, ficcante.
tirer en Fichant, tirar di ficco.
Fiche, staffa, maschio di Ferro.
* par ma Fiche, gnaffe.
Fichement, ficcamento.
Fichément, fissamente.
Fiche-pain, taruolo che rode il pane.
Ficher, ficcare.
arbre de Fichet, albero crescinto da vn tallo.
Ficheur, ficcatore.
Ficheure, ficcatura.
Ficheuse, puttana, cantoniera.
Fichu. i. cattino, mal fatto.
* par ma Ficotte, gnaffe.

Fidte , *spetie di mitolo.*
* Fidtil , *sitrile.*
Fidtion , *fintione.*
Fide-commis , *fidecommesso.*
Fide-commissaire , *fidecommissario.*
Fide-jusseur , *fideiussore , mallenadore.*
Fidelité , *fedelità.*
Fidelle , *fedele.*
Fidellement , *fedelmente.*
Fidicule , *certe stelle , che fanno la figura d'vn harpa.*
* Fiducial , *fiduciale.*
Fié , *fidato.*
Fiebvre , *febbre.*
Fiebvre tierce , *terzana.*
Fiebvre double tierce , *terzana doppia,*
Fiebvre quarte , *quartana.*
les Fiebvres quartaines , Imprecation , *che ti venga la febbre quartana.*
Fiebvrette , *febbriccina.*
Fiebvreux , *febricitante.* Item , *che cagiona la febbre.*
Fief , *feudo.*
Fieffal , *di feudo.*
Fieffé , *infeudato.*
Fieffer , *feudare , dar in feudo.*
Fiel , *fele , fiele.*
Fiel de terre , *centaurea.*
Fieller , *infielire.*
Fielleux , *amaro , feloso.*
Fient , *sterco , letame.*
nous ferons bien du Fient, Iron. l'Italien dit , *ben la cacheremo.*
Fiente , *sterco.*
Fiente de pigeon , *colombina.*
Fienter , *stellare , cagare.*
Fienteux , *stercoso.*
Fier , *fiero , superbo , insuperbito.*
Fier , estretto in. i. sillaba , *fidare , confidare.*
se Fier , *fidarsi.*
Fierement , *fieramente.*
Fieret , *vn poco fiero.*
* Fiert , *fiede.*
Fierté , *fierezza.*
* Fierte , *cassa di santo.* Item , *Cataletto.*
Fievre , *febbre , Vedi , Fiebvre.*
Fievre de veau , *tremore doppo esser satollo , dapocaggine , poltroneria.*
r'entrer de Fievre en chaud mal : l'Italien dit , *cader dalla padella nelle bragie.*
il a eu la Fievre. i. *hà hauuto paura.*
Fifre , *piffaro.*
joüeur de Fifre , *Idem.*
Figé , *asseuato.*
Figement , *asseuamento.*
se Figer , *asseuare.*
Figer fixer , *figgere , fissare.*
Figon , *mangia-fichi.*
Figue , *fico , fica.*
Figue , mal de cheual ; *fico.*
Figue folle , *sicomoro , ò frutto di esso.* Item , *marisca.*
Figue , ou fic , mal , *marisca , cresta.*
faire la Figue , *far la fica.*
moitié Figues , moitié raisins , *mezo in colera , mezo da douere.*
Figueraye , *ficheto.*
Figues royales , *dattili.*
cultiuer les Figues sauuages , *caprificare.*
Figuer , *fico , ficaia.*
Figuier , & figue sauuage , *caprifico.*



Figuiere , *ficheto.*
Figure , *figura.*
Figurement , *imaginatione , figuramento.*
Figurer , *figurare , imaginare.*
Figurine , *figurina.*
Fil , *filo , refe.*
vn Fil , *vn filo.*
Fil de quaret ou caret, pour garnir les chables , *trinella.*
Fil d'archal , *filo di ferro.*
Fil d'Espinay , *refe bianco è sottile da cucire.*
le Fil de l'eau , *il corrente del l'acqua.*
Fil de Florence , *refe sottile.*
de Fil en aiguille , *alla fila , di mano in mano , và discorrendo.*
fournir de Fil , & d'aiguille : l'Italien dit , *seruir di coppa è di coltello.*
passer au Fil de l'espée , *mandar à filo di spada.*
vn Fil de graisse , *vn tantino di grassa.*
donner le Fil , *affilare.*
donner le Fil en parlant , *ciarlare , ornare il discorso , dar da intendere.*
donner du Fil à retordre : l'Italien dit , *far le fusa torte.*
de droit Fil , *dritto , per il verso.*
tout d'vn Fil. i. *in vn tratto.*
elle est cousuë de Fil blanc. i. *si vede , si conosce,*
couper le Fil d'vn discours , *interrompere,*
Filace , *canapa.*
* Filace de la Vierge Marie , *fiocco.*
Filacier , *mercante di canapa.*
Filament , *filamento.*
Filamenteux , *pieno di filamenti.*
Filandier , *filatore.*
Filandiere , *filatrice.*
Filandre , *verme , che nasce nel budello dell' vccello grifagno.*
Filandres , *isfilature , filaticci , filacci.*
Filandrerie , *filature.*
Filant , *filante.*
Filarets , *filaretti di galera.*
Filasse , *Vedi , Filace.*
Filatrice , *spetie di ciembelotto.*
File , *fila.*
Files de gens-d'armes , *filze , file.*
à la File , *alla fila.*
File à file , *di mano in mano , alla isfilata.*
vn Filé , *vna rete.*
Filée , *frangilosso , spetie d'acquila.*
Filement , *filamento.*
Filer , *filare.*
Filer doux , *dar buone parole.*
Filer sa corde , *far male attioni da esser impiccato.*
Filer , aller en filant , *andar di mano , in mano affilare.*
Filer , lascher les cordages , *calumare.*
il n'y a pas moyen de Filer , si ie ne mouille : l'Italien dit , *non posso cantar se non bagno.*
Filerie , *filatura.*
Filet , *filo.*
Filet en Architecture , *spira.*
Filet pour vn cheual , *filetto.*
Filet , espine du dos , *filo.*
Filet de perles , *filza di perle.*
Filet , *rete da vccellare.*
Filet volant , *pavete pavetella.*
le Filet sous la langue , *scilinguagnolo , filcolo.*
vn Filet d'huile ou de vinaigre. i. *vn tantino.*

Filets ,

Filets de mors , *braccialetti.*
Filet d'eau , reialiſſement , *ſpicchio d'acqua.*
Fileur , *filatore.*
Fileuſe , *filatrice , donna che fila.*
Fileure , *filatura.*
Fil-gros , *ſpago diſciabattino.*
Filiaſtre , *figliaſtro.*
* Filiation , *filiatione.*
Filiere , *trocafila.*
Filipende , *filipendula.*
Fillaſtre , *figliaſtro.*
Fille , *figlia , giouane , fanciulla.*
Fille , pucelle , *zitella , donzella , vergine.*
Fille point mariée , *ſciolta.*
Fille , au reſpect du pere , *figliuola , figlia.*
Fille de joye , *puttana.*
Fille d'amour , *Idem.*
Fille de chambre , *cameriera.*
Filles repenties , *conuertite.*
belle Fille , *nuora.* Item , *figliaſtra.*
petite Fille , *nepote , nepotina.*
* Filler , *far figliuoli.*
* elle a Fillé. i. *hà partorito.*
Fillette , *putta , puttina , figliolinda.*
Filleul , *figlioccio.*
Filleule , *figlioccia.*
Fillol , *figlioccie.*
Fillot , *figliuolino.*
Filoire , *filatoio.*
Filon , *vena d'oro ò altro metallo , filone.*
Filoſelle , *filoſella.*
le Filourdy , dont on fait peur aux enfans , *il batu.*
Filouter , *mariuolare.*
Filouterie , *inganna , furfanteria , gioateria , rubberia , mariuoleria.*
Fils , *figliuolo , figlio.*
beau Fils , *genero.* Item , *figliaſtro.*
Fils de putin qui ſera le dernier , jeu d'enfans , *zerzo becco.*
ſeray-je Fils de putain , *queſto ſi dice quando ſi dà qualche coſa à tutti fuor che à noi.*
Fils de laict , *lattifiglio.*
faire comme le Fils du Preſtre. i. *mangiar il migliore alla prima , goder nel principio è ſtentare alla fine.*
il eſt Fils de maiſtre. i. *il padre era valent'huomo ed egli per conſequenza facendo la medeſima profeſſione.*
eſtre Fils de Preſtre , repeter ce que l'on dit : l'Italien dit , *eſſer da Maggio.*
petit Fils , *nepote , nepotino.*
Filtration , *filtratione.*
Filtre , *filtro , viltro.*
Filtrer , *filtrare.*
Filou , *barro.* Item , *certo dado longo da vccellar ò ingannar vno.*
Fin , *fine.*
à la Fin , *finalmente.*
Fin , *fino , ſottilo.*
Fin , *ſcabro , aſtuto.*
iouër au plus Fin , *far à chui chegli , far à ſcondi lepre.*
faire le Fin , *ſimulare.*
Fin contre fin , n'eſt pas bon à faire doubleure : l'Italien dit , *duro con duro non fà buon muro.*
tout Fin neuf , *bell' è nuouo.*
au Fin fonds , *nel più cuſpo.*
faire mauuaiſe Fin , *farla male.*
auoir mauuaiſe Fin , *hauer cattiuo eſito.*
Fine , *ſottile.* Item , *ſcaltra.*
vne Fine mouche. i. *vn furbacchiotto.*



de la plus Fine. i. *merda.*
Finage , *cordellame di vaſcello.*
Finage , *territorio.*
Final , *finale.*
Finale , *Idem.*
Finalement , *finalmente.*
Finances , *finanze.*
Il n'a point de Finances. i. *non hà danari.*
Financer , *finanzare , ciuanzare.*
Financier , *Finanziere.*
Finement , *aſtutamente.*
Finement , *finimento , eſito , fine.*
Finer , *finare , finire.* Item , *ceſſare , fornite.*
Fineſſe , *finezza , ſottigliezza , aſtutia.*
y penſer de la Fineſſe , *pigliarui malitia.*
il y entend Fineſſe , *intende la coſa.*
Finet , *furbetto.*
Finette , *vaſcia fina difirenze.*
* Fingard , *infingardo.*
Finir , *finire.*
Finiſſant , *finiente.*
Finiteur , *finitore di pilaſtro.*
Fins , *confini.*
* Fiolant , *che fà del brauo.*
Fiole , *ampolla.*
* Piquatelle , *natura della donna.*
Firmament , *firmamento.*
* Firme , *ſtabile.*
Fiſc , *fiſco.*
Fiſcal , *fiſcale.*
* Fiſcalins , *figliuoli allenati in caſa del Rè , ò ne ſuo pae. ſi.*
Fiſcelle , *ſpago.*
Piſcelette , *ſpaghetto.*
Fiſcellé , terme de blaſon , *liſtate.*
Fiſecerre , monſtre marin , *fiſitero.* }
Fiſq , fiſque , *fiſco.*
* Fiſſaigne , *burla baia.*
* Fiſſure , *feſſura.*
Fiſton , *figliuolino.*
Fiſtonneau , *Idem.*
Fiſtule , *fiſtola.*
Fiſtuleux , *fiſtoloſo.*
Fixation , *fiſſatione.*
Fixe , *fiſſo.*
Fixement , *fiſſamente.*
Fixer , *fiſſare.*
* Fizain , *fuſaggine.*

F L

FLac , *chiocco , ſuono di coſa battuta.*
Flacquer , *chioccare.* Item , *giuar là.*
* Flaſla , *adulatore.*
Flagellation , *flagellatione.*
Flageller , *flagellare.*
Flageol , *zuffolo.*
Flageoller , *zuffolare.*
Flageollet , *zuffolo , zuffolotto.*
Flageolleur , *zuffolatore.*
Flagorner , *adulare , riportare.* Item , *ſtroccare.*
Flagornerie , *adulatione , ſtroccheria.*
Flagorneur , *adulatore.* Item , *paraſito , ſtrocco.*
Flagrance , *flagranza.*
Flagrant , *flagrante.*
Flair , *odore , ſentore , odorato.*

V

Flairement, odoramento, annasamento.
Flairer, odorare, annasare.
il Flaire par tout, dà del naso per tutto.
* Flaireur, odore.
* Flaironner, odorare.
* Flaistrir, smarrirsi.
Flaman, Fiamingo, Fiamengo. Item, spetie d'vcello simile alla grue.
Flambant, Idem. Item, fiammeggiante.
Flambart, sant' Ermo, fuoco volante. Item, fumaiuolo di carbone.
Flambart, vcello simile alla grue.
Flambe, giglia azurro, giglio pauonazzo.
Flambe bastarde, falso acoro.
Flambe, fiamma.
Flambeau, torcia, torchio.
Flambeau, sorte de chandelier, torciera.
Flambeau, charbon mal cuit, fumaiuolo.
* Flambelot, torcia picciola.
Flamber, fiameggiare. Item, abbrustolare, abbronzare.
Flamber la volaille auec le lard, pilottare.
Flamberge, fusberta, spada.
Flambillon, fiammicella.
Flamboyant, fiameggiante.
Flamboyer, fiameggiare.
Flameche, fauilla.
Flamecon, fumaiuolo.
Flamiche, spetie di pane bianco.
Flamme, fiamma.
Flamerolle, impressione di fuoco nell' aria, fuoco volante.
Flammesche, fauilla, falauesca.
Flammette, lancetta da cauar sangue a' caualli.
Flammie, dignità di Archipreto frà pagani.
Flammule herbe, flammola, flamula.
Flan, spetie de torta.
Flan de laict, lattaiuolo, lattaruolo.
Flanc, fianco.
Flanc, fianco di bastione.
Flancars, fianchi di barbe di cauallo, armatura de' fianchi.
Flanchere, armatura di fianco.
Flanchet de moluë, pezzo del fianco della mollua.
Flandrin, fiandrino, dapoco, fiacco.
Flanqué, fiancheggiato.
Flanquer, fiancheggiare.
* Flasche, fiasca.
Flascon, fiasco, fiastone.
Flasconner, adoprar i fiaschi, beuere.
Flasque, fiasca, fiaschino.
Flasque, fiacco, debole. Item, poltrone, da poco.
Flasquement, fiaccamente.
Flasquet, fiaschetto.
* Flastrer, bollare ò segnare con vn ferro caldo.
Flatant, adulante. Lusingante.
Flatelet, spetie di pesce passera.
Flatement, adulatione. Item, lusingamento.
Flater, adulare. Item, lusingare, vezzeggiare, Dissimulare.
Flatereau, picciol adulatore.
Flateresse, adulatrice.
Flaterie, adulatione.
Flateur, adulatore. Lusingatore.
Flateuse, adulatrice. Lusinghiera.
Flateusement, con adulatione. Lusinghenolmente.
Flatrement, bollamento.
Flatrer, bollare.
* Flaton, lusinghiere.

Flatter, Vedi, Flater.
se Flater en vne chose, appagarsi, contentarsi.
Flatueux, ventoso.
Flatuosité, ventosità.
Flauber, tambussare.
Fleau, correggiato, trebbia. Item, correggia staffilo.
Fleau de vigne, capriolo.
Fleau de Vitrier, stromento da portare il vetro.
Fleau de balance, stadera, statera.
Fleaux de poissons, braccia di pesci.
Fleche d'arbre, tronco.
Fleche, saetta, freccia, strale.
Fleche de vaisseau, freccia.
Fleches d'vn pont leuis, bolzoni, candele.
Fleche de carosse ou char, assedone.
Fleche ou fliche de lard, fetta grande di lardo.
Flecheurs, muscoli delle giunture delle dita.
Flechir, piegare.
Flechissant, piegante.
* Flechisse, platte bande, spranga, bandella di portar.
Flechissement, piegamento.
Flechisseure, piegatura.
* Flection, piegamento.
Flegmatique, flemmatico.
Flegme, flemma.
Flegmon, flemmone.
Fleschade, piaga di saetta, saettata.
Flesche, saetta.
Fleschier, arciere.
Flestrir, smarrirsi, vizzare.
Fletrisseure, smarrimento.
Flestry, moscio, smarrito, vizzo.
vn Flet, ou flette, spetie di pesce passera.
Flette, pesce passera.
Flette, spetie di barchetta, vergola.
* Fleume, flemma.
Fleur, fiore.
Fleur d'airin, fior di rame.
Fleur d'amour, amaranto.
Fleurs blanches, menstruo bianco.
Fleurs de femmes, menstruo.
Fleur de vin, muffa.
Fleur de lys, giglio.
donner la Fleur de lys, bollare.
Fleur de passion, fior di passione, nastruzzo.
Fleur de peché, couleur, persicchino.
Fleur d'Adonis, Adonio.
Fleur de farine, fiore.
à Fleur de terre, à pelo.
à Fleur de corde, à pel di corda.
yeux à Fleur de teste, occhi belli è non rientrati in dentro, ben spaccati.
choux-Fleur, cauoli fiori.
blanchir à Fleur, imbianchir la tela affatto bianca.
Fleur de thim, epitimo.
Fleurage, fiori.
Fleurdeliser, marquer sur l'espaule d'vne fleur de lis, bollare.
Fleurdeliser, ornar di gigli.
Fleurer, odorare.
Fleurant, odorante.
Fleuret, spada di giuoco.
Fleuret, fioretto.
Fleuret en dançant, fioretto.
Fleureter, toccar ò passar leggiermente.
Fleuretis, ornamento.
Fleurette, fioretto.
des Fleurettes, paroles mignardes, complimens, parolite.

Fleureux, *odorante, odoroso.*
Fleurin, *fiorino.*
Fleurir, *fiorire.*
Fleurissant, *fiorente.*
Fleuron, *fioretto.*
Fleuronner, *fiorire. Infiorare*
Fleurtis, *infioramente.*
Fleury, *fiorito.*
Fleuste, ou
Fleute, *flauto.*
Fleute d'Alambic, *becco.*
Fleute d'Aleman, *un bicchier grande.*
ils ont accordé leurs Fleutes. i. *sono d'accordo insieme.*
ce qui vient de la Fleute, s'en retourne au tabourin : l'Italien dit, *quel che vien di ruffa raffa, sene và di buffa à baffa.*
il y a de l'ordure à sa Fleute, *vi è qualche male.*
Fleurer, *sonar del flauto.*
Fleurer pour le bourgeois. i. *beuer molto, imbriacarsi.*
Fleuteur, *sonator di flauto.*
Fleuteuse, *sonatrice di flauto.*
Fleutrir, *bollare.*
Fleuue, *fiume.*
Flexible, *pieghеuole, flessibile.*
Flexueux, *curuo, incuruato, piegato.*
Flexuosité, *incurnatura, flessuosità.*
Flez, *spetie di pesce passera.*
Flibot, *spetie di barca.*
Flic, *chiocco.*
Fliche de lard, *fetta di lardo.*
Flin, pierre à polir les lames, *brontia, spetie di smeriglio.*
Plion, *spetie di mitolo.*
* Flis, *tiro di saetta, saettata.*
Floc, *fiocco.*
Floccon, *Idem.*
Flocquer, *fioccare.*
Flon, *fluffo di ventre con vomito, mal di vomito.*
* Plon, felon, *fellone.*
Ploquer, *fioccare.*
Floquet, *fiocchetto.*
Florable, *galio.*
Flotée, *schiuma di guado.*
Florencé, terme de blason, croix florencée, *croce infiorata.*
Floret, *fioretto.*
Floride, *florido, fiorente.*
Florin, *fiorino.*
Florir, *fiorire.*
Flosche, *fiocco.*
Flot, *fiotto.*
Flotage, *fiottamento.*
Flotelant, *fluttuante.*
Floteler, *fluttuare.*
Flotte, *flotta.*
Flotté, bois flotté, *atterré.*
Flottement, *fiottamento.*
Flotter, *fiottare, andar à gala, nuotare.*
Flouet, *delicato, fiocco, deboluzzo, annebiatino, mongrellino.*
* Fluctuation, *fluttuamento.*
Fluctuer, *fluttuare.*
Fluer, *fluere.*
Fleurs de femme, *menstruo.*
Fluide, *fluido.*
Fluidement, *fluidamente.*
Fluidité, *fluidità.*
Fluste, *flauto.*
Flusteau, *zuffolo, flauto.*



Flusteau, *buccolo.*
enter en Flusteau, *innestar à bucciolo.*
Flute, *flauto.*
Fluter, *sonar di flauto.*
* Fluuiatile, *di fiume.*
Flux, *flusso.*
Flux de sang, *cacasangue, disenteria.*
Flux de ventre, *scorrenza.*
Flux de bourse, *spesa souerchia.*
Fluxion, *discesa, catarro, flussione.*

FO

* Foarres, *paglia.*
Focelles, *volle ó vesciche nella bocca del cauallo cintorno alla coda.*
Focile, *osso del braccio è della coscia.*
Fogat, *spetie di rete da pescare.*
Foible, *debole.*
diamant Foible, *diamante senza fondo.*
Foiblement, *debolmente.*
Foiblesse, *debolezza.*
tomber en Foiblesse, *venir manco, venir meno, suenire.*
Foignasse, *trifoglio di Spagna.*
Foigne, *spetie di rete.*
Foin, *fieno.*
Foin de Bourgogne, *sinfito.*
Foin d'artichaut, *barba di carcioffo.*
Foin, interiection, *ahi venga il cancbero.*
Foine, fouïne, *faina.*
* Foinil, fenil, *fienaia.*
Foirard, *cagone, cacasotto.*
Foire, *fiera.*
Foire, merde, *squacchera.*
la Foire, flux de ventre, *scorrenza.*
il a esté à la Foire aux nez. i. *hà il naso longo.*
Foirer, *squaccherare.*
Foiret, *spilletto.*
Foireux, *merdoso, squaccheroso.*
Foirolle herbe, *mercurialle.*
Fois, *volta.*
tout à la fois, *à un tratto.*
trois Fois trois, font neuf, &c. en terme d'Arithmetique, *trè via trè fan noue,* Et ainsi des autres.
toutes les Fois que, *sempre che.*
de Fois à autres, *di tempo in tempo.*
toutes Fois, & quantes, *ogni volta che.*
par Fois, *alle volte, tal volta.*
Fois, *il trauerso del corpo.*
Foison, *quantità, copia.*
à Foison, *in gran copia.*
Foisonnant, *abondante, aumentante.*
Foisonnement, *crescimento in abondanza.*
Foisonner, *aumentare, crescer in quantità.*
Foisonneux, *aumentante, crescente, abondante.*
Fol, *pazzo, matto.*
Fol au jeu des eschecs, *alfino.*
Fol à marotte, *matto spacciato.*
Fol, outré, *Idem.*
Fol de Soloigne : l'Italien dit, *semplice di valdi Struffa* .i. *furbo.*
Folastre, *pazzarello, lasciuetto, allegro.*
Folastrement, *pazzamente, lasciuamente, allegramente.*
Folastrer, *scherzare.*
Folastrerie, *scherzo, giuoco, trastullo.*
Folement, *follemente.*

Folet, *folletto, pazzarella.*
esprit Folet, *scazzambrello, soletto.*
poil Folet, *calugine.*
Foleton, *pazzarello.*
Folion, folichon, *pazzarella.*
Folie, *pazzia.*
elle a fait la Folie. i. *si è lasciata suerginare ò stuprare.*
Folier, *Folleggiare.*
Follasses, *biete.*
Folle, *pazza.*
Folle farine, *Friscello.*
payer la Folle enchere, *Vedi,* Enchere.
Follet, *Folletto.*
Follettes, *atrebice, atrepice.*
Folletter, *Folleggiare.*
Follicule, *Follicola, sacoccia.*
Folliet, *Folleggiare.*
Fomentation, *Fomentatione, Femento.*
Fomenter, *Fomentare.*
Fonceau, *concauità, Fondo.*
Foncer, *metter il Fondo.*
Foncer à l'appointement, *dar danari.*
Foncier, *capitale, di Fondo.*
rente Fonciere, *rendita capitale.*
Fond, *Fondo.*
Fondalité, *Fondalità.*
Fondamental, *Fondamentale.*
Fondant, *Fondante.*
Fondateur, *Fondatore.*
Fondation, *Fondatione.*
Fondatrice, *Fondatrice.*
Fonde, *Frombola.*
* Fondegue, magasin, *Fondaco.*
Fondément, *Fondatamente.*
Fondement, *Fondamento.*
le Fondement, *il sedere, il culo.*
Fonder, *Fondare, Fondamentare.*
Fonderie, *Fondaria, Fonderia, Fonditura.*
Fondeur, *Frombolatore.*
Fondeur de cloches, *Campanaro.*
* Fondier, *Frombolatore.*
Fondrailles, *Fondume.*
Fondre, *Fondere.*
Fondre sur quelqu'vn, *piombare, calare, auuentarsi, calar à piombo.*
Fondre dessous, *affondarsi.*
Fondre en larmes, *piangere à caldi occhi, piangere à dirottamente.*
se Fondre, *disfarsi.*
propre à Fondre, *Fusibile.*
Fondriere, *valle bassa, Fondura. Item, Fogna.*
Fondrilles, *Fondume.*
Fonds, *Fondo.*
Fonds, *capitale.*
Fonds d'estoffe, *campo, Fondo, stoffo.*
Fonds de tableau, *campo.*
Fonds d'vne rente, *capitale.*
en Fonds de terre, *rendita sopra beni sodi.*
à plein Fonds, *à staia colme.*
de Fonds en comble, *dalla cima abbasso, sin da i Fondamenti.*
sans Fonds, *sprofondato.*
il n'a ny Fonds ny riue. i. *non si sà che cosa sia, non hà ragione ò Fondamento.*
à Fonds de cuue, *Fatto à guisa di tina profondo è disuparo.*
donner Fonds, ietter l'ancre, *dar Fondo.*
couler à Fonds, *affondare vna barca.*



aller à Fonds, *abboccaui in mare.*
faire de Fonds, *vincer il giuoco marcio.*
les Fonds à baptiser, *pila ò pietra del battesimo.*
leuer ou tenir sur les Fonds, *leuar à battesimo.*
Fondu, *Fuso, Fonduto.*
à cheual Fondu, *spetie di giuoco da puttini.*
Fondure, *Fonditura.*
* Fonge, *Fongo.*
Fons, *Vedi,* Fonds.
Fons, *pila del battesimo.*
* Font, *Fonte.*
Fontaigner, *di Fonte.*
Fontaine, *Fonte, Fontana.*
la Fontaine de la teste, *vertice.*
Fontaine de tonneau, *spina.*
Fontaine de bois, *vettina.*
Fontaineux, *pieno di Fontane.*
Fontainier, *di Fontana.*
Fontanelle, *Fontanella.*
Fonte, *getto, metalle.*
Fonte, *Fonditura.*
Fontenelle, *Fontanella.*
Fontenelle de la teste, *cernice.*
Fontenette, *Fontanella, Fontana picciola.*
Fontenier, *Fontanaro.*
* Fontenil, fontenille, *Fontana picciola.*
For, *Foro, piazza.*
Forain, *Foreste.*
Foraines, *vsanze di fiera.*
Forban, *bando.*
Forbannir, *bandire.*
Forbannissement, *bandimento.*
Forbanny, *bandito, escluso.*
Forbatu, *rappreso.*
cheual Forbeu, *caual rappreso, ò ripreso.*
se Forboire, *rapprendersi.*
Forbeure, &
Forboiteure, *rapprensione, rapprenditura.*
Forçable, *sforzeuole.*
Forçat, *Forzato.*
Force, *Forza.*
à Force, *in quantità, in copia.*
de Force, *sforzatamente, per Forza.*
il est Force, *bisogna, Forza è.*
il est Force vin, *vi è quantità di vino.*
à toute Force, *à tutti i patti, ad ogni modo.*
s'il auoit la Force, comme il a le courage : l'Italien dit, *se la rana hauesse denti.*
cheual qui a bonne Force, *che hà buona schiena.*
à Force de coups, *à poter di bastonate.*
de toute sa Force, *à più potere, à bastalena.*
prendre à Force, *violare.*
Forces d'armes, *Forzo.*
Forces, fortification dans vn angle retiré, *Forfici.*
faire la Force, *ordinar l'armata in forma di Forbice, Far la Forbice.*
Forces à coupper, *Forbici, Forfici.*
Forcément, *sforzatamente.*
Forcenement, *rabbia, Furia, Forsennaria.*
Forcenant, *Forsennante.*
chien Forcenant, *veltro.*
Forcener, *esser infuriato, Forsennare.*
Forcenerie, *Furia, Forsennaria.*
Forcer, *sforzare, costringere.*
Forcer vne Ville, *prender per Forza, espugnare.*
Forcer vne femme, *Idem.*
Forcer vne clef, *piegare.*
Forcer vne serrure, *sconficcare.*

Forcette , *forbicina.*
Forceur , *sforzatore.*
Forchasser , *tirar da banda coll' arco , &c. tirar attrauer-*
*so.*
Forclorre , *escludere.*
Forclos , *escluso.*
Forclusion , *esclusione.*
Forcommand , *commando d'vscir fuori del possesso.*
Forcommandé , *escluso dal possesso.*
Forconseiller , *dar cattiuo consiglio.*
Forconte , *error nel conto.*
Forconter , *errar nel conto.*
* Fore , *foro , corte.*
Fore , en terme de jeu , *fuora.*
Forer , *forare.*
clef Forée , *chiaue forata.*
* Fores , *fuori.*
Forest , *selua.*
Forestain , *siluestre.*
Forestier , *boscaiuolo , guardiano di selue.*
Foret , *spilletto , spillo , squilletto.*
Forfaict , *misfatto.*
Forfaicture , *transgressione , violamento. Item , confisca-*
*tione.*
Forfaire , *misfare.*
Forfaiture , *misfatto.*
Forfait , *Idem.*
à Forfait , *à cottimo.*
* Forfant , *furfante.*
* Forfanter , *far il furfante.*
* Forfanterie , *furfanteria.*
Forgager , *dispegnare.*
Forge , *fucina.*
Forgeant , *fabbricante.*
Forgée , *vna calda.*
Forgement , *fabbricamento.*
Forger, *fabbricare.* Metaph. *inuentare.*
Forgeron , *fabbro.*
Forgeur , *fabbricatore , fabbro , inuentore.*
Forhu , forhuz , *segno di caccia , schiamazzo.*
* Forhuer , *schiamazzare.*
Forjet , *spurio in fuori.*
Forjetter , *sporger in fuori.*
Forjettures , *traccie , inuentioni.*
* Forissir , *vscir fuori.*
Forissu , *vscito fuori.*
Forjugement , *spossessamento , forclusione di giudicio.*
Forjuger , *escludère pel giudicio , spossessare , giudicar in-*
*giustamente.* Item , *rinontiare.*
Forjurement , *cessione , rinontia , scarico , alienatione.*
Forjurer , *abiurare , rinontiare.* Item , *scaricare , scusa-*
*re.*
Forlignant , *degenerante , tralignante.*
Forlignement , *tralignamento.*
Forligner , *degenerare , tralignare.*
Forliner , *Idem.*
se Forloigner , *allontanarsi.*
Forlongé , *esloigné , lontano.*
de Forlonge , *da lontano , con distanza.*
* Forluoire , *bachetta ò bastone da scanfare i rami.*
Formage , , *formaggio , cascio.*
Formager , *mercante di cascio.*
Formagerie , *luogo doue si ripone ò vende il cascio , forma-*
*giaria.*
se Formaliser , *offendersi , impacciarsi.*
Formalité , *formalità.*
Formariage , *matrimonio con persona disuguale.*
se Formarier , *maritarsi in persona di maggior conditione.*

Formation , *formatione.*
Forme , *forma.*
Fievre en Forme , *lepre nel couile.*
Forme , *spetie di Falcone.*
Forme de vaisseau , *garbo di vascello.*
Forme, banc , *panca , scanno.*
sans autre Forme de procez. i. *senza cercar altro.*
il a trouué forme à son pied : l'Italien dit, *hà trouato cul-*
*lo à suo naso.*
Forme , formelle , mal de cheual , *formella.*
oster la Forme de dedans vn soulier , *sformare.*
Formel , *formale.*
Formelier , *mastro che fà le forme.*
Formelle , *formella.*
Formellement , *formellamente.*
Formener , *tormentare , trauagliare.*
Forment , *fromento.*
* Forment , presque , quasi , *presso che.*
Formentin , *di fromento.*
pilulle Formentine , *pezze di pan bianco.*
Former , *formare.*
Former ses plaintes , *far querela.*
Formerets , *braccia ò lati d'vna volta.*
Formi , *formica.*
Formiant , *formicolante , pizzicante.*
Formidable , *formidabile.*
Formie , *formica.*
grosse Formie , *formicone.*
Formiere , &
Formilliere , *formicaio.*
Formillement , *formicolamento.*
Formiller , *formicolare.* Item , *abondare à guisa di formi-*
*che.*
Formillon , *formichetta.*
Formion , *Idem.*
* Formosité , *formosità*
Formulaire , *formulario.*
Formule , *formula.*
Formuliste , *grand' osseruatore delle Formule.*
Fornaise , *fornace.*
Fornicateur , *Fornicatore.*
Fornication , *fornicatione.*
Forniquer , *fornicare , stuprare.*
Forpaiser , *errar fuor della patria.*
Forpaistre , *pascer fuor del suo luogo.*
Forparler , *parlar male.*
Forpasser , *auanzare il passo di là de' termini.*
Pors , forsque , *fuor che , eccetto.*
Forsage , *sourapeso.*
Forsaire , *forzato.*
Forsener , *forsennare.*
Forsené , *forsennato , rabbioso.*
Fort , *forte , gagliardo.*
Fort , aduerbe , *molto. Fortemente.*
vn Fort , *forte.*
Forts en campagne , *forti campali.*
vn Fort dans vn bois , *macchione , macchia.*
entrer dans le Fort , *immacchiarsi.*
sortir du Fort , *smacchiarsi.*
se faire Fort , *bastar l'animo , assicurarsi di poter fare.*
ie me fay Fort , *mi prometto , mi basta l'animo.*
beurre Fort , *rancido buttiro , vieto.*
sentir le Fort , *saper di vieto , esser rancido.*
Fort en bouche , *sboccato , duro di garze.* Metaph. *gran*
*ciarliere.*
le plus Fort en est fait , *è fatto il principale del negotio.*
Fort , & ferme , *à più potere , alla dirotta , gagliardamen-*
*te.*

homme Fort, & roide, *huomo gagliardo, ó robusto.*
vin Fort, *vino gagliardo.*
vn coffre Fort, *vn forziere ferrato.*
le Fort d'vne boule, *illato più grosso d'vna boccia.*
Fort, herbe, *assentio.*
Forte, *forte, gagliardo.*
monnoye Forte, *moneta che strapesce.*
à plus Forte raison, *con più ragione.*
Fortelet, *fortino.*
Fortement, *fortemente.*
Forteresse, *fortezza.*
Fortet, *fortino.*
Fortifiable, *forticheuole.*
Fortification, *fortificatione.*
Fortifiement, *fortificamento.*
Fortifier, *fortificare.*
Fortin, *fortino.*
* Fortiltrer, *schiuare il passo doue i cani affettano.*
Fortraction, *sottratione.*
Fortraire, *sottrarre, trar fuori.*
Portrait, *tratto fuori, soteratto.*
Fortuit, *fortuito.*
Fortuitement, *à caso.*
Fortunal, *fortunale, tempesta.*
Fortune, *fortuna.*
courir Fortune, *correr pericolo.*
la Fortune luy en a dit, *gli hà detto buonò.*
Fortuné, *auuenturato.* Item, *suenturato.*
Fortunément, *fortunatamente.*
* Fortuner, *render auuenturoso, prosperare.*
Foruoyement, foruoyer, &c. *Vedi,* Fouruoyer.
Fosse, *fossa.*
cul de Fosse, ou basse fosse, *prigione sotto terra.*
estre sur le bord de sa Fosse, *esser molto vecchio.*
Fosse à prendre les loups, *lupara.*
Fosse de vigne, *pastina.*
faire des Fosses pour prouigner, *pastinare.*
Fossé, *fosso.*
faire de la terre le Fossé. i. *seruirsi del frutta della rendita per pagare il capitale.*
remplir les Fossez. i. *risar alle sue spese il danno d'altri.*
Fosselu, *che hà vna pozzetta ò fosseitina in mezo.*
Fosset, *stoppino.*
Fossette, *fossettina.*
jouër à la Fossette, *Metaph. far l'atto venereo.*
Fossile, *cauato dalla terra, fossile.*
Fossoir, *zappoye.*
Fossoyant, *affossante.*
Fossoyement, *affossamento.*
Fossoyer, *affossare.*
Fossoyeur, *becca morto, becchino.* Item, *affossatore.*
Fossoyeure, *affossatura.*
Foterle, herbe, *aristologia.*
Foterne, Idem,
* Fotu, *fomentatione da riscaldare.*
Fou, *pazzo, matto.*
* Fou, *faggio.*
Fouace, *focaccia.*
Fouacier, *mercante di focaccie.*
* Fouage, *certa tassa ò tributo sopra le case.*
Fouaille, *diritto de' cani nella presa del cinghiale, pasto.*
* Fouailler, *dar sculacciate ò staffilate.*
* Equailler, *spartimento ò acconciamento di cinghiale.*
Foucque, *fulica.*
Foudre, *folgore, fulmine.*
Foudroyant, *fulminante.*

Foudroyement, *fulminatione.*
Foudroyer, *fulminare.*
Fouées, *focaccir.*
cuir à la Fouée, *cotto nelle bragie.*
Fouere, *scorrenza.*
Fouët, *sferza, staffile.*
le Fouët, *staffilate.*
le Fouët que l'on donne aux mal-faicteurs, *scopatura.*
Fouët, ficelle à lier vn liure, *cordicella.*
donner le Fouet, *scopare.*
donner le Fouet à vn enfant, *staffilare.*
auoir le Fouet, *esser scopato.*
Fouettement, *scopatura, scopamento.*
Fouetter, *staffilare, scopare.*
Fouetter vn liure, *ligar vn libro colle cordicelle.*
Fouetté, *scopato.*
Fouetteur, *staffilatore, scopatore.*
Fouetteuse, *staffilatrice.*
Fougade, *ghiribizzo, fantasia, furia.*
Fougade, petite mine de poudre couuerte de clouds, &c. *sugata.*
* Fougasse, *focaccia.*
* Fouge, *il grufolar del cinghiale, ó porco.*
* Fouger, *grufolare come i cinghiali, ò porci.*
Fougeraye, *luogo pieno d'vgnea, crita.*
Fougere, *vgnea.*
Fougon, *fucone.*
Fougue, *furia di cauallo, foga.*
Fougueux, *focoso, furioso.*
Fouillard, *frugatore.*
Fouillement, *cauamento, frugamento.*
Fouille-merde, *ghionaro.*
Fouiller, *cauare, cercare.*
Fouiller la terre, *cauare.*
Fouiller vne personne, *cercar vna.*
Fouiller dans vn coffre, *frugare.*
Fouiller comme les porcs, *grufolare.*
Fouiller dans sa poche, *cercar nella sacoccia.*
Fouiller, sonder, *frugare.*
Fouilleur, *frugatore, cauatore, cercatore.*
* Fouillouse, *parola di gergo, sacoccia.*
Fouine, *faina, martora, martorella.*
* Fouine, *tridente.*
Fouir, *cauar nella terra, zappare.*
Fouissement, *cauamento, zappamento.*
Fouisseur, *zappatore, cauatore.*
Foulage, *gualcamento.*
Foulcre, *fulica.*
Fouldre, &c. *Vedi,* Foudre.
Foule, *calca, folla.*
Foule à draps, *gualcheria.*
à la Foule, *in fretta.*
Foulé comme vn nerf, *fiaccato.*
Foulé, *tormentato, oppresso.*
Foulées d'animal, *le peste.*
Foulement, *pestamento.* Item, *oppressione.*
Fouler, *pestare, calpestare.*
Fouler vne personne, *opprimere, offendere.*
Fouler les draps, *gualcare.*
se Fouler les pieds, *fiaccarsi i piedi.*
Foulerie, *gualchieria.*
Fouleur de draps, *gualchiere.*
Fouleur, *oppressore.*
Fouleure de nerf, &c. *fiaccatura.*
Fouleur de vin, *pestator d'vna.*
Fouloire, *gualcatoio.*
Foulon, *gualchiere, gualcatore.*
Foulonnerie, *gualcheria.*

Foulque, *fulica.*
Foulure, *gualcatura.* Item, *fiaccatura di neruo.*
Foupir, *frappare, raggrinzare, ſtrapazzare, ſpiegazzare.*
Foupy, *ſtrappazzato.*
Four, *forno.*
ce n'eſt pas pour luy que le Four chauſſe. i. *non s'apparecchia per lui, non ſarà per lui.*
Four-balet, *ſpazza forno.*
Fourage, *foraggio.*
Fourager, *foraggiare.*
Fourageur, *foraggiera*
vn Fourbe, *furbo.*
vne Fourbe, *vna furberia.*
Fourbir, *ſorbire, pulire.*
Fourbiſſeur, *ſpadaro. Forbitore.*
Fourbiſſeure, *forbitura.*
Fourbiſſoir, *forbitoio.*
ſe Fourboire, *rapprenderſi.*
Fourbeu, *rappreſo.*
Fourbure, *rapprenſione, rappreſa.*
Fource, *forca.*
Fourcelle, *forcella.*
Fourchage, *rami di ſchiatta.*
Fourche, *forca.*
Fourches patibulaires, *le forche.*
eſtre traitté à la Fourche : l'Italien dit, *andar à mal mantile.*
traitter vn cheual à la Fourche. i. *trattarlo male, darli poco da mangiare.*
donner vn coup de Fourche. i. *far vn becco.*
Fourché, *forcuto.*
Fourche-ſiere, *forca.*
Fourchement, *forcamento.*
Fourcher, *forcare.*
la langue luy a Fourché. i. *hà detto vna coſa per vn' altra.*
Fourches d'vne galere, *forcacci.*
Fourches, *ſpetie di male fra due dita.*
Fourcheran, *forcuto.*
Fourchette, *forcina.*
Fourchette de caroſſe, *codetta di ſoſtegno.*
Fourchette de l'eſtomach, *forcella.*
Fourcheure, *forcatura.*
Fourchier, *forca con tre denti.*
Fourchon, *dente di forca.* Item, *forca di vite.*
Fourchu, *forcuto.*
pied Fourchu, *beſtiame che hà il piè forcuto.*
Fourchument, *forcatamente.*
Fourchure, *forcatura.*
F Fourdrine, prunelle, *prunella.*
Fourgon, *ſpazza forno, pazzatoio.*
Fourgonner, *ſpazzar il forno, Frugare.*
Fourgonneur, *frugatore.*
Faurmage, *Vedi,* Formage.
Fourmage de creſme, fourmage mol, *caſcio freſco.*
Fromage gras, *toma.*
Fourmage eſcremé, *tomaſchia.*
Fourmage à la creſme, *cacciuola, raniguolo.*
Fourmagere, *barutola.*
Fourmagerie, *mercato di caſcio.* Item, *vfficio di mercanti di caſcio.*
Fourment, *fromento.*
Fourmentée, *beuanda fatta di fromento.*
Fourmentier, *di fromento.*
Fourmi, *Vedi,* Formi.
Fourmi volante, *formicone.*
Fourmier, *formicare.*

Fourmiller, *formicolare.*
Fourmilliere, *formicaio.*
Fourmion, *formichetta.*
Fournage, *diritto di forno.*
* Fournailler, *cuocer nel forno.*
Fournaiſe, *fornace.*
Fourneau, *fornello.*
Fourneau, *ſtufetta.*
Fournée, *fornata, infornata.*
Fournier, *fornaro.*
Fourniere, *fornara.*
* Fournil, *forno, luogo del forno.*
Fourniment, *fiaſca, fraſchino.*
Fournir, *fornire, prouedere, ſomminiſtrare.*
ie n'y puis Fournir, *non poſſo ſodisfarmi, ò baſtarui.*
ſe Fournir, *prouederſi.*
la ville Fournit cent hommes, *la Città dà 100. ſoldati.*
Fourniſſement, *prouedimento, fornimento.*
Fourniſſeur, *fornitore, proueditore.*
Fourniture, *fornimento, finimento, fornità.*
Fourrage, *Vedi,* Fourage.
Fourré, *ficcato.* Item, *fodrato.*
vn coup Fourré, Metaph. *inuentione, furberia.*
Fourreau, *fodro.*
faux-Fourreau, *ſoura-fodro.*
Fourreau à mettre par deſſus vn habit, *fodero, ſoprameſſa.*
le Fourreau d'vne beſte, *quella pelle, che rinchiude il cotal ò membro genitale dell' animale.*
Fourrelier, *maſtro di fodri.*
Fourrer, *ficcare, cacciar dentro.*
Fourrer de Fourreure, *fodrare.*
allez-vous-y Fourrer. i. mettez-vous dans ce danger-là : l'Italien dit, *vattici ſcalzo,* allez-y nuds pieds, vous vous picquerez.
Fourrer ſon pourpoint. i. *mangiar bene.*
ſe Fourrer par tout, *ficcarſi per tutto.*
Fourreure, *fodratura.*
Fourreure de Docteur, *batolo.*
* Fourrie, *ſcorreria.*
Fourrier, *forriere.*
Fourrier major, *Forrier maggiore.*
le Fourrier de la Lune. i. *menſtruo il Marcheſe delle donne.*
Fourriere, *forriera.* Item, *cellaio.*
* Fourſer, *gittar il poſce l'voncra.*
Fouruoyement, *ſmarrimento.*
ſe Fouruoyer, *ſmarrir la ſtrada.*
Fouſteau, fouteau, *faggio.*
Fouyer, *focolare.*
Fouyer de galere, *focone.*
Foy, *ſede.*
vne Foy, ſorte de bague, *vn fides.*
à la bonne Foy, *alla Carlona.*
il eſt fait à la bonne Foy. i. *egli è ſemplice ò menchione.*
* le Foy du corps, *il trauerſo del corpo.*
Foye, *ſegato.*
vous auez bon Foye : l'Italien dit, *voi hauete buon tempo.*
du Foye de conil. i. *baie, carotte, furb. ie.*
* Foyes, voyes de beſtes, *peſte, pedate.*

FR.

FRac,

il n'y a ne Fric ne Frac. i. *non vi è niente del tutto.*
Fracas, *fracaffo.*
Fracaffer, *fracaffare.*
Fracaffeur, *fracaffatore.*
Fracteur, *fraitore.*
Fraction, *frattione, rottura.*
Fracture, *rottura.*
Fragate, *fregata.*
Fragile, *fragile.*
Fragilement, *fragilmente.*
Fragilité, *fragilità.*
Fragment, *framimento.*
Fragant, *flagrante.*
Fraile, *fragile.*
Frain, frein, *freno.*
Frairie, *fraternità.*
Frais, *frefco.*
vent Frais. i. fort, *vento frefco, ò gagliardo.*
peindre à Frais, *pingere à frefco.*
les Frais, *le fpefe.*
Fraifchement, *frefcamente.*
Fraifchement, n'agueres, *ultimamente.*
Fraifcheur, *frefco, rezzo.*
Fraife, *fragola.*
Fraife, *ninfa, collare alla Spagnuola, lattuca.*
Fraife à vne muraille, *fteccata, palificata.*
Fraife à vne tranchée, *palificata.*
Fraife de veau, *trippa di vitella.*
Fraifé, *che hà la ninfa ò lattuca.*
Fraifer vn retranchement, *palificare.*
Fraifer les féves, *fpelare fgufciare.*
Fraifier, *fragolo.*
Fraifne, *fraffino.*
Fraiz, *fpefe.*
tous Fraiz faits, *con le fpefe.*
Fraize, *Vedi, fraife, &c.*
Fralater, *Vedi, Frelater, Franafare il vino.*
Framboife, *angelica. Mora di rouo.*
Framboifier, *angelico. Rouo.*
Franc, *franco.*
Franc aleu, *terra franca ò libera.*
tout Franc, *francamente.*
dire tout Franc, *dir la netta.*
Franc, *lira di moneta Francefe.*
Franc à cheual, *pezzo d'oro antico.*
Franc à pied, *pezzo d'oro antico.*
Franc du carreau, *fpetie di giuoco in vn quandro fegnato per terra.*
Franc du collier. i. *che fà volentieri, ò fi lafcia condur facilmente.*
rendre Franc, & quitte, *francare.*
France, *Francia.*
Franche, *franca.*
* à la Franche marguerite, *alla carlona.*
repeuë Franche, *vna corpacciata per niente.*
Francatripe, *ghiottone.*
Franche-mariette, *fpetie di pomo.*
Franchement, *francamente.*
Franchemule, *coagolo ò animella di bue.*
Franchir, *francare.*
Franchir le mot, *dir liberamente.*

Franchir le pas ou le faut. i. *far vna cofa di neceffità.* Metaph. *morire.*
Franchir vn ruiffeau, *faltar di là d'vn rufcello.*
Franchir les bornes, *trapaffare i termini.*
Franchife, *franchezza.* Item, *franchiggia, guarentiggia.*
François, *Franceffe, è Francefo.*
mal S. François. i. *neffuni danari.*
Françoife, *Francefe, Francefca.*
à la Françoife, *alla Francefe.*
Francolin, *francolino.*
Franc-falé, *diritto di fale à certi vfficieri.*
Franc-foreau, *fpetie di pero.*
Franc-taupin, *vn buon menchione.*
Frange, *frangia.*
Frangeon, *frangia picciola.*
Franger, *frangiare.*
* Frangible, *frangibile.*
Frangier, *mercante ò maeftro di frangie.*
frere Frappart: l'Italien dit, *Frà Stoppino, Frà Oclaffo.*
Frappement, *battimento, picchiamento.*
Frappé, *battuto, ferito, picchiato, colto.*
Frappé d'vne maladie, *tocco ò ammorbato da vn male.*
Frappé à vn mefme coin. i. *della medefima natura.*
à Frappe-main, *fpetie di giuoco, nel quale fi dà fulla mano.*
Frapper, *ferire, dare, battere, picchiare.*
il Frappe en maiftre: l'Italien dit, *ò ch' egli è matto, ò ch' egli è di cafa.*
il Frappe comme vn fourd: l'Italien dit, *dà baftonate, da orbo.*
Frapper au but, *colpire.*
Frappeur, *battitore, fcritore.*
Frafe, *frafi.*
Frafque, *burla, baia, frafcheria.*
Frater, *compagno Cirugico.*
Frater-fecifti, *Frà Fatio.*
Fraternel, *fraterno.*
Fraternellement, *fraternamente, da fratello.*
Fraternifer, *fraternizzare.*
Fraternité, *fraternità.*
* Fratefque, *fratefco.*
* Fratre, *frate, frataccio.*
Fratricide, *fratricida.*
* Fratriffeau, *fratino.*
Fraudateur, *frodatore.*
Fraude, *frode, fraude, inganno.*
Frauder, *Fraudare, ingannare.*
Fraudeur, *Fraudatore.*
Fraudulemment, *Fraudolentemente.*
Fraudulent, *Fraudolente.*
Frauduler, *Fraudare.*
Fraudulenfement, *Frodolofamente.*
Frauduleux, *Frodulofo.*
Fraxinelle, *Fraffinella.*
Fray, *Frega di pefci ò rane.* Item, *vouerafparfe di pefci.*
Frayable, *ftrada battuta, ò da battere.*
Fraye, *Frega di pefci.*
Frayé, *ftrada battuta.*
Frayement, *Frega, Fregagione.*
Frayer, *toccar leggiermente, Fregare.*
Frayer, *il Fregar delle rane ò pefci.*
Frayer le chemin, *batter la ftrada, fegnar la via,* Metaph. *effer il primo à Far vna, cofa.*
Frayer, fournir les fraiz, *fpefare.*
Frayeur, *fpavento, paura.*

Frayeure, *fregamento.*
Frayoir, *luogo di frega.*
Frayoire de moulin, *fregagnuola.*
Frayoüer, *luogo della monta.*
Fredaine, *baia, burla, tiro, frascheria.*
Fredon, *trillo, sminuimento di musica.*
Fredon, tricon, *trè pari nelle carte.*
Fredonner, *far trilli ò sminuimenti, sgorgare.*
Fredonneur, *sminuitore, che fa trilli ò diminutioni.*
* Fredonnifer, *trillare.*
Fregate, *fregata.*
Fregolier, *loro.*
Freguereul, *fregaruolo, pesce.*
Frein, *freno.*
ronger son Frein, *hauer patienza.*
prendre le Frein aux dents, *resistere, repugnare.*
Frelampier, Frere-lampier, *un huomo da poco, viene dal frate che hà cura d'accender le lampade.*
Frelan, *mirto seluatico, brusco, rusco.*
Frelattement, *conciamento di vino.*
Frelatter, *conciare ò falsificare il vino.*
Frelateur, *conciator di vini.*
Frelaut, *buon compagno.*
Freler, terme de marine, *piegar mezza la vela.*
Frelon, *lupo dell'api, moscone.*
Frelon, *rusco, brusco.*
Freloques, *sfilature.*
Freloqué, *sfilato, stracciato.*
Freluches, *fiocchetti ò bottoncini al capo delli bottoni grossi.*
Freluquet, *moneta antica di Francia, mezo quattrino.* Item, *un menchione.*
* Premier, &
Fremiller, *formicare, pizzicare.*
Fremir, *fremere, stridere.*
Fremir en commençant à bouillir, *grillare.*
Fremissement, *fremito, strido.*
Frenaisie, frenesie, *frenesia.*
Frenelle, *sgorgatoio, frenella.*
Frenetique, *frenetico, farnetico.*
* Frenouiller, *frugar dentro stuzzicare.*
Frequemment, *frequentemente.*
Frequence, *frequenza.*
Frequent, *frequente.*
Frequentation, *conuersatione.*
Frequenter, *conuersare, frequentare.*
* Frerage, *fraternità.*
Frere, *fratello.*
beau Frere, *cugnato.*
Frere, moine, *Frate.*
Freres prescheurs, *Dominicani.*
Frere Iacques. i. il membro virile, *barba Cipriano.*
Frere de la manicle, ou de la cuque, *taglia borse, barro.*
Frere en Christ, *Caluinista, Heretico, Lutterano.*
Frere-lay, *laico.*
Frerie, *fraternità.*
Frerot, *fratellino.*
Fresaye, *strige.*
Frescade, *frescata.*
Freschedent, *ghiottone.*
Freschement, *frescamente.*
* Fresillon, *lignstro.*
Fresle, *fragile.*
Fresler, *piegar mezza la vela, stendere ò piegare.*
Freslon, *moscone.*
Freflonné, *morduto dal moscone.*
Fresnaye, *fraffineto.*

Fresne, *fraffino.*
Fresne sauuage, *Orno.*
Fresnier, *di fraffino.*
Fresnin, *Idem.*
Fresnoy, *fraffineto.*
* Fresturades, *complimenti fisscerati.*
Fressure, *corata, coratella.*
Fret, *nolo di vascello.*
* Fretail, *cose di poco valore.*
* Fretaille, *canaglia.*
Freter, *Vedi,* Fretter.
Frotillaire, fleur, *fritillaria.*
Fretillant, *dimenante, mouente.*
Fretillard, *Idem.*
Fretillement, *dimenamento.*
Fretiller, *menare, gongolare.*
Fretilleur, *gongolatore.*
Fretin, *cose di poco valore. Pesciolini, scelta di pesci.*
Fretinfretailler, *sbaragliare.*
Frette, anneau de fer qui embrasse le moyeu, *staffone.*
Fiette, en terme de blason, *cancello.*
Fretté, terme de blason, *rotato, cancellato.*
Fretter, *prender il vascello à nolo.* Item, *allestarlo.*
* Friable, *sminuzzeuole.*
Friand, *leccardo, ghiotto.*
morceau Friand, *boccone ghiotto, buon boccone.*
esprit Friand, *ingegno sotile.*
yeux Friands, *occhi lussuriosi.*
* Friandeau, *leccardo, ghiottoncello.*
Friandement, *ghiottamente, leccardamente.*
Friander, *ghiottolare, ghiottonare.*
Friandise, *leccardia, ghiottoneria.*
Friandises, choses friandes, *ghiottonerie, cibi delicati.*
elle a le nez tourné à la Friandise. i. hà ciera di lussuriosa.
Fric, *Vedi,* Frac.
ce qui vient du Fric, s'en va de Prac: l'Italien dit, *quel, che vien di ruffa raffa, se ne va di bruffa à baffa.*
* Fricandeau, *spetie di raniuolo.*
Fricassée, *fricassea, carne fritta.*
Fricasser, *friggere.*
Friche, *suelta.*
en Friche, *terreno ò campo deserto.*
Friction, *frittione.*
Frigaler, *ghiottoneggiare.*
Frigaleries, *cose ghiorte ò delicate.*
Frigalet, *ghiottoncello.*
* Friller, *tremolar di freddo.*
Frilleux, *che patisce di freddo, freddoloso.*
Frimas, *brina.*
* Frime, *mina, sembiante.*
bled Frime, *annebbiato grano.*
Fringant, *galante, allegro, saltante, ballante.*
Fringotter, *cinguettare, gorgogliare.*
Fringuer, *saltare, ballare, far il galante, rallegrarsi.* Item, *far l'atto venereo.*
Fringuer vn verre, *sciacquare.*
Fringuerie, *galenteria.*
* Frinfon, pinçon, *franguello.*
Frioler, *ghiottoneggiare.*
Friolet, *ghiottoncello, leccardo.*
Pripaillé, *frustato, frusto, stracciato.*
Fripper, *vsare, frustare.*
Fripper, *mangiar bene.*
Fripper sa leçon, *non andar alla scuola.*
liure Frippé, *libro vecchio ò frusto.*
Fripperie, *rigatteria.*
se jetter sur la Fripperie d'vne personne, *entrar addosso à vno, esser sul tetto d'vno.*

X

Fripperies, *cose vecchie, riuendaglie.*
Frippesauce, *ghiottone, buon compagno.*
Frippier, *rigattiere.*
Frippiere, *rigattiera.*
Frippon, *barone, guidone.* Item, *ghiottone.*
Fripponaille, *canaglia.*
Friponner, *ghiottoneggiare, bareggiare.*
Friponnerie, *barreria, ghiottoneria.*
Fripponnier, *guidone, furfante.*
Friquet, *passera mattugia.*
Friquette, *mestola.*
vne Friquette, *vna ciuettina, vna petegola.*
Frire, *friggere.*
il n'y a que Frire, *non vi è niente da mangiare.*
à la Friscade, *al fresco.*
Frise, *rouescia.*
Frise, bord en Architecture, *freggio.*
Friser les cheueux, *arricciare, accrespare.*
Frisé, *riccio, crespo.*
Friser la balle, *tagliare.*
Friseure, *crespatura.*
Frison de cheueux, *riccio.*
Frison de reuesche ou frise, *sottana ó gonnella di rouescia.*
Frison, natif de Frise, *Frigio.*
Frisotté, *crespo, riccio.*
Frisque, *gentile, galante, allegro.* Item, *fresco ó freddo.*
* Frissement, *fischio di saetta.*
Frisson, *tremaruola, tremarella, la fredda.*
Frissonnant, *tremante.*
Frissonner, *tremar di freddo.*
Frissonner de peur, *raccapricciarsi.*
Frit, *fritto.*
tout est Frit, *è spedita ogni cosa.*
Friteau, *spetie di mitolo.* Item, *fritella.*
Friture, *frittura.*
Frittade, *frittata.*
Fritole, *vano.*
Friuolement, *vanamente.*
Frizailles, *ritagli di rouescia.*
Frize, *rouescia.*
Frizer, *Vedi,* Friser, &c.
Froc, *cocolla.*
jetter le Froc aux orties, *sfratarsi, smonacarsi.*
Frodille, *asfodillo.*
Froid, *freddo, freddura.*
Froid, *freddo.*
homme Froid, *huomo tiepido, ritenuto, composto.*
il bat Froid, *vi và freddo.*
battre à Froid, *batter il ferro senz a scaldardò.*
il n'y a rien de si Froid que l'âtre, *non vi è niente da mangiare.*
il n'y a rien de si Froid, *parla tanto freddamente.*
homme Froid, *huomo ritenuto.*
Dieu enuoye le Froid selon la robbe, *Iddio manda il freddo secondo i panni.*
auoir Froid aux pieds. i. *esser geloso.* Item, *star in piazza senz a vender le sue mercantie.*
faire le Froid, *andarui freddo.*
Froide, *fredda.*
la cuisine est Froide. i. *non vi è niente incucina.*
Froide mine, *huomo freddo ó ritenuto.*
Froide queuë, *huomo impotente.*
Froidelet, *freddoloso.*
Froidement, *freddamente.*
faire ou dire Froidement, *dar ó far liberamente.*
Froideur, *freddura.* Item, *humor freddo ó ritenuto.*
Froidure, *freddura.*

Froidureux, *freddoloso.*
* Froilon, *moscone.*
Froissement, *infragnimento.*
Froisser, *rompere, fragnere.*
Froisser le lin ou le chanvre, *gramolare, infrangere.*
Froisser les jacheres, *ristoppiare.*
Froissis, *ristoppio.*
Froissis, *strido.*
Froissure, *rottura, infragnitura.*
Froller, *sottoccare, toccar leggiermente.*
Fromage, *cascio.*
Froment, *fromento.*
Fromentée, *beuenda di fromento bollito.* Item, *vna dolce.*
Fromentin, *d. fromento.*
Froncer, *affaldare, increspare.*
Froncer les sourcils d'admiration, *inarcare ó increspar le ciglia.*
Fronceure, *increspatura.*
Froncis, *affaldatura, increspatura.*
Froncle, *furoncolo.*
Fronde, *frombola.*
Frondelet, *lattaiuola.*
Fronder, *frombare, frombolare, scagliare, lanciare.*
Frondeur, *frombolatore.*
* Froudoyer, *frondeggiare.*
Fronser, *Vedi,* Froncer.
Front, *fronte.* Item, *frontispitio.*
faire Front, *star à fronte.*
de Front, *del pari.*
Frontal, *frontale.*
Fronteau, *frontale, parte d'innanzi, frontispitio.*
Fronteau de mire, *manteletto.*
Frontiere, *frontiera.*
Frontiere de bride, *frontale.*
Frontispice, *frontispitio.*
Frontoyant, *fronteggiante.*
Fronton, terme d'Architecture, *frontone.*
Frontoyer, *fronteggiare.*
Frotte bottes, *ragazzo che netta i stiuali.*
Frotte-dents, *panno limo da fregar i denti.*
Frottée, *fetta di pane con buttiro, panunto.*
vne Frottée, *vna fregatina.*
Frottement, *fregamento.*
Frotter, *fregare.*
se Frotter à quelqu'vn, *pigliarla con vno, dar nel gombito à vno.*
Frottez-vous-y : l'Italien dit, *vattici scalzo.*
se Frotter, *far quistione, battersi, menar le mani.*
Frotter, battre vne personne, *grattarla tigna.*
Frotter auec la paume de la main, *spalmeggiare.*
cheual qui se Frotte la queuë, *canallo, che hà pezzicor di coda.*
Frottis, *fregamento.*
Frottoir, *sciugatoio.*
Frottoir de Relieur, pour enfoncer la colle, *steccone.*
* Froüer, *sminuzzare.*
Froument, *fromento.*
Froumentée, *vna dolce.*
Froyement, *frega, fregamento.*
Froyer, *fregare, frugare.*
Froyoir, *frugatoio.*
Fructifiant, *fruttante.*
Fructifier, *fruttare, fruttificare.*
Fructueusement, *fruttuosamente, con frutto.*

Fructueux, *fruttuoſo.*
Fructuoſité, *fruttuoſità.*
* Fructure, *fruttione.*
* Frugal, *frugale.*
Frugalement, *frugalmente.*
Frugalité, *frugalità.*
Fruict, *frutto,*
du Fruict nouueau. i. vne putain : l'Italien dit, *robba nuoua.*
Fruict, enfant, *parto.*
Fruictier, *fruttaruolo, trecone.*
Fruictier, portant fruict, *fruttifero.*
jardin Fruictier, *fruttaro.*
Fruictiere, *fruttaruola, trecca.*
* Fruir, *fruire.*
Fruit, *Vedi,* Fruict.
Fruitage, *frutti, frutto, fruttaria.*
Fruiterie, *fruttaria.*
Fruition, *fruittione.*
Frumentau, *mora di rouo.*
Frumenteau, *ſpetie di vite bianca.*
Frumentelle, *ſpetie di pera.*
Fruſtration, *priuatione, frode, inganno.*
Fruſtratoire, *priuatorio.*
Fruſtrer, *priuare, fraudare, ingannare.*

## F V

F Vchiere, *vgnea.*
Fueillade, *fraſcata.*
Fueillage, *fogliame.*
Fueille, *Vedi,* Feüille.
Fueillée, *fraſcata.*
Fueillet, *Vedi,* Feüillet, &c.
Fugitif, *fugitiuo.*
Fugitiue, *fugitiua.*
Fugue, *ſoga, ſuga.*
Fuir, *fuggire.*
faire Fuire le lointain, terme de peintre, *far fuggir la lontananza.*
Fuir vne choſe, *abborrire, hauer à ſchifo.*
Fuiroles, *impreſſioni di fuoco nell' aria.*
Fuitif, *fugitiuo,*
Fuitte, *fuggita.*
eſtre en Fuitte, *eſſer in volta.*
* Fulcir, *fulcire, ſoſtentare.*
* Fuligine, *fuligine.*
Fuligineux, *fuliginoſo.*
Fulmination, *fulminatione.*
Fulminatoire, *fulminatorio.*
Fulminer, *fulminare.*
Fumage, *fumatione.*
Fumar, *raza, peſce.*
Fumé, *aſſumicato.*
terre Fumée, *terra alletamata.*
Fumeau, *fumaiuolo.*
Fumée, *fumo.*
Fumée, qui ſert de ſignal ſur les vaiſſeaux, *fumata,*
s'en aller en Fumée, *andar voto.*
Fumées d'animal, *ſterco.*
Fumées en vne pierre precieuſe, *nuuole, nuuolet-te.*



que de Fumée, que de gloire : l'Italien dit, *che ſpetie, che ſumo.*
Fumelle, *Vedi,* Femelle.
Fumement, *fumamento.*
Fumer, *fumare.*
Fumer vne terre, *alletamare.*
Fumer, Metaph. eſtre en colere, *ſoffiare, sbruffare.*
Fumer, enfumer, *affumicare.*
Fumeron, *fumaiuolo.*
Fumeterre, *fumoſterno, fumoterra.*
Fumeuſement, *fumoſamente.*
Fumeux, *fumoſo.*
Fumeux, qui ſe dit d'vne pierre, *nuuoloſo.*
Fumier, *letame.*
releué du Fumier, *canato da i ſtracci.*
fort ſur ſon Fumier, *potente ó forte à caſa ſua.*
*Fumiere, *ſumo.*
Fumigation, *fumigatione.*
Funain ou furain, mettre vn nauire en funin, *amarrare vn vaſcello.*
Function, *funtione.*
* Fundigue, *fondaco.*
Funebre, *funebre.*
Funebrement, *funebremente.*
Funerailles, *offequie.*
Funeſte, *funeſto.*
Funeſtement, *funeſtamente.*
* Funge, *fongo.*
Fungeux, *fongoſo, ſpongioſo.*
Fungoſité, *ſpongioſità.*
Furain, *Vedi,* Funain.
Furculaire, *oſſo forcolario.*
Furet, *furetto, feretro.*
Fureter, *ferettare, furettare, vinerrare.*
Fureter par tout, *ficcar il naſo per tutto.*
Fureteur, *furettatore, curioſo.*
Fureur, *furore.*
* Furfure, *forfora.*
Furgon, fourgon, *ſpazzatoio di forno.*
* Furial, *di furia, furioſo.*
Furibond, *furibondo.*
Furie, *furia.*
Furieuſement, *furioſamente.*
Furieuſement bon, *ſtupendo, tremendo.*
Furieux, *furioſo.*
* Furluſé, *annoiato, faſtidito.*
Furole, *impreſſion di fuoco, fuoco volante.*
Furon, *furetto.*
* Furt, *furto.*
Furtif, *furtino.*
Furtiuement, *furtiuamente.*
Furuncle, *furoncola.*
Fuſain, *fuſaggine.*
Fuſé, *fuſo, liquefatto.*
Fuſeau, *fuſo.*
Fuſeau de roüe, *raggio, fuſo.*
tourneur de Fuſeau, *fuſaiuolo, fuſaio, fuſaro.*
filet au Fuſeau, *fuſare.*
Fuſée en filant, *il fuſo pieno, fuſata.*
il eſt au bout de la Fuſée. i. *hà fornito.* Itē, *non sà più che dire.*
Fuſée, feu d'artifice, *raggio,* à Veniſe, *rachetta.*
Fuſée, mal de cheual, *ſpinella, ſpetie di ſouroſſo.*
Fuſée d'horloges, *rocchello della corda.*
Fuſée de petard, *fuſella.*
jetter des Fuſées. i. *vomitare.*
deſmeſler la Fuſée, *diſtricar vn negotio.*
* nous aurons mardy Fuſée. i. *andarà alla longa, durerà vn pezzo.*

Fuselier, *armato di focile, fociliere.*
* Fuser, *fundere, liquefare.*
Fusible, *fusibile.*
Fusier, *fusaggine.*
Fusil à allumer le feu, *focile, focile, acciaiuolo.*
Fusil, fer à aiguiser, *acciálino.*
Fusil d'arquebuse, &c. *focile, azzalino.*
vn Fusil, *archibugio da focile.*
* Fusiller, *cercar per tutto.*
* Fusque, *fosco.*
Fust, *asta, hasta. Fusto, Vaso, botte.*
Fust, *cassa d'archibugio.*
Fust, goust de fust, *legnino.*
sentir le Fust, *saper di secco ò legnino.*
Fustaille, *bottame, botte, vaso.*
Fustaillier, *bottaro.*
Fustaine, *fustagno.*
Fustaine à grain d'orge, *restagno,*
faiseur de Futaines, ou
Fustainier, *fustagnaro.*
Fustaye, *fusto d'albero.*
de haute Fustaye, *albero alto, fustoso.* Metaph. *grande.*
Fuste, *fusta.*
Fuste, *viuo della colonna.*
Fustée, *fusti degl' alberi.*
Fuster, *tagliar il fusto.*
Fusterne, *cima nodosa d'abete.*
Fustier, *lauorator di legname,*
* Fustigation, *fustigatione.*
Fustiger, *fustigare.*
* Fustiguer, *Idem.*
* Fútile, *inutile, vano.*
Futur, *futturo.*
Fuy, *fuggito.*
Fuyant, *fuggente.*
faux Fuyant, *strada coperta.*
Fuyard, *schino, schifo, fugace.*
Puye, *spetie di colombara.* Item, *volo di colombe.*
Fuyeur, *fuggitore.*
Fuzain, *fusaggine.*
Fuzée, Vedi, Fusée.
Fuzelier, Fuzil, &c. Vedi, Fuselier.
Fy, *ohibo. Via, via.*
maistre Fy fy, *cura destri.*

# GA

**G**Aban, *gabbano.*
Gabarre, *Barchetta da caricare scaricar le robbe.*
* Gabarrier, *barcaruolo.*
la Gabattine, *la gabattina.*
Gabellage, *imposta, datio, gabella.*
Gabelle, *Gabella.*
Gabeller, *pagar la gabella.*
Gabellier, *gabelliere.*
* Gabeloux, *Idem.*
Gaber, *gabbare.*

Gaberies, *baie, burle.*
Gabes, *burle.*
Gabeur, *gabbatore.*
Gabie, *gabbia di naue.*
Gabinet, Cabinet, *gabinetto.*
Gabion, *gabbione.*
Gabionnade, *ordine di gabbioni.*
Gabionner, *fortificar con gabbioni, gabbionare.*
* par Gabois, *perburla.*
Gabois, *coste di vascello.*
Gabot, *spetie di pesce cappone.*
Gaburrons, pieces à renforcer le mast, *lampazze.*
Gache, *remo.*
Gacher, *remare.*
Gadoüard, *cura destri, cura cessi.*
Gadoüe, *merda.*
* Gadouiller, *scialacquare.*
* Gadru, *allegro.*
Gagate, *pietra gagata.*
Gage, *pegno.*
Gages, *salario, stipendio.*
demeurer pour les Gages: l'Italien dit, *rimaner nelle peste.*
vn amy à Gage. i. *vn drudo.*
au Gage touché, *spetie di ginoco.*
Gagé, *stipendiato.*
Gagement, *stipendio.*
Gager, *scommettere.*
Gager, donner des gages, *stipendiare.*
Gager par Iustice, *sequestrare.*
Gagerie, *sequestra di mobili per il pagamento del Siguere.*
Gageur, *scommettitore.* Item, *sequestratore.*
Gageure, *scommessa.*
Gagnole, *spetie di pesce.*
vne grosse Gagui, *vna donna grassa.*
Gaiac, *legno santo.*
Gaian, *spetie di pesce, tordo marino.*
Gaige, gaiger, &c. Vedi, Gage, &c.
Gaignable, *guadagneuole.*
Gaignage, *contrada, territorio, campo lauorato, frutto di terra.*
Gaignant, *guadagnante.* Item, *il vincitore.*
Gaigne, *guadagno.*
Gaigne-denier, *sacchino.*
le Gaigne-pain, *il modo di guadagnarsi il vitto, professione, mestiere.*
Gaigne petit, *aguzza coltelli.*
Gaigner, *guadagnare.*
Gaigner au jeu, *vincere.*
Gaigner son auoine. j. *guadagnarsi il vitto.*
Gaigner les champs, *fuggire.*
Gaigner la colline, *Idem.*
Gaigner la guerite, *Idem.*
Gaigner au pied, *Idem.*
Gaigner le taillis, *Idem.*
Gaigner chemin, *andar innanzi, auanzar la strada.*
Gaigner païs, *Idem.* Item, *fuggire.*
Gaigner le haut, *fuggire.*
Gaigner la porte. i. *fuggir verso la porta.* Item, *impadronirsi della porta.*
Gaigner la victoire, *riportar la vittoria.*
Gaigner les pardons, *pigliar il perdono.*
Gaigner son procés, *vincer la lite.*
il a Gaigné son procés. i. *la cosa gli vien fatta.*
il a Gaigné le pendre. i. *hà meritato d'esser appiccato.*
Gaigner sur soy, *vincersi se stesso.*
Gaigner vn valet ou autre personne, *corrompere.*
Gaigner, *persuadere.*

je vous donne Gaigné , *vela dò vinta.*
Gaigner les cœurs , *acquistarsi i cuori.*
Gaigner le prix , *riportar ò vincer il premio.*
le mal luy a Gaigné le cœur. i. *il male gli é arriuaro ò giunto sino al cuore.*
Gaiguer la ville ou la maison , *arriuar alla città ò casa.*
Gaigner vn mal , *attaccarsi vn male.*
Gaigner du temps , *auanz ar tempo.*
Gaiguerie , *guadagno.* Item , *campo lauorato.*
Gaigneur , *guadagnatore. Vincitore.*
Gaillard , *allegro.*
Gaillarde , dance , *gagliarda.*
Gaillard de vaisseau , *castello di poppa.*
Gaillardement , *allegramente.*
Gaillardets , *gagliar detti , banderuole.*
* Gaillardete , &
Gaillardise , *allegrezza.*
Gaille , perdrix gaille , *spetie di pernico.*
Gain , *guadagno.*
Gaine , *guaina.*
* Gaing , *guadagno.*
Gainier , *mastro di guaine.*
Galactite , *pietra galattite.*
* Galaffre , *mangione , diuoratore.*
Galaffrerie , *gulosità.*
Galamment , *galantemente.*
Galange , *acoro , galanga.*
Galangue , *Idem.*
Galauernes , *calauerni deili remi.*
Galaxie , *galassia , via lattea.*
Galbanon , galbanum , *galbano.*
* Galbe , *garbo.*
* Galbuge , *garbuglio.*
Gale , noix de gale , *gala.*
Galeace , *galeazza.*
Gale-bontemps , *perdi giornata , spentierato.*
Galée , *galea , galera.*
Galefreter , *cala fattere.*
Galefretier , *calafattore.* Item , *surfante , guidone.*
* Galefrotier , *guidone , barrone.*
Galemar , *pennaruola.*
Galeote , *galeotta.* Item , *spetie di lucertola.*
Galerand , butor , *trombone.*
Galere , *galera , galea.*
* Galere , *spetie di verme grosso , con più piedi.*
Galere platte , *galera piannella.*
Galere qui a les quartiers longs , & larges , *galera quartierata.*
Galere bastarde , *galera ò galea bastardella.*
Galere estroitte , & platte , *galea sottile.*
Galerie , *galleria , loggia.*
Galerien , *forz ato . galeotto.*
Galerite , *gallerita , spetie di lodola.*
Galerne , vento , *rouaio.*
Galerneux , *dalla parte del rouaio.*
Galetas , *solaro morto.*
Galette , *focaccia.*
Galier , *guidone , surfante.*
Galiffre , *mangione , ghiottone.*
Galiffrer , *ghiottoneggiare.*
Galimaffrée , *spalletta di castrato tritta coll' intingolo.*
* Galimassué , *mazza , clàua.*
Galimatias , *ciarmella , proposito.*
Galingal , *radice di cipresso.*
* Galin-galois , *buon menchione.*
Galion , *galeone.*
Galiot , *galeotto.*
Galiotte , *galeotta.*

---

Galland , gallant , *galante.*
Gallant , ruban , *gala.*
le Gallant d'vne Dame , *drudo.*
vn Gallant , *vn surbo , vn buon cmpagno.*
Gallanterie , *galanteria.*
Gallantise , *Idem.*
Galle , *gala.*
Galle , roigne , *rogna , galla.*
Gallée , *galea.*
Galler , *grattare.*
Galler , battre , *grattar la rogna , battere.*
le Galle-tignon , *capo , testa rognosa , capo tignoso.*
Galleux , *rognoso.*
vn Galleux , *vn huomo da poco.*
il se sent Galleux. i. *si sente hauer colpa ò torto , si sente interessato.*
* Gallicelle , *spetie di gabbano ò schiauina.*
* pris de Gallico , *colto all' improuista.*
* Gallie , *garbo.*
Gallier , *vn surfante.*
Gallion , *galeone.*
Galliot , *galeotto.* Item , *spetie d'herba.*
Galloches , *zoccoli di legno serrati sotto.*
Galloches , *scular esterno.*
Gallochier , *che porta zoccoli.*
Galoches , *zoccoli.*
Galoise , *berghinella , cantoniera , pedrolina.*
Galon , *gallone , spetie di nastro ò passamano.*
Galon d'Espicier , *scaitolone di spettaro.*
Galonner, *listar vn vestito con trina ò gallone.* Metaph. *battere.*
Galop , *galoppo.*
il s'en va le grand Galop : l'Italien dit , *é spedito per le poste , sene và per le poste.*
au Galop. i. viste , *à staffetta.*
Galoper , *galoppare.*
Galoper vne personne , *correr dietro à vno.*
Galoper d'vne hanche , *ancheggiare.*
Galopin , *guattero.*
* Galuardine , *gauardina , giornea da contadino.*
* Galuauder , *mal trattar con' parole.*
Gamaches , *vose , huosa.*
Gambade , *salto , gambata.*
payer en Gambades , *pagar di salti.*
Gambader , *saltare.*
Gambadeur , *saltatore.*
Gambage , *diritto del brassaro douuto al Signore.*
Gambayer , *tempellar con le gambe , gambettare , sgambettare.*
Gambieres , *gambiere.*
Gambiller , *sgambettare , tempellar con le gambe.*
Gambre , *gambero.*
Game , *gama di musica , la z olfa.*
chanter la Game à quelqu'vn : l'Italien dit , *cantar la zolfa à vno.*
fol de haute-Game , *matto spacciato.*
hors de Game. i. *fuor di senno , fuor de' gangheri.*
* Gamelle , *boccia.*
Gainmare , *gammaro.*
Ganaches de cheual , *ganascie.*
Gance , *trina , cordellina.*
Gances d'habit , *asole , capietti.*
Gand , *Vedi* , Gant.
Gangrene , *cancrena , cancherella.*
Gangrené , *incancherito.*
Gangules , *gadule.*
Ganif , *temperarino.*

Ganiuet , *Idem.*
Ganiuettier , *maſtro di temperarini.*
Gant , *guanto.*
plus doux qu'vn Gant : l'Italien dit , *più piegheuole ch' vn giunto.*
vous n'aurez pas les Gants, vous venez trop tard dire les nouuelles : l'Italien dit , *non hauerete le calze.*
jetter le Gant , deſfier au combat , *gittar il guanto.*
Gants de Flandres. i. *le ſacoccie, per che ſogliono i fiamenghi tener le mani nelle ſacoccie.*
Gants de Noſtre-Dame , *baccaro.*
Ganté , *guantato.*
Gantes ou jantes de roüe , *cerchi di ruota.*
Gantelet , *guanto di ferro , mano pola.*
Gantelets de maille , *guanti di maglia.*
Gantelet à combattre anciennement , *ceſto.*
hauſſer le Gantelet, i. leuer la main pour frapper, *alzar la mano.*
Ganter , *guantare , metter vn guanto.*
Gantier , *guantaro.*
* Garagnon , *ſtallone.*
Garance , *robbia , rubia.*
Garancé , *tinto con robbia.*
Garanciere , *terra ſeminata di robbia.*
Garand , *malleuadore , ſi curtà.*
Garant , *idem.*
Garants de palene , cordes pour yſſer , *corde da iſſare.*
Garantie , *ſicurtà.*
Garantir , *eſſer malleuadore , far ſicurtà. Mantener vna coſa per buona. Saluare.*
ſe Garantir , *ſaluarſi , guardarſi , campare.*
Garauelle , *ſpetie di pero.*
* Garbe , *garbo.*
* Garber , *dar garbo , garbeggiare.*
Garbin , *garbino vento.*
Garbot , *ſpetie di peſce.*
* Garbouïl , *garbuglio.*
Garbuge , *idem.*
Garçaille , *puttane.*
Garçailler , *puttaneggiare.*
Garçaillerie , *puttaneſimo.*
Garce , *puttana. In certi luoghi vuol dir ſemplicemente vna putta ò fanciulla.*
Garce à chiens , *berghinella.*
Garcette , *puttanina. Item , cuiſſetto di capegli.*
Garcettes pour garnir les chables , *trincelle.*
Garchozte , *garza.*
Garcier , *puttaniere.*
Garçon , *putto , ragazzo.*
Garçon , *fanciullo , garzone , giouane.*
Garçon qui n'eſt point marié , *ſciolto , giouane da maritare.*
Garçon , valet , *ragazzo , famiglio.*
Garçon de la chambre , *aiutante di camera.*
Garçon du ſommelier , *aiutante di credenza.*
Garçon de garderobbe , *aiutante di guarda robba.*
Garçon de cuiſine , *aiutante di cucina.*
Garçon des chiens , *canattiere.*
faire le Garçon , *viuer da buon compagno.*
Garçonner , *far del garzone , far del buon compagno.*
Garçonnet , *ragazzino , puttino.*
Garçonniere , *fanciulla che pratica con giouani , fanciulla luſſurioſa.*
Gardant , *guardante.*
Garde , *guardia.*
Garde du corps , *guarda crepo.*
Garde , *ſerbo.*
de bonne garde , *facile da conſeruare.*

de mauuaiſe Garde , *che ſi può mal guardare.*
Garde , *ſoldato di guardia.*
Garde , *cuſtode.*
Garde des Seaux , *guarda ſigilli.*
Garde d'vne eſpée , *guardia , fornimento.*
Gardes d'vn ſanglier , *artigli ſperoni.*
Garde d'accouchée , *guarda donne.*
Garde de malades , *idem.*
Gardes des Marchands , *capi.*
Garde de foreſts , *boſcaiuolo.*
Garde bois , *idem.*
Gardes d'vne ſerrure , *ſcontri , riſcontri.*
Garde-noble , *tutela di figliuoli nobili.*
vn Garde-boutique , *robba cattiua ò vecchia.*
eſtre ſur ſes Gardes , *ſtar in ceruello.*
Gardes des ports , & portes , *datiere.*
Garde-feu , *guarda-fuoco.*
Garde-moulin , *molinaro.*
Garde de pont , *pontonaio , pontonare.*
prendre Garde à peu , *guardar à poca coſa.*
que ie n'ay Garde , *ohibo.*
il n'a Garde , *non farà già , non è per fare , non ardiſce.*
ſe donner de Garde , *guardarſi.*
ſe donner de Garde de faire , *aſtenerſi.*
choſe qui ſe Garde , *ſerbaticcia coſa.*
prendre Garde , *hauer cura , por mente , hauer occhio.*
donner en Garde , *dar in ſerbo.*
Garde-bras , *bracciale.*
Garde-meuble , *luogo da riporre i mobili.*
Garde-note , *Notaro.*
Garde-ſerre , *retegno del paſſerino.*
Garde-reins , *parte d'armatura che cuopre i reni.*
Garde-fol , garde-fou , *ſponda di ponte.*
Garde-manches , *ſourà maniche.*
Garde-manger , *ſaluarobba.*
Garde-talons , *calcagnetti.*
Garder , *guardare , ſerbare.*
Garder , *oſſeruare.*
Garder la chambre , *non vſcir di camera.*
Garder le lict , *leteggiare.*
Garder la maiſon , *ſtar in caſa.*
Garder le mulet , *aſpettar alla porta.*
Garder les moutons à la Lune. i. *eſſer appiccato in campagna.*
Garder le ſilence , *oſſeruare il ſilentio.*
ie te la Garde-bonne. i. *tu me la pagherai , tela far ò vna volta.*
ſe Garder de faire , *aſtenerſi.*
Garderobbe , *guardarobba , camerino.*
Garderobbe , priué , *neceſſario , ceſſo , deſtro.*
Garderobbe , herbe , *abruotano , abruotina.*
vn Garderobbe de femme , *ſoprameſſa.*
Gardeur , *guardatore , ſerbatore.*
habillé comme vn Gardeur de lions , qui porte rouſiours vn meſme habit , *veſtito come le figure : dit l'Italien.*
Gardien , *guardiano.*
Gardon , *albio , peſce.*
Gare , *guarda guarda , via , à voi.*
Gare. i. *guardati , auuertiſci di qualche male.*
Gare l'eau , *à voi.*
ſans dire Gare. i. *ſenza auuiſare , ò ſenza eſſer chiamato.*
Garée , *terreno ſuelto ò deſerto.*
Garénce , garance , *rubia.*
Garenne , *conigliera.*
celuy-là eſt de Garenne. i. *oh queſta è bella.*
Garenneux , *pieno di conigliere.*
Garentir , *Vedi , garantir , &c.*

Garentissement, *sicurtà.*
Garentisseur, *mantenitore.*
Garenty, *mantenuto per buono.*
se Garer, *leuarsi via, guardarsi.*
Gargamelle, *gozzo.*
Gargarisme, *gargarismo.*
Gargarization, &
Gargarizement, *gargarizamento.*
Gargarizer, *gargarizare.*
* Gargatte, *vgola.*
Gargotter, *mangiar nella bettola.*
Gargotterie, *bettola.*
Gargottier, *bettoliere.*
Gargouille, *canna del gozzo.*
Gargouille, *canale da gittar acqua, doccia.*
Gargouillement, *borboglio.*
Gargouiller, *borbogliare.*
Gargouillis, *borboglio.*
* Garguesques, *brache.*
Garguesses, *Idem.*
Garguillon, *canna della gola.*
Garigno, *osso segnato come vn dado.*
* Garine, *cisto.*
Gariofilé, *cariofilato.*
Gariophilate, *cariofilo, garofano.*
* Garipot, *larice.*
Garite, *luogo di rifugio, maschio di fortezza. Item, torre*
  *ò casino di sentinella.*
Garites de pouppe, *garitte.*
Garnement, *furfante, barro, huomo cattino.*
Garnir, *guernire, fornire.*
Garnir la main, *dar sicurtà nelle mani. Item, Metaph. dar*
  *la mancia, corromper con danari ó doni.*
Garnir vn bas, *scappinare, rimpedulare.*
Garnir vn fourreau, *verettare.*
Garnison, *presidio.*
auoir vne Garnison dans ses chausses, &c. i. *hauer pidocchi.*
Garnissement, *guernimento.*
Garnisseur, *guernitore.*
Garniture, *fornimenti, finimenti.*
Garny, *fornito, guernito.*
Garon, *salsa di pesce marinatio. Item, anchioue.*
Garou, *seruatico, spauenteuole, horrido.*
Garrer, *spalmare ò calafattare vn vascello.*
Garrot, *randello.*
mal sur le Garrot, *guidalesco.*
Garrot de cheual, *guidaresco.*
Garrot, trait d'arbaleste, *quadrello.*
Garottement, *randellamento.*
Garotter, *randellare.*
Garroüage, *puttanesimo, bordellamento.*
Garrulité, *garrulità.*
* Gars, *garzone.*
Garsaille, garse, garsette, garson, Vedi, Garçaille,
  garce, &c.
Garson-fillette, *cinettino.*
Garsonnaille, *quantità di ragazzi, canaglia.*
Garzignole, *pero garzignuolo.*
Gasche, *staffa.*
Gasche, *remo.*
Gascher, *vogare, remigare.*
Gascher le plastre, *rimescolar il gesso.*
* Gascher du gros, Metaph. *cagare.*
Gascheur, *rematore, remigante, vogatore.*
Gascheux, *guazzoso.*
Gaschis de maçon, *gesso rimescolato, guazzo di cimento ó*
  *gesso.*
Gascogne, *Guascogna.*

Gasconnade, *rodomontata.*
Gascon, *Guascone.*
Gasconner, *far rodomontade. Item, rubbare.*
Gason, *zolla, tepa di prato.*
Gastouillement, *cinguettamento.*
Gasouiller, *cinguettare.*
Gasouilleur, *cinguettatore.*
Gasouillis, *cinguettamento.*
Gaspiller, *scialacquare, sguazzare.*
Gaspilleur, *scialacquatore.*
* Gast, *guasto.*
* Gastadour, *guastadore, guastatore.*
Penfant Gasté, *allieuo da vedona.*
Gasteau, *cosa di pasta, bozzolaio, focaccia.*
Gasteau fueilleté, *sfogliata.*
auoir part au Gasteau: l'Italien dit, *beccarsi d'vna cosa.*
Gaste-bois, *cattiuo lauorante di legname.*
Gastelet, *picciola focaccia.*
Gastement, *guastamento.*
Gaste-mestier, *mastro che lauora ó insegna per poco prez-*
  *zo, strappazza mestiere.*
Gaster, *guastare.*
Gaste-paué, *straccamuricciuoli.*
se Gaster, *corromperfi.*
se Gaster de vin, *imbriacarsi.*
ne Gaster guere d'vne viande, *non far guasto.*
Gasteresse, *guastatrice.*
Gaste-santé, *mal sano, che guasta la sanità.*
Gasteur, *guastatore, corrompitore.*
* Gastine, *criua, terra arenosa, deserto. Item, pascibio.*
* Guastis, *guasto.*
Gastricque, *gastrico.*
Gastromantie, *diuinatione dal bellico.*
Gastrotomie, *dissettione di belico.*
Gauache, *ganaccia.*
Gauche, *manco, sinistro.*
Gauche, mal à droit, *goffo.*
à Gauche, *à man manca, alla mancina.*
il est du costé Gauche. i. *è bastardo.*
il vient du costé Gauche. i. *viene per via indiretta.*
Gaucher, *mancino.*
Gauchir, *pirgare, finestrare.*
Gaude, *gualdo.*
les Gaudées, *preghiere senz' attentione.*
Gandelureau, *cinettino, zerbinotto.*
Gauderon, Vedi, Gaudron.
Gaudeamus, *buona vita, strauizzo.*
Gaudinette, *gionane allegra.*
* Gaudir, *rallegrarsi.*
* Gaudissant, *rallegrante, burlante.*
* Gaudisseur, *burlatore, buffonesco, allegro.*
pasté de Gaudiueau, *pasticcio di vitella battuta.*
Gaudron, *piega di latuca alla Spagnuola.*
Graudron, *ferà gaudronner, canicchiotto.*
Gaudronner vne fraise, *tirar sù la latuca col canicchiotto.*
Gaudronner vn vaisseau, *spalmare,* Vedi, godron, &c.
Gaue, *gozzo ó canna d'vcello.*
Gaueau, *buco.*
se Gauer, *imbriacarsi. Propriamente tuffarsi.*
Gauereau, *spetie di smergo.*
Gauffres, *cialde, bossolcelli.*
Gauffres, trous de rayon de miel, *celle.*
Gauffrer le satin, *stampare il raso.*
Gauffré, *stampato.*
Gauffreur d'estoffes, *stampatore.*
Gauffreure, *stampatura.*
Gauffrier, *ferro da cialde ó bossolcelli.*
Gauier, &

Gauion , gozzo.
Gaule , bachetta , bachettina.
Gaule , pertica longa.
la Gaule , Gallia.
Gaulée , perticata , batacchiata di frutti.
Gauler les fruits , batacchiare , perticare.
Gauleur , batacchiatore.
Gauon , recoin de la prouë , ganoue.
Gauot. , spetie di pesce.
Gauotte , spetie di danza.
Gaupe , gagliossa , goffa.
Gausser , beffare , burlare , motteggiare.
Gausserie , burla.
Gausseur , beffardo , burliere , motteggiere.
Gausseule , burliera.
Gay , allegro , giocondo.
Gayable , gueable , guazzeuole.
Gayac , legno fauto.
Gaye , allegra.
Gayement , allegramente.
Gayer , guazzare.
Gayeté , allegrezza , giocondità.
de Gayeté de cœur , di pura volontà.
Gayon , spetie di pefciolino.
Gaze , torca.
Gazelle , spetie di capra feluatica.
Gazette , gazella.
vne Gazette. i. vna ciarliera.
Gazetier , Gazetiere.
Gazon , zolla , tepa di prato.
Gazouiller , gazouillis , &c. Vedi , Gasouiller.

G E

Geais , giaietto.
Geant , gigante.
Geante , gigantessa.
Geanterie , giganteria.
Geantin , di gigante , gigantino.
Geantifer , far del gigante.
Geay , ghiandaia.
Gect , gitto. Tiro di rete. Spicchio d'acqua.
Gects d'oiseaux , getti.
Gectons , gittoni , fiorini da contare. Item , rampolli.
Gehenne , tortura , tormento , corda.
tenir à la Gehenne , tener sù la fune.
Gehenner , tormentare , dar la corda.
Gehenneux , tormentofo.
* Geigneur , che si duole ò geme.
* Geigneufe , donna che geme.
* Geindre , lamentarfi , lagnarfi , gemere.
Geiner , dar la corda , tormentare.
Gel , gielo.
Gelamine , gellamina.
Gelatine , gelatina.
Gelé , gelato.
Gelée , gielo. Item , gelatina.
Gelement , gelamento.
Geler , gelare.
Geleür , gelatore.
Geline , gallina.
Geline de bois , fagiana. Item , orano.
Geline d'Affrique , gallina d'India.
Gelinette , gallinella.
Gelinier , pollaio.
Gelinotte , fagiana.



Gelinotte de bois , orano.
Gelure , gelatura.
Gemeau , gemello.
Gemelier , doppio , gemello.
Gemelle , gemella.
Gemelles à renforcer le mast , lampazze.
Gemellé , fopra legato , rinforzato.
* Geminé , duplicato , geminato.
* Geminer , duplicare.
Gemir , gemere.
Gemissable , lamentevole.
Gemissement , gemito.
Gemme , gemma.
Gemmé , gemmato.
Gemmeux , pieno di gemme.
Gencive , genzia , gengiva.
Gendarme , foldato. Soldato à cavallo , huomo d'arma.
fe Gendarmer , recarfi in battaglia.
Gendarmerie , gente d'armi.
Gendarme à vne pierre , granelle.
Gendarmeux , granellofo.
Gendre , genero.
Genealogie , Genealogia.
General , Generale.
General d'armée , Generale d'effercito.
Generalat , Generalato.
Generale , galea dell' Ammiraglio ò Generale.
Generalement , generalmente.
Generalité , Generalità.
Generateur , Generatore , Genitore.
Generatif , generativo.
Generation , generatione.
Generatrice , Genitrice.
Generauté , Generalità. Officio di Generale. Generalato.
* Generer , generare.
Genereusement , generofamente.
Genereux , generofo.
Generosité , generofità.
Genese , Genefi.
Genest , ginestra.
Genestaye , luogo pieno di ginestre.
Geneste , ginestra.
Genestier , di ginestra.
Genestriere , campo di ginestre , ginestriera.
Gener , ginetto di Spagna.
Genet , spetie di morfo alla ginetta.
à la Genette , alla ginetta.
Genetin , spetie di vin bianco.
Geneue , Ginevra , città.
Genevois , Ginevrino.
Geneure , ginepro.
Genevrier , ginepro.
Genial , geniale.
Geniculaire , fraffinea.
Genie , Genio.
Genin , becco cornuto.
Geniffe , giovenca.
Genital , genitale.
Genitif , genitivo.
Genitif , generativo.
Genitoires , testicoli.
Geniture , genitura.
Genne , corda , tortura , fune.
Genner , tormentare , dar la fune.
Genois , Ginovefe.
Genouil , ginocchio.
Genouil de la roüe , girone.
à Genouils , ginocchione.

Genouillée ,

Genouillée, *ſpetie d'herba, gramigna.* Item, *colpo di ginochio, ginocchiata.*
Genouilliere de botte, *ginocchiera.*
Genouillieres d'armes, *ginocchietti.*
Genouillet, *ginocchietto.*
Genre, *genere.*
Gens, *gente, genti.*
Gens d'armes, *gente d'armi.*
Gens d'Eglise, *Ecclefiaſtici.*
Gens de Iuſtice, *Giuſtitieri.*
Gens de meſtier, *arteggiani.*
Gens de pied, *fanti, fantacini.*
Gens de ſac, & de corde, *ſcapeſtrati.*
petites Gens, *gente minuta, gente baſſa.*
* Genſemy, *gelſomino.*
Gent, *gente, natione.*
* Gent, *gentile, gratioſo.*
Gente, *Vedi*, Iante.
* Gentement, *gratioſamente.*
Gentiane, *gentiana.*
Gentienne, *Idem.*
Gentifemme, *gentildonna.*
Gentil, *gentile.*
faire le Gentil, *ſtar in ſu'l tirato.*
Gentil-homme, *gentil-huomo, nobile.*
Gentil-homme de ligne, *par raillerie:* l'Italien dit, *Cauallier di Malta,* par alluſion, de *Malta,* qui ſignifie du mortier.
Gentil-homme de la courte eſpée. i. *taglia borſe.*
Gentil-homme de village, ou
Gentil-hommeau, *gentilotto.*
Gentil-homme de Beauſſe, qui vend ſes chiens pour auoir du pain: l'Italien dit, *parente di Bartolo, che vende la vigna per comprarſi del pane.*
Gentiliſer, *gentiliz are.*
Gentiliſme, *gentilità.*
Gentilité, *gentilità.*
Gentillaſtre, *gentilotto.*
Gentillement, *gentilmente.*
Gentils, i Gentili, *i Pagani.*
Gentiment, *gentilmente.*
* Genufleſtion, *genufleſſione.*
Geographie, *Geografia.*
Geographique, *Geografico.*
Geolage, *pagamento di carceratione.*
Geole, *caſa di carceraro, carcere.*
Geole, *luogo da rinchiudere i tori.*
* Geolerie, *carceramento.*
Geolier, *cuſtode di carcere, carceraio.*
Geolliere, *carceriera, moglie del cuſtode di carcere.*
Geomantie, *Gromantia.*
Geometrie, *Geometria.*
Geometre, Geometrien, *Geometro.*
Geometrique, *geometrico.*
Gerbe, *faſcio di paglia ò biada.*
faire Gerbe de paille à Dieu: l'Italien dit, *far barba di ſtuppa.*
cocu en Gerbe, *fatto becco cornuto, doppo eſſer maritato.*
Gerbée, *quantità di faſci.*
Gerber, *affaſtellare, far faſci di biade.*
Gerber des tonneaux, *ordinar botti l'vna ſopra dell'altra.*
Gerbier, *mucchio di faſci.* Item, *granaio.*
Gerbiere, *monte di faſci di biade.*
Gerce, *tignuola.*
Gercer, *crepolar la pelle dai freddo.*
Gerceure, *crepolatura.*
* Gerer, *fare, eſſeguire.*

Gerfaut, *girifalco.*
Germain, *germano.*
Germaine, *ſpetie di pomo.*
Germandrée, *calamandrina, querciuola.*
Germe, *germoglio.*
faux Germe, *mola.*
Germement, *germogliamento.*
Germer, *germogliare.*
Germeux, *germoglioſo.*
Germillon, *ſperma.*
* Germination, *germogliamento.*
Geron, *grembo.*
Gerſer, *Vedi,* Gercer.
* Geſante, *impagliolata.*
Geſier, *magone, ventricchio.*
Geſine, *lo ſtar in letto di porto.*
* Geſir, *giacere.* Item, *conſiſtere, ſtare.*
il ſçait où Giſt le lievre. i. *ſa il nodo del negotio.*
il Giſt en cela, *conſiſte ò ſtà in queſto.*
Geſne, *corda, fune, tortura.*
Geſner, *dar la corda, tormentare i rei.*
Geſſe, *ſpetie d'aſta.*
Geſtation, *geſticolatione.*
Geſte, *atto, geſto.*
Geſticulaire, *geſticolare.*
Geſticulation, *geſticolatione.*
Geſtion, *geſticulation, geſticolatione.*
Get, *ſpicchio d'acqua, geito.*
Gets d'oiſeau, *getti.*
Getter, *gittare.*
Getton d'arbre, *meſſa, tallo.*

G I

* Gibbe, *gobba.*
Gibbeciaire, *taſca.*
* Gibbeux, *gobbo.*
Gibet, *le forche.*
au Gibet, ſorte d'imprecation, *và alle forche, vna forca che appichi, và t'appica.*
Gibier, *vccellame, propriamente cacciagione.*
cela n'eſt pas de voſtre Gibier, *non è coſa della voſtra profeſſione, voi non la capite.*
du Gibier, Metaph. *vna puttana.*
* Giblet, *foret, ſquilletto, ſpilletto.*
Giboulée, *acquaz z one.*
Giboyer, *cacciar vccellami.*
Giboyeur, *cacciator d'vccellame.*
Gieroglifique, *gieroglifico.*
Gifflard, *che hà ganaſcioni.*
Giffle, *ganaſcione.*
Gigantal, *gigantino, di gigante.*
Gigantin, *Idem.*
Gigantomachie, *gigantomachia, guerra de' Giganti.*
Gigot, *lachetta ò coſcia di caſtrato.*
Gigotteau, *lachettina.*
* faire Giles, *batterla, fuggire.*
* Gimbelet, *ſpilletto.*
* Gimbreter, *ſaltellare.*
Gindre, *gemere.*
Gingembre, *zenzeuero.*
Gingembre de jardin, *dittamo, herba.*
Gingeolin, *giallolino, giuggiolino.*
* Gingioule, *giuggiolo.*
Gingioulier, *giuggiolo, albero.*
Ginguet, *ſuz z achera.*

Ginulier, *frassinella.*
Giraffe, *giraffa.*
Girandolle, *girandola.*
* Girasole, *girasole, pietra.*
Girelle, *spetie di pesciolino.*
* Girer, *girare.*
Giret, *spetie di caparassone.*
Giroflade, *viola.*
Girofle, *garofano.*
Giroflée, *viola.*
Giroflée double, *viola mammola.*
Girofflier, *viola.*
Giromantie, *giromantia.*
Giron en armoiries, *girone.*
vne Gironnée, plein son giron; *pieno il grembo.*
Giron, *grembo.*
Gironomique, *circolare.*
Girouette, *girella, banderuola.*
Girouëtte qui tourne à tout vent. i. vn inconstant: l'Italien dit, *Angelo di Badia.*
Gisant, *giacente.*
Gisier, *ventriglio, ventricchio.*
Gisole, *gestola.*
Giste, luogo doue si dorme. *Il dormire in vn luogo pagamento di esso.*
Giste d'animal, *conile.*
Giste de lievre, *lepraio.*
Giste de bois, *appoggio, colonna, sostegno.*
du Giste de bœuf, *pezzo del fianco del bue.*
il faut reuenir au Giste, *bisogna tornar il fine.*
Gister, *dormire in vn luogo, ritirarsi, annidarsi.*
cy-git, *qui giace.*
Gith, nigella Romana, *nepitella.*

## G L

Glace, *ghiaccio.*
Glace de miroir, *vetro, bambola.*
ferré à Glace, Metaph. *sodo, fermo, sicuro.*
Glace, miroit, *specchio.*
Glaces de pierre precieuse, *granelle.*
Glacé, *ghiaciato.*
Glacé, qui se dit d'vne pierre fine, *granellosa, ghiacciosa.*
Glacer, *ghiacciare, gelare.*
Glacer vne doubleure, *imbastire.*
Glaciar, *di ghiaccio.*
Glaciere, *ghiacciura.*
Glacis, *pendio, luogo sdrucciolante.*
* Glaçoir, *cesso, destro.*
Glaçon, *ghiacciuolo, pezzo di ghiaccio.*
Glaçon qui pend, *stillecchio.*
Gladiateur, *Gladiatore.*
* Gladiation, *abbatimento di gladiatori.*
Glainer, *Vedi, Glaner.*
Glaire, *albume, chiara d'vouo.*
Glaire de grenouïlles ou poissons, *lumia.*
Glaire, *ghiara, arena.*
Glaireux, *ghiavoso.*
Glais, gladiola, *gladiolo.*
Glaitel, *Idem.*
Glaiue, *spada, coltello, hasta.*
Glaize, *creta viscosa.*
Glan, *lo spigolare.*
Gland, *ghianda.*
Gland, *capella del membro virile.*
Gland de Iupiter, *castagna.*



Gland de mer, *spetie di mitolo.*
Gland onguentaire, *vnguentaria ghianda.*
Glandage, *tempo di raccoglier ghiande.*
Glandager, *dar ghiande a' porci.*
Glandaux, *spetie d'oline.*
Glande, *coccia.*
Glande aux aines, *anguinaia.*
Glandes au col, *amiddale.*
Glandée, *raccolta di ghiande.*
Glandeer, *raccoglier ghiande.*
Glandeux, *ghiandoso.*
Glandier, *che produce ghiande.*
Glands, *cordelle ò bottoni di colare fatti in forma di ghiande.*
Glandulaire, *granellosa.*
Glandule, *coccia glandula.*
Glanduleux, *pieno di coccia.*
Glane, *lo spigolare.*
Glane, *mazzo, resta di cipolle.*
Glanement, *spigolamente.*
Glaner, *spigolare.*
Glaneur, *spigolatore.*
Glaneure, *spigolamento.*
Glaneuse, *spigolatrice.*
Glappier, clappier, *caua di conigli.*
Glappir, *ghiattire, gagnolare, strillare.*
Glappissement, *ghiattimento.*
Glappisseur, *ghiattitore, gagnolatore.*
* Glas, *strepito di campagne.* Item, *ghiaccio.*
* Glason, *zolla.*
Glassonneux, *viscoso.*
Glasser, *ghiacciare.* Item, *imbastire.*
Glastis, *pendio.* Item, *imbastitura.*
Glatir, *ghiattire.*
Glatissant, *ghiattente.*
Glatissement, *ghiattimento.*
Glatisseur, *ghiatticore.*
Glaye, *giglio azzurro.*
Glayeur, *gladiolo.*
Glayeul bastard, *falso acoro.*
Glayeul puant, *spatola fetida.*
Glayeul sauuage, *Idem.*
Glette, *gromma.*
Gletteron, *lappola.*
Gletteux, *grommoso.*
Glic, *spetie di giuoco.*
Glicer, *Vedi, Glisser.*
* Gliron, *ghirone, ghiro.*
Glissade, *sdrucciolo, sdrucciolata.*
Glissant, *sdrucciolante.*
Glissement, *sdrucciolamento.*
Glisser, *sdrucciolare.*
le Glisser du poisson, *squizzare.*
se Glisser doucement, *sottentrare, entrar piano, scorrere;*
en se Glissant, à spina pesce: *sdrucciolone.*
Glissoire, *squizzara, sdrucciolo.*
Globe, *globo.*
Globeux, *di forma di globo, tondo.*
Globuleux, *Idem.*
Glogoter, *chiocciare.*
Gloire, *gloria.*
Gloire, *superbia.*
vaine Gloire, *vanagloria.*
* Gloriette, *persona vana ò superba.* Item, *cabinetto; pergolato di giardino.*
Glorieuse, *gloriosa.* Item, *superba.*
Glorieusement, *gloriosamente.* Item, *superbamente.*
* Glorieuseté, *superbia.*

Glorieux, *glorioso.* Item, *superbo, vana glorioso.*
Glorification, *glorificatione.*
Glorifier, *glorificare.*
Glose, *chiosa, glosa, chiosa.*
Gloser, *interpretare, far la chiosa.*
Gloseur, *interprete, interpretatore, critico.*
Glosser, Gloucer, &
Glousser, *chiocciare, abbocciare.*
le Glou glou de la bouteille, *crò crò.*
* Glout, *ghiotto.*
Gloutement, *ghiottamente.*
Glouteron, *lappola.*
Glouton, *ghiottone.*
Gloutonner, *ghiottoneggiare.*
Gloutonnie, *ghiottonia.*
Glu, *pania.*
Glu de paille, *fascia di paglia.*
Glu de chardon, *sugo di cardo da far pania.*
Glu, *pania.*
Gluant, *viscoso.*
Gluau, *panione.*
tendre les Gluaux, *impaniare.*
Glut, ergo gluc, *parola di burla.*
Gluement, *inuischiamento.*
Gluer, *inuescare, incollare.*
Glueur, *impaniatore.*
Glueux, *viscoso.*
Gluon, *panione.*
Glutineux, *viscoso.*
* Glutinosité, *viscosità.*

### GN

G Nomonique, science de l'ombre des stiles, *gnomonica.*

### GO

* entrer tout de **Go**, *entrar senza picchiare.*
* Gobeau, *bocconcino, boccone.* Item, *bichiere ò coppa.*
Gobelet, *tazza, coppa, bicchiere.*
Gobelet de fleur, *coppa.*
Gobelets, *piè cornino.*
jouër aux Gobelets, *giuocar di mano, giuocar de' bicchieri.* Metaph. *rubbare, trafugare.*
jouëur de Gobelets, *bagatelliere.* Item, *ladro.*
Gobelin, *buon compagno.* Item, *spirito folletto.*
Gobeliner, *far strepito à guisa di folletto.*
Gobe-mouches, *spetie di passera, propriamente, apiastra.*
Gobequinant, *goloso.*
Gober, *inghiottire, mandar giù.*
Goberge, *spetie di pesce, perca.*
se Goberger, *trastullarsi, pigliarsi spasso.*
Gobeur, *inghiottitore.*
Godeau, *piantatoio, cauicchiotto da piantare.*
Godeleureau, *menchione, sciocco.*
Godemare, Cochemare, *pesaruola.*
Goderon, *piega di collare alla Spagnuola.*
Goderonner, *tirar su il collare ò lattuca.*
Godet, *vaso, boccalletto, bicchiere.*
Godets à mettre les couleurs, *porcelle.*
* Godinette, *gentile, giouane allegra.*
Godiuenux, *vitella battuta, polpette.*
Godran, *spalmatura.*
Godron, *Idem.*

Godron, *piega di lattuca alla Spagnuola.*
Godrons, tourteaux à éclairer, *bozzolai.*
Godronner, *tirar su la lattuca.*
Goës, *spetie d'una bianca.*
Godronner, *spalmare un vascello.*
Goffe, *goffo.*
Goffres, *celle di fatto di mele.* Item, *bastoncelli, cialde.*
Gogaille, *gozzouiglia, stranizzo.*
Gogayer, *star allegro.*
à Gogo, *à suo piacere, à solazzo one, à bomba.*
Gogue, *spetie di torta d'herbe.* Item, *humor allegro.*
il est à ses Gogues, *egli è allegro.*
Goguelu, *fanforone, burliere.*
Goguenard, *burliere, motteggiere.*
Goguenarder, *buffoneggiare, burlare.*
Goguenarderies, *burle, baie.*
Goguettes, *baie, burle.*
Goinfre, *mangione, abboccato.*
Goinfrer, *mangiar bene, ghiottonare.*
Goitre, *gozzo.*
Goitreux, *che hà il gozzo.*
Goldron, *spalmatura.*
Goldronner, *spalmare.*
Goldronneur, *spalmatore.*
Golet, goulet, *bocca di vaso.*
Golfe, *golfo.*
Gomme, *gomma.*
Gomme dragagant, *tragacanta.*
Gommement ou gommeure, *gommatura.*
Gommer, *gommare.*
Gommeux, *gommoso.*
Gonagre, *gotta nelle ginocchia.*
Gond, *ganghero, cardine.*
estre hors des Gonds. i. hors de soy, *esser fuor di gangheri.*
sortir des Gonds. i. hors de raison, *sgangherarsi, uscir fuor de' gangheri.*
arracher des Gonds, *scardinare, sgangherare.*
Gondole, *gondola.* Item, *vaso in forma di gondola.*
Gondolier, *gondoliere.*
Gonfalonnier, *gonfaloniere.*
Gonfannier, *Idem.*
Gonfanon, *Gonfalone.*
Gonfannonier, *gonfaloniere.*
Gonfle, *gonfio.*
Gonfler, *gonfiare.*
Gonorrhée, *gonorrea.*
Gorbion, *emforbio, herba.*
Gorge, *gola.*
Gorge, poictrine de femme, *petto.*
grosse Gorge, goitre, *gozzo.*
rendre Gorge, *vomitare.* Metaph. *restituire.*
se couper la Gorge, *ammazzarsi l'un l'altro.*
cela me coupe la Gorge, *questo mi rouina.*
à Gorge desployée, *alla smascellata, à scoppia cuore.*
Gorge droite, en Architecture, *gola diritta.*
Gorge renuersée, en Architecture, *gola rouescia.*
Gorge-rouge, oyseau, *pettirosso.*
tenir le pied sur la Gorge, *violentar uno.*
Gorgée, *pieno, carico, lesto.*
jambes Gorgées, *gambe gonfie ò enfiate.*
Gorgée, *sorso.*
Gorger, *ingorgare.*
Gorgerette, *gorgeria.*
Gorgerin, *gorgiarino.*
Gorgerin en Architecture, *scotia.*
Gorgette, *goletta.*
petit Gorgias ou bandelette, *fascia picciola.*

* Gorgias , allegro.
* se Gorgiaser , rallegrarsi.
la Gorre , il mal venereo.
Gorre , porca , scrofa.
Gorret , porchetto.
* Gorrier , galante.
Gosier , canna della gola.
grand Gosier. i. mangione.
le Gosier paué. i. che mangia caldo.
Gosiller , strozzare.
Gosse , baccello , sauule.
Gosse d'ail , spicchio d'aglio.
Gothique , gotico.
Goudronner , Vedi , Godronner.
donner la Goüesche , dar la baia ò la gabattina.
Goustre , voragine.
Gouffreux , voraginoso.
Gouge , garbio.
Gouge de Mareschal , scobbia.
vne grosse Gouge , vna donnona ò donnaccia , vna puta-
   naccia.
Gouhourde , cucuzza.
Goujat , ragazzo di soldato , bagaglione.
* Gouillard , ghiottone.
* Gouillardise , ghiottoneria.
* Gouillaffre , ghiottone , mangione.
Goüinfre , buon compagno , mangione.
Goujon , gobbio.
Goujon de menuiserie , canicchiotto.
Goulard , mangione , goloso.
* Goularder , ghiottoneggiare.
Goulée , sorso.
dire des Goulées , dir brutte parole.
Goulet , bucciolo , bocca di vaso.
i'en ay iusques au Goulet. i. ne hò piena la pancia.
* Goulfanin , mangione.
Goulfe , golfo.
Goulfre , voragine.
Goulot , canale.
Goultran , spalmatura.
Goulu , goloso , ghiotto.
vn bon Goulu , vn abboccato.
Gouluëment , golosamente.
* Goumer , coppa.
* Goupil , volpe nella tana.
Goupille , canicchia , canicchiotto.
Goupillon , spargolo.
Gourd , engourdy , intormentito , assiderato brivido.
les mains Gourdes , le mani brinide.
Gourdin , cordino , bastone.
Gourdir , abbriuidare , assiderare.
Gourfouler , mortificare.
Gourgandine , bagascia , berghinella.
* Gourgue de moulin , canale.
Gourmande , sgrugnone.
Gourmand , ghiotto , goloso.
pillule Gourmande , pillola masticcina.
Gourmandant , ghiottoneggiante.
Gourmander , golosinare , ghiottonare.
Gourmander vne personne , mal trattar con parole ,
   stratiare , strapazzare.
Gourmanderie , stratio. Item , golosina , ingordigia , go-
   la.
Gourmandeur , ghiottone , mangione.
Gourmandise , ingordigia , gola.
Gourme , cimorro , cimorrea.
Gourmer , dar sgrugnoni.
se Gourmer , darsi delli pugni , far a' pugni.



Gourmer vn cheual , metter il barbozzale.
Gourmet , assaggiator di vino , sensale di vini.
Gourmeter , metter il barbozzale.
Gourmette , barbozzale.
Gourmaud , spetie di pesce cappone , dentale , dentone.
Gouineau , idem.
Gousse , guscio , baccello di faue ò piselli.
Gousse d'aux , spicchio ò testa d'aglio.
Goussepiller , scuottere , strapazzare.
Gousset de chemise , gherone.
senteur de Gousset , puzza di astelle quel puzzore , che
   si sente delle ditella delle persone rosse riscaldure.
Gousset , saccoccia picciola , borsetto.
Gousset de bois , certo beccatello ò ritegno da sostener vna
   tauola ò asse.
Gousset , barre qui fait mouuoir le gouuernail , aghiac-
   cio.
Goussu , che hà il guscio.
Goust , gusto.
entrer en Goust l'Italien dit , venir in succhio.
faire perdre le Goust du pain. i. far morir vno.
Gouster , gustare.
Gouster , merendare.
le Gouster , la merenda.
ie ne puis Gouster cela. i. non mi piace quella cosa.
Goutran , spalmatura.
Goutte , goccia , gocciola stilla.
la mere Goute , vino non tereclato.
Goutte à Goutte , à goccia à goccia.
n'ouïr Goutte , non sentir , esser sordo.
ne voir Goutte , non vedere , esser cieco.
Goutte , podagra , gotta.
Goutte crampe , granfio.
Goutte de lin , certa herba.
Goutte sciatique , sciatica.
Gouttelé , gocciolato.
Goutelette , giocciolina.
Goutteron , vasetto col becco , caraffina.
Goutte-rose , rossor di viso.
Goutteux , podagroso , gottoso.
Gouttiere , gronda , gorna , gocciolatoio.
Gouttiere le long de la perche du bois d'vn cerf , cana-
   le.
la Gouttiere d'vn liure , canale.
* Gouue , caua da riporre il grano.
Gouuernail , timone.
Gouuernant , gouernante.
Gouuernante , reggente.
Gouuernement , gouerno.
personne de mauuais Gouuernement , persona di mal af-
   fare.
Gouuerner , gouernare.
se Gouuerner en vn affaire , portarsi , comportarsi in vn
   negotio.
Gouuerner vne personne , esser in fauore appresso vno.
se Gouuerner mal , qui se dit d'vne femme , far copia di
   se.
Gouuerneur , gouernatore.
Goy , spetie d'vuua bianca è grossa.


G R


* G Rabat , letticriuolo.
  G Grabeler , rimeschiare , rimescolare , esaminare.
Grabeleur , rimescolatore , esaminatore.
Grabouïlle , garbuglio.

* Grabouiller , *grabugliare.*
* Grabuge , *garbuglio.*
* Grabuger , *garbugliare.*
Grace , *gratia.*
Graces , *ringratiamento.*
Grace de S. Paul, pierre contre la morsure des serpents, *gratia di Paolo.*
bonne Grace , *garbo di gratia.*
bonne Grace d'vn lict , *cortina picciola verso il capo del letto.*
cela a mauuaise Grace , *fà brutta vista.*
bonne Grace de grands , *gratiosa.*
de vostre Grace , *mercè vostra.*
il est venu de la Grace de Dieu. i. *non si sà donde sia venuto.*
auoir les bonnes Graces d'vne personne , *esser nella gratia d'vno , esser fauorito.*
de Grace , *di gratia.*
vous auez bonne Grace de vouloir , &c. par Ironie, *voi hauete gran ragione di voler.*
fait de mauuaise Grace , *sgarbato , senz a garbo.*
estre aux mauuaises Graces , *esser nella disgratia d'vno.*
Gratieusement , *gratiosamente.*
Gratieuseté , *amoreuolezza , gratia.*
Gratieux , *gratioso.*
Gradation , *gradatione.*
Grade , *grado.*
Gradué , *graduato.*
Graduel , *graduale.*
Graduellement , *gradualmente.*
Graduer , *graduare.*
* Graffe , *rampino.*
* Graffigner , *sgraffignare.*
Graïer , *signore d'vna portione di selua.*
* Graile , gresle , *gracile.*
Graille , *mulacchia.*
* Grailler , *gracchiare.* Item , *sonar la sordina.*
* Grailleux , *gracchioso.*
Graillons , *auanzi di carne , auanzugli.*
Grain , *grano.*
Grain , *ogni sorte di Biade.*
Grain de Turquie , *formentone.*
Grain d'orge , pustule sur la paupiere , *orzaiuolo.*
Grain d'orge , pic à grain d'orge , *ferro in forma di grano d'orzo.*
Grain d'orge , fer de tourneur , *triangolo.*
Grain de ladrerie , *ghiandola.*
Grain d'estoffe , *granaglia.*
Grain de raisin , *acino.*
argent de dix Grains , *argento di dieci leghe.*
Catholique à gros Grain , *malo Christiano.*
vn Grain de folie , *vna vena di matto.*
vn Grain de mil en la bouche d'vn Asne : l'Italien dit, *vna faua in bocca al Leone.*
Grainant , *che produce grano ò sementa.*
Graine , *sementa.*
Graine de Paradis , *cardamomo.*
Graine d'Escarlatte , *grana , cocco.*
Graine d'Auignon , *spine vrbino.*
Graine d'andoüille , *figliuoli.*
Graine perlée , *litospermo.*
de la Graine. i. *figliuoli.*
il garde ses filles à Graine. i. *lascia le sue figliuole gran tempo senz a maritarle.*
monter en Graine , *andar in sementa.*
Grainer , *granire , far la sementa.*
Graisle , *gracile.*
Graisse , *grasso , grassa.*

Graisse autour du roignon , *sugnaccio.*
de haute Graisse , *buono è grasso.*
Graissement , *vngimento.*
Graisser , *vngere.*
Graisser la patte ou les mains , corrompre par presens : l'Italien dit , *dar il boccone , vgner le mani.*
Graisser les bottes , Metaph. *adulare , vnger le scarpette.*
Graisset , *spetie di rana , rubeta.*
Graisseure , *vntura.*
Graisseux , *bisunto.*
Graissier , *mercante di grassa.* Item , *ingrassatore.*
Grame , Gramen , &
Gramigne , *gramigna.*
Grammaire , *grammatica.*
Grammairien , Grammatico.
Grammatical , *grammaticale.*
Grampelle , *grancitello.*
Grand , *grande.*
le Grand Vendredy , *Venerdi santo.*
les Grands , *i signori Grandi.*
vn Grand , *vn gran Signore.*
de Grand iour , *à gran di.*
Grand pere , *auolo.*
la qualité de Grand d'Espagne , *il grandato.*
Grand Escuyer , *Scudier maggiore.*
Grand Maistre de l'Artillerie , *General dell' artigliaria.*
Grand Veneur , *Capocaccia.*
elle en donne aux Grands , & aux petits , *ne dà a' cani è a porci.*
Grande , *grande.*
à la Grande , *alla grande , da gran Signore.*
Grandelet , *grandotto , langone.*
Grandement , *grandemente.*
Grandet , *grandotto.*
Grandeur , *grandezza.* Item , *ampiezza.*
tenir sa Grandeur , *tener gran punto , far del Signore.*
Grandissime , *grandissimo.*
Grange , *gastaldia.*
Grange , *aia doue si batte il grano.*
la Grange est pleine. i. *quella donna è granida.*
Granger , *Gastaldo.*
Grangere , *Gastalda.*
Grangette , *picciola gastaldia , casino.*
Granuler , *granire , granellare.*
Granuleux , *granelloso.*
Grapil , &
Grapin , *ancora picciola da quatro vncini , vncino , rampino.*
* Grapir , *arrampare.*
Grappage , *grappole.*
Grappe , *grappola.*
mordre à la Grappe : l'Italien dit , *toccar il Ciel col dito.*
Grappes , mal de cheual , *rappe.*
Grappelles , *stafisagria.*
Grapper , &
Grappiller , *racimolare , grappolare.*
Grappillage , *grappolamento.*
Grappilleur , *grappolatore.*
Grappillon , *grappello , grappolino , racimolo.*
Grappu , *grappoloso.*
Gras , *grasso.* Item , *bisunto.*
Gras cuit , *mal cotto.*
Gras double , *trippa di bue , trippa grossa.*
* il a esté tout Gras de me prier. i. *hà hauuto per somma gratia di pregarmi.*
Gras de jambe , &c. *polpa.*

* me voila bien Gras : l'Italien dit, stò fresco.
parler Gras, balbutire.
parler Gras, dir brutte parole, parlar dishonestamente.
Gras fondu, mal de cheual, infonditura.
Grasse, grassa.
parole Grasse, parlar balbutiente. Item, parola dishonesta.
la langue Grasse, il parlar balbutiente.
dormir la Grasse matinée, dormir molto tardi.
Grassayer, balbutire.
Grasselet, grassotto.
Grasseron, grasserone.
Grassesse, grassezza.
Grasset, grassotto.
Grassette, grassotta.
Grassette, herbe, parecacchia seluatica.
* Grasseur, grassezza.
Grat, pastura, il luogo doue pascono ó grattano gl' animali paschio.
chasser au Grat. i. mandar via, scacciarvia.
Grater, Vedi, Gratter.
Grateron, aparino, speronella.
Gratia Dei, secundo alcuni, Dittamo bastardo.
Gratieusement, gratiosamente.
Gratieuseté, amoreuolezza.
vne Gratieuseté, la mancia, una cortesia, vn dono.
Gratieux, gratioso, amoreuole.
Gratification, gratificatione.
Gratifier, gratificare.
Gratin, auanzo della pappa.
Gratiole, spetie d'isoppo.
Gratis, pour rien : l'Italien dit, gratis.
Gratitude, gratitudine.
Graton, creton, sommata.
Grattage, grattamento, graspuglia di galline.
Gratte-bosse, grattapuggiare.
Grattebosser, gratapuggia.
Gratte-cul, ballerino.
il n'y a si belle rose qui ne deuienne Gratte-cul. i. non vi è sibella donna, che non diuenti brutta.
Gratelle, rognuzza.
Gratteleux, rognoso.
Grattement, grattamento.
Gratter, grattare.
Gratter, pour battre : l'Italien dit, grattar la tigna.
Gratter les pieds à quelqu'yn, flatter : l'Italien dit, liscier la coda à vno, grattar l'orecchie.
le Gratter des volailles, raspare.
Gratter le papier : l'Italien dit, culattar la panca, scrinacchiare.
il me Gratte où il me demange : l'Italien dit, mi tocca doue mi duole.
allez vous Gratter le cul au Soleil : l'Italien dit, andate al Sole.
Grattoir, gratuggia.
Grattin, Metaph. delle busse.
Gratuit, gratuito.
Gratuité, gratuità.
Gratuitement, gratuitamente.
Grauage, rena, arena ghiara.
Grauaigne, grauagno, vccello.
Grauant, poisson, borrabozza.
Graue, graue. Pieno di grauità.
Grauelée, tartaro di vino, gremma.
Grauelle, rena, renella.
Grauelleux, renoso.
Grauement, con grauità.
Grauer, intagliare.
Graueur, intagliatore.

Graueure, intagliatura.
Grauier, ghiaia, ghiara.
Grauier, lieu plein de grauier, arenazzo.
Grauir, salire, arrampare, inarpicare.
Grauissant, inarpicante.
Grauité, grauità.
Grauois, ghiara.
Grauonner, slluzzicare, frugare.
Grayer, gracchia grola.
Grayerie, possessione di vna parte di selua.
Gré, grado, gradimento.
sçauoir bon Gré, hauer gran grando.
bon Gré mal Gré, per amor ò per forza.
à Gré, volentieri, di buona voglia.
de son plein Gré, molto volentieri, di buona voglia.
à mon Gré, à mia posta, che mi piace.
contre mon gré, contra mia voglia.
* Grebonde, balzo obliquo.
Grec, Greco.
il est Grec. i. è valente.
vent Grec, Greco.
Grecs, denti di sopra del cinghiale.
Greeanizer, &
Grecifer, far del Greco.
Grediller, brustolare.
Gredin, guidone, barrone, mendico.
Grediner, guidoneggiare, mendicare.
Gref, grief, greue, graue.
Greffe, vfficio di Scriuano. Luogo doue dà l'Espeditioni, Scriuania.
vne Greffe à enter, barbatella, marza, sorcolo.
Greffer, inuestare.
Greffier, Scriuano. Notaro.
chien Greffier, can leuriere grande, veltro.
Greffiere, moglie di Scriuano, Notara.
Gregeois, Greco.
Gregues, le braihe.
* Greigneur, maggiore.
Grelot, tremarella.
trembler le Grelot, &
Grelotter, tremar di freddo.
Gremeau, grommolo.
Gremeler, grommeler, brontolare.
Gremil, lito spermo.
Grenade, pomo ò melo granato.
Grenade, feu d'artifice, granata.
Grenadier, pomo granato, albero.
Grenage, ogni sorte di Grano.
Grenaille, sementa.
Grenaille, fior di rame ó brouzo.
Grenat, granatino.
Grenatier, orlo di vela.
Grenatine, granatino.
Grenaud, spetie di pesce, dentale, dentone.
Grenée, poluer d'archibugio
Grener, granire, andar in sementa.
Greneterie, luogo doue si vendone i legumi, graui, semi, &c.
Grenetier, legumaro.
Grenier, granaio.
* Grenier à coups de poing. i. persona che si fà battere ad ogn' hora, granaio da pugni.
Grehil, lito spermo.
Grenouillant, gracchiante, crocitante. Item, che beue molto.
Grenouille, rana, ranocchia.
Grenouiller, crocitar come le rane. Item, beuazzare, ibeuazzare.

Grenouillere , luogo pieno di rane.
Grenouillerre , più comune , morſo di rana. Item , rana
　picciola.
Grenouillon , ranocchia , rana picciola.
Grenu , granoſo.
Greſil , grandinella , òrina.
Greſiller , grandinare. Item , bruſtolare , ſtrinare.
* Greſillon , grillo.
* Greſillonner , ſtrillare come i grilli.
Greſle , grandine , gragnuola.
Greſle , adiect , gracile , ſottile , ſcarſo.
voix Greſle , voce fioca è chiara.
ſonner le Greſle , ſonar piano , chiaro ò alto.
vne Greſle de coups : l'Italien dit , vna tempeſta.
Greſlement , grandinamento.
Greſler , grandinare.
* Greſleté , gracilità.
Greſleux , grandinoſo.
* Greſlé , graſſa.
* Grettes de lin , gretie , canuccie.
* Greuable , aſſaſneuole.
* Greuance , moleſtia , faſtidio.
Greue , avena , ſponda renoſa.
Greue de la teſte , direzzatura.
des Greues , gambiere.
Greue de la jambe , ſtinco.
Greuer , aſſannare , faſtidire. Item , crepar le budella , ò
　la veſcica.
* Greueure , aſſanno , tormento. Item , crepatura.
Grez , certa pietra renoſa , ſelce.
Greziller , bruſtolare.
Gribelettes , carbonate.
* Gribouiller , crocchiare , crepitare.
* Gribouillis , ſtrido , crocchio di budella.
Griboury , il bau , ſpirito folletto , farfadello , demonio.
Grief , torto , danno.
Grief , graue , faſtidioſo.
Griefs , hors de procés. i. querele fuor di tempo.
c'eſt mon Grief : l'Italien dit , queſt' è la chiaue del mel-
　lonain.
Griefuement , grauemente.
Griefſche. i. di più colori , variato , punzecchiato.
ortie Griefſche - ſpetie d'ortica.
perdrix Griefſche , pernice grigiolata ò punzecchiata ſtar-
　na.
pie Griefſche , gazza ò pica punzecchiata di più colo-
　ri.
Griffade , colpo d'artigli , brancata.
Griffe , branca , artiglio.
Griffe de bague , branchigli.
enchaſſé auec des Griffes , fatto ò incaſtrato à branchi-
　glio.
mettre la Griffe ſur quelque choſe , dar di piglio.
Griffes de fer , &c. vncinelli.
Griffer , afferrare , pigliar con le branche.
Griffon , Griſone.
Griffon , ſpetie di cane ſperonato.
Griffonnement , ſcarabocchiamento.
Griffonner en eſcriuant , ſcarabocchiare , ſcriuacchia-
　re.
Griffonneur , ſcripiſtaccio.
Griffonnis , ſcarabocchio , ſchizzo.
Grignon , pane croſtuto. Item , croſta d'intorno al pa-
　ne.
Grignonner , ſcroſtare al pane.
Grignotter , mangiar croſtette , mangiare.
Gril , graticola.
Grillant , ſdrucciolante.

Grillade , braginola , carbonata.
Grille , grata di ferro , inferiata , feriata.
Grillé , ſerrato di feriata.
Grillé , arroſtito ſopra la graticola.
Griller , ſdrucciolare.
Griller ſur le gril , arroſtire.
Griller , fermer de grille , inferiare , ſerrar con la gra-
　ta.
* Griller , ſonaglio.
* Grilletier , maſtro di ſonagli.
Grillon , grillo.
Grillons , ſpetie di manotte da ſtringer le dita alli rei.
Grillot , ſonaglio.
Grilloter , crocchiare , ſtridere.
Grillotis , ſtrepito di ſonagli.
Grimace , ſmorfia , moſtaccio.
Grimacer , far ſmorſie , far il viſo.
Grimacier , &
Grimaſſeur , quello che fa il viſo arcigno , che fa ſmorſie.
Grimaud , ſcolar ignorante , grammaticuccio.
Grimauder , ſtudiar da puttino , imparar la grammatica
　come i putti.
Grimauderie , ſcola di grammaticucci , lo ſtudiar la gram-
　matica.
Grimelin , picciolo ſcolare , ignorante.
Grimeliner , ſtudiare i principij di grammatica. Metaph.
　giuocar per poca coſa.
Grimoire , libro da congiurare i demonij.
vn vieux Grimoire , vn libro vecchio.
Grimpement , arrampamento , rampicamento.
Grimper , rampicare.
de la poudre à Grimper , poluere da eccitar la luſſuria.
Grimpereau , ſpetie d'vccellino.
Grimpeur , rampicatore.
Grinçant , digrignante , digrignando.
Grincement , digrignamento , ringhio.
Grincer , digrignare , ringhiare.
Grinceur , digrignatore , ringhioſo.
* Gingalet , piaceuole , buffoneſco.
Gringottement , cantacchiamento.
Gringotter , cantacchiare.
Gringotteur , cantacchiatore.
Gringottis , cantacchiamento.
Gringuenode , cagola , bagola.
Gringuenotter , Vedi , Gringotter.
Gringuenottes , cinguettamento , cantocchiamento.
Griotte , viſciola.
Griottier , viſciolo.
* Grip , piglio , afferramento.
Gripaume , artemiſia.
Grippants , certa coſa di vaſcello come vncini.
Grippement , arrappamento.
Grippeminaud , arrappatore , furbo , barro.
* Grippeminer , giuntare , ingannare , arrappare.
Gripper , abbrancare , arrappare.
Grippeur , abbrancatore.
Gris , bigio.
homme Gris , huomo canuto.
* il fait Gris , è gran freddo fuori.
Gris argenté , argentino.
Gris blanc , bigio chiaro.
Gris brun , berettino.
Gris de bure , bigio , bigello.
Gris cendré , cenericcio.
Gris de lain , fior di lino.
cheual Gris , leardo.
Gris d'Eſtourneau , ſtornello.
Gris louuet , lupato.

Gris moucheté, *par diglio.*
Gris pomelé, *leardo ruotato.*
Gris de soury, *color di sorcio.*
Gris violent, *morello.*
petit Gris, *vaie, varo.*
Grisart, taisson, *tassone.*
Grise, *bigia.*
perdrix Grise, *starna.*
bandes Grises, *pidocchi, grisanti.*
Grisard, *corvo marino.*
Grisastre, *grigietto.*
Griser, *sgrigiare.*
Grise, *sgrigiato.*
Grison, *grigione.*
Grison, *canuto.*
Grisons, *barri vestiti di bigio.*
Grisonnement, *canutamento.*
Grisonner, *canutare, canutire.*
Grisonneure, *incanutimento.*
Griue, *tordo.*
faire comme les Griues, viure de l'air : l'Italien dit, *far come i colombi ò le starne di monte Morello.*
Griue si salle, *tordo sassello.*
Griuelé, *griggiolato.*
Griuelée, *una cedola.* Item, *una furberia.*
Griuelerie, *furfanteria, furberia.*
Griueleur, *ingannatore, furbo.* Item, *inganno.*
Griueleure, *griggiolatura.* Item, *inganno.*
Griuette, *maluizzo, spetie di tordo.*
Grizonner, *canutire.*
Groigner, *grugnare.*
Groigner aprés quelqu'vn, *rampognare, brotonlare, sgridare.*
Groin, *grugno.*
faire le Groin, *far il mostaccio.*
Groiselier, *vna spino.*
Groiselle, *vna spina, vaspina.*
* Groisse, grossesse, *grauidauz a.*
Grole, graye, *grola.*
* Grollier, *sciabattino.*
Grommeler, *brontolare.*
Grommeleur, *brontolatore.*
Grommellement, *brontolamento.*
Grommellerie, *rimbrotto, brontolamento.*
Grondement, *brontolamento.*
Gronder, *brontolare, rimbrottare.*
Gronderie, *rimbrotto.*
Grondeur, *ringhioso, brontolatore.*
Gros, *grosso.*
vn Gros poids, *lotto.*
le Gros d'vn affaire, *il nodo d'vn negotio, il più difficile ò importante.*
le Gros d'vn armée, *il corpo dell' essercito.*
les Gros d'vne ville. i. *i più apparenti.*
Gros, *spetie di moneta ; due baiocchi è mezzo.*
Gros de Naple, *teletta di Napoli.*
dire en Gros, *dir in poche parole, inristretto.*
vendre en Gros, *vender all' ingrosso.*
le Gros de l'eau, *piena, grossa del fiume.*
le Gros mot, *la brutta parola.*
dire de Gros mots, *dir villanie, sgridare.*
compter en Gros, *stagliare, stralciare.*
estre Gros de quelque chose. i. *desiderar sommamente una cosa.*
joüer ou coucher Gros, *giuocar molto alla volta.*
Gros, & gras, *paffuto, grasso.*
Gros Chrestien, *cattino Cristiano.*
Gros-bec, *spezz a beccioli.*



* Gros guillaume, *pan nero.*
Groseille, &
Groselier, *vua spino.*
Groselle, *vua spina, vaspina.*
Gros grain, *teletta, grosso grano.*
Grosse, *grossa.*
femme Grosse, *donna grauida.*
vne Grosse en marchandise, *grossa.*
Grosse d'vn contract, *copia di scrittura.*
deux Grosses heutes, *due hore intiere.*
Grossement, *grossamente, alla grossa.*
Grosserie, *lauori grossi.*
Grossesse, *grauidauz a, pregnanz a, pregnezz a.*
Grosseur, *grossezz a.*
Grossier, *grossolano.*
marchand Grossier, *mercante che vende all' ingrosso, fondaghiere.*
estre Grossier, *hauer del tondo.*
Grossierement, *grossamente, tondamente, alla grossa, alla rustica, rozz amente.*
Grossiereté, *grossezz a.*
Grossir, *ingrossare, crescere.*
Grossissement, *ingrossamento.*
Grossissement de riuiere, *crescenz a.*
Grossoyer, *scriner à lettere grosse, copiare.*
Grotesque, *buffonesco.*
Grotesques, *grottesche.*
Grotte, *grotta.*
Grotton, *grattino, grotta picciola.*
* Grougouler, *gorgoliare.*
se Grouiller, *muouere, muouersi.*
Grouiller de vers, *abondar di vermi.*
Grouillis, *abondanza di vermi, &c.*
Grouin, *grugno.*
Groulard, oiseau, *rubetta.*
Grouler des poids ou febves, *cuocer fane ò ceci sopra i carboni.*
Grouppade, *groppata.*
* Groute, *terra arenosa.*
Gruage, *diritto di Signore nelle silue de vassalli.*
Gruau, *mezz ano di farina, tritello.* Item, *farina di auena monda.*
Gruë, *griu, grue.*
Gruë machine, *altalena.*
le monde n'est plus Gruë : l'Italien dit, *i cordouani sono rimasti in lenante.*
il n'est pas Gruë : l'Italien dit, *non è vn' oca.*
col de Gruë, *collo longo.*
Gruerie, *vfficio di Boscaiuolo.*
droit de Gruerie, *diritto di prencipe sopra le silue.*
Grugeoir, *grattuggia.*
Gruger, *grattuggiare.* Metaph. *mangiare.*
Gruget. i. *mangione.*
Gruier, *simile alla grue.*
Gruir, *crocitare, crocchiare come la grue.*
* Grume, *acino d'vua.*
Grumeau, *grumolo, gromolo.*
Grumeler, *grommare.*
Grumeleux, *grommoso.*
* Grumer, *stillare ò render il sterco mescolato di acini, ò germogli di vite.*
* Gruper, *vncinare.*
Grus, *acqua bollita con grano.*
Gruaux, *tribelli.*
Gruyer, *Boscaiuolo, principale.*
vn vieux Gruyer. i. *vn buomo prastico.*

**G V**

*Gvaide , breccia verso il canale della chiusa d'vn sta-
gno.*
Guaillardet , *pennoncello , banderuola di vascello.*
Guaine , *guaina , fodro.*
Guainier , *mastro di guaine.*
Guaire , *gueres , poco.*
Guarentir , *far sicurtà. Item , saluare campare.*
*Guaret , gueret , solco.*
Guarir , *guarire , sanare.*
Guarison , *guarigione.*
Guayac , *legno santo.*
Gué , *vado , guado.*
Gueable , *guadabile.*
Guedde , Guede , *guado.*
Guedé , *stuffo , pieno , satollo. Propriamente , intinto nel
guado.*
se Gueder , *satollarsi.*
Gueer , guazzare *sguazzare.*
Gueer vn linge , *sciacquare , risciaccare.*
Guelphe , *Guelfo.*
*se Guementer , lamentarsi.*
Guenaud , *mendico.*
Guenille , *cencio , straccio.*
Guenillon , *Idem.*
vne Guenipe , *vna menchiona.*
Guenon , *gatto maimmone , gatto soriano.*
Guenot , *spirto familiare , martinello.*
Guenots de S. Innocent , *guidoni. Item , pidocchi.*
Guenuche , *gatto maimmone.*
Guepillon , *goupillon , spargolo.*
Guerdon , *guiderdone , mercede.*
Guerdonnement . *guiderdonamento.*
Guerdonner , *guiderdore , ricompensare.*
Gueres souuent , *di rado.*
il n'y a Gueres , *poco fà.*
Gueret , *solco.*
*Guereter , far solchi.*
vn Gueridon , *certo piede di legno da regger il candeliere ,
torciera.*
Guerir , *guarire.*
il ne Guerit de rien : l'Italien dit , *hà poco caldo. i. poco
essetto.*
Guerison , *guarigione.*
Guerissable , *sanabile.*
Guerisseur , *sanatore.*
Guerite , *torre ò casino di sentinella , garitta.*
gagner la Guerite , *fuggire.*
Guerites de galeres , *garite.*
*Guerle , criuello.*
*Guerler , criuellare.*
Guerlin , *gumena d'ancora.*
*se Guermenter , dolersi , lamentarsi.*
Guernier , *grenier , granaio.*
Guerpir , *cedere , abbandonare.*
Guerre , *guerra.*
bonne Guerre , *quartiere , buona guerra.*
Guerre sans quartier , *guerra mortale.*
petite Guerre , *picorée , scorreria ; correria.*
faire la Guerre à quelqu'vn , *tormentar vno , dar addosso
à vno.*
faire la Guerre à l'œil , *star su l'auuiso.*

cela est de bonne Guerre , *la preso con ragione.*
nous luy en auons fait la Guerre. i. *l'habbiamo ripreso ò
burlato di quello.*
il a esté à la Guerre. i. *è rotto ò stracciato. Item , è feri-
to.*
cela sent sa vieille Guerre. i. *hà dell' antico.*
Guerrier , *guerriere , guerriero.*
Guerrierement , *bellicosamente.*
Guerroyable , *guerreggieuole.*
Guerroyant , *guerreggiante.*
Guerroyement , *guerreggiamento.*
Guerroyer , *guerreggiare.*
Guerroyeur , *guerreggiatore.*
Guery , *guarito , sanato.*
Guesde , *guado.*
Guespe , *vespa.*
trou de Guespes , *vespaio.*
Guespée , *Idem.*
Guespier , *aparuolo , lupo dell' api , apiastro , merope. Item ,
vespaio.*
Guespiere , *vespaio.*
Guespin , *di vespa. Item , della Città ò confini d'Orleans.*
Guestres , *calzini , hucose.*
Guestré , *che hà i calzini.*
*Guesuer , cedere la possessione , abbandonare al Signo-
re.*
Guet , *vedetta , sentinella. Spia.*
le Guet , *la corte de' sbirri.*
Cheualier du Guet , *Bargello.*
Archer du Guet , *sbirro.*
aller au Guet , *andar su l'auuiso.*
de Guet à pens , *pensatamente , di caso pensato.*
faire le Guet , *far sentinella , star à la vedetta , osseruan
re.*
il est du Guet. i. *è stato colto , è chiappato.*
Guettement , *spiamento.*
Guettant , *osseruante , spiante.*
Guette , *sentinella , spia.*
Guetter , *far sentinella. Item , aspettar al passo. Osseruar
vno , spiare.*
Guetteur , *osseruatore . spia , spione.*
Guetteur de chemins , *assassino , di strada.*
Gueule , *gola.*
Gueule , *en terme de blason , vermiglio , rosso.*
Gueule de four , *bocca di forno.*
la Gueule enfarinée. i. *con grandissima voglia.*
il est la Gueule des loups. i. *in gran pericolo : l'Italien
dit , in bocca all' orso.*
fort en Gueule , *latino di bocca i gran dicitore.*
Gueule fraische , *goloso.*
Gueule droitte , *gola diritta.*
Gueule renuersée , *cimaie.*
mot de Gueule , *parola dishonesta.*
prouision de Gueule , *robba da mangiare.*
Gueuler , *gridare , belare , brontolare.*
Gueullard , *belone , che hà gran gola.*
Gueusant , *mendicante.*
Gueusaille , *mendichi , canaglia , guidoni.*
Gueuse , *mendica.*
Gueuse , *barra di ferro , &c.*
Gueusailler , *baroneggiare , mendicare.*
Gueuser , *mendicare , accattar limosina.*
Gueuserie , *mendicità , pouertà , guidouaria.*
Gueusesque , *di mendico , guidonesco.*
Gueux , *mendico , guidone , barone.*
vn Gueux reuestu : l'Italien dit , *villano rifatto ò riuesti-
to.*
Gueyer , *guazzare , sguazzare.*

Guichet, *vsciolo, sportello, postella.*
Madame des bas Guichets. i. *vna lenatrice.*
Guichetier, *carceraro che hà le chiaui del vsciolo, vsciere, aiutante di carceriere.*
Guidage, *saluocondotto.*
Guide, *guida.*
Guide, mal de cheual, *guidalesco.*
Guides, redini, *guinz agli.*
Guideau, *spetie di rete.*
Guider, *guidare.*
Guidon, *stendardo, bandiera.*
Guidons aux arbres des vaisseaux, *gagliardetti.*
Guignade, *sogghignata.*
Guignement, *ghignamento.*
Guigner, *ghignare, sogghignare, guardare, squadrare.*
Guignes, *ciregie.*
Guigneur, *ghignatore.*
Guignier, *ciregio.*
Guignon, *corno ò punta di rocca.*
Guignon, *bigerognolo.*
chercher Guignon : l'Italien dit, *cercar rogna, cercar Maria per Rauenna.*
porter Guignon, *esser cagione della mala fortuna.*
Guilée, *acquazzone, rouescio d'acqua, scossa.*
Guilledin, Guilledine, *chinea d'Inghilterra.*
courir le Guilledou, *puttaneggiare, andar à zonzo.*
ô Guillemette, chanson, *la Girometta.*
Guillemot, *spetie di piniero.*
Guilleret, *allegro.*
Guillery, *passera, Item, verso della passera.*
le Guillery. i. *il membro virile.*
il est logé chez Guillot le songeur. i. *egli stà pensoso.*
Guimaue, *bismalua, maliauiscio.*
Guimaue sauuage, *buontisco.*
* à la Guimbarde, *certa foggia.*
Guimpe de religieuse, *segolo, seggola, soggola.*
Guimpier, *mastro che fa le seggole.*
Guimple, *soggola.*
Guindage, *alz amento, torno ò corda leuar in alto.*
Guindal, *altalena, torno.*
Guindeau, *machina da leuar i pesi ò l'ancora.*
Guinder, *alz are leuar in alto.*
Guinderesse, *girella da issar le vele.*
* de Guingois, *di sbiasso, per trauerso.*
Guippeure, *gippiatura.*
Guirlande, *ghirlanda.*
Guirlandé, *inghirlandato.*
Guisarme, *spetie di labarda ò spuntone, roncone.*
Guise, *guisa, modo, maniera.*
à sa Guise, *à sua posta.*
* Guisnes, *ciregie.*
Guisnier, *ciregio.*
Guitarre, Guiterne, Guiterre, *ghitarra, chitarra.*
Guiure, *angue ò serpente di pinto nell' armi di Milano. Item, serpente alato, che butta fuoco.*
Gumene, *gumena.*
Guttale, *di goccia.*
Guittural, *di gola.*
Guy, *vischio, che cresce sopra gl' alberi.*

## GY

**G**Y, *gesso.*
Gymnaste, *ginnasto. i. essercitato.*
Gynecocratie, *gouerno di donna.*
Gynocratie, *Idem.*
Giraffe, animal, *giraffa.*
Giroles, *carni.*
Gironet, *girolla.*



# HA

**H**, *s'aspira tal volta in lingua Francese, massime nelle voci proprie della lingua, altrimenti non si pronontia con spiratione in quelle che vengono dalla lingua latina.*
Hâ, interjection, *ah.*
Ha ha, *oh oh.*
Haaler, hasler, *abbronzare.*
Habile, *habile. Item, presto, agile destro.*
Habile homme, *valent' huomo, dotto.*
Habilement, *prestamente. Item, dottamente.*
Habileté, *habilità. Item, sufficienz a. E preste z a.*
Habilité, *habilità, industria, destrez a.*
Habiliter, *habilitare.*
Habillage, *acconciatura.*
Habillement, *vestimento.*
Habillement de teste, *elmo, celata, armatura di testa.*
Habiller, *vestire.*
homme qui s'Habille bien, *huomo che veste pulito.*
tailleur qui Habille bien, *sartore che lauora bene elle fà bene i vestiti.*
estre Habillé en figure, *tousiours vn mesme habit, vestir come le figure.*
Habiller vne volaille ou vn poisson, *curare, abbigliare.*
Habit, *vestito, habito.*
l'Habit ne fait pas le Moine, *l'habito non fà il monaco.*
Habitable, *habitenole.*
Habitacle, *habitacolo.*
Habitant, *habitante.*
Habitation, *habitatione.*
Habiter, *habitare.*
Habiter auec vne femme, *far l'atto venereo.*
Habitual, *habituale.*
Habituation, *habituatione.*
Habitude, *habitudine, habito.*
Habitué, auec z o, *habuitato.*
Habituer, *habituare, auec z are.*
* Hable, *porto.*
Habler, *ciarlare, cicalare, ansanare.*
Hableur, *ciarlone, gran parlatore, ansanatore.*
Hache, *accia, accetta.*
Hache d'armes, *scure.*
Hache de Roy, *asfodello hastula Regia.*
il a vn coup de Hache, *è paz z o, è accettato.*
Maistre de Hache, *calafatto.*
Haché, *trico, minuz z ato.*
argent Haché, *argento graffito.*
Hachement, *tritamento.*
Hacher, *tritare.*
Hacher menu, *minuz z are.*
Hacher en terme de peinture, *tratteggiare.*
Hachereau, *accetta.*
Hachette, *Idem.*
Hachis, *carne trita, manicaretto.*
Hachoir, *pestaruola.*
Hachotter, *triturare.*
Hacquebutte, *archibugio.*
Hacquenée, *Vedi, Haquenée.*
Hacquet, *carro matto.*
Haquetier, *carretaro.*
Hagard, *ritroso, feroce.*

viſage Hagard , *viſo rauuiono.*
Hai , *ahi.*
Hai auant , *ſu auanti.*
Hai d'icy , *via di qui.*
Hai , *voce da far caminar il caual da caretta , arri.*
il ne peut plus Hai , *non può più andar innanzi.*
& Hai au bout. i. *è qualche coſa di più.*
Hai droiƈt , *che odia la giuſtitia.*
Haillier , *macchione.*
Haillon , *cencio , ſtraccio.*
Haillonner , *tagliar in cenci.*
Haillonneux , *cencioſo.*
* Haim , *hamo.*
Haine , *odio.*
Haineur , &
Haineux , *odiatore , nemico , maleuole.*
Haïr , *odiare.*
Haire , *huomo miſero.*
Haire , *ſpetie di ginoco.*
vne Haire , *cilicio.*
Hairon , *Vedi , Heron.*
Haiſſable , *odienole.*
de Hait , *di buona voglia.*
à mon Hait , *à mia fantaſia.*
Haiter , *gradire*
Halcion , *alcione.*
Hale , *abbonzamento di Sole , ardore.*
Hale , *Vedi , Halle.*
Halé , *abbronzato dal ſole.*
Halebarde , *alabarda.*
vne Halebarde , vne grande Halebarde , vne grand'fem-
   me : l'Italien dit , *un perticone.*
comme les Suiſſes portent la Halebarde. i. *tutto al con-*
   *trario.*
Halebardier , *alabardiere.*
Halebran , *magaſò , anatra ſeluatica.*
Halebreda , *vna donnaccia , donna grande è ſfatata.*
* Halecret , *corſaletto.*
* Haleſeſſier , *guidone cencioſo.*
Haleine , *lena fiato.*
courte Haleine , *aſma.*
tenir en Haleine , *mantener nel vigore ò eſſercitio.* Item ,
   *tener à bada.*
de longue Haleine. i. *longo che dura gran tempo.*
difficulté d'Haleine , *aſma.*
tout d'vne Haleine , *in vn fiato.*
qui a bonne Haleine , *allenato , di buona lena.*
reprendre ſon Haleine , *raccoglier il fiato.*
prendre Haleine , *sfiatare.*
vne Halenée de vin , *vn ſoffio che puzza di vino.*
Halenée , *fiato , ſoffio , tiro di fiato.*
Halenement , *alimento.*
Halener , *alitare , sfiatare.* Item , *odorare , annaſare.*
Haler , *Vedi , Hasler. Abbruſtare.*
Haler l'eſcorte , *cacciar la ſcotta.*
Haler pour hater les chiens , *accannare.*
Halement , *il tirar le barche con l'alzana.*
Haler les bateaux , les tirer , *tirar con l'alzana.*
Haler du dos , *ginocar di ſchiena.*
Haletant , *alitante.*
Haletement , *alitamento , alito , anſciamento.*
Haleter , *alitare , anciare , fiatare.*
Haline , *ſpetie di porcacchia.*
Halle , *piazza mercato.*
* Hallebrené , *mal acconcio , che hà l'ali rotte.*
Hallier , *macchione.*
Halmirach , *Ammiraglie.*
Halte , *alta.*

Hambrelin , *huomo di poca conſideratione.*
Hameau , *biocca.*
Hamech , *ſpetie di compoſitione medicinale.*
Hameçon , *hamo.*
Hameçonner , *fornir di hami.* Item , *pigliar con hamo.*
Hamet , *hamo picciolo.*
Hampe , *fuſt , haſta , aſta.*
Hampe , *carne del petto ò giogaia.*
* Han , *eh , ahn.*
Hanap , *nappo.*
Hanche , *anca.*
Hanche de haut-bois , &c. *linguella.*
* Hancher , *ancheggiare.*
Hanchois , *ancione.*
Hanchu , *ancaione , che hà l'anche groſſe.*
Hanebane , *iuſchiamo.*
Haneton , *bruco.*
Hangar , *rimeſſa di carozza.*
Hannicroches , *imbrogli , intrichi , intoppi.*
Hannir , *nitrire.*
Hanniſſement , *nitrito.*
Hannon , *petoncle , petoncolo.*
* Hanſer , *immatricolar vn cittadino.*
Hante , hampe , *aſta , haſta.*
Hantement , *frequentatione.*
Hanter , *frequentare , pratticare , bazzicare , conuerſare*
Hanter les mers , *pratticare i mari.*
Hantiſe , *frequentatione , conuerſatione.*
Happe , *vncino.* Item , *parte dell' aſſe che regge la ruota.*
Happée , *afferramento.*
Happelopin , *ſcrocco.*
Happelourde , *trappola da quattrini. Ingannatore :* l'Ita-
   lien dit , *rame indorato ,* du cuiure doré. Item , *pie-*
   *tra falſa , gabba villani.* Metaph. *huomo di garbo , mà*
   *da poco.*
Happement , *afferramento.*
Happemouche , Metaph. *mangione.*
Happer , *afferrare , dar di piglio , acceſſare , azzannare ;*
   *ciuffare , avrappare.*
Haquenée , *chinea.*
grande Haquenée , qui ſe dit d'vne femme : l'Italien
   dit , *Al fano di Mambrino.*
Haquet , *carro matto.*
Haquetier , *carrettaro.*
Har , *ritorta di faſcina.*
Harang , *arrenga.*
Harangeaiſon , *ſtagione ò peſca di arrenghe.*
Harangere , *vendi arrenghe.*
Harangue , *oratione , arenga.*
Haranguer , *far vn oratione , diſcorrere , arrengare.*
Harangueur , *oratore.*
Haras , *razza.*
Haraſſé , *ſtanco , ſtracco.*
Haraſſement , *ſtraccamento.*
Haraſſer , *ſtracciare , ſtancare.*
Haraſſier , *cuſtode di razza.*
Harauder , *ſcorbacciare , ſtrapazzare , brauare , ſgrida-*
   *re.*
Harce , *erpice.*
* Harceler , *tormentare , ſtratiare.*
* Harcelle de fagot , *ritorta.*
Harcelleur , *tormentatore.*
Hard , *ritorta.*
* Hardage , *bagaglie.*
Harde , *troppa di cerui ò ſimili animali.*
Hardes , *bagaglie , robbe da veſtire , &c.*
œuf Hardé , *vouo ſenza aguſcio.*
* Hardeau , *fardello di bagaglie.* Item , *putino.*

Hardelle, *Idem.* Item, *troppa di seluaticine. Putià, put-tina, figliuolina.*
Hardement, *barattamento, cambio.*
Harder, troquer, *cambiare, barattare.*
se Harder, se mettre en trouppe, *attropparsi, accompa-gnarsi le bastie seluatiche.*
* Hardeux, *che hà bagaglie.*
Hardi, *ardito.*
Hardiers, *certe corde nell' artigliaria.*
Hardiesse, *ardire, baldanza.*
Hardiment, *arditamente, baldanzosamente, audacemen-te.*
Hardo, *voce Suizzera, chi va là.*
Hardillon, *ardiglione.*
Hardy, *ardito, audace.*
Hardy preneur. i. *ladro.*
Hare-leurier, *voce da aizzar il veltro.*
* Harelle, *motione, seditione.*
Harenc, *arenga.*
Harenc for ou soret, *arenga secca ò sfumata.*
Harenc de la nuit, *idem*
Hareng, *arenga.*
Harangade, *spetie di pesce.*
Harangere, *donna che vende arenghe.*
Harangerie, *mercato di arenghe.*
faire la moue aux Harangeres. i. *esser attaccato alla ber-lina inpiazza.*
vne Harangere, *donna che dice villanie, donna ingiuriosa è ciarliera, sboccata donna.*
Harer les chiens, *aizzare.*
* Harfleur, *contrassasso di mare.*
Hargne, *arnia.*
Hargneux, *che perisce d'arnia.*
Hargneux, *ringhioso, rissoso.*
chien Hargneux a tousiours les oreilles deschirées. i. *huo-mo risso ò riceue ordinariamente delle ferite.*
Haricot, *guazzetto di castrato con ci polle.*
Haricot, febves de haricot, *faggiuoli.*
Haridelle, *busalfana, rozza.*
* Harier, *tormentare, stranare.*
Hurlou, hare-loup, *voce da aizzare i cani sopra il lupo.*
Harmonie, *harmonia, armonia.*
Harmonieux, *harmonioso, armonioso.*
Harmonique, *harmonico, armonico.*
Harmonier, *harmonizare.*
Harnaché, *fornito d'arnese, in arnese.*
Harnachement, *fornimento di cauallo, arnese.*
Harnacher, *fornire il cauallo, metter in arnese.*
Harnacheur, *fornitore di cauallo.*
Harnas, *arnese. Item, aratro, è carro.*
Harnas de mouton, *ventre di castrato.*
Harnois, *arnese, fornimento.*
Harnois, *carretta.*
Harnois de gueule, *robba da mangiare.*
s'eschauffer en son Harnois, *andar in colera.*
Haro ou Harol, *nome di certo Signore di Normandia gran -giustitiere.*
crier Haro, *arrestar vno con quella voce,* Haro, *per farlo ve-nire innanzi alla giustitia.* Metaph. *gridar dietro à vnó chiamar aiuto.*
Haroder, *stratiare, sgridare.*
Harondelle, *rondine.*
Harpade, *arpionata, vncinata.*
* Harpail, *troppa, armento.*
* Harpaille, *canaglia.*
* Harpailleur, *custode di armento.*
Harpaut, *can di pastore.*
Harpe, *arpa.*

iouër de la Harpe. i. *rubare.*
Harpe, *artiglio.*
Harpecorde, *arpicordo.*
Harper, *arpicare, abbrancare, afferrare.*
Harpeur, *sonator d'arpa.*
Harpie, *arpia.*
Harpon, *staffone.*
Harpye, *arpia.*
Harquebusade, *archibugiata.*
Harquebuse, *archibugio, arcobugio.*
Harquebuse à rouët, *archibugio da ruota.*
Harquebuse à fusil, *archibugio da focile.*
Harquebuse à croc, *archibugio da posta.*
Harquebuserie, *archibugiaria.*
Harquebusier, *archibugiere, arcobugiaro.*
Harquebuser, *tirar, ò ammazzar coll' archibugio.*
Harry, *arry.*
Hats, ou hart, *ritorta.*
Harsée, *arrizzamento, ò spargimento di seme.*
Harse, *erpice.*
Harse, *Vedi,* herser.
Harser, *arrizzare il cotele.*
Haricure, *arrizzamento.*
Hart, *ritorta.*
sous peine de la Hart, *sotto pena d'esser appiccato.*
craindre la Hart, *hauer paura d'esser impiccato.*
Hasard, *Vedi,* hazard, &c.
Hase, *lepre vecchia. Item, femina di cuniglio.*
* Hasif, *duro, tiglioso.*
Hasle, *ardor del sole, abbronzamento, adustione.*
Hasler, *abbronzare, adustare.*
Haslé, *adusto, abbronzato dal sole.*
* Haspe, *aspo, naspo.*
Hastaires, *soldats, hastarij.*
Haste, *fretta.*
Haste, *schidone.*
en Haste, *à furia, in fretta.*
fait à la Haste, *mal fatto.*
Hasté, *che hà fretta, affrettato, frettoloso.*
Hastelettes, *asicelle.*
Hastemenuë, *certa parte della coratella.*
Haster, *affrettare, accelerare, premere.*
Haster d'aller, *scacciar vno.*
il n'est pas si Hasté : l'Italien dit, *non è di quelli che cor-rono al palio.*
Hastereau, *pezzo del collo, collottola. Item, carne di vi-tella riempieta d'herbe.*
Hasterel, *Idem.*
Hasteur, *affrettatore.*
Hastiers, *spedieri.*
Hastif, *frettoloso, speditino. Item, primaticcio.*
Hastilles, *interiora.*
donner de la Hastille, *battere. Item, affrettare.*
Hastiueau, *frutto primaticcio.*
roses de Hastiueau, *certe rose primaticcie.*
Hastiuement, *frettolosamente.*
Hastiueté, *fretta, celerità, prestezza.*
Hau, *oh là.*
Haubans, *Vedi,* Aubans.
Haubelon, *Vedi,* Houbelon.
Haubereau, *gentilotto, nobile di contado.*
* Hauberge, *albergo.*
Haubergeon, *lorica picciola.*
Haubert, *lorica, giacco, vsbergo.*
Haubin, *habino.*
Haubois, *piua.*
Haue, *macilento, magro, smorto, squallido.*
* Hauée, *stoppa per le ferite.*

Hauement, *spauentofamente, fqualidamente.*
Haueron, *auena ò biada annebiata.*
Hauet, *vncinello, hamo.*
Hauir, *abbronzare, abbruftolare.*
Haula, *oh la.*
Haulfe, haulfer, &c. *Vedi,* hauffe, hauffer, *conquello, che fequita.*
Hault, *Vedi,* haut, &c.
Haute, *porto.*
Hauffage, *alzamento.*
Hauffant, *alzante.*
Hauffe, *alzetta di fcarpa.*
Hauffe-bec, *alzamento di tefta in fegno di difprezzo.*
Hauffe-col, *armacollo.*
Hauffe-pied, *laccio ò trappola.*
Hauffe-queuë, *codinzinzola.*
Hauffer, *alzare.*
Hauffer les efpaules, *alzar le fpalle.*
Hauffer le temps : l'Italien dit, *alzar il fianco, beuere.*
fe Hauffer le temps, *richiararfi il tempo.*
Hauffer le coude, *Idem.*
Hauffer le gobelet ou goder, *Idem.*
Hauffier, *corda da amarrar lo fchiffo.*
Haut, *alto.*
le Haut, *la parte di fopra, la cima.*
tenir le Haut. i. *effer il primo.*
le Haut-bout, *capo di tauola.*
Haut-bois, *pina.*
iouër du Haut-bois, *fonar la pina.* Metaph. *effer impiccato.*
Haut-gouft, *falfa ò faporetto con fpetiarie, falfa che pizica.*
Haut à la main, *altiero, arrogante, che hà le mani per aria.*
fur le Haut du iour, *à gran pezzo di giorno.*
mettre vne chofe Haut, *inalzare.*
Haut. i. large comme vn colet, &c. *largo.*
le porter Haut, eftre glorieux : l'Italien dit, *affibiarfi alto la giornea.*
Haut de chauffe, *calzoni.*
Haut-mal, *mal caduco.*
il eft mort du Haut-mal. i. *è ftato impiccato.*
Haut de manche, *aletta.*
chapeau Haut de forme, *capello campanuto.*
Haut-cofté de mouton, *coftole di caftrato.*
Haut le bras. i. *alzate le braccia, à voi.*
aller au Haut, & au loin. i. *andarfene via.*
le Haut deffend le bas. i. *quella donna hà il vifo brutto.*
Haut Allemand, *Tedefco.* Item, *lingua pura Tedefca.*
il n'y entend que le Haut Allemand. i. *è ignorante di quella cofa.*
Haut en couleur. i. *molto roffo nel vifo.* Item, *color vino.*
tomber de fon Haut. i. *cader per terra effendo dritto.*
le Carefme eft Haut. i. *viene tardi.*
donner le Carefme bien Haut. i. *dar la baia.*
faire Haut le bois, ou haut le corps. i. *fuggire, darla àgambe.*
Haut le pied, *Idem.*
chien de Haut nez. i. *che odora ò annafa perfettamente.*
* de Haut parage. i. *di gran conditione.*
Haut, & bas, *sù è giù.*
ny Haut, ny bas, *à mazza aria.*
Haute, *alta.*
Haute contre, *contralto.*
en Haute mer, *in alto mare.*



monnoye Haute. i. *che val molto.*
Haute iuftice, *Tribunale alto ò principale.*
Haute heure, *tardi, à gran pezzo di giorno.*
Haulte-fuftaye, *albero alto.*
de Haute-lice, *tappezzaria di fiandra.*
Pafques font Hautes, *viene tardi la Pafqua.*
vne Haute fur quoy on baftit vn vaiffeau, *varo.*
Hautaignes, *viti appogiate fopra alberi ò perticbe.*
Hautin, *altiero, arrogante.*
Hautainement, *altieramente, arrogantemente.*
Hautaineté, *alterezza.*
Haute liffier, *tapezziere che fa tapezzarie di fiandra.*
Hautement, *altamente.*
Hauteffe, *Altezza.*
Hauteur, *altezza, larghezza di tela ò panno.*
tomber de fa Hauteur, *cader tutto diftefo effendo dritto.*
Hauy, *adufto, abbronzato, abbruftolato.*
Hay, *eh, ahi.*
Haye, *Idem.*
Haye, *fiepe.*
clorre de Hayes, *inftepare.*
Haye des foldats, *ala.*
arrenger en Haye, *ordinar da i lati à guifa di fiepe, far ala.*
Hazard, *zara.*
Hazard, *fortuna.* Item, *pericolo, rifchio.*
Hazard qui tocque, *zara à chi tocca.*
par Hazard, *à cafo.*
Hazarder, *arrifchiare.*
qui ne Hazarde, n'eft iamais pendu : l'Italien dit, *chi non arrifchia, non acquifta.*
Hazardeufement, *pericolofamente.*
Hazardeur, *arrifchiatore.*
Hazardeux, *arrichieuole, pericolofo.*

## H B

HE', *eh, deh.*
Heaume, *elmo.* Item, *manico del timone.*
Heaume, *fperte di ciregia ò garfagnone.*
* Heaumer, *metter l'elmo.*
Heaumerie, *luogo doue fi fanno, l'armature ò elmi.*
Heaumier, *armaruolo, maftro che fa gl' elmi.* Item, *fpetie di ciregio.*
* Hebbe, *pianura, maremma.*
Hebene, *ebano.*
* Hebenin, *di ebano.*
* Heberge, *albergo.*
* Hebergement, *albiergamento.*
* Heberger, *albergare.*
Hebeté, *infenfato ftupido.*
Hebeter, *inftupidire.*
Hebraïfme, *hebraïfmo.*
Hebrieu, *hebreo.*
Hecatombe, *hecatombe,*
Hederiforme, *à guifo in forma d'ellera.*
Hedre, *cerro.*
Hée, *oh la.*
Hei, *ahi, oh, oh la.*
Heidouque, *foldato vnghere.*
Helaine, *enola.*
Helas, *ahi, ahi laffo, ohimè, ahimè.*
Helenites, *fpetie di frati che portano vna croce gialla al petto.*
Heliotrope, *Eliotropia.*
Helexine, *fpetie d'ellera.*

Hematide , *hematite. Pietra Emalite.*
Hemicrane , *emicranio.*
Hemicranique , *emicranico.*
Hemicycle , *mezo cerchio , emiciclo.*
Hemisphere , *Hemisferio.*
Hemistiche , *hemistique , mezo verso.*
Hemitride , *febbre terzana continua è quotidiana intermittente.*
Hemorrhagie , *frusso abundante di sangue.*
Hemorrhoïdal , *d'emorroide.*
Hemorrhoïde , *emorroide.*
Hemorrocale , *giglio giallo.*
Hennir , *nitrire.*
Hennissement , *nitrito.*
Hennisseur , *nitritore.*
Henry , *Henrico.* Item , *spetie di moneta.*
double Henry , *moneta d'oro.*
bon Henry , *serpentina , herba.*
Hepatique , *Epatico.*
Heptagone , *di sette angoli , Ettagono.*
Heptomagene , *di setto è settanta.*
Herauder , *dinisar l'armi.* Item , *bandire , publicare.*
Heraut , Herault , *Araldo.*
Heraut qui blasonne , *armerista.*
Herbage , *herbaggio , herbe , herbarie.*
Herbageux , *herboso.*
Herbe , *herba.*
Herbe d'Aloës , *herba aloè.*
Herbe d'Arondelle , *celidonia.*
Herbe aux aulx , *aliaria.*
Herbe d'vne feüille , *herba luccia.*
Herbe de l'aulne , *enola.*
Herbe de Sainte Barbe , *spetie di crescione.*
Herbe aux cailles , *spetie di plantaggine.*
Herbe aux cerfs , *gratia Dei , dittamo bastardo.*
Herbe au chancre , *Eliotropia.*
Herbe chandeliere , *spetie di cauolo.*
Herbe au cotton , *lanaria.*
Herbe au charpentier , *mille fogli.*
Herbe au chat , *grattaria , herba gratia.*
Herbe à cocu , *primauera.*
Herbe aux chevres , *citiso.*
Herbe au foulon , *saponale.*
Herbe au chien , *gramigna.*
Herbe à l'estoille , *herba stella.*
Herbe de Christ , *spetie d'Elleboro , elleboro nero.*
Herbe Saint Iean , toute bonne , *ormino.*
Herbe Sainte Marie , grand cocq , *herba santa Maria.*
Herbe au laict , *titomalo , titomaglio , herba latte.*
Herbe militaire , *mille fogli.*
Herbe S. Innocent , *centinodia.*
Herbe aux mites , *porcacchia.*
Herbe au loup , *herba lupa.*
Herbe au moineau , *pizza gallina , anagallide.*
Herbe aux masses , *spetie d'herba.*
Herbe noüée , *centinodia.*
Herbe neruis , ou neris , *aleandro.*
Herbe du papier , *papiro.*
Herbe aux ladres , *spetie di bettonica.*
Herbe marine , *alga.*
Herbe aux perles , *litospermo.*
Herbe S. Pierre , sampierre , *herba di San Pietro.*
Herbe aux pouls , *stapusaria , staffisagria.*
Herbe Saint Benoist.
Herbe aux poulmons , *pulmonaria.*
Herbe puante , *coniza.*
Herbe aux pulces , *pullicaria , psillio.*
Herbe aux punaises , *conizza.*



Herbe S. Roch , *Idem.*
Herbe à la Reine , *tabaco nostrano , herba Regina.*
Herbe sainte , *Nicosiana.*
Herbe sardonique , *sardona.*
Herbe sauonniere , *saponale.*
Herbe au Soleil , *girasole.*
Herbe terrestre , *siderite.*
Herbe de la tore , *aconito , pardialanche.*
Herbe aux teigneux , *lappola.*
Herbe de la Trinité , *herba della Trinità.*
Herbe du vent , passefleur , *herba del vento.*
Herbe velue , *herba lanaria.*
couper l'Herbe sous le pied , *scauallar vno.*
manger son bled en Herbe , *mangiar la raccolta in herba.*
cocu en Herbe , *becco cornuto prima d'esser maritato.*
employer toutes les Herbes de la S. Iean , *far ogni sforzo , impiegar ò adoprar ogni via ò rimedio.*
fines Herbes , *herbette , herbiccine , herba gentile , herba fina.*
Herbes potageres , *hortaggi.*
mettre à l'Herbe , *adherbare.*
meschantes ou mauuaises Herbes , *herbaccie.*
mauuaise Herbe croist tousiours , *herba mala presto cresce.*
charmes par le moyen des Herbes , *herbarie.*
Herbé , *herboso.*
Herbelette , *herbiccina.*
Herber , *herbare , aderbare.*
* Herberger , *albergare.*
Herberie où l'on vend les herbes , *herbaria.*
Herberies , *herbarie , herbe.*
Herbette , *herbetta.*
Herbeux , *herboso.*
Herbier , *herbaruolo.*
Herbier , liure qui traitte des herbes , *herbolario.*
Herbiere , *herbaruola.*
Herbiere de bœuf , *giogaia.*
Herbis , *paschio , herbaggi.*
* Herbiste , *herbaruolo.*
Herbolade , tourte d'herbe , *herbolata.*
Herboriser , *herborizzare.*
Herboriste , *herbaruolo.*
l'art d'Herboriste , *herbaria arte.*
Herbu , *herboso.*
Herce , *erpice.* Item , *saracinesca della porta.*
Hercement , *erpicamento.*
Hercer , *erpicare.*
Here , *Vedi ,* haire , *Cilicio.*
Here , *spetie di giuoco.* Item , *cauallo strappazzato , ò mal concio , animal senza coda.*
Hereditable , *herediteuole.*
Hareditaire , *hereditario.*
Heredital , *Idem.*
Heredité , *heredità.*
Heresiarche , *heresiarca.*
Heresie , *heresia.*
Heretique , *heretico.*
Hergne , *ernia , arnia.*
Hergneux , *che patisce d'ernia.*
Herigotté , *speronato.*
Herigotteure , *artigli , speroni d'animale.*
* Heripé , *iscapigliato.*
* Heriper , *iscapigliare.*
Herissé , *arricciato.*
Herissement , *arricciamento.*
Herisser , *arricciare.*
Herisson , *riccio.*

Herisson de mer , *riccio di mare.*
il a vn *Herisson* dans le ventre. i. *gran fame.*
Herissonnement , *arricciamento.*
Herissonner , *arricciare.*
Heritable , *hereditenole.*
Heritage , *heredità , retaggio.*
Heritage aux champs , *podere , campo , &c.*
mettre les mains à l'Heritage , *metter le mani per terra.*
Herital , *hereditale.*
Heritance , *hereditamento.*
Heriter , *hereditare.*
Heritier , &
Heritiere , *herede.*
Hermandrée , germandrée , *quereiuola.*
Hermaphrodite , *hermafroditu.*
S. Herme , *fant' Ermo.*
Hermile , *aftragalo.*
Hermine , *armellino.*
Herminer , *fodrar d'armellini.*
Herminette , *accetta.*
Hermitage , *romitorio , eremo.*
Hermite , *romito , heremita.*
Hermite marin , Bernard l'Hermite , *Spetie di pesce.*
Hermitesse , *romita.*
Hermodacte , *ermodattile.*
Hermole , *Spetie d'herba.*
Herniaire , *herba Turca.*
Hernie , *ernia , arzia.*
Heroïque , *heroico.*
Heron , *airone.*
Heronneau , *airone picciolo.*
Heronner , *di airone.*
cuisse Heronniere , *coscia secca ò magra.*
Heronniere , *nido di airone.*
Heros , *Heroe.*
Herpail , *troppa , gregge ,* Vedi , harpail.
* Herpaille , *canaglia.*
Herper , *arrassare , afferrare.*
* Heire , *vagabondo.*
Hers , *braga del timone.*
Herse , *erpice.*
Herse à la porte d'vne ville , *saracinesca.*
Hersement , *erpicamento.*
Herser , *erpicare.*
Herseur , *erpicatore.*
* Hersoir , *hierfera.*
* Herupé , *iscapigliato.*
* Heruper , *iscapigliare.*
Hesitation , *hesitatione.*
Hesiter , *hesitare.*
Hestoudeau , *pollaftrone.*
Hestre , *cerro.*
Hestreau , *cerro picciolo.*
Hestre-liege , *cerro fughero.*
Hetaudeau , *pollaftrone.*
Heteroclite , *Eteroclito.*
Hetique , *tisico.*
Hetoudeau , *pollaftrone.*
Heu , *Spetie di naue. Orca.*
* Heudrier , *muffare , saper di victo è rancido.*
Heur , *felicità , ventura.*
Heure , *hora.*
des Heures , *vfficio , vfficiolo , vfficio della Madonna.*
de bonne Heure , *per tempo , à buon' hora.*
à cette Heure , *adesso.*
pour l'Heure , *Idem.*
tout à cette Heure , *hor hora , adesso adesso.*



grand' Heure , haute heure , *hora tarda.*
à la bonne Heure , *in buon' hora sia.*
l'Heure du Berger. i. *l'hora dell' occasione ò ventura, l'hora fauoreuole.*
tout à l'Heure , n'agueres ,*poco fà , testè.*
ie sans mon Heure : l'Italien dit , *sento che l'horriuolo è ito giù.*
hors d'Heure , à heure indeuë , *fuor di tempo.*
bien Heuré , *fortunato.*
Heurer , *felicitare.*
Heureté , *felicità.*
Heureuse , *felice , fortunata.*
Heureusement , *felicimente , auuenturosamente.*
* Heureuseté , *felicità.*
Heureux , *felice , fortunato , auuenturato.*
Heurlement , *vrlo , vrlamento.*
Heurler , *vrlare.*
Heurlerie , *vrli , vrlamenti.*
Heurt , *vrto.*
Heurtade , *vrtata.*
Heurtement , *vrtamento.*
Heurter , *vrtare.*
Heurter à la porte , *picchiare , battere.*
Heurter à la boutique S. Cosme. i. *prender il mal venereo , andar dal Barbiere per il mal Napolitano.*
on se Heurte tousiours où l'on à mal : l'Italien dit , *la qua calda cade sempre s'il cotto.*
Heurtes , *palle az urre nell' armi.*
Heurtis , *vrtamento.*
Heusse , *accialino della ruota.*

## H I

Hiacinthe , *jacinto.*
Hibernal , *vernale , di verno.*
Hibou , *gufo.*
Hibou cornu , *barbagianni picciolo.*
faire le Hibou , se cacher , *ciuettare.*
* Hideur , *horrore.*
Hideusement , *horridamente , spauenteuolmente.*
Hideux , *horrido , spauenteuole.*
Hidromel , *hidromele , acqua mele.*
Hie , *maz z aranga.*
Hié , *battuto colla maz z aranga.*
Hieble , *sambuco minore.*
Hiement , *il batter colla maz z aranga.*
Hiene , *hienà , animale.*
Hier, *prouonz iato con è stretto, batter colla maz z aranga.*
Hier , aduerbe , *hieri.*
Hier au matin , *hiermattina.*
Hier au soir , *hierfera.*
auant Hier , *hieri l'altro , auant'hieri.*
Hieracite , *hieracita , pietra.*
Hierarchie , *Hierarchia.*
Hiere , *Spetie di poluere medecinale.*
Hierobotane , *verbena.*
Hierre , lierre , *hedera.*
* Hinard , *che hà il collo torto.*
Hinser , *iffare.*
Hiperbole , *hiperbole.*
Hiperbolic , *hiperbolico.*
Hiperboliser , *hiperboliz are.*
Hipocras , *hipocrasso , beuenda composta di vino zucchero è canella.*

Hipocras d'eau , *hidromele.*
Hipocondre , *hipocondria.*
Hipoctiphe , *hipogrifo.*
Hipocondriaque , *hipocondriaco.*
Hipocrifie , *hipocrisia.*
Hipocrite , *hipocrito.*
Hiporecaire , *hipotecario.*
Hipoteque , *hipotetica.*
Hipotequer , *hipotecare.*
Hippiatrice , *medecina di cauallo.*
Hippoglosse , *hipoglossa herba.*
Hippopotame , *canal d'acqua , hipopotamo.*
Hippodromes , *ippodromi arringhi di caualli.*
Hircin , *hircina , caprigno.*
Hirondelle , *rondine , rondinella.*
Hirondelle de mer , *accola.*
* Hisnel , *viste , snello.*
Hisope , *isoppo , hisopo.*
Hisser , *issare , alzar la vele , &c.*
Histoire , *Historia.*
Historial , *historiale.*
Historié , *ornato , abbellito.*
Historic , *historico.*
Historien , *Historico , Scrittore.*
Historier , *far historie.* Item , *abbellire , ornare.*
Histrion , *istrione , buffone.*
Histrionique , *buffonesco.*
Hiuer , *verno , inuerno.*
Hiuernal , *vernale di verno.*
Hiuerner , *vernare.*

## HO

H ã , *oh , oh la.*
Hô hô , *eh eh.*
* Hobe , *mouimento.*
* Hober , *muouersi.*
Hobere , *obero.*
* Hobeton , *capanna.*
Hobin , *hobino , cattal di portante.*
aller le Hobin , *andar di portante.*
Hobreau , *spetie d'uccello di rapina.*
* Hobrean , *gentilotto , gentilhuomo di cotado.* Item , *imparante , nouitio.*
Hoc , *spetie di giuoco.*
cela m'est Hoc. i. *questo m'è sicuro.*
parler ab Hoc , & ab hac , *parlar di busse in basse.*
Hoche , *tocca.*
Hochement , *mouimento , scottimento , crollamento.*
Hoche-pot , *pot pourry , olla putrida.*
Hoche-queuë , *coditriemola.*
Hocher , *scuotere , crollare.*
Hocher la teste , *crollar la testa.*
Hochet , *dente di lupo sonaglio , dente da puttino.*
Hocquet , *singliozzo.*
* Hocqueteur , *sportaruolo.*
* Hodé , *stanco , stracco.*
* Hoder , *stancare.*
* Hogner , *brontolare.*
* Hoguiner , *tormentare.*
* Hoguinement , *stratio.*
* Hoguines , *batticuli.*
Hô hô , *oh oh , è egli possibile.*
* Hoier , *fastidire.*
* Hoigne , *brontolamento.*
* Hoigner , *brontolare , propriamente , nicchiare.*



Hoir , *herede.*
Hoirie , *heredità.*
Hola , *basta.*
Hola , *oh di casa.*
sans dire Hola , *senza dir niente.*
faire le Hola , *far la pace.*
Hola l'homme au panier , *oh del cesto.*
Holande , *Holanda.*
Holande , *tela d'Holanda.*
Holander vne plume , *acconciar vna penna.*
Holandois , *Holandese.*
Holocauste , *holocausto.*
Homar , *astace.*
* Hom , *huomo.*
l'Hom , dit , *si dice.*
Homelette , *frittata.*
Homicide , *homicida ; è homicidio.*
Hommace , *donna che hà dell' huomo.*
Hommage , *hommaggio.*
Hommager , *far hommaggio.*
Hommasse , *donnaccia , che hà dell' huomo.*
Homme , *huomo.*
Homme , *suddito.* Item , *famiglio , seruo.*
Homme de Cour , *correggiano.*
Homme de guerre , *soldato.*
Homme de lettres , *letterato.*
Homme d'espée , *soldato.*
Homme de longue robbe , *togato.*
Homme de Iustice , *giustitiere.*
d'Homme à homme , *à huomo per huomo.*
ce n'est pas mon Homme. i. *non è huomo per me , non voglio hauer da far con quello.*
à l'Homme , *all' asino ,* Ce jeu se joue en Piedmont , où on l'appele ainsi.
jouër à l'Homme , Metaph. *far copia di se , hauer da far con vn huomo , far l'atto venereo.*
le petit bon Homme me prend. i. *ho sonno.*
Hommeau , *homiccino.*
Hommelet , hommet , *Idem.*
Homologation , *homologatione , approbatione , rettificatione.*
Homologuer , *homologare , rettifiare.*
Homonyme , *homonimo.*
Hon hon , *si si , stà bene.*
Hongre , *vngaro.*
Hongre , *canalo castro.* Metaph. *castrato cappone.*
Hougreline , *spetie di giubbone ó viste , vngarina.*
Hongrie , *vngheria , vngarina.*
la petite Hongrie. i. *tutti li castrati ó capponi, la compagnia de' capponi.*
Hongrois , *Vngaro.*
Honneste , *honesto , honesta.*
Honneste-homme , *huomo di garbo , 'galant' huomo , huomo honorato.*
faire l'Honneste , *honesteggiare , far del galant' huomo , far dell' honorato.*
trouuer vne excuse Honneste à vne chose , *honestare vna cosa.*
Honnestement , *honestamente.*
Honnesteté , *honesta , cortesia , humanità.*
ie vous donneray vne Honnesteté , *vi darò vna cortesia .i. la mancia.*
Honneur , *honore.*
faire Honneur au Soleil. i. *lasciarlo passare ó leuare il primo , leuarsi doppo il sole.*
homme d'Honneur , *huomo honorato.*
* Honnir , *vituperare.*
Honnissement , *vituperatione.*

Honnoraire ,

Honoraire, *honorario.*
* Honorance, *honorinza.*
Honorable, *honoreuole.*
Honorablement, *honoreuolmente.*
Honorer, *honorare.*
Honorifique, *honorifico.*
Honte, *vergogna.*
auoir Honte, *vergognarsi.*
dire Honte, *dir villanie.*
elle a toutes ses Hontes beuës. i. *è sfacciata.*
Honteuse, *vergognoso.*
Honteusement, *vergognosamente.*
Honteux, *vergognoso.*
le morceau Honteux. i. *l'vltimo boccone, che resta nel piatto.*
parties Honteuses, *le vergogne.*
les Honteux le perdent : l'Italien dit, *porco peritoso non mangia pera matura.*
Honteux comme vn page de Cour. i. *sfacciato.*
* se Hontoyer, *vergognarsi.*
Hoquet, *singhiozzo.*
Hoqueter, *singhiozzare.*
Hoqueton, *casacca.*
Horcentrique, *fuor del centro.*
* à Horche, *à orza.*
Hordeat, *benanda fatta d'orzo, hordazza, horgiata.*
* Hordoux, *sutido, sporco.*
Horée, *pioniccina mescolata di vento y nembo.*
Horion, *suforno, colpo, stramazzone.*
Horizon, *Orizonte.*
Horloge, *orriuolo, horlogio.*
Horloge de sable, *horriuolo della poluere.*
Horloge au Soleil, *horriuolo dell' sole.*
Horloge des villageois, *girasole.*
auoir des Horloges dans la teste. i. *hauer grilli ò fantasie in testa.*
auoir des Horloges dans les os. i. *dolori ò auuanzi di mal venerco.*
Horloger, *mastro d'horologgi, horloggiere, horriuolaro.*
Horlogeure, *idem.*
Horlogerie, *arte di horloggiere, horloggieria.*
Hormin, *horminio.*
Hormis, *in fuori, eccetto, fuora, in poi.*
Hormis celuy-la, *da quello in fuori.*
Horoscope, *horoscopo.*
Horreur, *horrore.*
Horrible, *horrido, horribile.*
* Horribleté, *horribiltà.*
Horiblement, *horribilmente.*
Hors, *fuori, fuora.*
Hors d'œuure, *in fuori, di fuori via.*
pierre Hors d'œuure, *pietra sciolta.*
le costé Hors du montoir, *lato dritto del cauallo.*
Hors de la voye, *fuor di manno.*
Hors de mesure, *fuor di modo.*
il est Hors de page. i. *non è più seruo, non è più soggetto.* Item, *ha superato la fatica.*
le Hors de page, *certa cosa che si dà al Paggio nell' vscir di seruitù.*
Horsmis, *in fuori, in poi, eccetto.*
Horsuary, *Vedi,* horuary.
* Hortailles, *hortaglie, ò hortaggi.*
Hortatif, *hortatiuo, essortante.*
Hortie, *ortica.*
* Hortolages, *hortaggi.*
Hortolan, *hortolano, vccello.*
Horuary, *il ganghero che si dà a' cani per farli mutar il corso à la strada.*

Hospice, *hospitio.*
* Hospitable, *hospitiole.*
Hospital, *spedale.*
aller à l'Hospital, prendre le chemin de l'hospital, *rotinarsi :* l'Italien dit, *condursi al lastrico.*
* Hospitaler, *riceuer nello spedale, hospitiare.*
Hospitalier, *Spedaliere, spedalingo.*
Hospitalité, *hospitalità.*
Host, *oste, esercito.*
Hostage, *ostaggio, hostaggio.*
Hostager, *di ostaggio, hostale.*
Hoste qui loge, *hoste, hostelliere.*
Hoste qui est logé, *albergante.*
Hoste conuié, *conuitato.*
compter sans son Hoste, *contar senza l'hoste.*
Hostel, *palazzo di Prencipe ò gran Signore.*
Hostel-Dieu, *Spedale.*
corps d'Hostel, *appartamento di Palazzo.*
Hostel de Ville, *palazzo della Città.*
maistre d'Hostel, *mastro di casa.*
Hostelage, *hospitalità, hospitio, hostellaggio.*
* Hosteler, *alloggiare.*
Hostelier, *hoste d'hosteria, hostegliere, hostelliere.*
Hostellerie, *hosteria.*
Hostesse, *hoste, hostessa.*
Hostie, *Hostia.*
Hostiere, *spedale.*
Hostil, *hostile.*
Hostilement, *hostilmente.*
Hostilité, *hostilità.*
Hotte, *zerletto, zerlino costa.*
Hottée, *pieno vn zerletto cestata.*
Hottereau, *bigoncia.*
Hotteur, *cestaruolo, zanaiuolo, sportaruola.*
Hottier, *Idem.*
Hottons, *mondiglie di biade.*
Hou, *voce dà far fermare il caual da carretta.*
Heubier, aubour, *alburno.*
* Houhou, *vecchia strega.*
Houage, *zappamento.*
Houay, *eh che cosa è questa.*
Houbelon, *lupoli.*
Houbereau, *imparante, nouizzo.*
Houblon, *lupoli.*
Houë, *zappa.*
Houëment, *zappamento.*
Houër, *zappare.*
Houeur, *zappatore.*
Houille, *carbon di terra.*
Houlette, *pastorale.*
Houlette de connine, *conigliera.*
Houpelande, *pelanda.*
Houpelu, *fioccato.*
Houppe, *fiocco.*
Houpper, *fioccare; far à guisa di fiocco.*
Houragan, *tempesta di venti contrarij.*
Houppier d'arbre, *cesto ò fiocco.*
* Hourdé, *carico di tozzi.*
* Hourd, hourdis, *palco.*
* Hourder, *lutare, intonacare.* Item, *far palchi.*
Hourque, *spetie di barca, vrca.*
Houruary, *ganghero, termine di caccia.*
faire vn Houruary, *dar vn ganghero.*
Housé, *calzato di vose.*
Houseaux, *vose.*
* se Houser, *calzarsi le vose.*
* Houspaillé, *imbrattato di paglia.*
Houspillée, *scossa.*

Houspillement, *strapazzamento, scotimento.*
Houspiller, *scuotere, strapazzare.*
Housse, *valdrappa.*
Housse, *fornimento di letto; coperta in vece di cortinaggio.*
petite Housse, *soprasella.*
Housse de liure, *souracoperta.*
aller en Housse, *caualcar con la valdrappa.*
Houssée de pluye, *acquazzone.*
Housser, *scopare, spazzare.*
Housser vn cheual, *metter la valdrappa.*
Housseur, *scopatore.*
Housseuse, *scopatrice.*
Houssiere, *scansatoio.*
Houssine, *bacchetta.*
Houssiner, *batter con la bacchettina.*
Houssineux, *piena di bacchette.*
Houssoir, *spazzatoio scopa longa.*
Housson, *scopa, albero.*
Houssu, *crinuto, peloso.*
Houssure, *fiocco di lana, &c.*
Houtarde, *asio, oti.*
Houx, *agrifoglio.*
Houyau, hoyau, *beccastrino.*

### HV

**H**V, *schiamazzo.*
Hua, *spetie di nibbio grosso.*
Huant, *strillante.*
chat Huant, *gufo, alocco.*
Huard, Huns, *nibbio.*
Hubir, *venir à capo.*
Huche, *madia.*
Huche qui reçoit la farine au moulin, *viscolo.*
Huchement, *grido, clamore, richiamo.*
Hucher, *chiamare.*
Hucher, *corno di cacciatore.*
Huchette, *madia picciola.*
Huée, *schiamazzo.*
Huet, *gridare, schiamazzare.*
Huerie, *schiamazzo.*
appeler Huet. i. *vomitare il vino con quel suono di vomito.*
Huette, *alocco, viula*
Hugrement, *brauamente.*
Huguenot, *Heretico, Caluinista in Francia.*
Hugenotte, *Heretica.*
Huguenotte à faire cuire la viande, *stufetta.*
œufs à la Huguenotte, *voua corte col suo di lachetta di castrato.*
Huguenotterie, *Heresia.*
Huict, *otto.*
Huictaine, *ottaua, spatio di otto giorni.*
Huictain, *ottaua, compositione d'otto versi.*
Huictante, *ottenta.*
Huictantiesme, *ottantesimo.*
Huictiesme, *ottauo.*
le Huictiesme, *diritto che si paga al Rè dell' ottaua parte.*
Huile, *olio.*
Huile de laurier, *olio laurino.*
Huile petrol, *olio petrolino.*
Huile de Septembre. i. *vino.*
Huile de cotteret, *bastonate, frutte dell' asino, assogna di bosco.*
Huile de reins, *sperma.*
mettre de l'Huile dans la lampe. Metaph. *mescer vino.*



mettre de l'Huile dans le feu. i. *accender la colera d'vno.*
tirer de l'Huile d'vn mur : l'Italien dit, *cauar acqua dalla pomice.*
Huile sainte, *olio santo.*
Huilement, *oliamento.*
Huiler, *oliare.*
Huilerie, *oliaria, cellaro d'olio.*
Huileux, *olioso.*
Huilier, *oliaro.*
Huis, *vscio.*
vn Huis de derriere. i. *vn modo di scappare.*
le grand rompeur d'Huis ouuerts. i. *li gran vantatore.*
Huis verd, *portiera.*
à Huis clos, *secretamente, priuatamente.*
à Huis ouuert, *palesemente.*
Huisserie, *vfficio d'vsciere.*
Huisserie, *porta.*
Huisseries d'vne maison, *imposte.*
Huisset, *vsciolo.*
Huissier, sergent, *messo, cursore.*
Huissier, *vsciere, portinaro.*
Huissier à verge, *vsciere di corte è palazzo.*
Huistre, *ostrica.*
vne Huistre à l'escaille. i. *vn sot, vn menchione.*
vne Huistre, gros crachat, *lumacone, farfallone, castagnaccio.*
les Huistres d'vne volaille, *certi bocconcini delicati verso la schiena d'vn cappone ò gallina.*
Huistrer, *leuar le ostriche dal guscio.*
Huistriere, *luogo doue si pescano le ostriche.*
Huit, *otto, Vedi, il resto, à huict.*
Hulotte, *nottola ò ciuetta.*
Huller, *vrlare.*
Humable, *sorbeuole.*
Humain, *humano.*
Humainement, *humanamente.*
Humanité, *humanità.*
Humble, *humile.*
Humblement, *humilmente.*
Humblesse, *humilità.*
Humectation, *humettatione.*
Humecter, *humettare.*
Humée, *sorbita.*
Hume-godet, *beuitore.*
Humement, *sorbimento.*
Humer, *sorbire mandar giu, succhiare.*
Humeraire, *homerario.*
Humeral, *homerale, di homeri, di spalle.*
Humerie, *sorbitione, ingoiamento.*
Hume-sang, herbe, *sanguisorba.*
Humet, *sorbita.*
Humeter, *sorbire.*
Humeur, *sorbitore.* prononcé auec aspiration.
Humeur, prononcé sans aspiration, *humore.*
ie ne suis pas d'Humeur, *non son per fare.*
estre de mauuaise Humeur, *esser di mala voglia.*
deuenir Humide, *inhumidire.*
Humide, *humido.*
Humidement, *humidamente.*
Humidité, *humidità.*
Humilié, *humiliato.*
Humilier, *humiliare.*
Humilité, *humilità.*
Humoire, *spetie di morso.*
Humoral, *humorale, di humore.*
Humoriste, *humorista, fantastico.*
Hune, *gabbia.*
Huppe, *fiocco.*

Huppe, *oiſeau*, *bubbula*.
Huppe d'oyſeau, *cappelletto, ciuffetto*.
Huppé, *col cappelletto ò ciuffetto*.
Huppé, eſueillé, *galluto*.
des plus Huppez, *de' più riguardeuoli ò galluti*.
Huque, *acconciatura è manto alla fiamenga*.
Huraut, *cinghiale vecchio*.
Hurbec, *vermine che rode la vite*. Item, *capriuolo di vite*.
Hure, *teſchio di cinghiale*. *Teſchi, teſta hirſuta*.
Hure de brochet, *teſta di luzzo*.
Hurgon, *bieta, Bieta roſſa*.
Hurhaut, *voce da far andar il cauallo à man dritta*. *Vedi*, Dia.
Hurlement, *vrlamento*.
Hurler, *vrlare*.
Hurler auec les loups: l'Italien dit, *volpeggiar con le volpi*.
Hurleur, *vrlatore*.
Hurque, *vrca, barca*.
Hurt, *vrto*.
Hurter, *vrtare*.
Hurtoir, *certa parte della caſſa dell' Artigliaria*.
Huſciame, *hioſciamo*.
Huſſite, *certa religione d'Heretici in Boemia*.
Huſtaudeau, *pollaſtrone*.
Hutaudeau, *idem*.
Hute, *capanna*.
Huter, *alloggiare in vna capanna*. *Far capanne*.
* Hutin, *rumore, ſchiamazzo*.
* Hutiner, *rumoreggiare, contendere*.
Hutte, *capanna*.
Hutter, *far capanne*.
* Huy, *hoggi*.
* Huyer, *eſclamare, gridare*.
Huyle, *olio*.
Huyler, *oliare*.
Huys, *vſcio*.


## HY

HYacinthe, *Iacinto, giacinto*.
Hyades, *giadi, ſtelle*.
Hyaſciame, *hioſciamo*.
Hydrargire, *mercurio, argento viuo*.
Hydre, *hidra*.
Hydrie, *boccale d'acqua*.
Hydrocele, *fluſſione*.
Hydrographie, *deſcrittione de' mari*.
Hydromantie, *hidromantia, diuinatione dalla' acqua*.
Hydromel, *hidromele*.
Hydropique, *hidropico*.
Hydropiſie, *hidropiſia*.
Hye, *mazzaranga*.
Hyeble, *nebbi, ſambuco minore*.
Hyenne, *hiena, animale*.
Hyer, *hieri*.
Hyere, *poluere compoſta d'aloè, & ſimili coſe amare*.
Hyeuſe, *elice*.
Hymen, *himeneo*.
Hymenean, *d'himeneo*.
Hymne, *hinno*.
chanter l'Hymne du Cigne. i. *cantar la ſua morte*.
Hyoide, *certo oſſo*.

Hyperbole, *hiperbole*.
Hyperbolic, *hiperbolico*.
Hyperdulie, *hiperdulia*.
Hypocauſte, *hipocauſto*.
Hypocondre, *hipocondria*.
Hypocondriaque, *hipocondriaco*.
Hypociſte, *hipociſto herba*.
Hypocras, *Vedi*, hipocras.
Hypocriſer, *far dell' hipocrito*.
Hypocriſie, *hipocriſia*.
Hypocrite, *hipocrito*.
Hypocritement, *da hipocrito*.
veine Hypograſtique, *vena dal belico al pettignone*.
Hypogée, *volta ſotto terra*.
Hypogriphe, *cauallo alato, hipogrifo*.
Hypoſtaſe, *hipoſtaſi*.
Hypothecaire, *d'hipoteca*.
biens Hypotequez, *ſodamenti*.
Hypoteque, *hypotetica, pegno*.
Hypotequer, *ſodare, hypoteticare, impegnare il capitale*.
Hyppodrome, *hipodromo arringo luogo da far correre i caualli*.
Hyſſope, *hiſſopo*.
Hyuer, *verno inuerno*.
il n'a pas beſoin de grand Hiuer, *è molto debole ò fruſto*
Hyuernal, *di verno, vernale*.
Hyuernée, *vernata*.
Hyuerner, *vernare*.
Hyuerneux, *vernoſo*.

# I

I, *auanti alle vocali, ſegnato longo ò con la coda è conſonante, è ſi pronon come G, in lingua Franceſe*.


### I A

IA, *già*.
* Ie ne le feray Ia, *nol farò già, nol farò niente*
Ia ſoit que, *ò ſia che, benche, con tutto che*.
Iable, *capruggine di botte*.
Iabler, *far le capruggini*.
* Iabol, *girella*.
Iabot, *gozzo d'vccello*.
Iacée, *herba della Trinità*.
* Iacent, *giacente*.
Iachere, *nouale, maggeſe, campo maggeſe*.
Iacinthe, fleur, & pierre, *giacinto*.
couleur de Iacinthe, *giacintino*.
Iacobin, *Iacopino, Dominicano*.
* cracher vn Iacobin, *ſputar vn farfalone*.
Iacobus, *pezzo d'oro d'Inghilterra*.
Iaçoit que, *benche*.
Iacque de maille, *giacco di maglia*.

Iacquemard, huomo ò statua di piombo ò pietra.
armé comme vn Iacquemard. i. armato da capo à' piedi.
Iacquette, giornea di contadino.
tourner Iacquette. i. mutar partito.
vn Iacquet, vn giorneone, vn sciocco.
* Iactance, vanteria.
* Iactateur, vantatore.
* Iactation, vanto, vanteria.
* Iacter, vantare.
* Iacture, danno, iattura.
Iadeau, boccia.
Iadis, già, per l'adietro.
* Iagayette, ?agaglia.
Iagleur, glayeul, acoro.
* Iaiet, geaietto.
Ialap, gialappo.
Iallet, palottola.
arbaleste à Iallet, balestra da tirar palottole.
Iallir, ?ampillare, spruz?are.
Iallissement, ?ampillamento.
Ialousement, gelosamente.
Ialousie, gelosia.
Ialousie à vne fenestre, gelosia.
Ialouse, gelosa.
Ialoux, geloso.
Il en est Ialoux, comme vn coquin de sa besace. i. l'ama in estremo.
vaisseau Ialoux. i. qui bransle, geloso vascello, Vedi, Iolly.
Iamais, mai, giamai.
à Iamais, in eterno, per sempre.
pour vn Iamais, per tutta la sua vita, per sempro.
à tout Iamais, Idem.
Iambage, stipite.
Iambe, gamba.
Iambe deçà, jambe de là, à caualcioni.
faire Iambes de vin. i. beuer molto per caminar meglio.
jetter le chat aux Iambes. i. scusarsi sopra d'vn altro.
Iambes mennës comme des fuseaux, assisilate gambe.
les Iambes me faillent. i. mi manca la forza.
il a treuué ses Iambes. i. hà fuggito molto presto.
prendre ses Iambes à son col : l'Italien dit, mettersi la via trà le gambe ò piedi.
selon la Iambe le bas. i. la spesa ò l'impresa secondo il potere.
Iambette, petite jambe, gambetta.
Iambette, spetie di coltello.
Iambette, croc en jambe, gambetto, ancarella.
Iambier, di gamba.
Iambieres, gambiere, armatura di gambe.
Iambon, presciutto.
Iambonnier, mercante di salami ò presciutti, pizzicarnolo.
Iamboyer, szambettare.
Ian le blanc, spetie d'vccello di rapina, ò acquila.
* Ian femme, herma frodito.
* Iangler, cianciare.
Ianglerie, ciancia.
Iangleur, ciarliere.
Iannet d'eau, hinsea.
Iannin, menechione, becco cornuto.
Ianissaire, gianiz?ero.
Iantes, spez?i? che fanno il giro ruota anconi, assili, assidi, cantoni, cerchi di ruota.
Ianuier, gennaio, gennaro.
Iappement, abbato, abbaiamento.
Iapper, abbaiare.

Iapperie, abbaio.
Iappeur, abbaiatore.
Iaque, giacco di maglia.
Iaqué, armato di giacco.
Iaquerie, sollevamento ò seditione di certi assassini.
Iaquet, badin, giorneone, giornea.
Iaquette, giornea di contadino.
Iaquiers, certi popoli rabelli vestiti di giornea.
Iar, il maschio dell' oca.
Iarcer, crepolare.
Iarceure, crepolatura.
Iard, conserua d'acqua da far il sale.
Iardin, horto, giardino.
jetter des pierres dans le Iardin : l'Italien dit, trar bottoni.
Iardinage, hortaggio.
Iardinement, cultura d'horto.
Iardinet, hortetto, giardino picciolo.
Iardiner, coltiuar l'horto ò giardino, far giardini.
Iardinier, hortolano, giardiniere.
Iargon, ?ergo, parlar furbesco.
Iargonnement, il parlar corretto.
Iargonner, parlar indistintamente ò ?ergo.
Iargonneur, huomo che parla furbesco ò ?ergo.
Iargonnois, furbesco, ?ergo.
Iargouiller, parlar corrotto ò indistintamente, borbottare.
Iarnac, coltellaccio, spada larga è corta.
Iarre, giara, giarla.
Iarret, garetto.
Iarret, difetto ò piego nel tondo d'vn arcata.
Iarret de veau, pez?o del garretto.
elle ne fait que secoüer le Iarret, questo si dice di donna, che partorisce con gran facilità.
secoüer le Iarret en mourant, stender le gambe morendo, trar calci serrar le pugna.
roidir le Iarret, Idem.
couppe Iarret, sgherro, brauo, taglia cantoni.
Iarretade, colpo sopra i garretti.
Iarretier, di garretto. Item, storto di gambe.
Iarretieres, ligacci.
l'Ordre de la Iarretiere, l'Ordine del Gartiere in Inghilterra.
Iarrus, aro.
Iars, maschio dell' oca.
il entend le Iars : l'Italien dit, intende il pecoreccio.
Iartiere, Vedi, Iarretiere.
Iasard, ciarlone, cicaliere.
Iasarde, cicalona.
Iasement, cicalamento.
Iaser, cianciare, ciarlare, cicalare.
Iaseran, monile, catena, Giacco, maglia gazzerina.
* Iasereau, ciarlone, cicalone.
Iaserie, chiacchiara, ciancia, ciarla.
Iaseur, ciarliere, chiacchiarone, cicalone.
Iaseuse, cicala, ciarliera.
Iasmin, gelsomino. Item, spetie d'vnguento fatto di viole.
Iaspe, diaspro, jaspido.
Iaspé, punzecchiato à guisa di inspido.
Iaspe sur la tranche, libro con color di profido sopra le carte.
Iasper, far di color di profido ò diaspro, punzecchiare, serez?iare.
Iaspeure, serez?iatura à guisa di iaspido.
Iatte, catino ò conca di legname.
cul de Iatte, huomo senza gambe, che camina in vn catino.

Iau, gallo. Item, multo, pesce.
Iauar, iauard, chionardo.
Iaueler, legar in balz i, affastellar le biade.
Iaueleur, affastellatore di biade.
Iaueliere, forca da rimouer i balz i di biade.
Iaueline, chiauarina, chiauarina.
Iauelinier, armato di chiauarina.
Iauelle, balza, balzello.
Iauelot, gianelotto.
Iauelotier, armato di gianelotto.
Iauge, misura delle botti. Lo stromento da misurar le botti.
Iaugeage, misuramento di botte.
Iauger, misurar le botti.
Iaugeur, misuratore delle botti.
Iaule, gabbia. Item, carcere.
Iaulge, Vedi, jauge, &c.
Iaulne, jaune, giallo.
Iaune-paille, giallo pagliccio.
Iaune-d'œuf, rosso dell' vouo, torlo.
terre Iaune, oro.
Iaunaftre, giallicoio.
Iaunement, giallamente.
Iaunet, fiorancio.
vn Iaunet, Metaph. vn scudo d'oro.
Iaunet d'eau, ninfea.
Iaunette, herba di S. Pietro.
Iaunir, far giallo, giallire, diuentar giallo.
Iaunir comme les espics, incerare.
herbe à Iaunir, guado.
Iauniffe, ifteritia, spargimento di fele.
Iauniffement, &
Iauniffeure, ingiallimento.
Iay, geay, ghiandaia.
Iay, &
Iayet, giaietto.
Iazer, Vedi, jafer.

I B

I Bice, spetie de capra feluatica.

I C

I Celuy, quello, esso, desso.
Icelle, essa, dessa, quella, lei.
Icnographie, Icnografia, descrittione di pianta d'architettura.
* Ictere, jauniffe, ifteritia.
* Icterique, qui a la jauniffe, ifterico.
Icy, qui. Cofta.

I D

I Deale, Ideale.
Idée, Idea.
Idem, il medesimo.
Identifier, medemare.
Identité, identità.
Ides, Ide di mese.
Idilie, Idilio.
Idiome, Idioma.

Idiot, Idiota.
Idiotifme, Idiotismo.
* Idoine, Idoneo, atto.
Idolatre, Idolatro.
Idolatrer, Idolatrare.
Idolatrie, Idolatria.
Idole, Idolo.
fruit Idumois, d'Idumea, Idumese frutto, datteri.

I E

I E, pronome subiontiuo, Io.
Iean, Giouanni, nome proprio.
mal S. Iean, mal caduco.
on m'appelle maistre Iean. i. sono valente in quell' esercitio.
Iean, interiettione, jean ie vous le nie, affe ch'io vel niego.
vn Iean, vn Zuane, vn becco cornuto, vn menchione.
Ieannin, Idem.
Iean farine, Zani, buffone di comedia.
double Iean, beccacio cornuto, beccone.
* Iean cul, coglione menchione.
* à Iean Guerin. i. di poco valure, mal fatto.
Iecoraire, di fegato.
Iect, getto, tiro.
vn Iect de pierre, vn tiro di sasso.
Iect, en moule, getto.
Iect d'eau, spicchio, spiccio, zampillo.
Iect, rejetton de plante, getto, rimessa, messa, pollione.
Iects d'oiseau, getti.
Iectement, tiro. Item, zampillamento.
Iecter, Vedi, jetter.
* Iectice, che si gitta.
Iecton, Vedi, jetton, pollione, messa di pianta.
Iectonner, buttar messe ò getti.
Iehan, Vedi, Iean.
Ienice, gionenca.
Ienin, becco cornuto.
Ieniffe, gionenca.
Iennetin, certo vin bianco di Orleans.
Ientes, giro di ruota, pezzi intorno alla ruota, anconi, cantoni, cerchi.
Iercer, crepolare.
Ierdon, giardone, giarda, gierda.
Iergon, zergo.
Iergonnelle, spetie di pero.
Iefier, ventricchio.
Ieffemin, gelsomino.
Iefuitains, spetie di Frati
Iefuite, Iesuita.
Iet, Vedi, ject, &c.
Ietter, tirare, gittare, lanciare.
Ietter, far vn conto con gettoni ò fiorini, numerare.
se Ietter, auuentarfi, lanciarfi.
Ietter l'ancre en mer, dar fondo.
le Ietter des arbres, spuntare, buttare.
Ietter vn cry, cacciar vn grido, ò strido.
Ietter vn fondement, posare il fondamento.
Ietter le froc, sfratarfi.
Ietter en terme de peinture, spiccare, spiccar bene.
Ietter, en moule ou en sable, gettare.
cela ne se Ietter pas en moule. i. non si fa cosi facilmente.
il est Ietté en moule. i. par di pinto, è molto ben fatto.

Ietter les espaules de mouton par les fenestres : l'Italien dit, *gittar il lardo per le fenestre*.
Ietter du cœur, *vomitare*.
Ietter, qui se dit de l'eau d'vne fontaine, &c. *zampillare*.
Ietter la pierre. i. *risoluersi in vna cosa*.
la pierre en est Iettée, *è fatta la risolutione*.
se Ietter dans vn cloistre, *farsi frate, ó monaca*.
se Ietter d'vn party, *buttarsi da vna parte*.
Ietter l'oiseau, *far volar l'vccello di rapina*.
ie n'en Iette pas ma part aux chiens. i. *ci pretendo qualche cosa*.
Ietter l'œil, *dar dell' occhio*.
Ietter les yeux sur quelqu'vn ou sur quelque chose, *sceglicre vno, guardare, mirare, squadrare*.
se Ietter sur le lit, *buttarsi sul letto*.
se Ietter dans vn lieu, *cacciarsi, ritirarsi*.
Ietter des souspirs, *mandar fuori sospiri*.
Ietton, rejetton, *pollione, messa, rimessa*.
Iettons, *gettoni, fiorini da contare*.
Ieu, *giuoco*.
Ieu, *scherzo*.
Ieu de Prince : l'Italien dit, *piaceri del Mangolino*.
Ieux, *comedia ó tragedia*.
Ieu de longe, *saliuerna*.
vn Ieu de cartes, *mazzo di carte, paio di carte*.
le Ieu des Egyptiens, *a ch' egli é dentro*.
faire beau Ieu. i. *fauorir l'occasione*.
entrer en Ieu, *entrar nella comedia*.
Ieu de paulme, *giuoco di palla corda*.
mettre en Ieu. i. *metter innanzi, proporre*.
c'est le vieux Ieu, *é cosa vecchia*.
à beau Ieu, beau retour : l'Italien dit, *la và da barcauolo à marinaro*.
le Ieu ne vaut pas la chandelle. i. *importa più la spesa, che il capitale, non val la spesa*.
à quel Ieu joüons nous. i. *che facciamo, che vogliamo fare*.
il aura beau Ieu si la corde ne rompt. i. *la cosà gli verrà fatta se lo fauorità la sorte*.
à Ieu couuert. i. *secretamente*.
vn Ieu de violes, *assortimento di viole da far vn concerto*.
faire bonne mine, & mauuais Ieu. i. *dissimulare il suo bisogno, fingere*.
couurir son Ieu. i. *coprire il suo disegno*.
Ieudy, *giouedi*.
Ieudy gras, *berlingaccio*.
Ieudy absolu, *giouedi santo*.
Ieun, *digiuno*.
à Ieun, *digiuno*.
Ieunastre, *giouanotto*.
* Ieunastrer, *bamboleggiare*.
Ieune, *giouane*. Item, *giouenile*.
Ieune-homme, *giouane*.
Ieune-garçon, *fanciullo*.
Ieune-fille, *giouane, fanciulla*.
vn Ieune-homme follastre, *giouanastro*.
Ieune-bois, *albero picciolo*.
Ieunement, *giouenilmente*.
Ieune, & jeuner, *Vedi*, Ieusne, &c.
Ieunesse, *giouanezza, fanciullezza*.
Ieunesse, *giouentù*.
Ieunesses, *errori di giouentù, tiri ò atti di gionani*.
Ieuner, *giouanetto*.
Ieuse, *elice*.
Ieusne, *digiuno*.
Ieusner, *digiunare*.
Ieusneur, *digiunatore*.



### IF

IF, *tasso, ischio, nasso*.
If barbu, bouillon, herbe, *tasso barbasso*.

### IG

* IGnaue, *neghittoso, da poco*.
* Ignée, *di fuoco*.
* Ignition, *ignitione, abbrucciamento*.
Ignominie, *ignominia*.
Ignominieusement, *ignominiosamente*.
Ignominieux, *ignominioso*.
Ignoramment, *ignorantemente*.
Ignorance, *ignoranza*.
Ignorant, *ignorante*.
Ignoter, *ignorare*.

### IL

IL, *egli, quello*.
Ile, *ilio, osso dell' anche*.
Iliade, *Iliade*.
Iliaque passion, *dolore dell' intestino, minore chiamato ilio*.
Ilion, *osso ilio*. Item, *intestino minore, ilie*.
* Illation, *illatione, inferenza, conclusione*.
* Illec, *quiui, là, colà*.
Illegalité, *illegalità, disordine*.
Illegitime, *illegitimo*.
Illegitimement, *illegitimamente*.
* Illeteré, *non letterato, ignorante*.
* Illiberal, *illiberale, non liberale*.
Illicite, *illecito*.
Illicitement, *illecitamente*.
Illimité, *non limitato*.
Illiquide, *non liquido, denso, spesa*.
Illuder, *illudere, deludere*.
Illuminateur, *illuminatore*.
Illumination, *illuminatione*.
Illuminer, *illuminare*.
Illumineur, *illuminatore*.
Illusion, *illusione*.
Illusoire, *illusorio*.
Illustrateur, *illustratore*.
Illustration, *illustratione*.
Illustre, *illustre*.
Illustrer, *illustrare*.
Illustrissime, *illustrissimo*.
Illuuion, *illunione*.

### IM

IMage, *imagine*.
Imager, *che fa ó vende l'imagini*.
Imagette, *imaginetta*.
Imagier, *mastro che fà l'imagini ò le vende*.
Imaginaire, *imaginario*.
Imaginatif, *imaginatiuo*.

Imagination , *imaginatione.*
Imaginatiue , *imaginatiua.*
Imaginer , *imaginare.*
Imbecille , *imbecillo , debole , fiacco.*
Imbecillement , *imbecilmente.*
Imbecillité , *imbecilità.*
* Imberbe , *sbarbato.*
Imbeu , *inbuto , inftratto , informato.*
Imbibé , *imbeuuto.*
* Imbleffable , *inuulnerabile.*
Imbrocation , *imbrocatione.*
Imbu , *imbuto , imbeuuto , informato , inftratto.*
Imbuer , *imbeuere.* Item , *informare.*
Imitable , *imiteuole.*
Imitateur , *imitatore.*
Imitation , *imitatione.*
Imitatrice , *imitatrice.*
Imiter , *imitare.*
Immaculé , *immacolato , fenz x macchia.*
* Immangeable , *non mangieuole.*
Immanité , *immanità.*
* Immarceffible , *incorrottibile.*
Immariable , *non marineuole.*
Immateriel , *immateriale.*
Immatriculaire , *immatricolare.*
* Immediat , *immediato , mez ano.*
Immediatement , *immediatamente.*
Immedicable , *immedicheuole.*
Immemorable , *immemoreuole.*
Immemorial , *immemoriale , fuor di memoria.*
Immenfe , *immenfo.*
Immenfité , *immenfità.*
Immeuble , *immobile , beni immobili.*
* Immifcer , *mefcolar dentro.*
Immifericorde , *immifericordia.*
Immifericordieufement , *incompaffioneuolmente.*
Immifericordieux , *incompaffioneuole , immifericorde-*
*uole.*
Immixte , *non mifto , immifto , femplice.*
Immobiliaire , *non moueuole.*
Immobile , *immobile.*
Immobilement , *immobilmente.*
Immobilité , *immobilità.*
Immoderation , *immoderanz a.*
Immoderé , *immoderato.*
Immoderément , *immoderatamente.*
Immodefte , *immodefto.*
Immodeftement , *immodeftamente.*
Immodeftie , *immodeftia.*
Immolateur , *immolatore.*
Immolation , *immolatione.*
Immoler , *immolare.*
Immonde , *immondo.*
Immondice , *immondez z a , fucidume.*
Immondicité , *fucidezza.*
Immortalifation , *immortalamente.*
Immortalifer , *immortalare.*
Immortalité , *immortalità.*
Immortel , *immortale.*
Immortelle , *Fiore di fiore , immortale.*
Immortellement , *immortalmente.*
Immuable , *immutabile , immuteuole.*
Immuablement , *immutabilmente.*
Immuer , *immutare.*
* Immune , *immune.*
Immunité , *immunità.*
* Immutable , *immuteuole.*
* Impact , *auuiluppato.*

* Impacter , *auuiluppare.*
Impalpable , *impalpabile.*
* Impar , imper , *caffo.*
Imparfait , *imperfetto.*
Imparfaitement , *imparfettamente.*
Impartir , *impartire , compartire.*
Impaffibilité , *impaffibilità.*
Impaffible , *impaffibile.*
Impatible , *impatibile , non fopporteuole.*
Impatiemment , *impatientemente.*
Impatience , *impatienza.*
Impatient , *impatiente.*
s'Impatienter , *ftar nell' impatienza.*
Impatronifation , *impadronimento.*
s'Inpatronifer , *impadronirfi.*
Impendant , *impendente.*
Impenetrable , *impenetrabile.*
Impenetrablement , *impenetrabilmente.*
Impenitence , *impenitenza.*
Impenitent , *non penitente.*
* Impenfes , *impenfe , fpefe.*
Imperatif , *imperatiuo , imperante.*
Imperatoire , *imperatorio.*
Imperatrice , *Imperatrice.*
Imperceptible , *impercettibile.*
Imperceptiblement , *inauuedutamente , infenfibilmente.*
* Imperer , *imperare , commandare.*
Imperfaict , *imperfette.*
Imperfection , *imperfettione.*
Imperforation , *imperforatione.*
Imperial , *Imperiale.*
Imperial , fleur , couronne imperialle , *imperiale.*
Imperiale de Flandres , *certa moneta di Fiandra.*
Imperiale de carroffe , &c. *cielo.*
Imperialifte , *Impurialifta.*
Impericon , *impericone.*
Imperieufement , *imperiofamente.*
Imperieux , *imperiofo.*
Imperiofité , *imperiofità.*
Imperiffable , *che non può perire.*
* Imperit , *imperito , ignorante.*
* Imperitement , *imperitamente.*
* Imperitie , *imperitia.*
Imperfonnel , *imperfonale.*
Imperfonnellement , *imperfonalmente.*
Imperfpirable , *imperfpireuole.*
Impertinemment , *impertinentemente.*
Impertinence , *impertinenza.*
Impertinent , *impertinente.*
* Impetigine , *impetiggine.*
Impetrable , *impetreuole.*
Impetration , *impetratione.*
Impetrer , *impetrare.*
Impetueufe , *impetuofa.*
Impetueufement , *impetuofamente.*
Impetueux , *impetuofo.*
Impetuofité , *impetuofità , impeto.*
Impie , *impio , empio.*
Impiement , *impiamente , empiamente.*
Impieté , *impietà.*
Impiteufement , *impietofamente.*
Impiteux , *impietofo.*
Impitoyable , *Idem.*
Implacable , *implacabile.*
Implantation , *implantatione.*
Implanter , *implantare.*
Implication , *implicatione.*
Implicité , *implicità.*

Impliquer, *implicare.*
Implorable, *imploreuole.*
Implorateur, *imploratore.*
Imploration, *imploratione.*
Implorer, *implorare.*
Imployable, *non pieghevole, inflessibile.*
Impolitesse, *impulitezza.*
Impollu, *immacchiato, incontaminato.*
Impoly, *non pulito.*
Importable, *non sopporteuole.*
* Importamment, *importantemente.*
Importance, *importanza.*
chose d'Importance, *cosa di momento.*
Important, *graue, importante.*
Importer, *importare.*
Importueux, *senza porto.*
Importun, *importuno.*
Importunément, *importunatamente.*
Importuner, *fastidire; importunare, scommodare.*
Importunité, *importunità.*
Imposer, *imporre, imponere.*
Imposé, *imposto.*
Imposition, *impositione.* Item, *tributo, imposta.*
Impossibilité, *impossibilità.*
Impossibiliter, *impossibilitare.*
Impossible, *impossibile.*
Impossiblement, *impossibilmente.*
Impost, *taglia, imposta, tributo.*
Imposte, *imposta.*
Imposteur, *impostore, bugiardo.*
Imposture, *impostura.*
* Impotence, *impotenza.*
Impotent, *impotente.* Item, *stroppiato.*
Impourueu, *improuisto.*
à l'Impourueu, *all' improuista.*
Imprecation, *imprecatione.*
Impreciable, *dispregeuole.*
* Impregnation, *impregnamento.*
Impremeditation, *impremeditanza.*
Impremedité, *impremeditato.*
Imprenable, *che non può esser preso, inespugnabile.*
Imprescriptible, *imprescritteuole.*
* Impresse, *stampa.*
Impression, *impressione.*
Impression de liures, *stampa.*
* Imprestance, *imprestanza.*
Impreuoyance, *improuidenza.*
Imprimé, *impresso.* Item, *cotto, imbriaco.*
Imprimer, *stampare.*
s'Imprimer dans l'esprit, *imprimersi, imaginarsi.*
s'Imprimer, *imbriacarsi.*
Imprimer vne toile pour peindre, *sisare.*
Imprimer les estoffes de soye, *stampare.*
IMPRIMERIE, *stampa.*
IMPRIMEVR, *stampatore.*
Imprimeure de toile, *assisa, sisa.*
Improbable, *improbabile.*
Improbation, *improbatione.*
* Impropere, *rimproueramento.*
* Improperer, *rimprouerare.*
Impropre, *improprio.*
Improprement, *impropriamente.*
Improuiser, *cantare ò componere all' improuista.*
à l'Improuiste, *all' improuista.*
Improueu, *sprouisto, improuuisto.*
à l'Improueu, *alla sprouista, alla sprouedista.*
Imprudemment, *imprudentemente.*
Imprudence, *imprudenza.*



Imprudent, *imprudente.*
Impudemment, *impudentemente.*
Impudence, *impudenza.*
Impudent, *impudente, sfacciato.*
Impudicité, *impudicità.*
Impudique, *impudico.*
Impudiquement, *impudicamente.*
Impugnance, *impugnanza.*
Impugnateur, *impugnatore, contenditore.*
Impugnation, *impugnatione, contesa.*
Impugner, *impugnare, resistere, contendere.*
Impuissamment, *impotentemente.*
Impuissance, *impotenza.*
Impuissant, *impotente.*
Impulser, *impulsare, prouocare.*
Impulseur, *impulsatore, prouocatore.*
Impulsif, *impulsiuo.*
Impulsion, *impulsione, prouocatione.*
Impunémeut, *impunitamente.*
Impuniment, *Idem.*
Impunité, *impunità.*
Impuny, *impunito.*
Impur, *impuro.*
Impurement, *impuramente.*
Impureté, &
Imputité, *impurità.*
Imputation, *imputatione.*
Imputer, *imputare.*
Imputeur, *imputatore.*

## IN

I Nabordable, *innacostuole.*
Inaccessible, *inaccessibile.*
Inaccointable, &
Inaccostable, *inaccostuole, non sotieuole.*
Inaccoustumé, *insolito.*
Inactionnable, *non seguiteuole.*
Inadmissible, *inammessibile.*
Inaduertamment, *innaueredutamente.*
Inaduertence, *innauertenza.*
Inaguerry, *non agguerrito.*
Inalienable, *inalieneuole.*
Inamendable, *inamendeuole.*
Inamollissable, *non mollificheuole, non piegheuole.*
Inanimé, *inanimato.*
Inanité, *inanità.*
Inanition, *inanitione.*
Inapperceuance, *inautedimento.*
* Inarcature, *inarcatura.*
Inassociable, *disassocieuole, non sotieuole.*
* Ination, *inanità.*
* Inaudit, *inaudito.*
Inauguré, *inaugurato.*
Incagant, *incagante.*
Incaguer, *incagare.*
Incant, *encant, incanto.*
Incapable, *incapace.*
Incapacité, *incapacità.*
Incaquer, *incagare.*
Incarnadin, *incarnadino, incarnatino.*
Incarnat, *incarnato.*
Incarnatif, *incarnatiuo.*
Incarnation, *incarnatione.*
Incarné, *incarnato.*
Incatner, *incarnare.*

* Incastrée, enchassé, incastrato.
Incendiaire, incendiario.
Incendie, incendio.
Incentriquer, incentricare.
Inceratif, inceratiuo.
Inceré, inserto.
Incertain, incerto.
Incertainement, incertamente.
Incertaineté, incertezza.
Incertitude, incertitudine, incertezza.
Incessamment, incessatamente.
Incessible, indetermineuole, non cessabile.
Incession, incessione.
Inceste, incesto.
Incestueusement, incestuosamente.
Incestueux, incestuoso.
Incidemment, incidentalmente.
Incident, incidente.
* Inceneration, incenerimento.
Incirconcis, incirconciso.
Incis, inciso.
Incisé, incis.
Inciser, incidere, intagliare.
Incisif, incisiuo.
Incision, incisione, taglia.
Incisoires, denti d'innanzi.
Incitant, incitante.
Incitateur, incitatore.
Incitation, incitatione.
Incitement, incitamento.
Inciter, incitare, prouocare.
Inciuil, scostumato, mal creato.
Inciuilement, scostumatamente.
Inciuilité, scostumatezza, mala creanza.
Inclemence, inclemenza.
Inclement, inclemente.
Inclinant, inchinante, inclinante.
Inclination, inclinatione.
Incliné, inchinato, dato.
Incliner, inclinare, inchinare.
* Inclite, inclito, inclita.
Inclus, incluso.
Incluse, inclusa.
Inclusiuement, inclusiuamente.
Inconneu, Inconnu, incognito, sconosciuto.
Incolumité, incolumità.
Incombustible, incombustibile.
Incommendable, incommendeuole.
Incommesurable, immisureuole.
Incommode, incommodo, scommodo.
Incommodé, potero, scommodo, mal agiato.
Incommodement, scommodamento.
Incommodément, scommodamente.
Incommoder, incommodare, scommodare.
Incommodité, incommodità, scommodo.
Incommuable, incommuteuole.
Incommun, non commune.
Incommunicable, imcommunicheuole.
Incommutable, incommuteuole.
Incomparable, incomparabile.
Incomparablement, incomparabilmente.
Incomparabilité, incomparabilità.
Incompatible, incompatibile.
Incompetence, incompetenza.
Incompetent, incompetente.
Incomprehensibilité, incomprehensibilità.
Incomprehensible, incomprehensibile.
Inconceuable, non imagineuole.

Incongelable, che non può rapprenderse, incondensuole.
Incongru, incongruo.
Incongruité, incongruità.
Inconnu, sconosciuto, incoguito.
Inconsiderant, sconsiderato.
Inconsideration, inconsideratione.
Inconsideré, sconsiderato.
Inconsiderément, sconsideratamente.
Inconsolable, inconsoleuole.
Inconsolablement, inconsoleuolmente.
Inconstamment, incostantemente.
Inconstance, inconstanza.
Inconstant, inconstante.
Inconsumptible, non consumeuole, inconsunto.
Incontaminé, incontaminato.
Incontestable, non contrasteuole.
Incontinemment, incontinentemente.
Incontinence, incontinenza.
Incontinent, adject. incontinente, impudico.
Incontinent, aduerbe, presto, subito, incontanente, adesso.
Inconuenable, sconneneuole.
Inconuenance, sconuenenza.
Inconuenient, inconueniente, accidente, disgratia.
Inconuenient, mal conuenable, sconneneuole.
Incorporant, incorporante.
Incorporel, incorporeo.
Incorporer, incorporare.
Incorrect, scorretto.
Incorrectement, scorrettamente.
Incorrection, scorrettione.
Incorrigible, incoreggibile, non corre ggeuole.
* Incorrompable, &
Incoruptible, incorruttibile, non corrompeuole.
Inculpable, incolpeuole, innocente.
Inculpablement, scolpeuolmente, innocentemente.
* Incrasser, condensare.
* Incredible, incredibile.
Incrediblement, incredibilmente.
Incredule, incredulo.
Incredulité, incredulità.
* Increpation, rimprouerio, biasimo.
* Increper, biasimare, disapprobare.
Incroyable, incredibile.
Incroyablement, incredibilmente.
* Incrustation, incrostatura.
* Incruster, incrostare.
Incubes, incubi.
Incuisable, non coceuole.
* Inculcation, inculcatione.
* Inculpé, incolpato.
Inculquer, premere, inculcare, repetere.
Incurable, incurabile.
les Incurables, hospital, gl' incurabili.
Incurie, incuria, trascuraggine.
Incurieusement, non curiosamente.
Incuriosité, incuriosità.
* Incurrir, incorrere.
Incursion, incursione.
* Indagateur, ricercatore, indagatore.
Indague, dishonesto, torpe, brutto.
Indamnifer, indanneggiare.
Indannifer, Idem.
* Indar, gallo d'India.
Inde à teindre, indaco.
Indé, tinto di color d'indaco ò coccineglia.
Inde, escume de canne d'Inde, Indico.

Bb

Indes, _indie._
Indecemment, _indecentemente._
Indecence, _indecenza._
Indecent, _indecente._
Indecis, _indecifo._
Indecifion, _indecifione._
* Indecrotable, _che non fi può fanzare ò nettare._
Indefatigable, _indefaticheuole._
* Indegene, _nato nella medefima terra._
* Indelebile, _indelebile._
Indanne, _fenza danno._
Indemnifer, _indannegiare._
Indemnité, _indennità._
Independance, _indipendenza._
Independant, _indipendente._
Indeterminé, _indeterminato._
Indeu, _indebito, ingiufto._
à heure induë, _à hora ftradebita._
Indeniable, _che non fi può dipannare ò diftricare._
Indeuot, _non diuoto._
Indeuotion, _poca diuotione, poco affetto._
Indication, _indicamento._
Indice, _inditio._
Indicible, _indeffabile._
Indiciblement, _ineffabilmente._
Indict, _indetto._
Indiction, _indettione._
Indien, _Indiano._
Indifferemment, _indifferentemente._
Indifference, _indifferenza._
Indifferent, _indifferente._
Indigence, _indigenza, bifogno._
Indigent, _bifognofo._
Indigeft, _indigefto._
Indigeftible, _che non può digerire._
Indigeftion, _indigeftione._
Indignation, _fdegno, indegnatione._
Indigne, _indegno._
Indigné, _fdegnato._
Indignement, _indegnamente._
Indigner, _fdegnare, offendere._
Indignité, _indegnità._
Indiligent, _negligente._
Indique, _Indica, petra pretiofa._
Indiquer, _indicare._
* Indire, _publicare._
Indirect, _indiretto._
Indirectement, _indirettamente._
Indirection, _indirettione._
Indifciplinable, _non difciplineuole._
Indifcret, _indifcreto._
Indifcretion, _indifcretione._
Indifcretement, _indifcretamente._
Indifert, _indiferto, ineloquente._
Indifertement, _ineloquentemente._
Indifpos, _mal fano, mal difpofto._
Indifpofé, _Idem._
vn peu Indifpofé, _vn poco refentito._
Indifpofition, _indifpofitione._
Indiffolu, _indiffoluto._
Indiffoluble, _indiffolubile._
Indiffolublement, _indiffolubilmente._
Indiftinct, _indiftincto._
Indiftinctement, _indiftintamente._
Indition, _inditione._
Individu, _indiuiduo._
Individuité, _indiuiduità._
* Indiuinable, _non diuineuole._

Indiuis, _indiuifo._
Indiuifible, _indiuifibile._
Indiuifiblement, _indiuifibilmente._
Indocile, _indocile._
Indocilité, _indocilità._
Indocte, _indotto._
Indoctement, _indottamente._
* Indoleance, _indoglienza._
Indomptable, _indomito._
Indompté, _Idem._
Indubitable, _indubiteuole._
Indubitablement, _indubiteuolmente._
* Indubitamment, _Idem._
* Induce, _indugio, ceffatione._
Induction, _induttione._
Induement, _indebitamente._
Induit, _indotto, indutto._
Induire, _inducere, indurre._
Induifant, _induceue._
Induit, _indutto._
Indulgemment, _indulgentemente._
Indulgence, _indulgenza._
Indulgent, _indulgente._
Indulgentieux, _pieno d'indulgenza._
* Indult, _indulto, indulgenza._
* Indult, _non adulto, non crefciuto in età._
Indultaire, _che hà l'Indulgenza dal Papa._
Industrie, _induftria._
s'Induftrier, _ingegnarfi._
Induftrieufement, _induftriofamente._
Induftrieux, _induftriofo._
Ineffable, _ineffabile._
Ineffaçable, _non fcancelleuole._
Inefficace, _inefficace._
Ineffroyable, _non fcancelleuole._
Inegal, _difiguale, iniguale._
Inegalement, _inegualmente._
Inegalité, _difigualità._
Ineloquent, _ineloquente._
Inenarrable, _inenarreuole._
Inepte, _inetto._
Ineptement, _inettamente._
Ineptie, _fciocchezza._
Inesbranflable, _immobile, conftante._
Inefcroulable, _che non può effer crollato ò moffo._
Inefperé, _inafpettato._
Inefperément, _inafpettatamente, all'improuifta._
Inefpuifable, _inefanfto._
Ineftimable, _ineftimabile._
Ineuitable, _ineuitabile._
Ineuitablement, _ineuitabilmente._
Inexcufable, _non fcufeuole._
Inexecuté, _non effeguito._
Inexorable, _inefforabile._
Inexpert, _inefperto._
Inexpiable, _inefpiabile._
Inexplicable, _inefplicheuole._
Inexpugnable, _inefpugneuole._
Inexterminable, _ineftermineuole._
Inextinguible, _ineftinguibile._
Inextricable, _non diftribeuole._
Infaillibilité, _infallibilità._
Infaillible, _infallibile._
Infailliblement, _infallibilmente._
Infamé, _diffamato, infamato._
Infame, _infame._
Infamement, _infamemente._
Infamer, _infamare._

Infamité, infamità.
Infamie, infamia.
Infant, infante.
Infante, infanta.
Infanterie, fanteria.
Infanticide, infanticida.
Infantile, &
Infantin, bambinesco.
Infatigable, infaticabile.
* Infatuër, immattire, impaz_ire.
Infauste, infausto.
Infecond, infecondo, sterile.
Infecondité, sterilità, infecondità.
Infect, infetto, ammorbato, puz_olente, corrotto.
Infecter, ammorbare.
Infection, infettione, puz_a, ammorbamento.
* Infeodation, infeudatiane.
* Infeodé, infeudato.
Inferé, inferito, conchiuso.
Inferer, inferire, conchiudere.
Inferieurement, inferiormente.
Inferieur, inferiore.
Infernal, infernale.
Inferiorité, inferiorità.
Infertile, infertile.
Infertilité, infertilità.
Infestation, infestatione.
Infester, infestare.
Infeudation, infeudatione.
Infeuder, infeudare.
Infiable, non fideuole.
* Infibulation, infibiamento.
Inficiation, negotione.
Infidele, infedele.
Infidelité, infedeltà.
Infidellement, infedelmente.
Infiguré, infigurato.
Infiniment, infinitamente.
Infinité, infinità.
vne Infinité, vna gran copia, gran numero, quantità, in-
    finità.
Infiny, infinito.
Infirmatif, infirmatiuo, negatiuo.
Infirme, infermo, imperfetto.
Infirmer, negare, confutare.
Infirmerie, infermeria.
Infirmier, infermiere.
Infirmité, infirmità.
Inflammable, infiammeuole.
Inflammation, infiammaitone, infiammagione.
Inflation, inflatione.
Infleschisable, &
Inflexible, infleffibile, non piegheuole.
Inflexion, infleffione, piegamento.
Inflictif, inflittiuo.
Influence, influenza.
Influer, influere.
Influxion, influffione, influffo.
Infoliature, infrascamento, lauoro di fogliami.
Infondre, infondere.
Inforçable, non sforzeuole, inespugnabile.
Informateur, informatore.
Information, informatione.
Informe, informe, senza forma.
Informer, informare. Item, ragguagliare.
s'Informer d'vne personne, cercar d'vno.
Infortune, infortunio, sueniura.
Infortuné, sfortunato.

Infortunément, sfortunatamente.
Infracteur, violatore, infrattore.
Infraction, &
Infracteure, infrattura, violamento.
* Infrangible, infrangibile.
Infrasquer, intricare. Item, infrascare.
Infrequemment, di rado.
Infrequence, infrequenza.
Infrequent, infrequente, non frequente.
Infructueusement, infruttuosamente.
Infunctueux, infruttuoso.
Infus, infuso.
Infuser, immollare, infondere.
Infusion, infusione.
s'Ingemer, sforzarsi, ingegnarsi.
Ingenieur, ingegnere.
Ingenieusement, ingegnosamente.
Ingenieux, ingegnoso, industrioso.
Ingeniosité, industria.
Ingenu, ingenuo.
Ingenuëment, liberamente, francamente.
Ingenuité, ingennità.
s'Ingerer, impacciarsi, ingerirsi.
* Inglorieux, senza fama, non glorioso.
Ingrat, ingrato.
Ingrattement, ingratamente.
Ingratitude, ingratitudine.
Ingrauer, intagliare.
Ingredient, ingrediente.
* Inguerdonné, non ricompensato.
Inguerissable, insanabile.
* Inguine, anguinaia.
* Ingurgiter, ingoiare.
Inhabile, inabile, inhabile.
Inhabilement, inhabilmente.
Inhabilitation, inhabilitatione.
Inhabilité, inabilità.
Inhabilitement, inabilitamento.
Inhabiliter, inabilitare.
Inhabitable, inabiteuole.
Inhabiter, inabitare.
Inhabitué, inabituato.
Inhiber, prohibire.
Inhibition, prohibitione, inhibitione.
* Inhonneste, dishonesto.
* Inhonnestement, dishonestamente.
Inhospitable, inospiteuole.
Inhospitalité, inospitalità.
Inhumain, inhumano.
Inhumainement, inhumanamente.
Inhumanité, inhumanità.
* Inhumation, sotteramento.
Inhumer, sotterare.
* Inidoine, non atto.
Injection, ingettione.
Inimaginable, non imagineuole.
Inimitable, inimiteuole.
Inimitié, nemicitia, nemistà.
Injonction, ingiontione.
Inique, inico, iniquo.
Iniquement, inicamente, empiamente.
Iniquité, iniquità.
Initier, comminciare, initiare.
Injure, ingiuria scorno, torto.
des Injures, villanie.
Injurier, far ingiuria. Item, dir' villanie.
Injurieur, offenditore, che dice villanie.
Injurieusement, ingiuriosamente.

Injurieux, *ingiuroso, villano.*
Injuste, *ingiusto.*
Injustement, *ingiustamente.*
Injustice, *ingiustitia.*
Innauigable, *innauigabile.*
* Inné, *innato.*
Innocemment, *innocentemente.*
Innocence, *innocenza.*
Innocent, *innocente.*
vne Innocent, *spetie di giornea ò veste da huomo.*
Innocent, hebeté, *stupido, mezo, insensato.*
Innocenter, *dar sculacciate ò scoreggiate per scherzo, il dì della festa de gl' Innocenti, secondo l'vsanza Francia.*
Innombrable, *innumerabile.*
Innombrablement, *innumerabilmente.*
Innomme, *cambio vguale.*
Innommé, *innominato.*
Innouateur, *innouatore.*
Innouation, *innouatione.*
Innouer, *innouare.*
Innumerabilité, *innumerabilità.*
Innumerable, *innumereuole.*
Innumerablement, *innumerabilmente.*
* Innumerableté, *innumerabilità.*
Inobedience, *inobedienza, disubidienza.*
Inobedient, *disubidiente.*
Inoffencible, &
Inoffensable, *inoffendeuole.*
Inofficieux, *discortese, scortese.*
Inofficiosité, *scortesia.*
Inondation, *inondatione.*
Inonder, *inondare, allagare.*
* Inopie, *inopia.*
Inopiné, *inopinato.*
Inopinément, *inopinatamente.*
Inouy, *inaudito.*
* Inquant, *incanto, è piazza doue si vende all' incanto.*
* Inquanter, *vender all' incanto.*
Inquiet, *inquieto.*
Inquietation, *inquietatione.*
Inquietement, *inquietamente.*
Inquieter, *inquietare, turbare.*
Inquieteur, *inquietatore, turbatore.*
Inquietude, *inquietudine.*
Inquisiteur, *inquisitore.*
Inquisition, *Inquisitione.*
Inracinable, *inradicheuole.*
* Insalubre, *mal sano, insalubre.*
* Insalubrité, *mala dispositione.*
Insatiabilité, *insatiabilità.*
Insatiable, *insatiabile, non satieuole.*
Insatiablement, *insatiabilmente.*
à l'Insceu, *senza la saputa.*
Insciemment, *nol sapendo, ignorantemente.*
Inscience, *ignoranza.*
Inscript, *inscritto.*
Inscription, *inscrittione.*
Inscription en faux, *testimonio da di chiarar vna cosa falsa.*
Inscrire, *inscriuere.*
s'Inscrire à faux, *dichiararsi contra vno per testimonio di cosa falsa.*
Inscrit, *inscritto.*
* Inscrutable, *non richercheuole.*
* Insculper, *intagliare.*
Insecable, *non disseccheuole.*
Insecte, *insetto.*



Insectable, *non disseccheuole, indiuisibile.*
Insensé, *insensato.*
Insensible, *insensibile.*
Insensibilité, *insensibilità.*
Insensiblement, *insensibilmente, inauuedutamente.*
Inseparable, *inseparabile.*
Inseparablement, *inseparabilmente.*
Inseré, *inserto.*
Inserer, *inserire.*
* Insidiation, *insidia, insidiatione, inganno.*
* Insidieux, *insidioso.*
Insigne, *insigne.*
Insimulé, *non simulato. Item, accusato.*
Insinuasion, *insinuatione.*
Insinuer, *insinuare.*
Insipide, *insipido.*
Insipidité, *insipidità.*
Insipience, *ignoranza, indiscretione.*
Insipient, *sciocco, ignorante.*
Insister, *insistere, sollecitare, persistere.*
Insociable, *non socieuole.*
Insociablement, *non socieuolmente.*
Insolation, *insolatione, lostar al sole.*
Insolemment, *insolentemente.*
Insolence, *insolenza.*
Insolent, *insolente.*
Insolide, *insolido.*
Insolidement, *insolidamente.*
* Insolite, *insolito.*
* Insolu, *non pagato, senza pagamento.*
Insoluable, *insoluabile.*
Insoluble, *indissolubile.*
Inspecteur, *inspettatore.*
Inspection, *inspettione.*
* Insperé, *inaspettato.*
* Insperément, *inaspettatamente.*
Inspersé, *sparso, asperso.*
Inspiration, *inspiratione.*
Inspirer, *inspirare.*
Instabilité, *instabilità.*
Instable, *instabile.*
Instablement, *instabilmente.*
Installation, *installatione, stabilimento.*
Installer, *stabilire.*
Instamment, *instantemente.*
Instance, *instanza.*
Instant, *instante.*
Instauratif, *instauratiuo.*
Instauration, *instauratione.*
Instaurer, *instaurare.*
Inster, *instare.*
Instigateur, *instigatore.*
Instigation, *instigatione.*
Instiguer, *instigare, incitare, pronocare, stimolare.*
Instillation, *instillatione.*
Instiller, *instillare.*
Instinct, *instinto.*
Institué, *instituito.*
Instituer, *instituire. Item, ammaestrare.*
Institut, *instituto.*
Institutaire, *institutario, institutore.*
Iustitute, *libro de gl' Instituti.*
Institution, *institutione, ordinatione.*
Instructeur, *instruttore, ammaestratore, ordinatore.*
Instruction, *instruttione.*
Instructif, *instruttiuo.*
Instructiue, *instruttiua, instruttione.*
* Instruer, *instrurre.*

Instruict, *instrutto.*
Instruire, *instrurre, ammaestrare, preparare, ordinare ó formare una lite.*
Instruisable, *che si può instrurre, ammaestreuole.*
Instrument, *stromento, instrumento.* Metaph. *membro virile.*
Instrument à designer, *dissegnatoio.*
Instrumental, *instrumentale.*
Instrumenter, *instrumentare.*
* Insuaue, *insoaue, non soaue, aspro.*
Insubstantiel, *non sostantiale.*
Insuffisamment, *insufficientemente.*
Insuffisance, *insufficienza.*
Insuffisant, *insufficiente.*
Insulain, *insulano.*
Insulaire, *insulare.*
* Insult, *insulto.*
Insulter, *insultare.*
Insuperable, *insuperabile.*
Insupportable, *insopportabile.*
Insupportablement, *insopportabilmente.*
* Insurger, *insurgere.*
Insurmontable, *insuperabile.*
Insuyure, *perseguitare.*
Intarissable, *non seccabile, inesausto.*
Integral, *integrale.*
Integralité, *integralità.*
Integré, *perfettionato.*
Integrité, *integrità.*
Intellect, *intelletto.*
Intellectuel, *intellettuale.*
Intelligemment, *con intelligenza.*
Intelligence, *intelligenza.*
Intelligencier, *che dà intelligenza, spia.*
Intelligent, *intelligente.*
Intelligible, *intelligibile.*
Inteligiblement, *intelligibilmente.*
Intemperamment, *intemperatamente.*
Intemperance, *intemperanza.*
Intemperature, *intemperatura.*
Intemperé, *intemperato.*
Intemperément, *intemperatamente.*
Intemperie, *intemperie.*
Intempestif, *intempestiuo.*
Intempestiuement, *fuor di stagione.*
Intendance, *intendenza.*
Intendant, *intendente.*
Intendant de Iustice, *auditore di giustitia.*
Intendit, *il punto, il fine del litigante. Scrittura principale della lite.*
Intenter, *intentare.*
Intenteur, *intentatore, imprenditore.*
Intention, *intentione.*
l'Intention de l'Auteur, *la mente dell' autore.*
Intercalaire, *intercalario, intercalato.*
Intercalation, *intercalatione.*
Intercaler, *intercalare.*
Invercalé, *intercalato.*
Interceder, *intercedere, pregare.*
Intercepte, *intercetto, intercetta.*
Intercepter, *intercettare, intercepere.*
Intercesseur, *intercessore.*
Intercession, *intercessione.*
Interclaire, *intercalato, intercalario.*
* Intercostal, *frà le coste.*
Interdict, *interdorto, interdittione.*
Interdiction, *interdittione, prohibitione*
Interdire, *interdire, prohibire.*

Interdit, *attonito, sbigottito.* Item, *prohibito.*
Interessable, *interessevole.*
Interessé, *interessato.*
Interesser, *interessare.*
Interest, *interesse.* Item, *frutto di rendita.*
Interject, *interpositione.*
Interjecter, *interponere, fraporre.*
Interjection, *interjettione.*
Interjetter, *fraporre.*
Interieur, *interiore.*
Interieurement, *interiormente.*
Interiner, *concedere, accordare.*
* Interlocation, *interlocatione.*
Interlocuteurs, *Interlocutori.*
Interlocution, *interlocutione, intermittione.*
Interlocutoire, *interlocutorio.*
* Interloquer, *dar sentenza.*
Interlunaire, *interlunio.* Item, *interlunario.*
Intermediat, *intermedio, mezzano, dimezo.*
Intermede, *intermedio.*
Intermettre, *intermettere, fraporre.*
Interminé, *non terminato.*
Interminer, *prescriuere.*
Intermis, *intermesso, fraposto.*
Intermission, *intermissione.*
Intermitant, *intermittente.*
Intermittance, *intermittenza.*
Interne, *interno.*
Internecion, *vecisione generale.*
Internel, *interno.*
Internement, *internamente.*
Interossal, *frà due ossa.*
Interpallateur, *interpellatore.*
Interpellation, *interpellatione.*
Interpeller, *interpellare.*
Interpolation, *interpolatione.*
Interposé, *fraposto.*
Interposement, *interpositione.*
Interposer, *interponere, fraporre.*
Interposition, *interpositione.*
Interpretateur, *Interpretatore.*
Interpretation, *interpretatione.*
Interprete, *Interprete.*
Interpreter, *interpretare.*
Interpreteur, *Interpretatore.*
Interregne, *interregno.*
Interrogant, *interrogante.*
Interrogat, *questione, demanda, interrogatione.*
Interrogateur, *Interrogatore.*
Interrogation, *interrogatione.*
Interogatoire, *interrogatorio.*
Interroger, *interrogare.*
Interrompre, *interrompere.*
Interrompu, *interrotto.*
Interroy, *gouernatore di Reame mentre durà l'interregno.*
Interruption, *interruttione.*
Intersection, *interseggatura.*
Intersigne, *intersegno.*
Interualle, *interuallo.*
Interuenant, *interuenente, intersentore.*
Interuenir, *interuenire.*
Interuention, *interuentione.*
Interuenu, *interuenuto.*
Interuersion, *interuersione.*
Interuertir, *peruertere, frasternare.*
Intestin, *intestino.*
Intestin borgne, *intestino cieco.*

Intestinal, *d'intestino.*
Intimant, *appellante.*
Intimation, *intimatione, citatione.*
Intime, *intimo, caro.*
Intimé, *contestato. Item, confirmato.*
Intimement, *caramente, intimamente.*
Intimer, *denontiare, citare, proclamare.*
Intimidation, *intimidatione.*
Intimider, *impaurire.*
Intitulation, *intitolatione.*
Intituler, *intitolare.*
Intolerable, *intolerabile.*
Intolerablement, *intolerabilmente.*
Intolerance, *intoleranza, impatienza de*
Intonation, *intonamento.*
* Intouchable, *non toccheuole.*
* Intractable, *intrattabile.*
* Intrade, *intrata di rendita.*
Intraictable, *intrattabile.*
* Intrication, *intricamento.*
Intrinseque, *intrinseco.*
Intrinsequement, *intrinsecamente.*
Intrigue, *intrico.*
Intriguer, *intricare.*
Intriquement, *intricatamente.*
Intriquer, *intricare.*
Introducteur, *Introduttore.*
Introduction, *introduttione.*
Introduire, *introdurre.*
Introduit, *introdotto.*
Introite, *introito.*
Intronisation, *intronisatione.*
Introniser, *intronisare.*
* Intrus, *intrufo, introdotto.*
* Intrusion, *vfurpatione.*
* Intuitif, *intuitiuo.*
Intumescence, *intumescenza.*
* Inuader, *inuadere.*
Inuaincu, *inuinto.*
Inualidation, *inualidatione.*
Inualide, *inualido.*
Inualidement, *inualidamente.*
Inualider, *inualidare.*
Inualidité, *inualidità.*
Inuariable, *inuariabile.*
* Inuasible, *inuasibile.*
Inuasion, *inuasione.*
Inuectiue, *inuettina.*
Inuectiuer, *inuettinare.*
Inuentaire, *inuentario Item, incanto.*
Inuenter, *inuentare, ritrouare, trouare.*
Inuenteresse, *inuentrice.*
Inuenteur, *inuentore, ritrouatore.*
Inuentif, *inuentiuo.*
Inuention, *inuentione.*
Inuentorié, *inuentoriato.*
Inuentorier, *inuentoriare.*
Inuentrice, *inuentrice, ritrouatrice.*
* Inuers, *inuerso, rouosciato.*
Inuestir, *inuestire.*
Inuesticure, *inuestitura.*
Inueteré, *inueterato.*
Inueterer, *inueterare.*
Inuigilance, *inuigilanza.*
Inuincible, *inuincibile.*
Inuiolable, *inuiolabile.*
Inuiolablement, *inuiolabilmente.*
* Inuiolableté, *inuiolabilità.*



Inuiolé, *non violato, inuiolato.*
Inuisible, *inuisibile.*
Inuisiblement, *inuisibilmente.*
Inuitation, *inuitatione, inuito.*
Inuitement, *inuitamento, inuito.*
Inuiter, *inuitare, connitare.*
Inuocation, *inuocatione.*
Inuolontaire, *non volontario.*
Inuolontairement, *non volontariamente.*
* Inuoluer, *inuolgere.*
Inuolution, *inuolutione.*
Inuoquer, *inuocare.*
Inuoqueur, *inuocatore.*
Inusité, *inusitato.*
Inutile, *inutile.*
Inutilement, *inutilmente.*
Inutilité, *inutilità.*
Inuulnerable, *inuulnerabile.*

## I O

IOannitiques, *certo ordine di Frati, che portano la figura d'vn calice al petto.*
* Iobelin, *menchione, sciocco.*
Iobet, *Idem. Item, becco cornuto.*
* Iocondale, *spetie di dalero ò moneta.*
Iodelle, *fulica.*
Ioignant, *proffimo, vicino. Item, giunzente.*
Ioinct, *giunto. Item, giuntura, giunta.*
Iuinct que, *oltre che.*
à Ioincts pieds, *à piè pari.*
bas Ioincté, *che hà le giunture basse, con le gambe corte.*
Ioincte, *&*
Ioincture, *giuntura.*
Ioincture de mur, *commessura.*
Ioincture du doigt, *nocca.*
Ioindre, *giungere, giugnere.*
faire Ioindre vne personne. i. *farla accordare, persuaderla.*
se Ioindre les mains, *annodarsi le mani.*
Ioindre, attraper, *arriuare.*
vn Iointée, *vna brancata, ò quello che si può pigliar con ambe le mani.*
Ioint, *giuntura.*
Ioint que, *oltre che.*
Ioint ensemble, *giunto, commesso.*
Iolie, *gentile, garbata.*
Ioliement, *gentilmente.*
Iolier, *carceraro.*
Ioliet, *gentilotto, gentilino.*
Ioliuette, *gentilezza.*
Ioliueté, *ornamenti.*
Ioly, *gentile.*
Ioly, qui se dit d'vn vaisseau, *giolito, ingiolito.*
Iombarbe, *semprenina.*
Ionc, *giunco.*
lieu plein de Ioncs, *giuncheto.*
Ionc, sorte de bague, *verga.*
Ionc odorant, *giunco odorato.*
Ioncade, *giuncata, ingiuncata. Item, certa vinanda fatta di fior di latto con zucchero ed acqua rosa.*
Ionché, *acconcio congiunco, ingiuncato.*
Ionchée, *giuncata, gioncata.*
crieur de Ionchée, *vendi giuncata.*
Ionchée d'herbe à terre, *ingiuncata.*
Ionchement, *giuncamento.*

Joncher, *giuncare, ingioncare.*
Joncheur, *giuncatore, ingiuncatore.*
Jonchu, *giuncuto, pieno di gionchi.*
Iong, *giunco.*
* Iongler, *giocar di bagatelle, ciurmare, ciarlare.*
* Iongleries, *ciurmerie, ciancie, ciarle.*
Iongleur, *ciurmadore.*
Ionquille, *gionchiglia.*
Ionique, *ionico.*
Iosmin, *gelsomino.*
Iota, *iota.*
Iotte, *bieta.* Item, *atrebice.*
Iouaillier, *gioiellicre.*
Iouant, *giocante.*
Iouart, *giocacchiatore.*
Ioubarbe, *sempreuiua.*
Iouc, *giogo.*
* se Ioucher, *appollaiarsi.*
Ioudarde, *fulica.*
Iouë, *guancia, gota.*
coucher ou mettre en Iouë, *mettere in mira.*
se bailler par les Iouës de quelque chose : l'Italien dit, *far vna corpacciata, pigliarsi vna corpacciata.*
s'en battre les Iouës, *battersene la guancia, pentirsene.*
Iouë de bœuf, *ganascia di bue.*
Ioué, *giocato.*
vne Iouée, *vna guanciata.*
Ioueliere de bride, *squancia.*
Iouelles, *viti fatte à guisa d'aventa.*
Iouëment, *giocamento, scherzo, trastullo.*
Iouër, *giucare.*
Iouër du baston, *bastonare, sonar di randello.*
Iouër de son reste, *far del resto.*
Iouër à bander, & à racler, &
Iouër à quite ou à double, *rimetterla ad ogni estremità.*
Iouër les deux : l'Italien dit, *sonar à d'oppio, cucir à refe doppio.*
Iouër à l'hesbahy. i. *restar chiarito ò stupefatto.*
Iouër iusqu'à sa chemise : l'Italien dit, *giuocar l'appetito.*
Iouer d'vn instrument, *sonare.*
le Iouer du cannon, *sparare, tirare.*
Iouer du poulce. i. *contar danari.*
Iouer vne comedie, *rappresentar vna comedia, recitare.*
Iouer au plus fin : l'Italien dit, *giocar à scondi lepre.*
Iouer au plus seur, *giuocar netto.*
Iouer des cousteaux, *menar le mani.*
Iouer de la langue, qui se dit d'vn cheual, *scappolar di lingua.*
Iouer vn personnage, *far la parte.*
Iouer bien son personnage, *far ben la sua parte.*
la lessiue Ioué. i. l'eau Ioué. i. *comincia à bollire.*
Iouer bien son jeu. *Idem.*
Iouer d'vn tour, *far vna burla.*
Iouer vn mauuais tour, *far mal giuoco à vno.*
Iouër, se iouër, *scherzare.*
faire Iouër la mine, *far volar la mina.*
il voit bien à qui il se Iouë, *vide bene con chi hà da fare.*
Iouer à la fausse compagnie. i. *abbandonnar vno.*
Iouer vne personne, *burlare, beffare; voler il giuoco d'vno.*
Iouer à se perdre, *mettersi in pericolo di rouinarsi.*
ne vous Iouez pas à luy, *non trescar seco, non scherzar cen esso lui.*
ne vous Iouez pas à cela. i. *non fate questo di gratia. Non fate per vita vostra.*
il se Ioue à son maistre. i. *la piglia à la vuole con più potenze di se.*

Iouer son jeu. i. *far il suo officio ò debito.*
il est allé Iouer. i. *è perso.*
* Iouëresse, *giuocatrice.*
Iouerie, *giuocaccbieria.*
Iouet, *trastullo. Gioco da bambino.*
Iouet de la fortune, *trastullo della fortuna, berzaglio.*
Ioueur, *giuocatore.*
Ioueur de comedie, *comediante, recitante.*
Ioueur d'instruments, *sonatore.*
vn rude Ioueur, *vn huomo senza discretione.*
Ioueuse, *giuocatrice.*
Ioufflu, *che hà le guancie gonfie ò grosse, guancinto.*
Ioug, *giogo.*
faire Ioug, *sottomettersi.*
Iougs de vaisseau, *gioghi.*
Iougal, *giogale, di giogo.*
* Iougler, *ciurmare.*
Iouglcur, *ciurmatore.*
Iouial, *gioviale, allegro.*
Iouir, *godere.*
Iouissance, *fruitione, godimento.*
Iouissant, *godente, che gode.*
Iour, *giorno, di Giornata.*
Iour d'vne fenestre, *occhio della finestra.*
Iour à vn ouurage, *occhio.*
Iours d'vne peinture, *chiari.*
Iour, *lume.*
grands Iours, *adunanza di Stati generali.*
Iours caniculaires, *sollione, i di caniculari.*
faux Iour, *lume con oscurità.*
Iour gras, *giorno che si mangia grasso.*
Iour maigre, *giorno che si mangia pesce.*
les Iours gras, *i di del carneuale.*
Iour entre-deux choses, *spatio.*
laisser du iour entre-deux choses, *terzare.*
Iour ouurier, *giorno di lauoro.*
du Iour à la iournée, *di per di, alla giornata, giorno per giorno.*
faire Iour, *esser di giorno.*
faire Iour, *cedere.*
se faire Iour, *aggiornare, farsi giorno.*
se faire Iour au milieu des trouppes, *aprirsi la strada.*
long comme vn Iour sans pain : l'Italien dit, *longo come la quaresima.*
quelque Iour, *vn dì, vn giorno.*
sur le Iour, *verso il giorno, di giorno, sul far del giorno.*
sur le haut du Iour, *à gran pezzo di giorno.*
il n'y voit point de Iour, *non ci veggo via ò mezzo.*
le Iour d'vn bassinet, *lume.*
le Iour de l'an, *il primo dì dell' anno.*
faire son bon Iour, *andar à confessarsi ò communicarsi*
de tous les Iours. i. *commune, da portar ogni giorno.*
de deux Iours l'vn, *vn dì sì vn dì nò.*
belle comme le Iour. i. *bellissima.*
il y a Iour d'aduis. i. *vi è ancor tempo, vi è tempo da pensarui sù.*
mettre au Iour, *mandar fuori vn libro.* Item, *palesare.*
à Iour, *di trasoro.*
percé à Iour, *trapassato, passato da banda à banda.*
Iour pour iour, *alla giornata.* Item, *in simil giorno.*
Iournal, *giornale.*
Iournal, liure de marchand, *stracciafoglio.*
Iournal ou journau de terre, *coltra di campo.*
Iournalier, *giornale, di giorno.*
il est Iournalier. i. *hà buona cicra in certi giorni è non sempre.* Item, *è inconstante.*

Iournau , coltta di campo.
Iournée , giornata.
la Iournée d'vne poule. i. vn vovo.
bonne Iournée. i. festa grande.
Iournée , bataille , giornata , battaglia.
Iournée , lauoro d'vn giorno.
Iournellement , giornalmente.
Iouste , giostra.
Iouster , giostrare.
Iousteux , giostratore.
Iouuence , giouentù.
Iouuenceau , giouane , giouanotto.
* Iouxte , secondo. Item , di rempetto.
Iouy , goduto.
Ioyallier , gioielliere.
Ioyau , gioia , gioiello.
vn beau Ioyau , par Iron. vna gioia.
Ioyaulerie , professione ò traffico di gioielliere.
Ioye , gioia , letitia , alleggrezza.
courte Ioye : l'Italien dit , allegrezza di pan caldo.
femme ou fille de Ioye , cortigiana , puttana , donna di
     patto.
Ioyeusement , allegramente , lietamente.
Ioyeuseté , allegrezza , giocondità.
Ioyeux , allegro , lieto , giocondo , giulivo.


IR


* Iracond , iracundo.
* Irascible , irascibile.
Ire , ira , colera.
* Iré , irato , adirato.
* Ireusement , iratamente.
Ireux , colerico , iracondo.
Irin , d'Iride.
Iris , Iride. Item , arco baleno , Iride.
pierre d'Iris , pietra Iride.
Irracheptable , non riscatteuole.
Irradiation , inradiatione.
Irraisonnable , non ragioneuole.
Irreceuable , da non riceuere.
Irreconciliable , irreconciabile.
Irrecuperable , irrecuperabile.
Irrefragable , irrefragabile.
Irregularité , irregolarità.
Irregulier , irregolare.
Irregulierement , irregolarmente.
Irreligieusement , irreligiosamente.
Irreligieusté , irreligiosità.
Irreligieux , irreligioso.
Irremarquable , non notabile.
Irremediable , irremediabile , senza rimedio , insanabi-
     le.
Irremediablement , senza poterui remediare , insanatil-
     mente.
Irremissible , irremissibile.
Irremissiblement , irremissibilmente.
Irremittent , continuo , non remittente.
Irreparable , irreparabile.
Irreparablement , irreparabilmente.
Irrepassable , che non si può passar di nuouo , ò tornare in
     dietro.
Irreprehensible , irreprehensibile.
Irreprehensiblement , irreprehensibilmente.



Irreprochable , da non rimprouerare , senza colpa.
Irreprouable , da non riprouare , irreprouabile.
Irresolu , irresoluto.
Irresolument , irresolutamente.
Irresolution , irresolutione.
Irrespectueux , senza rispetto.
Irreueremment , irreuerentemente.
Irreuerence , irreuerenza.
Irreuerent , irreuerente.
Irreuocable , irreuocabile.
Irreuocablement , irreuocabilmente.
Irrision , irrisione.
Irritation , irritatione.
Irrité , adirato , irritato , sdegnato.
Irriter , irritare.
Irrogé , imposto.
Irruption , irrutione.


IS


Isabelle ; couleur , color di camuccio.
Isarus , spetie di ceruo.
* Ischie , sciatica.
* Ischine ; osso della schiena , filo.
* Ischion , osso dell' anca.
Isciatiqué , che patisce di sciatica.
Islaye , virgulto.
Isle , isola.
fait en forme d'Isle , destaché , insolato.
Isle , osso dell' anca.
Islette , isoletta.
Isleux , pieno d'isole.
* Islois , insulano.
* Isnel , snello , isnello.
* Isnellement , snellamente.
* Isolé , isolato.
Isocelle , isocelo , spetie di triangolo.
Isope , issopo.
Isopleure , che hà vguali gli angoli.
* Issant , timone di carro.
* Issant , vscendo.
Isser , hausser , terme de marine , issare.
* Issir , vscire.
Issu , vscito.
Issuë , vscita. Esito , Fine.
Issuë de table , dietro pasto , fratta.
Issuë , datio.
Isthme , istmo , collo , inarcatura di collo.
Istiomené , &c. estiomenato , Vedi , Estiomené , &c.


IT


Italianizer , Italianizzare.
Italien , Italiano.
Item , item , di piu.
Iteratif , iterativo.
Iteration , iteratione.
Iterer , iterare.
Itineraire , itinerario.

Iubé, *pulpito.*
faire venir à Iubé, *far ftar vno à fegno.*
* Iube, Iuppe, *fottana, guvella.*
Iubes, *granafcie di leone.*
Iubilation, *giubile, gimbilatione.*
Iubilé, *giubileo.*
Iuchement, *appollaiamento.*
se Iucher, *appollaiarfi.*
Iuchoir, *pertica di galline nel pollaio, pofatoio.*
Iucondaie, *dattero, moneta d'argento.*
Iudaique, *giudaico.*
Iudaifer, *gindaizare.*
oreille de Iudas, *fpetie di fungo.*
Iudicature, *gindicatura.*
Iudiciaire, *indiciario.*
Iudiciairement, *indiciariamente.*
Iudiciel, *gindiciale.*
Iudiciellement, *gindicialmente.*
Iudicieufement, *giuditiofamente.*
Iudicieux, *giuditiofo.*
Iue, *ina.*
Iue mufcate ou mufquée, *ina mofcata.*
Iuge, *Giudice.*
Iugement, *giudicio.*
le Iugement, *il di del giudicio.*
Iugeolle, *giuggiola.*
Iuger, *giudicare.*
* Iugere, forte de mefure, *giugero.*
* Iugerie, *giudicatura.*
Iugioline, *fifamo.*
Iuglande, *auellana.*
Iugulaire, *jugulario, di gozzo.*
Iuif, *Giudeo, Hebreo.*
parmy les Iuifs. i. *frà ladri.*
monnoye qui a paffé par les mains des Iuifs. i. *moneta rofaia.*
Iuifue, *hebrea, giudea.*
Iuifuerie, *ftanza di hebrei, città ò ftrada di Giudei.*
Iuillet, *giuglio, luglio.*
Iuin, *gingno.*
Iujube, *giuggiola.*
Iujubier, *giuggiolo.*
Iule, *fpetie di verme con più piedi fimile alla Scolopendra.*
Iulep, *giulebbo, violebbo.*
Iumeau, *gemello.*
Iumelet, *gemellino.*
Iumelle, *gemella.*
Iumelles, *lati di torcolo.*
Iument, *canalla giumenta.*
Iument, *fpetie di ferro da marcar le botti, ò più propriamente le falfe monete.*
* Iune, ieufne, *digiuno.*
* Iuner, ieufner, *digiunare.*
Iunonique, *di Giunone.*
Iuoil, *fpetie di pefce trafparente.*
Iuoire, *auorio.*
Iuoirin, *d'auorio.*
Iupiter, en alquimie, *rame.*
Iuppon, *fpetie di giubbone.*
Iuppe d'homme, *giornea, giubbone.*

Iuppe de femme, cotte, *fottana.*
Iurat, *fopraftante di prefi.*
Iuratoire, *giuratorio.*
Iuraye, *loglio.*
Iuré, *giurato.*
ennemy Iuré, *nemico giurato, gran nemico.*
efcolier Iuré, *fcolar priuilegiato.*
Iurez de meftier, *capitudini, capi.*
* Iurée, *giuramento.*
Iurement, *giuramento.* Item, *beftemmia.*
Iurer, *giurare.*
Iurer, blafphemer, *beftemmiare, facramentare.*
s'il ne tient qu'à Iurer, la vache eft à nous : l'Italien dit fimplement, *la vacca è noftra.*
il n'a que faire d'en Iurer. i. *ben fi vede, ben fi conofce.*
Iureur, *beftemmiatore.*
Iuridiciant, *giuridicante.*
Iuridicité, *giuridicato.*
Iuridique, *iuridico, giuridico.*
Iuridiquement, *giuridicamente.*
Iurifconfulte, *Iurifconfulto.*
Iurifdiction, *Iurifdittione.*
Iurifprudence, *Iurifprudenza.*
Iurifte, *iurifta.*
* Iuron, *giuramento.*
Iuroye, *loglio.*
Ius, liquore, *fucco, brodo.*
* Ius, aduerbe, *abaffo, giù.*
c'eft Ius verd verd jus : l'Italien dit, *ella è tarabara*, ou bien, *vn legno sù vna mazza, ò vna mazza sù vn legno.*
Iufcle, *fpetie di pifce.*
Iufier, *ventricchio.*
Iufque, *fino, infino, fino, infino.*
Iufques, Idem.
Iufqu'au reuoir, *à riuederci.*
Iufquiame, *biofciamo, giufchiamo.*
Iuffion, *commandamento.*
* Iuft, *fucco.*
Iufte, *giufto.*
vn Iufte au corps, *fpetie di giornea ò giubbone.*
Iuftement, *giuftamente.*
Iuftement comme cela, *appunto cofi, proprio proprio.*
Iufteffe, *giuftezza, giufta mifura.*
Iuftice, *giuftitia.*
Iuftice, pour gibet, *forche.*
faire Iuftice, *giuftitiar vno.*
Iuftice, *ragione.*
gens de Iuftice, *huomini di palazzo.*
appeler en Iuftice, *chiamar innanzi alla ragioni, ò innanzi al Giudici.*
Iufticiable, *giuftitieuole.*
Iufticiaire, *giuftitiario.*
Iufticier, *giuftitiere, huomo di giuftitia.*
Iufticier, pron. 3. fyllabes, *giuftitiarie.*
Iuftificatif, *giuftificatiuo.*
Iuftification, *giuftificatione.*
Iuftifier, *giuftificare.*
* Iufuert, *agrefta ò falfa verde.*
* Iuueline, *giouenile.*
* Iuuenilement, *giouenilmente.*

# K

L A lettera K, non è propria nella lingua Francese, mà serue solamente in certe parole forastiere, come sono le seguenti.

### K A

Kalendes, *Calende.*
Kalendrier, *Calendario.*
Kali, *salicorne, salicornia.*
Karabe, *mot Arabique, ambaro, ambra gialla.*
Karat, *caratto.*
Karesme, *Quadragesima.*

### K E

Kebule, *spetie di mirabolano, chebulo.*
Kebus, *Idem.*
Keratoide, *tunica dell'occhio chiamata cornea.*
Kermes, *grana discarlatto.*

### K I

Kire, *pece liquida.*
Kirielle, *letania.*
vne Kirielle d'iniures. i. *vna quantità di villanie ò parole ingiuriose.*
Kyst, *membrana sottile che rinchiude i cattiui humori del corpo.*

# LA

L A, *la, articolo del feminino.* Item, *relatiuo,* v. g. ne La voyez vous pas, *non la vedete voi.*
La faire longue, *badar molto, trattenersi, ò star molto à tornare, far l'historia longa.*
Là, *aduerbio, quiui, là, colà, iui.*
à La, *datiuo dell'articolo feminino, serue per esprimere le attioni,* v. g. à la Françoise, *alla Francese,* à l'Italienne, *all'Italiana.*

* Là sus, *parola antica, la sù, nel cielo.*
Là or sus, *sù, or sù.*
Là où, *la doue, donde, doue che, di modo che,* de Là, *quindi.*
ne le prenez pas Là. i. *non la pensate cosi.*
n'en demeurez pas Là. i. *andate più innanzi.*
i'en suis Là. i. *io son di quell'humore.*
allez vous faire La la la. i. *andate in bordello.*
ils en passeront par Là. i. *hauranno patienza con quello.*
Là dessus il dit, *il quello disse.*
Labdane, *laudano, odano.*
Labeche, *libecchio, vento.*
Labeur, *lauoro, fatica.*
* Labeurer, *lauorare.*
* Labie, *labbro.*
* Labier, di labbro.*
Labile, *labile.*
Labirinche, *laberinto.*
* Laboration, *lauoro.*
Laborieusement, *laboriosamente.*
Laborieux, *laboriose.*
Labour, *lauoro.*
Labourable, *arabile.*
Labourage, *lauoro, aramento, aralo, l'arare.*
Labourer, *lauorare, arare.*
l'ancre Laboure, *ara il ferro.*
Labourer, *borsa di pastore, herba.*
Laboureur, *lauoratore.*
le Laboureur de nature. i. *il membro virile.*
Labrusque, *tambrusca, vite siluatica.*
Labyrinthe, *laberinto.*
Labyrinther, *intricare à guisa di labirinto.*
Labyrintheux, *intricato come i laberinti.*
Lac, *lago.*
Lacement, *allaciamento.*
Lacer, *allacciare, affibbiare.*
• Laceration, *laceratione.*
Lacerer, *lacerare.*
Laceron, *sonco, cicerbità.*
* Lacert, *lacerta.*
Lacerte, *moscolo chiamato lacerta.*
Lacet, *stringa, corriggia.*
Lacet à prendre des oiseaux, &c. *laccio.*
Lachrimal, *lacrimale.*
Lacis, *reticelli.*
Laconique, *laconico.*
Laconiquement, *laconicamente.*
Laconiser, *laconizzare.*
Lacquay, *lachè, ragazzo.*
Lacque couleur, *lacca.*
Lacre, *compositione di rosina è cera da suggellare, cera di spagna.*
Lacs, *Vedi,* Laqs.
Lactifiant, *lattificante.*
Lactifique, *lattifico.*
* Lacunaire, *lacunare.*
Lacune, *laguna.*
Ladane, *odano, laudano.*
Ladre, *leproso.*
cheual Ladre, *morseo.*
vn Ladre, *vn huomo misero, senza risentimento.*
Ladrerie, *lepra.*
Ladrerie, *lieu où on met les ladres, lazzareto.*
Lagué, *spoliato, ó denudato d'alberi.*
Lagune, *laguna.*
Lai, lé, *lembo.*
Laict, *latte.*
Laict caillé, *quaglio.*

Laict clair, *sero, acqua di latte.*
petit Laict, *Idem.*
Laict esbeurré, *latte senza il fiore.*
Laict de Nostre-Dame, *cardellina.*
dent de laict, *dente lattaiuolo.*
frere de Laict, *fratel di latte.*
fille de laict, *figliana.*
de Laict. i. qui tette, *lattaiuolo.*
plein de Laict, comme les œufs frais, *lattate.*
veau de Laict, *vitella mongana.*
si on luy tordoit le nez, il en sortiroit du Laict : l'Italien dit, *la bocca gli puzza di latte.*
vn Laict d'amandes, *mandolata.*
Laictage, *latticinio.*
Laictauce, *latte di pesce.*
Laicte, *Idem.*
Laicté, *di latte, lattato.*
Laictée, *portata d'animale.*
Laicterie, *lattaria, luogo doue si ripongono i latticinii.*
Laicteron, *lattaiuola, sonco.*
Laictier, *che hà latte, che produce gran latte.*
herbe Laictiere, *titimalo.*
Laictiere, *donna che vende il latte.*
Laictue, *lattuca.*
Laictue cabusse ou pommée, *lattuca capuccia.*
Laictue frisée, *lattuca crispa.*
Laid, *brutto, deforme.*
* Laidange, *vituperio.*
* Laidanger, *vituperare.*
Laide, *brutta.*
Laidement, *bruttamente.*
Laideron, *donna molto brutta.*
Laideur, *bruttezza, deformità.*
* Laidoyer, *far scorno.*
* Laidir, *far ó diuentar brutto.*
Laie, *certa vietta nei bosco da passar la corda per misurarla.*
Laïer, *segnar le vie per misurare i boschi.*
* Laignier, *massa ó monte di legne.*
* Laigs, *lasci.*
Laine, *lana.*
tirer la Laine, *rubare i ferraiuoli di notte.*
manger la Laine sur le dos. i. *strappazzare ó straliar vno.*
Laine-facture, *lauoro ó acconciamento di lana.*
Laineux, *lanoso.*
Lainier, *mercante di lane.*
Lais, *certi alberi lasciati crescere nelle tagliate.*
Lais, *lascio di testamento, legatione, legato.*
Laisard, *lucertone.*
Laisarde, *lucertola.*
Laisardin, *di lucertola.*
Laise, *larghezza di tela ó panno.*
Laisses, *sterco di cinghiale.* Item, *asole.*
Laisser, *lasciare, abandonare.*
Laisser, abandonner tout à fait, *piantare.*
se Laisser aller, *lasciarsi persuadere.* Item, *lasciarsi trasportare ó vincere.*
Laisser ses habits, *spogliarsi.*
Laisser courre les chiens, *accannare.*
se Laisser mourir, *morire.*
Laisser en arriere, *tralasciare.*
ie ne Laisseray pas de faire, &c. *non restarò di far per questo, &c.*
Laissez moy-là, *lasciatemi stare.*
le Laissez courre, *il lasciarei cani dietro alla bestia.*
Laiste, lest, *sauurra.*
Laitage, *latticinio.*

Laite, *latte di pesce.*
Laiton, *ottone.*
Laize, *larghezza di tela.*
Lamaneur, *Piloto.*
Lambeau, *fascia, rastello di pinto nell' armi.*
Lambeaux, *stracci.*
* Lambeliner, *burlare.*
* Lambin, *dapoco menchione.*
* Lambiner, *far le sue cose con lentezza ó dapocaggine.*
Lambiquer, *lambiccare.*
Lambourde, *trauicella.*
Lambris, *intauolato, intauolamento.*
le Lambris du Ciel, *volta del Cielo.*
Lambrissage, *intauolamento.*
chambre Lambrissée, *soffitta, soffitato, camera à tetto.*
Lambrisser, *intauolare.*
Lambrisser vne chambre, *soffittare.*
Lambruche, *lambrusca.*
Lambrunche, & lambrusque, *Idem.*
Lame, *lama.*
Lame, *onda stagnante, onda senza vento.*
Lame à viue arreste, *lama incauata.*
Lame de fer, *piastra.*
conuert de Lames, *laminato.*
vne bonne Lame, par Ironie, *vn farfante.*
Lame de Tisseran, *pettine.*
Lameau, poisson, *lamia.*
Lamentable, *lamenteuole.*
Lamentablement, *lamenteuolmente.*
Lamentation, *lamentatione.*
se Lamenter, *lamentarsi, lagnarsi.*
Lamie, *lamia, pesce.*
Lamine, *piastra.*
Lampas, *lampasco, mal di cauallo.*
Lampassé de gueules, con vna lingua rossa dipinta nell'armi.
Lampas, *lampasso.*
Lampe, *lampada, lucerna.*
vne Lampe de conuent, vieille garce, *vna smugne conuenti.*
Lampe, sorte d'oseille, *lapatio, rombice, rumice.*
Lampereau, *spetie di vite.*
Lamperon, *lampada picciola.*
Lampeux, *pieno di lampade ó lumi.*
Lampier, *che fà lampade.* Item, *quello che le accende.*
Lampiride, *spetie di farfalla.*
* Lamponner, *menchionare, fastidire.*
* Lamponnier, *menchione, fastidioso.*
Lampourde, *panno grosso.*
Lamprillon, *lampreda picciola.*
Lamproye, *lampreda.*
Lamproyon, *lampredina.*
Lampsane, *lampsana.*
Lampugue, *spetie di pesciolino.*
Lanade, escouillon, *lanata, scouolo, scopatore.*
Lanage, *cose di lana, quantità di lane.*
Lançade, *lanciata.*
Lance, *lancia.*
Lance, *ordine di maschi in vna schiatta.*
Lances à feu, *lancie di fuoco.*
Lance saint Crespin, *lesina di calzolaio.*
Lance à puits, *lancia da pozzo, corda.*
cheual Lancé, *caual magro ó fiacco.*
Lancelée, *spetie di piantaggine.*
* L'anceman, Il est corrompu de *Landts mann*, Et nous nous en seruons abusiuement en François pour appeler vn Allemand.
Lancement, *lanciamento.*
Lanceole, *lanceola.*

Lance-peſſade, lancia ſperzata.
Lancer, lanciare.
Lancer vn vaiſſeau, varare.
ſe Lancer, auuentarſi.
Lancer l'animal, far vſcir la fera dal couile ó macchione.
Lanceron, lanciotto.
Lancette, lancetta.
Lanceur, lanciatore.
Lancier, lanciere.
Lanciere, certa traue nel camino d'vna caſa.
* Lanciner, pungere à guiſa di lancia.
Lancy, ſquinanzia, ouero, mal di punta.
Lande, landa, pianura dishabitata, erica.
Landgraue, landgrauio.
Landie, ſtrenga, rimbrenzuola.
Landier, pron. 3. ſyllabes, menchionare, faſtidire.
Landiers, capifuochi, alari.
* Landore, dapoco, lento.
Landon, baſtone al collo del cane à guiſa di paſtoia.
Landreux, cencioſo, male alla via.
Landriue, lanterna di vaſcello.
Landy, fiera,
Langage, linguaggio.
Langager, parlar molto, ciarlare.
Langageur, &
Langagier, ciarlone, cicalone.
* Langard, linguacciuto.
* Langayer, diſcorrere.
* Langayeur, diſcorritore, parlatore.
Lange, panno di bambino, pannicello.
Lange, ſpetie d'vccello.
Lange, in lingua furbeſca, ferrainolo.
Langoureuſement, langoroſamente.
Langoureux, langoroſo, languido.
Langouſte, Lingoſta, locuſta.
* Langoyer, languire.
Langouſte, langoſta.
* Languard, cicalone, ciarliere.
* Languarde, cicalona.
* Languayeur.
Langue, lingua.
Langue de bœuf, ſorte d'arme, roncone.
tirer la Langue, far ſegno di diſprezzo.
faire tirer la Langue, far ſtentar vno.
petite Langue de païs, picciol continente di paeſe.
auoir la Langue affilée, eſſer eloquente.
auoir la Langue bien longue, eſſer linguacciuto, eſſer longo di bocca, cicalar molto.
il a la Langue bien penduë: l'Italien dit, la lingua non gli muore in bocca.
prendre Langue, informarſi.
* la Langue me dit vas y vas y: l'Italien dit, mi fa tirar la gola.
auoir la Langue graſſe, balbutire.
Langue de chien, ſpetie d'herba.
Langue de bœuf, bugaloſſa.
Langues de Cerf, ſcolopendria.
herbes aux Langues, loxro d'Aleſſandria.
Langué, colla lingua di pinta nell' armi.
Languette, linguetta, linguella.
Languette de balon, animella, noccola.
Langueur, langore.
Languir, languire.
Languiſſant, languente.
* Languiſſon, langore.
bourre Lanice, borra laniccia.
Lanier, laniero, gazza ſparauiera.



Laniere, correggia.
* Lanifice, lauoro di lana.
* Lanifique, lanifico.
Laniſſe, di lana.
Lanſpeçades, lancie ſpezzate.
Lanſquenets, lanzi, ſoldati Tedeſchi.
la Lanſquenette, jeu, la tudeſca.
* Lantagine, ſpetie di alloro che produce coccole ſimili alle lentiggini.
Lantane, lautana, pianta.
Lanterne, lanterna.
Lanterne à charger le canon, cucchiaro.
Lanterne de mer, ſpetie di peſce.
Lanterne ſourde, lanterna cieca.
Lanterner, menchionare.
Lanternerie, menchionaria.
Lanternier, lanternaro.
vn Lanternier, vno ſciocco ó menchione.
* Lanugineux, lanuginoſo.
* Lanuleux, lanoſo.
* Lanzon, meza pica.
Lapace, lapatio.
Lapas, lampatia.
Lapereau, cuniglietto.
Lapidaire, lapidario.
Lapidation, lapidatione.
Lapidement, lapidamento.
Lapider, lapidare.
Lapideur, lapidatore.
ſe Lapifier, impetrire.
Lapin, cuniglio.
Lapis, lapis.
Lappe, leppa.
le cul me fait Lappe, il culo mi fa lappe lappe.
Lappement, lappamento.
Lapper, cappare, lambire.
Lappeur, lappatore.
* Laps, lapſo, caduta.
Laqs, laccio.
Laqs d'amour, nodo di Salamone.
Laquais, lachè, ragazzo.
Laquay, Idem.
Laquay de mer, ſpetie di peſce.
Laque, lacca.
Laquefenée. i. membro virile.
Laquelle, la quale.
Larcin, latrocinio, furto.
Lard, lardo.
Lard à poids, pelle graſſa ó lardo di turſio peſce.
auoir mangé le Lard: l'Italien dit, hauer mangiato il caſcio nella trappola.
faire du Lard. i. ingraſſar dormendo.
frotter ſon Lard i. far Patto venereo.
Lardaſſe, lardonaccio.
Larder, lardare.
Larder les feſſes, trapaſſar le natiche con pugnale ó altro.
Lardeur, lardatore.
Lardier, mercante di lardo, pizzicagnolo, lardaruolo.
Lardoire, lardiera, lardanola.
Lardon, lardone.
vn Lardon ou brocard, motto.
Lardonnement, lardamento. Item, motteggiamento.
Lardonner, lardare. Item, motteggiare.
Lardonneur, motteggiatore.
Larege, &
Lareze, larice.
Larfondement, certo. male doue ſi ritroua graſſa nell' eſcremento.

Larsondu, *che patisce di detto male.*
Large, *largo.*
Large, comme la toile, &c. *alto.*
Large, subst. *larghezza.*
Large, *liberale.*
il est bien Large par les espaules : l'Italien dit, *è largo di schiena, largo in cintola, largo come vna pina verde.*
de Large, *per lo largo.*
tout au Large, *alla spiegata.*
au Large, *alla larga.*
Largement, *largamente.* Item, *alla larga, alla liberalona, liberalmente.*
Largesse, *liberalità.*
Larget, *vn poco largo.*
Largeur, *larghezza, altezza.*
* Largiteur, *largitore, donatore.*
Largue, faire largue, *far luogo, farsi dà banda.*
Larigau, le larinx, *larince.*
Larigot, *zuffolo.*
boire à tire Larigot. i. *bever molto.*
Larix, *larice.*
Larme, *lacrima, lagrima.*
Larme de sapin, *rosina d'abete.*
Larmette, *lagrimetta.*
Larmeux, *lagrimoso.*
Larmier, *voluta.*
Larmier, *vena dell' occhio del cauallo.*
Larmiere, *canione ó vena dell' occhio.*
Larmot, *spetie di lucertola.*
Larmoyable, *lagrimeuole.*
Larmoyement, *il lagrimare, lagrimatione.*
Larmoyer, *lagrimare.*
Larrecin, *latrocinio.*
* Larreciner, *ladroseggiare.*
* Larrecineusement, *furtiuamente.*
Latris, *campo ó terra deserta ó incolta.*
Larron, *ladro, ladrone.*
Larron d'eau, *canale da far scorrer l'acqua superflua.*
le Larron d'vne plume, *certa cosa dentro alla penna.*
à pas de Larron, *gatton gattone.*
les gros Larrons pendent les petits. i. *potenti ó gran ladri fanno appiccare i poueracci.*
bailler au plus Larron la bourse : l'Italien dit, *dar le lattuche in guardia a' papperi.*
ils s'entendent comme Larrons en foire : l'Italien dit, *è d'accordo il canchero col morbo.*
Larronneau, *ladroncello.*
Larronner, *ladronare, ladroneggiare.*
Larronnerie, *ladroneccio, cosa di ladro.*
Larronnesse, *ladra.*
Larronneux, *di ladro, pieno di ladri.*
Larronniere, *ricouero di ladri ó assassini.*
Larue, *larua.*
Lorynx, *larince.*
Las, *laccio.*
Las, *stracco, fiacco.*
Las, helas, *lasso, ahi lasso.*
* Lasanon, *pitale.*
Lasche, *vile.* Item, *da poco, Fiacco, debolelento, moscio.*
Lasche du ventre, *che hà la scorrenz a lubrico.*
deuenir Lasche, *ammoscirsi, diuentar moscio.*
Laschée, *lasciata.*
Laschement, *fiaccamente, lentamente. Vilmente.*
Lascher, *lasciare, lasciar andare, rallentare.*
Lascher, *sparger il seme.*
Lascher l'esguillette, *calar le brache.*

Lascher prise, *lasciar andare.*
Lascher la parolle, *scappar la parola.*
Lascher le bouton, *rallentare.*
Lascher le pied, *andar in dietro, fuggire.*
Lascher le ventre, *siluer il ventre.*
Lascher la corde de la poulie, *scarrucolare.*
Lascheté, *viltà, Dapocaggine.*
Lascif, *lascivo.*
Lasciuement, *lasciuamente.*
Lasciueté, *lasciuia.*
* Lasdaller, *dapoco, lento.*
Lasnier, *lanirro.*
Lasse, *straca, stanca.*
Lassé, *stracco.*
Lasset, *straccare, stancare.* Item, *fastidire, satiare.*
Lasseron, *sonco.*
Lasset, *strenga, cordella.*
Lasseté, *stanchezza.*
Lassiere, *spetie di rete.*
Lassis, *reticella.*
Lassitude, *stanchezza, stracchezza.*
Latage, *lauoro di Late.*
Late, *lata.*
Lates d'vne galere, *late.*
* Latent, *latente, nascosto.*
Later, *guernir di late.*
Laterne, *sendetto nel mezo d'vna volta.*
Latin, *Latino.*
estre bon Latin. i. *esser dotto in lingua Latina.*
Latin de cuisine, *Latino scorrette.*
parler Latin denant les Cordeliers, *far vna cosa male innanz i a' più valenti di se.*
i'y perds mon Latin. i. *non ci trouo modo ó rimedio.*
voile Latine, en forme de triangle, *vela Latina.*
Latinement, *Latinamente.*
* Latinier, *Interprete di Lingua Latina.*
Latiniser, *Latinizare.*
Latiniseur, *Latinizatore.*
* Latitation, *Latitatione.*
* Latiter, *Latitare, esser nascosto.*
Latitude, *Latitudine.*
Latomie, *quadro di pietra.*
Latoniens., *di Latona, cioè Febo è Diana.*
* Latre, *cimiterio.*
Latrie, *Latria.*
* Latrine, *necessario, cesso, destro.*
Latte, *Vedi,* Late.
Latteron, *sonco.*
Lauace d'eaux, *acquazzone.*
Lauacier, *acquoso.*
Lauage, *Laua.*
ce n'est que du Lauage. i. *la minestra è tutt' acqua.*
Lauailles, *cibi per li porci.*
Lauanche, *valanca, cascata di neue ó ghiaccio.*
Lauande, *spigo.*
Lauande, femelle, *lauandula.*
Launndiere, *lauandaia.* Item, *spetie d'uccellino, coditricuola.*
Lauaret, *spetie di pesce in Sauoia, la varcito.*
Lauaron, poisson, *lauatone.*
Lauasse, *acquazzone.*
Lauatoire, *lauatoyio.*
Laué, *lauato.*
Laué, qui se dit d'vne couleur, *stauato.*
Laue-main, *lauamano.*
Lauement, *lauamento.*
Lauement, clistere, *argomento, cristeo, seruitiale.*
Lauement pour vn cheual, *bagno.*

Lauer, *lauare.*
Lauer en terme d'enlumineure, *lauare, schizzar d'acquarella.*
Lauer la lessiue, *sciacquare i panni della bucata.*
se Lauer. i. *scusarsi, giustificarsi.*
Lauer la teste, *lauar il capo, riprendere.*
se Lauer les mains, *scusarsi.*
Lauette, *stroffinaccio, batuffolo.*
Lauetton, *borra grossa di pelo d'animale.*
Laueur, *lauatore.*
Laueure, *lauatura.*
Laueure d'Enlumineur, *acquarella.*
Laueures d'Orfevre, *spazzature.*
Laueure d'escuelles. i. *cattiuo brodo.*
Laueure de miel, *spetie d'hidromele.*
Lauoir, *lauatoio.*
Lauraye, *laureto.*
Laureole, *laureola.*
Laurier, *loro, alloro, lauro.*
Laurier Alexandrin, *lauro Alessandrino, vittoriola.*
couronné de Laurier, *laureato.*
couronner de Laurier, *laureare.*
Laurier rose, *rododafne.*
Lauriere, *laureto.*
Laurin, *laurino.*
Lauserne, *citiso.*
Lauserte, *Idem.*
Laxatif, *lassatiuo.*
Lay, *laico.*
Lay, par testament, *lascio, legatione.*
Laye, *laica.*
Laye, *femina di cingliale.*
Laye, *spacio che si lascia nelle tagliate.*
Layer, *segnar lo spatio nelle tagliate.*
Layette, *cassettina, cassetta.*
Lays, *certi alberi che si lasciano nelle tagliate.*
Lazaret, *lazaretto.*
Lazanon, *ptiale.*
Lazur, *pietra azzuli.*

## L E

LE, *articolo del numero del meno, nominatiuo ed accusatiuo, il, lo.*
Le, *relatiuo, lo.*
faire Le braue, *far del brauo.*
faire Le Docteur, *far da dottore.*
Lé, *lembo, larghezza di tela, telo. Lato.*
* Lé, adject. *Largo.*
* Leal, *Leale.*
* Leans, *Là dentro.*
* Leauté, *Lealtà.*
Lebeche, *Libecchio, vento.*
à Lechedoigt. i. *in poca quantità,* à Lecca dita.
Lechefrion, *ghiotta, Laccarda donna.*
Lechefritte, *ghiotta.*
Lechement, *Leccamento.*
Lecher, *Leccare.*
Lecher vn ouurage, terme de peintre, *Leccare.*
se Lecher les doigts de quelque chose, *leccarsi le dita*
qui va Leche, qui dort seiche. i. qui va soy-mesme obtient ce qu'il demande, *chi va si lecca, chi stà si secca.*

Lechereau, *Leccardo.*
Lecheresse, *Leccatrice.*
Lecheur, *Leccatore.*
Leçon, *Lettione.*
Lecteur, *Lettore.*
Lectrin, *Leggio.*
Lecture, *Lettura.*
Lede, *Landano, odano.*
Ledomier, *Loto.*
Ledon, *cisto.*
* Ledoyer, *far scorno.*
Lée, *femina di cinghiale.*
Legal, *Legale.*
Legalité, *Legalità.*
Legat, *Legato.*
Legataire, *Legatario.*
Legater, *lasciare legare.*
Legation, *legatione.*
Legement, *barchetta da scaricare il sale.*
Legende, *legenda.*
vne Legende d'iniures, ou vne grande suitte d'escritures : l'Italien dit, *vna bibbia.*
Legendier, *legendario.*
Leger, *leggiero, lieue.*
Leger, *inconstante.*
Leger d'argent, *che hà pochi danari.*
estre Leger, n'estre pas de poids, *calare.*
estre Leger d'vn grain, ou de deux grains, i. *esser castrato, mancar vn testicolo ò dui.*
de Leger, facilmente, *di leggiero.*
Legere, *leggiera.*
monnoye Legere, *moneta scarsa.*
à la Legere, *alla leggiera, inconsideratamente.*
vestu à la Legere, *con vn vestito leggiero, ò schietto.*
Legerement, *leggiermente. Inconstantemente, alla leggiera.*
Legereté, *leggierezza. Item, inconstanza.*
Legion, *legione.*
Legionaire, *legionaro, di legione.*
Legislateur, *Legislatore.*
Legiste, *Legista.*
Legitimation, *legitimatione.*
Legitime, *legitimo.*
Legitimement, *legitimamente.*
Legitimer, *legitimare.*
Legs, *lascio, legato, legatione.*
Leguer, *legare.*
Legumage, *legumi.*
Legume, *legume.*
Legumineux, *leguminoso.*
Lemnie, *terra lemnia, ò sigillata.*
Lende, *lendine. Item, pianura.*
le Lendemain, *il di sequente, al di mane.*
le Lendemain matin, *la mattina sequente.*
* Lendeux, *lendinoso.*
Lendit, *fiera.*
Lendits, *certa cosa che si dona a' precettori.* ]
Lendole, *spetie di pesce che vola.*
* Lendreux, *infermiccio.*
Leniment, *lenimento, mitigatione.*
* Lenir, *mitigare.*
Lenitif, *lenitiuo.*
Lent, *lento.*
Lente, *lendine. Item, lentiggine.*
Lentement, *lentamente.*
Lenteur, *lentezza.*
Lenteux, *pieno di lendini, lendinoso.*
Lentice, *lentischio.*

Lenticulaire, *ferro da tagliar le oſſa rotte.*
Lentillat, *ſpetie di peſce.*
Lentille, *lentiggine.*
Lentilleux, *lentigginoſo.*
Lentiſque, *lentiſchio, lentiſco.*
* Lentitude, *lentezza.*
Leonce, once, *lince.*
Leonceau, *leoncello.*
Leonin, *leonino.*
Leonine, *ſpetie di pianta.*
Leopard, pardo, *leopardo.*
Leporin, *leporino.*
Lepre, *lepra.*
Lepreux, *leproſo.*
Leproſerie, *ſpedale di leproſi, lazzaretto.*
Lequel, *il quale.*
Lequel des deux, *qual delli due.*
* Ler, loir, *ghiro.*
Lerot, *ghiro.*
Lefard, *ramarro, lucertone.*
Lefarde, *lucertola.*
Lebin, mot corrompu de l'Italien, bardache, *lesbino.*
* Lefchard, *leccardo.*
* Lefche, ieſſe, *guinzaglio.*
Leiche, *fetta.*
Lefche de mer, *ſpetie di verme.*
Lefcher, leccare, *Vedi*, Lecher.
Lefciue, *leſcia bucata.*
Lefciuer, *lauar i panni con leſcia.*
Lefe-majeſté, *leſa maeſtà.*
Lefer, *offendere.*
Lefine, *lefina.*
Lefinant, *lefinante.* Ces mots font corrompus de l'Ita-
lien.
Lefion, *lefione.*
Leffe, *guinzaglio. Laſcio. Coppia di veltri ó leurieri.*
Leffes d'animal, *ſterco.*
Leffiue, *leſcia.*
Left, *faburra, fauorra.*
Leftage, *faburra.*
Leftager, *alleſtare.*
Lefte, *vaſcello abeſtato.*
Lefte, *pronto, preſto.*
Lefte, bien vetu, *ben alla via, pulite, affettato.*
Leftement, *pulitamente.*
Lefter vn vaiſſeau, *aleſtare, infattorrare, ſtiuare.*
Letargie, *letargia, letargo.*
* Lethal, *letale, di morte.*
Lethargie, *letargia.*
Lethargique, *letargico.*
Lethé, *morte. Oblio.*
* Lethean, *mortale.*
Letiere, *letica.*
Leton, *ottone.*
Letrin, *leggio, pulpito.*
Lettager, *alleſtare vn vaſcello.*
Lettre, *lettera.*
Lettres de Prince, *mandato, ordine.*
Lettres, *belle lettere.*
Lettre de credit, *lettera di credenza.*
à Lettre veuë, *à viſta.*
aider à la Lettre : l'Italien dit, *far à giona giona.*
prendre au pied de la Lettre. i. *intenderla come è ſcritta.*
    Metaph. *preciſamente, con rigore.*
Lettré, *letterato.*
Lettrine, *letterina.*
Lettron, *cicerbita, macerone.*
Letuge, *ſpalmatura.*

Leu, *letto.*
Leuage, *leuata.*
Leuain, *farmento.*
* Leuandiere, *leuatrice.*
Leuant, *leuante.*
Leuantin, *leuantino.*
* Leude, *vaſſallo.*
Leué, *letta.*
Leue, *lieua.*
vn Leué, *vna mano nel giuoco delle carte.*
Leué, *leuata.*
pain Leué, *pan formentato.*
prendre au pied Leué, *coglier alla prima.*
Leueche, *libecchio.*
Leuée, *leuata. Item, raccolta.*
aller la teſte Leuée, *andar con la teſta alzata.*
faire des Leuées, *mettere inſieme ſoldati, far leuate.*
Leuée de terre, *argine, ſponda.*
vne Leuée de bouclier, *vna impreſa ſenza riuſcita.*
Leuement, *leuamento.*
Leuer, *leuare. Item, raccoglicre.*
se Leuer, *leuarſi dalletto.*
Leuer l'ancre, *ſarpare.*
Leuer vn Arreſt, *farſi dar la copia della ſentenza.*
Leuer boutique, *aprir bottega, metter bottega.*
Leuer des eſtoffes, *comprar panni ó drappi.*
Leuer des gents, *leuar ſoldati, metter inſieme.*
se Leuer, qui ſe dit d'vn oiſeau, *leuarſi à volo.*
se Leuer, qui ſe dit du temps, *riſchiararſi, alzarſi.*
le Leuer des herbes, *ſpuntare, cominciar à creſcere.*
Leuer la main, *far il giuramento.*
Leuer vne ſerrure, *ſconficcare vna ferratura.*
Leuer la cuiſſe d'vn chapon, &c. *tagliare.*
Leuer la main pour frapper, *alzar la mano, hauer le ma-
ni per aria.*
faire Leuer le Siege, Metaph. *far leuar vno dal ſuo luo-
go.*
Leuer la table, *ſparecchiare.*
Leuer des deniers, *far danari.*
Leuer la peau, *ſcotennare.*
Leuefche, *liguſtrico, ſeta cauallina.*
Leueſſe, *Idem.*
Leueur, *leuatore.*
Leueure, *leuatura.*
Leueure de lard, *ſuperficie del lardo, tagliata in fette.*
Leuier, *letta, lieua, liuiere.*
Leuier à pince, *folleua.*
Leuis, *leuaticcio.*
Leueſtic, *liguſtico.*
Leur, *loro.*
le Leur, *la lor robba.*
Leuraut, *lepretto.*
Leure, *labbro.*
Leures de playe, *orli.*
* Leureſque, *di veltro.*
Leureteau, *lepretto.*
Leurette, *veltra.*
Leurettée, *ſalita dal can leuriere.*
Leuretter, *far i veltri piccioli.*
Leuretton, *veltrino.*
Leurier, *can leuriere.*
Leuriers du bourreau, *sbirri.*
Leurier d'attache, *leurier grande, veltro.*
Leuriere, *leuriera.*
Leuron, *leuriere picciolo.*
vn jeune Leuron. i. *vn giouanaſtro ignorante.*
Leurre, *logoro.*
Leurrer, *logorare, auezzar cor logoro.*

il est Leurré, Metaph. i. *egli é sžoccionato ò scaltro, egli è prattico.*
Leutrin, *leggio.*
Lexiue, *lescia, liscia, bucato, bucata.*
Leyette, *cassettina.*
* Lez, *appresso, vicino.*
* Lez, *certa quantità di pesci.*
Lezard, *lucertone, ramarro.*
Lezarde, *lucertola.*
Lezard de mer, espece de macquereau, *spetie di sgombero.*
Lezard verd, *stinco, scinco.*
Lezard ou lezardin, *di lucerta.*
* plume Lezardine, *penna diffamatoria.*

## L I.

Liage, *legamento.*
Liais, *certa pietra bianca è dura.*
Liaison, *connessione, seguito. Ligatura.*
Liard, *moneta che vale poco più di mezo baiocco.*
il n'a pas le Liard. i. *non hà quattrini.*
Liarder, *squattrineggiare.*
* Liarre, *hedra.*
Liasse de papiers, *mazzo di scritture.*
* Libament, *sacrificio, offerta, libamento.*
* Libation, *libatione.*
Libe, *pezzo grande di pietra.*
Libelle, *libello.* Item, *lettera di citatione.*
Libeller, *dichiarar per via del libello.*
Liberal, *Liberale.*
Liberalement, *Liberalmente.*
Liberalité, *Liberalità.*
Liberation, *Liberatione.*
Liberateur, *Liberatore.*
Liberer, *Liberare.*
Liberté, *Libertà. Licenza.*
Libertin, *Licentioso.* Item, *suiato.*
Libertinage, *Licenza, vita Licentiosa.*
* Libidineux, *Libidinoso.*
Libidinosité, *Libidinosità.*
Libraire, *Libraro.*
Librairie, *Libraria, biblioteca.*
Librairie, *vfficio ó traffico di Libraro.*
Libre, *Libero.*
Libre de sa personne, *sciolto, suelto.*
Librement, *Liberamente, alla libera.*
* Libure, *isoletta.*
Licantrope, *Licantropo.*
Licantropie, *Licantropia.*
Lice, *arringo.*
entrer en Lice, *entrar in campo.*
Lice de tapisserie, &c. *Liccio, fattura rileuata è ricca.*
de haute Lice. i. *tapezzaria ricca ó di Fiandra.*
Lice de charpenterie, *misura di marangone dà misurar i lauori.*
Lice, *cagna.*
Lice, adjectif, *liscio, pulito.*
Licence, *Licenza.*
Licencié, *Licentiato.*
Licenciement, *Licentiamento.*
Licencier, *Licentiare.*
Licencieusement, *Licentiosamente.*
Licencieux, *Licentioso.*
* Licharder, *gustare.*
* Licher, *Leccare.*



Licifque, Liclfco, *cane generato da un lupo è una cagna.*
Licitation, *Licitatione.*
Licitement, *Lecitamente.*
Licite, *Lecito.*
Liciter, *Licitare.*
Licol, *capestro.*
j'aimerois mieux le Licol que la beste : l'Italien dit, *più presto l'aggiunta, che la carne, val più la cauezza che l'asino.*
Licorne, *vnicorno, alicorno, lioncorno.*
Lict, *letto.*
Lict verd, *lettuccio.*
Lict de plume, *coltrice.*
Lict de sangle, *letto di cinghei.*
du premier Lict, *del primo matrimonio.*
grand Lict à pantes, *trabacca.*
faire deux Licts : l'Italien dit, *far duo fuochi.*
Lict de fleuue, *letto, canale, &c.*
coucher au grand Lict. i. *dormir col padrone ó la padrona.*
le Lict est l'escharpe de la jambe : l'Italien dit, *la gamba al letto, il braccio al petto.*
estre au Lict de la mort, *esser presso alla morte.*
Lictiere, *lettiga.*
Lictiere à bras, *trabacca.*
Lictiere de cheual, *Littiera, strame.*
estre sur la Lictiere. i. *star nel letto infermo.*
Lie, *feccia.*
la Lie du peuple, *canaglia, gente minuta ò bassa.*
sentir la Lie. i. *esser in poca quantità.*
Lie de froment, *merda.*
* Lie, adjectif, *allegro, lieto.*
* faire chere Lie, bonne chere, *viuer ò mangiar allegramento.*
Lié, *ligato, legato.*
Liege, *suuero, sughero.*
Liegé, *suuerato.*
souliers Liegez, *scarpe da sughero, suuerate scarpe.*
Lieger, *guernir du sughero.*
Liement, *legamento.*
* Liement, aduerbe, *allegramente.*
Lien, *legame.*
traisner son Lien, *aspettar il castigo.*
Lien à vne roue, *staffa.*
Lienterie, *flusso di cibi indigesti, lienteria.*
Lienterique, *lienteriso.*
Liepard, *leopardo.*
Lier, *legare.*
Lier, qui se dit de l'oiseau de proye, *esser à cauallo.*
se Lier, se congeler, *streguarsi, condensarsi.*
Lierre, *hedera, ellera.*
pierre de Lierre, *certa pietra bianca è dura.*
* Liesse, *allegrezza, letitia.*
Liet, *lieto, allegro.*
* Liette, *cassettina.*
Lieu, *luogo.*
au Lieu de, *in cambio, in vece di.*
sur les Lieux, *in sul fatto.*
au Lieu què, *doue che.*
tenir Lieu, *esser in vece, scusare seruire.*
cela tiendra Lieu de dîner, *scuserà il desinare.*
auoir le cœur en bon Lieu. i. *hauer buon cuore.*
estre de bas Lieu, *esser di vil nascità, di bassa conditione.*
les Lieux, *il necessario, il cesso, il desire.*
Lieuë, *lega.*
en dernier Lieu, *vltimamente.*
Lieur, *legatore.*

Lieüre

Lieltre, *legatura.*
Lieure, *lepre.*
c'eſt là où git le Lieure. i. *queſto è il nodo del negotio.*
prendre le Lieure au tabourin : l'Italien dit, *pigliar la lepre col carro.*
Lieures cuiraſſez ou morionnez, *artigiani che vanno alla guardia.*
Lieutenance, *luogotenenza.*
Lieutenant, *luogotenente, Tenente.*
Lieutenant Ciuil, *giudice delle coſe Ciuili.*
Lieutenant Criminel, *giudice delle coſe Criminali.*
* Lieutrin, *leggio.*
* Lifrelofre, *parola per burla da dinotare vn foraſtiere è maſſime vn Tedeſco.*
Ligament, *ligamento.*
Ligature, *ligatura.*
* Lige, *ſuddito. Item, debito di vaſſallo.*
* Ligeaulté, *lealtà ò fedeltà di Suddito.*
* Ligement, *lealmente.*
* Lignade, *prouiſione di legna.*
Lignage, *legaggio ſchiatta.*
Lignager, *di legnaggio.*
Ligne, *linea.*
tirer ou faire des Lignes, *vergare, tratteggiare.*
Ligne d'vn liure, *riga.*
Ligne à meſurer, *corda, liuello.*
Ligne à peſcher, *canna da peſcare.*
Ligne, *ſchiatta.*
Gentil-homme de Ligne, Iron. *cauallier di Malta,* Vedi, Gentil-homme.
mettre en Ligne de compte, *metter ſul conto.*
Lignée, *ſchiatta.*
Ligner, *rigare, vergare.*
Ligner, *il lupo ſalir la lupa.*
Ligneraye, *campo ſeminato di lino, linaruolo.*
Ligneul, *ſpago di calzolaio.*
* Ligneux, *legnoſo.*
* Lignier, *maſſa ò monte di legne.*
Ligue, *lega.*
ſe Liguer, *legarſi, collegarſi, confederarſi.*
Ligueur, *confederato, fattioſo, della lega.*
Ligueux, *Idem.*
Ligule, *ligula.*
Liguſtic, *liguſtico.*
Lilac, ou
Lilas, *ſecchi amori.*
Limace, *lumaca.*
Limaceux, *pieno di lumache.*
Limaçon, *lumaca, chiocciola.*
degré à Limaçon, *ſcala à chiocciola, lumaca.*
Limaçonner, *far giri à guiſa di lumaca.*
Limaille, *limatura.*
Limailles, *legumi.*
Limaire, *tonno picciolo.*
Limande, *ſpetie di rombe.*
Limas, *lumaca, lumacone.*
Limaſſe, *lumaca.*
Limbe de bouteille, *gola ò bocca di fiaſco.*
Limbe en Architecture, *gola.*
Limbes, *il Limbo.*
Lime, *lima.*
Lime douce, *lima ſtucca.*
Lime ſourde, *lima ſorda.*
Lime-ſourde, injure, *balordo.*
Lime à dos rond, *lima mandola.*
Lime, ſorte de fruit, *lima.*
Limes, dents, *zanne.*
faiſeur de Limes, *limaro.*

Limer, *limare.*
Limeſtre ; *ſpetie di raſcia ò panno.*
Limeur, *Limatore.*
Limier, *Limiero.*
Liminaire, *Liminario.*
Limitation, *Limitatione.*
Limitateur, *Limitatore.*
Limite, *Limite.*
Limiter, *Limitare.*
Limiteur, *Limitatore.*
Limitrophe, *confine.*
Limoine, *bieta ſeluatica. Item, limonio.*
Limon, *Limone, Limoncello.*
Limon, bourbe, *fango, poltiglia.*
Limon de charette, *timone della carretta, braccio.*
Limonnier, herbe, *Limone.*
Limonnier, *cauallo attaccato al timone.*
Limonne, *Limone, frutto.*
Limonneux, *fangoſo.*
* Limpide, *Limpido.*
Limure, *Limatura.*
Lin, *Lino.*
Linaire, oſiris, *Linaria.*
* Linarole, *pero Linarolo.*
Linceul, *Lenzuolo.*
* ſe Linder par terre, *rampicare, ſtraſcinarſi.*
Lineament, *Lineamento.*
Lineature, *Lineatura.*
Lineraye, *Linaruolo.*
Linge, *panni Lini, biancherie, tela.*
vn Linge, *pezzo di tela, pezza, pezzetto.*
vn Linge de col, *ſpetie di gorgiera da donna.*
belle ſous le Linge, *bella ſotto panni.*
Linger, lingere, *mercante di panni lini.*
Lingere, qui trauaille en linge, *cucitrice.*
Lingerie, *panni lini. Item, traffico di panni lini.*
Lingot d'or, *peuetto, verga d'oro.*
le Lingot à jetter l'or, *canale.*
le Lingot d'amour. i. *il membro virile.*
Lingotiere, *canale.*
Linier, *mercante di lino.*
Liniment, *Linimento, vntione.*
Linitif, *Linitiuo.*
Linition, *Linimento.*
Linomple, *ſpetie di tela renſa.*
Linon, *Idem.*
Linotte, *fanello.*
vne Linotte coiffée i. *vna donna, ò puttana.*
Linſeuil, *Lenzuolo.*
Linteau, *Liſtello.*
Linteau, *ſopra limitare.*
Linx, *lince.*
Lion, Liſne, *Leone.*
patte de Lion, *elleboro baſtardo.*
pied de Lion, *ſanicola maggiore.*
Lionceau, *lioncello.*
Lionin, *Lionino.*
Lionine, herbe, *Leonina.*
Lionne, *Leona.*
Lionneau, *lioncello.*
Lionneux, *pieno di Leoni.*
Lionnier, *guardiano di Leoni.*
Lippaire, *ſpetie d'vnguento per le Labra.*
Lippe, *Labbro groſſo.*
faire la Lippe, *far il moſtaccio.*
Lippée, *corpacciata.*
chercheur de franches Lippées, *paraſito.*
* Lippie, *Lippitudine.*

* Lippitude, *Idem.*
Lippu, *che hà le labbra grosse.*
* Liquation, *liquatione.*
Liquefié, *liquefatto.*
Liquerice, *liqueritia, regalitia.*
Liqueur, *licore, liquore.*
Liqueur de Septembre, *vino.*
Liquidation, *liquidatione.*
Liquide, *liquido.*]
Liquider, *liquidare.*
Lire, *leggere.*
vne Lire, *vna lira.*
Liron, *ghiro.*
Lis, *giglio.*
Lis d'estang, *ninfea, gorgolestro.*
Lis celeste, *giglio az urro.*
Lis de mer, *assodillo.*
Lis de vent, *rombo di vente.*
Lisable, *leggibile.*
Lisant, *leggente, leggendo.*
Lisard, *lucertone.*
Lisarde, *lucertola.*
* Liser, *listare, orlare.*
Liseron, *campanella, vilucchio, simulace.*
Liseron picquant, *hedera spinosa.*
Liset, *vilucchio minore.* Item, *verme che rode la vite.*
Liseur, *lettore.*
Lisible, *leggibile.*
Lisiere de drap, *cimossa.*
Lisiere de toille, *vinagno, orice.*
Lisieres de pais, *confini, frontiere.*
Lisisque, *licisco.*
Lissant, *sdrucciolante.*
Lisse, *lice, arringo.*
Lice, adjectif, *liscio.*
Lisse de Tisseran, *liccio.*
Lisses sur les vaisseaux, *raggiole.*
Lisser, *listiare.*
Lisseron, *peruonca.*
Lissoire, *lisciatoio.*
Lissure, *lisciatura.*
Liste, *lista.*
Liste, en Architecture, *cimbia, fascia.*
Listeau, *listello.*
Listeau sur la joincture des ais, *cantinella.*
Litarge, *spuma d'oro ò d'argento scoria, argirite.*
Literaire, *literario.*
Literal, *literale.*
Literature, *literatura.*
Litiere, *lettiga,* Vedi, lictiere.
* Litige, *litigio.*
* Litiger, *litigare.*
* Litigieux, *litigioso.*
Litorne, *sperie di tordo, tordela.*
Litron, *quartuccio.*
Liueau, niueau, *liuello.*
Liuesche, *ligustrico.*
Liuide, *liuido.*
Liuidité, *liuidez a.*
* Liuraison, *liuerauza.*
Liure, *libro.*
le Liure des Rois. i. *vn mazzo di carte.*
vne Liure, *vna lira.*
Liurée, *liurea.*
Liurée, *liuerauz a, distributione.*
les Liurées, *certa parte che si da in Corte.*



changer de Liurée, Metaph. *mutar partito.*
Liurement, *liuerauz a.*
Liurer, *liurare, dar nelle mani.*
Liurer bataille, *far giornata.*
Liuret, *libriccinolo, libretto.*
Lizeron, *vilucchio, peruinca.*
Lizet, *Idem.*
Lizette, *spetie di vermina.*
Lizieux, *spetie di panno nominato dal luogo doue vien fatto.*

## LO

Lobe, *certe parti del fegato che cuoprono lo stomaco.*
Local, *locale.*
Localement, *localmente.*
bled Locar, ou local, *spetie di biada, ò sorgo.*
Locataire, *affittante, pigionale, appiggiouante.*
Locateur, *locatore, che dà à fitto.*
* Locatif, *pigionale.*
Location, *locatione.*
Loche, *squarciasacco, soracqua, pesce.*
Loche de mer, *anguella.*
* Locher, *tentennare, vacillare.*
Lochette, *squarciasacco.*
* Locques, *stracci.*
Locquet, *saliscende.*
Locution, *locutione.*
Lodier, *coltrice.*
Lods, *censo douuto al Signore.*
Lof, *larghezza del vascello dall' albero sin alla sponda.*
Loge, *loggia.*
Loge pour la sentinelle, *casino.*
Loge pour les marchands, *loggia.*
Logeable, *commodo per l'allogiamento.*
Logeablement, *commodamente per l'alloggio.*
Logement, *alloggiamento.*
Loger, *alluggiare, Star in vna casa. Collocare. Accasar vna giouane.*
Loger les aueugles, *menar il cieco aber alla fonte.*
Logette, *loggia picciola.*
Logique, Logica.
Logis, *alloggiamento, casa.*
Logisme, Logismo.
Logistique, Logistico.
Loing, *lontano.*
Loin, *Idem.*
Lointain, *remoto, lontano.*
Lointain, terme de peinture, *lontananz a.*
Lointaineté, *lontananz a.*
Loir, *ghiro.*
* Loire, *licere.*
* Loisoit, *licena.*
Loisible, *lecito.*
Loisir, *otio, tempo, agio.*
vous estes bien de vostre Loisir, *voi haute buon tempo.*
estre de Loisir, *star otioso.*
à Loisir, *adagio, commodamente.*

* il l'oist, è lecito.
* du Lolo, parola bambinesca, pappa.
L'om, l'hom, l'on, si.
Lombard, Lombardo.
le boucan de Lombard, tossico.
patience de Lombard. i. patienza per forza.
les graces du Lombard. i. tré dadi sulla tauola doppo hauer mangiato.
secours de Lombard : l'Italien dit, soccorso di Pisa.
Lombe, osso dell' anca.
Lombris, lombrico.
L'on, si.
L'on dit, si dice.
Lonce, lince.
Long, longo.
vous ne le verrez de Long-temps, non lo vedrete se non di qui à molto tempo.
ie le sçay de Long-temps, io lo so già gran tempo fà.
Long plantain, spetie di piantaggine.
le Long du chemin, trà via.
le Long de la riuiere, longo il fiume.
au Long, vicino, appresso.
tout de son Long, tutto disteso.
tout au Long, alla distesa, da capo sin al fine, alla spiegata.
de Long, per longo.
vestu de Long, colla veste longa.
* Longard, indugiatore.
Longe, longia, rognonata.
Longe d'oiseau, longa.
Longe d'austour, astorella.
Longe de cuir, guinzaglio.
* Longis, lento.
Longitude, longitudine.
Longue, longa.
à la Longue. à lungo andare, in lungo.
il ne la fera pas Longue. i. non camparà molto.
ne la faites pas Longue, non tardate molto, stateci poco.
sans la faire plus Longue, senza di stender la più alla longa, per dir la presto.
de Longue main, da gran tempo.
auoir les dents bien Longues, hauer gran fame.
tirer de Long, fuggire. Item, indugiare.
homme de robbe Longue, huomo togato.
Longuement, longamente.
Long-vestu, spetie di moneta di Gueldria.
Longuet, longone.
Longueur, longhezza.
prendre bien ses Longueurs, pigliar bene le sue misure.
tirer en Longueur, durare vn pezzo, indugiare.
* Loo, larghezza del vacello d'allalbero sin alla sponda.
Looh, certa pasta di zucchero.
* Lopin, pezzo.
Lopins, fior di noce.
* Lopiner, tagliar in pezzi.
* Lopinet, pezzetto.
Loppe, scoria di metallo.
* Loquacité, loquacità.
* Loquence, fauella.
Loquet, saliscende.
Loqueté, loqueteux, cencioso.

* Loquette, straccio, cencio.
Lorgner, guardar bieco.
* Loricard, ranticoso.
Lorion, &
Loriot, clorione.
* Lormier, lauorante di cose di ferro.
Lorrain, Lorrenese.
Lorraine, Lorrena.
Lors, all' hora, quando.
Lors que, quando.
Los, lode.
Losenge, quadro, quadro di vetro.
Losengé, fatto à quadri.
* Losengier, ciarliere, cicalone.
Lossec, sentina di vascello.
Lot, parte, portione. Sorte.
Lots, & ventes, diritti di vendita.
Lot, spetie di misura comme boccale.
Lote, Loto, albero.
Lote, spetie di pesce simile alla lampreda.
* Lotie, diuisione, partitione.
Lotir, sottire. Item, partire, diuidere.
Lotize, diuiso.
Loulou, parola bambinesca, vn pidocchio.
Loüable, lodeuole.
Loüablement, Lodeuolmente.
Loüage, pigione.
de Loüage, d'affitto, da vettura.
barque ou carrosse que l'on tient à Loüage, flo.
Loüagier, affitaiuole.
Loüange, lode.
* Loüanger, lodare.
Loubine, spetie di pesce.
Louche, bieco, losco.
esmeraude Louche, smeraldo sordo.
chambre Louché, camera scura.
vin Louche, vino torbido.
* vne Louche, vn cucchiaro.
Loucher, sbiecare.
Louchet, spetie di vanga ò zappa picciola.
Loudier, coltrice, boldrone.
Loudier ou matelas de galere, trapuntino.
* vn Loudier, puttaniere.
vne grosse Loudiere. i. vna berghinella.
vne vieille Loudiere, vna vecchia poltrona.
Louër, lodare.
Louër vne maison, affittare.
Louër vne barque, &c. noleggiare.
se Louër au seruice de quelqu'vn, acconciarsi, porsi con vn padrone.
Loué au seruice de quelqu'vn, concio.
il se Loué fort de vous. i. egli é molto sodisfatto di voi.
Loueresse, affitatrice. E lodatrice.
Loueur, lodatore. Item, affittatore.
Loup, lupo.
Loups aux jambes, spetie di male, vlcere.
Loup-marin, lupo marino, spigola.
couille au Loup, sodo.
œil de Loup. i. occhio bieco ò torbido.
manger comme les Loups : l'Italien dit, mangiar come il cauallo della carretta.
il a crié au Loup, il est enrhumé, il a la voix grosse : l'Italien dit, hà visto il lupo, hà gridato alle cornacchie.
le Loup est au bois, qui se dit quand on a quelque or-

dure sur la barbe , *gente al bosco.*
qui se fait beste le Loup le mange , *chi pecora si fà il lupo se la mangia.*
quand on parle du Loup , on en voit la queüe , *chi hà il lupo in bocca l'hà sù la coppa.*
histoires au vieux Loup , *historie delle beffane.*
en pas de Loup. i. *gatton gattone.*
Loup-araigne , *spetie di ragno.*
Loupasson , *picciolo lupo marino.*
Loup-ceruier , *lupo ceruiero.*
Loup-chat , *lince.*
Louppe , *gozzo* , *lupa.*
Loupeux , *gozzoso.*
Loup-garou , *lupo che mangia carne humana.* Item , *licantropo , certo animale ò spirito finto.*
c'est vn vray Loup-garou. i. *egli è molto maninconico.*
Louppe , *luppa.*
Louppe , grosse gorge , *gozzo.*
Lourche , *spetie di giuoco.*
Lourd , *greue.* Item , *goffo , balordo.*
Lourd comme vne busche : l'Italien dit , *grosso come l'acqua de' maccaroni.*
Lourdauderie , *castronaggine , melensaggine , gofferia.*
Lourdaut , *goffo balordo , gaglioffo , castrone , melenso , rozzo.*
Lourde , *greue.*
vne Lourde , *vna donna balorda.*
vne Lourde saute , *vn error graue.*
vne Lourde menterie , *vna buggiaccia.*
Lourdement , *grauemente.*
Lourderie , *sciocchezza , gaglioffcria , balordaggine , castronaggine.*
Lourdin , *balordo , gaglioffo.*
Lourdinet , *gaglioffetto.*
Lourdise , *balordaggine.*
Lourdois , *parlar ò proceder goffo.*
* Loure , *cornamusa.*
* Lourette , *piua , cornamusa picciola.*
Lousche , *bieco , losco.* Vedi , Louche.
Louschement , *loscamente , biecamente.*
Louscher , *sbiecare.*
Loutre , *londra , lontra.*
Louue , *lupa.*
vne Louue , *vna cagnaccia , vna puttanaccia.*
Louue , fer à enleuer vne pierre , *linella , vlinello.*
Louuet , *lupello.*
Louueteau , *lupiccino.*
vn Louueteau , petit fer à faire tenir la louue , *linellino.*
Louuetier , *cacciator di lupi.*
Louueton , *lupicino.*
Louuette , *zecca , secra , verme.*
Louuier , *di lupo.* Item , *cacciator di lupi.*
Louuiere , *lupara , tana di lupo.*
Louuin , *lupino , di lupo.*
patte Louuine , *aconito.*
Louuis , *accarnito , affamato come vn lupo.*
Louure , *Palazzo regio.*
Loy , *legge.*
Loyal , *leale.*
Loyal comme vn meusnier : l'Italien dit , *leale come vn Zingano.*
Loyalment , *lealmente.*
Loyaument , *Idem.*
Loyauté , *lealtà.*
Loyer , *mercede.*
Loyer de maison , *pigione.*



Loz , *lode , latide , pregio.*
Lozenge , *quadro di vetro.*
* Lozenger , *ciarlare , cicalare.*

## L V.

* L V , *lume.*
Luberne , *pantera.*
Lubie , *fantastich ria.*
Lubieux , *fantastico.*
Lubin , *lupo marino , spigola.*
* frere Lubin , *Frà Scioppino.*
* Lu iner , *menchionare.*
Lubricité , *lubricità.*
Lubrifier , *render lubrico.*
Lubrique , *lubrico.*
Lubriquement , *lubricamente.*
Luc , lut , *liuto.*
Lucarne , *lum:nale , finestrella del tetto.*
Lucarné , *chi hà il luminale.*
Lucheran , *strige.*
* Lucifugue , *che fuge la luce.*
* Lucide , *lucido.*
Lucratif , *lucrativo.*
Lucratiue , *interesse , lucro.*
Lucre , *lucro , guadagno.*
Luctation , *lustatione.*
Lucte , *lotta.*
* Ludicre , *burlevole.*
* Ludificatoire , *ingannevole.*
* Luet , *niente.*
mal de Luette , *gonfiamento d'vgola.*
Luette , *vgola , vuola.*
Lueur , *lume , splendore.*
Lueur qui passe viste , *lampa.*
Lugubre , *lugubre.*
Lugubrement , *lugubremente.*
Luicte , *lotta.*
de haute Luicte , *per forza.*
Luictement , *lottamento.*
Luicter , *lottare.*
Luicteur , *lottatore.*
Luire , *rilucere , lucere , risplendere.*
tout ce qui Luit n'est pas or , *ogni lucciola non è fueco.*
Luisant , *lucente.*
Luisants , *lumi nell'aria.*
Luiton , *fantasina , folletto.*
Luiton de mer , *tritone.*
Luitte , Vedi , Luicte.
Lumbaire , *di lumbi.*
Lumbrique , ver , *lombrico.*
* Lumer , *far lume.*
Lumiere , *lume.*
Lumiere de canon , *spiraglio , lumiera.*
Lumiere au bassinet , *buco del focone.*
mettre en Lumiere , *mandar fuori , dar in luce.*
Lumignon , *lucignolo , luminello.*
Lumillette , *specie d'herba , eufrasia.*
Luminaire , *candele , lumi.*
Lumineux , *luminoso.*
Luminier , *custode delle candele.*
Luminon , *lucignolo.*
Lunaire , *lunare , di luna , lunario.*

Lunaire , herbe , *lunaria.*
Lunaison , *lunatione , tempo è lume di luna.*
Lundy , *Lunedi.*
faire le Lundy des sauctiers. i. *non lauorar niente il Lunedì.*
Lune , *Luna.*
auoir des Lunes , *esser fantastico.*
tenir de la Lune , *esser lunatico.*
prendre la Lune auec les dents , *far carta del cielo , andar sù per le cime de gl' alberi.*
à la Lune , *al lume della luna.*
logé à la Lune , *alloggiato in mezo alla campagna.*
nouuelle Lune , *nouilunio , il far della luna.*
pleine Lune , *plenilunio.*
pleine Lune. i. *viso grosso . cierona.*
il a des Lunes , *fà cose a lune.*
la Lune est en decours , qui se dit à vn lunatique : l'Italien dit , *guarda che la quinta decima non ti faccia male.*
garder la Lune des loups , *perder il suo tempo.*
le fourrier de la Lune a marqué le logis. i. *quella donna hà il marchese*
la Lune est sur Bourbon , *Idem.*
Luner , *assestare in forma d'arco.*
Luner vn arc , *bendare vn arco.*
Lunettes , *occhiali.*
Lunettes de Hollandes , ou d'approche , *canocchiale.*
vous auez chaussé vos Lunettes de trauers. i. *voi non la vedete bene.*
Lupasson , *spigola.*
* Lupege , *letame.*
Lupin , *lupino.*
* Lupoge , *monte di letame.*
* Lurré , *attaccato.*
Lus , *luccio , luzzo.*
* Luseau , *tomba.*
Luserne , *lucciola.*
* Luserne , *lucente.*
Lustre , *lustro.*
Lustre , *lustro , spatio di cinque anni.*
Lustre , *candelliere con puntali è pallotte di cristallo.*
il est en son Lustre , *egli brilla.*
Lustrer , *lustrare.*
Lustreux , *lustroso.*
Lut , *letuto , liuto.*
Lut , barque , *liuta.*
Lut . composition de terre grasse , *luto.*
Luter auec du lut , *lutare.*
Luth , *liuto.*
Lutin , *spirito folletto , martinello , farfarello.*
Lutiner , *far il martinello.*
Lutiz , *luro malta.*
Lutre , *loutra.*
Lutrin , *leggio.*
Lutte , *Vedi , Luicte.*
Luxation , *lussatione , suolgimento d'osso , sconciatura.*
Luxe , *lusso.*
Luxer , *lussare , smuouer l'osso.*
Luxure . *lussuria.*
Luxurieux , *lussurioso.*
Luy , *egli , lui.*
Luy , *datiuo mascolino , & feminino , del numero del meno , gli . le.*
ce n'est pas Luy , *non mi per più desso.*
Luyton , *spirto folletto.*
Luzerne , *spetie di trifoglio.*



LYcantropie , *humor manniconico , che fà imaginar vno d'esser trasformato in lupo , licantropia.*
Lyce , *arringo.*
Lymitrophe , *confine.*
Lyon , *leone.*
Lyre , *lira.*
Lyrique , *lirico.*
Lys , *giglio.*
Lys d'estang , *ninfea.*
Lysimachie , *lisimachia , herba.*
Lytarge , *scoria , argirite.*
Lytargire , *idem.*
Lytargie , *liturgia.*

# M A

MA , *mia.*
la danse Machabée , *danza delli morti.*
Macareau , *sgombero , pesce.*
Macaron , *cosa fatta di pasta di mandole z zucchero acqua rosa , &c.*
* Macaut , *sacoccia.*
Macer , *macero , scorza che viene di Barbaria .*
Maceration , *maceratione.*
Macerer , *macerare.*
Maceron , *macerone.*
Maceronne , *Idem.*
Mache , *spetie d'herba.*
Machecoulis , *troniera.*
Mache fer , *spuma di ferro , scoria.*
dents Machelieres , *denti macellari.*
Macher , *Vedi , Mascher.*
Macheron , *macerone.*
Machette , *nottola.*
* Macheuré , *imbrattato.*
Machinateur , *machinatore.* Item , *ingegnere.*
Machination , *machinatione.*
Machine , *machina.*
Machine à tirer la bourbe de dessous l'eau , *canafango.*
Machiner , *machinare.*
Machoire , *masciella.*
Machurer , *imbrattare.*
Macis , *mace.*
Maçon , *muratore.*
Maçonner , *murare.*
Maçonner , faire mal vne chose , *abborracciare.*
Maçonnerie , *fabbrica , lauoro di muratore.*
* Macors , *triboli.*
Macque , *corda in forma di maglia.*
Macquereau , poisson , *sgombero.*
Macquereaux aux jambes , *vacche.*
Macquereau , *ruffiano.*

Macreau , *sgombero.*
Macreuse , *granagno.*
Macroule , *fulica.*
Maculature , *macolatura.* Item , *carta da straccio.*
Macule , *macchia.*
Macules , *maccoli , maccioli , maccole.*
Maculer , *macolare.*
Madame , *Signora , Signora mìa , Madama.*
Madame des bas guichets. i. *Una lenatrice.*
Madamoiselle , *Damigella.*
Madesier , *humettare.*
Mademoiselle , *Damigella. Signora mia.*
Madiers de vaisseau , *matere.*
Madré , *astuto , scaltro.*
Madré , qui se dit du bois , *venato legno.*
Madrer , *far la vene nei legno.*
Madreure , *vene ondate nel legno.*
Madrier , *madriere , maglio , madrile.*
Madrigal , *madrigale.*
Maestre , *vela maestra.*
Maestral , *vento Maestro.*
Masler , *mangiar molto.*
Magazin , *magazino.*
* Magot , *sacoccia , borsa , gruzzolo.*
Magdaleon , *rotto d'empiastro , empiastro largo.*
Mage , *Mago.*
Magicien , *mago , incantatore , negromante.*
Magicienne , *maga.*
Magie , *magia , arte magica.*
Magique , *magico.*
Magistere , *magistero.*
Magistral , *magistrale , di Magistrato , maestreuole.*
Magistralement , *da Magistrato.* Item , *maestreuolmente.*
Magistrat , *Magistrato.*
Magistrature , *magistratura.*
* Magnan , *magnano.*
Magnanime , *magnanimo.*
Magnanimement , *magnanimamente.*
Magnanimité , *magnanimità.*
Magne , *magno.*
Magnificence , *magnificenza.*
Magnifier , *magnificare.*
Magnifique , *magnifico.*
Magnifiquement , *magnificamente.*
* Magnitude , *magnitudine.*
Magot , *babbuino.*
* le Magot ou magaut , de l'argent caché , *gruzzolo.*
* la Magne , *magone dell' vccello.*
Mahis , bled de Turquie , *mayz.*
Maheustre , *soldato della Lega.*
Mahonne , *spetie di galeazza.*
* Maict , ou Mai à paistrir , *madia.*
Maidin , *quatrino di moneta Turchesca.*
Majesté , *Maestà.*
Majestueusement , *maestosamente.*
Majectueux , *maestoso.*
Majeur , *maggiore.*
Maigre , *magro.*
Maigre , *spetie di pesce , ombrina.*
faire Maigre chere , *mangiar male.*
faire Maigre mine , *far cattina ciera à vno.*
discours ou choses Maigres , *magrerie.*
Maigrelet , *magretto.*
Maigrement , *magramente.*
Maigret , *magretto.*
* Maigreté , & plus proprement ,
Maigreur , *magrezza.*



* Maigue , *siro di latte.*
Mail , *maglio.*
* Mail , *creta viscosa.*
jeu de Mail , *pallamaglio.*
Maille , *maglia.*
Maille en l'œil , *nunola.*
Maille , *moneta di poco valore , mezo quattrino.*
il n'a pas la Maille. i. *non hà danari.*
ils ont tousiours Maille à départir. i. *hanno sempre qualche contesa ò disputa frà loro.*
cotte de Maille , *giacco.*
Maillé , *armato di giacco.*
perdrix Maillée , *pernice che hà le piume sereziate.*
Mailler , *armar di giacco ò maglie.* Item , *ingrassar le tette.*
Maillet , *mazzuolo , mazzapicchio , mazza di legno.*
Mailleton , *mazzuolo picciolo.* Item , *messa di vite.*
Maillettes , *magliette.*
Maillon , *nodo che fa il giardiniere nel legar la vite.*
Maillot , *fascie di bambino.*
en Maillot , *nelle faschie.*
Maillotter , *fasciare il bambino.*
Maillottins , *certi seditiosi à Pariggi armati di mazze.*
Main , *mano.*
Mains de l'oiseau , *serre.*
Main , *piede d'innanzi di cauallo.*
faire Main basse , *ammazzare i nemici.*
Main de carrosse , *manetta.*
Main garnie , *mano armata.*
de Main en main , *da vna mano all' altra.*
donner Main leuée , *leuar il sequestro.*
la Main du cœur , *la man mancina.*
les Mains faites en chapon rosty , *vncinate mani.*
les mains luy demangent , *hà pizzicore , hà voglia di battere.*
prester Main forte , *dar braccio.*
vser de Main mise , *manomettere.*
faire sa Main , *rubare , pigliare.*
pour la derniere Main , *per l'vltima posta.*
estre en Main , venir à la main , *venir da mano.*
attendre de la Main gauche , *aspettar mangiando.*
il est tombé en bonne Main , *è capitato bene.*
la derniere Main à l'œuure , *l'vltimo lauoro.*
mener la Main , *aiutar vno.*
prester la Main , *Idem.*
escrir à la Main , *scritto à mano , ò à penna.*
sous Main , *sotto mano , secretamente , di soppiatto.*
à coups de Main , *manescamente.*
fait à la Main , *fatto à posta , appostato.*
Main de papier , *quinterno.*
faire la Main morte , *scazzolare.*
mettre la Main , prendre , *dar di piglio.*
mettre la Main à l'espée , *cacciar mano.*
il n'y va pas de main Morte. i. *batte ò da con tutta la sua forza.*
mettre la Main à la paste , *lauorare , far da se stesso , far i fatti suoi da semedesimo.*
auoir en Main , *hauer per le mani.*
auoir la Main au jeu , *esser il primo.*
mener vn cheual en Main , *condura mano.*
* Main , anciennement , pour matin , *la matina per tempo.*
sans Main mettre , *senza spendervi , ò metterui del suo.*
qui s'aide des deux Mains esgallement , *ambidestro.*
Main de corde de puits , *vncine.*
tout d'vne Main , *in vn tratto.*

venir aux Mains, venir alle corte, ò alle mani.
il passera par mes Mains, mi capitarà nelle mani.
vuider ses Mains des deniers, &c. dar i danari in man d'altri.
prendre à toutes Mains. l. pigliar da tutte le bande.
il ne va point sans ses Mains. i. è ladro, ruba volentieri.
auoir les Mains liées. i. non hauer autorità di fare, non hauer potere.
se payer par ses Mains, pagarsi da se stesso.
* Main de gloire, mandragora.
haut à la Main, superbo.
homme de Main, huomo che esse guisce.
auoir les Mains longues. i. esser potente anche ne' paesi lontani.
auoir les Mains nettes. i. esser sincero.
auoir la Main seure. i. esser fedele.
changer de Main, mutar padrone.
garnir la Main, corromper con presenti.
jouër des Mains, menar le mani.
faire partir de la Main, dar le mosse.
à Main droicte, alla dritta.
à Main gauche, à man manca.
Mainer, abbaisser les voiles, ammainare.
Main-mettre, manomettere.
Main-mis, affranchy, manomesso.
* Mainné, minornato.
gens de Main-morte, pesone seruili.
Maint, maints, parecchi.
Maint-homme, parecchi huomini.
Maintesfois, molte volte.
Maintenance, protettione, mantenimento.
Maintenant, hora, adesso.
pour Maintenant, hor hora.
Maintenir, mantenere.
Maintenu, mantenuto.
Maintenuë, mantenimento.
Maintien, sembiante.
Majorité, maggioranza, maggioria.
Major, Maggiore.
Maire, sculteto, Giudice d'una terra.
Maires du Palais, Maestri del Palazzo.
Mairie, vfficio di Giudice, ò sculteto.
Mais, mà.
Mais bien, si bene.
il y a vn Mais, vi manca qualche cosa.
Mais encore, è pure, mà pure.
* ne pouuoir Mais, non esser colpeuole.
* Mais que, quando, mentre che, pur che.
à tousiours Mais, sempre mai.
Mais-huy, in tutto hoggi.
* Maisné, minor nato.
Maison, casa.
Maison, race, schiatta, casata, casato.
Maison au Ciel, case.
Maison de Dieu, hospedale.
Maison de ville, Palazzo.
petites Maisons, hospedale de' Pazzi.
Maison de plaisance, vigna.
faire vne bonne Maison. i. diuentar ricco.
faire sa Maison, infamigliarsi.
de Maison, de bonne maison, di buon Casato.
Maison pour les forçats en terre, bagno.
vne Maison reblanchie, vne vieille fardée: l'Italien dit, vn cesso ripulito.
par dessus les Maisons. i. molto caro.
Maisonnage, legname tagliato à posta per edificare. Item, casamento, alloggiamento.
Maisonnement, edificio, casamento.

*. Maisonnée, famiglia.
* Maisonner, fabbricar case, edificare.
Maisonnette, casuccia.
Maisonnier, casalingo.
Maistraille, gumena da ammainare.
Maistral, vento maestro.
Maistre, maestro che insegna.
Maistre, padrone, signore.
Maistre des hautes œuures, boia, manigoldo.
Maistre de basses œuures, cura cessi.
Maistre des eaux, & forests, boscaiuolo maggiore.
premier Maistre d'hostel, maggiodomo maggiore.
Maistre d'hostel, maggiordomo. Item, maestro di casa.
Maistre de garde-robbe, mastro di guardarobba.
grand Maistre, grand Maistre de l'artillerie, general del' artiglieria.
grand Maistre, Principale di Coleggio.
grand Maistre, Siniscalco di Francia. Item, soura Intendente.
Maistre de l'œuure à l'Eglise, Operaio.
Maistre fy fy, cura cessi, cura destri.
Maistre Gonin est mort: l'Italien dit, non è più il tempo di Bartolomeo Coglione.
Maistre, soldat à cheual, capo.
Maistre Mouche, Ser Lusso, mastro Muccio.
vn Maistre homme, vn homone, vn huomo grosso.
vn Maistre Singe, vna stimia grossa.
Maistre Aliborum, vuo che fa professione d'ogni cosa.
vn Maistre voleur, vn gran ladro.
vn Maistre sot, vn gran sciocco.
Maistre des Requestes, mastro delle Suppliche.
Maistre des Comptes, mastro de' Conti.
Maistre de garde-robbe, mastro di guardarobba.
Maistre des bastimens, mastro delle fabbriche.
Maistre maçon, Idem. Item, muratore.
Maistre des enfans de chœur, mastro di cappella.
le Maistre garçon d'vne hostellerie, cameriere.
le Maistre brin d'vne plante, madornale.
Maistre, principale.
faire le Maistre, donneggiare.
Maistre, attribut d'artisan, Messere.
se rendre Maistre, impadronirsi, impossessari.
battre ou frapper à la porte en Maistre, batter alla sicura.
Maistre d'Escole, mastro di scuola.
Maistre des postes, mastro delle poste.
le Maistre Autel, l'altar grande.
* Maistrement, maestramente.
Maistre-gueux, mastro cuoco.
Maistresse, Maestra. Item, Padrona, Signora.
la Maistresse d'vn amant, Signora, amante.
vne Maistresse femme, vna donnona.
Maistresse branche, madornale.
Maistresse. i. principale.
* Maistrier, pour maistriser, signoreggiare.
Maistrise, maestria, Magistero.
Maistriser, signoreggiare.
Majuscule, maiuscula.
Maiz, formentone, sorgo.
Mal, aduerbe, malamente, male.
Mal, male.
Mal S. Acaire, ostinatione.
Mal aigre, verme che nasce nel gozzo dello sparauiere.
Mal d'Alcidé, mal caduco.
Mal caduc, mal caduco, breitura, brutto male.
Mal d'amarry, mal di madre.

Mal de S. Apollonie, *mal di denti.*
Mal S. Auertin, *mal di testa. Caparbietà. Gattina testa.*
Mal S. Claire, *rossore intorno à gl'occhi.*
Mal de corne, *male di cauallo, mal di corno.*
Mal de craye, *certo male di sparauiere.*
Mal d'enfant, *doglie di parto.*
Mal feru, *mal ferito.*
Mal S. Fiacre, *creste.*
Mal de flanc, *mal di punta.* Item, *mal ferito.*
Mal S. François, *nessuni danari.*
Mal S. Genou, *podagra, gotta.*
Mal S. Gilles, *canchero, fistolo.*
Mal de gosier, *squinanzia.*
Mal S. Iean, *mal caduco.*
Mal de Mahomet, *Idem.*
Mal S. Mammert, *vlcere ò crepolature nel petto d'vna donna.*
Mal S. Mathurin, *pazzia.*
Mal S. Main, *scabbia, rogna.*
Mal de Naples, *mal venereo, mal di Napoli.*
Mal de pipe, *imbriachezza.*
Mal S. Roch, *moria.*
Mal Sacré, *scrofole.*
Mal S. Sebastien, *peste.*
Mal S. Valentin, *mal caduco.*
Mal de ver, *vermolatico, mal di cauallo.*
Mal S. Vitus, *certo male come gli attarantati.*
gros Mal, haut mal, *mal caduco.*
Mal S. Zacharie, *silentio.*
Mal d'auenture, *spetie di panericcio.*
Mal de costé, *puntura.*
Mal de mer, *vomito.*
Mal sur le garot, *garrese.*
Mal de neuf mois : l'Italien dit, *mal delle due milze ò coratelle.*
Mal de teste veut repaistre, *mal di testa vuol mangiare.*
il me fait mal, *mi rincresce.*
il luy veut Mal, *gli è gran nemico, l'odia.*
il est guary de tous Maux. i. *egli è morto.*
Mal, mauuais, *malo, cattiuo.*
Malabatre, *malabatro, folio Indaco.*
* Malace, *tempesta.*
Malade, *ammalato, infermo.*
deuenir Malade, *ammalarsi.*
vous voila bien Malade, Iron. *voi vi lamentate senza cagione.*
Malade de Sainct, *che patisce di mal caduco.*
demander à vn Malade, s'il veut santé : l'Italien dit, *persuader l'acqua al pesce.*
Maladerie, *hospedale di leprosi, lazareto.*
Maladie, *malatia, infermità.*
Maladie, peste, *moria.*
Maladie de femme, *male che durà poco.*
Maladif, *infermiccio.*
Maladroit, *mal destro, goffo, balordo.*
Maladuenture, *suentura, sciagura.*
Maladuisé, *mal accorto.*
* Malaginer, *incorporar metalli ò simili insieme.*
Malagme, *empiastro da mollificar tumori, malagma.*
Malaisance, *difficoltà.*
Malaisé, *difficile.*
homme Malaisé, *huomo pouero ò mal agiato.*
riche Malaisé, *ricco indebitato.*
Malaisément, *difficilmente.*
* Malaiser, *turbare.*
Malandres, *malandre, male sotto il garetto del cauallo.*
Malandrin, *malandrino.*



Malarmat, *spetie di pesce cappone, cornuta.*
Malart, *anatra siluatica.*
Malauenant, *goffo.*
Malauenture, *suentura.*
Malauisé, *male accorto.*
Malautru, *meschino, huomo disfatto.*
Mal-basty, *disfatto, tristanzuolo.*
vn grand Mal-basty, *vn pericone.*
Malcus, *coltellaccio.*
* Male, *cattiua, mala.*
la Male nuict, *nottolata.*
Male, *bolgia.*
troussé en Male, *spacciato.*
Male, pour masle, *maschio.*
Malebosse, *anguinaia, peste.*
Maledicence, *maledicenza.*
Malediction, *maledittione.*
Malefaçon, *malafattura, errore, mancamento.*
Malefice, *maleficio.*
Maleficié, *maleficiato.*
Malegrace, *disgratia.*
Malement, *malamente.*
Malencontre, *suentura, sciagura, mal incontre.*
Malencontreux, *sciagurato, suenturato.*
Malendre, *malandra.*
* Malendurant, *impaciente.*
* Malengin, *inganno.*
* Malengineux, *ingannenole.*
Malengroigné, *di cattiuo humore.*
il y a du Mal-entendu, *vi è errore sotto.*
la Male-nuict, *la mala notte, la nottolata.*
Maletote, *malatolta.*
Maletoulte, *Idem.*
Maletoultier, *riccuitore ò officiere di malatolta.*
Malette, *bolgia.*
Malfaict, *malfatto.*
Malfaicteur, *reo.*
Malfaire, *far male, nuocere.*
Malfaisant, *noceuole, cattiuo.*
Malgisant, *mal incontrato.*
Malgré, *mal grado, contra la voglia.*
Malhabile, *inetto, inabile.*
Malhardy, *pauroso, poltrone.*
Malheur, *suentura, disgratia, sciagura, infelicità.*
Malheur à toy, *guai à te.*
par Malheur, *per disgratia.*
à la Malheure, *in mal hora.*
Malheurer, *affliggere, render infelice.*
Malheureusement, *infelicemente.*
Malheureux, *infelice, sciagurato, suenturato.*
Males sepmaines, *marchese, menstruo di donna.*
Malice, *malitia.*
Malicieusement, *malitiosamente.*
Malicieux, *malitioso.*
Malier, *somaro, caual da portar la boglia ò valigia.*
Maling, *maligno.*
Maligne, *maligna.*
Malignement, *malignamente.*
Malignité, *malignità.*
Malingre, *spetie di pomo.*
* Malitorne, *goffa, goffaccia, gaglioffa.*
* Maliuole, *maleuole.*
Malleole, *malleolo.*
Malletier, *valigiaro.*
Mallette, *bolgietta.*
Malmener, *maltrattare, straziare.*
Malobatre, *malabatro.*
Malotru, *huomo disfatto, meschino.*

Mal-patient , *impatiente.*
Mal-plaisant , *dispiacente.*
Mal-sain , *infermo.* Item , *malsano , nocenolo.*
Mal-seance , *sconuenenza , indecenza , indecoro.*
Mal-seant , *disdiceuole , sconnenuole.*
* Mal-talent , *mal talento.*
Malthe , *malta , composition di cera è pece.*
Maltote , *Vedi* , maletote.
Maltraictement , *stratio , mal trattamento.*
Maltraicter , *mal trattare , stratiare , tormentare , strapaz-*
   *zare.*
Maluaisie , *maluagia.*
* Maluas , *vn sfatato.*
* Malubec , *mal caduco.*
Maluedi , *maratiedi , moneta Spagnuola.*
Mal-veillance , *maleuolenza.*
Mal-veillant , *maleuole.*
Mal-versation , *mal procedere.*
Mal-verser , *proceder male.*
Mal-voisie , *maluagia.*
Mal-vouloir , *odiare , voler male.*
Mal-voulu , *odiato.*
Mamaluc , *mamalucco.*
Mamaye , *spetie di persico in India.*
M'amie , *amica mia.*
Mammillaire , *di poppa ò mamma.*
Mammal , *Idem.*
Mamman , *parola bambinesca , mamma , madre mammi-*
   *na.*
Mammelette , *poppina , poppa picciola , tettina.*
Mammeleuse , *che hà poppe grosse.*
Mammelle , *poppa.*
enfant à la Mammelle , *bambino che poppa , bambino nel-*
   *le fascie.*
Mammelue , *passuta , che hà poppe grosse.*
M'amour , *amormio.*
Manable , *habiteuole.*
Manance , *habitatione.*
par Mananda , *serment de païsan , guasse , de dicsimate.*
Manant , *habitante.* Item , *contadino.*
Mancelle , *certo anello di ferro da attaccar il cauallo alla*
   *caretta.*
Manche , *manico.*
Manche , *manica di vestito.*
Manche pendante , *manicottolo.*
Manches d'armées , *ale.*
Manche de charruë , *stegola , stiua.*
jetter le Manche aprés la coignée : l'Italien dit , *trar il*
   *manico dietro alla zappa , trar la mazza dietro alla lip-*
   *pa , spinger la vanga soprala siepe.*
petit Manche d'estrille. i. *vna persona picciola è gros-*
   *sa.*
la conscience large comme la Manche d'vn Cordelier :
   l'Italien dit , *la coscienza di Ser Ciappelletto.*
tenir dans sa Manche , estre asseuré d'vne chose : l'Italien dit , *tener in certa , hauer nel valigione.*
Manche de païs , *lingua.*
Manche , mot corrompu de l'Italien. i. le vin du valet ,
   *mancia.*
Mancheron , *manicotto.*
Manchette , *manicchino , manichetto.* Item ; *manica pic-*
   *ciola.*
Manchon , *manizza , manicotto.*
Manchon , demie manche , *manichetta , meza mani-*
   *ca.*
Manchot , *moncherino.*
Manciper , *spossessare.*
* Mand , *mandamento.*

Mandat , *mandato.*
Mandataire , *mandatario.*
* Mande , *manna.*
Mandegloire , *mandragora.*
Mandement , *mandamento , mandato , ordine.*
Mander , *chiamar vno per via di lettere , &c.*
Mander quelque chose , *auuisar vno per via di lettere , ò*
   *altra persona , ragguagliare.*
Mander , *commandare.* Item , *mandare.*
il vient comme si. Dieu nous l'auoit Mandé. i. *viene mol-*
   *to à proposito.*
Mandibules , *mascelle.*
Mandille , *mandiglione , casacca di laschè.*
Mandole , *menola , pesce.*
Mandore , *spetie di stromento simile alla Chitarrina.*
* Mendofiane , *spetie di spadone all' antica.*
Mandragore , *mandragora.*
* Mandre , *mandra.* Item , *cella di Romite.*
* Manducation , *manducatione.*
* Manducité , *manducità.*
Mane , *lettuccio di bambino fatto di vinco.*
Manes , *anime de' morti.*
Manege , *maneggio di caualli.*
Manequin , *spetie di cesto.*
Manequin de peintre , *modello di legno.*
iouër des Manequins. i. *far l'atto venereo.*
Manequinage , *quantità di ceste.* Item , *certa opera inta-*
   *gliata nelle muraglie.*
Manette , *manina.*
Maneuure , *manouale.*
Manganese , pierre minerale à faire des verres , *manga-*
   *nese.*
Mangeaille , *esca , cibo , cose da mangiare.*
Mangeant , *mangiante.*
* Mangeatif , *mangiattiuo.*
Mangeoir , *mangiatoia.* Item , *casettina di gabbia.*
Manger , *mangiare , cibo , esca.*
blanc Manger , *bianco mangiare.*
Manger , *mangiare , magnare.*
Manger pour deux. i. *mangiar molto.* Item , *si dice di*
   *donna granida.*
Manger comme vn loup , *dinorare.*
Manger en loup , *mangiar come il caual da carretta. i. so-*
   *lo.*
cela Mange bien de l'estoffe. i. *ne piglia assai.*
en faire Manger à quelqu'vn. i. *stratiar vno.*
Manger le bon-homme. i. *viuer à discretione à casa de'*
   *contadini.*
Manger ses doigts de quelque chose : l'Italien dit , *lec-*
   *carsi le dita.*
se Manger les doigts de colere , *mordersi le dita.*
Manger vne personne , *rouinare vno.* Item , *sgridare.*
se Manger de mites , *tarlate , tignare.*
se Manger l'vn l'autre , *rodersi l'un l'altro.*
en veux tu Manger. i. *vuoi tu prouarlo , vuoi tu hauer da*
   *far meco , vuoi tu far quistione.*
ie le ferois plustost que de Manger vn morceau de pain :
   l'Italien dit , *lo farei più presto , che dir mesci.*
auoir Mangé le lard. i. *esser colpeuole.*
Mangerie , *ghiottomeria , diuoramento.* Metaph. *rouina-*
   *mento , rouina.*
Mangeur , *mangiatore.*
Mangeur de crucifix , *hipocrito.*
Mangeur de charettes ferrées , *taglia cantoni , sgherro ,*
   *brauo , mangiaferro.*
Mangeure , *mangiatura , rozicatura.*
Mangeure de Sanglier , *pasto del cinghiale , cibo.*
Mangluë , *Idem.*

* Mangonne , riuendairola.
Mangonneau , picciol mangano.
Mangonnelle , baleſtra antica , mangano.
* Mangonner , fragarſi gli occhi per nettarli.
Mangoury , moneta baſſa Turcheſca.
Manguiere , certo ago uſato ne' vaſcelli.
Maniable , trattoſo , trattabile , arrendeuoli.
Maniaque , pieno di ſmania.
Manicles , manotte.
frere de la Manique , barro , taglia borſe.
Manicordion , manicordo.
jouër du Manicordion. i. far l'atto venereo
Manie , ſmania.
Maniement , maneggio.
Manier , maneggiare.
Manier le dé , toccar il dado.
qui ſe laiſſe Manier , trattabile , che ſi laſcia gouerna-
re.
Maniere , maniera , modo , via.
Manieur , maneggiatore.
Manieur de ſable , aſſaggiatore ò improntatore di meda-
glie in ſabbio.
* Manifacture , manifattura.
* Manifacturer , lauorare , operare.
Manifeſtation , manifeſtatione.
Manifeſte , manifeſto , paleſe.
vn Manifeſte , vn Manifeſto.
Manifeſtement , manifeſtamente , paleſemente.
Manifeſter , manifeſtare.
* Manigance , inuentione , ſottigliezza , inganno.
Manigotter , mmouer le mani.
Maniguet , cardamomo.
Maniguete , cardamomo.
Manille , manico di pentola , maniglia.
Maniller , maſtro che fà manichi , ò maniglie.
Manjot , certa radice venenoſa.
Manipulaire , manipolare.
Manipule , manipolo , manipola.
Manipulon , manipola.
Maniueau , ceſtarella.
Maniuelle à tourner vne viz , manella , maniccia.
Manne , Manna.
Manne , coſta quadra di vinco , che ſerue per letto a' bam-
bini. Item , letto di terra graſſa nelle miniere.
Mannequin , ceſto.
Mannequin , homiccinolo. Item , modello di legno.
Manneux , pieno di manna.
* Manoir , ſtanza , habitatione.
Manople , manipolo , manopolo , guanto.
Manotte , manotta.
Manœuure , lauorante.
Manouurier , Idem.
* Manouurer , lauorare.
Manque , manco , mancamento , diſetto.
Manquement , mancamento.
Manquer , mancare.
* Manſionnier , habitante.
* Manſuet , manſueto.
* Manſuetement , manſuetamente.
Manſuetude , manſuetudine.
Mante , manto. Item , ſchianina.
Manteau , ferrainolo , mantello , tabarro , ſaio , cap-
pa.
Manteau de cheual , pelle , mantello.
Manteau à bras , reitre , tabarro ò mantello alla tedeſ-
ca.
Manteau de cheminée , nappo di cammino manta di cam-
mino.



* Mantel , mantello.
Manteler , ammamare.
Mantelet , mantelletto , ferrainolo picciolo.
Mantelet de pellerin , ſchianina.
Mantelets , mantelletti.
Manceline , mantellina.
Manthe , menta.
Manticore , ſpetie d'animale in India colla faccia humana è
corpo di leone , &c.
* Mantil , mantile.
Mantin , ſpetie di Suſina.
Mantonniere , parte dell' elmo che cuopre il mento , bar-
buta.
Manuel , manuale.
Manuellement , manualmente.
Manufacteur , manufattore , lauorante.
Manufacture , manufattura.
Manumiſſion , manumiſſione.
Manuſcrit , manuſcritto.
Manutenteur , mantenitore.
Manutention , manutentione.
Mappemonde , mappamondo.
Mappule , mappula.
Maquereau , ruſſiano.
Maquereau , poiſſon , ſgombero.
Maquerellage , ruſſianaria , ruſſianeſimo.
Maquerelle , ruſſiana.
Maquereller , ruſſianare.
* Maquerelleux , pieno di ruſſianeria.
Maquignon , cozzone , ſenſale.
Maquignon de chair humaine , ſenſale di carne huma-
na.
Maquignonne de mariage , cozzoneſſa di matrimo-
nio.
Maquignonnage , ſenſalaria , cozzonaria.
Maquignonner , cozzonare , ſenſalare.
Marabais , ſpetie di moneta baſſa.
Marabout , marabuto , vela minore della borda.
Marais , palude , marazzo.
Maran , Marane , Marrano.
Maraſme , conſumatione eſtrema nel corpo.
Maraſtre , matrigna , madaſtra.
Maraud , furfante , guidone , briccone.
Maraudaille , guidoni , furfanti , canaglia.
Maraude , guidona.
Marauder , guidoneggiare.
Marauderie , &
Meraudiſe , furfanteria , bricconeria.
Merauedi , marauedi.
Marbre , marmo.
Marbre parien , marmo pario.
Marbre ſerpentin , ſerpentino.
Marbré , ſcretiato à guiſa di marmo.
Marbreux , pieno di marmo.
Marbrier , lauoratore di marmo.
Marbriere , luogo donde ſi caua il marmo.
Marbrin , di marmo.
Marc , poids , marco.
Marc , feccia , fecciola.
Marc qui ſort du preſſoir , torciſecciola.
Marcanet , ſpetie d'vcello.
Marcaſire , marcheſitz.
Marcaſſin , porchetto di cinghiale. Item , cadmia , calci-
te.
Marcaſſite , marcheſita.
Marceſche , ſpetie di biada , ſetanie.
Marcez , Idem.
* Maregraue , Marcheſe.

Marchand, *mercante, mercatante.*
Marchand grossier, *fondaghiere, mercante all' ingros-*
 *so.*
Marchand de soye, *drappiere.*
Marchand drappier, *mercante di panne.*
Marchand de bois, *vendi legne.*
Marchand meslé, Metaph. *huomo che fà professione di più*
 *cose.*
c'est vn bon Marckand, Iron. i. *egli è furbo.*
Marchand, *di mercante, mercantile.*
Marchande, *moglie di mercante.*
ville Marchande, *città mercantile.*
la riuiere Marchande. i. *quando vi è la piena, commóda*
 *da nauigare.*
en place Marchande, *in mezo alla piazza in luogo com-*
 *modo.*
Marchander, *trafficare.*
Marchander, *prez zolare.*
il ne faut point Marchander, *non bisogna pensarui*
 *sù.*
sans Marchander, *senza pensarui troppo.*
vous Marchandez quelque chose. i. *voi cercate d'hauer*
 *bastonate, &c.*
Marchandise, *mercantia robba.* Item, *traffico.*
bonne Marchandise, qui se dit d'vne garce, *buona robba,*
 *buona spesa.*
sa pauure Marchandise. i. *il cotale, il membro virile.*
on n'a jamais bon marché de mauuaise Marchandise :
 l'Italien dit, *chi più spende manco spende.*
Marchant, *mercante.*
Marché, *mercato.*
le Marché, *piazza, mercato.*
le Marché aux herbes, *herbaria.*
à bon Marché, *à buon conto.*
il n'en aura pas meilleur Marché. i. *non ne vscir à con*
 *manco pericolo ò spesa.*
il n'en aura pas bon Marché, *gli costarà caro.*
Marché au poisson, *pescaria.*
Marche, degré, *scalino.*
Marche de païs, *marca, frontiera.*
Marche de soldats, *il marciare, marciata.*
Marche de Tourneur, Tisseran, &c. *talcola.*
jouër des basses Marches, *menar le calcole.*
aller sur les Marches d'autruy, *entrar ne' piedi d'al-*
 *tri.*
Marchement, *caminamento.*
Marchepied, *predella.*
Marcher, *caminare, marciare.*
il n'y Marche pas de bon pied, *non ci và di buone gam-*
 *be.*
si vous Marchés de ce pas-là. i. *se voi procedete in quella*
 *maniera.*
Marchette, *calcoletta.* Item, *tasto d'organo.*
Marcheure, *passo, l'andare.*
* Marchis, *calpestamento, traccia, orma.*
Marcotté, *scappolo.*
Marcotter, *scappolare.*
* Marcou, *gatto, gattaccio.*
Mardelle de puits, *sponda.*
Mardy, *martedi.*
Mardy gras, *il dì del Carneuale.*
vn Mardy gras, *ciera di Carneuale.*
Maré, *acqua stantia, laguna, lama, pantano.*
Marée, *maretta, marca.*
grosse Marée, *margrosso.*
basses Marées, *marbasso.*
Marée, poisson, *pesce di mare fresco, pesce marino.*
de la Marée fresche. i. *vna puttana, robbannoua.*

Marer, *amarrare.*
Marescage, *palude, marazzo.*
Marescageux, *paludoso, palustre.*
Mareschal, *marescalco.*
Mareschal, *Marescallo.*
Mareschal de Camp, *Mastro di Campo generale.*
Mareschal des logis, *Forriere maggiore.*
Mareschaussée, *vfficio ò luogo di Marescallo.*
Mareschier, *che habita ò lauora ne' paludi.*
Marest, *palude.*
Marestier, *di palude, che habita nelle paludi.*
Marets, maretz, *palude.*
Marette, *maretta.*
* Marfil, *auorio.*
Margajat, *spetie d'Indiano.*
Margariton, *poluere di perle.*
Marge, *Margine.*
Margelle, *sponda di pezzo, pietra della sponda.*
* Marger, *far la margina.*
* Margne, *creta viscosa.*
* Margot, *gazza.* Item, *diminutino di Margarita.*
la Margot. i. *il pinchino.*
la grande jument Margot. i. *vna galea.*
* Margotte, *marcotte, scappolo.*
* Margotter, *scappolare.*
Margouiller, *paciuccare.*
Margouillis, *mescuglio, guazzo.*
* Margoute, *scappolo.*
Marguerite, *fleur, belis.*
à la franche Marguerite, *alla carlona.*
Marguillier, *operaio, Messer dell' opera.*
Marguillier de Confrairie, *guastaldo di confraterni-*
 *tà.*
Marguillerie, *vfficio di Messer dell' opera, ò Guastal-*
 *do.*
Mariable, *mariteuole.*
Mariage, *parentado, matrimonio.* Item, *dote.*
faire le mariage de Iean des Vignes. i. *dormir come vna*
 *puttana ò altra senza sposarla.*
Marjaulet, Zerbinotto, Ciuettino.
bain Marie, *bagnimaria.*
Marié, *maritaro.*
le Marié, *lo sposo.*
Mariée, *maritata.* Item, *la sposa.*
nouuelle Mariée, *sposa, nouizza, donna nouella.*
il se plaint que la Marié est trop belle : l'Italien dit, *si*
 *lamenta di gamba sana.*
Mariement, *maritamento.*
Marier, *maritare.*
Marier sa voix à vn instrument, *accordar la sua voce con*
 *vno stromento.*
non Marié, *sciolto.*
Mariets, *viole.*
Marieur, *maritatore.*
Matille, *registro.*
Marin, *marino.*
Marine, *marina.*
Marine noire, *spetie d'vua.*
Mariner, *marinare.*
Mariné, *marinato.*
Marinette, boussole, *bossola.*
Marinesque, *marinesco.* Item, *gabbano di marina-*
 *ro.*
Marinier, *marinaro.*
Marinier, *di mare.*
Marjolaine, *maggiorana.*
Marjolaine bastarde, *origano.*

Marjolement , *ciuettamento.*
Marjolet , *ciuettino.*
Marionnette , *bamboccia , bamboccio.*
Marisque , *spetie di fica grossa senza sapore.*
Marital , *maritale.*
Maritime , *maritimo.*
Marle , marne , *creta viscosa.*
Marliere , *fossa di creta viscosa.*
* Marlotte , *spetie di mantelletto per la state.*
Marmaille , *ragazzaglia.*
pierre Marmaride , *spetie di marmo.*
Marne rayée , *spetie di pesce di mare.*
Marmellade , *mermellata.*
Marmite , *pentola , pignatta.*
faire bouillir la Marmite. i. *mantener tutta la casa.* Item,
    *hauer con che star allegro.*
escumer la Marmite , prendre la viande : l'Italien dit ,
    *cauar l'occhio alla pentola.*
la Marmite est renuersée. i. *non vi è più niente da man-*
    *giare.*
* Marmiteux , *afflitto , affannato , poutro , dolente.*
Marmiton , *guattero.*
Marmitonnage , *cosa di guattero.*
Marmitonne , *guattera.*
Marmitonner , *far il guattero.*
Marmitonnier , *che stà volentieri in cucina.*
Marmonner , *borbottare.*
Marmorat , *malta da incorporar altro cose sode.*
Marmot , *babbuino , scimetto.* Item , *ragazzetto.*
Marmottaine , &
Marmotte , *marmotta.*
Marmotter , *borbottare.*
Marmotterie , *borbottamento.*
Marmottoner , *borbottare.*
* Marmouserie , *fantasticheria.*
Marmouset , *befana. Figura in vna fontano ò altro.*
Marne , *creta viscosa , terra bianca è grassa.*
Marner , *lauorar con creta ò argilla.*
Marneux , *pieno di creta viscosa , argilloso.*
Marniere , *fossa d'argilla ò creta.*
Marochemin , *marrubio.*
Maronne , *spetie d'herba.*
Maronnites , *certa setta di poueri Cristiani.*
Marotte , *capocchia ò baston di matto colla figurina in ci-*
    *ma.*
Maroufle , *sciocco , scimunito , castrone , goffo.*
Marouque , *paliuro.*
Maroute , *camomilla bastarda.*
Marpaut , *vn brutto mostaccio , vn sciocco ò scimunito.*
Marquable , *noteuole.*
Marquassin , *porchetto di cinghiale.*
Marque , *nota , segno , marco.*
homme de Marque , *huomo riguardeuole.*
Marque de la ville , *bolla sopra la spalla.*
Marques , & grain d'or à vn chappelet , *galluzze d'o-*
    *ro.*
Marqué , *notato , segnato , segnalato.*
Marquer , *segnare , notare. Segnalare. Bollare.*
Marquer la monnoye , *improntare.*
tous Marquez d'vne mesme marque : l'Italien dit , *tutti*
    *macchiati d'vna pece.*
Marqué à l'A. i. *buono.*
Marqué au B. i. *cattiuo , che hà qualche difetto.*
Marquer son enfant par quelque enuie , *far la segna-*
    *ta.*
Marquer les chasses , Metaph. *notare i passi.*
il ne Marque plus. i. *è molto vecchio.*
Marquet , *marchetto , moneta Venitiana.*



Marquetage , *tarsia.*
Marqueté , *brizzolato , schizzato. Intarsiato.*
Marqueter , *intarsiare.*
Marquetterie , *tarsia , intarsiatura.*
Marqueture , *Idem.*
Marquis , *Marchese.*
Marquisat , *Marchesato.*
Marquise , *Marchesa.*
Marquotte , *scappolo.*
Marquotter , *scappollare.*
Marabais , *marrano.*
Marrain , *legno di garbo.*
Marraine , *santola.*
Marran , marrane , *marrano.*
Marranisé , *che hà del marrano.*
Marre , *marra.*
Marreau , mereau , *serlino.*
Marrein , *legno di garbo.* Item , *corna di cerno.*
Marrer , *amarrare.* Item , *zappare.*
se Marrir , *affannarsi.*
Marrisson , *affanno , rincrescimento.*
Marrobe , *marrubio.*
Marroche , marrochon , *marra picciola.*
Marron , *marrona , castagna grossa.*
Marron , *marrone , huomo che serue a' viandanti nelle mon-*
    *tagne.* Item , *vetturino.*
tirer les Marons de la braise auec la patte du chat : l'I-
    talien dit , *cauar i granchi dalle case loro colle mani al-*
    *trui.*
Marronnier , *castagno , albero.*
Marroquin , *cordouano , marrochino.*
Marrube , marrubin , *marrubino.*
Marrubin noir , *marrobiastro.*
Marry , *affannato.*
Mars , *marzo.*
Mars en Alquemie , *ferro.*
il ne manque non plus que Mars en Caresme. i. *è cosa*
    *certa.*
comme Mars en Caresme. i. *à proposito.*
Marsés , ou
Marsois , bled , *setanio.*
Marsoüin , *tursio , pesce.* Item , *grassa di detto pesce.*
Martagon , *martagone.*
Marte , *martorella.*
Marte Sebelline , Zoubeline , ou Zebelline , *Zebelli-*
    *na.*
Marteau , *martello.*
gros Marteau , *mazza.*
Marteau de mer , *spetie de cefalo.*
Marteau de porte , *battitoio , campanetto.*
Marteau de tailleur de pierre , *mazzuolo.*
* Martel , *martello.*
Martel en teste , *martello in testa.*
Martellage , *martellamento.*
Martellement , *Idem.*
Marteller , *martellare.*
Martellerie , *martellamento.*
Martellet , *martello picciolo.*
Martelleur , *martellatore.*
Martial , *martiale.*
Martin , *Martino.*
le Prestre Martin. i. *vno che dice è risponde da se stesso.*
Martin , *attributo d'asino , checco.*
Martin sec , *spetie di pero.*
Martiner , *far stranizzo nella festa di San Martino.*
Martinet , *sorte de chandelier , bugia.*
Martinet , eric , *martinello.*
Martinet, oiseau, *rondone.* Item, *vccello pescatore, alcione*

Martingale, cauessane, *martingala*.
Martiniste, Luthetien, *Luterano*.
Martres à joüer, *astragali, officini*.
Mattre, *martorella*.
Martyr, *martir*, *martire*.
Martyre, *martire*, *martirio*.
Martyrer, *martirer*, &
Martyriser, *martirizare*.
Martyrement, *martirio*.
Martyrologe, *martirologia*.
Martyrologue, *martirologo*.
Mary, *marito*.
Marzolin, formage en Italie, *marzoline*.
Mas de Nauire, *albero*.
Mas, *mazza, cumulo, monte*.
Mas de terre, *certa misura di terra ò campo*.
Mascarade, *maschera è mascheraia*.
vne Mascarade, femme laide, *mascherone*.
* Mascarer, *mascherare*.
Mascaret, *inondatione*.
Mascarons, muffles, *mascaroni*.
* Mascelles, *mascelle*.
Masche-coulis, *troniera, moriera*.
Masche-crouste, *mangione*.
Masche-fer, *scoria di ferro*.
Maschelieres, *denti mascellari, ò molari*.
Maschement, *masticamento*.
Mascher, *masticare*.
Mascher sa bride, *beuersi la briglia in cauallo*.
Mascher à vuide, *lauorar à secco*.
il ne luy faut que Mascher : l'Italien dit, *vorebbe l'vouo mondo*.
Mascher le lin ou le chanvre, *maciullare*.
* Masche-riuet, *sciabattino*.
Mascheur, *masticatore*.
Mascheure, *masticatura*.
* Maschiller, *masticacchiare*.
Maschoir de lin, *maciulla*.
Maschoire, *mascella, ganascia*.
rompre ou arracher les Maschoires, *smascellare*.
joüer des Maschoires, *menar i denti*.
Maschonner, ou
Maschotter, *cincischiare, biasciare, masticacchiare*.
* Maschurer, *imbrattare*.
Masculin, *mascolino*.
vne Masette, *vna rozza, vn cattiuo cauallo da vettura*.
Masle, *maschio*.
Masle, *virile*.
Masque, *maschera*.
* vne Masque, *vna ruffa ò ruffiana*.
Masquerade, *mascherata*.
se Masquer, *immascherarsi*.
Masquerie, &
Masqueure, *immascheramento, mascherata*.
Masquine, *figura di capo di lione*.
Massacre, *macello, vccisione*.
Massacrement, *macello*.
Massacrer, *macellare, vccidere*. Metaph. *far male vol lauoro, abborracciare*.
Massacreur, *vcciditore*.
Masse, *mazzo di piume d'aironi*.
Masse d'armes, *mazza*.
Masse de chair, &c. *mole*.
Masse, *claua*.
Masse, au jeu, *massa*.
Massepain, *marzapane*.
Masser, *massare al giuoco*.

Masserets, pour attacher les poulces, *mazzapreti*.
Masserotte, *Idem*.
Massicot, *biacca*.
Massier, *mazziere*.
Massif, *massiccio*.
le Massif d'vn édifice, *il sodo*.
* Maslier, *render massiccio*.
Massiueté, *il massiccio d'vna cosa*.
Masson, *vedi*, maçon, &c.
Massonnier, *di muratore*.
* Massoret, *spirito folletto*. Metaph. *correttor di scrittu-re*.
Massuë, *claua*.
Mast, *albero di vascello*.
Mastelot, *marinaro*.
Master, *guernir d'albero*.
Masterel, *albero picciolo*.
Mastic, *mastice*.
Mastication, *masticatione*.
Masticatoire, *masticatorio*.
Mastich, *mastico*.
Masticine, *manna di Leuante*.
Mastin, *mastino, can mastino*.
vne Mastine, *vna puttana, vna cagna*.
Mastinée, *coperta dal mastino*.
Mastiner, *mastinare, coprir la cagna*, Metaph. *stratiare, mal trattare*.
Mastiquer, *acconciar con mastice*.
Mastoide, *mastoide*.
Masure, *casa rouinata, casolare*.
Mat, *fiacco, debole, stracco*.
eschet, & Mat, *scaccomatto*.
or Mat, *oro non brunito*.
Mattacins, dance, *mattacini*.
Matafions, *matafioni di vascello*.
Matagot, *specie di scimia*.
Matassin, *mattacino*.
Matassiher, *far il mattacino, ballar i mattacini*.
Mate, *cesta d'herba*.
enfans de la Mate, *barri, tagliaborse, &c.*
Matelas, *materazzo*.
Matelassier, *materazzaro*.
Matelot, *marinaro*.
Matelotage, *arte marinaresca*.
à la Matelotte, *da marinaro*.
Mateologie, *vana curiosità di ricercar la matterie*.
Mater, *straccare, stancare*.
Materas, *matarazzo*.
Materas, *spetie di canna*.
Materas, sorte de traict, *passadore*.
Matereau, *albero picciolo di vascello*.
Materiaux à bastir, *lauori, materiali*.
Materiel, *materiale*.
Materiellement, *materialmente*.
Maternel, *materno*.
Maternellement, *maternamente*.
Maternité, *maternità*.
Mathelineux, *mezzo matto*.
Mathematicien, *Matematico*.
Mathematique, *Matematica*.
enuoyer à S. Mathurin. i. *mandar vno allo spedale de' pazzarelli*.
les Mathurins, *i Frati della Redentione*.
Matiere, *materia*.
Matin, *mattina*.
Matin, *la mattina per tempo*.
ce Matin, *stamane*.
demain au Matin, *domattina*.

Matinal , della mattina. Item , che si leua la mattina per tempo.
Matinée , mattinata.
Matines , il mattutino.
Matineux , &
Matinier , che si leua per tempo.
Matlas , Vedi , Matelas , &c.
Matelassé , guernito ò fatto à guisa di matarazzo.
Matois , furbo , astuto.
Matoiserie , asturia.
Matou , gatto , maschio.
chercher le Matou , andar ingatteccio.
Matras , spetie di quadrello , passadore , bolzone.
Matras , vetro di chimista , boccia , recipiente.
Matrasser , strapazzare , spezzare.
Matricaire , matricaria.
Matrical , matricale.
Matricaue , matricaria.
Matrice , matrice.
Matricide , matricida.
Matricile , di matrice.
Matricule , matricola.
Matrimoine , matrimonio.
Matrimonial , matrimoniale.
Matronal , matronale.
Matrone , matrona.
Matter , straccare , stancare , domare.
Mattronné , pieno di chiodetti.
Matiy , vizzo , secco.
Maturatif , maturatino.
Maturation , maturatione.
Maturer , maturare.
Maturins , padri della Redentione.
Maturité , maturità.
Matutinal , del mattutino , della mattina.
Mats , albero di vascello.
* Mau , male.
c'est Mau chaud mau froid. i. non si contenta mai.
Maubernage , una casuccia puzzolente è sucida.
* Maucœureux , schizzinoso.
* Manconduit , mal condotto , mal gouernato.
Maudire , maledire.
* Maudisiné , che hà desinato male.
Maudissant , maldicente.
Maudisson , maldicenza , imprecatione.
Maudit , maledetto.
* Maudolé , grossolano.
* Manduit , mal creato.
* Mauffait , mal fatto.
* Maugissant , mal giacente.
* Maugratieux , mal gratioso.
Maugré , mal grado.
Maugréement , bestemmiamento.
Maugréer , bestemmiare.
Manjoint , mal giunto.
Maulaué , mal lauato.
Maudit , maladetto.
Mauldire , Vedi , Maudire.
Maulgré , mal grado.
Maulubec , spetie di male.
Maulue , malua.
Maulx , mali.
Maumarié , mal maritato.
* Maunet , sporco.
Maupiteux , spietato.
Mauplaisance , spiacenza.
Mauplaisant , spiacente.
Mausade , sfatato , goffo.



Mausadement , goffamente.
* Mausadeté , gofferia.
Mausoigneux , trascurato.
Mausolée , Mausoleo.
* Mausoupé , mal cenato.
Mauuais , cattiuo , malo.
faire le Mauuais , far del brauo , brauare.
sentir Mauuais , hauer cattiuo odore , puzzare.
Mauuaise , cattina.
Mauuaisement , cattinamente.
* Mauuaistié , cattiueria.
Mauue , malua.
Mauue terrestre , somaco , sumacco.
Mauue , menu panais , malxisco.
Mauuis , maluizzo.
Maxillaire , di mascella , mascellare.
* vne Maximas , vna ruffiana.
Maxime , massima.
May , Maggio.
* vne May , madia.
vn May , vn maggio. Item , frasca di bettola.
planter le May , ammalare. Metaph. piantar il giglio nell' horto , far l'atto venereo.
Maz , albero di vascello. Item , certa quantità di terra.

M E

M E , pronome del datiuo ed accusatiuo , mi.
* Means , spatij frà i letti d'vn giardino.
Meat , meato.
Mecanique , mecanico.
Mecaniquerie , cosa mecanica.
Meche , meccia . fune , corda.
Meche à fusil , faite de drapeau , cencio.
descouurir la Meche , scoprir la ragia ò furberia.
Mecheron , lucignolo. Item , fauilla.
* Mect , madia.
Medaille , medaglia.
renuerser la Medaille. i. rouesciare vna faccenda.
mal S. Medard , prigionia.
Mede , specie di pietra pretiosa che stilla vna cosa di color di zafferano è di sapore di vino.
Medecin , Medico.
Medecin d'eau-douce , Medico d'acqua cotta.
aprés la mort , le Medecin : l'Italien dit , il soccorso di Pisa.
Medecinable , medichenole.
Medecinal , medicinale.
Medecine , medicina.
cela porte Medecine. i. è cosa che giona assai.
Medecinement , il medicare.
Medeciner , medicare.
Mediane , mediana vena.
Mediastine , mediastina.
Mediateur , mediatore.
Mediation , mediatione , mezo.
Mediatrice , mediatrice.
Medical , medicale.
Medicalement , medicalmente.
Medicament , medicamento.
Medicamenter , medicare , curare.
Medicamenteux , pieno di medicamenti.
* Medication , medicatione.
Medicinement , il medicare.
* Medier , mediare , dimediare.
* se Mediu , Dio m'aiuti.

Medimne, spetie di misura di biada.
Medin, moneta d'Egitto.
Mediocre, mediocre.
Mediocrement, mediocremente.
* Mediocrer, temperare, moderare.
Mediocrité, mediocrità.
Medique, sinsito.
Meditation, meditatione.
Mediter, meditare.
Mediterranée, mediterraneo.
Medon, spetie di beuanda.
Medullaire, midollare.
* Medulle, midolla.
Medulleux, midollofo.
Meffaire, misfare.
Meffait, misfatto.
Meffiance, disfidanza.
se Meffier, disfidarsi.
Megaleb, vaccinio.
Megisserie, luogo doue s'acconciano i corami.
Megissier, concia corami.
* Megle, spetie d'accia ò accetta.
Megue, sero di latte.
* Mehaigner, strappazzare, stroppiare.
* Mehain, stroppiamento, magagna.
Mejane, mezana, corda.
Meiche, meccia, Vedi, meche.
Meillauque, sorgo.
Meilleur, migliore.
Meilleure, migliore.
Meilleurer, migliorare.
Melancolie, maninconia.
se Melancolier, esser maninconico, affliggersi.
Melancolique, maninconico.
Melandrin, pesce di mare simile alla perca.
Malanterie, melanterio.
Melegette, cardamoma.
Melese, larite.
Melet, spetie di pesciolino.
Melette, spetie di forasacco.
Meleze, larice.
Meliceride, meliceride.
Melicore, spetie di pietra pretiosa. Item, spetie di scorpione.
Melicrat, beuanda fatta di acqua è mele.
Melilot, melilotto.
Melin, color trà giallo è bianco, gialliccio.
Melioration, miglioramento.
Meliorer, migliorare.
Melisse, apiastro, melissa.
Melitite, pietra melitite.
Melle, melo appio.
Mellifier, melificare.
Mellifluë, melifluo.
Mellindres, certa cosa di pasta inzuccherata.
* Melline, nocciuola.
Melliturgie, lauoro di mele.
Melodie, melodia.
Melodieusement, con melodia, melodiosamente.
Melodieux, melodiofo.
Melon, melone.
Melon d'eau, anguria.
Melonniere, melonaio, melonara.
Melopepon, melopoppone.
Melze, larice.
Memarcheure, souraposta.
Membrane, membrana.
Membrane du cœur, pericardio.
Membraneux, membranofo.



Membre, membro.
Membre de mouton, lacchetta di castrato.
le Membre. i. il membro virile.
ce cheual est bien sur ses Membres, questo canallo hà bella pianta.
Membré, membruto.
Membret, membretto.
Membrin, membrino.
Membreure, tutti i membri, membratura.
Membru, membruto, membrofo.
Membrure, cornice di legname.
Memoire, memoria.
vn Memoire, vna memoria, vn catalogo, nota, memoriale.
de la Memoire de nos peres, del tempo de' nostri padri.
Memorable, memorabile.
Memorablement, memorabilmente.
Memoratif, memoratiuo.
Memorial, memoriale.
Memorieux, pieno di memoria, memoriofo.
Menaçant, minacciante.
Menace, minaccia.
Menacement, minacciamento.
Menacer, minacciare.
Menaceux, minacciofo.
Menade, Menada, sacerdotessa di Bacco.
Mónage, Vedi, mesnage.
Menage, condotta.
* Mendeux, mendeufe, mancheuole.
Mendiant, mendico.
les quatre Mendiants, Carmelitani, Franciscani, Dominicani, è Frati di S. Agostino.
Mendicité, mendicità.
Mendier, mendicare.
Mendole, menola.
Mene, Idem.
Mené, menato.
Meneau, tramez o di fenestra.
Menées, andamenti, prattiche, inuentioni.
Mener, menare, condurre.
Mener vne personne, trattenere, tener à bada.
Mener rudement, trattar rigorosamente.
Mener grand bruit, far gran rumore.
ie vous Meneray comme il faut, vi trattero come và.
ce n'est pas ce qui le Mene. i. non è quello, che domanda.
Mener battan, andar battendo.
* Menestranderie, campagnia di sonatori.
* Menestrandier, sonator di violino.
Menestre, minestra.
Menestrier, sonatore di violino.
Meneur, guida.
Meneur d'vne Dame, bracciere.
Meniguette, cardamomo.
Meningas, due pellicole che cuoprono il ceruello.
Menotes, manotte.
Mensionnier, mansionaro.
Mensonge, bugia, menzogna.
Mensonger, bugiardo, menzogniero.
Mensonger, verbe, menzognare, dir bugie.
Mensongerement, bugiardamente.
Menstrual, menstruale.
Menstrue, menstruo.
* Mensurable, mensureuole.
Mental, mentale.
Mentastre, mentastro.
Mente, menta, mentuccia.
Mente Grecque, menta Greca.
Mente Romaine, menta romana.

Mentereau, bugiardetto.
Menterie, bugia.
Menteur, bugiardo, mentitore.
Menteuse, bugiarda.
Menteusement, bugiardamente, mentitamente.
Menteux, bugiardo.
Menthe, menta.
Mentibules, ganascie.
Mention, mentione.
Mentionner, mentouare.
Mentit, mentire, dir bugie.
pour n'en point Mentir, à dir il vero.
Menton, mento.
hausser le Menton. i. far un segno di disprezzo ò superbia. Item, dar un sorgozzone à uno.
Mentonnet de loquet, monachetto.
Mentonnier, di mento.
Mentonniere, certa cosa di tela attaccata alla maschera da ricoprire il mento.
* Mentule, minchia, membro virile.
Menu, minuto.
Menu panais, maluisco.
Menu ver, vaio.
le Menu, le cose minute. Item, la plebe.
par le Menu, minutamente, à parte à parte, à spiluzzico.
le Menu, panni lini sottili, come sarebbe, à dire, fazzoletti, gorgiere, etc.
Menus plaisirs, certi danari de' Prencipi per le spese minute, ò piaceri.
Menuailles, cose minute, bagatelle.
Menuëment, minutamente.
Menuet, minuto, gracile scarno.
Menuisaille, &
Menuise, pesce minuto, minutia, minutaglia.
Menuiser, sminuzzare.
Menuiser, lavorar di legname.
Menuiserie, lavoro di falegname.
Menuisier, falegname.
Menuiseté, tenuità.
Menuisaillerie, minutaglia.
Meon, pinello, meo.
Mer, mare.
il boiroit la mer, & les poissons : l'Italien dit, sarebbe à ber co' nugoli.
* Mercadant, mercatante.
* Mercadance, mercantia, traffico.
* Mercandeau, mercantuccio.
* Mercantil, mercantile.
Mercenaire, mercenario.
Mercerie, merci, merciaria, merceria.
Mercerot, merciaiuolo.
Mercier, merciaro.
petit Mercier, botteghino.
chacun sera Mercier, chacun portera sa balle : l'Italien dit, tutti anderanno al molino col suo sacco.
* Mercier, pour remercier, ringratiare.
Mercorelle, mercorella.
Mercredy, mercordi.
Mercure, mercurio.
Mercurial, di mercurio, mercuriale.
Mercuriale, mercorella.
Mercurialiser, far del mercurio, ciarlare.
Mercy, compassione, pietà.
amoureuse Mercy, mercede in amore.
crier Mercy, domandar perdono.
estre à la Mercy, esser in potere.
Merdaille, marciume, canaglia, ragazzaglia.

Merde, merda.
Merde de fer, spuma ò scoria di ferro.
Merdefer, Idem.
Merdefin, Iron. medicastro.
Merdeux, merdoso.
Mere, madre.
Mere d'une fontaine, origine, canale.
Mere grand, avola.
grand Mere, Idem.
Mere perle, madre perla.
pie Mere, pia madre.
Mere goutte, il primo vino che si cava d'all' uve.
Mereau, ferlino.
Merelles, specie di giuoco di tavole.
Merge, smergo.
Merlaner, merendare.
Meridien, meridiano.
Meridional, meridionale.
Merise, specie di ciregia, amarella picciola.
Merisier, amarello.
Merite, merito.
Meritément, meritamente.
Meriter, meritare.
Meritoire, meritorio.
Meritoirement, meritoriamente.
Merlan, merlanc, merla.
Merle, merlo.
Merle au collier, specie di tordo, maluezzo.
Merlet, merlo di muro.
Merlon, entredeux des embraseures, merlone.
Merlus, merluzzo.
Mermelade, marmellata.
* Merque, segno.
* Merquer, segnare.
Merrain, legno di garbo.
Merveillable, maraviglioso.
Merveille, maraviglia, meraviglia.
à Merveilles, meravigliosamente, à meraviglia.
Merveille, plante, viticella.
Merveilleusement, meravigliosamente.
Merveilleux, meraviglioso.
Mery, bocca dello stomaco.
Mes, miei, mie.
Mes, in compositione, dis, e mis.
Mesaduenance, sconvenenza.
Mesaduenir, disavvenire.
Mesaduenture, disavventura, sventura.
Mesaduenuë, Idem.
à Mes air, à mezz'a aria.
Mesaise, disagio.
Mesange, aparuolo, apiastra.
Mesange, nonnette, coditremola.
Mesaraiques, certe vene.
Mesarriuer, disavvenire.
Meschamment, empiamente, malamente, alla trista.
Meschanceté, cattiveria, tristitia, malitia.
Meschant, cattivo, empio, tristo.
à Meschant, meschant & demy : l'Italien dit, à carne di lupo dente di cane.
Mesche, meccia.
Meschef, sventura. Item, difetto, vitio.
Mescheu, capitato male.
Mescompter, contar male.
se Mescompter, error nel conto.
se Mescompter, far errore, ingannarsi.
Meschoir, disavvenire, capitar male.
Mescompte, error nel conto.
Mesconnu, sconosciuto.

Mesconnoissance;

Mefconnoiffance , *fconofcenza.*
Mefconnoiffant , *fconofciute.*
Mefconnoiftre , *fconofcere.*
Mefconfeiller , *fconfigliare.*
Mefconte , *error nel conto.*
Mefcontent , *fcontento.*
Mefcontentement , *difgufto, fcontentezza.*
Mefcontenter , *fcontentare, difguftare.*
Mefconter , *contar male, errar nel conto.*
Mefcreable , *mifcredibile.*
Mefcreance , *mifcredenza.*
Mefcreant , *mifcredente.*
Mefcreu , *mifcreduto.*
Mefcroire , *mifcredere.*
Mefdames , *le Signore, Signore mie.*
Mefdire , *detrattare, parlar male, maledire.*
Mefdifance , *maledicenza, detrattione.*
Mefdifant , *maledicente.*
* Mediffon , *detrattione.*
Mefdonner , *errar nel dar qualche cofa.*
Mefcau , *leprofo.*
Mefel , *Idem.*
Mefelerie , *lepra.*
Mefelle , *leprofa.*
Mefentere , *mefenterio.*
Mefenterique , *mefenterico.*
Mefefcrire , *fcriuer male.*
Mefeftimer , *difprezzare, non ftimare.*
Mesfaire , *misfare.*
Mesfait , *misfatto.*
Mesfiance , *disfidanza.*
Mesfiant , *sfidato, sfiducciato.*
fe Mesfier , *sfidarfi d'uno.*
Mesgarde , *trafcuraggine.*
par Mefgarde , *inauedutamente.*
* Mefgnie , *famiglia.*
Meshaigné , *affannato.*
Meshain , *affanno.*
Meshuy , *in tutt' hoggi, hoggimai.*
Meflange , *mifchianza, mefcuglio, mefcolanza, mifchio.*
Meflanger , *mifchiare, mefcolare.*
Meflangeur , *mefcolatore.*
Mefle , *nefpola.*
Meflée , *mefcolanza.*
Meflée de combat , *zuffa, mifchia.*
Meflement , *mefcolamento.*
Mefler , *mefcolare, mifchiare.*
fe Mefler d'vne chofe , *impacciarfi.* Item, *far profeffione, andar per un' arte.*
Mefler les cartes , *batter le carte.*
fe Mefler auec l'ennemy , *venir alla folla col nemico.*
Mefleure , *mefcolatura.*
Meflier , *nefpolo.*
Mefliers , *ceppi di' vua nera.*
Mefloüer , *miflodare, fprezzare.*
Mefmarcher , *calpeftare, fcapuzzare.*
Mefmarcheure , *calpeftamento, fcapuzzatura.*
Mefine , *medefimo, fteffo.*
Mefine , *aduerbe, ancora.*
Mefine aufli , *pur anche.*
quand Mefine , *quando anco.*
il eft de Mefine , *è fimili.*
eftre à Mefine. i. *hauer abondanza di qualche cofa.*
boire à Mefine la bouteille , *beuer nel fiafco.*
de Mefine que , *fi come.*
eftre à Mefine de faire , *effer in atto di fare.*
Mefmement , *medefimamente.*



Mefmes , *anche, ancora.*
Mefnage , *cofe di cafa, famiglia, cafa. Gouerno di cafa.*
Mefnage , *efpargne, rifparmio.*
Mefnage , *meuble, mafferitie.*
de Mefnage , *cafareccio, cafalingo.*
faire le Mefnage , *affettar la cafa.*
faire bien du Mefnage. i. *far gran fracaffo ò difordine.*
faire bon Mefnage , *accordarfi marito é moglie, ftar in pace.*
eftre en Mefnage , *effer maritato.*
tenir Mefnage , *hauer famiglia.*
bon Mefnage , *matrimonio felice ed accordante.*
mauuais Mefnage , *diffentione.*
viure de Mefnage , *effer buon maffaro, rifparmiare.* Item, *per allufione, vender le mafferitie per viuere.*
Mefuageable , *rifparmicuole.*
Mefnagement , *rifparmio.*
vn Mefnager , *un buon maffaro.*
eftre Mefnager de bouts de chandelle : l'Italien dit, *ftringer dallo fpillo, é fpender dal cocchiume.*
Mefnager , *rifparmiare, auanzare.*
Mefnager le temps , *auanzar il tempo.*
Mefnagerement , *da buon maffaro, con rifparmio.*
Mefnagerie , *mafferitia, rifparmio.*
Mefnagere , *buona maffara.*
Mefnagier , *maffaro.*
* Mefnic , *famiglia, la feruitù.*
Mefoffrir , *offerir troppo poco, offerir manco di quello che vale vna cofa.*
Mefolabe , *mez'o aftrolabie.*
Mefparler , *ftraparlare, detrattare.*
Mefpartement , *fpartimento per mezzo.*
Mefple , *nefpola.*
Mefplier , *nefpole.*
fe Mefprendre , *errare, far errore.*
Mefpris , *difprezzo.*
Mefprifant , *difprezzante.*
Mefprifement , *difprezzamento.*
Mefprifer , *fprezzare, difprezzare.*
* Mefprifereffe , *difprezzatrice.*
Mefprifeur , *difprezzatore.*
* Mefprifon , *difprezzo.*
Mefquin , *mefchino, vile, mifero, propriamente auoro.*
Mefrain , *legno di garbo.*
Meffage , *meffaggio, ambafciata.*
Meffager , *meffo, meffagiere.*
Meffager ordinaire , *procaccio.*
Meffagere , *meffagiera.*
Meffagerie , *ufficio di Meffagiere.*
Meffe , *Meffa.*
premiere Meffe , *Meffa nouella.*
Meffo feiche , *meffa fenza communione.*
petite Meffe , *Meffa baffa.*
grande Meffe , *meffa alta.*
Meffe de chaffeur , *meffa breue.*
aller à la Meffe des trefpaffez. i. *andar alla Meffa doppo hauer fatto colatione, perche vi fi porta pane é vino.*
Meffeamment , *indecentemente.*
Meffeance , *indecenza, fconuenenza.*
Meffeant , *fconuencuole, indecente.*
Meffel , *Meffale.*
Meffeoir , *effer fconuencuole.*
* Meffer , *Meffere.*
le Meffie , *il Meffia.*
il Meffied , *ftà male.*
Meffier , *guardiano delle viti.*
Meffieurs , *i Signori, Signori miei.*

Ff

Meſſion, miſſione.
Meſſire, meſſere, attributo di perſone qualificate. Item, di Prete.
Meſſire Iean, qui ne ſçait lire que dans ſon Breuiaire: l'Ialien dit, il Prete di Contado.
Meſſire Iean, ſpetie di pero.
Meſſuaracan, certa radice dell' Indie.
Meſtail, ſpetie di biada.
Meſtairie, gaſtaldia.
Meſtayer, gaſtaldo.
Meſtier, meſtiere.
gens de Meſtier, arteggiani.
petit Meſtier, ſpetie di teſſitura d'oro è ſeta.
le Meſtier ordinaire. i. arte di puttana, puttaneſimo.
le petit Meſtier, Idem.
du petit Meſtier, ciembelle, baſtoncelli, cialde.
eſtre du Meſtier. i. eſſer puttana.
ſur le Meſtier. i. nel quale ſi lauora.
Meſtier, chaſſis de Brodeur, &c. telaro, telaio.
faire Meſtier, & marchandiſe, far profeſſione.
à d'autres, nous ſommes du Meſtier, ſiete capitato male, ſiete male arriuato in volerci ingaunare.
vn plat de ſon Meſtier. i. vn tiro della ſua profeſſione.
il n'eſt pas Meſtier, non ſa di meſtieri.
Meſtif, ſtiuero.
Meſtiuailles, meſtiuales, feſte del tempo della meſſe.
Meſtiuer, raccoglier la meſſe.
Meſtiues, raccolta, meſſe, ſega.
Meſtiuier, metitore, ſegatore.
Meſtoyant, dividente, ſpartiente per mezo.
* Meſuenir, diſauuenire.
Meſurage, miſuramento.
Meſurant, miſurante.
Meſure, miſura.
Meſure de la longueur de la main fermée, & du poulce eſtendu, ſommeſſo.
prendre bien ſes Meſures, pigliar ò prender il ſuo tempo.
Meſure en Muſique, battuta.
battre la Meſure, tener la battuta.
Meſure S. Denis. i. plus grande qu'vne autre, le Toſcan dit, la Mezine di S. Maria in Prunetto.
outre Meſure, fuor di modo, ſopra modo.
à Meſure que, ſecondo che, mentre, in quel punto che.
Meſurement, miſuramento
Muſurément, miſuratamente.
Meſurer, miſurare.
Meſurer ſon eſpée. i. far vn duello.
Meſureur, miſuratore.
Meſureur de bled, de ſel, &c. ſpalatore.
Meſ-vſage, miſuſo.
* Met, madia.
Metacarpe, metacarpio della mano, dal collo del braccio fin alle radici delle dita.
Metagraboulifer, parola fatta per burla, imbogliar il ceruello.
Metail, metallo.
Metairie, guſtaldia.
* Merais, gaſtaldo.
Metal, metallo.
Metaux de canon, gioie.
tirer à la mire ou rez des Metaux, tirar à gioia per gioia.
Metalepſe, metaleſſi, figura di Retorica.
Metallier, di metallo.
Metallique, metalico.
Metallifé, ridotto in metallo.
Metallurgie, ricercamento di metallo.
Metamorphoſe, metamorfoſi, trasformatione.

Metamorphoſer, trasformare.
Metaphore, metafora.
Metaphoriquement, metaforicamente.
Metaphrene, parte della ſchiena verſo il cuore.
Metapoſcopie, fiſonomia.
Metayer, gaſtaldo.
Mecayere, gaſtaldia.
Metayerie, gaſtaldia.
* Mete, meta, limite.
Meteil, ſpetie di biada, meſcuglio di più biade.
Metelle, noce metella.
Metempſicoſe, metempſicoſi.
Meteore, meteoro.
Meteorologie, meteorologia, diſcorſo di meteori.
Methode, metodo.
Methodique, metodico.
Methodiquement, metodicamente.
Methridat, teriaca maggiore.
Metiz, Metif, ſtinero.
Motope, metopa in Archit. ſpatio fra triglifi.
Metoſcopie, augurio dalla fronte.
Metoyant, mezano, dividente pelmezo.
* Metre, verſo, metro.
* Metrifier, verſificare.
Mets, cibo, vivanda portata di vivanda.
Mettable, valevole. Item, atto, convenevole.
Mettant, mettente.
Mette, ſpetie di bevanda.
Metteur, mettitore.
Mettre, porre, ponere, mettere.
ſe Mettre, mettiſi, darſi, cominciare.
Mettre les rames dehors, far fuori il palamento.
Mettre bas, porgiù, deporre, calare. Item, partorir l'animale.
Mettre peine, affaticarſi.
ſe Mettre, qui ſe dit de la monnoye, ſpenderſi.
ſe Mettre en peine, pigliarſi faſtidio.
il a Mis deux heures, è ſtato due hore ſenza tornare.
Mettre vn habit, veſtire.
Mettre des bottes, ſtivalarſi.
ſe Mettre en colere, andar in colera.
Mettre le feu, attaccar il fuoco.
il ſe Met à tout. i. lavora volentieri, ferne volentieri in qual ſi voglia coſa.
Mettre ſes chauſſes bas, sbracarſi.
ſe Mettre à la feneſtre, farſi alla fineſtra affacciarſi alla feneſtra.
ſe Mettre d'vn party, farſi da vna banda.
Mettre le lut à la main. i. inſegnar à ſonar del liuto.
il ſe mit à Marcher, diede à paſſeggiare.
Mettre le pain à la main. i. dar da vivere.
cela l'a Mis au monde ou à cheual. i. gl'à fatto far la ſua fortuna.
Mettre ſus, imporre, accuſare.
Mettre mal, metter in diſſenſione.
Meu, moſſo.
Meuble, mobile, maſſeritie.
Meubler, fornir di maſſeritie.
Menf, modo di verbo.
Meuglement, mugghiamento.
Meugler, mugghiare.
Meuil, poiſſon, ſargo.
Meule, macina.
Meule, dente molare.
Meule de teſte de cerf, radice delle corna.
Meule de foin, mola.
Meulette, macina picciola.
Meulier, di macina.

Meulieres , *denti molari.*
Meulon , *mola di fieno.*
* Meulonner , *ammucchiare.*
Meur , *maturo.*
Meure , *matura.*
Meure , fruit , *mora.*
Meure de ronce , *mora di rouo.*
aller anx Meures fans crochet : l'Italien dit , *imbarcarfi fenza bifcotto.*
comme le Renard des Meures. i. *fa vifta di non curarfene non potendoci arriuare.*
Meurement , *maturamente , prudentemente.*
Meureté , *maturità.*
Meurier , *moro.*
Meurier blanc , *gelfo.*
Meuriere , *luogo piantato di mori.*
Meurir , *maturare.*
* Meuriffement , meuriffon , *maturamente.*
* Meurler , *mugghiare.*
Meurlon , *fpetie di vite ó vua biauca.*
Meuron , *mora di rouo.*
Mœurs , mœurs , *coftumi.*
Meurte , *mirto.*
Meurte fauuage , *mirto filueftre pungi topo.*
Meurtre , *homicidio.*
Meurtrier , *homicida , affaffino , micidiale.*
Meurtriere , *feritoia , troniera di muro.*
Meurtrierement , *micidialmente.*
Meurtrir , *fiaccare , ammaccare.* Item : *vccidere.*
Meurtriffeure , *fiaccatura.*
marque de Meurtriffeure , *macola.*
Meufnier , *molinaro.*
Meufnier , *fpetie di pefce.*
Meufniere , *molinara.*
Meute , *muta.*
Mezania , corde au milieu de la tente d'vne galere , *mezanino.*
Mezanée ou mezanie , depuis l'arbre iufques à la defpenfe , *mezzania.*
* Mezeau , *leprofo.*
* Mezelle , *leprofa.*
* Mezellerie , *leprä.*
Mezenge , *aparuolo , apiaftra.*

## M I

Miau , *voce del gatto , guau.*
Miaulement , *miagolamento.*
Miauler , *miagolare.*
Miauleur , *miagolatore.*
Miault , *guau , voce della gatta.*
Mibrutal , *mez o beftia.*
* du Mic mac , *imbroglio.*
Micaucoulier , *loto , alifo.*
Miche , *pane , pagnotta , mica.*
Miches S. Eftienne , *pan di S. Stefano , faffi.*
Michelot , *pellegrino di S. Michele.*
Michemis , *frutto di Turchia fimile albacoco.*
Michette , *pagnotta.*
Michon , *pagnottina.* Item , *fciocco.*
Micocoule , *frutto dell' alifo.*
Micocoulier , *alifo , loto.*
Micourber , *incuruar ó piegar mexe.*
Micraine , *dolor emicranio.*
Microcofme , *microcofmo , picciol mondo.*
Midy , *mez o di , mez o giorno.*

chercher Midy à 14. heures : l'Italien dit , *cercar il pelo nell' vouo.*
Mie , *mica di pane.*
* Mie , *niente mica.*
Miel , *mele.*
Miel rofat , *mele rofato , melc rofé.*
Mielleufement , *melatamente.*
Mielleux , *melato.*
Miellier , *di mele.*
Mielfaude , *beuanda fatta di mele.*
Mien , *mio.*
le Mien , mon bien , *il mio.*
Mienne , *mia.*
Mi-efte , *mez a ftate.*
Miette , *micolina , micolino , minuzzolo , fregolino;*
par petites Miettes , *à fpizzico.*
Mievre , *vogliorofo , proteruo , renitente.*
Mievreté , *humor proteruo.*
Mieux , *meglio.*
j'aime Mieux , *m'è più caro.*
à qui Mieux mieux , *à gara.*
des Mieux , *il meglio che fi può , bene per eccellenza.*
pour voftre Mieux , *in voftro pró.*
il ne demande pas Mieux , *non brauia altro.*
Mignard , *vez z ofo , leggiadro.*
Mignardelet , *vez z ofeito.*
Mignardement , *vez z ofamente.*
Mignarder , *vezzeggiare , lufingare.*
Mignardeur , *vez z eggiatore.*
Mignardife , *vez z a , lufinghe.* Item , *fpetie di garofano picciolo.*
* Mignardifer , *vezzeggiare.*
Mignon , *leggiadro , gentile.*
Mignon , fauory , *fauorito , priuato.*
vn Mignon de conchette , *vn z erbino , vn drudo.*
Mignonne , *leggiadra , gentile , vez z ofa.* Item , *fauori-ta.*
Mignonnement , *leggiadramente , gentilmente.*
Mignonnet , *vez z ofetto , leggiadretto.*
Mignonneté , *leggiadria.*
* Mignot , *fauorito.*
Mignottement , *leggiadramente , lufinghenolmente.* Item , *lufingamento.*
Mignotter , *lufingare.*
Mignottifes , *lufinghe , vexxi.* Item , *certi fioretti come garofani.*
Migraine , *dolor emicrauio.*
Migraine , *pomo granato.*
Migraine , *riccio di mare.*
* Migration , *migratione.*
Migrelin , *mongrellino , fcarmo.*
* Migrer , *migrare.*
vne Mijaurée , *Monna honefta da Campi.*
Mi-jour , *mez o giorno.*
Mil , *miglio.*
Mil farazin , *forgo.*
Milace , *fpetie di grana difcarlatto.*
Milaire , *mez a legua , vn miglio di ftrada;*
Milan , *nibbio.*
Milan marin , *fpetie di pefce cappone.*
pied de Milan , *fpetie d'herba.*
Milandre , *fpetie di pefce.*
Milecotore , *milocotogno.*
Miliaire , *di miglio.* Item , *che fi nutre di miglio.*
Miliart , *mille mila.*
Miliaffe , *milanta mila.*
Milice , *militia.*
Miliere , *campo di miglio.*

Milieu, *il mez o.*
Militaire, *militare.*
* Militer, *guerreggiare.*
Mille, *mille.*
Mille d'Italie, demie lieuë, *miglio.*
Millefeuille, *millefogli.*
Millegraine, *cardamomo.*
Millenaire, *del numero di mille.*
Millepertuis, *perforata, ipericone.*
Millepieds, cloporte, *millepiedi.*
Milleraye, *campo seminato di miglio.*
Milleret, *certa moneta d'oro.*
Millerine, *stoppia di miglio.*
Millet, *miglio.*
Millet de Turquie, *sorgo.*
Millier, *migliaio.*
Milliesme, *millesimo.*
Milliet, *spetie di serpente verde.*
Million, *millione.*
Millon, *spetie di pietra.*
* Milloque, *minestra di miglio.*
Milort, *mio Signore, parola Inglese.*
vn Milort, dit abusiuement, *Signore, gran Signore.*
* Mime, *saltimbanco.*
Mimper, *spetie di pero.*
Minage, *misuramento di biade colla mina.*
* Minatere, *minatore.*
* Minauderies, *burle, baie.*
Mince, *sottile.*
sont fait est bien Mince, *il caso suo è tenero.*
Mince-feuille, armoise, *artemisia.*
Minceler, *sottile, scarmo.*
Mincement, *sottilmente.*
* Mincer, *sminuz are.*
* Minceté, *sottigliez a.*
* Minchon, *menchione.*
Mine, *mina, vista, presenz a, garbo.*
faire la Mine, *far il mustaccio, far il grugno.*
Mine, *miniera.*
Mine d'alum, *lumiera.*
Mine de plomb, *minio, sandice.*
faire Mine, *far vista, far sembiante.*
tenir bonne Mine, *star saldo.*
il a la Mine d'estre bon, *hà ciera d'esser buono.*
homme de bonne Mine, *huomo garbato ò di garbo, di bella presenz a.*
que de Mines: l'Italien dit, *quante merde.*
Mine pour faire sauter les murailles, &c. *mina.*
la Mine est esuentée. i. *è scoperto il negotio.*
Mine, mesure, *mina.* Item, *moneta.*
Il en a eu pour sa Mine de febves: l'Italien dit, *ci è restato per vn z ampetto.*
Miner, *cauare, incauare, minare, far mine,* Metaph. *distruggere.*
Mineral, *minerale.*
Minette, *miccia, gatta.*
Mineur, *minore.*
Mineur, *minatore.*
Mineure, *minore di sillogismo.*
* Mineux, *apparente.*
Mingrelet, *magretto, scarmo, mingherlino.*
Miniateur, *Miniatore.*
Miniature, *miniatura.*
Minier, *minatore.*
Miniere, *miniera.*
Minimes, Religieux, *Minimi, Frati di S. Francesco di Paula.*
Minime, couleur, *minimo.*



Minime, clair, *lionato.*
Minime en laine, *tintillano.*
Minime, en musique, *minima.*
Minion, *minio.*
Ministere, *ministerio.*
Ministre, *Ministro, Vfficiale.*
Ministre, Predicant, *Predicante di Heretici.*
Ministreau, *Ministro picciolo.*
Ministrer, *ministrare.*
Ministresse, *ministra.*
Minois, *ciera, mustaccio. Naso.*
Minon, *fior di noce.*
Minon, *gatto, miccino.*
Minon, minon, voix pour appeler vn chat, *miccia, miccia.*
attrappeur de Minons, *ingannatore, furbo.*
Minoratif, *minoratiuo.*
Minorité, *minoranz a, minorità.*
Minot, *certa misura, mez a mina.*
* Minuer, *sminuire.*
Minuit, *mez a notte.*
Minute, *minuta.*
Minute d'escriture, *minuta.*
Minuter, *minutare.*
Minuter en son esprit, *imaginare, ghiribbizz are, inuentare, cogitare, meditare.*
* Mioche, *mica, fregolino.*
Mioler, *miagolare.*
Mipanché, *mez o pirgato.*
Mipartir, *scommez z are, partir per mez o.*
Mipotence, *cosa fatta in forma di mez a forca.*
Miquelot, *pelegrino di S. Michele.*
faire le Miquelot, *far del goffo ò dolente.*
Mirabolan, *mirabolano.*
Miracle, *miracolo.*
* Miracleur, *vno che sà miracoli.*
* Miraclifique, *di miracolo.*
Miraculeusement, *miracolosamente.*
Miraculeux, *miracoloso.*
* Mirailler, *specchiare.*
Mire, *mira.*
dresser sa Mire, *mirar à vna casa tendere.*
vn Mire, *vn Medico ò Cirugico.*
Mire d'vn canon, *traguardo.*
Mire du noyau du canon, *raso dell' anima del canone.*
tirer à la Mire des metaux, *tirar à gioia per gioia.*
Mires de sanglier, *z anne.*
sanglier Miré, *cinghiale sannuto.*
Mirecoton, *melocotogno.*
Mirelifique, *mirifico.*
Mirer, *mirare.*
se Mirer, *specchiarsi.*
Miriade, *dieci mila.*
Mirie, monnoye antique, *miria.*
Mirifique, *mirifico.*
* Mirlirot, *melilotto.*
* Mirlouret, *ciuettino.*
Mirmidon, *Mirmidone.* Metaph. *huomo picciolo.*
* Miroailler, *specchiare.*
Miroir, *specchio.*
Miroir d'asne, *talco.*
Miroir de N. Dame, *Idem.*
pierrerie à Miroir, *certa pietra trasparente.*
Miroir à putains. i. *vn bel giougne.*
Miroitier, *specchiaro.*
Miron, *mez o tondo.*
Miroüer, *specchio.*
Mirrhe, *mirra.*

Mirthe, *mirto*, *mirtillo*.
Mirthe sauuage, *prungitopo*, *rusco*.
Mirtil, *mirto*, *mirtillo*.
Mis, *posto*, *messo*.
bien Mis, *ben assettato*.
Misaille, *gageure*, *scommessa*.
Misaine, *mezzana*, *terzana*.
Mise, *spesa*, *sborsamento*.
Mise au jeu, *posta*.
argent de Mise, *moneta che si spende*.
homme de Mise, *huomo di consideratione*.
miserable, *misero*, *miserabile*.
miserablement, *miserabilmente*.
misere, *miseria*.
misereremei, *spetie di male, dolore ilinco*.
Misericorde, *misericordia*.
Misericordieusement, *misericordiosamente*.
Misericordieux, *misericordioso*.
Missal, *di Messa*.
Missel, *Messale*.
Mission, *missione*.
Missiue, *lettera missiua*.
miste, *gentile, garbato*.
mistement, *gentilmente*.
mistere, *misterio*.
misterieux, *misterioso*.
Mistion, *mistione, mescolamento*.
mistionnement, *mescolamento*.
Mistionner, *mescolare, mischiare*.
* mistoudin, *buon compagno*.
* mistoudins, *pidocchi*.
* mistrouille, *vna donnoua*.
Mitaines, *manicie guanti sodrati ò di lana*.
* mitan, *mezzo*.
mite, *tarlo*.
engendrer des mites, *intarlare*.
Mithologie, *mitologia*.
Mithologiquement, *mitologicamente*.
Mithridat, *spetie di teriaca, mitridato*.
* mitifier, *mitigare*.
mitigatif, *mitigatiuo*.
mitigez, *certi frati*.
mitiger, *mitigare*.
Mitigation, *mitigatione*.
mitiguer, *mitigare*.
miton, *miccio, gatto*. Item, *tarlo*.
vnguent miton mitaine. i. *vnguento che non hà virtù nessuna*.
mitonner, *far bollir zuppe in brodo sopra lo scaldauiuande*.
mitou, *gattone, gattaccio*.
mitoüard, *gattaccio*. Item, *hipocritone*.
mitoufflé, *sodrato di pelle, affondato nella sua propria pelle*.
mitoufsles, *guanti sodrati*.
mitoüin, *hipocrito*.
mitoyen, *mezzano, di mezzo*.
mur mitoyen, *intergerrino muro*.
mitraille, *rottami di rame*.
mitre, *mitera*.
mitrer, *por la mitra ò mitera, miterare*.
mitte, *tarlo*.
Mangé de mittes, *tarlato*.
Mixte, *misto, mista*.
Mixtion, *mistione*.
mixtionner, *mescolare, mischiare, conciare*
vin mixtionné, *vino concio*.
Mizone, *spetie di pero, mizona*.



Mobile, *mobile*.
Mobiliaire, *mobiliare*.
Mobilité, *mobilità*.
Mocayart, *moncaiaro*.
* la mocque, *burlar*.
se mocquer, *burlarsi, farsi beffe*.
* Mocquereau, *picciol burlatore*.
mocquerie, *burla*.
par Mocquerie, *da beffe, per burla*.
Mocqueur, *burlatore*.
Mode, *modo di verbo*.
mode, *foggia, maniera, vsanza*.
fait à la Mode, *fatto in fretta*.
modeler, *formare*.
modelle, *modello*.
modelon, *modiglione*.
moderateur, *moderatore*.
moderation, *moderatione*.
moderatrice, *moderatrice*.
moderé, *moderato*.
moderément, *moderatamente*.
moderer, *moderare*.
Moderne, *moderno*.
Modernement, *modernamente*.
modeste, *modesto*.
modestement, *modestamente*.
* modesteté, *modestia*.
modestie, *modestia*.
modicité, *modicità*.
modie, *modio, misura antica*.
Modification, *modificatione*.
modifier, *modificare, moderare, limitare*.
Modillon, *modiglione*.
* modulation, *armonia, modulatione*.
module, *modulo*.
* moë, *moïe, smorfia*.
moëlle, *midolla*.
moëlleux, *midolloso*.
* moëtte, *accola*. Item, *presagio*.
mœurs, *costumi*.
* moge, *mogio*.
moignon, *moncone*.
moil, *mugile*.
moilon, *spetie di pietra mòlle da fabbriche*.
moilonneux, *pieno di pietre molli*.
moindre, *minore*.
moine, *Monaco, Frate*.
moine à chauffer le lict, *preto*.
donner le moine, *attaccar vna corda al piede d'vno che dorme per destarlo*.
donner le moine par le col, *impiccare vno*.
attendre comme les moines font l'Abbé. i. *aspittar vno
mangiando*.
moine bourru, *certa fantasima sianta*.
teste de moine, *spetie di cascio suizzero*.
moines à l'Imprimerie, *certi spatij bianchi ne'
fogli mal stampati*.
moineau, *fratticcino*.
moineau, *oiseau, passera*.
moineau de noyer, *passera mattuggia*.
moineau d'Inde, *spetie di papagallo picciolo*.
Moiner, *far da frate*.
moinerie, *frataria*.

Monichon, *fraticcino.*
Moins, *meno, menco.*
à Moins que de faire, *per manco di fare, à non farlo.*
encore Moins, *nè meno.*
à tout le Moins, *almeno, almanco.*
en Moins de rien, *in vno baleno, in vn batter d'occhio.*
le Moins du monde, *ogni poco, punto punto.*
* Moinsné, *minor nato.*
Mois, *mese.*
Mois de femme, *menstruo.*
* Moise, *mez a trasc.*
Moisir, *ammuffare.*
Moisisseure, *muffo, muffa, mucidez za.*
* Moison, *rendita che si paga in biada ó altro.*
Moison, traitte de vaches, *munra.*
* Moisonnier, *affitainolo di detta rendita.*
Moisine, *pendolo, penzolo.*
Moisson, *messe, sega, raccolta.*
* vn Moisson, *passera.*
Moissonner, *mietere.*
Moissonneur, *mietitore.*
Moissonnier, *di messe.*
Moisy, *muffato, mucido.*
Moite, *humido.*
Moiteau, *gleba.*
Moiteur, *humidità.*
Moitié, *metà.*
faire à Moitié, *far à metà.*
donner le bestail à Moitié ou à proffit, *dar à sida, dar à soccità.*
celuy qui donne ou prend le bestail à Moitié, *soccio.*
chere Moitié, *cara consorte ó amante.*
faire la Moitié du chemin. i. *far la metà dell' opera, aiutar vno facendo la sua parte.*
Moitié figues, moitié raisin, *mez o burlando.*
Mol, *molle.*
le Mol de la jambe, *polpa della gamba.*
l'vn veut du Mol, l'autre du dur, par ainsi tout se mange: l'Italien dit, *quel che non và in busto và in manche.*
Molard, *spetie di pero.*
Mole, *molo.*
Mole, masse de chair, *mole, sconciatura.*
Molebout, *tinca marina.*
Moler, terme de marine, lascher, *molare.*
Moleste, *molesto.*
Molestement, *molestamente.*
Molester, *molestare.*
Molesteur, *molestatore.*
Molestie, *molestia.*
Molesse, *mollitie.*
peché de Molesse, *pollutione.*
Molet, *frangia picciola.*
Molet de jambes, *polpa, ventrino.*
Molette, *spronella, herba.*
Molette d'esperon, *rnota di sperone.*
Molettes de siege de Cordier, *matti.*
Molette à broyer les couleurs, *moletta.*
Molibdene, *herba di S. Antonio.*
* Moliere, *voragine.*
* Molin, moulin, *molino.*
Molinet, *molinetto.*
* Molition, *impresa.*
Mollart, *spetie di pero.*
Mollasse, *molle fiacco, vizzo.*
Molle, *molle.*



Molle, *albero d'India con i rami del quale si fa vino.*
Mollement, *mollemente.* Item, *effeminatamente.*
Mollesse, *Vedi,* molesse.
Mollet, *morbidino, molle.*
Mollets, *tanaglie z a.*
le Mollet de la Main, *polpa.*
pain Mollet, *spetie di pagnotta.*
* Molletté, *mollitie.*
Mollette à brayer, *pietra ó marmo da macinare i colori.*
Mollification, *mollificatione.*
Mollifier, *mollificare.*
Mollifieur, *mollificatore.*
Mollir, *ammollire, diventar molle.*
Molissement, *ammollimento.*
Molosse, *mollosse.*
Molures, *Vedi,* moulures.
Moluë, *mollua.*
Moly, *piantaggine acquatica.*
Mome, *Momo.*
Moment, *momento.*
Momentain, *momentaneo.*
Momental, *di momento importante.*
Momentanée, *momentaneo.*
Momie, *mumia.*
Mommerie, *mommeria.*
Mommeur, *maschera della momeria.*
Mommon, *mommeo.*
Mon, *mio.* Serue tal volta nel feminino innanz i alle parole, che comminciano da vna vocale, v. g. mon ame, *anima mia.*
sçauoir Mon, *interrogatiuo,* sçauoir Mon s'il est vray, à *sapere se sia vero.*
c'est Mon, *egli è vero, maidè si.*
Monacal, *monacale, conuentuale.*
Monacalement, *monacalmente.*
* Monade, *vnità.*
Monaquat, *monacata.*
Monarchie, *Monarchia.*
Manarchique, *di Monarchia.*
Monarque, *Monarca.*
Monastere, *Monasterio.*
Monastique, *monastico.*
Moncaiart, *moncaiaro.*
Monceau, *monte, cumulo, mucchio.*
Moncelet, *mucchio picciolo.*
Monceler, *ammucchiare.*
* Moncet, *passera.*
Mondain, *mondano.*
Mondainement, *mondanamente.*
Mondaniser, *far il mondano.*
Mondanité, *mondanità.*
Monde, *mondo.*
le Monde, *la gente.*
vn Monde de choses, *vna mano ó quantità di cose.*
le grand Monde. i. *la corte, le persone qualificate.*
le Monde renuersé: l'Italien dit, *la chiesa sul campanile, la casa sul camino.*
se mettre au Monde, *introdursi frà la gente.* Item, *far la sua fortuna.*
sçauoir son Monde. i. *esser prattico, ó ben creato.*
mettre vne personne au Monde, *avanz ar vno.*
Monde adjectif, *mondo, netto, puro.*
Mondé, *mandato.*
Monder, *mondare, rimondare.*
Mondificatif, *mondificatiuo.*
Mondification, *mondificatione.*
Mondifier, *mondificare.*

* Mondinet , *affetatuzo.*
Monfaucon , *forca appreßo Pariggi.*
Munial , *muniale.*
herbe Moniale , *consolida.*
* Monile , *monile.*
Monjoye , *mucchio di pietre.* Item , *spetie di pero.*
* Moniteur , *ammonitore.*
Monition , *ammonitione.*
Monitoire , *monitorio.*
Monitorial , *di monitorio.*
Monocorde , *monocordio.*
* Monne , *mona , gatto maimmono.*
Monnier , *spetie di pesce.*
Monnine , *gatto maimmone.*
Monnoyage , *lauori di monete.*
Monnoye , *moneta.*
Monnoyes , *corte delle Monete.*
Monnoye , lieu où l'on la bat , *zecca.*
Monnoye blanche , *moneta d'argento.*
Monnoye de Cordelier , *ringratiamenti.*
Monnoye de Singe , *falti.*
maistre de la Monnoye , *Zeccaro.*
faire de la fausse Monnoye pour vne personne ; l'Italien
    dit , *far carte falfe per vno.*
argent Monnoyé , *argento monetato.*
Monnoyement , *battimento di monete.*
Monnoyer , *improntatore di monete , Zeccaro.*
Monnoyer , *batter monete , improntare , coniare.*
Monnoyeur , *Zeccaro.*
Monocordifer , *fonar di Monocordio.*
* Monocle , *che hà folo vn occhio.*
Monocule , *Idem.*
Monogame , *che hà hauuto folo vna moglie.*
Monologue , *monologo.*
Monomachie , *monomachia , abattimento d'vn folo.*
Monopole , *monopola , fattione.*
Monopoler , *monopolare.*
Monopoleur , *monopolatore , fattiofo.*
Monofyllabe , *monofillabo.*
Monouc , *Eunuco , parola Turchefca.*
Monfeigneur , *attributo di Signore granda , Serenißimo Si-*
    *gnore , Eccellentißimo Signore Monfignore.*
Monfieur , *Signore.*
Monfieur fans queuë , *il Signore del luogo ò della Cafa , il*
    *Padron di cafa.*
* Monftier , *Monafterio.* Item , *Chiefa Catedrale.*
Monftre , prononcez. f. *moftro.*
Monftre , fans prononcer. f. *moftra.*
Monftre de boutique , *moftra,*
Monftre , *moftra d'horloggio.*
Monftre , apparence , *vifta.*
belle Monftre de marchandife , *occhio.*
le lieu de la Monftre du foldat , *panca.*
paffer à la Monftre , *paffar alla panca.*
faire Monftre d'vne chofe qui fe dit de la marchandife ,
    *moftrare , far vedere.*
belle Monftre , & peu de rapport : l'Italien dit , *la vigna*
    *del Madda , affai pampani è poca vua.*
Monftrée , *moftra.*
Monftrement , *moftramento.*
Monftrer , *moftrare.*
Monftrer , enfeigner , *infegnare.*
fe Monftrer , paroiftre , *far fi vedere , lafci arfi vede-*
    *re.*
Monftrer au feu , *metterinmanz i al fuoco.*
il veut Monftrer à fon pere à faire des enfans : l'Italien
    dit , *i papperi vogliono menar à ber l'oche.*

Monftrer les talons , fuir , *dar le fpalle.*
Monftreur , *moftratore.*
Monftreufement , *moftruofamente.* pron. f.
Monftrueux , *monftruofo.*
Mont , *monte.*
Mont de pieté , *Monte di pietà.*
* à Mont , *in sù.*
par Monts , & par vaux , *per tutto.*
promettre Monts , & merueilles , *prometter Monti è Ma-*
    *ri , prometter Roma è Toma.*
Mont , pour beaucoup , *molto.*
Montable , *montenole.*
Montagne , *monte , montagna.*
Montaguard , *montanaro.*
Montagner , *di montagna.*
Montagon , *fpetie di falcone.*
Montagu , *nome di certo Collegio.*
efparuiers de Montagu. i. *pidocchi.*
Montaigne , *montagna.*
Montaignette , *monticello.*
Montaigneux , *montuofo.*
Montain , *montano.*
* Montances , à la montance de vingt. i. *che monta à*
    *venti , &c.*
Montant , *montante.*
Montant de porte , *ftipite.*
Montant de plante , *tallo.*
Montant de raquette , *montante.*
bien Monté , *che hà buon canallo.*
Montée , *falita.* Item , *montata.*
Montée de logis , *fcala.*
Montelet , *monticello.*
* Montenage , *certo datio pagato al Signore d'vn paefe ;*
    *per il beftiame , ò altre mercantie.*
Monter , *montare.*
Monter vn canon , *incanallare.*
Monter vn horloge , *tirar sù.*
Monter vn cheual , *canalcare.*
Monter vn poulain , *sbardellare.*
Monter vn ouurage , *affettare , aggiuftare , ordina-*
    *re.*
inftrument bien Monté de cordes , *ben all' ordi-*
    *ne.*
cela Monte à tant , *monta ò viene tanto.*
Monter en graine , *tallire.*
Monteuin , *fpetie di vafo di vetro.*
* Monticule , *monticello.*
* Montigené , *nato nelle montagne.*
Mont-joye , *monte ò mucchio di pietre.* Item , *attributo di*
    *Araldo in Francia.*
Montoir , *poggio.*
le cofté du Montoir , *il pié della ftaffa.*
hors du Montoir , *lato finiftro del canallo.*
Montucux , *montuofo.*
Monture , *canalcatura.*
Monument , *monumento.*
Moquer , *burlare.*
Moquette , *fpetie di tapezzaria.* Morabito , *romito frà*
    *Mori.*
Moquettes , *burle , baie.*
Morail de mulet , *baia.*
Moraille , *moraglia.*
Moral , *morale.*
la Morale , *morale.*
Moralement , *moralmente.*
Moralifer , *moralizzare.*
Moralifé , *ben creato.*

Moralifeur, *moralizatore.*
Moralité, *moralità.*
* Morbifiques, *morbifico.*
* Morbilles, *morviglioni.*
Morceau, *boccone, pezzo.*
Morceau d'Adam, *noce, boccon, d'Adamo.*
le Morceau honteux. i. *l'ultimo boccone.*
Morceau d'eſtoffe, *ritaglio, taglio.*
le Morceau de la nourrice, *cert' oſſo picciolo nella laſhetta di caſtrato.*
vn bon Morceau, qui ſe dit d'vne fille en bon poinct, *buona ſpeſa.*
aualler le Morceau. i. *hauer patienza.*
à petits Morceaux, *à miccino à miccino.*
Morceler, *ſminuzzare, metter à pezzi.*
Morcelet, *pezzetto, boccuncino.*
Morciller, *morſellare, ſminuzzare, tritare.*
Mordace, *moraglia.*
Mordacité, *mordacità.*
Mordant, *mordente, mordace.*
vn Mordant, *vn tagliacantoni, vn ſgherro.*
Mordeur, *morditore.*
Mordicant, *mordente, pizzicante.*
Mordication, *pizzicore.*
Mordiller, *mordere, mordicare.*
Mordiquer, *pizzicare.*
Mordre, *mordere.*
ſe Mordre les doigts, *pentirſi, morderſi le dita, rodere i chiauiſtelli.*
il n'y Mord pas, il ne l'entend pas, *non becca.*
il ne veût pas Mordre, *non vuol conſentire, non puó eſſer colto.*
Mordre, *riprendere.*
Mords, *morſo.*
More, *moro.*
Morenu, *morello.*
Morée, *ſpetie di color ſcuro.*
Morel, *idem.*
Morelle, *ſpetie di ciregia.*
Morelle, *ſolatro.*
Morelle d'ormitiue, *ſolatro ſonniſero.*
Morene, *emorroide.*
Morengue, *ſpetie d'oliua.*
Moreſque, *moreſca, mora.*
Moreſque, *moreſio, alla moreſca.*
Moreſſe, *mora, donna mora.*
Morèt, *color ſcuro.*
Morfaille, *goloſirà.*
la Morſe, *la bucolica, il mangiare.*
Morſée, *ſegno bianco al naſo del cauallo, morſea.*
Morſiaille, *in lingua furbeſca, cibo.*
Morſiailler, &
Morſier, *parola furbeſca, mangiare.*
* Morfil, *auorio.*
Morſil, *quella coſa ſottile che ſi ſtacca dal filo d'vna lama mentre s'arruota.*
ſe Morfondre, qui ſe dit d'vne armée, *ſtar otioſo l'eſcritto è perder il vigore.*
Morfondement, *infreddatura.*
ſe Morfondre, *infreddarſi, rapprenderſi.*
Morfondu, *raffredato, ripreſo, rapreſo.*
vn Morfondu. i. *vn morto di fame, vn meſchino.*
Morfondure, ou Morfonture, *rapprenſione, raffredamento.*
Morgeline, *anagalline, pizzagallina, pauarina, centone.*
Morgoy, *ſpetie di giuramento.*
Morgue, *ſmorſia, viſo, mina, moſtaccio.*



tenir bonne Morgue, *far viſta di non temere.*
Morguer, *branare, far il viſo, minacciare, ſmorfire.*
Morgueur, *ſmorfitore.*
Moribond, *moribondo.*
Moricaud, Moricaude, *morettino, morettina.*
Morigené, *coſtumato.*
Morilles, *ſpongioli.*
Morillon, *ſpetie d'vua nera.* Item, *ſpetie d'vccello, ſulica.*
Morin, *ſpetie di vento Occidentale.*
Morion, *morione.*
donner le Morion, *caſtigar vn ſoldato nel corpo di guardia.*
* Morir, mourir, *morire.*
Moriſque, *moriſce.*
Morme, *orano.*
Morne, *penſoſo, maninconico, penſieroſo.*
lance Morne, *lancia col ferro rintuzzato.*
couleur Morne, *color ſmorto è pallido.*
Morné, *rintuzzato.* Item, *nato morto.*
Mornement, *maninconicamente.*
Morner, *rintuzzare vn ferro.*
Morniffle, *ſpetie di fruto.* Item, *trè pari alle carte.*
vne Morniffle, *vna gnanciata.*
Moroche, *ſpetie di biada.*
Moromantie, *pazza ò ſtiocca indouinatione.*
Moron, *anagallide.*
Moroſité, *moroſità.*
Morpion, *piattola.*
vn petit Morpion, *vn huomo molto picciolo, meza ſconciatura.*
Morail de mulet, *baia.*
Morrailles, *morraglie.*
Morre, *il giuoco della morra.*
Morrude, *ſpetie di peſce cappone.*
Mors, *morſo.*
Mors à hotte, *ſcaccia.*
Mors à la genette, *ſquarcia bocca.*
Mors à canon, *cannone.*
Mors à hotte, *ſchiaccia, ſcaccia.*
Mors à poire, *pera.*
Mors au diable, *ſpetie d'herba.*
branſler ou ſecoüer le Mors, *prouocare, incitare.*
Morſiller, *morſellare.*
Morſure, *morſicchiatura.*
Mort, *morte.* Item, *morto.*
Mort au bœuf, *ſpetie d'herba, anagallide.*
Mort aux chiens, *colcico.*
Mort aux oyes, *cicuta.*
la Mort Roland. i. *la ſete.*
Mort aux rats, *ſargalla, riſagallo.*
bois Mort, *albero che non produce.*
Mort-bois, *albero ſecco.*
Mort aux vers, *aſſentio.*
aprés la Mort le Medecin : l'Italien dit, *il ſoccorſo di Piſa, che vien fornita le guerra.*
Mortaillable, *ſubdito ò ſeruile, che paga le taglie.*
Mortaille, *condition di vaſallo, condition ſeruile.*
Mortailler, *impor taglie à i ſudditi.*
Mortaillier, *ſignore che taſſa i ſudditi.*
Mortaiſe, *mortiſa.*
Mortalité, *mortalità, moria.*
Morte, *morta.*
Mortes œuures, *opere morte di vaſcello.*
Morte ſaiſon, *ſtagione che non ſi peſca niente.*
eau Morte, *acqua mortita, acqua ſtagnante.*
Morte-paye, *paga morta.* Metaph. *cattiuo pagatore.*
Mortel, *mortale.*

Mortellement ;

Mortellement , *mortalmente.*
Morte-main , *robba di forastiere morto , che viene al Rè.*
Mottement , *mortalmente.*
Mortier , *spetie di berretta di Presidente.*
Mortier , *mortaro , mortaio.* Item , *lampada.*
Mortier , *sorte d'artillerie , spingarda , mortaletto.*
le Mortier sent tousiours les aux. i. *sempre si conosce la natura del surfante ò grossolano.*
du Mortier , *malta.*
Mortifere , *mortifero.*
Mortification , *mortificatione.*
Mortifié , *mortificato.*
chair Mortifiée , *carne frolla.*
Mortifier , *mortificare.*
Mortifieur , *mortificatore.*
Mort né , *nato morto , aborto.*
* Mortuage , *mortorio.*
Mortuaire , *Idem.*
drap Mortuaire , *palio.*
Morve , *moccolo.*
Morve de cheual , *moccola , ciamorro.*
Moruë , molluë , *molua , pesce.*
Morueau , *moccolo.*
lécher le Morueau , *bacciare , bacciuccare.*
Morueux , *moccoloso.*
chandelle Morueuse , *smoccoloso lume.*
vn petit Morueux , *moccicone.*
le petit Morueux s'en veut mesler : l'Italien dit , *il cencio vuol entrare in bucato.*
* se sentir Morueux. i. *sentirsi colpeuole.*
il vaut mieux laisser son enfant morueux , que luy arracher le nez : l'Italien dit , *è meglio cader dal pedone che dalla vetta.*
Mosaique , *mosaica.*
Muscaire , *certo osso.*
Moscardin , *moscardino.*
Mosquée , *Moschita.*
Mosquette , *picciola Moschea.*
Mosquettes , *pezzi da compagna.*
Mossette d'Euesque , &c. *mozzetta.*
Mot , *parola , dittione , voce , vocabolo , motto.*
vn Mot d'escrit , *vn riscritto.*
Mot , aduerbe , *zitto.*
il a le Mot du guet , *gli è attuisato.*
le Mot du guet , *il nome.*
dire vn Mot , *far motto.*
ne dire Mot , *non far parola.*
auoir le Mot pour rire , *esser piaceuole ò motteggiatore , motteggiare.*
le Mot d'vne deuise , *motto.*
Mot à mot , *parola per parola.*
prendre au Mot , *attaccarla presto con vno.*
payer tout à son Mot , *pagare secondo che vuol il mercatante.*
vn Mot d'aduis après la lettre écritte , *poscritta.*
il n'a qu'vn Mot. i. *non fà tante parole.*
trancher le Mot , *dir liberamente.*
Mot de gueule , *parola dishonesta.*
vous ne dites pas le bon Mot , *manca il verbo principale.*
en peu de Mots , *in ristretto , in poche parole.*
gros Mots , *parole brutte , ò villanie.*
Motacille , *motacilla.*
Motelle , *spetie di lampreda.*
Motet , *mottito.*
Moteur , *motore.*
Motif , *motino.*
Motion , *motione.*

Motte , *gleba di terra.* Item , *poggetto.*
Motte penil , *pettignone.*
Motte ou motteau de beurre , *gramolo.*
Motteau , *gleba , gramolo.*
Mottelet , *gleba picciola.*
Mottelette , *pettignone picciolo.*
Motteux , *pieno di glebe.*
Mou , *pulmone.*
Mouffe , émoussé , *rintuzzato.*
Moucet , *passera.*
Mouchard , *spia , appostatore.*
Mouche , *mosca , Vedi , mousche.*
Mouche de Vaisseau , *mozzo.*
se Moucher , *sfiarsi il naso.*
du temps que l'on se Mouchoit sur la manche : l'Italien dit , *nel tempo che Berta silaua.*
se Moucher sur la Manche , *asciugarsi il naso col braccio.*
il a esté Mouché. i. *è stato colto.*
Moucher la chandelle , *smoccolare.*
il n'a pas le loisir de se Moucher. i. *hà molte facende.*
Moucher la queuë d'vn cheual , *mozzare , tagliare.*
Moucheron , *moscarino.* Item , *sorte di fungo , prugnolo.*
Mouchet , oiseau , *moscardo.*
Moucheter , *sfioccare , colpeggiare.*
Moucheteur , *tagliuzzatore.*
Moucheteure , *fiocchetto.*
Mouchettes , *smoccolatoio.*
Moucheur , *smoccolatore.*
Mouchoir , *fazzoletto , benduccio.*
vn Mouchoir de col , *spetie di gorgiera da donna.*
le Mouchoir de la Veronique , où est la figure de Nostre Seigneur , *volto santo.*
Mouchon , *smoccolo.*
Moucle , moule , poisson , *mitolo.*
* Mondure , *macina.*
Mouë , *smorfia , visaccio.*
* Mouée de gens , *quantità ò calca di persone.*
Mouëlle , *midolla.*
Mouëlle d'arbre , *cifoglione.*
Mouëlleux , *midolloso.*
Mouette , *gauia.*
Mouffle , *manicotto.* Item , *girella da inalzare i pesi , traglia che riuchiude la girella.*
Mouffles , mitaines , *maniccie.*
Mouffle , *coperchio di fornello.*
Moufflet , *passuto , grasso.*
Moufflu , *Idem.*
Mouïllé , *bagnato.*
Mouïlle-bouche , *spetie di pero.*
Mouïllement , *bagnamento.*
Mouïller , *bagnare.*
Mouïller l'ancre , *dar fondo.*
Mouïlleure , *bagnatura.*
Mouïlloir , *scodellino da bagnarsi le dita , bagnatoio.*
Moulage , *stampatura.* Item , *macinatura , il macinare , la macina.*
Moulaine , *spetie d'herba.*
* Mouldeur , *macinatore.*
Mouldre , *macinare.*
Moule , *forma.*
Moule de bouton , *anima di bottone.*
Moule de femme à coëffer , *certo carello da reggere i capegli.*
Moule d'image , *stampa.*
cela ne se jette pas en Moule. i. *non si fà con facilità.*
Moule , poisson , *mitolo , musciolo.*

Gg

le Moule du pourpoint , *il corpo.*
laiffer le Moule du pourpoint , *morire.*
jetté en Moule , *à gitto.*
jetté en Moule , Metaph. i. bien fait , *fatto à pennello.*
cét habit eft jetté en Moule , *quefto veftito vi ftà di pinto.*
bois de Moule , *legno di garbo.*
du potage aux Moules : l'Italien dit , *fungi da mangiare.*
de la Moulée , *fango che forma la ruota del arruotatore.*
Mouler , *formare , ftampare.*
en faire Mouler , *mal trattar vno :* l'Italien dit , *dar da vedere i ceci.*
Moulerie , *ftampatura.*
Mouleur , *formatore , ftampatore.*
Mouleur de bois , *mifurator di legne.*
Mouleure , *modano , cimatio.*
Moulin , *molino.*
faire aller fon Moulin , *mangiare.*
Moulin à bras , *molino da braccio.*
Moulin à papier , *cartiera.*
Moulin à vent , *molino da vento.*
il eft veftu comme vn Moulin à vent. i. *è veftito di tela.*
le Moulin eft fermé , les afnes fe joüent , *è ferrato il molino gi' Afini trefcano.*
* Mouliner , *macinare.*
Moulinet , *girella , giramento.*
faire le Moulinet , *girare.*
Moulinet à guinder en haut , *terno , burbara.*
* Moulinier , *molinaro.*
Moulon , *mole , mucchio.*
Moult , *parola antica , molto.*
Moulture , *macina.*
Moulu , *macinato.*
tout Moulu de coups , *tutto peftato ò pefto.*
Moulüe , *mollua.*
Moulure , *modano , cimatio.*
* Mourable , *morevole.*
Mourant , *morente.*
bleu Mourant , *turchin' ftanato.*
couleur Mourante , *ftanato colore , ibiadato.*
œil Mourant , *occhio languente.*
Mourene , *murena.*
Mourin , *gorgoglione.*
Mourir , *morire.*
fe Mourir , *effer preffo alla morte , effer per morire , ftar per morire.*
Mourir comme les melons , la femence dans le corps : l'Italien dit , *morir come le zuche , ò come il grillo.*
faire Mourir la balle en joüant à la paulme , *ammazzar la palla.*
au Mourir , *mortalmente.*
il Mourroit de faim en vne bonne ville : l'Italien dit , *fi morrebbe di fame nell' Altopafcio.*
Mouron , *anagallide.*
Mouron violet , *antirrino.*
Mourre , *ceffo , mufo.*
la Mourre , *il giuoco della morra.*
* Mourrues , *emorroide.*
* Mouffee , *mouffe , mofcio.*
Moufche , *mofca.*
Moufche fur le vifage , *certo bollettino nero à guifa di mofca vfato dalle donne ful vifo.*
Moufche à chien , *zecca , fecca.*
Moufche à miel , *ape , pecchia.*
connoiftre Moufches en laict , *conofcer la mofca nel latte.*
Moufche guefpe , *vefpa.*
quelle Moufche vous a picqué. i. *che cofa vi hà moffo.*



la Moufche a efté fur la chair , *vi è il cacchione.*
vne fine Moufche. i. *vn furbo , vn aftuto :* l'Italien dit , *vn bigatto.*
prendre les Moufches à la pippée : l'Italien dit , *pigliar le mofche con le natiche.*
à la Moufche , forte de jeu , *alla mofcola.*
prendre la Moufche. i. *andar in colera.*
paffer la Moufche deuant les yeux. i. *far andar in colera.*
chaffer les Moufches. i. *dar delle ftaffilate.*
Moufcher , *fpiare.*
Moufcheron , *mofcherino.*
Moufcheté , *mofcato.*
Moufchet , *mofcardo.*
Moufcheter , *mofcare , tagliuzzare , sfioccare.*
Moufcheteure , *fiocchetto.*
Moufchetiere , *nido di mofche.* Item , *punta di coda.*
Moufquet , *mofchetto.*
Moufquet à croc , *mofchetto da pofta.*
Moufquetade , *mofchettata.*
Moufquetaire , *mofchettiere.*
Moufqueton , *mofchettone.*
Moufquetterie , *mofchettaria.*
Mouffe , *fchiuma.*
Mouffe d'arbre , *mofcolo.*
vn Mouffe , garçon de vaiffeau , *mozzo.*
Mouffe marine , *aligo , alga.*
Mouffe , adjectif , *rintuzzato.*
Mouffeau , *muccio.*
Mouffelu , *mofciofo , mofcolofo.*
Moufferon , *fenghino , prugnolo.*
Mouffeux , *mofcolofo.*
Mouffir , *ammuffare.*
Mouffu , *mofcolofo.*
Mouft , *mofto.*
Mouftache aux cheueux , *berro , berrino.*
Mouftaches de la barbe , *bafette.*
Mouftarde , *moftarda , fenapa.*
* les enfans en vont à la Mouftarde : l'Italien dit , *lo fanno i pefciolini.*
s'amufer à la Mouftarde , *perder il tempo ftar à bada.*
Mouftardier , *vafo da moftarda.* Item , *quello che fà la moftarda ò la vende.*
Mouftardier , forte d'arondelle , *rondone.*
Mouftelle , *muftela , bennola.*
Mouftole , *Idem.*
Moufture , *macina.*
* Moute , *Idem.*
Mouton , *montone , caftrato.*
pain Mouton , *certo panetto con grani di fromento in cima.*
reuenons à nos Moutons , *torniamo al noftro propofito.*
garder les Moutons à la Lune , *effer appiccato in campagna.*
Mouton à battre ou enfoncer les paulx , *caftello col maglio battipalo.*
Mouton , chair de mouton , *carne di caftrato.*
Moutonnage , *datio di montoni.*
Moutonnaille , *quantità di montoni.*
Moutonnier , *guardiano di pecore.* Item , *di montone.*
Mouture , *macina.*
Mouuance de fief , *dipendenza.*
Mouuant , *mouento.*
Mouuoir , *mucuere.*
Mouuement , *mouimento , moto.*
Mouuement d'horloge , *ingegno , machina.*
de fon propre Mouuement , *da fe fteffo.*
Mouuement de terre , *terremoto.*

* Monuer, *rimtuouere, rimescolare.*
Mouueur, *monitore.*
Moux, *molle.*
du Moux, *pulmone d'animale.*
Moy, *io.*
* Moyau, *mezo, centro.*
Moyen, *mezo, modo, via.*
Moyen, adjectif, *mediocre, mezano.*
Moyens, *beni, robba, facoltà.*
Moyennant, *mediante.*
Moyenné, *commodo, ricco.*
Moyennement, *mediocremente, mezanamente.*
Moyenner, *tronar via, tronar mezo, metter per le mani.*
Moyenneur, *mezano.*
Moyeu, *rosso d'vouo, tuorlo, rossume.*
Moyeu de rouë, *barille della ruota botte.*

## M V

**M** Vable, *mutabile, inconstante.*
Muablement, *mutabilmente, mobilmente.*
Muableté, *mutabilità, inconstanza.*
Muance, *mutatione, variatione.*
Mucilage, *mucilaggine.*
* Mucosité, *mocrosità.*
Muë, *muta, muda, chiusa.*
Muë à engraisser la volaille, *stia.*
Mué, *ammutato, mutato.*
Mucil, *alburno.*
Muel, *riga ò lineale del liuello.*
Muëment, *mutamento.*
Muer, *mutare. Mutar le penne.*
Muet, *mutto, mutolo.*
Muet, *mutola. Item, loggia di boscaiuola.*
Muffle, *muso, ceffo.*
Muge, *triglia muggia.*
Mugereul, *spetie di triglia.*
Mugir, *muggire, mugghiare.*
Mugissement, *mugghiamento.*
Muglement, *Idem.*
Mugler, *mugghiare, muggire.*
* Mugot, *gruzzolo, mucchio di danari.*
Mugotter, *ammucchiare.*
Muguet, *spergola odorata, lilli conualle.*
petit Muguet, *galio.*
vn Muguet, *vn zerbinotto, vn cacazibetto, vn cinettino.*
Mugueter, *ciuettare.*
Muguette, *noce moscata.*
Muguette de mouton, *ghiandula di lachetta.*
Muguetteries, *ciuettarie.*
Muguetteur, *cinettino.*
Muid, *botte.*
Muid, *mesure, maggio.*
Muifle, *spetie di montone in Sardegna, che hà la lana simile a' peli delle capre.*
Muifleron, *Idem.*
Mulasse, *spetie di mostro marino.*
Mulataille, *razza di muli.*
* Mulcte, *multa.*
Mulcté, *castigato della borsa.*
Mulcter, *multare, castigare.*
* Mulctoire, *multorio.*
Mule, *mula.*
franche Mule, *animella di bue, coglia.*
Mule, *pantouffle, pianella.*
vne Mule, *vna persona fantastica ò caparbia.*

Mule au talon, *buganza, pedignone.*
Mules trauersines, *cropazze tranerse.*
Mulet, *mulo.*
garder le Mulet, *aspettar alla porta.*
Mulet, poisson, *cefalo, achia.*
Muletaille, *razza di muli.*
Muletier, *mulatiere.*
Muletier de lictiere, *lettighiere.*
Mulette, *animella.*
Mulette d'oiseaux de proye, *budella.*
* Muliebre, *di donna.*
* Muliebrement, *donnescamente.*
Mulin, *di mulo.*
Mulon d'eau, *piena.*
Mulon de foin, *mucchio.*
Mulot, *topo di campo, spetie di topo.*
Muloter, *cauar la terra à guisa di topo.*
Mulotier, *che caua nella terra à guisa di topo.*
* Multation, *multa, castigo.*
Multe, *multa.*
* Multer, *multare.*
Multicuple, *moltiplice.*
Multipliable, *moltiplicheuole.*
Multipliant, *moltiplicante.*
Multiplicable, *moltiplicheuole.*
Multiplication, *moltiplicatione.*
Multipliement, *moltiplicamento.*
Multiplier, *moltiplicare.*
Multiplieur, *moltiplicatore.*
Multitude, *moltitudine.*
Mumie, *mumia.*
Munde, *puro, schietto, mundo.*
Munder, *mondare, nettare.*
Mundificatif, *mondificatiuo.*
Mundifier, *mondificare.*
* Municipal, *municipiale.*
Munier, *molinaro.*
Munier, poisson, *spetie di pesce.*
Munier, oiseau, *aparuolo.*
Munificence, *munificenza.*
Muniment, *munitione.*
Muniments, *giustificationi, allegationi.*
Munir, *munire.*
Munition, *munitione.*
Munitions de vaisseau, *bastimenti.*
Munitions de gueule, *cose da mangiare.*
Munitionnaire, *munitionare.*
Munitionner, *proueder di munitioni, munitionare.*
Muque, *nuque, coppa, colottola.*
Mur, *muro.*
le gros Mur, *muro maestro.*
au plus prés du Mur, *à meglio al muro.*
Muraille, *muro, muraglia, parete.*
Muraille façonnée en forme de ret, *parete reticulata.*
Muraille à deux briques, *muraglia di due teste.*
Muraille reblanchie. Metaph. *vna vecchia imbellettata.*
Muraille seiche, *muro à secco.*
Muraille couuerte de thuiles, *parete imbricata.*
Muraillier, *di muro.*
Murai, *murale.*
Murene, *murena.*
Murer, *murare.*
Mureraye, *luogo piantato di mori.*
Muret, *porpora, pesce.*
* Murette, *salsa di pesce.*
* Murler, *vrlare.*
Murmurateur, *murmuratore.*

Murmuration, *murmuratione.*
Murmure, *mormorio, sufurro.*
Murmurement, *mormoramento.*
Murmurer, *mormorare, sufurrare.*
Murtre, *homicidio.*
* Murtrir, *uccidere.*
* Murte, *mirto.*
Musaïque, *mosaica.*
Musangere, *apiastra.*
Musaraigne, *topo ragno.*
Musard. *balocco, musorno, baderlo.*
Musarderie, *baloccagine.*
Musc, *muschio.*
Muscade, *noce moscata.*
Muscadeau, *moscatello.*
Muscadelle, *rosa moscata.*
Muscadet, *moscatello.*
Muscadins, *moscardini.*
Muscat, *moscato.* Item, *vino moscato, moscatello, vna moscata.*
rose Muscate, *rosa moscata.*
Muscateline, *pero moscato.*
Muscellin, *di muschio.*
Muscle, *moscolo.*
Muscles de la jambe, *lacerti dello stinco.*
Muscosité, *moscosità.*
Muscule, *moscola, di moscelo.*
Musculeux, *moscoloso.*
Musculosité, *moscolosità.*
Muse, *musa.*
la Muse du Cerf, *badamento.*
Museau, *grifo, cesso, grugno, muso.*
casser le Museau, *sgrifare.*
Museau de l'essieu, *capo dell' asse.*
Museleux, *che hà il muso.*
Muselier, *di grifo ò muso.*
Museliere, *musaruola.*
Museraigne, *topo ragno.*
Muser, *baloccare, musare, badare.*
Muserolle, *musaruola.*
Muset, *topo ragno.*
Musette, *piua.*
Musical, *musicale.*
Musicalement, *musicalmente.*
Musicien, *musico.*
Musique, *musica.*
Musique enragée : l'Italien dit, *la zolfa de gli Ermini.*
Musnier, *molinaro.*
Musnier, *Vedi,* Munier.
puce Musniere. i. *vn pidocchio.*
Musqué, *concio col muschio, moscato.*
poire Musquée, *spetie di pero.*
Musquer, *muschiare, moscare.*
Mussale, *spetie di mitolo.*
* Musse, *ascondareglio, nascondiglio.*
* Musser, *ascondere, nascondere.*
Mussette d'Euesque, &c. *mozzetta.*
Mussette, *nascondiglio.*
Mustelle, *bennola.*
Mut, Muet, *mutolo, muto.*
Mut, *spetie di cane.*
Mutabilité, *mutabilità.*
Mutation, *mutatione.*
Mute, *muta di cani.*
Mutilation, *mutilatione.*
Mutiler, *mutilare, troncare, stroppiare.*
Mutin, *tumultuoso, seditioso, ostinato, fattioso.*
Mutinateur, *tumultuante, seditioso.*



Mutination, *sollevatione, ammutinatione.*
Mutinement, *sollevamento, ammutinamento.*
se Mutiner, *sollevarsi, abbottinarsi, ammutinarsi.*
Mutinerie, *sollevatione, abbottinamento, seditione.*
Mutir, *schizzare.*
Mutuel, *cambieuole, mutuo.*
Mutuellement, *cambieuolmente.*
Muy, *moggio.* Item, *botte.*
Muyage, *certa quantità di botti.*

## MY

* MY, *mezo, meza.*
Myagre, *spetie di serpente.*
la My-Aoust, *mezo Agosto.*
la My-Caresme, *meza quaresima. E così dell' altre stagioni ò mesi.*
Myrabolan, *mirabolano.*
Myre, *spetie di lampreda.*
Myrique, *tamarisco.*
Myrre, *mirra.*
Myrte, *mirto.*
Myrtil, *mirto, mirtillo.* Item, *coccola di mirto.*
Myrtin, *di mirto.*
Mysantrope, *misantropo.*
Mystere, *misterio.*
Mysterieux, *misterioso.*
Mystique, *mistico.*
Mystiquement, *misticamente.*
Mytologe, *mitologo.*
Mytologie, *mitologia.*
Mytridat, *teriaca.*
My-voulté, *mezo voltato.* Item, *mezo gobbo.*

# N A

N Abot, *nano, tamagnino, huomo picciolo.*
Nabotte, *nana.*
Nacarat, *spetie di colore come rancio.*
Nacelle, *barchetta, nauicella.*
Nacelle à mettre de l'encens, *nauicella.*
Nacelle, en Architecture, *scotia.*
* Nacle, *madre perla.*
Naqueter, *battere i denti.* Item, *mendicare.*
Nacre, *madre perla.* Item, *spetie di conca.*
Nadir, *punto più basso del globo opposto alzenit.*
Nadel, *spetie di verme.*
Nadelle, *squarciasacco.*
Naffe, *nanfa, fior di melorancio.*
eau de Naffe, *acqua nanfa.*
à la Nage, *à nuoto.*

tout en Nagée, *tutto bagnato ò mollo ill ſudore, tutto ſu-*
*dato.*
Nageant, *nuotante.*
Nagement, *nuotamento.*
Nageoir, *luogo doue ſi nuota.*
Nageoire pour apprendre à nager, *notainolo.*
Nageoires de poiſſon, *alette, aliette.*
Nager, *nuotare.*
Nager en grand eau. i. *hauer commodità ò abbondanza*
*d'ogni coſa, frequentar Corti, ò luoghi abbondanti è van-*
*taggioſi.*
Nager ſur l'eau, *galeggiare.*
Nager entre deux eaux, *nuotar ſott' acqua.* Metaph. *ſtar*
*nella mediocrità.*
Nageur, *nuotatore.*
Nageure, *nuotamento, nuotatura, nuotata.*
Nagueres, n'agueres, *poco fa reſtì.*
* Nai, nef, *naue.*
Naiade, *Naiade, ninfa dell' acque.*
Naïf, *naturale.*
Naïfuement, *naturalmente.*
* Naïfuer, *rappreſentar naturalmente.*
Naïfueté, *naturalezza.*
Nain, *nano.*
Naine, *nana.*
arbre Nain, *albero baſſo.*
* Naintre, *nano.*
* Naintreſſe, *nana.*
* Naiſer, *macerar nell' acqua à guiſa di canapa.*
Naiſſance, *naſcenza, naſcita.*
Naiſſant, *naſcente.*
Naïſtre, *naſcere.*
* Nambot, *nano.*
* Namptir, *ſequeſtrare.*
du Nanan, *parola bambineſca, ciccia.*
Nantir, *ſequeſtrare per ſua ſicurezza.*
Nantie, *ſequeſtro di robba per ſua ſicurezza.*
Nantilles, *lintiglie, lenticchi.*
Nantiſſement, *aſſicuranza dal ſequeſtro, impoſſeſſamen-*
*to.*
Nanty, *aſſicurato dal ſequeſtro, impoſſeſſato.*
* Nany, *nò.*
Napre, *Ninfa di boſco.*
Napel, *napello.*
eau de Naphe, *acqua nanfa.*
Naphte, *ſpetie di bitume liquido.*
aller à Naples. i. *pigliar il mal venereo.*
Napleux, *pieno di mal di Napoli ò venereo.*
Napolier, *lappola.*
Napollet, *amor d'hortolano.*
Nappe, *mandile.*
Nappe de cerf, *pelle.*
Nappe au pan d'vn filet volant, *armadura della rete.*
* Naquaire, *nacchera.*
Naque, *madre perla.*
Naque-mouche, *vn per di giornata.*
Naquer, *batter i denti.*
Naqueter, *Idem.* Item, *correr dietro à vno come ſuo ſer-*
*uo.*
* Naquet, *ragazzo che ſerue nel giuoco della palla cor-*
*da.*
Narcaphte, *agalocco, tigname.*
Narceiſſe, *Narciſo, fiore.*
* Narcotique, *ſtupendo.*
Nard, *ſpigo nardo.*
Nard vulguaire, *ſpigo.*
Nard baſtard, *lauandula.*
Nardin, *di nardo, nardino.*

Nargues, *niente, vn frullo, ſegno di diſprezzo.*
Narine, *narice.*
* Narquin, *furbeſco.*
Narquois, *lingua furbeſca, zergo.* Item, *furbeſco, ſuer-*
*bo.*
Narrateur, *narratore.*
Narratif, *narratiuo.*
Narratiue, *narratiua.*
Narration, *narratione.*
Narré, ſubſt. *narratione.*
Narrément, *narraramente.*
Narrer, *narrare.*
Narreur, *narratore.*
Naſal, *di naſo, naſale.*
Naſarde, *buffetto ſopra il naſo, naſata, zeccarda.*
Naſarder, *dar vn buffetto ſopra il naſo, zeccardare.*
Naſeaux, *narici.*
Naſeaux de cheual, *frogie.*
Naſiller, *niuellare.*
Naſitort, *lepidio, naſturtio.*
Naſomonite, *ſpetie di pietra roſſa vergata ò macchiata di*
*nero.*
* Naſquir, *naſcere.*
Naſſe, *naſſa.*
Naſſelette, *nauicella, barchetta.*
Naſſellier, *di barchetta.*
Naſſelle, *nauicella.*
Naſſiette, *naſſa.*
Naſu, *naſuto.*
Natal, *natale.*
Natoire, *luogo da nuotare.*
Natif, *natiuo.*
Nation, *natione.*
National, *di natione.*
Nationnaire, *paëſano.*
Natiuité, *natiuità.*
Natte, *ſtuora di paglia.*
Natter, *coprir le pareti ò muraglie di paglia intrecciata à*
*guiſa di ſtoia.*
Nattier, *lauoratore di ſtoia ò paglia intrecciata.*
Naturaliſte, *naturaliſta.*
Naturalité, *naturalità.*
Naturaliſer, *naturalizzare.*
Nature de Baleine, *ſeme di Balena.*
Nature, *natura.*
* Natureau, *il naturale.*
le Naturel, *la natura, il naturale.*
Naturel, *naturale.*
Naturel i. *baſtardo.*
Naturellement, *naturalmente.*
* Nau, *naue.*
* Nauage, *naufragie.*
Naual, *nanale.*
* Naue, *naue.*
Naueau, *raua, rapa.*
Nauée, *nauata.*
Nauet, *rapa.*
Nauette, *ſeme di rape.*
Nauette de tiſſeran, *nauicella.*
Nauette, *barchetta, nauicella.*
Nauette d'encens, *nauicella.*
Nauetiere, *campo ſeminato di rape.*
Nauf, *naue.*
Naufrage, *naufragio.*
faire Naufrage, *romper in mare.*
Naufrageux, *naufrago.*
Nauigable, *nauigabile.*
* Nauigage, *nauigatione.*

Nauigation, *nauigatione.*
Nauigeable, *nauigabile.*
Nauiger, *nauigare.*
Nauigeur, *nauigatore.*
Nauire, *naue, vascello.*
Naulage, *nolo.*
Naulager, *pagar il nolo.*
Naule, *nolo.*
Naumachie, *abbattimento sopra il mare.*
Navré, *ferito.*
Navrer, *ferire, impiagare.*
Navreur, *feritore.*
Navreure, *ferita, piaga.*
* Nauseatif, *nauseatiuo.*
* Nausée, *nausea.*
Nautile, *nautile, di nocchiere.*
Nautonnier, *nocchiero.*
Nay, né, *nato.*
* Nayer, noyer, *annegare.*
Nazal, *nasale, di naso.*
Nazard, *certo stromento da vento.*
Nazarde, *zeccarola nasata.*
Nazarder, *zeccardare.*
Nazeaux, *narici.*
Naziller, *ninellare.*
Nazilleux, *ninellatore.*

### NE

NE, negatiue, *non.*
Ne, conjonction, *nè.*
& Ne pense pas, *ne pensa.*
Né, *nato.*
* Neance, *negatione, negatiua.*
Neant, *niente.*
pour Neant, *in darno.*
Neantise, *dapocaggine.*
Neantmoins, *nientedimeno, nondimeno, nulla di meno.*
* Neble, *nebbia.*
* Nebuleux, *nebuloso.*
* Nebulon, *nebulone.*
Necessaire, *necessario.*
Necessairement, *necessariamente.*
Necessité, *necessità, bisogno.*
Necessiter, *necessitare.*
Necessiteux, *bisognoso.*
Nectar, *nettare.*
Nectaré, Nectarée, &
Nectarin, *nettareo.*
Nef, *naue.*
Nef d'Eglise, *nauata.*
Neffle, *nespola.*
ce sont des Neffles, qui se dit en se mocquant : l'Italien dit, *son cipolle.*
Nefflier, *nespolo.*
Negatif, *negatiuo.*
Negation, *negatione.*
Negatiue, *negatiua.*
Negatoire, *negatorio.*
Negligemment, *negligentemente.*
Negligence, *negligenza, pigritia, infingardia.*
à la Negligence, *negligentemente, inculto, non ornato.*
Negligent, *negligente, infingardo, pigro.*
Negliger, *negligere, tralasciare.*
Negligé, *negletto.*

Negoce, *negotio.*
Negociateur, *negotiatore.*
Negociation, *negotiatione.*
Negocier, *negotiare.*
Negotieux, *affacendato, che hà negotij.*
Negre, *negro, moro.*
Negrier, *certa vite seluatica.*
Negromance, *negromantia.*
Negromancien, *negromante.*
Neige, *neue.*
lieu où l'on conserue la Neige, *neuera.*
de Neige, qui se dit par mépris : l'Italien dit, *di saua sbaccellata.*
Neiger, *neuicare, fioccare.*
Neigeux, *neuicoso, neuoso.*
Neigre, *nero.*
Nelle, *nigella.*
Neller, *vernicare, niellare.*
Nelleure, *spetie di vernice, niello.*
Nemorale, *spetie di tartaruca.*
Nenny, nou, *nò.*
Nenuphar, *ninfea.*
Nepanthe, *beuanda da beuer gl' affanni.*
Nephritique, *di pietra, nefretico.*
Nephritide, *calcolo, renella.*
Neptunales, *feste di Nettuno.*
Neptunien, *di Nettuno.*
Nepueu, *nipote, nepote.*
arriere Neveu, *nipotino.*
les Neveux, *i posteri.*
Nerée, *la Dea del mare, il mare steffo.*
Nerf, *neruo.*
Nerf de Liure, *correggine.*
à Nerfs fendus, *libro ligato in fondelli.*
Nerf feru, *mal ferito, male di cauallo.*
Nerion, *oleandro, rododafne.*
Nerite, *spetie di conchiglia.*
Nerprun, *pruno, spino ramno.*
Nerte, *mirtillo.*
Neruer, *neruare.*
Nerueure, passe-poil, *neruatura.*
Nerueusement, *neruosamente.*
Nerueux, *neruoso, nerboruto.*
Neruins, *cordicelle da orlar le vele è bendarle.*
Neruosité, *neruosità.*
Nervu, *neruoso.*
Nés, *naso.*
Nesler, *niellare.*
Nesple, *nespola.*
Nesplier, *nespolo.*
Net, *netto.*
mettre au Net, *rouinar vno.* Item, *copiar vna cosa.*
il est au Net, *è ridotto in asso.*
dire tout Net, *dir di netto, dir liberamente.*
Nette, *netta.*
en sortir ses brayes Nettes, *vscirne netto.*
Nettelet, *vn poco netta.*
Nettement, *nettamente.*
Netteté, *purità, pulitezza, netezza.*
* Nettieures, *mondiglie, scopature.*
Nettoyable, *netteuole, che si può nettare.*
Nettoyer, *nettare.*
Nettoyer les branches, *rimondare.*
Nettoyer au jeu, *portar via ogni cosa, vincer tutti li danari.*
Nettoyer la courtine, tirer le long d'vn seul coup, *spazzar la cortina.*
Nettoyeures, *mondature.*
* Neuchu, *noduto, nodoso.*

Neud , nodo.
Neud coulant , nodo scorrente.
Neud de la gorge , noeu.
* Neue , sein ou marque sur le corps , neo.
Neveu , nipote.
Neuf , noue.
Neuëment , immediatamente.
Neuf , adjectif , nuouo.
cheual Neuf , cauallo , non cattalcato.
homme Neuf , huomo inesperto , rozzo.
Neufvaine , nouena.
Neufvement , nuouamente.
Neufviéme , nono.
Neufviémement , per il nono.
Neutral , neutrale.
Neutralement , neutralmente.
Neutralité , neutralità.
Neutralizer , neutralizzare.
Neutre , neutro , neutrale.
Neuvaine , nouena.
Nez , naso.
Nez de trompette , naso longo è grosso.
il m'a donné du Monsieur par le Nez, m'hà dato del Signore per il capo.
Nez retroussé , naso corto , all' insù.
Nez écorché , naso schicciato.
donner du Nez en terre , andar à gambe leuate.
chien de haut Nez , cane di gran sentore.
Nez épatté , naso strogiato.
il ne voit pas plus loin que son Nez. i. non hà preuidenza.
jetter au Nez , rimprouerare , gittar in occhio , ó al volto , rinfacciare , gictar vn sul viso.
auoir le Nez tourné à la friandise , hauer ciera di lussuriosa.
il luy a dit à son Nez , gli hà detto al cospetto suo.
demeurer auec vn pied de Nez , restar con vn palmo di naso.
il a eu bon Nez. i. si è accorto.
prenez-vous par le Nez. i. pensate à voi che siete anche colpeuole , che hauete il medessimo difetto.
s'arracher le Nez du visage : l'Italien dit , darsi la z appa siel piede.
mener par le Nez , aggirar vno.
mettre son Nez par tout , ficcar il naso per tutto.
prendre au Nez , qui se dit des choses fortes , arriuar al naso.
ce n'est pas pour vostre Nez. i. non sarà per voi.
prendre son Nez pour ses fesses : l'Italien dit , pigliar vn granchio , far errore.
cela n'a point de Nez , questo non hà naso. i. non hà apparenza nessuna.
donner sur le Nez , dar vna guanciata.
donner sur le Nez du Roy , far falsa moneta.
parler du Nez , parlar attrauerso , il naso.
fermer la porte au Nez , serrar la porta in sul viso.
leuer le Nez. i. andar con baldanza.
pris du Nez , accatarrato pel naso.
se refaire le Nez , ingrassarsi di qualche buona viuanda.
tordre le Nez à quelqu'vn , maltrattar vno.
auoir le Nez cassé. i. esser in cattiuo stato.
parler Nez à nez , parlar insieme.

### N I

NI, nè.
Ni mémes , né anche , né meno.
Ni , negatione , negatiua.
Niais , sciocco , balocco.
Niais de Sologne : l'Italien dit , semplice di val di Strussa.
oiseau Niais , vcello nidiaco.
c'est à faire à des Niais : l'Italien dit , non siamo coglioni noi altri.
en Niaisant , &
Niaisement , à la balocca , scioccamente.
Niaiser , baloccare.
Niaiserie , baloccheria , sciocchezza , bagatella.
Nian , negante.
Niard , nidiaco.
* Niaud , di nido.
* Nice , semplice , schietto , sciocco , da poco.
* Nicement , semplicemente , schiettamente scioccamentes
Niceté , semplicità.
Niche , nicchio.
vne Niche , vna burla.
Nichée , nidiata.
Nichement , annidamento.
Nicher , nidiare.
se Nicher , annidarsi.
Nicheul , endice , vono che si lascia nel nido.
Nicheur , Idem. Item , nidiatore.
Nicosiane , nicotiana , tabacco.
faire la Nique , far la fica.
Niquet , moneta di pochissimo valore , bagattino.
Nid , nido.
Nid où la poule pond , ponaro.
il croit auoir pris la mere au Nid. i. si crede hauer trouato qualche buona cosa.
il n'y a plus que le Nid. i. non vi è più niente.
Nidal , nidiaco.
Niece , nipote.
* Niée , nidiata.
Nielle , melantio , nepitella , nigella.
Nielle romaine , nigella romana.
Niellé , annebbiato.
Nicment , negamento.
Niepce , nipote , nepote.
Nier , negaro.
* Niespe , naspo.
Nieur , negatore.
Nieures , nieufes , sucidumi , mondature , scopature.
* Niez , nidiaco. Item , sciocco.
* Nifler , sarnaccare.
Nigaud , menchione.
Nigauder , menchionare.
Nigauderie , menchionaria.
Nigelle , nepitella , nigella.
* Nille , manico di macina , manico da volar la ruota d'vna viola.
* Nimbot , nano.
le chemin de Niort , per allusione , il negare , la negatiua, non confessare.
Nippes , ciarpe , baz zicature , robbicciuole.
faire la Nique , far la fica.
Niqueter , burlare , riprendere.
Nissole , sperie di pesce.

Nitouche , S. Nitouche : l'Italien dit , *santa Nafiffa* , ou bien , *Monna Honefta da Campi.*
Nitre , *nitro.* Item , *fpetie d'herba.*
Nitreux , *nitrofo.*
Nitriere , *luogo donde fi caua il nitro.*
Nitrofité , *nitrofità.*
Niueau , *archipenfolo , liuello , niuello.*
Niueau dans le moule du canon , *anima di creta.*
au Niueau , *orizontale , à liuello , liuellato.*
Niueler , *liuellare.* Mataph. *niuellare.*
Niueleur , *liuellatore.* Item , *niuellatore.*
Niuellement , &
Niuellerie , *niuellatura.*
Niueter , *niuellare.*
Niuetterie , *niuellatura.*

## NO

**N**Oble , *Nobile.*
vn Noble Edoüard , *fpetie di moneta d'oro d'Inghilterra.*
Noble à la rofe , *moneta d'oro.*
parties Nobles du corps , *parti prencipali , come farebbe à dire , il cuore , il fegato , &c.*
qui fait profeffion de Noble , *nobilifta.*
Noblement , *nobilmente.*
Nobleffe , *nobilità.*
Nocher , *nocchiere.*
No&turne , *notturno.*
* Nodeux , *nodofo.*
Nodofité , *nodofità.*
Noël , *natale.*
des Noëls , *canzoni ò cantichi di Natale.*
* Noër , *nuotare.*
Nœud , *nodo.*
Nœud d'amour , *nodo di Salomone.*
treuuer le Nœud de l'affaire : l'Italien dit , *trouar il nodo nel gittnco.*
Nœud d'arbre , *nocchio.*
ofter les Nœuds d'vne branche , *rimondare.*
Nœud coulant ou courant , *cappio , nodo fcorrente.*
Nouër à nœud coulant , *accappiare , ligar à nodo fcorrente.*
à droit Nœud , *con due nodi.*
Nœud de fouliers , *naftri.*
Noiau , *Vedi* , noyau.
Noir , *nero.*
Noir de fumée , *negro fumo.*
faire Noir , *effer fcuro , abbuiare , far buio.*
crieur de Noir , *vendi-nero.*
regarder Noir , *guardar bieco ò torto.*
vendre du Noir : l'Italien dit , *vender oglio , vender tela per fuftagno , vender vefiche ò finocchi.*
Noire , *nera.*
beftes Noires , *cinghiali , lupi , &c.*
humeur Noire , *humor maninconico è cattiuo , humor nero.*
a&ion Noire , *cattiua attione , attobieco.*
vne Noire , *vna donna nera , vna morettina.*
vne Noire en mufique , *minima.*
ame Noire , *cattiua anima.*
Noire nuit , *notte fcura.*
pierre Noire , *lapis.*
froid Noir , *tempo fredo è fcuro.*
bife Noire , *vento freddo con ofcurità.*

## NO

Noiraftre , *nereggiante.*
Noiraud , *morettino , neretto , negretto.*
Noir-beau , *fpetie di cane.*
Noirceur , *nerezza , negrezza.*
Noircir , *far nero , diuentar nero , annerire.*
le Noircir des raifins , *inuaiare.*
Noirciffant , *annerante.*
Noirciffement , *annerimento.*
Noirciffeur , *anneritore.*
Noirciffeure , *annerimento.*
Noirelet , &
Noiret , *negretto , neretto.*
Noirettes , *nocciuoli.*
Noireté , *nerezza.*
Noiron , *negretta , morettina.*
Noife , *riffa , gara.*
Noifelier , *nocciuolo.*
* Noifelle , *nocciuola.*
Noifer , *contendere , gareggiare , litigare , riffare.*
Noifette , *nocciuola.*
Noifeux , *riffofo.*
* Noifif , *Idem.* Item , *nocino.*
Noifille , *nocciuola.*
Noifiller , *nocciuolo.* Item , *di nocciuolo.*
Noifillere , *luogo piantato di nocciuoli.*
Noifillon , *nocciuolina , nocciuola picciola.*
Noifillon de dattes , *pietre ouero offi delli datteri.*
Noix , *noce.*
Noix d'arbalefte , *noce.*
Noix de ciprés , *coccola di cipreffo.*
Noix de galle , *gala.*
Noix d'Inde , *coco , noce d'India.*
Noix methelle , *noce metella.*
le dedans de la Noix , *nocchio.*
Noix mufcade , *noce mofcata.*
Noix perfique , *nocciuola.*
Noix de pin , *pina.*
Noix vomique , *noce vomica.*
Noix-chaftaigne , *fpetie di tartufo.*
Nolage , *nolo.*
Nole , *Idem.*
Nom , *nome:*
appeler les chofes par leur Nom : l'Italien dit ; *dir pan pane.*
le Nom de guerre , *il fopranome di guerra.*
Nombles , *certi pezzi frà le cofcie del ceruo.*
Nombrable , *numereuole.*
Nombre , *numero.*
ne feruir que de Nombre , *feruir folo per ripieno.*
Nombrée , *denumeratione.*
Nombrement , *numeramento , numeratione.*
Nombrer , *numerare , annouerare.*
Nombres , *Vedi* , nombles.
Nombreur , *numeratore.*
Nombreufement , *numerofamente.*
Nombreux , *numerofo.*
Nombril , *helico , vmbilico.*
Nombril de mer , *fperie di conca.*
Nombril de terre , *rapuntico.*
Nombril de Venus , *acetabulo , vmbilico di Venere.*
Nombrillier , *di vmbilico.*
Nombrillet , *vmbilichetto.*
Nominatif , *nominatiuo.*
Nomination , *nominatione.*
Nommé , *nominato ; chiamato.*
à iour Nommé , *in vn certo giorno.*
à poin& Nommé , *à punto.*
Nommée , *denumeratione.*

Nommément

Nommément, _maſſime, particolarmente, ſpetialmente._
Nommer, _nominare, chiamare._
Nommeur, _nominatore._
Nomothaſie, _publicatione di legge._
Nompair, _caſſo, diſparo._
Nompareil, _il caſſo, che non hà pari._
c'eſt le Nompareil, _ɛ' mi pare il caſſo, egli non hà pa-ri._
Nampareille, _ſpetie di pero._ Item, _ſpetie di naſtro ſtret-tiſſimo._ Item, _tragea picciola._
Nompareillement, _ſenʒa comparatione._
Non, _nè, non._
Non pas ſeulement, _non che._
Non pas, _nè. Interrogat._
Non plus, _nè anche, manco, né manco._
Non plus que moy, _coſi poco comme io._
Non que, _non che._
Nonagenaire, _di nonanta anni._
Nonain, _ſuora._
Nonante, _nonanta._
Nonantieſme, _nonanteſimo._
Nonce, _Nuntio._
Noncer, _annontiare._
Nonceur, _annontiatore._
Nonchalamment, _negligentemente, neghittoſamente._
Nonchalance, _negligenza, traſcuraggine._
Nonchalant, _neghittoſo, traſcurato._
Nonchaloir, _non curare, metter in non cale._
* Nonchala, _negletto._
Nonciateur, _nunciatore._
Nonciation, _nuntiatione._
Nonciature, _nunciatura._
None, _nona._
Nones, _nona._
Nonnain, &
Nonne, _ſuora, monaca._
Nonnette, _ſuora picciola, ſorellina._
Nonnette, oiſeau, _codirubola._
pomme Nonnette, _ſpetie di pomo._
Nonobſtant, _non oſtante._
vn Non ſon. i. _vn caſtrato, vn cappone._
Non-valeur, &
Non-valoir, _inabilità, difetto._
* Nopçage, _parentado, matrimonio._
Nopces, _nozʒe._
Nopcier, _di nozʒe, matrimoniale, nuttiale._
Nopcierement, _matrimonialmente._
Nord, _Ponente._
Nord, _vento di tramontana._
Nordeſt, _vento greco._
Nore, _bru, nuora._
eſtre Normand. i. _diſdirſi focilmente._ Item, _eſſer aſtuto :_ l'Italien dit, _eſſer Spoletino._
Nordeſt, _greco leuante._
North, _ponente, tramontana._
Nortoeſt, _vento greco._
Nos, _i noſtri le noſtre._
Noſtre, _noſtro, noſtra._
Not, _nato, vento._
Notable, _notabile._
les Notables, _i Cittadini più riguardeuoli._
Notablement, _notabilmente._
Notaire, _Notaio, Notaro._
Notairial, _di Notaio._
Notariat, _vfficio di Notaro._
Notamment, _maſſime, ſpetialmente._
* Notariation, _nota ó ſegno di Notaro._
Note, _nota, Canto._

Note d'oiſeau, _verſo d'vccello._
changér de Note, _mutar veſſo, mutar regiſtro. i. coſtu-me._
Noter, _notare._
* Nothe, _baſtardo._
* Notice, _notitia._
Notification, _notificatione._
Notifier, _notificare._
Notoire, _notorio._
Notoirement, _notoriamente._
Notte, _Vedi, note._
* à Nou, _à nuoto._
* Nouageux, nouailleux, _nodoſo._
Nouale, _nouale, terra nouale._
* Noualité, _innouatione._
* Nouateur, _innouatore._
* Nouation, _innouatione._
Noüé, _annodato._
Noüée, _centinodia._
Noüel, _natale._
Nouembre, _nouembre._
Noüement, _annodamento._ Item, _allegamento di albero ó frutto._
Nouenaire, _nouenaro._
Noüer, _nodare, annodare._ Item, _nuotare._
Noüer vne partie, _accordare, reſtar d'accordo._
Noüer l'eſguillette, _legar vn huomo._
le Noüer du fruit, _allegare._
* Noüerce, _matrigna._
Noüet, _nodetto._
vn Noüet, _vn poco di qualche coſa annodata in vn ſtrac-cietto._
Noüets, _teſticoli di muſchio._
Noüeure, _annodatura._
Noüeuſe, _centinodia._
Noüeux, _nodoſo._
Noüeux, comme la ſoye, le fil, &c. _bioccoloſo._
Nouice, _Nouitio, Nouitia._
Nouimeſtre, _di noue meſi._
Nouitiat, _Nouitiato._
Nourrice, _balia._
eſtre en Nourrice, _eſſer à balia._
Nourrin, _peſciolini riſerbati da nudrire nelli ſtagni._
Nourrir, _nudrire, nodrire._
Nourriſſable, _nudreuole._
Nourriſſant, _nudrente, nutritiuo._
Nourriſſe, _balia nudrice._
Nourriſſement, _nudrimento._
Nourriſſeur, _nodritore._
Nourriſſier, _balio._ Item, _nodritore._
Nourriſſon, _baliatico, nutritio._
Nourriture, _nodritura._
Nourrir, _nudrito._
bien ou mal Nourry, _ben ó mal creato._
Nous, _noi._
Nous, datif, & accuſatif, ſubiunctif, _ci._
Nouueau, _nuono, nouello._
Nouueau venu, _auuenticcio._
Nouueau né, _nato all' hora._
Nouueauté, _nouità._
Nouuel, _nouello._
Nouuelet, _nouelluccio._
Nouuelle, _nouuella, nuoua._
Nouuelle Mariée, _donna nouella ſpoſa._
Nouuelle, adiectif, _nuoua._
point de Nouuelles. i. _in neſſuna maniera._
dire les Nouuelles de l'eſcole, _dire ó raccontar cio che è ſta-to fatto._

Nouuellement, *nuouamente.*
* Nouuelleté, *nouità.*
Nouuellier, *innouatore, inuentore, ritrouatore di nouità, nouelliere.*
Noüuelis, *nouali.*
* Nouzille, *nocciuola.*
Noyaillerie, *luogo piantato di noci.*
Noyau, *nocciolo osso.*
Noyau de canon, *anima del cannone.*
Noyau de degré, *albero di scala.*
Noyement, *annegamento.*
se Noyer, *annegarsi.*
Noyer, *arbre, noce.*
Noyeraye, *luogo piantato di noci.*
Noysette, *nocciuola.*
Noysettier, *nocciuolo.*

### NV

NV, *nodo.*
Nu, nud, *nudo.*
Nuage, *nuuola.*
Nuager, *annuuolare.*
Nuageux, *nuuoloso.*
Nuance, *mescolatura di colori, vnione.*
* Nuaux, *nuuoli.*
* Nubile, *da marito.*
* Nubileux, *nuuoloso.*
Nubilosité, *nuuolosità.*
Nuble, *nepitella.*
Nucque, *coppa, collottola.*
Nud, *nudo, ignudo.*
Nud comme la main : l'Italien dit, *nudo, nato, nudo è crudo.*
à Nud, sur vn cheual, *à bardosso.*
à Nud, i. *chiaramente.*
à cul Nud, *col culo ignudo per terra.*
des Nuditez, en peinture, *ignudi, nudità.*
Nudité, *nudità.*
* Nulosité, *nudosità.*
Nuë, feminin de nud, *nuda.*
Nuë, subfiantif, *nube, nuuola.*
la Nuë creua, *proruppe il male.*
Nuée, *nuuola.*
Nuëment, *nudamente. Item, chiaramente.*
Nuer, *vnire i colori.*
Nuict, nuit, *notte.*
de Nuict, *di notte tempo.*
sur la Nuict, *al far della notte, all' annotarsi.*
la Nuict passée, *hier notte.*
Nuictal, nuiral, *di notte.*
Nuictamment, *di notte tempo, nel tempo della notte.*
Nuictée, *nottara.*
Nuicteux, *nottoso, scuro.*
* Nuir, &
Nuire, *nuocere.*
Nuisance, *nocenza.*
Nuisant, *nocente.*
Nuisible, *noceuole.*
Nuisiblement, *nocenolmente.*
Nuisif, *Idem.*
Nuit, nuitamment, &c. Vedi, nuict.
Nul, *nessuno.*
Nulle, *nessuna.*
vne Nulle, en chiffre, *zero.*
Nullement, *in nessuna maniera.*
Nullepart, *in nessun luogo.*



Nullité, *nullità.*
Numerable, *numereuole.*
Numereux, *numeroso.*
Numero, *il numero de' mercanti.*
il entend le Numero. i. *egli è intelligente.*
Numerosité, *numerosità.*
* Numme, *moneta d'argento picciola, nummo.*
Numulaire, *spetie d'herba.*
* Nuncupatif, *nuncupatiuo.*
✶ Nundination, *traffico di fiera.*
Nuptial, *nuttiale.*
Nuque, *nuca.*
Nutritif, *nudritiuo.*

### NY

NY, *nè.*
Ny mesmes, *nè anche.*
Ny, *negatiue.*
* Nyaie, *nidiata.*
Nymphal, *nimfale.*
Nymphe, *Ninfa. Item, rimbrenz nolo.*
Nymphée, *ninfea.*
Nymphette, *Ninfa picciola.*
Nympheux, *ninfoso, pieno di Ninfe.*

# O

O interjection, *oh. Ohla.* il sert comme vn O en chiffre : l'Italien dit, *serue comme il fino occhio nella salsiccia, per ripieno.*

### OB

Obediemment, *vbbidientemente.*
Obedience, *obedienza, vbbidienza.*
Obediencier, *vbbidienziere.*
* Obedient, *vbbidiente.*
Obeïr, *vbbidire.*
Obeïr, se plier facilement, *arrenderst.*
Obeïssamment, *vbbidientemente.*
Obeïssance, *vbbidienza.*
Obeïssant, *vbbidiente. Item, arrendeuole.*
Obel, *pioppo, popolo bianco.*
Obelisque, *obelisto.*
* Oberé, *indebitato, oberato, obligato.*
Obere, *obera cauallo.*
Oberon, *ranaglia à vite.*
* Obice, *impedimento, ostacolo.*
Object, *agetto, obietto.*
Objecter, *obiettare.*
Objection, *obiettione.*

Oblier, *oppio.*
* Obiicer, *obiettare, contraporre.*
Obit, *obito.*
* Objurgateur, *obiurgatore, riprouatore.*
* Objurgation, *riprouatione, riprensione.*
* Objurguer, *riprouare, riprendere.*
Oblat, *oblato.*
Oblation, *oblatione.*
* Obiectation, *oblettatione.*
* Oblecter, *ricreare.*
Obligation, *obligatione. Obligo.*
Obligatoire, *obligatorio.*
vn Obligé, *vna obligatione.*
Obligeant, *obligante, vfficioſo.*
Obliger, *obligare.*
Obliger, *far piacere.*
Oblique, *oblico, obliquo.*
Obliquement, *obliquamente.*
Obliquité, *obliquità.*
Obliteré, *abbolito, obliterato.*
* Obliuieux, *ſmemorato, oblioſo.*
* Obliuion, *obliuione.*
Obmettre, *ommettere.*
Obmis, *ommeſſo.*
Obmiſſion, *ommeſſione.*
* Obnubiler, *annuuolare.*
Obnunciation, *obnuntiatione.*
Obole, *obolo.*
Obombration, *obombratione.*
Obombrer, *obombrare.*
Obre, *ſpetie d'elleboro, pulmonaria.*
* Obreption, *obrettione.*
Obriſe, *oro obriz̧o, oro puro.*
* Obrué, *roueſciato.*
Obſcure, *oſcuro.*
Obſcurcir, *oſcurare, attenebrare.*
Obſcurciſſement, *oſcuramento.*
Obſcurement, *oſcuramente.*
Obſcurité, *oſcurità.*
Obſecration, *oſſecratione.*
Obſeques, *oſſequie.*
Obſequieux, *oſſequioſo.*
Obſeruance, *oſſeruanz̧a.*
Obſeruantins, *oſſeruantini.*
Obſeruateur, *oſſeruatore.*
Obſeruation, *oſſeruatione.*
Obſeruer, *oſſeruare.*
Obſeſſeur, *oſſeſſore.*
Obſeſſion, *oſſeſſione.*
Obſiſter, *oſſiſtere, reſiſtere.*
Obſtacle, *oſtacolo.*
* Obſtacler, *diſturbare.*
Obſtant, *oſtante.*
Obſtination, *oſtinatione.*
Obſtiné, *oſtinato, caparbio.*
Obſtinément, *oſtinatamente.*
s'Obſtiner, *oſtinarſi.*
Obſtruction, *oſtruttione.*
* Obtemperation, *vbbidienz̧a.*
Obtemperer, *ottemperare, vbbidire.*
* Obtenebrer, *ottenebrare.*
Obtenement, *ottenimento.*
Obtenir, *ottenere.*
Obtention, *ottenimento.*
Obtenu, *ottenuto.*
Obtenuë, *acquiſitione.*
Obteſter, *otteſtare.*
* Obtrectateur, *detrattore.*

* Obtrectation, *detrattione.*
* Obtondre, *rintuz̧z̧are.*
Obtus, *ottuſo.*
Obtuſement, *ottuſamente.*
Obuention, *obuentione, ouuiamento.*
Obuier, *ouuiare.*
Obumbration, *obumbratione.*
Obumbrer, *obumbrare.*

### O C

Ocaigne, *cuoio d'ocagna.*
Occaſion, *occaſione, cagione, congiuntura.*
Occaſionnellement, *con occaſione.*
Occaſionner, *cagionare.*
Occean, *Oceano.*
Occeane, *mare Oceano.*
Occident, *Occidente.*
Occidental, *occidentale.*
Occipital, *della parte di dietro del capo.*
* Occire, *vccidere.*
* Occis, *vcciſo.*
* Occiſion, *vcciſione.*
Occultateur, *occultatore.*
Occultation, *occultatione.*
Occulte, *occulto, occulta.*
Occultement, *occultamente.*
Occulter, *occultare.*
Occupateur, *occupatore.*
Occupation, *occupatione.*
Occuper, *occupare.*
Occupé, *occupato, affacendato.*
Occurrence, *occorrenz̧a.*
Occurrent, *occorrente.*
Occurrer, *occorrere.*
Ocean, *Oceano.*
Oceanique, *d'Oceano.*
Oche, *tacca.*
Ocher, *taccare, intaccare.*
Ocheur, *taccatore.*
Ocieux, *otioſo.*
Ocre, *ocrea, ocria.*
Octagenaire, *di ottanta anni.*
Octante, *ottanta.*
Octantieſme, *ottanteſimo.*
Octaue, *ottaua.*
Octaue de lut, corde, *mez̧z̧ana.*
* Octenaire, *di otto.*
* Octimeſtre, *di otto meſi.*
Octobre, *Ottobre.*
* Octonaire, *di otto.*
Octoſtique, *ſtanz̧a di otto verſi.*
Octoſyllabe, *di otto ſillabe.*
Octroy, *conceſſione, dono.*
Octroyant, *concedente.*
Octroyer, *accordare, concedere.*
Octuple, *otto volte doppio.*
Oculaire, *oculare.*
Oculairement, *ocularmente.*
Oculé, *oculato, occhiuto.*

### O D

ODe , *Oda.*
Odelette , *oda picciola.*
Odeur , *odore.*
Odieusement , *odiosamente.*
Odieux , *odioso.*
Odorant , *odorante , odorifero.*
Odorat , *odorato.*
Odoration , *odoratione.*
Odorément , *odoratamente.*
Odorément , *odoramento.*
Odorer , *odorare.*
Odoreux , *odoroso.*
Odoriferant , *odorifero.*
Odorifique , *odorifico.*

### O E

Oé, oh la , *voce da fermare il cauallo.*
Oeconomant , *Economante.*
Oeconome , *Economo.*
Oeconomie , *Economia.*
Oeconomique , *Economico.*
Oeil , *occhio.*
Oeil de bouc , *spetie di pesce.*
Oeil de bœuf , *occhio di bue , herba.*
Oeil bien fendu , *occhio spaccato.*
Oeil de nasse , *vitroso di nassa.*
Oeil de perdrix , *spetie di color rosseggiante.*
Oeil de veron , *gazzo.*
Oeil de la volute , *occhio della voluta.*
vn Oeil aux champs , & l'autre à la ville : l'Italien dit , *vn occhio alla pentola , è l'altro alla gatta.*
Oeil de chat , *spetie d'onice.*
l'Oeil du tailleur , *corbone. Corbona.*
bel Oeil de pierre , *bell' occhio.*
voir de bon ou de mauuais Oeil , *veder volentieri , ó nó.*
autant luy en pend à l'Oeil. i. *egli è nel medesimo pericolo.*
Oeillade , *occhiata.*
Oeillader , *adocchiare.*
Oeilladette , *occhiatina.*
Oeilladier , *di occhiata , d'occhio.*
Oeillé , *occhiuto.*
Oeiller , *adocchiare.*
Oeilleres , *denti occhiali.*
Oeillet , fleur , *garofano.*
Oeillet Dieu , *spetie di fiore.*
Oeillet d'Inde , *fior di murto.*
Oeillet d'habit , *occhiello.*
Oeilleté , *occhiuto.*
Oeilleton , *barbatella.*
* Oeson , *trachea.*
Oesophage , *esofago , bocca dello stomaco.*
Oest , prononcez Est. *Levante.*
Oestre , *moscone.*
Oeuf , *vouo.*

Oeufs de Pasques, *certo dono che si fà nelle feste di Pasqua.* l'on dit à Venise , & autres lieux , *l'Assensa.*
Oeufs de poissons , *vouera.*
estre sur les Oeufs. i. *hauer tutte le sue commodità ,* »
tous les petits Oeufs attachez ensemble dans le ventre d'vne poule , *vouera.*
il ne sçauroit tourner vn Oeuf. i. *è goffo , non hà destrezza.*
tondre sur vn Oeuf , *cercar il pelo nell' vouo.*
Oeufs mollets ou à la cocque , *vouo da bere.*
Oeufs au miroir , *vouo cotte nel togame.*
Oeufs brouïllez , *vouo rimescolate.*
Oeufs pochez , *vouo affogate.*
Oeufvé , *couato , d'vouo.*
Oeufves de poisson , *vouo.*
Oeuure , *opera.*
Oeuure de Marguilliers , *banco de Gastaldi , opera.*
mettre en Oeuure , *adoperare.*
maistre Mousche n'y feroit pas Oeuure , *ne disgratio Maistro Muccio.*
pierre hors d'Oeuure , *pietra slegata , dislegata.*
degré hors d'Oeuure , *scala in fuori della fabrica.*
dans Oeuure , *in dentro.*
en Oeuure , *lauorato.*
sous Oeuure , *di sotto della fabrica.*
bois d'Oeuure , *legno di garbo.*

### O F

OF , *ahi , ah.*
Offence , offense , *offesa.*
Offencer , offenser , *offendere.*
Offencible , offensible , *offendibile.*
Offenseur , *offenditore.*
* Offendre , *offendere.*
Offensif , *offensiuo.*
Offensiue , *offensiua.*
Offert , *offerto , proferto.*
Offerte , *offerta.*
Offertoire , *offertorio.*
Office , *vfficio , carico.*
Office , plaisir , *vfficio , cortesia.*
Offices dans vne maison , *tinello , credenza , bottigliaria , &c.*
Official , *Vfficiale.*
Officialité , *Vfficialità.*
Officier , *Ministro , Vfficiale.*
l'Officier de la Iustice , qui se porte partie contre les coupables , *Giustiere.*
Officier de la courte espée , *taglia borse.*
Officier , prononcés 4. syllabes , *far l'Vfficio.*
Officieusement , *cortesemente.*
Officieux , *cortese.*
* Officine , *bottega , fucina.*
Offrande , *offerta.*
Offrant , *offerente.*
au plus Offrant , &c. *al più offerente.*
Offraye , *aguista piombina.*
Offre , *offerta , proferta , offerimento.*
Offrir , *offerire.*
Offuscation , *offuscatione.*
Offusquer , *offuscare.*

## O H

* Ohie , *debilitatione di membro.*
* Ohier , *debilitare.*
Oho , *oh oh.*

## O I

Oignement , *vngimento , vnguente.*
  Oignon , *cipolla.*
Oignon marin , *scilla.*
Oignon de fleur , *bulba.*
Oignon rosat . *spetie di pero.*
Oignon aux pieds , *nocchio.*
croistre comme les Oignons , en grosseur , *crescer come le*
  *rape.*
Oignon de bois , *spetie di giacinto.*
Oignon de chien , *jacinto.*
Oignon setil , *scalogna.*
Oignonneries , *agrumi.*
Oignonnet , *cipollina.* Item , *spetie di pero.*
Oignonniere , *cipolliera.*
Oillet , œillet , *garofano , fiore.*
Oinct , *vnto.*
Oindre , *vngere.*
Oingture , *vntura.*
Oiseau , *vccello.*
Oiseau de Paradis , *manucodiato.*
Oiseau de proye , *vccello di rapina.*
l'Oiseau de S. Luc. i. *vn bue.*
comme l'Oiseau sur la branche : l'Italien dit , *come il pes-*
  *ce fuor dell' acqua.*
Oiseler , *vccellare.*
Oiselerie , *vccellaria.*
Oiselet , *vccellino.*
Oiselets de chipre , *spetie di profumo.*
Oiseleur , &
Oiselier , *vccellatore.*
Oiseliere , *vccelliera.*
Oiseux , *orioso.*
Oisif , *Idem.*
Oisillon , *vccellino.*
Oisiuement , *otiosamente.*
Oisiueté , *otiosità.*
Oison , *pappero.*
Oison bride , i. *vn sciocco , vn oca bagnata.*
Oisonnerie , *luogo di papperi , ò da tener oche.* Item , *sciocc-*
  *chez a.*
Oisonnier , *di oca , ò pappero.*
* Oistre , *ostrica.*
* Oistriere , *luogo d'ostriche , ostrichiera.*

## O L

* Oleagineux , *olioso.*
  Oleandre , *oleandro , rododafne.*
Oleastre , *vliuo seluatico.*

Oliban , *olibano.*
Oliuaire , *d'olina , in forma d'oliua.*
Oliuaison , *raccolta d'oliue.*
Oliuastre , *olinigno.*
Oliue , *oliua , vliua.*
Oliueraye , &
Oliuet , *vlineto.*
Oliuette , *vlinetta.*
Oliuier , *vliuo.*
Oliuot , *vliua grossa.*
* Olle , *olla.*
Olmeau , *olmo.*
Olympe , *olimpo.*
Olympiades , *olimpiade.*
Olympique , *olimpico.*

## O M

Ombelle , *ombrella.*
  Ombilic , *vmbilico.*
Ombilical , *d'vmbilico.*
Ombrage , *ombra.*
Ombrages de peintre , *scuri.*
Ombrage , *sospetto , ombra.*
Ombragement , *aombramento.*
Ombrager , *aombrare.*
Ombrager de feüillages , *infrascare.*
s'Ombrager , *pigliar sospetto , aombrare.*
Ombrageusement , *fantasticamente.*
Ombrageux , *sospettoso , fantastico.*
cheual Ombrageux , *cauallo spauentoso.*
Ombre , *ombra.*
faire Ombre en vn lieu , *adorez* arc.
porter Ombre , *vggiare , aduggiare.*
Ombre de mort , *fantasima , spirito.*
Ombre , poisson , *temolo , ombrino.*
il est à l'Ombre. i. *egli è prigione.*
sous Ombre , *sotto pretesto.*
Ombrelle , *ombrella.*
Ombreux , *ombroso.*
Ombriere , *ombrella.*
Ombroyer , *far ombra.*
Omettre , *ommettere.*
Omis , *ommesso.*
Ommission , *ommissione.*
Omelette , ommelette , *frittata.*
Ommelette au lard , *frittata rognosa.*
Omniforme , *onniforme.*
Omnigene , *onnigeno.*
* Omnipotence , *onnipotenza.*
Omnipotent , *onnipotente.*
Omoplatte , *osso della spalla , paletta.*
Omusse , *almucio.*

## O N

On , si , On dit , *si dice.*
  Onagre , *onagro , asino seluatico.*
Onagres , sorte de grandes arbalestes , *onagri.*
Onagrier , *d'asino seluatico.*

* Onc, *vnqua mai.*
Once, *oncia.*
vn Once, animal, *lince.*
Oncial, *d'oncia.*
Oncle, *zio.*
aller voir son Oncle. i. *andar lo sposo vn poco à spasso doppo le noze e per riposarsi.*
Oncques, *vnqua.*
Onction, *vntione.*
l'extrême-Onction, *olio santo.*
Onctueux, *vntuoso.*
Onctuosité, *ontuosità.*
Onde, *onda.*
Ondé, *ondato, ondelato.*
Ondée, *acqua zone.*
Ondelé, *ondato.*
Ondelette, *onda picciola.*
Onder, *ondare.*
Ondette, *ondetta.*
Ondeux, *ondoso.*
Ondoyant, *ondeggiante.*
Ondoyement, *ondeggiamento.*
Ondoyer, *ondeggiare.*
Ondoyer vn enfant, *dar l'acqua.*
Oneraire, *onerario.*
Onereux, *oneroso.*
Onglade, *vnghiata.*
Ongle, *vnghia.*
Ongle caualline, *vnghia cauallina.*
Ongles bordées de noir, *vnghie cairellate.*
Ongle odorant, *vnghia odorata.*
roigner les Ongles de prés. i. *leuar il potere à vna hauer occhio à quello che fà.*
Onglée aux doigts, *briuidezza.*
Onglée, mal de cheual, *onghiella, vngella.*
Ongler, *vnghiare.*
Onglet, *vnghietta.* Item, *foglio che si stampa per correttione d'vn altro foglio del libro.*
Onglette, *punzone d'orefice.*
Onglons, *vnghie di porco.*
Onguent, *vnguento.*
Onguentaire, *vnguentario.*
Onix, *onice.*
Onocrotale, oiseau, *onocrotalo.*
Onques, *vnqua, mai.*
Onyce, onyche, *onice, onicchio.*
Onzain, *spetie di moneta.*
Onze, *vndici.*
Onziesme, *vndecimo.*

### O P

Opacité, *opacità.*
Opale, *pietra iride, opale.*
Opaque, *opaco.*
Operateur, *Operatore.*
Operatif, *operatiuo.*
Operation, *operatione.*
Operer, *operare.*
Ophite, *ofite.*
Ophtalmie, *oftalmia.*
Opiat, *elettuario d'oppio.*
Opier, *oppio, pioppo.*
Opilatif, *opilatiuo.*

Opilation, *opilatione.*
Opiler, *opilare.*
Opinant, *opinante.*
Opination, *opinatione, parere.*
Opiner, *opinare, dir il suo parere.*
Opineur, *opinatore.*
Opiniastre, *ostinato.*
Opiniastrement, *ostinatamente.*
s'Opiniastrer, *ostinarsi.*
Opiniastreté, *ostinatione.*
Opiniastrise, *Idem.*
Opinion, *opinione, opinione, parere.*
auoir bonne Opinion d'vne personne, *hauer vn buon concetto.*
Opium, *opio.*
meslé d'Opium, *allopiato.*
Opportun, *opportuno.*
Opportunément, *opportunatamente.*
Opportunité, *opportunità.*
Opposant, *opponente.*
Opposé, *opposto.*
Opposer, *opporre, opponere.*
Opposite, *opposito, opposto.*
à l'Opposite, *di rimpetto.*
Opposition, *oppositione.*
Oppressé, *oppresso.*
Oppresser, *opprimere.*
Oppresseur, *opprimitore.*
Oppression, *oppressione.*
Opprimer, *opprimere.*
Opprobre, *opprobrio, rimprouerio.*
* Opprobrier, *rimprouerare, vinfacciare.*
Oppugnateur, *oppugnatore.*
Oppugnation, *oppugnatione.*
Oppugner, *oppugnare.*
* Opter, *desiderare, ottare.*
Option, *ottione.*
Optique, *ottico. L'Ottica, scienza de gl' occhi.*
Opulemment, *opulentemente.*
Opulence, *opulenza.*
Opulent, *opulente.*
Opuscule, *opuscula, operetta.*

### O R

OR, *oro.*
il est de bas Or. i. *hà paura d'esser battuto.*
il dit d'Or : l'Italien dit, *hà la bocca piena di latte.*
Or en feuilles, *oro mordente.*
Or, aduerbe, *ora, hora.*
Or auant, *or sù.*
Or bien, *or bene.*
Or ça, *or sù.*
Or sus, *or sù.*
Oracle, *oracolo.*
Oraculeux, *oracoloso.*
Orade, *orata.*
Orage, *tempesta, temporale procella.*
Orageux, *procelloso.*
Oraison, *oratione.*
Orange, *arancio, narancio, melangolo, melo rancio.*
Orangé, *di color rancio, naranciato.*
Orangeade, *naranciata, aranci confetti.*
Oranger, *arancio, melo rancio, albero.*

Orangerie, oranciata, naranciata.
Orateur, Oratore.
* Oration, oratione, arrenga.
Oratoire, oratorio.
Oratoirement, oratoriamente.
* Orbatteur, battiloro.
Or batu, oro battuto ò mordente.
Orbe, orbo, cieco, non apparente.
Orbel, oropello.
Orbiculaire, orbicolare.
Orbiculairement, orbicolarmente.
Orbiere, pelle che cuopre l'occhio.
Orbitaire, di occhiaia.
Orbite, creux de l'œil, occhiaia.
Orcanette, ancusa.
Ord, lordo, sporco.
Ordeole, grain d'orge à l'œil, orzaiuolo.
Ordelot, porchetto.
Ordement, sporcamente.
Ordinaire, ordinario.
retourner à l'Ordinaire de la maison : l'Italien dit, tornar al pentolino.
Ordinairement, ordinariamente, di lungo, per l'ordinario.
Ordinateur, ordinatore.
Ordinatif, ordinatiuo.
Ordir, imbrattare, sporcare, lordare.
Ordisseure, imbrattamento.
Ordonnance, ordinanza. Ordine. Mandato. Ricetta di medico.
Ordonnateur, ordinatore.
Ordonnément, ordinatamente.
Ordonner, ordinare, dar ordine, commendare, diuisare.
Ordonneur, ordinatore, commandatore.
* Ordoyer, imbrattare.
Ordre, ordine.
Ordre, Commission, mandato.
l'Ordre, le mot du guet, il nome
mettre Ordre à quelque chose, prouedere.
l'Ordre de la Toison, il Tosone di Spagna.
Ordure, lordura, succidume, lezzo.
Ordures, scopature, brutture.
Ordure dans les ongles, mestura.
Ordure des dents qui est blanche, toma.
vne Ordure, vne personne importune, vn imbratto.
le Vendredy Oré, il Venerdi Santo.
Orée, riua.
Oreillard, orecchiuto.
Oreille, orecchia.
Oreille d'Asne, consolida maggiore.
Oreille de Iudas, spetie di fungo.
Oreille de lievre, marabuto.
Oreille de souris, orecchiara, orecchia di topo, pizza gallina.
Oreille de liure, scantonatura, piegatura.
liure qui a des Oreilles, scantonato libro.
faire la sourde-Oreille : l'Italien dit, far formicone di sorbo.
prester l'Oreille, porger orecchio.
se faire tirer l'Oreille. i. farsi pregare, non far volentieri.
vin à vne Oreille. i. buono.
vin à deux Oreilles. i. vino cattiuo, perche si scuotano le due orecchie per segno di non essar buono.
Oreilles de soulier, orecchie, punta delli quanti d'una scarpa.
dresser les Oreilles, alzar ò aprir l'orecchie.
donner sur les Oreilles, dar vn schiaffo ò una guanciata

* Oreiller, orecchiare, ascoltare.
Oreillier, guancialetto, guanciale.
Oreillet, parte dell'elmo che cuopre l'orecchia.
Oreillette, orecchino, orecchino.
* Oreilleur, ascoltatore.
Oreillon, orecchione.
les Oreillons, sorte de mal, strangoglioni, gattoni.
* Orendroit, all'hora.
* Orer, orare.
Ores, ora.
d'Ores-en-auant, d'hora innanzi.
Orfanité, orfanità.
Orfe, perca marina.
Orfévre, orefice.
Orfelin, orfano, orfanello.
Orfelinage, orfanità.
Orfévre, orefice, oraso.
Orfévre en cuir, ciabattino.
Orfévrerie, lauoro d'orefice. Item, arte d'oraso.
Orfévresse, moglie d'orefice.
Orfraye, agnista piombina.
Organe, organo.
Organique, organico.
Organiser, organizzare.
Organisé, organizzato.
Organiste, organista.
Orge, orzo.
Orge en herbe, ferragina.
Orge de murailles, orzo seluatico.
* faire ses Orges. i. auanzare, hauer vtile, far ben i fatti suoi.
Orgeau, aggiaccio, manico del timone.
Orgée, orzata, minestra d'orzo.
Orgeol à l'œil, orzaiuolo.
Orgeul, Idem.
Orgie, misura d'una pertica ò bracciata.
Orgies, sacrificij triennali di Bacco.
Orgueil, orgoglio. Item, rollo da leuare i pesi.
Orgueilleusement, orgogliosamente.
Orgueilleux, orgoglioso.
s'Orgueillir, insuperbire, diuentar orgoglioso.
Orgues, organo.
Orgues, espece d'artillerie, organo.
Orgues à vne porte, saracinesca.
Orgues de Turquie, Metaph. i denti.
Orichal, filo di ferro.
Orient, Oriente.
Oriental, Orientale.
Orientée, pietra vera Orientale.
* Oriere, riua.
Orifice, bocca.
Oriflambe, auriflamma.
* Oriflant, elefante.
Origan, aregano, origano.
Orige, spetie di capra seluatica.
Originaire, originario.
Originairement, originariamente.
Original, originale.
Originalement, dall'origine.
Origine, origine.
Oriller, guanciale.
Orillons, orecchioni. Item, stragoglioni, gattoni.
* Orin, d'oro.
Oriol, clorione.
Orion, orione.
Oriot, clorione.
Oripeau, oropello.
Orizon, orizonte.

Oriement, *orlamento.*
Orler, *orlare.*
Orlet, &
Orlure, *orlo.*
* Ormaire, *armario.*
Ormaye, *olmeto.*
Orme, *olmo.*
Ormeau, *olmetto.*
Ormoire, *armario.*
Orse, *olno.*
Ornement, *ornamento.*
Ornément, *ornatamente,*
Orner, *ornare.*
Orniere, *rotaia.*
Ornithogalon, *ornitogale.*
Orobe, *erobo.*
Orobanche, *orobanche.*
Orologeur, *Orloggiere.*
Oroscope, *Oroscopio.*
Orpeau, *oropello.*
Orpel, *idem.*
Orphelin, *orfanello.*
Orphelinage, *orfanità.*
Orphie, *peucrata.*
Orpigment, *orpimento.*
Orpimenter, *acconciar con orpimento.*
Orpin, *spetie d'herba.* Item, *arsenico, orpimento.*
* Oprimes, *ora, adesso.*
Orqueſtre, *orchestro, parte di dietro del teatro.*
Orque, *orco.*
Orse, *terme de marine, orza.*
aller à Orse, ou à l'oſ, *andar à orza.*
Orteil, *dito del piede.*
le gros Orteil, *dito grosso del piede.*
Orthodoxe, *ortodosso.*
Orthogonal, *ortogonale,*
Orthogne, *ortogonio.*
Ortie, *ortica.*
Ortier, *orticare, orticheggiare.*
Orticur, *orticatore.*
Ortigue, *ortica marina.*
Ortogone, *squadra d'oppia.*
Ortographe, &
Ortographie, *Ortografia.*
Ortographier, *scriver con ortografia.*
Ortolan, *ortolano.*
Orual, oruale, *clarea, herba.*
Oruaris, *ganghero delle lepri.*
* Oruer, *chiocciola.*
Oruietan, *elettuario dell' Orvietano.*

OS

Os, *osso.*
Os barré, ou
Os bertran, *osso del pettignone.*
Os basilaire, *certo osso che regge le ossa del capo?*
Os cribleux, *osso etmoide,*
Os corbin, *osso nella groppa dell' animale.*
Os eshonté, *osso della fronte.*
Os des aisles, *ilia.*
Os de l'orbite, *osso dell' occhiaia.*
Os sacré, *osso della punta del filo della schiena,*
Os du sternon, *osso del petto.*



Os sans nom, *ossa dell' anche.*
Os des jambes, *cannoli.*
Os, ergots du cerf, *artigli.*
Os bruslez pour la coupelle, *gemma.*
Os de graisse, *grasselle, botta di grasselle.*
il ne tera pas vieux Os. i. *non diventar à Vecchio,*
* Oscitation, *sbadigliamento.*
Osé, *ardito, baldandoso, temerario, oso.*
Oseille, *acetosa.*
Oser, *ardire, haver ardire.*
Oseraye, *vincheto.*
Oseur, *che ardisce.*
Osier, *vinco.*
lieu d'Osier, *vinciglie.*
Osmonde, *Osmunda, spetie d'vgnea.*
Ossailler, *lavorar d'ossa.*
Ossec, *Vedi,* Lossec.
Osselet, *ossicello, ossicino.*
Osselets à jouer, *astragali, frulle, ossicini.*
les Osselets, *certe manouse fatte di corda.*
Ossements, *ossa.*
Osset, *ossicino.*
Ossu, *ossuto.*
Ost, *osto, essercito.*
Ost, *spetie di vento, ponente.*
Ostade, *sorte d'estoffe, ostada.*
Ostadine, *vaso di Cipro.*
Ostage, *ostaggio.*
Ostager, *dar ostaggio.*
Ostagier, *che serve per ostaggio.*
Ostarde, Oti, *assaiuolo.*
Oste, corde attachée à la penne de l'arbre maistre, *oste.*
aller à l'Oste, *andar dell' oste.*
Ostenseur, *indice dell' astrolabio.*
* Ostension, *inditione.*
* Ostenteur, *Ostentatore.*
* Ostentation, *ostentatione.*
* Ostentatrice, *ostentatrice.*
Oster, *lenare, levar via, torre, togliere, tor per forza.*
Oster ses habits, *spogliarsi i vestiti.*
Ostez, en terme de marine, *fuori.*
Oste-vent, *paravento, portiera.*
Ostiere, *hospedale.*
Ostracisme, *bando di dieci anni.*
Ostruche, austruche, *struzzo.*

OT

Otarde, *oti.*
Otardeau, *oti picciola.*
Otruche, *struzzo,*

OV

Ov, disjonctive, *ò overo.*
Ou bien, *ò veramente, otevo,*
Où, adverbe du lieu, *one, dove.*
Ouah, ch. i. *oh la.*
Oüaille, *pecora.*
Oüaire, *pelle da olio, orbi,*

Oual, _ouale._
Ouale, _ouale._
fait en Quale, _ouale._
Ouuelon, _ouattone._
Obuier, _pioppo._
Oublie, _cialda._
Oubliance, _fcordanza, obliuione._
Oubliant, _fcordante, fmemorato._
Oublier, _fmenticarfi, dimenticarfi, fcordarfi._
s'Oublier, _dishoneftarfi, errare, far errore._
Oublieur, qui vend les oublies, _cialdonaio._
Oublieufement, _fmemoratamente._
Oublieux, _fmemorato, fmenticato._
Oubly, _fmemoraggine, fcordanza, obliuione._
Ouche, _fpetie di vite._
Oudre, _oire, otro._
Oue, _oca._
petite Oue, _ale, capo, piedi, è interiora d'oca, troncoli._
petite Oüe d'habit, _cordone di capelle, ligaccie, ftringhe._
Oueer, _balroare, andar à barlouento._
Oueille, _pecora._
Oüeft, _ponente, venio._
Ouff, _hai, hoi._
Ouicule, en Architecture, _occhio della voluta._
Oüir, _vdire._
Ouldre, _otre._
* Oule, pot, _olla._
* Oule, _onda, fcotto._
Oulme, _olmo._
Oulot, _fpetie di rame da far artigliare._
Oulque, _vrca, fpetie di barca._
Oultrage, _oltraggio._
Oultragement, _oltraggiamento._
Oultrager, _oltraggiare._
Oultrageur, _oltraggiatore._
Oultrageufement, _oltraggiofamente._
Oultrageux, _oltraggiofo._
Oultrance, _oltranza._
à Oultrance, _à guerra mortale._
Oultré, _fpacciato, rouinato, diffipato._
cheual Oultré, _cauallo rouinato ò ftrappazzato._
fol Oultré, _matto fpacciato._
Oultre, _oltre._
d'Oultre en oultre, _da banda à banda._
Oultrecouler, _fcorrer oltre._
Oultrecuidamment, _temerariamente._
Oultrecuidance, _tracotanza, prefuntione._
Oultrecuidé, _tracotato, temerario, arrogante._
s'Oultrecuider, _prefumer di fè, effer arrogante ó prefuntuofò._
Oultrément, _ecceffiuamente._
Oultrefendre, _fender da banda à banda._
Oultremarcher, _marciar oltre, caminar innanzi._
Oultrepaffe, _eccellenza, eminenza._
Oultrepaffer, _trapaffare, auanzare._
Oultrepercer, _paffar da banda à banda._
Oultrer, _rouinare, ftrappazare, oltraggiare._
Ourche, _fpetio di ginoco._
Ourdir, _ordire._
Ourdiffant, _ordiente._
Ourdiffeur, _orditore._
Ourdiffeure, _orditura._
Ourdiffoir, _orditoio._
Ourler, _orlare, bordare._
Ourlet, _orlo._
Ourlet plat, _orlo piezo._

Ourlet percé, _orlo retino._
* Ourleur, _ricamatore, bordatore._
Ourque, _orca, naue grande._
Ours, _orfo._
Ours de mer, _fperie di granchio._
Ourfal, _di orfo._
Ourfe, _orfa._
Ourfe, en terme de marine, _orza._
Ourfelet, & Ourfet, _vrfino, orfo picciolo._
Ourfillon, _Idem._
Ourfin, _riccio di mare, ancino._
Ourfin, _d'orfo. Item, orfo picciolo._
Ourfon, _orfo picciolo._
Ourfonne, _orfa giouane._
Ouftarde, _oti, affaiuolo._
Oufteron, _mietitore._
Ouftrie, _incannellatura._
Outarde, _oti, affaiuolo._
Outil, _ftromento._
Outrage, _oltraggio, Vedi,_ oultrage, _con quelle che fegue._
à Outrance, _à più potere, à guerra mortale._
de l'Outre-mer, couleur bleuë, _oltramarina._
d'Outre-mer, _di là del mare, oltramarino._
Outre, _orco marino._
Outre, _otre._
Outre, aduerbe, _Vedi,_ oultre.
Outremefure, _fuor di modo._
Outrepaffer, _trapaffare, auanzare._
l'Outrepaffer, _cofa che auanza tutte l'altre_
Ouuert, _aperto._
homme Ouuert, _huomo franco ò fincero._
Ouuertement, _apertamente, alla palefe._
Ouuerture, _apertura._
Ouuerture des jambes, _forcata._
Ouurage, _opera, lauoro._
Ouurage de marquetterie, _tarfia._
Ouurage de peintre, beau de loin, & laid de prés; l'Italien dit, _come i quadri di Fiandra._
Ouurager, _lauorare._
Ouurant, _operante._
Ouuré, _operato, lauorato._
Ouurée, _lauoro d'vn giorno._
Ouurer, _lauorare, operare._
Ouureur, _lauoratore._
Ouurier, _operaio, lauoratore, lauorante, artefice._
jour Ouurier, _giorno di lauoro._
Ouuriere, _lauoratrice._
Ouurir, _oprire._
s'Ouurir, _dichiararfi._
Ouuroir, _luogo doue fi lauora._
Ouy, _fi._
Ouye, _vdito._
Ouyes de poiffon, _certe fquame della tefta del pefce._
Ouyes de violon, ou de viole, _buchetti fondo del violino ò viola._
* Ouyftres, _oftriche._

## OX

Oxicrat, *ossicrate.*
Oxidercique, *che rischiara la vista.*
Oxigone, *ossigonio.*
Oximel, *ossimele.*
Oxirhodin, *ossirrodo.*
Oxisacre, *sciloppo d'aceto é zucchero.*
Oxycedre, *spetie di Cedro.*
Oxycrat, *ossicrate.*
Oxymel, *ossimele.*

## OY

*Oyard, *ascoltatore.*
Oye, *oca.*
la petite Oye, *troncoli, minutelli.*
petite Oye d'habit, *Vedi,* petite Ouë.

## OZ

Ozeille, *acetosa.*
Ozeraye, *vincheto.*
Ozier, *vinco.*
Ozymel, *ossimele.*

# PA

Paccages, *paschi.*
Pache, *patto.*
faire Pache, *patteggiare.*
mettre vn Moine in Pace, *metter in Pace. i. prigione.*
Pacification, *pacificatione.*
Pacifiement, *pacificamento.*
Pacifier, *pacificare.*
Pacifieur, *pacificatore.*
Pacifique, *pacifico.*
Pacifiquement, *pacificamente.*
Pacos, animal, *paco.*
Pacquet, *viluppo, fardello, insolto fascio, mazzo.*
Pacquet de lettres, *piego.*
le Pacquet de l'espousée, *il membro virile.*



le Pacquet s'adresse à luy, *gli viene la cosa, gli viene accoccata.*
hazarder le Pacquet, *arrischiare il negotio.*
donner le Pacquet à quelqu'vn, *dar la sua à vno.*
Pacquette, *spetie d'herba.*
Pact, *patto.*
Pactieux, *patteggiante.*
Paction, *patto, patteggiamento.*
*Pactionner, &
Pactiser, *patteggiare.*
Padane, padasne, *cappione, chiappone, schiappone.*
Padouë, *nastro di fioretto.*
*Paelle, *padella.* Item, *pala.*
*Pagadour, *pagatore.*
Paganisme, *paganesimo.*
Page; *paggio.*
Page de nauire, *mozzo.*
Page de Liure, *facciata.*
effronté comme vn Page de Cour; l'Italien dit, *sfacciato come vn Nibbio.*
Pageau, *paggetto.*
Pagel, *spetie d'abrame.*
Pageot, *Idem.*
Pagnotte, *pagnotta.*
vne Pagnotte, vn Poltron, *vna pagnotta.*
Pagul, *grancitollo.*
Pajanisme, *paganesimo.*
Paillace, *pagliariccio.*
Paillacier, *pagliacciaio.*
Paillard, *ribaldo, lussurioso, puttaniere.*
Paillarde, *puttana.*
Paillardement, *lussuriosamente.*
Paillarder, *putaneggiare.*
Paillardise, *lussuria.*
Paillasse, *pagliariccio.*
Paillasson, *pagliaccione.*
Paille, *paglia.*
briser la Paille, *far dissensione;* l'Italien dit, *romper il bordone.*
Paille de fer, ou d'vne lame, *folla, pelo.*
à la courte Paille, *alle buschette.*
de Paille, qui se dit par mespris; l'Italien dit; *di sana sbaccellata.*
Pailler, *pagliariccio.*
Paillet, *pallidetto.*
Paillette, *tremolante d'oro, &c.*
Pailletter, *coprir di tremolanti.*
Paillier, repos de degré, *pianerottolo.*
Paillis, *pagliaro.*
Paillottes, *tremolanti.*
Pain, *pane.*
Pain, biscuit, *panbiscottato.*
Pain-benist, *pan benedetto.*
c'est Pain-benist; l'Italien dit, *é vna limosina*
Pain-benist d'Escosse. i. *fegato di bue.*
Pain à chanter, *hostie.*
Pain de chapitre, *pane di Cannonico.*
Pain de cocu, *spetie d'herba, allelnia.*
Pain d'oiseau, *spetie d'herba.*
Pain mollet, *spetie di pane delicato é leggiero.*
Pain bourgeois, *pan da famiglia.*
Pain tendre, *pan fresco.*
Pain rassis, *pan tosto.*
Pain d'espice, *bericuocolo.*
faiseur de Pain d'espice, *bericuocolaio.*
Pain de pourceau, *pan porcino.*
Pain porcin, *Idem.*
Petit Pain, *pagnotta.*

manger fon Pain en fon fac, *mangiar come il cauallo da caretta.*

prendre vn Pain fur la fournée, *dormir con vna giouane prima d'effer maritato.*

manger du Pain du Roy. i. *effer carcerato.*

Pain de cuiffon, *pane che fi fa in cofa.*

manger fon Pain blanc le premier, *hauer tutti li fuoi agi nel principio, è ftentar nel fine.*

rendre Pain pour foüace : l'Italien dit, *render migliaccio per torta.*

Pain de gruau, *inferigno pane, ò di tritelli.*

Pain bis, *pan nero.*

couleur de Pain bis, *fpetie di color bruno come di pan nero.*

Pain faulfé, *pannuto.*

* retirez vous, noftre Pain eft tendre : l'Italien dit, *fe non veniui il pan nuffana.*

* il fçait mieux que fon pain manger : l'Italien dit, *fa quanto vale il fale à Chioggia.*

Paindre, *pingere.*

Pair, *vguale.*

Pair, aux cartes, *pariglia.*

Pair de France, *Pari.*

Pair, & non pair, *pari é caffo.*

au Pair, *à paro.*

aller au Pair, *andar del pari.*

argent ou change au Pair, *cambio fecco.*

fe tirer du Pair : l'Italien dit, *vfcir fuor della riffera.*

il entend le Pair, & la preze. i. *egli ó prattico.*

Paire, *paio, paro.*

Paire d'armes, *armatura.*

Paire d'habits, *muda di veftiti.*

Pairie, *dignità di Par di Francia.*

Païs, *paefe.*

Païs, homme de païs, *paefano.*

courir le Païs, *paefare.*

gagner le Païs, *fuggire.*

il eft bien de fon Païs. i. *egli é molto fciocco.*

au Païs de par delà. i. *nell' altro mondo.*

ie vous feray bien voir du Païs .i. *io vi faro andar molto lontano, vi daro molto da fare.*

enuoyer au Païs bas. i. *beuere, mandar giù.*

tirer Païs, *caminare, far viaggio, correr prefto.*

Paifage, *paefe, pittura di paefi.*

Paifant, *Contadino, Villano.*

Paifible, *pacifico, piaceuole.*

Paifiblement, *pacificamente.*

* Paifibleté, *piaceuolezza.*

Paiffage, *lo pafcere, paftura, pafcimento.*

* Paiffeau, *palo di vite.*

* Paiffeler, *fornir di pali.*

Paiffement, *pafcimento.*

Paiffon, *paftura di ghiande.*

Paiftre, *pafcere.*

enuoyer Paiftre, *mandar à fpaffo, fcacciar vno.*

Paiftrir, *impaftare.*

Paix, *pace.*

la Paix de la Maifon : l'Italien dit, *la pace di Marcone.*

Paix, *zitto, taci.*

Pal, *palo.*

enfoncer de Paux l, *palificare.*

Paladin, *paladino.*

Palais, *Palazzo.*

Palais de la bouche, *palato.*

Il eft fefte au Palais : l'Italien dit, *la grande regna in palazzo.*

Palais au lievre, *ciccrbità, fonco.*

* faire le Palafau, *far del brauo.*

Palamic, *poftema nella bocca del cauallo.*

Palandran, *palandrano.*

Palas de ferrure, *caftelletto di ferratura.*

Palatin, *Palatino.*

Palatinat, *Palatinato.*

Palatine, mal de cheual, *palatina.*

Pale qui couure le calice, *pala, copertore del Calice.*

Pale, pochecullier, oifeau, *grotto.*

* Pale, *pala.*

Pale, *pallido.*

Pâles couleurs, *ifteritia.*

Palefrenier, *palafreniere.*

* Palefroy, *palafreno.*

Palemail, *pallamaglie.*

Palences, *palanchi di vafcello da regger i pefi grandi.*

Paleron, *offo largo della fpalla, paletta.*

Paleron de carroffe, *bilancetto, bilancio.*

Palet, *piaftrella.*

Palette, *paletta.*

Palette de Chirurgien, *piatto picciolo da riceuere il fangue.*

vne Palette de fang, *la quantità di 3. oncie.*

Palette de peinture, *tauoluzza.*

Paleur, *pallidezza.*

Paliatif, *paliatiuo.*

Paliation, *paliatione.*

Palier, *paliare, orpellare.*

Palifié, *palificato.*

Paligenefie, *regeneratione.*

Palinodie, *palinodia.*

Palir, *impallidère.*

Palis, *palificata. Item, palo.*

Paliffade, *palificata, fpinata. Item, fpalliera d'horti.*

Palifier, *palificare.*

Paliure, *palinro.*

Palle, *pallido.*

Pallemail, *pallamaglio.*

Pallement, *pallidamente.*

Palletoc, *palletocce.*

Palleur, *pallidezza.*

Pallier de degré, *piancrottolo.*

Palmaire, *palmaria.*

Palme, *palma.*

Palmier, *palmiere.*

Palmite, *palmito.*

Palmule, *dattero.*

Palonneau, *corda di carretta ó carro.*

Palpable, *palpeuole, palpabile.*

* Palper, *palpare.*

Palpitation, *palpitatione.*

Palpiter, *palpitare.*

Palte, *frutto d'India.*

* Palu, *palude.*

Paludeux, *paludofo.*

Paluefade, *paurfata.*

Palumbe, *palomba.*

Paluftre, *paluftre.*

Pampre, *pampe, pampano.*

Pamprer, *infrafcar di pampani.*

Pampreux, *pampinofo.*

Pan, *il Dio Pane.*

Pan de muraille, *ala.*

Pan d'habit, *lembo.*

à trois Pans, *à trè lati.*

Pan d'vn filet volant, *armadura di rete.*

Panacée, *panace.*

Panade, *pan cotto, pane in brodo, pangrattato.*

se Panader, *pauoneggiare.*
* Panadour, *mot Gascon, ladro.*
Panage, *pasto, pastura.*
Panaïz, *pastinaca.*
Panary, *panaris, panericcio.*
Pançart, *pancione.*
Pancarte, *cartella, tauola che contiene i statuti dell' impo-*
*ste.*
Pance, *pancia.*
vne Pancée, *vna corpacciata.*
Pancette, *pancia piccola.*
Pancher, *Vedi, pencher.*
Pançu, *pancinto.*
Pan de mur, *ala.*
Pandectaire, *pandettario.*
Pandectes, *pandette.*
Pandore, *stromento musicale. Pandora.*
Pan, *ala.*
Paneau, *renda, tela. Asse di barca che cuopre le finestrelle.*
Item, *bardella da polledro.*
Paneaux, *stracci, cenci.*
donner dans le Paneau : l'Italien dit, *dar nelle re-*
*ti.*
eau Panée, *acqua battuta con pane.*
Panegyric, *panegirico.*
Paner de l'eau, *batter acqua con pane.*
Panerée, *cestata.*
Panerot, *cestino.*
Panetterie, *panatteria.*
Panettier, *panattiere.* Item, *fornaro.*
Panettiere, *xaino di pastore.*
Panet, *pastinaca.*
Paneux, *pieno di pane.*
Panic, *panico.*
Panicault, *oringio.*
Panicle, *pagnotta, pagnottina, panetto di zucchero.*
Panier, *sesto paniere.*
qui fait vn Panier, faitbien vne hotte. i. *chi fa vna fur-*
*baria ne può anche far vna maggiore.*
* Panifier, *far pane.*
Panil, *panico.*
Panique, *spauento cosi chiamato, panico.*
Panis, *panico.*
Panillere, *petignere.*
Panne, estoffe de soye, *felpa corta.*
Panne, *cotenna, pelle.*
Panne de porc, *scortennato.*
Pannetiere, *xaino.*
Pannicule, *pellicola che rinchiude il bambino.*
Pannonceau, *pannoncello.*
Pantalon, *pantalone.*
le Pantalon, *ballo di pantalone.*
Pantagone, *pantagone.*
Pantarbe, *pantarbio.*
Panteine, *pantiera.*
Pantelant, *anhelante, ansciante.*
Pantellement, *palpitamento, ansciamento.*
Panteler, *palpitare, anhelare, ansciare.*
Pantiere, *pantera, pantiera.*
Pantois, *anhelante, ansciante.*
* Pantoiser, *ansciare.*
Pantouffle, *piannella, pantoffola.*
souliers en Pantouffles, *scarpe in ciauatta.*
Panurge, *nome d'huomo astoto ò prattico.*
Paon, *pauone.*
faire le Paon, *pauoneggiare.*
* se Paonnader, *Idem.*
Paonnesse, *pauonessa, pauona.*



Paonnien, *di pauone, vanaglorioso.*
Paour, peur, *paura.*
* Paoure, pauure, *pouero.*
* Paoureusement, *paurosamente.*
Papa, *voce bambinesca, babbo, pappa.*
Papacité, *Papacità.*
Papafique, *papafico.*
Papal, *papale.*
Paparot, *cataplasmo.*
Papat, *papato.*
Papauté, *Idem.*
Pape, *Papia, Pontefice.*
nous ferions vn Pape. i. *siamo del medesimo pare-*
*re.*
Papefif, *parte superiore è maggiore della vela.*
Papefigue, *papafico.*
Papegay, *papagallo.*
Papelard, *hipocrito.*
Papelarder, *far dell' hipocrito.*
* Papelardise, *hipocrisia.*
Paperasses, *scartabelli, scartafacci.*
* Paperat, *libro di conti.*
Paperasser, *turar con carta.*
Papeterie, *molino da carta, bottega di cartaro.*
Papetier, *cartaro.*
Papier, *carta.*
Papiers, escritures, *scritture.*
Papier qui boit, *carta succhia ò sugarina.*
Papier brouïllard, *carta da straccio.*
Papier à mettre deuant vn Liure, *carta da risguar-*
*di.*
Papier Iournal, *stracciafoglio.*
faire Papier, *far conti, scriuer conti, metter sul con-*
*to.*
Papier, on
herbe au Papier, *papyro.*
Papier à chassis, *carta da impamare.*
il est escrit sur le Papier rouge, *è scritto nel libro dei ros-*
*so.*
Papier dés Comptes, *carta imperiale.*
il est escrit sur mes Papiers, *egli è mio debitore.*
Papillon, *farfalla, parpaglione.*
Papillottage, *tremolanti d'oro, schizzi d'oro, etc.*
Papillotter, *schizzare.*
Papillottes, *tremolanti.*
Papillotte, *pezzetto di carta da inuiluppare.*
Papillottes de boue, *schizzi di fango.*
* Papin, *pappa.*
Papiste, *nome che danno gl' Heretici à Cattolici, papi-*
*sta.*
Paquerette, *belis.*
Paquet, *Vedi, Pacquet.*
trousser ou plier son Paquet, *toglier sù i maz-*
*zi.*
Par, per, *dà.*
Par là, *di là per quella via.*
si vous le prenez Par là, *se voi l'intendete cosi, ò di quella*
*maniera.*
Par là, par cela, *quendi, da questo, con questo.*
Par deuant, *d'innanzi via.*
Par derriere, *di dietro via.*
Passer par dessus, *scorrere.*
Par-cy par-là, *quà è là. Doue d'vna maniera doue d'vn'*
*altra.*
Par-dessus, *di supra via.*
Par-dessus tout, *sopra ogni cosa, sopra modo.*
Par-icy, *di quà.*
le Par-dessus, *il soura più, l'aggiunta.*

à Par soy, *trà se medesimo seco, da sè.*
à Par vous, *da voi.*
Par tout, *in ogni luogo, per tutto.*
Par le chemin, *trà via.*
de Par le Roy, *d'ordine del Rè, da parte del Rè.*
mettre Par escrit, *mettere in scritto.*
Par fois, *alle volte, tal volta.*
Parable, *che si può parare.* Item, *otteneuole.*
Parabole, *parabola.*
★ Parabien, *congratulatione.*
Paracheuement, *finimento.*
Paracheuer, *fornire, finire.*
Parade, *parata.* Item, *mostra, apparenza.*
Paradis, *paradiso.*
pomme de Paradis, *spetie di pomo.*
Paradoxe, *paradosso.*
Paradoxique, *paradossico.*
Paraffe, & paraffer, *Vedi,* Paraphe.
Parage, *schiatta, casato, parentela, Vgualità di conditione.*
Parager, *partitore, partecipe.*
Paragon, *paragone.*
Paragonner, *paragonare.*
Paragraphe, *paragrafo.*
Paralelle, *paralello.*
Paralysie, *paralisia.*
Paralytique, *paralitico.*
Parangon, *paragone.*
Parangonneux, *pieno di comparationi.*
★ Parannifer, *perpetuare.*
Paranymphe, *paraninfo di Dottore.*
Parapet, *parapetto.*
Parapets de planches, *tauole da rispetto.*
Paraphe, *parafo, nota sotto alle righe.*
Parapher, *notare sotto alle righe delle scritture.*
Paraphrase, *parafrase.*
Paraphraser, *far parafrasi.*
Parapel, *parapetto.*
★ Parasceue, *parasceue, preparatione.*
Paraseline, *apparenza di Luna.*
Parasite, *parasito.*
Parasol, *parasole.*
Parastre, *padrastro.*
Parauant, *prima, innanzi.*
Parauent, *parauento.*
Parauenture, *per auuentura.*
Parbouillir, *sboglire, sbollire.*
Parc, *parco.*
Parc, où parquent les brebis, *sucida, agghiaccio.*
Parc, terre engraissée de brebis, *stabbio.*
Parcage, *sucida.*
Par ce que, *percioche.*
Parcelé, *spartito in particelle.*
Parcelle, *particella.*
Parchemin, *carta pecora, pergamina.*
Parchemin vierge, *carta pecora fatta di pelle di pecora abortina.*
Parcheminerie, *luogo doue si fa la pergamina.*
Parcheminier, *mastro di pergamina.*
Parcité, *parcità.*
Parcouler, *scorrere.*
Parcourir, *trascorrere, riscorrere.*
Parcours, *trascorso.* Item, *vso, costume.*
Parcreu, *cresciuto, adulto.*
Parcroissant, *crescente.*
Parcroistre, *crescer affatto.*
Pardigoince, *spetie di susina.*

Pardil, *pardo, color di cauallo.*
Pardon, *perdono.*
Pardons, *indulgenze.*
Pardonnable, *perdoneuole.*
Pardonnement, *perdonamento.*
Pardonner, *perdonare.*
Pardormir, *dormir gran tempo.*
Pardurable, *eterno, dureuole.*
★ Pardurablement, *eternamente.*
Paré, *ornato.*
vin Paré, *fatticcio vino.*
pomme Parée, *pomo maturo.*
Palefrenier, *palafreniere.*
Pareil, *simile, pari.*
le Pareil d'vne paire de gands ou de souliers, *il compagno.*
Pareil, enjoüant, poinct pareil, cartes pareilles, *patta.*
faire cartes Pareilles, *impattare, pattare.*
Pareille, *simile.*
à la Pareille, *cambieuolmente.*
rendre la Pareille, *render il cambio, contracambiare, far il simile, far la pariglia.*
Pareillement, *parimente.*
Pareille, ou parelle, *la patio.*
Parelie, *apparenza di Sole.*
Parelle, *acetosa.*
Parement, *ornamento.*
Parement d'habit ou de manteau, *mostra.*
Parent, *parente.*
Parent de Moyse. i. *becco cornuto,*
Parentage, *parentado.*
Parenté, *parentela, parentado.*
Parentelle, *parentela, affinità.*
Parenthese, *parentesi.*
Parer, *ornare.*
Parer les coups, *ribatter i colpi, riparare.*
Parer la toile, *abosimare, bosimare.*
Parer vne peau, *acconciar vna pelle.*
le Parer du cheual, *parare.*
Parer le fruit, *maturare sopra la paglia.*
Parer le pied d'vn cheual, *taglir l'vnghia.*
Paresol, *parasole.*
Paresse, *infingardia, pigritia.*
Paresser, *esser pigro.*
Paresseusement, *pigramente.*
Paresseux, *pigro, infingardo, neghittoso.*
Pareuent, *parauento.*
Pareure, *ornamento, fregio.*
Parfaict, *perfetto.*
Parfaictement, *perfettamente.*
Parfaire, *fornire, finire, compire.*
Parfaiseur, *compitore, finitore.*
Parfiler, *filare affatto, fornir di filare.*
★ à la Parfin, *finalmente, al fin delle fini.*
Parfois, *tal volta, alle volte.*
Parfondeur, *profondità.*
se Parforcer, *sforzarsi, far ogni sforzo.*
Parfournir, *fornire, compire.*
Parfum, *profumo.*
Parfum, *spetie di pero.*
Parfumatoire, *profumatorio.*
Parfumer, *profumare.*
Parfumeur, *profumiere.*
Pariage, *socida.* Item, *aggualianza.*
Parier, *scommettere.*
Parietaire, *parietaria, apparitoia.*

Parietaux, certe ossa.
Paris, Pariggi.
c'est comme à Paris : l'Italien dit, cosi si fà à Milano.
Parisien, nato à Pariggi.
Parisis, di pariggi. Item, che val vna quantita parte di piu dell' ordinario.
Parité, parità.
Paritoire, apparitoia.
Parjure, pergiuro, pergiurato.
Parjurement, pergiuramente.
se Parjurer, pergiurarsi.
Parlant, parlante.
Parlement, Parlamento.
Parlementer, parlamentare, conferire.
Parlementerie, conferenza.
Parler, parlare.
Parler mal, detrattare, straparlare.
Parler comme vn perroquet, parlar inconsideratamente, ò senza scienza veruna.
Parler tandis qu'vn autre parle, far bordone à vno.
Parler Phœbus. i. parlare affettatamente.
Parler en paroles couuertes, parlar à fette.
Parleresse, parlatrice, ciarliera.
Parlerie, ciarla, parliera, diceria.
Parleur, dicitore, parlatore.
* Parlier, parliere, cicalone.
Parlire, legger affatto.
Parloir, parlatoio. Item, sala di adunanza.
Parmesan, parmiggiano.
Parmy, frà, trà.
Parnombrer, dinumerare.
Paroir, apparire.
Paroisse, pieue.
* de deux Paroisses, di due modi, di due colori, di due partiti.
Paroissien, pieuale, della pieue, parocchiano.
Paroistre, apparire, comparire.
Parole, parole, voce, dittione, fauella.
les belles Paroles n'escorchent pas la langue : l'Italien dit, honestà di bocca assai vale ò nulla costa.
vne Parole attire l'autre, il dir fà dire.
les Paroles n'emplissent pas la bourse, le parole non s'infilzano.
Paroly, il paroli.
tirer Parole, accattar parola.
Parotides, humeurs, humori dietro alle orecchie.
Parolette, parolina, paroletta.
Paroxisme, parocismo.
Paroy, muro, parete.
# Parpaing, pilastro ò pila in vna muraglia, filo di pietre.
Parpaillon, parpaglione.
* Parpayer, spagar del tutta.
Parpaillot, heretico.
Parpin, mucchio di pietre.
Parque, parca.
Parquer, stabbiare, staggiare.
Parquer les huistres. i. metter le ostriche in vn luogo per ingrossare.
Parquet, parco picciolo. Item, corte di palazzo, foro.
Parqueter vn plancher, mattonare.
Parquoy, però, per la qual cosa, perche.
Parqueteur, mattonaro.
Parrain, santolo. Padrino.
Parrasine, rosina di pietra.
Parricide, parricida. Item, parricidio.
Parricidement, parricidamente.
Parsemer, spargere.



Parseruir, seruir gran tempo.
Parsimonie, parsimonia.
Parsonnier, aiutante compagno.
à Parsoy, trà sè medesimo secco.
Part, parte, portione.
à Part, in disparte.
à Part, separément, partitamente.
mettre à Part, risparmiare, por da canto, metter da banda, ò in serbo.
Part, parto.
la plus Part, la maggior parte.
chacun à Part, ogn'vno per se.
tirer à Part, trar in disparte.
de Part en Part, da banda à banda.
percer de Part en part, straforare.
d'autre Part, all' incontro.
prendre Part, esser à parte, esser partecipe, participare.
faire la Part au plus jeune : l'Italien dit, far Nannincino della mula à Quinto, pigliar la miglior parte.
faire Part, dar parte.
de toutes Parts, da tutte le bande, per ogni lato.
d'vne Part, parte vna, & pour, &c. d'autre Part, parte altera.
ie sçay de bonne Part, hò di buon luogo.
Partage, spartimento, diuisione.
eschoir en Partage, cader in sorte.
Partageable, diuisibile.
Partager, spartire, diuidere.
Partageur, spartitore.
Partant, però.
Partant, partendo.
Partement, partenza.
Parterre, compartimento.
Parterres, parte bassa, spazzo, suolo di sala, &c. piano.
faire vn Parterre, vulg. cadere, cascare in terra.
Partiaire, per parte, in parte, participe.
Partial, parriale.
Partialement, partialmente.
Partialiser, esser partiale.
Partialité, partialità.
Participant, participante, partecipe, consapeuole.
Participe, participio.
Participer, partecipare.
Particulariser, dir le particolarità, particolariz are.
Particularisation, particolariz atione, descrittione ò espressione particolare.
Particularité, particolarità.
Particulier, particolare. Ritirato.
Particulierement, particolarmente.
Partie, parte.
Parties, scritture, conto, memoria.
Partie, partita.
Partie double, scrittura doppia.
prendre à Partie, accusar ò assalire vno.
estre de la Partie : l'Italien dit, entrar nella comedia.
auoir de belles Parties, hauer belle doti ò virtù.
qui n'entend qu'vne Partie, n'entend rien, odi l'altra parte é credi poco. Vdir vna campana é non vdir l'altra.
il a à faire à forte Partie : l'Italien dit, hà da far con vn Barbiere, che sà radere.
remettre la Partie, rimetter la ad vn'altra volta.
Partiment, diuisione.
Partir, partire, andar via. Item, spartire. Procedere.
faire Partir de la main, dar le mosse, staccar vna carriera, muouere.
au Partir de là, dopo questo.

estre prest à Partir, *esser di partenza.*
Partisan, *partigiano.*
* Partissement, *spartimento.*
Partisseur, *spartitore.*
* Parrroublement, *perturbamento.*
Parrroubler, *perturbare.*
Party, *partito.* Item, *andato via.*
vn bon Party, *vna moglie ricca.*
jouër ou faire vn mauuais Party, *far vna burla.*
accepter le Party, *tener l'inuito.*
auoir l'esprit à Party, *hauer il ceruello à partito.*
Paruenir, *arriuare, peruenire, auuenzarsi, farsi da qualche cosa.*
Paruis, *piazza innanzi alla Chiesa, portico, il sacrato.*
* Paruité, *picciolezza.*
Parure, *ornamento.*
Pary, *scommessa.*
Pas, *passo.*
aller le Pas, *andar piano.*
retourner sur ses Pas, *tornare in dietro.*
de ce Pas, *hor hora.*
de mesme Pas, *nel medesimo instante.*
passer le Pas .i. *morire.*
faire passer le Pas, *vccidere.* Item, *stuprar vna donna.*
en Pas de loup, *Idem.*
en Pas de larron, *gatton gattone.*
le Pas de la porte, *soglio.*
vn Pas de clerc, *vn errore.*
Pas d'asne, herbe, *vnghia di porco, tussilagine.*
Pasdasne, *chiappone di spada.*
Pas d'escreuice, *passo in dietro.*
cela ne se trouue pas dans le Pas d'vn cheual .i. *non si
troua facilmente.*
Pas de lion, *sanicola maggiore.*
plaindre ses Pas, *esser pigro.*
Pas à pas, *passo passo.*
non Pas mesme, *nè anche.*
Pas, aduerbe, *niente, punto.*
* Pascage, *paschio.*
Paschal, *Pascale.*
* Paschier, *paschio.*
Pasle, *pallido.*
Pasles couleurs, *spargimento di fele.*
Paslement, *pallidamente.*
Pasleur, *pallidezza.*
Paslir, *impallidire.*
se Pasmer, *venir manco, suenire.*
Pasmoison, *suenimento.*
Pasques, *Pascha.*
Pasques fleuries, *Domenica delle Palme.*
Pasques close, *Domenica de gl'Apostoli.*
* Pasquenade, *pastinaca.*
Pasquette, *consolida minore.*
Pasquil, *pasquino, sativa.*
Pasquin, *Pasquino.*
Pasquinade, *pasquinata.*
Pasquis, *paschio.*
Passable, *mediocre.*
Passablement, *mediocremente.*
Passade, *passata.*
Passades, en terme de manege, *repoloni.*
la Passade .i. *la limosina.*
Passage, *passo, passaggio.*
Passage de musique, *sminuimento.*
Passager, *passaggiere.*
oiseau Passager, *vccello di passaggio.* Metaph. *vaga-
bondo.*
chose Passagere, *cosa transitoria.*



Passager, faire des Passages, *passeggiare, sminuire.*
Passageur, *passaggiere.*
Passmor, *viandante.*
Passant, *transitorio, passante, che passa.*
Passants d'vne bouche, *occhi di fibbia.*
Passe, *porta di trucco ó di pallamaglio.*
Passe, *passera.*
Passe-solitaire, *passera solitaria.*
Passe-dix, *spetie di giuoco, passa dieci.*
Passe-droict, *guadagno oltre il diritto.*
Passée, *passata. Via. Corso. Passo, pedata.*
Passe-cheuaux, *barco.*
Passe-sillons, *capegli che pendono alle donne sopra le guan-
cie, ricci, finocchittij.*
vn Passe-passe, *ciocca di cireggie, due cireggie attacate
insieme.*
Passe-filé, *riccio, ricciuto.*
Passe-fin, *sopra fino, oltrafino.*
Passe-fin de Luques, *luchesino.*
Passe-fleur, *fior d'Adone, ó anemone.*
Passager, *passeggiare.*
Passement, *passamano.*
Passement, *passage, passo.*
Passementer, *listar con passamani.*
Passementier, *tessitor di passamani.*
Passemeze, dance, *passa e mezo.*
Passe-pied, *spetie di ballo.*
Passe-pommes, *spetie di pomo.*
Passe-parole, *passa parola.*
vn Passe par tout, *vna chiaue maestra.*
Passe-poil, *pistagna, vernatura.*
* vn Passe-route: l'Italien dit, *vn passa battaglia.*
tours de Passe-passe, *giuochi di mano.*
Passé, *passato.*
Passé, en terme de blason, *attrauersato.*
couleur Passée, *color suanito.*
Passe-port, *passaporto.*
homme Passé, *huomo attempato ó vecchio.*
femme Passée, *donna vecchia ó diuentata vizza.*
Passer, *passare.*
Passer, mourir, *transire.*
se Passer, *astenersi.*
se Passer à peu, *passar sela con poca cosa.*
se Passer, *diuentar vecchio.*
se Passer, qui se dir du fruit, *mezzare,* d'vne couleur,
*suanire.*
Passer des caprioles, *tagliar capriole.*
Passer son enuie, *cauarsi la voglia.*
Passer par-là, *hauer patienza.*
Passer procuration, *far ó dar vna procura.*
Passer son temps, qui se dit d'vne femme, *far copia di
sé.*
Passer par le feu .i. *esser abbrucciato.*
Passer par les armes, *castigat vn soldato.*
Passer la mer, vne montaigne, ou vn fleuue, *varca-
re.*
Passer par les mains, *capitar nelle mani.*
Passer l'argent, *spendere.*
Passer, surpasser, *auuanzare, superare.*
se Passer de quelqu'vn, *non hauer bisogno.*
Passer pour beau .i. *non pagar niente.*
vouloir Passer pour quelque chose de bon, *vendersi per
buono.*
laisser Passer vn heure, &c. *lasciar trascorrere.*
Passer vn contract ou escriture, *rogare, far vna scrittu-
ra.*
Passer maistre, *maestrare.* Metaph. *mangiar tutto senz'
aspettar vno.*

Paſſer par l'eſprit, *andar per la mente.*
Paſſer outre en vne affaire, *procedere innanzi.*
il faut Paſſer par-là, *non ſi può far di manco.*
vous auez Paſſé par-là, *voi l'hauete prouato.*
Paſſer chemin, *andar innanzi.*
Paſſer vne peau, *acconciare vna pelle.*
Paſſer par-deſſus vne affaire, *trapaſſare.*
Paſſer vne peau en chamois, *incamocciare.*
Paſſer par les picques, Metaph. *eſſer ſtrappazzato.*
Paſſer vne liqueur au trauers d'vn linge, *colare.*
faire Paſſer vn faux accord, *ſaluar vna diſſonanza.*
nous auons Paſſé par-là: l'Italien dit, *habbiamo mangia-*
*to il pan de' putti.*
ces choſes Paſſent ſous le nom de, *vengono ſotto il no-*
*me di.*
Paſſer ſon droict, *cedere.*
vous Paſſerez par chez nous. i. *ci capitarete nelle ma-*
*ni.*
Paſſerage, *lepidio.*
* Paſſerat, *paſſera.*
Paſſereau, *Idem.*
Paſſe-temps, *ſpaſſo, di porto, paſſatempo.*
Paſſeueloux, *amaranto, fior veluto.*
Paſſeuolant, *paſſauolante.* Item, *ſpetie d'artigliaria.*
Paſſeur, *paſſatore, barcaruolo.*
Paſſibilité, *paſſibilità.*
Paſſif, *paſſiuo.*
Paſſiue, *paſſiua.*
Paſſion, *paſſione.*
Paſſion, *affetto.*
la Paſſion, *il Paſſio.*
Paſſionné, *appaſſionato, affettionato.*
Paſſionnément, *appaſſionatamente, ſinſceratamente.*
ſe Paſſionner, *appaſſionarſi.*
Paſſoire, *meſtolone da colare ò paſſar la fanetta, &c.*
* Paſſules, *vna paſſula.*
* Paſt, *paſto.*
Paſte, *paſta.*
mettre en Paſte, *impaſtare.*
mettre la main à la Paſte. i. *lauorare, metter mano all'*
*opera.*
emporter la Paſte au four. i. *portar il danno ò la pena.*
homme de bonne Paſte. i. *di buona compleſſione.*
Paſté, *paſticcio.*
Paſté à l'Angloiſe, *croſtata all' Ingleſe.*
Paſté en poſt, *paſticciata.*
Paſté de requeſte, *paſticetto di troncoli.*
Paſtez d'hermite, *noci.*
Paſté d'angré, *ſpegazzone.*
faire des Paſtez en eſcriuant, *ſpegazzare.*
faire des Paſtez aux cartes, *accozzar le carte.*
vn gros Paſté, *vna perſona graſſa.*
deſcouurir le Paſté. i. *ſcoprir il negotio.*
des petits Paſtez, *paſticetti.*
* crier des petits Paſtez. i. *hauer i dolori di parto, parto-*
*rire.*
de la Paſtée, colle de farine, *paniccia.*
Paſtel, *guado.*
Paſtenade, *paſtinaca.*
Paſtenaille, *Idem.*
Paſtenaque, *paſtinaca marina.*
Paſteur, *paſtore.*
Paſteux, *paſtoſo.*
Paſticerie, *paſticciaria.*
Paſticier, *paſticiere.*
Paſticiere, *paſticiera.*
Paſtille, *paſtiglia.*

Paſtin, *paſtello.*
Paſtinage, *coſe di paſta.*
Paſtis, *paſchio.*
Paſtiliage, *paſticiaria.*
Paſtifier, *far paſticci ò coſe di paſta.*
Paſtifier, &c. Vedi, Paſticier.
Paſton, *paſtone, paſtello.*
Paſtoral, *paſtorale.*
vne Paſtorale, *vna paſtorale.*
Paſtorat, *vfficio di Paſtore.*
Paſtoreau, paſtoureau, *paſtorello.*
Paſtourelle, *paſtorella.*
Paſtre, *paſtore.*
Paſturable, *paſcibile.*
Paſturage, *paſtura.*
Paſture, *Idem.*
Paſture de Chameau, *giunco odorato.*
Paſturement, *paſcimento.*
Paſturer, *paſcere.*
Paſturier, *paſcitore.*
Paſturon, *paſtoria, paſtora, paſturale, fontanella della*
*giunta, impaſtura.*
Patac, *vna patacca.*
Patache, *palacchia, ſpetie di barca.*
Patacon, patagon, *patacone.*
* Pataſſerie, *ſciocchezza.*
Paragon, *patacone.*
Patapatapan, *y ſuono di tamburro, tarapatata, tuppitù.*
Pataque, *patacca.*
Pataraſſe, *colpo rimbombante, ſtrido, ſcoppio.*
Patart, *ſoldo.*
Pataut, *che hà piedi groſſi z amputo.*
Pate, patte, *piede d'animale zampa.*
Patelin, *cicaliere, ciarliere, ingannatore, adulatore, lu-*
*ſinghiere.*
Patelinage, *cianca, adulatione, luſinga.*
Pateliner, *cianciare, ciarlare, adulare, ingannare.*
Patene, *patena, copertore del calice.*
Patenoſtrage, *quantità de pater noſtri.*
Patenoſtre, *pater noſtro.*
dire la Patenoſtre du Singe, *barbottare, dir il pater noſtro*
*della bertuccia.*
Patenoſtrier, *maſtro di paternoſtri.*
Patent, *patente.*
Patente, *vna patente.* Metaph. *vna guanciata.*
Patepeluë, *mano peloſa.*
Pater de chappelet, *pater noſtro.*
Paternel, *paterno.*
Paternellement, *paternamente.*
Paternité, *paternità.*
Pater noſter, *pater noſtro.*
Pathetique, *patetico.*
Pathetiquement, *pateticamente.*
Pathologie, *patologia, diſcorſo delle cauſe.*
Pathologique, *patologico.*
Pathonomique, *ſegno certo è neceſſario.*
Paticier, *paſticiare.*
Patiemment, *patientemente.*
Patience, *patienza.*
Patience de Lombard. i. *per forza.*
Patience, herbe, *lapatio.*
Patient, *patiente.*
Patient, *reo, condennato.*
Patient de S. Coſme. i. *che hà il mal venereo.*
Patienter, *hauer patienza, tolerare.*
Patin, *zoccolo.*
Patin de Hollande, *zoccoli.*

Patin, en Architecture, zocco.
Patine, patina.
Patiner, maneggiare, paciuccare.
Pati, patire, tolerare. Sofferire, stentare.
Patois, parlar goffo, lingua di contadino, lingua materna.
Patouillard, paciuccatore.
Patouiller, paciuccare.
* aller ad Patres. i. mourir, andar à Patrasso.
Patriacat, Patriarcato.
Patriarche, Patriarca.
Patriarchie, Patriarcato.
Patrice, Patritio.
* Patricotage, imbroglio.
Patrie, patria.
Patrimoine, patrimonio.
Patrimonial, patrimoniale.
Patriot, protettore di contrada ó patria.
Patriote, compatriota.
Patrociner, patrocinare.
Patron, padrone, protettore. Nocchiero.
Patron, modello.
Patronal, di padrone.
Patronage, padronato.
droict de Patronage, padronato.
Patroner, formare. Imitar il modello.
Patrouille, certa ronda. Item, la corte che và attorno di notte.
Patrouille, fourgon, strofinaccio di forno.
Patrouillement, paciucamento.
Patrouiller, pacchiugare, paciuccare.
Patrouilleur, paciuccatore.
Patte, zampa.
Pattes de chat, spetie d'allera bassa.
Patte de lion, spetie d'elleboro.
Patte de loup, ou
Patte louuine, aconito.
Patte d'ours, branca vrsina.
à quatre Pattes, in quattro.
Patte d'oye, certa deformità delle dita attaccate insieme.
Patté, che hà zampe.
à la Patte, spetie di giuoco.
vous tomberez dans mes Pattes, mi capitarete nelle mani ó branche.
Patte, certo stromento da vergar la carta.
Patte de l'ancre, marre.
Patter le papier, vergar la carta per notar cose di musica.
Pattu, zampato, che hà zampe grosse.
pigeon Pattu, penni pede, calzato.
Pasturon, Vedi, Paturon.
Pau, palo.
enfoncer de Paux, palificare.
Pauane, pauaniglia.
se Pauaner, pauoneggiare.
Paucher les yeux, far gli occhi liuidi.
* Paucité, poca quantità.
Paué, selcio. Lastrico.
Paué, selciato.
Paué de carreau, mattonato.
gosier Paué, gola pelosa, gola da due solari.
prendre le haut du Paué, voler le mano, voler esser superiore à gl' altri.
batteur de Paué, taglia cantoni, sbirro.
Pauement, selciamento.
Pauer, selciare, lastricare.
Pauesade, pauesata.



* Pauescher, coprir di pauesate.
Paueur, selciatore.
* Pauide, pauroso.
* Pauidité, paura.
Pauie, persico di Pauia.
Pauigende, pauisade, pauesata.
Pauillon, padiglione.
Pauillon de maison, torricella in forma di padiglione.
Pauillon de carrosse, volta.
Paulette, certo diritto che si paga al Rè.
Pauletter, pagar detto diritto.
Paulme, palma, palmo.
Paulme de Christ, ou
Paulme Dieu, palma Cristi, girasole.
jeu de Paulme, ginoco della palla corda.
la longue Paulme, alla pilotta.
Paulmée, palmata.
Paulmeile, spetie di biada, orzo bipartito.
Paulmeure, palmatura.
Paulpieres, palpebre.
Paume, Vedi, Paulme, &c.
Paumier, mastro del ginoco della palla corda.
Paumon, certo male nel belico del cauallo, polmoncelle.
Pauois, paluese.
Pauoisade, pauesata.
Pauoisé, pauesato.
se Pauoiset, coprirsi di pauesate.
Pauoisier, pauesata.
se Pauonasler, ou
Pauonner, pauoneggiare.
Pauot, papauero.
Pauot cornu, papauero marino.
Pauot des bleds, papauero séluatico.
Paupieres, palpebre.
Pause, pausa.
Pausement, pausamento.
Pausément, adagio.
* Pautonnier, guidone, paltoniere.
* Pautonniere, saccoccia. Item, zaino
Pauure, pouero. Item, mendico.
en Pauure estat, in cattiuo stato.
Pauurement, poueramente.
Pauuret, poueretto.
Pauureté, pouertà.
faire la pauureté : l'Italien dit, far quella brutta cosa, far le malefini, far le tristitie.
Payable, paghenole, pagabile.
Paye, paga.
mauuaise Paye, cattiuo pagatore.
Payement, pagamento.
Payen, Pagano.
Payennie, terra de' Pagani.
* Payennerie, paganesimo.
* Payenneté, fede di pagani. Item, paganesimo.
Payer, pagare.
se Payer de raison, contentarsi, appagarsi.
Payer d'vne paire de souliers. i. fuggir senza pagare.
Payer les violons. i. mantener vna puttana per gli altri.
ie ne suis pas Payé pour cela : l'Italien dit, pagami ed io il faro.
Port payé, franco.
il m'a Payé. i. mi hà dato la mia, mel hà fatta.
Payer au double, strapagare.
Payeur, pagatore.
Pays, paese.
Paysage, quadro di paese.

PE

Peage, *pedaggio, guidaggio.*
Peager, *pagar il pedaggio, ò imporle.*
Peagerie, *pedaggio, luogo di guidaggio.*
Peagier, *passagiere.* Item, *di pedaggio.*
Peau, *pelle.*
Peau d'amande, *mallo.*
Peaux, chair qui n'est que de peaux, *pellegate;*
il mourra dans sa Peau. i. *non mutarà mai costume.*
ne pouuoir tenir dans sa Peau, *non capir nella pelle.*
se jetter sur la Peau d'vne personne. i. *detrattare.*
je ne voudrois pas estre en sa Peau. i. *non vorrei esser al suo luogo.*
Peau de petit gris, *Vedi,* Petit gris.
Peaucier, *mercante di pelli.*
Peausu, *pieno di pelli.*
Peautraille, *quantità de pelli vecchie.*
Peautraillerie, Idem.
* Peautre, *timone di vascello.*
envoyer au Peautre. i. *mandar à spasso.*
Peccadille, *peccatuccio, peccadiglio dello Spagnuolo.*
Peccant, *peccante.*
* Peccatrice, *peccatrice.*
Peché, *peccato.*
mettre aux Pechez oubliez, *scordarsi vna cosa.*
Pecher, *peccare.*
Pecheresse, *peccatrice.*
Pecheur, *peccatore.*
vne grosse Pecore. i. *vna bestia.*
Pecore, *pecora.*
Pectoral, *pettorale.*
* Peculat, *rubberia fatta al Prencipe.*
* Peculateur, *che rubba al Prencipe.*
* Pecule, *peculio.*
Peculier, *priuato, peculiare.*
Peculierement, *priuatamente, peculiarmente.*
Pecune, *pecunia.*
Pecuniare, *pecuniaro.*
Pecunieux, *che hà pecunii, ò danari.*
Pedagogie, *institutione.* Item, *vfficio di Pedante.*
Pedagogisme, Idem.
Pedagogue, *Pedagogo, Pedante, mastro di scuola.*
Pedales, *pedali d'organo.*
Pedanée, *che giudica in piedi, giudice inferiore ò di contado.*
Pedant, *Pedante.*
Pedanter, *far il pedante.*
Pedanterie, *pedantaria.*
Pedantesque, *pedantesco.*
Pedantiser, *far del Pedante.*
Pederotte, *opala.*
Pediculaire, *pediculario.*
Pedicule, *tronco d'albero.*
Pedieux, *certo muscolo.*
Pegase, *Pegaso.*
* Pege, *pece.*
Pegouffe, *sperie di linguatola.*
Peigne, *pettine.*

Peigne à peigner le lin ou le chanvre, *pettinella.*
Peigne de fer, *grattapuggia.*
faire vn Peigne. i. *far vn mal tiro.*
Peignes, mal de cheual, *riccioli.*
le Peigne de l'Allemand. i. *le dita.*
Peigner, *pettinare.*
se Peigner. i. *far à pugni.*
Peigner la laine, *carminare.*
Peigneur, *pettinatore.* Item, *carminatore.*
Peignier, *pettinaro.*
Peignoir, *mantellina.*
Peinct, *dipinto.*
Peincture, *pittura.*
Peincturer, *pingere.*
Peindre, *pingere, dipingere, ritrarre.*
se Peindre. i. *imbriacarsi.*
pour acheuer de Peindre : l'Italien dit, *per giunta della derrata.*
Peine, *pena, affanno, fatica. Dolore.*
à Peine, *appena.*
se mettre en Peine, *pigliarsi fastidio.*
auoir de la Peine, *durar fatica.*
il ne vaut pas la Peine, *non importa la spesa, non val pregio.*
à grand Peine, *à gran stento.*
prendre Peine, *affaticarsi.*
Peiner, *penare, affaticarsi.*
Peint, *dipinto, fatto à pennello.*
Peintre, *pittore.*
Peinture, *pittura.*
* Pejorer, *peggiorare.*
* Pel, peau, *pelle.*
Pelade, *pelatina.*
Pelade au cheual, *casca peli.*
Pelage, *pelame.* Item, *pila da conciar corami.*
Pelain, *fosso di concia corami, pilla.*
Pelamide, *toncina.*
Pelasse, *scorza.*
vn Pelaud, *vn buon compagno.*
le Pelaud, *natura della donna.*
Pelauder, *barterr.*
Pelanderies, *galanterie.*
vn Pelé, *vn spelato.*
* Pelegrin, *pellegrino.*
Pelement, *pelamento.*
Peler, *pelare, spelare.*
* vous me Pelez le nez. i. *voi mi fastidite ò menchionate.*
Peler des œufs, *sgusciare.*
Peler des amandes, *smillare.*
Pelerin, *pellegrino.*
faucon Pellerin, *falcon pellegrino.*
vn bon Pellerin. i. *vn buon compagno.*
Pelerin de Suite. i. *infranciosato.*
Pelerinage, *pellegrinaggio.*
Pelerinant, *pellegrinante.*
Pelerine, *pellegrina.*
Pelerine de Venus, *puttana.*
* Pelet, *pilo picchio.*
Peleure, *pette di frutto.*
Pelican, *pelicano.*
* Pelication, *depilatorio.*
Pelice, *pelliccia.*
Pelisse, Idem.
Pelisson, *pelliccione, fodero.*
Pellage, *pelame*
Pelle, *pala.*
Pelle, poisle, *padella.*

remuër à la Pelle , *spalare , palleggiare.*
il remuë les escus à la Pelle , *egli spala.*
la Pelle se mocque du fourgon : l'Italien dit , *la padella dice al paiuolo fatti in là , che non mi tinga* , ou bien , *cencio dice straccio.*
Pellebosse , *spetie d'herba.*
Pellée , *palata.*
* Pellerelle , pelade , *pelarella.*
Pelleterie , *pelliciaria.*
Pelletier , *pelliciaio , fodraro.*
Pellicule , *pellicola.*
Pelliculeux , *pellicoloso.*
Pellucide , *lucido.*
Pelon , *scorza di castagna , guscio.*
Pelorde , *spetie di chiocciola.*
Pelotte , *pilotta.*
Pelotter , *palleggiare.*
Pelotton , *palla senza coperta di panno.*
Pelotton de fil , *gomitolo.*
Pelotton , en terme de milice , *groppo , manipolo.*
Pelotton à mettre des espingles ou aiguilles , *acoraiuola.*
Pelottonner , *agomitolare.*
Pelouse , *buco.*
Pelouses , *prugnole.*
Pelu , *peloso.*
Peluche , *felpa longa.*
Peluette , *orecchia di topo , herba.*
Pelure , *scorza , pelle.*
Penade , *brauura.*
se Penader , *brauare . pauoneggiare.*
Penaillons , *cenci , stracci.*
Penal , *penale.*
Penard , *vecchia ranticoso , vecchiaccio.*
Penalité , *penalità.*
* Penancier , *penitentiere.*
Penates , *i Dei Penati.*
Penault , *attonito , stupefatto.*
il est demeuré Penaut , *è restato chiarito.*
Penchant , *pendente.*
le Penchant , *il pendio , il decliuio.*
Pencher , *piegare , pendere.*
Pendable , *impiccheuole , da forca.*
Pendage , *appocamento.*
Pendant , *pendente , spenzolato.*
Pendants , *pendoni di spada.*
Pendants de chien , *orecchie.*
Pendants d'oreille , *orecchini.*
Pendant , *mentre , in tanto.*
Pendard , *forche bene surfante impiccato , capestrato manigoldo.*
cheueux à la Pendarde , *capegli longhi.*
Pendardeau , *impiccatuccio.*
Pendarderie , *forcaria , surfanteria manigolderia.*
Penderie , *impiccatura.*
Pendesyllabe , *di cinque sillabe.*
* Pendiculation , *pendicolatione.*
Penelier , *penzolare , pendolare.*
Pendillant , *penzolante , pendolone.*
Pendeloques , &
* Pendiloches , *penzolature , pendagli , brindaccoli , tempelle.*
Pendre , *pendere , spenzolare.*
Pendre au gibet , *impiccare , appiccare.*
dire pis que Pendre . i. *dir tutti i mali.*
il luy en Pend autant . i. *è nello stesso pericolo.*
Pendu , *appeso , appiccato*, Item , *impiccato.*

Pêne de serrure , *stanghetta , chiauistello.*
* Peneliere , *pettignone.*
Penencier , *penitentiere.*
Pener , *durar fatica , affaticarsi , penare.*
Penetratif , *penetratiuo.*
Penetrant , *penetrante.*
Penetrer , *penetrare.*
Peneuse . *penosa.*
* sepmaine Peneuse , *settimana Santa.*
Peneusement , *penosamente.*
Peneux , *penoso , misero.*
Penible , *penoso , faticoso.*
Peniblement , *con gran fatica.*
Penide , tablette pour le rheume , *penneto.*
Penidial , *di penneto , da far penneti.*
Penillere , *pettignone.*
Penil , *pettignone.*
Penillier , *ai pettignone.*
* Penillons , *cenci , stracci.*
Peninsule , *peninsola.*
Penitence , *penitenza.*
Penitentier , *Penitentiere.*
Penitencerie , *luogo del Penitentiere.*
Penitent , *penitente.*
Penitents , *battuti , battenti.*
si les Penitentes , *conuertire.*
Pennache , *pennacchio.*
vn Pennache , des cornes , *vn cimiere.*
Pennache de bœuf . i. *corna.*
Pennaché , *pennacchiuto.*
Pennade , *brauura.*
se Pennader , *pauoneggiare.*
Pennage , *piume.*
* Pennarol de Chirurgien , *pennaruolo.*
Penne , *penna.*
Pennes de flêche , *penne.*
Penneton , *buco di chiaue.*
Pennons , *pennoni , penne , gagliardetti.*
Pennonceau , *pennoncello.*
Pennule , *pennola.*
de guet à Pens , *di caso pensato.*
Pensée , *pensiere , cogitatione.*
Pensée d'Auteur , *conceto.*
Pensée , fleur , *viola passa il mare.*
Pensement , *pensiero , pensamento.*
Penser , *pensare , cogitare.*
Penser vn mal , *curare.*
Penser vn cheual , *gouernare vn cauallo.*
Penser de la main , *battere , bastonare.*
il a Pensé tomber , *è stato per cadere.*
allez vous faire Penser , *andate à spaso , andate à far i fatti vostri.*
Penseresse , *pensatrice.*
Penseur , *pensatore.*
Penseuse , *pensatriôe.*
Pensif , *pensoso.*
* Pensil , *pensile , pendente.*
Pension , *pensione , dozzina.*
Pension , *stipendio.*
Pensionnaire , *dozzinante.*
Pensionnaire d'vn Prince , *stipendiato.*
qui tient des Pensionnaires ; *mastro di dozzina.*
Pensionnaire du Roy . i. *carcerato , prigione.*
Pensionné , *stipendiato.*
Pensiuement , *pensosamente.*
Pent de rets , *armadura di rete.*
Pentagonal , *pentagonale.*
Pentagone , *pentagono.*

Pente, pendio.
Pente de lict, tendine.
Pente de tapisserie, pezzo.
Penteur, vna delle corde attaccate alla cima dell' albero per reggerlo.
Penture, ban della di porta.
* Penutie, penuria.
Penultiesme, penuria.
Peone, & peonie, peonia.
Pepiant, pigolante.
Pepie, pipita.
Pepiement, pigolamento.
Pepier, pigolare.
Pepieur, pigolatore.
Pepin, granello, acino.
Pepiniere, seminario.
Pepon, poppone, melone.
Per, Vedi, Pair.
faire Per à compagnon, esser compagni.
* Peragration, peragratione.
Peramese, proportione di noue in musica.
* Pérattendre, aspettar l'opportunità.
Perçant, penetrante.
mettre en Perce, metter à mano, spinolare.
Percé, forato.
Perce-feüille, spetie d'herba, perfoliata.
Percele, fior di zaccarina.
Perce-lettre, stromento da forar le lettere.
Percement, foramente.
Perce-neige, spetie di fior bianco.
Perçoir, trivello.
Perce-oreille, forasacco.
Perce-pain, Idem.
Perce-pierre, saffifraga, saffagragia.
Perceptible, percettibile.
Perceptiblement, percettibilmente.
Perception, percettione.
Percer, forare. Item, penetrare.
Percer à trauers les ennemis, farsi strada.
Percer de part en part, trafiggere.
Percer, qui se dit des dents à des enfans, forare.
Percer le vin, metter à mano.
Percer vn tonneau, spillare.
il est Percé bien bas : l'Italien dit, il caso suo è tenero, hà i piedi freddi.
Percé à iour, di traforo.
* Percet, persico.
Perche, poisson, perchia.
Perche, pertica.
Perche d'vn Tourneur, bastone del torno.
Perche de la teste d'vn cerf, ramo del corno.
Percher, mesurer, perticare.
se Percher, appollaiarsi, posarsi sul ramo.
Percher, impiccare vno.
Percheur, perticatore.
Percintes, sponde de vascello.
Percis, papier percé qui sett à poncer, spoluero.
Perclorre, attarre, assiderare le membra.
Perclus, attratto, contratto.
Perclusion, assideratione, attrattione di membra.
Perdable, perdenole, perdibile.
Perdant, perditore. Perdente.
* Perdement, perdimento.
Perdeur, perditore.
Perdigonne, spetie di susina.
Perdition, perditione.
Perdre, perdere.
Perdre pied, non trouar fondo.



Perdre la parolle, non poter più parlare.
Perdre le repos, non riposare.
jouër à tout Perdre, far del resto
se Perdre dans vn chemin ou vne ruë, smarrire.
Perdre son temps, gittar il tempo.
Perdre cœur ou courage, perdersi d'animo smarrirsi.
Perdre terre, allontanarsi dalla terra, perder fondo.
Perdre vne personne, rouinar vno.
sans dire qui a Perdu ny qui a gagné. i. senza dir niente, inconsideratamente.
Perdreau, pernigotto.
Perdrix, pernice.
Perdrix grise, starna.
les Perdrix luy puent : l'Italien dit, gli fanno afa i beccafichi.
les Perdrix y tombent toutes rosties : l'Italien dit, vi si legano le viti con le salsiccie.
Perdrix de mer, linguatola.
Perdrix de montagne, francolino.
Perdu, perluso.
à corps Perdu, à corr' huemo, à bastalena.
Perdurable, perpetuo.
Perdurablement, perpetuamente.
Pere, padre.
il veut monstrer à son Pere à faire des enfans, i paperi voglion menar à ber l'oche.
beau-Pere, sincero. Item, padrastro.
grand-Pere, ou pere grand, auolo.
Peré, cidra di peri, perino.
Peregrin, peregrino, straniere, forastiere.
Peregrination, peregrinatione.
Peregriner, peregrinare.
* Peregrinité, stranezza.
Peremption, peventione.
Peremptoire, perentorio, assoluto, imperioso.
Peremptoirement, perentoriamente.
Peremptoriser, escluder vno dalla sua petitione.
* Perenne, perpetuo, perenne.
* Perennel, Idem.
* Perenniser, perpetuare, eternizare.
* Perennité, perennità, eternità.
* Perequation, vgualamento.
Perfection, perfettione.
Perfectionner, perfettionare.
Perfide, perfido.
Perfidement, perfidamente.
Perfidie, perfidia.
Perfigue, pero susino.
* Perfoliate, perfoliata.
Perforatif, che si può forare.
Perfumé, profumato.
Perfumement, profumamento.
Perfumer, profumare.
Perfumeur, profumiere.
Perfum, profumo.
* Perger, seguitare.
Periapte, certa medicina.
Pericarde, membrane du cœur, pericardio.
Pericardique, pericardico.
* Pericliter, periclitare.
Pericrane, pericranio.
Peridot, spetie di smeralda.
Perier, ventricchio.
Perigée, perigeo.
Peril, pericolo, periglio.
à ses Perils & fortunes, à coltimo, à rischio.
* Periller, pericolare.
Perilleusement, pericolosamente.

Perilleux, pericoloso.
* Perimer, abolire.
Perinée, perineo,
Periode, periodo.
Periodic, periodico.
Periodiquement, periodicamente.
Perioste, periosto, pelle che cuopre le coste.
Periphrase, perifrase.
Periphraser, far perifrasi.
Perir, perire.
Perissable, transitorio, momentaneo, che può perire.
Perissement, perimento, perdita.
Peristile, peristilo.
Peritoine, peritoneo.
Periure, pergiuro.
Perle, perla.
enfiler des Perles. i. perdere il tempo,
poire Perle, spetie di pero.
Perles de gueux, pidocchi.
Perles cornuës, scaramuzzi.
Perlé, perlato.
Perlette, perlina, perlotta.
Perleure, perlatura.
Perlon, dentale, pesce.
* Permanable, permanente.
Permanent, Idem.
* Permeable, transitorio.
Permettre, permettere.
vostre aage ne permet Pas, vostra età non comporta.
Permis, permesso, lecito.
Permission, licenza, permissione.
auec vostre Permission, con vostra pace.
Permistion, permistione.
Permutateur, permutatore.
Permutation, permutatione.
Permuter, permutare, cambiare.
Pernicieusement, pernitiosamente.
Pernicieux, pernitioso.
Peroration, peroratione.
chanter la Peronnelle : l'Italien dit, cantar la falilella.
Perpendiculaire, perpendicolare.
Perpendiculairement, perpendicolarmente.
Perpetrer, perpetrare.
Perpetuation, perpetuatione.
Perpetuel, perpetuo.
Perpetuellement, perpetuamente.
Perpetuer, perpetuare.
Perpetuité, perpetuità.
en galere à Perpetuité, in vita.
Perpin, filza di pietre.
Perplex, perplesso.
Perplexement, perplessamente.
Perplexité, perplessità.
* Perprendre, prendere, afferrare.
* Perprise, presa.
Perquisiteur, perquisitore.
Perquisition, perquisitione.
* Perresine, rosina.
Pertie, dignità di Pare.
Perrier, petriere.
Perriere, petriera.
Perron, poggiuolo.
Perroquet, papagallo. Item, spetie d'herba.
Perroquet, voile, peruchetto.
Perrot, quercia della seconda fatta ò tagliata.
Perruque, zazzera, capelliera. Item, perrucca, capellra posticcia, capigli posticci.
Perruquier, perruchiere.

Perruquiere, perruchiera, donna che fà ricci.
Pers, Vedi, Pairs.
Pers, couleur., perso.
Persan, Persiano.
* Perscrutateur, perscrutatore.
* Perscrutation, perscrutatione.
* Perscruter, perscrutare.
Perse, persa, di color perso.
Persecuter, perseguitare.
Persecuteur, perseguitore.
Persecution, persecutione.
Persepierre, sassifraga.
Perser, percer, forare.
Perseuerance, perseueranza.
Perseueramment, con perseueranza.
Perseuerant, perseuerante.
Perseuerer, perseuerare.
Persicaire, persicaria.
Persien, Persiano.
Persiguine, persicchino.
Persil, petrosemole, appio, petrosello.
Persil de jardin, appio domestico.
Persil d'eau, appio palustre.
Persil de montagne, appio montano.
Persil de Macedoine, celeri, seleri, smirnio.
* Persin, petrosemolo.
Persistance, persistenza, perseueranza.
Persister, persistere, continuare, perseuerare.
Persoir, trivello.
Personnage, soggetto, personaggio.
Personnages, figure, persone.
Personnage en Comedie, parte.
joüer bien son Personnage, far ben la sua parte.
Personne, persona.
en Personne, personalmente.
combien de Personnes, quante bocche.
Personne, nessuno, veruno.
Personnel, di persona, persuale.
Personnellement, personalmente.
* Personniere, società.
Personnier, sotio, compagno, personiere.
Perspectiue, perspettiua.
* Perspicacité, perspicacità.
Perspicuité, perspicuità.
Perspirable, perspirabile.
Perspiration, perspiratione.
Perstreindre, perstringere.
Persuader, persuadere.
Persuadeur, persuasore.
Persuasible, persuadeuole, persuasibile.
Persuasiblement, persuasiuilmente.
Persuasif, persuasiuo.
Persuasion, persuasione.
Persuasoire, persuasorio.
* il Pert, appare.
Perte, perdita.
Perte du Marchand, disauanzo.
à Perte de veuë, quanto si può veder lontano:
discours à Perte de veuë, sproposito.
à Perte d'haleine, à basta lena.
Pertinemment, pertinentemente.
Pertinent, pertinente.
Pertinence, pertinenza.
Pertroubler, perturbare.
Pertuis, peruggio, buco.
Pertuisane, partiggiana.
Pertuisanon, partiggiana picciola.
* Pertuiser, forare, peruggiare.

Perturbateur, *perturbatore.*
Perturbation, *perturbatione.*
Perturber, *perturbare.*
Peruenche, *peruinca, prouinca, brionia, vitalba.*
Peruers, *peruerfo.*
Peruerfement, *peruerfamente.*
Peruerfion, *peruerfione.*
Peruerfité, *peruerfità.*
Peruertir, *peruertere, peruertire.*
Peruertiffement, *peruertimento.*
Peruertiffeur, *peruertitore.*
Pery, *perito.*
Pefage, *pefa.*
Pefamment, *grauamente, lentamente.*
Pefant, *pefato, greue.* Item, *groffolano, balordo.*
esprit Pefant, *ingegno tardo.*
temps Pefant, *tempo greue ò marinconico.*
Pefanteur, *grauezza, pefo, pefanza, lentezza.*
Pefart, *cauchemare, pefaruola.*
Pefchage, *peftata.*
Pefche, fruit, *perfico, pefca.*
Pefche-noix, *noce perfico.*
Pefche-coing, *fpetie di perfico, perfico cotogno.*
Pefche de Poiffon, *pefca.*
Pefchement, *pefcamento.*
Pefcher, arbre, *pefco.*
Pefcher, *pefcare.*
Pefcher au plat. i. *pigliar da fe fteffo il cibo.*
Pefcher en eau trouble. i. *acquiftare per modi indiretti, ò per via del difordine d'altri.*
vous ne Pefchez guere auant, *voi pefcate poco al fondo.*
Pefchereffe, *pefcatrice.*
Pefcherie, *pefcaria.*
Pefcheur, *pefcatore.*
Pefchier, *pefco, perfico.*
Pefée, *pefa.*
Pefer, *pefare.*
cela me Pefe, *mi dà faftidio.*
Pefeur, *pefatore.*
Pefle, *chiauiftello, corfarolo, ftanghetta.*
Pefle-mefle, *confufamente.*
Pefle-meflé, *confufo.*
Pefle-mefler, *mefcolar confufamente.*
Pefne de ferrure, *chiauiftello, corfarolo, ftanghetta.*
Pefne de toile, *cerro, cerrone, licciatura.*
Pefon, balance, *fcandaglio, ftadiera, ftatera.*
Pefon à vn fufeau, *vertecchio, fufaiuolo.*
Peffaire, *fuppofta, ò medicina che prouoca il menftruo.*
Pefle, *fpetie d'abete, picco.*
Pefte, *pefte, moria, peftilenza.*
Pefte, tumeur, *anguinaglia, ganocciolo.*
la Pefte au vin. i. *cafcio, ò carne falata.*
Pefter, *beftemmiar la pefte.*
Pefteux, *appeftato.*
Peftifere, *peftifero.*
Peftiferé, *appeftato.*
Peftilence, *peftilenza.*
Peftilent, *contagiofo.*
Peftilentiel, &
Peftilentieux, *peftilentiofo.*
Peftiller, petiller, *battere co' piedi in terra.*
Peftrin, *arca ò fimil cofa da impeftare.*
Peftrir, *impaftare, intridere.*
Peftriffement, *impaftamento.*
Peftriffeur, *impaftatore.*



Peftriffeure, *impaftura.*
Pefty, *intrifo.*
Pefty d'eau froide. i. *huomo freddo.*
Pet, *correggia, peto.*
Pet en gueule, *peto in gola.*
Pet de maçon, *correggia con merda.*
faire vn Pet à la mort : l'Italien dit, *rubare il caudelotto al Prete.*
Petarade, *correggiata, petata.*
Petarade auec la bouche, *fpetezzamento, fcoppio.*
Petaraffe, *fcoppio.*
Petard, *petardo.*
Petard fait auec du papier, *foffione.*
Petarder, *petardare.*
Petardier, *petardiere.*
Petafite, *fpetie d'herba.*
* Petelement, *calpeftio.*
* Peteler, *calpeftare.*
* Petelis, *calpeftio.*
Peter, *trar correggie, far peti.*
Peter au feu, *crofciare.*
Peter auec la bouche, *fpetezzare.*
Peter, faire du bruit comme le canon, *fcoppiare.*
Petillement, *fcoppiamento.*
vin Petillant, *vino fmagliante.*
Petiller, *batter co' piedi in terra.* Item, *fcoppiare.*
le Petiller du vin, *fmagliare, brillare.*
Petiot, *piccinino.*
Petit, *picciolo.*
Petit, *giouane.*
Petit, d'animal, *figli, pargoletti.*
Petit chou, *certa cofa di pafta è cafcio.*
Petite Oye, *Vedi,* Oie.
vn Petit, *vn poco.*
Petit pié, *Vedi,* Pied.
Petit gris, *vaio.*
peau de Petit gris, *doffo.*
Petites gens, *gente baffa, gente minuta.*
Petit à petit, *à poco à poco.*
Petit blanquet, *fpetie di pero.*
Petitement, *fcarfamente.*
Petiteffe, *picciolezza.*
* Petiteur, Idem.
Petiteur, mafculin, *petitore.*
Petition, *petitione.*
Petitoire, *petitorio.*
Peton, *piede picciolo.*
mon Peton, mon mignon, *il mio cucco.*
Petoncle, *fpetie di conchiglia, petoncolo.*
Petonner, *dar de' piedi in terra, calpeftare.*
Petoucle, *certa conchiglia ò mitolo, petoncolo.*
Petrarquifer, *Petrarcheggiare.*
os Petreux, *certo offo nelle tempie.*
Petrification, *petrificatione.*
Petrifier, *petrificare.*
se Petrifier, *impetrire.*
Petrinal, *terzarolo.*
Petrir, *impaftare.*
Petrol. *olio petrolino, bitume.*
Petulance, *petulanza.*
Petulant, *petulante.*
Petum, *petun, tabacco.*
Petuner, *pigliar il tabacco, tabaccare, petonare.*
Petter, *Vedi,* peter.
Peu, *poco.*
Peu à peu, *à poco à poco, alla picciolata.*
dites vn Peu, *dite di gratia.*
à Peu prés, *poco appreffo, quafi.*

Peu s'en faut , *manca poco.*
Peu souuent , *di rado.*
homme de Peu , *huomo vile.*
tant soit Peu , *ogni poco , ogni minima cosa.*
Peucedane , *peucedano.*
canon Peuier , *petriere.*
Peuille , *quarta parte d'un scudo d'oro per far il saggio.*
Peuoësne , Peuoisne , *peonia.*
Peuplade , *popolamento , colonia.*
Peuplaye , *luogo pieno di Pioppi , pioppeto.*
Peuple , *popolo.*
menu Peuple , *gente minuta , gentaglia.*
Peuple , arbre , *pioppo.*
Peuple blanc , *popolo bianco , albero.*
Peuplement , *popolamento.*
Peupler , *popolare.*
Peupler d'arbres , *empire ò piantar d'alberi.*
Peupléraye , *pioppeto.*
Peuplier , *pioppo.*
Peur , *paura.*
ie n'ay Peur de rien , *non dubito di cosa alcuna.*
n'ayez point de Peur , *non dubitare.*
Peuresie , pleuresie , *mal di costato , pleurisia , puntura.*
Peureusement , *paurosamente.*
Peureux , *paurofo.*
Peut-estre , *forse.*
* Pezart , *pesaruola , mal di milza.*
Pezon , *vertecchio.*



PHagedaine , *spetie di fistolo ò canchero.*
Phaisan , *fagiano.*
Phaisander , *assaggianare.*
Phalange , *falange.*
Phalene , *spetie di moscherino.*
* Phalerer , *fornir di canalli barberi.*
Phaleuce , *verso di ondici sillabe.*
Phalot , *falò.*
Phanal , *fanale.*
Phantasie , *fantasia.*
Phantosme , *fantasima.*
Phare , *furo.*
Pharique , *spetie di tossico.*
Pharol , *fanale.*
Phaseoles , *faggiuoli.*
Phauier , *colombo sauoro.*
Phée , *Fata.*
homme Phée , *huomo fatato.*
Phelandrion , *spetie di sassefrica.*
Phenicé , *di color di scarlatio ó porpora.*
Phenix , *Fenice.*
Philactere , *filattero.*
Philadiere , *giacchio , rete.*
Philandre , *fior di paludo.*
Philargirie , *che ama l'argento.*
Philippine , *Filippina.*
Philippe , *moneta d'oro , è d'argento.*
Phillyrée , *filirea.*
Philocrisie , *che ama l'oro , amor per l'oro.*
Philologue , *amator di scienza o studio.*
Philosophalement , *philosoficamente.*



Philosophe , *Filosofo.*
Philosopher , *filosofare.*
Philosophie , *Filosofia.*
Philosophique , *filosofice.*
Philotime , *filotimo.*
Philotome , *che ama le passioni.*
Philtre , *filtro.*
Phiole , *ampolla.*
Phifre , *piffaro.*
Phisicalement , *fisicalmente.*
Phlebotomer , *cauar sangue.*
Phlebotomie , *sagnia.*
Phlegmagogue , *che purga la flemma.*
Phlegmatique , *flemmatico.*
Phlegme , *flemma.*
Phlegme salé , *catarro salso.*
Phlegmon , *flemmone.*
Phlegmonneux , *che patische di flemmoni.*
Phocene , *marsouin , tursio.*
Phoque , *foca , mostro marino , vitella marina.*
Phrenesie , *frenesia.*
Phrenetique , *frenetico.*
Phrygie , *spetie di musica.*
Phtisie , *tisichezza.*
Phtisique , *tisico.*
* Phylaciste , *custode di carcere.*
Phylacte , *Idem.*
Physetere , *fisitero.*
Physicien , *Fisico.*
Physionomie , *fisionomia.*
Physionomiste , *fisionomista.*
Physiologie , *fisiologia.*
Physique , *Fisica.*



* PIaffard , *sfoggiatore.*
Piaffe , *(tutto nelli vestiti , sfoggiamento.*
Piaffer , *sbracciare , sfoggiare.*
Piafferie , *sbracceria.*
Piaffeur , *sbracciatore , sfoggiatore.*
Piaffeusement , *sfoggiatamente.*
Piailler , *pigolare , uggiolare , gridare.*
Piailleries , *gridi.*
Piailler , *beuere.*
Piailleur , *gridatore , pigolatore. Item , beuitore.*
Pialet , *pialetto.*
Pianche , *vino.*
Piancher , *beuere , parola di z ergo.*
* Pianelle , *pianella.*
Piard , cheual pic , *caual pezzato.*
* Piastre , *piastra.*
Piar , *pica giouane.*
Piauler , *pigolare , gauliere , uggiolare.*
Piauleur , *pigolatore.*
Piaux , *vecelli giouani.*
* Pible , *membro natura ale di bestia.*
Pibole , *spetie di pina.*
Pic , *picone , palo di ferro.*
Pic à bec de corbin , *carro picone adunco.*
Pic à grain d'orge , *piede di purco.*
Pic , oiseau , *pico.*
Pic , *freni di misura.*
Pic de mer , *spetie di pesce.*
Pic verd , *pico verde.*
Pic au jeu de piquet , *pico.*

Piendille, *spetie di gorgiarino da reggere il collare.*
Picarel, *spetie di pesce.*
* Picé, *as pece.*
Piccastre, *picastro.*
Picée, *picco.*
Picmart, *pico vecello.*
Picorée, *correria, scorreria.*
Picorer, *scorrere, depredare.*
Picoreur, *depredatore, scorritore.*
Picotage, *beccatura.*
Picote, *vainolo.*
Picotin, *bugnola.*
donner le Picottin : l'Italien dit, *far fasci di fieno all' asino.*
Picotté de verolle, *bucherato, segnato di vainoli.*
Picotter, *beccare, pizzicare, picchiare.*
Picotter vne Persomme, *pungere, punzecchiare, stizzare.*
Picotterie, *pungitura, punzecchiatura.*
Picotteures de petite verolle, *signi à buchi di vainoli.*
Picotteure, *beccatura, pizzicatura.* -
Picquamment, *pungentemente, vivamente.*
Picquant, *pungente.*
Picque, *pica.*
Picques, *piche, color di carte, spade.*
Picque haute, *pica alborata.*
Picque platte, *pica bassa.*
Picquement, *pungimento.*
Picquer, *pungere.*
Picquer, *lardare.*
Picquer, *ficcare.*
se Picquer de bien dire, *far professione d'eloquenza.*
se Picquer, *andar in colera.*
se Picquer au jeu, *riscaldarsi nel giuoco.*
Picquer le cheual, *spronare.*
le ventre Picqué, *il ventre speronato.*
Picquer vne estoffe, *trapuntare.*
Picqueron, *dardo, chiauarina.*
Picquet, *palo di legno ó ferro.*
Picquet, *jeu, picchetto.*
Picqueure, *pungitura.* Item, *trapunto.*
Picquier, *picchiere.*
Picquot, *picone picciolo.*
Pie, *oiseau, gazza.*
Pie de mer, *corno marino.*
Pie griesche, *gazza spruzzata di più colori.*
Pie, cheual pie, *gazza, pica, cauallo spezzato.*
Pie, masculin, *pio pietoso.*
croquer la Pie, *beuazzare.*
Pie mere, *pia madre membrana.*
* Pieça, *gran tempo fa.*
Piece, *pezzo, pezza.*
Piece de poësie, *poëma, opera.*
Piece de huict heures, *bragiuola.*
les Pieces d'vn procés, *scritture.*
Piece de Comedie, Opera, *Comedia.*
Piece de lut, *sonata.*
Piece de musique, *Idem.*
Piece d'argent, *pezzo, moneta.*
Piece de terre, *campo.*
faire Piece, *far historia.*
faire Piece à quelqu'vn, *far vna burla.*
vne bonne Piece d'argent, *vna quantità di danari.*
on luy a donné la Piece, *è stato presentato ó corrotto per via di danari.*
# vne bonne Piece. i. vn grand temps, *vn buon pezzo.*

P I

trauailler à ses Pieces. i. *hauer moglie è dormir con esso lei.*
vne Piece de chair, *vn pezzo, vn taglio di carne.*
vne grosse Piece de chair, *vna donnona.*
Piece tremblante, *pezzo della giogaia.*
mettre en Pieces, *metter à pezzi, sbrannare.*
armé de toutes Pieces, *armato di tutto punto.*
achepter, & vendre à la Piece, *comprar è vender à occhio.*
la haute Piece d'vn harnois, *gorgiarino.*
la Piece du milieu. i. *membro virile, ó natura della donna.*
Piece de campagne, *pezzo d'artigliaria per la campagna.* Metaph. *vna puttana.*
Piece à mettre deuant l'estomach, *pettiera, antipetto.*
emporter la Piece : l'Italien dit, *leuar la pietra.*
on luy baillera vne Piece d'argent, *segli darà vn tanto.*
Piece de canon, qui se charge à boiste, *pezzo di braga.*
de Pieces rapportées, *di commesso, di torsia.*
pour vne Piece de pain : l'Italien dit, *per vn mercato disfatto.*
les trois Pieces. i. *il membro colli testicoli.*
Pieces de six blancs, *vn grosso.*
Pieces de trois blancs, *mezo grosso.*
Piecette à vn mors, *pezzetta.*
Pied, *piede.*
le Pied de l'animal, la piste, *orma, pedata.*
de Pied en cap, *da capo a' piedi.*
Pied d'arbre, *gambo, pedamento.*
Pied d'aloüette, *consolida.*
Pied d'aloüette double, *consolida maggiore.*
Pied de chat, sorte de mors, *piè di gatto.*
il a les Pieds chauds, *egli vuol cianciare.*
Pied gaillard, *piede storto.*
Pied de deuant du cheual, *mano.*
à trois Pieds, *tripode.*
Pied d'Alexandre, *pietra.*
Pied d'enclume, *tronco.*
Pied droit, *pilone.*
Pied droit de porte ou de cheminée, *stipite.*
Pied fourchu, *piè forcuto, bestiame vaccino, porci, &c.*
Pied de cocq, *spetie d'herba.*
Pied de milan, *spetie d'herba, piede di nibbio.*
Pied de lievre, *trifoglio.*
Pied de poulain, *spetie d'herba, vaglia di cauallo.*
Pied de corneille, *spetie d'herba.*
Pied gris, *villano, contadino.*
Pied plat, Idem : l'Italien dit, *piede di vanga.*
Pied de chevre, *liuiere in forma di piè di capra.*
Pied de lion, *sanicola maggiore.*
faire des petits Pieds, *partorire.*
auoir les Pieds poudreux. i. *esser cattiuo pagatore.*
Pied de porc, *zampetto di porco.*
Pied de veau, *aro, gigaro.*
* faire le Pied de veau, *far riuerenza colla punta del piede in terra.*
petits Pieds, *vccellini, pollastri, &c.*
faire des petits Pieds, *partorire.*
les petits Pieds luy font mal, *ella hà il mal delle due caratelle.*
reduit au petit Pied, *ridotto in asso.*
Pied à pied, *à poco, à poco, di mano in mano.*
Prendre au Pied de la lettre, *intender la come è scritta.*
prendre au Pied leué. i. *pigliar all' improuista.*
à Pied de plomb, *col piè di piombo, consideratamente.*

sur le Pied de, *della quantità ò valore.*
de plein Pied, *in vn solaro.*
donner Pied, *dar piede.*
donner du Pied, *dar de' calci.*
Pied en joüant à la paulme : l'Italien dit, *picca picca.*
gagner au Pied, *fuggire.*
perdre Pied, *perder fonde.*
prendre Pied, *guardar vna cosa, fermarsi.*
tenir Pied à boulle. i. *star saldo ò vbidiente.*
Pied, mesure, *due palmi.*
faire le Pied de grue, *far spalliera.*
marcher ou aller de bon Pied, *andar di buone gambe.*
mettre sur Pied, *metter vno in buon stato ò sanità.*
mettre le Pied en quelque lieu, *entrare.*
petit Pied, en Architecture, *abaco.*
perdre les Pieds d'amour ou de desir, *sfegatarsi, esser guasto.*
mettre sous les Pieds, *buttarsi in berta, non curare.*
faire des Pieds de mouche, *scrinacchiare.*
en tirer Pied ou aîle : l'Italien dit, *cauarne coppa ò mantello.*
faire vn Pied de nez, *far vn palmo di naso, burlarsi d'vno.*
tenir les Pieds. i. *aiutare à far vna cosa.*
prendre ou auoir Pied, *hauer potere sopra vno.*
prendre Pied dans l'eau, *pigliar fondo.*
chercher cinq Pieds au menton : l'Italien dit, *cercar trè piedi in vn paio di scarpe.*
il a vn Pied dans la fosse : l'Italien dit, *hà il capo nella fossa.*
tenir le Pied sur la gorge, *metter la cauezza alla gola à vno, mal trattare ò tiranneggiare vna persona.*
tomber sur ses Pieds, *saltar in piedi, rimaner in piedi.*
à beau Pied sans lance. i. *à piedi.*
il semble qu'il ait les Pieds dans le feu : l'Italien dit, *egli stà in solfuoco.*
de Pied ferme, *saldo, senza muouersi.*
auoir le Pied coupé, *si dice per scherzo di donna che hà partorito.*
auoir bon Pied, & bon œil. i. *esser sano è gagliardo.*
quatre Pieds dans deux souliers : l'Italien dit, *il mal delle due coratelle.*
mettre Pied à terre, *smontar da cauallo.*
à joincts Pieds, *à pie pari.*
à Pied sec, *senza bagnarsi.*
sortir les Pieds deuant. i. *esser portato à sotterrare, esser morto.*
chercher à Pied, & à cheual. i. *cercar per tutto.*
il sent le Pied de Messager. i. *puzza.*
à quatre Pieds, *in quattro.*
Piedestal, *piedistallo.*
Piedpoul, *sperie di cipolla.*
Piedmontois, *Piemontese.*
Piege, *piedica.*
Pienne, *peonia.*
Pier, *parola zerga, beuere,*
Pierigot, *manganese.*
Pierrailles, *pietre.*
Pierre, *pietra.* Item, *Pietro.*
découurir S. Pierre, pour couurir S. Paul : l'Italien dit, *scoprir vn altare per coprirne vn altro.*
prendre S. Pierre pour S. Paul, *pigliar vno per vn' altro, tor in fallo, tor in cambio.*
Pierre à aiguiser, *cote.*
Pierre à chaux, *pietra da far la calcina.*
Pierre ponce, *pietra pomice.*

Pierre d'attente, *adentellato.*
Pierre d'arondelle, *calidonia.*
Pierre assienne ou d'asso, *pietra assia.*
Pierre d'azur, *pietra azzuli, ò cerulea.*
Pierre nassienne, *marina nassio.*
Pierre de touche, *pietra paragone, paragone.*
Pierre à feu ou à fusil, *pietra focaia.*
Pierre d'aigle, *pietra d'aquila.*
Pierre de laict, *pietra galatite.*
Pierre noire, *pietra hematite.*
Pierre melitite, *militite.*
Pierre d'aimant, *magnete, calamita.*
Pierre de liais, *spetie di pietra dura è bianca.*
Pierre de cuiure, *spetie di pietra.*
Pierre de sang, *pietra che stagna il sangue.*
Pierre d'Iris, opale, *pietra iride.*
Pierre de mine, *marchesita.*
Pierre S. Paul, *pietra lennia.*
Pierre de taille, *pietra da fabbriche.*
Pierre de tonnerre, *saetta.*
jetter des Pierres dans le jardin : l'Italien dit, *trar bottoni.*
faire d'vne Pierre deux coups : l'Italien dit, *far groppo è maglia,* ou bien, *far due chiodi à vna calda.*
il gele à Pierre fendre. i. *gela molto forte.*
remuer toute Pierre. i. *far ogni sforzo.*
c'est vne Pierre au jeu. i. *è vna cosa innocente.*
marquer d'vne Pierre blanche, *segnar colla pietra bianca.*
Pierre qui roule n'amasse point de mousse, *pietra che rotola, non piglia ruggine.*
faire de Pierre pain. i. *cauar vtile d'ogni cosa.*
la Pierre en est jettée. i. *è presa la resolutione.*
Pierrerie, *gemma, pietra pretiosa.*
Pierrette, *pietruzza.*
Pierrecure de la reste du Cerf, *uocchioso.*
Pierreux, *sassoso, pietroso.*
collique Pierreuse, *dolori della pietra.*
Pierreux, qui se dit du fruict, *nocchieroso.*
os Pierreux, *osso della tempia.*
Pierrier, *petriere.* Item, *cabinetto di gemme*
Pierriere, *petriera.*
Picté, *pietà.*
Pietiner, *batter i pedi in terra, calpestare.*
Pieton, *fante, fantacino, pedone.*
Pietonner, *andar à piedi.*
Pietonneux, *caminante.*
Pietre, *cattiuo, di poco valore, meschino.*
Pietrement, *meschinamente.*
Pietreries, *cose vecchie è cattiue.*
Pietter, *tener il piede al segno.*
Pieu, *palo.*
Pieusement, *pietosamente, piamente.*
Pieux, *pio, pietoso.*
Piff, paff, bruit en frappant des mains, *biffe, buffe, baffe.*
gros Piffre, *budellone pancione.*
Pigeon, *colomba piccione.*
Pigeon patté, *piccione calzato.*
Pigeon, duppe qui se laisse tromper, *vccello.*
chasser les Pigeons du colombier. i. *straneggiar gli auentori.*
il a mangé des Pigeons, il a la voix grosse : l'Italien dit, *hà gridato alle cornacchie.*
Pigeonnade, *tiro di colombo.*
Pigeonneau, *colombotto.*
Pigeonner, *pigliar piccioni.*
Pigeonnerie, *baccio lascino.*

Pigeonnet, *colombotto.*
Pigeonnier, *colombara.* Item, *mercante di piccioni.*
Pigmée, *pigmeo huomo picciolo.*
* Pignates, *pignatte di fuoco, fuoco artificiale.*
Pignaux de collier, *chiodi nel collare d'vn cane.*
Pigne, *pettine.*
Pignet, *pigneto.*
Pignocher, *pizzicare, piluccare.*
Pignolat, *pinocchi confetti.* Item, *spetie di cardo.*
Pignon, *pinocchio.*
Pignon d'horloge, *rochello.*
Pignon, *muro, ò parte suprema di esso.*
auoir Pignon sur ruë. i. *hauer vna casa propria.*
* Pignoratif, *pignoratiuo, impegnatiuo.*
* Pignoration, *pignoratione, impegamento.*
* Pignore, *pegno.*
* Pignorer, *impegnare, ò dar sopra pegni.*
Pigon, *certa cosa di vascello.*
Pilastre, *pilastro.*
Pile, *pila.* Item, *mucchio. Dardo, zagaglia.*
Pile, *segno d'arme nella moneta.*
à croix, & à Pile, *giglio ò santo.*
vne Pilée, *vna corpacciata.*
Pilement, *pestamento.*
Piler, *pestare, gualcire.*
Piler, pour manger, *pettinare.*
Piler l'eau en vn mortier, *pestar acqua nel mortaio.* i. far niente.
Pilet, suppositoire, *supposta.*
Pilette, *gruccia di botteghino.*
Pileur, *pestatore.*
Pilier, *pilastro, colonna.*
Pilier de bordel, *gran bordelliere.*
Pilier de sale, *gran ballerino.*
Pilier de cabaret, *gran benitore.*
Pilier, & carcan, *berlina.*
* Peliforme, *di forma d'vn pelo.*
Pillage, *ruberia depredamento.*
au Pillage, *à bottino.*
Pillart, *assassino, rubbatore.*
Pillement, *Idem.*
Piller, *rubare, depredare.*
Piller patience, *pigliar patienza.*
faire Piller au chien, *aizzar vn cane.*
Pillerie, *ruberia, assassinamento.*
Pilleur, *depredatore.*
Pillule, *pillola.*
Pillule gourmande, *pillola masticcina.*
Piloir, *pestello, pestatoio.*
Pilon, *pestello.*
Pilon, *cert' osso di cauallo.*
Pilorier, *castigar vno per via di certo particolar stromento in forma di berlina.*
Pilory, *spetie di berlina.*
Piloselle, *orecchiara.*
Pilot, *dardo ò zagaglia.*
Pilote, Piloto, *nocchiero.*
Pilottage, *palificamento.*
Pilotter, *palificare.*
Pilotter, *condurre per la via diritta.*
Pilotter les mines, *puntellare.*
Pilottis, *palificata, puntellata.*
Pilottiser, *palificare.*
Pilures, appast de chapon, *pastoui da ingrassar capponi.*
Pimard, *pico, vccello.*
Pimbesche, *vna furbetta, ò ciuettina.*

Piment, *pimento.*
Pimpant, *gentile, ben alla via, apparente,*
+ Pimpenauder, *coilepolare.*
Pimpenelle, *pimpinella.*
Pimper, *sfoggiare, sbracciare.*
* se Pimpiocher, *imbellettarsi.*
Pimprenelle, *pimpinella.*
Pin, *pino.*
Pin acquatic, *poligono.*
Pin bas, *iua.*
Pinacle, *pinacolo.*
Pinasse, *picco, piccastro.* Item, *spetie di barca.*
Pinastre, *pino seluatico.*
Pinatelle, *spetie di muneta di rame.*
Pinaux, *spetie d'vua.*
Pinaye, *pineto, pigneto.*
Pincade, *pizzicata, pizzico.*
Pince, *lena, felleua.*
Pince, *tanagliuzza.*
Pince de collet, *piega.*
Pince d'escreuice, *piede ò zampa di granchio.*
Pince de pied d'animal, *punta del piede.*
Pinceau, *pennello.*
coup ou trait de Pinceau, *pennellata.*
Pinceau à peindre le nez. i. *vn bicchier di vino.*
trauailler du Pinceau, *pennelleggiare.*
Pincée de quelque chose, *pizzico.*
Pince-maille, *misero auaro.*
Pince-merille, *sorte de jeu, pizzo pazzo.*
Pincement, *pizzicamento.*
Pincer, *pizzicare.*
Pincer le lut, *sonar del liuto.*
Pincer sans rire ou en riant, *offender vno, motteggiare.*
Pinces, *spetie di tanaglie.*
Pincetter, *pizzicare, afferrare.*
Pincettes, *molette, molle.*
Pincettes de Chirurgien, *molettine.*
Pincettes à tirer le poil, *mochette.*
Pinceur, *pizzicatore.*
Pinceure, *pizzico.*
Pinçotter, *pizzicare.*
Piçon, *frangello.*
Pinçon, *certo osso della gamba del cauallo.*
prendre vn Pinçon : l'Italien dit, *pigliar vna pesca.*
Pindariser, *Pindareggiare.*
Pine, *zona da giuocare.* Item, *membro virile, pinca.*
Pine, pomme de pin, *pina.*
Pineau, *acino d'vua.*
Pinet, *spetie di finocchio.*
Pinette, *spetie di beuanda fatta d'acqua è suigo di mele ò pine.*
Pineux, *pieno di pini.*
Pinier, *spetie d'albero.*
Pinne, *piena, conca.*
Pinnothere, *spetie di conchiglia.*
Pinnule, *pinnola.*
Pinnule d'astrolabe, *traguardo.*
Pinocque, *frutto in India, simile alla cireggia.*
Pinot, *spetie di vite.*
Pinsauesse, *pinzanese, vlcera nella lingua del cauallo.*
Pinse, pinser, pinsettes, *Vedi, Pince, con quelloche segue.*
Pinson, *franguello.*

Pinson d'Ardenne, *spetie di fringuello.*
Pinte, *pinta.*
il n'y a que la premiere Pinte de chere, *solo il principio è difficile ò costa caro.*
Pintelette, *pinta picciola.*
Pinter, *beuere, beuazzare.*
Pinteur, *gran beuitore.*
Pinule, *traguardo.*
Pinzanche, *ulcera nella lingua del cauallo chiamata pinzanese.*
Pioche, *zappone.*
Piocher, *zappare.*
Piocheur, *zappatore.*
Piochon, *zappa picciola.*
riolé Piolé, *punzecchiato di più coleri.*
Piolement, *pigolamento.*
Pioler, *pigolare.*
Piolet de caille, *quagliere.*
Pioleur, *pigolatore.*
Pion, *pedina, pedona.* Item, *certo fiore.* Item, *fringuello.*
Pion, *imbriaco.*
Pionnier, *guastadore, zappatore, picconiere.*
* Piot, *vino.*
* Pioter, *beuezzare.*
Pipe, *richiamo d'vccello.*
Pipe, *botte grande.*
Pipe à prendre le tabac, *canetta.*
Pipé, *ingannato.*
dez Pipez, *dadi falsi.*
cartes Pipées, *carte false.*
Pipée, *richiamo, fischio.* Item, *falso sembiante.*
prendre à la Pipée, *vccellar col fischio.*
Pipper, *ingannare, mariolare.*
Pipper en vne chose. i. *esser eccellente in vna cosa.*
Pipperie, *inganno.*
* Pippette, *fiocco di lana, ò bottoncino.*
Pippeur, *ingannatore, mariolo, barro.*
Pippeusement, *ingannevolmente.*
Pippis, *pigolamento di pollo ò vccello picciolo.*
Piquant, *pungente.* Item, *punta di ferro.*
Pique, Vedi, Picque.
Piquer, Vedi, Picquer.
Pic-bœuf, *vn zappiterra.*
Piquement, *pungimento.*
Piques, *risse, contese.*
Pique-papier, *scriuano.*
Pique-poule, *spetie di vite ò vua.*
Piqueron, *spina.*
Piquet, *giuoco del pichetto.*
Piquet, *palo, pirone.*
planter le Piquet, *attendarsi.*
leuer le Piquet, *fuggire.*
Piquette, *beuanda fatta di graspugli ed acqua, acquatella.*
Piqueur, *caualcatore, cozzone.* Item, *corritore nella caccia.*
Piqueure, *pungitura, puntura, pizzico.*
Piqueure d'habit, *imbottitura, trapunto.*
Piquier, *picchiere.*
Piquotter, Vedi, Picotter, &c.
Piraque, *spetie di naue.*
Piramidal, *piramidale.*
Piramide, *piramide.*
Pirate, *Corsaro.*
Piraterie, *corseggiamento.*
Piratique, *di Corsaro.*

Pirauste, *pirosto.*
Pire, *peggiore.*
il n'est pas Pire, *non è cattiuo.*
auoir du Pire, *andar col peggio.*
Pirement, *peggio.*
Piret, *peggiorcito.*
Pirette, *piretro.*
Pirole, *pirola.*
Piromante, *Piromante, che indouina dal fuoco.*
Piromantie, *piromantia, indouinatione dal fuoco.*
Pirope, *piropo.*
Pirot, *spetie di mitolo.*
Piroüette, *ciurlo, girlo, zurlo, girella.*
Piroüetter, *zurlare, ciurlare, girellare.*
Piroüetteur, *zurlatore.*
Pis, *petto.*
Pis, *poppa, mamma d'animale.*
Pis, *peggio, aduerbe.*
à Pis faire, *à far à far sia.*
au Pis aller, *al peggio andare.*
Piscantine, *vino inacquato, acquarella.*
Piscine, *piscina.*
Pissaphalte, *pissapalto.*
Pissat, *piscio orina.*
Pisse-chaude, *piscia calda, scolatione.*
Pissement, *pisciamento.*
Pissenlit, *spetie di cicorea.*
Pissenlit, *vno chi piscia in letto.*
Pisser, *pisciare, orinare.*
Pisser contre le vent, *trar il piscio in aria.*
je pisseray sur ta fosse; l'Italien dit, *ti turarò la tua bucca.*
Pisser des os. i. *partorire.*
Pisseur, *pisciatore.*
vne Pisseuse, *vna pisciotta.*
Pisseux, *pieno d'orina ò piscio.*
Pisse-vinaigre. i. *auaro.*
Pissoir, *pisciatoio.*
la Pissottiere, *la natura della donna.*
Pissotter, *pisciare.*
Pistache, *pistacchio.*
Pistacher, *albero che produce pistacchi.*
Pistagne, *pistagna.*
Piste, *orma, pedata.*
* Pisteau, *pistello.*
* Pister, *pestare.*
Pistolandier. i. *il membro virile.*
Pistole, *pistola.* Item, *doppia.*
Pistolet, *pistola picciola, pistoletto.* Item, *mezza doppia.*
Pistoletade, *pistoletata.*
Pistoliet, *pistoliere.*
Pistolochie, *pistolochia, herba.*
Piston de pompe, *pistone.*
* Pistrine, *pistrina, molino.*
Pistance, *pitanza, piatanza.*
Pitancier, *distributore di piatanza.*
Pitaut, pitault, *villancione, zappiterra.*
Pitauder, *far il villano.*
Pitauderie, *atto di villancione.*
Pite, *mezo obolo.*
* Pitel, *pitale.*
Piteux, *pietoso, compassioneuole.*
Pitié, *pietà, compassione.*
Pitois, *gorgoglione.*
Piton, *femina d'arpione ò ganzetto.*
Pitoyable, *pietoso, compassioneuole.*

Pitoyablement, *compaſſioncuolmente.*
Pituitaire, *di pituita.*
Pituite, *pituita.*
Pituiteux, *che patiſce di pituita, pituitoſe.*
Piue, *pina.*
Piuerd, oiſeau, *pico verde, picchio.*
* Piugarreau, *garfagnone.*
* Piuler, *pigolare.*
Piuoeſne, ou
Piuoine, fleur, *peonia, proneſe.*
Piuoine, oiſeau, *monacchio.*
Piuot, *perno.*
Piuotter, *ingangherare, attaccar ſul perno.*



P Lacard, *ſcartaffio.*
Placarder, *attaccar ſcartaffio.*
Placart, *ſcartaffio.*
Place, *luogo.*
Place, place, faites place, *ala ala, largo, largo.*
Place à baſtir, *ſito.*
Place, *piazza.* Item, *mercato.*
demeurer ſur la Place, *reſtar morto.*
Place d'armes, *piazza d'arme.*
Place baſſe, *piazza baſſa.*
Place du niais, *luogo in mezzo alla tauola.*
Places ſur le corps, *ſegni di rogna, margini.*
auoir des Places vuides dans la teſte. i. *eſſer fantaſtico ò pazzo.*
la Place d'vn Chanoine dans le chœur, *ſtallo.*
la Place du Change, *loggia, borſa.*
faire Place à vn verre de vin. i. *piſciare.*
en Place marchande, *in mezzo alla ſtrada ò al mercato.*
Placé, *ſituato, allogato, poſto.*
Placer, *allogare, collocare, ſituare.*
Placet, *ſeggiola, ſcannetto.*
vn Placet, *memoriale.*
* Placide, *placido.*
Placidement, *placidamente.*
Placque, *piaſtra, piaſtrella.*
Placquart, Vedi, placard.
Placquer, Vedi, plaquer.
Plage, *piaggia.*
aborder ou coſtoyer la Plage, *piaggiare.*
Plagiaire, *di piaggia.*
Plaid, *lite, conteſa, contraſto, piato.*
peu de choſe peu de Plaid. i. *per poca coſa non ſi bà da contender molto.*
Plaidaſſerie, *litigio.*
Plaidaſſer, *litigare, litigar ſpeſſo.*
Plaidaſſeur, *litigioſo.*
Plaider, *litigare.*
Plaider vne cauſe, *orare.*
Plaider auec le Boulanger, auoir faim, *piatir col fornaro.*
Plaidereau, *litigatore.*
* Plaidereſque, *di lite.*
Plaiderie, *litigamento.*
Plaideur, *litigatore.*
Plaidoyable, *litigheuole.*
Plaidoyé, *oratione, arenga, piato.*
Plaidoyer, *litigar orando.*



Plaidoyeur, *oratore.* Item, *litigatore.*
Plaignant, *lamentante, dolente.*
Plain, *piano, ſchietto.* Item, *pianura.*
tout à Plain, *aſſatto.*
en Plain iour, *di del mezo giorno.*
en Plain marché, *in mezo al mercato.*
Plain chant, *canto fermo.*
veloux Plain, *veluto ſchietto.*
ſe Plaindre, *dolerſi, lagnarſi, lamentarſi.*
Plaindre vne perſonne, *rincreſcer d'vna perſona, hauer compaſſione.*
Plaindre ſa peine, *eſſer neghittoſo.*
il ſe Plaint de ce que l'eſpouſée eſt trop belle : l'Italien dit, *ſi lamenta di gamba ſana.*
Plaine, *pianura.*
Plainement, *pienamente.*
Plaineure, *ſuperficie, piano, pianura.*
Plaint, *rincreſciuto, compianto, piato.*
Plainte, *querela.* Item, *guai, lamento.*
former ſes Plaintes, *dar querela.*
Plaintif, *lamenteuole.* Item, *accuſatorio.*
Plaire, *piacere.*
à Dieu ne Plaiſe, *tolga Iddio.*
Plaiſamment, *piaceuolmente.*
Plaiſance, *piacenza, diletto amenità.*
Plaiſant, *piaceuole, buffone.*
Plaiſanter, *di piaceuolezze, buffoneggiare, motteggiare.*
Plaiſanterie, *piaceuolezza, buffoneria.*
Plaiſanteur, *buffone.*
Plaiſir, *piacere.*
Plaiſir de Prince : l'Italien dit, *piaceri del Mangoliano.*
à Plaiſir, *à bel diletto.*
par Plaiſir, *per ſcherzo, per burla, per ſpaſſo.*
c'eſt vn Plaiſir que de voir, *egli è vn ſpaſſo il vedere, &c.*
à mon Plaiſir, *à mio guſto.*
* Plamuſe, *ſgrugnone.*
Plan, *pianta.*
Plan, *alberi da piantare.*
Planare, *platano.*
Planchage, *tauolato.*
Planchayer, Vedi, plancheyer.
Planche, *tauola, aſſe.*
groſſe Planche, *aſſone, tauolone.*
Planche de taille douce, *ſtampa.*
Planche de jardin, *quadro.*
faire Planche, *dar luogo, moſtrar la via, eſſer il primo.*
tirer la Planche aprés ſoy. i. *eſſer eccellente è l'vltimo in vna ſcienza.*
Planchéer, Vedi, plancheyer.
Planchément, *intauolato.*
Plancher, *palco, ſelaro piano, ſoffitto, ſoffitato.*
le deſſus du Plancher, *pauimento, piano.*
le Plancher des vaches. i. *la terra.*
Plancher, *guernir di tauola.*
Planchette, *tauoletta.*
Planchette de relieur, *ſtecca.*
Plancheyer, *tauolare, ſoffittare, intauolare, inaſſare.*
Plançon, *piantone di due à tré ſatte.*
Plane, *platano, albero.*
Plane, *mannara, mannaia.*
Planer, *piallare, appianar colla manara.*
Planer, qui ſe dit d'vn oiſeau, *librarſi ſu le penne.*
Planetaire, *di pianeta.*
Planette, *pianeta.*
Planier, *ſolenne, pienario.*

Planir, *appianare, appianire.*
Planisphere, *astrolabio.*
* Plunson, *pianone.*
Plant, *alberi da piantare.* Item, *pianta di fabbrica.*
Plantage, *piantagione.*
Plantain, *piantaggine.*
long Plantain, *spetie di piantaggine.*
Plantaire, *di pianta.*
Plantal, *piantone.*
Plantars, *rami d'alberi da piantare.*
Plante, *pianta.*
Plante, petit pied, *pianta.*
Planteau, *pianta picciola.*
Plantée, *piantatura.*
Plantement, *piantamento.*
Planter, *piantare.*
Planter vne personne, *piantare, abbandonare.*
Planter le dé, *piantar il dado, ingannar co' dadi.*
Planter ou poser l'artillerie, *piantar l'artigliaria.*
Planteur, *piantatore.*
Plantoir *piantatoie.*
Planton, jeune sauuageon, *piantone.*
Plantureusement, *abondantemente, largamente.*
Plantureux, *largo, abondante.*
Planure, *pianura.*
Plaquard, *scartaffio.*
Plaque, *piastrella.*
Plaques, *incrostature di muro.*
Plaquer, *attaccare, appiccare, affiggere, impiastra-re.*
* Plasmateur, *plasmatore, lauoratore di olle, ò imagini d'argilla.*
* Plasmation, *lauoro d'argilla.*
Plasne, *platano.*
Plassage, *allogamento nel mercato.*
Plastras, *calcinaccio.*
Plastre, *gesso.*
Plastrer, *attaccar con gesso, calcinare.*
se Plastrer le visage, Metaph. *imbelettarsi.*
visage Plastré, *viso imbellettato.*
Plastrier, *quello che fà il gesso.*
Plastriere, *luogo doue si fà il gesso.*
Plastron, prononcez S. *piastrone.*
petit Plastron, *piastra.*
Plastron de deuant, *petto.*
Plastronné, *armato di petto.*
Plastrure, *calcinatura, incrostatura.*
Plat, *piatto.*
vn Plat, *sernice, portata, messo, seruitio.*
Plat de bois de forçats, *gauetle.*
le Plat d'vn office, *piatto.*
vn Plat de son mestier. i. *qualche cosa della sua professione, ò del suo mestiere.*
à Plat couuert, *nascosamente, espertamente.*
Plat vny, *piano, basso.*
discours Plat, *discorso basso.*
vin Plat, *vino senza sapore.*
le Plat d'vne chose, *il piatto ó piattone, piano.*
le Plat des jambes du cheual, *salti.*
donner du Plat de la langue, *adulare, persuadere.*
dire tout à Plat, *dirla netta, ó affatto.*
coup de Plat, *piattonata.*
couché de Plat, *in piano.*
de celuy qui se couche de Plat. i. *danari*
couché tout Plat par terre, *tutto disteso.*
Plats-bors, terme de marine, *bandini.*
Plats-fonds, *cielo ó solar dipinto.*
Platane, *platano.*

Plate, *cose piana.*
à Plate couture, Metaph. *affatto del tutto.*
rimes Plates, *versacci.*
Plateau, à couurir vne maison, *piastrello.*
Plateau de soufflet, *ala di mantice.*
Plate-forme, *piatta forma.*
Plate-forme de canon, *letto, painolo.*
Platelée, *vn piatto pieno.*
Plat-fond, *fondo piano, base del frontispitio.*
Platin, *campo ó piano appresso il mare.*
Platine de calice, *patena.*
Platine à empeser, *ramina.*
Platine derriere le feu, *piastra.*
Platis, *fondo piano nell' acqua.*
Platte, *spetie di pesce.*
Platte bande, *spranga.*
Plauder, *tambuffare.* Metaph. *battere.*
Playe, *piaga.* Item, *spiaggia.*
il ne demande que Playes, & bosses. i. *non cerca altro che il sue vtile.*
* Player, *impiagare.*
Plectre, *plettro.*
Plege, *sicurtà.*
Pleger, *far sicurtà.*
Plegerie, *sicurtà.*
Pleiade, *pleiade.*
Pleigement, *il far sicurtà.*
Pleigeur, *mallenadore, colui che fa sicurtà.*
Plein, *pieno.*
le Plein, *pienitudine, il pieno, plenilunio.*
de Plein saut, *di salto.*
à Plein fonds, *in quantità.*
en Plein marché, *in mez al mercato.*
tout à Plein, *affatto.*
tout Plein d'affaires, *quantità di negotij.*
de son Plein gré, *di buona voglia, di sua voglia.*
Pleine, *piena.*
Pleine, qui se dit d'vne femelle d'animal, *pregna, pie-na.*
en Pleine mer, *in alto mare.*
de Pleine guerre, *à guerra aperta.*
en Pleine assemblée, *in mez o alla ragunanza.*
à Pleine voile, *à vela piena.*
en Pleine ruë, *in mez o alla strada.*
vne Pleine Lune, *vna cira grossa.*
Pleinement, *pienamente.*
Plenier, *plenario, solenne.*
cour Plenier, *corte solenne.*
Plenipotentiel, *plenipotentiale.*
Plenitude, *plenitudine.*
* Plesser, *intrecciar le frasche insieme.*
Plessis, *intralciamento di ramicelli ó frasche.*
Plet, Vedi, *plaid.*
* Plethori, *pieno di cattiui humori.*
Pleuiner, *piuigginare.*
* Pleuir, *mantener per buono, far sicurtà.*
Pleur, *pianto.*
Pleurs, *lacrime, lagrime.*
Pleurable, *piangeuole, lacrimeuole.*
Pleurant, *piangente.*
Pleurard, *gran piangitore.*
Pleure, *pellicola che cuopre le coste.*
Pleurement, *piangimento.*
Pleure-pain, *misero, auaro.*
Pleurer, *piangere, lagrimare.*
il a Pleuré pour auoir vn colet, qui se dit quant on a vn colet extraordinairement grand : l'Italien dit, *gli è debito il collare.*

Pleurefie, *puntura, mal di coftato, mal di punta.*
Pleuretique, *che patifche di puntura.*
Pleureur, *piangitore.* Item, *certo huomo che chiama le perfone all'offequie, nuuciolo.*
Pleureux, *lagrimofo.*
Pleuft à Dieu, *voleffe Iddio.*
Pleunier, *piniere.*
Pleuuine, *pioniceina.*
* Pleuuigner, &
Pleuuiner, *pinigginare.*
Pleuuir, *far ficurtà.* Item, *promettere in matrimonio.*
Pleuuoir, *piouere.*
il ne Pleuuera pas fur luy: l'Italien dit, *le capre nol poffono corzare.*
il a Pleu dans fon efcuelle. i. *hà hereditato.*
Pleyon, *vinco da legar le viti.*
Pliable, *pieghettole.*
Pliage, *piegamento.*
Plicature, *plicatura, canellatura.*
Plie, *rombo, pefce.*
Pliement, *piegamento.*
Plier, *piegare.*
Plier bagage, *toglier sù i marzi.*
Plier vne chofe, *addoppiare.*
Plier, en forme d'arc, *archeggiare.*
Plier le coude. i. *bere.*
il vaut mieux Plier que rompre, *è meglio piegar che fcauezzare.*
Plier la toillette. i. *rubbare, portar via ogni cofa.*
Plieur, *piegatore.*
Plieure, *piegatura.*
Plieufe, *piegatrice.*
Plinte, *plinto.*
Plioir, *ftecca da piegare.*
Plion, *vinco da legar le viti ò altro*
donner du Plion. i. plier en l'action charnelle: l'Italien dit, *pagar di doppioni.*
Pliffement, *accreffamento.*
Pliffer, *affaldare, accreffare, creffare, increffare.*
Pliffure, *creffatura.*
Ploc; *certa fpalmatura.*
Plomb, *piombo.*
Plomb de niueau, *perpendicolo.*
Plomb à ruile, *Idem.*
à Plomb, *perpendicolarmente, à piombo.*
tomber à Plomb, *piombare.*
blanc de Plomb, *cerufa.*
Plombagine, *piombagine.*
Plombaffe, *di color di piombo.*
Plombature, *piombatura.*
Plombeau, *pomo di fpada.* Item, *certo pefo.*
Plombée, *piombata, perpendicolo contrapefo.*
Plombelé, *piombato.*
Plombement, *piombamento.*
Plomber, *impiombare.*
Plomber de coups. i. *dar molti colpi.*
Plomber, fouder, *faldare.*
Plomberie, *cofe ò lauori di piombo.*
Plomber la vaiffelle de terre, *inuetriare.*
Plomberie, *piomberia.*
Plombet, *perpendicolo.*
Plombeure, *impiombatura.*
Plombeure de vaiffelle de terre, *inuetriatura.*
Plombeux, *piombofo.*
Plombier, *piombaro.*
pierre Plombiere, *piombaria.*



Plomeau, *palla di piombo.* Item, *pomo di fpada.*
Plomer, *mifurar col perpendicolo.*
Plongeant, *tuffante.*
Plongement, *tuffamento.*
Plongeon, *tuffatore.*
Plongeon, oifeau, *fmergo.*
Plonger, *tuffare.*
Plonger, *fmergo.*
Plongeur, *tuffatore.*
Plorer, *piangere.*
Plot, *zocco.*
Plotte, *gomiteto.* Item, *palla.*
Plotter, *palleggiare.*
Plotton, *Vedi, pelotton.*
* Plouftre, ploutre, ploutroir, *erpice, ò cilindro da romper le glebe.*
* Plouftrer, ploutrer, *romper le glebe.*
Plouuier, *piniere.*
* Plouuinet, *pionicinare.*
* Plouuoir, *piouere.*
Ployable, *pieghenole.*
Ployant, *piegante.*
Ployer, *piegare.*
Pluau, *vento.*
Pluche, peluche, *felpa longa.*
Pluchotter, *fpilurzicare, mangiar à fpizzico.*
Plumaceau, *pennacchino.* Item, *tafta picciola.*
Plumache, *pennacchio.*
Plumacher, *pennacchiaro.*
Plumage, *penne d'vccello.*
Plumail, *ventaglio di piume.*
* Plumart, *pennacchio.*
Plumafferie, *bottega ò mercantia di pennacchiaro.*
Plumaffier, *lauorante di penne, mercante di penne, pennacchiaro.*
Plume, *piuma.*
Plume, *pennacchio.*
Plume à efcrire, *penna.*
Plume de quinze pieds, *remo.*
efcrire de la Plume à quinze pieds: l'Italien dit, *baftonare i pefci.*
les belles Plumes font les beaux oifeaux: l'Italien dit, *i panni rifanno le ftanghe.*
paffer la Plume fur le bec: l'Italien dit, *tener lungi il becco dall'herba.*
il en a tiré de bonnes Plumes, *n'hà battuto vna buona imprimata.*
jetter la Plume au vent, *rifoluerfi.*
remuër la Plume d'vn lict, *fpiumacciare.*
vne Plumée d'encre, *impennata d'inchioftro.*
Plumement, *fpiumamento.*
Plumer, *fpiumare, fpiumacchiare, fpennacchiare.*
Plumer l'oye da marché, *cauar le penne maeftre.*
Plumer vn homme, *Idem.*
Plumet, celuy qui va aux caues, *fpia.*
Plumet, porteur de plumes, *pennacchino, fcrolla pennacchio.*
Plumeteur, *fcriuano, ò fcrittore di minute.*
* Plumetis, *fcrittura, minuta difcrittura.*
Plumette, *pennetta.* Item, *pennacchio.*
Plumeur, *fpennacchiatore.*
Plumeux, *pennuto.*
Pluralité, *pluralità.*
Plure de voulte, *arcata.*
Plurier, *numero del più, plurale.*
Plus, *più.*
tant du Plus que du moins, *vna volta più vna volta meno.*

au Plus , *al più.*
non Plus , *manco.*
tant , & Plus , *molto , moltissimo.*
de Plus en plus , *tuttauia , ogn' hora più.*
sans plus , sans doute , *senz' altro.*
la plus-part , *la maggior parte.*
Plusieurs , *molti , parecchi , molte , parecchie.*
Plusieurs fois , *spesse volte.*
Pluftoft , *più presto , più tosto.*
pluftoft grand que petit , *anzi gran de che nò.*
il ne fut Pas plutoft arrivé , *non fù tosto giunto.*
au Pluftoft . *quanto prima.*
Pluton , *Plutone.*
pluuial , *di pioggia.*
pluuier , *piuiere , piuiero , piuaro.*
pluuieux , *piouofo.*
Pluuine , *pionicina.*
pluye , *pioggia.*
eau de Pluye , *acqua piouana.*
petite Pluye , *acquicella.*
n'attendons pas la pluye. i. *leuiamci dal pericolo.*
la Pluye des mois , *menstruo di donna.*
* Pluyr , *pionere.*
ply , *piego , piega.*
il a pris son Ply : l'Italien dit , *hà fatto il callo.*
prendre bon ou mauuais ply , *pigliar buona ò mala piega.*
plye , *rombo , psitta.*

P O

* **P**Oacre , *sporco.* Item , *spetie di scabia.*
* **P** Poagre , *podagroso.*
poale , *stufa.* Item , *padella.*
poalier , *piastra di rame che regge l'asse della campana.* Item , *memoria di tutti li compauili ó parocchie d'vna Diuersi.*
Poche , *sacoccia.*
poche d'oiseau , *gozzo.*
poche , cuillier , *cucchiaro.*
Poche , petit violon , *giga , violino.*
œil poché , *occhio liuido.*
œufs Pochez , *affogate voua.*
pochée , *vna sacoccia piena.*
pocher des œufs , *affogare.*
pocher les yeux : l'Italien dit , *far gl' occhi come vn calamaro.*
pocher vne escriture , *spegazzare.*
Pocher , qui se dit de l'encre , *succhiare.*
Pochette , *sacuccia.*
podagre , *podagra.*
Podagreux , *podagroso.*
Podimetrie , *misura di piede.*
poëlle , *stufa.*
poëme , *poëma.*
Poësie , *poësia.*
poësle , *stuffa.* Item , *padella.*
Poësler vne estoffe , *brettare.*
poëslier , *lauoratore di padelli.*
Poëslon , *padella picciola.*
poëslure , *brettura.*

Poëtaftre , *poëtaccia.*
Poëtafler , *poëtare.*
poëtafferie , *poëtaggine.*
Poëte , *Poëta.*
poëtesse , *Poëtessa.*
Poëterie , *poëtaria.*
Poëtique , *poëtica.* Item , *poëtico.*
poëtiquement , *poëticamente.*
poge , *poggia , termine marinasco.*
tirer à Poge , *poggiare.*
Pognard , *pugnale.*
Poiteuin , *di Poitù.*
Poictral , *pettorale.*
Poictrinal , *pedrinale , terzarolo.*
poictrinal , *di petto.*
Poictrine , *petto.*
poictrine d'animal que l'on mange , *spicchio di petto.*
* la poictrine cheute , mot vulgaire , *le coste calate.*
poictrinette , *petto picciolo.*
Poictron , *il culo , le natiche , &c.* Item , *spetie di fusina.*
dés le poictron Iacquet. i. *à buon'hora.*
Poids , *peso.*
piece de Poids , *traboccante.*
poignalade , *pugnalata.*
Poignant , *pungente.*
poignard , *pugnale.*
Poignarder , *pugnalare.*
poignaftre , *drago di mare.*
poignée , *impugnatura di spada , &c.*
vne poignée , vn pugno , *vna mano di qualche cosa , vna brancata.*
Poignée d'orfévre , *stecco.*
poignée de fil , *certa quantità di filo.*
à la Poignée , *alla grappa.*
Poignement , *pungimento.*
poignet , *collo del braccio.*
jouer du Poignet , *menarsi , &c.*
poignet de chemise , *certo ornamento nell' estremità delle maniche d'vna camiscia.*
Poil , *pelo.*
poil folet , *lanugine.*
Poil de souris , *color di sorcio , sorcigno.*
le Poil , mal de laict congelé , *cacità.*
Poil de cerf , *ceruato.*
Poil de la volaille , *pelaria.*
il est bas de Poil , *hà poche facoltà.*
faire le Poil , *far la barba , tosare.*
il y a laissé du Poil. i. *vi hà lasciato del suo.*
bon au Poil , & à la plume : l'Italien dit , *da bosco è da riuiera.*
poils des paupieres , *nepitelli , pegli.*
emplir de Poils , *impelare.*
prendre vne estoffe à Poil , *pigliar per verso.*
le Poil luy reluit , il est gras , *gli riluce il pelo.*
prendre du Poil de la beste. i. *quando vno s'è imbriacato tonar à bere per risanarsi.*
poile , *spetie di baldacchino , ombello , palio di chiesa.*
poile de mort , *panno da morto , palio.*
poîle à frire , *padella.*
poîlon , *padellatra.*
Poinçon , tonneau , *botte.*
Poinçon à percet , *pontaruolo , spillo.*
Poinçon quarré , *quadro.*
Poinçon rond à forer ou percer le fer , *spina.*
Poinçon de monnoye , *cunio.*
Poinçon de tailleur de pierre , *subbia.*

Poinçonner, *pungere.*
Poinçonnet, *spilletto.*
Poinçonneux, *pungente.*
Poinct, *punto.*
Poinct, *dolor di punta ò costato, ventosità.*
Poinct à poinct, *punto per punto.*
à Poinct, *appunto.*
à Poinct nommé, *giusto all' hora, appunto.*
s'il vient à Poinct, *se accaderà per auuentura.*
le Poinct du iour, *il far del giorno.*
le Poinct ou la chance, *la volta.*
de Poinct en blanc, *di punto in bianco.*
de Poinct en poinct, *punto per punto.*
mettre à Poinct, *metter in ordine, preparare.*
en Poinct de faire, *in atto di fare.*
mettre vn Poinct à vn ouurage pour le faire tenir, *appuntare.*
Iusques à vn certain Poinct, *fin à vn certo segno.*
Poinct perdu, *trapunto.*
Poinct, partie de discours, *capo.*
au dernier Poinct, *estremamente, in estremo.*
sur le Poinct que, *all' hora che, al punto che.*
en bon Poinct, *in buon stato, sano.*
voila le Poinct, *quest'è il quanto.*
Poincte, *punta.*
la Poincte du iour, *il far del giorno.*
Poincte, petite chandelle de cire, *candelotto.*
Poincte, en paroles, *motto, concetto.*
Poincte d'orsévre, &c. *ponticella.*
Poincte, mauuais goust, *tuffo, punta, muffo.*
Poincte d'esprit, *concetto, ghiribizzo.*
Poincte de la pouppée d'vne tour, *punta.*
Poincte de douleur, *fitta.*
enfoncé ou joint en Poincte, *fatto à coltello.*
Poincte agreable de vin, *vena di vino.*
poursuiure sa Poincte, *andar più innanzi, seguir l'impresa.*
Poinctu, *puntuto, aguzzo.*
Poincture, *puntura.*
Poindre, picquer, *pungere.*
Poindre, paroistre, *spuntare, spuntar fuori.*
Poing, *pugno.*
Poinson, *botte.*
Point-coupé, *lauor d'intaglio.*
Point, *Vedi, poinct.*
Point, aduerbe, *punto, niente.*
Pointade, *colpo di punta.*
Pointe, *Vedi, poincte.*
Pointer le canon, *metter in mira, squadrare, giustare, punteggiare.*
Pointer, *appuntare.*
Pointeur de canon, *appuntatore.*
Pointille, *puntiglio.*
Pointiller, *contendere, contrastare.*
Pointiller, terme de miniature, *punteggiare.*
Pointilleux, *puntiglioso, puntuoso.*
Pointu, *puntuto, aguzzo.*
Pointure, *puntura.*
Poirasine, *rosina.*
Poiré, *cidra di pere.*
Poire, *pero, pera.*
Poire d'angoisse, *certo stromento da leuar il modo di parlare à vno, linguario. Item, pera seluatica.*
mors à Poire, *morso fatto in forma di pero.*
Poire d'Orient, *spetie di pero.*
Poire d'Angleterre, *spetie di pero.*
Poire à deux testes, *spetie di pero.*
garder vne Poire pour la soif, *serbarsi qualche cosa per la necessità.*



il ne luy promet pas Poires molles. i. *lo minaccia da douero.*
à la Poire, sorte de jeu, *alla scarpaccia, alla cinetta, alla ruota del scarpone.*
entre la Poire, & le fourmage, à la fin du repas : l'Italien dit, *al finocchio.*
Poire de bois à mettre du poivre, *pepainola.*
Poires d'estranguillon, *pere seluatiche.*
Poireau, *porro.*
Poivée, *bieta.*
Poirier, *pero, albero.*
Pois, *biselli, piselli.*
Pois en cosse ou gousse, *baccelli.*
Pois chiches, *ceci.*
Pois chiches blancs, *cicerchie.*
Pois cerre, *Idem.*
des Pois pilez. i. *cosa da niente.*
si vous me donnez des Pois, ie vous donneray des febves : l'Italien dit, *vi renderò agresto per prugnole,* ou bien, *pan per focaccia.*
* Poiser, *pesare.* Item, *rintresere.*
Poisle, *stuffa, fornello.*
Poisle à frire, *padella.*
vn coup de Poesle, *vna padella.*
Poisle de mort, *panno da morto.*
Poisle à mettre de la braise, *socone.*
vne Poislée, *padellata.*
Poisler vne estoffe, *brettare.*
Poisleure, *brettura.*
Poislier, *mastro di padelle.*
Poisliers de pressoir, *certe traui di torcolo.*
Poisliere, *campo di piselli.*
Poislon, *padelletta.*
Poison, *tossico, veleno.*
Poisonneux, *pieno di tossico.*
Poissage, *impegolamento.*
Poissard, *bisunto, imbrattato di pece. Item, attributo di sciabattino.*
Poissement, *impegolamento.*
Poisser, *impeciare, impegolare.*
Poisseux, *pieno di pece.*
Poissillon, *pesciolino.*
Poisson, *pesce.*
Poisson d'Avril. i. *ruffiano.*
les gros Poissons mangent les petits. i. *i potenti strapazzano ò rouinano i poueri.*
jetter vn petit Poisson pour en auoir vn gros : l'Italien dit, *lanciar vna sardella per hauer vn luzzo,* ou bien, *lanciar vn ago per hauer vn palo.*
Poissonnerie, *pescaria.*
Poissonnet, *pesciolino.*
Poissonneux, *pescioso.*
Poissonnier, *pesciuendolo, pescaiuolo.*
se faire Poisonnier la veille de Pasques. i. *far vna cosa tardi ò fuor di tempo.*
Poisonniere, *pescaiuola.* Item, *paiuolo da cuocer pesci.*
Poissure, *impecciatura, impegolatura.*
Poisteau, *spetie d'vccello simile al fannello.*
* Poitrir, *Vedi, Paitrir, impastare.*
Poitral, *pettorale.*
Poitrine, *Vedi, poictrine.*
Poitrinal, *terzarolo.*
Poitron, *il culo.*
Poivrade, *impepata.*
Poivre, *pepe.*
Poivre d'Inde, *peuereta.*
Poivre long, *peuerone.*

il y a plus de goust à vn grain de Poivre qu'à vn muid de chaux : l'Italien dit, *hà più virtù vn grano di senapa che vna grossa rapa.*

Poiuré. i. *che hà preso il mal Francese, &c.*

de la Poiurée, *peperella.*

Poiurer, *impepare, appeuerare.*

se Poiurer, *pigliar l'imbeccata.*

Poiurette, *nepitella.*

Poiurier à mettre le poiure, *pepaiuola.*

Poix, *pece.*

Poix resine, *rosina, rasa pina.*

Pol, *polo.*

Polacre, *spetie di barca.*

Polaine, *fornimento ò cassa di artigliaria in vn vascello.* Item, *spetie di calzoni.*

Polaire, *polare, di polo.*

Polaque, *polaco.*

Poldre, *spetie d'argine in Hollanda, poldr.*

Pole, *polo.*

vne Pole, poisson, *spetie di linguatola.*

Polemoine, *polemonio.*

Polican, *pelicano.*

Police, *politia.*

Policement, *ordinamento, regolamento di politia.*

Policer, *ordinare, metter la politia.*

Policier, *di politia.*

Polieul, *spetie d'herba.*

Poligamie, *poligamia.*

Poligarchie, *poligarchia, monarchia divisa in più parti.*

Poligone, *poligonio.*

Poliment, *politamente.*

Poliot, *puleggio.*

Polipe, poisson, *pulpo.*

Polipe au nez, *spetie di nascensa nel naso.*

Polir, *pulire, lustrare.*

Polissable, *che si può pulire.*

Polissement, *pulimento.*

Polisseur, *pulitore.*

Polisseure, *pulitura.*

Polissoir, *brunitoio, dente da lustrare.*

Polisyllabe, *di più sillabe, polisillabo.*

Politesse, *pulitezza.*

Politique, *politico.*

Politiquement, *politicamente.*

Politricum, *spetie di capeluenare.*

Poliu, *contaminato.*

Polluer, *contaminare.*

se Polluer, *corrompersi.*

Pollution, *pollutione.*

* Polpe, *polpa.*

Poltron, *poltrone, codardo, da poco, vile, senz'animo, furfante, guidone.*

Poltronnement, *da furfante, vilmente.*

Poltronesque, *poltronesco.*

Poltronesquement, *poltronescamente.*

Poltronnerie, *poltronaria, codardia, furfanteria.*

Poltronniser, *poltroneggiare, poltreggiare.*

Poly, *pulito.*

Polype, *polipo, canchero nel naso.*

Politrich, *herba che nasce ne' pozzi.*

* Pomardiere, *rendita di pomi.*

Pomelée, *ellebora nero.*

Pommade, *pomata.*

Pommade, en voltigeant, *pomata.*

Pomme, *pomo, mela.*

Pomme d'Adam, *noce.*

Pomme d'Amour, *marignane.*

Pomme-d'api, *mela apia.*

Pomme de coing, *cotogno.*

Pomme de bois, *pomo seluatico.*

Pomme de paradis, *melimela.*

Pomme-poire, *melapia.*

Pomme de pin, *pina.*

Pomme de chou ou de laictuë, *gremolo, garznolo.*

Pommé, *capuccio. Item, cidra di pomi.*

Pommeau, *pomo di spada.*

Pommelé, *ruotato, rotato. Item, capuccio.*

Pommelette, *mela picciola.*

Pommeler, &

Pommer, comme les choux, &c. *cabucciare, capucciare.*

Pommeraye, *pometo, meleto.*

Pommette, *pomo picciolo.*

Pommette de nez, *punta del naso.*

Pommette de mors, *perno.*

Pommeux, *pieno di pomi, ò capucci.*

Pommier, *pomo, melo, albero.*

Pommier à cuire les pommes, *tegame da mele.*

Pommierade, *melissa cedroncella.*

* Pomon, *polmone.*

Pompanade, *stampanata.*

Pompe, *pompa. Item, pompa, macchina.*

Pomper, *pompeggiare.*

* Pompette, *iudice di stampatore.*

Pompette, *pompa picciola.*

Pompeusement, *pomposamente.*

Pompeux, *pomposo.*

Pompholige, ou Pompholix, *ponfolige.*

Pompon, *melone, poppone.*

Ponant, *ponente.*

le Ponant. i. *il culo.*

Ponce, *pietra pumice.*

Ponceau, *papauero seluatico. Item, ponticello.*

* Poncel, *ponticello.*

Poncer, *spoluerizzare. Item, pulire colla pumice.*

Poncette, *spoluerizzo.*

Ponceure, *spoluerizzamento.*

Poncille, *citrone d'Assiria.*

Poncire, *citrone grosso.*

Ponctuel, *puntuale.*

Ponctuellement, *puntualmente.*

Ponctuer, *punctuare.*

* Ponderamment, *ponderosamente.*

Pondereux, *ponderoso.*

Ponderosité, *ponderosità.*

Pondre, *far l'vouo.*

Ponent, *ponente.*

Ponfolix, *ponfolige.*

Ponneresse, & ponneuse, *gallina che sa vova.*

Pont, *ponte.*

Pont dormant, *ponte che non si muoue.*

officier du Pont-neuf. i. *ladro, taglia borse, ruffiani à barro.*

Pont l'Euesque, *spetie di cascio picciolo.*

estre au Pont aux asnes, *esser al quia.*

Pont leuis, *ponte leuatoio.*

souliers à Pont leuis, *scarpe con le calcagna alte.*

Pont-volant, *ponte smouente.*

Pontage, *lauoro di ponte.*

Pontaux de galere, *pontuali.*

* Pontanage, *datio di ponte.*

Ponte, *lo far l'vouo, l'vouo della gallina.*

Ponté, *che hà vn ponte.*

Pontelet, *ponticello.*

Pontife, *Pontifice.*

Pontifical, pontificale.
Pontificalement, pontificalmente.
Pontificat, Pontificato.
pontille, ponticello.
Pontilles de galeres, reggiole.
Pontiques, pontico.
Pontis, ponticello.
Ponton, pontone.
Pontonnier, quello che mena in pontone, barcaruo-
lo.
Pontueux, pieno di ponti.
Popelin, crostatella, rosata.
* popelin, potelé, tombolutto.
Poplitée, veine poplitique, certa vena.
Populace, gente minuta, il volgo.
populaire, popolare.
Populairement, popolarmente.
Populeon, vnguento di scorza di pioppo.
Populeux, popoloso.
* vn Populo, vn bambinetto.
Populosité, popolosità.
Porc, porco. Item, carne di porco.
porcs de Dieu. i. Prelati, Abbati, Vescoui, &c.
porcs du Roy, Finanzieri.
porc-espic, istrice.
porc-espic de mer, ancino, riccio di mare.
porc-sanglier, cinghiale.
porcelaine, porcellana. Item, spetie di conca ò pesce.
Porcelet, porchetto.
porcelette, spetie di sturione.
porche, portico, atrio.
Porcher, porcaio, guarda porci.
porcherie, stalla di porci.
* porchet, palo.
porchin, sorte de blereau, tasso porco.
porcille, spetie di dentale, pesce.
porcin, porcino, di porco.
porcoran, pulmonaria.
poreau, callo.
porée rouge, bieta rossa.
porée, bieta.
pore, poro.
poreux, poroso.
porfil, profilo.
porfiler, profilare.
porion, bulbo seluatico.
porosité, porosità.
porphirion, porfirio.
porphyre, porfido.
* porque, porca.
* porquet, porchetto.
porracé, à guisa di porro.
porreau, porro.
porrette, spetie di porro.
porriere, letto di porri.
port, porto.
le Liure des ports de mer, portolano.
port de personne, portamento, portatura.
auoir vn beau Port, andar sù la vita.
port de lettres, porto.
elle a le Port d'vn Ange, hà il sembiante d'vn Angelo.
Portage, portatura.
Portail, porta, portico.
Portant, portante.
l'vn Portant l'autre, tutti insieme, frà l'vno è l'altro.
Portant, che contiene, che fa mentione.



Portatif, portatile.
Porte, porta.
Porte d'agraffe, femina, madre d'vn cinello.
la Porte des champs. i. il modo di scappare.
fausse Porte, porta secreta.
grande Porte, porta maestra.
Porte cochere, Idem, Metaph. natura larga di don-
na.
à l'autre Porte: l'Italien dit, picchia à vn' altra por-
ta.
de Porte en porte, à porta à porta.
Porte-balle, bottighino.
* Porte-chaire, porta seggetta.
Porte-esponge, Vedi, eponge.
Porte-masse, clauisiro.
Porte-enseigne, Alfiere.
Porte-croix, crociere.
Porte-auban, tiaue di vascello, stamenale.
Porte-brandons, pieno di fuochi ó lumi stellate.
Porte-chappe, porta-piuiale.
Porte-Ciel, che porta il Cielo, ó baldacchino.
Porte-colle, registri.
Porte-hotte, cestaruolo, sportaruolo.
Porté, portato masso. Item, inclinato, dato.
Portée, portata. Item, qualità, conditione.
Portée d'animal, lattata, portata.
Portée de Cerf, grandezza di corna.
Portée de canon, tiro.
Portée, sufficienza.
cela n'est pas de vostre Portée. i. non siete sufficiente per
quello, non fà per voi.
Porte-faix, facchino.
Porte-flambeau, stellato.
Porte-feüille, cartiera, cartella.
Porte-espée, pendoni.
Porte-fraise, spetie di collare.
Porte-guidon, Alfiere.
Porte-harnois, armato d'arnese.
Porte-manteau, certo vfficiere del Rè.
Porte-manteau, borsa, portamantello.
Porte-manteau de bois, appica cappe.
Porte-poche, &
Porte-sac, facchino.
Portement, portamento.
bon Portement, sanità.
mauuais Portement, indispositione.
Porte-mors, porra morso. Metaph. la bocca.
* Portente, portento, prodigioso.
* Portenteux, portentoso.
Porte-pannier, cestaruolo.
Porte-parolle, messagiere.
porte-peine, laborioso, faticoso.
porte-piece, punzone di calzolaio da forar le scar-
pe.
Porte-poulet, ruffiano, pollainolo, pollastriere.
Porte-queuë, caudataris.
Porter, portare.
Porter, patire, sofferire, tolerare.
se porter bien ou mal, star bene ó male.
se porter bien en vne affaire, comportarsi bene.
porter coup, importare.
Porter, qui se dit de la balle, balzare.
Porter beau, dar commodità.
Porter enuie, inuidiare.
se Porter à vne chose, darsi, buttarsi.
se Porter en vn lieu, trasferirsi, condursi.
ma condition ne le Porte pas, nol comporta la mia conditione.

Porter vn homme à quelque chose, *incitare, spingere, mouuere.*

Porter vne personne, la fauoriser, *fauorire, mantenere.*

se Porter sur le pré. i. *andar à batterfi in duello.*

il ne la Portera pas loing. i. *farà presto castigato.*

Porter vne estocade, *tirar vna stoccata.*

le coup a Porté, *hà colto il tiro.*

la lettre Porte, *la lettera contiene.*

le Porter haut, *far del grande, assibiarsi alto.*

le Porter du canon, *il tiro del canone, tirare.*

Porter vne personne, *mantenere, fauorire.*

Porter par terre, *gittar in terra.*

se Porter partie, *mouuer vna lite contra vn altro, dichiararsi parte contraria, farsi parte.*

Porter, qui se dit du Cerf, *hauer tanti corniccini, portare.*

Porter medecine, *esser medicinale, valer vna medicina.*

Porter parolle, *parler per vn altro, proporre, promettere.*

Porter sur quelque chose, *toccare, esser appoggiato.*

Porter, qui se dit des animaux, *porraro, far figli.*

faire Porter les cornes, *por le corna.*

porter ses pas, *condursi, indirizzarsi.*

Porter tesmoignage, *esser testimonio, testimoniare, far testimonianza a.*

riuiere qui Porte basteaux, *fiume nauicareccio ò nauigabile.*

Porter la main, *metter mano.*

Porter bien le vin. i. *beuer molto vino senza imbriacarsi.*

habit Porté, *vestito vecchio.*

Portereau, *sporiello.*

Porterie, *casino del portinaro.*

port'estriers, *staffili.*

Porteur, *portatore.*

Porteur d'eau, *acquarnolo.*

le Porteur de la presente, *il latore.*

* Porteure d'vne femme, *portata, parto.*

Portier, *portinaio.*

Portiere, *portinaia.*

Portiere de carrosse, *portiera.*

Portiere de femelle d'animal, *matrice.*

* Portiere, *che produce.*

* Portinal, *porta grande.*

portion, *portione.*

Portioniste, *profendato.*

portionner, *diuidere spartir le portioni.*

Portique, *portico.*

* portiuncule, *portione picciola.*

* Portoir d'vne vigne, *ramo che produce l'vua.*

* Portoire, *stromento da portare.*

portueux, *portuoso.*

portugais, *Portoghese.*

portugaise, *moneta d'oro di Portogallo.*

portugalle, & Portugalloise, *idem.*

porture, *portata, portatura.*

posade, *posata.*

pause, *pausa.*

posé, *ritenuto, posato, discreto, quieto, composto.*

posé le cas, *posto che.*

Posée des degrez, *pianerottolo.*

posément, *quetamente, discretamente, pianamente.*

Posement, *posamento.*

Poser, *posare, ponere.*

Poser vne sentinelle, *mettere vna sentinella.*



Poser l'artillerie, *piantar l'artigliaria.*

Poser en fait, *addurre.*

Posterague, *rnota è machina da cauar acqua.*

Position, *positione.*

Posque, *beuanda fatta di aceto ed acqua.*

Possedé, *posseduto.*

Possedé, *spiritato, indemoniato.*

Posseder, *possedere.*

Posseseresse, *posseditrice.*

Possesseur, *possessore.*

Possession, *possessione.*

Possession, bien aux champs, *podere*

en Possession de souffrir, *in atto di patire.*

Possessoire, *possessorio.*

Possibilité *possibilità.*

Possible, *possibile.*

Possible, aduerbe, *forse.*

Possiblement, *possibilmente.*

Posson, certa misura di late ò altro, *quarto di foglietta.*

Poste, *posta.*

en Poste, per le poste, *à staffetta.*

à Poste, exprés, *à posta.*

enuoyer en Paradis en Poste. i. *vccidere vno.*

à sa Poste, *à suo senno, à sua voglia, à sua posta.*

Poste de soldat, *posto, posta.*

Poste au jeu de dez, *la posta.*

Poste, *certo male di cauallo.*

vn Poste, vn desbauché, *vn suiato, vn vagabondo.*

Postes, balles de plomb, *gocciole.*

maistre de Poste, *postiere, postmastro.*

Posteau, colonna di legno, *puntello, stipite.*

Postelé, *paffuto tomboluto.*

Poster, *postare, posteggiare.*

Poster, faire la desbauche, *scauallare.*

se Poster, *pigliar il posto.*

* Posteres, *parti posteriori.*

Posterieur, *posteriore.*

Posterieurement, *posteriormente.*

Posterité, *posterità.*

Posterol, *spetie di pesce.*

posteux, *che và per le poste, ch e hà fretta, frettoloso.*

Posthume, *postumio.*

Postice, feint; faux, *posticcio.*

Postice de galeres, *posticcio.*

Postidate, *postdato.*

Postille, *postilla.*

Postillon, *postiglione.*

Postillon, *aiutante di cocchiere.*

Postillonner, *andar à staffetta.*

Postiquer, *scauallare.*

Postiquerie, *scauallatura, suiamento.*

Postiqueur, *suiato, scapestrato.*

Postposer, *posporre.*

Postulant, *postulatore.*

Postulation, *domanda, postulatione.*

Postuler, *postulare, demandare.*

Posturable, *sequestrabile.*

Posture, *postura.*

Posture lascue, *chiaue.*

Posture mauuaise ou incommode, *sconcio.*

en Posture de faire, *in atto di fare.*

beste mise en Posture, *animale sequestrato.*

il est en bonne Posture. i. *hà fauore, egli è in buon stato, è in buona intelligenza a.*

Pot, *olla, pentola, pignatta, vaso, boccale.*

Pot à l'eau, *boccale.*

Pot de chambre, &
Pot à pisser, *orinare.*
Pot de fer à mettre sur la teste, *secreta.*
Pot pourry, *olla putrida.* Metaph. *confusione, mescuglio.*
Pots à feu, *pignatelli di fuoco.*
vn Pot de vin, *due pinte, vn boccale di vino.*
le Pot de vin, *certo dono che si fà à quello che dà la casa à fitto, mancia.*
payer les Pots cassez. i. *portare il danno, pagar il fio.*
tourner au tour du Pot : l'Italien dit, *menar il cane per l'aia.*
dans vn vieux Pot on fait de bonne souppe : l'Italien dit, *gallina vecchia fa buon brodo.*
vieux comme vn Pot à plume. i. *molto vecchio.*
descouurir le Pot aux roses. i. *scoprir il secreto.*
à Pot, & à feu : l'Italien dit, *à bicchieri, sciacquati.*
il n'y a si meschant Pot qui ne trouue son couuercle : l'Italien dit, *ogni gatta hà il suo Gennaio,* ou bien, *non resta carne alla beccaria, per trista che sia.*
faire le Pot à deux anses. i. *fardel brauo con le mani su la cintola.*
remuër le Pot aux crottes. i. *ballare, menare.*
petit Pot tient bien pinte : l'Italien dit, *è piccolo mà v'è tutto.*
Potable, *potabile.*
Potage, *potacchio, minestra, zuppa.*
pour tout Potage. i. *in tutto, del tutto, in somma.*
du Potage aux moules : l'Italien dit, *fungi da mangiare.*
Potager, *far minestre, minestrare.*
Potager, *cuoco che fà la minestra, potaggiere.* Item, *brodaiuolo minestriere.*
jardin Potager, *horto.*
Potagerie, *herbe da far minestre.* Item, *ogni sorte di minestre.*
Potatif, *potabile, potatiuo.*
Pote, *agosciola, pesce.*
les mains Potes, *le mani assiderate dal freddo.*
Potée, *vn' olla piena, pieno vn boccale.*
Potelé, *tomboluto, passuto, tuffulotto.*
Potelet, *boccaletto, pentolino.*
Potence, *forca.*
Potence de boiteux, *gruccia.*
Potence de maison, *beccatello, modiglione*
Potence d'horloge, *certo pezzo che regge la ruota del tempo.*
Potencée, *fatto à guisa di beccatello, ò à crocette.*
Potentat, *Potentato, Grande.*
Potentiel, *potentiale.*
Potentille, *spetie d'herba.*
Poterie, *quantità d'olle.* Item, *arte d'ollaro.*
Poterne, *posterla, sporto.*
Potestat, *Magistrato.*
Potie, *bioccolo, schizzo di fango ó altro.*
Potier, *Pentolaio, ollaro.*
Potier d'estaing, *stagnaro.*
Potieux, *schizzinoso.*
Potion, *potione.*
Potiron, *petrunciano.*
Pou, *pidocchio, Vedi, poüil.*
Pou de soye, *cappicciuola.*
Pojac, *ohibo.*
Poüacre, *sporco.* Item, *pieno d'vlcere, marcio.*
Poucin, *pulcino.*
Poudre, *poluere.*
jetter de la Poudre aux yeux, *far restar vno.*
de la Poudre à grimper, *poluere da eccitar la lussuria.*



Poudre de plomb, *gioccioline.*
Poudrément, *pulneramento.*
Poudrer, *poluerare, sparger de poluere.*
Poudreux, *polueroso.*
Poudrier, *poluerino.*
maistre Poudrier, faiseur de poudre, *mastro poluerista.*
Poudroyement, *spoluerizzamento.*
Poudriere, *poluere alzata in aria.*
Poudoyer, *impoluerare, spoluerizzare.*
Poüée, *potata di viti.*
Poüer, *potar le viti.*
Poüil, *pidocchio.*
vn Poüil affamé, *vn morto di fame.*
il escorcheroit vn Poüil : l'Italien dit, *trarrebbe à vn lui.*
Poüillard, *pidocchioso.*
Poüille, *Puglia in Italia.*
chanter Poüilles, *dir villanie.*
Pouiller, *spidocchiare, pidocchiare.*
Pouillerie, *pidoccheria.*
Pouilleux, *pidocchioso.*
* Pouir, *capire.*
Poul, *Vedi,* poüil.
Poulaille, *pollame, pollastri, &c.*
Poulailler, *pullaio.* Item, *pollainolo, pollastriere.*
Poulaillerie, *pollastreria.*
Poulaillier, *pollastriere.*
Poulain, *polledro.*
Poulain en l'aine, *roncone.*
Poulain de tonnelier, *scala da calar il vino in cantona.*
pied de Poulain, *spetie d'herba.*
Poulainant, *che produce polledri.*
Poulaine, *polledra.*
Poulainer, *far il polledro.*
Poularde, *gallina giouane, pollastra.*
Poulce, *pulice, dito grosso.*
joüer du Poulce, *contar danari.*
se mordre les Poulces, *mordersi le dita per colera.*
serrer les Poulces. i. *stringer le dita per far confessare.*
les Poulces à la ceinture : l'Italien dit, *con le mani alla cintola.* i. *otioso.*
Poulce, mesure d'vn poulce, *oncia, pulicata.*
Poulcée, *pulicata.*
Poucepied, *spetie di pesce.*
Poulcier, *ditale del pulice.*
Poulcin, *pulcino.*
estoilles Poulcinieres, *galli nelle, pleiade, vergilie.*
Pouldre, pouldrer, &c. *Vedi,* poudre.
Poudrette, *poluerino.*
Poudroyer, *spoluerizzare, ridurre in poluere.*
Poule, *gallina.*
Poule d'eau, *folica, folega, limosa.*
la Poule à ma tante .i. *vna ciarliera.*
Poule à long col .i. *vna corata.*
vne Poule ou poule moüillée, vn poltron, *vna gallina bagnata, vn couamele.*
faire la Poule, *gallinaggiare.* Item, *esser codardo.*
courir la Poule, *depredare.*
Poulemart, *spetie d'arma.*
souliers à Poulene, *scarpe larghe alla punta, quadre.*
Poulener, *far il polledro.*
Poulet, *pollastro.*
Poulet, *lettera amorosa.*
Poulétte, *pollastra.*
Poulnerin, *fiasca della poluere.* Item, *poluerino.*
Poulie, *girella, carrucola.*
Pouliot, *puleggio.*

Pouliner , *far il polledro.*
Poulion , *girellino.*
Poullart , *spetie di biada.*
Poullaze , *corno dell' indie.*
Poulle , *Vedi* , Poule.
bled Poullé , *spetie d'orzo.*
Poulmelée , *elleboro nero.*
Poulmon , *polmone , pulmone.*
Poulmon de mer , *porta marina.*
herbe aux Poulmons , *pulmonaria.*
Poulmonnie , *infermità di polmone.*
Poulonnois , *Polaco.*
Poulpe , *polpa , carne.*
Poulpe , *poisson , polpo.*
Poulpeux , *charnu , polposo.*
Poulpié , *poulpied , porcellana , porcacchia.*
Poulpitre , *pulpito.*
Pouls , *polso.*
taster le Pouls , *toccare il polso.* Metaph. *tentare.*
Poulse , *poulser* , &c. *Vedi* , pousse.
Poulsin , *pulcino.*
Poulsiner , *far i pulcini.*
Poulsinieres , *stelle , vergilie , gallinelle.*
Poultis , *sportello col pomicello.*
Poultre , *traue , pedale.*
Poultre , *canalla , giouane , polledra grande.*
Poulx , *polso.*
Poumon , *pulmone.*
Poupart , *bambinetto , bambolino , pupo.*
Poupe , *poppa di vascello.*
mettre le vaisseau en Poupe , *appoppare il vascello.*
Poupe , *bout de tetin , caparozzolo.*
Poupes de chenilles , *gruppi di ruche.*
Poupeau , *poppina , poppa picciola.*
Poupée , *bambolo , pupa.*
vne Poupée , Metaph. *vna donna delicata è gentile.*
Poupée ou cordon de lin , *pignolo di lino torso.*
Poupée d'vn tour , *pigazza.*
entrer en Poupée , *innestar ò insitar à marze.*
Poupelé , *passuto , grasso , polputo.*
Poupelin , *rosata.*
Poupetier , *poupetiere , mercante di bamboli ò pupe.*
Poupette , *pupa , bambolo.*
Poupier , *di poppa di vascello.*
Poupillons , *poppe picciole.*
Poupin , *gentile , attillato , affettatuzzo.*
Poupine , *bamboccia.*
Poupinement , *affettamento , attillatura.*
Pouple , *pioppo.*
Poupon , *bambolino , pupo , bambino.* Item , *poppone ; melone.*
Pouponne , *mignonne , tata.*
* Poupper , *vezzeggiare.*
Pour , *per.*
Pour l'heure , *per hora , per addesso.*
Pour moy , quant à moy , *io per me , per quello che mi spetta.*
Pour ce iourd'huy , *oggidì.*
Pour peu de volonté qu'il ait, *ogni poco di voglia che habbia.*
Pour vaillant qu'il soit, *per valente ò valoroso , che sia.*
il est homme Pour luy. i. *è huomo da resistergli.*
le Pour , & le contre , *il Pro ed il contra.*
il n'y a que Pour luy. i. *fa più di tutti gli altri.*
Pour tout cela , *con tutto ciò.*
* Pour bondir , *balzare.*
Pour boüillir , *sbollire.*
Pour ce , *perche , perciò.*



Pourceau , *porco.*
Pourceau di Antoine , *cloporte , cento piedi , porcelletto di S. Antonio.*
comme le Pourceau S. Antoine , de porte en porte : l'Italien dit , *come l'Asino del Pentolaio.*
Pourcelaine , herbe , *porcacchia.*
Pourcelaine , *porcellana.*
Pourcelet , *porchetto.*
Pourcelet d'Inde , *porchetto d'India , spetie di cuniglio.*
Pourchaille , *porcacchia.*
Pourchas , *procacciamento , ricercamento.*
Pourchasser , *procacciare.*
Pourchasser quelque chose , *andar al boccone.*
* Poure , *ponero , Vedi , pauure , con quello che seguita.*
Pourelle , *melantio.*
* Poureux , *pauroso.*
Pourfendre , *fender per mezo.*
Pourfier , *assicurare.*
Pourfil , *profilo.*
Pourfiler , *profilare , ornar di fila d'oro.*
Pourfiterolle , *focaccia.*
Pourfileure , *profilatura.*
Pourfit , *vtile.*
Pourjetter , projecter , *disegnare.*
Pourmenade , *spasseggiata.* Item , *spasseggiatoio.*
Pourmenement , *spasseggiamento.*
se Pourmener , *andar à spasso.*
Pourmener vne personne , *aggirar vno.*
Pourmenoir , *luogo di spasso , spasseggiatoio.*
Pourmener vne marchandise , *portar vna mercantia in più luoghi.*
Pourmeneur , *spasseggiatore.*
Pourneant , *per niente.*
Pourparlement , *conferenza.*
Pourparlé , pourparler , *Idem.*
Pourparler , *conferire , trattare.* Item , *concludere.*
Pourpe , *porpora.* Item , *polpo.*
* Pourpens , *cogitatione.*
Pourpenser , *cogitare.*
* Pourpeton , *spetie di crostata fatta di polpe d'vccellami.*
Pourpied , *porcellana , porcacchia , portulaca.*
Pourpier , *Idem.*
Pourplanter , *piantare per tutto.*
Pourpoint , *giubbone , giuppone.*
en Pourpoint , *in sarsetto , senza giuppone.*
emplir son Pourpoint , manger beaucoup : l'Italien dit , *caricar il burchio.*
mettre le Pourpoint bas , *battersi in duello.*
mettre le Pourpoint bas , pour bien trauailler : l'Italien dit , *sbracciarsi in vna cosa.*
le Pourpoint rouge. i. le foüet , *la frusta , l'esser scopato.*
Pourpoint de pierre de taille : l'Italien dit , *giuppon di Beltrame.*
Pourpointerie , *luogo doue si fanno i giubboni.*
Pourpointier , *giubbonaro.*
Pourpre , *porpora.*
Pourpre , maladie , *petecchie.*
Pourpré , *porporato.*
* Pourprendre , *pigliare affatto empire.*
Pourprin , *porporino.*
Pourpris , *preso.*
Pourpris , *chiostra , luogo chiuso , incinta , giro.*
* Pourquerre , *procacciare.*
Pourquines , *spetie di fichi.*
Pourquis , *procacciato.*

Pourquoy, *perche*, *à che.*
le Pourquoy, *la cause*, *il perche.*
c'est Pourquoy, *è perciò.*
Pourreau, *porro.*
Pourrir, *marcire*, *putrefare.*
se Pourrir, *diuentar putrido*, *amarcire.*
Pourrissable, *che si può marcire.*
Pourrisseur, *putrificatore.*
Pourriture, *putrefattione.*
Pourry, *marcio*, *putrido*, *putrefatto.*
cela n'est pas Pourry : l'Italien dit, *questa è cottoia, el-
la è marchiana.*
Poursaillir, *scorrere.*
Poursemer, *spargere*, *seminare.*
Poursuitte, *sollecitatione.*
Poursuitte en amour, *seruitù.* Item, *amante.*
Poursuiuant, *seguitante*, *sollecitante.* Item, *amante.*
Poursuiure, *seguitare*, *perseguitare*, *sollecitare*, *continua-
re*, *correr dietro. Andar dietro à vn negotio. Incalzare
il nemico.*
Poursuiuy, *perseguitato.*
Pourtant, *però*, *pure*, *tuttauia.*
Pourtraire, *ritrarre*, *dipingere.*
Pourtrait, *ritratto.*
Pourtraiture, *Idem.*
* Pouruende, *presenda.*
Pouruoir, *prouedere.*
Pourueu, *proueduto*, *prouisto.*
Pourueu que, *pur che*, *mentre che.*
Pouruigner, *prouanare.*
Pouruoir, *prouedere.* Item, *accasare ò maritare vna gio-
uane.*
* Pouruoy, *prouisione.*
Pouruoyance, *prouidenza.*
Pouruoyant, *prouidente.*
Pouruoyeur, *proueditore.*
Pouruoyeuse, *proueditrice.*
Poussade, *spinta.*
en Poussant, *spingendo*, *spuntando.*
Poussé, *mosso*, *spinto.*
Pousse de vin, *tufo.*
Pousse de cheual, *bolsino*, *bolso.*
du Pousse-auant, *qualche cosa da mangiar col pane.*
Poussée, *spinta.*
Poussement, *spingimento.*
Pousse pied, *spetie di pesce.*
Pousser, *spingere.* Item, *muouere.*
Pousser la balle, *cacciar la palla.*
Pousser la porte, *serrar la porta.*
Pousser sa fortune, *cercar la sua ventura.*
Pousse ton cheual : l'Italien dit, *tocca via.*
Pousser à la roue. i. *aiutare à far vna cosa.*
Pousser à bout vne personne, *perseguitar vno sin all'estre-
mo.*
Pousser, qui se dit des arbres, *spuntare*, *buttare.*
Poussier, &
Poussiere, *poluere.*
Poussif, *bolso*, *asmatico.*
deuenir Poussif, *imbolzire.*
Poussin, *pulcino.*
Poussoir, *stromento da spinger in dentro.*
Poutie, *schizzino*, *bioccolo.*
Poutieux, *schizzinoso.*
Poutre, *traue.* Item, *polledra grande.*
Pouuoir, *possanza*, *potere.*
de tout son Pouuoir, *à più potere.*
sans Pouuoir, *spossato.*
Pouuoir, *potere.*



n'en Pouuoir plus, *non ne poter più, esser debole, esser molto vecchio.*
n'en Pouuoir mais, *non hauer colpa non esser colpeuole.*
comme vous Pourriez dire, *come sarebbe à dire.*
Poux, *polso.*
Poüy, *ohibò.*
* Pouyr, *capire esser contenuto.*
Poyurade, poyure, &c. Vedi, poiure.

PR

Practic, *prattico.*
Practicien, *huomo di Palazzo, huomo che s'intende
di liti ò cose di Palazzo, huomo di giustitia ò facende,
giustitiere.*
Practique, Vedi, prattique.
Practiquer, *pratticare.*
Pragmaticien, *prammatico.*
Pragmatique, *prammatica.*
Pragmatiser, *prammatizzare.*
* Prain, *pregno.*
* Prairier, *di prato.*
Prairie, *prato*, *prateria.*
* Prangeler, *merendare.*
Prattique, *prattica.*
Prattique, *litigamento*, *cosa di giustitia.*
homme de Prattique, *huomo di palazzo.*
qui a bien de la Prattique, *affacendato, molto impiega-
to.*
Prattique, petit cordon, *trina.*
Prattiquer, *risparmiare.*
Prattiquer, *conuersare*, *pratticare.* Item, *corrompere.*
Prattiquer vne chose, *adoprare*, *vsare*, *esercitare.*
Prattiqueur, *conuersatore*, *pratticatore.*
Pré, *prato.*
se porter sur le Pré, *andar à battersi in duello.*
* Preage, *diritto di prateria.*
au Prealable, *prima, innanzi, primieramente.*
Prealablement, *Idem.*
Prealleguer, *allegare innanzi*, *preallegare.*
Preambule, *preambulo.*
Preau, *pratino.* Item, *spetie di pomo.*
Prebende, *presenda.*
Prebendier, *presendato.*
Prebstre, Vedi, Prestre.
* Precaire, *precario.*
* Precairement, *precariamente.*
Precaution, *precautione.*
Precedemment, *precedentemente.*
Precedence, *precedenza.*
Precedant, *precedente.*
Preceder, *precedere.*
Precellence, *precellentia*, *precellenza.*
Preceller, *precellere.*
Precepte, *precetto.*
Precepteur, *precettore*, *maestro.*
* Preception, *precetto.*
Preceptrice, *maestra.*
Precesseur, *precessore.*
Prechanter, *cantar innanzi.*
Precieusement, *pretiosamente*

Precieux, pretioſo.
Precipice, precipitio.
Precipitamment, precipitoſamente.
Precipitation, precipitatione.
Precipiter, precipitare.
Precipiteux, precipitoſo.
Precipué, priuilegiato, precipuo.
Preciput, priuilegio dell' ultimo viuente, preciputo.
Precis, preciſo.
Precisément, preciſamente.
* Preclare, preclaro.
* Precloiture, incinta, giro, chioſtra.
Precogitation, precogitatione.
Precogiter, precogitare.
Precognition, &
Preconnoiſſance, precognitione,
Preconnoiſtre, preconoſcire.
Preconter, ſcontare.
Precordial, precordiale.
Precourir, deuancer, precorrere.
Predeceſſeur, predeceſſore, antenato.
Predeſtination, predeſtinatione.
Predeſtinée, fato.
Predeſtiner, predeſtinare.
Predial, di prato.
Predicant, Predicante di Heretici.
Predicateur, Predicatore.
Predication, predica, predicatione,
Predicatoire, predicatorio.
Prediction, predittione.
Predire, predire, augurare.
Prediſeur, augure, indouino.
Prediuination, prediuinatione.
Prediuiner, prediuinare.
Predominer, predominare.
Predomination, predominatione.
* Prée, prato, prateria.
Préeminence, preminenza.
* Préer, far prati, conuertir in prati.
Préefleu, precletto.
Préeflire, ſcegliere innanzi.
Preface, prologo.
Prefect, Prefetto, Prepoſito.
Prefecture, prefettura.
Preferable, preferenole.
Preferance, preferenza.
Preferer, preferire.
Prefiger, prefigere.
Prefinir, finire innanzi.
Prefire, prefiggere.
Prefix, prefiſſo.
Prefixion, prefiſſione.
Pregnamment, ſprezzatamente.
Pregnant, premente.
* Preguſte, ſaggiatore di cibi, &c.
Prehaſter, affrettare.
* Preigne, pregna.
Preigneur, pregnanza.
* Preir, far prati.
Prejudice, pregiuditio, pregiudicio.
Prejudiciable, pregiudicieuole.
Prejudicier, pregiuditiare.
Prejugé, pregiudicato.
Prejugement, pregiudicatione.
Prejuger, pregiudicare.
Prelaſſer, far del Prelato, andar la Prelato.
Prelat, Prelato.
Prelation, perferimento, prelatione.

Prelature, prelatura.
Prele, aſparella, raſparella.
Prelude, preludio.
Prematurité, prematurita.
Préméditation, premeditatione.
Premediter, premeditare.
Premeſſe, diritto di preminenza.
Premices, premitie.
* Premie, premio.
Premier, primo.
le Premier venu, ſia chi ſi voglia, chi che ſia.
Premier, ſcudier maggiore.
Premier, aduerbe, prima, innanzi.
au Premier, alla prima, nel principio.
Premierement, primieramente.
Premiſe, preferenza.
Premonſtrer, premoſtrare.
Premourant, morente innanzi à gl' altri.
Prenant, prendente, pigliante.
Prendre, prendere, pigliare, aſſerrare.
Prendre vne affaire comme il faut, hauer pel dritto.
Prendre bien, intender bene. Item, riuſcir bene.
tu le Prends mal, tu l'intendi male.
bien vous en Prit, buon per voi.
Prendre le deüil, veſtirſi di corruccio.
Prendre terre, abbordare, toccar terra.
ſe Prendre à vne perſonne, incolpar vno.
Prendre au nez, arriuare al naſo, cogliere al naſo.
bien luy en a Pris. i. gli è accaduto.
Prendre la poſte, montar ſù la poſte.
Prendre les rames à la main, calar remi.
Prendre en terre, comme les plantes, alliguare.
ſe Prendre de vin, imbriacarſi.
Prendre en mauuaiſe part, hauer per male.
Prendre garde, auuertire, por mente.
Prendre garde de prés, eſſer guardingo.
Prendre de la peine, affaticarſi, hauer gran cura.
Prendre garde à ſoy, ſtar ſù l'auuiſo.
Prendre à la jambe, &c. i. mordere.
Prendre la parolle, eſſer il primo à parlare, prender dire, cominciar à parlare.
Prendre querelle, far quiſtione.
ſe Prendre, ſe congeler, rappigliarſi, ſtringerſi, ſtregnerſi, rapprenderſi.
ſe Prendre, comme le feu, attaccarſi, apprenderſi, appigliarſi.
ſe Prendre à rire, &c. metterſi à ridere.
Prendre vne maladie, attaccarſi vn male.
Prendre pour honneſte homme, hauer per galant' buomo.
Prendre langue, informarſi.
Prendre vn habit, veſtire.
Prendre la botte, &c. metterſi i ſtiuali.
il s'y Prend fort bien, l'intende bene lo ſa beniſſimo.
de quelle façon vous y Prendrez vous, come volete fare.
Prendre ſomme ou ſommeil, addormentarſi.
de la façon qu'il s'y Prend, come vi precede.
il me Prend enuie, mi viene voglia.
Prendre medecine, pigliar medecina.
Prendre pour vn autre, tor in cambio, tor in fallo.
Prendre par la bouche, beuere, mandar giù.
où Prenez vous la ruë, l'enſeigne, &c. i. doue è, in che luogo è.
à tout Prendre, ſenza conſiderar minutamente.
Prendre, tromper, attrapper, chiappare, ingannare.

il n'y a personne qui n'y soit Pris, *non vi è huomo che non cistia.*
Prendre ses repas, *mangiare.*
ainsi t'en puisse-t'il Prendre, *così t'auuenga, così ti possa accadere.*
Preneur, *prenditore.*
Preneur de taupes, *ingannatore.*
Prenoncer, *prenontiare.*
Preoccupation, *preoccupatione.*
· Preoccuper, *preoccupare.*
Preordonner, *preordinare.*
Preparatif, *apparecchio, preparamento, preparatiuo.*
Preparation, *preparatione.*
Preparatoire, *preparatorio.*
Preparement, *preparamento.*
Preparer, *preparare, apparecchiare, metter all' ordine.*
Preposer, *preporre, preferire.*
Preposition, *prepositione.*
Prepostere, *prepostero.*
Preposterer, *preposterare.*
Prepuce, *preputio.*
Prerie, prairie, *prateria.*
Prerogatiue, *prerogatiua.*
Prés, *presso, appresso, à canto, à lato, quasi.*
estre de Prés. i. *esser affine ó parente.*
bien Prés de vouloir faire, *non che di voler fare.*
regarder de Prés, *guardar per sottile.*
tenir de Prés, *incalzare.*
Presage, *presagio.*
Presageant, *predicente, presago.*
Presager, *presago.*
Presager, predire, *presagire.*
Presageant, &
Presagieux, *presago, presagioso.*
Presbiteral, *di Prete.*
Presbitere, *Presbiterio, casa di Prete.*
Presche, *Predica di Heretici.*
Preschement, *predica, predicamento.*
Prescher, *predicare.*
Prescher denant les Cordeliers : l'Italien dit, *persuader l'acqua al pesce.*
Prescher sur la vendange. i. *parlar di bere, berlingare.*
on ne luy Presche autre chose, *non gli si dice altro.*
Prescheur, *Predicatore.*
Prescheurs, *Domenicani.*
Prescience, *prescienza.*
Prescit, *prescito, predestinato.*
Prescript, *prescritto.*
Prescription, *prescrittione.*
Prescrire, *prescriuere.*
* Prescrittible, *prescrittibile.*
Preseance, *presedenza.*
Presence, *presenza.*
Presence d'vne personne, *sembiante, garbo.*
armée en Presence, *armata in fronte al nemico.*
Present, *presente. Item, pronto, presto.*
Present, *dono.*
faire vn Present, *presentare.*
estre Present à l'affaire, *esser in sù'l fatto.*
pour le Present, *al presente.*
du Present mois, *del stante, del corrente.*
Presentation, *presentatione.*
Presentement, *prontamente. Item, hora, adesso, testè, poco fà.*
Presenter, *presentare, offerire.*
Presentiment, *presentimento.*
Presentir, *presentire.*
Preseruatif, *preseruatiuo.*



Preseruation, *preseruatione.*
Preseruer, *preseruare.*
Presidence, *presedenza, presidenza, luogo di Presiden-te.*
President, *Presidente.*
Presider, *presedere.*
Presidial, *Tribunale.*
Presidialement, *Tribunalmente.*
Presidialité, *Iurisdittione di Tribunale.*
Presidiaux, *uffici di Tribunali.*
Presignifier, *presignificare.*
Presse, *asprella, rasprella.*
Presme d'esmeraude, *spetie di smeraldo, peridoto.*
Presomptif, *presuntiuo, da presumere.*
Presomption, *presontione.*
Presomptueusement, *presontuosamente.*
Presomptueux, *presontuoso.*
Presque, *quasi, presso che.*
Pressant, *premente.*
Pressé, *premuto. Item, affrettato, frettoso.*
Presse, *fretta.*
Presse, foule, *calca.*
Presse, *torcitoio, torcolo, sopressa.*
PRESSE D'IMPRIMEVR, *stampa.*
mettre en Presse, *suppressare, metter in suppresso.*
mettre sous la Presse, *stampare, dar alla stampa.*
Presse à tenir le linge, *guarda nappa.*
Presse, fruit, *persico carnoso.*
Presseance, *presedenza.*
Pressement, *affrettamento. Item, importunità.*
Pressément, *in fretta.*
Presser, *premere, affrettare.*
Presser, pour tirer le suc, *spremere.*
Presser les draps, *sodare.*
Presser vne viande, pour faire vn consommé, *pestare.*
Presser, *soppressare.*
Pressier, *traue di torcolo.*
* Prestif, *premente.*
Prestis, *cibo spremuto, succo.*
Pressoir, *torchio, torcolo, torcitoio.*
Pressoirage, *tortitura.*
Pressoirée, *torcitura.*
Pressoirer, *torchiare.*
Pressoireur, *torcitore.*
Pressoirier, *Idem.*
Pressurage, *tortino.*
Pressure, *torcitura, torcimento.*
Pressurer, *torchiare.*
Pressurier, *torchiatore, torcolatore.*
visage de Pressurier, *viso d'imbriacone, viso pieno di rossori.*
Prest, *pronto, apparecchiato, all' ordine; à destro.*
il estoit Prest à s'en aller, *era per andarsene.*
auoir tout Prest, *hauer alle mani.*
vn Prest, *prestito, prestita, presto, prestanza.*
Prest, aduerbe, *prestamente.*
Prestable, *prestevole, da prestare.*
Prestance, *prestanza, presenza, garbo, sembiante.*
* Prestation, *prestito.*
Prestement, prononcez f. *prestamente.*
Prester, *prestare, dar in presto.*
Prester l'oreille, *porger orecchio.*
Prester le collet, *cimentarsi con vno.*
Prester l'espaule, *aiutar vno, far spalla.*
Prester serment, *far sacramento.*
Prester faueur, *poger ó dar aiuto.*
Prester, pour s'estendre comme le cuir, *arrendersi.*
qui Preste comme le cuir, *arrendeuole.*

* Prestesse

* Prestesse, *prestezza.*
Presteur, *prestatore.*
Prestige, *prestigio.*
Prestigiateur, *prestigiatore.*
Prestituer, *prestituire.*
* Prestolant, *Podestà.*
Prestraille, *Pretaria.*
Prestre, *Prete, Sacerdote.*
vn pauure prestre, *vn meschino, vn dapoco.*
Prestreau, *pretazzuolo.*
Prestresse, *Sacerdotessa.*
Prestrise, *ordine di Prete, Sacerdotio.*
Prestrot, *pretazzuolo.*
Presumer, *presumere.*
Presupposé, *presuposto.*
Presupposer, *presuporre, presuponere.*
Presupposition, *presuppositione.*
Presure, *gaglio, caglio, presame, fior di cardo.*
courir la Pretentaine, *correr quà è là, posteggiare.*
Pretendant, *pretendente.*
Pretendre, *pretendere.*
Pretendre cause d'ignorance, *allegar ignoranza.*
Pretendu, *pretenduto.*
Pretension, *pretensione.*
Preterit, *preterito.*
Pretermettre, *pretermettere, tralasciare.*
Pretermission, *pretermissione, tralasciamento.*
Preteur, *Pretore.*
Pretexte, *pretesto.*
Pretieusement, *pretiosamente.*
Pretieux, *pretioso.*
Pretoire, *pretorio.*
Preture, *pretura, carico di Pretore.*
* Preu, *prode.*
* Preualence, *preualenza.*
Preualoir, *preualere.*
se Preualoir, *valersi, preualersi.*
Preuaricateur, *preuaricatore.*
Preuarication, *preuaricatione.*
Preuariquer, *preuaricare.*
* Preu-de-femme, *donna da bene.*
Preudes-gens, *genti da bene.*
Preud'homme, *huomo da bene.*
Preud'hommie, *probità.*
Preuenant, *preuenente.*
Preuenement, *preuenimente.*
Preuenir, *preuenire.*
Preuention, *preuentione.*
Preuenu, *preuenuto.*
Preuoir, *preuedere.*
Preuost, *preposto.*
Preuost d'armée, *Preposto.*
Preuost des Marchands, *Preposto delli Schiauini.*
Preuost des Mareschaux, *Barigello.*
Preuost de Salle, *creato.*
Preuost d'Archers. i. *Bargello.*
Preuostable, *dipendente dal Preposto.* Item, *reo,*
Preuostablement, *per via del Preposto.*
Preuostaire, *di Preposto.*
Preuostal, *Idem.*
Preuosté, *Prepostato.*
Preuoyance, *preuedenza.*
Preuoyant, *preuedente.*
Preut, en Preut, *è vno, quando si comincia à contare.*
Preuue, *preoua.*
Preuuer, *prouare.*
* Preux, *prò, prode, valoroso.*
les neuf Preux, *i caualliere del Rè Artù, &c.*

Preze, *prezza.*
Prezé, *sprezzato.*
Prayer, *spetie di fanello.*
Priant, *pregante.*
Priapisme, érection de membre viril, *priapismo, estensione di priapo, satiriasi.*
* Priement, *pregamento.*
Prier, *pregare.*
ie vous en Prie, *di gratia, vene prego.*
Priere, *preghiera.*
Prieur, *Priore.*
Prieure, *Priora.*
vn Priez-Dieu, *inginocchiatore.*
Prieuré, *Priorato.*
* Prim, *sottile.* Item, *primo.*
de Prim-abord, *alla prima.*
de Prim-saut, *di primo lancio.*
Primace, *primatia.*
Primat, *Primato.*
Primauté, *primatia, primo luogo, la mano giocande.*
Prime, *prima.*
Prime, jeu, *primiera.*
Prime, aduerbe, *prima, innanzi.*
* au Prime, *adesso.*
Prime-barbe, *prime pelo, prima barba, lanugine.*
de Prime-face, *di prima vista, di primo scontro.*
de Prim-poil, *di prima barba.*
Primerain, *primo dordine, primaticcio.*
Primement, *primieramente.*
Primer en joüant à la paulme, *tirare.*
* Primeroge, *primaticcio.*
Primeuere, *primauera.* Item, *primauera, fiore.*
* Primeur, *perfettione, eccellenza.*
Primices, *primitie, nouellitie.*
Primicial, *di primitie.*
Primicier, *Primocerio.*
Primipile, *primipilo.*
Primitif, *primitiuo.*
Primitiuement, *primitinamente.*
Primogeniture, *primogenitura.*
Primordial, *di primordio.*
* Prin, *sottile.*
Prince, *Prencipe.*
Princesse, *Prencipessa.*
Principal, *prencipale.*
le Principal, le vin ou l'argent, *il verbo prencipale.*
Principal, *maestro, prefetto discuola ò colleggio, rettore.*
Principal d'vne somme, *capitale.*
Principalement, *prencipalmente, massime.*
Principauté, *prencipato.*
Principe, *principio.*
Principié, *comminciato, principiato.*
Principion, *principictio, picciol prencipe.*
Seigneur de Prinfief, *il primo Signore, il vero Padrone.*
Pringalle, *spetie di machina di guerra.*
Pringert, *spetie d'vccello picciolo.*
* Prins, pris, *presa.*
* Prinse, prise, *presa.*
Printaner, *esser primauera.*
Printanier, *di primauera.*
Prin-temps, *primauera.*
Priorité, *priorità.*
Pris, *preso.* Item, Vedi, Prix.
Prisage, *apprezzamento.*
Prise, *presa.*

Priſe de corps, *mandato di carceramento.* Metaph. *ſotterramento.*
de bonne Priſe, *preſo di buona guerra.*
la Priſe, endroit pour prendre vne choſe, *appicagnolo, afferratoio.*
Priſe d'vne drogue, *preſa doſe.*
venir aux Priſes, *venir a l'armi, allecorte, alle ſtrette.*
donner Priſe à ſon ennemy .i. *dar il modo di farci male.*
Priſe de ville, *eſpugnatione.*
auoir des Priſes, *far parole.*
laſcher la Priſe, *laſciar andar vna coſa deſiſtere.*
Priſée, *apprezzamento.*
Priſer, *apprezzare.*
Priſer au deſſus de toute choſe, *inalberare.*
Priſer, faire la priſée, *pregiare.*
* Priſerie, *apprezzamento.*
Priſeur, *pregiatore, apprezzatore.*
Priſon, *carcere, prigione.*
Priſon, le temps que l'on demeure empriſonné, *prigionia.*
Priſon S. Creſpin .i. *ſcarpe ſtrette.*
mettre vn verre de vin en Priſon .i. *beuer trè volte.*
Priſonnier, *prigioniere, prigione, carcerato.*
faire vn Priſonnier, *beuere tre volte, in carcerar vn bicchier di vino frà dui altri.*
tous les Priſonniers s'en ſont fuis de ſa bourſe .i. *non hà più danari.*
Priſte, *ſpetie di peſce di forma di porco.*
* Priſtine, *priſtino.*
* Priuaiſe, *luogo doue ſi fa il deſtro è ceſſo d'vna caſa.*
Priuatif, *priuatiuo.*
Priuation, *priuatione.*
Priuatiue, *priuatiua.*
Priuatiuement, *priuatiuamente.*
Priuauté, *domeſtichezza, familiarità.*
Priué, *priuato.* Item, *priuo.*
Priué, *domeſtico, familiare.*
Priué, aiſement, *ceſſo, deſtro, neceſſaria.*
Priuement, *priuatione.*
Priuément, *priuatamente.*
Priuer, *priuare.*
Priuilege, *priuilegio.*
Priuilegié, *priuilegiato.*
Priuilegier, *priuilegiare.*
* Priuoitié, *domeſtichezza.*
Prix, *prezzo.*
à vil Prix, *à prezzo disfatto.*
à quel Prix que ce ſoit, *ad ogni modo, in qual ſi voglia modo, a tutti i patti.*
au Prix de cela, *in comparatione di queſto, riſpetto à queſto, à prezzo.*
Prix exceſſif, *prezzo ingordo.*
Prix que l'on met ſur la teſte d'vn banny, *taglia.*
faire ou mettre le Prix à vne marchandiſe, *romper il prezzo.*
Prix pour prix, *prezzo per prezzo, parte per parte.*
ie vous le donne pour le Prix qu'il me couſte .i. *vela dico come mi è ſtata detta.*
auoir ſon Prix, *hauer l'eſtimato.*
Probabilité, *probabilità.*
Probable, *probabile.*
Probablement, *probabilmente.*
Probableté, *probabilità.*
Probation, *probatione.*
Probatique, *probatico.*
Probité, *probità.*
Problematique, *problematico.*

Probleme, *problema.*
* Proboſce, *naſo lungo.*
Proboſcide, *proboſcide, muſo d'elefante.*
* Procace, *procaccio.*
Procedé, *proceduto.*
le Procedé, *il modo di procedere.*
Proceder, *procedere.* Item, *prouenire.*
Procedure, *il procedere, coſa di lite, procedimento.*
Procerité, *procerità.*
Procés, *lite.*
faire le Procés à vne perſonne, *condennar vno.*
il a gagné ſon Procés .i. *egli è ſo disfatto, hà quello che deſiderana.*
* Proceſſut, &
Proceſſif, *litigioſo.* Item, *di ſegiato, proceſſiuo.*
Proceſſion, *proceſſione.*
Proceſſionaire, *proceſſionaro.*
Proceſſional, *di proceſſione, proceſſionale.*
Proceſſionellement, *proceſſionalmente.*
Prochain, *proſſimo, vicino, affine, parente.*
Prochainement, *proſſimamente.*
Prochaineté, *proſſimità, affinità.*
* Prochas, *procacciamento.*
Prochaſſer, *procacciare.*
Proche, *vicino, proſſimo, appreſſo, à canto.* Item, *affine.*
Procidence, *procidenza.*
Proclamation, *proclamatione.*
Proclamer, *proclamare, bandire.*
Proclameur, *banditore, proclamatore.*
* Proclif, *procliuo.*
Procliue, *procliua.*
* Procraſtination, *procraſtinatione.*
* Procraſtiner, *procraſtinare.*
Procreateur, *procreatore.*
Procreation, *procreatione.*
Procreatrice, *procreatrice.*
Procréer, *procreare.*
* Proculteur, *Procuratore.*
Procuration, *procura, procuratione.*
Procurer, *procurare.*
Procureur, *procuratore.*
faire vne choſe par Procureur .i. *far vna coſa per via d'vn altro.*
Procureur fiſcal, *fiſco.*
Prodigal, *di prodigo.*
Prodigalement, *prodigamente.*
Prodigaliſer, *far il prodigo, ſpender prodigamente, prodigare.*
Prodigalité, *prodigalità.*
Prodige, *prodigio.*
* Prodiger. Vedi, *prodiguer.*
Prodigieuſement, *prodigioſamente.*
Prodigieux, *prodigioſo.*
Prodigue, *prodigo.*
Prodiguer, *prodigare.*
* Proditeur, *proditore, traditore.*
Prodition, *proditione, tradimento.*
Prodromes, *venti che tirano innanzi al ſolleone.*
Production, *produttione.*
Produict, *prodotto.*
Produire, *produrre.* Item, *metter innanzi.*
Proë, *proa, prua.*
Proëſme, *proëmio.*
Profanateur, *profanatore.*
Profanation, *profanatione.*
Profane, *profano.*
Profanement, *profanamente.*

Profanément, *profanamente.*
Profaner, *profanare.*
Proferer, *proferire, pronontiare.*
Professer, *far professione, professare.*
Professeur, *Professore.*
Profession, *professione.*
Professoirement, *professoriamente.*
Profez, *professo.*
Proficiat, *congratulatione.*
Profilé, *profilato.*
Profit, *vtile, profitto, guadagno.*
* Profiterolle, *focaccia.*
Proffits de seruiteurs, *regaglie.*
à Proffit, *à guadagno.*
au Proffit, *à beneficio.*
Proffitable, *proffitteuole.*
Proffiter, *cauar vtile, auanzare, dar vtile.* Item, *crescere, aumentare.*
Profond, *profondo, cupo.*
Profondément, *profondamente.*
Profonder, *profondare.*
Profondeur, *profondità.*
Profondité, *Idem.*
Profuseur, *profusore.*
Profusion, *profusione.*
* Progenie, *progenie.*
* Progenier, *generare.*
Progeniteur, *progenitore.*
Prognostication, Prognostiquer, &c. *Vedi,* Pronostication.
* Progreder, *procedere, proceder oltre.*
Progrez, *progresso.*
Prohiber, *prohibire.*
Prohibeur, *prohibitore.*
Prohibition, *prohibitione.*
Prohibitoire, *prohibitorio.*
Project, *proposito, disegno.*
Projecter, *disegnare, proporsi.*
Projection, *progettione.*
Projecture, faillie, *progettura, sporto.*
Projet, *Vedi,* Project.
Projettement, *disegno, proponimento.*
Prolation, *prolatione.*
* Prolectation, *incitamento, pronocatione giocanda.*
Prolepsie, *prolessia.*
* Prolifique, *generante, producente.*
Prolixe, *prolisso.*
Prolixement, *prolissamente.*
Prolixité, *prolissità.*
Prologue, *prologo.*
Prolongation, *prolongatione, allongamento.*
Prolongement, *prolongamento.*
Prolonger, *prolongare, indugiare, allongare.*
Prolongeur, *prolongatore.*
Promarginaire, *distesso alla margine.*
Promenade, *spasseggiata.*
Promenement, *spasseggiamento.*
se Promener, *spasseggiare, andar à spasso.*
Promenoir, *luogo doue si spasseggia di porto.*
Promesse, *promessa.*
Promesse, cedule, *cedula, prolizza, obligatione.*
Prometteur, *promettitore.*
Promettre, *promettere.*
se Promettre, *sperare.*
Promeu, *promosso.*
Prominence, *prominenza, apparenza in fuori.*
Prominent, *sporgente, prominente.*
Promis, *promesso.*

* Promiscuë, *promiscuo.*
* Promiscuëment, *promiscuamente.*
Promission, *promissione, promessa.*
Promontoire, *promontorio.*
Promoteur, *Promotore.*
Promotion, *promotione.*
Promouuoir, *promouere.*
Prompt, *pronto, presto.* Item, *collerico sensitiuo, subitoso.*
Promptement, *subitamente, prontamente, prestamente.*
Promptitude, *prestezza, promtezza.* Item, *colera, sensibilità.*
Promptuaire, *prontuario.*
Pronateur, *certo moscolo della mano per il moto di rouesciarla.*
* Pronau, *pulpito.*
Prone, *publicatione ò esortatione del Piouano.*
* Prone, *inclinato, prono.*
Prononçable, *pronontieuole.*
Prononcer, *pronontiare.*
Prononciation, *pronontia, pronontiatione.*
Pronostication, *pronosticatione.*
Pronostique, *pronostico.*
Pronostiquer, *pronosticare.*
Pronostiqueur, *pronosticatore.*
* Pronube, *pronubo.*
* Propelet, *assettatuzzo.*
Propet, *assettatuzzo, pulitetto.*
Propension, *propensione.*
Prophete, *Profeta.*
Prophetesse, *Prophetessa.*
Prophetie, *profetia.*
Prophetique, *profetico.*
Prophetizant, *profetizzante.*
Prophetizer, *profetizzare.*
Prophiloctice, *antidoto.*
Propice, *propitio.*
Propitiateur, *propitiatore.*
Propitiation, *propitiatione.*
Propitiatoire, *propitiatorio.*
Propitier, *propitiare.*
Propolis, *propoli.*
Proportion, *proportione.*
Proportionnellement, *proportionalmente.*
Proportionnément, *proportionatamente.*
Proportionner, *proportionnare.*
Propos, *disegno, risolutione, proposito.*
Propos, *proposito, discorso, ragionamento, argomento.*
à Propos, *à proposito.*
à tout Propos, *ad ogni momento, ad ogni poco.*
de Propos deliberé, *di caso pensato.*
estre à Propos, *tornar bine, far à proposito.*
aux Propos, sorte de jeu, *à far le proposte.*
Proposer, *proponere, proporre.*
Proposeur, *proponitore.*
Proposition, *propositione, proposta.*
Propre, *proprio.*
son Propre, *la sua robba.*
le Propre, *proprietà.*
cela ne m'est pas Propre, *non fa per me.*
en Propre, *come proprio.*
Propre, net, ajusté, *pulito, aggiustato, assettato.*
Propre à quelque chose, *conueneuole, atto.*
Proprement, *proprio, propriamente.* Item, *pulitamente, assettamente.*
mal Propre, *sucido, male à la via, mal pulito.*

Propret, *affettazzo.*
Propreté, *pulitezza.*
Proprietaire, *proprietario, posseditore.*
Proprietairement, *propriamente.*
Proprieté, *proprietà.*
* Propugnacule, *propugnacolo.*
Propulsation, *propulsatione, scacciamento.*
Propulsion, *propulsione.*
au Prorata, *secundo la rata ò valuta.*
* Proriter, *prouocare.*
Prorogation, *prorogatione.*
Proroger, *prorogare, prolongare.*
Proscript, *proscritto.*
Proscription, *proscrittione.*
Proscrire, *proscriuere.*
Prose, *prosa.*
Proserie, *prosatura.*
Prosne, *esortatione, publicatione di Piouano.*
Prosner, *publicare.* Item, *esortare i parrochiani.* Metaph.
    *cicalare, ciarlare.*
grand Prôneur, *gran ciarliere, chiacchiarone.*
Prosopopée, *prosopopea.*
Prospectiue, *prospettiua.*
Prospere, *prospero, prospera.*
Prospérément, *prosperatamente.*
Prosperer, *prosperare.*
Prosperité, *prosperità.*
Prostates, *certe ghiandule.*
Prosterné, *prostrato.*
Prosternement, *prosternimento.*
Prosterner, *prosternere, abbatter giù.*
se Prostituer, *far copia di sé.*
Prostituer, *prostituire.*
Prostitution, *prostitutione.*
Prostration, *prosternimento.*
Prosyllogisme, *prosillogismo, secondo argomento da prouar il primo.*
Protecole, *registro.* Item, *minuta di scrittura.*
Protecteur, *protettore.*
Protection, *protettione.*
Protectrice, *protettrice.*
Proteger, *proteggere.*
Protonotaire, *protonotario.*
* Proterue, *proteruo.*
* Proteruément, *proteruamente.*
* Proteruie, proteruité, *proteruità.*
* Proteruir, *far il proteruo.*
Protest, *protestatione, protesto.*
Protestant, *protestante.*
Protestation, *protestatione.*
Protester, *protestare.*
Protocole, *registro, minuta, originale.*
Protomartyr, *protomartire, primo martire.*
Protonotaire, *protonotario.*
Prototype, *prototipo, modello, essemplare, originale.*
Prou, *prò, vtile.*
Prouface, *buon prò faccia.*
Prou, *assai, à bastanza, molto.*
* Prouacure, *prouatura.*
Proue, *prua, prora.*
mettre le vaisseau en Proue, *approdar il vascello.*
* Prouect, *prouetto.*
Prouençal, *Prouenzala.*
Prouençale, *gabbano di marinaro.*
Prouende, *preferenda.* Item, *quello che si dà all' animale*
    *più dell' ordinario.*
Prouenir, *prouenire, procedere.*
Prouerbe, *prouerbio.*

Prouerbial, *prouerbiale.*
Proüesse, *prodezza, valore.*
Prousit, *vtile, vtilità, profitto.*
faire vne chose à Prousit : l'Italien dit, *macinar à rac-*
    *colta.*
à Profit, *à guadagno.*
il y a plus de Profit, *torna più à conto.*
Prousitable, *profitteuole, vtile.*
Proufitablement, *vtilmente.*
Prousitant, *che vta vtile.*
Prousiter, *recar vtile.* Item, *crescere, aumentare.*
* Prousiterolle, *focaccia.*
*. Prouide, *prouido.*
Prouidemment, *prouidamente.*
Prouidence, *prouidenza.*
Projetter, *disegnare.*
Prouignable, *da prouanare.*
Prouignage, *prouanamento, rauuignamento.*
Prouignement, *Idem.*
Prouigner, *auuignare, prouanare, rauuignare.*
Prouigneur, *rauuinatore.*
Prouin, *posliccia.*
Prouince, *Prouincia.*
Prouincial, *Prouinciale.*
* Prouiseur, *Proueditore.*
Prouision, *prouisione.*
lettres de Prouision, *patenti, lettere d'vfficio.*
Prouisional, *prouisionale.*
Prouisoire, *prouisorio.*
Proumouuoir, *promuouere.*
Prouocation, *prouocatione.*
Prouocatoire *prouocatorio.*
Prouoquement, *prouocamento.*
Prouoquer, *prouocare.*
Prouoqueur, *prouocatore.*
* Prouende, *prefenda.*
Prouuer, *prouare.*
Prouueu, *prouisto.*
Prouuoir, *prouedere.*
Prouuoyance, *prouidenza.*
Prouuoyant, *prouidente.*
Proximité, *prossimità.*
Proye, *preda.*
oiseau de Proye, *vccello grifagno.*
Proyer, preyer, *sorte di fanello.*
Prudemment, *prudentemente.*
Prudence, *prudenza, accorgimento.*
Prudent, *prudente.*
Prunaye, *pruneto.*
Prune, *sufina.*
Pruneau, *pruna secca.*
Prunelat, *spetie di vite.*
Prunelette, *sufina picciola.*
Prunelier, *prugnolo, vepro.*
Prunelle, *prugnola.*
Prunelle de l'œil, *popilla.*
jouër de la Prunelle, *girar l'occhio è ciuuaghezza.*
Prunier, *sufino.*
Prunier sauuage, *vepro.*
* Prurir, *prurire.*
* Prurit, *prurito.*
Pruyer, *spetie di fanello.*

### PS

Psalme, *Salmo.*
Psalmiste, *Salmista.*
Psalmodie, *salmodia.*
Psalmodier, *salmodiare.*
Psalterion, *salterio.*
Psaultier, *saltero.*
Pseaume, *salmo.*
Pseudonard, *spigo.*
Psilion, herbe aux pulces, *psillio*
Psilothre, *brionia.*
Ptisanne, *acqua cotta.*

### PV

Puamment, *puzzolentemente.*
mentir Puamment, *framenxire*
Puant, *puzzolente.*
vn Puant, vn glorieux, *vn spuzzetto.*
Puanteur, &
Puantise, *puzza.*
Puberté, *pubertà.*
os Pubis, *osso del pettignone.*
Public, *publico.*
Publicain, *publicano.*
Publication, *publicatione.*
Publier, *publicare, bandire.*
Publieur, *publicatore, banditore.*
Publiquement, *publicamente.*
Puce, *pulce, pulcia,* Vedi, pulce
Puceau, *huomo vergine, zitello.*
Pucelage, *verginità.*
Pucelage de paisanne, *certa fibbia d'argento alla cintola d'vna cortadina.*
puceler, *sverginare.*
Pucelle, *vergine, zitella, donzella.*
Pucelle de Marole, *giouane che hà fatto figliuoli.*
Pucelle, *spetie di pesce simile al sgombero, paramia.*
Pucelle poire, *spetie di pero.*
Pucin, *pulcino.*
Puçon, *gorgoglione.*
Puçot, *Idem.*
Pudeur, *pudore.*
pudibunde, *vergognoso.*
pudicité, *pudicità, pudicitia.*
pudique, *pudico.*
pudiquement, *pudicamente.*
ruer la vigne, *portar la vite.*
Pueril, *puerile.*
Puerilement, *puerilmente.*
Puerilité, *puerilità.*
pugnitif, *contentieso.*
ruinne, *agrifoglio.*
ruir, *puzzare.*

puis, puits, *pozzo.*
puis, *poi.*
puis que, *poi che, già che.*
puis après, *poi, doppo questo, poscia.*
& puis, *è poi, è bene.* Item, *non importa,*
puisement, *cauamente.*
puiser, *cauare.*
puiseur, *cauatore.*
puisné, *secondo genito.*
Puissamment, *potentemente.*
Puissance, *possanza, potenza, potere, virtù.*
Puissance d'vne machine, *potenza.*
Puissant, *potente.*
Puissant. i. grand de corps, *grande è gagliardo.*
puitier, *maistro che fa pozzi.*
puits, *pozzo.*
pulce, *pulcia, pulce.*
auoir la pulce à l'oreille. i. *esser in ceruello.*
remuër les pulces, *batter vno.*
secouër les pulces: l'Italien dit, *scuoter il pellicione.*
Pulce de mer, *spetie di vermina.*
pulces de meusnier. i. *pidocchi.*
puceau, *zitello.*
Pulceron, *gorgoglione.*
Pulceux, *pieno di pulci.*
Pulcier, *di pulce.*
Pulciere, *pulicaria.*
pulçon, *gorgoglione.*
pulçot, *Idem.* Item, *pulce piccola.*
Pulege, *puleggio.*
Pullulant, *pullulante.*
Pulluler, *pullulare.*
Pulmonaire, *pulmonaria.*
Pulmonée, *elle boro nero.*
*Pulpe, polpa.*
Pulpire, pulpitre, *pulpito, legio.*
Pulpitre pour escrire, *scancello.*
*Pulsatil, pulsatile.*
*Pulsation, pulsatione.*
*Pulte, cataplasmo.*
Puluerin, *poluerino.*
Puluerization, *poluerizatione.*
Puluerizer, *poluerizare.*
*Puluinaire, capezzale.*
*Pumice, pumice.*
Punais, *puzzolente.* Item, *vanglorioso, superi..*
nez Punais, *puzzolente naso.*
trou Punais, *fogna.* Item, *buco del culo, ò natura di don-na.*
Punaise, *cimice.*
Punaise dès champs, *cimice d'albero.*
herbe aux Punaises, *conixa.*
Punaise, *santonico.* Item, *puzza, puzzare, lezzo.*
Punctille, *pintiglio.*
Punction, *puntione.*
Punctuation, *puntuatione, puntamento.*
Punctual, *puntuale, punteruolo.*
Punctuer, *puntare, puntuare.*
Punir, *castigare, punire.*
Punissable, *castigheuole.*
Punisseur, *castigatore.*
Punition, *punitione, castigo.*
Pupe, *polpo, pesce.*
Pupillage, *stato di pupilla.*
Pupillaire, *pupillare, di pupillo.*
Pupillarité, *stato di pupillo.*
Pupille, *pupillo.*
Pupine, *spetie di pozzo.*

Puput, *vpupa.*
Pupurer, *far il verso dell' vpupa.*
Pur, *puro, schietto.*
en Pur don, *in dono.*
à Pur, & à plein, *affatto, del tutto.*
Pure, *pura.*
Purée, *minestra di brodo di piselli.*
Purée de Septembre, *vino.*
Purement, *puramente.*
* Purer, *superare.*
Pureté, *purità.*
Purgation, *purga, purgatione.*
Purgatoire, *purgatorio.*
Purge, *purga.*
Purgement, *purgamento.*
Purger, *purgare.*
Purificatif, *purificatiuo.*
Purification, *purificatione.*
Purificatoire, *purificatore del calice.*
Purifier, *purificare.*
* Puron, *tumore pieno di marcia.*
Purpurin, *porporino.*
Putulent, *pieno di marcia, corrotto.*
Pus, *marcia, pusso.*
Pusillanime, *pusillanimo.*
Pusillanimement, *pusillanimamente.*
Pusillanimité, *pusillanimità.*
Pusson, *gorgoglione.*
Pustule, *pustula, brogia.*
Pustuleux, *pieno di pustule ò brogie.*
Putain, *puttana.*
Putanier, *puttaniere.*
Putasser, *puttaneggiare.*
Putasserie, *puttaneria.*
Putassier, *puttaniere.*
Putatif, *putatino.*
Purceau, *di porco, à guisa di porco, cispo:*
* Puterbe, *che viue d'herbe.*
* Puterie, *puttaneria.*
Putier, *puttaniere. Item, puttanesco.*
* Putoir, *puzza, puttore.*
Putoye, *spetie di faina.*
* Putredineux, *putrido, pieno di putredine.*
Putrefactif, *corottino, putrefacente.*
Putrefaction, *putrefattione.*
Putrefier, *putrefare.*
* Putride, *putrido.*
Puy, *pozzo.*
Puyne, *fusaggine.*

PY

PY, *pis, tetta, mamma d'animale.*
Pye, *pou, spetie di cipolla.*
Pygmée, *pigmeo.*
Pyralide, *che viue nel fuoco.*
Pyramide, *piramide.*
Pyrate, *corsaro.*
Pyrestre, *piretre, piretro.*
Pytolle, *pirola.*
Pyrope, *piropo.*

# QV.

Quadernes, *quaderne.*
Quadragenaire, *di quaranta anni, quadragenario.*
Quadrain, *compositione di quattro versi, quaderno.*
Quadran, *quadrante, orriuolo, del sole. Item, mostra d'horloggio.*
Quadrangle, *quadrangolo.*
Quadrangulaire, *quadrangolare.*
Quadrannier, *maestro di horloggi del sole.*
Quadrature, *quadratura.*
Quadre, *quadro. Item, telaro.*
* Quadrelle, *quadrella.*
Quadrer, *quadrare.*
* Quadrilettre, *di quattro lettere.*
Quadrille, *quadriglia, squadra di 25. soldati.*
Quadrin, *quadreno. Item, quattrino.*
* Quadriuie, *via croce, quadriuio.*
* Quadrupe, *quadrupede.*
Quadruple, *quattro volte d'oppio. Item, d'oppione d'oro.*
Quadruplement, *quadruplicatione.*
Quadrupler, *quadruplicare.*
Quadruplication, *quadruplicatione.*
Quaisse, *cassa,* Vedi, Caisse.
Quaissier, *cassiere.*
Quaisson, *cassone.*
Qualibre, *colibrio diametre.*
Qualibrer, *far il diametro.*
Qualifié, *qualificato.*
Qualifier, *qualificare.*
Qualité, *qualità, conditione.*
Quand, *quando.*
* Quand & quand, *nel medesimo tempo.*
Quand & luy, *seco.*
Quant, *quanto.*
Je Quant à moy, *il seggiego.*
se tenir sur son Quant à moy, *star su le sue, far del grande, star sul quanquam stay sur mille, far il coram vobis.*
Quant & quant, *nello stesso tempo.*
toutes & Quantes-fois, *ogni volta.*
Quantiesme, *quantesimo.*
quel Quantiesme auons-nous? *à quanti siamo del mese?*
Quantité, *quantità.*
Quaquet, Quaqueter, &c. Vedi, Caquet.
Quarantaine, *quarentena.*
Quarante, *quaranta.*
Quarante cinq, au jeu de paulme, *quaranta.*
Quarantiesme, *quarantesimo.*
Quaresme, *Quaresima.*
Quarlet, *pesce passera.*
Quarme, *carpine.*
Quarquan, Vedi, Carquan.
Quarre, *quadro.*

Quarré, *quadrò, di forma quadra.*
Quarreau, *quadro, mattone.*
Quarreau de veloux, *coscino.*
Quarreau d'arc, *quadrello, Vedi il resto à Carreau.*
Quarrefour, *via croce.*
Quarreler, *mattonare.*
Quarreler des souliers, *metter suole alle scarpe.*
Quarreler, *spetie di rete.*
Quarreleure, *un par di suole.*
Quarrément, *quadratamente.*
Quarreure, *quadratura.*
Quart, *quarto.*
Quart d'escu, *quarto di scudo.*
Quarrault, *botte picciola d'un quarto di moggio, mastello.*
Quarte, *boccale, ò misura di due pinte.*
Quartement, *quartamente.*
Quartenier, *Caporione.*
Quarteron, *la quarta parte di cento.*
demy-Quarteron, *serqua.*
Quarterot, le quatriesme forçat d'une rame, *quartarolo.*
Quartier, *quarto, quarta parte. Quartetto d'animale.*
Quartier, *quartiere.*
guerre sans Quartier, *guerra mortale.*
Quartier de ville, *rione.*
en ces Quartiers-là, *in quelle parti, in quelli paesi.*
Quartier de fruit, *spicchio.*
les Quartiers d'un soulier, *calcagnuoli.*
à Quartier, *in disparte.*
faire Quartier à part: l'Italien dit, *far duo suochi.*
faux Quartier au cheual, *falso quarto.*
Quartoyer, *quarteggiare.*
un Liure in Quarto, *un libro in quarto.*
Quasi, *quasi.*
la Quasimodo, *Domenica de gl' Apostoli.*
Quassation, *cassatione.*
* Quasser, *scassare.*
Quaternaire, *quaternario.*
Quatorze, *quatordici.*
Quatorziesme, *decimo quarto, quatordecimo.*
du Quatorziesme benedicité. i. *una bestia, un pecorone ò castrone.*
Quatrin, *compositione di quattro versi.*
Quatre, *quattro.*
il se fait tenir à Quatre. i. *fa del cattiuo.*
à Quatre pattes, *in quattro.*
se mettre en Quatre pour une personne. i. *far ogni sforzo.*
les Quatre-Temps, *le tempera, le quattro tempora.*
Quatre-mesnages, *imbrogliatore.*
Quatre-vingts, *ottanta.*
Quatre-vingts, & dix, *nonanta.*
Quatriesmement, *per il quarto, nel quarto luogo.*
Quatridien, *quatridiano.*
Quatriesme, *quarto.*
le Quatriesme que l'on paye au Prince, *quartaria.*
Quay, *sponda, molo.*
Que, *che.*
Que voulez-vous? *che cosa volete?*
* Que bien que mal, *ò bene ò male.*
Que. *sinon. Il n'y a que luy, *non vi è senon lui.*
Que, *altro. Il n'y a que cela, *non vi è altro di questo.*
ie ne le feray pas Que vous ne veniez, *nol farò sin che non veniate.*
si i'estois Que de vous, *se fossi al vostro luogo.*

il n'est Que de faire, *non vi è miglior cosa che il far, &c.*
il n'y a Que dire, *non vi è niente da dire.*
il ne fait Que de sortir, *è uscito hor hora.*
Que trop, *pur troppo.*
Que, en comparaison, *di. Plus riche que moy, più ricco di me.*
Que ouy, que non, *di sì, di nò.*
tant pour l'un Que pour l'autre, *si per l'uno come per l'altro, tanto per l'uno, quanto per l'altro.*
Quel, *quale.*
Quel que ce soit, *qual si voglia.*
Quelle, *quale.*
en Quelle façon que ce soit, *comunque si sia.*
en Quelle part que ce soit, *in qual si voglia luogo.*
Quelconque, *qualunque, qual si sia.*
en façon Quelconque, *in nessuna maniera.*
Quellement, *qualmente.*
Quelque, *qualche.*
Quelque petit qu'il soit, ou plus proprement, quel petit, &c. *così picciolo come è, come picciolo che sia.*
Quelque mal, ou quel mal qu'on luy fasse, *per male, che gli faccia.*
Quelquefois, *qualche volta, tal'hora, tal volta alle volte, tal fiata.*
Quelque part, *in qualche luogo.*
Quenotte, *parola bambinesca, dente.*
Quenouille, *rocca, conocchia.*
Quenouilles de lict, *colonne.*
Quenouille rustique, *cartamo.*
contes de la Quenouille, *fauole.*
tomber en Quenouille, *venir l'heredità alle donne.*
tenir de la Quenouille. i. *esser effeminato.*
Quenouillée, *pennecchio.*
reste de Quenouillée, *sconnocchiatura.*
Quenouillette, *conocchieta.*
Quercelle, *ghieppio.*
Quercerelle, *icchignola.*
Querelle, *quistione.*
Querelle d'Allemand: l'Italien dit, *la cagione del petrosello.*
Quereller, *far quistione, pigliarla con uno.*
Querelleur, *quistioniere, contentioso, rissoso.*
Querelleux, *Idem.*
Querimonie, *querimonia.*
Querir, *cercare, chiamare.*
aller Querir, *andar per, andar à torre ò pigliare.*
* Querre, *Idem.*
Querquois, *faretra.*
Quesse, *caisse, cassa.*
Questable, *cerchenole.*
Queste, *busca.*
Queste-pain, *accattatore. i.*
faire la Queste, *accattare, buscare.*
Quester, *buscare, cercare, accattare.*
Questeur, *Questore. Item, accattatore.*
Question, *questione, domanda, quesito.*
il est Question, *si tratta.*
Question, torture, *tortura, fune, corda, pena, tormento.*
Questionnaire, *tortore.*
Questionner, *questioneggiare, quistrore, interrogare.*
Questionneur, *quistore.*
* Questuaire, *utile, commodo.*
* Queu, *cuoco.*
Queue, *coda.*
Queuë d'armée, *retroguardia.*
à Queuë d'arondelle ou de heronde, *à coda di rondine.*

Queuë, *seguito, fine, parte di dietro.*
à la Queuë. i. *dietro di se.*
Queuë de cheual, *asparella.*
couper Queuë, *piantar nel giuoco.*
Queuë de pourceau, *pence dano.*
Queuë de renard, herbe, *seme di saliaride.*
faire Queuë, *lasciar vna parte da pagare.*
Monsieur sans Queuë, *il Signore, senza dir altro.*
Queuë, *per membro virile.*
Queuë de poësle, *manico.*
tenir la Queuë de la poësle : l'Italien dit, *tener mano, tener il sacco.*
il est venu la Queuë leuée. i. *è venuto con vna voglia grandissima.*
poursuiure en Queuë, battre en Queuë, *tener dietro, incalzare, seguitare.*
Queuë de fruit, *picciolo.*
s'en retourner la Queuë entre les jambes : l'Italien dit, *tonarsene, con le pine nel sacco.*
il n'y a rien si difficile à escorcher que la Queuë. i. *è molto difficile il fornire vna cosa.*
à la Queuë, *dietro à gl' altri.*
Queuë à queuë, *l'vno dietro all' altro.*
Queuë de renard. i. *baie.*
vne Queue de vin, *certa misura di vino.*
la Queue de l'hiuer. i. *il fine.*
aller à la hausse Queuë. i. *andar in furia, ò preste.*
* Queuë, *codato.*
Queuette, *codetta.*
Queus, *cote.*
Queut, & Queux, *Idem.*
* Queux, *cuoco.*
Qui, *chi.*
à Qui mieux mieux, *à gara.*
vn Qui pro quo. i. *vn errore.*
estre à Quia, *star al quia.*
* de Quibus, de l'argent, *del conquibus.*
Quiconque, *chiunque.*
Quictance, *quittanza.*
vn Quidam, *vn cotale.*
Quidditatif, *quidditatiuo.*
Quideau, *spetie di rite.*
Quieté, *quieto.*
Quietement, *quetamente.*
Quietin, bigot, *chiettino, bizocco.*
Quietude, *quietudine.*
Quignet, *cantonetto, cantoncello.*
Quignon, *tozzo, pezzo.*
* Quilat, *caratto.*
Quise, *chilo.*
Quille à joüer, *zona.*
Quille de boiteux, *crecciola, gruccia.* Item, *gamba di legno.*
Quille de vaisseau, *pezzo che regge l'albero.*
trousser ses Quilles, *toglier sù i mazzi.*
Quiller, *tirar le zone per vedere, chi habbia da giuocar il primo.*
Quiller, *parola zerga. i. stuprare.*
Quiller, *giuoco di zone.*
Quitteuille, *carni.*
Quillons, *else di fornimento di spada.*
Quinaire, *spetie di moneta antica à Roma.*
Quinaud. *stupefatto, chiavito. Propriamente, vna scimia vn babbuino.*
* en Quinconces, *in file.*
* Quine, *pinca, membro del bambino.*
* faire la Quine, *far la fica, ò la smorfia.*
Quines aux dez, *cinquine.*



Quinette, *gruccia, stampella.*
Quinquagenaire, *di cinquanta anni.*
Quinquaille, *mercantia di ferro, rame, &c.* Metaph. *danari.*
Quinquailler, *mercante di rame, ferro, latta, &c.*
Quinquaillerie, *ogni sorte di mercantie di rame, ferro, latta, chioderia, &c.*
Quinquangle, *di cinque angoli.*
* Quinquenelle, *termine ò rispetto di cinque anni.*
faire Quinquenelle. i. *far bancorotta.*
Quinquennal, *di cinque anni.*
Quinquennon, *protettione per cinque anni.*
Quinquenoue, *cinquenoue, spetie di giuoco a' dadi.*
* Quinquilles, *spropositi.*
* Quinson, pinçon, *franguello.*
Quint, *quinto, quinta parte.*
Quintaine, *quintana.*
Quintal, *quintale, cento lire.*
Quinte, *quinta.*
Quinte, *spetie di febbre.*
Quinte, *fantasticheria.*
vne Quinte majore, *vn schiaffo.*
Quinte-feüille, *cinquefegli.*
Quintelage de vaisseau, *sauera, sauorna.*
Quintement, *per il quinto.*
Quinter, *leuar la quinta parte.*
Quinterot, le cinquiesme homme qui vogue à vne rame, *quintarolo.*
Quintessence, *quintessenza.*
Quintessencier, *cauar la quinta essenza.*
Quintessencieux, *che hà la quinta essenza.*
Quinteux, *fantastico.*
Quintil, *quintile, mese di luglio.*
Quintin, *spetie di tela rara.*
Quinzaine, *il numero di quindici.* Item, *spatio di quindici giorni.*
Quinze, *quindici.*
il luy donneroit Quinze & bisque. i. *gli è affatto superiore.*
celuy-la vaut Quinze. i. *ella è marchiana, là mi par gratiosa.*
j'ay Quinze en cét affaire. i. *hò qualche vantaggio.*
il y a à dire Quinze. i. *vi è gran differenza.*
en faire passer Quinze pour douze, *far strauedere.*
faire ses Quinze tours, *canarsi tutte le sue voglie, far con tutte le sue commodità.*
en Quinze iours quatorze lieuës, *la posta di Giordano cinque miglia al giorno.*
les Quinze-vingts, *hospedale de' ciechi.*
il y en a assez pour les Quinze-vingts. i. *cen è in gran copia.*
Quinziesme, *decimo quinto.*
Quinzin au jeu de paulme, *à dui di quindici.*
Quirielle, *letania.*
Quis, *cercato.*
Quise, *cercata, busca.*
Quittance, *quittanza.*
Quitte, *che hà pagato, sciolto, libero.*
Quitte pour faire cela, *vada questo.*
il en sera bien-tost Quitte, *pagherà presto.*
il en mourra Quitte, *mela pagherà.*
tu n'en és pas encore Quitte, *tu non ne sei ancor libero.*
joüer à Quitte ou à double. i. *far del resto.*
Quitter, *abbandonare, lasciare.*
Quitter, *concedere.*
Quitter vne debte, *cedere, donare.*
Quitter le manteau, *metter giù il ferraiuolo.*

* Quiteine,

a Quitterne, *chitarra.*
Quitteur, *ceditore, abbandonatore.*
le Qulocul, ou Clocul, *l'ultimo figliolo che fà vna donna.*
Quolibet, *motto.*
* Quoquar, *cucco, vouo.*
Quoquelicoq, *papauero seluatico.*
Quoquemart, *vaso di rame.*
Quote, *cotatione.* Item, *rata, portione.*
Quote, partie, *cota parte, rata.*
Quoter, *cotare.*
Quotidien, *cotidiano.*
Quotient, *quotiente.*
Quotization, *coteggiamento.*
Quotizer, *coteggiare.*
* Quoüe, *codato.*
Quoy, *cheto.*
Quoy, che, *che cosa.*
à Quoy il respondit, *alla qual cosa rispose.*
Quoy, comment, *come.*
Quoy que, *che che, ben che, come che.*
Quoy qu'il en soit, *sia come si voglia.*
à Quoy sert, *di che serue.*
Quoy qu'il en arriue, *quel, che ne segua, segua che vuole.*
il n'y a pas de Quoy. i. *non vi è niente.* Item, *nou vi è cagione.*
auoir de Quoy. i. *esser ricco.*
Quoyement, *chetamente.*
* Quoyeté, *quiete, humor cheto, silentio.*

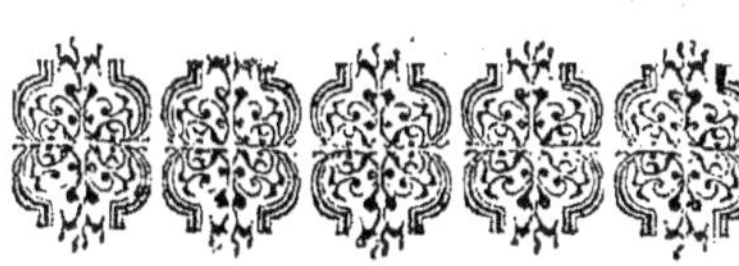

# R A

* Rabais, *diffalco.*
il y aura du charbon de Rabais. i. *vi sarà da dire, vi mancherà.*
Rabaissant, *diffalcante, scontante, abbassante.*
Rabaissement, *abbassamento.*
Rabaisser, *abbassare.*
Rabaisseur, *abbassatore.*
Rabans, *corde da attaccar le vele all'antenna.*
* Rabaschement, *strepito.*
* Rabascher, *far strepito, strepitare.*
Rabat, *diffalco.*
Rabat, collet, *collare.*
Rabat du jeu de paulme, *tettoio.*
Rabat de cheminée, *ribalzo.*
Rabat-joye, *huomo rampognoso, seuero.*
* Rabater, *far rumore ò disordine.*
Rabatre, *abbassare.*
Rabatre vne cousture, *spianare vna costura.* Metaph. *battere.*
Rabatre d'vne somme, *scontare sbattere, diffalcare.*
Rabatre les coups, *ribadire.*

Rabatre du derriere, qui se dit du cheual, *affalcarsi.*
Rabatis, *abbattimento.*
Rabatu, *abbassato, spinato, scontato.*
Rabauit, *sedo, herba.*
Rabbiener, *riconciliare.*
Rabiliter, *riabilitare.*
Rabican, *rabicano, cauallo.*
Rabillage, *risarcimento; racconciamento.*
Rabillement, *Idem.*
Rabiller, *riacconciare, risarcire, tacconare.*
Rabilleur, *racconciatore.*
Rabin, *Rabi.*
Rabine, *albero alto.*
Rabinique, *di Rabi.*
Rabituer, *riabituare.*
Rable, *lumbi d'animale, schiena, filo.*
Rablé, *schienuto.*
Rablette, *topo ragno.*
Rabobeliner, *tacconare, acciabattare.*
Rabobelineries, *tacconarie.*
Rabobelineur, *tacconatore.*
Raboliere, *buca della cuniglia.*
Rabot, *piallo.*
Rabot à pousser les boües, *raschiafange.*
Rabottement, *piallamento.*
Rabotter, *piallare.*
Rabotteur, *piallatore.*
Rabotteure, *piallatura.*
Rabotteux, *scropoloso, ineguale.*
Raboudris, *alberi storti è mal cresciuti.*
Rabougrir, *diuentar scrignuto.*
Rabougry, *scrignuto.*
Rabrouant, *rabuffante.*
Rabrouement, *rabuffo, rabuffamento.*
Rabrouer, *rabuffare.*
Rabroueur, *rabuffatore.*
Rabuser, *ingannar di nuouo.*
Racaille, *canaglia, gentaglia.* Item, *vestiti grossi, stracci.*
Raccages, boulettes à faire couler les cordages, *troze.*
Racasse, *contesa, rissa.*
Raccamuser, *scantonare, schiacciare, smussare.*
* Raccoiser, *racquetare.*
Raccointer, *riaccostare, riconciliare.* Item, *racconciare.*
Raccoller, *riabbracciare.*
Raccommoder, *racconciare.*
Raccorder, *riaccordare.*
Raccornir, *indurire à guisa di corno.*
Raccoupler, *riaccoppiare.*
Raccourcir, *scorciare.*
Raccourcissement, *scorciamento.*
Raccourcissement en peinture, *scortio, discorsci.*
Raccoustrage, *racconciatura.*
Raccoustrement, *riacconciamento.*
Raccoustrer, *riacconciare, racconciare.*
Raccoustreur, *acconciatore, racconciatore.*
Raccoustreuse de bas, *concia calzette.*
Raccoustumer, *riauezzare, riaccostumare.*
Raccrocher, *riuncinare, riattaccare.*
Raccueillir, *raccogliere.*
Raccueilly, *raccolto.*
Raccuser, *riaccusare.*
Race, *schiatta, casato, stirpe.*
Race, injure, *genia.*
Race d'animal, *razza.*
* Rachais, *estenuato, fiacco.*

Rachalander, *riauuentare.*
* Rachapter, *ricomprare.*
Rachapt, *riscatto.*
* Rache, *tigna, scabbia.*
Rachasser, *ridurre.*
Racheptable, *riscatenole.*
Rachepter, *riscattare, ricomprare.*
Rachepteur, *riscattatore, redentore.*
Racine, *radice.*
prendre Racine, *allignare.*
Racine de fleur, comme d'vne anemone, *tubera.*
Racine des ongles, *nullo.*
Racinette, *radicetta.*
Racineux, *pieno di radici.*
Racion de soldat, *ratione.*
Raclant, *raschiante.*
* Racledenare, *auaro, raschia danari.*
* Racle, *raschiatoio, gratuggia.*
Raclement, *raschiamento.*
Racler, *raschiare, rasare.*
joüer à bander ou à Racler. i. *far del resto.*
Racler vne mesure en mesurant, *radere.*
à Racle-coûteau. i. *pieno, zeppo.*
cela est Raclé, *è cosa fatta, è spedito.*
Racleur, *raschiatore.*
Racleux, *pieno di raschiature.*
Racloir, *raschiatoio.*
Raclure, *raschiatura.*
Racontable, *narrenole.*
Racontement, *narratione.*
Raconter, *narrare, raccontare.*
Raconteur, *narratore.*
Racquerir, *riacquistare.*
Racquette, *rachetta.*
Racques, raccages, *trozze di vastello.*
se Racquitter, *ribauersi nel giuoco.*
se Racroupir, *ranicchiarsi di nuouo.*
Rade, *rada, piaggia.*
Radeau, *zatta, zattera.*
Radial, *radiale.*
Radiation, *radiatione.*
Radical, *radicale.*
Radicalement, *radicalmente.*
Radieux, *pieno di raggi, radioso.*
Radis, *ramolaccio, radice,*
Radot, *albero che serue per reparatione di casa:*
Radoté, *rimbambito.*
Radotement, *vaneggiamento.*
Radoter, *vaneggiare.*
Radoteur, *vaneggiatore.*
* Radoub, radoublement, *racconciamento:*
* Radouber, *racconciare.*
* Radoubeur, *racconciatore.*
Radouere, *raschiatoio di mesura.*
Radresse, radressement, *amendamento, correttio-
ne.*
Radresser, *ammendare, correggere.*
Radresseur, *rindirizzatore.*
Radueu, *riconosciuto per suo.*
se Raduiser, *ranuedersi.*
* Raduner, *adunare, ragunare.*
Radouoüer, *riconfessare, riconoscere, riapprouare.*
Raf, ne rif ne raf. i. *niente.*
Rafanelle, *perperella.*
Rafe, *raffa.*
Rafer, *raffare, pigliare:*
Raffermir, *rassodare.*

Raffinage, *raffinamento.*
Raffiné, *scaltro, rassotigliato.* Item, *raffinati*
Raffinement, *raffinamento.*
Raffiner, *raffinare.*
Raffiner en vne chose, *rassotigliare.*
Raffineur, *raffinatore.*
Rafflade, *raffata.*
Raffle, *raffa.*
Raffler, *raffare.*
Raffloir, *raschiatoio.*
Raffoler, *impazzire.*
Rafuster, *racconciare.*
Raffraischir, *rinfrescare.*
Raffraischir vne chose en la rognant, *raffilare.*
Raffraischissement, *rinfrescamento, refrigerio.*
Raffraischisseur, *rinfrescatore.*
Raffraischissoir, *rinfrescatoio.*
Ragaillardir, *rallegrare.*
Ragalice, *ligoritia.*
* Ragas d'eau, *mondatione, acquazzone.*
Rage, *rabbia.*
faire Rage. i. *far merauiglie.*
* Ragement, *scherzo.*
Ragencer, *rassettare, racconciare.*
* Rager, *far cose piaceuoli, scherzare.*
* Rageux, *malitioso, spiacente, importune.*
Raggrandir, *riaggrandire.*
Ragot, *cauallo corto è membruto.*
Ragot, *vncino del timone d'vu carro.*
Ragotter, *broutolare.*
Ragotteur, *brontolatore.*
Ragoust, *saporetto, sauoretto, intingolo.*
Ragouster, *ripigliar l'appetito.*
Rajeunir, *ringiouenire.*
Rajeunissement, *ringiouenimento.*
Raifort, *radice, rauanello, rafano.*
Raifort sauuage, *radicchio, peperella, ramolaccio.*
Raillant, *motteggiante.*
Raillard, *motteggiere.*
Railler, *motteggiare, buylare, scherzare.*
Raillerie, *moteggiamento, motto scherzo, burla.*
entendre Raillerie. i. *accomodarsi alli scherzi de gl' altri,
accomodarsi con tutti.*
Railleur, *motteggiatore, motteggiere, burliere.*
Raillon, *spetie di ferro fatto à vite.*
* Raim, *ramo.*
Raimceau, *ramuscello.*
* Rain, *ramo.*
* Raine, *rana.*
Raine de buisson, *spetie di rospo.*
Raine verte, *ranocchia.*
Raine de cannes, *calamita.*
Rainette, *rana picciola.*
* Rainseau, *ramo picciolo.*
* Rainselet, *Idem.*
Raiponce, *raponzole.*
Raire, *radere.*
Rais, *raggi.*
Rais, *raso, raduto:*
il ne se soucie ny des Rais ny des tondus: *l'Italien dit,
non cura più il Rè che il Rocco.*
Rais de roüe, *raggio, razzo, fuso.*
Raise, *solco frà due letti ò quadri di borte.*
Raisin, *vua.*
Raisin de Corinthe, *vna passula.*
Raisin de cabas, *vna passa.*
Raisins de Damas, *vna passa di Damasco.*

Raisins de liere, *coccole d'ellera.*
Raisin de mer, *spetie d'herba ò pianta che nasche alla riua del mare, vna marina.* Item, *spetie di pesce.*
Raisine, *sapa, mosto, mostarda.*
Raisine, *rosina.*
Raisineux, *che produce vue.*
Raisiniere, *certa membrana dell' occhio.*
Raison, *ragione. Causa.*
à Raison de tant, *per vn tanto, à ragion di tanto.*
liure de Raison, *libro di conti.*
vn escu en fera la Raison. i. *basterà vn scudo per farlo.*
plus que de Raison, *più del douere.*
tirer Raison, *cauar costrutto.*
il ne veut pas entendre Raison, *non la vuole intendère.*
Raisonnable, *ragioneuole. Rationale.*
Raisonnablement, *ragioneuolmente.*
Raisonnement, *discorso.*
Raisonner, *discorrere.*
Raix, *Vedi, Rais.*
Rale, *pastoia.*
Ralentir, *rallentare.*
Ralle, *spetie d'vccello.*
Raller, r'aller, *andar di nuouo.*
se Ralicter, *mettersi infermo nel letto.*
Ralliement, *raccolta.*
Rallier, *raccogliere.*
Rallumer, *raccendere.*
Rallonger, *allongar di nuouo, rallongare.*
Ramadoüer, *alettar di nuouo.*
Ramage, *frasche, rami, fogliame.*
à Ramage, *à fogliami.*
Ramage d'oiseau, *canto.*
Ramaigrir, *immagrire.*
Ramaigrissement, *immagrimento.*
Ramaison, *rami, frasche.*
Ramaucher, *riporre il manico.*
Ramadoux, *topo d'India.*
Ramar, *volpe marina pesce.*
Rampas, *raccolta, monte, mucchio, mescuglio.*
Ramasser, *raccogliere, lenar da terra.*
gens Ramassez, *gente accogliticcia ò cogliticcia.*
il semble qu'il m'ait Ramassé des boües, *per che m'habbia raccolto dal fango.*
Ramassé, court de taille, *raccolto.*
Ramastiquer, *impiastrare.*
Rambades de vaisseau, *rembate.*
Ramberge, *spetie di vascello.*
Rambure, *spetie di pomo.*
Rame, *remo.*
prendre les Rames en main, *calcàr remi.*
Rame de papier, *risma.*
Rameau, *ramo.*
jour des Rameaux, *Domenica delle Palme.*
Ramée, *frascata.*
balle Ramée, *palla inramata.*
Ramener, *ricondurre.*
Ramener vne chanse, *tirare.*
Ramenteuoir, *rammentare.*
Ramentu, *rammentato.*
Ramer, *remare, remigare, vogare.*
Ramer de toute sa force, *arrancare.*
Ramer, guernir di rami, *inramare.*
Ramereau, *colombo sauaro picciolo.*
Ramerot, *Idem.*
Rameur, *rematore, vogatore.*
Rameure, *rami dell'albero.*

Rameure de Cerf, *rami delle corna.*
Rameux, *ramoso.*
Ramieller, *allettare.*
Ramier, *colombo sauaro, torquato.*
Ramier, *di ramo.*
* Ramification, *ramificationé, spartimento in rami.*
* Ramifier, *spuntar rami.*
* Ramilles, *fraschette, ramuscelli.*
vn Raminagrobis, *vno che fà del Dottore, ò del brauo.*
* Ramingue, *ramingo.*
Ramoison, *rami tagliati.*
Ramoitir, *diuentar humido.*
Ramollade, *ramolata.*
* Ramolles, *raniggioli.*
Ramollir, *rammollire.*
Ramollissement, *rammollimento.*
Ramon, *scopa.*
Ramonner, *spazzare.*
Ramonneur, *spazza camino.*
Ramortir, *ammortire.*
Ramortissement, *ammortimento.*
Rampable, *striscicuole.*
Rampant, *strisciante.*
Rampar, *riparo.*
Rampement, *strisciamento.*
Ramper, *strisciare.*
* Ramponne, *rampogna.*
* Ramponner, *rampognare.*
Ramu, *ramoso.*
Ramusclé, *ottuoso, rintuzzato.*
* Ran, *ariete.* Item, *mezz'aranga.*
aller à rame Rancade, *arrancare.*
Rance, *rancido.*
se Rancir, *ammuffare, diuentar rancido.*
Rancissure, *muffa.*
* Rancœur, *dolore, rancore.*
* Rancon, *rancone.*
* Rançon, *riscatto, taglia, ranzoue.*
Rançonner, *por la taglia.* Metaph. *far pagare di souerchio, opprimere.*
Rançonneur, *che mette la taglia.* Item, *oppressore.*
Rancune, *odio, rancore.*
à grand Randon, *à più potere.*
Randonner, *andar con furia.*
* Rane, *rana.*
Rang, *ordine,* Vedi, Reng.
Ranger, Vedi, Renger.
Rangier, *animale minore del Ceruo.*
Ranguillon, *bisiuiglio.*
Ranimer, *rianimare, rauuiuare.*
Ranulaire, *vena sotto alla lingua.*
Ranubes, *muscoli sotto alla lingua.*
Ranulet, *gonfiatura delle vene sotte alla lingua.*
Ranuncule, *ranoncolo.*
* Rapace, *rapace.*
Rapacité, *rapacità.*
Rapage, *grappolamento.*
Rapatrier, *rappatumare.*
Rape, *raspa.*
Rape de raisin, *graspuglie.*
Rapeau, *richiamo.*
Rapel, *Idem.*
Rapement, *raspamento.*
Raper, *raspare.* Item, *grappolare.*
Rapetasser, *rappezzare, taccconare, mendare, acciabattare.*

Rapetasseur, *rappezzatore, taccenatore.*
Rapetissement, *appicciolamente.*
Rapetisser, *appicciolare.*
Rapeur, *raspatore.*
Rapide, *rapido.*
Rapidement, *rapidamente.*
Rapidité, *rapidità.*
* Rapiere, *spada vecchia.*
Rapine, *rapina.*
Rapiner, *rubare, spogliare, rapire.*
Rapineux, *di rapina.*
Rapoil, *rasoio.*
Rapontic, *rapontico.*
Rappatrier, *rappatumare.*
Rappe, *graspuglio d'uua.*
Rappel, *reuocatione.*
Rappeller, *richiamare.*
Rappes, mal de cheual, *rappo.*
Rappiecement, *rappezzamento, rintoppamento.*
Rappiecer, *rappezzare, rintoppare.*
Rappointer, *riappuntare.*
Rapport, *relatione.*
cela a du Rapport, *hà somiglianza.*
d'argent de Rapport, *alla gemina ò zemina.*
Rapport de marée, *rigolfo.*
Rapports, cajolleries, *riporti.*
Rapporter, *riferire.*
Rapporter, *portar di nuouo recar vtile. Produrre. Dare.*
se Rapporter, *rassomigliare.*
Rapporter des parolles, *riportare.*
Rapporter des pieces de bois en vn ouurage, *commettere.*
s'en Rapporter à vn autre, *starsene al dir d'vn altro.*
cela luy Rapporte cent escus de rente, *gli dà 100 scudi di rendita.*
Rapporter vn procés, metter ò portar innanzi, *riferire*
de pieces Rapportées, *di comnesso.*
Rapporteur, *relatore, referendario.* Item, *riportatore.*
Rapprendre, *r'imparare, imparar di nuouo.*
Rapsodie, *rassodia.*
Rapt, *ratto, rapimento.*
Raptacer, *rappezzare.*
* Raquedenare, *auare, raschia danari.*
Raquerir, *riacquistare.*
Raquetier, *mastro che fa rachette.*
Raquette, *rachetta.*
grand casseur de Raquettes, Iron. *gran vantatore.*
Raquit, *pagamento di debito, quittanza.*
se Raquiter, *risarsi nel giuoco.*
Raquoiser, *acchetare.*
Rare, *raro.*
Raréfaction, *rarefattione.*
Rarefier, *rarificare.*
Rarement, *raramente, di rado.*
Rareté, *rarità.*
Rarité, *Idem.*
Ras, *raduto, raso.*
Ras de chipre, *ormesino di cipro.*
Ras, sergette, *saietta.*
couper tout Ras, *tagliar netto ò rasente.*
Rasant, *radente.*
Rasceler, *raschiare.*
Rascleure, *raschiatura, raditura.*
* Rasche, *tigna.*
Rase, *rasa, radula.*
en campagne Rase, *in sito aperto, in campagna aperta.*
Raseau, *zattera.*



Rasement, *radimento.* Item, *spianamento.*
Raser, *radere.*
Raser l'eau, *andar à pel d'ell' acqua.*
Raser la courtine, *scortinare.*
Raser vne maison, vne ville, &c. *spianare.*
Rascure, *raditura.* Item, *tartaro di botte.*
* Rasibus, *rasente.*
Rasis, blanc rasis, *biacca.*
Rasier, *spetie di misura di biada.*
Rasle, oiseau, *vccello simile alla beccatina.*
Rasle, *croiamento, rantolo.*
Rasler, *croiare, rantolare.*
Rasoir, *rasoio.*
Rason, *spetie di pesce, rasone.*
Raspatoire, *raspatoio.*
Raspe, *raspa.*
Raspé de raisin, *grappo.*
du Râpé, *raspato.*
vin Raspé en Bourgogne, *vino sforzato.*
Raspeçon, *spetie di pesce.*
Rasper, *raspare.*
Raspeux, *rasposo.*
Rassaillir, *riassalire.*
Rassasiement, *satiamento.*
Rassasier, *satiare.*
Rasseant, *rassettante.*
Rasser, *nasturtio.*
Rassembler, *ragunare.*
Rasseoir, *rassettare.*
se Rasseoir, *acquetarsi.*
Rasserener, *rasserenare.*
Rasseurer, *riassicurare.*
Rassis, *rassettato.*
homme Rassis, *huomo cheto ò prudente.*
pain Rassis, *pan tosto.*
de sens Rassis, *pensatamente.*
Rassotté, *rimbambito, imbertonato.*
Rassottement, *impazzamento, rimbambimento.*
Rassotter, *rimbambire, impazzire.*
Rasteau, *rastrello.* Item, *saracinesca.*
Rasteaux de serrure, *scontri.*
nastelée, *rastrellata.*
dire sa Rastelée .i. *dir la sua.*
Rasteler, *rastrellare.*
Rastelier, *rastrello.*
Rastelier à mettre les broches, *spediera.*
Rastelot, *carni seluatico, vmbilico di Venere.*
Raston, *specie di torta di cascio.*
Rasure, *raditura.*
Rasure de tonneau, *tartaro di botte.*
Rasurier, *raditore.*
Rat, *topo.*
Rat de Pharaon, *topo d'India, spetie di serpe.*
Rat, liron, *ghiro.*
prendre vn Rat par la queuë .i. Metaph. *tagliar vna borsa.*
Ratacconner, *rattacconare.*
Ratacconnerie, *rattacconaria.*
Ratacconneur, *rattacconatore.*
Ratatiné, *sgrignuto.*
Rate, *milza.*
Rate, portion, *rata.*
Rateau, *zattera.* Item, *rastrello.*
Ratée, *nidiata di topi.*
Rateler, *pigliar sorci ò topi.* Item, *crocitare.*
Ratelée, *rastrellata.*
dire sa Ratelée, *dir il suo parere, dir la sentenza, dir la sua.*

Ratelle, *milza.*
Ratelou, *spetie d'herba, aristolochia.*
Ratepenade, *pipistrello.*
Ratiere, *trappola.*
Ratifier, *ratificare.*
Ratine, *rouescia di Fiorenza, &c.*
Ratiocination, *ratiocinatione.*
Ratiociner, *ratiocinare.*
Rational, *rationale.*
Ratisser, *raschiare.*
Ratissoire, *raschia, rasola, raschiatoio.*
Ratisseur, *raschiatura.*
Ratoire, *trappola.*
Ratoire à racler la mesure du grain, *rasiera.*
Raton, *spetie di torta.* Item, *topo picciolo.*
Ratte, *milza.*
Rattacher, *rappiccare.*
Ratteindre, *giunger di nuouo.*
Rattendrir, *diuentar morbido.*
Ratte volage, *pipistrello.*
Rattizer, *riattizzare.*
Rat-veul, *marmotta.*
Rature, *scancellamento, sbegazzatura.*
Raturer, *scancellare, razare.*
Rauage, *strage, stratio.*
Rauager, *stratiare, depredare, rouinare.*
Rauageur, *depredatore, scorritore.*
Raual, *abbassamento.*
Rauallement, *Idem.*
Raualler, *abbassare.*
Raualler, *inghiottir di nuouo.*
Rauanel, *rauanello.*
Rauanille, *rauaniglio.*
Rauassement, *vaneggiamente.*
Rauasser, *sonacchiare.* Item, *vaneggiare.*
Rauaudage, *acciabatura.*
Rauauder, *stuzzicare.* Item, *menchionare.*
Rauauder, *racconciare, acciabattare.*
Rauauderie, *ciabatteria.*
Rauaudeur, *menda squarci.* Item, *ciarpone, imbrogliatore.*
Rauaudeur de bas, *concia calzette.*
Rauaudeuse, *Idem.*
Rauder, *Vedi,* Roder.
Raue, *radice.*
Raue sauuage, *ramolaccio.*
Raue, *rapa.*
Raue-forte, *ramolaccio.*
Rauelin, *riuellino.*
Rauenet, *rauanello.*
Rauerdir, *rinuerdire.*
Rauestissement, *riuestimento.*
Rauet, *rauanello.*
Rauette, *rapa, raua.*
Raueul, *marmotta.*
Raueure, *fessura.*
Rauiere, *campo seminato di radici ò rape.*
Rauigorer, ou
Rauigotter, *rauuisolare, rinuigorire.*
Rauigourer, *Idem.*
Rauine d'eau, *rouescio di pioggia, acquazzone.*
Rauiner, recourir de vin nouueau, *incapellare.*
Rauineux, *violento.*
Rauiolles, *rape.*
Rauir, *rapire.*
à Rauir, *stupendo.*
Rauir comme vn loup, *lupeggiare.*
Rauiser, *auisar di nuouo.*

se Rauiser, *rauuedersi, raccorgersi.*
Rauissant, *rapace.*
Rauissant, excellent, *stupendo.*
Rauissamment, *rapacemente.* Item, *stupendamente.*
Rauissement, *ratto, rapimento.*
Rauisseur, *rapitore.*
Rauiuer, *rauuiuare.*
Raulet, *spetie di pero.*
Rauoir, *rihauere, ricuperare.*
se Rauoir, *rihauersi.*
* Rauoir, *impeto, violenza.*
Rauoler, *tornar volando.*
Rauque, *rauco.*
Rause, *gladiolo.*
Ray, *raggio.*
Ray de miel, *fauo.*
Rayant, *risplendente.* Item, *zampillante.*
Rayaux, *pezzi di metallo, vene.*
Raye, poisson, *raza, rasa.*
Raye estelée, *spetie di raza.*
Raye, *riga.*
Raye dés cheueux, *dirizzatura.*
Raye du cul, *parte ò riga in mezo alle natiche.*
Raye bouclée, *sorte di raza.*
Raye espineuse, *altra spetie di raza.*
Rayer, *vergare.*
Rayer, effacer, *scancellare, sbegazzaro, razare, scacciare.*
Rayement, *scancellamento.*
Rayer comme le laict, *spruzzare, zampillare, rigare.*
Rayé, *vergato, rigato.*
satin Rayé, *raso vergato.*
estoffe Rayée, *rigato.*
Rayere, *pala di ruota.* Item, *acquaio.*
Rayeure, *scancellamento.*
Rayfort, *ramolaccio.*
* Rayolé, *spruzzato di più colori.*
Rayon, *raggio.* Item, *ruotaia, solco.*
Rayon entre deux sillons, *acquaio, porca.*
faire des Rayons entre deux sillons, *imporcare.*
Rayon de miel, *fauo.*
trous ou gauffres de Rayon, *celle.*
Rayon rompu, *raggio refratto.*
Rayonner, *risplendere, trar raggi.*
Rayonner vne terre, *imporcare.*
Rayonnement, *splendor di raggi.*
Rayonneux, *radioso.*
Rays ou rayons de roüe, *raggi.*
Rayolles de gallette, *raggiole.*
Razer, *radere, Vedi,* Raser, &c.
Razis, *biacca.*

## RE

* Reachapt, *riscatto.*
Readiourner, *citar di nuouo.*
Readopter, *adotter di nuouo.*
Reaffranchy, *liberato di nuouo.*
Reagal, *risagallo, risigallo.*
Reaggrauation, *raggrauatione.*
Real, reale, *moneta di Spagna.*
Real, reale, *essentiale.*
vne Reale, *vn reale.*
Realement, *realmente.*

Realgar, *visigallo.*
Realiser, *render reale.*
Realiste, *Realista.*
Realité, *realità.*
Realleguer, *riallegare.*
* Reaument, *realmente.*
Rebadoguin, *sorte de fauconneau,* rebadochino.
Rebaigner, *ribaguare.*
Rebailler, *dar di nuovo, tornare.*
Rebaiser, *ribacciare.*
Rebaisotter, *ribacciuccare.*
Rebaisser, *riabbassare, calar di nuovo.*
Rebalier, *spazzar di nuovo.*
Rebannir, *ribandire.*
Rebanqueter, *bauchettar di nuovo.*
Rebaptiser, *ribattezzare.*
Rebarbatif, *rebarbatino, brusco, rozo.*
Rebarboter, *riborbottoro.*
Rebarder, *bardar di nuovo.*
Rebassiner, *risciacquare.* Item, *riscaldare il letto.*
Rebaster, *ribastar l'asino.*
Rebastir, *riedificare.*
Rebattre, *ribattere.*
Rebattre vne chose, *repetere, ridire.*
* Rebaudy, *allegro, agile, destro.*
Rebbe, *lampatio.*
Rebec, *ribecca.*
se Rebecquer, *ribeccare.*
Rebelle, *rubello.*
Rebellement, *rubellamento.*
Rebeller, *rubellare.*
Rebellion, *rebellione.*
Rebelustrer, *abburattar di nuovo.*
Rebender, *ribendare.*
Rebenir, *ribenedire.*
Rebigotter, *far di nuovo l'hipocrite.*
Rebiner, *zappar di nuovo le viti.*
Rebineur, *zappatore.*
Reblanchir, *rembiancare.*
Reblandir, *racquetare.*
Reblandissement, *racquatamento.*
Rebobliner, *Vedi,* Rabobeliner.
Rebond, *rimbalzo.*
Rebondir, *rimbalzare.*
Rebondissement, *rimbalzamento.*
Rebondy, *gonfio, passuto.*
Rebondonner, *rizeppare, riturare.*
Rebord, *sponda, murello, muriccinolo, risalto.*
Reborder, *ribordare.*
Reborner, *rimetter le limiti.*
Rebotter, *rimetter i stiuali.*
Rebouchement, *rintuzzamento.*
Reboucher, *riturare.* Item, *rintuzzare.*
c'est pour Reboucher vn trou : l'Italien dit ; *sirue per ripieno.*
Reboucler, *riaffibbiare.*
Rebouffer, *sbuffar di nuovo.*
Rebougier, *incerar di nuovo.*
Rebouillir, *ribollire.*
Rebouillonner, *Idem.*
Reboulé, *ribracciato.*
Rebouler, *ribracciare.* Item, *sdrucciolar di nuovo.*
Rebourjonnement, *nuovo germogliamento.*
Rebourjonner, *germogliar di nuovo.*
Rebours, *fascheux ; ritroso.*
à Rebours, *al rouescio, al contrario, à ritroso.*
Reboufcher, *turar di nuovo.*
Reboutable, *da ributtare.*



Reboutant, *ributtante.*
Rebouter, *ributtare.*
Reboutonner, *ribottonare.* Item, *spuntar germogli di nuovo.*
Rebransler, *tentennar di nuovo.*
manteau à Rebras, *ferraiuolo alla tedesca.*
Rebras, *qui retient le courant de l'eau,* spenda, argine.
Rebras, *ribracciamento.*
à double Rebras, *in copia.*
chaire à Rebras, *sedia d'appoggio.*
Rebrasser, *alzar le maniche.*
Rebrassement, *il tirarsù le maniche.*
Rebrider, *rimetter la briglia.*
Rebrillement, *doppio risplendimento.*
Rebriser, *spezzar di nuovo.*
Rebrocarder, *motteggiar in contracambio.*
Rebrouiller, *imbrogliare ò rimescolar di nuovo.*
Rebrousser, *ribracciare.*
Rebrousser chemin, *tornar in dietro.*
Rebrouster, *pascer di nuovo.*
Rebroyer, *macinar ò pestar di nuovo.*
Rebruire, *rimbombar di nuovo.*
Rebrunir, *imbrunir di nuovo.*
Rebrusler, *abbrucciar di nuovo.*
Rebugler, *mugghiar di nuovo.*
Rebuffade, *ributtata, rabbuffata.*
Rébus, *certo enimma ò equivoco fatto di figure ò lettre che significano vna parola ò discorso, riffera.*
Rebut, *risiuto.*
Rebutable, *risiutevole.*
Rebutté, *saito, stuffo, ristucco.*
* Rebuttée, *ripulsa.*
Rebutter, *risiutare, ributtare.* Item, *stuffare, satiare.*
Recacher, *nascondir di nuovo.*
Recacheter, *risigellare.*
* Recalcitrer, *ricalcitrare.*
Recalculer, *ricalcolare.*
Recamer, broder, *ricamare.*
Recanceler, *cancellar di nuovo.*
* Recaner, *ragghiare, ragliare.*
Recapitulation, *recapitulatione.*
Recapituler, *recapitulare.*
Recarder la laine, *scardassar di nuovo.*
Recargnison, *ricargamento.*
Recarreler, *rinsuolare.*
Recasser, *spezzare ò cassar di nuovo, rompere.*
Recauer, *cauar di nuovo.*
Receindre, *cinger di nuovo.*
Recelation, *celamento.*
Recelée, *suppressione.*
Recelément, *celatamente.*
Receler, *celare, ascondere.*
Receleur, *asconditore di rubberie ricopriitore.*
Receleuse, *nasconditrice di cose rubbate ricopitrice.*
Receleresse, *Idem.*
Recellement, *celamento.*
Recengler, *ricinghiare.*
* Recensement, *relatione, narratione.*
Recenser, *riferire, narrare, recitare.*
Recent, *recente.*
Recentement, *recentemente.*
Receper, *ricalcinare vn muro.*
Recepissé, *quittanza ò scarico di cosa riceuuta ; nota di riceuuta.*
Receptacle, *ricettacolo.*
Receptaire, *libro à note di ricette.*
Recepte, *ricetta.*

Recepte, *ricenimento, ricenuta.*
Reception, *recettione.*
Receptoire, *recettorio.*
Recerceler, *accerchiellar di nuouo.*
Recerche, *ricercamento.*
Recercher, *ricercare.*
Recercheur, *ricercatore.*
Receu, *ricenuto.* Item, *ammesso, assunto.*
vn Receu, *vna ricenuta.*
Recenable, *accettenole.*
Receueur, *ricenitore.*
Receueur des Tailles, *datiaro.*
Receuoir, *ricenere.*
Recés, *recesso.*
Rechaffauder, *ponteggiar di nuouo.*
Rechamailler, *combatter di nuouo.*
Rechange, *ricambio.*
à Rechange, *à muta, à muta, in quantità, in copia, à ricambio, à muda.*
Rechangement, *ricambiamento.*
Rechanger, *ricambiare.*
Rechangeur, *ricambiatore.*
Rechanter, *ricantare.*
Recharge, *ricarico, caricamento.*
Recharger, *ricaricare, caricar di nuouo. Dar ordine di nuouo.*
Rechasser, *scacciar di nuouo, ricacciare.*
Rechatoüiller, *sollecitar di nuouo.*
Rechauffer, *scaldar di nuouo.*
Rechaut, *scaldauinande.*
Rechauffement, *ricalzamento.*
Rechauffer, *ricalzare.*
de Rechef, *di nuouo.*
Recheminer, *ricaminare.*
Recheoir, *ricadere.*
Recherche, *ricertata, ricercamento, perquisitione.*
Recherche que l'on fait d'vne fille, *seruitù.*
Rechercher, *ricercare.*
Rechercher vne fille, *far seruitù.*
Recheuiller, *incauicchiar di nuouo.*
Recheute, *ricaduta.*
Rechiffrer, *zifferar di nuouo.*
Rechignard, *che fa il viso arcigno.*
en Rechignant. i. *per forza, contra sua voglia.*
Rechiné, *arcigno.*
Rechiner, *far il viso arcigno.*
Rechignement, *lo far il viso arcigno.*
Rechiné, *arcigno.*
Rechiner, *far il viso arcigno.*
Recheoir, *ricadere.*
Rechoisir, *sceglier di nuouo.*
* Recidine, *recidiua.*
* Recidiuer, *rincidere, cader nella medesima colpa.*
Recimenter, *cimentar di nuouo.*
Reciné, *merenda.*
Reciner, *merendare.*
Recipé, *recipe, ordinanza di Medico.*
Recipient, *recipiente.*
Reciprocation, *scambieuolezza.*
Reciproque, *scambieuole, reciproco.*
Reciproquement, *scambicuolmente.*
Reciproquer, *contracambiare.*
Reciter, *incerar di nuouo.*
Recision, *recisione.*
Recit, *narratione.*
* Recitateur, *recitatore, narratore.*
Recitement, *narratione.*
Reciter, *recitare.*
Reciteur, *recitatore.*

* Reclam, *richiamo.*
Reclamation, *richiamatione.*
Reclame, *richiamo.*
Reclamer, *richiamare.*
Recliner, *inchinare.*
Reclorre, *richiudere, chiuder di nuouo.*
Reclos, *richiuso.*
Reclouër, *richiodare.*
Reclure, *rinchiudere.*
Reclus, *rinchiuso. Frate rinchiuso.*
Reclusion, *rinchiudimento, reclusione.*
Recognoistre, *Vedi, reconnoistre.*
Recoiffer, *racconciare di capo.*
Recoigner, *ribattere, ricacciare in dentro.*
Recoin, *cantone, cantonata, cuneo.*
Recolement, *rincollamento.* Item, *essaminatione, à rammemoratione.*
Recoler, *incollar di nuouo.*
Recoler les tesmoins, *essaminar di nuouo i testimonij, rammemorare.*
Recolez, *zoccolanti.*
Recollationner, *registrar di nuouo.* Item, *far collatione di nuouo.*
Recollection, *ricollettione.*
Recoller, *incollar di nuouo.*
Recolliger, *raccoglier di nuouo.*
Recolorer, *ricolorire.*
Recolte, *raccolta.*
Recombattre, *ricombattere.*
Recombler, *colmar di nuouo.*
Recommandable, *raccomandeuole.*
Recommandablement, *raccomandeuolmente.*
Recommandaces, *prieghi funerali.*
Recommandation, *raccomandatione.*
Recommandatoire, *raccomandatorio.*
Recommander, *raccomandare.*
Recommander par lettres, *far offitio.*
Recommanderesse, *donna che proude di serue, metti massare.*
Recommandeur, *raccomandatore.*
Recommencer, *ricominciare.*
Recommuniquer, *ricommunicare.*
Recompense, *ricompensa, premio, mercede.*
Recompensement, *Idem.*
Recompenser, *premiare, ricompensare.*
Recompenseur, *premiatore.*
Recompiler, *ricompilare.*
Recomposer, *ricomporre.*
Recompter, *contar di nuouo.*
Reconciliateur, *riconciliatore.*
Reconciliation, *riconciliatione.*
Reconcilier, *riconciliare.*
Reconcilier vne Eglise, *ribenedire.*
Recondemner, *ricondennare.*
* Recondit, *recondito, nascosto.*
Reconduire, *ricondurre.*
Reconduiseur, *riconducitore.*
Reconferer, *riconferire.*
Reconfermer, *riconfermare.*
Reconfesser, *riconfessare.*
Reconfiner, *riconfinare.*
Reconfisquer, *riconfiscare.*
Reconfort, *riconforto.*
Reconforter, *riconfortare, consolare.*
Reconfronter, *riconfrontare.*
Reconfuter, *riconfutare.*
Recongreger, *ricongregare.*
Reconjurer, *ricongiurare.*

Reconnoissable, riconoscevole.
Reconnoissance, gratitudine, riconoscenza. Confessione.
Reconnoissant, riconoscente.
Reconnoistre, riconoscere.
Reconnoistre, confessare.
se Reconnoistre de sa faute, rauuedersi, pintirsi.
se Reconnoistre, tornar in sé.
se Reconnoistre en vn lieu, rihauersi.
Reconnoistre, s'appercevoir, accorgersi.
Reconnoistre vn bien-fait, &c. premiare, ricompensa-
re.
Reconquerir, riconquistare.
Reconqueste, riconquista.
Reconquester, riconquistare.
* Reconsement, ascondimento.
* Reconser, ascondere.
Reconsiderer, riconsiderare.
Reconsigner, riconsegnare.
Reconsoler, riconsolare.
Reconsolider, riconsolidare.
Reconstruir, riedificare.
Reconsulter, riconsultare.
Recontempler, ricontemplare.
Recontester, ricontrastare.
Recontracter, ricontrattare.
Recontraindre, costringer di nuouo.
Reconuaincre, riconuincere.
Reconuenir, riconuenire.
Reconuention, riconuentione.
Reconuertir, riconuertire.
Reconuier, riconuitare, inuitar di nuouo.
Reconuoquer, riconuocare.
Reconuoy, nuouo accompagnamento.
Reconuoyer, accompagnar di nuouo.
Reconuoyeur, riconducitore.
Recopier, ricopiare.
Recopilation, recopilatione.
Recopiler, recopilare.
Recoquillement, ringaluzzamento.
se Recoquiller, ringaluzzarsi.
Recoquiner, baroneggiar di nuouo.
Record, records, aiutante di cursore ò messo. Item, ricor-
do.
* Recordation, ricordatione.
Recordeler, intrecciar di nuouo.
Recorder, ricordare. Metter vna nuoua corda.
Recordeur, ricordatore. Item, repetere la lettione.
Recorriger, ricoreggere.
Recors, testimonio ò aiutante de sergente. Item, ricor-
do.
Recoucher, ricolcare, ricoricare.
Recoudre, ricucire.
Recouler, scorrer di nuouo.
Recouper, ritagliare.
Recoupes, semola, crusca.
Recoupler, riaccoppiare.
Recourbement, incuruamento.
Recourber, incuruar di nuouo.
Recourir, ricorrere.
Recourroucer, sdegnar di nuouo.
Recourronner, incoronar di nuouo.
Recours, ricorso.
Recourse, Idem.
Recousse, ricuperamento.
* Recousement, ricucimento.
Recousu, ricucito.
* Recousure, ricucitura.
Recouuert, ricoperto.



Recouurable, ricuperevole.
Recouurance, ricuperatione.
Recouurement, ricuperamento. Ricoprimento.
Recouurer, ricuperare.
Recouureur, ricuperatore. Item, ricopritore.
Recouurir, ricoprire.
Recouurir des thuilles, rintegolare.
Recoux, ricuperato.
à Recoy, chetamente à ridosso.
Recracher, spuntar di nuouo.
Recreance, possesso ò vso de' frutti d'vna cosa sequestra-
ta.
Recreant, ricreante. Item, straco, stanco.
Recreatif, piaceuole.
Recreation, di porto, ricreatione.
Recreatiuement, piaceuolmente.
Recréer, ricreare.
Recrément, escremento.
Recrespé, increspato.
Recrespir, intonacar di nuouo.
Recreu, stracco, stanco. Item, cresciuto di nuouo.
Recreuës, riempiture, riempimenti.
faire des Recreuës, riempire.
Recreuer, crepar di nuouo.
Recreuser, incauar di nuouo.
Recribler, criuellar di nuouo.
Recrier, gridar di nuouo.
Recrimination, recriminatione.
en Recriminant, recriminando, nel difendersi per via di
recriminatione.
Recriminer, recriminare.
* se Recrocquiller, ou
* Recrocqueuiller, rannicchiarsi.
Recroire, creder di nuouo.
Recroiser, incrociar di nuouo.
Recroist, accrescimento.
Recroistre, crescer di nuouo.
Recroquillement, rannicchiamento.
Recrotter, infangar di nuouo.
Rectangle, rettangolo.
* Recte, retto.
Recteur, Rettore.
Rectificateur, rettificatore.
Rectification, rettificatione.
Rectifier, rettificare.
Rectitude, rettitudine.
Rectorat, &
Rectorerie, vfficio di Rettore, rettorato.
Rectorial, di Rettore.
Recüeil, raccolta.
Recüeillant, raccogliante.
Recüeilleur, raccoglitore.
Recüeillir, raccogliere.
Recuict, cotto di nuouo. Item, indurito.
Recuire, cuocer di nuouo, ricuocere.
se Recuire, indurire.
Recuisson, ricocimento, indurimento.
Recuit, cotto di nuouo.
Recuitte de laict, cacità, gromma, ricotta.
Recul, rinculata, rinculamento.
Reculade, rinculata.
Reculant, rinculante.
Reculée, rinculata.
Reculement, rinculamento.
Reculer, rinculare.
Reculer vne affaire, vn horloge, &c. tirar in die-
tro.
se Reculer, arretrarsi, farsi in dietro.

Reculer;

Reculer pour mieux ſauter. i. *diſſimulare ò hauer patienza per venir à capo del ſuo intento.*
à Reculons, *rinculone, in dietro, à rinculone.*
Recultiuer, *coltiuar di nuouo.*
* Recuperation, *recuperatione.*
Recuperer, *recuperare.*
Recurer, *curar di nuouo, ripurgare.*
Recuſable, *ricuſeuole.*
Recuſant, *ricuſante.*
Recuſation, *ricuſatione, negotiane.*
Recuſer, *ricuſare.*
* Recutir, *circoncidere.*
Recuuer, *rimbottare.*
Redanſer, *ballar di nuouo.*
Redarder, *lanciar ò ſaettar di nuouo.*
Redarguer, *riprendere.*
Redargution, *redargutione, reprenſione.*
Redater, *metter il dado di nuouo.*
Reddition, *reſa, rendimento.*
Redebattre, *contender di nuouo.*
Redeuable, *debitore.*
Redebuance, *debito.*
Redebuoir, *eſſer debitore; reſtar debitore.*
Redeclamer, *declamar di nuouo.*
Redeclarer, *dichiarar di nuouo.*
Redecorer, *decorar di nuouo.*
Rededier, *didicar di nuouo.*
Rededuire, *ſbattere ò ſcontar di nuouo.*
Redeffaire, *disfar di nuouo.*
Redeleguer, *delegare ò mandar di nuouo.*
Redeliberer, *deliberar di nuouo.*
Redemander, *ridomandare.*
Redemanger, *pizzicar di nuouo.*
Redemener, *menare ò mutouer di nuouo.*
Redemeurer, *habitar di nuouo.*
Redemolir, *abbatter di nuouo.*
Redempteur, *Redentore.*
Redemption, *redentione.*
les Peres de la Redemption, les Mathurins, *i Padri della Redemptione.*
Redenoncer, *denontiar di nuouo.*
Redent, *dente doppio, i dente di muro.*
à Redents, *dentato.*
Redeſcendre, *ſcender di nuouo.*
Redeuable, *debitore.*
Redeualler, *calar di nuouo.*
Redeuenir, *diuentar di nuouo.*
Redeuider, *di pannar di nuouo.*
Redeuoir, *reſtar debitore.*
Redhibition, *reſtitutione.*
Redicte, *detta di nuouo.* Item, *replica, repetitione.*
Rediffamer, *diffamar di nuouo.*
Rediger, *ridurre, redigere.*
Redigerer, *digerir di nuouo.*
Redimer, *redimere.*
Redire, *ridire.*
il n'y a rien à Redire, *non vi è da dire; non ci è da apporre ò appuntare.*
Rediſner, *pranſar di nuouo.*
Rediſtribuer, *diſtribuir di nuouo.*
Redite, *repetitione.*
Redituaires, *ſpetie di Religioſi.*
* Redolent, *odorifero, ſohue.*
Redompter, *domar di nuouo.*
Redon, *dono ſcambieuole.*
Redonder, *redondare.*
Redonner, *dar in cambio, donar di nuouo.*
Redorer, *iſdorar di nuouo.*

Redormir, *dormir di nuouo.*
Redouble, *raddoppiamento.*
Redoublement, *Idem.*
Redoubler, *far di nuouo, raddoppiare, alternare.*
Redoubler ſouuent, *ſpeſſeggiare.*
Redoubter, *temere.*
Redoutable, *formidabile.*
Redoute, *ridotto, fortino.*
Redouter, *temere.*
Redreſſer, *drizzar di nuouo, raſſettare.*
Redreſſé, *attillato, aſſettato.*
Reduction, *reduttione.*
Reduict, *ridotto.*
Reduite, *ridurre.*
Reduiſant, *riducente.*
Reduit, *ridotto.* Item, *biſcazza.*
Reduite, *ridotto, biſcazza, luogo di ragunanza.*
* Rée, *reo, rea.*
Reedifier, *riedificare.*
Réel, *reale.*
Réellement, *realmente.*
Réement, *raramente.*
Réer, *raitare del ceruo.*
Refaçonner, *rifare, riaſſazzonare.*
Refaillir, *errar di nuouo.*
Refaire, *rifare.*
Refaire vne volaille, &c. *abbruſtolare.*
ſe Refaire, *ribauerſi, ripoſarſi, riſarſi.*
Refaire des ſouliers, &c. *tacconare.*
Refaire en joüant, *far à monte.*
à Refaire, *à monte.*
il y a quelque choſe à Refaire, *vi manca qualche coſa*
Refait, *riſatto.* Item, *graſſo, paſſuto.*
Refarder, *imbellettar di nuouo.*
Refaſcher, *ſdegnar di nuouo.*
Refaucher, *ſegar di nuouo.*
Refection, *refettione.*
Refectoire, *refettorio, cenacolo.*
Refectoüer, *Idem.*
Refendre, *ſender di nuouo.*
Refente, *ſpatio nelle tagliate, ſegno fra le legne che ſi hanno da tagliare.*
Referendaire, *Referendario.*
Referer, *referire.*
Referir, *ferir di nuouo.*
Refermer vne playe, *ſaldare.*
Refermer, *riſerrare.*
Referrer, *ferrar di nuouo.*
Refeſſer, *ſferzar di nuouo.*
Refeſter, *far feſta di nuouo.*
Refeſtoyer, *feſteggiar di nuouo.*
Reficher, *ficcar di nuouo.*
Refier, *fidar di nuouo.*
Refiger, *aſſeuar di nuouo.*
Refigurer, *raffigurare.*
Refiler, *filar di nuouo.*
Reflairer, *annaſar di nuouo.*
Reflamber, *auampar di nuouo, fiammeggiare.*
Reflatter, *adular di nuouo.*
Refleſchir, *riflettere.*
Refleurir, *fiorir di nuouo.*
Reflexif, *rifleſſiuo.*
Reflexion, *rifleſſione.*
Reflot, *rifiotto.*
Reflotter, *rifiottare.*
Reflux, *rifluſſo.*
Refocillation, *rifocillatione.*
Refociller, *rifocillare, ricreare, rantuinare.*

Refomenter, *rifomentare.*
Refonder, *riftorare, pagar di nuouo.*
Refondre, *fonder di nuouo. Rifondere.*
Reforger, *fabbricar di nuouo.*
Reformateur, *riformatore.*
Reformation, *riforma, riformatione.*
Reformer, *riformare.*
Refort, *ramolaccio.*
Refort fauuage, *peperella.*
Refoüetter, *scopar ò sferzar di nuouo*
Refoüiller, *canare ò cercar di nuouo.*
Refouïr, *incauar di nuouo.*
Refouler, *gualcir di nuouo. Calpeftar di nuouo.*
Refoulement, *rigualcimento.*
Refourbir, *forbir di nuouo.*
Refournir, *fornir di nuouo.*
Refourrer, *fodrar di nuouo.*
Refractaire, *refrattario.*
Refraction, *refrattione.*
Refrain, *repetitione nel fine della ftanza, chiufa di canzone.*
Refraindre, *riftringere.*
Refrainte, *riftrittione.*
Refraifchir, *rinfrefcare.*
Refranchir, *francar di nuouo. Paffar di nuouo.*
Refrapper, *ferir di nuouo, ripercuotere.*
Refrenation, *raffrenamento.*
Refrener, *raffrenare.*
Refrequenter, *frequentar di nuouo.*
Refrefchir, *rinfrefcare.*
Refretter, *leftar di nuouo.*
Refrigeratif, *refrigeratiuo.*
Refrigeration, *refrigeratione.*
Refrigeratoire, *refrigeratorio.*
Refrigere, *refrigerio.*
* Refrigerer, *refrigerare.*
Refrippage, *fogliame in Archit.*
* Refriquer, *rinouare, riueder vn negotio di già ftato giudicato.*
Refrire, *friger di nuouo.*
Refrifer, *arricciar di nuouo.*
Refriffonner, *tremar di nuouo.*
Refroidir, *raffredare.*
Refroidiffant, *raffredante.*
Refroidiffement, *raffredamento.*
se Refroigner, *far il vifo arcigno.*
Refroiffer, *peftar di nuouo, rempere.*
Refroigné, *arcigno, fgrignuto.*
Refrotter, *fregar di nuouo.*
Refrotteur, *rifregatore.*
Refrottement, *nuoua frittione, rifregamento.*
Refuge, *rifugio.*
Refugié, *fuorufcito.*
se Refugier, *cercar rifugio, ricouerars.*
Refuir, *fugir di nuouo.*
Refumer, *affumicar di nuouo.*
Refus, *rifiuto.*
au Refus, *à rifufo.*
Refufant, *ricufante, negante.*
Refufer, *negare, rifiutare, ricufare.*
Refufeur, *negatore, ricufatore.*
Refutation, *rifutatione.*
Refuter, *rifutare.*
Refuter vne opinion, *ribattere.*
Refuteur, *rifutatore.*
Refuyant, *rifuggente.*
Regager, *fcommetter di nuouo.*
Regagner, *vincer di nuouo, riguada*



se Regaillardir, *rallegrarfi.*
Regain, *guaime.*
* Regal, *regale, da Rè, Reale.*
Regale, *organetto.*
Regale, *regalo.*
Regalement, *regalamento.*
Regalement, aduerbe, *realmente.*
Regaler, *regalare.*
Regules, *regalo, organetto.*
Regaliffe, *regaliffa, licoritia.*
Regalifte, *regalifta.*
Regard, *fguardo, afpetto.*
Regard de fontaine, *rinfcitore, ferrauola.*
pour le Regard, *per conto, vifpetto.*
Regardant, *riguardante.*
manger des Regardeaux. i. *non hauer niente da mangiare.*
* Regardement, *riguardamento.*
Regarder, *mirare, guardare.*
Regarder de prés, *effer guardingo addocchiare.*
Regardeur, *riguardatore.*
* Regardeure, *fguardo.*
Regarnir, *fornir di nuouo.*
Regafter, *guaftar di nuouo.*
Regeler, *gelar di nuouo.*
Regence, *reggenza.*
Regeneration, *regeneratione.*
Regenerer, *regenerare.*
Regent, *Reggente.* Item, *Precettore.*
Regente, *reggente.*
Regenter, *dar regole, reggere, infegnare, gouernare.*
Regorcer, *crepolar di nuouo.*
Regermer, *germogliar di nuouo.*
Regetton, *rampollo.*
Regetter, *ributtare, germogliar di nuouo.*
Regimbement, *calcitramento.*
Regimber, *calcitrare, trar calci.*
Regimbeur, *calcitratore, che tira calci.*
Regime, *regime, ordine, gouerno.*
Regime de viure, *dieta.*
Regiment, *regimento.*
Region, *regione.*
Regir, *reggere.*
Regiftration, *regiftratione.*
Regiftre, *regiftro.*
Reglacer, *aggiacciar di nuouo.*
Regliffe, *regaliz za.*
Reglifer, *fdrucciolar di nuouo.*
Regnant, *regnante.*
Regnard, *Vedi, Renard.*
Regnateur, *regnatore.*
Regnatrice, *regnatrice.*
Regne, *regno.*
Regner, *regnare.*
Regnet, terme d'Architecture, aller le long, *regnare.*
* Regnicoles, *regnicoli.*
Regoldronner, *fpalmar di nuotto.*
à Regorge museau. i. *in gran copia, à fgorgo, riboeco.*
Regorgement, *traboccamento.*
Regorger, *sboccare, riboccare, trabocoare, ringorgare.*
se Regorger, *ringorgarfi.*
à Regorger, *à ribocco, à fgorgo.*
Regoubillonnement, *pufignio, collatione di ferue doppo cena.*
Regoubillonner, *far collatione prima d'andar alletto, che fi dice propriamente di ferne.*

Regourmer, metter di nuouo il barbozzale.
Regouster, merendar di nuouo, assaggiar ò gustar di nuouo.
* Regraciement, ringratiamento.
Regracier, ringratiare.
Regraisser, vnger di nuouo.
Regratter, rigrattare.
Regratteur, rigattiere.
Regrattier, rigattiere, rigattiere.
Regrauer, intagliar di nuouo.
Regrediller, abbrustolar di nuouo.
Regrés, resignatione di beneficio.
Regret, vincrescimento, dolore. Lamento, guai.
à Regret, mal volentieri.
Regrettable, deplorabile, lamenteuole.
Regretter, vincrescere, hauer dolore ò vincrescimento.
Reguerir, guarir di nuouo.
Regule d'antimoine, spetie di stagno.
Regulier, regolare.
Regulierement, regolarmente.
Rehabilitation, rihabilitatione.
Rehabiliter, rihabilitare.
Rehaussé, ricamento d'oro, &c.
Rehaussement, illustratione. Item, ricamo.
Rehausser, illustrare. i. rialzare. Item, ricamare.
* Rehaut, illustratione.
Rehoüer, zappa di nuouo.
Rehumer, inghiottir di nuouo.
Rejallir, spruzzare, zampillare.
Rejallissement, zampillamento.
Reject, rampollo.
Rejectement, ributtamento.
Rejecter, ributtare.
Reiection, ributtamento.
Reiecton, pollione, rampollo, rimessa, messa. Sciame d'api.
Reigle, regola.
Reigle à reigler, riga.
Reiglement, regolamento.
Reiglément, regolatamente.
Reigler, regolare.
Reigler, tirer des lignes, Lignolare, vergare.
Reiglet, squadra, riga.
Reigleur, vergatore. Item, regolatore.
le Rein, reno.
bon Rein, buona schiena.
Reigleure, lignolatura, vergatura.
Reinciser, rincidere.
Reine, regina.
Reines, reshes, redini.
Reineux, lumboso.
Reins, lumbi, reni.
auoir les Reins forts. i. hauer possanza ò facoltà.
Reinser, sciacquare, lauare.
Reintegration, reintegratione.
Reintegrer, reintegrare.
Rejoindre, rigiugnere.
Reistre, capot, cappa alla tedesca.
Reistre, Soldato à cauallo, raitero.
Reiteration, reiteratione.
Reiterer, reiterare.
Reiterer, r'ouurir la veine sans faire d'autre ouuerture, suentare.
Reitre, raitero. Item, cappa alla tedesca.
Relabourer, lauorar di nuouo.
Relais, rilasso.
Relais de fondement, zoccolo.
Relais de poste, meza posta.

Relais de cheminée, plinto.
Relaisser, rilasciare.
Relancer, rilanciare.
Relant, tanfo, fieto.
* Relantir, ammussare.
* Relaps, caduto in fallo.
Relasche, riposo.
Relaschement, rilassamento.
Relascher, rilassare, riposare.
Relascher son droit, cedere.
Relater, riferire.
Relateur, relatore.
Relatif, relatiuo.
Relation, relatione.
Relatiuement, relatiuamente.
Relauer, rilauare.
Relaxation, relassatione.
Relayer, rilassare.
Relecher, rileccare.
Relegation, relegatione, bandimento.
Releguement, Idem.
Releguer, bandire, relegare.
Relent, tanfo.
sentir le Relent, saper di tanfo, esser stancio ò rancido.
Releu, letto di nuouo.
Releuailles, il leuarsi dal letto, dall'impagniolata.
Releué, en Architecture, alzato.
Releué, rilenato. Item, apparente, vistoso, riguardeuole.
de Releuée, doppo pranso.
vn Releue-menton, vn sergozzone, vn sottobecco.
Releuement, rileuamento Item, alzata militare.
Releuer, rileuare, rialzare, raccoglier da terra.
Releuer le coup, leuar il pericolo.
Releuer vn appel, portar innanzi l'appellatione.
Releuer de peine, risparmiar la fatica ad vn altro.
Releuer le plan, alzar la pianta.
Releuer de couche, entrar in santo, leuarsi di parto.
Releuer de maladie, esser nuouamente sanato, esser in contualescenza.
Releuer d'vne personne, dipendere.
se Releuer, righauersi.
Releuer, correggere, riprendere.
Releuer d'vn serment, liberare ò assoluere.
Releuer, dar lustro ò splendore.
Releuer mangerie, tornar à mangiare.
il n'en Releuera iamais, non ne scappirà mal.
Relener la moustache, tirar sù le basette.
se faire Releuer d'vne debte, farsi liberare ò assoluere da vn debito.
Releueur, rileuatore.
Relicat, auanzo.
* Relicher, lecca di nuouo.
Relief, rilieuo, auanzo.
de Relief, di relieuo.
Relier, legare vn libro. Item, legar di nuouo.
Relier vn tonneau, cerchiare, accerchiellare.
Relieur, ligatore.
Relieure, ligatura.
Religieuse, religiosa.
Religieusement, religiosamente.
Religieux, religioso.
Religion, religione.
Religion, Monasterio, Conuento.
Religion, ordine di frate.
de la Religion. i. Heretico.

Religion pretenduë reformée, *heresina di Caluino.*
de la Religion de S. Ioseph. *i. maritato.*
se mettre en Religion, *farsi frate.*
Religionnaire, *Heretico.*
se faire de la Religion, *farsi heretico.*
Relimer, *limar di nuouo.*
Relingue pour renfoncer vne voile, *gratillo.*
* Relinquer, *abbandonare.*
Reliquaire, *reliquiario.*
Reliquat, *debito, auanzo, resto.*
Reliquataire, *debitore.*
Reliques, *reliquie.* Item, *auanzugli.*
Relire, *rileggere.*
Reliurer, *liurar di nuouo.*
Reloüer, *affittar dinnouo.*
Reluicter, *contendere, contrastare.*
Reluire, *rilucere.*
Reluisant, *rilucente.*
Remailler, *r'acconciar le maglie.*
Remander, *rimandare.*
* Remanent, *rimanente.*
Remanger, *mangiar ai nuouo.*
Remanier, *maneggiar di nuouo.*
Remarchander, *mercantar di nuouo.*
Remarcher, *caminar di nuouo.*
Remarier, *rimaritare.*
Remarquable, *riguardeuole, notabile.*
Remarque, *nota, osseruatione.*
de Remarque, *riguardeuole, notabile.*
Remarquer, *notare.*
Remarqueur, *notatore.*
Remaschement, *rimasticamente.*
Remascher, *rimasticare.*
Remascheur, *rimasticatore.*
Remassonner, *murar di nuouo.*
* Remate, *sommità, cima.*
Remaudire, *maledir di nuouo.*
Rembade, Vedi, Rambade.
Remballer, *riabballare.*
Rembarquer, *rimbarcare.*
Rembarrer, *riprendere, sgridare, ributtare.*
Rembaucher, *rimettersi à lauore.*
Remboister vn os, *rimetter l'osso scolto.*
Rembourrement, *riempimento di borra.*
Rembourer, *rimetter la borra, riempir di borra.*
Rembourrer vn pourpoint. i. *mangiar bene.*
Rembours, &
Remboursement, *rimborsamento.*
Rembourser, *rimborsare.*
Rembourseur, *rimborsatore.*
Rembraser, *riaccendere, riabbrucciare.*
Rembrasser, *riabbracciare.*
se Rembrider, *imbrigliarsi bene, portar la teste alta.*
Rembrocher, *rimbroccare.*
Rembroüiller, *imbrogliar di nuouo.*
Rembuschement, *rinseluamento.*
se Rembuscher, *rinseluarsi, imboscarsi.*
Remediable, *rimedieuole.*
Remede, *rimediuole.*
Remediement, *rimediamento.*
Remedier, *rimediare.*
Remembrance, *rimembranza.*
Remembrer, *rammemorare, rimembrare.*
Rememoration, *ricordanza, rememoratione.*
Rememorer, *rammemorare.*
Remenacer, *minacciar di nuouo.*
* le Remenant, *il rimanente.*
Remener, *ricondurre.*

Remerciant, *ringratiante.*
Remerciement, *ringratiamento.*
Remercier, *ringratiare.*
* Remeré, *riscatto, ricompra.*
Remarquer, *notare.*
Remesler, *rimescolare.*
Remesurer, *misurar di nuouo.*
Remettre, *rimettere.*
Remettre vne personne en colere, *acquetare.*
Remettre vne personne, la reconnoistre, *raffigurare.*
se Remettre aprés vne maladie, vne perte, ou vne peur, *rihauersi.*
se Remettre au beau, qui se dit du temps, *racconciarsi il tempo.*
Remettre en bon chemin, *rauuiare.*
se Remettre en joüant, regagner, *risarsi.*
se Remettre, *posarsi l'vccello.*
se Remettre à faire, *tornar à fare, ricomminciare.*
Remettre vne affaire, *rimettere, indugiare, differire.*
Remettre vn os, *rimettere, incassar di nuouo.*
Remettre vne faute, *perdonare.*
Remeubler, *fornir di nuouo di masseritie.*
Reminer, *minare ò incauar di nuouo.*
* Reminiscence, *riminiscenza.*
Remirer, *rimirare, specchiarsi di nuouo.*
Remis, *rimesso. Acquetato. Raffigurato. Rihauuto. Risfatto.*
Remise, *indugio, rimessa.*
Remise d'argent, *rimessa di danari.*
Remise d'oiseau, *posata dell' vccello.*
Remise de carrosse, *rimessa.*
Remissible, *remissibile.*
Remission, *remissione.*
Remissionaire, *remissionario.*
Remaillotter, *fasciar di nuouo.*
Remmancher, *rimetter il manico.*
Remocquer, *burlar di nuouo.*
Remolade, *remolata.*
Remolin, *remolino.*
Remollitif, *rammollitiuo.*
Remolquer, *remurchiare, rimorchiare.*
Remonstrance, *ammonitione, esortatione.*
Remonstrer, *rimostrare, ammonire, esortare.*
Remontage, *racconciamento.*
Remonter, *rimontare.*
Remonter des souliers, &c. *rinsuolare.*
Remordre, *rimordere.*
Remords, *rimorso.*
Remore, *remora.*
Remorfondre, *infreddare di nuouo.*
Remorquer, *rimorchiare.*
Remors, *rimorso.*
* Remot, *remoto.*
Remoucher, *smoccolar di nuouo.*
Remoüiller, *bagnar di nuouo.*
Remouldre, *macinar di nuouo.*
Remouuoir, *rimuouere.*
Rempacqueter, *piegar di nuouo.*
Remparement, *riparamento.*
Remparer, *riparare, far terrapieni.*
Rempart, *riparo, rampale, terrapieno.*
Rempenner, *rimpennare.*
Remplacement, *rassettamento, riempimento.*
Remplacer, *rassettare, riempire, rimetter al luogo.*
* Remplage, *riempitura, ripieno.*
Remplier, *ripiegare, rimboccare.*
Remplir, *riempire.*
Remplissage, *ripieno, riempitura.*

Rempliſſant, riempiente.
Rempliſſement, riempimento.
Remploy, rimpiego.
Remployer, rimpiegare.
Remplumer, rimpiumare, rimpennare.
ſe Remplumer, rifarſi.
Remply, ripiego.
Remply à vne robbe, feſſitura.
Rempoigner, riafferrare.
Rempoiſſonner, attoſſicar di nuouo.
Rempoiſſonner, riappeſcare.
Remporter, riportare. Portar via di nuouo.
Rempriſonner, rimprigionare.
Remprunter, impreſtar di nuouo.
* Remuance, mouimento moto.
Remuant, attoſo, mouente. Seditioſo.
Remue-meſnage, garbuglio, mouimento. Item, certo gi-
uoco.
Remuëment, dimenamento, mouimento. Solleuatione.
Remuër, muouere, menare. Solleuare.
Remuër vn enfant, faſciare.
ſe Remuër, atteggiare, dimenarſi.
ſe Remuër d'vn lieu, muouerſi.
Remuër à la pelle, ſpalare.
Remuër la plume d'vn lict, ſpiumacciare.
Remuër la terre, richiedere il terreno, ſmuouere.
Remuër toute pierre, cercar ogni mez o.
Remué, moſſo.
terre Remuée ou renuerſée, terreno ſmoſſo.
Remueur, mouitore, ſeditioſo.
Remueuſe, faſciatrice.
* Remugle, humido è rancido.
Remuneration, rimuneratione.
Remuneratoire, rimuneratorio.
Remunerateur, rimuneratore.
Remunerer, rimunerare.
Renager, nuotar di nuouo.
Renaiſſance, rinaſcenza.
Renaiſſement, rinaſcimento.
Renaiſtre, rinaſcere.
Renal, renale di rini.
Renales, vene ſotto la lingua.
Renaquer, beſtemmiare.
Renard, volpe.
crier au Renard, fiſchiar vno burlare.
eſcorcher le Renard, vomitare.
Renards, glouterons, lappole.
vn fin ou vieux Renard, vn volpone.
Renardaille, volponi, canaglia aſtuta.
Renarde, volpe femina.
Renardeau, volpiccino.
Renarder. i. vomitare.
Renarderie, aſtutia ò tiro di volpe.
Renardeſque, di volpe.
Renardiere, tana di volpe.
Renardiſe, aſtutia di volpe.
Renaſquer, beſtemmiare.
Renauiger, renauigare.
Renaurer, ferire ò impiegar di nuouo.
Renchaiſner, incatenar di nuouo.
Rencheoir, ricadere.
faire la Rencherie. i. far la bella.
Rencherir, rincarire, montare.
faire le Renchery, ſtimarſi.
Rencheriſſement, rincarimento.
Rencheute, ricaduta.
Renclorre, rinchiudere.
Renclouër, rinchiodare.

Rencocher, rincoccare.
Rençon, Vedi, Rançon, &c.
Rencontre, riſcontro, incontro. Intoppo.
Rencontre en parolles, motti, ſcherz o.
Rencontrer, riſcontrare, abbatterſi in vno.
Rencontrer bien en vne choſe, accertare, riuſcire.
Rencontrer en parolles, motteggiare, ſcherz are.
ſe Rencontrer en vn lieu, capitare, abbatterſi in vn luo-
go.
Rencontreur, riſcontratore. Item, motteggiere.
Rencourager, rincorare.
* Renculer, accuſare, paleſare.
Rendable, rendeuole.
Rendage, rendita.
Rendebter, vindebitare.
* Rendement, rendimento.
Rendenter, rimetter denti
Rendez-vous, poſta, poſto.
Rendez-vous de gens de guerre, piaz z a d'armi, luogo di
ragunanza.
Renditer, indettar di nuouo.
Rendormir, riaddormentare.
Rendormiſſement, riaddormentatione.
Rendouble, ripiego.
Rendoubler, ripiegare.
Rendre, rendere.
ſe Rendre, arrenderſi, renderſi.
Rendre, vomir, vomitare.
Rendre compte, Metaph. Idem.
Rendre la main au cheual, allentar la mano.
Rendre de l'ombrage, far ombra.
Rendre, faire habile, render habile ó valente.
Rendre graces, ringratiare.
Rendre gorge, vomitare. Metaph. reſtituire, vomitar pa-
ſto.
Rendre ſeruice, far ſeruitio.
ſe Rendre honneſte homme, &c. farſi.
ſe Rendre à compoſition, renderſi à patti.
Rendre les lettres, far ricapitare, dar nelle mani, dar re-
capito.
ſe Rendre en vn lieu, laſciarſi vedere, ritrouarſi, tro-
uarſi, ridurſi in vn luogo.
ſe Rendre en la mer, ſboccare in mare.
ſe Rendre amoureux, innamorarſi.
Rendre combat, combattere, far giornata.
ſe Rendre Moine, farſi Frate.
Rendre la beſongne, fornir il lauoro.
Rendre malade, far diuentare ammalato.
Rendre du profit ou reuenu, dare.
Rendre l'eſprit, mandar fuori lo ſpirito.
Rendu, renduto, reſo.
Renduire, intonacare, incroſtare.
Renduit, incroſtatura.
Rendurcir, indurire.
Rene, reſne, redine. Item, rana.
Renegat, rinegato.
Reneiger, neuicar di nuouo.
Renette, ſpetie di pomo.
Renette de Mareſchal, curanetta.
Renette de charpentier, ſtromento da ſegnare il legna-
me.
Renettoyer, nettar di nuouo.
Reneuuier, che preſta vn bue ad vſura.
* Renſardeler, affardellar di nuouo.
Renfermé, rinchiuſo, rinſerrato.
ſentir le Renfermé, ſaper di tanfo ò ſtantio.
Renfermer, rinſerrare, rinchiudere.
Renferrer, ferrar di nuouo.

Renfester vne maison, *ricoprir il colmo ò fastigio d'una casa.*

Renfierir, *diuentar fero.*

Renfiler, *rinfilz are.*

Renflamber, *riauampare.*

Renflammer, *rinfiammare.*

Renflement, *rigonfiamento.*

Renfler, *rigonfiare.*

Renfoncement, *affondamento.*

Renfoncer, *affondar ò tuffar di nuouo.*

Renfondrer, *Idem.*

Renfondrement, *sfondatura, sfondramento.*

Renforcé, *rinforz ato, afforz ato.*

Renforcer, *rinforz are, afforz are.*

Renforcir, *Idem.* Item, *rinforz ire.*

Renfort, *rinforzo, afforz amento.*

Renfort ou garniture d'ouurage, *armadura.*

de Renfort, *idi più.*

Renfourner, *infornar di nuouo.*

se Renfrögner, *far il viso arcigno.*

se Renfeuiller, *buttar le foglie di nuouo.*

Reng, *ordine. Luogo.*

tenir son Reng, *mantener la sua riputatione.*

Rengs de maisons, *filari.*

Rengs de carreau sur vn mur, *corsi di quadrelli.*

Rengs de perles, *filz a di perle, filo.*

mettre sur les Rengs, *metter innanzi.*

au Reng des braues hommes, *nel numero de' galant' huomini.*

Rengs de gens d'armes, *ordini, file.*

Rengager, *impegnar di nuouo.*

Rengée, *ordine filo.*

Rengendrer, *generar di nuouo.*

Renger, *ordinare.*

Renger sous les loix, *sottoporre.*

Renger à la raison, *far star vno.*

Renger vne personne, *Idem.*

Renger, reculer de son lieu, *scansare, scostare, far da banda.*

se Renger à son deuoir, *far il suo debito.*

Renger vne armée, *attelare, ordinare, schierare.*

se Renger, *ridursi, mettersi sotto il potere.*

à la Rengette, *l'vn doppo l'altro, secondo l'ordine.*

Renglacer, *agghiacciar di nuouo.*

Rengloutir, *inghiottir di nuouo.*

Rengluer, *impaniar di nuouo.*

se Rengorger, *ringorgarsi.*

Rengouffrer, *abissar di nuouo.*

Rengouler, *ingoiar di nuouo.*

Rengourdir, *abbrinidar di nuouo.*

Rengourmer, *metter di nuouo il barbozzale.*

Rengraisser, *ingrassar di nuouo.*

Rengrauer, *aggrauare.*

Rengregement, *aggrauamento.*

Rengreger, *aggrauare, aggrauarsi.*

Rengrener, *incastrar di nuouo.* Item, *fornir di nuouo di biade.*

Rengrossir, *impregnar, è ingrossar di nuouo.*

Rengainer, *metter di nuouo nella guaina, rinfodrare.*

Renhardir, *rincorare.*

Renicher, *annidarsi di nuouo.*

Reniement, *rinegamento.*

Renier, *rinegare.*

Renieur, *rinegatore.*

Renifflement, *farnaccamento.*

Reniffler, *farnaccare.*

Reniffleur, *farnaccatore.*

Rejoindre, *rigiugnere, scommetter di nuouo.*

 

* Renitence, *renitenz a.*

* Renitent, *renitente.*

Rennuyer, *rincrescer di nuouo.*

* Renogie, *ranoncolo, ranocchio.*

Renoircir, *annerir di nuouo.*

Renoiser, *contender di nuouo.*

Renom, *fama.*

Renombrer, *numerar di nuouo.*

Renommé, *famoso.*

Renommée, *fama.*

Renommer, *dar fama.*

se Renommer de quelqu'vn, *farsi affine ò dipendente d'vn altro, valersi della dipendenz a ò affinità d'vn.*

Renoncer, *rinontiare abnegare.*

Renoncer à la triomphe, Metaph. *vomitare.*

Renonciation, *rinontiatione.*

Renoter, *notar di nuouo.*

Renoncule, *ranuncolo.*

* Renouateur, *rinouatore.*

Renouation, *rinouatione.*

Renoüée, *centinodia, poligono maschio.*

Renoüement, *rinodamento.*

Renoüer, *rinodare.*

Renoüer, *rinouare.*

Renoüeur, *rinodatore.*

* Renoüille, *rana.*

le Renouueau, *la Primauera.*

Renouuellant, *rinouante.*

Renouuellement, *rinouamento.*

Renouueller, *rinouare.*

Renouuelleur, *rinouatore.*

Renouuet, *spetie di pomo.*

Rensaisiner, *rimpossessare.*

Rensemencer, *seminar di nuouo il campo.*

Reserrer, *stringer di nuouo.*

Renseuelir, *sepellir di nuouo.*

Rentamer, *intaccar ò tagliar di nuouo. Metter di nuouo à mano.*

Rentasser, *ammucchiare ò ammassar di nuouo.*

Rente, *rendita.*

il faudroit bien auoir des Rentes; l'Italien dit, *bisognarebbe esser la vaccuccia.*

Renté, *che hà rendite.*

Rentement, *constitutione di rendita.*

Renter, *innestar di nuouo.*

Renter, *dar rendite à vno.*

Renterrer, *sotterrar di nuouo.*

Renteux, *di rendita, che hà rendite.*

Rentier, *arrendatore, censale.*

Rentonner, *imbottar di nuouo.*

Rentortiller, *attorcigliar di nuouo.*

Rentraire, *sarcire.*

Rentraire les trous, *rimendare.*

Rentraisner, *strascinar ò tirarsi dietro di nuouo.*

Rentraitture, *sarcitura.*

Rentrayeur, *sarcitore.*

Rentrer, *rientrare.*

Rentrer de picques vertes. i. respondre mal à propos: l'Italien dit, *andar per viole.*

Rentreur, *rientratore.*

Renuahir, *inuader di nuouo.*

Renuelopper, *auuiluppar di nuouo.*

Renuenimer, *auuelenar di nuouo.*

à la Renuerse, *rouescione, alla rouescia, supino.*

Renuersement, *rouesciamento.*

Renuerser, *rouesciare, riuolgere, riuoltare.*

Renuerser le sens dés escritures, *torcer le scritture.*

Renuerser la terre auec vne besche, *riuangare.*

Renuersure, rouesciamento.
Renuier, inuitar al ginoco.
Renuieur, rinuitatore.
Renuncule, ranoncolo, fiore.
Renuoy, rimbalzo nel ginoco della palla.
Renuoy, rimandamento.
cheual de Renuoy, cauallo di ritorno.
Renuoyer, rimandare.
Renuoyer viste, spacciar vno.
Renuoyer vn prisonnier, rimandare ò assoluere.
Renuoy au jeu, inuito, nuouo inuito.
Repaire, stanza, couile, nido.
Repaire, luogo di pasto dell' vccello.
mauuais Repaire, luogo pieno di spiriti maligni.
* Repairer, habitare, stanziare.
* Repaissaille, pascimento.
Repaistre, pascere.
repaistrir, impastar di nuouo.
Reparable, reparabile.
Reparateur, reparatore.
Reparation, reparatione, acconcime.
Reparée, bieta.
Reparement, reparamento.
Reparer, reparare.
Reparer, ornar di nuouo.
Repargner, risparmiar di nuouo.
Reparler, parlar di nuouo.
Reparoistre, appair di nuouo.
Repart, ripartimento, diuisione.
Repartager, partir di nuouo.
Repartement, ripartimento, compartimento.
Repartie, risposta, replica.
Repartir, ripartire, compartire, diuidere.
Repartir, respondre, rispondere, replicare.
Repas, pasto.
Repasser, passaruli nuouo. Item, tinger di nuouo.
Repasser par la memoire, rinolger nella memoria.
Repateliner, vezzeggiare.
Repatter vn mur, calzare vn muro.
Repatrier, rappatriare.
Repeigner, pettinar di nuouo.
Repeindre, pinger di nuouo.
Rependre, appiccar ò apprender di nuouo.
Repenser, pensar di nuouo.
* Repentailles, pentimento.
Repentance, penitenza, pentimento.
Repenties, filles Repenties, Conuertite.
* Repentin, repentino.
Repentir, pentimento.
se Repentir, pentirsi.
Repentiuement, con pentimento.
Repercer, forar di nuouo.
Repercher, posar di nuouo.
Repercussif, repercutino.
Repercussion, repercutione, riflessione.
Repercuter, ripercuotere, riflettere.
Repercutif, repercutino.
Reperdre, perder di nuouo.
Repermettre, permetter di nuouo.
Repermis, permesso di nuouo.
* Repertible, ritrouenole.
Repertoire, repertorio, inuentario.
Repescher, pescar di nuouo.
Repeser, pesar di nuouo.
Repestrir, impastar di nuouo.
Repeter, repetere, replicare, ridomandare.
Repeteur qui demande, repetitore.
Repetition, repetitione.

Repeu, pasciuto.
vne Repeüe, vna corpacciata.
Repeuplée de bestail, supplemento di bestiame.
Repeuplement, ripopolamento.
Repeupler, ripopolare.
Repeyret, centaurea.
Repic, repico.
Repicquer, punger di nuouo.
* Repigeonner, spuntar ò buttar di nuouo.
Repiler, pestar di nuouo.
* Repionner, spuntar ò germogliar di nuouo.
Replaindre, lamentar di nuouo.
Replancheyer, intauolar di nuouo.
Replanter, piantar di nuouo.
Replastrer, incalcinar di nuouo.
Replat, piano, pianura.
Replet, tomboluto, grasso, passuto.
Repletif, repletiuo.
Repletion, repletione.
Repletiuement, repletitamente.
Repleurer, pianger di nuouo.
Repleuuoir, pioner di nuouo.
Repliement, ripiegamento.
Replier, ripiegare.
Replieur, ripiegatore.
Replieure, ripiegatura.
Replique, risposta, replica.
Repliquer, replicare.
Replisser, increspar di nuouo.
Replisseure, ripiegatura.
Replomber, piombare ò impiombar di nuouo.
Replonger, tuffar di nuouo.
Reployement, ripiegamento.
Reployer, ripiegare.
Replumer, spiumar di nuouo.
Reply, ripiego.
Reply au bas d'vne robbe, sissitura.
Repoindre, punger di nuouo. Spuntar di nuouo.
Repoisser, impegolar di nuouo.
Repolir, pulire ò burnir di nuouo.
Repolon, repolone.
Reponcer, spolueriz ar di nuouo.
Repondre, far vn altro voto.
Repontique, rapontico.
Reporter, portar di nuouo.
Reporter ce que l'on dit, riportare.
Reporteur, referendario.
Repos, riposo.
Repos de Statuë, posamento.
Repos de degré, pianerottolo.
estre à son Repos, qui se dit d'vn ressort, &c. posare.
Reposade, riposata.
Reposée de beste, couile.
à Reposée, con posate, con intermissione.
Reposément, posatamente.
Reposer, riposare. Item, dormire.
Reposez-vous-en sur moy. i, confidateui in me.
Repositoire, reposirorio.
Reposoir, posata, statione, luogo da reposare. Pianerottolo di scala.
en Repost, in secreto.
Repousser, ributtura.
Repons, calcinaccio, ò fondo di calcinacie.
Repoussement, ributtamento.
Repousser, ributtare, rispingere.
Repousser d'vn arbre, rimettere.
Reprattiquer, praticar di nuouo.
Reprehension, riprensione.

Repremiation, *repremiatione.*
Reprenant, *ripredente.*
Reprendre, *riprendere, ripigliare. Dir di nuouo.*
Reprendre la parolle, *tornar à dire.*
Reprendre, *castigare.*
Reprendre vne couslure, *ricucire, cucir dall' altra par-te.*
Reprendre son haleine, *raccogliere il fiato.*
Reprendre vne maille descousuë ou l'aschée, *risarcire, ricucire.*
Repreneur, *reprenditore.*
Repressailles, *represaglie.*
Representation, *rappresentatione.*
Representer, *rappresentare.*
Represser, *premer di nuouo. Gualcir di nuouo.*
Represter, *prestar di nuouo.*
Reprier, *ripregare.*
Reprimende, *riprensione, brauata.*
Reprimender, *riprendere.*
Reprimer, *reprimere.*
Reprimeur, *riprenditore, moderatore.*
Repris, *ripreso.*
Repris, qui se dit d'vn ouurage, *legato.*
Repris de Iustice, *castigato.*
Reprise, *ripresa.* Item, *repetitione.*
par Reprises, *in diuersi tempi, in più volte.*
Reprises de pierres, *addemiellato.*
Repriser, *apprezzar di nuouo.*
Reprobation, *reprobatione.*
Reprochable, *rimproueuole.*
Reproche, *rimproueramento, biasimo, rimprouerio.*
Reprocher, *rimprouerare.*
Reprocher les tesmoins, *ricusare.*
Reproduire, *produr di nuouo.*
Reprouuisionné, *proueduto di nuouo.*
Reprouuable, *biasimeuole.*
Reprouuer, *riprouare, biasimare. Condennare.*
Reptile, *rettile.*
Republique, *Republica.*
* Repude, *ripudio, ripudiamento.*
Repudiable, *repudieuole.*
Repudiation, *ripudiatione.*
Repudiement, *ripudiamento.*
Repudier, *ripudiare.*
Repudieur, *ripudiatore.*
Repugnance, *ripugnanza.*
Repugner, *ripugnare.*
Repulluler, *ripullulare.*
Repurgement, *ripurgamento.*
Repurger, *ripurgare.*
Reputation, *riputatione.*
Reputer, *riputare.*
* Requamer, *ricamare.*
Requarreler, *mattonar di nuouo.*
Requerable, *ricercheuole.*
Requerant, *richiedente, ricercante.*
Requerir, *richiedere.* Item, *richiamar vno, andar di nuouo per vno.*
Requeste, *richiesta. Supplica.*
à la Requeste, *ad instanza.*
Requeste d'oye, *troncoli,*
pasté de Requestes, *pasticci di troncoli.*
Requester, *ricercare.*
Requiem, Messe de Requiem, *Messa de' morti.*
Requien, *spetie di pesce.*
se Requinquer, *ringalluzzarsi.*
Requint, *quinta parte del quinto.*
Requiper, *allestar di nuouo.*



Requis, *richiesto.*
Requisition, *requisitione.*
Requisitoire, *requisitorio.*
à Requoy, *di riposo.*
Rere, *raitare, del ceruo.*
Resacrer, *sacrar di nuouo.*
Resaigner, *cauar ò buttar sangue di nuouo.*
Resaillir, *risallire.*
Resaisir, *sequestrar di nuouo.*
Resaler, *salar di nuouo.*
Resaluër, *salutar di nuouo.*
Resapper, z *appare ò abbatter di nuouo.*
* Resarcir, *risarcire.*
Resarcler, *sarchiar di nuouo.*
Resasser, *setacciar di nuouo.*
Resauourer, *gustar di nuouo.*
Resauter, *saltar di nuouo.*
* Resbaudir, *allegrar di nuouo.*
Reschapper, *scampare, scappare, campare.*
Reschaud, *scalda vinanda.*
Reschauffer, *riscaldare.*
Reschauffoir, *riscaldatoio.*
Rescinder, *abbolire, recindere, annulare.*
Rescision, *recisione.*
Resclaircir, *rischiarare.*
* Rescoüable, *riscuoteuole.*
Recourre, *riscuotere.*
Rescousse, *riscottimento, ricuperatione.*
il n'y a pas grande Recousse. i. *vi è poco da guadagnare.*
Rescoux, *riscosso.*
Rescript, *riscritto.*
Rescription, *rescrittione.*
Rescrire, *rescriuere, scriuer di nuouo.*
Rescrit, *rescritto.*
Reseau, *riticella.*
Resection, *resettione.*
Reséeler, *suggullar di nuouo.*
Reseicher, *ascingar di nuouo.*
Resemeler des souliers, *rinsoluare.*
Resemeler vn bas, *rimpedulare.*
Resemer, *seminar di nuouo.*
Resequer, *tagliare.*
Reserener, *rasserenare.*
Reserrant, *restringente.*
Reserrer, *restringere.*
Reseruatif, *reseruatiuo.*
Reserue, *conserua, riserbamento, serbo.*
à la Reserue, *eccetto, in fuori.*
Reseruer, *riserbare.* Item, *eccettuare.*
Reseruir, *seruir di nuouo.*
Reseruoir, *serbatoio.*
Reseul, *riticella.*
Residemment, *assiduamente.*
Residence, *residenza.*
Resider, *dimorare, stare, risedere.*
Residu, *auanzo, residuo.*
Resignant, *resignante.*
Resignataire, *colui al quale si fa la resignatione.*
Resignation, *resignatione.*
Resigner, *resignare.*
Resiné, *mosto, vua cotta.*
Resine, *rosina.*
Resineux, *pieno di rosina.*
Resjoüir, *rallegrare.*
Resjoüissance, *allegrezza.*
Resjoüissant, *rallegrante.*
Resjoüy, *allegro.*
Resipiscence, *resipiscenza.*

Resistance, *resistenza.*
Resister, *resistere.*
Resister au marteau, *tener al martello.*
Resize, *viola, sanamonda.*
Reseller, *sceglier di nuouo.*
Resne, *redine.*
les vieilles Resnes. i. *il pomo della sella.*
Resolu, *risoluto.*
Resoluble, *risolubile.*
Resoluëment, *risolutamente.*
Resolutif, *risolutiuo.*
Resolution, *risolutione.*
Resommeiller, *sonnecchiar di nuouo.*
Resommer, *citar di nuouo.*
Resomption, *repetitione.*
Resonder, *tentar di nuouo.*
Resonger, *sognar di nuouo, Pensar di nuouo.*
Resonnamment, *sonoramente, risuonatamente.*
Resonnance, *risuonanza.*
Resonnant, *risuonante, canoro, sonoro.*
Resonnement, *risuonanza.*
Resonner, *risuonare.*
Resonner, *sonar di nuouo.*
Resortir, *uscir di nuouo.*
Resouder, *saldar di nuouo.*
Resoudre, *risoluere.* Item, *dissoluere.*
Resouffler, *soffiar di nuouo.*
Resouhaitter, *bramar di nuouo.*
Resouper, *cenar di nuouo.*
Resource, *risorgimento.*
il n'y a point de Resource, *non vi è rimedio.*
Resourdre, *sorger di nuouo.*
Resout, *risoluto.*
Resouuenance, *memoria, ricordanza.*
se Resouuenir, *ricordarsi.*
* Respandement, *spargimento.*
Respandeur, *spargitore.*
Respandre, *spandere, spargere, versare.*
Respandu, *sparso.*
Respardre, *spargere.*
Respargnant, *risparmiante.*
Respargne, *risparmio.*
Respargner, *risparmiar di nuouo.*
Respect, *rispetto.*
Respectable, *rispetteuole.*
Respecter, *rispettare, portar rispetto.*
Respectif, *rispettiuo.*
Respectiuement, *rispettiuamente.*
Respectueux, *rispettoso.*
Respectueusement, *rispettuosamente.*
Respessir, *condensar di nuouo.*
* Respir, *fiate.*
Respiration, *respiratione.*
Respirement, *respiramento.*
Respirer, *respirare.*
ne Respirer que douceur, honneur, faueur, &c. *non bramar altro che dolezza, &c.*
Respireur, *respiratore.*
Respit, *rispitto.*
* Respiter, *dar rispitto, indugiare.*
Resplendeur, *splendore.*
Resplendir, *risplendere.*
Resplandissant, *risplendente.*
Resplendissement, *risplendimento.*
Responce, *risposta.*
Responce, *sicurtà per un altro.*
Respondant, *rispondente.*
Respondant, garant, *sicurtà, mallenadore.*

Respondement, *corrispondenza.*
Respondre, *rispondere.*
Respondre pour vn autre, *far sicurtà.*
Respondre vne requeste, *Hedire.*
cela ne Respond pas à vos parolles, *si dise, non si conuiene.*
Respondre, *corrispondere.*
tout luy Respond à souhait, *ogni cosa gli riesce.*
Respondre, qui se dit d'vn lieu, *rimbombare.*
Respondre en vn lieu, *ferire, riuscire.*
qui Respond paye, *chi entra mallenadore entra pagatore.*
Responsable, *obligato di mantenere ò pagare.*
Response, *risposta.* Item, *sicurtà.*
Responses, *raponz oli,*
Responsif, *responsiuo.*
* Responsion, *sicurtà.*
Respouser, *sposar di nuouo.*
Respy, *indagio rispitto.*
Ressuyer, *assaggiar di nuouo.*
Ressasier, *satiare.*
Resseant, *residente.*
Ressemblance, *assomiglianza.*
Ressemblant, *assomigliante.*
Ressembler, *assomigliarsi.*
Ressentiment, *risentimento.*
se Ressentir, *risentirsi.*
* Ressiné, *merenda.*
* Ressiner, *merendare.*
Ressoigner, *curar di nuouo.*
Ressort, *susta, risorto. Giurisdittione.*
Ressort de machine, *ingegno.*
Ressort de serrure, *piegamolla.*
à grand Ressort. i. *grande ò estremo in vna cosa.*
faire jouër le Ressort. i. *impiegar ogni mezo.*
de puissants Ressorts. i. *potenti mezi.*
en dernier Ressort, *in vltimo, senza risorto.*
Ressortir, *risortire.*
Ressouder, *saldare.*
Ressource, *risorgimento.*
Ressuy, *luogo doue si rasciuga l'animale.*
Ressuyer, *rasciugare.*
Restablir, *ristabilire.*
Restablissable, *che si può ristabilire.*
Restablissement, *ristabilimento.*
* Restagner, croupir, *stagnare.*
Restaller, *spiegar di nuouo.*
Restancher, *stagnar di nuouo.*
* Restat, *auanzo.*
Restaurant, *ristoratiuo.*
vn Restaurent, *vn brodo restauratiuo.*
Restaurateur, *ristoratore.*
Restauration, *ristoratione.*
Restaurer, *ristorare.*
Reste, *resto, auanzo.*
Reste d'estoffe, *scampolo.*
de Reste, *d'auanzo.*
Reste de gibet, *forche bene.*
Reste de bordel, *puttana vecchia.*
Reste de sperme, petit homme, *mezza sconciatura.*
le Reste de mon escu, rien qui vaille : l'Italien dit, *auanzo del Carlino.*
à toute Reste, à tutto andare, *à tutta passata.*
jouër de son Reste, *far del resto.*
* Reste, *eccetto.*
Resteindre, *spegner di nuouo.*
Restendre, *stender di nuouo.*
Rester, *restare. Auanzare.*

Resternuër, *starnutar di nuouo.*
Restif, *restio.*
Restile, *che fa frutto ogn' anno.*
Restincle, *spetie d'albero.*
Restipulation, *restipulatione.*
Restipuler, *stipular di nuouo.*
Restituer, *restituire.*
Restituteur, *restitutore.*
Restitution, *restitutione.*
Restiuement, *restiuamento.*
Restiuer, *esser restio, non far volontieri.*
Restouper, *stoppar ò turar di nuouo.*
Restrainct, *ristretto.*
Restraincte, *stretta.*
Restrainctif, *ristrettiuo, restringente.*
Restraindre, *restringere.*
Restrangler, *strangolar di nuouo.*
Restrecir, *scorciar ò stringer di nuouo.*
Restrecissement, *strignimento, scorciamento.*
Restriction, *restrittione.*
Restriller, *stregghiar di nuouo.*
Restringent, *astrettiuo.*
Restudier, *studiar di nuouo.*
Restuuer, *spruzzar di nuouo.*
se Resuanoüir, *venir manco, suenir di nuouo.*
Resuasser, *star pensoso.*
Resueil, *risuegliamento.*
Resueille-matin, *suegliatoio, destatoio.*
Resueille-matin des vignes, *spetie di latiri.*
Resueiller, *destare, suegliare.*
Resueilleur, *destatore.*
Resuer, *vaneggiare.* Item, *star pensoso, trasognare.*
Resuerie, *vaneggiamento.*
Resueur, *vaneggiatore.* Item, *pensicroso.*
Resuiure, *seguitar di nuouo.*
Resultat, *risulto, esito, riuscita, resultamento.*
Resulter, *resultare.*
Resumer, *ripigliare, repetere.*
Resurgir, *risorgere.*
Resurrection, *resurettione.*
Resuscitatif, *resuscitatiuo.*
Resuscitement, *risuscitamento.*
Resusciter, *risuscitare.*
Resusciteur, *risuscitatore.*
Ret, *rete.*
fait en forme de Ret, *reticulato.*
Retail, *ritaglio.*
Retaillement, *ritagliamento.*
Retailler, *ritagliare.*
Retailles, *ritagli.*
Retaillons, *Idem.*
Retapper, *batter di nuouo.*
* Retardation, &
Retardement, *indugio, ritardamento.*
Retarder, *indugiare, ritardare.*
Retarder vn horloge, *tirar in dietro.*
Retarger, *Idem.*
Retaster, *gustar di nuouo.*
Retaxer, *tassar di nuouo.*
Retindre, *tinger di nuouo. Tinger due volte.*
Retint, *tinto di nuouo. Tinto due volte.*
Retendre, *tender di nuouo.*
Reteneur, *ritenitore.*
Retenir, *ritenere.*
Retenir vne personne, *trattenere.*
Retenir par arres, *caparrare, incaparrare, arraré.*
Retenir vne seruante ou seruiteur, *appostare.*
Retenir, *raffrenare.*



Retenir par cœur, *tener à mente, ricordarsi.*
se Retenir, *astenersi.*
Retenter, *tentar di nuouo.*
Retention, *retentione.*
Retention d'vrine, *stanzuria.*
Retentir, *ribombare.*
Retentissement, *rimbombo, rimbombamento.*
Retentiue, *retentiua.*
Retenu par arres, *caparrato.*
Retenu, *ritenuto, modesto, discreto, considerato.*
Retenuë, *contegno, moderatione, modestia.*
Retenuëment, *discretamente, accortamente.*
Reticence, *reticenza.*
Retien, *raffrenamento.*
Retier, *mastro che fa reti.*
Retiercement, *rinterzamento.*
Retiers, *terzo della terza parte.*
Retif, *restio.*
* Retiforme, *reticolato.*
Retine, *retina dell' occhio.*
Retirade, *ritirata, trattamessa.*
Retiré, *ritirato.*
Retirée, *ritirata.*
Retirement, *ritiramento.*
Retirement de nerfs, *rattrappamento.*
Retirer, *ritirare, cauare.*
Retirer de gage, *disimpegnare.*
Retirer, *rassomigliare.*
se Retirer comme la peau, *ricutiarsi.*
se Retirer, *ricouerarsi.*
se Retirer, des nerfs, *rattrapparsi.*
Retirer vne personne, *dar ricetto ò recapito, ricettare.*
se Retirer, qui se dit des matieres, *raggrinzarsi.*
se Retirer, *rauuedersi, emendarsi, cangiar la mala vita in buona.*
Retisser, *tesser di nuouo.*
* Retistre, *Idem.*
Retoire, *retorio.*
* Retombée, *flussione d'humori.*
Retomber, *ricadere.*
Retondir, *risuonare.*
Retondre, *tosar di nuouo.*
Retorceure, *torcimento, torcitura.*
Retordement, *torcimento.*
Retordeur, *ritorcitore.*
Retordre, *ritorcere.*
Retordure, *ritorcitura.*
Retoricien, *Retorico.*
Retorique, *Retorica.*
Retorquer, *ritorquere.*
Retors, *ritorto.*
Retorte, *ritorta.*
Retouble, *ristoppio, terra che si semina ogn' anno.*
Retouchement, *ricoccamento.*
Retoucher, *ritoccare.*
* Retouïller, *rimescolar di nuouo.*
Retour, *ritorno.*
Retour, *contracambio, vicenda.*
donner de Retour, *rifare, dar di più.*
il ne luy doibt rien de Retour. i. *non gli è punto inferiore.*
à beau jeu beau Retour. i. *alla pariglia.*
vn Retour de matines, *vna burla, vn mal giuoco.*
vne beauté qui est sur le Retour, *beltà fallita ò mancheuole.*
Retourner, *tornare.*
Retourner vne chose, *riuolgere, voltare.*
Retourner, donner de retour, *rifare.*

Retourner la terre, *riuangare, scassare, arrompere.*
Retracer, *tracciar di nuouo.*
Retractation, *retrattatione.*
Retracter, *retrattare.*
Retrahir, *tradir di nuouo.*
Retraict, *priué, cesso, destro, necessario.*
Retraict, *ritrahimento, ricuperamento.*
en Retraict, *priuatamente.*
Retraicter, *trattar di nuouo.* Item, *riuedere, riconosce-*
  *re.*
Retraicte, *ritirata.* Item, *ricouero, ricetto.*
Retraire, *ritrarre, recuperare.* Item, *dar ricetto.*
sonner la Retraicte, *sonar à raccolta.*
Retranchement, *trincieramento.*
Retranchement dans les ouurages de la ville, *ritirata.*
Retransitif, *reflettino.*
Retrayant, &
Retrayeur, *redentore, ricomperatore.*
Retremper, *bagnar ò immolar di nuouo.*
Retrenchement, *trincieramento,*
Retrencher, *leuar da vna cosa, tagliare, sminuire.*
se Retrencher, *trincierarsi.*
Retribuer, *retribuire, ricompensare.*
Retribution, *retribuzione.*
Retroacte, *retroatto.*
Retroactif, *retroattino.*
Retroceder, *retrocedere.*
Retrocession, *retrocessione.*
Retrogradation, *retrogradatione.*
Retrograde, *retrogrado.*
Retrograder, *retrogradare.*
Retrouër, *forar di nuouo.*
Retroussement, *ribracciamento.*
Retrousser, *ribracciare.*
se Retrousser iusqu'au coude, *alzarsi le maniche fin al*
  *gombito.*
Retrousser la moustache, *tirar sù le basette.*
Retrousser les cheueux, *raccogliere i capegli.*
Retrouuer, *ritrouare.*
* Retry, *grinzo.*
Rets, *reti.*
Rets d'aulx, *mazzo ò resta d'agli.*
* Reu, *ruscello.*
Reualider, *riualidare.*
Reualoir, *rinalere.*
Reubarbe, *riobarbaro.*
Reueiller, *destare, suegliare.*
Reuelation, *riuelatione.*
Reuelement, *Idem.*
Reueler, *riuelare.*
Reueleur, Reueleux, *riuelatore.*
Reuenant, *riuenente.* Item, *piacente.*
Reuenche, *riscatto nel giuoco.*
Reuenche de courtoisie, *gratitudine, contracambio.*
vser de Reuenche, *contracambiare.*
prendre Reuenche au jeu, *riscattarsi, rifarsi nel giuoco,*
  *riscuotersi.*
Reuenche, *vendetta.*
se Reuancher d'vn plaisir, *contracambiare.*
se Reuancher, *riuoltarsi, riuolgersi.*
Reuendage, *riuendimento.*
Reuenderesse, *riuenditrice, treccola.*
Reuendeur, *rigattiere.*
Reuendeuse, *venderuola, rigrattiera.*
Reuendication, *riuendicatione.*
Reuendiquer, *riuendicare.*
Reuendition, *riuendimento.*
Reuendre, *riuendere.*

j'en ay à Reuendre, *ne hò da buttare.*
Reuendu, *riuenduto.*
Reuenger, *riuendicare, vendicar di nuouo.*
Reuenir, *tornare.*
Reuenir, *assomigliare.*
Reuenir à soy, *tornar in sè, rihauersi, risentirsi.*
faire Reuenir la viande, *far rigonfiare sopra i carboni*
  *abbrustolare, risare.*
Reuenir à la bouche ou sur le cœur, *nauseare.* Metaph.
  *offendere, accorare.*
cela me Reuient sur le cœur : l'Italien dit, *non la posso*
  *mandar giù.*
l'vn Reuient à l'autre. i. *è la medesima cosa.*
cela me Reuient bien. i. *mi qtadra mi torna bene.*
il ne me Reuient pas. i. *non mi piace.*
cela me Reuient à dix escus, *mi costa dieci scudi.*
faire Reuenir le cœur, *rallegrar il cuore.*
c'est pour Reuenir à ce que ie disois. i. *s'accorda con quel*
  *lo, ch'io diceuo, si confà.*
il n'est pas Reuenu de ses desbauches, *non si è ancora*
  *ammendato ò corretto de' suoi disordini.*
i'en suis Reuenu. i. *non ci voglio andare.* Item, *non son*
  *per farlo.*
Reuention, *certo diritto douuto al Signore dal comprato-*
  *re.*
Reuenu, *rendita, frutto di rendita, entrata.*
Reueoir, *riuedere.*
Réuer, *vaneggiare.* Item, *star pensoso.*
Reuerable, *riuereuole, venerabile.*
Reuerberation, *reuerberatione, ripercussione.*
Reuerberatoire, *reuerberatorio.*
Reuerberé, *ripercosso.*
Reuerberer, *reuerberare, ripercuotere.*
Reuerdir, *rinuerdire.*
Reuerdissant, *riuerdeggiante.*
Reueremment, *riuerentemente.*
Reuerence, *riuerenza.*
parlant par Reuerence, *con buona pace, con riuerenza*
  *parlando.*
* Reuerencer, *far riuerenza.*
Reuerend, *reuerendo.*
* Reuerender, *riuerire.*
Reuerential, *riuerentioso.*
Reuerentieux, *Idem.*
Reuerer, *riuerire.*
Reuerifier, *riuerificare, verificar di nuoui.*
Reuernir, *vernicar di nuouo.*
Reuers, *rouescio.*
Reuers de fortune, *colpo di fortuna, percossa di fortuna.*
de Reuers, *contramano.*
Reuersailles, *rimescugli, scolature di vino, &c.*
Reuerser, *versar di nuouo, mescer di nuouo.*
Reuersion, *reuersione, rouesciamento.*
Reuersures, *rimesugli, auanzi, scolatture.*
Reuersis, *Idem.*
Reuersis, jeu, *rouescino.*
jouër au Reuersis, Metaph. *lasciarsi rouesciare.*
* Reuertir, *tornare.*
Reuesche, *ritrorso.* Item, *aspro, brusco, acerbe.*
de la Reuesche, *roueschia, baietta.*
Reuest, *rinuestitura.*
Reuestement, *riuestimento.*
Reuestiaire, *reuestiere, Sagrestia.*
Reuestir, *riuestire.*
Reuestir vne muraille, *incamisciare.*
Reuestissement, *riuestimento. Incamisciamento.*
Reuestu, *riuestito.*
muraille Reuestuë, *muraglia incamisciata.*

Reueuë, visita, scorsa.
faire les Reueües, visitare.
Reuifier, vinificar di nuouo:
Reuigourer, rinuigorire.
Reuirade, giro, giratolia.
Reuirer, girare.
vn Reuire-marion, vna granciata.
Reuiseur, reuisore, visitatore.
Reuisitation, visitatione.
Reuision, reuisione.
Reuisiter, visitar di nuouo.
Reuisiteur, visitatore.
Reuiuifiant, vinificante.
Reuiuifier, vinificar di nuouo.
Reuiure, viuer di nuouo, tornar à viuere.
Reume, infreddamento, catarro.
Reunion, riunione.
Reunir, riunire.
Reuocable, reuocabile.
Reuocation, reuocatione:
Reuoguer, vogar di nuouo.
Reuoir, riuedere.
iusqu'au Reuoir, à riuederci.
Reuol, riuolo.
Reuoler, riuolare.
Reuolte, riuolta, solleuatione.
Reuoltement, riuoltamento.
se Reuolter, riuoltarsi, solleuarsi, ammutinarsi.
Reuolu, renoluto, scorso.
Reuoluble, renolubile.
Reuolution, riuolutione.
Reuomir, riuomitare.
Reuoquer, reuocare:
Reuoyeur, riueditore.
Reupontic, rapontico.
Reussir, riuscire.
Reussite, riuscita.
Reuulsion, riuulsione.
Reyne, Regina.
Rez, raso, raduto.
Rez plein, zeppo, pieno à martelétto.
Rez terre, rasente.
Rez de chaussée, rasente alla terra.
Rez à rez, à randa à randa, rasente.
il ne se soucie ny des Rez ny des tondûs: l'Italien dit, non cura nè Rè nè Rocco.
Rezueil, reticella.

RH

R Habarbe, renbarbaro.
Rhabiller, vestir di nuouo. Item, racconciare.
Rhabillage, racconciatura.
Rhabituer, rihabituare.
Rhamindique, spetie di radice d'india.
Rhamne, ramno, spetie di cardo.
Rhapontique, rapontico.
Rheteur, retorico.
Rhetoricien, Idem.
Rhetorique, Retorica.
Rhetoriquement, retoricamente.
* Rhetoriquer, far il Retorico.



Rhetoriser, Idem.
Rheubarbe, reubarbaro.
Rheumatisme, flussione.
Rheume, catarri, infreddamento.
Rheupontique, spetie di renbarbaro.
Rhomb, rombo, pesce.
Rhomboide, romboide.
Rhu, rus, sommaco.

RI

R Iagal, riagas, visigallo, aconita.
Riant, ridente.
Riard, che ride di continouo.
Ribaine, Vedi, Ribon.
Ribaud, lussurioso, puttaniere.
Ribaude, puttana.
Ribaudaille, canaglia, ribaldi.
Ribadoquin, ou
Ribaudequin, ribadocchino, spetie di cannone.
Ribauderin, Idem.
Ribauld, Vedi, Ribaud.
Ribaulder, lussureggiare, puttaneggiare.
Ribauldise, lussuria, puttaneria.
Ribes, &
Ribettes, groseille rouge, vna spine.
Ribier, vna spino.
* Ribler, rubare, scorrer di notte, assassinare.
* Riblerie, ruberia.
Riblette, carbonata di porco.
* œufs à la Riblette, frittata rognosa.
* Ribleur, ladro notturno.
* Ribon ribaine, confusamente, tarabara.
* Ric à ric, rasente, estremamente, esattamente.
Ricagner, &
Ricaner, ghignare, ridere.
Ricaneux, ghignatore, burliere.
Richard, gros riche, ricone.
Riche, ricco.
Riche taille, statura mediocre, ò mezana.
Richement, riccamente.
Richesse, ricchezza.
Ricciols, riccioli.
Ricochet, risalto di pietra tirata nel l'acqua.
la chanson du Ricochet: l'Italien dit, la canzone dell' vccellino.
* Ricote, fourmage de cresme, ricotta, proprement de la recuitte.
Ridde, moneta di Gheldria.
Ridé, grinzo, rugoso, aggrinzato.
Ride, grinza, ruga.
Rides, corde da ammarrare lo sperone.
Rideau, cortina. Bandinella.
Ridélle de chariot, ridolo.
Ridement, aggrinzamento.
Rider, aggrinzare, grinzare.
se Rider, raggrinzare.
Rider, en terme de marine, care, ammarrare.
Ridicule, ridicolo.
Ridiculement, ridicolamente.
Rieble, apari.
Rien, niente.

Rien qui vaille, *niente di buono.*
vn Rien ne vaut, *vn furfante.*
en vn Rien, *in vn subito.*
à Rien ne fait ou fait Rien, *far à monte nel giuoco.*
* Riere, *dietro.* Item, *appresso, intorno.*
Riere-fils, *nepotino.*
Riere-vassal, *sotto vassallo.*
* Rieu, *ruscello.*
Rieur, *burliere, che ride ò motteggia volentieri.*
il n'y a laissé ny Riffle ny raffle. i. *non vi hà lasciato niente.*
Riffler, *raffare, portar via ogni cosa.*
Riffler, *rintonacare, riturar buchi ne' muri.*
Rigalisse, *regalitia.*
Rigolage, *gongolamento.*
Rigolement, *Idem.*
se Rigoller, *gongolare, gongolarsi.*
Rigolerie, *gongolamento.*
Rigoleur, *gongolatore.*
Rigolle, *fosso, fossato.*
Rigoureusement, *rigorosamente.*
Rigoureux, *rigoroso.*
Rigueur, *rigore.*
à toute Rigueur, *con ogni sforzo.*
* Rillon de porc, *trippa.*
* Rim de vent, *turbine.*
Rimaille, *rimaccia.*
Rimailler, *poetare, rimare.*
Rimailleur, *rimatore.*
Rimailleuse, &
Rimarde, *rimatrice.*
Rimasser, *poetare, rimare.*
Rimasseur, *rimatore.*
Rimer, *rimare.*
Rime, *rima.*
Rimes tierces, *terzetti.*
Rimette, *rima picciola.*
Rimeuse, *rimatrice.*
* Rimonner, *rimare, poetare.*
Rimoyer, *Idem.*
* Rimoyeur, *rimatore.*
Rinocerot, *rinocerotto, rinoceronte.*
* Rinseau, *ramuscello.*
Rinsement, *sciacquamento.*
Rinser, *sciacquare.*
Rinser le godet, *beuer bene, beuazzare.*
Rinseur, *sciacquatore.* Item, *benitore.*
Rinseures, *sciacquature.*
* Riolé, piolé, *punzecchiato di più colori.*
Rioler, *far di più colori.*
* Riotte, *ritorta.*
Riotte, *rissa, riotta.*
Riottement, *Idem.*
Riotter, *rissare, contendere, riottare.*
Riotteux, *risso, contentioso.*
Ripaille, *gozzouiglia.*
faire Ripaille, *squazzare, far gozzouiglia.*
tout à la Ripaille, *à raffa raffa, à grapaviglia.*
* du Ripopé, *cattino vino, scolature, sciacquature cerbonea.*
Rippe, *spetie di pesciolino.*
Rire, *ridere.*
Rire à gorge desployée, *ganazzare, smascellar delle risa, rider alla smascellata.*
tout luy Rit. i. *ogni cosa lo fattorisce.*
Ris, *riso.*
Ris de chien, *riso interessato.*
du Ris, *riso.*

Ris de veau, *animella.*
Risée, *risata.*
Risible, *risibile.*
Risposte, *risposta.*
Risque, *rischio.*
Risquer, *arrischiare.*
Rissole, *certa cosa di pasta rosolata riempieta di carne trita.*
Rissolé, *crogio, rosolato.*
rissoler, *crogiare, rosolare.*
Ristons, *certa cosa di vascello.*
Ritual, *rituale.*
Riuage, *riua, lido.*
Riuager, *di riua.*
Riual, *riuale.*
Riuant, *ribadente.*
Riue, *riua.*
pain de Riue, *pane della riua del forno, senza orlicci.*
Riuement, *ribadimento.*
Riuer vn cloud, *ribadire, chiauellare.*
Riuer les clouds à vne personne, *ribadire.*
Riuer le bis, *parola zerga, far l'atto venereo.*
* Riuereux, *che habita appresso fiumi, di fiumara.*
Riuerotte, *riua picciola.*
Riuet, *giro di scarpa.*
riueure, *ribaditura.*
Riuiere, *fiumara, riuiera.*
Riz, *riso.*

## R O

ROan, *roano, caual roano.*
* Rob, *succo di vue spine.*
Robbe, *veste, robba longa.*
Robbe de femme, *veste.*
de Robbe, ou de robbe longue, *togato, di toga.*
de leur Robbe. i. *della medesima conditione.*
Robbe de chambre, *veste da camera.*
Robbe de pelerin, *schiauina.*
* Robber, *rubbare.*
* Robberie, *rubberia.*
* Robbeur, *rubbatore.*
Roberge, *spetie di barca.*
Robert, *spetie di pero.*
saulse à Robert, *intingolo fatto con cipolle è senapa.*
vn plaisant Robin, *vn buffone.*
Robineries, *buffonerie.*
Robinet, *galetto.*
Robon, *robbone.*
* Roboration, *roboratione, rafforzamento.*
* Roborement, *Idem.*
* Roborer, *rinforzare.*
Robre, *ronere.*
Robuste, *robusto, gagliardo.*
Robustement, *gagliardamente, robustamente.*
Robusteté, *robustezza.*
Roc, *rocca.*
Roc aux eschecs, *rocco.*
vieux Rocard, *vecchio ranticoso.*
Rochailles, *pezzi ò spezzami di rocca.*
Rochan, *pesce che vine nelle rocche.*
Roche, *rocca, rupe.*

Rocher, *rocca.*
Rochet, *rochetto.*
Rocher d'horloge, *rochello.*
Rochoir, *borracciere.*
Rocoulement, *croiamento.*
Rocouler, *croiare.*
Rocquet, *spetie di morzetta.* Item, *spetie di cane.* Vedi, Roquet.
Rodage, *certo datio.*
Rodanes, *spetie di ciregie.*
Rode, *orata.*
Rode, *ruta di poppa.*
Rodelle, *rotella.*
Roder, *scorrere, correr attorno.*
Rodeur, *scorritore.*
* Rododaphne, laurier rose, *rododafne.*
vn Rodomont, vn brauo, vn, *Rodomonte.*
Rodomontade, *rodomantata, brauata.*
Rogations, *rogationi.*
Rogatoire, *requisitoria.*
Rogatons, carte scritture, *poesie che si presentano a' grandi per cauar quattrini ò presenti.*
* Roger bon temps, buon compagno, *spensierato.*
Rognonner, *brontolare, rugnire.*
Rogue, *mesenteria.*
* Rogue, *superbo.*
Roguement, *superbamente.*
Roide, *rigida. Gagliardo.*
Roide de froid, *gelato, assiderato.*
Roide, difficile à monter, *erto, rampante.*
Roide mort, *disteso morto.*
Roidement, *fortemente, rigidamente.*
Roideur, *rigidezza, fortezza, asprezza.*
Roidir, *irrigidire.*
Roidir les membres, *stender le membra.*
se Roidir, *star saldo, star ostinato, ostinarsi, esser renitente, resistere. Distendersi.*
Roigne, *rogna.*
Roigne viue, *Idem.*
Roignement, *tagliamento.*
Roigner, *tagliare, tarpare.*
Roigner les morceaux, *dar poco da mangiare.*
Roigner les ongles de prés, *tarpar vno, leuare il potere.*
Roigner la monnoye, *tosare.*
Roigneur de monnoye, *tosatore, monetario.*
Roigneure, *ritaglio*
Roigneure de cuir à faire de la colle, *carniccio, limbelluccio.*
Roigneux, *rognoso.*
Roignon, *arnione.*
Roignon de longe, *rognonata.*
* Roine, *regina.*
Roitelet, *regolo, lui, Rè d'uccelli.*
Roland, *Orlando.*
faire le Roland, *far del brauo.*
mort Roland. i. *sete grande.*
Rolle, *rollo, lista, memoria, catalogo.*
Rollet, *Idem.*
* Roller, *arrotolare.*
il est au bout de son Rollet. i. *non sà più che dire ò fare.*
Rollier, *carrettare.*
Rollon, *ruolo, rotolo.*
Romain, *Romano.*
Romaine, fer de balance, *romana.*
Roman, *romanzo, historia di caualleria.*
Romanesque, *romanesco.*
Romarin, *osmarino.*



Rombe, *rombo.*
* Romicole, *che osserua la religione ò vsanz a romana.*
Romore, sorte de poisson, *remora.*
Rompable, *rompeuole.*
Rompement, *rompimento.*
Rompement de teste, *rompicapo.*
Rompeur, *rompitore.*
Rompeure, *rottura.*
Rompierre, *sassifraga.*
Rompre, *rompere, spezzare, romperfi.*
Rompre le cul d'vne aiguille, *scrunare vn ago.*
Rompre son jeûne, *sdigiunare.*
Rompre la terre, *arrompere.*
Rompre les mottes, *zeppare.*
Rompre en lice, *romper la lancia.*
Rompre par Iustice, *squartare.*
Rompre auec quelqu'vn, rompre compagnie, & rompre la paille, *partir l'amicitia.*
Rompre vn beau coup, vne belle occasion : l'Italien dit, *schiacciar l'vouo in bocca.*
à tout Rompre, *al più andare.*
jouër à tout Rompre, *far del resto.*
Rompre le coup, *tor la volta, rubar le mosse.*
Rompre le Caresme, *guastar la Quaresima.*
Rompre en visiere, dar nel viso, *burlar vno in sua presenza.*
Rompu, *rotto.*
Rompu, rusé, *astuto, scaltro, furbo.*
Rompu à vn exercice, *diuoto, prattico.*
chemin Rompu, *camino sfondato.*
* Rompure, *rottura. Ernia.*
Ronçay, *luogo pieno di roui.*
Ronce, *rouo.*
buisson de Ronces, *roueto.*
Ronce de chien, *rouo canino.*
Ronceux, *pieno di roui.*
Roncer, *lanciare, tirare, auuentare.*
Ronciere, *roueto, luogo di roui.*
Ronçon, sorte d'hallebarde, *roncone.*
Rond, *tondo.* Item, *grossolano.*
Rond, franco, *sincero.* Item, *imbriaco.*
fil Rond, *filo grosso.*
compte Rond, *conto giusto ò compito.*
en Rond, *in tondo, in giro.*
au Rond, *spetie di giuoco in vn tondo ò cerchio segnato in terra.*
Rondache, *rotella, brocchiere, targa.*
Rondacher, *armato di rotella.*
Ronde, *tonda.*
la Ronde, *ronda.*
toille Ronde, *tela grossa.*
à la Ronde, *attorno, intorno, intorno, tutt' attorno, in giro.*
Rondeau, *motto, impresa.*
Rondeau, *carolla, ballo tondo.*
Rondeau poësie, *spetie di strambetto.*
Rondeau, en Architecture, *tondino.*
Rondeau de pasticier, *tauola.*
* Rondeler, *girare.*
Rondelet, *tondetto.*
Rondelle, *rotella.*
Rondement, *tondamente.*
Rondement, francamente, *alla carlona, sinceramente.*
Rondeur, *tondezza.*
* Rondibilis, *huomo tondo ò pancinto.*
Rondin, legno tondo da abbrucciare. Item, *spetie di misura.*
Rondole, *nottola marina.*

Ronfle, *ronfa.*
jouër à la Ronfle, *ronfare, ronfar dormendo.*
Ronflement, *ronfamento.*
Ronfler, *ronfare.*
Ronfleur, *ronfatore.*
Ronge, *rofigamento.*
faire fon Ronge, *rodere.*
Rongeard, *rofigatore, roditore.*
Rongement, *rofigamento.*
Rongeotter, *rofecchiare.*
Ronger, *rodere, roficare.*
Ronger fon frein : l'Italien dit, *rodere i chiaui ftelli, ro-*
    *der la catena.*
Ronger iufqu'aux os, *rouinar vno.*
Rongeur, *roditore.*
Rongeure, *rofura.*
Rongne, Rongner, &c. *Vedi*, Roigne.
Ronfiere, *roucio.*
Roole, *rollo.*
Roole de Comedien, *parte.*
jouër bien fon Roole, *far ben la fua parte.*
Roolet, *Idem.*
Ropille, roupille, *fpetie di cafacca.*
Roquet, *rochetto.*
Roquet de païfan, *giornea.*
Roque, forte de chien, *can botolo.*
Roquette, *ruchetta.*
Roquette, *citadella.*
Roquille, *fpetie di mifura in Borgogna.*
Roface, *branca vrfina, acantio fiore.*
Rofage, *oleandro.*
Rofagine, & Rofaigne, *Idem.*
Rofaire, *rofario.*
Rofat, *rofato.*
Rofe, *rofa.*
Rofe autumnale ou mufcate, *rofa mufcata.*
Rofe Noftre-Dame, *peonia.*
Rofe de Iunon, *giglio bianco.*
Rofe de pienne, *peonia.*
Rofe feiche, *color di rofa fecca.*
Rofe de Prouins, *rofa do roffappia.*
la plus belle Rofe de fon chapeau. i. *la cofa che gli deue*
    *effer più cara ó più importante.*
Rofe à cent feüilles, *cento foglie.*
Rofe de gloire, *compartimento.*
Rofe de Hierufalem, *amomo.*
Rofe d'Inde, *otonna.*
Rofe d'églantier, *rofa feluatica.*
il n'y a point de fi belle Rofe, qui ne deuienne, grat-
    tecul : l'Italien dit, *non fù mai fi bella fcarpa, che non*
    *diuentaffe brutta ciauatta.*
ce ne font que des Rofes : l'Italien dit, *è vn zucche-*
    *ro.*
Rofes de fouliers, *naftri.*
Rofeau, *canna.*
Rofeau aromatic, *calamo.*
lien plein de Rofeaux, *canueto.*
Rofé, *rofeu.*
Rofée, *rugiata.*
Rofée du Soleil, *fpetie d'herba.*
Rofereau, *fpetie d'armellino.*
Rofetique, *fpetie di vino in Guafcogna.*
Rofette, *cenabrio, minio.*
Rofette, *rame del primo gitto.*
poire de Rofette, *fpetie di pero.*
vin de Rofette, *vino roffo da incappellar l'altro.*
Rofette de botte, *tomaia fcappino.*
mettre des Rofettes, *fcappinare.*

à Rofette, *à guifa di rofa.*
Rofillon de botte, *parte di fopra della tomaia.*
Rofier, *rofaio.*
Rofier fauuage, *rouo.*
Rofin, *rofino, di rofa.*
Rofine, *rofata.*
Rofinement, *ftillamento di rugiada.*
Rofiner, *ftillar rofina.* Item, *cader la rugiada.*
Rofineux, *pieno di rofina.*
Rofle, *Vedi*, Roole.
Rofmarin, *ofmarino, rofmarino.*
du Rofolis, *rofoli fpetie di beuanda.*
Rofoyant, *rofeggiante.* Item, *rugiadofo.*
Rofoyer, *rofeggiare.*
* Rofpe, *rofpo, botta.*
Roffe, poiffon, *lafca.*
Roffe, mefchant cheual, *rozza.*
il n'y a fi bon cheual qui ne deuienne Roffe. i. *non vi è*
    *perfona tanto gagliarda, che non diuenti fiacca è vecchia.*
Roffer, *brontolare, gridare, ruzzare.* Item, *battere.*
Roffeur, *brontolatore, ruzzatore.*
Roffette, *marza.*
Roffignol, *vfignuolo, roffignolo.*
Roffignol, fer à crocheter, *grimaldello.*
Roffignol de terre, fifflet que les enfans empliffent d'eau,
    *roffignuolo d'acqua.*
Roffignol d'Arcadie ou de moulin, *afino.*
Roffignol de marefts, *rana.*
Roffignol de riuiere, *fpetie di vccello pefcatore.*
Roffignol de muraille, *certo vccellino.*
Roffignoler, *roffignolare.*
Roffignolet, *vfignoletto.*
Roft, *arrofto.*
* Rofte-don, ofte-don, *che ripiglia quello, che hà dona-*
    *to.*
Roftie dans la léchefritte, *panunto.*
Roftie, *fetta di pane abbruftolato.*
Roftie au vin, *pan lauato.*
il a Rofty le balay. i. *egli è prattico, è ftato in più paefi.*
Roftir, *arroftire.*
fe Roftir auprés du feu, fe chauffer à fon aife, *cregiarfi.*
elle n'eft plus bonne à Roftir : l'Italien dit, *non è più vouo*
    *frefco, non è vouo d'hoggi.*
Roftifferie, *botteghe ò mercato di vendi arrofto.*
Roftiffeur, *vendi arrofto.*
Roftiffeufe, *moglie di vendi arrofto.*
Rofty, *arroftito.* Item, *arrofto.*
* accommoder tout de Rofty : l'Italien dit, *acconciar pel*
    *di delle fefte.*
Rot, *rutto.*
Roter, *ruttare.*
Roteur, *ruttatore.*
Rotine, *vfo prattica.*
Rottifferie, *Vedi*, Roftifferie, &c.
Rotonde, *fpetie di collare da regger l'altro.*
Rotondité, *rotondità.*
Rottement, *ruttamento.*
Rotter, *ruttare.*
Rotteur, *ruttatore.*
Rotton, *can bottolo.*
Rotule, *mola.*
Roture, *ignobilità.*
Roturier, *ignobile.*
Roturierement, *ignobilmente.*
* Rouable, *Vedi*, Rable.
Rouage, *ruote.*
Rouan, *roano, fagenato.*
Rouanette, *fpetie di ferro da fegnar le botti.*

Rouart, *Bargello di campagna.*
Rouchant, *spetie d'vccello.*
Rouche, *cupile.*
Rouche, *spetie d'herba, brusco.*
Roucheroie, *pettirosso.*
Rouchet, *spetie di pesce cappone, ò dentale.*
Roucoulement, *croiamento.*
Roucouler, *croiare.*
Rouë, *ruota.*
Rouë de champ, *ruota dell' horloggio appresso quella dell' tempo.*
Rouë de rencontre, *ruota del tempo.*
Rouë de compte, *ruota che fa muouer lo stillo dell' horloggio.*
pousser à la Rouë. i. *aiutar, dar aiuto.*
la plus meschante Rouë fait du bruit, *la più cattiua ruota zigola. i. la minima persona fa rumore.*
la maistresse Rouë fait tourner le moulin. i. *il Padrone ò Signore mantiene i seruitori ó sudditi.*
faire la Rouë comme vn Paon, *Pauoneggiare.*
Rouë de mer, *spetie di pesce.*
Rouë, *squartato, ruotato.*
Rouëlle, *rocchio, fetta.*
Rouëlle de veau, *pezzo ò rocchio della coscia di vitella.*
Rouëlle de mors, *fallo.*
Rouëment, *ruotamento.*
Rouën, *cheual, roano.*
Rouër, *romper ò squartare vno con la ruota. Item, rotare.*
Rouësse, *spetie di pero.*
Rouët d'harquebuse, *ruota.*
Rouët à filer, *filatoio, tornello.*
Rouët à tordre de la soye, *torcitoio.*
Rouët de Tisseran, *subbia.*
Rouët de Potier, *ruota.*
Rouët d'vne serrure, *cerchio.*
* Rouëter, *ruotare.*
Rouëtte, *ruota picciola.*
Rouge, *rosso.*
Rouge de feu, *rouente in fuocato.*
Rouge bourse, *pettirosso.*
Rougeastre, *rosseggiante.*
Rougelet, *spetie di pero.*
Rouge gorge, *oiseau, pettirosso.*
Rougement, *rossamente.*
Rougeolle, *rosolia, le rossette.*
Rouget, *pesce cappone.*
les rougets, *certa compagnia di barri con setraiuoli rossi.*
Rouget, barbe, *spetie di barbo.*
Rougette, *spetie di dentale.*
Rougeur, *rossore.*
Rougir, *arrossire.*
Rougir au feu, *rouentare, rouire, infocare.*
Rougissant, *rosseggiante, rouente.*
Rouille, *rugine.*
Rouille de cuiure, *fior di rame.*
Rouillé, *ruginoso.*
Rouiller, *ruginire.*
* Rouiller les yeux, *Vedi, rouler.*
Rouilleure, *rugine.*
Rouir du chanvre, &c. *macerare, metter in macero.*
Rouisse, *spetie di pero.*
Rouissoir, *macero luogo da macerare il canapo ò lino.*
Roulade, *tiro di gorgia cantando.*
Roulant, *rotolante.*
en Roulant, *rotolone.*



* Roule, *Vedi, Roole.*
Roule, *rotolamento.*
Rouleau de Pasticier, *stenderello.*
Rouleau, *rotulo.*
Rouleau, *curlo, spianatoio, ruolo.*
Rouleau, *spetie di nastro di lana.*
Rouleau d'estoffe, *viluppo.*
Rouleau à vnir la terre, *voluolo.*
Rouleau de timbre, &c. *corrente, corlo, cordona.*
Rouleau de nauire, *palauca.*
Roulement, *tirata, sdracciolamento.*
Rouler, *piegar in forma di rotulo.*
Rouler, *rotolare.*
Rouler dans vn papier, &c. *auuiluppar in vna carta.*
Rouler, *andar in carozza.*
Rouler du haut en bas, *scoscendere.*
Rouler sa vie doucement, *passarsela con poca cosa, vinacchiare.*
Rouler par l'esprit, *vagar per l'animo.*
Rouler les yeux, *stralunare.*
Roullier, *Vedi, Roller.*
Roulier, *carrettaro, condottiere.*
Roulier, *stalla da ingrassar porci.*
Roulis, *colonna, pilastro.*
Ronpeau, *spetie d'airone.*
Roupie, *oiseau, pettirosso.*
Roupie, *gocciola al naso.*
Roupieux, *gocciolone.*
Roupille, *casacca.*
* Roupte, *rottura.*
Roure, *rouere.*
Rousée, *rugiada.*
Rousseau, *cauna.*
Roussastre, *rosseggiante.*
Rousse, *rossa. Che hà capegli rossi.*
bestes Rousses, *cerui, capriuoli, &c.*
Rousseau, *huomo rosso, che hà capegli rossi.*
Rousseau, *spetie d'airone.*
Rousselet, *spetie di pero.*
Rousselet, *vn poco rosso.*
Rousser, *brontolare, grugnire.*
Rousserole, *pettirosso.*
Roussette, *spetie di pesce, mullo.*
Rousseur, *rossore.*
* tache de Rousseur, *lentiggine.*
Roussin, *ronzino.*
Roussiner, *far il ronzino, correr dietro alle caualle.*
Roussir, *arrossire, diuentar rosso.*
Roussuy, *rono.*
Roussoyant, *rosseggiante.*
Roussoyer, *rosseggiare.*
Route, *via, volta.*
Route, *brigata di Soldati.*
Route, en terme de manege, *sulco.*
Route, déroute, *rotta.*
* Router, *ruttare.*
Router, *seguitar la traccia.*
Routier, *huomo prattico, che sà la via, guida. Item, assassino di strade.*
Routier, *libro di cammini.*
vn vieux Routier : l'Italien dit, *vn sbirro vecchio.*
Routine, *vso, prattica.*
Routiner, *praticare,*
Routure d'eau, *via fatta dal continuo scorrer dell' acqua.*
Rouueau, *spetie di pero.*
Rouuiere, *spetie d'oliua.*
Rouuraye, *selua di roueri, rouvreto.*
Rouure, *rouere.*

Rouuroy, *roueto.*
Roux, *rosso, che hà i capelli rossi.*
Roux alefan, *sauro.*
Roux comme le fiel, *roggio.*
Rouy, *macerato nell' acqua come il lino, &c.*
Roy, *Rè.*
les Roys, *festa dell' Epifania ó trè Rè.*
Roy d'armes, *Araldo.*
le Roy de la febve: l'Italien dit, *Duca di Maggio.*
Roy de Poitiers, *Idem.*
le Roy des cailles, *quaglia maggiore.*
au Roy Arthus, *spetie di giuoco.*
jouër au Roy despouillé, *spetie di giuoco.* Metaph. *restar senz a vestito.*
faire comme le Roy deuant Pauie. i. *cauar fin all' vltimo per z o.*
Royal, *reale.*
lettres Royaux, *patenti del Rè.*
Royaliste, *Realista, seguace del Rè.*
Royallement, *da Rè, realmente.*
Royauté, *Realtà, stato di Rè.*
Royaume, *Reame, Regno.*
le Royaume des taupes. i. *sotto terra.*
le Royaume des chats. i. *il tetto della casa.*


### R V


* **R** V, *ruscello.*
   Ruade, *calcio.*
Ruban, *nastro, settuccia, cordella.*
Rubannier, *ressitore di nastri.*
Rubeline, *petrirosso.*
Ruben, *nastro.*
Rubennier, *tessitor di nastri.*
Rubette, *rubeta.*
Rubican, *rubicane.*
Rubicon, *rosso, rubicondo.*
Rubicund, *Idem.*
Rubie, *robbia.*
Rubienne, *codirosso.*
Rubis, *rubino.*
Rubis, balais, *balasso.*
Rubis sur le nez, *brogia.*
faire Rubis sur l'ongle, *better tutto il bicchier di vino, ò metter poi l'vltima gocciola sù l'vnghia.*
* Ruble, vingt-cinq liures de poids, *rubbio.*
Rubrication, *rubricatione.*
Rubriche, *rubrica, sinopia.*
Rubriché, *segnato con rubrica.*
Rubricatif, *rubrificatiuo.*
Rubrique, *rubrica.*
Ruche, *arnia cupile.*
Ruchée, *piena vn' arnia.*
Rucher, *metter nell' arnia.*
Ruchette, *arnia picciola.*
Ruchot, *spetie di giornea ó casacca.*
Rudache, *rotella.*
Rude, *rumido, roz o, aspro, seuero. Gagliardo, forte;*
temps Rude, *tempo freddo é cattiuo.*
Rude, en terme de musique, *crudo.*
Rudement, *rozamente, aspramente, seueramente.*
* Ruderation, *intonacatura di gesso.*
Rudesse, *asprezza.*
Rudoyement, *strappazzamento.*

Rudoyer, *strappazzare, aspreggiare, trattar aspramente.*
Ruë, herbe, *ruta.*
Ruë, *strada, contrada.*
courir les Ruës. i. *esser matto spacciato.*
Ruelle, *stradetta, chiassolino.*
Ruelle de lit, *stretta di letto.*
Ruer, *lanciare, tirare, trarre, tirar di mano.*
Ruer, donner des ruades, *trár calci, tirar calci, sparar calci.*
se Ruer sur quelqu'vn, *dar addosso à vno, auuentarsi.*
se Ruer sur quelque chose, *appigliarsi ad vna cosa.*
Ruer de grands coups: l'Italien dit, *lanciar cannoni ó partigiane.*
Ruette, *stradetta.*
Rueur, *tiratore, sparatore, che tira calci.*
Ruffien, *drudo. Puttaniere.* Item, *russiano.*
Ruffienner, *puttaneggiare.*
Ruffiennerie, *puttaneria.*
Rugiment, *rugito.*
Rugine, *ferro da raschiar l'ossa, raspatoio.*
Ruginer, *raschiar le ossa, raspare.*
Rugir, *rugire.*
Rugissant, *rugente.*
Rugissement, *rugito.*
Rugisseur, *rugitore.*
* Rugosité, *rugosità.*
* Rugueux, ridé, *rugoso.*
Ruile, *riga di liuello.*
Ruileau, *cazzuola picciola.*
Ruiler, *rimescolar il gesso.*
Ruine, *rouina.*
tomber en Ruine, *rouinare.*
Ruinement, *rouinamento.*
Ruiner, *rouinare.*
Ruineur, *rouinatore.*
Ruineux, *rouinoso.*
Ruir, *rugire.* Item, *macerare il lino, &c.*
Ruisseau, *ruscellorio.*
les petits Ruisseaux font les grandes riuieres: l'Italien dit, *à quattrino à quattrino si fà il soldo.*
Ruir, *rugire.*
Ruisseler, *ruscellare, scorrere, zampillare.*
Ruisselet, *ruscelletto.*
Ruissement, *rugito.*
Ruit, rut, *frega.*
venaison Ruitée, *cacciagione ó animale che và infregà.*
Rum, Rumb, *rumbo.*
Rumatique, *accattarrato, infreddato.*
Rume, *infreddamento.*
Rumer, *notare i rombi sù la carta marina.*
Rumeur, *romore.*
faire Rumeur, *romoreggiare.*
Ruminement, *ruminamento.*
Ruminer, *ruminare.*
Rumineur, *ruminatore.*
Ruption, *rottura.*
Ruptoire, *rottorio.*
Rupture, *rottura, retta.*
Ruque, *spetie di pomo.*
Rural, *rurale.*
Rusc, *rusco, mirto seluatico.*
Ruse, *astutia.*
Ruse d'animal, *raggiramento.*
Rusé, *astuto, scaltro.*
Rusément, *astutamente.*
Ruser des animaux, *raggirare.*
Rustaud, *rustico, villano, villancione.*

Rustauderie, *rusticità.*
Rusticité, *rusticità, rustichezza.*
Rustique, *rustico.*
Rustiquement, *rusticamente.*
Rustiquer, *far il rustico.*
Rustiquerie, *rustichezza.*
Rustre, *sbricco, barro, briccone.*
Rustre, en armoirie, *rombo.*
Rustrerie, *barreria, briccheria.*
Rut, *frega d'animale.*
entrer en Rut, *andar in frega.*

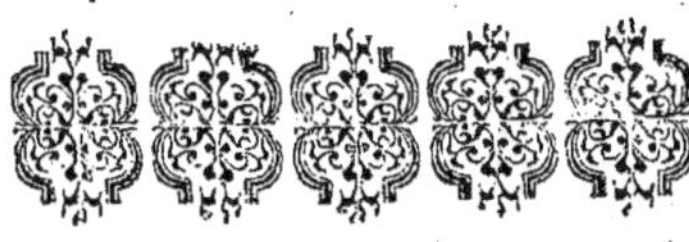

# S

Faire des SS quand on est yvre, *batenare, caminar storto.*

## S A

SA, *sua, la sua.*
Sabat, *Sabato.*
Sabat de sorciers, *treggenda, noce di Beneuento.*
vn Sabat, *vn gran fracasso ó rumore.*
Sabatique, *del Sabato.*
Sabatisme, *Sabatismo.*
Sabatizer, *osseruare il Sabato.*
Sabe, *sapa, mosto, succo.*
Sabine, *sabina, pianta.*
Sable, *sabbia.*
Sables en mer, *secche.*
Sable, en terme de blason, *nero.*
Sable, horloge de sable, *horloggio della poluere.*
Sable, coutelas coyrbé, *storta.*
Sablé, *gittato in sabbia.*
Sabler, *gittar in sabbia.*
Sabliere, *traue che regge la parte d'innanzi del tetto.*
Sablon, *sabbione, arena.*
Sablonneux, *arenoso, sabbionicuio.*
Sablonniere, *caua di sabbione.* Item, *campagna arenosa.*
Sabors, *troniere di vascello.*
Sabot, *pirlo.*
dormir comme vn Sabot. i. *dormir forte.*
Sabot de glace, *ghiacciuolo.*
le Sabot d'vn cheual, *vnghia.*
des Sabots, *scarpe di legno.*
Sabotter, *palcare.*
Sabotter vne personne, Metaph. *tormentare.*
Sabottiers, *spezie di frati ó romiti.*
Saboulement, *strappazzamento, scompigliamento.*
Sabouler, *strappazzare, scompigliare.*
Saboutrer, *sauorare il vascello, allestare.*



Sabre, sable, *spada vitoria, storta.*
* vn Sabre, *vn sciabattino.*
Sabrin, *spetie di serpente.*
* Sabuleux, *arenoso.*
Saburre, lest, *sauora, zauorra, sauorna.*
Saburrer, *sauornare, allestare.*
Sac, *sacco.*
Sac de ville, *sacco.*
mettre à Sac, *saccheggiare.*
Sac à vin, *vn imbriaccone, bottiglione.*
gens de Sac, & de corde, *scapestrati.*
se couurir d'vn Sac mouillé, *pigliar vna scusa magra.*
donner le Sac, & les quilles, *scacciar ó mandar via vno.*
tirer d'vn Sac double mouture. i. *cauar due vtilità da vna medesima cosa :* l'Italien dit, *calcar da due bande vno stinale.*
vn Sac à bran, *vn budellone, vn pancione.*
le Sac à la presure, *i testiculi, la reglia.*
faire Sac, qui se dit d'vne playe ou tumeur, *far colta.*
il ne sort du Sac que ce qu'il y a : l'Italien dit, *la botte dà del vino che hà.*
vuider le Sac, dire tout ce que l'on sçait, *pigliar il sacco pel' pedicino.*
vn Sac d'injures. i. *vna persona ingiuriosa.*
ils sont comme les Sacs du charbonnier. i. *si corrompono ó guastano l'vn l'altro.*
manger dans son Sac : l'Italien dit, *mangiar come il cauallo della carretta.*
Saccade, *stretta, spinta, scossa.*
Saccader, *spingere, scompigliare, scuotere.*
Saccage, *diritto che si piglia sopra ogni sacco di biada.*
Saccagement, *saccheggiamento.*
Saccager, *saccheggiare.*
Saccageur, *saccheggiatore, saccomanno.*
* Saccoche, *saccuccia.*
* Saccouter, *parlar all' orecchia.*
Sacerdoce, *Sacerdotio.*
* Sacerdot, *Sacerdote.*
Sacerdotal, *Sacerdutale.*
Sache, *sacco grande.*
Sachet, *sacchette.*
* Sacmenter, *saccheggiare.* Item, *scompigliare.*
Sacotin, *centaurea.*
* Sacquemand, *saccomanno.*
Sacquemander, *saccheggiare.*
Sacquement, *scompigliamento.*
Sacquer, *cauar fuori, cacciar mano.*
Sacquer vn poignard dans le sein, *dar vna pugnalata cacciar il pugnale dentro del seno.*
* Sacquerelle, *groppiera.*
Sacqueter, battre auec des sacs pleins de sable, *saccheggiare.*
Sacraire, *sacrario.*
Sacramentaire, &
Sacramental, *Sacramentale.*
Sacre, *dedicatione di Chiesa, &c.*
Sacre, *consecratione. Il sacro ó sacrare d'vn Rè.*
Sacre, *sagro, cannone.*
Sacre, oiseau, *sagro.*
Sacré, *sacrato.*
Sacrement, *sacramento.*
Sacrer, *sacrare.*
Sacrer, *maschio del sagro.*
Sacrificateur, *Sacrificatore.*
Sacrificatoire, *sacrificatorie.*
Sacrifice, *sacrificio.*
Sacrifier, *sacrificare.*
Sacrilege, *sacrilego.*

vn Sacrilege, *sacrilegio.*
Sacrilegement, *sacrilegamente.*
Sacristain, *Sagrestano.*
vn qui est.in Sacris, *vno che hà gl' ordini.*
Sacristie, *sagrestia.*
Sadariege, *sauoreggia.*
* Sadayer, *vezzeggiare.*
* Sade, gentile, *vezzoso.*
* Sadement, *vezzosamente.*
* Sadinet, gentile, *vezzoso.*
Sadrée, *sauoreggia.*
Saffran, *zafferano.*
Saffran bastard, *gruogo, zafferano saracinesco.*
aller au Saffran, *far bancarotta.*
Saffraner, *acconciar con zafferano.*
Saffranier, *mercante fallito.*
Saffraniere, *campo di zafferano.*
Saffre, *sfacciato.*
Saffrelique, *donna ghiotta.*
Saffreté, *ghiottoneria, sfacciataggine.*
Sagapene, sagapin, *gumma ó succo di ferola.*
Sage, *sauio, sauia.*
Sage-femme, *leuatrice.*
Sagement, *sauiamente.*
Sagerault, *astuto, scaltro.*
Sagesse, *sauiezza.*
Saget, *sauietto.*
Sagette, *freccia, strale, saetta.*
* Sageter, *saettare.*
Sagitelle, *lancetta da aprir la posteme.*
Sagitraire, *Sagittario.*
Sagon, &
Sagouin, *sagogno, spetie di scimia.*
Sagules, *sagore, certe corde.*
Saisse, *spetie di pesce.*
Saignée, *sagnia, salasso.*
Saignée, herbe, *gramigna.*
selon le bras la Saignée. i. *la spesa secondo il potere.*
Saigner, *cauar sangue, salassare.* Item, *buttar sangue.*
Saigner du nez, *esser codardo, mancar alla promessa.*
Saigner la terre, *arrompere.*
Saigneur, *cauator di sangue.*
Saigneux, *sanguinoso.*
Sailleur, *saltatore.*
Saillie, *vscita.*
Saillie, aduance, *sporto, risalto.*
des Saillies, *fantastichevie, spropositi.*
Saillir, *salire, montare. Il montar ó salir delli caualli. Coprir la femina dell' animali.*
lieu ou l'on fait Saillir les cheueux, *la monta.*
Saillir en dehors, *sporgere, sportare.*
Sain, *sano.*
Sain-doux, *Idem.*
Sainct, *Santo.*
vn Sainct qui ne guerit de rien, *santoccio.*
Sain-foin, *sinsito.*
Sainct de Caresine. i. *vna persona nascosta.*
il ne sçait à quel Sainct se voüer. i. *non sà che fare.*
Saincte, *Santa.*
Saincte Nitouche, *santa Nafissa*
faire la Saincte sucrée, *far Monna Honesta.*
Sainctement, *santamente.*
* Saincteté, *santità.*
Sainct-fouïn, *sinsito.*
Saine, *sana.*
Saine, ret, *sagena.*
Sainement, *sanamente.*
ie vous dy Sainement, *vi dico da douero.*

Saint, *Vedi,* Sainct.
Saint Pançart. i. *Carnouale.*
* il est de Saint Pris. i. *è preso, è stato colto, per allusione della parola,* pris.
enuoyer à Sainct Mathurin, *mandar all' hospedale de' pazzi.*
* par Saint peu. i. *pochissimo.*
cela est voüé à vn autre Saint. i. *è promesso ad vn altro.*
Saint lezin, *sperie di pero.*
Sainteté, *santità.*
Saique, *spetie di vascello caicchio.*
Saisie, *sequestro.*
Saisine, *possessione, stagina.*
Saisir, *afferrare, pigliare.*
se Saisir de douleur, *lasciarsi, cogliere dal dolore, esser sorpreso dalla doglia.*
Saisir les biens, *sequestrare.*
Saisissement, *sequestro, possessione.*
Saisissement de douleur, *suenimento.*
Saison, *stagione.*
Saisy, *colto, preso, sequestrato.*
il s'est trouué Saisi d'vn pistolet. i. *haue a la pistola addosso ó seco.*
* Salace, *voluttuoso, lascino.*
* Salacité, *salacita, lascivia.*
Salade, *insalata.*
Salade, armeure de teste, *celata.*
Salade à l'espreune, *celatone.*
Salade d'oignons, *cipollata.*
Salade de Gascoigne, *capestro, corda.*
Salade de plusieurs sortes d'herbes, *mescolanza, michianza.*
Saladier, *vaso ó piatto da metter l'insalata.*
Saladier, d'insalata, *da far insalata.*
Salage, *sale, salame, salamento.*
Salnire, *salario.*
Salaison, *fattura di sale.*
Salamandre, *Salamandra.*
Salant, *che sala. Dotte si piglia il sale.*
Salarier, *salariare.*
* Salariser, *idem.*
Salaude, *vna donna sporca.*
Sale, *sporco, succido, brutto, imbrattato, bisunto.*
gris Sale, *bigio scuro.*
Salé, *salato.*
vendre bien Salé. i. *vender caro.*
du Salé, *carne salata salame.*
il me l'a bien Salée, il me l'a fait payer bien chairement, *mel' hà fatta parer salata.*
Salement, *bruttamente, sporcamente.*
Salecoque, *granchio di mare.*
Saler, *salare.*
Salet, *sporco, sucido.*
Saleté, *sucidezza, sporcheria, succidume.*
Salette, oseille, *acetosa.*
Saleure, *salatura.*
Saleures, *salami, carni salate.*
Salsuge, *serpente che muore essendo tocco dal sale.*
Salicor, salicorne, *salicornia.*
Saliere, *saliera.*
Salieres au dessus de l'œil dn cheual, *conche.*
Salieres à la gorge d'vne femme, *buchi o contanii à al collo ó petto di donna magra.*
Saliette, *acetosa, acetosella.*
Salignon, *pane di salbianco.*
Saligot, *tribolo, tartufo, di stagno.*
Salin, *certo diritto sopra il sale.* Item, *magazzino di sale.*
Salin, *tridente.*

Saline, *salina, luogo doue si fà il sale.*
Salines, *choses salées, salsume.*
Salir, *imbrattare.*
Salisson, *donna sporca.*
Salisseure, *bruttura, sporcheria, sucidume, imbrattamento.*
Saliual, *di saliua.*
* Saliuation, *continuo sputar di saliua.*
Saliue, *saliua.*
* Saliuer, *sputar saliua.*
Saliueux, *pieno di saliua.*
Salle, *sala.*
grande Salle, *salone.*
donner la Salle à vn escolier. i. *scopar vn scolare in nanzi à tutti gli altri.*
Salle du commun, *tinello.*
Sallette, *sala picciola, salino.*
Salloir, *salatoia, salatoio.*
le grand Salloir. i. *il cimiterio.*
* Salorge, *magazzino di sale.*
Salmandre, *salamandra.*
Salmigondis, *carne trita, intingole di carne trita, manicaretto.*
Salnille, *cerfoglio.*
Salmonde, *spetie d'herba, sanamonda.*
Salnitre, *salnitro.*
Saloir, *salatoio.*
Saloppe, *sporco, sucido.*
vne Saloppe, *vna lordarella.*
Saloque, *sirocco, vento.*
Salpestre, *sal pietra, sal nitro.*
Salpestreux, *pieno di salpietra.*
Salpestrier, *che traffica ò acconcia il sal nitro.*
Salpestriere, *luogo di sal pietra.*
Salsepareille, *salsapariglia, zarzapariglia.*
Salsitif, *salsitiuo.*
Salsitude, *salsitudine.*
Salsugineux, *salsuginoso.*
vn Saltimbanque, *vn saltimbanca, ò ceretano.*
Salüade, *salutatione.*
Saluage, *certo diritto.*
Saluatelle, *vena frà il dito annulare, ed il mignolo.*
Saluation, *saluatione.*
Salubre, *salubre sano.*
Salubrement, *salubremente, sanamente.*
Salubrité, *salubrità.*
Saluë, *salua.*
Saluër, *salutare.*
Saluëur, *salutatore.*
Salure, *salsume.*
Salut, *saluto, salutatione.*
le Salut de la Vierge, *l'Aue Maria.*
vn Salut d'or, *spetie di pezzo d'oro.*
Salut, *certa preghiera che si canta la sera in Chiesa.*
Salut, *certo stromento da pescare.*
Salutaire, *salutare.*
Salutairement, *salutarmente.*
Salutation, *salutatione.*
Saluts, *scudo d'oro antico di Francia.*
Sambacin, *olio di gelsomino.*
Sambregoy, *modo di giurare per non bestemmiare.*
Sambucin, *olio di sambuco.*
Sambuque, eschelle pour l'escalade, *sambuca.*
Same, *cefalo, pesce.*
Samedy, *Sabato.*
donner du Samedy. i. *far con fretta.*
né au Samedy, feineant : *l'Italien dit, nato la notte di S. Vidale.*

la Samaritaine, *certa effigie della Samaritana sul ponte nuouo in Pariggi.*
officier de la Samaritaine. i. *ruffiano, è taglia borse.*
Samoireau, *spetie d'vua nera.*
Sampierre, *herba di S. Pietro.*
* Sampogne, *zampogna.*
Samy, *sciamito, samito.*
Sanable, *sanabile.*
pistolles de Sancerre. i. *frombole da trar pietre.*
* Sanchet, *sancello, sanguaccie. Item, pezzo d'oro amico.*
Sanctificateur, *santificatore.*
Sanctification, *santificatione.*
Sanctifier, *santificare.*
Sanctimonial, *santimoniale.*
Sanctimonie, *santimonia.*
Sanction, *prammatica.*
* Sanctoron, *hipocrito.*
Sanctuaire, *santuarie.*
Sandal, taffetas, *sendado, sandalo. Item ; spetie di legno d'India, sandalo.*
Sandale, *zoccolo.*
Sandalin, *di sandalo.*
Sandarac, *sandraco, sangue di drago, colore.*
Sandarac des Arabes, *gumma di ginepro ò cipresso sandracca.*
Sandarache, *Idem.*
Sandastre, *spetie di carbonchio.*
Sandix, *sandice.*
Sandouille, *spetie di pomo.*
Sandraque, *sandracca.*
Sanelle, *senapa seluatica.*
Sanemonde, *sanamonda.*
Saner, *castrare i porci. Item, curare sanare.*
Sanes, deux six aux dez, *sane.*
Sang, *sangue.*
Sang de dragon, *sandraca, sangue di drago.*
gros Sang, sang corrompu, *sanguaccio.*
Sang de France, *figliuoli del Re di Francia.*
Sang d'homme, *zafferano bastardo.*
auoir du Sang aux ongles. i. *hauer animo :* l'Italien dit, *hauer pelso.*
de Sang froid, *à sangue freddo.*
de Sang chaud, *à sangue caldo.*
le Sang luy monte au visage. i. *arrossisce.*
le Sang luy boult, *egli é in gran colera.*
i'ay sué Sang & eau : *l'Italien dit, hà cacato le coradelle.*
tirer du Sang, *cauar sangue, salassare.*
Sanglamment, *sanguinosamente.*
Sanglant, *sanguinolente, sanguinoso.*
* Sanglanter, *insanguinare.*
Sangle, *cinghia, cigna.*
Sangles à suspendre les mariniers qui trauaillent aux masts, *balzi.*
Sanglement, *cinghiamento.*
Sangler, *cinghiare.*
Sangler, foüetter, *sferzare.*
bien Sanglé, bien touché, bien prononcé, *ben spiccato, stringato.*
* Sangleton, *cinghiale, gionane.*
Sanglier, *cinghiale, cignale.*
Sangliere, *scrofa di cinghiale.*
Sanglot, *singhiozzo.*
Sanglot de sang, *grumma di sangue.*
* Sanglotin, *porchetto di cinghiale.*
Sanglotter, *singhiozzare.*
Sanglure, *cinghiatura.*

Sang-mesleure, *alteratione ò turbatione di sangue.*
Sangoy, *gnasse, per non dir una bestemmia.*
Sangsuë, *sanguisuga, sanguettola, mignatta.*
Sangsuë du peuple, *mignatione.*
Sansuër, *cauar sangue per via di sanguisuga.*
Sanguificatif, *sanguificatiuo, che fà ò butta sangue.*
Sanguifier, *conuertire in sangue.*
Sanguin, *sanguigno, sanguineo.*
Sanguin, plante, *sanguina.*
Sanguine, *Idem.*
Sanguinaire, *sanguinario.*
Sanguinaire, *centinodia, sanguinaria.*
Sanguine, pierre, *sanguina.*
Sanguineral, *sanguineruolo.*
* Sanguinité, *consanguinità.*
Sanguinolent, *sanguinolente.*
* Sanguisorbe, *sanguisorba, pimpinella.*
Saniche, *sanicula.*
Sanicle, *sanicula maggiore.*
Saniclet, *sanicula.*
Sanie, *sania, marcia.*
Sanieux, *sanioso.*
Sannier, *che fà il sale.*
Sannes, *spetie d'herba.*
Sanriette, *peuerella, sanoreggia, santoreggia, coniella.*
Sans, *senza.*
Sans, autre sans doute, *senz' altro.*
Sans moy, sans luy, &c. i. n'eust esté mòy, &c. *se non
    fossi stato io, se non fosse stato egli, &c.*
Sans plus, *senz' altro, senz a dubbio.*
Sansonnet, *stornello.*
Sansuë, *sanguisuga.*
Santal, *sendado.*
Santé, *sanità, salute.*
Santonique, *santonica.*
Sanuë, *caualo seluatico.*
Saoul, *satollo, satio, stucco, ristucco. Imbriaco.*
tout son Saoult, *quanto si può.*
manger tout son Saoult, *pigliar una buona corpacciata.*
Saoulant, *satienole, stucchenole.*
Saoulement, *satiamento, satollamento.*
Saouler, *satollare, ristuccare, satiare.*
se Saouler, *imbriacarsi.*
Saoulerie, *satollamento.*
* Saouleté, *satietà, satollamento.*
* Saoulure, *satollamento.*
Sap, *asse.*
Saphene, *safena, vena.*
Saphique, *safico, verso.*
Saphir, *zaffiro.*
Sapience, *sapienza.*
Sapin, *abete.*
Sapinaye, bois de sapin, *abetaia.*
Sapine, *cassa.*
Sapinée, *abetaia.*
Sapinette, *Idem.*
Sapineux, *pieno di abeti.*
Saponaire, *saponaria.*
Sappe, *zappa.*
Sappement, *zappamento.*
Sapper, *zappare, abbattere.*
Sappeur, *zappatore.*
Saqueboutte, *trombone.*
Saquer, *cauare.*
Sarache, *spetie d'anchiouo.*
Saracinesque, &
Sarazin, *saracino.*
Sarazine, herbe saracinesque, *saracinesca.*

Serazine, forterie, *aristologia.*
Sarbatane, *sarbacane, cerebottana, cerbottana.*
Sarcelle, *sarcella, saracella.*
Sarclement, *sarchiamento.*
Sarcler, *sarchiare.*
Sarclet, *sarchiello.*
Sarcleur, *sarchiatore.*
Sarcloir, *sarchiello.*
Sarcocolle, *sarcocolla.*
Sarcophage, *spetie di petra, che consuma la carne.*
Sarcotique, *sarcotico, che produce nuoua carne.*
Sarcueil, *cassa da morte, feretro.*
Sardachate, *spetie di cornalina.*
Sardaine, *sardella.*
Sardanapale, *sardanapalo, effeminato.*
Sarnapalisme, *sensualità à effeminata.*
Sarde, *sarda, sardella.*
Sardelle, *sardella, anchioue.*
Sardine, *sardella, sardina.*
Sardoine, *sardonio.*
ris Sardonien, *riso sardonico.*
Sardonique, *sarduna, herba.*
Sarfoüage, *sarchiellatura.*
Sarfoüette, *sarchiello, sarchio.*
Sarfoüetter, ou
Sarfoüir, *sarchiellare.*
Sarge, *rascia. Item, spetie di pesce.*
Sargette, *saietta.*
Sargon, *sargone, pesce.*
Satin, *radice della quale si seruono i marescalchi.*
Sarisse, *dardo all' antica.*
Sarment, *sarmento.*
Sarmenteux, *sarmentoso.*
Sarmentin, *di sarmento, sarmentino.*
Sarpe, *roncone, pennato.*
Sarpette, *falcino.*
Sarpillere, *pezzo di canauazzo ò tela grossa da imballa-
    re.*
Sarpillon, *falcino.*
Sarrazine, *Vedi, Sarazine.*
Sarriete, *sauoreggia, coniella, santoreggia.*
Sarris, *capra seluatica.*
* Sart, *terra fruttifera.*
du Sart, *alga, aliga.*
Sartes, cordages, *sarte.*
Sarteau, *spetie di pero.*
Sartie, *sartia.*
Sartir, *sartire.*
* Sartre, *sarto, sartore.*
Sas, *setaccio, staccio.*
faiseur de Sas, *mastro di setacci.*
Sassefrique, *sassefrica, barba di becco.*
Sassefique, *Idem.*
Sassement, *setacciamento.*
Sasser, *setacciare, stacciare.*
Sasset, *setaccio piccolo.*
Sasseur, *setacciatore.*
Sasseures, *setacciature.*
Sassify, *sassefrica.*
Satellite, *satellito.*
Satieté, *satietà.*
Satin, *raso.*
petit Satin, *mezoraso.*
Satin de Bruges, *spetie di raso ribauella.*
Satire, *Satiro.*
vne Satire, *una Satira.*
Satirion, *satirione.*

Satisfaction, *sodisfattione.*
Satisfactoire, *sodisfattorio.*
Satisfaict, *contento, sodisfatto.*
Satisfaire, *sodisfare.*
Satine, *spetie di cicorea.*
Satouilles, *lamprede picciolo.*
Satrape, *Satrapo.*
Satrée, & Saturige, *santoreggia.*
Saturité, *satietà.*
Saturnales, *feste di Saturno.*
Saturne, *Saturno. Piombo de gli Alchimisti.*
Saturnien, *di Saturno, maninconico.*
Satyre, *Satiro.* Item, *satira.*
Satyriase, *satiriasi, erettioni di membro virile.*
Satyric, *satirico.*
Satyrion, *satirione.*
Satyrique, *satirico, satirica.*
Satyriquement, *satiricamente.*
Sauatte, *cianatta, scarpaccia, scarpa vecchia.*
Sauatterie, *strada ò mercato di ciabattini.*
Sauattier, *sciabattino.*
Sauce, *salsa, intingolo.*
Saucer, *intinger nella salsa.*
Saucisse, *salsiccia.* Item, *salsiccia, fuoco artificiato.*
Saucisses de Hollande, *fascines aux fortifications, salsiccie.*
Saucisson, *salsiccione, salsicciotto.*
Saueter, *acciabattare, acciarpare, sauattare, abboracciare.*
Sauetier, *ciabattino, scarpinello.*
Saueur, *sapore.*
Sauf, *salvo, eccetto.*
Sauf-conduit, *saluocondotto.*
Sauf-respit, *rispitto.*
Sauge, *salvia.*
Sauger, *spetie di pomo.*
Saugrenée, *spetie di minestra, di piselli mez'o bolliti con sale è olio.*
* Saugrenu, *sfatato, insipido, malfatto.*
Sauine, *sabina.*
Sauinier, *oleandro, sabina.*
Saulaye, *salceto.*
Saulce, *Vedi, saulse.*
Saulciere, *piattello.*
Saulcisse, *Vedi, saucisse.*
Saulcisson, *salsiccione.*
Saule, *salice.*
il ne sent ny sel ny Saulge, *è insipido, non hà sapore.*
Saulge, *saluia.*
Saulgé, *concio con saluia.*
Saulgier, *pianta di saluia.*
Saulmon, *salamone, pesce salamone.*
Saulmonne de plomb, *prezzo grosso di piombo.*
Saulmonné, *à guisa di salmone.*
Saulmonnée, *spetie di trute,*
Saulmonner, *acconciar à guisa di salamone.*
Saulmonnet, *salamonetto.*
Saulmonnier, *di salamone.*
Saulmonncure, *salmoneria.*
Saulmurages, *cose salate nella salamoia.*
Saulmure, *salamoia.*
Saulnerie, *magazzino di sale, salina.*
Saulnier, *mercante di sale.*
Saulpiquet, *tochetto.*
Saulpoudrer, *saleggiare.*
Saulfaye, *salceto.*
Saulse, *salsa.*
Saulse noire, *peuerata.*



Saulse verte, *salsa fatta di quel verde delle biade, pestato nel mortaio.*
Saulse à Robert, *salsa con cipolle mostarda ed aceto.*
donner la Saulse: l'Italien dit, *dar le spetie.*
la Saulse vant mieux que le poisson: l'Italien dit, *è meglio l'aggiunta, che la carne.*
il ne sçait à quelle Saulse manger ce poisson. i. *non sà come intenderla, ò tolerarla.*
Saulser, *intingeruella salsa.*
Saulsiere, *piattello da metter la salsa.*
Saulsisse, *salciccia.*
Saulsissier, *mastro che fà le salsiccie.*
Sault, *salto.*
franchir le Sault, *far il salto, pigliar risolutione.*
au Sault du lict, *nell' vscir del letto.*
Sault de mouton, *salto di schiena.*
Sault de Breton, *gambetto.*
Sault perilleux, *salto mortale.*
Sault de l'Allemand, *certo saltò, trè passi e vn salte.* Metaph. *salto dal letto alla tauola.*
de plein Sault, *di salto.*
le Sault du crapaut, *salto per terra.*
il a fait le Sault. i. *é stato impiccato, hà fatto il salto da ve piedi.*
Saultant, *saltante.*
Saulteler, *saltellare, salticchiare.*
le Saulteler du vin, *brillare.*
Saultelle, *ramo di vite da prouanare, posticcia.*
Saultellement, *saltellamento.*
Saultement, *saltamento.*
Saulter, *saltare.*
faire Saulter par le moyen d'vne mine, *far volare.*
Saulter vne ligne ou page en lisant, *tralasciare.*
Saultereau, *locusta.*
Saultereau d'espinette, *saltarello.*
Saulterelle, *cavalletta.* Item, *ballerina, saltatrice.*
Saulteur, *saltatore.*
Saultoir, *croce di S. Andrea.*
Saulx, *salice.*
Saumon, *salamone.*
Saumonneau, *salamone picciolo.*
Saumure, *salamuia.*
Sauon, *sapone.*
Sauonner, *saponare, insaponare.*
Sauonnerie, *saponaria.*
Sauonnette, *palla di sapone.*
Sauonnier, *di sapone.* Item, *quello che fà il sapone.*
Sauonniere, *herbe, saponale.*
Sauorade, *saporetto.*
Sauorée, *savoreggia.*
Sauorne, *savorra, savorna.*
Sauourer, *gustare.*
Sauourette, *amichetta.*
Sauoureusement, *saporitamente.*
Sauoureux, *saporoso.*
Saupe, *salpa.*
Saupiquet, *tocchetto.*
Saupoudrer, *saleggiare.*
Saur, *sauro.*
Saure, *Idem.*
Saures, *petits cordages, sagore.*
Saurel, *sgombro.*
* faire Saurir les harenes, *far seccar l'avenghe.*
Saurisseur, *seccatore d'arenghe.*
Saut, *Vedi, Sault.*
Sauter, *Vedi, Saulter.*
Sautereau, *locusta.*
Sauterelle, *cavalletta.*

Sauteur , saltatore.
Sauterie , salti , saltamento.
Sautour , sautueil , veil , sauhon.
Saunage , seluatico , seluaggio.
Saunageau , pianta seluatica.
Saunagement , seluaticamente.
Saunageon , piantone.
Saunageté , seluatichezza.
Saunagine , seluaticcina.
Sauue , saluo.
Sauue , sagina , rete.
Sauue garde , salua guardia.
à Saune d'enjeu , à saluar il compagno.
Sauuement , saluamente.
Sauuer , saluare.
Sauueté , saluezza.
à Sauueté , à saluamente.
Sauue-vie , spetie di ruta.
Sauueur , saluatore.
Sauuoir , barca da rinserrar pesce.
Sauzin , spetie d'oliua.
Saxafras , legno dell'indie.
Saxifrage , sassifraga.
* Saxitile , di sasso , sassoso.
Saxon , Sassone , di Sassonia.
* Saye , saio.
Sayette , sairta.
Sayne , sagena , rete.
Suyon , saio , saione.

S B

* S Baraillin , sbaraglino , giuoco.
  Sbirre , sbirro. Ces mots sont tirez de l'Italien.

S C

* S Cabelle , scabello.
* S Scabie , scabia , rogna.
Scabieuse , scabiosa.
Scabieux , pieno di scabia , rognoso.
* Scabin , giudice.
Scabreux , scabroso , ineguale , aspro. Item , pericoloso.
Scabrosité , sucidume delli denti.
Scace , sorte de mots , scaccia.
Sçachant , sapendo. Item , che sà.
Scniole , scagliuolo , spetie d'alume.
Scalene , scaleno , triangolo.
Scalenes , certi muscoli del collo , che fanno muouer il capo.
Scalle , scala , termine marinaresco.
faire Scalle , far scala.
Scalme , scalmo da attaccare i rami.
* Scalpelle , scarpello.
future Scameuse , sutura della tempia.
Scammes , chiodi dell'usbergo.
Scammonée , scammonea.
Scandale , scandalo.
Scandaleusement , scandalosamente.
Scandaleux , scandaloso.

Scandalifer , scandaleggiare.
Scandebec , spetie d'ostrica.
Scander les vers , misurare i versi.
Scape , scapo della colonna , tronco.
Scaphe , scafa.
Scafoide , osso in forma di banca.
Scapulaire , scapulare.
Scare , spetie di pesce.
Scarificateur , scarificatore.
Scarification , scarificatione.
Scarification d'arbre , caprificatione.
Scarifier , scarificare.
Scariole , endiuia picciola.
Scatiotte , Idem.
Scarpe de mur de ville , scarpa.
Scarpins , scarpini.
Scaruine , schiauina di pellegrino.
Sçauamment , dottamente.
Sçauant , dotto.
Sçauoir , sapere.
à Sçauoir , cioè.
c'est à Sçauoir ou non. i. non è cosa sicura.
Sçauoir bien son monde , esser prattico , ò costumato.
vn ie ne Sçay qui. i. vn huomo da niente.
Sceau , sigillo grande.
Scede , sredo.
Scedule , scedola.
Scelerat , scelerato.
* Scelereuz , Idem.
Scene , scena.
Scenicle , vercellino.
Scenographie , scenografia.
Sceptre , scettro.
Sceu , saputo. Item , notitia.
sans le Sceu , &c. senza la saputa ò notitia.
Schelete , scheleto.
Schismatique , scismatico.
Schisme , scisma.
* Scolarité , scolarità.
Scolastique , scolastico.
Scholiaste , scoliasto.
Sciage , segatura.
Sciatique , sciatica.
Scie , sega.
Scie à main , archetto.
Scie sourde , sega stucca.
Scie de mer , spetie di pesce in forma di sega.
Sciemment , saputamente , à posta.
Science , scienza.
Scientifique , scientifico.
Scier , segare.
Sciette , sega picciola.
Scieur , segatore.
Scieure , segatura.
Scille , oignon marin , scilla.
Scime , en Architecture , scima.
Scimeterre , scimitarra.
Scinc , scinque , stinco , lucerta.
* Scintillation , scintillumento.
* Scintille , scintilla.
* Scintiller , scintillare.
Sciomence , indouinatione da' corpi morti.
Scion , vetta , vermena.
Scion d'osier , vimine.
vn Scion de verges , segno di sferza.
Scionneux , pieno di vette.
Scipoulle , scilla.
Scismatique , scismatico.

Scismatiser, scismatizzare.
Scisme, scisma.
* Scissile, scissile, che si può tagliare.
* Scissure, taglio, scissura.
Sclauine, schiauina.
Scoffion, scuffia.
Scolastiquement, da scolare, scolasticamente.
Scolie, scolia.
Scoletie, scoletia.
Scolopendre, scolopendra, verme ò eruca.
Scolopendre, scolopendria, herba.
Scontre, scontro di pagamento.
Scordion, scordio.
Scorie, scoria di metallo.
Scorpene, scorpena, pesce.
Scorpion, scorpione.
Scorpion marin, pesce cappone.
Scorpion, arbaleste, scorpione.
Scorpite, scorpita, pietra del color dello scorpione.
Scorzon, scorzone, serpente.
Scote, scota.
Scotie, creux en Architecture, scotia, cauetto.
Scourgeon, biada, alicastro.
Scribe, Scriba.
* Scripteur, scrittore.
Scriptule, scropolo, terzo di dramma.
Scrofulaire, scrofularia.
* Scrofules, scrofole.
Scrupule, scropolo.
faire Scrupule, hauer à schifo.
Scrupuleusement, scropolosamente.
Scrupuleux, scropoloso.
Scrutine, scrutinio.
Scruter, &
Scrutiner, scrutinare.
Scrutineur, scrutinatore.
Sculpteur, scoltore.
Sculpture, scoltura.
Scurbut, mal, scorbuto.
* Scutiforme, di forma scudo.

SE

S E, si.
Se, personale, si.
Scamment, conueneuolmente, decentemente.
Seance, decenza, decoro, conuenienza.
Seance, luogo, sede, tribunale. Visita di carceri.
tenir Seance, seder pro tribunali, sedere.
Seant, conueneuole.
bien Seant, Idem.
Seant, sedente.
mal Seant, sconueneuole.
se mettre à son Seant, leuarsi à sedere, porsi à sedere.
Seau, secchia.
Seau, sigillo grande.
Seau de Saincte Marie, ou de Nostre-Dame, brionia.
Seau de Salomon, scala celi, herba.
bailler les Seaux, far dar del culo in terra.
Sebelline, zebellina.
Sebeste, sebesto, susina d'India.
Sebestin, Idem.
Sebestier, sebesto, albero.
Sebille, catino, conca, piatto di legno.



Sebu, sambuco:
Sec, secco. Item, magro.
boire Sec, beuer bene, beuer molto.
employer le verd & le Sec. i. far ogni sforzo:
il est Sec, non hà più danari, non hà più niente.
à Sec, à secco.
Secacul, radice simile alzenzeuero.
Sechable, seccheuole.
Seche, seppia.
Seche, lieu en mer ou il y a peu de fonds, secca:
Sechement, seccamente. Item, seccamento.
Secher, seccare.
Secher sur le pied, intristire.
Secheresse, secchezza, aridità.
Secheron, prato secco, prato non adquato.
Secilienne, siciliana, catenella di morso.
Seclorre, escludere.
* Seclus, priuato, escluso.
Second, secondo.
Secondaire, secondario.
Seconde, seconda.
Seconde de lut, sottana.
Secondement, secondamente.
Seconder, aiutare, secundare.
Seconder l'humeur, accommodarsi all' humore.
Secondine, seconda, secundina.
Secoüement, scottimento.
Secoüer, scuotere.
Secoüeur, scottitore.
Secourable, soccorreuole.
Secourablement, con aiuto.
Secourgeon, alicastro.
Secourir, soccorrere, aiutare.
* Secourre, scuotere.
Secours, soccorso, aiuto.
au Secours, aiuto, aiuto.
Secousse, spinta, scossa.
par Secousses, à scosse.
Secret, secreto.
homme Secret, huomo ritenuto.
cabinet Secret, destro, cesso.
Secretain, Sagrestano.
Secretainerie, sagrestia.
Secretaire, Secretario.
Secretariat, vfficio di Secretario.
Secrete, pot de fer, secreta.
Secretion, separamento, secretione.
* Secretice, separeuole.
Secrettement, secretamente.
Sectaire, settario.
Sectateur, settatore.
Secte, setta.
Sectil, settile.
Section, settione.
Seculaire, secolare.
Secularifer, secolarizzare.
Secularité, secolarità.
Seculier, secolare.
Seculierement, secolarmente.
Securidiaque, securidiaco.
* Securité, securità, sicurtà, sicurezza.
Sedatif, sedatiuo, quietatiuo.
Sedenette, mostro marino.
Sedentaire, sedentario.
* Seder, acquetare, mitigare.
Sediment, sedimento.
Seditieusement, seditiosamente.
Seditieux, seditioso.

Sedition, seditione.
Sedon, rimedio per vn cauallo rappreso.
Seducteur, seduttore.
Seduction, seduttione.
Seduict, sedotto.
Seduire, sedurre.
* Sedulité, diligenza.
Seel, sigillo grande.
Seeller, bollare, sigillare.
Seeller vn fer ou crampon dans le mur, inzancare, serrare.
Seeller en terre, sigillare.
Seelleur, bollatore, sigillatore.
Seelleure, bollatura.
Seffion, cessione.
* Seeux, soyeux, setoso, pieno di seta.
Segaline, spetie di pero.
Segnalé, segnalato.
Segle, segola.
Segrarie, possesso d'vna parte di selua.
Segrayer, Boscaiuolo che possiede vna parte della selua.
Segregation, segregatione.
Segreger, segregare, separare.
Segrette, pot de fer, secreta.
Segue, cicuta.
Seguette, seghetta, capezzone dentato.
Sehu, sambuco.
Seiche, poisson, seppia.
Seiche, adjectif feminin, secca.
Seichement, seccamente.
Seicher, seccare, Vedi, Secher.
Seicheresse, aridità, siccità.
Seicheur, seccatore. Item, aridità.
Seichoir, scingatoio. Item, luogo doue si aseccugano le robbe ò panni.
Seigle, segela.
Seigneur, Signore, Signore grande.
donner ou porter Nostre-Seigneur, dar ò portare il sanctissimo Sacramento.
Seigneuriage, signoria.
Seigneurial, di Signore, Signorile.
Seigneurialement, signorilmente.
Seigneurie, Signoria.
Seigneurier, signoreggiare.
Seille, secchia.
Seilleure, erre de vaisseau, solcatura.
Seillon, solco.
Seillonner, solcare.
Seime, ret, sagena.
Seime de vin, mussa, vinaccia.
Sein, seno.
Seine, sagena, sagina, rete da pescare.
Seing, sotto scrittione.
accord sous Seing priué, scrittura priuata.
Seing, marque noire sur le corps, neo.
Seing, seing doux, sugna di porco, songia, assogna.
Sejour, soggiorno, dimora.
Sejourner, soggiornare, dimorare.
Seizain, quarta parte dell'oncia.
Seize, sedeci.
vn Seize, parte decima sesta della canna.
liure in Seize, libro in sedici.
Seiziesme, decimo sesto.
vn Seiziesme, ottaua parte della misura d'vn braccio.
Sel, sale.
Sel commun, sal naturale.
Sel gemme, sal gemma.
Sel naphtic, sal nattico.

Sel nitre, sal nitro.
doux de Sel. i. huomo insipido ò sciocco.
Selenite, pietra selenite.
Selerin, alice.
Selle, sella. Item, panca, scanne.
Selle à trois pieds, scannetto.
Selle percée, seggetta.
vne Selle, l'andar vna volta del corpo, vna purga, vna cacattura.
Selle à tous cheuaux, Metaph. discorso che serue ad ogni proposito: l'Italien dit, martello a ogni acqua.
aller à la Selle, scaricar il ventre.
demeurer entre deux Selles, le cul à terre: l'Italien dit, tener il cielo sù due scanni.
Seller, por la sella.
Sellé, & bridé, vna cosa del tutto all'ordine, tutta apparecchiata ò fornita.
Sellette, scannetto.
fur la Sellette. i. seder sul scannetto per esser sententiato ò condennato.
Sellette, carriuola con quattro ruote da portar la terra.
Sellier, sellaio, sellaro.
Selon, secondo.
Semable, seminabile.
Semaille, seminagione, tempo della seminagione.
Semaine, settimana.
males Semaines, menstruo di donna, marchese.
la Semaine des trois Ieudis, l'Italien dit, il dì di San Bindo, trè dì doppo il giudicio, ou bien, il dì di San Bellino, &c.
Semainier, che è di settimana, che serue vna settimana.
Semaison, tempo del seminare, seminagione.
Semblable, simile.
Semblablement, similmente.
Semblance, sembianza.
faux Semblant, falso sembiante.
Semblant, sembiante.
faire Semblant, far vista, far sembiante.
Sembler, parere.
Seme, mal de cheual, fessura ò crepatura d'vnghia.
Semé, seminato.
clair Semé, raro in poca quantità.
Semelle, suola.
Semelle de bas, pedule, pedana.
battre la Semelle, caminar à piedi.
Semeller, rinsuolare.
Semeller vn bas, rimpedulare.
Semence, seme, sementa.
Semence ronde de perles, fioretti.
Semence de perles, margaritine, perlettine.
Semence de vers à soye, ouadelle.
Semence sainte, Idem.
Semencer, seminare.
Semencier, di seme.
Sementine, spetie di pero.
Semer, seminare. Item, spargere.
Semer sur le froissis, ristoppiare.
Semer vn bruit, sparger voce.
Semestre, semestre.
Semeur, seminatore.
Semeure, seminatura.
Semidroict, mezza giurisdittione.
* Semillant, minouente.
Seminaire, seminario.
Seminal, seminale.
Semiton, semitono.
* Semole, semola, farina di semola in Lombardia.
Semonce, inuito.

* Semoncer, &
Semondre, *inuitaré, conuitare.*
Semonneur, *conuitatore, inuitatore.*
Semperuiue, *sempreuiua.*
Sempiternel, *sempiterno.*
Sempiternellement, *sempiternamente.*
Sempiternité, *eternità.*
Senacle, *senacolo.*
Senat, *Senato.*
Senateur, *Senatore.*
Senaud, *furbo, scaltro.*
Sendal, *sendado.*
Sené, *sena.*
Sene, *Sinodo.*
Senecé, *seneccio.*
Seneçon, *seneccione, cardoncello.*
Senedette, *spetie di mostro marino, che butta gran copia
d'acqua dalla sua testa.*
Senegré, *fiengreco.*
Senelles, *coccole di spina.*
Sener, *castrare il porco, sanare.*
Seneschal, *Senesciallo.*
Seneschaussée, *Senesciallato.*
Senesson, *seneccione.*
Senestre, *sinistro, manco, mancino.*
Seneué, *senapa.*
Seneué sauuage, *tlaspi.*
Sengle, senglot, senglotter, &c. *Vedi,* Sangle, *con
quello che viene appresso.*
* Sengle, *semplice.*
Senicle, *sanicola.* Item, *verzellino, vccello.*
Senné, *sena.*
Senne, *Sinodo.*
Sens, *senso. Senno.*
estre en son bon Sens, *star in proposito.*
Sens d'estoffe, *verso.*
de Sens rassis, *pensatamente.*
Sens dessus dessous, *sossopra, sotto sopra.*
Sens deuant derriere, *al rouescio.*
employer ses cinq Sens de nature .i. *far ogni sforzo.*
Sensé, bien sensé, *sensato.*
Sensement, *sensatamente.*
Sensible, *sensibile.*
homme Sensible, *sensitiuo.*
Sensible à l'esperon, *che teme lo sperone.*
Sensiblement, *sensibilmente.*
Sensitif, *sensitiuo.*
Sensualité, *sensualità.*
Sensuel, *sensuale.*
Sentant, *che sente, sentendo.*
Sente, *sentiero.*
Sentement, *sentimento Sentore.* Item, *opinione.*
Sentence, *sentenza.*
Sententier, *sentenziare.*
Sentencieusement, *sentenziosamente.*
Sentencieux, *sentenzioso.*
Senteur, *odore.*
Sentier, *sentiere.*
Sentiment, *sentimento.*
Sentine, *sentina.*
Sentine-mere, *barchetta da sale.*
Sentine d'escheueau, *bandolo di matassa.*
Sentinelle, *sentinella.*
Sentinelle-perduë, *sentinella morta.*
releuer de Sentinelle, Metaph. *mal trattar vno in paro-
le.*
poser vne Sentinelle, Metaph. *scaricar il ventre.*
Sentir, *sentire.* Item, *puzzare.*



Sentir bon, *hauer buon odore.*
Sentir mauuais, *puzzare.*
Sentir du nez, *esser puzzolente del naso.*
il sent son bien, *hà dell' huomo da bene, hà dell' honorato.*
il Sent son homme de bien, *hà del galant' huomo.*
se Sentir d'vn mal, *patir d'vn male.*
se Sentir de quelque chose, *y auoir part, godere d'vna
cosa.*
Sentrille, *spetie di pesce.*
Seoir, *sedere.*
cela Sied bien, *stà bene, è conueniente.*
Separable, *separabile.*
Sep, *ceppo di vite.*
* Separaison, &
Separation, *separatione.*
Separatoire, *separatorio.*
Separement, *separamento.*
Separément, *separatamente.*
Separer, *separare.*
Sepe, *spetie di serpente.*
Sepmaine, *Vedi,* Semaine.
Sept, *sette.*
Septaine, *settena.*
Septante, *settanta.*
Septantiesme, *settantesimo.*
Septembre, *Settembre.*
Septembrin, *di settembre.*
Septenaire, *settenario.*
Seprentrion, *Settentrione.*
Septentrional, *Settentrionale.*
Septier, *sestiere.* Item, *certa misura di vino.*
Septiesme, *settimo.*
Septiesmement, *settimamente.*
Septimestre, *settimestre.*
Septique, *putrefattiuo.*
Septuagenaire, *settuagenario.*
Sept-virat, *setteuirato.*
Septuple, *sette volte doppio.*
Sepulchral, *di sepulcro.*
Sepulchralier, *mastro che fà sepulteri.*
Sepulchre, *sepulcro.*
Sepulturable, *da metter nella sepultura.*
Sepulture, *sepultura.*
Sepulturer, *sepulturare.*
Sequelle, *i seguaci, la setta.* Item, *conseguenza.*
Sequence, *sequenza.*
Sequenie, *spetie di casacca ò soura fodra.*
Sequent, *sequente.*
Sequestration, *sequestratione.*
Sequestre, *sequestro.*
Sequestrer, *sequestrare.*
Sequin, *zecchino.*
Sequinant, *pastura di Camelo.*
Ser de laict, *siero di latte.*
Ser montain, *siero montano.*
Serain, *sereno.*
Seran, *scotola, pettine.*
Serancer, *pettinare, scotolare.*
Serancier, *scotolatore.*
Serapenon, *drogue, serapeno.*
Seraph, *moneta d'oro Turchesca.*
Seraphin, *Serafino.*
Saraphique, *serafico.*
Seraphiser, *santificare, consacrare, inalzare.*
Serat, *latte bollito con agli e cipolle.*
Serbatane, *cerebottana.*
Serbin, *rosina di cedro.*
Sercifi, *sassefrica.*

Sercler , sercleur , &c. *Vedi , Sarcler.*
Sercleure , *sarchiatura.*
Serée , *nottata , tempo della sera vegghia della sera.*
Serein , *sereno.*
le Serein , *il rezzo , la guazza.*
Sereine , *Sirena.*
Sereine de moulin. i. *vn' asina.*
Sereine à battre le beurre , *barutola , pazzeda.*
* Sereiner , *esser tempo sereno.*
Serenade , *serenata.*
Serene , *sirena.*
Sereniffime , *Sereniffimo.*
Serenité , *serenità.*
Screux , *serofo.*
Serf , *serno.*
Serfouër , *sarchiellare.*
Serfouëtte , *sarchiello.*
Serfs , *Serui , certo ordine di Frati.*
Serge , *rascia.*
serge de Seigneur , *saia Imperiale.*
Sergent , *messo , cursore. Sergente.*
Sergent major , *sergente maggiore.*
Sergent de tonnelier , *can.*
Sergentaillerie , *quantità di sergenti.*
Sergenter , *far il messo , ò sbirro , Sequestrare.*
Sergenterie , *vfficio di sergente ò messo.*
Sergette , *saietta.*
* Seri , *calmo , cheto , sereno.*
* Serie , *serie.*
* Serier , *esser calmo ò sereno.*
Serieusement , *seriosamente.*
Serieuseté , *seriosità.*
Serieux , *seriofo.*
Serin , *verzellino.*
Serin de canarie , *canario.*
Seringue , *siringa.*
Seringue de balon , *gonfiatoio.*
Seringuement , *siringamento.*
Seringuer , *siringare.*
Seriphie , *spetie di Cipresso.*
Serment , *sarmento.*
Serment , *giuramento , Sacramento.*
Sermenteux , *pieno di sarmento.*
Sermon , *predica.*
Sermonnaire , *libro di prediche.*
Sermonner , *sermoneggiare , predicare , sermonare.*
Sermonneur , *sermoneggiatore.*
Sermontain , *sero montano.*
Serosité , *sirosità.*
* Serourge , *marito della sorella.*
Serpe , *roncone , pennato.*
mettre la main à la Serpe. i. *cacciar mano.*
* Serpeger , *serpeggiare.*
Serpent , *serpente.*
fait en forme de Serpent , *fatto à biscia.*
Serpent qui se lance comme vn dard sur les personnes ,
   *iaculo.*
Serpent , instrument de musique , *fagotto.*
elle a esté morduë d'vn Serpent , le ventre luy enfle : l'I-
   talien dit aussi , *è staia beccata da vna serpe.*
Serpentaire , *dragontea.*
Serpentaire acquatique , *dragontea acquatica.*
Serpentant , *serpeggiante.*
Serpente , *serpente , serpe.*
Serpenteau , *serpente picciolo.*
Serpenteaux , *certi fuochi artificiati in forma di serpenti.*
Serpenter , *serpeggiare.*
Serpentin , *serpentino.* Item , *serpentino di arcobugio.*

Serpentine , herbe , *dragontea.*
Serpentine , mal , *spetie di rifipilla.*
Serpentine , pierre , *serpentino.*
Serpentine , artillerie , *colubrina.*
Serpet , *serpere.*
Serper l'ancre , *salpare.*
Serpette , *falcino.*
Serpigine , inflammation , *serpiggine.*
Serpiller , *inuiluppare , fardelli ò le balle , imballare.*
Serpillere , *tela grossa da imballare.*
Serpillette , *falcidetto d'hortolano.*
Serpillon , *falcino.*
Serpillonnette , *falcinetto.*
Serpolet , *serpoulet , serpillo , serpollo.*
Serquify , *saffefrica.*
Serrail , *Serraglio.*
Serrail de porte , *serratura , sertaglio.*
Serran , *spetie di perchia.*
* Serratil , *serratile.*
Serre , *serra , luogo da rinserrar fiori , &c.*
Serres d'oiseau , *mani d'vccello , cerre.*
Serres , grosses planches , *assadoni.*
jouër du Serre-croupiere , *far l'atto venereo.*
Serre-croupiere , *puttana , secondo alcuni.*
Serré , *stretto.*
bien Serré , *forte forte , stretto stretto.*
Serré , enfermé , *allogato.*
toille Serrée , *tela sitta.*
* Serre-front , *benda da stringer la fronte.*
Serre-teste, *certo ornamento da puttina à guisa di ghirlanda.*
Serrement , *stringimento.*
Serrément , *strettamente.*
Serrer , *stringere.*
Serrer dans vn coffre , &c. *allogare , rinserrare , riporre ,
   gouernare , salnare.*
Serrer de prés , *incalzare , streguere.*
Serrer le cœur , *premernel cuore.*
Serriette , *sauoreggia , santoreggia.*
Serrure , *serratura.*
Serrure à bosse , *toppa.*
Serrurerie , *lauori di chiauaro.*
Serrurier , *chiauaro.*
Sertir , *sartire.*
Seruage , *seruaggio.*
Seruans , *Frati seruienti.*
freres Seruans , *certi cauallieri di Malta sotto à gli altri
   Seruenti.*
Seruante , *serua , fante , fantesca.*
Seruantin , *linguattola pesce.*
Serue , *serua.*
Serue , reseruoir , *serbatoio.*
Seruiable , *vfficioso , diligente , che serue volentieri.*
Seruiablement , *vfficiosamente.*
Seruice , *seruitio , seruiggio.*
Seruice , plaisir , *vfficio , piacere , seruitio.*
vn Seruice en vn banquet , *messo , portata.*
vn Seruice de vaisselle d'argent , *argentaria per la tauola.*
Seruice d'Eglise , *vffitio diuino.*
Seruice pour les Morts , *vffitio Demorti.*
quel Seruice vous faites. i. *quel bruit :* l'Italien dit , *che
   rumore , che bordello.*
se mettre en Seruice , *allogarsi , accouciarsi con vn padrone.*
il oublie la moitié de son Seruice :* l'Italien dit , *non sà
   mez e le messe.*
* Seruicial , lauement , *seruitiale.*
Seruiette , *touagliolino , seruietta.*
Seruil , *seruile , seruile.*

Seruilement, seruilmeute.
Seruir, seruire.
Seruir la viande, portar in tauola.
se Seruir, valersi, seruirsi d'vna cosa.
tout Sert eu mesnage : l'Italien dit, ogni acqua immolla.
aller Seruir le Roy à Marseille. i. andar in Gallera, andar à bastonare i pesci.
Seruiteur, seruitore, seruo, fante.
Seruitude, seruitù.
vn bien Seruy, scritura ò testimonio dell' hauer ben seruito.
Sesame, sesamo.
Sesamin, sesamino.
Sesamoïde, osso sesamoide. Item, sesamo, herbà.
Sesel, Seseli, sesali.
Sesne, vinaccia.
Sesquialtere, sesquialtera.
Sesquin, sesquino, è vna moneta.
* Sessile, sessile.
Sesterce, sestertio.
Seistier, sestiere, misura.
Sestine, sestina, stanz a di sei versi.
Sete, gonfiatura verso l'vnghia del cauallo, setola, sedola.
Setole, Idem.
Seton, setton, rimedio per vn cauallo rappreso.
Setule, setola.
Seu, sambuco.
Seue, succhio.
monter la Seue, andar in succhio.
Seuere, seuero.
Seuerement, seueramente.
Seuerité, seuerità.
Seueronde, grondaia ò ala del tetto.
Seueux, succhioso.
Seuil, soglia.
* Seuir, incrudelire.
Seul, solo.
Seule, sola.
Seulement, solamente.
Seulement, é pure, é anche.
Seulet, soletto.
Seulette, soletta.
* Seulle, vna carica ò carrata di fieno.
Seur, sicuro.
Seur, fidelle, fidato.
Seur, sorella.
Seur, aigre, aspro.
Seure, sicura.
Seurement, sicuramente.
Seurer, flattare, sloppare, dinezzare, suezzare, Metaph. prinare.
Sevrer les plantes, caprificare.
Seureté, sicurtà, sicurezza.
Seuronde, grondaia, ó ala di tetto.
Surté, Idem.
en Seurté, al sicuro.
mettre en Seurté, ou seureté, far prigione.
Sexagenaire, sessagenario.
Sexe, sesso.
Sextaire, misura antica Romana, sestario.
Sexte, sesta.
Sextement, sestamente.
Sexterce, sestertio.
Sexterée, certa misura di terra.
Sextule, sestule, peso di quattro scropoli.
Seyette, saietta.
Seyer les bleds, segar le biade.



Seyeur, segatore.
Sezain, di sedici, quarto d'oncia. Quarto di scudo.
Seze, sedici.
Seziesme, decimo sesto, Vedi, Seizicsme.

## S I

SI, dubitatif, ou conditionnel, se.
Si, aduerbe, si bene.
Si tost, cosi testo.
Si grand, tanto grande.
Si, ouy, ie gage que si, voglio scommetter di si.
Si, anche, & Si il y a, é anche vi sono, &c.
Si que, si che.
il a Si bien fait que, hà fatto di modo che.
Si cheminerez vous, é pure caminarete.
& Si, é pure, é tuttauia.
Sinon que, sinon che.
Si peu de volouté que vous ayez, ogni poco di volontà, che habbiate.
vn Si. i. vn di fetto.
* par tel Si, con patto che.
Si ne peut-il, é non può però.
Si est ce que, tuttauia, nondimeno, é però, con tutto ciò.
Sibille, Sibilla.
Sibille de pressoir, conca.
Sibilot, buffone.
Sible de but, brocca.
Siboule, scalogna.
Sibylle, Sibilla.
Sibyllin, di Sibilla.
Siccité, siccirà.
Sicilinne, trenchesile de mors, siciliana.
Sicilique, quarto d'oncia.
Sicle, peso ò moneta d'argento.
Sicnie, saia.
Sicomoire, sicomoro.
Siderite, siderite.
Sidre, cidre, cidra.
Sie, sega.
Siecle, secolo.
il Sied, stà, conuiene.
Siege, sedia, scanno.
Siege de Iustice, Tribunale.
Siege pliant, sedia, à forbici.
Siege de gondole, trasti.
Siege de place, assedio.
Siege de cordier, torcitoio.
leuer le Siege, leuar l'assedio. Metaph. leuarsi da suo luogo.
le Siege, il sedere, il culo, il fondamento.
* Sieger, sedere.
Siement, segamento.
Sien, suo.
le Sien, il suo, la sua robba.
les Siens, i suoi parenti.
Sienite, spetie di marmo.
Sienne, sua.
faire des Siennes, far delle sue.
Sier, segare.
Sier, en terme de marine, siare.
vne Siette, vna sega picciola.
* Sieu, seuo, assogna.

Sieur , Signore.
Sieur , segatore.
Sieure , segatura.
* Sieurie , Signoria.
Sifflade , fischiata.
Sifflant , fischiante.
Sifflement , fischio , fischiamento.
Sifflement d'vne baguette , lo suinchiare.
Siffler , fischiare , & uffolare.
Siffler vne personne , dar le fischiate ò subbiate.
Siffler comme vne baguette , strisciare.
Siffler pour le bourgeois. i. beuer bene.
il n'y a qu'à Siffler , Iron. i. è cosa molto facile.
Siffleric , fischio.
Sifflet , & uffolo , fischio.
le Sifflet du gosier , canna della gola.
Sifflet à cailles , quagliaruolo , quagliette.
Siffleur , fischiatore , & uffulature.
* Sifre , chiffre , & iffera.
Sigale , cigale , cicala.
* Sigillatif , sigillatiuo.
Sigillé , sigillato.
Signacle , segnacolo.
Signal , segno.
Signalé , segnalato.
Signalément , segnalatamente.
se Signaler , segnalarsi.
Signamment , specialmente.
Signature , segnatura.
Signature de Liure , registro.
Signe , segno , nota.
Signe que l'on fait en appellant , &c. cenno.
faire Signe , accennare , far cenno.
faire le Signe de la croix , segnarsi.
Signe patibulaire , forca.
par Signe , con cenni.
Signet , notare , segnare ; sottoscriuere.
se Signer , faire le signe de la croix , segnarsi.
Signet , segnacolo. Item , sigillo.
Signeur , sottoscrittore . notatore.
Signifiance , significanza.
Signification , significatione , notificatione.
Signifier , significare , notificare.
Signifieur , significatore.
Sil , pelo delle palpebre.
Sil , terra minerale da far colori.
Silence , silentio.
Silenes , figure sopra le scatole de gli spitiari.
Silentiaire , di silentio.
Silentieux , pieno di silentio.
Siler , sesali.
Siliquastre , pepe d'India.
Silique , carobba.
Siller les yeux , accigliare.
Sillet au haut du manche d'vn instrument , capitasto.
Sillon , solco.
Silure , siluro , pesce.
Simagrées , mine , gesti.
Simbole , simbolo.
Simboliser , simboliz are.
Sime , massiccio.
Simier , Vedi , Cimier.
Similaire , simile , assomigliante.
Similitude , similitudine , assomigliane ac
Simmetria , simetria.
Simmiste , Secretario , ò Consiglier prinato.
Simoniaque , simoniaco.
Simonie , simonia.

Simpeille , certo vasetto vsato ne' sacrificij.
Simple , semplice.
Simples , herbes , semplici.
Simple soldat , soldato prinato.
à Simple tonsure. Metaph. i. semplice.
habit tout Simple , vestito schietto.
Simplement , semplicemente. Schiettamente.
* Simpler , ingannare.
* Simplesse , semplicità.
Simplet , semplicictto.
Simplette , semplicciotta.
Simpliciste , semplicista.
Simplicité , semplicità.
Simpliste , semplicista.
Simulacre , simulacro.
Simulateur , simulatore.
Simulation , simulatione.
Simuler , simulare.
Sinapiser , rauuiuare ò fomentare con senapa.
Sincere , sincero.
Sincerement , sinceramente.
Sincerité , sincerità.
Sincope , sincope.
Sincope , de faillance , suenimento.
Sincoper , sincopare.
Sinderese , sinderesi.
* Sing , Vedi , seing. Item , campana.
* Sings , vele , parola antica.
Singe , scimia.
c'est vn Singe , egli è buffone. Item , imitatore.
Singe queuë , gatto soriano.
Singeot , scimiotto.
Singerie , scimiauata.
Singesse , scimia femina.
* Singeur , mercante di scimie. Item , vn buffone.
Singlage , sferz amento.
Singlant , sferz ante. Item , solcante.
Singlée , sferz ata.
Singlement , solcamento Sferz amento.
Singler , sferz are.
Singler sur mer , solcare , ciare.
Singlcure , sferz ata.
Singularité , singolarità.
Singulier , singolare.
Singulierement , singolarmente.
Sinissome , cardo benedetto.
Sinistre , sinistro.
Sinistrement , sinistramente.
Sinon , senon.
Sinope , &
Sinople , sinopia , rubrica. Item , verde , color verde nell'
 armi.
Sinosité , sinnosità.
Sintaxe , sintassi.
Sinterese , sinderesi , puntura di conscienza.
Sinueux , sinuoso , intricato , pieno di giri.
Sinnosité , sinuosità , giro , intrico , aggiramento.
Sion , vetta , Vedi , Scion.
Sire , Sire , attributo di Rè.
Sire , attributo d'huomo vile ò vecchio , messere.
Siringue , siringa. Item , gonfiatoio.
Siringuer , siringare.
Siroc , siroch , vent , scilocco , sirocco.
Siroesne , specie d'empiastro , ò fomentatioue.
Sironne , Idem.
Sirop , sciloppo , siroppo.
Sis , che siede , situatio.
Sisalle griue , tordo sasello.

Sisame, *sisamo.*
Siscourre, *siascorre, termine marinesco, per far voltar il vascello.*
Sitibond, *sitibondo.*
Situation, *situatione, sito.*
Situer, *situare.*
Siuadiere, voile, *ciuadera.*
Siue, *cipollina.*
Siuë, *peperata.*
Siuette, *cipollina.*
Siuttre, *Vedi*, Ciuiere.
Siuot, *scalogna.*
Six, *sei.*
Sixain, *sestina, stanza di sei versi. Sesta parte.*
Sixener, *sceglier di sei vno.*
Sixiesme, *sesto.* Item, *sesta parte.*
Sixiesmement, *sestamente.*
Sixte, *sesta in musica.*
Sixain de cartes, *interzo.*
Sizement, *situatione, locatione.*


S M


S Mirge, *celeri.*


S O


S Obre, *sobrio.*
Sobrement, *sobriamente.*
* Sobressaut, *tombolamento.*
* Sobresse, &
Sobrieté, *sobrietà.*
Sobriquet, *sopranome, propriamente per burla.*
Soc, *coltre di aratro.*
Socage, *lauoro di aratro.*
Soccolants, *frati z occolanti.*
Sociable, *sotieuole, sociabile.*
Social, *sociale.*
Socialité, *socialità.*
Societé, *società, sotietà.*
Socque, *gleba che s'attacca alla scarpa caminando in vna terra viscosa, z occoli.*
Socquenie, *spetie di casacca, saia.*
Sodalité, *sodalità.*
Sodomie, *sodomia.*
Sodomite, *sodomita.*
Soëf, *soaue, soauemente.*
Soëfuement, *soauemente.*
Soëfueté, *soauità.*
Soëil de sanglier, *voltolatoio, fango.*
Sœur, *sorella.*
belle Sœur, *cugnata.* Item, *sirocchia.*
Sœur, Religieuse, *suora.*
elle est de nos Sœurs. i. putain : l'Italien dit, *è di quelle.*
Sœurette, *sorellina.*
Sofiste, *sofista.*
Sofistication, *sofisticatione.*
Sofistiquer, *sofisticare.*



Sofistiquerie, *sofisticheria.*
Sofistiqueur, *sofisticatore.*
Sogrenu, *mal fatto fuor di proposito.*
* Soiage, *segamento.*
Soie de porc, *setola.*
* Soier, *segar le biade.*
Soieur, *mietitore.*
Soif, *sete.*
Soigner, *curare.*
Soigneusement, *sollecitamente.*
Soigneux, *sollecito.*
mal Soigneux, *negligente.*
Soing, *cura.*
Soil, *fango.*
* Soilure, *scorticatura.*
Soin, *cura.*
sans Soin, *spensierato.*
Soir, *sera.*
ce Soir, *stasera.*
hier au Soir, *hiersera.*
demain au Soir, *doman da sera.*
Soirée, *la sera il tempo della sera.*
* Soireux, *di sera.*
Soit, *sia cosi.*
* Soitier, *lauorante di seta.*
* Soiture, *segatura di biade.*
Soit que, *ò sia che, ò fusse che, hora che, ochea.*
Soixante, *sessanta.*
Soixantiesme, *sessantesimo.*
Soixante & dix, *settanta.*
Sol, *soldo.*
Sol, *suolo.* Item, *oro degli Archimisti, Sole.*
escu Sol, *scudo doro Francese segnato con vn Sole picciolo.*
* Solacier, *solaz zare.*
Soladeux, *solaz zenole.*
Solage, *suolo, terra.*
Solaige, *virtù ò forz a del Sole.*
Solaire, *solare, di Sole.*
Solane, ou
Solatre, *solatro.*
Solatre dormitif, *solatro sonnifero.*
Sold, *soldo.*
à la Soldade, *da soldato.*
Soldan, *Soldano.*
Soldanelle, *soldana, soldanella, herba.*
Soldat, *soldato.*
Soldats de Brichanteau, poltrons : l'Italien dit, *soldati del Tinca.*
Soldatesque, *soldatesca.*
Solde, *soldo, stipendio.*
qui est la Solde, *stipendiato.*
Soldurier, *che stà al soldo.*
Sole, poisson, *linguattola, lenguata.*
Sole, *sola, pianta del piede, suola di scarpa.*
Sole, *tratte.*
Soleil, *Sole.*
Soleil leuant, *Leuante.*
Soleil couchant, *Ponente.*
au Soleil leuant, *al leuar del sole.*
au Soleil couchant, *al tramontar del sole.*
Soleil de mer, *spetie di pesce.*
Soleil, fleur, *girasole.*
Soleillement, *il porre al sole.*
* Soleiller, *esporre al Sole.*
Soleilleux, *di Sole.*
Solemnel, *solenne.*

entre deux Soleils , *dalla mattina fin alla fera.*
Solemnellement , *folemmemente.*
Solemnité , *folennità.*
Solemnization , *folenniz atione.*
Solemnizer , *folenniz are.*
*Soler , *fuolare , rinfuolare.*
Solerre , *Uento auftrale.*
Solfe , *z olfa.*
Solfier , *cantar la z olfa , folfare folfeggiare.*
Solicitation , *follecitatione.*
Soliciter , *follecitare.*
Soliciteur , *follecitatore.*
Solicitude , *follecitudine.*
Solidaire , *folido.*
Solidairement , *folidariamente.*
Solide , *folido.*
Solidement , *folidamente.*
Solider , *folidare.*
Solidité , *folidità.*
* Solier , *folaro , palco.*
Solifuge , *fpetie di verme.*
* Solifeque , *che fegue il Sole.*
Solitaire , *folitario.*
Solitairement , *folitariamente.*
Solitude , *folitudine.*
Soliue , *trauicella.*
Soliueau , *corrente.*
* Soloir , *folero.*
Solle , *linguattola.*
Sollecifme , *follecifmo.*
Sollette , *linguattola picciola.*
Sollette d'efperon , *cuoio fotto allo fperone.*
Sologne , *nome proprio di terra.*
fol de Sologne : l'Italien dit , *femplice di val di Siruf-*
   *fa.*
Solfie , *girafole.*
Solftice , *folftitio.*
Solfticial , *di folftitio , folftitiale.*
Solu , *foluto.*
Soluable , *foluenole , foluabile.*
Solut , *ftiolto , foluto.*
Solutif , *folutiuo.*
Solution , *folutione.*
Som , *crufca , femola.*
Sombre , *fcura.*
* Sombrer , *ofcurare. Item , z appar la prima volta vna*
   *vite , &c.*
Sommage , *lauoro d'un giorno. Item , vettura di Some.*
Sommaire , *fommario.*
Sommairement , *fommariamente.*
Sommation , *fommatione , citatione.*
Somme , *fomma.*
vne certaine Somme d'argent , *vn tanto.*
Somme , *foma.*
en Somme , *fomme tout , in fomma.*
Somme capitale , *il capitale.*
cheual de Somme , *fomaro.*
Somme , fomne , *fonno.*
Sommeil , *fonno.*
Sommeillant , *fonnacchiante.*
Sommeillard , *fonnecchiofo.*
Sommeiller , *fonnacchiare.*
Sommeilleux , *fonnacchiofo.*
Sommelerie , *bottigliaria.*
Sommelier , *bottigliere , cáneuaro e credenz iere.* Ce font
   trois offices differents en Italie.
Sommer , *citare , chiaman per via di fommatione.*
Sommer vne place , *richiedere.*

Sommer vne Somme , *far la fomma , fommare.*
Sommet , *fommità , cima , giogo di monte. Colmo.*
Sommet de la tefte , *cocuz z olo , z uccolo.*
Sommette , *fomma picciola.*
Sommier , cheual , *fomaro.*
Sommier de charpenterie , *traue , fomaro.*
Sommiers , *fpetie di capifuochi.*
Sommier , *materaz z o ripieno di crini.*
Sommiffion , *fommeffione.*
Sommifte , *fommifta.*
Sommité , *fommità.*
Somne , *fonno.*
prendre Somne , *addormentarfi.*
Somnifique , *fonnifero.*
Somption , *funtione.*
Somptaire , *fontuario.*
Somptueufement , *fontuofamente.*
Somptueux , *fontuofo.*
Somptuofité , *fontuofità.*
Son , *fuo.*
Son , *fuono.*
du Son , *femola , crufca.*
du Son peftry , *crufcata , imbratto , intrifq;*
Sonde , *tenta , ftilo.*
Sondement , *tentamento.*
Sonder , *tentare.*
Sonder les coftes , *batter vno.*
Songe , *fogno.*
Songe creux , &
Songe malice , *vn penfa male.*
Songeard , *penfofo maninconico.*
Songer , *fognare , infognarfi , fonniare.*
Songer , *penfare , ftar penfofo.*
Songer creux , *penfar à qualche malitia.*
Songeur , *fognatore. Item , penfierofo.*
Sonnaille , *fonaglio , fquilla.*
Sonnaillerie , *fcampanata.*
Sonner , *fonare.*
Sonner en branfle , *fonar à diftefa.*
Sonner la retraitte , *fonar à raccolta. Item , ritirarfi.*
Sonnerie , *fcampanata fonata.*
elles font Sonnées , qui fe dit en répondant hors de pro-
   pos , *fon fonate le ventidua ,* ou bien , *Albanefe Meffere.*
Sonnet , *fonetto.*
Sonnette , *fonaglio.*
Sonnette à attacher aux jambes , *fonagliere.*
attacher la Sonnette au col du chat .i. *intraprender vn ne-*
   *gotio pericolofo.*
Sonneur , *fonatore.*
Sonneur de cloches , *campanaio.*
* Sonoreux , *fonoro.*
Sophifme , *fofifmo.*
Sophifte , *fofifta.*
Sophifterie , *fofifteria , Vedi , il refto , à Sophiftiquer , &c.*
vin Sophiftiqué , *vino concio.*
* Soporal , *che addormenta.*
Soporifere , *fonnifero.*
Sor , *di primo volo , vccello giouane.*
hareng Sor , *arrenga fecca.*
* Sorbition , *forbitione.*
* Sorceler , *ammaliare , affatturare.*
Sorcellerie , *malia.*
Sorcellage , *Idem.*
Sorcier , *ftregone.*
banquet des Sorciers. i. *fenz a fale.*
Sorciere , *ftrega , maliarda.*
Sordide , *fordido.*
Sordidement , *fordidamente.*

Sorel, spetie d'herba, alleluia.
Sorer, seccar nel fumo.
Soret, seccato nel fumo.
Sorbet, sorbetto, spetie di beuanda.
* Sorne, principio della notte.
* Sorner, dir propositi.
Sornettes, fandonie, spropositi.
conter des Sornettes, dar pastocchie.
Sornetteux, che di che spropositi.
* Sororge, cugnato.
* Sorosité, affinità di Sorella.
Sorrat, spetie di pesce grande.
Sort, sorte.
tirer au Sort, sortire, tirar la sorte.
Sort, pour sortilege, malia.
Sortable, confaceuole, conuenenole.
Sortablement, conuenenolmente.
Sorte, sorte, maniera, modo.
en Sorte, de telle sorte, si, di tal modo, di tal maniera.
de ma Sorte, della mia razza ò conditione.
faire en Sorte, farsi.
ie seray de telle Sorte, terrò si fatto modo.
de Sorte que, si che, di modo che.
de cette Sorte là, si fatto.
& de bonne Sorte, è di che sorte.
Sortie, vscita, esito.
Sortie de Soldats, sortita.
Sortilege, malia, incanto, stregaria.
Sortir, vscire.
Sortir de la terre, qui se dit des herbes, &c. spuntar fuori.
en Sortir à son honneur, riuscier à honore.
Sory, souris, sorcio.
Sot, sciocco, menchione, goffo.
Sot, cornard, becco cornuto.
Sottard, menchione, sciocco.
Sottarder, scioccheggiare.
Sottarderie, scioccagine.
Sotte, sciocca.
Sottelet, sciocchetto.
Sottement, scioccamente.
Sottiner, far il sciocco.
Sottise, scioccherza.
* Sottofrins, certa cosa di vascello.
Sou, sol lo. Item, satollo.
* Sou, piedi di porco conditi per mangiare.
Soubassement, basamento, imbasamento.
Soubchantre, sotto cantre.
Soubdain, subito.
Soubdainement, di subito.
Soubdiacre, Settodiacono.
Soubhait, desiderio.
Soubhaiter, desiderare.
Soubhastation, subhastatione.
Soubjet, soggetto.
Soubresaut, sobresalto.
Soubrette, ruffianella.
Soubleuement, solleuamente.
Soubleuer, solleuare.
Soubmerger, sommergere.
Soubmettre, sottomettere.
Soubministrer, somministrare.
Soubpendre, soppalco.
Soubpeser, pesare.
Soubson, sospetto.
Soubsonner, sospettare.
* Soubs, sous, sotto.



Souscrire, &
Soubssigner, sottoscriuere.
Soubsligné, sottoscritto.
Souche, tronco. Item, schiatta, stirpe.
la Souche d'vne taille, tronco, parte più grossa della taglia.
Souchet, giunco odorato.
Souchette, tronco picciolo.
Soucheux, pieno di tronchi.
Souchon, tronco d'albero.
Soucie, fior rancio, girasole.
se Soucier, hauer cura, pigliarsi fastidio, curare.
Soncieux, pieno di cura, sollecito.
Soucy, cura.
donner du Soucy, metter pensiero.
sans Soucy, vno spensierato.
Soucy, fleur, calendula, fior rancio, cetronella.
Soudain, adjectif, pronto, presto. Item, collerico, ò impatiente.
Soudain, aduerbe, subito.
Soudainement, subitamente, prestamente.
Soudaineté, prontezza, prestezza.
Soudard, soldato.
Soude, soda.
Souder, saldare.
Soudoyer, assoldare, metter ò mantener al soldo.
Soudre, sciogliere, soluere.
Soüef, soaue.
Soüefuement, soauemente.
Soüefueté, soauità.
Souffle, soffio.
Soufflement, soffiamento.
Souffler, soffiare.
Souffler la chandelle, spegnere, spengere.
Soufflez Menestrier, l'Espousée passe : l'Italien dit, amanna ch'io lego, pon reua lo Sbraccia armeggia.
Souffler aux oreilles, bucinare, soffolar negl' occhi.
Souffler, far l'alchimia, cercar la pietra filosofale.
Souffler à l'encensoir, Metaph. benir molto.
Souffler vn qui recite, soffiare.
Souffler vn qui se veut faire receuoir, instrurre vno nelle leggi prima d'esser assunto nel carico.
soufflerie, soffiatura.
Soufflerie, il far l'alchimia.
Soufflet à souffler le feu, mantice, follo, soffietto.
grand Soufflet de forge, &c. mantice.
Soufflet, coup sur la jouë, guanciata, schiaffo.
donner vn Soufflet au Prince, far falsa moneta.
donner vn Soufflet à vn habit, far voltare il vestito dall' altro verso, per farle parer nuouo.
donner vn Soufflet à vne potence. i. esser impiccato.
donner vn Soufflet à Ronsard. i. far vn errore in lingua Francese.
faiseur de Soufflets, manticciaro.
raccoustreur de Soufflets, acconcia folli.
iouer des Soufflets. i. trar correggie.
Souffleter, schiaffeggiare.
Souffleteur, schiaffeggiatore.
Souffleur, soffiatore. Così chiamano à Pariggi, quello che insegna la legge à chi deue esser assunto in qualche carico di corte.
gros Souffleur de boudins. i. budellone, pancione, gonfia vesiche.
Soufflons, feux d'artifice, soffioni.
* Souffire, bastare.
Souffrance, sofferenza.
Souffre, Vedi, soulphre, ò soulfre.
Souffreté, bisogno.

Souffreter, *stentare, hauer gran necessità.*
vn Souffre-douleur, *vn cauallo ò altra cosa di strapaz-*
	*zo.*
Souffreteux, *bisognoso, pouero.*
Souffrir, *patire, sofferire, tolerare, stentare.*
Souhait, *desiderio.*
à Souhait, *à voto.*
Souhaittable, *desiderabile.*
Souhaitter, *desiderare, bramare.*
Souil, *imbratto, sucidume nel quale si voltola il cinghia-*
	*le.*
Souillard, *pantano.*
Souillard, *sucido, brutto, sporco.*
Souillarderie, *sporchezza, sucidezza.*
Souille, *pantano.*
Souillement, *imbrattamento.*
Souiller, *imbrattare, bruttare, contaminare.*
Souillon, *sporco, gaglioffo.*
Souillonnerie, *sucidezza, sporchezza.*
Souilleure, *Idem.* Item, *contaminatione, imbrattamen-*
	*to.*
Soulagement, *allegerimento.*
Soulager, *allegerire, mitigare.*
Soulas, *solazzo.*
Soulasser, *solazzare.*
Soulcier, soulcy, &c. *Vedi,* soucier, &c.
Souldan, *Soldano.*
Souldart, *soldato.*
Soulde, *solda.*
Soulder, *saldare.*
Souldeur, *saldatore.*
Souldeure, *saldatura.*
Souldoyer, *mantener al soldo, assoldare.*
Souldre, *sciorre, soluere.*
Souler, *satollare.*
Soulerie, *satollamento.*
* Souleur, peur, *battisoffiola.*
Soulfre, *zolfo.*
Soulfreux, *zolfoso, zulfurino.*
Soulfriere, *caua di zolfo.*
Soulier, *scarpa.*
Souliers à dormir debout, *scarpe larghe.*
Souliers à poulaine, *scarpe aperte per la parte di sopra,*
	*allacciate con vna stringa.*
Soulier haut de boiteux, *zoppolla.*
il sçait où le Soulier le blesse. i. *sà doue lo prense.*
Souloir, *solere.*
Soulphre, *zolfo.*
Soulphrer, *inzolfare.*
Souls, *sotto.*
Soulsie, *girasole.*
Soulte, *soda.*
Soumettre, *sottomettere.*
Soupape de pompe, *animella.*
Soupçon, *sospetto.*
Soupçonnable, *sospettenole.*
Soupçonner, *sospettare.*
Soupçonneusement, *sospettosamente.*
Soupçonneux, *sospettoso.*
Soupe, *zuppa.* Item, *minestra.*
Soupe dorée, *pan fritto intinto in voua battute.*
faire de tel pain Soupe, *seruir del simile.*
Soupe à la Iacobine ; l'Italien dit, *zuppa alla Lombar-*
	*da.*
Soupe à l'yvroigne, *pan lauato nel vino.*
de la Soupe reschauffée. i. *vna donna vecchia.*
Soupé, *cenato.* Item, *cena.*
la Soupée, *la cena, il luogo doue si cena.*

Soupente, *sopalce.*
Soupenduë, *Idem.*
Souper, *cenare.*
le Souper, *la cena.*
Souper de Marchand. i. *buona cena.*
Souppe, *Vedi,* soupe.
Souppier, *brodaiuolo.*
Souple, *pieghevole, arrendeuole.*
plus Souple qu'vn gand : l'Italien dit, *più pieghevole*
	*ch'vn giunco.*
Soupplesse, *attiuità, attitudine, natura pieghevole & ar-*
	*rendeuole.*
tour de Soupplesse, *furberia, burla.*
Source, *origine.*
Source d'eau, *sorgino.*
* Sourcer, *sorgere.*
Sourcil, *ciglio.*
Sourciller, *inarcar le ciglia.*
Sourcilleux, *cigliato, supercigliofo.*
Sourd, *sordo.*
vn bruit Sourd, *vn tacito sufurro.*
frapper comme vn Sourd : l'Italien dit, *dar bastonate da*
	*orbo.*
parler à vn Sourd : l'Italien dit, *dir le sue ragioni a' Sbir-*
	*ri.*
faire le Sourd, *far sormicone di sorbo.*
Sourdastre, &
Sourdaut, *sordastro.*
Sourde, *sorda.*
pierre Sourde, sans esclat, *pietra sorda.*
lanterne Sourde, *lanterna cieca.*
scie Sourde, *sega sineca.*
Sourdement, *sordamente, tacitamente, secretamente.*
* Sourdesse, sourdeté, *surdità.*
Sourdin, *spetie d'arrenga.*
Sourdine, *tromba sorda, sordina.*
à la Sourdine, *secretamente, tacitamente.*
* Sourdise, *sordità.*
Sourdon, *spetie di mitolo.*
Sourdoyant, *sorgente.*
Sourdre, *sorgere, salire.*
Souretier, *che piglia sorci.*
Sourge, *frescamente tosata.*
Sourgeon, *tallo rampollo.*
Souriceau, *sorcio picciolo.*
Souricier, *di topo ò sorcio.*
Souriciere, *trappola da sorci.*
Souris, *sorcio.*
la Souris du bras, *moscolo del braccio.*
faire la Souris. i. *rubare i danari nella saccoccia, dicesi pro-*
	*priamente delle puttane.*
Souris du Palais. i. *Procuratori, Auuocati, &c.*
Sourisseau, *sorcio picciolo.*
Sournois, *foramezzolati, umacone soppiattone, suturnione.*
Sous, *sotto.*
faire Sous soy, *cacarsi sotto*
Sousbarbe, *soggola di briglia.*
vne Sousbarbe, coup, *vn sotto becco.*
Sousbride, *soggola, sottogola di briglia.*
Sousbride, secousse de bride, *suffrenata.*
Souschambriere, *sotto serua, serua che serue sotto all'al-*
	*tre.*
Souschantre, *sotto cantore.*
Sousclauiere, *spetie d'arteria, arterio maggiore.*
Souscouppe, *sottocoppa.*
Souscrire, *sottoscriuere.*
Souscription, *sottoscrittione.*
Sousgorge, *soggolo, sottogola.*

Sousdiacre, *sottodiacono.*
Sousgreue, *osso inferiore dello stinco.*
Sousleuement, *sollevamento.*
Sousleuer, *sollevare.*
faire Sousleuer le cœur, *far voltar lo stomaco.*
Sousleueur, *sollevatore.*
Sousmenton, *sottobecco.*
Sousministre, *sottoministro.*
Sousministrer, *somministrare.*
Sousmettre, *sottomettere.*
Sousmission, *sommessione.*
Sousministration, *somministratione.*
Souspeçon, *sospetto.*
Souspeçonner, *sospettare.*
Souspeçonneux, *sospettioso.*
Souspendement, *sospendimento.*
Souspendre, *sospendere.*
Souspendu, *sospeso.*
Sou spenduë, *soppalco, soffitato.*
Sous pente, *Idem.*
Souspeser, *pesare, leuar di peso.*
Souspied d'esperon, *olaia.*
Souspir, *sospiro.*
Souspit d'Allemand, *rutto.*
au dernier Souspir de sa vie, *all' ultimo spirito.*
Souspirable, *sospireuole.*
Souspirail, *spiraglio.*
Souspiraux pour empescher l'effect d'vne mine, *sala-
toi.*
Souspirement, *sospiramento.*
Souspirer, *sospirare.*
Souspleige, *sotto malleuadore.*
Sousplié, *piegato sotto.*
Sousrire, *sorridere, ghignare.*
Sousris, *sorriso.*
Soussecretaire, *sottosecretario, aiutante di segretaria, copia
lettere.*
Soussigner, *sottoscriuere.*
Souste, prononcez s. *susta, sosta.*
Soustenable, *sosteneuole.*
Soustenance, *appoggio, forza, sostenimento.*
Soustenant, *sostenente, reggente.*
Soustendrone, *teneruni sotto le coste.*
Soustenement, *sostenimento.*
Soustenir, *sostenere, reggere.*
Soustenir ce que l'on a dit, *mantenere.*
Soustenir en combattant, *spalleggiare.*
Soustenu, *sostenuto, spalleggiato.*
Sousterrain, *sotterraneo.*
Sousterrer, *sotterrare.*
Soustien, *sostegno, appoggio.*
Soustraction, *sottrattione.*
Soustraire, *sottrarre.*
Soustrait, *sottratto, subbato.*
Soustrayeur, *sottrattore, subornatore.*
Soutane, *sottana.*
Soute, *soda.*
Soutre, *soutte, Idem.*
Souuenance, *ricordanza.*
Souuendier, *cicorea.*
Souuenir, *souuenire, memoria, ricordanza.*
Souuenir, verbe, *ricordare, rammentare.*
se Souuenir, *ricordarsi.*
Souuent, *spesso souente.*
le plus Souuent, *il più delle volte.*
Souuentefois, *spesse volte.*
Souuenu, *ricordato.*
Souuerain, *suprem. sourano. Item, eccellentemente buono.*



Souuerainement, *souranamente, ottimamente, suprema-
mente.*
Souueraineté, *sipranità, souranità.*
Soy, *se, se stesso.*
en Soy-meime, *seco, seco medesimo.*
Soye, *seta.*
Soye de porc, *setola.*
Soye platte, *seta flossata.*
estoffe de Soye, *drappo.*
Soyes, ongle fenduë, *setole.*
✶ Soyer, *segar le biade.*
Soyeux, *setoso, pieno di seta.*
Soytier, *lauorante di seta.*


S P


S Padacin, *spadacino.*
Spadaires, *certi frati che portano vna figura di spada
su la lor veste.*
Spalmer, *spalmare.*
Sparaillon, *serpora, pesce.*
Spargirie, *spargiria.*
Spargirique, *spargirico.*
Spargitide, *terra sigillata.*
Sparte, &
Sparton, *ginestra di Spagna.*
Spase, *spetie di pesce.*
Spasmatique, *spasmatico.*
Spasme, *spasmo, rattrapamento di nerui.*
Spatieusement, *spatiosamente.*
Spatieux, *spatioso.*
Spatule, *spatola.*
Speautre, *spelta.*
Special, *spetiale.*
Specialement, *spetialmente.*
Specieux, *spetioso.*
Specification, *specificatione.*
Specifier, *specificare.*
Specifique, *specifico.*
Spectable, *spettabile.*
Spectacle, *spettacolo.*
Spectateur, *spettatore.*
Spectatrice, *spettatrice.*
Spectre, *spettro.*
Speculaire, *specolare. Item, pietra speculare.*
Speculateur, *speculatore.*
Speculatif, *speculatiuo.*
Speculation, *speculatione.*
Speculatiue, *specolatiua.*
Speculatrice, *specolatrice.*
Speculer, *specolare.*
Spelonque, *spelonca.*
Speltre, *spelta.*
Spenochis, *spanocchia.*
Spermatique, *spermatico.*
vase Spermatique, *vase seminali.*
Spermatiser, *spermatizzare.*
Sperme, *sperma, seme.*
Spet, *spetie di pesce.*
Spenoide, *spetie d'osso.*
Sphere, *sfera.*
Spherique, *sferico.*
Sphicie, *spetie di vespa.*
Sphinge, *sfinge.*

Spic, spigo.
Spicaire, spigo Romano.
Spicquenard, spigonardo.
Spinal, spinale.
medule Spinale, midolla della spina.
Spinelle, spetie di dentale, pesce.
Spineux, spinoso.
Spinul, spinella, schinella, spinola.
Spiqué, lauandula.
Spiracle, spiracolo.
Spiral, spirale.
ligne Spirale, linea spirale.
Spire, spiro, cerchio, compasso che gira.
* Spiriteux, spiritoso.
Spirituel, spirituale.
Spirituel qui a esprit, spiritoso.
frere Spirituel, fratello d'anima.
sœur Spirituelle, sorella d'anima.
Spirituellement, spiritualmente.
Spiritueux, spiritoso.
Spirole, spetie d'artigliaria picciola.
Splanade, spianata.
Splendeur, splendore.
Splendide, splendido.
Splendidement, splendidamente.
Splene, milza.
Splenetique, splenetico, che patisce di mal di milza.
Spode, spodio.
Spoliateur, spogliatore, spoliatore.
Spoliation, spoliatione.
Spoliatrice, spoliatrice.
Spolier, spoliare.
Spolin, filo d'oro ò d'argento.
Spondyle, vertecchio. Nodo della schiena.
Spongieux, spongioso, spugnoso.
Spongiosité, spongiosità.
* Sponseur, promettitore.
* Spontane, spontaneo.
* Spontanément, spontaneamente.
* Sporte, sporta.
Sportule, sportula.
Spurie, spuria.





S Quadron, squadrone.
Squalet, scheletto.
* Squenie, giornea.
Squille, oignon marin, squilla.
Squilles, scheggie d'osso.
Squillin, squillino.
Squillitique, squillitico, concio con squilla.
Squinade, granchio marino.
Squinance, schinauz ia.
Squinant, pastura di camelo.
Squine, china, legno.
Squiopetins, certi frati dell' ordine di S. Agostino.




ST, st, litto.
Stabilité, stabilità.
Stable, stabile.
Stade, stadio.
* Stafilade, staffilata.
* Stagnant, croupissant, stagnante.
Stambouque, capra seluatica.
Stance, stanza.
* Stangue d'vne ancre, stanga.
* Stanguette de mors, stanghetta.
Staphilagre, stafisagria.
* Statere, statera.
* Statif, stante.
Station, statione.
Stationnaire, stationario.
Stationner, stationare, far stationi.
Statuaire, statuario.
Statuë, statua.
* Statuer, stabilire.
Stature, statura.
Statut, statuto.
Statutaire, di statuto.
Steatome, apostema colla marcia simile alla grassa.
Steccade, steccato.
Stecas, &
Steccados, aurelia, steccade.
Stellage, diritto sopra la biada, è sale.
Stellagier, datiere di detto diritto.
Stellion, stellione.
Stellionat, vendita falsa, inganno di mercantia.
Stellionaire, che vende falsamente quello, che non è suo.
Stercorin, stercorino.
Stercometrie, misura di corpi solidi.
Sterile, sterile.
Sterilement, sterilmente.
Sterilité, sterilità.
Sterlin, sterlino.
Sternomantie, dininatione dal pitto.
Sternutatoire, sternutatorio.
Stigmatizer, far le stimmate.
Stile, stile.
Stile, Idem.
Stile de cadran, stile.
Stilé, pratico.
Stilet, stiletto.
Stillatoire, stillatorio.
Stillicide, stillicidio.
Stillitique, stillitico.
Stimulateur, stimolatore.
Stimulation, stimolatione.
Stimulatrice, stimolatrice.
* Stimule, stimolo.
Stimuler, stimolare.
Stinc, filo della schiena. Item, stinco ò scinco, animale.
Stipendier, stipendiare.
Stipicité, obstruttione.
Stiptique, stitico.
Stipulant, stipulante.
Stipulateur, stipulatore.
Stipulation, stipulatione.
Stipuler, stipulare.
Stocfiz, merluzzo.
Stomacal, stomacale, buono per lo stomaco.

Stomachique, di stomaco.
Stoques, perdita di finanze.
Storax, storace.
Stoupin de feu d'artifice, stoppiono.
Stradiot, stradiotto.
* Strambot, strambotto.
Strangulation, strangulatione.
* Strapasser, strapazzare.
Stratagematique, di stratagema.
Stratageme, stratagema.
* Strepite, strepito.
* Strette, stretta.
* Strident, stridente.
* Strié, striato.
Strieure, canneleure, striatura.
Strin, diamente falso, ò bastardo.
Stropes, certe cose di vascello.
Strophe, strofo.
Strophule, scrofola.
* Stropier, stroppiare.
Structure, struttura.
Strumosité, gonfiamento di gozzo.
Strution, herba lanaria.
Stryge, strige.
Stuc, stucco.
Studieusement, studiosamente.
Studieux, studioso.
* Stupeur, stupore.
Stupide, stupido.
Stupidement, stupidamente.
Stupidité, stupidità.
Scupre, stupro.
Stygial, &
Stygien, stigio.
Style, stilo.
* Styler, stilletto.
Stylobate, piedistallo.
Styptique, astrettiuo.
Styrax, stirace, albero.



S V, sambuco.
Suader, persuadere, suadere.
* Suadeur, suasore, persuaditore.
* Suages, sudamenti.
Suaire, sudario.
Suant, sudante.
* Suaseur, suasore.
Suasif, persuasiuo.
Suasion, persuasione.
* Suasoire, suasorio.
* Suaue, soaue.
Suauement, soauemente.
Suauité, soauità.
Subalterne, subalterno.
Subárbe, museruola.
Subaudition, subauditione.
Subcostale, pelle sottile delle coste in dentro del corpo.
Subdelegation, subdelegatione.
Subdeleguer, subdelegare.
Subdiuiser, soddiuidere.
Subeline, zebellino.



* Subhastation, incanto, aumentatione di prezzo nell' incanto.
* Subhaster, subhastare, vender all' incanto.
Subjacent, subiacente.
Subject, sogetto. Item, subdito.
Subject à quelque chose, dato.
Subjection, sogettione.
Subjer, suuere.
Subjoindre, soggiungere.
Subir, subire.
Subit, subito, pronto, presto, subitaneo.
* Subitain, subitaneo.
Subitement, subito, subitamente.
Subjugation, soggiogamento.
Subjuguer, soggiogare.
Subjugueur, soggiogatore.
Suble de tisseran, subbio.
* Subler, zuffolare.
* Sublet, zuffolo.
Sublimation, sublimatione.
Sublimatoire, sublimatorio.
Sublime, sublime.
du Sublimé, solimato.
Sublimement, sublimemente.
Sublimer, sublimare.
Sublimité, sublimità.
* Sublin, sublime, eccellente.
Sublunaire, sottolunare.
Submergé, sommerso.
Submerger, sommergere.
Submersion, sommersione.
Subministrateur, somministratore.
Subministration, somministratione.
Subministrer, somministrare.
Submis, sottomesso.
Submurmurant, mormorante.
Subornation, subornatione.
Subornement, subornamento.
Suborner, subornare.
Suborneur, subornatore.
* Subrecart, sotio, aiutante.
Subrescot, il soura più dello scotto.
Subredorade, orata grande, pesce.
* Subreptice, surrettitio.
Subreptif, subrettitio.
Subreption, subrettione.
Subreptiuement, secretamente, ascosamente.
Subrogation, subrogatione.
Subroger, subrogare, surrogare.
Subroguer, idem.
Subsecutif, sussecutiuo.
Subsecutiuement, sussecutiuamente.
Subsequent, sussequente.
Subside, sussidio.
Subsidiaire, sussidiario.
Subsidiairement, sussidiariamente.
Subsidier, sussidiare.
Subsistance, sossistanza.
Subsister, sossistere.
Substance, sostanza.
Substancier, sostanziare.
Substantation, sostentamento.
Substanter, sostentare.
Substantiel, sostanziale.
Substantiellement, sostanzialmente.
Substantifique, sostantifico.
Substantieux, sostantioso.
Substitu, Sostituto.

Substituer, *sostituire.*
Substitution, *sostitutione.*
Substraction, *sostrattione.*
Subterfuge, *subterfugio.*
Subterrain, *sotterraneo.*
Subtil, *sottile.*
Subtil, fin, *scaltro, astuto.*
Subtilement, *sottilmente, accutamente, astutamente, scaltramente.*
Subtilisation, *assotigliamento.*
Subtiliser, *assotigliare.*
Subtiliseur, *assotigliatore.*
Subtilité, *sottigliezza.*
Subuenir, *souuenire.*
Subuention, *souuentione.*
Subuersion, *souuersione.*
Subuertir, *souuertire.*
Subuertisseur, *souuertitore.*
Suc, *succo, sugo, succhio.*
Succarin, *zuccherino.*
Succeder, *succedere.*
Succement, *succhiamento.*
Succer, *succhiare, suggere.*
* Succeron, buberon d'enfant, *vesette da bambino.*
Succés, *successo.*
Successeur, *successore.*
Successif, *successiuo.*
Succession, *successione.*
Successiuement, *successiuamente.*
Succez, *successo.*
Succif, *succhieuole.*
Succinct, *succinto.*
Succinctement, *succintamente.*
Succomber, *cader sotto, rimaner sotto, restar appresso.*
Suçotter, *succhiare, suggek frequentemente.*
Sucre, *Vedi,* sucre.
Sucrement, *inzuccheramento.*
Sucré, *inzuccherato.*
Sucrer, *inzuccherare.*
Succrin, *zuccherrino, inzuccherato.*
Succubes, *succubi.*
Succulent, *succulento, succhiuso.*
Sucement, *succhiamento.*
Sucer, *succhiare.*
Sucer insqu'au sang, rendre maigre ou pauure: l'Italien dit, *cauar la bambagia dal giubbone.*
Sucre, *zuccaro, zucchero.*
Sucre volant, *mele.*
Sucre penidial, *zuccaro da far penneti.*
faire la Sucrée, *far Monna honesta.*
Sucrier, *zuccarino.*
Sucriere, *terra di canne di zucchero.*
Sucrin, *inzuccherato.*
Sucrin noir, *spetie di pero.*
Suction, *suggimento.*
Sud, vento, *austro, vento meridionale.*
Sudest, *scirocco.*
Sud-vest, *libecchio.*
* Sudorifique, *sudorifico.*
Suede, *Suetia.*
aller en Suede, per allusione, *andar à sudare ò curarsi del mal venereo.*
Suedois, *Suetese.*
Sucé, *vna sudata.*
Sueil, *soglia.*
Sueil de sanglier, *couile.*
Suëment, *sudamento.*
Suer, *sudare.*

Suerie, *sudamento.*
Suest, *scirocco.*
Suete, *spetie di pesce.*
Sueur, *sudore.*
Sueux, *sudato, sudoso.*
Suffire, *bastare.*
Suffisamment, *basteuolmente, à bastanza, sofficientemente.*
Suffisance, *sofficienza. Item, albagia.*
Suffisant, *sofficiente. Item, superbo.*
Suffocation, *soffocatione.*
Suffoquer, *soffocare.*
Suffragant, *Suffraganeo.*
Suffrage, *voto, suffragio.*
Suffumigation, *suffumigatione, suffumigio.*
Suffumiger, *suffumigare.*
Suffusion, *suffusione.*
Suggerer, *suggerire.*
Suggestion, *suggestione.*
Sujet, *soggetto, argomento. Item, suddito.*
Sujet, cause, *cagione.*
Sujet d'amour, *oggetto.*
Sujet à quelque chose, *sottoposto.*
estre Sujet à quelque maladie, *patir di qualche male.*
estre Sujet à faire, *esser solito di fare.*
pour quel Sujet, *per che conto, per qual cagione.*
Sujettion, *soggettione.*
Suif, *seuo, sego.*
Suiffe, *spetie d'albio.*
* Suil, *soglia.*
* Suille, *suile, di porco.*
Suin, *sambuco.*
Suin, grasse, *humor grasso.*
Suin de verre, *materia di vetro nella fornace.*
Suineux, *grasso, olioso.*
Suinter, *trapelare, stillare.*
Suisse, *suizzaro, Suizzero.*
parler à vn Suisse, *Vedi,* parler.
le ventre à la Suisse. i. *vn pancione.*
point d'argent, point de Suisses. i. *chi non paga non hà Seruitori, ò Soldati.*
boire comme vn Suisse, *beuer da mietitore.*
comme les Suisses portent la hallebarde. i. *tutto al contrario.*
parler à vn Suisse: l'Italien dit, *dir le sue ragioni a' Sbirri.*
Suitte, *seguito.*
il est à la Suitte d'vn Prince. i. *serue vn Prencipe, stà nel seruitio d'vn Prencipe.*
la Suitte d'vn Seigneur, *accompagnamento.*
à sa Suitte, *dietro di se.*
en Suitte, *di seguente.*
en Suitte de quoy, *onde che, donde che.*
en Suitte de cela, *quindi, indi, doppo quisto.*
tout de Suitte, *alla fila, in vn tratto, l'vn dopo l'altro.*
toute la Suitte, *tutto quello, che seguita.*
la Suitte du temps, *il procedere del tempo.*
Suiuamment, *consequentemente.*
Suiuant, *seguente, che segue. Seruitore.*
Suiuant, aduerbe, *secondo, secondo che.*
Suiuante, Demoiselle suiuante, *Donzella.*
Suiure, *seguire, seguitare.*
Suiure de prés, *incalzare, premere.*
Suiure de l'œil, *hauer occhio.*
Sulphureitez, *cose di zolfo, cose sulfuree.*
Sulphureux, *sulfureo, di zolfo.*
Sulphurin, *sulfurino.*

Suïs , *sambuco.*
Sultan , *Sultano.*
Sultane , *Sultana.*
Sultanin , *sultanino , moneta Turchesca.*
Sumac , *sumach , sommaco.*
Sumelle , *suola.*
Sumerger , *sommergere.*
Sumptuaire , *sontuario.*
Sumptuosité , *sontuosità.*
Superabondance , *sourabondanza.*
Superabondant , *sourabondante.*
Superabonder , *sourabondare.*
Superbe , *superbo , superba.* Item , *superbia.*
Superbement , *superbamente.*
Superbité , *superbia.*
Superceder , *souerchiare.*
Supercession , *souracessione.*
Supercher , *soprosare , far soperchiarie.*
Supercherie , *soperchiaria.*
Superéminence , *soureminenza.*
Superéminent , *soureminente.*
Superer , *superare.*
Supereroguer , *sourerogare.*
Superfetation , *superfetatione , seconda concettione.*
Superficie , *superficie.*
Superficiel , *superficiale.*
Superficiellement , *superficialmente.*
Superflu , *souerchio , superfluo.*
Superfluement , *souerchiamente.*
Superfluité , *superfluità , souerchiezza.*
Superfeter , *concepere vn figliuolo sopra l'altro.*
Superieur , *Superiore.*
Superieurement , *superiormente.*
Superimposer , *impore , metter nuoue impositioni.*
Superintendance , *Sourintendenza.*
Superintendant , *sourintendente.*
Superiorité , *superiorità.*
Superlatif , *superlatiuo.*
Superlatiuement , *superlatiuamente.*
Supernaturel , *souranaturale.*
Supernaturellement , *di là del naturale.*
Supernel , *superno.*
Supernellement , *supernamento.*
Supernumeraire , *supernumerario.*
Superscription , *soprascritta , soprascrittione.*
Superseder , *indagiare.*
Superstitieusement , *superstitiosamente.*
Superstitieux , *superstitioso.*
Superstition , *superstitione.*
Supinateur , *certo muscolo da riuoltar la mano in sù.*
Suppediter , *suppeditare.*
Suppied , *predella.*
Supplanter , *ingannare.*
Suppléer , *supplire.*
Supplément , *supplimento.*
Suppliant , *supplicante.*
Supplication , *supplicatione.*
Supplice , *supplicio.*
Supplicier , *giustitiare , gastigare.*
Supplier , *supplicare.*
* Supplique , *requeste , supplica.*
Support , *appoggio.*
Supportable , *sopporteuole.*
Supportation , *sopportatione.*
Supporter , *sopportare , tolerare.*
Supposé , *supposto.*
Supposément , *sopponimento.*
Supposer , *supporre , sopponere.*



Supposeur , *sopponitore.*
Supposition , *soppositione.*
Suppositoire , *supposta , supposta , suppositorio.*
Suppost , *seguace.*
Suppression , *soppressione.*
Supprimer , *sopprimere.*
Suppuratif , *suppuratiuo.*
Suppuration , *suppuratione.*
Suppurer , *suppurare.*
Supputation , *supputatione.*
Supputer , *supputare.*
Suprême , *supremo.*
Sur , *vento australe.*
Sur , adjectif , *sicuro.* Item , *aspro.*
Sur , *sopra , sù.*
Sur ce , sur cela , *in questo.*
fermer vne porte Sur soy , *serrarsi in dentro , serrarsi dietro.*
mettre tout sur Soy , *spender ogni cosa in vestiti.*
auoir de l'argent sur Soy , *hauer danari addosso.*
Sur la minuit , *in su la meza notte.*
Sur le soir , *verso la sera.*
Sur le disner , *verso , ò nel tempo del disinare.*
Sur , & tant moins , *à buon conto.*
estre Sur sa bouche. i. *mangiar volentieri cose buone , esser goloso ò leccardo.*
Surabondance , *sourabondanza.*
Surabonder , *sourabondare.*
Surachapt , *souracompra.*
Surachepter , *comprar caro , ò troppo.*
Suradjouster , *souraggiugnere.*
Suragé , *attempato , molto vecchio.*
* Sural , *aspro.*
Surale , *vena del ginocchio.*
Surandoillers , *corniccino del ceruo alla cima delle gran corna.*
Suran , &
Surannation , *superannatione.*
Suranné , *superannato , souranello.*
Suranner , *diuentar vecchio di là dell' ordinario.*
Surattendre , *aspettare , far con patienza.*
Surauancer , *sourauanzare.*
Surbastir , *sopra edificare.*
Surbatture , *sbattimento.*
Surboire , *beuer troppo.*
Surbon , *ottimo.*
Surcens , *sopracenso.*
Surcensier , *di sopracenso.*
Surcharge , *imposta.*
Surcharger , *angariare.*
Surciel , *souracielo.*
Surconceuoir , *conciper vn figliuolo sopra l'altro.*
Surcot , *gonnella ò sottana.*
Surcoude , *la parte sopra il gombito.*
Surcouurir , *coprir sopra.*
Surcroist , *soura più , aumentatione.*
de Surcroist , *di più.*
Surcroistre , *crescere , aumentare.*
Surculeux , *pieno di vette ò frasche.*
Surdent , *sopradente.*
Surdité , *sordità.*
Surdoter , *souraindorare.*
Surdoreure , *sourindoratura.*
Sureau , *sambuco.*
Surelle , *acetosella.*
Suréminence , *soureminenza.*
Suréminent , *souraeminente.*
Suremplir , *sourempiere , sourempire.*

Surefcot, il soura più dello scotto.
Surendouillers, corniccini di cervo.
Suret, agretto.
Sureté, sicurezza.
Surface, soprafaccia, superficie.
Surfaire, domandar troppo, ftimar troppo la mercantia.
Surfaifeur, che ftima troppo la mercantia.
Surfaix, souracinghia.
Surflorir, florir sopra.
Surflotter, nuotar à gala.
Surfonciere, rendita più antica.
Surfondre, pilottare.
Surfrifer, arricciar nella parte di sopra.
Surge, lana frefcamente tofata.
Surgeon, zampillo, forcolo, rampollo.
Surgeonner, zampillare, rampollare.
Surgetté, sourapuntato.
Surgidoir, piaggia da sorgere, promontorio.
Surgir, sorgere.
Surgiffant, sorgente.
Surgiffement, sorgimento.
Surguinder, inalzare con vna machina.
Surhafter, precipitare.
Surhauffer, inalzar sopra l'ordinario.
Surie, soria.
aller en Surie, per allufione. i. andar à curarfi del mal venereo.
Surject, sourapunto.
Surjecter, sourapuntare.
Surilluftre, soura illuftre.
Surimpofer, imponere.
Surimpofition, impofitione.
Surintendance, sourintendenza.
Surintendanc, sourintendente.
Surlier, legar di sopra.
Surluire, lucer di sopra.
Surmarcher, calpeftare. Item, entrar ne'limiti.
Surmefure, souramifura.
Surmontable, superevole, sormontevole.
Surmontement, superamento.
Surmonter, superare.
Surmouft, mofto.
Surmulet, poiffon, triglia.
Surnager, nuotar à gala.
Surnaiffance, souranafcenza.
Surnaiffant, souranafcente.
Surnaiftre, souranafcere.
Surnaturel, supernaturale.
Surnaturellement, supernaturalmente.
Surnom, supranome, souranome.
Surnommer, sopranominare.
Surnumeraire, supernumerario.
Suroeft, scirocco.
Surjoindre, sopragiungere.
Suronder, souraondeggiare.
Suros, furot, souroffo.
Surpaffer, auuanzare.
Surpayer, pagar di fouerchio.
Surpeau, sourapelle.
Surpelis, rocchetto.
Surpendant, sourapendente.
Surpendre, sourapendere.
Surpenduë, soffiato.
Surpepon, poppone é melone groffo.
Surplis, rocchetto.
le Surplus, il soura più.
au Surplus, nel refto.
Surpoids, sourapefo.

Surpoil, sourapelo. Item, quello che fi dà di mobili alla fpofa.
Surpoint, sourapunto.
* Surpofte, sourapofta.
Surprendre, sopraprendere, sorprendere, coglier all' improuifo.
Surpreneur, sorprenditore, ingannatore.
* Surprins, colto all' improuifo.
* Surprinfe, sorprefa, i furberia, inganno.
Surpris, soprapreso, colto all' improuifo.
Surprife, sorprefa. Item, inganno.
Suranné, sopranello, vecchio.
Surrogation, subrogatione.
Surroger, subrogare.
Surfaillant, soprafaltante.
Surfaillir, soprafaltare.
Surfangle, souracinghia.
en Surfaut, di soprafalto.
Surfeance, soprafedenza.
Surfeant, soprafedente.
Surfelle, soprafella.
Surfemer, soprafeminare, fpargere.
vn porc Surfemé, vn porco leprofo.
Surfemeur, seminatore.
Surfoir, sofpendere, rimettere, indugiare.
Surfis, indugiato, rimeffo.
Surfomme, sourafoma.
Surfoy, soprafedenza. Item, indugio.
Surfoyer, indugiare.
Suruaieur, sopraualatore.
Surucille, soprauiglia, antiuiglia.
Suruenance, accidente.
Suruenant, auuentitio.
Suruendre, vender troppo.
Suruenir, sopragiungere.
Suruenir, aider, souuenire.
Suruenu, sopragiunto. Item, aiutato.
Suruenuë, accidente, caso.
Suruerfer, fparger sopra.
Suruestement, fodro di veftito.
Suruestir, sopraueftire.
Suruiuance, soprauiuenza.
Suruiuant, soprauiuente.
Suruiure, soprauiuere.
Suruoler, volar sopra, suolazzare.
Suruoleter, idem.
Suruuider, votar vn vaso nell' altro, trafuafare.
Sury, drogue, sort.
Sus, sù.
la Sus, la sù, nel cielo.
Sur auant, ó via.
Sufat, sambucato, di sambuco.
Susbarbe, muferuola.
Susceptible, suscettibile.
Suscitateur, suscitatore.
Suscitation, suscitatione.
Susciter, suscitare.
Susciteur, suscitatore.
Suscouche, nottola.
Suscrire, soprascriuere.
Suscription, soprascritta.
Suseau, sambuco.
* Suscrain, superiore.
Suspect, sospetto.
Suspection, sospettione.
Suspendre, sospendere.
Suspendu, sospeso.
en Suspens, sospeso.

Suspensif, *sospensiuo.*
Suspension, *sospensione.*
Suspensoire, *sospenserio.*
Suspicion, *sospensorio.*
Suspicion, *sospitiue.*
Suspied, *sourapiede.* Item, *in piedi.*
Sustenter, *sostentare.*
Sustentifique, *sostantifico.*
Sus-test, *pericraxio.*
Susteste, *testiera di briglia.*
Sustrest, *libecchio.*
Susurration, *susurramento.*
Suture, *sutura.*
Suuereau, *sgombero, pesce.*
Suye, *caligine.*
Suye des Peintres, *certo.color nero.*
Suyer, *sambuco.*
Suz, &
Suyure, & suite, *Vedi.*
Suirre, suitte, &c.
Suzeau, *Idem.*
✳ Suzerain, *sourano.*
✳ Suzeraineté, *sourauità.*



Sybille, *sibilla.*
Sybilot, *buffone.*
Sycomore, *sicomoro.*
Sycophage, *fico.*
Sycophantin, *parasito.*
Syderal, *di stelle.*
Syderation, *constellatione.*
Syer, *segare.*
Syllabe, *sillaba.*
Syllabifier, *computar sillaba per sillaba.*
Syllogisme, *sillogismo.*
Symbole, *simbolo.*
Symbolizer, *simboliz are.*
Symmetrie, *simmetria.*
Sympathie, *simpatia.*
Sympathiser, *simpatiz are.*
Symphise, *unione di due ossa.*
Symphonie, *sinfonia.*
Symptome, *sintomo.*
Synagogue, *Sinagoga.*
Syncope, *sincopa.*
Synderese, *sinderes.*
Syndic, *Sindico.*
Syndicat, *Sindicato.*
Syndiquer, *sindicare.*
Synodal, *di sinodo.*
Synode, *Sinodo.*
Synonimie, *sinonimo.*
Synople, *color verde nell' arme.*
Syragraphe, *cedula.*
Syre, *sire.*
Syringuer, *siringare.*
Syringue, *siringa.*
Syrop, *sciloppa.*
Syrtes, *sirto.*

# T A

TA, *tua, la tua.*
Tabac, *tabacco.*
prendre du Tabac, *tabaccare.*
Tabaquiere, *tabacchiera.*
Taballe, *taballo, nacchera.*
vn Tabarin, *vn z ani, vn buffone.*
✳ Tabarre, *tabarro, sarraizuolo longo.*
Tabellion, *tabellione, Notario publico.*
Tabellionnage, *vfficio di Notario.*
Tabellionner, *rogare, notare.*
Tabernacle, *tabernacolo.*
Tabifier, *consumare, putrefare.*
Tabis, *tabi.*
Tablage, *intauolamento.*
Tablature, *intauolatura.*
mettre en Tablature, *metter giù intauolate.*
donner de la Tablature, *insegnar vno.*
Table, *tauola.*
Table d'attente, *tauola vota.*
aller à la Table. i. *andar à communicarsi.*
Table d'instrument, *fondo, coperchio.*
Table de diament, *diamente piano.*
Table d'Abbé, *buona tauola.*
tenir Table, *star gran tempo à tauola.* Item, *trattar gl'
amici, ed altri, far corte bandita.*
Table ouuerte, *corte bandita.*
à Table d'hoste, *à pasto.*
Table de cuisine, *tauolone.*
Table pliante, *tauola portatile.*
Tableau, *quadro, pittura.*
Tablée, *vna tauola piena, tauolata.*
Tablettes, *tauoletta, tauolino.*
Tablette, *libro di memoria.*
Tablette à mettre des Liures, *scamia, scancia.*
Tablettes, medicament, *penneti.*
Tablier, *grembiale, grembiule.*
Tablier d'artisan, *spalagrembo.*
Tablier de forgeron, *rossia.*
Tablier d'enfant, *z inale.*
Tablier à bourse, *grembiale à guisa di saccoccia.*
plein vn Tablier, *grembiata.*
Tablier de Notaire, *banco.*
Tablier à iouër aux eschecs, &c. *tauoliere.*
Tabour, *tamburo.*
Tabourder, *tambussare.*
Tabourdeur, *tambussatore.*
Tabourement, *tambussamento.*
Tabourer, *tambussare.* Item, *sonar ò batter il tambur-
re.*
Tabouret, *scannetto.*
Tabouret, *spetie d'herba.*

Tabouret

Tabouteur , *tambuffatore.*
Tabouin , *tamburino.*
Tabourin de galere , *tamburetto.*
cela me vient comme Tabourin en dance. i. *viene à proposito.*
mon Tabourin est louë. i. *sono conuitato à mangiare.*
Tabouriner , *sonar il tamburrino ò tamburro.*
Tabourineur , *tamburrino , sonator di tamburro.*
Tabourineuse , *sonatrice di tamburro.*
* Tabut , *perturbatione , molestia.*
* Tabuter , *molestare , perturbare.*
Tac , *rumore del battere ò martellare.*
Tac , *spetie di radice.*
herbe du Tac , *pulmonaria.*
le Tacet , en musique , *il citto.*
faire le Tacet , se taire , *far à taccio.*
Tache , *macchia.*
Tache d'huile. i. *cosa senz'a rimedio.*
* Tache , *chiodo.*
Tacher , *macchiare.*
Tacheté , *punz ecchiato , briz z olato.*
Tacheter , *punz ecchiare , briz z olare.*
Tachette , *macchia picciola.*
Tacheture , *punz ecchiatura.*
Tacite , *tacito.*
Tacitement , *tacitamente.*
Taciturne , *taciturno.*
Taciturnité , *taciturnità.*
Tacle , *quadrello.*
Taton , *spetie di truta , ò salamone giouane. Item , sacono.*
Taconne , *spetie d'herba.*
* Taconner , *tacconare.*
le Tact , *il tatto.*
Tadorne , *spetie d'uccello acquatico.*
Taffetas , *laffetà , ormesino.*
Taffetas double , *ormesino graue.*
Taffetas à gros grain , *terz anella.*
Taffetas simple , *sendado.*
Taforée , *Vedi* , taphorée.
Tahon , *tafano.*
Tahon marin , *spetie di pesce.*
Tahou , *spetie di pero.*
Tai , té , *voce da chiamare il canei.*
Tail , *taglio.*
Taillable , *datiabile , tagliabile.*
Taillablier , *che impone il datio.*
Taillade , *taglio.*
Taillade d'habit , *strataglio , frastaglio.*
Taillade , contremine , *tagliata.*
Tailladé , *stratagliato.*
Taillader , *stratagliare.*
Taillanderie , *lauori di fabbro.*
Taillandier , *fabbro che lauora di cose che tagliano ferraro.*
Taillant , *taglio , ò filo di lama ò coltello.*
Taillant , *tagliante.*
Taillarins , *tagliolini.*
Taille de personne , *vita , statura.*
Taille à marquer , *taglia.*
Taille , impost , *taglia.*
Taille de statuë , &c. *scoltura.*
Taille ou couppe d'habit , *taglio.*
Taille , en musique , *tenore.*
Taille douce , *stampa di rame.*
basse Taille , en sculpture , *basso rilieuo.*
Taille de bois , *stampa di legno.*
Taille , *il tagliare , taglio , tagliatura.*
Taille ou taillis , *tagliata.*



de toute Taille bon levrier. i. *buone persone d'ogni sorte di nationi è conditioni.*
Taille-boudin , *poltrone ò mangione.*
Taille-bras , *sgherro , tagliacantoni.*
Taille-fer , *Idem.*
Taillement , *tagliamento.*
Taille-mer , planche sous l'esperon d'vn vaisseau, *tagliamare.*
Tailler , grauer , *intagliare.*
Tailler , *tagliare.*
Tailler vne plume , *temperare.*
Tailler de la besogne , *dar da fare.*
Tailler de la pierre , *scarpellare.*
Tailler la vigne , *potare.*
Tailler en pieces , *metter à pez z i.*
Taillerin , viande de paste , *tagliarino.*
Taille-vent , *gran vantatore.*
Tailleur , *sartore.*
Tailleur de diamans , *diamantario.*
Tailleur de pierre , *scarpellino , taglia pietre.*
Tailleure , *taglio , tagliatura.*
Taillis , *tagliata.*
gagner le Taillis , *fuggire.*
* Tailloir , *tagliere.*
Tailloir , en Architecture , *abaco.*
Taillon , *spetie d'imposta ò sussidio.*
Taillon , *coltellaccio. Item , taglio.*
Taillonner , *tagliar in pez z i.*
Taire , *tacere.*
se Taire , *tacere.*
Tairir , *seccare.*
Tais , *rottame.*
Taisible , *tacevole.*
Taisiblement , *tacitamente.*
Taisson , *tasso.*
Tal , *olio cauato dal cedro.*
Talaires , *scarpe alate di mercurio.*
Tale , *talco.*
Talemouse , *cosa di pasta riempita di cascio. Item , guanciata ò sgrugnone.*
* Talemouser , *dar vn sgrugnone.*
Talmuth , *ceremoniale dell' Indie.*
Talent , *talento.*
* Talenté , *intalentato , desioso.*
Tales , *dadi ò farinacci.*
Talion , *Talione , castigo di pena vguale al delitio.*
Taller , *Tallero , dallero , moneta d'Allemagna.*
Talmouse , *Vedi* , talemouse.
Taloche , *bussa , colpa.*
Talon , *calcagno.*
iouër des Talons , *fuggire , calcagnare.*
monstrer les Talons , *Idem.*
Talon , au jeu de cartes , *quello che auanz a , date le carte.*
Talon de fust , *calcio , calce , scalz o.*
Talon de gouuernail , *parte bassa del timone.*
auoir les Talons courts ; l'Italien dit , *esser debole ò tenera di calcagna.*
Talonnement , *incalz amento.*
Talonner , *incalz are.*
Talonnieres , *ale delle calcagna di Mercurio.*
Talque , *talco.*
* Taluassier , *menchione.*
Taluër , *far il pendio del muro , far la scarpa.*
Talure , *segno liuido di colpo.*
Talus , *scarpa di muro.*
Talut , & Taluz , *Idem.*
Tan , *brionia.*

Tamaridin, *tamarindo.*
Tamarin, *tamarice.*
Tamarind, *tamarindo.*
Tamarinde, *tamarinda.*
Tamaris, *tamarice, tamarice.*
Tambour, *tamburro.*
Tambour de Basque, *cembalo.*
Tambour, coffre, *tamburro.* Item, *tamburrino.*
Fambu, *spietie d'albero in India.*
Tamis, *sciamito, tamigio.*
Tamiser, *tamiggiare.*
Tampon, *coccone, curacello.*
vn gros Tampon, *vn huomo grosso.*
Tamponner, *turare.*
Tan, *soda.*
Tan, tahon, *tafano.*
moulin à Tan, *molino da soda.*
Tanasie, *artemisia, atanasia.*
Tancer, *sgridare.*
Tanche, *tinca.*
Tandis, mentre, *frà tanto.*
Taner, *sodare.*
Tanné, *color scuro, leonato, tanè, taneto.*
Tanné, cannelé, *cannellato.*
Tanne sur le nez, *cuoso, tarlo.*
* Tangible, *tangibile.*
* Tanner, *tormentare, fastidire.*
* Tanesie, *atanasia.*
Tannerie, *sodatura, luogo doue si soda.*
Tanneur, *sodatore.*
Tanneuse, *sodatrice.*
Tanneure, *sodatura.*
Tanneure, *certa cosa del corno del ceruo.*
Tanniere, *tana.*
Tansement, *sgridamento.*
Tanser, *sgridare.*
* Tanson, *sgridamento.*
* Tansonnier, *sgridatore.*
Tant, *tanto.*
Tant, & plus, *molto, moltissimo.*
Tant seulement, *solamente.*
Tant soit peu, *ogni poco che sia, poco poco.*
Tant pour tant, *vn tanto per tanto.*
à Tant, *intanto.*
si Tant est, *se tanto è.*
Tant hommes que femmes, *trà donne è huomini.*
Tant y a que, *tant' è che.*
Tant en or qu'en monnoye, *trà oro è moneta.*
Tant pour l'vn que pour l'autre, *si per l'vno come per l'altro, tanto per l'vno quanto per l'altro.*
Tant tenu tant payé, *tanto seruito tanto pagato.*
Tant à tant, *del pari.*
Tant que, *quanto.*
Tant que, aussi long-temps que, *fin che, sin che.*
en Tant que, *perche, in quanto.*
il a Tant fait, *hà fatto si hà fatto di modo.*
Tant s'en faut, *molto meno, tanto meno, non che.*
Tant petit soit-il, *per picciol, che sia.*
Tant par mois, *vn tanto al mese.*
Tantan, *squilla ò campana al collo d'vna vacca.*
Tantarare, *taratantara.*
sonner Tantarare, *taratantarare.*
Tante, *zia.*
Tantet, *tantino.*
Tantiesme, *tantesimo.*
Tantinet, *tantino.*
Tantost, nagueres, *poco fà.*
Tantost, dans peu, *frà poco.*



Tantost, desja, *di già,* vous auez tantost assez souffert, *hauete di già patito assai.*
Tantost l'vn, tantost l'autre, *hora l'vno, hora l'altro.*
Tantoüiller, *voltolare.*
Taon, *tafano.*
Topabor, *berrettone all'Inglese.*
Tape, *bussa, colpo.*
Tapecon, *spetie di pesce.*
Taper, *battere.*
Taper les cheueux, *batter i capegli per farli ricci è restar fermi sopra le tempie.*
Taphorée, *barca da passar caualli.*
Tapieres de galeres, *tapere.*
Tapinaudiere, *ascondareglio.*
Tapinet, *Idem.*
Tapineux, *secreto.*
en Tapinois, *gatton gattone.*
Tapir, *ascondere.*
se Tapir, *ranicchiarsi, appiatarsi, aquattarsi.*
Tapis, *tapete.*
Tapis sur lequel les Turcs s'asséent, *strato.*
mettre sur le Tapis, *metter innanzi i vna cosa, proporre.*
tenir sur le Tapis, *trattar d'vna cosa.*
Tapissant, *tapezzante.*
Tapissement, *tapezzamento.*
Tapisser, *tapezzare.*
Tapisserie, *tapezzaria, arazzi, panni razzi, spalliera.*
Tapissier, *tapezziere, arazziere.*
Tapon, *turacello.*
Tapotter, *battere.*
Tapper, *battere.*
* Taquet, *cauicchia ò pezzetto di legno incastrato per r legno.*
Taquin, *taccagno.*
Taquinement, *da taccagno, auaramente.*
Taquiner, *taccagnare.*
Taquinerie, *taccagneria.*
Tar, *spetie di vascellame.*
* Tarabin tarabas, *tarabara.*
* Tarabuster, *scompigliare, trambustare.*
Tarande, *spetie d'animale.*
Tarantole, *tarantola.*
Tarauella, *taninella, piantatoio.*
Tarault, *tarocco.* Item, *triuellone.*
Tard, *tardi, tardo.*
sur le Tard, *al basso del giorno, sul tardi.*
se faire Tard, *attardare, farsi sera.*
* Tardance, *tardanza.*
Tardelet, *lento, tardetto.*
Tardement, *tardamento.*
Tarder, *tardare.*
il me Tarde, *mi par cent' anni.*
Tard fleury, *spetie di pomo.*
Tardif, *retrino, serotino, tardo.*
Tardité, *tardità, tardezza.*
Tardiue, *tarda, vetriua.*
Tardiuement, *tardamente, lentamente.*
* Tardiuer, *tardare.*
Tardiueté, *tardezza.*
Tare, *tara.*
Tare, *magagna.*
Taré, *magagnato.*
Tarelle, *triuello.*
Tarelet, *triuellino.*
Tarer, *tareggiare, tarare.*
Tareronde, *pastinaca marina.*
Targe, *targa, scudetto.*

Targement, *tardamento.*,
Targer, *tardare.*
Targette, *feudetto di catenaccio.*
Targettes de feneftres, *croci.*
Targon, *dragoncello, taracotte.*
Targue, *targa, targone.*
fe Targuer, *difenderfi, targarfi.*
Tarier, *fpetie d'vccello.*
Tariere, *taniuella, triuellone, foratore.*
Tariere à boifte, *triuellino.*
Tariffe, *tariffa.*
Tarin, *lecora.*
Tarir, *feccare.*
* Tarle, *tarlo.*
* Tarlé, *tarlato.*
Tarmée, *vermomuro.*
Tarocs, *tarots, tarocchi.*
Tarotte, *fatto à guifa di tarocchi.*
Tartaire, *falcone tartaro.*
Tartane, *tartana.*
* Tartaraffe, *tartaruca.*
Tartare, *tartaro.*
T'artarin, *fpetie d'vccello pefcatore.*
Tartarot, *falcone tartaro.*
Tarte, *torta, croftata.*
Tarte Bourbonnoife, *ftronzo.*
Tarte Iacobine, *torta di cafcio.*
Tarte en pommes, *torta di melo.* Metaph. *vna no fpola brumefta, vna tartoffola.*
* Tartereau, &
Tartelette, *tartarella, torta picciola.*
Tartelette, *fpetie di beretta.*
* Tartine, *fetta di pane con buttiro.*
Tartre, *tartaro di botte, gromma.*
Tartriere, *fperonella di pafticciere.* Item, *tegame ò tortiera.*
Tarugue, *certo animale in India.*
Tas, *moute, mucchio, cumulo.*
Tas de bois ou de foin, *mucchio.*
vn Tas de gens, *vna mano ò quantità di gente.*
à Tas, *in quantità, in copia, à mucchio.*
tout en vn Tas, *all' auuiluppata, in vn monte, confufamente.*
Tafche, *ouurage, ftaglio.*
à la Tafche, *à cottimo, à compito.*
prendre à Tafche de faire, Metaph. l'Italien dit, *far bottega fopra d'vna cofa, metterfi à bottega.*
ils trauaillent à la Tafche, Metaph. i. *mangiano bene.*
Tafchement, *affaggiamento.*
Tafcher, *cercare, penarfi, affaticarfi di fare, sforzarfi.*
Taffe, *tazza.*
Taffe à feruir du fruit, *tazzone.*
* Taffe, pour gibeciere, *fcarcella.*
Taffelet, *mucchio, monticello di legne, &c.*
* Taffer, *ammucchiare.*
Taffette, *herbe, borfa di paftore.*
Taffettes, *fcarfelloni.*
Taftement, *tafteggiamento.*
Tafte-poule, *vna gallina bagnata, vn lauaceci.*
Tafter, *guftare, affaggiare, tafteggiare, toccare.*
Tafter le pouls, *toccar il polfo.* Metaph. *tentare.*
Tafter vne perfonne, *tentare.*
ce n'eft que pour Tafter, *è folamente per faggio.*
Tafte vin, *inftrument de bois, faggio.*
à Taftons, *à tentone, taftone.*
aller Taftonnant, *andar taftone.*
Taftonnement, *tafteggiamento.*
Taftonner, *fottoccare, tafteggiare, brancicare.*

Tatignon, *candelliere tondo di latta di forma baffa.*
Tatou, *topo d'India.*
Tauaillole, *tauaiolle, panno liuo da coprir le robbe, di note.*
Tauan, *tafano.*
* Taudir, *coprir di ftreppole, canne, ò paglia.*
Taudis, *pagliariccio, ftallo.*
vn Taudis, *vna cafa fporca.*
Tauelé, *punz ecchiato.*
Taueler, *punz ecchiare.*
Tauelle, *trina.*
Tauelliere, *tarlo.*
Tauelure, *punz ecchiamento.*
Tauerne, *tauerna.*
Tauerner, *frequentar le tauerne, andar alla tauerna.*
Tauernier, *tauerniere, tauernaro.*
Tauerniere, *tauernara.*
Taulpe, *talpa.*
Taulpetier, *cacciator di talpe.*
vn franc Taulpin, *vn buon compagno.*
Taulpiniere, *topinara.*
Tanoyolle, *vedi, Tauaillole.*
Taupe, & taupiniere, *vedi, di fopra.*
Taure, *pardaliauche.*
Taureau, *toro, tauro.*
mener la vache au Taureau, *menar alla monta.*
Taureliere, *vacca che vuol il toro.*
Taurillon, *torello.*
Taute, *pefce culamaro.*
Taute, *rollo che fi mette fotto alla lieua.*
* Tauter, *maneggiare, trattare, vezzeggiare.* Item, *muouere ò leuare per via d'vn rollo colla lieua.*
Taux, *taffatione, taffa.*
* Tauxation, *Idem.*
* Tauxer, *taffare.*
Taxation, *taffatione.*
Taxe, *taffa, taffatione.*
Taxer, *taffare.*
Taxis, *ordinanza di fabrica.*
Taye en l'œil, *maglia, maglietta, nuuola.*
Taye en l'œil du cheual, *nuuola, onghietta.*
Taye d'oreiller, *fodra di guanciale.*
Taye au milieu de la noix, *vn zeft, frullo.*
Tayeux, *pieno di nuuole ò magliette.*
* Tayon, *auolo.*
Tayon, *quercia di trè fatte ò tagliate.*


#### TE


T E, *pronome perfonale datiuo ed accufatiuo, te.*
Té, *tè, voce da chiamare il cane.*
* Teft, *tetto.*
Teft à pourceaux, *porcile.*
Tede, *teda, albero.*
Tei, *tè, voce da chiamare i cani.*
Teigne, *tigna.*
Teigne, *herbe, orobanche.*
Teigne de lin, *fcorz a ò ftoppia di lino.*
Teigne de thim, *epitimo.*
Teigneux, *tignofo.*
herbe aux Teigneux, *lappola.*
Teille, *ftoppia, fcorz a.*
Teiller, *infregnere, gramolare.*
Teinct, *tinto.*

du Teinct, *tinta di calzolaio.*
Teincture, *tintura.*
Teincturerie, *tintoria.*
Teincturier, *tintore.*
Teindre, *tingere.*
Teint, *Vedi,* Teinct.
Teint du visage, *carnagione.*
beau Teint, *bella carne, bella pelle, bel sangue.*
Teint de diamant, *tinta.*
Teint de miroir, *il mercurio che si mette nelli specchi.*
Teint en laine, *tintillanò.*
Teinture, *tintura.*
de la bonne Teinture. i. *nero.*
Teinture de science, *vn poco d'vna scienza, vn principio.*
Tel, *tale, si fatto, così fatto.*
il n'est pas Tel, *non è quello.*
Monsieur vn Tel, *il Cotale.*
Tel quel, *così così, mediocre.*
Telamon, *telamone di statua.* Item, *spetie di barcone.*
Telier, *tessitore.*
Telle, *tale.*
Telle quelle, *mediocre.*
de Telle, & telle façon, *della tal maniera.*
Tellement, *talmente.*
Tellement que, *tal che, di modo che.*
Tellement quellement, *così così.*
Telon, *tarliccio.*
Temeraire, *temerario.*
Temerairement, *temerariamente.*
Temerité, *temerità.*
Temperament, *temperamento.*
Temperamment, *con temperanza.*
Temperance, *temperanza.*
Temperant, *temperante, temperato.*
Temperature, *temperatura.*
Temperement, *temperamento.*
Temperément, *temperatamente.*
Temperer, *temperare.*
Temperie, *temperie.*
Tempes, *tempie.*
Tempestatif, *tempestatiuo.*
Tempestatiuement, *tempestatiuamente.*
Tempeste, *tempesta.*
vne Tempeste, vn remüant, *nabisso.*
Tempester, *tempestare.*
Tempester, faire du bruit, *nabissare.*
se Tempester, *dimenarsi con furia.*
Tempestueusement, *tempestosamente.*
Tempestueux, *tempestoso.*
Tempestueux, *idem.*
Temple, *tempio. Hoggi s'intende di Chiesa d'Heretici.*
les Temples, *le tempio.*
coup sur la Temple, *tempione.*
Templettes, *bende per le tempie.*
Templiers, *Tempieri.*
il boit comme vn Templier : l'Italien dit, *beue da mietitore.*
Templons, *volli di tessitore.*
Temporal, *di tempia.*
Temporalles, *vesti d'Araldi.*
Temporaux, *muscoli delle tempie.*
Temporel, *temporale.*
Temporellement, *temporalmente.*
Temporisement, *temporeggiamento.*
Temporiser, *temporeggiare.*
Temporiseur, *temporeggiatore.*
* Tempre, *per tempo.*



Tempre meur, *maturo.*
* Temprier, *primaticcio.*
Temps, *tempo.*
les Quatre-Temps, *le tempora.*
Temps que l'on ne marie point, *velationi.*
de mon Temps, *à mici dì.*
de Temps en Temps, *di quando in quando.*
tout d'vn Temps, *di tratto, in vno.*
bon Temps, *tempone.*
Temps de Demoiselle, *tempo di pioggia, si dice per scherzo perche non si vede nè sole nè poluere.*
faire son Temps, *fornir il tempo dell'imparare.*
il a fait son Temps. i. *è vecchio ò vsato.*
quelque Temps, *alquanto, qualche tempo.*
derniers Temps, *tempi bassi.*
du Temps qu'on se mouchoit sur la manche : l'Italien dit, *nel tempo che Berta filana.*
long Temps, *gran tempo, gran pezzo.*
passer son Temps, qui se dit d'vne femme desbauchée, *far copia di se.*
vous ne le verrez de long Temps, *non lo vedrete, di qui à gran tempo.*
se donner du bon Temps, *darsi bel tempo.*
donner du Temps, *far tempo.*
en Temps, & lieu, *à suo tempo.*
au Temps passé, *per l'addietro.*
prendre son Temps, *spiar la commodità.*
vous auez bon Temps, *voi hauete bel tempo.*
le Temps me dure, *mi par cent' anni.*
Tenable, *da tenere.*
* Tenace, *tenace.*
* Tenacement, *tenacemente.*
Tenacité, *tenacità.*
Tenaillade, *tanagliata.*
Tenaille, *tanaglia.*
Tenaille à sartir, *sartitoio.*
Tenaille à viz, *morsetta.*
renger l'armée en Tenaille, *far la forbice.*
Tenaillement, *attanagliamento.*
Tenailler, *attanagliare.*
Tenaisie, *artemisia.*
Tenamment, *strettamente, tenacemente.*
Tenant, *mantenitore.*
Tenant, auare, *tenace, stretto di mano.*
les Tenans, & aboutissans, *le adherenze, i confini, le dipendenze.*
Tencer, *sgridare.*
Tenche, *tinca.*
Tendal, *Vedi,* Tendelet.
Tendant, *tendente.*
Tendelet, *tendale di galea, tenda che cuopre la poppa.*
Tendeur, *tenditore.*
Tendon, *tendone, muscolo.*
Tendon de vigne, *capriolo.*
Tendre, adjectif, *tenero, delicato, morbido.*
pain Tendre, *pan fresco.*
Tendre, verbe, *tendere.*
Tendre le linge, *stendere.*
Tendre, bender, *bendare, tendere.*
Tendre, bailler, *porgere.*
Tendre le bras, Metaph. *mendicare.*
Tendre la joüe, *parare.*
Tendre aux oiseaux, *vccellare.*
Tendre vn lit, *tendere, drizzare.*
Tendre les mains, *alzar le mani.*
le lieu ou l'on Tend aux oiseaux, *vccellatoio.*
Tendrelet, *tenerelle.*
Tendrement, *teneramente.*

Tendreſſe , *teneretta*.
Tendret , *teneretto*.
Tendreté , *tenerezza*.
Tendreur , *Idem*.
Tendriere , *tenerume di capparello della donna*.
Tendrillon , *tenerume*.
Tendrineux , *pieno di tenerumi*.
Tendron , *tenerume*.
Tendron du nez , *tenerume del naſo*.
vn ieune Tendron , *vna tenerina , vn tenerume*.
Tendronneux , *pieno di tenerumi*.
Tendu , *teſo*.
Tenebres , *tenebre*.
Tenebreux , *tenebroſo*.
Tenebrions , *fantaſime*.
Tenement , *poſſeſſo , tenimento*.
Teneur , *tenore*.
Tenie , *tenia*.
Tenir , *tenere*.
faire Tenir des lettres , *dar recapito , far capitare*.
Tenir bon , *ſtar ſaldo*.
Tenir ſon cœur , *eſſer oſtinato nella ſua colera*.
Tenir coup , *ſtar fermo. Eſſer diligente*.
Tenir vn enfant , *tener à batteſimo*.
Tenir de la Lune , *eſſer Lunatico*.
Tenir à vne choſe. i. *eſſer vicino*.
Tenir vn marché , *mantener il patto*.
ſe Tenir à peu , *reſtar per poca caſa*.
vous ne m'y Tenez pas , *voi nommici coglierete*.
Tenir ſa promeſſe ou parolle , *attener la promeſſa*.
Tenir quelques parolles , *dir certe parole , vſar certa fauella*.
il ne peut Tenir dans ſa peau , *non puó capir nella ſua pelle , non puó capir in ſe ſteſſo*.
qui Tient ce langage , *chi dice queſto*.
il ne Tient pas à moy , *non reſta per me*.
Tenir grand honneur , *hauer per honor grande , recarſi ad honore*.
Tenir de quelqu'vn , *dipendere*.
Tenir de ſon pere , de ſa mere , *patreggiare , matreggiare , ſeguir il ventre*.
cela Tient bien , *è ben attaccato*.
ie Tiens cela de vous , *l'hò hauuto ò ſentito da voi*.
Tenir contre l'ennemy , *mantenere , reſiſtere*.
Tenir pour homme de bien , *hauer per huomo dà bene*.
Tenez , *togliete , pigliate*.
ce n'eſt pas ce qui le Tient , *non reſta per quello , non è quello , che lo fa reſtare*.
il en Tient , *egli è innamorato*.
elle en Tient , *ella è grauida*.
Tenir compagnie , *far compagnia*.
ſe Tenir bien à cheual , *ſtar dritto à cauallo*.
ſe Tenir aux crins , *far à capegli*.
ſe Tenir de faire , *aſtenerſi , rimanerſi*.
ſe Tenir , s'eſtimer , *ſtimarſi*.
ſe Tenir en vn lieu , *habitare , ſtare , reſtare*.
Tenir , pour croire , *credere*.
ſe Tenir l'vn à l'autre , *eſſer attaccati inſieme*.
il n'y a que Tenir , *non ſi puó ſtimar altro*.
Tenir boutique , *hauer bottega*.
Tenir la campagne , *eſſer padrone della campagna*.
Tenir dans vn vaſe , *capire*.
ie le Tiendray quelque iour , *mi capitarà nelle mani*.
Tenir vne garſe , vn cheual , &c. *mantenere*.
Tenir vne maiſon , *affitar vna caſa propria*.
il vaut mieux vn Tien , que deux tu auras : l'Italien dit , *è meglio picciune in mano , che tordo in fraſca*.
ie te Tiens , *ti afferro*.

c'eſt pareſſe qui le Tient , *negligenza che glielo vieta*.
vous ne Tenez rien, i. *voi non hauerete quello , che penſate*.
Tenon , *arpione , ſtaffone*. Item , *appicagnolo*.
Tenſer , tancer , *ſgridare*.
Tentation , *tentatione*.
Tentatiue , *tentatina*.
Tentatoire , *tentatorio*.
Tente , *tenda , padiglione*.
Tente de Chirurgien , *taſta*.
Tentement , *tentamento*.
Tenter , *tentare. Attentare vna coſa*.
Tentereſſe , *tentatrice*.
Tenteur , *tentatore*.
Tentredon , *ſpetie di mſca*.
Tentier , *mercante di tende*. Item , *colui che ſtà nella tenda*.
* Tentiſſement , *rimbombo*.
Tenture , *muda di tappezzaria*.
Tenu , *tenuto obligato*.
Tenuë , *tenenza , tenuta*.
Tenuë , *tenuo , ſottile*.
Tenuëment , *tenuamente*.
Tenueté , &
Tenuité , *tenuità*.
Tenure , *poſſeſſo*.
Tenure , *tenuo*.
Tepidité , *tepidità*.
Terbentine , *terbentina*.
Terçage , *terzamento*.
Terce , regiment de 2. ou 3. mille hommes , *terzo*.
Tercer , *terzare , interzare*.
Tercerol , voile , *terzeruolo*.
Tercerot , troiſieſme forçat d'vn banc , *terzeruolo*.
Tercot , *ſpetie d'vccellino*.
Terebentine , *termentina , terebentina*.
Terebinthe , *terebinto*.
Terelle , *triuellone*.
Tere , *aconito*.
* Tergiuerſation , *tergiuerſatione*.
* Terginerſateur , *tergiuerſatore*.
* Terginerſer , *tergiuerſare*.
Tericre , *triuellone*.
Terir , tarir , *ſeccare*.
Teriz , *ſpetie di fanello*.
Terme , *termine*.
Terme , *ſtatua*.
Termes , bains , *termi*.
Terme , *ſpatio di tempo*.
Terme de maiſon , *pigione di trè meſi*.
en bon Terme , *in buon ſtato*.
eſtre en Terme de faire , *eſſer in atto di fare*.
arriuer à Terme , *naſcer à ſuo tempo , arriuar a' noue meſi*.
le Terme vaut l'argent. i. *è longo il tempo*.
Termement , *terminamente*.
Terminaiſon , *terminatione*.
Termination , *Idem*.
Terminer , *terminare*.
Termoyer , *dar tempo ò termine*.
Ternaire , *ternario*.
Ternier , *patir in trè*.
Terne , *ſcolorito , pallido , appannato*.
Ternes au ieu de tric trac , *terni*.
ſe Ternir , *ſcolerirſi , impallidire*.
Ternir le verre , *appannare*.
Terniſſeur , *ſcoloritore*.
Terniſſeure , *ſcolorimento*.
Terny , *ſcolorito*.

Terrace, *terrazza.*
Terrage, *rendita di terra, terraggio, certo diritto sopra il campo.*
Terrageal, *di terraggio.*
Terrager, *cauar i frutti ò diritti delle terre.*
Terragerie, *rendita di campo ò terra.*
Terrageur, *che hà rendite di terre.*
Terragier, *colui che paga la rendita ò il diritto della terra al Signore.*
* Terraignol, *terraginolo.*
Terrain, *terreno.*
Terrautole, *tarantola.*
Terraße, *terrazza.*
Terraßement, *rouesciamento per terra.*
Terraßer, *terrapienare, far terrapieni.*
Terraßer, *gittar per terra, atterrare.*
Terraßeur, *atterratore.*
Terraßier, *ignorante, großolano.*
Terre, *terra.*
Terre, posseßion, *poßeßione, terra.*
Terre à lauer, *terra graßa da cauar le macchie.*
Terre d'ombre, *terra d'ombra, color di terra.*
Terre jaulne, couleur, *terra gialla.*
Terre à potier, *argilla.*
Terre scellée ou sigillée, *terra sigillata.*
Terre de Venise, *spetie d'argilla.*
Terre à terre, *terra terra.*
tant que Terre, *in gran copia.*
tant que la Terre le pourra porter. i. *molto lontano.*
mettre vne ville en Terre, *spianare.*
mettre vn corps en Terre, *sotterrare.*
Terreplain, *terrapieno.*
Terrer, *leuar dalla terra.*
Terrestre, *terrestre.*
Terrestreté, *terrestrità, humor terrestre.*
* Terre-tremble, *terremoto.*
Terreux, *terrore.*
Terreux, *terroso.*
auoir le cul Terreux, *hauer il culo terroso, hauer campi al sole.*
Terrible, *terribile.*
Terriblement, *terribilmente.*
Terrien, *di terra, terreno.*
Terrien, *che poßiede molte terre.*
Terrier, qui se tient sur la terre, *terrainolo.*
Terrier de beste, *buca, tana, cortile.*
Terrier, *regiſtro delle terre.*
Terriere, *triuellone.*
Terrin, *terrazza.*
Terrine, *conca di terra, catino.*
Territoire, *territorio.*
Terroir, *terreno.*
qui sent le Terroir, *vitazzo.*
Terron, *terrapieno.*
Tertiane, *febbre terzana.*
Tertre, *poggio, pogginolo.*
Terzerol, *terzaruolo.*
Tes, *tuoi, i tuoi.*
Tesme, *tema.*
Tesmoignage, *testimonianza, testimonio.*
Tesmoignant, *atteſtante.*
Tesmoigner, *testimoniare, atteſtare, moſtrare.* Item, *far testimonianza.*
Tesmoing, &
Tesnoin, *testimonio.*
Tesmoin de lard, *interstitio di lardo, stita di lardo infilzata frà due vccellini da arroſtire.*
* Tesniere, *tana.*

Tessier, *teßitore.*
Tesson, *taßo.*
Tessonneau, *taßo giouane.*
Tesson de preßoir, *lati è alberi di torcitoio.*
Test, *teschio.*
Test de pot caßé, *tosto, coccio.*
Testable, *testabile, testeuole.*
Testament, *testamento.*
Testamentaire, *testamentario.*
Testard, *spetie di pesce.*
Testard, *caparbio, ostinato.*
Testarderie, *caparbietà, ostinatione.*
Testateur, *testatore.*
Teste, *testa, capo.*
Teste d'vne piece d'estoffe, *capo.*
Teste de Cerf, *corda di Ceruo.*
Teste du membre viril, *cappella.*
Teste de linotte, *testa picciola senza ceruello.*
Teste de moine, *spetie di cascio großo.* Item, *spetie d'herba.*
Teste esuentée, &
Teste verte. i. *testa matta, testa balzana.*
Teste à teste, *à fronte.*
mettre Teste à teste, *affrontar due persone.*
à Teste baissée, *con furia.*
à sa Teste, *à sua posta.*
auoir vne Teste, *eßer ostinato.*
auoir bonne Teste, *Idem.*
faire Teste, *resistere, star à fronte.*
mettre en Teste, *metter in fantasia, persuadere.*
tenir la Teste. i. *aiutar à fare.*
tenir Teste, *far testa, resister con ostinatione.*
ie ne puis mettre cela dans ma Teste, *non la poßo capire, non mi entra.*
il en a par deßus la Teste, *ne hà più che non vorrebbe, ne hà fin sù i capegli.*
manger ou traitter par Teste, *à pasto.*
auoir la Teste prés du bonnet. i. *eßer collerico.*
payer pour Teste, *pagar per huomo ò per testa.*
auoir la Teste dure, *non poter imparare, ò comprendere.*
mettre la Teste à la fenestre, *affacciarsi alla finestra.*
auoir la Teste chaude, *eßer collerico.*
cent Testes, *spetie d'herba, cardo.*
se mettre à la Teste, *incaparsi.*
große Teste, i. *großolano, goßo.*
on luy a mis la Teste où il auoit les pieds. i. *è stato decapitato.*
à lauer la Teste d'vne asne, &c. l'Italien dit, *Le trè acque perdute.*
tourner Teste à l'ennemy, *voltar faccia.*
deux Testes dans vn bonnet ou chapperon. i. *due persone d'accordo, carne ed vnghia.*
il a dix ans sur la Teste, *hà dieci anni sù le chiappe.*
à la Teste de l'armée, *alla fronte, alla testa.*
cheual qui a la Teste courte, *accappucciato.*
il a la Teste mal faite, *gli duole il capo.* Metaph. *è matto, non hà ceruello.*
aller la Teste leuée, *andar colla testa alta, andar sicuro, non temer le riprensioni.*
la Teste luy fait mal. i. *egli è geloso.*
Testelette, *testa picciola.*
Tester, pron. si *testare.*
Testicule, *testicolo.*
Testicule de chien, *satirione.*
Testier, *di testa.*
Testiere, *testiera.* Item, *celata.*
Testification, *testificatione.*
Testificateur, *testificatore.*

Testifier, testificare.
Testimonial, testimoniale.
Teston, testone.
vn Teston, coup sur la teste, pucetto.
il est comme les Testons roignez, sans lettres : l'Italien
    dit, egli è moneta tosa, dottor della necessità, senza leg-
    ge.
Testonner, tosare, acconciar il capo.
Testonner, battre, riueder il pelo à vno.
Testu, caparbio, capuccio, testardo, ostinato.
Testu, martello di muratore.
Tetard, gran succhiatore, gran poppatore.
Tetasse, poppaccia, poppa vizza.
Tetassiere, che hà poppe grosse.
Tetin, poppa, poccia, tetta.
Tetine, poppa di vacca, tetta.
Tetineux, che hà poppe.
Teton, poppa, poppina.
Tetrade, numero di quattro.
Tetragone, tetragono.
Tetrasyllabe, di trè sillabe.
Tette, poppa, tetta.
Tette-chevres, spetie di gufo che và dietro alle capre, ca-
    primulgo.
Tettée, poppata, succhiata.
Tetter, poppare.
* Teuot, fanfarrone.
Texte, testo.
Textuel, di testo.
Texture, testura.
Tez, teschio.


# T H

T Halent, talento.
    * Thaller, talliere, spuntar il tallo.
Theatin, Teatino.
Theatral, di teatro.
Theatre, teatro.
Theme, tema, argomento.
Theologal, Theologale.
Theologalement, teologalmente.
Theologie, Teologia.
Theologien, Teologo.
Theophile, teofilo.
Theorique, teorica.
Therebentine, termentina.
Theriacal, teriacale.
Theriaque, teriaca, vtriaca.
Theriaque d'Allemagne, sugo di coccole di genepro.
Therme, imagine, statua. Item, bagno.
These, tesi.
Thesoriser, tesaurizzare.
Thiare, tiara.
Thie, teda.
Thimelée, tirimalo.
Thiphanie, Epifania.
Thisie, tisichezza.
* Thiois, fiamingo.
Thiriaque, teriaca.
Thon, tonno, pesce.
Thonnine, tonnina.
Thorachique, di petto.
Thore, nappello.



Thore, certo cerchio di colonna.
Thresor, tesoro.
Thresorerie, tesoreria.
Thresorier, Tesoriere.
Thriacle, teriaca.
Thriacleur, che vende teriaca.
Thrône, trono.
Thuile, tegola.
les Thuiles, il tetto.
Thuile creuse ou ronde, doccia.
couurir de Thuiles, tegolare, imbricare.
Thuilerie, fornace.
Thuillier, fornasaro, fornacciaro.
Thuillot, chiapia.
Thym, timo.


# T I

T Iare, tiara.
    Tiburon, vitella marina.
Tic, recca, secca, mosca culaia.
Ticq, Idem.
Tictac, tichetacco, trichetracco.
Tie, teda, albero.
Tiede, tiepido.
Tiedement, tiepidamente.
Tiedeté, &
Tiedeur, tiepidezza, tiepidità.
Tiedir, intiepidire, tiepidire.
Tien, tuo.
Tienne, tua.
Tierçage, terzamento.
Tierce, terza.
Tierce de lut, mezzana.
fiévre Tierce, ferzana.
double Tierce, terzana doppia.
Tiercelet, terzuolo.
Tiercelet de Iob. i. molto patiente.
Tiercelin, gheppio. Item, mescolato del terzo.
Tiercément, terzamente.
Tiercement, terzamento.
Tiercer, terzare. Lauorar la terra per la terza volta.
Tiercerets, certe trauicelle nelli lati d'una volta.
Tiercet, terzetto.
Tiers, terzo, terza parte.
au Tiers, & au quart. i. à tutti, à ogn' vno.
Tiers-poinct, mez o cerchio.
Tif, taf, lappe lappe.
* Tiffer, acconciar il capo.
Tige, tronco d'albero, gambo di pianta, stelo.
Tige de botte, gamba di stiuale.
Tige de febve, fauale.
Tigelette, gambo picciolo di pianta.
Tigette, idem.
Tigname, tigname, stirace.
Tigne, tigna.
Tigne ver, tarlo.
rongé de Tigne, tarlato.
Tigne, herbe, lappola.
Tigne de thim, epitimo.
Tigneux, tignoso.
Tignon, testa rognosa.
Tigre, tigre.
Tigreau, tigre glouuant.

Tigresque, *di tigre.*
Tigresse, *tigre femina.*
Tigrin, *tigrino, di tigre.*
Til, *tiglia, tiglio.*
Tilier, *Idem.*
Tillac, *tolda.*
Tillaquer, *fabbricar la tolda.*
Tille, *stoppia di canapa ò lino.*
Tiller, *infrangere, gramolare, maciullare, sgretolare.*
Tillet, *tiglia, tiglio.*
Tilleul, *Idem.*
Tilleul masle, *carpine nero.*
Tilleux, *stopposo.*
Tillier, *tilia.*
Tiltre, *titolo. Item, ragione, causa.*
Tiltrer, *intitolare.*
Timbre, *timpano. Item, cimiero.*
Timbré, *che hà il timpano, col timpano.*
cerueau bien timbré. i. *zucca da sale, buon ingegno, buon ceruello.*
Timbrer, *timpanare, ornar di timpano.*
Timide, *timido.*
Timidement, *timidamente.*
Timidité, *timidità.*
Timon, *timone.*
Timonnier, *timoniere.*
* Timoré, *intimorito.*
Timpan, *timpano.*
Timpan, en Architecture, *campana del capitello.*
Tinal, *luogo doue si tengono le tine.*
Tine, *tina, tinella.*
Tinée, *vna tina piena.*
* Tinel, *tinello.*
Tinette, *tina picciola.*
Tinissant, *tintinnante, risuonante.*
* Tinole, tinon, *Idem.*
Tintamarre, *strepito, baccano.*
Tintement, *tinnito.*
Tinter, *tintinnire, tinnire. Item, sonar à tocchi.*
Tintimal, *titimalo.*
Tintillant, *risuonante.*
Tintimale, *titimalo.*
Tintin, *tinnito.*
Tintiner, *sonar à guisa di sonaglio.*
Tintoner, *Idem.*
Tintouin, *martello in testa.*
Tintouiner, *sonare, martellare in testa.*
Tinture, *tintura.*
Tinturier, tinturerie, *Vedi,* teincturier, *&c.*
Tique, tic, *zecca.*
Tiquet, *palma Christi.*
Tir, tire, *tiro di cannone.*
Tirade, *tirata.*
Tirade en chantant, *strascinata, tiro di gorgia, tirata.*
Tirage, *canamento.*
Tirailler, *tirar vno, scompigliare.*
Tiran, *tiranno.*
Tirannie, *tirannia.*
Tirans de bourse ou de botte, *cordelle.*
Tirant, *che tira.*
du Tirant, *certo neruo di carne di bue, &c.*
Tirante de charpenterie, *certe trauicelle.*
Tirasse, *strascino.*
Tirasser, *strascinare.*
Tire, *tiro, tirata.*
tout d'vne Tire, *in vn tiro.*
à tire d'asle, *à volo.*
Tire-balle, *caua palla.*



Tire-bourre, *rampinetto, caua straccia.*
Tire-botte, *mantice dorefice.*
Tire-dent, *cauadente.*
Tirée, *tirata.*
Tire-fonds, *trapano, attrattore di Cirugico.*
boire à tire-larigot, *beuer bene, beuer molto.*
Tire-laine, *ladro di ferraiuoli.*
Tire-lardon, *ghiotto.*
Tire-laisse, *piglia è lascia.*
Tirelire, *saluadanaio.*
le tirelire de l'alouette, *turlurullo.*
Tirelirer, *turlurullare.*
Tirelupin, tirelupin, *parasito.*
Tirement, *tiramento.*
Tire-pied, *staffa.*
Tire-pierre, *caua pietra, liuella, vliuella.*
Tire-poil, *molette.*
bien tiré, *ben affettato, pulito, attillato.*
Tirer, *tirare, trarre.*
Tirer l'artillerie, *sparare.*
Tirer de dans ou dehors des galeres, *alare.*
Tirer dehors, *cauar fuori.*
Tirer de l'eau du vin, &c. *cauare.*
Tirer sur le blanc, *biancheggiare.*
Tirer des armes, *giuocar dell'armi.*
Tirer à l'auiron, *vogare.*
Tirer du cœur, *vomitare.*
Tirer, oster ses chausses, ou bas, *cauare.*
Tirer l'espaule. i. *non far volentieri.*
il se fait tirer. i. *si fa pregare.*
tirer à la fin, *esser presso alla morte, venir meno.*
tirer la laine, *rubbare i ferraiuoli di notte.*
se faire tirer l'oreille, *farsi pregar molto.*
Tirer la langue, *stentar molto. Item, far le fiche dietro.*
tirer païs, *andar innanzi, caminare.*
Tirer l'or ou l'argent, *trafilare.*
Tirer le rideau. i. *forhir vna cosa.*
Tirer son vent, *trarre il fiato.*
le ventre luy tire, *hà piena la pancia.*
Tirer la main, qui se dit d'vn cheual, *sommozzare.*
Tirer sur le rouge, *rosseggiare, dar nel rosso.*
Tirer sur le noir, *nereggiare.*
Tirer sur le verd, *verdeggiare, dar nel verde.*
Tirer en barbe, par dessus le parapet, *tirar in barba.*
Tirer prés, *tirar corto.*
Tirer en fichant, *tirar di fiocco.*
Tirer loing, *tirar longo.*
Tirer en bricolle, *tirar dischiancio.*
Tirer, faire le portrait, *ritrarre, di pingere.*
Tirer ses chausses, *andar via, fuggire, morire.*
Tirer raison, *cauar costrutto.*
Tirer le diable par la queuë. i. *stentare.*
tirer de longue, *andar innanxi.*
tirer en vn lieu, *addirizzarsi.*
tirerà quatre cheuaux, *smembrar da quatro caualli.*
tirer vn discours par les cheueux, *stiracchiare.*
Tirer, qui se dit du vent, *buttare.*
Tirer parolle, *attaccar parola.*
chacun tire à soy : l'Italien dit, *tutti vogano alla galeota.*
* Tirer, *vna tiratina.*
Tiretaine, *bucherame.*
Tireur, *tiratore, cauatore, sparatore.*
Tireur d'auiron, *vogatore, rematore.*
Tireur d'armes, *schermitore.*
Tireur de laine, *ladro di ferraiuoli.*
Tireur de flesches, *saettatore.*
Tireur d'or, *trafilatore.*

Tiroir, *cassettino, tiratoio*. Item, *luogo doue si tira dell' arco*.
Tirons, apprentifs du mestier de la guerre, *tironi*.
Tirse, *dardo di Bacco*.
Tisanne, *tisanna, acqua cotta*.
Tison, *tizzone*.
garder les Tisons, &
Tisonner, *star appresso à i tizzoni, scaldarsi*.
Tisonnier, *che stà appresso à i tizzoni*.
Tisonnier de forgeron, *stizzatoia, stizzatoio*.
Tisserand, *tessitor di tela*.
Tisserande, *tessitrice di tela*.
Tisser, *tessere*.
Tisseure, *tessitura*.
* Tistir, *tessere*.
Tissu, *tessuto*.
du Tissu, *tessitura, tessuto*.
Tissure, *tessitura*.
le Tissu de Venus. i. *la verginità*.
* Tistre, *tessere*.
Titan, *titano di Sele*.
Titanique, *titaneo*.
Tireller, *tintillare*.
Tithymale, *titimalo*.
Titillation, *tintillamento, tinnito*.
Titiller, *tintillare*.
Titre, *titolo*.
Titres, *scrittura*.
* Titubant, *titubante*.
Titubation, *titubatione*.
Titulaire, *titulare*.

## TO

* **TO**; tost, *presto*.
Toque, *berettone*.
Tocquement, *battimento*.
Tocquer, *battire, toccare*.
Tocque tambour, l'Italien dit, *amanna ch'io lego*.
Tocsin, *sturmo*.
sonner le Tocsin, *sonar à martello ò sturmo*.
Tosse, *spongia di fiume, moscio*.
* Toge, togue, *toga*.
Toict, *tetto*.
Toile, *tela*.
Toile de cotton, *bambaggina*.
Toile d'araigne, *tela di ragno*. Metaph. *cosa debole*.
Toile de Cambray, *Cambrai*.
Toile Battiste, *tela rensa*.
Toile fine, *Idem*.
Toile d'or ou d'argent, *arricciato, teletta d'oro ò argento*.
Toile d'ortie, *ortichino*.
Toile en l'œil du cheual, *nuuola*.
Toiles de chasse, *tende*.
tendre les Toilles, *articlare*.
Toile de mesnage, *tela fitta ò forte, tela casalinga*.
Toilette, *teletra, panno da piegar le robbe di notte*.
plier la Toilette, *portar via ogni cosa*.
Toilier, *mercante di tela*.
Toisage, *perticamento*.
Toise, *pertica*.
Toiser, *perticare*.
Toiseur, *perticatore*.

Toison, *tosone*.
l'ordre de la Toison, *il Tosone di Spagna*.
Tole, fer mince, & large, *tola*.
Tolerable, *tolerabile*.
Tolerablement, *tolerabilmente*.
Tolerance, *toleranza*.
Tolerant, *tolerante*.
Tolerer, *tolerare*.
Toliban, *turbante di Turco*.
* Tollart, *boia*.
Tollere, *certa moneta turchesca*.
Tollet, *scalmo*.
* Tollieu, *pedaggio di porto per il trasferimento delle robbe*.
* Tollir, *togliere, leuare*.
* Tollu, *tolto*.
Tolte, *tolta, maltolta, esattione*.
Tombant, *cadente*.
Tombe, *tomba, auello*.
Tombe, *dentale pesce*.
Tombeau, *sepolcro, tomba*.
Tombement, *caduta, cadimento*.
Tomber, *cadere, cascare*.
Tomber d'accord, *restar d'accordo*.
Tomber du haut-mal, *patir del mal caduco*.
Tomber en vn lieu par rencontre, *capitare*.
Tomber dans les rets, *dar nelle reti*.
Tomber de l'eau, *orinare*.
Tomber entre les mains, *capitar ò dar nelle mani*.
Tomber malade, *ammalarsi*.
Tomber sur ses pieds, *saltar in piedi*.
ie ne sçay où il veut Tomber à la fin de son discours, *non sò doue vuol riuscire*.
Tombereau, *carro d'assi traboccante*.
* Tomberel, *Idem*.
Tombier, *che fa tombe, ò sepolcri*.
* Tombir, *rimbombare, strepitare*.
Tombissement, *rimbombo*.
Tome, *tomo*.
Tomin, *peso d'vn reale di Spagna*.
Ton, *tonno pesce*.
l'on, *tono di musica*.
Ton de maistre, *voce imperiosa*.
Ton, pronome, *tuo. Si mette in senso di tua, innanzi alli feminini, che cominciano da vna vocale v. g. ton ame, la tua anima*.
Tondailles, *tomliture, tonsure, tosatura*.
Tondelet, *soprauesta di canalliere*.
Tonderesse, *tonditrice*.
Tondeur, *tonditore, tonsore*.
Tondeur de draps, *cimatore*.
Tondeuse, *moglie del cimatore*.
* Tondoison, *tonsura*.
Tondre, arbre, *suuero*.
Tondre, *tosare*.
Tondre les draps, &
Tondre les arbres, *accimare*.
Tondre le peuple, *metter imposte*.
chercher à Tondre sur vn œuf, *cercar il pelo nell' vouo*.
Tondu, *tosato*.
Tondure, *tonsura, tosatura, accimatura, tondatura*.
Tonnant, *tuonante*.
Tonne, *tina grande*.
Tonneau, *botte*.
Tonneau sous la presse du Relieur, *cassa del torcolo*.
Tonnelet, *botte picciola*.
Tonnelet à l'antique, *soprauesta di Caualliere*.
Tonnellier, *bottaio, acconcia botti*.

X x

Tonnelle , en forme de nasse , *butrio.*
* Tonneller , *pigliar pernici col butrio.*
* Tonnelleur , *cacciator col butrio.*
on n'oit pas Dieu Tonner. i. *si fa gran rumore in quel luo-*
    *go.*
Tonner , *tuonare.*
Tonnerre , *tuono.*
* Tonnerreux , *tempo di tuono.*
Tonnine , *tonnina.*
Tonsilles , *tonsille.*
Tonsure , *tonsura.*
Tonsurer , *tonsurare.*
à simple Tonsure. i. *semplice.*
Tonture , *tondatura.*
Topase , *topatio.*
Tope , & tingue , *topo , & tengo.*
Toper , *topare nel giuoco della sorte.*
Topinambour , *spetie di tartufo di Canada.* Item, *l'uomo di*
    *detto paese.*
Topiquer , opporre , *contendere.*
Topiques , *topici.*
Topographes , *topografo.*
Topographie , *topografia.*
Topographique , *topografico.*
Toque , *berettone.*
Toque d'or ou d'argent , *toca.*
Toquement , toquer , &c. *Vedi,* tocquement.
Toquesin , *starmo , Vedi ,* Tocsin.
Toquet , *beretta da puttina.*
Toraille , *forno da asciugare , il grano.*
Torasse , *vacca che cerca il toro.*
* Torcure , *torcitura.*
Torche , *torcia.*
Torche , bois qui sert à esclairer , *pauiere , teda.*
Torche de paille , &c. *stroppaglio , stroffinaccio.*
Torches , *fannoni.*
Torche à porter sur la teste , *cercine.*
Torche-cul , *carta da forbir il culo , forbitoio.*
Torcher , *asciugare , nettare , fregare.*
se Torcher le cul , *forbirsi il culo.*
Torcheur , *forbitore , fregatore.*
Torchis , *muro fatta di paglia è fango.*
Torchis à mettre sur la teste , *cercine.*
Torchon , *straccio , cencio.*
Torchon de paille , *stroffinaccio.*
Torchonner , *stroffinare.*
Torcol , *spetie d'vccello.*
Torculaire , *torcolare.*
Tordement , *torcimento.*
Tordille , *certo color di cauallo ò cane.*
Tordylion , *sesali.*
Tordoir , *torcitoio.*
Tordre le col , *rompra il collo.*
Tordre , *torcere.*
Tore , *napello.*
Tore , *toro di colonna , bastone.*
Toreau , *toro , tauro.*
Toret , *trinellino.*
Torillon , *torello.*
Torillon de canon , *orecchione.*
Torment , tormente , &c. *Vedi ,* Tourment.
Tormentille , *tormentilla.*
Tormentine , *tormentina.*
Tornesol , *tornasole , girasole.*
Torner , &c. *Vedi ,* Tourner.
Torpille , *torpilla , torpedo.*
* Torquer , *torcere.*
* Torrefier , *seccare.*

Torrent , *torrente.*
Torrentin , *di torrente.*
Torrette , *capitello.*
Torride , *torrido.*
Torrion , *torre grande.*
Tors , *torto.*
à Tors , & à trauers , *confusamente , alla spensierata.*
Torse , *disuiamento.*
Torsement , *torcimento.*
* Torsion , *torsione , torcitura.*
* Torsure , *torcitura.*
Tort , *torto.*
à Tort , *à torto.*
vn Aduocat à Tort , & sans cause , par allusion : l'Italien
    dit, *Dottor della necessità senza legge.*
Tortelle , *inione.*
Tortement , *tortamente.*
Torticite , *vena storta.*
* Torticoler , *torcer il collo.*
Torticolis , *che hà il collo storto.*
Tortillement , *attorcigliamento.*
Tortiller , *attorcigliare , torcigliare.*
Tortiller des fesses , *ssancheggiare.*
Tortillons de cheueux , *finocchietti.*
Tortillonner , *torcigliare.*
Tortionnaire , *violento , ingiurioso.*
Tortis , *ghirlanda , ò attorcigliamento di capegli.*
Tortis de cire , *candele attorcigliate.*
Tortis , *storto.*
Tourterelle , *tortora.*
Tortu , *storto , obliquo.*
Tortuë , *tartaruca , testuggine.*
Tortuë de bois , *tartaruca.*
Tortuëment , *obliquamente , tortamente.*
Tortuër , *piegare , storcere , render storto.*
Tortueusement , *stortamente.*
Tortueux , *obliquo , storto.*
Tortugue , *tartaruca.*
Tortuosité , *tortuosità.*
Torture , *tortura , corda , tormento.*
Torturer , *tormentare dar la corda.*
* Torue , *bieco.*
Toscan , *Toscano.*
Tost , *presto , tosto.*
aussi-Tost , *quanto prima.*
si-Tost que , *subito che come prima , toste che.*
* Tostée , *fetta di pane arrosto.*
Totage , *totalità , il tutto.*
Total , *totale.*
Totalement , *totalmente.*
Totalité , *totalità.*
Toton , ou
Totum , *spetie di z urlo segnato conlittere , girls.*
Toutou , que disent les enfans en se cachant , *baco baco ,*
    *baucò bau.*
faire Toutou , *baucare , far bau.*
vn Toutou , *parola bambinesca , vn cagnolino , vn cane.*
Touage , *termine marinaresco , trasportamento di vascello*
    *per via del terno.*
Touaille , *sciugamano.*
* Touassier , *ignorante , goffo.*
Touchable , *tocchevole.*
Touchant , *vicino.*
Touchant , aduerbe , *intorno , circa , rispetto.*
Touche , *pietra di paragone.*
Touche , *vn tocco , vn taglio.*
Touche de manche de lut , &c. *tastiera.*
Touche d'espinette , *tasto.*

Touche, corde qui trauerse le manche d'vn instrument, *tasto*.
Touche de tablettes, &
Touche à eppeller, *stile*.
Touche qui sert à vne lampe, *stuzzicatoio*.
il craint la Touche. i. *hà paura d'esser battuto*.
Touché, meu, *mosso*.
Touchement, *toccamento*.
Toucher, *toccare*. Item, *esser vicino*.
Toucher, *muouere, sinnouere*.
Toucher terre, *dar in terra, toccar terra*.
Toucher d'vn instrument, *sonare*.
Toucher vn mot, *far motto, dir vna parola*.
Toucher à quelqu'vn, *esser parente ò affine*.
Toucher l'or, *assaggiare, far saggio*.
Toucher, *offendere*. Item, *importare*.
Toucher de l'argent, *riceuer danari*.
Toucher au doigt, *toccar col dito, conoscere, toccar con mano*.
Toucheur, *toccatore, assaggiatore*.
Touchon, *pietra di paragone picciola*.
Touë, *spetie di barca*.
Touër, *trasportare da vna barca in vn' altra*.
Touffe de bois, *cesto d'alberi*.
Touffe d'herbe, *cesta, cesto*.
Touffe de cheueux, *fiocco*.
Touffeau, *cesto picciolo*.
Touffeur, temps chaud, & estouffant, *afa*.
Touffeux, *cestuto*.
Touffillon, *cestello, fiocchetto*.
Touffu, *cestuto, cestito, folio*
* Touïllant, *ciarpone, imbrogliatore*.
* Touïllement, *rimescolamento*.
* Touïller, *rimescolare*.
* Touïlleur, *rimescolatore*.
* Touïllon, *cencio, straccio, stroffinaccio*. Item, *sucido*.
Toulte, *malatolta*.
Tounine, *tonnina*.
Toupeau, *fiocco*.
Toupet, *Idem*. Item, *ciuffo, tuppo, ciocchetto*.
Toupiant, *girante*.
Toupie, *trottola*.
Toupier, *girare*. Item, *giocar colla trottola*. Metaph, *far lentamente girando quà e la*.
Toupillon, *viluppo, inuolto, tondello*.
Toupillonner, *inuiluppare*.
Toupin, *turacello*.
Toupon, *coccone, turacello*.
Tour, *giro*.
Tour aux eschecs, *rocco*.
Tour, tromperie, *burla*.
Tour, trait, *tiro*.
Tour de Tourneur, & Teinturier, *torno*.
faire vn Tour, *far vna scorsa ò spasseggiatina, dar di volta*.
faire vn Tour ou niche, *far vna burla*.
faire vn Tour de ville. i. *esser scopato*.
vn Tour d'amy, *vn piacere, vn vfficio, vn seruitio*.
Tour de Religion, *vttota, torno*.
Tour de Basque, *vna furberia*.
Tour de Gascon, *vn latrocinio*.
Tour de passe-passe, *giuoco di mano*.
faire des Tours de passe-passe, *giuocar di mano*.
vn Tour de reins, *vna stretta, vn sforzo*.
vn Tour de fesse, *scostamento ò mouimento dal suo luogo*. Item, *menamento, menata di chiappe*.
vn Tour de tric trac, *vn giuoco*.

fait au Tour, *fatto al torno, di mano del tornitore*.
Tour de pourmenade, *giro, girata, passeggiata*.
à son Tour, *à suo tempo*.
Tour de bec, *vn baccio*.
Tour de guerre, *tiro di guerra, stratagema*.
Tour de souplesse, *furberia, tiro*.
Tour de lict, *cortinaggio di letto, tornaletto:*
à Tour de bras, *con tutta la forza del braccio, à più potere*.
le Tour du baston. i. *modo di cauar vtile dal suo vfficio, rigaglia*.
vn Tour à guinder, *torno, curletto*.
vn Tour de dents, *vna calcatella di denti*.
Tour de colet, *ampiezza*.
Tour de col, *certo bottone coll' asola da tener attaccato il ferraiuolo*. Item, *collarino di bambinetto*.
en vn Tour de main, *in vn instante*.
Tour à tour, *à vicenda, vicendeuolmente*.
ce sera vne fois à mon Tour, *sarà vna volta la mia*.
vne Tour, *vna torre*.
Tourbe, *turba, troppa*.
Tourbe à brusler, *turba*.
Tourbillon, *turbine, girone, nodo di vento*.
Tourbillonner, *turbinare, tempestare*.
Tourbillonneux, *pieno di turbini, tempestoso*.
Tourd, *tordo*.
Tourd de mer, *pesce simile alla perchia ò tinca*.
Tourdelle, *tordo grande*.
Tourdion, *arzichetto*.
Tourdoir, *torcitoio*. Item, *macina di molino ò torcitoio*.
Tourdre, *tordo*.
Toutelle, *torricella*.
Touret, *maluizzo*.
Touret, *anello de' getti dell' vccello*.
Touret de mors, *voltoio*.
Touret de nez, *maschera da donna*.
Touret, *triuellino da forar metalli ò cose dure*.
Tourette, *torricella*.
Tourier, *custode di torre*. Item, *colui che hà cura del torno*.
Touriere, *portinaia*. Item, *quella che hà cura del torno*.
Tourillon, *orecchione*.
Tourment, *tormento*.
Tourmentant, *tormentante*.
Tourmente, *tempesta*.
Tourmenter, *tormentare*.
Tourmentine, *termentina, terebentina*.
Tournaille, *girauolta, giramento*.
armoire Tournante, *torno di monache*.
Tourné, qui se dit du vin ou du lait, *trauolto*.
Tourne, *compensatione*.
Tourne-bouler, *girauoltare*.
Tourne-bride, *girauolta*.
Tourne-broche, *tornaresto*.
Tourne-dos, *poltrone*.
Tournée, *giro di cantonata*.
Tourne-fol, ou tourne-feuillet, *segnacolo con i cordoncini da voltar le carte*.
Tourne-lict, *tornaletto*.
Tournelle, *torricella*.
en vn Tourne-main, *in vn momento, in vn batter d'occhio*.
Tournement, *giramento*.
Tournement de teste, *capostorno*.
Tourner, *girare, voltare*.
Tourner le sas, *far certo incanto con vn setaccio, voltar il settaccio*.

se Tourner, se changer, *cangiarsi.*
se Tourner, qui se dit du laict ou du vin, *trauoltarsi,*
  *dar la volta.*
se Tourner, qui se dit du sang, *rincirconire.*
se Tourner, qui se dit du fruit, *comminciar à maturare,*
  *inuaiare.* Item, *marcire.*
Tourner, *tornare rendere.*
Tourner les yeux à la teste, *stralunare.*
Tourner, traduire, *tradurre.*
Tourner bride.. i. *tornar in dietro.*
il ne sçauroit Tourner vn œuf. j. *egli è ignorante ò goffo.*
Tourner le pain, *spianar il pane.*
Tourner à proffit, *tornar à commodo.*
Tourner au tour, *torniare.*
Tourner visage, *voltar fronte.*
cela Tourne à mon aduantage, *questo fà per me.*
faire Tourner au bout, *far stare à segno.*
Tournerie, *lauoro di tornitore.* Item, *giramento.*
Tourne-sol, *tornasole.*
Tourner de nors, *voltoio.*
Tournette, *di panatoio, arcolaio.*
Tourne-vent, *girella incima al camino d'a parare il ven-*
  *to.*
Tourneur, *tornitore.*
Tourneure, *voltatura, torniatura, trauoltamento.*
Tourniquet, *spetie di giuoco fatto in forma di mostra d'hor-*
  *riuolo.* Item, *chiaue da voltar la viola.*
Tournoir, *vite di torcitoio.* Item, *torno.*
Tournois, *tornese, quattrino di moneta Francese.*
Tournoy, *torneo, torniamento.*
Tournoyant, *voltante, che gira che volge.*
Tournoyement de teste, *capestorno, capogatto, vertigi-*
  *ne.*
Tournoyer, *voltare, volgere, girare.*
Tournoyer, faire des tournois, *torneare.*
Tourrelé, *guernito di torri, fatto in forma di torre.*
Tourrier, *custode di torre, sentinella.*
Tourriere, *portinaria di conuento.*
Tourrion, *torricella.*
Tourte, *torta.* Item, *tortora.*
Tourte d'herbes, *herbolato.*
Tourteau, *spetie di tosse ò catarro, mal di castrone.*
Tourteaux en armoiries, *bisantini.*
Tourteau, *torta picciola.*
Tourteaux de filasse cuitte, *boz olai di corda cotta, certi*
  *fuochi artificiati.*
Tourtelle, *irione.*
Tourterelle, *tortora, tortorella.*
Tourtiere, *tortiera, tegame.*
Tourtillon, *torta picciola.*
* Tourtoire, *tortiera.*
Tourtourain, *tortorino.*
* Touser, *tosare.*
Tousiours, *sempre.*
il est Tousiours, i. encore, *egli è tuttauia.*
il fait Tousiours le mesme, *fà di luogo cosi.*
Tousiours-mais, *sempremai.*
Tousiours faudra-t'il, *bisognara però.*
Tous les ans, *ogn' anno.*
Tous, *Vedi,* Touts, *tutti.*
la Toussaincts, *ogni Santi.*
Toussant, *tossente.*
Tousser, *tossire.*
Tousser pour jetter le flegme dehors, *risiiararsi.*
Tousseur, *rossitore.*
Toussir, *tossire.*
Toultade, *alt-um brusté, sauro metallino.*
Tout, *tutto, ogni cos-.*



Tout, *tutto tutto.*
en Tout, & par tout, *in tutto.*
Tout beau, *piano, adagio.*
Tout ainsi que, *si come.*
Tout à coup, *in vn tratto.*
Tout à faict, *affatto.*
plus que Tout à faict, *à traffatto.*
Tout à l'heure, *all' hora medesima.*
Tout fin neuf, *bell' è nuouo.*
Tout fin nud, *vudo naio.*
Tout maintenant, *hor hora.*
à Tout iamais, *per sempre.*
Tout de bon, *da senno, da douero.*
Tout du long, *dà vn capo all' altro, da principio, del tut-*
  *to.*
faire à Tout en jouant, *tronfare.*
à Tout prendre, *in genere.*
estre à Tout, *accommodarsi ad ogni cosa.*
ce n'est pas Tout, *non basta.*
par Tout, *ouunque, per tutto.*
Tout à la fois, *in vn tratto, tutto insieme.*
Tout de mesme que, *non altrimenti.*
Tout outre, *del tutto.*
il m'a dit Tout outre, *m'ha detto la brutta parola.*
Tout plein, *molto, molti.*
Tout autant, *altretante.*
en Tout, & par tout, *in tutto.*
Tout au plus, *al più.*
mon Tout. i. *mio cuore, caro mio bene.*
Tout homme, *ogni huomo.*
Tout gentil'homme qu'il est, *benche sia gentilhuomo.*
Touts les iours, *ogni giorno.*
Touts les six mois, *ogni sei mesi.*
Toute, *tutta.*
Toute bonne, *bella donna, herba ; ormino.*
Toutes & quantesfois, *ogni volta.*
Toutesfois, *tuttauia, nondimeno ; però.*
Toutou, *cane, cagnuolino.*
autant que Toutou. i. *niente, in nessuna maniera.*
Toute-puissance, *omnipotenz a.*
Tout-puissant, *omnipotente.*
Toux, *tosse.*
Toux de Renard, *tosse che dura sino alla morte.*
Touzelle, *spetie di biada.*
Toxain, *Vedi,* Tocsin.
Toy, *tu.*
Toy, *nell' accusatiuo, te.*
* Toyé, *fodra di guanciale.*
Toye de plomb, *pez o grosso di piombo.*

### TR

Trabe, *traue.*
Trabe, *parte più grossa dell' ancora, flanga.*
* Trabée, *veste di porpora recamata.*
Trac, *traccia orma.*
prendre au Trac, *prender alla traccia col rumor di salsi bat-*
  *tuti insieme.*
* tout à Trac, *francamente.*
Tracas, *imbroglio, intrico.*
de Tracas, *di strapaz o.*
Tracasser, *imbrogliare, intricare, strapaz are, andar*
  *quà e là.*
Tracasserie, *intrico, strapazzo.*

Tracasseur, *imbrogliatore*, *strapazzatore*.
Trace, *traccia*, *pedata*, *orma*.
suiure à la Trace, *tracciare*.
Tracement, *tracciamento*.
Tracer, *tracciare*. Item, *minutare*, *sbozzare*, *delineare*.
Tracette, *traccia picciola*.
Traceure, *tracciatura*.
Traceux, *pieno di traccie*.
Trachée, *trachea*.
Trachie, *Idem*.
Tracquet, *battagliuola*.
Tracqueter, *battere come la battagliuola*.
* Traction, *estrattione*.
* Tradiment, *tradimento*.
Traditif, *traditiue*.
Tradition, *traditione*.
Traditiue, *traditiua*.
Traducteur, *traduttore*.
Traduction, *traduttione*.
Traduire, *tradurre*, *traducere*.
Traduit, *tradotto*.
Traffic, *traffico*.
faire le petit Traffic. i. *far il mestiere di puttana*.
Traffiquer, *trafficare*.
Traffiquerie, *traffico*.
Traffiqueur, *trafficatore*, *mercante*.
Tragedie, *tragedia*.
Tragée, *dragée*, *tragea*.
Traget, *tragitto*.
Tragi-comedie, *tragicomedia*.
Tragique, *tragico*.
Tragiquement, *tragicamente*.
Tragon, *gisuerde*.
Tragoncée, *Idem*.
Trahir, *tradire*.
sans Trahir mon deuoir. i. *senza far torzo ò mancare al mio debito*.
Trahison, *tradimento*.
en Trahison, *à tradimento*.
* Traiclou, *tanaglia*.
Traict, *Vedi*, Trait.
Traictis, *trettenole*.
Traictable, Traicte, Traicter, Traictement, *Vedi*, Traittable, *con quello che seguita*.
Traictoire, *trapano*.
Traject, *tragitto*.
Trajecter, *tragittare*, *varcare*.
Traigne, *drago di mare*, *trascina*.
* Trailler, *seguir la traccia*.
Traime, *liccio di tessitore*.
Train, *seguito di Signore*, *accompagnamento*.
Train, *l'andare*, *il passo d'vn cauallo*.
Train, *modo di procedere ò viuere*.
Train de marchandise, *traffico*.
le Train de deuant, *le parti d'innanzi d'vna carozza*, &c. Item, *piedi d'innanzi ò mani di cauallo*.
Train de derriere, *parte di dietro*. Item, *piedi di dietro*.
Train de sanglier, *orme di cinghiale*.
en Train, *in atto*, *in punto*.
tout d'vn Train, *di lungo*, *in vn tratto*, *in vn medesimo tempo*.
Train de batteaux, *vna quantità di barche attaccate insieme*.
Train de bois flotté, *zattera*.
mettre en Train, *simuouere*, *prouocare*, *condurre*.
au Train qu'il va. i. *secondo che si comporta*.

d'vn mesme Train. i. *della medesima maniera*.
il va vn estrange Train. i. *mena vna strana vita*.
Trainer, *Vedi*, Traisner.
Trainer, trainasse, *Vedi*, Traisnoir, &c.
* Traion, *capparello di mammella*.
Traioir, *vaso da ricever il latte*.
Traire, *mungere*, *mugnere*.
Traire, *tirer trarre*.
Traisnant, *strasciuante*.
Traisnard, *mezo ammalato*, *che va strascinando la vita*.
Traisnasse, *erpicatoio*, *strascino*.
Traisnasserie, *strascinamento*.
Traisne, *ret*, *strascino*.
Traisneau, *carriuola*, *slitta*.
Traisnée, *strascinata*.
Traisnée de poudre, *sementella di poluere*.
Traisnée de gens, *gran seguito di gente*, *gran brigata*.
Traisne-guaine, *vn sfatato*, *vn perdi giornata*. Item, *vn sgherro*.
Traisnement, *strascinamento*.
* Traisner, *strascinare*, *trascinare*.
Traisner vn carrosse, *tirare*.
Traisner, estre malade, *esser vn poco risentito*, *esser mal sano*.
Traisner çà, & là, *giacer per terra*.
Traisner, *andar pian piano*.
faire Traisner vne personne, *tener à bada*.
Traisner sa vie, *camparla con poca cosa*.
Traisner par tout, *portar per tutto vna cosa*.
Traisner vne affaire, *indugiare*, *rimettere*, *prolongare*.
Traisner aprés soy, *tirarsi dietro*.
Traisner son lien ou sa corde. i. *aspettar il castigo*.
Traisner sa parolle, *parlar lentamente*.
Traisneresse, *strascinatrice*.
Traisnette, *trina*.
Traisneur, *strascinatore*.
Traisneur d'espée, *spadaccino*.
Traisnerie, *spetie di trifoglio*.
Traisnoir, *carriuola*.
Traisnon, *ret*, *strascino*.
Traistre, *traditore*.
Traistreau, *traditorino*.
Traistrement, *da traditore*.
Traistreusement, *Idem*.
Trait, *tratto*, *tiro*.
Trait de corde à l'estrapade, *tratto di corda*.
Traits de visage, *fatezze del volto*, *delineamenti*.
Trait, flèche, *strale*, *quadrello*.
armes de trait, *armi da quadrella*, *cio è archi è balestre*.
Trait d'harbalestre, *passadore*.
Trait, en forme de ciseau, *squarcia volpe*.
la longueur d'vn trait d'arc, *vn' arcata*, *vn tiro*.
vn trait, vne niche, *vn tiro*, *vna burla*.
Trait d'honnesteté, *atto d'honestà*.
Trait d'escriture, *tiro*, *vergatura*, *linea*.
vn trait de gorge, *tiro di gorgia*.
vn trait de vin, *vn sorso di vino*, *vn bicchier pieno*.
boire à longs traits, *beuer bicchieri grandi*.
boire à petits traits, *bombettare*.
traits, cordages d'attelage, *stringhe*.
trait de la balance, *tiro della bilancia*.
argent trait, *argento strafilato*.
traittable, *trattoso*, *trattabile*.
traittant, *trattante*, *negotiante*.

Traitte, *tratta, tirata, camino.*
Traitte de marchandise, *traffico.*
Traittement, *trattamento.*
Traitté, *tratiato, patto, conferenza.*
Traitter, *trattare.*
Traitter, festiner vne personne, *passeggiare.*
mal traitter, *stratiare, strappazzare.*
Traitter à la fourche, dar male da mangiare, *traitar male.*
Traittoire, *canafondo.*
Tramail, *tramaglio.*
Tramailler, *pigliar col tramaglio.*
Trame, *trama.*
Trameau, *tramaglio.*
Tramer, *tramare.*
Tramaillon, *rete picciola.*
* Tramois, *mescuglio d'orzo è biada.*
Tramontain, *tramontano.*
Tramontane, *tramontana.*
* il entend le tran-tran, *intende la quoniam, ò la zolfa.*
Tranche, tranchaison, trancher, &c. *Vedi,* trenche, &c.
Trançon, *secta.*
Tranquille, *tranquillo*
Tranquillement, *tranquillamente.*
* Tranquiller, *calmare, quietare.*
Tranquillité, *tranquillità.*
Transacteur, *transattore.*
Transaction, *transattione.*
Transalpin, *transalpino.*
Transanimation, *transanimatione.*
Transcendant, *trascendente.*
Transcrire, *copiare, trascriuere.*
Transcrit, *trascritto.*
Transe, *ansietà.*
en Transe, *in farse, suspeso, in ansietà,*
Transenter, *innestar dar vn albero.*
Transferer, *trasferire.*
Transfiguration, *trasfiguratione.*
Transfigurer, *trasfigurare.*
Transformation, *trasformatione.*
Transformer, *trasformare.*
Transformeur, *trasformatore.*
* Transfretter, *varcare.*
Transfuge, *trassugo.*
Transgloutir, *inghiottire.*
Transgresser, *offendere, trapassare, violare.*
Transgresseur, *transgressore.*
Transgression, *transgressione.*
* Transie, *freddo eccessiuo, assideramento.*
Transiger, *transiggere.*
Transir, *assiderare, infreddare.*
Transissement, *assideramento.*
Transitoire, *transitorio.*
Translater, *trasferire, tradurre, traslatare.*
Translateur, *traduttore, trasferitore, interprete.*
Translatice, *translatitio.*
Translation, *traduttione, translatione, trasferimento.*
Transluire, *tralucere.*
Transmarcher, *tramarciare caminar attrauerso.*
Transmettre, *trasporre.*
Transmigration, *transmigratione.*
Transmigrer, *trasmigrare.*
Transmis, *trasposto.*
Transmuer, *transmutare.*
Transmutation, *transmutatione.*
Transparent, *trasparente.*



Transparoir, transparoistre, *trasparire.*
Transpasser, *traspassare.*
Transpercer, *passar da banda à banda, passare, trapassare, trasorare.*
Transpirable, *transpireuole.*
Transpiration, *traspiratione.*
Transpirer, *traspirare.*
Transplacer, *rimuouer da vn luogo all'altro.*
Transplantation, *trasplantatione.*
Transplantement, *traspiantamento.*
Transplanter, *traspiantare.*
Transplanteur, *traspiantatore.*
Transpontin, *trasspontino.* Item, *ponticello soura vna sponda.*
Transport, *trasferimento.*
Transport, *trasportamento.* Item, *cessione.*
Transportement, *trasportamento.*
Transporteur, *trasportatore.*
Transporter, *trasferire, trasportare.*
Transposer, *trasporre.*
Transposition, *trasposetione.*
Transuasation, *trauasamento.*
Transuasement, *Idem.*
Transuaser, *trauasare.*
Transsubstantiation, *trassubstantiatione.*
Transsubstantier, *trassubstantiare.*
Transuersaire, *attrauersante.*
Transuersal, *Idem.*
Transumpt, *copia di scrittura.*
Transy, *trapassato ò assiderato dal freddo.*
amoureux transy, *inamorato freddo.*
Trantran, *suono di corno.*
le Trantran, *la zolfa.*
entendre le Trantran : l'Italien dit, *danzar bene al cembalo.*
Trantraner, *sonare.*
Trapeze, *figura ineguale.*
muscle trapeze, *muscolo da muouer la spalla all'in sù.*
Trappant, *stromento da forar palottole di marmo.*
Trappe, *trappola.*
Trappe, adjectif, *bassotto è membruto.*
* Trappelle, *trappola da sorci.*
Trappu, *bassotto.*
Traquenard, *tracanardo, caual di portante.*
Traquet, *spetie d'vcello.* Item, *battagliuola di molino, taratantaro.*
Traqueter, *batter la battagliuola.*
Transcendant, *trascendente,*
Trasle, *spetie di tordo.*
Traslier, *spetie di grana di scarlatto.*
Traspontin, matelas de galere, *trapuntino.*
Trasse, *Vedi,* trace, &c.
* Trastrauar, *trastrauato cattalo.*
Trauades, *borrasche.*
Trauail, *lauoro.* Item, *trauaglio, tormento, affanno.*
Trauail de Mareschal, *trauaglio.*
Trauail d'enfant, *doglie del parto.*
estre en Trauail, *esser per partorire, esser di parto.*
fournir son Trauail en entrant dans vne association, *por corpo humano.*
homme de grand Trauail, *huomo faticheuole.*
Trauaillant, *lauorante.* Item, *trauagliante.*
Trauaillement, *trauagliamento.*
Trauailler, *lauorare.*
Trauailler vn cheual, *caualcare ò maneggiare vn cauallo.*
Trauailler, tourmenter, *trauagliare, tormentare, affannare.*

Trauailler à ſes pieces, *lauorar per ſe medeſimo.* Metaph. *vſar con la ſua moglie, batter moglie.*
Trauailleur, *che caualca ò maneggia vn cauallo.*
Trauaiſon, *tranata.*
Traué, *tranato.*
Trauée, *tranata.*
Trauat, *tranato.*
Trauelot, *tranicella.*
Trauelure, *tranata.*
Trauer, *tranare.*
Trauers, *tranerſo.*
à Trauers champ, *attrauerſo il campo.* Metaph. *inconſideratamente.*
à Trauers du corps, *da banda à banda.*
à Trauers de quelque matiere, *traſparente.*
vn Trauers de doigts, *la larghezza d'vn dito.*
de Trauers, *per tranerſo.*
il a l'ame de Trauers. i. *non può morire.*
Trauerſain, *attrauerſante.*
Trauerſant, *Idem.*
Trauerſe, *il trauerſo. Varco, paſſo.* Item, *affanno.*
Trauerſe de foſſé, *trauerſa.*
Trauerſe de fortune, *percoſſa di fortuna.*
à la Trauerſe, *all' improuiſta.*
Trauerſement, *attrauerſamento.*
Trauerſer, *attrauerſare, trapaſſare.*
Trauerſer, tourmenter, *affannare, trauagliare.*
Trauerſé, *attrauerſato.* Item, *membruto.*
Trauerſeux, *attrauerſante.*
Trauerſier, *attrauerſante.*
Trauerſier, *certa traue.* Item, *ſponda di fiumara.*
Trauerſin, *traue che attrauerſa la ſtaſa del vaſcello, trauerſia.*
Trauerſin, cheuet, *cappezzale, piumacciolo.*
Trauerſin, *ſpetie di barca.*
Traueſon, *tranata, tauolato.*
ſe Traueſtir, *traueſtirſi.*
Traumatique, *vnguento per le ferite.*
Trauoiſon, *tranata.*
Traye, *ſpetie d'vcello.*
Trayoir, *vaſo da latte.*
Treau, *letto di zaſſerano.*
Trebuchant, *traboccante.*
Trebuchement, *traboccamento.*
Trebucher, *traboccare, diſtibrare.*
Trebucher à peſer, *trabocchetto.*
Trebuchet, *trappola.*
prendre au Trebuchet, *trappolare.*
il eſt pris au Trebuchet : l'Italien dit, *è giunto al boccone.*
Tref, *traue.* Item, *tenda, padiglione.*
Tref, voile quaître, *treuo.*
à plein Tref, *à vela piena.*
Treffle, *trifoglio.*
Treffles, couleur aux cartes, *fiori.*
Trefile, *filiera, trocaſila.*
Trefont, *attrattore.*
Trefue, *tregua.*
Treillage, *pergole, pergolato.*
Treille, *pergola.*
Treiller, *far pergole.*
Treillis, *tariccio, torliccio, tarlice.*
Treillis, *ferrata, grata di ferro.*
Treilliſſer, *inſiriare, ſerrar con grate.*
Treizain, Treize, &c. Vedi, Trezain.
* Treluire, *tralucere.*
Tremail, *meſcolamento di biada orzo è veſcia.*

Tremaille, *tramaglio.*
Tremblant, *tremante.*
piece Tremblante, *pezzo o della giegaia.*
* Tremblante de moulin, *battigliuola.*
Tremblay, &
Tremblaye, *boſco di popoli neri ò naſſi.*
Tremble, arbre, *popolo nero, albero.*
Tremble, poiſſon, *torpilla.*
Tremblement, *tremore.*
Tremblement de terre, *terremoto.*
Tremblement en muſique, *trillo, gruppo.*
Trembler, *tremare.*
qui fait Trembler, eſtonnant, *tremendo.*
Trembleterre, *terremoto.*
Trembler de froid, *batter brochette.*
Tremblottement, *tremolamento.*
Tremblotter, *tremolare.*
Tremblottis, *tremolamento.*
Treme, *liccio.*
Tremé, *biada di marzo.*
Tremeau, trumeau, *pezzo di gamba di bue.*
Tremeur, *tremore.*
Tremie de moulin, *tramoggia.*
Tremoiſe, *granceuole.*
Tremoüille, *tramoggia.*
Tremouſſement, *gongolamento.*
ſe Tremouſſer, *gongolare, dimenarſi.*
Trempe, *tempra.*
Tremper, *bagnare, immollare, intignere, tuffare.*
Tremper le fer, *temprare.*
Tremper, eſtre dans l'eau, *eſſer in molle.*
Tremper ſon vin, *inacquare.*
Tremper ſon pain, auoir ſa part, *beccarne la ſua parte, beccar d'vna donna.*
Tremper en vne affaire, *eſſer partecipe, eſſer conſapeuole.*
Trempette, *fetta di pane da intignere.*
Trempeur, *bagnatore.*
Trempis, *acqua nella quale ſia immollata v ceramento, immollamento.*
Trempoir, *immollatoio.*
Tremüye, *tramoggia.*
Tren, *ſtromento da peſcare.*
Trenchaiſon, *doglia, dolor colico.*
* Trenchaiſonner, *dar dolori colici.*
Trenchant, *tagliante.*
Eſcuyer Trenchant, *Trinciante.*
Trenchant de lame, *taglio.*
Trenche, *fetta.*
Trenche de Liure, *teſta.*
Trenche de forgeron, *tagliuolo.*
couper par Trenches, *affettare, tagliar in fette.*
doré ſur la Trenche, *indorato ſu le carte.*
Trenchée, *trinciera, trincea.*
Trenchée, enfilée, *trincea imboccata.*
Trenchées, douleurs, *doglie, dolori.*
Trenchées de S. Mathurin, *pazzie.*
Trenchefile, *troncaſila.*
Trenchefile de Liure, *capitello.*
Trenchefile de mors, *ſiciliana.*
Trencheme, *troncaſila.*
Trenchement, *trinciamento.*
Trenche montagne, *Rodomonte, taglia cantoni.*
Trenche plume, *temperarino.*
Trencher court, *dir preſto, ſpedire.*
Trencher net, *ſpiccare.*
Trencher, *trinciare.*
Trencher le mot, *dir liberamente.*

Trencher du grand, *far del grande, fpaccia del gran Signore.*

Trencher des deux coftez : l'Italien dit, *fonar à doppio.*

Trenchet de cordonnier, *coltello.*

Trenchoir, *tagliere.*

Trene, *fpetie di corda.*

Trenfe, *angofcia.*

Trentain au jeu depaulme, *à dui di trenta.*

Trentaine, *trentena.*

Trente, *trenta.*

* Trente-fix coftes. i. *vn perticone, vn huomo grande.*

Trentiefme, *trentefimo.*

Trentin, *à dui di trenta.*

Treou, tref, *treuo.*

Trepan, *trappano.*

Trepanation, *trappanamento.*

Trepaner, *trapanare.*

Trepaffer, *morire.*

* Trepelu, *vn mefchino, vn mendico.*

* Treper, *calpeftare.*

* Trepidation, *trepidatione.*

Trepied, *trepiede, treffpido, treffpolo.*

Trepier, *luogo di trè ò quattro paffi.*

Trepignement, *calpeftio, fcalpeftio.*

Trepigner, *calpeftare, fcalpeftare.*

* Trepillard, *faltatore, calpeftatore.*

Trepiller, *calpeftare.*

Trepis de beftes, *calpeftio di animali, orme.*

Trepointe, *giro di fcarpa.*

Trepointe, *trapunta, coltrice.*

Tres, *particola di fuperlativo.* v. g.

Tresbon, *boniffimo.*

Tresbucher, *traboccare.*

Tresbuchet, *trappola.*

Trefcheur, *cinta doppia d'arme, ò difcudo.*

Trefeau, *balzello.* Item, *quarto d'oncia.*

Trefme, *cannello.* Item, *liccio.*

Trefor, *teforo.*

Treforerie, *teforeria.*

Treforier, *teforiere.*

Treforier de milice, *contador.*

Treforifer, *far ò accumular tefori.*

Treforier de Iefus. i. *traditore.*

Trefpas, *oblio, morte.*

Trefpaffement, *idem.*

Trefpaffé, *morto, difunto.*

Trefpaffer, *morire.*

Treffaillement, *foprafalto.*

Treffaillir, *ftrabiliare, faltellare.*

Treffe, *treccia.*

de la Treffe, tuban, *trecciuola.*

Treffeau, *fpetie di vite.*

Treffer, *trecciare, intrecciare.*

Treffette, *trina.*

Treffuer, *fudar forte.*

* Treflous, *tutti.*

Treteau, *cavaletto, treffpido.*

* Trettoire de tonnelier, *cane.*

Treu, *treuo.* Item, *datio.*

Treue, *tregua.*

Treuuer, *rouare.* Vedi, trouuer.

Trezain, *foldo di tredici quattrini.*

Treze, *tradici.*

Trezeau, *quarto d'oncia.*

Treziefme, *decimo terzo.*

Triacle, *teriaca.*

Triade, *numero di trè.*

Triage, *fcelta, fceltume.* Item, *cantone di fcelua ò tagliata*

*che appartiene al boftaiuolo.*

Triailles, *fceltume.*

Triaires, *triarii.*

Triangle, *triangolo.*

Triangulaire, *triangolare.*

* Tribal, *tempella.*

Tribouiller, *rimefcolare.*

Triboulet, *huomo groffo è corto.*

Tribu, *Tribù.*

Tribulation, *tribulatione.*

Tribule, *tribolo.*

Tribunal, *Tribunale.*

Tribun, *Tribuno.*

Tribune, *tribuna.*

Tribut, *tributo.*

Tributaire, *tributario.*

Tric, *tricchio.*

Trichard, *contentiofo ò ingannatore nel giuoco.*

Tricher, *ingannare.*

Tricherie, *inganno.*

Tricheur, *ingannatore.*

Tricheufe, *ingannatrice.*

Tricon, *trè pari nelle carte.*

Tricot, *agucchia da calzette.*

Tricottage, *imbroglio.*

Tricotté, *fatto à gucchia.*

Tricotter, *agucchiare, lauorar à gucchia.*

Tricotteur, *agucchiatore.* Item, *imbrogliatore.*

Tricotteufe, *agucchiatrice.*

Trictrac, *tricchetacche, triche trache.*

Trident, *tridente.*

Trie, *fcelta.*

Triental, *triennale.*

Trier, *fcegliere, cappare, accappare.*

Trieule, *torno di pezzo.*

Trifourché, *triforcuto.*

Trigaut, *furbo, imbrogliatore.*

Triglyphe, *triglifo.*

Trihory, *fpetie di danza in Britagna.*

Trimeftre, *trimeftre.*

Trine, *trino.*

Tringle, *verga.*

Trinité, *Trinità.*

Trinqueballer, *trampanare.*

Trinquenins, *trincadrini di vafcello.*

Trinquer, *trincare, beuere.*

Trinquerie, *beuazzamento.*

Trinqueur, *beuitore.*

Trinquet, *trinchetto.*

Trio, *trio, à trè voci.*

Triolet, *fpetie di meliletto.* Item, *canzette.*

Triomphal, *trionfale.*

Triomphamment, *trionfantemente.*

Triomphant, *trionfante.*

Triomphe, *trionfo.*

Triomphe, jeu, *trionfino.*

Triomphement, *trionfamento.*

Triompher, *trionfare.*

Trion, *trione.*

Tripaille, *trippa.*

Tripaillerie, *ogni forte di trippe.*

Tripe, *trippa.*

Tripe de fagot, *parte del mezzo della fafcina.*

Tripe de morue, *ritagli di mollua.*

Tripe de veloux, *trippa.*

rendre Tripe, & boyaux, *vomitar forte.*

Tripe-madame, *fedo.*

Tripe-nette, *fpetie d'vccllo.*

Triper, *succhiare.* Item, *calpestare.*
Triperie, *triparia.*
Tripier, *mercante di trippe.*
Tripiere, *ventriciuola, trippara.*
vne Tripiere, *donna che hà poppe grosse.*
Triple, *triplice.*
Triplement, *triplicemente.*
Tripler, *triplicare.*
Triplication, *triplicatione.*
Triplicité, *triplicità.*
Triplique, *triplica, terza riposta.*
Tripliquer, *triplicare.*
Tripolion, *spetie di camomilla turchina.*
Tripoly, *tripodi.*
Tripot, *giuoco di palla corda.*
Tripotage, *mescuglio imbrogliamento, guazzabuglio.* Item, *olla putrida.*
Tripotter, *mescolare, imbrogliare.*
Tripotteur, *imbrogliatore.*
Tripottier, *mastro di giuoco di palla corda.*
Trippe, *Vedi,* tripe.
Triquebilles, *testicoli, coglia.*
* Trique-dondaine, *ciarperie, bagatelle.*
Trique-houses, *vose.*
Trique-madame, *sedo.*
Trique-niques, *bagatelle.*
Trique-trac, *triche tracche.*
Triquerre, *triangolo.*
Trisayeul, *trisauolo.*
Trisyllabe, *trisillabo.*
Tristamie, *spetie di colore catellino.*
Triste, *mesto, maninconico, pensoso.*
Tristement, *maninconicamente.*
Tristesse, *maninconia, mestitia.*
* Trisulque, *che hà trè occhi.*
* Trituration, *tritamento.*
Triton, *tritone.* Item, *tritone in musica.*
* Triturer, *tritare.*
Triuial, *triuiale.*
Triuialité, *triuialità.*
Trium-virat, *triumuirato.*
Troc, *barattamento, baratto, cambio.*
Trocadour, *stromento da rompere.*
Troché, *cestuto.*
Troche, &
Trochée, *chiocca di frutti.*
Trocheure, *cesto ò chiocca nelle corna del ceruo.*
Trochille, *trochilo.*
Trochisque, *trocisco, pallotola, pastiglia.*
Troësne, *ligustro.*
Trosée, trophée, *trofeo.*
Trognon, *torso.*
Troigne, *ceffo.*
Trois, *trè.*
Trois cens, *trecento.*
Troisiesme, *terzo.*
Troller, *codeare, correr quà i là, codiare.*
Trollerie, *l'andar correndo ò codiando.*
Trolleur, *scorritore, codiatore.*
Trombe, *tromba.*
Tromble, *granceuole.*
Trompe, *tromba.*
Trompe, *sabot, zurlo.*
Trompe à joüer auec le doigt, *capensieri.*
Trompe, *pompa di vascello.*
Trompes à feu, *trombe di fuoco.*
Trompe d'Elephant, *proboscide.*
Trompe, bacule à Tirer de l'eau, *altalena.*

Tromper, *ingannare.*
Tromper le Diable, *far collatione innanzi d'andar à Messa.*
Tromper le temps, *trattenersi, passar il tempo.*
Tromperie, *inganno.* Item, *sonar la tromba.*
Trompeteur, *trombettiere.* Item, *banditore.*
Trompette, *tromba.*
Trompette, qui sonne de la trompette, *trembettiere.*
c'est vne Trompette. i. *vn huomo che dice ò palesa tutto quello che sà.*
Trompetteur, *trombettiere.*
Trompeur, *ingannatore.*
Trompeuse, *ingannatrice.*
Trompeusement, *ingannevolmente.*
Tronc, *tronco, ceppo d'albero.*
Tronc de l'aumosne, *cassetta della limosina.*
Troncation, *troncamento.*
Tronche, *tronco grosso.*
Troncher, *troncare.*
Tronchet, *tronco picciolo.*
* Troncir, *troncare.*
Tronçon, *fetta.*
Tronçon de lance, *troncone.*
Tronçonnement, *assettamento, tagliamento in fette.*
Tronçonner, *tagliar in fette.*
Trône, *trono.*
Tronquement, *troncamento.*
Tronquer, *troncare.*
Tronson, *Vedi,* tronçon.
Trop, *troppo.*
le Trop, *troppezza.*
Trop mieux, *molto bene, benissimo.*
Trope, *tropo di Retorica.*
Trophée, *trofeo.*
Tropique, *tropico.*
Troppeller, *schierare.*
Troq, *baratto.*
Troquer, *barattare.*
Trot, *trotto.*
vne bonne Trotte, *vn assai gran camino.*
Trottemenu, *huomo che trotta ò và presto.*
Trotter, *trottare.*
faire Trotter le cheual au tour du piller sans personne dessus, *scapezzare.*
Trotteur, *trottatore.*
Trottier, *Idem.*
Trottiner, *berrattare, triccare.*
Trottoir, *trottiera.*
Trou, *buco, pertugio.*
Trou d'aiguille, *cruna.*
Trou-Madame, *Dodeci, matto.*
joüer au Trou-Madame. i. *far l'atto venereo.*
desboncher vn Trou pour en boucher vn autre : l'Italien dit, *sparar vn altare per pararne vn altro.*
faire vn Trou à la nuit, *fuggire, far vna buca.*
vn petit Trou de maison ou de chambre : l'Italien dit, *vn bucigatto, vn bucigattolo.*
il l'a mis au Trou de son cul, *l'hà in culo.*
le Trou du bondon, *cocchiume.*
Trous aux joüés en riant, *pozzette.*
il a vn Trou sous le nez. i. *egli è goloso.*
beste qui a deux Trous sous la queuë. i. *vna femina.*
autant de Trous, autant de cheuilles. i. *quante proposte, tante scuse.*
Trouble, adjectif, *turbido.*
Trouble, substantif, *turbuleuza, perturbatione.*
Troublé. i. *fuor di senno, mezo matto.* Item, *perturbato.*

Trouble-feste, *huomo di cattiuo humore.*
Troublement, *turbamento.*
Troubler, *turbare, perturbare.*
Troubler le laict. i. *ingrauidar la Balia.*
se Troubler, qui se dit du temps, *annuuolarsi.*
Troüé, *bucarato, pertugiato, bugio, forato.*
Troüer, *forare, bucherare.*
Troussignon, *cosa puzzolente.*
Troupe, *troppa, schiera.*
en Troupe, *à schiera.*
Troupeau, *greggia, grege, mandra.*
Troupelet, *greggia picciola.*
Trousse, *burla.*
Trousse, *faretra.*
Trousse de barbier, *fardello, fascio.*
Trousse de linge, *fardello di bucato.*
se mettre à la Trousse, *andar dietro al nemico.*
en Trousse, *in groppa.*
Troussé en male. i. *morto.*
Trousse-bourse, *taglia borse.*
Troussé, *tirato sù.*
cheual Troussé, *caual raccolto.*
bien Troussé, *ben assettato, ben aggiustato, ben ordinato, assettatuzzo, attillato.*
nez Troussé, *naso corto è ricagnato.*
Trousseau, *fascio, mazzo.*
Trousseau de clefs, *mazza di chiaui.*
Trousseau de mariée, *donamenta, arnesi.*
Troussement, *alzamento.*
Trousse-queuë, *correggia da attaccar la coda del cauallo.*
Trousser, *tirar sù, alzare i panni.*
Trousser son pacquet, *toglier sù i mazzi.*
Trousser les cheueux, *raccogliere i capegli.*
Trousser ses chausses, *andar via.*
vne fiévre la Troussé. i. *vna febbre l'hà fatto morire.*
Trousser, qui se dit du leurier, *abboccare.*
Trousser, desrober, emporter, *collepolare.*
Trousser vn verre de vin, *mandar giù, inghiottire.*
Trousseure, *alzatura, sbracciatura.*
Troussis, *basta, bastia, viglito.*
Troussoire, *cintola da alzar sù i panni.*
Trouuage, &
Trouuaille, *trouamento, cose trouate.*
Trouue-danse, *inuentore di balli.*
Trouuement, *trouamento, il retrouare.*
Trouuer, *trouare.*
Trouuer bon, *hauer à caro.*
Trouuer mauuais, *hauer per mule.*
se Trouuer en vn lieu, *lasciarsi vedere.*
Trouuez bon que ie fasse, *date milicenza a ch'io faccia, &c.*
se Trouuer bien, *sentirsi bene.*
tu t'en Trouueras bien, *buon per tè.*
ie Trouue, *mi pare.*
ne Trouuez pas estrange, *non vi paia strano.*
aller Trouuer quelqu'vn, *andar à visitare, andar verso vno.*
faire Trouuer bon, *far costar caro, farla parer buona.*
Trouueur, *trouatore.*
Trouuense, *trouatrice.*
* Tru, Truage, *impositione, datio.*
* Truand, *pigro.*
* Truandaille, *canaglia, insingarda.*
Truandeau, *insingardo.*
* Truander, *esser pigro, baronneggiare.*

* Truandise, Truanderie, *pigritia, insingardia*
Truble, *spetie d'rete picciola da pescare.*
Truc, *trucco.*
Trucheman, *turcimanno, interprete.*
Trucheran, *spetie d'herba.*
Trucher, *traccare, mendicare.*
Trucheur, *barone mendico.*
Truelle, *cazzuola.*
Truellée, *cazzuolata.*
* Truelleur, *muratore.*
Truette, *orata.*
Trufe, *tartufo.*
* Truffe, *truffa, burla.*
* Truffer, *burlare.*
Truffeur, *biorlatore.*
Truffle, *tartufo, tartufolo.*
Truite, *trutta.*
Trumeau, *gamba del bue.*
* Trupet. i. *niente.*
Trut auant, *auanti, sù auanti.*
Truye, *porca, troia, scrofa.*
Truye qui porte, *porca saltrice.*
tourner de la Truye au foin : l'Italien dit, *andar di palo in frasca.*
autant qu'vne Truye de laict clair. i. *in gran copia.*
Truyette, *porchetta.*

## T V

T V, *pronome, tu.*
* le Tu autem, *la quoniam.*
vne Tuasse de poüil, &c. *la pelle d'vn pidocchio morto.*
Tube, *canna.*
Tubereux, *tuberoso.*
Tuberosité, *tuberosità.*
Tucquet, *teppa.*
Tudesque, *tedesco.*
Tue-loup, *aconito.*
Tue-coq, *spetie d'herba.*
Tuëment, *ammazzamento.*
Tuër, *ammazzare, vccidere.*
Tuër le feu, *spegnere fuoco arte.*
Tuër le temps, *passar il tempo.*
discours à Tuër chien, *cattiuissimo discorso.*
Tuër à la boucherie, *macellare.*
il se Tuë de crier, *grida à più potere.*
Tuerie, *macello, vccisione.*
Tuerie de Boucher, *ammazzatoio.*
Tueur, *vcciditore.*
Tueur de pourceaux, *scortica porcelli.*
Tuf, *tufo.*
Tufeux, *tufoso.*
Tuffe, *tufo.*
Tuffeau, *Idem.*
Tuffiere, *caua di tufo.*
* Tugure, *tugurio.*
Tuile, *tegola, Vedi, Thuile, col seguite.*
les Thuiles, *il tetto.*
Thuileau, *pezzo di tegola, chiappia.*
Thuiler les cartes, *piegar le carte.*
Thuilette, *tegolina.*
Tuilier, *tegolaro, fornasaro.*
Tuition, *tuitione.*

Tulbant , *turbante.*
* Tulebute , *canna di grondaia.*
Tulipant , *tulipane. Narciso , secondo alcuni.*
Tulippe , *tulipane.*
Tumbé , *tomba.*
Tumber , *cadere.*
Tumbereau , *carro traboccante , carriuola.*
Tumefier , *tumificare , gonfiare.*
Tumeur , *tumore.*
Tumide , *tumido.*
Tumulte , *tumulto.*
Tumultuaire , *tumultuario.*
Tumultuairement , *tumultuariamente.*
Tumultuer , *tumultuare.*
Tumultueusement , *tumultuosamente.*
Tumultueux , *tumultuoso.*
Tunal , *fico d'India.*
Tunicien , *falcone di tunis.*
Tunique , *tunica.*
Tuorbe , *teorba.*
* Tupin , *olla.*
Turban , *turbante.*
Turbateur , *turbatore.*
Turbation , *turbatione.*
Turbe , *turba.*
Turbentine , *termentina.*
Turbin , *spetie di mitolo.*
* Turbine , *turbine , tempesta.*
Turbit , *turbito.*
Turbot , *rombo.*
Turbulemment , *turbulentemente.*
Turbulence , *turbulenza.*
Turbulent , *turbulente.*
* Turbulenter , *turbulentare.*
Turc , *turco.*
le grand Turc , *l'Imperator de turchi.*
couleur Turque , *turchino.*
Turcoise , *turchesa.*
Turcot , *spetie d'uccello.*
Turlupin , *parasito. Propriamente , un huomo da niente.*
Turme , *turma.*
* Turpe , *torpe.*
Turpitude , *turpitudine.*
Turpot , *tranicella di castello sopra le naui.*
Turquesque , *Turchesco.*
Turquet , *spetie di cane col naso corto e fesso.*
Turquie , *Turchia.*
bled de Turquie , *fromentone.*
Turquin , *Turchino.*
Turquois , *di Turco , Turchesco.*
Turquoise , *turchesa.*
Turturelle , *tortorella.*
Tutayer , *dar del tu.*
Tutelaire , *tutelare.*
Tutelle , *tutela.*
Tuteur , *tutore.*
Tuteyer , *dar del tu.*
Tuthie , *tutia.*
Tutoyer , *dar del tu.*
Tutrice , *tutrice.*
Tutye , *tutia.*
Tuyau , *canne , cannella , canale.*
Tuyaux , des plumes qui commencent à venir aux jeunes oiseaux , *bordoni , caluginoni.*
Tuyau de la fusée d'un petard , *canneletta.*



Tyanson , *spetie d'uccello.*
Tygre , *tigre.*
Tymbale , *ataballo.*
Tymbre , *Vedi , Timbre.*
Tympan , *timpano.*
Tyn , *timo.*
Tyran , *Vedi , Tiran , &c.*

# V

V *Vocale Francese , hà il suono particolare alli Francesi , V , consonante si pronontia come in Italiano.*



Vacabond , *vagabondo.*
Vacante , *vacanza.*
Vacant , *vacante.*
Vacarme , *rumore , baratto.*
Vacation , *vacatione. Item , vacanza.*
les Vacations , *le vacanze.*
Vache , *vacca.*
Vache de sel , *monte di sale.*
Vache, chair de vache , *vaccina , vacaccia.*
de la Vache , de la Vache parée , cuir de Vache , *vachetta.*
à la Vache morte , *à saccarelli.*
vne Vache à laict , *vna persona che dà molto da guadagnare.*
prendre la Vache , & le veau. i. *sposar vna giouane grauida , ò che habbia fatto vn figliuolo.*
auoir mangé de la Vache enragée , *hauer stentato molto , hauer prouato i disagi della guerra , &c.*
Vaches , macquereaux aux jambes , *vacche.*
Vachelette , *uaccuccia.*
Vacher , *custode di uacche , bouaro.*
Vacherie , *stalla ò mandra di uacche.*
Vachette , *uacchetta.*
Vaciet , *hiacinto porporeo.*
Vacillation , *uacillatione.*
Vacillement , *uacillamente.*
Vaciller , *uacillare.*

Vacuer, *uotare.*
Vacuité, *uacuità.*
Vade, en joüant, *uada.*
Vagabond, *uagabondo.*
Vagabonder, *andar uagando ò errando.*
* Vagir, *uagire.*
Vague, *onda.*
Vague, *uago.*
Vaguer, *uagare.*
Vaguesse, terme de peinture, *uaghezza.*
Vagueur, *uagatore.*
Vagueux, *ondoso, ondeggiante.*
Vaillamment, *ualorosamente.*
Vaillance, *ualore.*
Vaillant, *ualoroso.*
Vaillantise, *ualore, ualentiggia.*
Vain, *uano.*
en Vain, *in darno.*
Vaincre, *uincere.*
Vaincu, *uinto.*
Vaine, *uana.*
Vainement, *uanamente.*
* Vaineté, *uanità.*
Vainqueresse, *uincitrice.*
Vainqueur, *uincitore.*
Vair, *uaio, uaro.*
Vairé, *uaiaio, ò seretiato con argento è azurro.*
Vairole, *uaiuoli.* Item, *mal uenereo.*
Vaisseau, *uascello.*
Vaisseau, *letto di fiume.*
changer d'vn Vaisseau dans vn autre, *trauasare.*
Vaisseau rond, *nauilio tondo.*
Vaisselle, *uascellame.*
Vaisselle d'argent, *argentaria.*
c'est Vaisselle d'argent, il n'y a que la façon de perduë, *questo si dice quando muore vn bambino.*
prendre garde à sa Vaisselle: l'Italien dit, *star capo à bottega.*
Val, *ualle.*
à Val, *all' ingiù.*
Valable, *ualeuole.*
Valablement, *ualeuolmente.*
Valant, *ualente, ualsente.*
le Valant, *il ualsente.*
Valée, *ualle, uallata.* Item, *spetie di pero.*
Valeriane, *ualeriana, amarilla.*
Valet, *seruo, famiglio, fante, ragazzo, seruitore.*
premier Valet de chambre, *Camerier maggiore.*
Valet de chambre, *cameriere.*
Valet de garde-robbe, *maestro di guardarobba.*
Valet des chiens, *canaittiere.*
Valet de miroir, *appoggio di specchio.*
Valet de Menuisier, *uncino.*
Valet d'vne porte, *girella.*
Valet de pied, *staffiere.*
Valet du diable. i. *uno che fà piu di quello, che gli vien commandato.*
faire le bon Valet i. *far dell' ubidiente dopo hauer fatto male.*
Valet de feste, *contadino che hà cura della festa del contado.*
Valets aux cartes, *fanti.*
il est fait comme vn Valet de picque: l'Italien dit, *par il fante di spade.*
Valetaille, *serui, canaglia.*
* Valeter, *seruire, far ufficio di seruo.*
Valetou, *seruitore, fantino, ragazzo.*
Valetudinaire, *ualetudinario.*

Valeur, *ualore.* Item, *ualuta.*
Valeureusement, *ualorosamente.*
Valeureux, *ualoroso.*
Validation, *ualidatione.*
Valide, *ualido.*
Valider, *ualidare.*
Validité, *ualidità.*
Valise, *ualigia.*
Vallant, *Vedi, Vaillant.*
Vallée, *ualle.*
Vallois, *spetie di veto.*
Vallon, *ualle.* Item, *Vallone.*
Valoir, *ualere.*
il Vaut mieux, *è meglio.*
cela Vaut fait. i. *è cosa sicura.*
Valuë, *ualuta, ualuta.*
Valuër, *annalorare.*
Valuule, *ualuula.*
Van, *uanno.*
Vandoise, *spetie d'albio.*
Vangeron, *certo pesce.*
Vanger, *Vedi, Venger.*
Vanité, *uanità.*
Vanne, bonde d'estang, *chiusa ò canal di stagno.*
Vanneau, *uanello, panoncello.*
Vanner, *uannare.*
Vanner vne personne, *alburattare.*
Vannerie, *luogo doue si fanno cesti, uanni, &c.*
Vannet, *panoncello.*
Vanneur, *uannatore.*
Vanneures, *uannature, criuellature.*
Vannier, *cestato, cestaio, cestaruolo.*
* Vanoyer, *uaneggiare.*
* Vantance, *uanteria.*
Vanter, *uantare, stimare.*
se Vanter, *uantarsi, milantarsi.*
Vanterie, *uanteria, milanteria.*
Vanteur, *uantatore.*
Vanteuse, *uantatrice.*
Vapeur, *uapore.*
Vaporeux, *uaporoso.*
Vaquance, *uacanza.*
Vacant, *uacante.*
Vaquer, *uacare.* Item, *attendere à vna cosa.*
* Varander, *seccar l'avrenghe.*
Varangues de vaisseau, *stamnali, coste di uascello.*
* Varene, *ualle ò pianura frà due colli.*
* Varenneux, *pieno di ualli.*
* Varer, *arrischiare.*
Varesques, *tutto quello che l'acqua spinge alla riua.*
Varet, gueret, *solco.*
Variable, *uariabile.*
Variablement, *uariabilmente.*
Variation, *uariatione, uariamento.*
Varice, *uarice, uena rotta piena di sanguaccio.*
Varier, *uariare.*
Variete, *uarietà.*
Varin, *stromento à uite da alzar l'artigliaria.*
Varinet, *stromento picciolo à uite.*
* Varioles, *uaiuoli.*
Variqueux, *pieno di uarici.*
Varlet, *seruo, famiglio.*
Varloppe, *pialla.*
dresser auec vne Varloppe, *piollare.*
Vase, *uaso. Orciuolo.*
de la Vase, *pantano.*
* Vasois, *pantano.*
Vasquine, *naschina alla Spagnuola.*

Vassal, *nassallo.*
Vasselage, *nassallagio.*
Vasseur, *nassallo, villano.*
Vastadour, *guastadore.*
Vaste, *nasto.*
Vastangue, *pastinaca marina.*
* Vastation, *depredamento, guasto.*
Vaste, *nasto.*
Vastines, *seche.*
Vaticinateur, *naticinatore, augure.*
Vaticination, *augurio, naticinto.*
Vaticiner, *naticinare, augurare.*
Vau, *nalle.*
à Vau de route, *in rotta.*
à Vau l'eau, *portato dall' acqua, perso.*
Vauasseur, *sottouassallo.*
Vauche, *perninca.*
* Vaucrer, *vagare, errare.*
Vaudeuille, *quasi,* voix de ville, *frottola.*
* Vaudrier, *spazza forno.*
Vaulneant, *furfante, briccone.*
Vaultour, *auoltoio.*
Vouftre, *molosso, veltro cane.*
Vaultroy, vaultrer, & vautrey, *apparecchio per la caccia
  del cinghiale.*
Vaurien, *furfante.*
Vautour, *auoltoio.*
Vaze, *vaso.*


### V B

* V Biquité, *vbiquità,* l'esser, per tutto.
* V Vbir, *educar bene.*


### V B

V Eau, *vitello, nitella.*
  Veau de laict, *mongana.*
Veau, chair de veau, *carne di vitella.*
Veau, genisse ou bouuillon, veau d'vn an, *nitella cam-
  pareccia, manzo, manza.*
faire le Veau. i. *far il menchione.*
Veau marin, *vitello marino, foca.*
Veau, *lingua di terra frà due solchi.*
Veautrant, *soltollante.*
Veautrement, *soltollamento.*
Veautrer, *soltollare, noltolare.*
Veautreur, *soltellatore.*
Veautrois, *pantano da uoltolarsi dentro.*
Veble, glouteron, *amor dell' hortolano.*
Vedette, *nedetta.*
Vedille, *budello del bellico d'vn bambino nato all' hora.*
Veeler, *nitellare.*
Vef, *nedouo.*
Vefuage, *nedouanza.*
Vefue, *nedoua.*
* vne Vegade, mot Gascon, *una volta.*
Vegetable, *negetabile.*
Vegetatif, *negetatiuo.*
Vegetation, *negetatione.*



Vegetatiue, *negetatiua.*
Vegeter, *negetare.*
Vehemence, *nehemenza.*
Vehement, *nehemente.*
Vehementement, *vehementemente.*
* Vehicule, *cariaggio.*
Veillant, *negghiante.*
Veille, *niglia.*
il est à la Veille, *è nicino.*
Veillement, *negghiamento.*
Veiller, *negghiare.*
Veiller les actions, &c. *osseruare.*
Veillere, *campanella, herba.*
Veine, *nena.*
Veine caue, *nena maestra.*
Veine d'or, *filone.*
Veinelette, *nena picciola.*
Veineux, *pieno di nene.*
Veinu, *Idem.*
* Vela, voila, *ecco.*
Velar, *erismo, trione.*
* Velin, pour venin, *neleno.*
Vélin, *pergamina.*
Veller, *nitellare.*
Velocité, *nelocità.*
Velours, *Vedi,* Veloux.
Velouté, *nelutato.*
Veloutier, *nelutaro.*
Veloux, *neluto.*
Veloux figuré, *neluto operato.*
Veloux ras, *neluto riccio.*
Veloux plein, *neluto liscio.*
Veloux à ramage, *neluto à fogliami.*
Veloux à trois poils, *soprariccio.*
faire robbe de Veloux, & ventre de foin. i. *uestir bene è
  mangiar male.*
Velu, *peloso, hirsuto.*
Veluette, *orecchio di topo.*
Venaison, *siluaggina, seluaticina.*
Venal, *nenale.*
Venalement, *nenalmente.*
Venalité, *nenalità.*
Venant, *nenente.*
à tous Venants, *à ogn' vno, à tutti.*
Vendable, *nendibile.*
Vendange, *nendemmia.*
Vendanger, *nendemmiare.*
Vendangeur, *nendemmiatore.* Item, *stella che appare nel
  fine d' Agosto.*
Vendangeuse, *nendemmiatrice.*
Venderesse, *nenditrice.*
Vendeur, *nenditore.*
faux Vendeur, *stellione.*
Vendeur de vin, *certo vfficio sopra i mercanti di vini.*
Vendeuse, *nenditrice.*
* Vendiquer, *nendicare.*
Vendition, *nenditione.*
Vendoise, *spetie d'albio.*
Vendre, *nendere.*
Vendre vne personne, *tradire.*
ie n'ay encore rien Vendu, qui se dit quand on ne fait
  que d'arriuer : l'Italien dit, *vengo di casa, non hò
  guadagnato nè perduto.*
Vendredy, *Venerdi.*
grand Vendredy, Vendredy Oré, *Venerdi santo.*
vous estes Vendu. i. *siue tradite.*
Venduë, *nenduta.* Item, *nendita.*
Vene, *nena.*

Venefice, veneficio, malia.
Venelle, chiassolino.
enfiler la Venelle, fuggire, prender il paleggio, dar la pe' chiaffi.
Veneneux, venenoso.
Venenosité, venenosità.
Vener, cacciare.
Venerable, venerabile.
Venerablement, venerabilmente.
Veneration, veneratione.
Venerer, venerare.
Venerie, caccia. Casa de' cacciatori. Arte venatoria.
Venerien, venereo.
Veneur, venatore, cacciatore.
grand Veneur, Capocaccia.
Vengeance, vendetta.
Venger, vendicare.
Vengeresse, vendicatrice.
Vengeron, spetie di pesce.
Vengeur, vendicatore.
Venimeux, venenoso.
Venin, veneno.
Venir, venire.
Venir bien, estre bien-seant, campeggiar bene.
* vn grand Venez-y-voir, vn bel che.
Vehitien, venetiano.
Vent, vento.
Vent de la balle du canon, vento della palla.
Vent entre Ponant, & Midy, garbino.
Vent grec, greco.
Vent marin, foranco vento.
sentir le Vent d'vne chose, hauer il sentore subodorare.
tirer vers le Vent grec, grecheggiare.
Vent frais, vento fresco, cioè gagliardo.
quel Vent vous meine, che cosa vi muoue.
Vent Oriental, leuante.
Vent Occidental, ponente.
Vent d'aual, Sud, vento meridionale.
Vent entre Occident, & Septentrion, maestro.
Vent à la boline, mez o vento.
Vent de galerne, ponaio.
au dessous du Vent, sotto vento.
auoir du Vent dans la teste, esser pieno di vanità.
autant en emporte le Vent, i. è cosa che non importa.
*Ventail, ventaglio.
Ventaille, ventaglia d'elmo.
Venteau, ventiera, balcone.
Vente, vendita.
mettre en Vente, metter à mano.
de bonne Vente, vendereccio.
Venteler, suentolare, ventolare.
Ventelet, ventarello, vento picciolo.
* Ventelle, ventaglio.
Venter, tirar vento. Item, suentolare.
Venteux, ventoso.
Ventier, che vende.
Ventil d'orgue, ventaglio.
Ventilation, ventilatione.
Ventiler, ventolare.
Ventolin, ventolino.
Ventosité, ventosità.
Ventouse, ventosa.
Ventouser, ventosare.
Ventraille, suentraglia, ventraglia.
Ventre, ventre.
c'est le Ventre de ma mere. i. non ci torno più.
faire Ventre, qui se dit d'vne eschelle, piegarsi.
faire Ventre d'vne playe, far sacco.



tout fait Ventre : l'Italien dit, ogni acqua immolla.
à Ventre desboutonné, à panciatesa, à crepa pancia.
Ventre qui fait vne playe, saccala.
le Ventre au haut, supino.
passer sur le Ventre. i. mal trattare vno.
passer sur le Ventre à vne femme, vsar con vna donna.
le petit Ventre, ventricchio, ventriglio.
voyons ce qu'il a dans le Ventre. i. vediamo quel che è, è quel che sa fare.
le Ventre dessous, col niso sotto.
le Ventre en enhaut, supino.
Ventrée, portata.
d'vne Ventrée, ad vn parto.
vne Ventrée, tout son saoul, vna corpacciata.
Ventrée, grauidanza.
Ventrelet, ventre picciolo.
Ventresque, interiora.
Ventricule, ventricolo.
Ventriere, cinghia da somaro.
Ventru, ventroso, panciuto, pancione.
* Venture, ventura.
Venu, venuto.
Venuë, venuta, giunta, arriuo.
vne Venuë, vna quantità, una mano.
vne Venuë de coups, una buona spellicciata.
tout d'vne Venuë, à di lungo, ad vn tratto.
fait tout d'vne Venuë, isfatato, sgarbato, dritto senza garbo.
Venus, Venere.
Venus, en Alchimie, stagno.
cheueux de Venus, capeluenere.
Vedunement, venustamente.
Veoir, vedere.
Ver, verme, baco.
Ver qui naist dans le corps, lombrico.
Ver de terre, lombrico.
Ver qui s'engendre dans la viande, cacchione.
Ver à soye, bigatto, baco.
Ver-luisant, lucciola.
Ver de vigne, conuoluolo.
Ver coquin, vermi forme.
i a son Ver coquin. i. egli è nella sua fantasticheria.
Ver volant, vermolatico.
tirer les Vers du nez : l'Italien dit, scalzar uno, tirar le calze à uno.
Veraire, elleboro.
Verbal, verbale.
Verbalement, verbalmente.
Verbasce, verbasco, tasso barbasso.
Verbe, verbo.
Verbenique, verbena.
Verd, verde.
Verd de cherre, spetie di sabbia da far il color verde.
Verd naissant, verdizzino.
Verd de flambe, color verde fatto di foglie di giglio pauonazzo.
Verd de pré, verde chiaro.
Verd de gris, verde rame.
Verd d'oye, verde di color di sterco d'oca.
Verd gay, verde chiare.
Verd brun, verde scuro, verdone.
Verd de mer, verdemare.
Verd de terre, verde di pietra minerale, crisocolla.
Verd de vessie, spetie di color verde, verde rame.
tirer sur le Verd, verdeggiare.
Verd, aigre, aspro.
prendre sans Verd, coglier all'improuista.
employer le verd, & le sec. i. far ogni sforzo.

manger son bled en verd, *mangiar l'uono prima di farlo, mangiar la raccolta in herba.*

homme encore verd. i. *huomo assai robusto.*

verdastre, *verdiccio.*

verdelet, *verdinaccio.* Item, *specie di pero.*

verdement, Vedi, vertement.

verdereule, *strillozzo.*

verderie, *vfficio di Boscaiuolo.*

verderis, *verde rame.*

verdet, *Idem.*

verdeur, *verdore, verzura.*

verdure, *verdura, verzura.*

verdure, sorte de tapisserie, *panni razzi, tapizzaria di verzure.* Item, *robustezza.*

verdureux, *che hà del verde.*

* verdier, *Boscaiuolo, custode di selua.* Item, *hortolano.*

verdier, crapaut, *rospo.*

verdillon, *lambrusca.*

verdir, *rinuerdire.*

verdon, *abriolo, canario.*

verdet, *aspretto.*

verdoyant, *verdeggiante.*

verdoyer, *verdeggiare.*

verdrier, *strillozzo.*

verdugale, *verdugala.*

verdun, *coltellaccio da cacciatore.*

verdure, *verzura.*

verdurer, *crescer la verzura.*

verdurier, *che uende l'herbe, herbaiuolo.*

* verecond, *verecondo, uergognoso.*

veresque, *borrasca.*

veret, *vermicello.* Item, *solco.*

vereuse, *bacata.* Metaph. *cattiua.*

vereux, *bacato, roso da' vermi.*

vergage, *specie di danza.*

vergaland, *buon compagno.*

vergay, *verde chiaro.*

verge, *verga.*

verge sanguine, *sanguine.*

verge, *verga, membro virile.*

verge, bague, *verga, annello senza pietra.*

verge de cocher, &c. *sciuriada, sferza.*

verge de fleau, *vetta.*

verge à berger, herbe, *virga pastoris.*

verge de mesureur de terre, *pertica.*

verges de vitres, *verghe.*

des verges, *staffile.*

sans verge ny baston, *à man vota.*

verges à nettoyer, *spazzela.*

vergée, *vergata.*

verger, horto d'alberi, *verziere.* Item, *quello che porta la verga innanzi al Magistrato.*

vergette, *verghetta.*

des vergettes, *spazzola.*

vergetter, *spazzolare.*

vergettons, verte, *verghette.*

vergeux, *pieno di uette ò verghe.*

vergier, *verziere.*

vergilies, *nergilie, stelle.*

verglacer, *brinare.*

verglas, *brina, gelauermi.*

verglassant, *brinante.*

vergne, *albero.*

vergoigne, *vergogna.*

* vergoigner, *suergognare.*

vergoigneux, *uergognoso.*

vergue, costé de voile qui s'attache à l'antenne, *antengale.*

* veridique, *veridico.*

verification, *verificatione.*

verifier, *verificare.*

verin, *di verme.* Item, *vermicello.*

verineux, *roso da' vermi.*

verisimilitude, *verisimilitudine.*

veritable, *vero, veriteuole, veritiere.*

veritablement, *veramente.*

verité, *verità.*

verjus, *agresta.*

vermeil, *vermiglio.*

or vermeil, *oro brunito.*

vermeil doré, *indorato d'oro brunito.*

vermeillet, *vn poco vermiglio.*

vermeillon, *minio.*

vermelet, *vermicello.*

vermerie, *vermi.*

vermet, *vermicello.*

vermiculaire, *vermicularia.*

* vermiforme, *vermiforme.*

vermiller, *roder da' vermi.*

vermillon, *minio.*

vermillon à farder, *laca d'India.*

vermillon, *vermicello.*

arbre de vermillon, *grana di scarlatto.*

vermillonner, *miniare.*

vermine, *vermina.*

vermineux, *verminoso.*

vermixiere, *buco di vermi.*

vermisseau, *vermicello.*

vermoulir, *tartare.*

* vermoulisseure, *tarlatura.*

vermoulu, *tarlato.*

vermoulure, *tarlatura.*

verner, hiuerner, *vernare.*

vernicer, *vernicare.*

* vernilles, *bagatelle.*

vernir, *vernicare.*

vernis, *vernice.*

vernisser, *vernicare.*

verny, *vernicato.* Item, *vernico.*

verole, *vaiuolo.*

verole, mal venereo, *mal Francese, mal di Napoli.*

petite verole, *vaiueli.*

verole volante, *moruiglione,*

grosse verole, *mal venereo.*

verolé, *infranciosato, che hà il mal venereo.*

verolique, *di mal venereo.*

veron, *fregaruolo.*

œil de veron, *gazzo.*

veronique, *Veronica.*

verrat, *verro.*

verre, *vetro.*

verre à boire, *bicchiere.*

aussi librement que de boire vn Verre de vin, l'Italien dit, *più presto che dir mesci.*

verrerie, *vetraria.*

verrier, *bicchieraio.*

verrier à mettre les vetres, *salua bicchieri.*

verriere, *finestra di vetro.*

verrin, *di vetro.*

verroüil, *chiauistello, catenaccio.*

verroüiller, *serrar col catenaccio, pestiare.*

verroüiller de targette, *maschetto della croce.*

verrucaire, *verrucaria.*

verrué, *callo, verruca.*

verry, *pergamino trasparente.*

vers, poésie, *verso.*

Vers, prepose, verso. Vers Rome, &c. verso Roma, alla volta di Roma.
Vers moy, verso di me.
Versal, versale.
* Versatil, versatile.
Versation, versatione.
à la Verse, alla diroite, à bottacci.
Versé, prattico.
Verseau, Acquario.
Verselet, picciolo verso.
Versement, versamento.
Verser, versare, mescere.
Verser, renuerser, dar la volta, ronesciare.
Verser parmy le monde. i. versare, con versare.
Verser, versetto.
Verseur, versatore, mescitore.
Versificateur, versificatore.
Versifier, versificare.
Versure, versatura.
Vert, Vedi, verd.
* Vertau, roccone di tina.
Verte, verde. Item, aspra.
teste Verte. i. testa matta.
vne Verte atteinte, vna percossa graue.
entre deux Vertes, vn meure : l'Italien dit, frà due calci vn pugno.
Vertebres, vertebre.
Vertement, forvemente, saldamente.
Vertecuelles, vertebre.
Vertex, sommet de la teste, zuccolo, cocuzzolo.
Vertical, verticale.
Vertige, vertigine.
Vertigineux, vertiginoso.
Vertiginosité, vertiginosità.
Vertigné, tarlato.
* le Vertigo, vertigine.
* Vertin, imaginatione, ghiribizzo, fantasia.
* Vertineux, fantastico.
* Vertir, frequentare.
* Vertoil, vertecchio.
Vertu, virtù.
en Vertu de cela, in virtù di questo.
Vertueusement, virtuosamente.
Vertueux, virtuoso.
Vertugadin, vertugalle, vertugalla.
Vertugoy, gnaffe.
Verue, verruca.
Verue, ghiribizzo, fantasia.
Veruelle, vertebra.
* Verueil, spetie di rete.
Verueu, Idem.
Vermine, verbinaca, verminacola.
Veruoleux, ghiribizzoso.
Vesce, vescia. Item, cagna.
Vesarde, spauento.
Vesceron, vescia seluatica.
Vescie, Vedi, Vessie.
Vescu, vinuto, vissuto.
Vese, zampogna, cornamusa.
Vesicaire, vescicaria.
Vesicatif, vescicatiuo.
Vesicatoire, vescicatorio.
Vesier, vitellare.
Vesne, sloffa, loffa.
Vesner, trar sloffa.
Vesperies, dispute della Sorbona.
Vesperiser, burlare.
* Vespertin, vespertino.

Vespre, vespro.
Vesprée, tempo del vespro, sera.
Vessaille, canaglia.
Vesse, loffa, sloffa.
Vesse de loup, spetie di fungo.
vne Vesse, vne femme glorieuse, vna spazzetta.
Vesseur, che tira sloffe.
Vesseuse, donna che tira sloffe.
Vessie, vescica, vesica.
faire croire que des Vessies sont lanternes : l'Italien dit, mostrar lucciole per lanterne, vender vesciche
donner d'vne Vessie par le nez, piantarla à vno.
Vessie, pustule sur le corps, bolla.
Vessies d'orme, certe bolle sù le foglie dell' olmo.
Vessiere, donna che tira correggio à sloffe.
Vessiette, vescica picciola, vesichetta.
Vessigons, vescigoni.
Vessir, trar sloffe.
Vest, inuestitura.
Vestale, Vestale.
Vestement, vestimento, vestito.
Vesteure, Idem.
Vestiaire, sagrestia, vestiario.
Vestibule, vestibolo.
Vestige, vestigio.
Vestir, vestire.
Vestu, vestito.
Vesture, inuestitura. Item, vestitura.
Vetillard, scacazzatore.
Vetiller, scacazzare.
Vetilles, vetilleries, scacazzamenti, bagatelle.
Vetilleux, fastidioso, difficile.
Vettoine, bettonica.
Veu, voto.
Veu, visto, veduto.
Veu que, conciosia che.
Veüe, vista.
à la Veüe, in sù gl'occhi.
à Veüe d'oeil, apparentemente, apertamente.
à Veüe de païs, sconsideratamente.
à lettre Veüe, à vista.
donner dans la Veüe, imaghire.
la Veüe en decouurira le fait : l'Italien dit, alla bocca cen' auuedremo.
les Veües d'vn logis, le finestre.
Veuf, vedouo. Item, priuo.
Veufuage, vedouanza.
Veufue, vedoua.
à Veuglettes, à chiusi occhi.
Veule, fiacco.
Vexateur, vessatore.
Vexation, vessatione, strapazzo.
Vexer, vessare, straziare, tormentare.
* Vezarde, spauento.
* Veze, zampogna.
Vezé, panciuto.
* le Vezon. i. il culo.

VI

* Viable, che hà da viuere. Item, vitale.
Viage, vsufrutto, godimento in vita.
Viager, di vita, in vita. Item, vsufruttuario.
Viagement, per la vita.

* Viaire, aspetto, sembiante, viso, faltezze di viso, volto.
Viande, vivanda, cibo, Item, carne.
Viande de Commissaire, carne è pesce.
Viande creuse, musica, suono di stromenti.
Viande de Gentil-homme, carne che hà molte ossa per li suoi cani.
ce n'est pas Viande preste. i. non è cosa pronta.
ce n'est pas Viande pour vos oiseaux, non è per voi, non fà per voi.
Viander, pascere.
Viandier, di cibo, di vivanda.
Viandis, viandy, pastura, pascolo.
* Viateur, peregrino, caminante, passaggiere.
Viatique, viatico.
Vibailly, vice Podestà.
Vibrequin, trivellino.
Viburne, viorne, viburno.
Vicaire, Vicario.
Vicairie, &
Vicariat, vicariato, ufficio di Vicario.
Vicarier, andar quà è là per la contrada.
Vice, vitio.
Vice de cheual, magagna.
Vice-Admiral, vice-Ammiraglio.
Vice-Chancelier, vice-Cancelliere.
Vice-gerent, vicegerente.
Vice-regent, viceregente.
Vice-Roy, vicerè.
Vicier, corrompere, stuprare.
Vicieusement, vitiosamente.
Vicieux, vitioso.
* Vicinité, vicinità.
Vicissitude, vicenda.
Vicomte, Viceconte.
Vicomté, Vicecontea.
Vicomtesse, Vicecontessa.
* Victimaire, di vittima, che offerisce la vittima.
Victoire, vittoria.
Victorial, vittoriale, di vittoria.
Victorieux, vittorioso.
Victoriens, spetie di frati di san Vittore.
Victuailles, vettovaglie.
rendre Victus, far stare vno.
Vicugne, spetie d'animale nel Peru della cui lana si fanno coperte.
Vidame, vice-Signore.
Videlle de pasticier, speronella.
Vidimus, esaminatione.
Viduité, vedovanza.
Vie, vita.
pour toute sa Vie, in vita.
sa Vie durant, in vita, tutta la sua vita.
faire Vie, andar via, partire, far vela.
Vie auant, terme de marine, auanti.
quelle Vie. i. qual rumore.
Vie de garçon, buona vita, bel tempo.
Vie de goulu, vitaccia.
Vie de pourceau, idem.
de grande ou petite Vie. i. che mangia assai ò poco : l'Italien dit, di molto ò poco pasto, di buona à mala bocca.
faire Vie qui dure. i. risparmiare.
Vie vie, qui se dit pour chasser quelqu'vn, via via.
homme de bonne Vie, huomo d'anima, huomo da bene.
Viedaze, cotal d'asino, viso di X. menchione.
Viedazer, menchionare.
Vieil, vecchio.

Vieillard, vn huomo vecchio.
Vieille, vecchia.
la Vieille guerre. i. l'usanza vecchia.
des Vieilles en grattant vn tison, scintille.
Vieillement, vecchiamente.
Vieillesse, vecchiezza, vecchiaia.
Vieillir, invecchiare, diventar vecchio, attemparsi.
Vieillissant, invecchiante.
Vieillissement, invecchiamento.
Vieillot, vecchietto.
Vieillotte, una vecchietta.
Vielle, viola da orbo, stampella.
vne Vieillie. i. una persona lenta.
ils accordent bien leurs Vielles. i. si accordano bene insieme.
Vieller, sonar della stampella. Item, far lentamente.
Vielleur, sonator di viola.
Vierge, Vergine.
LA VIERGE, la beata Vergine, la Madonna.
huile Vierge, olio puro, olio vergine.
parchemin Vierge, pergamina di pelle d'animale abortito.
Vieux, vecchio, è vecchi.
Vieux loup, lama vecchia, lama del lupo.
discours au Vieux loup, spropositi.
vn Vieux garçon, un vecchio che non si sia mai maritato.
sentir le Vieux, saper di vieto.
Vif, vivo. Item, vivace.
au Vif, al naturale, al vivo.
tout Vif, vivo, viuo.
picqué au Vif, punto sul vivo.
Vif argent, mercurio, argento vivo.
auoir du Vif argent dans la teste : l'Italien dit, hauer argento vivo addosso.
Vif argentin, di mercurio.
le Vif d'vne colonne, vivo ò fusto d'una colonna.
Vigilamment, vigilantemente.
Vigilance, vigilanza.
Vigilant, vigilante.
Vigile, vigilia.
Vignage, diritto sopra le vigne.
Vigne, vigna. Item, vite.
Vigne blanche, couleurée, vitalba.
Vigne sauuage, arbustino, lambrusca.
Vigne porrette, porretta.
la Vigne de la Courtille, belle monstre & peu de rapport : l'Italien dit, la vigna del Madda, assai pampani è poca vina.
la Vigne à mon Oncle. i. vigna nella quale tutti vanno à rubar vina.
Vigne de liere, vilucchio.
Vigneron, vignaruolo.
Vignette, vigna picciola.
Vignette de Liure, viticcio, vignetta.
Vignetterie, viticci.
Vignoble, vigneto, vignazzo.
qui sent le Vignoble, vitazzo.
Vignol, spetie di lumaca marina.
sirop Vignolat : l'Italien dit, sroppo di cantina.
* Vignolet, vignaruolo.
Vignolette, vigna picciola.
Vignot, lumaca marina, chiocciolina.
Vignotter, ornar con viticci.
Vigogne, spetie di lana, è d'animale.
Vigoureusement, vigorosamente.
Vigoureux, vigoroso.
Vigueur, vigore.

Vil, vile.
à Vil prix, à prezzo disfato.
Vilain, villano, sporco, gaglioffo, brutto.
Vilain, auare, misero.
Vilaine, villana, brutta sporca.
Vilainement, brutamente, sporcamente, auaramente, villanamente.
Vilainer, brutiare, diffamare.
Vilainie, bruttura, sporcheria. Auaritia, misteria.
Vilement, vilmente, bassamente.
Vilenaille, canaglia.
Vilenie, bruttura, sporcheria. Misteria.
Vileté, viltà.
* Vilette, vrillette, triuello.
Vilipender, contaminare.
Village, villa, contado, villaggio.
homme de Village, villaccejo.
estre de son Village : l'Italien dit, esser da Ribuoia.
Villageois, villano, contadino.
Villageoise, contadina, villana.
Villanelle, villanella.
* Villaquerie, vigliaccheria.
Villasse, vna città grande è mal fatta.
Villatique, villatico, di villa.
* Ville, Città.
Ville mediocre, terra.
Ville, triuellone.
Villebrequin, triuello.
Villemagne, certo empiastro per vn cauallo.
Villenaille, canaglia.
Villenot, villano picciolo.
Villette, città picciola.
Villiere, campanella.
* Villoter, correr per le strade.
* Villotier, stracca muriccinoli.
Viminal, viminale.
Vin, vino.
Vin ardan, acqua di vita.
Vin de cerises, ceraschiolo vino, visciolato.
petit Vin pour l'ordinaire, vino di posticcia.
Vin d'eau, acquarella.
Vin de lion, vino che rende l'huomo furioso.
Vin de Cerf, vino che fa piangere.
Vin muscat, moscatello.
Vin enragé, vino storzato.
Vin de pie, vino che fa ciarlate.
Vin d'asne, vino che fa star pensoso.
Vin de pourceau, vino che fa vomitare.
Vin de renard, vino che rende scaltro.
Vin de Singe, vino che rende allegro.
à bon Vin ne faut point de bouchon, à buon vino non bisogna frasca.
Vin clairet, chiarello.
Vin couuert, vin rosso scuro ò grosso da incapellare.
du Vin bruslé, vino concio con zucchero, &c.
le Vin que l'on donne pour recompense, la mancia, la buona andata.
Vin cuit, vin cotto.
Vin de Bretigny. i. vino aspro.
aprés Vin boire. i. doppo hauer beuuto.
chaque Vin a sa lie. i. ogn'uno hà il suo difetto.
Vinage, certo diritto.
Vinaigre, aceto.
manteau doublé de Vinaigre : l'Italien dit, mantello foderato di tramontana.
mine à taster Vinaigre. i. viso arcigno.
Vinaigrette, intingolo con aceto.
Vinaigrier, acetaro.

Vinaigrier, vase, Idem.
Vinatier, arbuto.
Vincibosse, matriselua, vincibosse.
Vindicatif, vindicatiuo.
* Vindice, vendetta.
Vindicte, Idem.
Vindiquer, vindicare.
Vinée, raccolta di vino, vinacciuolo.
Viner, raccoglier vino.
Vinet, vino picciolo.
Vinette, crespino.
Vineux, vinoso.
Vingt, venti.
Vingtaine, ventena.
Vingtiesme, ventesimo.
Vinoble, vigneto.
Vinot, vino di posticcia.
Vinotier, tauernaro.
Vintenier, che commanda à venti.
Violable, violabile.
Violant, certo bigio chiaro è viue.
Violat, violato.
Violateur, violatore.
Violation, violatione.
Viole, viola.
Viole, instrument, Idem.
Violement, violamento.
Violemment, violentemente.
Violence, violenza.
Violent, violento.
Violentement, violentamento.
Violenter, violentare.
Violer, violare, stuprare.
Violet, pauonazzo.
Violet de sel, morello di sale.
Violet, jus de poisson, sugo di porpora.
Violette, violetta, viola.
Violier, viola.
Violle, instrument, viola.
Violon, violino.
Violon, joueur de violon, sonator di violino.
basse de Violon, violone.
Viorne, viburno.
Vipere, vipera.
herbe aux Viperes, bugalossa seluatica.
Vipereau, viperino, vipera picciola.
Viperiere, bugalossa seluatica.
Viperillon, vipera picciola.
Viperin, di vipera, viperino.
sel Viperin, sal viperino.
Virade, girata.
Vire, quadrello.
vne Virago, una donnaccia che hà dell'huomo.
Virebrequin, triuello.
* Virelay, carolla.
* Virement, giramento.
* Virer, girare.
Vireton, quadriello, verettone.
Vireuaut, machina da trar l'ancore.
la Vireuolle, il giuoco per dito marcio.
Vireuolte, girauolta.
Vireuolter, girauoltare.
Vireuouste, girauolta.
* Vireur, giratore.
Vireux, venenoso.
Virginal, virginale, virgineo.
Virginité, virginità.
Virgule, virgola, coma.

Virgulte, *virgulto.*
Viril, *virile.*
Virilement, *virilmente.*
Virilité, *virilità.*
Virole, *staffetta.*
Virolle, *colla staffetta.*
* Vironner, *attorniare.*
* Virulence, *virulenza.*
* Vis, *viso.*
Vis à vis, *dirimpetto, rimpette.*
Vis, *vite.*
Visa, *approbatione dell' esaminatione.*
Vis-Admiral, *viceammiraglio.*
Visage, *viso, faccia, volto, ciera.*
Visage de bois. i. *la porta serrata.*
Visage d'appellant, *ciera pallida d'uno che sia stato ammalato.*
faire bon ou mauuais Visage, *far' buona ò cattiua ciera.*
Visage sans nez. i. *il culo.*
tourner Visage, *uoltar faccia ò fronte.*
Visage à faire vne enseigne de biere : l'Italien dit, *figura da cembali.*
Visant, *mirante.*
Visc, *uisco.*
* Visceral, *di uiscere.*
Viscosité, *uiscosità.*
Visduché, *uice. Ducato.*
Visée, *mira.*
Viser, *mirare, metter in mira, traguardare.*
Viseur, *miratore.*
Visible, *uisibile.*
Visiblement, *uisibilmente.*
Visiere, *uisiera, uentaglia.*
donner dans la Visiere, *Metaph. imaginare.*
Visiere de canon, *traguardo.*
Vision, *uisione.*
Visitation, *uisitatione.*
Visite, *uisita.*
Visiter, *uisitare.*
Visiteur, *uisitatore.*
Visqueux, *uiscoso.*
Viste, *presto, agile.*
Viste, *prestamente.*
il va fort Viste, *fà le sue cose con furia.*
Vistement, *Idem.*
Vistesse, *prestezza.*
Visual, *uisuale.*
Visuel, *Idem.*
Vit, *cazzo.*
Vit de chien, herbe, *aro, gigaro.*
Vit volant, *salta martino.*
Vit de cocq, *baccaccia.*
Vital, *uitale.*
Vitaut, *menchiattaro, pinchellone.*
Vite, *pinca, pinchina.*
Vitier, *uitiare.*
Vitelette, *pinchina.*
Vitelots, mot picard, *spetie di taglioni di pasta, tagliarini.*
Vitieux, *uitioso.*
Vitrage, *cose di uetro, finestre di uetro.*
Vitre, *uetro di finestra, finestra di uetro, inuetriata.*
Vitrée, *uitreo.*
Vitreole, *uitriolo.*
Vitrer, *serrar con uetri.*
Vitrerie, *uetraria.*
Vitrier, *uetraro.*

Vitrifier, *uetrificare.*
Vitriol, *uitriolo.*
Vituperable, *uituperevole.*
* Vituperation, *uituperatione.*
Vitupere, *uituperio.*
Vituperer, *uituperare.*
Vitupereur, *uituperatore.*
* Viuace, *uiuace.*
Viuacité, *uiuacità.*
Viuandier, *uettouagliere, uiuandaio.*
Viuant, *uiuente.*
Viue, *uiua.*
Viue, *trascino, drago di mare, pesce.*
de Viue force, *à pura forza.*
de Viue voix, *uerbalmente.*
à Viue arreste, *à canto uiuo.*
eau Viue, *acqua sorgiua.*
Viuement, *uiuamente, uiuacemente, fortemente.*
Viuier, *serbatoio, uiuaio, peschiera.*
Viuifiant, *uiuificante.*
Viuifier, *uiuificare.*
Viuifique, *uiuifico.*
Viuotter, *uinacchiare.*
Vivre, *uiuere.*
Viures, *uettouaghe, uiueri.*
le Viure, *il uitto.*
Viure à son aise, *uiuer da uecchietto.*
Viure doucement, *spender poco.*
Viz, *uite.*
la Viz qui entre dans l'escrouë, *fuso della uite.*
grosse Viz, *uidotte.*
fermer à Viz, *uidare.*
ouurir vne Viz, *suitare.*
Viz de pressoir, *torno.*
Viz sans fin, *uite perpetua.*


### V L


Vlceraire, *ulceraria.*
Vlceration, *ulceratione.*
Vlcere, *ulcera.*
Vlcere erodant, *formica.*
Vlcerer, *ulcerare.*
Vligineux, *uliginoso.*
Vlmeau, *olmetto.*
Vlne, *olno.*
* Vltion, *ultione, uendetta.*


### V M


Vmbelle, *gambo di finocchio.*
* Vmbilic, *umbilico.*
* Vmbilical, *umbilicale.*
Vmble, *spetie di truta.*
Vmbrager, *far ombra.*
Vmbre, *ombra. Item, temolo, pesce.*
Vmbrine, *ombrina, pesce.*
Vmbroyer, *ombreggiare.*

## VN

VN, vno.
Vn à vn, ad vno ad vno.
Vnanime, vnanimo.
Vnanimement, vnanimamente.
Vnanimité, vnanimità.
Vne, vna.
il m'en a baillé d'Vne. i. mel' hà accoccata.
Vnguent, vnguento.
faiseur d'Vnguents, vnguentaro.
Vnicorne, vnicorno.
Vniement, vnitamente, egualmente.
Vniesme, solo, uno, primo.
Vniforme, vniforme.
Vniformément, vniformemente.
Vniformité, vniformità.
Vniment, vnitamente, pianamente.
Vnion, vnione.
Vnion, perle, idem.
* Vnipare, che parrori un solo.
Vnique, vnico, vnica.
Vniquement, vnicamente.
Vnir, vnire. Item, appianare.
Vnison, vnisuono.
Vhisonnant, vnisonante.
Vnisson, vnisono. Item, vnione.
Vnité, vnità.
Vniuers, vniuerso.
Vniuersalité, vniuersalità.
Vniuersel, vniuersale.
Vniuersellement, vniuersalmente.
Vniuersité, Vniuersità.
Vniuoque, vniuoco.
Vny, piano, unito.
habit Vny, vestito schietto.
Vnze, vndici.
Vnziesme, vndecimo.

## VO

* Voarre, vetro. Item, bicchiere.
Vocable, vocabolo.
Vocabulaire, vocabolario.
Vocal, vocale, di voce.
Vocale, vna vocale.
Vocatif, vocatiuo.
Vocation, vocatione.
* Vociferation, vociferatione.
* Vociferer, vociferare.
Vœu, voto.
Vogue, voga.
Vogue, vsanza, vso, foggia:
estre en Vogue, esser instima, ò hauer autorità.
Voguement, vogamento.
Voguer, vogare.
Voguer de toute sa force, arrancare.
Voiture, Vedi, Voiture, &c.
Voicy, ecco, ecco qui.
Voilà, ecco, eccola.

## VO

Voile de nauire, &c. vela.
Voile latine, vela latina.
Voile querre, vela quadra.
faire Voile, veloggiare.
faire le cart sans Voile, far il carro à secco.
vn Voile, velo.
oster le Voile, leuar la maschera.
Voilé, velato.
Voilée, Religieuse, soggolata.
Voiler, velare.
Voiler vne Religieuse, soggolare.
Voilier, che hà vele, da vele.
Voir, vedere.
il me semble à Voir, mi pare.
aller Voir, andar à visitare.
Voir vne femme, vsar con vna donna.
comme vous auons fait Voir, come accennammo di sopra.
Voire, si madesi.
Voir-dà, maidè.
Voirement, medesi.
Voirie, vfficio di visitatore.
Voirie, caregna.
Voirie, fogna, luogo doue si portauo le immonditie ò carogne.
Voisin, vicino.
Voisinage, vicinanza.
Voisinal, vicino, di vicino.
Voisine, vicina.
Voisiner, visitar i vicini. Item, avuicinare.
adieu la Voiture : l'Italien dit, buona notte pagliariccio.
Voiture, vettura, nolo.
Voiturer, noleggiare.
Voiturier, vetturiere.
Voix, voce.
Voix, voto in una elettione, &c.
auoir Voix en Chapitre. i. hauer auttorità.
Voix de ville, vaudeuille, frottola.
Vol, volo.
prendre son Vol fort haut. i. pretender ò aspirar molto alto.
Vol, larcin, ruba.
Volage, inconstante, leggiero.
Volagement, leggiermente.
Volageté, leggierezza.
Volaille, pollame.
Volant, volante.
Volant de salade, volante.
Volante, spetie di casacca.
Volatil, volatile.
Voile, ginoco marcino.
oiseau Volé, vccello presiccio.
Volée, vol, volo.
Volée, troupe d'oiseaux, nuuolo, sterno, folla.
Volée de canon, tiro di cannone.
la Volée du canon, parte dagli orecchioni fino alla bocca.
Volée de carrosse, bilancia.
frapper de Volée, dar di posta.
à la Volée, inconsideratamente.
de certe Volée. i. di quella brigata. Item, di quella conditione.
Voler, volare.
faire Voler vne tour, vne mine, &c. far balzare ò volare.
faire Voler au jeu, vincer il ginoco marcio.
Voler, dérober, rubare, assassinare.

Voler à la chasse aux oiseaux , uccellare.
Volerie d'oiseaux , uccellagione.
Volerie , l'arrecia , ruberia , ribacchiamento.
Volet , balconetto di finestra.
Volet de calice , coperrore del calice.
Voletement , suolazzo.
Voleter , suolazzare.
Voleur , uolatore.
Voleur , ladro , assassino.
Voleuse , ladra , assassina.
Voliere , uccellaia , uccelliera.
Voliere de pigeons , colombaia , sottobanca.
pigeons de Voliere , piccioni di sottobanca.
Volontaire , uolontario , uolone.
Volontaire d'armée , auuenturiere.
Volontaire de cuisine , guattero sottoguattrero.
Volontairement , uolontariamente.
Volonté , uolontà.
mauuaise Volonté , mal animo.
Volontiers , uolontieri.
Volte , uolta.
Volte la croupe en dedans , uolta colcaia.
Volte releuée , uolta alta.
Volte terre à terre , uolta bassa.
demie Volte , uolta spezzata.
Volte , sorte de dance , uizzarda.
prendre la Volte d'vn lieu , andar alla uolta.
Volter , uoltare.
Voltigeant , uolteggiante.
Voltigement , uolteggiamento.
Voltiger , uolteggiare.
Voltigeur , uolteggiatore.
Volubilité , uolubilità.
Voluble , uolubile.
Volume , uolume.
Volupté , uolaptà , uoluttà.
Voluptueusement , uoluttuosamente.
Voluptueux , uoluttuoso.
Volute , uolura.
Vomique , uomica.
Vomir , uomitare , recere.
Vomissement , uomito.
Vomitif , uomitiuo.
Vomitoire , uomitorie.
Vos , i nostri , le nostre.
Vostre , nostro , nostra.
Votif , uotiuo.
Voüer , uotare , far uoto.
Voüeur , uotatore.
Vouge , spiedo , roncone.
Voulant , uolente , uolendo.
Vouloir , uolontà , uolere.
Vouloir , uolere.
en Vouloir à quelqu'vn , odiar uno. Item , uolerla con
    uno.
ie le Veux bien , son contento , mi contento.
ie Voudrois bien , haurei à caro.
elle est faite en j'en Veux. i. par una di quelle , per una
    lussuriosa.
Voulte , uolta.
Voulté , uoltato , fatto à uolta.
Voulté , bossu , gobbo.
Voulter , uoltare , far à uolta.
Voulteur , uoltatore che fa uolte.
Voulture , uoltatura.
Voure , &c. Vedi , Voulte.
Vous , uoi , accusatif , ui.
* Voultrer , uoltolare.

Voy , hò.
Voyable , uisibile.
Voyage , uiaggio.
Voyagement , uiaggiamento.
Voyager , uiaggiare , peregrinare.
Voyageur , peregrinante , uiandante.
Voyant , uedente.
Voyant , apparent , uistoso , auuistato.
Voye , uia.
vne Voye d'eau , una portata.
vne Voye de charbon , una carica.
vne Voye de bois , una carrata.
à la Voye , per terra , per la uia.
hors de la Voye , fuor di mano.
n'entendre ny vent ny Voye , non sentir muoui.
Voye des rouës , carraia.
Voyes d'animal , orme , pedate.
suiure les Voyes , tener alla traccia.
à claire Voye , di trasoro.
Voyelle , uocale.
Voyer , mastro di strada.
Voyerie , giurisdittione di mastro di strada.


## V R

VRay , uero.
    s'il n'est Vray , la bourde est belle : l'Italien dit , se
non fù uero sù ben trouato.
Vrayement , ueramente.
Vray-semblable , uerisimile.
Vray-semblablement , uerisimilmente.
Vray-semblance , uerisimiglianza.
* Vrbin , urbano , cortese.
Vrbanité , urbanità.
Vrbec , caprinolo , uiticcio.
Vretere , uretro.
Vrgemment , urgentemente.
* Vrgence , urgenza.
Vrgent , urgente.
Vrille , &
Vrillette , uerina , trappa.
Vrillonner , piegar le corde à guisa d'anicllo.
Vrinaire , d'urina.
Vrinal , orinale.
Vrine , orina.
Vriner , orinare.
Vrineux , urinoso.
Vrinier , canale dell'orina.
Vrler , uulare.
Vrne , urna.
Vrsin , riccio di mare.
Vrsin , orsino , d'orso.


## V S

VS , uso , usanza.
    Vsage , uso.
Vsager , communale , usato.
Vsance , usanza.
à Vsance , à uso.

Vſemént, *uſamento.*
Vſé, *fruſto, uſato, logorato.*
Vſer, *adoprare, uſare.*
Vſer, *uſare, fruſtare, logorare.*
Vſiter, *uſitare.*
Vſucaption, *uſucattione, poſſeſſo.*
Vſuel, *uſuale, manuale.*
Vſuelles, *uſuali, d'uſo.*
Vſufructuaire, *uſufruttuario.*
Vſufruict, *uſufrutto.*
Vſuraire, *uſurario.*
Vſure, *uſura.*
Vſure d'habit, *logoranza.*
Vſurier, *uſuraio.*
Vſurpateur, *uſurpatore.*
Vſurpation, *uſurpatione.*
Vſurpatrice, *uſurpatrice.*
Vſurper, *uſurpare.*

V T

V Tenſile, *utenſile.*
*Uterin, uterino.*
herbes Vterines, *herbe buone per il mal di madre.*
Vtile, *utile.*
Vtilement, *utilmente.*
Vtilité, *utilità.*

V V

V Varloppe, *pialla.*
*Vuée, unco, d'una.*
* Vueil, *uolontà.*
Vuelde, guede, *guado.*
Vuidange, *uotamento.*
Vuidange de femme groſſe, *ſconciatura.*
Vuide, *uoto.*
le Vuide d'vne choſe, *il uano.*
à Vuide, *à uoto, con le mani uote, in ſallo.*
Vuidement, *uotamento.*
Vuider, *uotare.*
Vuider vn ouurage, *incauare.*
Vuider vne affaire, *ſpedire, sbrigare, fornire.*
Vuider vn poiſſon ou vne volaille, *curare.*
Vuider vne querelle, *accordare.*
faire Vuider vne femme groſſe, *far diſperdere.*
Vuider le païs, fuir, *ſgombrar il paeſe, uettare il paeſe.*
Vuider vn lieu, *ſgombrare.*
* Vuideté, *uacuità.*
Vuideur, *uotatore. Item, ſpeditore, sbrigatore.*
Vuideure, *uotatura. Item, incauatura di lauoro.*
Vuiles, tendrons de vigne, *capriuoli di uite.*
le Vulgaire, *la plebe, il uolgo.*
Vulgairement, *uolgarmente.*
Vulgal, *baſſo, commune.*
Vulneraire, *uulnerario.*
Vulpin, *uolpino.*
Vulturne, *ſpetie di uente.*
Vulue, *uulua.*
Vuule, luette, *ugola.*



V Z

V Z, *uſo, uſanza, coſtume.*

X I

X Ilolac, *legno d'aloé.*
Xilobalſame, *legno del albero balſamo.*

Y

Y, *relatiua del luogo, ui, ci.*

Y A

Y Acinthe, *iacinto.*

Y E

Y Eble, *ſambuco minore.*
Yeuſe, *elice, leccio.*
bois d'Yeuſes, *lecceto.*
Yeux, *occhi.*
regarder entre-deux Yeux, *guardar in ciera.*
ouurir les Yeux d'eſtonnement: l'Italien dit, *incarcas le ciglia.*
les Yeux plus grands que la pance. i. *hà paura che non gli baſti lauiuanda che hà innanzi.*
pour ſes beaux Yeux. Iron. *per amor ſuo.*
pain qui a des Yeux, *pan ſpongioſo.*
il n'y auoit que quatre Yeux, *trà occhio è occhio.*

**Y F**

Yf, *taffo, albero.*

**Y R**

Yrlandois, *Irlandese.*

**Y S**

Yffer, *issare.*
Yffir, *vscire.*
Yffuë, *esito.*

**Y V**

Yve muscate, *iua muscata.*
Yuer, *inuerno,* Vedi, Hiuer, &c.
Yuoire, *auorio.*
Yuoirain, *d'auorio, eburneo.*
Yuraison, *imbriachezza.*
Yuraye, *lolio, loglio, gioglio.*
Yure, *imbriaco.*
Yuresse, *imbriaca.* Item, *imbriachezza.*
Yuroigne, *imbriaco, imbriacone.*
Yuroigner, *imbriacarsi.*
Yuroignerie, *imbriachezza.*
Yuroignesse, *imbriaca, donna che s'imbriaca.*
Yuroignet, *imbriachetto.*
Yuroye, *loglio.*

# Z A

Zac, *rumore ò fischio di cosa percossa ò battuta.*
Zaffre, *spetie di renella ò calcolo.*
Zagaye, *zagaglia.*
Zaguille, *idem.*

Zain, *caualz'aino, senza macchie ò segni.*
Zani, *zani.*
Zarzepareille, *sarsapariglia.*

**Z E**

Zebedeo, *rosa doppia di Damasco.*
Zebelline, *zebellino.*
Zedoaire, *zedoario.*
Zein, *zaino.*
Zelandois, *Zelandese.*
Zelateur, *zelante.*
Zele, *zelo.*
Zelé, *zelante.*
Zeler, *zelare, dar zelo.*
* Zelotypie, *gelosia.*
Zenith, *zenit.*
Zephyre, *zefiro.*
Zerbin, jeune muguet qui fait le beau, *zerbino, zerbinotto.*
Zero, *zero.*
Zest, *frullo, cosa da niente.* Item, *interiettione di dispero ò burla.*
zest de noix, *frullo.*
vn Zest d'orange, *pezzetto di scorza di melangolo da por nel vino.*

**Z I**

Zibelline, *zibellino.*
Zinzembre, *zenzeuero.*
Zinziberine, *poluere di zenzeueroi.*
Ziuette, *zibetto.*
Zizanie, *loglio, zizania.*
Zizolin, *giuggiolino.*

**Z O**

Zoaire, *zedoario.*
Zodiaque, *zodiaco.*
Zolie, *zoilo.*
Zon, *suono di burla.*
Zonaire, *di zona.*
Zone, *zona.*
Zoophore, *zooforo di pilastro.*
Zoophytes, *zoositi.*
Zoucet, *spetie di smergo.*

Zummach, *somaco:*
Zuston, *cuivre bruslé,* ferresto.

Z V

Z V, *vento Meridionale,*
Zubeline, *zibellino.*

SIA LODATO IDDIO.

A PARIS,

De l'Imprimerie de CLAVDE BVRAY, proche la Porte S. Marcel,
au Grand S. CLAVDE.

M. D C. LXIII.